과학기술과 지식재산

SCIENCE TECHNOLOGY & INTELLECTUAL PROPERTY

정병일 지음

카오스북
CHAOS BOOK

▸ **정병일(鄭炳一)** 법학박사

-전공-
- 항공공학, 정보통신/경영정보공학, 법학, 영미법학, 지적재산권법학, 산업보안

-약력-
- 인하대학교 지식재산전담 교수
- 정석대학 교수, 특허법인 아주양헌 고문
- 인하대학교 법학전문대학원 겸임교수
- 항공대학교, 경원대학교, 숙명여자대학교 강사
- (주)해성 엔지니어링 연구소장
- 화인 산업재산권 연구소장
- 기술거래사, 기업·기술가치평가사
- 항공기사, 항공정비사
- 스킨/스쿠버다이빙 국제공인지도자

-저서-
- 지적재산법, 디자인보호법, 특허법 외 6

-논문-
- 국가핵심기술의 수출규제보상에 관한 특허법적 연구 외 18

-수상-
- 지식경제부장관(산업보안)

과학기술과 지식재산

발행일 2013년 02월 25일
저 자 정병일
발행인 오성준
발행처 카오스북
디자인 디자인 콤마
인 쇄 이산문화사

등 록 제406-2012-000111호
주 소 경기도 파주시 문발동 507-9번지 출판정보산업단지
전 화 031-949-2765
팩 스 031-949-2766
웹사이트 www.chaosbook.co.kr

ISBN 978-89-98338-00-8 93500

가 격 29,000원

머리말

지식재산은 산업재산과 문화재산으로 구분하여 인류의 문명을 발달시켜온 인간 아이디어 창출의 총체적 표현이다. 산업재산은 새로운 장비나 기계와 같이 창작 물품에 소유권을 부여하여 재산으로 인정하는 것으로 기술이나 방법, 디자인, 상표 등이 이에 속하며, 문화재산은 문학·예술·학술·컴퓨터프로그램 분야의 창작된 저작물을 총칭하는 것으로 모두 한시적 소유재산들이다.

일찍이 인류가 지구에 등장하여 오늘의 디지털 시대를 열기까지의 과정은 지식재산을 창출하고 활용하며 창작에 대한 인센티브를 제공하는 제도의 운영이라 해도 틀린 말이 아니다.

부존자원이 빈약한 우리나라가 정보통신기술을 리드하며 산업선진국으로 도약할 수 있게 된 근원도 지식재산의 창출과 활용에 적절한 제도적 운영에서 비롯된 것이며, 따라서 지식재산에 대한 이해는 보편화되어야 하며 모든 학문이나 생활분야의 기초적 소양으로 확산되어야 한다.

우리나라는 지식재산기본법을 2011년부터 시행하면서 모든 분야에서 지식재산에 대한 제도적 적용이 기본이 되도록 하였으며, 학교, 연구소, 기업 등에서도 지식재산을 중심으로 한 융합학문의 교육이나 창출, 나아가 사업화가 이루어지도록 하는 정책이 수립 운영되고 있다.

지식재산제도는 우리생활의 편리함과 문화적 풍요로움을 제공하면서 질서를 선도하는 보편적 제도라는 점에서 그 이해를 위한 접근이 용이하고 바로 적용하여 창출물의 제도적 보호과정을 확인시켜 주며, 나아가 다른 제도들에 접근하는 방법과 이해에 큰 기여를 하고 있다.

이 책은 지식재산의 보편적 이해를 돕기 위하여 지식재산의 창출과 보호 및 보안에 필요한 기본적 내용을 담고 있다.

산업재산의 창출은 해당 산업분야의 개발된 기술이므로 기술의 기본적 이해는 지식재산제도의 이해만큼 필수적인 것이다. 따라서 인류문명의 발달과 과학기술의 발달, 그리고 현대의 주요 과학기술이 이 책의 서두에 배치되어 있다. 이러한 원리는 문화재산에도 그대로 적용된다.

창작활동을 지속시키기 위해서는 국가가 나서서 법과 정책을 마련하게 된다. 따라서 창작활동에 대한 대가를 재산권으로 인정하여 보호하는 지식재산관련 제도의 이해를 위한 설명과 경험적 사례가 이어서 수록되어 있다. 이 부분의 이해만으로도 지식재산보호를 위한 독자적 법률행위가 가능하도록 하였다.

이제 지식재산은 창출위주의 시대적 사명을 넘어 국가안보까지 고려하여 보호되어야 하므로 과학기술의 발달과 지식재산제도에 더하여 산업보안 제도적 고찰까지 이 책의 범위로 다루었다.

새로운 학문으로의 접근은 그 자체가 용이한 일이 아니다. 더구나 비법률가에게 지식재산과 관련제도의 이해에는 많은 노력이 요구된다. 이에 저자는 엔지니어이면서 법률을 공부한 법률가로서 이론적, 실무적 경험을 바탕으로 쉽고 빠른 지식재산의 이해와 적용의 안내자를 자처하며 감히 그 가이드북을 내놓게 된 것이다.

졸저가 또 다른 지식재산 이해의 혼란을 가져오지 않을지 염려스런 마음을 숨길 수 없으나, 이 점 독자의 질책으로 풀어질 수 있기를 기대한다.

어려운 상황에서 출간을 맡아주신 카오스 북 오성준 대표에게 감사의 말씀을 전한다.

계사년 정월 인경호를 바라보며

저자 정병일 씀

목 차

제1편 총설 • 1

제1장 기술과 그 역사 2

제1절 기술의 역사 2

I 선사시대와 기술 2

II 고대 서구문명과 기술 21

III 근대기술과 산업혁명 29

IV 과학기술의 세분화와 현대의 기술 36

V 미래의 기술 40

제2절 기술과 과학 43

I 기술 43

II 과학 48

제3절 기술과 발명 53

I 개요 53

II 기술과 발명의 보호 55

제2장 과학기술과 법 59

제1절 서 설 59

제2절 과학기술과 법 61

I 법의 정의 61

II 과학기술과 법 62

제3절 기술발달의 영향 64

I 산업변화 64

II 경제의 변화 68

III 문화의 변화 69

IV 정치의 변화 70

제2편 주요 첨단과학기술과 제도 • 71

제1장 우주항공기술과 법 72

제1절 항공기술과 우주기술의 발달 72

I 항공기 72
II 비행원리 77
III 항공기술의 발달사 80
IV 우주항공기술의 발달사 91

제2절 항공기술과 법 95

I 우주항공기술의 개요 95
II 항공기와 항공법 96
III 항공운송과 손해배상 99

제3절 우주기술과 법 102

I 우주법의 연원 102
II 우주법의 분설 103
III 우리나라의 우주기술 관련법 105
IV 항공우주산업개발촉진법 109

제4절 항공우주기술의 보호사례 111

I 서설 111
II 항공우주기술 112

제2장 생명과학기술과 법 115

제1절 개 요 115

I 생명과학기술 115
II 생명과학기술의 정의 117
III 생명과학의 범위 124
IV 생명과학기술의 국내 규제제도 130
V 생명과학기술 분야의 최근 이슈 138
VI 생명과학기술 관련 문제 141

제2절 생명과학기술의 국제법적 규제 144

I 뉘른베르크강령 144
II 헬싱키선언 146
III 인간 게놈과 인권에 관한 보편 선언 148

Ⅳ 생의학 인권협약 151
Ⅴ 세계 주요국의 생명과학에 대한 규제 154

제3절 배아복제 연구와 생명윤리 158
Ⅰ 서설 158
Ⅱ 인간복제 159
Ⅲ 인간복제 연구 165
Ⅳ 우리나라 줄기세포 연구의 인간복제와 생명윤리 170

제4절 줄기세포와 미생물 보호 181
Ⅰ 신규물질의 보호 181
Ⅱ 특허 출원 181

제3장 정보통신기술과 법 184

제1절 정보통신기술 184
Ⅰ 서설 184
Ⅱ 통신과 컴퓨터 프로그램 189
Ⅲ 정보통신기술 191

제2절 반도체와 전자기술 193
Ⅰ 서설 193
Ⅱ 전자기술과 반도체 195
Ⅲ 반도체물질의 특성과 기능 198
Ⅳ 반도체의 제조 206

제3절 인터넷과 네트워크 209
Ⅰ 인터넷의 발달과정 209
Ⅱ 인터넷 사업 210
Ⅲ 도메인 네임 213
Ⅳ 네트워크 214

제4절 정보통신기술 관련 법 215
Ⅰ 서설 215
Ⅱ 정보통신관련 제도 216

제3편 특허정보 · 229

제1장 특허정보개론 230

제1절 의 의 230

I 특허정보 230

II 특허정보 취득에 필요한 요소 237

제2절 특허조사 3요소 241

I 키워드 241

II 특허분류 249

III 특허분류의 이해 251

IV 특허조사범위설정 265

제2장 조사보고서 작성 271

제1절 선행기술조사 271

I 구분 271

II 조사목적에 따른 검색 전략 271

제2절 조사보고서 275

제3장 특허분석과 특허맵 282

제1절 특허분석 282

I 서설 282

II 특허분석의 종류 284

제2절 특허 맵 285

I 작성순서 285

II PM작성요소 287

III 정량분석 290

IV 정성분석 294

제3절 특허맵 작성사례 297

I 건수 추이맵 297

II 동적 맵 297

III 구성비 맵 298

IV 매트릭스 맵 298

V 레이더 맵 299

Ⅵ 구성요소표시 맵 300
Ⅶ 기술발전도 맵 300
Ⅷ 리스트표시 맵 301

제4편 과학기술육성제도 • 303

제1장 지적재산권과 그 보호제도 304

제1절 개 요 304

Ⅰ 의의 304
Ⅱ 지적재산권 304
Ⅲ 산업재산권 306
Ⅳ 문화재산권 306
Ⅴ 지적재산권 제도의 세계적 통일화 307

제2절 지적재산권 보호제도의 세계적 통일화 308

Ⅰ 지적재산권에 관한 국제기구 및 조약 308
Ⅱ 지적재산권의 범위 312

제2장 지식재산기본법 313

제1절 의 의 313

Ⅰ 지식재산기본법의 제정 313
Ⅱ 구성과 내용 313
Ⅲ 지식재산기본법의 성격 315

제2절 지식재산기본법의 이해 316

Ⅰ 총칙 316
Ⅱ 지식재산 정책의 수립 및 추진 체계 318
Ⅲ 지식재산의 창출, 보호 및 활용 촉진 321
Ⅳ 지식재산의 창출, 보호 및 활용 촉진을 위한 기반 조성 327
Ⅴ 보 칙 331
Ⅵ 부칙 332

제3장 특허법 334

제1절 총 설 334

Ⅰ 목적 334
Ⅱ 발명의 공개와 보호 339

제2절 발명의 종류 342
Ⅰ 구분 342
Ⅱ 물건의 발명 343
Ⅲ 방법의 발명 344
Ⅳ 동·식물 발명 345
Ⅴ 미생물발명 345
Ⅵ 컴퓨터 프로그램 관련 발명 347
Ⅶ BM 발명 350

제3절 직무발명 352
Ⅰ 제도설립의 목적 352
Ⅱ 직무발명 내용과 발상 353

제4절 특허 기대권의 주체와 객체 354
Ⅰ 서설 354
Ⅱ 권리주체 355
Ⅲ 권리객체 360

제5절 특허출원 360
Ⅰ 의의 360
Ⅱ 출원서와 명세서 361
Ⅲ 출원절차 363
Ⅳ 특허청구범위 제출 유예제도 364
Ⅴ 우선권 주장 365

제6절 명세서 작성 370
Ⅰ 작성요령 370
Ⅱ 특허청구범위 373
Ⅲ 명세서 작성사례 381

제7절 특허 요건 387
Ⅰ 서설 387
Ⅱ 적극적 요건 387
Ⅲ 소극적 요건 406

제8절 심사 407
Ⅰ 서설 407

II 방식심사 408
III 절차의 보정과 무효 410
IV 보정 411
V 심사청구 412
VI 우선심사 414

제9절 분할출원과 변경출원 415
I 분할출원 415
II 변경출원 416

제10절 출원공개와 정보제공 418
I 출원공개 418
II 정보제공 420

제11절 특허권 421
I 특허와 특허권 421
II 특허권자의 보호 425
III 특허권존속기간 연장제도 427
IV 특허권의 이전 428

제12절 실시권 430
I 실시권 제도의 목적 430
II 전용실시권 430
III 통상실시권 432

제13절 심판 · 재심 · 소송 · 상고 436
I 심판 436
II 특허심판의 종류 440
III 재심 452
IV 소송 454
V 상고 456

제14절 국제특허출원 457
I 서설 457
II 국제특허협력조약 457
III 용어정의와 사용 예 458
IV PCT출원 절차 460
V PCT출원 절차 462
VI 국제조사 465

Ⅶ 국제예비심사 467
Ⅷ 국내단계로의 진입 469
Ⅸ PCT-EASY 국제출원제도 470
Ⅹ 국제출원의 취하 470

제4장 디자인보호법 471

제1절 총설 471
Ⅰ 디자인의 보호 471
Ⅱ 보호디자인의 성립 473

제2절 디자인 특유의 보호제도 487
Ⅰ 유사디자인제도 487
Ⅱ 한벌 물품디자인제도 489
Ⅲ 비밀디자인제도 490
Ⅳ 부분디자인제도 491
Ⅴ 동적디자인제도 493

제3절 디자인의 심사 495
Ⅰ 목적 495
Ⅱ 적극적 요건 496
Ⅲ 소극적 요건 505

제4절 출원디자인의 등록과 디자인권 506
Ⅰ 등록절차 506
Ⅱ 디자인권 506
Ⅲ 실시권 507

제5절 이의신청 507
Ⅰ 의의 507
Ⅱ 이의신청절차 507
Ⅲ 이의신청의 보정 · 답변 · 결정 508
Ⅳ 이의신청불복 금지 508
Ⅴ 기타 508

제5장 상표법 509

제1절 총설 509
Ⅰ 상표와 상표법 509
Ⅱ 상표의 유사개념 513

Ⅲ 상표법 515

제2절 상표등록출원 516

Ⅰ 상표등록출원과 구분류 516

Ⅱ 상표등록출원의 제 원칙 518

Ⅲ 우선권주장 519

제3절 상표의 국제출원 519

Ⅰ 개요 519

Ⅱ 국제출원절차 520

Ⅲ 재출원에 관한 특례 520

Ⅳ 유럽공동체 상표등록출원 521

제4절 상표심사 521

Ⅰ 상표등록출원의 심사 521

Ⅱ 출원보정과 분할출원 및 변경출원 532

Ⅲ 이의신청 534

제5절 상표권 534

Ⅰ 상표권과 존속기간 534

Ⅱ 상표권의 효력제한 535

Ⅲ 사용권 536

Ⅳ 상표권자의 보호 537

Ⅴ 상표권의 소멸 537

제6절 상표권의 심판 · 재심 · 소송 · 벌칙 537

Ⅰ 개요 537

Ⅱ 심판 538

제6장 저작권법 540

제1절 총 설 540

Ⅰ 저작물과 저작자 540

Ⅱ 저작자 551

제2절 저작권 554

Ⅰ 저작권의 발생 554

Ⅱ 저작물의 등록 555

Ⅲ 저작권의 종류 557

Ⅳ 저작권의 제한과 출처의 명시 566

V 저작권침해와 구제 571

제5편 산업기술 보호제도 • 577

제1장 과학기술기본법 578

제1절 개요 578

제2절 해 설 579

I 총칙 579

II 과학기술정책의 수립 및 추진체제 580

III 국가과학기술위원회 582

IV 과학기술 연구개발 추진 587

V 과학기술투자 및 인력자원의 확충 593

VI 과학기술기반 강화 및 혁신환경 조성 596

제2장 산업기술의 유출방지 및 보호에 관한 법률 600

제1절 개요 600

I 총설 600

II 산업기술의 유출방지 및 보호에 관한 법률 605

제2절 기술이전의 시점 621

I 기술이전 621

II 기술이전과 수출시점의 판단 (산기법 제11조 제1항의 해석) 631

III 정리 641

제3장 영업비밀과 그 보호제도 643

제1절 부정경쟁과 영업비밀 643

I 의의 643

II 영업비밀 성립 요건 646

제2절 영업비밀침해에 대한 구제 649

I 민사적 구제 649

II 형사적 구제 650

III 영업비밀과 관련되는 제도와의 비교 650

제4장 기술자료 임치제도 653

제1절 기술자료 임치 제도의 개요 653

I 서설 653

II 기술자료 임치대상물 655

제2절 기술자료 임치계약 656

I 계약유형 656

II 효과 657

제3절 제도의 비교 657

I 특허제도와 기술자료 임치제도 657

II 해외국의 임치제도 운영현황 658

부 록 659

색인 (INDEX) 672

제1편

총설

SCIENCE TECHNOLOGY & INTELLECTUAL PROPERTY

1장 기술과 그 역사

SCIENCE TECHNOLOGY & INTELLECTUAL PROPERTY

1절 기술의 역사

I 선사시대와 기술

1. 인류 역사와 과학 기술의 역사

가. 학습의 목적

역사[history] 란 인류사회의 탄생과 흥망의 변천과정이나 그 기록을 말하며 인류의 발자취 또는 연혁으로도 표현하기도 한다.

인류의 역사란 만물의 영장[靈長]인 인간이 지구에 등장하여 오늘에 이르기까지의 발자취를 말하므로 인류역사를 탐구하면 과거와 현재의 인류문명 발달과정을 살필 수 있게 되고 이를 통해 인류의 미래를 설계할 수 있다.

인류역사를 살피는 과정은 당대의 인류가 사용하거나 개발한 증거물 또는 흔적을 파악하는 것이므로 여기에 과학기술이 접목되어 보다 정확하고도 사실적인 역사를 확인시켜주게 된다.

인류역사를 살핌에 있어서도 과학기술은 논리적이면서도 사실적이고 효율적으로 그 근거를 제시하는 도구가 된다는 점에서, 그리고 인류역사는 과학기술의 역사와 함께 이루어져 왔다는 점에서 인류역사와 과학기술의 역사를 함께 다루어야하는 명분이 발생한다.

나. 역사의 구분

인류의 역사는 인간이 사용한 도구와 적용기술에 따라 석기시대와 청동기시대 그리고 철기시대로 구분하는 것이 일반적이며, 문자를 이용한 기록을 남겼는지의 여부에 따라 석기시대는 선사시대[先史時代]로, 청동기와 철기시대는 역사시대[歷史時代]로 구분하기도 한다.

원시시대의 기술이라고 해봐야 자연물을 이용하여 자신을 보호하기 위한 생존본능에서 비롯된 것들이 대부분이겠지만, 인간의 집단생활이 이루어지면서 생산과 소비를 충족시키고 문명을 발달시킴에 있어 필요한 요소는 다름 아닌 과학기술과 그 발달이었다.

과학[scinece]은 자연원리를 탐구하는 자연 기초적 학문인데 비해, 기술[technology]은 인간이 시행착오를 겪으면서 지득한 경험을 효율적이면서도 동일한 과정과 결과가 도출되도록 정형화시킨 수단을 말한다.

따라서 과학과 기술은 서로 독립적으로 발전되어 왔지만 이 둘은 상호 보완적으로 또는 하나가 다른 하나를 리드하면서 우리의 문명을 발달시켜왔다는 점에서 상호 분리하기 보다는 「과학기술」로 통칭하는 것이 일반적이다.

한편, 과학기술의 발달은 인간과 자연에게 긍정적인 면과 부정적인 면을 함께 제공할 뿐만 아니라 공동생활을 영위하는 인간의 특성상 이를 제어할 수 있는 공감적 강제수단이 필요하여 사회적 강제규범, 즉 법[Law]을 만들어 이를 운영하고 있다.

따라서, 인류역사와 과학기술의 발달을 살핌에 있어서 당대의 운영되던 법[Law], 즉 제도의 발달을 배제시킬 수 있는 것이 아니라는 점에서 과학기술과 법의 연계적 탐구는 함께 이루어져야 한다.

인류역사와 과학기술의 역사를 탐구함에 있어서 이들과 함께 발달해온 각종 제도의 발달을 함께 학습하는 것은 또한 이 교재의 발간목적과도 부합한다.

상기한 학습범위를 토대로 먼저 인간이 사용하는 도구나 기술에 따른 분류기준인 석기시대, 청동기시대, 철기시대를 지나 최첨단 문명의 현대에 이르기까지 발달과정을 인류역사에 따라 간단히 살펴보기로 한다.

2. 태양계와 지구의 생성

가. 우주와 태양계의 탄생

인류가 현존하는 지구를 기준으로 볼 때, 지구는 태양계에 속하고 태양계는 우주의 끝없는 은하계중 한 부분에 불과하다는 점에서 지구와 인류의 탄생과정은 태양계 형성부터 고찰하는 것이 일반적이다.

은하계는 별들로 구성되고, 별의 탄생기원에 대해 많은 학자들은 「초신성」설[1]을 주장하나, 1980년대 초부터 천문학계는 어린 별들을 관측한 결과 이들이 먼지와 가스로 이루어진 차가운 원반에 둘러싸여 있음을 알게 되어 「성운설」을 지지하기도 한다. 성운설의 골자는 태양계는 지금으로부터 약 45억 6천만 년 전 가스 물질(성운)로부터 생성되었다고 보는 학설이다.[2]

---

1) 초신성은 거대한 별이 죽음을 맞이하면서 그 안의 물질들을 사방으로 흩뿌리는 현상을 말한다.

2) 영국의 지질학자 '아서 홈스'(Arthur Holmes; 1890~1965)는 최초로 방사성 물질을 이용하여 지구 나이를 계산하였다. 그는 1929년 맨틀대류설을 주장한 지질학자로, 오늘날에도 과학자들은 방사성 물질을 이용하여 암석을 나이순으로 나누고 있다. 〈출처: 위키백과, 2013.1.10〉

〈원시 행성계 원반의 상상도[3]〉

나. 지구의 탄생

지구는 태양계의 행성으로 먼지들과 태양가스 등이 결합해서 형성되었다고 본다. 무거운 원소들은 지구 중심부로 쏠렸고 용암이 펄펄 끓는 완전 액체상태의 불덩어리였을 것으로 추정한다.

태양계 형성과정은 아래와 같은 순서로 추정한다.

- 가스 구름 수축
- 원시태양 형성
- 기타 물질들은 응축하여 원시태양 주위의 원반 형성
- 응축과정에서 소용돌이 형성 : 중심부의 온도상승(1천만 도)
- 중심에서 태양이 탄생하여 빛 발생 : 핵융합반응
- 주위의 회전 원반으로부터 미행성 형성
- 미행성들이 서로 충돌하고 합체하여 큰 행성 만듦
  (무거운 물질은 중심으로, 가벼운 물질은 표면으로)
- 태양계 성운은 수소나 헬륨 같은 가벼운 원소 + 무거운 원소로 구성
- 1세대 별에서 생성된 무거운 원소와 가스가 초신성 폭발
- 서서히 수축
- 지구 생성

지구의 형성과정에서 운동에너지가 열에너지로 전환되어 마그마 바다가 형성되고 현재의 지구 형태를 이루게 된다.

다음 그림은 지구의 형성과정을 예시한 것이다.

3) 출처: 위키백과, 2013.1.13.

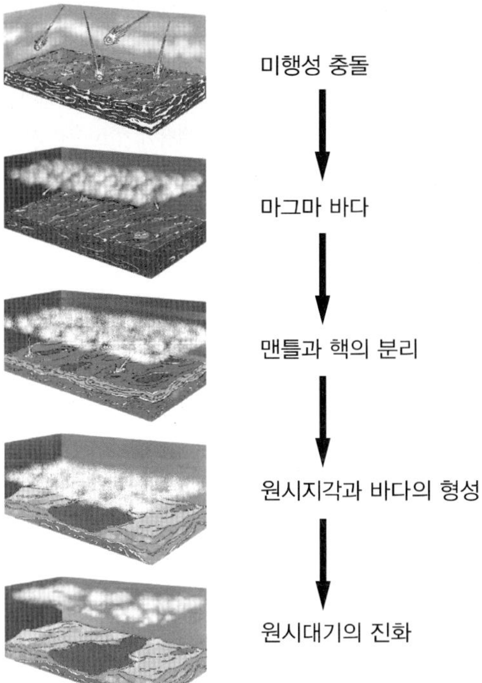

지구형성과정

다. 지구와 생물체의 탄생

44억 년 전, 용암이 응고되면서 지구의 지층은 화산암층으로 바뀐다.

지구의 표면이 식으면서 암석은 다량의 '이산화탄소'를 배출하여 지구는 이산화탄소로 덮이고 지르콘 결정의 암석이 남게 된다.

42억 년 전, 다량의 물이 지표면에서 증발하여 공기 중으로 수분이 유입되었다. 이 물은 당시 지구를 덮고 있던 이산화탄소와 결합하여 엄청난 양의 호우를 수백만 년 동안 꾸준하게 내리게 하는 원리를 설명할 수 있게 한다.

따라서 지구는 지표면의 90% 이상이 물로 뒤덮여 원시바다를 형성하게 된다.

물바다 행성은 5억 년 동안 지속되었고, 다시 시작된 화산 활동으로 다른 암석이 생기면서 대륙이 생긴다.

34억 년 전, 화산 활동의 결과로 해저면이 융기하여 대륙을 만들고, 지구는 화강암 행성이 된다. 이 시기에 바다에서 햇빛을 받아 생명이 탄생한다. 이는 산소의 존재를 뜻하는 것으로 최초의 단세포 생물이 원시바다에서 만들어지고 다시 생명체들은 진화하여 수면 위로 극상하게 된다.

20억 년 전, 해안에 유기체가 출현한다. 미생물의 얇은 막이 형성되어 스트로마톨라이트가 형성된다. 태양빛으로 양분을 흡수한 뒤, 배설물이 침전되어 단단한 암석이 된다. 남조류는 시아노박테리아로 광합성이 가능했다. 이러한 광합성 작용에 의해 산소가 배출되면서 이산화탄소 막이 사라진 바다와 공기는 지구를 가장 깨끗하게 빛나는 푸른색 행성으로 만들었다.

15억 년 전~10억 년 전의 '로디니아'는 남극 쪽을 모두 덮을 만큼의 초대륙이었다. 적도에 흐르는 난류성 해류가 차단되면서 극지방은 얼어붙기 시작하고, 그 결과 빙하가 태양광선을 반사하면서 지표면의 온도를 하락시킨다.

7억 년 전, 지구 전체가 거대한 눈덩이처럼 변하는 '지구동결현상'을 맞는다. 해양박테리아, 녹조류들은 극소수만 빼고 모두 절멸되었다.

6억 5,000만 년 전, 로디니아가 1.6km 두께의 얼음장으로 뒤덮인 지표면을 이탈하면서 기후가 변하기 시작하고, 화산 폭발로 로디니아가 분리되며, 화산활동으로 인한 이산화탄소 배출로 지구에 온실효과가 발생한다.

6억 3,000만 년 전 지구동결현상이 끝난다.

5억 5,000만 년 전 로디니아가 분리된 곳은 산소가 풍부하고 해양 생물계의 진화가 빠르게 진행된다.

5억 4,200만 년 전, 진화 역사상 가장 거대한 '캄브리아기 대변동', 혹은 '캄브리아기 대 폭발'로 일컬어지는 '진화의 빅뱅' 시대가 도래한다.

5억 4,200만 년 전~5억 3,500만 년 전 사이에 38개의 많은 동물문이 진화한다.

4억 년 전 오존층 형성, 3억 년 전 열대성 습지형성 등 지구는 다양한 형태로 진화하여 현재에 이른다.

라. 생명체 탄생의 실험

지구에서 생명체 탄생의 근거에 대한 학설은 분분하지만 크게 자연발생설과 외계비래설로 구분할 수 있다.

오파린Oparin, 1924의 가설은 원시대기에 초자외선이 단순 유기물질인 아미노산을 만들고, 원시바다의 반응으로 단백질이 형성되고, 미세구형체Coaservate가 원시세포를 구성하면서 원시생명체가 탄생했다고 본다.

밀러Miller, 1955는 원시대기의 메탄+수소+수증기가 번개 등에 의해 고전압을 받아 아미노산이 형성되는 방전실험을 통해 원시생명체의 탄생 근거를 내놓았다.

원시지구

- 원시대기 : 이산화탄소(CO_2), 질소(N_2), 메탄(CH_4) — 탄소화합물의 합성에 필요한 탄소공급원
  수소(H_2), 수증기(H_2O), 암모니아(NH_3) — 단백질, 핵산, ATP의 합성에 필요한 질소공급원
- 에너지원
  : 태양의 자외선, 우주방사선, 화산활동, 번개 등에 의한 풍부한 에너지 공급
  화학반응 활발

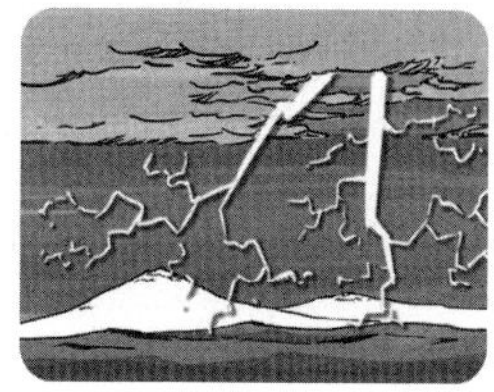
오존층의 부재로 자외선 산재

최근의 생명체 기원에 대한 7가지 가설[4]은 1) 생명체가 지구 밖 우주 어디에선가 왔다는 지구 밖 기원설("판스페르미아"라고도 한다), 2) 생명체는 RNA와 같은 복잡한 분자로부터 진화한 것이 아니라 보다 작은 분자들이 상호 반응하는 과정에서 시작됐을 것이라는 단순시작, 3) DNA와 단백질을 만드는데 필요한 RNA기능계승의 "RNA 월드", 4) 초기 지구(30억년)형성시의 두꺼운 얼음층이 자외선과 운석 등의 충돌로부터 손상되기 쉬운 물속 유기화합물을 보호하는 역할로 생명체가 탄생했을 것이라는 저온 출발Chilly Start, 5) 수소가 풍부한 주요 분자들을 내뿜는 해저의 열수공에서 생명체가 시작됐다는 심해열수공, 6) 최초의 생명체 분자가 흙에서 만났다는 진흙Community Clay설, 7) 밀러의 실험에서 밝히듯 물과 메탄, 암모니아, 수소가 포함된 원시대기로부터 아미노산과 설탕이 만들어져 생명체의 핵심구성단위를 창조했다는 전기스파크 설 등이 있다.

3. 지질시대

지질시대는 태양계의 한 행성으로 지구가 탄생한 이후 지구의 역사에 해당되는 시기를 말한다. 아래 표는 지질시대를 간략하게 도시한 것이다.

대	선캄브리아대		고생대						중생대		
기	시생대	원생대	캄브리아기	오르도비스기	실루리아기	데본기	석탄기	페름기	트라이아스기	쥐라기	백악기
연대	38억년		5.7억년	5.1억년	4.39억년	4.08억년	3.6억년	2.9억년	2.45억년	2.08억년	1.46억년
특징	생물등장		삼엽충	필석류	최초육상생물	고사리식물	푸줄리나	겉씨식물	공룡·암모나이트	시조새·두족류	속씨식물

4) 라이브 사이언스, 2013.1.3.

4. 인류의 탄생과 진화

현생 인류가 어디에서부터 왔는가 하는 것은 단일 지역 즉, 아프리카에서 기원했다는 설과 여러 지역에서 동시에 기원했다는 설로 나뉜다.[5)]

가. 아프리카 기원설out of Africa

대부분의 과학자들은 현생인류의 직계 조상은 약 10만 년 전 아프리카에서 갑자기 출현했으며 그로부터 5만 년 전까지 그 전에 이미 정착해 살고 있던 네안데르탈인 등 모든 다른 종들을 대체했다는 이른바 '아프리카 기원설' 또는 '단일지역 기원설'을 주장한다.

이 설에 따라 그린 인류의 가계도 모양이 마치 노아의 방주 앞부분을 닮았다고 해서 아프리카 기원설은 일명 '노아의 방주 모델noah's ark model'로 불린다.

미국의 유전학자들은 이미 지난 1987년 DNA 연구를 통해 인류의 기원이 아프리카인이라는 주장을 뒷받침했다. 사람의 미토콘드리아 DNAmtDNA가 모계를 통해서만 전해진다는 사실로부터 출발, 현생 인류의 가계도를 거슬러 올라가 보니 현대인의 근원지는 아프리카 대륙이었으며, 어느 한 여성(미토콘드리아 이브)이 인류의 공통조상이 된다는 것이다.

또 하나의 증거는 인류의 오랜 화석이 아프리카에서 집중적으로 출토되고 있다는 점이다. 에티오피아의 하다르 계곡에서 발견된 일명 '루시'라고 불리는 2백50만 년 전의 '오스트랄로피테쿠스 아파렌시스'나 탄자니아 올드바이 유적에서 발견된 여러 점의 인류화석이 그것이다.

나. 다지역 기원설multiregional continuity model

일부 과학자들은 약 200만 년 전 호모 에렉투스가 아프리카를 떠나온 것을 계기로 유럽과 아시아 여러 지역에서 인류가 독자적으로 발전해 왔다고 주장한다. 흔히 '촛대형 모델candelabra model'로 불린다.

끝이 여러 갈래로 나눠진 촛대처럼 아득한 옛날 인류는 한 뿌리에서 자라났지만, 현생 인류 이전에 여러 갈래로 나뉘어 세계 곳곳에서 발달했다는 설명이다.

오늘날 각 지역의 현대인들은 해당 지역에서 오랜 세월 동안 진화해온 결과이기 때문에, 여러 지역에 흩어져 살던 호모에렉투스로부터 진화하여 유전자 교환이나 유사진화를 거쳐 오늘의 호모사피엔스에 이르게 되었다는 주장이다.

---

5) http://terms.naver.com/entry.nhn?docId=71344 〈2012.6.1.방문〉

아래 그림은 인류 진화의 구분표와 진화도이다.

인류 진화의 구분표

인류 진화의 구분	猿人	原人	舊人	新人
대표 인류	오스트랄로피테쿠스/파란트로푸스(남아프리카) 잔잔트로푸스 (동아프리카) 약 250만~170만년	피테칸트로푸스 (자바원인) 시난트로푸스 (베이징원인)	네안데르탈인 약 30만년~7.5만년	크로마뇽인 3.5만년

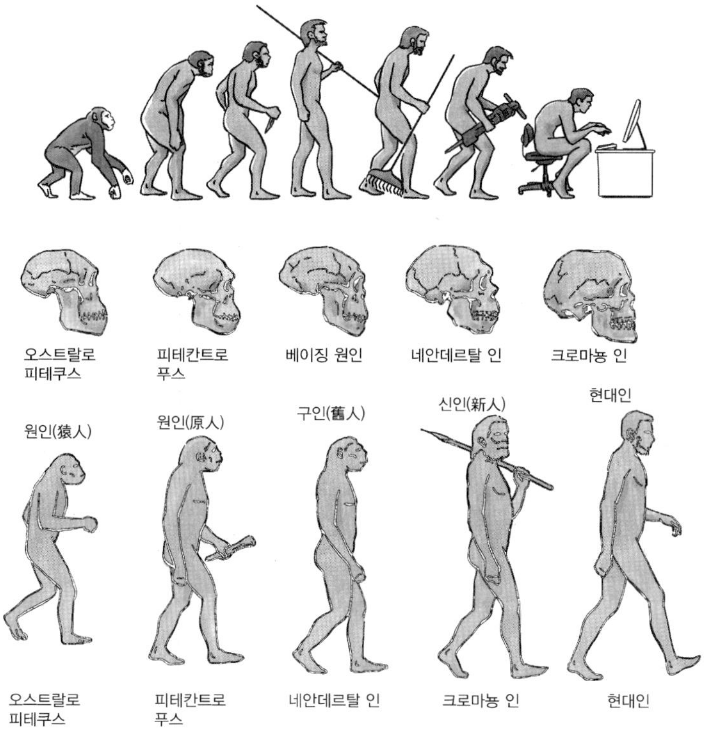

[진화도]

5. 고고학상 구분

고고학은 인류가 생활의 증거로 남긴 일체의 유적 · 유물의 발굴, 수집과 분석을 통해서 인류의 역사 · 문화 · 생활방법 등을 연구 복원하여 해석하는 학문이다. 인류의 탄생과 기술의 발달은 고고학적 분류의 의미를 부여한다.

고고학에서 분류하는 시대의 이름은 지역마다 큰 편차를 보이므로 공통적으로 사용되는 주요 시대를 구분해 보면 석기시대와 청동기 시대 그리고 철기시대로 구분하며, 유럽은 여기에 이어 로마시대와 중세시대 그리고 현대로 연결하여 세분한다.

6. 석기시대

가. 구분

석기시대는 구석기, 중석기, 그리고 신석기시대로 구분하며, 구석기는 다시 전기 구석기와 후기 구석기 시대로 구분한다.

석기시대는 구석기시대, 중석기시대, 신석기시대로 구분하여, 구석기시대를 대략 BC 150만 년 전부터 BC 1만 년 전까지, 중석기시대는 BC 1만 년부터 BC 7천 년 전까지, 신석기시대는 약 BC 7천 년부터 BC 6천 년 전까지로 본다.

석기시대의 기술이라고 해야 고작 돌이나 나무, 흙 등과 같은 자연물을 날카롭거나 가늘고 뾰족하게 가공하여 사용하는 정도였다. 이러한 도구들의 사용은 약 BC 4백만 년 전에 아프리카에 등장한 최초의 직립보행 유인원인 오스트랄로피테쿠스와 약 BC 250만 년 전에 나타난 손을 사용하는 인간[Homo Habilis]을 거쳐 약 BC 150만 년 전에 등장한 호모에렉투스와 함께 시작된다.

현생인류의 조상인 호모사피엔스는 구석기 중기인 BC 10만 ~ BC 20만 년 전에 출현한 것으로 추정하고 있는데, 이들은 동물을 사냥하고 가죽을 얻어 뼈를 활용했으며, BC 100만 년 전부터 사용되어온 불과 함께 수렵 활동으로 생존해 나가는 시대를 열어간다.

나. 구석기 시대

구석기 시대는 타제석기[6] 시대로 전기 · 중기 · 후기 구석기 시대 구분한다.

전기 구석기시대는 약 BC 240만 년 전~ BC 150만 년 전까지의 기간을 말한다. 아프리카 탄자니아의 올두바이 유적에서 출토된 올두바이 공작[Developed Oldowan Industry], 그리고 아리안 공작에서 보이는 주먹도끼나 양면 가공석기 등이 사용되었다. 무스테리안 공작과 같이 고도로 정제된 박편 가공기술도 사용되었다. 주로 종교나 예술행위에 많이 등장한다.

6) 타제석기(打製石器): 돌을 깨서 만든 돌연장.

후기 구석기 시대는 약 BC 4만 년 전~BC 1만 년 전까지를 말한다. 이 시대에는 눌러떼기Pressure flaking기법을 사용한 복합 도구 동굴벽화(라스코)나 비너스 상(빌렌도르프) 같은 인위적 표현이 이루어진다.

구석기인들은 남자는 수렵을, 여성은 채취를 했을 것으로 보이지만, 공동체를 구성하여 야생동물로부터 자신과 부족을 보호하고 자연에 적응하면서 후손을 번식시켜온 시기로 추정할 수 있다.

이 시대의 특징은 사유재산의 개념이 없고 기술을 이용하기보다는 다수의 힘을 모아 활용하는 원시적 형태의 사회성을 갖춘 것으로 짐작할 수 있다.

따라서 구석기시대의 기술은 생존본능에서 얻어진 자연물의 응용기술 정도의 자연적 생활기술로 요약할 수 있다.

나. 중석기시대

구석기시대 이후 약 BC 1만 3천 년부터 BC 1만 년까지의 사이(혹은 BC 1만 년~BC 7천 년)를 중석기시대로 구분한다.

중석기시대를 구석기시대와 구분하는 기준은 농경의 시작 유무이다. 농경에는 여러 형태의 나무나 돌을 조합한 결합형 도구를 만드는 기술을 필요로 하고, 인간의 힘을 응용한 원리, 즉 화살이나 통나무를 이용한 운반수단 등이 개발되어 새로운 석기시대인 신석기시대를 열게 된다.

따라서 중석기시대는 자연물의 단순한 이용기술에 인간의 힘을 응용한 기술을 발전시켜 혁명적으로 신석기시대를 구획 지어주게 한다.

농경은 지구가 빙하기로부터 벗어났다는 의미이며, 따라서 농경과 수렵 및 채집활동에 따른 여러 발전적인 도구들이 등장한다.[7]

7) 중석기시대에는 사슴뿔과 차돌로 된 손도끼, 갈퀴, 돌이나 나무 가죽으로 된 그릇, 가는 나뭇가지로

다. 신석기시대

신석기시대는 약 1만 년 전에 발생하여 중석기시대의 농경에 따른 정착생활이 보다 구체화되어 촌락을 형성하는 집단생활이 이루어지는 시기이다.

정착 생활을 하는 촌락의 형성은 이동해야 하는 수렵시대에 비해 많은 인구증가를 가져오고 생산과 수요의 시장원리가 형성된다. 이 때문에 필요한 것을 얻기 위한 전쟁이 발생하게 된다.

따라서 외부의 적으로부터의 보호를 위한 무기와 정착에 따른 의식주 해결을 위한 농기구의 개발과 활용을 위해 석기 연마나 절단 같은 가공기술이 생겨나게 된다. 곡식을 빻는 돌절구와 짐승을 가축화하여 농사 등에 이용하는 기술의 발달이 가능해진 것이다.

농경의 시작과 함께 간석기(갈아서 만든 석기-마제석기)의 발명으로 구분되는 신석기시대는 오늘날까지 이어지는 벼농사를 시작한 시기여서 더 큰 의미가 있다.

신석기시대 초기의 조, 피, 수수 재배에 이어 약 5,000년 전쯤부터 시작된 벼농사는 이동생활에서 정착생활로, 채집경제에서 생산경제로 사회적 변화를 가져오는 계기가 된다. 나아가 집짓는 기술이나 옷 만드는 기술, 공동생활에 필요한 집기 등의 기술이 발달하게 될 여지를 보유하게 된다.

또한 농업 생산물의 운반이나 저장, 조리 등을 위한 토기로 질그릇이 발명되는 바, 이들을 견고하게 만들기 위한 불의 이용과 각종 디자인 및 실용성의 가미는 화학기술을 기초로 하는 과학기술의 태동을 의미한다고 볼 수 있다.

한편 볍씨 등을 음식으로 만들기 위한 절구나 갈판 등이 더불어 개발되고, 돌의 마찰을 이용하는 맷돌이나 물레방아 등의 기술이 필연적으로 등장하게 된다.

농경에 관련되는 기술과 함께 신석기시대의 또 다른 주요 기술은 보다 체계적이고 효율적인 육상동물과 해양동물의 사냥기술이다.

이는 돌화살촉은 활이나 창을 이용한 사냥용 도구와 같은 유물로도 확인할 수 있으며, 유적지에서 발견되는 사슴, 노루, 멧돼지, 개 등 짐승의 뼈는 야생동물의 가축화와 더불어 각 짐승의 종류와 생태에 따라 그에 맞는 사냥도구와 방법이 개발되어 사용되었음을 보여준다.

동시에 강이나 바닷가에서 물고기를 잡는 기술도 이때부터 이루어진 바, 유적지에서 조개더미, 물고기 뼈, 그물추, 낚시 바늘, 작살, 배 등이 출토된 것이 당시의 기술을 가늠할 수 있는 증거가 된다.

집짓는 기술에 있어서도 바로 땅을 파고 짓는 움집에서 사다리나 계단을 이용한 동굴의 활용, 나무집을 비롯하여 점차 지상으로 올라와 지붕과 벽이 나뉘어 만든 거주용 집이 탄생하기 시작한다.

짜여진 그릇, 일인용 목선, 썰매, 활, 낚시기구 등의 도구가 사용되었다. 프리드리히 클렘, 『기술의 역사』, 미래사, p.9.

옷 짓는 기술도 많이 발달하여 뼈바늘로 짐승의 가죽을 꿰어 옷을 만들고 나아가 삼麻실과 풀줄기나 짐승 털을 비벼 꼬아 실을 만드는 등 오늘날의 옷감을 만드는 기술이 신석기시대부터 시작된 것이라 할 수 있다.

이를 정리해 보면, 신석기시대는 사냥과 채집 경제로부터 벗어나 농경생산 경제로 진입하여 정착생활이 시작되고, 따라서 정착생활에 필요한 여러 가지 도구와 장치들이 창안되고 개량되어 보다 편리하고 실용적이며 대단위 생산이 가능한 기술들이 등장하게 되는 시기라 할 수 있다.

7. 청동기시대

기원전 약 6천 년 전부터 시작된 청동기시대는 석기시대와 확연히 구분되는 기술사적 의미를 갖는다.

청동은 구리와 주석의 합금을 의미하지만 구리 발견 초기는 석기에 비해 매우 강하고 연성이 좋으며 여러 형태로 제작 가능하다는 잇점 때문에 경작에 필요한 보다 정교하고 오래 쓸 수 있는 도구나 전쟁무기가 개발된 청동기 시대를 개막한다.

구리광석은 흔하지 않았으나 제련이 쉽고 가공이 쉬웠으므로 구리를 재료로 하는 도구들은 부의 상징으로 활용되었다. 이 시대에 탄생한 문자는 역사와 종교, 기술의 기록은 물론 의사전달에 따른 다양한 직업을 탄생시켜 지배계급과 피지배계급의 사회적 분화의 결과를 낳게 하는 역할도 한다.

청동기시대의 발달 기술은 금속가공 기술, 관개 기술, 바퀴달린 차, 회전 녹로, 쟁기, 아치 건축물, 지레의 원리를 이용한 양수기, 비단 직조, 말이 끄는 전차 등으로 나타난다.[8)]

한편 이집트의 피라미드 신전이나 스핑크스, 크레타의 크노소스 궁전과 같은 건축물들이 청동기 시대에 등장했다는 것은 지배계급과 피지배계급의 분화에 더해 강력한 중앙집권적 절대 권력의 등장을 보여주는 것이다.

따라서 다양한 분야에 청동기가 활용되면서 기술 문명의 발달로 이어져 이 시대에 세계 4대 문명 발상지가 탄생하게 된다.

---

8) *Id.* p.13.

메소포타미아 문명 (BC 1만년~5천년)

중국문명 (BC 6천년~4천년)

인더스문명 (BC 6천년~4천년)

이집트문명 (BC 6천년~4천년)

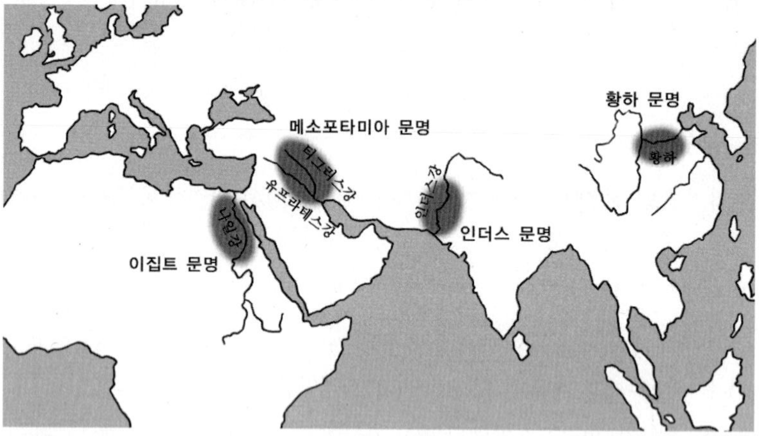

가. 메소포타미아 문명과 기술

메소포타미아문명은 BC 1만년~BC 5천년에 걸쳐 서아시아 티그리스강과 유프라테스강 사이의 지역 일대에 영구정착지를 형성하며 탄생된 바빌로니아 · 아시리아 문명을 말한다.

현재의 이라크를 중심으로 시리아의 북동부, 이란의 남서부가 포함된다. 메소포타미아 문명은 그로테펜트[독,1775~1853]가 고대어 해석을 통해 전설의 고대도시를 지속적으로 발굴하면서 알려지게 되었다.

이 지역에서는 BC 3200년 경 수메르인에 의해 도시국가가 형성되고, 함무라비 왕은 BC 1750년에 도시국가를 통일한다. 당시 수메르인이 가진 기술은 청동기 도구개발이었으며, 사회적으로는 표의문자와 쐐기형 문자를 사용하고 곱셈표와 원주율을 계산하는 수학공식이 전파되어 있었다.

바빌로니아인은 점성술, 천문학, 의학, 달력화학, 금속, 염색등에 뛰어났으며, 수학과 천문학이 발달하여 사원학교도 설립되었다.

당시의 함무라비법전[9]은 외과수술의 상과 벌을 규정할 만큼 체계화되었다.

9) 아무르인에 의해 세워진 바빌론은 제1왕조 제6대 왕인 함무라비의 아시리아 점령을 시작으로, 이신 · 라르사 · 마리 등을 정복하고, 엘람에서 시리아에 이르는 대제국을 건설하였다. 이로 인해 셈계 종족에 의한 바빌로니아 세계가 성립하였고, 바빌론은 오리엔트의 중심도시로서 번영하였다. 함무라비왕

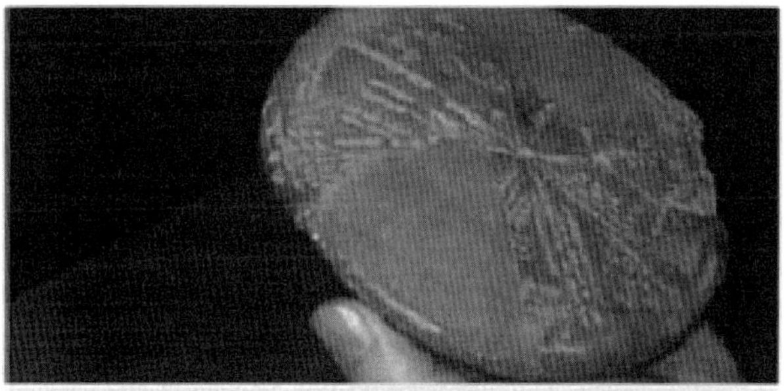

위 그림의 니네베 점토판은 BC 3,123년 6월의 오스트리아 알프스 지방에 일어난 엄청난 자연 재해를 기록한 것으로, 영화 '소돔과 고모라 멸망'을 연상할 수 있을 만큼의 기록을 남기기도 했다.

나. 이집트 문명과 기술

이집트 문명의 역사는 선왕조와 원왕조의 BC 3200~3150부터 그리스 로마의 알렉산더 대왕에 의해 멸망할 때까지의 시기를 말한다. 그 연표를 대략 살펴보면 다음과 같이 정리할 수 있다.

- 고왕국 시대(BC 3,150~BC 2,060): 1~0 왕조(수도 : 멤피스)
  메네스: 상하 이집트를 통일한 최초의 파라오
  피라미드 제작
- 중왕국 시대(BC 2,060~BC 1,670): 1~7 왕조(수도 : 테베)

의 사적(事蹟) 중 법전(함무라비법전)의 제정과 달력·도량형의 통일, 아카드어의 보급 등은 매우 중요한 업적이다. 이때부터 아카드어는 오리엔트 세계의 공통어로서 널리 사용되었다.〈 출처: 두산백과, 2013.1.10.〉

문화전성시대

- 신왕국 시대(BC 1,570~BC 525): 8~6 왕조(수도 : 아마르나)
  BC525년에 페르시아의 의해 멸망
- 말기왕조 (BC 525~332):27~31왕조 그리스 로마계(알렉산더 대왕에 의해 정복)

투탕카멘왕의 황금 마스크

Rosetta석

이집트 문명은 파피루스에 상형문자를 기록하면서 종래의 양피 등 동물가죽이나 돌 등에 기록하던 방식에서 벗어나 자유롭고 보관이 용이한 기록시대를 열었다.

쿠푸왕(BC 2,589~2,566)에 의한 피라미드 제조기술은 익히 알고 있는 바와 같으며, 나일강의 홍수를 관측하고 예방하기 위하여 행성운동(시리우스 별 운동) 주기 연구를 하는 등 과학기술 발달이 뛰어났다.

이집트의 기술은 실용적 면에서 천문학과 수학이 발달하였으며, 임호테프[Imhotep](BC 2,980), 에버스 파피루스[Ebers Papyrus](BC 1,550),에드윈 스미스 파피루스[Edwin Smith papyrus]에서 볼 수 있듯이 의학기술도 발달하였다.

피라미드 축조 등 역학 원리를 이용한 건축술의 발달은 10만 명의 인원을 3개월씩 교대로 20년을 동원할 수 있는 정치적 능력의 존재를 의미한다. 이집트 기술은 더불어 예술적 창의성과 실용성을 추구했을 것으로 추정한다.

이집트 문명은 법전보다는 관습에 의지하고, 사유재산을 인정하였다는 특징이 있었다. 특히 여성들의 사회활동이 활발하여 남성들에 버금가는 권리를 가졌는데, 여성이 법률상의 주체가 되며 이혼 시 여자가 재산의 1/3을 차지할 뿐만 아니라 재혼도 자유로웠다.

다. 중국(황화 · 장강)의 문명과 기술

중국 문명의 역사를 요약하면 다음과 같다.

- 선진시기

  하夏 : BC 2,100~BC 1,700

  상商 : BC 1,700~BC 1,050

  주周 : BC 1,050~BC 256

  춘추 전국 시대 : BC 770~BC 221- 진, 한, 제, 위, 조, 연

- 진한 시기

  진秦 : BC 221~BC 207

  전한前漢 : BC 206~BC 9

  신新 : AD 9~AD 23

  후한後漢 : AD 25~AD 220

  삼국시대三國時代 : AD 220~AD 280 - 위, 촉, 오

중국 문명은 페이리강 문화裴李崗文化(BC 7,000 ~ BC 5,000)를 그 기원으로 꼽는다. 황하문명은 BC 5,000년 ~ BC 4,000년경 황하강 유역의 황토층에서 발생한 문명을 말한다. 신석기시대에 양사오 문화와 룽산 문화[10], 은나라, 주나라로의 역사이동이 있었다.

황하문명의 기술적으로 빗살무늬토기와 간토기의 사용을 기준으로 양사오 문화와 룽산문화로 대표된다. 양잠기술이 발달하고, 은 왕조 시대에는 한자, 갑골문자, 10진법, 청동기술이 개발되었다. 주나라 시대에는 영농기술, 천문학(시경, 예기, 춘추), 태음태양력, 의학(편작)이 발달하였으며, 춘추전국시대에는 공자, 유가, 노자와 같은 대학자가 등장한다.

만리장성은 BC 208년부터 진나라 시대에 걸쳐 축조되어 현재에 이른다.

라. 인더스 문명과 기술

인더스 문명은 BC 2,000년경 파키스탄의 두 도시 하라파Harapa와 모헨조다로Mohenjo-Daro를 중심으로 전개된다. BC 1,500년경 아리아인의 침입으로 리그베다 경전이 전파되고, 카스트 제도가 정착한다. 인도의 대 철학서인 우파니샤드가 BC 800~BC 200년 사이에 출현하고, 윤회설에 입각한 브라흐만(우주)과 아트만(개인)교가 자리 잡는다.

인더스 문명 시대의 주요 기술 발달을 살펴보면, 물질의 근본이 되는 지, 수, 화, 풍의

---

10) - 양사오 문화(BC 4,000 ~ BC 2,000)-황하상류, 허난성
- 룽산 문화(BC 2,500 ~ BC 1,500)-황하하류, 산둥성

4대 원소를 인정하는 원자설이 주창되었는 바, 이는 아시카(경전)와 분리할 수 없다.

대수학이 발전하였으며, 천문학이 발달하여 태양, 달 5행성에 라후, 케투(천체)+9집(행성)이 연구되었다. 의학적으로는 체액설에 근본을 두고, 연금술, 불로장생의 의약 등의 개발이 이루어졌다. 건축기술이 발달하여 도시 건설 계획이 추진되고, 무게와 측정 단위의 통일, 특징적인 도자기류의 발달이 인더스 문명의 기술적 특성을 보여준다.

마. 고대 문명시대의 법전

고대 문명시대의 법전은 당대의 법제도를 확인시켜 준다.

메소포타미아 문명에서의 법전을 살펴보면 아래와 같다.

(1) 우르남무Ur-Nammu법전(BC 2,050, 수메르왕)

- 현존 최고 성문법
- 해독 가능한 법규는 약 20개
- 결혼, 신체 상해, 노예, 소송, 증인, 성에 대한 내용
  예) 남자가 아내와 이혼하려면(조건절), 그는 일 므나를 지불해야 한다(결과절)
- 배상의 원칙 적용 ⇒동태복수법

(2) 에쉬눈나Eshnunna법전(BC 1920, 아모리왕)

- 서문과 발문 없이 60여개 조문으로 구성
- 세율, 운임, 가족 관계, 성 문제, 노예, 동물에 의한 상해, 인간에 의한 상해
- 경제관련 조문: 대부나 이자계산
- 배상의 원칙 적용
- 왕이 판결

(3) 리피트 이쉬타르Lipit-Ishtar법전(BC 1,860, 리피트 이쉬타르: 수메르/아카트 왕조)

- 서문, 법규, 발문의 38조로 구성
- 배의 임대, 과수원, 노예, 세금, 결혼, 임차한 황소
- 법규를 잘 지키면 축복을, 어기면 저주를!

(4) 함무라비Hammurabi법전(BC 1,700, 함무라비왕)

함무라비법전은 나폴레옹 법전, 로마 법전과 함께 세계 3대 법전 중 으뜸으로 꼽는다. 이

법전이 갖는 의의는 BC 1700년경 함무라비 왕의 중앙집권 확립용으로 설형문자를 사용하여 만들어졌으며, 전문 282조[11]에 민법 · 상법 · 형법 · 소송법 · 세법 · 노예법 등을 총 망라할 정도로 체계화된 법전이라는 점이다. 따라서 현대의 법체계를 이루는 함의를 갖는다.

함무라비법전은 돌(비석)에 법신수사상法神授思想을 새긴 것으로, 법문은 엄밀하지 못하나 대체로 체계적이며, 계급적 법제도 · 신판神判 · 동해보복형同害報復刑(탈리오의 법칙) 등 고대적 풍습도 잔존해 있었다.

농업사회의 법 이외에 운송 · 중개 등 상사규정까지 포함하고 있고, 실체법 규정(특히 사법私法)보다는 수메르법과 아카드법을 절충시킨 것으로 볼 수 있다.

따라서 후세의 쐐기문자법(바빌론법 · 아시리아법)에 큰 영향을 미치게 되며, 로마의 십이표법十二表法 · 헤브라이법法에도 영향을 미치게 된다.

(5) 고대 중국의 법전

고대 중국의 법전 중 으뜸은 주례周禮를 꼽을 수 있다.

주례는 유교 중심의 주周 나라 왕실의 관직 제도와 춘추전국시대 각국의 제도를 기록한 경전이다. 당시의 법전은 율령[12]으로 6세기말 수나라의 율령격식의 체계로 완성된다.

(6) 인더스의 법전

(가) 리그베다 경전

"리그베다 상히타"의 약칭으로, BC 2000~BC 800년에 현재의 형태로 정비 · 편찬되었다. 리그는 성가聖歌, 베다는 경전, 상히타sahitā는 경전의 집성을 의미한다.

총10권 1,028의 운문韻文의 찬가로 베다의 여러 신을 찬미하는 종교시이다.

---

11) 총282개 조항:
- 총칙(1-5조)-심판, 시죄법, 위증
- 도둑죄(6-25조)-절도, 유괴, 강도, 화재 터 도독
- 군인, 관리의 의무(26-41조)
- 농업법(42-66조)
- 상업법(92-120조)-대부, 이자, 행상인, 소매상인, 의탁품, 차입, 부채, 공탁과 분실
- 가족법(127-193조)-가족, 결혼, 이혼, 첩의 위치, 처의 재산, 여승의 결혼, 지참금, 재산분배, 상속, 노예와 자유인의 결혼 및 재산의 분배, 양자
- 상해와 상해치사
- 직업법-의사, 수의사, 이발사, 건축가, 조선업자, 가축의 대차와 보상, 노동자, 선박과 수레의 임대, 노예

12) 율 : 기본법(진한)형벌법
영 : 황제의 칙에 따라 수시로 개정 · 보완되는 법. 비형벌법

리그베다-브라만교의 성전13)

(나) 마누 법전Code of Manu,연대미상

마누Manu는 인류의 시조라는 의미이다. 마누법전은 BC 200~AD 200년경 제작된 종교성전으로 전편 12장 2,684조의 산스크리트 운문으로 작성되어 있다. 인도에서의 법은 종교 · 도덕 · 관습을 따르며, 이 법전은 힌두인이 지켜야 할 법法, 다르마을 규정하고 있다.

우주의 개벽, 만물의 창조, 각종 의례, 일상적인 행사, 제사, 학문, 생명 주기, 국왕의 의무, 민법 · 형법 · 행정에 관한 규정, 카스트14)(사성제)의 규칙엄수와 속죄의 방법, 윤회輪廻와 업業, 해탈에 관한 논의와 법률론적 조항 중에는 상속법 · 혼인법 · 재판절차 등이 포함되어 있다.

8. 철기시대

구리를 주로 하여 도구를 활용하던 청동기시대와 구분하여 기원전 약 1천5백 년 전부터 7세

13) 밝게 빛나는 육체를 가진 인간은 천의 머리와 눈, 그리고 발을 가지고 지상의 사방세계를 뒤엎고 내양의 세계 위에 군림한다.
인간이야말로 진정 이 우주. 지금까지도 그러했고, 앞으로도 그러하리. 수식(nourishment)을 통하여 일어설 때 진정 불사의 지기자(master).
제왕은 진실로 위대하다. 인간으로 존재하는 사람은 더욱 위대하다. 중생은 인간의 한 부분이나, 세 부분은 천계에서 불멸하다.

14) 카스트제도: 포르투갈어 카스타(Casta,혈통)에서 유래. 브라만(승려).크샤트리아(왕이나 귀족), 바이샤(상인), 수드라(일반 백성 및 천민), 불가촉천민으로 계급을 형성시켜 세습시킴. 1947년 법으로 금지시켰으나 소멸되지 않음.

기까지를 철기시대로 부른다. 구리는 일정 지역에 분포되어 있어서 당시의 운송수단이나 거리, 그 양의 제한으로 중석기시대에 청동 자체가 부를 의미하였듯이 범용적이거나 실용적이지는 못했다.

따라서 구리보다 강하고 얻기 쉬운 철의 제련기술 발달은 거의 제한 없는 철의 활용시대를 열어주면서 보다 강력하고 효율적이며 실용적인 도구나 장치, 부품들을 만들고 다룰 수 있게 해준다.

철은 청동에 비해 원료가 세계 각지에 널리 분포되어 있어서 야철기술冶鐵技術만 습득하면 생산이 가능하고 이어 강鋼제조기술이 발명됨으로써 예리한 이기利器의 제작이 가능해져서 고대통일국가형성의 원동력이 되었다.

철의 보급은 대체로 메소포타미아지방은 기원전 13세기, 이집트는 기원전 12세기, 이란은 기원전 10세기, 유럽은 이보다 약간 늦은 기원전 9 · 8세기경으로 보고 있다.

중국에서 철은 그 문명의 발달과 달리 춘추시대 말에서 전국시대 초기에 등장하지만 여전히 주조로 된 농공기구가 주된 금속재료가 되고 무기 또한 청동제를 사용하는 등 강鋼의 생산은 상당히 늦게 이루어진다.

우리나라의 철기는 중국 전국시대 철기의 영향을 받아 기원전 4세기경에 사용되었으며, 철을 생산한 유적은 서북지방의 청천강유역, 중부지방의 한강 중상류지역, 경주지방, 경기도 마장리 유적이나 대심리 유적의 야철지冶鐵址의 흔적을 들 수 있다.

석기에 비한 금속의 사용은 가히 혁명적이라 표현할 수 있지만 청동기시대에 이어 철기시대를 구분하는 것은 시기나 지역으로 보더라도 명확하지 아니할 뿐만 아니라, 청동기와 철기는 혼용해서 사용된다는 점에서도 그 시대 구분의 실익은 없는 것처럼 보일 수도 있다.

그러나 보다 강한 도구나 수단의 개발과 공동생활에의 적용은 오늘날의 세분화된 정치 · 경제 · 사회 · 문화의 기초를 이루는 다양한 방면에 매우 큰 영향을 미쳐왔으며, 따라서 철기시대의 개막은 산업혁명뿐만 아니라 첨단 과학기술의 발달을 알리는 서막을 열었다는 점에서 더 큰 역사적 의미를 갖는 것이다.

II 고대 서구문명과 기술

1. 개요

서구의 역사는 고대, 중세, 근대(혹은 현대)로 구분한다. 시기적으로 고대는 그리스와 로마의 시대를, 중세는 서로마제국이 멸망한 이후를, 근대는 15세기 이후를 말한다.

그리스 로마시대는 기원전 8세기부터 기원후 5세기까지를 말하며, 중세는 5세기(정확히 서로

마가 멸망한 476년)부터 15세기 전까지이다.

그리스 로마시대가 갖는 중요 의미는 서구문화의 절대적 영향을 준 원류이기 때문이다. 그리스 로마시대의 여러 방면에 걸쳐 발달한 위대한 업적은 서구문화의 기초라 할 수 있다.

그리스 로마의 문화는 정치 · 종교 · 철학 · 예술 · 문학뿐만 아니라 수학 · 자연과학 · 법률 등 다양한 분야에서 현대문화에까지 영향을 미치고 있다.

그러나 그리스 로마시대하면 종교와 노예를 떠올리듯이 전쟁을 위한 무기 생산에 주력하면서 기술은 문화만큼 발달하지 못하여 고작 토목과 건축물, 병기에 관련된 기술이 전부라 할 만큼 대중적 기술의 발달은 내세울 것이 없다.

이는 상대적으로 그리스 로마시대에는 물질적 기술과 생산노동을 부정하고 오히려 신화와 철학의 발달을 보여주는 것으로, 철학에 견주어 기술에 대해서 플라톤이나 아리스토텔레스[15] 같은 당대의 철학자들조차 자유시민은 정치에 참여하고 철학에 전념해야 함을 설파하는 것과 같이 당대 기술의 가치에 대해서는 매우 인색하였다.

2. 서구역사의 구분

(1) 고대 서구문명

서구역사에서 고대는 그리스와 서로마시대를 말한다. 문명의 4대 발상지중 메소포타미아문명과 이집트 문명은 에게문명으로 이어지고, 에게 문명은 그리스 문명으로 이어짐으로써 서구문명의 시효는 그리스 로마로 이해되는 것이 일반적이다.

(가) 에게문명의 승계

지중해 동부의 에게[Aegae]해 주변, 크레타 섬을 중심으로 번성한 해양문명의 에게문명은 청동기시대(BC 2000년경)부터 미노스왕[16]에의한 중앙집권적 시기까지를 말한다.

---

15) 만일 생활만이 목적이라면 노예나 잔학한 동물들도 국가를 형성할 수 있을 것이나 그들은 행복이나 자유선택의 생활에 참여하는 것이 아니므로 국가를 형성하지 못한다. 농부와 기술자들은 노예나 동물들과 마찬가지로 국가를 형성하지 못한다는 것이다. 김덕영, 『기술의 역사』, 한경사, 2005, p.79.

16) 크레타섬의 전설적 왕으로, 해적을 평정해서 에게해 전역을 지배하는 한편, 크레타섬에 법을 만들어서 선정을 베풀었기 때문에 이시대를 미노스문명이라하며, 미노스의 이름은 왕의 호칭으로 이해되고 있다.

〈출처: 두산백과, 2013.1.10〉

에게문명은 과수재배와 해상교역을 생활의 기반으로 한 독자적인 것이었으며, 지리적으로나 역사적으로도 오리엔트와 그리스, 즉 아시아와 유럽을 연결하는 통로이며 온상지라는 점에서 매우 중요한 의의를 갖고 있다.

에게문명시대에는 정치, 군사, 예술(크레타문화)이 발달하였으며, 마법이나 미신도 숭배되었다.

BC 1400년경 대지진과 화산폭발, 그리고 그리스의 침입으로 초토화된 문명의 종말을 고하고 그리스에 넘기면서 그리스 문명의 시작을 알린다.

(나) 초기 그리스문명(BC 750~AD 476)의 함의

초기 그리스 문명은 마법이나 미신 숭배 대신 자연현상이나 우주체계에 관한 이론적 접근이 발달하여 근대과학의 탄생을 이루는 기초가 되었다.

그리스문명의 정신적 배경은 애니미즘Animism[17], 토테미즘Totemism의[18] 숭배와 신학이 지배적이어서, 자연은 신이 인간에게 이용을 허락한 인간 이하의 존재로 파악하는 본질을 가졌다.

그 결과, 서양에서는 자연을 개조하려는 도전적 영향을 미치는 반면, 동양은 인간을 자연의 일부로 해석하게 되어 동서양의 문명과 과학의 기조 및 그 방향결정에 중요한 영향을 미치게 된다.

---

17) 무생물계에도 영혼이 있다고 믿는 세계관. 라틴어 아니마(Anima, 영혼)에서 유래.

18) 인간 생명의 기원이 동물이나 식물에 있다는 생각에서 어떤 동물이나 식물을 인간의 조상 혹은 지배자로 받들어 숭배하는 사상. 토템(Totem, 자신이 속해있는 집단과 특수한 관계가 있다고 믿는 동 · 식물류(독수리 · 수달 · 곰 · 메기 · 떡갈나무 등)의 어원에서 유래.

(2) 초기 그리스의 과학기술

(가) 근대자연과학의 여명

이오니아 아테네는 메소포타미아, 인도, 중국으로부터 밀레토스로 유입되는 사람들에 의해 문화와 기술교류가 활발해지고, 자연철학의 발생과 승계도 이루어진다.

자연현상을 자연법칙으로 이해하고, 인간과 신의 관계를 정립하며, 따라서 자연을 이해하게 됨에 따라 다양한 기술의 활성화에 따른 자연과학의 여명이 기지개를 켜면서 근대 자연과학발달에 큰 영향을 주게 된다.

당대의 유명한 철학자나 과학자들에 의해 주창되는 자연과학의 이론들이 다양하게[19] 표현되어진다.

다음은 초기 그리스의 과학기술을 주도한 인물을 그의 업적과 함께 예시한 것이다.

- 탈레스Thales (BC 625~BC 545)
  - 이집트의 경험적이고 실험적인 지식을 바탕으로 최초의 기하학 확립
  - 자연현상을 자연법칙으로 이해
  - 물水은 만물의 근원
  - 리디아와 메디아 왕국의 6년 전쟁을 종료시킨 BC 585년 5월28일의 일식 예언
- 아낙시만드로스Anaximandros(BC 610~BC 547)
  - 세계지도
  - 아페이론Apeiron: 양적, 질적의 영원한 만물의 근원
- 아낙시메네스Anaximenes(BC 550~BC 475)
  - 만물은 공기로 구성
- 헤라클레이토스Heracleitos(BC 540~BC 475)
  - 자연계는 끊임없이 변해가는 불완전한 것
  - 불은 모든 변화의 근원
  - 침해와 보복으로 자연현상 설명: 피타고라스, 원자론자들에게 영향
- 피타고라스Pythagoras(BC 582~BC 497)
  - 만물은 수數로 이루어짐
  - 자연수, 분수
  - 자연과 숫자의 상호관계 발견: 두 개의 음을 통한 소리의 조화

---

19) 예컨대, 제논(Zeno of Alea, BC490-430)의 역설도 이때 주창된다. 그의 주장은 만물은 통일된 하나이어야 하며 운동이나 변화는 일어나지 않아야 한다(만물은 작은 단위로 나눌 수 없다)는 것이고, ①아킬레우스와 거북이의 경주 ② 날아가는 화살은 정지 해있다는 것이다.

- 피타고라스 정리 : 직각 삼각형의 빗변의 길이^2=밑변의 길이^2+높이^2 (유클리드에 의해 증명)

• 데모크리토스[Democritos](BC 460~BC 370)
- 원자론
- 세상은 원자와 진공으로 구성

(나) 자연철학과 논증법의 병존

초기 그리스의 과학기술은 자연철학과 논증법이 함께 존재하며 자연과학으로의 발전으로 이어지게 된다.

다음은 당시의 자연철학과 논증법 예이다.

• 4원소 설(엠페도클레스[Empedocles], BC 500~BC 430)주장: 우주를 이루는 4개의 원소(공기, 흙, 물, 불)와 두 가지 힘(사랑, 미움)

• 논증법의 창안(소크라테스[Socrates], BC 469~BC 399): 자연과학 발전을 저해하는 요인이 되며 플라톤으로부터 아리스토텔레스로 이어진다.

• 체액설(히포크라테스[Hippocrates], BC 460~BC 375):인체는 피, 흙담즙, 황담즙, 점액으로 구성되며, 불균형이 질병의 유발 요인
"인생은 짧고 예술은 길다, 기회는 빨리 가버리고, 경험은 믿을 수 없으며, 판단은 어렵다"는 명문을 남김.

• 이데아 론(플라톤[Platon], BC 428~BC 348) : 철학과 과학의 중심이론
- 우주를 이디아계(순수하고 완전무결)와 현상계(불완전하고 가치 없는 세계)로 구분. 영혼은 이데아의 세계에 살고 있었으나 실수로 현상계에 추락해서 인간육체로 들어갔다.
- 우주의 기하학적 구성론(동심천구설)주장. 2,000년 후 코페르니쿠스, 케플러에 의해 새로운 천문체계를 발견하게 함
- 형이상학 중시

(다) 고대 과학체계의 정립

아리스토텔레스의 학설과 업적은 알렉산더 대왕에게 이어진다.

• 아리스토텔레스[Aristotele](BC 384~BC 322)
- 플라톤의 제자(형이상학 : 경험과 관찰, 아카데미아 : 리케이온)
- 물질의 근원은 4원소+4성질을 주장하여 연금술의 이론적 근거(4원소는 성질을 변화시키면 상호 변화시킬 수 있다.)를 제공.

- 사물=물질Matter+형상Form
- 물체의 운동과 변화 연구: 가벼운 물체는 가벼운 성질을, 무거운 물체는 무거운 성질을 갖는다. 이 주장은 이후 뉴턴에 의해 부정됨.

• 알렉산더 대왕(BC 356~BC 323)

알렉산더 대왕은 소아시아, 시리아, 이집트, 메소포타미아, 페르시아, 박트리아, 인도까지 정복한다. 이렇게 넓은 지역을 정복함에 따른 과학기술적 함의는 뛰어난 전술 능력, 정복 활동, 그리스 문화의 동방 확산, 과학지식의 교류에 있다. 각종 무기와 기구제작으로 현재도 전술능력의 교재로 활용될 정도이다.

알렉산더 대왕은 기술자를 우대하여 과학기술을 발전시키고 많은 기계를 발명하고 전래하였는데 그의 시대 과학기술발전에 미친 영향을 정리하면 아래와 같다.

① 기하학 : 유클리드Uuclid(BC 330~BC 260)의 기하학 원론 13권 저술

② 지동설 : 아리스타코스(BC 310)의 논문 〈달과 태양의 크기와 거리에 대하여〉에서 주장. 6세기 코페르니쿠스에 영향

③ 물리학 : 아르키메데스Archimedes(BC 287~BC 212)
- 기하학을 기술에 연결하고 실제 문제 해결에 수학을 사용
- 피타고라스 정리를 이용한 지구, 달, 태양 간 거리 계산
- 군사무기, 부력의 원리, 지렛대의 원리

④ 유체역학의 응용 : 물시계 클렙시드라Clepsydra(크테시비우스Ctesibius, BC 285~BC 222)와 수압 오르간 하이드롤리스Hydraulis발명

⑤ 역학 :필론Philon(BC 2C)에 의해 화살과 돌 발사기 발명

⑥ 지리학 : 에라스토테네스Erastotenes (BC 284~BC 192)는 우물에 태양광선이 7˚로 입사하는 원리를 이용하여 지구둘레 계산

⑦ 천문학 : 프롤레 마이오스Klaudios Ptolemaeos(AD 85~AD 165)가 알마게스트를 저술하여 천문학 집대성하고 천동설을 주장. 지동설에 영향

⑧ 의학 : 헤로필로스Herophilus(BC 335~BC 280). 최초의 인체해부학자
에라시스트라투스Erasistratus(BC 300~BC 260)
갈레누스Claudius Galenus(BC 131~BC 201). 혈액 순환 경로 연구

(라) 그리스 로마법전

① 그리스 최고 법전: 고르틴 법전Code of Gortyn(BC 600~BC 400)

- 고대 그리스 도시국가의 시민법
- 주 내용 : 약탈과 불륜과 이혼 시의 아내 또는 미망인의 권리와 이혼 후 태어난 아이들의 양육, 서자, 양자, 상속(현 친족상속법), 노예 소유권 (현 물권법), 판매와 재산의 저당(현 채권법), 면죄(현 형법)
- 문헌 : 사원의 계단과 벽에 조각
- 특징 : 현존 최고의 그리스 법전. 여자의 권리가 줄어들고 노예의 권리가 증가하는 공공법의 특색

② 로마최고법전 : 12표법lex duodecim tabularum(BC 451~BC 449)

- 고래古來의 관습법을 고정한 농민적 성격을 띤 공동체의 법
- 원판은 갈리아인 침입(BC 390)시 화재로 소실
- 법전제정십인관法典制定十人官,decemviri legibus scribundis에 의한 포괄적 입법. 단편으로 전승
- 주 내용: 사적 권리분쟁과 집행을 규정. 실체사법實體私法의 성격으로 가족법, 상속법, 불법 행위(상해, 절도, 재물손괴)와 부동산 등 규정.

  예) 토지경계의 규율(제7표 1, 2조)
  poena(불법행위에 대한 배상금,제8표 4조)
  손괴주술損壞呪術에 대한 종자種子와 수확의 보호(제8표 8조)
  수확농작물 절도에 대한 엄한 처벌(제8표 9조)
  고의 아닌 행위(제8표 24a조)
  장례비용의 제한에 관한 규정(제10표)
  단체의 취급(제10표 27조)

3. 중세시대

중세는 서로마제국이 멸망한 AD 476년 이후 동로마제국이 이끌었던 AD 1,453년까지 약 1천 년 간을 말한다.

그리스 로마시대의 전통을 이어받은 서구 중세의 1,000년간은 기독교의 지배 시기라 할 수 있다. 이 시대에는 교회와 수도원이 세상 만물의 중심이 되었고, 기독교의 창조신이 세상만물을 창조하였다고 강조되었다.

수도원은 자급자족을 위하여 다양한 분야의 수공업에 종사하며, 수도원의 건축이나 장식물, 악기, 도구 등의 필요성 때문에 모든 기술은 교회에 봉사하는 형태로 이루어졌다.

중세 초기의 서구는 대개 농업에 의존하고 있었으므로 장원경제의 생산성을 늘리기 위한 기술혁신이 요구되는 것은 당연한 일이었다. 따라서 쟁기의 사용이나 삼포식 농업[20]의 도입,

말을 이용한 농업, 물레방아나 풍차기술 등의 도입으로 가히 농업혁명이 일어났다고 해도 과언이 아니다.

농업 발달에 따라 식량 생산량이 비약적으로 증대되고, 도시의 발달로 인구가 밀집하면서 상업과 무역이 자연스럽게 생겨나기 시작한다.

농업기술의 발달은 더 많은 토지를 필요로 하였고, 토지의 확보는 전쟁으로, 전쟁은 무기와 운반수단, 기사들을 위한 방패와 칼, 창 등의 대량생산과 소비를 요구하게 된다. 이는 영주들 간의 경쟁과 투쟁에 기인한 잦은 전쟁이 있었음을 말해주는 것이지만, 아이러니하게도 전쟁용 무기는 오히려 범용화되어 지배계급과 피지배계급의 경계를 허물면서 기사계급과 봉건제도의 몰락을 가져온다.

한편 농업과 더불어 무역의 발달은 농기구뿐만 아니라 생활필수품에서 사치품까지 모든 거래 대상물을 다루게 되면서 길드[Guild]라는 조직이 생겼다. 예컨대 방직산업에서 엄격한 규정을 만들고 지키면서 조직화된 직업군단을 만들어간다. 길드의 구성원이 안정적이며 활발한 생산 활동에 참여할 수 있는 대신, 독점에 따른 기술 발달의 저해를 가져오는 폐단도 있었다.

오늘날의 지적재산권보호제도를 설립함에 있어 길드조직의 폐해를 반영하였다는 것은 과학기술 발전을 위한 좋은 본보기라 할 수 있다.

종교 지배하의 중세에서 건축기술은 고딕 양식으로 발전하였다. 13세기 말에 발명된 시침만 있는 시계는 근대산업의 핵심적인 톱니바퀴 역할을 톡톡히 한 것으로 평가할 수 있다.

이와 더불어 인간노동을 대신하는 생산 과정의 기계화는 현대 기술의 기반을 이루게 되는 바, 크랭크, 페달, 캠축(화차 동력전달기), 스프링 등이 그것이다.

방직공업은 오래 전부터 전해 내려온 베틀을 벨트[Belt]를 이용한 동력전달 방식의 방직기계로 대체하면서 산업혁명의 도화선이 되었다.

수차나 풍차에 의한 모직공업의 발달, 석탄을 이용한 용융온도 증가와 수차를 이용한 에너지원의 대체로 제철산업이 발달하면서 '용광로'라는 현대 기술의 획기적 기술을 탄생시키게 된다.

석탄이나 철의 채굴을 위한 기술, 건류기술을 통한 화학기술의 발달, 야금술 등은 모두 11세기에서 12세기에 걸쳐 탄생된 현대기술의 기본 요소들이다.

중세를 마감하면서 현대 문명으로 이끌어주는 3대 기술은 인쇄술과 나침반 및 화약의 발명이었다.

1453년 독일의 구텐베르크[Johannes Gutenberg]는 금속활자를 발명했고, 9세기경 중국에서 개발된 화약이 유럽에 알려지면서 대포와 총 등의 전쟁무기가 제작되었다.

또한 콜롬버스의 서인도제도 항해 및 아메리카 신대륙 발견으로 대표되는 1480년~1520년대

---

20) 3년 주기의 돌려짓기

는 지리상의 대발견시대라 할만큼 나침반을 이용한 항해술의 비약적인 발달이 이루어졌다.[21)]

4. 르네상스

문화혁명 또는 문예부흥이라 할 수 있는 르네상스[Renaissance]는 고대 그리스와 로마의 문화와 예술을 '재생'하는 16세기를 일컫는다.

이 시대는 인간의 자유와 독창성을 중시하는 개인주의 시대로, 종래의 집단주의 시대를 마감한 부르주아[22)][bourgeois]의 시기라 할 수 있다.

르네상스시대의 기술의 역사는 레오나르도 다 빈치[23)](1452~1519)에 의해서도 알 수 있듯이 기술이 예술 및 과학과 결합되는 융합 과정의 역사라고도 할 수 있다. 중세에 발달했던 광산과 제련기술은 르네상스시대에 들어 고도로 발달하고, 갈릴레오 형제나 뉴턴 같은 위대한 과학자들은 근대 과학기술을 더욱 체계적이고 과학적으로 발전시켰다.

인쇄술과 더불어 망원경과 현미경은 천문학에서의 종교적 지배를 완전히 뒤집는 계기가 될 뿐만 아니라, 이들을 이용한 세포학, 미생물학, 조직학이 탄생하여 오늘날의 세분화된 과학과 기술 분야의 기초를 이루게 된다.

III 근대기술과 산업혁명

1. 근대기술과 과학

르네상스시대와 근대사회를 구분하는 기준은 과학과 기술의 분리라고 할 수 있다. 르네상스시대의 레오나르도 다 빈치는 과학과 철학, 기술과 사상, 예술의 많은 분야에 전문성을 보였지만 시대적 배경에 의하든 역량에 의하든 기술적 결과물의 실현은 불가능한 것이 많았다.

뿐만 아니라 과학적 이론이 뒷받침되지 아니한 채 개발되는 그의 작품들에서 천부성은 인정하지만 그를 순전히 과학자라고 보지는 않는다.

---

21) 나침반은 중국에서 9세기에 화약과 함께 개발된 발명품이었으나 유럽에는 나중에야 보급되었다. 나침반의 발달에 의한 항해 예는 Bartholomeu Dias의 1487년 희망봉 항해, 1492년 콜롬부스의 서인도 항해, 1497년의 Vasco da Gama에 의한 동인도 항해, John Cabot의 1497년 북아메리카 해안 항해, 1519~1522년에 걸친 마젤란의 세계일주 등이 그것이다. 위의 책, p.109.

22) 부르주아 혁명을 주도한 프랑스 도시민(성안의 사람들)을 말한다. 이들이 봉건사회를 타도하고 봉건적 토지소유를 폐기하여 시민사회가 발전하고 자본제 생산양식에 입각한 근대사회가 형성되자, 제3의 신분으로서 자본가 계급이 형성되었으므로 오늘날에는 이 자본가 계급을 부르주아라 한다.

23) 르네상스 시대의 예술과 과학을 아우르는 천재로, 그가 남긴 기술의 설계도는 자동줄날 세우는 기계, 천공기, 원추형 압연기, 볼베어링, 탱크, 자전거, 체인기어, 선박, 잠수함, 낙하산 등 헤아릴 수 없을 정도이다.

따라서 르네상스와 구별되는 근대기술은 분야별 기술의 전문성이 확보되고 과학과 기술이 분리되며, 기술철학과 함께 등장하는 특징을 갖는다.

17세기에 이르러 근대적인 자연과학의 체계가 성립되는 시기를 과학혁명의 시기로 부를 만하다.

그 이유는 뉴턴Issac Newton, 1642~1727의 등장[24)]과 더불어 갈릴레이Galileo Galilei, 1564~1642, 지구의 공전규칙을 발견한 케플러Johannes Kepler, 1571~1630, 열역학의 기초인 '보일의 법칙'을 발견한 보일Robert Boyle, 1627~1691, 세포학의 훅Robert Hooke, 1635~1703의 등장과 같이 어느 특정 분야의 과학이 아닌 과학정신에 기인한 합리적 추론, 논증의 과학과 기술의 구체성이 확보되었기 때문이다.

과학이란 가설을 세워 실험하고 이를 검증하여 완성된 자연현상의 체계적 학문으로, 자연과학에 있어 뉴턴의 혁명은 과학혁명 그 자체라 할 수 있다. 왜냐하면 사물의 현상을 밝힘에 있어 실험과 귀납법을 통해서 확인할 수 있고, 수학적 원리에 의해서 측정하고 표현할 수 있는 과학적 추론과 논증으로 객관화하는데 성공했기 때문이다.

우리가 잘 아는 뉴턴의 '관성의 법칙(제1법칙)', '가속도의 법칙(제2법칙)', '작용 · 반작용의 법칙(제3법칙)'도 자연과학을 수학적 원리로 설명한 것으로, 그에 의해 논증된 미분과 적분만 보더라도 뉴턴의 과학기술 발전에 대한 혁명적 기여는 가히 짐작하고도 남음이 있다.

다만 아직도 자연과학의 수학적 원리가 자연에 대한 지식을 획득하고 전달하는 원리에 대한 문제를 다룸에 있어 종교와의 대립은 불가피했다.

인간의 정신과 이성을 다루어 자연과학의 철학적 원리를 추구하는 칸트와는 분명히 노선을 달리한다.

2. 산업혁명과 기술

가. 산업혁명

산업혁명Industrial Revolution은 영국에서 일정 기간 꽃피웠던 산업주의 부흥시대를 말한다. 대체로 1750년부터 1850년 사이의 100년간 18세기를 산업혁명시대라 한다.[25)]

산업혁명이 영국에서 시작되었다는 데는 사회적 · 시대적 · 지역적 배경의 발생동기를 들 수

---

24) 1697년에 출간된 뉴턴의 저서 『프린키피아』는 자연과학의 수학적 원리를 추구한 것으로, "여러 현상에서부터 일반적인 귀납법에 의하여 추론된 명제는 가령 어떠한 반대가설이 생각된다 하더라도 그것들이 보다 더 정확한 것으로 된다든가, 또한 제외되지 아니하면 안 되는 다른 현상이 일어날 때까지는 진실한 것 혹은 진실에 아주 가까운 것으로 보아야 한다."고 하여 자연에 대한 새로운 지식도 실험을 통해서만 얻을 수 있다고 갈파한다. 아이작 뉴턴, 『프린키피아』, 서해문집, 1999, p.802.

25) 학자에 따라서는 18세기의 산업혁명을 제1산업혁명, 19세기 말 과학과 기술의 융합과 더불어 전기를 이용하여 개막된 대단위 중화학 공업시대를 제2의 산업혁명시대, 그리고, 인터넷 기술과 재생에너지가 합쳐져 디지털 산업화를 구성하는 3차 산업혁명으로 구분하기도 한다.

있다. 중세의 영국은 삼포식 농업을 노퍽시스템[26] Norfolk system으로 바꾸어 휴경지를 없애면서 농업의 생산력을 크게 증가시키고, 인클로우저 운동[27] Enclosure Movement으로 대규모 자본주의적 경영방식이 도입되면서 생산력이 증가하는 농업혁명이 발생하여 농업에 필요한 인원을 산업혁명을 위한 노동력으로 제공할 수 있게 된다.

또한, 청교도혁명과 명예혁명을 거치면서 정치적 발전을 이루어 민주주의와 자유 시장경제, 사유재산제도 등의 도입에 따른 합리적 경제활동과 산업활동이 보장되었으므로 이에 따른 부와 자본의 축적, 재투자와 산업의 발전이라는 순환적 시스템이 갖추어 지게 된다.

산업혁명의 태동은 새로운 노동과 생산방식, 즉 공장시스템 Factory system에 있다. 이는 노동의 집중과 분업을 가져왔고, 동력기계를 이용한 대량생산을 가져온다.

이렇게 하여 발달한 공장시스템의 발달이 산업혁명을 유도하게 되며, 풍부한 천연자원과 편리한 교통, 과학전 논리의 규명 등을 통하여 과학적 합리주의의 확산을 가져오면서 과학은 기술에, 기술은 과학에 상호간 보완적 내지는 선두적 위치에서 보강되어져 더 빠르고 새로운 기술과 과학적 발전을 이루게 된다.

산업혁명이 영국에서 시작은 되었으나 새로운 기술의 개발과 투자의 결과는 이웃 나라에도 전파되어 유럽전체가 산업혁명의 무대가 된다.

산업혁명은 산업적 발전을 이루는 과학기술적 결과물들에 의해 리드된 것은 사실이지만, 과학기술의 발전이 문화발전을 무시하거나 산업혁명시대에 문화발전이 이루어지지 않았다고 치부해서는 아니된다. 인간은 항상 물리적 욕구와 함께 정신적 욕구도 동반하여 충족시킬 결과를 추구하였으므로 과학기술의 발전에는 문화발전이 함께 이루어졌던 것이다.

즉, 여러 요소 중 어느 하나의 성공으로 산업혁명이 이루어졌다기보다는 다양한 정치, 경제, 사회, 법률, 문화, 과학적 요소들이 복합적이고도 유기적인 결합에 의해 산업혁명이 일어난 것이다.

산업혁명의 견인차는 아무래도 증기기관을 으뜸으로 꼽을 수 있다. 산업혁명 시작부터 이미 면직공업과 철강공업은 산업발전을 선도하고 있었으나 증기기관은 산업의 동력을 자연에 의지하던 수력발전에서 인위적 공급과 조절이 가능한 화력발전으로 전환시키면서 다각적이고도 광범위한 산업발전을 지원하게 된 역사적 · 기술사적 의미를 갖는다.

도시중심의 산업사회에서 대단위 생산과 소비를 충당할 수 있는 힘은 지속적이고도 진보적인 동력의 제공에 기인하며, 이 힘에 의한 산업발전은 과학적 지식과 기술의 융합을 유도하여 가속

---

26) 경작지를 네 부분으로 나누어 누경작물, 여름작물, 클로버와 같은 가축사료용 작물, 겨울작물의 순서로 돌려짓는 농업기술이다.

27) 지주들이 종래 농민들이 공동으로 사용하던 토지에 울타리를 둘러쳐서 이들을 내몰고 사유지로 만든 18~19세기 중엽의 역사적 사건.

화된 산업발전을 이루게 된다.

아래 그림은 18세기의 기술적 체계를 증기기관을 중심으로 도식화한 것이다.[28)]

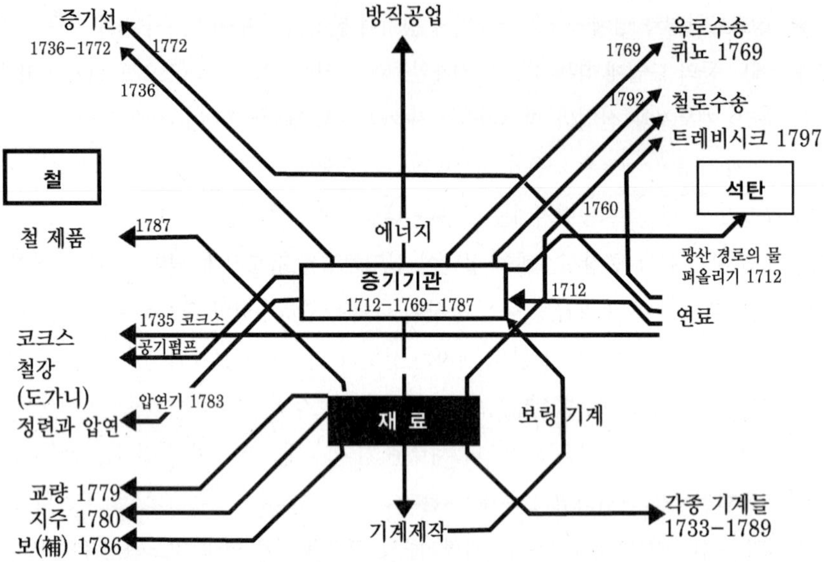

〈출처 : Marle-Lousie ten Hoonn-van Nipsen, 앞의 책 (1999), p.108.〉

18세기의 기술적 체계

나. 산업혁명시대의 기술

산업혁명시대의 기술은 인간의 기본적 생활에 필요한 의식주를 해결하는 기초농업의 변혁을 꼽을 수 있다. 농업의 변혁은 공업을 성장시키고, 공업은 다시 서비스업까지 확대되는 파급효과를 일으킨다.

산업혁명시대에 이미 수많은 기술이 완성되고 현재에도 대부분이 그대로 활용되고 있으므로 어느 한 분야의 발전을 지목한다는 것은 지면상 제한될 수밖에 없으므로 이하에는 산업혁명시대에 주요 기술들이 발달하게 된 배경 위주로 간략히 분설하기로 한다.

(1) 농업의 변혁

증기기관의 발명은 인간생활의 의식주 개선에 우선적으로 적용되면서 모든 기술 분야의 근간을 이루게 된다. 의류분야의 발전은 면직물 산업을, 식량의 개발이나 생산은 농업혁명을, 주거

---

28) *Id.* p.208.

문화는 도심위주의 생활에 맞는 토목 건축분야의 발전을 가져오게 되고, 여기에 인적 물적 운송에 필요한 운송수단의 발전이 뒤따르게 된다.

보다 구체적인 예를 들어보면 영국의 인클로우저 운동은 면과 모의 생산을 증가시켜 섬유산업의 발달을 가져온다. 이를 위하여 농업분야에서는 소나 말을 이용하는 파종기가 개발되었고, 탈곡기도 필요에 의해 개발이 유도되었다.

농기구도 금속재로 바뀌면서 효율적 농법에 적용되고, 새로운 작물의 개발과 가축들의 신품종 개발, 비료양산 등은 농산물의 잉여결과를 가져와 농부들을 자연스럽게 제조업으로 전환시킬 계기를 만들어 준다.

즉, 농업의 발전은 도시로 몰린 대단위 소비군에게 충분한 곡물이나 육류를 공급할 수 있게 하고, 이를 위한 대단위 농업시스템은 점차 유휴인력을 대도시로 떠나게 하여 산업혁명의 기반이 되는 인적자원을 구성시키게 된다.

(2) 섬유산업

섬유산업에 있어서도 원자재부터 마지막 생산품까지 이루어지는 긴 과정을 방직기계紡績機, Spinning가 대체하게 되어 값싸고 질 좋은 섬유의 제공이 가능하게 되었고, 이는 도시근로자에게 소비를 촉진시켜 섬유산업의 발전을 더욱 가속시키게 된다.

지금도 맨체스터에서 만든 모직물이 유명한 것은 당시 영국 맨체스터 지방에서 생산된 면직물의 생산과 발달을 유추하게 하는데 이렇게 생산된 면직물은 유럽은 물론 서아프리카, 인도, 심지어 중국에 까지 수출되면서 면직물 무역의 활성화와 관련 기술들의 개발을 이끌어내게 된다.

(3) 증기기관과 석탄광업

산업혁명시대의 위대한 기술적 업적과 그 중요성에서 증기기관을 배제할 명분은 하나도 없다. 증기기관은 농업이나 섬유산업에도 적용되기 시작했고, 석탄산업, 제철공업은 물론 운송수단으로서의 증기기관차, 증기선 등 운송수단의 발전에도 가히 중추적 기여를 하게 된다.

증기기관의 원리는 이미 알렉산더 대왕 시대에 헤론Heron에 의한 증기구 발명이 있었던 것과 같이 새로운 것은 아니었으나, 이를 회전하는 동력으로 사용하는 착상을 적용시켰다는 점에서 제임스 와트의 증기기관은 그 전의 왕복이동만 가능하던 증기기관의 발명자들(Thomas Savery, Thomas Newcomen) 것보다도 잘 알려져 있다.

화력의 재료가 되는 석탄은 광산에서 채굴하게 되는데, 지금도 마찬가지이지만 탄광에는 지하수의 배수를 위한 장치가 필수적으로 요구된다. 증기기관은 지하의 물을 배수하는데 아주 효과적이었으며 증기기관을 구동시키기 위해서는 다시 석탄을 때야 하므로 상호 의존적 관계로서 석탄의 채굴이 이루어지고 관련기술도 발전하게 된다.

특히 석탄은 철기시대를 여는 금속제련에 반드시 필요한 재료였으므로 값싸고 더 많은 석탄의 확보는 제철산업을 발전시키게 된다.

제철산업의 발전은 용광법의 개발에 기인한다. 1709년 영국의 아브라함 다비Abram Darvy는 처음으로 철광석을 코크스로 용련하는데 성공하여 주철 공장을 설치, 사형砂型 주물 제조의 특허를 얻기도 한다.

금속제련은 선철Pig Iron로부터 연철Wrought Iron을 거쳐 강철까지 대량생산하는 방법으로 발전되는데, 강철은 다른 구조재료에 비해 그 강도가 높고 고른 편이므로 배는 물론 철도, 철교를 비롯한 대단위 운송수단의 발전과 건축물 등에 사용되어 철강산업의 발전을 가져오게 된다.

탄광과 철광석 광산, 여기서 얻어진 재료를 이용한 결과물들의 운송은 중공업을 더욱 발전시키게 되고, 수송산업은 도로나 철도, 차량의 발전을 자연스럽게 요구하면서 그 분야의 기술을 발전시키게 된다.

증기기관을 이용한 증기기관 버스나 자동차도 개발되었으나 내연기관이 등장하면서 증기자동차는 역사로만 남게 된다.

(4) 운송산업

운송산업은 도로나 철도 및 차량 등과 같은 물리적 수단을 기본으로 한다. 초기의 철도는 석탄을 운반하기 위하여 광산과 운하 또는 강까지 운송수단의 이동용으로 활용되었다. 따라서 주철제의 튼튼한 레일이 개발되면서 리처드 트레비식Richard Trevithick레일을 거쳐 페니다렌 궤도에 퍼핑 빌리Puffing Billy가 주행하게 되면서 점착식 구동의 최초 차량이 1813년에 개발되어 철도 수송시대를 열어가게 된다.

철도의 개척자 조지 스티븐슨George Stevenson은 세계 최초의 기관차 공장을 1823년 뉴캐슬에 설립한다.

퍼핑 빌리(Puffing Billy)

(5) 공작기계

바퀴나 봉과 같이 원형봉[圓型棒]의 제작은 인류문명의 발전에 가장 크게 기여한 발명품이 아닐 수 없다.

원형봉을 깎는 공작기계는 영국의 H.모즐리가 정확하게 나사를 절삭하는 나사절삭 선반을 제작하면서 확산된다.

운송수단이나 건축물 같은 대형 제품들은 크고 작은 많은 부품들이 조합되어 이루어지는 만큼 정교하면서도 튼튼하고 필요에 따라 교체가 가능한 기계부품들의 생산은 산업발전과 함께 필연적으로 요구되었기 때문이다.

이를 위해 1774년 존 윌킨슨[John Wilkinson]은 정확한 구멍뚫는 기계[Boring Machine]를 개발하고, 매튜 머레이[Mattew Murray]는 영국에서 처음으로 공작기계[Machin Tool]를 제작하여 판매하기 시작했다.

결국 공작기계는 기계를 만드는 기계가 됨으로써 산업혁명이 공작기계 없이는 일어날 수 없었으며, 여러 제조산업 분야에서 핵심적으로 사용되면서 과학적 기술의 발전을 더욱 공고히 하게 된다.

(6) 기타

산업혁명시대에 개발된 기술을 모두 기술할 수는 없다. 다만 섬유산업의 발전은 표백산업이 필요하게 되고, 표백은 황산을 이용해야 하므로 황산의 대규모 생산방법과 같이 다른 각종 화공 약품의 개발이 이루어지게 된다. 1791년 프랑스의 화학자 니콜라스[Nicolas Leblance]는 소다회[탄산나트륨]의 생산공정을 만드는데 성공한다.

소다회는 제지산업이나 섬유, 유리, 비누 제조공정에 사용되고, 황산은 쇠와 철강의 녹을 제거하며 영국의 찰스[Charles Tennant]는 표백제로 사용하였던 염소용액을 소석회[消石灰]에 흡수시켜 분말화시키므로서 표백산업에 혁명을 가져오기도 한다.

또한 건축산업의 발달은 시멘트를 개발하게 했고, 석탄의 가스를 이용한 가스등[Gas Lighting], 유리제조, 제지 제조기[Paper Making Machine]의 개발은 기계화와 더불어 출판의 혁명을 가져오고, 정보매체의 등장을 알리게 된다.

다. 기술보호제도의 탄생

산업혁명이 끝난다는 것은 산업기술의 발전이 더딤을 의미하는 바, 산업화에 성공한 각 국가들은 산업기술의 지속적 창출을 위한 정책마련을 꾀하게 된다. 이는 다름 아닌 기술보호를 통한 기술창출의 유도정책으로, 기술보호는 국가가 유체재산을 보호하듯 새로운 기술에 대해 독점배타적 실시를 할 수 있도록 제도화하는 것이며, 이를 통해 발굴된 기술은 공개를 통해 누구나 활용하여 보편적 혜택을 누리도록 한 것이다.

이와 같은 기술보호제도는 각국별 특허제도로 구체화되어 운영되었으며, 국제적으로도 새로운 기술을 보호하여 산업발전을 꾀하고 다시 재투자에 의한 새로운 기술을 창출시키려는 협의, 즉 산업재산보호를 위한 파리협약Paris Convention, 1883이나, 문화재산보호를 위한 베른 협약Berne Convention, 1886을 체결하여 기술의 유동화를 가져오게 된다.

Ⅳ 과학기술의 세분화와 현대의 기술

1. 산업혁명 이후의 과학기술

산업혁명 이후 18세기 초부터 20세기 초에 걸친 공업화 시기에는 광업이나 제조업 및 건설업과 같은 제2차 산업이 크게 발전하여 고용 노동력과 산출량의 비율이 비약적으로 증가한다(이를 '2차 산업혁명시기'로 보기도 한다).

산업혁명을 증기기관이 이끌었기 때문에 증기의 시대라고 한다면, 산업혁명 이후의 산업발전은 전기電氣의 활용과 관련기술의 개발시대라 할 수 있다.

전기는 전자의 이동으로 표현되지만, 엄밀히 말하면 전자에 의해서 생기는 전하와 전기에너지를 뜻한다. 물이 높은 곳에서 낮은 곳으로 흐르듯이 전기에너지도 높은 곳에서 낮은 곳으로 흐르는 전위(전기적 위치)를 가지며 이러한 전기의 흐름을 전류電流라 한다.

전자기 유도현상에 의해 자기磁氣로부터 전기電氣가 유도되어 발생된다. 지구는 하나의 커다란 자석이므로 전기가 유도될 수 있다.

전자기 유도현상은 고등교육조차 받지 못한 패러데이Michael Faraday, 1791~1867에 의해 발견되었다. 그 원리는 1차코일에 전류가 흐르면 자기력이 2차코일에 유도되어 전류를 만들어 내는 이른바 '전자기유도현상'을 개시한 것이다.

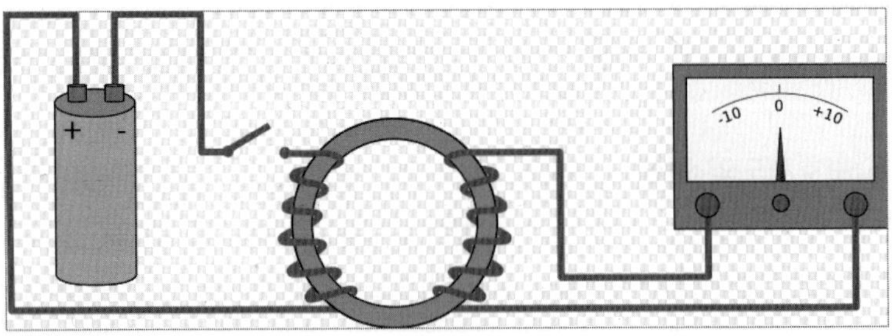

〈출처: 위키백과, 2013.1〉

이를 좀 더 체계화하기 위하여 자석의 양극(S/N)사이에 도선을 배치하고 수평으로 도선을 움직이면 도선에는 자기가 작용하는 방향과 수직되는 방향으로 전류가 유도되는 현상을 확인할 수 있다.

이러한 원리를 활용하여 지속적으로 전기를 생산하도록 만든 장치가 발전기이다.

전류와 자장 및 도체운동의 상호관계에 있어서, 자장磁場 내에서 자력선磁力線에 수직으로 놓은 도선導線을 자장에 수직으로 이동했을 때, 도선에 흐르는 전류의 방향은 입체적 직각방향을 이루고(플레밍의 왼손법칙), 반대로 그 도선에 전류를 통했을 때 도선이 받는 힘의 방향 역시 입체적 직각방향을 이루게 된다(플레밍의 오른손 법칙).

전기생산과 전기제품으로 상업화에 성공한 대표적 발명가는 에디슨Thomas Alva Edison, 1847.2.10 ~ 1931.10.18이다.

전기는 전등과 가전제품에 활용되는 것은 물론 공장의 동력원과 운송 수단으로도 각광을 받았다. 1866년에 지멘스E. Werner Siemens, 1816~1892가 상용 발전기를 개발하고 1882년에 에디슨에 의해 전력의 상업화가 가능해지는 것을 계기로 전기는 공장의 동력원으로 널리 사용되기 시작했다. 전기는 교통수단에도 활용돼 1879년에 전차가 등장한 후 1890년대부터는 세계 각국의 대도시에서 전차선이 구축됐다. 전기에 의한 동력 체계는 가격이 저렴하고 전달이 쉬우며 깨끗하고 응용 범위가 넓다는 점에서 증기 동력 체계를 급격히 대체해 나갔다. 예를 들어 1900년에 증기와 전기가 동력원에서 차지하는 비율은 80%:5%였지만 1930년에는 그 비율이 15%:75%로 역전됐다.[29)]

전기기술의 발달과 운송수단, 특히 내연기관이나 전기자동차의 출현, 그리고 비행기의 등장은 현대까지 이어지고 있으므로 전기의 활용에 의한 산업발전과정을 기간별로 구획 짓는 데는 무리가 있다.

2. 현대의 과학기술

현대의 과학기술은 대자본의 힘에 의한 대량생산과 대량소비의 특징을 갖는다. 무엇보다도 물리이론에 근거한 전기 · 전자 분야가 비약적으로 발전하면서 반도체의 개발과 이를 응용한 컴퓨터 기술과 정보매체, 운송수단의 발달은 생명공학과 정보통신공학 등 첨단 분야의 기술개발을 유도하게 된다.

전자부품의 핵심 기술인 반도체 기술의 발전을 보면 1950년대의 진공관에서 60년대의 트랜지스터, 70년대의 집적회로, 90년대의 서브미크론submicron, 2000년대의 나노기술로의 전이를 확인할 수 있다.

---

29) 네이버 지식백과, 2013.1.

우리나라가 IT산업 분야의 강국이라 불리는 것도 어느 날 갑자기 그런 대우를 받게 된 것이 아니다. 세계대전과 한국전쟁 이후의 폐허되고 분단된 상황에서의 한국의 공업은 크게 1960년대 원유정제와 가발 합판 등의 경공업에서 70년대의 중화학공업, 80년대의 조선, 가전, 자동차 중심의 중공업으로 변환하게 된다.

세계적 산업기술의 정확한 예측과 강력한 산업기술부흥정책으로 1980년대부터 추진되어온 정보통신분야의 산업기술부흥정책은 인터넷과 컴퓨터라는 새로운 산업의 패러다임의 등장에 힘입어 IT산업분야로 도약할 수 있는 힘을 얻게 되었다.

1990년대의 반도체와 PC통신 산업이 전 세계적으로 급성장하게 됨에 따라 한국이 IT강국으로 등장하는 발판을 마련하게 된 것이다.

이제 현대의 과학기술은 그간의 발전된 과학기술을 융합하는 시대로 접어들었다고 할 수 있다.

다시 말하면 현대의 과학기술은 새로운 과학기술이 생겨나기보다는 기존의 기술을 개량하거나 조합하거나 융합하여 새롭게 보이는, 그리하여 분야의 구분 없이 활용되는 첨단의 기술들로 탄생하게 되며, 혹자는 이를 제3의 산업혁명이라고도 한다.

예를 들면, 우주항공 산업은 엔진이나 여러 부품소재 기술의 발전에 기인하고, 유비쿼터스Ubiquitous기술[30]산업은 IT산업과 전자기술 등이 융합하여 만들어지는 것이다. 물론 기술융합이 융합기술 각각의 첨단기술 발전을 배제하는 것이 아니라, 오히려 각 전문 분야의 산업기술 발달이 융합기술에 적용되어 시너지효과를 얻게 된다.

그렇게 됨으로써 획기적인 기술발전이 이루어지는 것으로 이해한다면 과학혁명은 과거나 현재는 물론 미래에도 지속적으로 일어나는 것임을 수긍할 수 있다.

3. 과학기술의 분류

가. 목적

현대의 과학기술은 산업별로 독립적으로 존재하기 보다는 상호 융복합적으로 사용되고 있고 그 종류도 셀 수 없을 만큼 다양하여 이를 분류하기가 쉬운 일은 아니다.

그러나 국가 과학기술 연구개발 활동을 총괄하는 기본 틀을 갖추어야 할 필요가 있으므로 '과학기술기본법 제27조'에 따라 연구분야와 적용분야를 합쳐 5개 분야에 대분류 34개, 중분류 351개로 구분하고 있다.[31]

특히, 산업발전의 기수가 되는 기술보호제도로서의 특허제도상 분류한 국제특허분류

30) 언제 어디서나 편리하게 컴퓨터 자원을 활용할 수 있도록 현실 세계와 가상 세계를 결합시킨 총합적 기술.
31) http://www.kistep.re.kr/major/duty/plan_02_05.jsp, 2013.1.방문.

International Patent Classification는 기술 분야를 파악할 뿐만 아니라 체계적 기술의 분류를 이해하고 기술범위를 파악하는데 기준이 될 수 있다. 이에 대해서는 본서 제3편 특허정보편의 특허분류 항목에서 상세히 설명한다.

나. 우리나라의 과학기술 분류 체계

2008년 과학기술분류 체계의 재편에 따른 대분류안은 다음과 같다.

대분류 (15개)		
A. 수학	F. 농림수산식품	K. 전기·전자
B. 물리학	G. 보건의료	L. 정보·통신
C. 화학	H. 기계	M. 에너지·자원
D. 지구·해양·천문	I. 재료·소재	N. 환경
E. 생명과학	J. 화공	O. 건설·교통

나. OECD의 기술학문분류 체계(대분류, 중분류)

1 digit	2 digit
1. Natural Sciences	1.1 Mathematics and Computer Sciences 1.2 Physical Sciences 1.3 Chemical Sciences 1.4 Earth and related Environmental Sciences 1.5 Biological Sciences
2. Engineering and Technology	2.1 Civil Engineering 2.2 Electrical Engineering, Electronics 2.3 Other Engineering Sciences
3. Medical Sciences	3.1 Basic Medicine 3.2 Cinical Medicine 3.3 Health Sciences
4. Agricultural Sciences	4.1 Agriculture, Forestry, Fisheries 4.2 Veterinary Medicine
5. Social Sciences	5.1 Psychology 5.2 Economics 5.3 Educational Sciences 5.4 Other Social Sciences
6. Humanities	6.1 History 6.2 Languages and Literature 6.3 Other Humanities

Ⓥ 미래의 기술

1. 한국의 미래기술

미래기술을 예측하는 것은 매우 어려운 일이다. 왜냐하면 21세기까지의 인류문명의 역사 속에서 기존의 아날로그 기술이 기술문명 이전의 시대를 바꾸는데 1~2세기 소요된 것에 비해, 디지털시대의 기술들은 하루 앞을 예측하기 어려울 정도로 빠르고 폭넓게 변화하기 때문이다.

다만 현재의 산업을 기반으로 미래 유망산업으로 주목받고 있는 첨단 산업기술은 정보기술 IT^Information Technology^, 생명공학기술 BT^Biology Technology^, 나노기술 NT^Nano Technology^, 환경공학기술 ET^Environment Technology^, 우주항공기술 ST^Space Technology^, 문화콘텐츠기술 CT^Culture Technology^의 이른바 6T로 구분함에 있어서는 이견이 적다.

2010년을 기준으로 한국의 10대 기술들은 전기^electronics^, 기계^machinery^, 항공^aviation^, 재료^material^, 화학^chemical^, 생명과학^life science^ 및 환경자원^environment resources^분야에 포함되어 있다.[32)]

특히, 정보통신기술^ICT^분야에서 대한민국 기업의 기술이 세계를 리드하고 있는 현상은 글로벌 기업 간의 특허분쟁(예컨대, 삼성 : 애플)을 통해서도 이 분야의 지속적 이고도 혁신적인 미래기술의 개발이 이루어질 것임을 짐작할 수 있다.

이미 매스컴을 통해 지금까지 잘 알려진 첨단기술로는 '휘어지는 전자화면', 불치병 정복을 위한 줄기세포 등 '만능세포'의 개발[33)], 제품 결함을 스스로 고치는 꿈의 소재[34)], CO_2배출 없는 그린도시, 사람의 기분을 이해하는 인공지능적 컴퓨터, 질병을 신속하게 진단하는 나노기술, 금속보다 강한 슈퍼종이, 버려지는 에너지를 회수해 다시 활용하는 에너지 사냥 기술, 소음이나 전파를 차단하는 소재 등이 소개되고 있다.

특허청이 2012년 이후 미래 기술로서 특허선점이 가능한 30대 유망기술로는 바이오분야와

---

32) Hyundai Motors - V8 Gasoline Tau Engine; Samsung Electronics - Jet Phone; SKC - Technology of Manufacturing Eco-Friendly Bio-compostable Polylactic Acid Film; Amore Pacific - Ginsenoside (Substance with Cosmetic Effects that mitigate skin aging); Jusung Engineering - Technology of Producing thin-film photovoltaic equipment with the world's highest efficiency; Daejoo Electronic Materials - Vapor Synthesis of Magnesium Oxide for producing plasma display panels (PDP); Samsung Electronics - Eco-friendly Ultraslim LED TV; Dongbu HiTek - Advanced eco-friendly weed-killer; Daewoo Constructions - Integrated high-efficiency biogas production and utilization; Samsung Electronics - In-Mold Antenna (IMA). http://www.koreaittimes.com/story/ 6272/top-10-technologies-korea, 2013. 1. 방문

33) 배아줄기세포와 성체줄기세포로 구분하는 줄기세포는 이미 2007년 11월 일본과 미국 연구진이 각각 사람의 피부세포를 이용해 만능세포를 만드는 데 성공해 성체줄기세포 가치를 변화시키는 성과를 거뒀다. 제약산업과 보건산업은 물론 인류 수명 연장이나 질병 치료 등에 기여하게 된다.

34) 항공기 우주선 건축물 등에 적용될 수 있는 결함을 스스로 치유하는 소재로 응용 분야가 무궁무진하다.

로봇분야, 그리고 이동통신 분야를 꼽고 있다.

바이오 분야는 성체줄기세포 기술, 암 바이오 마커 기술을 포함하며, 로봇분야는 사용자 신원 및 특성인식 기술 과 대용량 분산추론 기술 등 10개, 이동통신 분야는 무선충전기술과 소형셀 제어기술 등 10개이다.

특히 향후 3~5년 이내에 원천특허와 핵심특허[35]로 선점이 가능한 유망기술로 ▲성체줄기세포 기술 ▲인간모사[模寫] 메커니즘 기술 ▲모바일 증강현실 기술 이 포함되어 있다.

미래의 기술은 지금까지 이어져온 과학기술들과 독립된 것들이 개발되거나 발전되는 것이 아니며 오히려 기존의 과학기술들에 기초하여 발전될 것이다. 왜냐하면 미래의 기술에 대한 예측이 어려울 뿐만 아니라 미래기술이란 종래의 기술 위에 점진적이거나 혁신적으로 발전할 것이기 때문이다.

역사적으로 볼 때도 경제공황 뒤의 과학기술은 기존의 과학기술 위에 연구와 개발의 투자가 이루어져 더욱 발전된 과학기술이 탄생하고 활용되기 때문이다.

2. 세계의 미래기술

인간문명의 발전에 따라 기술이 발전된 단계를 크게 나누어 보면 산업혁명과 1,2차 세계대전, 그리고 컴퓨터와 인터넷 기술로 요약되는 현재의 디지털시대로 구분할 수 있다.

제2차 세계대전 이후의 기술은 우주항공기술과 바이오관련 기술, 정보통신기술로 다시 요약할 수 있는 것과 같이, 미래기술은 현재의 디지털 기술을 기반으로 하여 질병의 치료나 예방, 삶의 질을 향상시킬 주거 관련기술의 발전, 이산화탄소 배출의 억제를 포함하는 환경보호기술, 유비쿼터스[Ubiquitous]기술을 포함하는 발전된 정보통신기술, 태양계의 행성뿐만 아니라 보다 넓은 우주로의 여행이나 타 행성과의 교류 내지는 탐사를 위한 우주기술의 발전 등이 점진적이면서도 때로는 혁신적으로 이루어질 것이다.

현재의 기술을 바탕으로 미래기술을 예측하기 위하여 2000년 이후의 주요 기술 발달을 살펴보면, 2000년에 접어들면서 이미 컴퓨터와 네트워킹을 통한 인터넷과 정보통신기술이 전 지구적으로 확산되어 갖추어져 있다.

가까운 장래는 물론 먼 미래에도 전 세계를 연결하는 기본적 회로망의 구성과 이용에 관련되는 기술들을 중심으로 기술의 발전이 이루어질 것임을 추측할 수 있다.

2000년에는 윈도우 2000과 윈도우ME의 출시와 함께 미국의 "어린이 온라인 보호법[Child Online Protect Act]"을 제정[36]하려고 할 만큼 인터넷과 컴퓨터 관련 기술 및 이들 기술에 대한 제도의

---

35) 원천특허는 기술적 기초 개념 또는 이에 근접한 기술을 구현한 특허를 말한다. 핵심특허는 기술을 구체화·고도화·제품화하기 위한 핵심기술에 대한 특허로 독자적 제품과 핵심 양산 기술로 전략적 제휴(cross license) 가능한 특허를 말한다.

설립으로 새천년을 열었다고 해도 과언이 아니다.

2001년에는 포드사에서 전기자동차를 선보였으며, 애플사의 iPod이 출시되고, 자체로 작동하는 인공심장과 인공간이 개발된다. 윈도우 XP도 2001년에 출시된다.

2002년에는 무오염 제트엔진인 "스크램제트"가 첫 비행에 성공하고, 시각을 가지고 목소리를 인식하는 로봇이 장난감(Cindy Smart Doll)으로 만들어지고, 웹에서 3차원의 가상세계[Second Life]가 처음으로 등장한다. 2003년에는 미국의 콜롬비아 우주선이 폭발하여 우주기술이 주눅 들기도 했지만 2004년에는 화성탐사로봇이 화성착륙에 성공하여 화성의 모습을 영상으로 볼 수 있게 해주었다.

2005년에는 유튜브[You Tube]와 페이스 북[Facebook]이 등장하고,2006년에는 인텔사가 코어듀오[Core Duo, Core2 Duo]를 출시했다. 2007년에는 애플의 iPod이 출시되면서 두 달여 만에 일백만 대가 팔리는 기록을 세우게 된다. 윈도우 비스타도 이때 출시된다.

2008년 이후의 화두는 단연 환경문제의 중요성이 대두되면서 그린IT와 관련된 기술에 주목하게 되고, 전력 소비량 감소, 일산화탄소 배출 규제 등 환경 친화적 요소에 대한 연구에도 노력을 기울일 것으로 예상된다.

사이언스지[誌]가 선정한 2009년 10대 과학 성과에는 ①440만 년 전 인류, 아르디 복원 ② 중성자별 펄서[37]의 존재 확인 ③가뭄을 이기는 식물의 분자구조 발견 ④자기 단극[38]의 존재 규명 ⑤불로초라 불리는 수명연장 물질인 라파마이신 개발 ⑥달 표면의 물 발견 ⑦유전자 치료법 가속 ⑧꿈의 나노물질 그래핀의 실용화 ⑨허블우주망원경 수리 ⑩X선 레이저 장비 개발을 꼽는다.

한편, 우주 탄생의 비밀을 밝힐 열쇠로 알려진 힉스 입자[39]가 발견되어 2012년의 10대 과학 뉴스에 발표된 점은 기초연구분야에서도 눈부신 발전이 있었음을 보여주는 것이다.

미래의 기술을 예측하기는 쉽지 않다. 그 이유는 기술이 가장 발달하였다고 자부하며 인간의 욕망을 분출시켰던 제2차 세계대전 이후의 시기조차 컴퓨터와 인터넷이라는 불과 20~30년 후의 디지털기술을 개발하고 활용하리라는 예측을 하지 못하였기 때문이다.

다만, 2000년 이후의 과학기술분야를 '바이오, 나노, 정보통신, 우주항공 산업'으로 나누어 볼 때 이에 관련되는 첨단산업분야는 의약과 식품, 환경, 인공지능, 에너지, 미디어, 정보통신기

---

36) 이법은 어린이 보호를 위하여 성적으로 노골적인 내용을 가진 성인 웹사이트를 규제하는 것을 골자로 하고 있으나, 표현의 자유에 대한 반발과 상업적 활성화의 반대에 부딪혀 묵살되었다(1998. 1.21).

37) 펄서는 고도로 자화(磁化)되고 빠른 속도로 회전하는 중성자별로서 양자역학이나 상대성이론의 의문을 풀 열쇠로 지목된다.

38) 자기 단극은 1개의 자석 속에 북극 또는 남극의 성질만을 가진 자석입자를 말한다.

39) 입자의 존재를 예언한 물리학자 피터 힉스의 이름을 딴 것으로, 현재까지 물질을 구성하는 기본입자 중에서 유일하게 관측되지 않은 가상의 입자.

술, 미디어산업 등에 많은 투자와 기술개발이 이루어질 것으로 보이며, 이에 따른 국가 간 외교활동과 안보영역이 필수적으로 다루어질 것으로 보인다.

요컨대, 인터넷과 정보통신기술을 기반으로 하는 국경 없는 디지털시대에는 물리적 공간보다는 가상적 공간에서의 인간욕구를 해소시킬 기술들이 더욱 발전할 것이다. 따라서 인간 삶의 기본 틀도 종래의 물리적 공간에서 추구하던 의식주 개념에서 가상공간에서의 접속개념Access Concept으로 점차 전환될 것이며, 이와 관련된 기술의 발달로 우리의, 나아가 세계의 경제 · 사회 · 문화 · 정치의 고정적 패턴이 변화될 것임은 말할 나위도 없다.

국내외 기관이 예측하는 차세대 50대 유망기술

대분류	중분류	유망기술
IT	스마트홈	홈네트워크, 디지털그린가전, 헬스케어
	디지털 가전	디지털멀티미디어방송, 디지털TV, 디지털셋톱박스, 스마트카드, 서비스로봇, 전자종이
	Post-PC	텔레메틱스, PDA, Wearable Computer
	소프트웨어	Agent S/W, 음성인식 S/W
	네트워크	Ad-hoc N/W, 양자암호
	전자의료 기기	실버의료기기, 영상진단기기, 모바일헬스기기, 한방의료기기
	비메모리 반도체	인텔리전트SoC, 무선네트워크용 칩, e-Cardydclf, 텔레매트릭스용 칩
	전자부품·소재	LED, 유기EL, LCD, 2차전지, 센서, 탄소나노튜브, 전자소재
바이오	BIT융합기술	바이오칩, Bid-IT, 인공장기
	바이오	면역치료제, 유전자치료제, 세포치료제, 맞춤의학, 바이오신소재, 약물전달시스템, 프로테오믹스
환경·에너지	환경·에너지	Eco소재부품, 환경복원시스템, 태양광, 연료전지
항공우주	항공우주	다목적헬기, 차세대전투기, 소형여객기, 무인항공기, 인공위성

2절 기술과 과학

I 기술

1. 정의

기술技術의 사전적 의미는 "과학을 실지로 응용하여 자연의 사물을 개변 · 가공하고 인간생활

에 이용하는 재주"로 정의된다.[40)]

기술을 인류의 역사와 관련해 보면, 기술이란 "지구상에 인간이 출현한 이후 생존과 후손의 번식을 위한 노력에 더하여 물리적 · 정신적으로 추구하는 결과를 맺기 위한 인간의 사상을 구체적으로 표현시킨 온갖 과정"이라 말할 수 있다.

그런데 '인간사상의 구체적 표현 과정'은 인간 스스로 혹은 도구나 장치를 이용하는 방법이나 절차를 말하므로 수많은 종류의 기술이 존재하고 있어서 이를 한마디로 정의하기는 쉽지 않다.

기술의 어원은, 영문 표기인 테크닉[technics: technique]이 고대 그리스의 테크네[techn]에서 유래했고, 테크네[techn]는 토이코[teucho]라는 동사의 명사형으로 '제작(하다)', '조립(하다)', '생산(하다)', '건조(하다)' 등의 의미가 된다. 특히 테크네가 인간의 사고적 행위 결과를 나타내므로 수공업적인 행위와 능력뿐만 아니라 문학과 학술, 예술의 범위까지 확대되는 개념이 된다.[41)]

일찍이 고대 그리스인들은 테크네[techn]를 무엇인가 만들어내는 인간의 능력으로 생각하여 포이에시스[poiesis]라 하고, 그 의미를 "밖으로 끌어내 앞에다 내어놓는 것(만들어 내어놓는 것)"으로 풀이했다. 즉 창작(혹은 창조)활동으로 정의했다는 점에서 오늘날의 지적재산 보호대상의 기틀을 이루었다고 볼 수 있다.[42)]

그리스어 테크네[techn]의 독일어 표현은 마켄쾨넨[Machenkönnen]으로 영문의 'makable (make+can)'에 해당하여 "무엇인가 만들 수 있는 능력"으로 해석할 수 있다.

여기서 '무엇인가'의 의미는 반드시 물리적 결과물만을 말하는 것이 아니라 감정의 교류나 변형, 발생, 조작의 의미를 포괄한다. 뿐만 아니라 인류에게 미치는 긍정적 · 부정적 영향의 모든 결과 과정을 기술의 범주에 포함시킬 수 있다. 기술은 진보, 확산, 가치부수성의 특징을 가진다.[43)]

2. 기술의 구성요소

가. 기술과 지식

기술[Technology, 技術]은 인간의 시행착오과정을 거쳐 동일과정과 동일결과로 표현될 수 있는 수단을 말한다. 기술개발은 인간의 아이디어를 구체화하는 것이다. 정립된 기술은 누구나 동일

---

40) http://kr.dic.yahoo.com/search/enc/result.html?p=%B1%E2%BC%FA&pk=11614200&subtype =&type=enc&field=id

41) 마틴 하이데거, 『기술과 전향』, 서광사, p.35.

42) 고대 그리스인들은 테크네가 '에피스테메(episteme)'와 불가분의 관계에 있다고 생각했는데, 이것은 "어떤 것을 잘 알고 있거나 이해하고 있음"의 의미로, 엄밀하고 확증된 지식을 말한다. 이는 구조와 특성의 차이, 새롭게 만들 수 있는 방법과 절차, 이들의 사용법에 대해 요구되는 필수적인 지식이라 할 수 있다. 마틴 하이데거, 위의 책, p.35.

43) 서울대학교 기술과 법센터, 『과학기술과 법』, 박영사 2007, p.22.

한 과정을 거치면 동일결과가 생성됨을 전제로 하는 만큼 개인적 역량에 따라 그 결과가 다르게 되는 기능[技能], 즉 기예[技藝]와 대비되는 개념이다.

지식[Knowledgment, 知識]은 숨겨진 것을 발견하고 탐구하며 분석한 결과로 얻어진다. 지식을 통해 인간은 자연과 다른 피지배물의 지배를 위한 새로운 것을 창조하므로 지식은 기술 그 자체는 아닌 것이다.

그러나 지식은 기술을 활용할 실제적인 목적에 투자되므로 이 둘을 분리해서 생각할 수는 없다. 인간의 창조를 의미하는 기술의 가능성과 잠재력 그리고 한계는 일차적으로 자연에 내재해 있다. 이것을 드러내는 것이 다름 아닌 기술인 것이다.[44]

나. 기술과 도구

기술의 구현을 위해서는 수단이나 도구가 필요하게 된다. 다시 말하면 기술이란 자연에 내재하는 것을 드러내 구체화시키는 것을 의미하므로 기술을 구성하는 한 요소인 도구를 기술 혹은 기술 그 자체라 할 수는 없다.

도구와 기술이 다름을 강조하는 이유는 인간이 만들고 사용하는 장비나 장치, 기구 등을 기술 그 자체로 취급하는 경우가 많기 때문이다. 이른바 기술의 도구주의적 해석[45]이다. 이렇게 기술과 도구를 구분하는 실익은 기술이란 인간에 의해서만 이루어지는 창작의 과정이기 때문이며, 기술로서 보호받고 인정받기 위한 경계가 여기서 나누어지기 때문이다.[46]

도구는 인간 이외에 다른 동물들도 사용한다는 점에서 그 차이점이 분명하다.

기술을 파악함에 있어서 도구가 갖는 중요성은 도구를 통해 기술의 역사를 알 수 있기 때문이다. 인간은 자연에서 도구를 이용해 점진적으로 현대의 기술문명을 일구어냈기 때문에 돌도끼나 돌연장과 같은 도구를 보면 석기시대의 기술을 알 수 있으며, 쟁기를 보면 농경사회의 기술을, 기계를 보면 산업사회의 기술을 알 수 있게 되는 논리와 같다.

다. 기술과 인간

기술개발의 주체는 인간이며, 그 객체는 자연이다. 인간은 자연을 이용하지 않고는 어떠한 새로운 물건을 만들 수 없다. 이 때문에 기술적 사상의 창작에 대해 보호하는 법률로서의 특허

---

44) 김덕용, 『기술의 역사』, 한경사 2005, p.17.

45) 김덕용, 위의 책, p.18.

46) 인간 이외에 도구를 사용하는 동물의 예는, 타조알을 깨기 위해서 독수리가 돌을 입에 물고 공중에서 돌을 떨어뜨려 알을 깨는 것이나, 침팬지가 흰개미굴에 나뭇가지를 넣었다 빼서 나뭇가지에 달라붙은 흰개미를 잡아먹는 예 등이 있다. 이러한 도구사용 예는 인간의 사고와 유사하다 할 수 있지만 이는 단순도구 이용에 불과할 뿐 인간처럼 복잡하고 정교한 도구를 제작할 수도 없을 뿐만 아니라 사용도 불가능하다는 점에서 인간과 동물의 차이뿐 만 아니라 기술과 도구의 차이를 구분할 수 있다.

법도 인간이 개발한 기술에 대해서만 기술로 인정하고 보호한다.[47] 물리적으로 표현될 수 있는 기술 이외의 방법론적인 기술에 대해서도 그 주체는 인간이어야 보호되고 계승된다는 점에서 기술은 구체적 기술과 추상적 기술로 구분할 수 있다.[48]

3. 기술의 분류

기술에 대해 다양한 정의가 존재하는 것처럼 기술은 많은 영역에 분포되어 있다. 기술이 인간의 기술적 사상의 창작활동이라는 점에서 그 활동만큼의 기술이 존재하게 된다. 이런 점에서 일찍이 사회학적 접근방식으로 행위의 목적에 따라 독일의 경제학자 프리드리히 폰 고트릴리엔펠트Friedrich von Gottlilienfeld, 1868~1958는 베버의 정의에 착안하여 다음과 같이 기술을 분류했다.[49]

종 류	의 미	사 례
개인의 기술	개인의 심적 또는 육체적 현실을 대상으로 하는 개인적 기술	이완과 집중의 기술
사회적 기술	개인들 간의 관계를 변형시키려는 목적을 가진 실행기술로 변형이 문제가 되기는 하지만 보존하는 것을 목적으로 하는 기술	경찰의 기술, 교육적 기술, 정치권력을 잡는 기술
지적인 기술	지적 영역에 속해 있는 것을 드러내주는 방법론적인 실행기술	암산, 논문계획을 짜는 기술
현실의 기술	유기적 자연이든 무기적 자연이든 직접적 외부세계의 변형을 목적으로 하는 기술	전기 생산 기술, 운하 수문 건설 기술, 밀의 재배 기술

4. 기술의 합리성

기술의 개발과 보호 측면에서는 인간이 주체가 됨을 살펴보았다. 그렇다면 기술은 항상 우리

---

47) 인간 이외에 컴퓨터를 이용하거나 돌고래를 잘 훈련시켜서 심해저에서 특수목적을 달성시키는 기술이 개발되었다고 해도 그 기술의 주체는 사람인 경우에 보호가 되는 것이지 컴퓨터나 돌고래에게 그 기술의 보유자로서 권리를 부여하여 보호하지는 않는다. 특허법 제2조 제1호 [발명의 정의 : 발명이란 자연법칙을 이용한 기술적 사상의 창작으로서 고도한 것을 말한다]. 동법 제42조 제1항 [특허출원 : 특허를 받고자 하는 자는~특허출원서를~제출하여야 한다].

48) 화법 혹은 화술의 기술, 연애하는 기술, 암산하는 기술, 통치기술 등은 추상적 기술이 된다.

49) 김덕용, 위의 책, p.21 각주 12). 또한, 자크엘루는 현대의 기술에는 기계적 기술과 지능적 기술(카드 색인표, 도서관 등)이외에도 다음과 같이 3가지 주요한 분야가 더 있다고 주장한다. 첫째는 경제기술로 주로 생산에 관계되며 노동을 조직하는 것에서 경제를 기획하는 것까지 포괄한다. 둘째는 조직기술로 다수의 대중과 관련이 있으며 상업과 산업뿐만 아니라 국가와 행정부, 경찰력에도 적용된다. 조직기술은 전쟁에도 해당하며 법적인 분야의 모든 것들 역시 조직기술에 의존한다. 셋째는 인간기술로 여기서 인간은 기술의 주체가 아니라 대상이 된다. 인간기술은 의학과 유전학에서부터 교육기술, 노동기술, 프로파겐다propaganda,선전, 직업지도, 오락기술 및 스포츠의 영역에까지 이른다.

의 삶에 이로운 수단만 제공하는 것인가? 결론적으로 기술은 추구하는 목적을 달성하기 위한 수단에 불과하기 때문에 그 목적이 옳건 그르건 관계없이 기술 자체로 존재한다. 이 때문에 기술의 발달이 자연환경이나 도덕성을 상실시키더라도 기술의 완성과 활용이 우선시 되기도 한다. 이를 도구적 합리성instrumental rationality 혹은 기술의 가치중립성이라 한다.

우리에게 유익한 기술만을 기술로 인정하는 경우, 이는 그 기술의 가치 판단에 비중을 두는 것이다. 하지만 기술의 발전이나 창작에는 작용·반작용, 약의 작용과 부작용 등과 같은 상황이 부수된다.

기술은 우리에게 좋고 유익하기도 하지만 그 반대의 경우도 있다. 하나의 기술이 사용 목적에 따라 선과 악의 측면에서 다르게 취급될 수 있는 것이다. 그 단적인 예는 원자력 기술에서 들 수 있다. 핵 융합기술이 발전소에 사용되면 이는 저렴하고도 지속적 공급이 가능한 에너지원이 될 수 있지만 원자폭탄으로 개발하면 대량살상과 파괴의 무기가 된다.

어느 용도로 사용되는 것이냐의 문제는 개발자의 목적이나 사회적 요구 혹은 국가의 이익을 위해 정해지겠지만, 기술적 판단의 기준은 도구적 유용성과 효율성에 기초한다. 여기에는 사회적 가치, 의미, 규범, 지향성, 해석 등이 종합적으로 영향을 미친다. 따라서 인간이 현재 사용하고 있는 기술을 기술이 아닌 것으로 정의함으로써 그것을 교묘히 피하기보다는 기술로 정의하여 현재의 문제에 정면으로 맞서는 편이 더 낫다는 주장도 있다.[50)]

공서양속과 윤리성을 배제한 기술의 가치는 그렇지 않아도 비인간적으로 보이는 기술에 더해 자본주의적 요소가 가미된 만큼 기술개발과 적용시 수반되는 작용과 반작용의 밸런싱balancing을 조절할 제도적 장치가 필요하게 되고 따라서 법률의 중요성과 이에 대한 이해가 필요하게 된다.

5. 기술과 자연

새로운 기술의 개발은 자연을 이용하는 인간의 사고력에 대한 결실을 말하므로, 자연을 가공되지 않은 순수한 천연이라고 하면, 기술은 인간과 자연 간의 연결매체라 할 수 있어서 기술개발은 당연히 자연에 영향을 미치게 된다.

따라서 기술을 잘 이용한다면 인간과 자연이 공존할 수 있는 일종의 비무장지대DMZ : Demilitarized Zone를 조성할 수 있다.

인간의 기술개발이 활성화되면 될수록 기술의 결과만을 중시하여 자연을 파괴하게 된다. 이 때문에 한정된 지구의 자연 속에서 인간이 추구해온 기술의 개발과 혁신은 완벽한 자연을

50) 조셉 에거시/이균현 옮김, 『현대문명의 위기와 기술철학』, 민음사, p.54 : 인간을 노예로 만드는 기술을 기술이라고 인정하지 않으려는 사람들에게 기술의 가치중립과 가치판단관계를 설명함.

차츰 몰락시키면서 인간의 지배력을 증대시켜온 역사의 과정이라 말할 수 있다.

자연을 전제하지 아니한 인간의 존재가 긍정될 수 없고, 인간의 점진적 또는 혁신적 기술개발이 곧 자연의 파괴 내지는 몰락이라는 등식이 성립하는 한, 적어도 자연세계를 무장 침입하지 않는 지대에서의 기술 개발이 보다 적극적으로 의무화되어야 할 시점이다.

Ⅱ 과학

1. 정의

과학의 사전적 의미는 "자연 및 사회에서의 사물과 과정의 구조, 성질 등을 조사하여 객관적 법칙을 탐구하는 인간의 이론적 인식 활동과 그 소산인 체계적 · 이론적 지식, 즉 개념 · 가설 · 법칙명제 · 이론의 총체"이다.

과학은 영어의 science와 독일어 wissenshaft의 번역어로 모두 라틴어 'scientica[안다]'에서 유래한다.

과학을 한마디로 정의할 수는 없으나 "인간이 겪는 경험을 논리적인 체계로 통합하여 조화로운 질서로 나타나는 자연의 미를 추구하며, 인간의 경험을 확장하고 그것을 질서로 환원하는 것"으로 지식[knowledge]을 뜻하기도 한다.[51)]

따라서 과학은 "자연이 갖는 룰[Rule]을 아는 인간 활동"으로 정의할 수 있으며, 자연이 갖는 원리를 얻어 지식으로 체계화한 학문이라 할 수 있다. 과학을 학문 영역에 따라서 취급할 대상별로 나누면 크게 형식과학[52)]과 경험과학[53)]으로 구분할 수 있으며, 경험과학은 다시 자연과학,[54)] 사회과학,[55)] 인문과학[56)]으로 분류한다.

---

51)한편, 과학(科學)과 유사하게 사용되는 공학(工學)이라는 용어는 초기에는 군사적인 용어로 쓰였으나, 산업혁명 이후 발달하기 시작한 비군사적인 민간 산업 활동이 금세기에 들어와 비약적으로 발전하면서 토목, 기계, 화학, 전기, 금속 등 모든 기술 분야에서 광범위하게 사용되고 있다. 공학이란 인류의 이익을 위하여 연구, 경험, 그리고 실무에서 얻어진 수학과 자연과학의 지식, 재료와 창작의 힘을 경제적으로 이용하는 방법을 찾아내는 것으로 과학적 지식이나 기술적 수단을 총동원하여 인간이 직면하고 있는 현실적인 문제를 실제 풀어 나가는 종합학문으로서 문제 해결의 최종단계라고 할 수 있다.

52) 인간 사고력으로 나타나며 형체가 없이 논리와 추리를 취급하는 학문이다. (예) 논리학, 수학, 철학, 심리학 등.

53) 인간의 5감을 통해서 경험할 수 있는 대상을 다루는 학문 분야이다.

54) 작은 의미의 과학으로 크게 물질 부분과 생명현상을 다룬다. 자연과학(自然科學)은 인간이 존재하는 지구와 우주를 비롯하여 그 속에서 상호작용하는 생명, 물질, 에너지, 환경 등을 연구대상으로 하며, ① 물리학(Physics : 주변 물질의 운동과 힘, 빛, 열, 전자기 등을 대상으로 하는 학문), ② 화학(Chemistry : 물질의 변화를 대상으로 원자, 분자, 신소재를 연구하는 학문), ③ 생물학(Biology : 생물의 생태와 활동을 연구하지만 궁극적으로 생명현상을 연구하는 학문), ④ 지구과학(Earth science :

2. 과학의 탄생

근대 과학이 나타나는 시기는 중세의 르네상스[Renaissance]로 본다. 이 시대는 유럽의 문학 · 예술 · 학술이 부흥하면서 유럽이 기술의 우위를 확립하는 시기이기도 하다.

이 시기에 사람들은 자연에 관한 지식으로부터 자연의 힘을 지배하는 능력을 얻었고 자연의 힘을 이용하는 기계를 만들 수 있다는 사실을 깨달았다.[57)]

산업혁명이 과학의 탄생에서 중요한 기점이 되는 것은 1750년부터 시작해 이후 100년 동안 비약적인 기술 발전이 일어나면서 문명 전반에 큰 변화를 가져왔고, 이 시기 유럽 경제는 공업과 제조업에 바탕을 둔 구조로 변모하면서 기계를 이용한 농공업이 발달했기 때문이다.

특히 산업혁명이 가장 먼저 일어났던 영국의 경우 기계를 사용한 농산물이나 생산품의 양산을 위한 과학적 접근이 활성화 되고, 과학적 원리는 그대로 기술에 적용되어 과학기술의 결과물들이 실생활에 분포되어진다.[58)]

과학의 발달에는 기술이 필요하고, 기술의 발달은 과학의 탐구에 활용되어지므로 이 둘의 관계를 분리하지 않고 과학기술이라고 통칭하는 것은 자연스러운 것이다.

이렇게 과학과 기술이 독립적 분야이면서도 함께 산업발전에 활용되어지므로 공업화의 급진적 발전에 따른 기술개발자, 즉 발명가의 권리와 이익을 보호해주어야 할 필요성에 의해 1883년 산업재산권보호를 위한 파리협약[59)][Paris Convention]이 탄생하여 기술개발의 촉진은 물론, 세계적 특허제도의 보급에 큰 영향을 미치게 된다.

지구와 천체, 대기, 토양, 해양, 기상 등을 연구하는 학문)으로 구분한다.

55) 언어와 문예, 역사 등을 다루는 학문 분야이다.

56) 사회, 문화, 경제를 다루는 학문 분야이다.

57) 이러한 지적 혁명을 주도한 사람은 영국의 철학자 프랜시스 베이컨(1561~1626), 이탈리아 과학자 갈릴레오 갈릴레이(1564~1642), 프랑스 철학자 르네 데카르트(1596~1650), 영국 과학자 아이작 뉴턴(1642~1727)이었다.

58) 카 프라이올리, 이충호 역, 『기술의 역사』, 사계절 2004, p.70-71 : 영국이 산업혁명의 선두주자였던 근거로는 첫째, 법적 · 기술적 발전에 힘입은 농업 생산량의 증가(이것은 생산과 공장에 대한 투자를 촉진시켰다) 둘째, 값싼 노동력. 셋째, 영국이 세계적인 강대국으로 떠오른 것과 그에 따른 부의 축적. 넷째, 통합된 시장(이것은 인력과 상품의 유통을 원활하게 해주었고, 수요와 공급을 촉진시켰다) 다섯째, 발명가의 권리와 이익을 보호해주는 법 제도. 여섯째, 산업 혁명의 연료인 석탄의 생산과, 석탄 운송을 쉽게 해준 수로의 발달을 든다. 이러한 모든 요인들이 합쳐져 영국은 일찍부터 다른 유럽 국가들보다 앞서 산업혁명의 기틀을 갖추고 있었다. 산업화는 노동의 형태에도 혁신적인 변화를 가져왔다. 증기 기관이 동물과 사람의 노동력을 대체하게 되었고, 상품의 원료가 되는 물질을 추출하고 가공하는 방법도 크게 개선되었다.

59) 1883년 프랑스 파리에서 당시의 산업 선진국들이 타국민에게도 자국민처럼 발명을 보호하기 위하여 우선권주장과 자국민 대우 및 특허독립의 원칙을 골격으로 하는 다국간협약을 체결한 것을 말한다.

3. 과학과 기술

가. 과학과 기술의 독립

오늘날의 과학은 기술과 분리할 수 없을 정도의 밀접한 관련을 지니고 있기에 기술만 이야기하거나 과학만 이야기하지 않고 '과학기술'이라는 통합 용어가 사용된다.

그러나 과학은 자연현상에 대한 체계적 지식을 추구하는 반면, 기술은 인간의 정신적 · 물질적 생활에 도움이 될 방편을 추구하고 각자의 활동영역이 다르기 때문에 과학과 기술은 상호간 독립된 영역이다.

그러나 현대에 들어 과학과 기술의 독특한 영역이 상호 필요에 의해 융합되는 것일 뿐 과학과 기술 사이의 본질적인 관계 때문에 그런 것은 아니다.

과학을 다루는 주체로서의 과학자들은 자연원리를 체계적이고도 합리적으로 정리해나가며, 정리된 설명들은 과학적 뒷받침, 즉 합리적이면서 정확하고 체계를 갖춘 일관성을 지닌 근거를 만들어낸다.

자연원리의 탐구를 목적으로 하는 과학자의 사명은 범국민적이며 범세계적인데 비해 기술자는 주어진 문제의 해결에 초점을 맞추어 활동하며, 그 문제를 해결하는 기술 발전의 평가에서 일관성이나 합리성, 심지어 윤리적인 면이나 도덕성 등의 척도는 큰 문제가 되지 않는다.

이에 비해 기술자는 새로운 기술의 개발이라는 사명감을 가지면서 시간적 · 경제적 투자와 개발경쟁에서 앞서야 하는 물적 · 심리적 고통의 대가를 보상받기 위하여 자신의 기술을 감추거나 아니면 권리화하여 기술개발에 투자한 비용을 회수하거나 독점적인 기술의 실시를 꾀하게 된다.[60)]

또한, 대단위 연구소나 정부기관 또는 대학교수들과 같이 과학은 학문의 하나로 분리되는 반면, 기술은 요구되는 물리적 결과물을 창작해야 하기 때문에 인간의 육체적 노동을 기반으로 한다. 그럼에도 불구하고 기술자의 육체적 노동은 비체계적인 작업 과정과 비효율적 결과가 보여주듯이 과학자들보다 힘들면서도 보상이 적은 직급으로 분류되어온 것이 사실이다.

과학과 기술이 산업혁명 이전까지 융합되지 않고 독립적으로 각자의 영역을 유지해왔던 이유는 과학은 최근에 들어 그 이해의 결과가 정립될 수 있었던 반면, 기술은 과학이라는 체계성 없이도 실패와 시행착오 등을 통한 경험에 의해서도 실행이 가능하여 과학의 필요성을 느끼지 못했기 때문이다. 예컨대 대단위 운송수단이 필요하지 않았던 산업혁명 이전에는 선사시대 이래로 배를 만드는 기술이 전해져 내려와 유체역학이라는 과학적 지식 없이도 배를 만들어 강을 건널 수 있었다. 유기화학이나 생화학의 개념이 없이도 간장이나 된장을 빚을 수 있었으며, 열역

---

60) 개발기술에 대한 인센티브(Incentive)는 노-하우(Know-How)를 비밀로 유지시키거나, 특허출원을 통해 독점배타권을 취득하는 것 등이다.

학을 염두에 두지 않아도 돌을 높은 온도에 끓여 쇠를 만들고, 고체역학에 의거하지 않더라도 쇠를 달구어 담금질에 의해 강성을 증가시키는 작업이 가능했다.

그러나 점차 인류의 증가와 도시의 발달, 상공업의 발달은 기술의 사회적 요구를 더욱 증대시키게 되고, 기능공으로 불리던 기술자의 사회적 인식이 달라지면서 지위가 향상되었다.

과학자들에게도 기술개발에 대한 참여 의식과 기술의 이해를 위한 교류가 일면서 기술에 대한 과학의 접촉이 이루어지게 되었다. 이는 실용성의 기술과 이론의 과학이 융합되는 과정으로 과학혁명기에 이르러서는 실용주의 과학 정신이 더욱 발전하게 된다.

과학자들은 기술적 지식이 참다운 지식이며 과학이 이를 본받아야 한다고 주장하면서 동시에 참다운 과학지식은 기술의 발전에 기여할 것이라는 주장이 더욱 확대되었다.[61]

이러한 상황은 산업혁명기 이전까지 기술과 과학의 양적 교류를 이어갔으나 산업혁명 이후에도 산업혁명은 있었지만 기술혁명은 없었다고 할 정도로 기술의 혁신적인 발전은 이루어지지 않았다.[62]

나. 과학과 기술의 융합

중세의 3대 발명인 인쇄술과 항해술, 화약술은 14세기 이탈리아에서 시작된 르네상스 시대에 완성된 것이다. 시대적 욕구와 더불어 레오나르도 다빈치Leonardo da Vinci(1452.4.15 ~ 1519.5.2.)같은 천부적 만능재질을 가진 사람이 르네상스 시대에 이태리 빈치마을에서 태어나 많은 발명품을 남김으로써 기술개발이라는 불에 기름역할을 하게 된다.

다 빈치는 단순한 화가만이 아니었다. 인체를 이상적인 비례로 생각하여 3차원의 제도로 표현하거나 새, 물고기, 곤충이 날아다니는 모습을 조사 연구하여 비행기의 원리와 프로펠러를 설계하고 반복되는 실험을 수행한다. 또한, 인체 해부를 통해 과학자로서의 과학기술을 정립하였다.

활판인쇄술의 출현으로 보다 용이하고 섬세한 인쇄기술의 발달에 힘입어 과학 지식의 보급이 확대되며, 항해술의 발전은 신대륙의 발견 등을 이루어낸다.

역사적으로 보면 과학이 창조활동의 이론이라면, 기술은 그 실제라 할 수 있으므로 18세기 들어 산업혁명 이후 대규모 소비에 따른 기술의 양적 팽창은 체계화 내지는 과학화를 요구하게 된다.

---

61) 17세기 들어 실용적 응용에 바탕을 두고 과학을 연구하는 베이컨적 실용주의(Baconian Utilitarianism)와 더불어 영국 국립학회, 파리 아카데미와 같은 과학단체들이 설립되어 실용적 과학은 더욱 번창하게 된다.

62) 산업혁명기에 기술의 혁명이 이루어지지 아니한 내용에 대해 상세한 것은 김영식, 『과학, 역사 그리고 과학사』, 생각의 나무 2008, p.72-76.

기술자는 새로운 기술의 개발에 과학적 기법을 적용해야 할 필요성을 느끼게 되고, 이는 기술에 대한 체계적이고 합리적인 수집, 실험적 정리, 수집자료의 분석, 분석결과의 기술에의 적용 등을 과학으로부터 받아들이게 된다.

과학자 또한 기술의 공정과 기계나 장치에 대한 지식의 수집 및 정리활동으로 이어지게 된다. 그 결과 1751년의 백과사전[Encyclopedia]같은 기술과 지식이 집대성된 결과물을 탄생시키게 된다.

그러나 과학자 군[群]과 기술자 군[群]이 독립하여 존재했으므로 연결할 직접적인 연관성을 찾기 힘들었으나 19세기 중반 들어 과학의 지식이 기술에 직접 응용되기 시작한다. 당시 미국과 독일은 유기화학과 전자기학에 기초한 새로운 공업 분야를 개척하기 시작한다.

예를 들면, 석탄에서 얻는 물질의 연구 중에 선명한 여러 색을 띠는 물질이 발견되었는데, 이를 통해 아닐린염료가 개발되었고 이 아닐린염료는 영국과 프랑스, 독일로 확장보급 되면서 독일의 화학염료산업을 급성장시킨다. 당시의 독일 정부는 이 분야의 외국 과학자들을 유치하는 정책을 펴면서 화학공업의 성장에 필요한 지식이 제공된다.

특히 중요한 것은 이들 전문가가 대학교수가 되거나 바이어[Bayer]사와 같은 대기업의 연구소 연구요원으로 편입되면서 기술에 과학지식을 불어넣는 돌파구를 마련했다는 점이다.

이로 인해 다른 회사도 연구소를 설립하고 대학교수들과 교류를 통해 산업기술을 발전시키는 연구 활동을 하는 계기를 갖게 된다.

이와 더불어 미국에서도 독일의 화학공업 발전하는 양상을 그대로 재현하듯 19세기 말에 전기공업 분야가 발달하게 된다. 전기공업 분야는 관련 과학지식에의 의존도가 화학공업보다 더 컸으므로 지금의 제너럴 일렉트릭[General Electric]사나 벨[Bell]사와 같이 기업체 내에 연구소를 운영하면서 산업적 연구[Industrial research] 활동이 본격화 되기 시작한다.

여기서 주목할 사실은 기업연구소에서 과학자들이 실용적 연구만 하는 것이 아니라 필연적으로 기초적 과학연구가 이루어져야 했으므로 당장은 쓸모없을 것 같은 순수연구도 병행했다는 것이다. 이러한 연구까지도 후일 산업에 응용한다는 이유로 지속시킨 결과, 당시에는 전혀 가능해보이지 않았던 응용처가 후일에 나타나 오늘의 세계적 산업국가로 발전하고 세계의 과학기술을 이끌어가는 계기를 만들어주었다.[63)]

따라서 과학과 기술의 융합은 필연적인 것이었다. 이런 면에서 디지털시대의 과학과 기술은 분리하여 생각할 수 있는 것이 아니므로 과학과 기술의 융합은 과학기술이라는 용어의 사용도 자연스러운 것이라 할 수 있다.

---

63) 예를 들면 원자물리학의 원자에너지 응용, 반도체 이론의 컴퓨터 등의 응용, 유전학 지식의 유전공학에의 응용 등이 그 좋은 예이다. 김영식, 위의 책, p.81.

다. 과학 · 기술 · 공학

18세기까지의 기술지식이 경험적 수준에 머물러 있던 것에 비해, 19세기로 접어들면서 자연현상에 대한 지식들이 과학화 되어가는 과정에서 기술에 관한 지식들도 과학화에 이르게 되었다. 이는 유기화학이나 열역학 · 재료역학 혹은 전자기학 같은 공학의 출현을 이끌어냈다. 즉 과학화된 기술을 '공학'이라 할 수 있다.

그러나 기술이 곧 공학이라는 의미는 아니며, 과학화된 기술이 공학이라고 볼 때 공학도 역시 과학이라는 광의의 자연법칙에 포함되어야 한다. 다시 말하면 공학도 과학의 한 분야가 되는 것이다.

한편 공학은 기술을 응용하기도 하고 과학을 응용하기도 하여 과학적 실용기술이라 표현할 수 있다.

산업의 발달이 과학과 기술을 구분 짓기 곤란하게 만들었듯이 과학 또한 공학과 분류해서 생각할 수 있는 대상은 아닌 것이다. 굳이 과학과 공학을 구분한다면 전자는 자연현상을 다루는 것인데 비해 후자는 인공적인 기술을 다룬다는 점이다.

과학의 발전은 기술을 이용하여 그동안 존재했던 자연현상을 이해하고 밝히는 과정의 발전임에 비해, 기술의 발전은 인간 삶의 실용성과 욕구의 충족을 위해 인공적 기술 내지는 과학을 응용하여 인위적 창작물을 만들어내는 발전을 의미한다.

3절 기술과 발명

I 개요

발명이란 창작물을 만드는 고안의 과정을 말하지만 발명품과 구분 없이 사용되기도 한다.

발명이란 "자연법칙을 이용한 기술적 사상의 창작"[64]이다. 창작의 결과물에 대한 고안 정도가 높은 것이면 대발명으로 특허의 대상이 되고, 기타는 소발명으로 실용신안권리의 대상이 되는 것으로 구분하기도 한다.[65]

---

64) 특허법 제2조.

65) 발명을 대발명(大發明)과 소발명(小發明)으로 구분하는 차이는 실용신안제도의 운영 여부로 결정된다. 즉, 실용신안은 고도성이 없는 발명품을 보호하기 위하여 국가별 필요에 의해 만들어진 제도로 대표적인 실용신안제도 운영국은 우리나라를 비롯한, 일본, 대만, 중국 등의 동아시아권 국가들과 독일 등을 들 수 있다. 실용신안제도가 없는 미국의 경우 특허법 내에 실용특허, 디자인특허, 동 · 식물

발명의 정의에서와 같이 창작물은 자연법칙과 기술적 사상을 기초로 이루어지는 것이므로 발명은 곧 기술을 적용시킨 새로운 결과물 내지는 기술을 이용한 개량품임을 쉽게 알 수 있다. 그렇기 때문에 발명은 자연법칙을 이용하는 것이지 자연법칙 자체는 아니다. 기술적 사상을 바탕으로 이루어지더라도 기술 그 자체를 발명이라 하지는 않는다.

기술이 과학과 융합되면 비로소 합리적이고 체계적인 과학기술이 이루어져서 동일한 실행 과정을 거치면 누구나 동일한 결과를 얻을 수 있다는 점에서 기술은 기능과 구별되며, 따라서 기능이 부여된 결과물을 발명으로 보호하지도 않는다.

이렇게 볼 때 발명이란 과학기술을 이용하여 기능성을 갖는 창작물을 만드는 행위라 할 수 있고, 그 결과물은 특허법으로 보호받는다는 점에서 법률의 역할이 중요하게 대두된다.

발명을 하는 과정에서 그 발명에 적용되는 기술이나 자연법칙을 모두 알고 있어야 하는 것은 아니기 때문에 기능과 유사하다고 할 수 있다. 그러나 기능은 반복적으로 동일한 과정을 거치더라도 동일한 결과가 발생하지 않는다는 점에서 기술과 구별된다. 이는 역으로 기술은 합리적이고 체계적이어서 반복적으로 동일 과정을 실행할 경우 동일 결과물을 기대할 수 있는 것으로 풀이할 수 있다.

발명을 보호하는 취지는 새로운 발명의욕을 고취시켜서 더 나은 발명품을 만들기 위한 것이다. 이러한 창작과정을 거치는 동안 기술이 발전해서 인위적이면서 보다 정교하고 복잡한 기계나 장치 등이 개발되며, 궁극적으로는 국가의 산업기술이 발전하고 국민생활의 편리함과 더불어 국민경제를 부흥시키는 역할을 하게 한다.

새로운 기술의 창작물에서, 그 기술은 단순한 것일 수도 있고, 여러 기술이 복합된 것일 수도 있다.

현대에 이르러 기술은 새로운 발명품에 적용되고, 이 발명품은 다시 새로운 기술을 요구하면서 기술이 발명을 리드하거나 발명이 기술을 리드하는 긍정적 선후 다툼 현상이 일어난다. 보다 나은 제품이나 더욱 복잡한 기계나 장치의 개발을 위해서는 더욱 진보된 기술이 요구되어 발명과 새로운 기술의 우선순위를 매기기조차 힘들게 되었다.

그러나 이렇게 새로운 발명품이나 기술이 만들어지는 것은 발명을 보호하고 장려하며 육성하려는 제도적 뒷받침에 의해 이루어지는 것임을 부인할 수 없다.

발명에 대한 인센티브[Incentive] 가 발명의 경쟁을 유도하여 산업발전에 기여하고 산업기술의 선진국을 만드는 데 특허제도가 그 역할을 했다는 데는 이견이 많지 않다.

특허 등을 규정해 놓고 있으며, 발견도 발명의 범주에 포함시키고 있다.

Ⅱ 기술과 발명의 보호

1. 산업재산권

산업재산권은 인간의 지적 능력을 바탕으로 고안된 산업기술, 즉 새로운 물건이나 새로운 처리방법, 물품의 새로운 디자인을 공개시키는 조건으로 특허청에서 부여하는 무체물의 재산권을 말한다.

인간의 기술적 사상이 구체화되어 만들어지는 기술의 결과적 표현물인 유체물은 이러한 기술 사상을 표현하는 한 실시 예에 불과하므로 부동산이나 동산과 같은 유체물과 구분하여 무체물이라 한다. 즉, 유체물은 기술적 구현의 제시만 있으면 누구나 동일하게 만들 수 있다는 점에서 기능적이다. 이러한 기능성을 갖도록 동일 결과물을 창출하는 사고과정과 결과가 눈에 보이지 않아 무체물이라 하고, 이들에 대해 부여하는 권리를 무체재산이라 한다.

무체재산에는 문학 · 예술 · 학술 분야의 저작물까지 포함되지만 여기서는 기술과 관련한 제도로서의 산업재산권인 기술과 디자인의 보호제도에 대해 간략히 살펴보고 상세한 것은 해당 제도편에서 학습하기로 한다.

신규 물건이나 새로운 처리 방법에 대해 특허를 부여하여 보호하는 법률은 특허법이다. 신규 물건이라도 고도성이 없으면 실용신안법에 의한 고안, 즉 실용신안으로 보호된다.

또한 물품의 새로운 디자인에 대해서는 디자인보호법에 의해 보호되고, 물품을 제조하거나 서비스를 제공하는 업자가 자기를 대신해서 사용하는 표장(기호, 문자, 도형, 입체물 외형)은 상표법으로 보호된다.

이러한 기술의 개발은 과학이라는 원리, 즉 자연법칙을 이용해야 하는 조건이 수반된다. 따라서 산업기술도 시대와 사회적 배경에 따라 변하는 것은 두말할 나위가 없다.

우리나라에서 산업재산권에 대한 용어의 변화는 시대적 흐름과 과학기술의 발전과 밀접한 관련이 있다. 산업재산권은 1970년대까지만 해도 공업소유권工業所有權이라 했으나, 공업의 범위가 확대되고 국가의 공업이라는 시각이 산업으로 확대되는 정책적 · 시기적 변화요인이 발생함에 따라 1980년대에는 산업소유권産業所有權으로 명칭이 바뀌었다. 그러나 소유권은 개념을 분해하고 희석시킨다는 비판과, 종래 공업소유권의 용어만 바뀐 정도로 인식되므로 특허청이 1990년부터 산업재산권이라는 용어를 사용하여 현재에 이르고 있다.

산업재산권이 마치 지적재산권인 것처럼 이해되었던 것은 우리나라에서 문화재산권의 핵심을 이루는 신저작권법이 제정되던 1987년 7월 1일 이전에는 저작권보호가 미흡했었기 때문이다. 대부분의 지적창작물은 산업과 구별되는 개념으로 생각하지 않았었다.

그러나 산업재산권은 문화재산권과 엄격히 구분되어 있어서 기술적 사상의 창작물인 발명이나 실용품, 제품 디자인, 기업이나 사업자의 상호로 그 범위를 한정하고, 이들 산업보호제도를 위한 특허법, 실용신안법, 디자인보호법, 상표법들은 일찍부터 구분되어 존재하고 있었다.[66)]

특허제도가 산업재산권을 구성하는 다른 제도들을 대표하게 된 것은 다른 제도들에 특허제도의 규정을 준용하는 규정들이 많이 포함되어 있기 때문이다. 특허제도의 범위에는 특허법을 비롯하여 그 하위법으로 특허법 시행령, 특허법 시행규칙, 심사기준 등이 포함되므로 특허제도와 특허법이 같을 수는 없다.

그러나 특허법을 제외한 하위법들은 특허법의 운영과 해석을 위해 필요한 것이므로 특허제도를 곧 특허법으로 이해해도 큰 무리는 없다. 따라서 이 책에서도 특허제도와 특허법을 혼용해서 쓴다.

2. 특허권

산업재산권의 모체가 되는 특허권[特許權, Patent right]이란 한마디로 "신규하거나 진보된 발명을 한 자에게 부여되는 유한적 무체재산권"이라고 정의할 수 있다.

특허권을 다스리는 법률로서의 특허법에는 발명을 "자연법칙을 이용한 기술적 사상의 창작으로 고도한 것"이라고 명시되어 있다.[67)]

특허권은 특허요건을 갖춘 출원발명이 법적으로 보호되는 독립재산으로 갖는 권리로, 특허권의 행사란 독점실시와 무단의 제3자가 실시하는 것을 금지할 수 있는 권리를 말한다. 이 때문에 특허권이라는 독점권을 전매권[Monopoly]이라고도 한다.

특허권 부여를 받기 위해서는 발명을 한 자가 수수료와 함께 준비서류(특허출원서, 명세서, 필요도면 및 관납료 등)를 특허청에 제출하는 창작물 보호 의지를 필요로 한다.이러한 의지의 실행을 특허출원[特許出願]이라 한다.

특허출원된 발명은 출원후 18개월이 지나면 공개되는 과정을 거친다. 다만 국방상 필요하거나 공서양속을 해칠 우려가 있는 발명은 공개하지 않는다.

심사청구된 특허출원은 심사관의 특허등록요건 구비여부를 심사하는 과정을 거쳐 특허 등록결정이나 거절결정으로 마무리 되며 등록결정된 특허출원은 소정 등록료를 납부하므로써 특허청 등록원부에 설정 등록하는 행정 절차를 거쳐 하나의 '특허발명'이 탄생하게 된다.[68)] 등록이 거절되는 경우에는 특허권 또한 발생하지 않는다.

---

66) 이 때문에 하나의 고안으로 여러 제도에서 중첩 보호되는데 따른 문제점이 발생되고 있지만 이에 대한 특별한 해결책이 마련되어 있는 것은 아니다. 왜냐하면 지적재산권제도는 창작물의 보호를 우선으로 하는 제도이므로 창작물이 중첩 보호되는 것이 창작활동을 저해한다고 보지는 않기 때문이다.

67) 특허법 제2조 제1호.

68) 특허법 제2조 제2호.

3. 실용신안권

실용신안권實用新案權이란 신규하고 진보적인 실용적 물품에 대해 실시권과 배타권을 부여한 것이다. 실용신안권의 생성과 관리, 소멸을 다루는 제도는 실용신안법이다.

실용신안법은 실용적인 고안을 보호·장려하고 그 이용을 도모함으로써 기술의 발전을 촉진하여 산업 발전에 이바지함을 목적으로 설립된 것이다.[69]

실용신안권의 대상은 물품을 전제로 한 자연법칙을 이용한 기술적 사상의 창작이므로 방법이나 물건을 생산하는 방법은 실용신안의 대상이 될 수 없다.

특허권으로도 보호될 수 있는 기술적 사상의 창작물을 실용신안제도를 만들어 보호하는 이유는 우선 개발도상국에서는 고도하지는 않지만 실용적인 기술이 많기 때문에 이를 보호하여 국가산업 발전을 부흥시키는데 기여하게 할 수 있기 때문이다.

그러나 물품의 고도성 차이만을 두고 두 제도의 운영 방식이 같은 데서 오는 여러 불합리한 점들(예를 들면, 고도하지 아니한 실용적 기술도 특허발명과 같이 오랫동안의 심사를 거쳐 등록되어야 한다든가, 출원 후 18개월이 지나면 무조건 공개되지만 권리설정까지 많은 시간이 소모되므로 실용신안권리가 부여되었을 때에는 라이프사이클의 끝자락에 와 있는 경우 등)이 있게 되므로 우리의 실용신안 제도는 선등록 후심사[70]라는 제도를 1999년 7월 1일 부로 도입하여 운영하다가[71] 2006년부터 다시 심사제도로 환원되어 특허제도의 제반 절차와 다를 바 없게 되었다. 실용신안권의 존속 기간은 출원일로부터 10년이다.

---

69) 실용신안법 제1조.

70) 선등록 후심사제도는 간단히 말하면 실체내용 심사 없이 무심사(無審査)에 의해 실용신안권을 부여하는 제도로, 제출서류에 하자만 없다면 방식심사*를 거쳐 출원일로부터 3개월 정도에 실용신안권의 설정등록이 이루어진다. 이 때문에 실체심사를 거치지 않은 실용신안권은 일종의 형식적 권리라 할 수 있다. 형식적 권리는 확정적 권리에 대한 말로, 실용신안권이 확정된 권리가 되기 위해서는 당연히 특허청 심사를 거쳐야 하므로 권리자 등은 실용신안권의 설정등록 후에 실체심사를 하기 위한 기술평가신청서를 특허청에 제출하여 그 실체권리 확보 여부를 타진하게 된다. 기술평가 신청은 누구나 할 수 있다. 이러한 선등록 후심사제도의 운영으로 실용신안 등록출원에 대한 심사 적체는 해소되었으나, 형식적 권리의 부여에 따른 권리의 남발과 출원 변경제도** 등의 폐지에 따라 실용신안권으로 빠른 권리를 확보하고 나중에 특허받은 뒤에는 실용신안권을 포기하도록 하는 이중출원제도라는 기형적이고 체계적이지 못한 제도가 운영되었었다. 선등록 후심사제도가 선심사 후등록제도로 다시 환원되었다 해도 이미 선등록 후심사제도에 의해 등록되고 기술평가를 거쳐야 실제권리행사를 할 수 있는 등록실용신안들의 존속기간이 남아 있다는 점에서 종래의 선등록 후심사제도의 이해는 지속되어야 할 것이다.

71) 방식심사란 특허청에 제출되는 출원서류 등에 관하여 서류의 적법기재 여부, 구비서류의 완비 여부, 수수료 납부 여부 등을 심사하는 것이다. 이는 실용신안의 내용을 심사하는 '실체심사'이전에 이루어진다.

4. 디자인권

디자인권은 디자인보호법에 의해 보호되는 산업디자인에 부여된 권리를 총칭한다. 디자인보호법상 디자인이라 함은 '물품(물품의 부분 및 글자체를 포함한다)의 형상 · 모양 · 색채 또는 이들을 결합한 것으로서 시각을 통하여 미감을 일으키게 하는 것'을 말한다.[72)]

산업재산권을 구성하는 특허권이나 실용신안권이 창작된 기술적 사상에 권리를 부여하는 반면, 디자인권은 물건에 관한 것이되, 그 물건의 형상 · 모양 · 색채 또는 이들의 결합된 상태가 권리취득 요건을 갖추어서 등록설정된 것을 말한다.

따라서 디자인의 범위는 형상과 모양, 색채가 결합된 3차원적 디자인 등이 되지만, 디지털 화상[73)]과 같은 모양과 색채만의 2차원 디자인도 보호대상에 포함된다. 그러므로 형태성[形態性] 혹은 형체성[形體性]을 갖춘 물품도 보호대상으로 함을 알 수 있다.[74)]

형체를 갖춘 디자인이라 해도 공업상 이용 가능하고 신규하며 용이하게 창작되지 않는 조건을 갖춘 경우에만 심사를 거쳐 디자인보호법에 의해 보호된다.[75)]

디자인권의 존속기간은 등록일로부터 15년간이다. 다만 유사디자인의 경우 기본디자인의 종속디자인이므로 기본디자인의 잔존권리 기간만큼만 권리가 유지된다.

---

72) 디자인보호법 제2조 제1호.

73) 컴퓨터인터넷의 아이콘(Icon)이나 그래픽 사용자 인터페이스(GUI), 그래픽이미지(GI) 등을 말하며, '화상디자인' 이라고 한다.

74) 졸고, 「화상디자인의 의장법에 의한 보호와 한계」, 인하대학교 법학연구소, 법학연구 제6집, 2003.12, p.241-280.

75) 디자인보호법 제5조.

SCIENCE TECHNOLOGY & INTELLECTUAL PROPERTY

2장 과학기술과 법

1절 서 설

현재의 발달된 기술은 과학의 이해와 응용의 결합이라는 점에서 과학과 기술을 분리하지 않고 '과학기술'로 통칭하는 것이 일반적인 관행이다.

과학과 기술에 있어서는 이미 상술하였으므로 여기서는 과학기술과 법의 연관성 위주로 살펴보기로 한다.

과학기술의 발전은 인간의 본능적 창의의지와 이를 공개하고픈 욕구가 당대의 사회적 분위기와 결합되어 이루어지는 것으로 파악하기 쉬우나 국가의 정책을 간과해서는 아니 될 뿐만 아니라 무시할 수도 없다.

과학기술과 관련된 국가정책은 산업혁명 이후 현재까지 지식재산보호제도를 보면서도 알 수 있듯이, 먼저 과학기술의 나아갈 방향에 대해 국가가 선도하고 이를 지원하게 되므로 국가라는 거대한 조직 속에서 기업이나 개인들은 국가정책을 따르지 않을 수 없다.

국가정책이 강력한 이유는 법 혹은 법률이라는 국가의 강제규정에 근거하여 정책이 집행되기 때문이며, 따라서 한 국가의 국민은 싫든 좋든 그 법을 준수해야만 한다.

과학기술분야도 마찬가지로, 지속적이면서도 혁신적인 기술의 개발을 위해서는 국가의 강력한 정책이 필요하게 되었으므로 이미 산업혁명 전후로 지식재산관련제도가 만들어져 운영되었고, 이에 따라 혁신적으로 때로는 점진적으로 과학기술의 발전이 이루어지게 된 것임은 우리가 아는 바와 같다.

그렇다면 법[法,law]은 무엇인가? 일반적으로, 법은 어떤 사회에 있어서 일정의 강제력을 국민에게 적용시키기 위하여 만든 강제적 규범[强制的 規範]으로 정의되고 있다.

여기서 말하는 규범은 행위규범[行爲規範] 또는 행동규범[行動規範]을 말하며, 사회구성원으로 하여금 어떤 행동을 할 것(이를 작위[作爲]라 한다) 혹은/그리고 어떤 행동을 하지 말 것(이를 부작위[不作爲]라 한다)을 의무화시킨 행동양식으로 이해할 수 있다.

따라서 법률운영 측면에서 본다면 사회구성원의 모든 행위는 법에 비추어 타당한지 혹은 타당하지 아니한지로 구별된다. 전자를 합법[合法]이라 하고 후자를 불법[不法] 또는 위법[違法]이라 한다.

국가가 법을 강제하기 위하여 운영되는 현대의 대표적인 기관이 경찰이나 법원이다.

법은 일찍이 절대권력자(왕)의 명령이라는 형태로 전화轉化되면서 법전法典으로 기록되어 왔고, 이 법은 운영의 편의를 위해 의도적으로 변경하고 창조할 수 있게 되어 영미英美에서는 귀족에게만 사용되던 법이 일반인에게도 적용되도록 보통법commom law으로 발전해 왔다.

법에 인접하는 행위규범으로 도덕道德이 있다. 도덕은 인간이 지켜야 할 도리 또는 바람직한 행동기준으로 사회 구성원의 양심으로 표현되기도 한다. 그러나 도덕을 지키지 아니하였다고 해서 강제력이 부여되지는 않고 윤리적인 비난이 있을 뿐이다.

법과 관련되는 또 다른 중요개념으로 정의justice를 들 수 있다. 사람이 지켜야 할 올바른 도리로 이해되는 정의의 개념은 「정의론[76]」뿐만 아니라, 「정의란 무엇인가[77]」의 사회적 이슈에서도 알 수 있듯이 규범 속의 자유에 대한 사회상임을 잘 설파하고 있다.

한편, 과학기술과 법의 연관성을 고찰함에 있어서 과학기술의 원천이 되는 자연법칙이 등장한 것은 유럽의 봉건제도가 붕괴되고 단일 법률로 왕이 만민을 다스릴 수 있다는 개념이 도입되면서 부터이다.

모든 사람에게 적용되는 강력한 '법률' 이 만들어지고 여기에 입법자로서의 신이라는 개념이 결합되면서 과학에서의 자연법칙이라는 생각도 수렴되었다.[78]

자연법칙의 이해 전에 이미 종교적 영향력으로 사회구성원을 밀집시켰던 신의 영역은 운동의 법칙laws of motion을 제창한 프랑스의 자연철학자 데카르트나, 후크의 법칙 또는 뉴턴의 법칙과 같은 개념이 정립되면서 과학기술과 병존하게 된 것이다.

결국 과학은 종교의 영역에서 입법자로서의 신과 법률의 영역에서 자연법칙의 개념을 차용한 것으로 이해할 수 있다.

이에 터한 과학기술과 법의 상호작용은 사실fact의 판단에서 그 역할이 더욱 공고해 진다. 법은 사회생활에 있어 무엇이 사실인가를 가리고 이에 바탕을 두어 확실성을 갖춘 판결을 이끌어 내기 때문이다.

오늘날 과학기술이 법에 미친 영향을 보면 과학기술에 의해 개연성probability과 대비되는 '확실성' 이 제공됨에 따라 "한 점의 의심도 없는 믿음belief beyond reasonable doubt"이라는 법률적 개념을 탄생시켰다.

---

76) J. 롤스(John Bordley Rawls, 1921.2.21.~2002.11.24)-법을 정의의 관점에서 비판 할 수 있는 가능성을 제시한다.

77) 마이클 샌들(Michael Sandel. 1953.2.5.~ 현재)-「정의란 무엇인가」의 저자.

78) 자연법칙의 이해 전에 이미 종교적 영향력으로 사회구성원을 밀집시켰던 신의 영역은 운동의 법칙laws of motion을 제창한 프랑스의 자연철학자 데카르트나, 후크의 법칙 또는 뉴턴의 법칙과 같은 개념이 정립되면서 과학기술과 병존하게 된다.

나아가 법의학Forensic Science의 발달, 프라이 결정[79)]Frye Rule, DNA의 표준적인 유전자 지문 감별법의 도입, 화학, 독극물학, 의학, 심리학, 정신분석학, 공학, 생명공학 등에 종사하는 과학자들에게 법원이 새로운 종류의 증거 제시 등을 요구하면서 과학기술과 법의 융합을 가져오게 한다.

2절 과학기술과 법

Ⅰ 법의 정의

법法의 사전적 정의는 "국가권력에 의하여 강제되는 사회규범"이라고 말할 수 있다. 법률法律이라 하면 실질적 의미에서는 모든 법규범法規範을 말하지만, 형식적 의미에서는 국회의 의결을 거쳐서 대통령이 서명·공포함으로써 성립하는 법률이라는 이름을 가진 규범을 말한다.

어느 나라나 그 나라 최고의 법은 「헌법constitution, 憲法」으로, 「대한민국헌법」 또한 대한민국의 국가통치체제와 기본권 보장의 기초에 관한 근본법규를 구성하고 있다.[80)]

법률운영제도 방식에 있어서 우리나라는 법이 만들어져 있어야 법률행위에 적용시킬 수 있는 성문법成文法제도를 채택하고 있어서, 법원의 판사가 내린 판결에 의해 새로운 규정이 정립되는 영국이나 미국과 같은 불문법不文法 제도의 운영방식과 구분되고 있다.

2013년 1월 현재 우리나라의 법령 수는 4천 개가 넘게 제정되어 운영되고 있다.

---

79) 1932년의 미국 대법원 판례-과학 전문 분야에서 일반적으로 받아들여진 기법technique,"만이 법정에서 증거로 채택될 수 있다.

80) 전문: 유구한 역사와 전통에 빛나는 우리 대한국민은 3·1운동으로 건립된 대한민국임시정부의 법통과 불의에 항거한 4·19민주이념을 계승하고, 조국의 민주개혁과 평화적 통일의 사명에 입각하여 정의·인도와 동포애로써 민족의 단결을 공고히 하고, 모든 사회적 폐습과 불의를 타파하며, 자율과 조화를 바탕으로 자유민주적 기본질서를 더욱 확고히 하여 정치·경제·사회·문화의 모든 영역에 있어서 각인의 기회를 균등히 하고, 능력을 최고도로 발휘하게 하며, 자유와 권리에 따르는 책임과 의무를 완수하게 하여, 안으로는 국민생활의 균등한 향상을 기하고 밖으로는 항구적인 세계평화와 인류공영에 이바지함으로써 우리들과 우리들의 자손의 안전과 자유와 행복을 영원히 확보할 것을 다짐하면서 1948년 7월 12일에 제정되고 8차에 걸쳐 개정된 헌법을 이제 국회의 의결을 거쳐 국민투표에 의하여 개정한다.

2013. 1. 8 현재

구 분		건 수
헌 법		1
법 령	법 률	1,286
	대통령령	1,492
	총 리 령	46
	부 령	1,105
	기타(국회규칙 등)	317
	소 계	**4,246**
계		**4,247**

〈출처 : 법제처, 2013.1〉

Ⅱ 과학기술과 법

1. 법의 역할

인간의 과학적 활동의 결과에 대한 법의 역할은 과학기술 발전을 위한 제도적 장려encourage, 그 시대의 자유방임적laissez faire 태도나 활동의 전부 혹은 일부에 대한 법적 조절regulation, 과학적 활동의 금지ban 등이다.[81)]

헌법 제22조는 "모든 국민은 학문과 예술의 자유를 가진다."고 규정하고, "저작자·발명가·과학기술자와 예술가의 권리는 법률로써 보호한다."고 천명하여 각종 제정법의 근거를 마련해 놓고 있다.

따라서 산업재산보호법이나 문화재산보호법 등이 이 조항에 근거하여 제정되어 운영되고

81) Susan R. Martin, 『Human Cloning : The role of Law』, University of Toledo Law Review, Vol. 32, No. 3, Spring 2001, pp375 : In the past, citizens have used law to signal four different attitudes toward newor emerging scientific potential. The most recent response has been to encourage the activity. Legal tools that encourage the development of scientific potential include governmental funding and patent protection. The industrial revolution of the nineteenth century offered a second legal response that mirrored the laissez faire economics of the time. This response involves leaving science alone and seeing what happens. However, the industrial revolution that gave us a railroad to connect the country also necessitated the Sherman Antitrust Law in 1890 to counter the excesses of the robber barons. Similarly, the unparalleled economic expansion ofthe nineteenth century came to a literal crash in the Great Depression of 1929. As a result, a third legal option emerged : control or discourage an activity or part of an activity through legal regulation. Finally, the fourth option, and the one with the longest historic pedigree, has occasionally followed heavy regulation : ban the idea or the breakthrough.

있으나, 성문법제도의 운영과 각 부처 간 과학기술관련제도의 운영 등으로 법제 상호간 내용이 중복되고 그 적용에 모순이 생기는 등 그 폐해가 컸으므로 과학기술관련법제를 기본법을 중심으로 체계화시키기 위하여 2001년 1월 6일 법률 제6353호로 「과학기술기본법」을 제정하게 되었다.

과학기술기본법에 대한 상세한 설명은 후술한다.

2. 과학기술과 법의 연관성

아직까지 과학기술과 법을 아우르는 소위 「과학기술법」이라는 독립된 법의 체계는 마련되어 있지 않다. 그 이유는 각 정부 각 부처 간 이익을 위해 마련된 법률들이 무수히 많기 때문이다.

따라서 「과학기술과 법」이라는 의제로 사용되는 것이 일반적이며 그 의미로는 "과학기술의 창작과 보호 및 관리에 필요한 제반 규정"으로 풀이할 수 있다.

과학기술과 법의 관계를 살펴보면 과학기술은 자연과학으로, 법은 사회과학으로 구분할 수 있으므로 학문적으로 모두 사실을 추구하는 '과학'을 공유하고 있음을 알 수 있다.

과학이 우리에게 기여하는 것은 배우는 과정을 통해 인간이 알도록 하는 것이며, 법은 아는 과정의 진실 파악에 기여한다.

과학을 통해 지득한 자연의 법칙이나 원리는 반복실행을 하더라도 동일한 결과를 나타낼 수 있는 기술로 증명되므로, 개인의 기예나 무술을 통해 전수되는 기능과는 구별되는 개념이다.

결론적으로, 과학은 사실을 추구하며, 법은 정의를 추구한다. 과학은 우리에게 무엇을 할 수 있는가를 말하고, 법은 우리에게 무엇을 해야 하는가를 말한다. 따라서 과학이 인간 정신활동을 결정할 때 법은 이를 비교하며, 과학이 그 정신활동을 설명할 때 법은 그 방법을 안내하게 된다.

3. 법의 역할에 따른 분류

과학기술법의 범위는 그 정의를 내릴 수 없을 만큼 방대하고 산만하여 아직 단일의 법체제가 구축되어 있지 않다. 앞서 얘기한 과학기술 발달 과정에서 보여준 법의 역할, 즉 과학기술의 육성, 육성 결과의 보호, 금지와 규제 등의 범위로 규정하여 해당 법 영역에 포함하는 관련 규정 위주로 정리하면 다음과 같이 분류할 수 있다.

가. 과학기술의 육성에 관한 법률

현행 법령을 부처별로 나눌 때 과학기술에 관련되는 법률은 「과학관련 육성법」과 「과학기술기본법」을 비롯해 각종 「~촉진법」, 「~진흥법」 등 무수히 많은 법률들이 독립 혹은 중첩되어

부서의 필요에 따라 마련되어 있다. 과학기술의 육성에 관한 근간이 되는 법률은 2001년에 제정된 「과학기술기본법」이라 할 수 있다.

나. 과학기술 성과의 보호에 관한 법률

과학기술의 성과는 인간의 사고에 대한 결과물이다. 이를 보호하기 위한 법률로는 특허법으로 대표되는 산업재산권법과 저작권법을 포함하는 지적재산권법이 대표적인 예이다. 그 외에 부정경쟁방지 및 영업비밀보호에 관한 법률과 온라인 디지털콘텐츠 보호법 등이 포함된다.

다. 과학기술 성과의 활용에 관한 법률

과학기술 성과의 보호는 그 권리에 안주하려는 권리자의 독점과 미실시[未實施]로 말미암아 궁극적인 산업발전에 기여하기 어려운 점을 감안하여, 기술이전에 의한 특허발명의 활성화와 벤처기업 육성에 초점을 맞추고 있다. 예를 들면 기술이전 촉진법, 발명진흥법, 벤처기업육성에 관한 특별조치법 등이다.

라. 과학기술활용의 금지와 규제에 관한 법률

과학기술의 보호와 육성과는 반대로 이를 금지하는 입법화의 가장 큰 이유는 국민의 건강과 국가의 안위, 사회적 특성 때문이다. 이는 과학기술의 실시에 따른 폐해를 줄이거나 없애기 위한 것이다. 자연환경보전법, 소음진동규제법, 해양오염방지법, 환경정책기본법, 장기이식 등에 관한 법률, 생명윤리 및 안전에 관한 법률, 오존층 보호를 위한 특정물질의 제조규제 등에 관한 법률, 자력손해배상법 등을 들 수 있다.

3절 기술발달의 영향

I 산업변화

1. 산업과 규범의 공존

산업이란 '자연물을 이용하여 필요한 물건을 만들거나 서비스를 제공하는 순환적 경제활동'으로 정의할 수 있다. 따라서 생산적인 경제활동을 산업활동이라 하지만 반드시 영리적이어야 한다는 의미는 아니다.

산업의 발달과 사회적 분업에 따라 다양한 종류의 수많은 산업이 생겨나고 또한 소멸되므로, 편의상 동종 산업끼리 그룹을 이루게 하여 분류하기에 이르렀고, 이러한 산업분류 방식은 자연물에 관한 농업 · 수산업 중심의 1차 산업과, 1차 산업의 가공을 위한 제조업 중심의 2차 산업, 물리적 · 정신적 서비스를 제공하는 3차 산업으로 구분하는 것이 일반적이다.[82)]

선사시대 이래로 인간은 육지나 바다 또는 강에 존재하거나 자라는 자연물을 생활수단으로 이용하다가 점차 일정지역에 모여 살며 농경을 통한 정착생활이 시작되었으므로, 1차 산업은 인간 삶의 영위를 위한 생활수단으로서의 기초산업이라 할 수 있다.

농경생활의 정착은 잉여물의 물물교환을 통해 의식주를 해결하는 시장을 자연스럽게 형성시켜주었다. 군락이 점차 도시화 되어가면서 대량생산과 소비가 필요한 사회구조로 변화하고 이에 필요한 전문 집단이 나타났다. 이러한 전문 집단은 경험 혹은 과학 기술을 기반으로 이익과 실용성을 극대화시키기 위한 인위적 물품의 생산과 판매를 통해 시장을 개척하게 되었다. 이렇게 공업화된 산업을 제2차 산업으로 구분한다.

이에 더하여, 시장은 1,2차 산업의 발달에 따른 생산과 소비로만 그치는 것이 아니라, 산업간의 교류와 대단위 소비의 주역인 소비자들에게 그 욕구를 충족시킬 서비스가 필요하게 되었으므로 상업이나 금융업, 생활에 필요한 각종 지원 사업과 같은 3차 산업이 출현하게 된 것이다.

한편, 산업활동은 그 주체와 활동결과에 대한 수혜자 간의 이익이나 권익에 대한 형평성이 유지되어야 경제활동의 순환성이 보장되고 과학기술의 발달이 유도되므로 산업적 측면에서의 생산자와 소비자 간의 원만한 거래나 사회구성원 간의 질서유지를 위한 공통적 규범이 필요하게 된다.

더구나, 물질적 풍요는 곧 자연물을 가공하거나 이용하는 것이므로 자연보호 내지는 공해방지, 더 나아가 사회적 동물로서의 인간이 공동생활을 영위하면서 삶의 질을 향상시키기 위한 강제적 수단도 필요하게 된다.

따라서 산업발달과 함께 공동생활의 질서유지, 공익이나 사익을 위한 각종 규정이 이른바 법[法]이라는 명목으로 목적에 맞게 제정되어 산업발달의 장려적 보호는 물론, 제어나 훈시, 금지 등의 강제규범으로 확대되고, 국가 간의 이익을 위한 국제적 교류 규범도 갖추어지게 된다.

---

82) 산업분류는 일찍이 영국의 경제학자인 클라크[Clark, C.G.]와 호프만[Hoffman, W.]에 의한 산업분류를 기준으로, 제1차산업은 농업, 임업, 수산업, 목축업, 수렵업 등 토지나 물의 자연물을 이용하는 산업을 통칭하며, 제2차산업은 제조업, 광업, 건설업, 전기수도, 가스업 등 자연물을 가공하여 목적물을 생산하는 산업으로 분류하고 있다. 또한, 제3차 산업은 상업, 운수통신업, 금융업, 공무/가사/자유업 등 소위 서비스업을 말한다.
클라크의 3분류법은 페티[Petty, W.]가 구분한 농업, 제조업 및 상업의 분류에 기초한다. 호프판의 분류는 산업을 소비재생산부문과 생산재 생산부문으로 분류하여 두산업간 비율변화에 따라 공업의 발달단계를 구분한 것으로 산업발전수준측정에 유효하다.

이러한 국내외의 각종 규정들은 산업발전과 더불어 당시의 시대적·사회적 분위기 내지는 그 변화에 따라 생성·변화·소멸되어지므로, 산업의 변화와 각종 규정들은 그 궤를 같이할 수밖에 없는 공존관계로 발전하고 변화해 왔음을 부정할 수 없다.

더구나, 사회구성의 정치·경제·사회·문화적 요소들은 과학기술을 바탕으로 하는 산업 발전에 의해 지대한 영향을 받게 된다는 점에서 기술의 발달이 미치는 영향에 대해 산업적 측면에서 살펴볼 실익이 있다.

2. 산업의 분류와 기술

가. 제1차 산업

육지나 바다 혹은 강으로부터 단순히 자연생물을 취득하는 초기의 1차 산업은 작업과정도 자연현상을 그대로 이용하게 되므로 노력에 비해 수확률이 낮을 수밖에 없다. 따라서 효율적이면서도 대량생산을 위한 노력이 지혜와 기술로 모아지고, 기술이 적용된 각종 도구나 장치들이 개발되어 생산활동에 높은 효율성을 제공하게 된다. 또한, 구동력(힘)을 얻기 위하여 인간의 힘 대신 혹은 인간의 힘과 더불어 점차 바람이나 물 등의 자연력을 이용하거나 가축 등을 이용하게 되고, 안정된 동력원을 확보하기 위하여 발전소나 증기기관이 개발됨은 물론, 화력이나 원자력을 이용한 전력생산과 같이 주변 기술이 함께 개발되거나 발전하면서 1차 산업에도 질적·양적 팽창을 가져오는 영향을 미치게 된다.

우리가 주변에서 확인할 수 있는 바와 같이, 각종 장비나 컴퓨터로 제어되는 최적의 재배환경을 만들어서 단시간에 대량의 농작물이 생산되어, 소비자에게 저렴한 가격으로 농산물을 판매하면서도 생산자는 대량생산에 따른 많은 이익을 낼 수 있다거나, 컴퓨터 시설을 완비한 첨단의 양계나 축산, 소나[Sonar]장비 등을 갖추고 어군의 위치를 파악하여 대량의 어족을 포획하거나 첨단의 동력장치 등을 갖춘 원양어선을 이용하는 것, 항공기를 이용하여 비료를 살포하거나 인공 비를 조성하는 기술 등은 기술의 발달이 1차 산업에 직접적으로 적용되는 예로 이해할 수 있다.

나. 제2차 산업

2차 산업은 곧 공업기술 자체라고 해도 과언이 아니다. 선사시대에서 기원전까지 인류역사 초기의 기술과 그 발달과정은 고고학자들이 발굴하는 선조인들의 유물에서 추정되는 것이 일반적이다. BC 35,000년 전에 이미 금액에 해당하는 표시(원숭이 뼈에 새긴 눈금)가 있었고, 첫 계산 도구인 주판은 BC 2,400년 전 바빌로니아에서 발명된 것으로 알려져 있기는 하나, 기술적 측면에서 기원전은 물론이고 중세시대 이전까지는 현재까지 전수될 수 있는 공업기술로서의 가치나 구분은 용이하지 않다.

1045년 중국에서 만들어진 활자에 힘입어 인쇄술이 발달하면서 상업이나 기술의 폭넓은 정보교류가 이루어지고 과학기술의 혁신적 발전이 이루어지는 계기를 맞게 되는데, 공업기술의 발전이 획기적이어서 점진적이거나 정체된 기간을 제외하면 연혁적으로 산업혁명 시기, 제1차 세계대전, 제2차 세계대전, 그리고 디지털 시대로 크게 나누어 볼 수 있다.

산업혁명 시기(1750년~1850년)에는, 이미 앞 절에서 살펴본 바와 같이, 증기기관 · 전신기 · 편물기 · 증기기관을 이용한 운송수단(열차, 보트, 열차) 등이 개발되고 실생활에 적용되어 2차 산업의 근간을 이루는 공업시대를 이끌게 된다.

또한, 전자통신기술(모스 부호와 통신기술)은 전 세계를 하나로 연결해주는 계기를 마련해주었다. 재봉틀이나 사진기, 식기세척기 등의 개발에서 볼 수 있듯이 인간이 살아가는데 보다 편리하고 실용적인 제품들의 개발도 이때 이루어지게 된다.

산업혁명은 항공기라는 기술의 총체를 탄생시키는 것으로 기술발전의 제1막을 장식했다. 이어지는 후속기술들은 자동차나 대륙횡단 열차, 수동항공기와 같은 운송수단의 개발에 따라 범국제적으로 파급효과를 갖는 제품들이 폭넓고 균형적으로 만들어지게 된다. 전기를 이용하는 전기전자기술은 대부분의 모든 제품에 적용되고, 축음기나 레이더, 변압기, 모터Motor, 디젤기관, 다이너마이트, 영사기, X-ray, 라디오 등이 개발되었다. 20세기 들어서는 라이트 형제가 비행기를 만들고 헬리콥터까지 등장한다. 세계 선진국들은 자국의 영토와 경제 영역의 확장을 위해 기술의 발달로 축적된 군사력의 우위를 신뢰하면서 분쟁을 유발하게 되는데, 이 사건이 바로 1914년에 시작되어 1918년까지 이어진 제1차 세계대전이다.

과학기술의 발전적인 측면에서 제1차 세계대전이 갖는 의미는 각국마다 전쟁에서 승리하기 위하여 그간의 기술을 집약하여 보다 우월한 각종 무기나 운송수단, 통신수단, 컴퓨터, 망원경이나 현미경 등의 개발로 이어지는 획기적인 기술의 발전이 있었다는 점이다.

이어진 1939년의 제2차 세계대전은 1945년에 끝났지만, 제트엔진, 원자폭탄, 레이더, 복사기, 컴퓨터 기계언어 등과 같은 전쟁수행에 필요한 기술들은 종전 후 민간 기술 분야에의 폭넓은 연구와 개발을 수행하는 기반이 되어, IBM같은 컴퓨터 생산 전문회사가 생겨나고, AT&T로부터 휴대전화의 아이디어가 발표된다.

제2차 세계대전이 끝나고 현재까지는 연혁적으로 그 어느 때보다 평온한 목가적 시기이지만, 군에서 사용된 기술을 기반으로 수소폭탄을 제조하거나 녹음기, 트랜지스터, 태양전지, 핵잠수함, 광섬유; 마이크로프로그램, 오실로스코프Oscilloscope 등과 같이 첨단의 복합기술이 생겨나고, 각국은 우주기술의 개발에 힘을 쏟게 된다.

디지털시대는 정보통신시대와 같이 쓰는 표현으로, 개인용 컴퓨터와 인터넷, 전자회로의 집적화에 따른 정보통신기술의 발달 시대라 할 수 있다. 컴퓨터는 더욱 작아지지만 그 성능은 반비례로 급성장하여 디지털 시대는 곧 컴퓨터와 관련되는 기술의 개발 시대로 집약해도 큰 무리가 없을 정도이다. 그 이유는 화성으로의 우주선 발사와 탐사로봇으로부터 얻어지는 영상의 재생도 컴퓨터 없이는 불가능하기 때문이다.

컴퓨터와 더불어 인터넷이라는 매체는 전 세계를 국경 없이 이어주고, Yahoo나 Google 같은 인터넷 관련 전문회사와, Micro-Soft사 같은 컴퓨터 운영을 위한 소프트웨어 전문 회사가 탄생하게 된다. 정보통신의 발달에 따라 종래 아날로그인 브라운관 TV는 LCD, LED 등의 디지털화된 평면TV로 대체되고, 휴대전화는 더욱 기능이 많아지면서도 휴대가 간편하게 발전되어 우리의 실생활에 없어서는 안 되는 문명의 이기로 공존하고 있다.

3. 제3차 산업

제3차 산업은 물품의 제조나 생산을 제외한 서비스 산업이다. 기술적 측면에서의 서비스산업이란 물품의 생산이나 제조를 위한 원자재의 공급, 물품의 원활한 공급이나 소비를 위한 효율적 지원, 인간의 질병예방이나 치료, 사회구성의 기능을 지원하는 각종 자유업 등을 말한다.

제1차 산업과 2차 산업이 인간의 의식주 해결 내지는 생활의 편리함이나 실용성을 추구하는 물질적 욕구의 충족을 위한 것이라면, 제3차 산업은 인간의 활동을 지원하는 정신적 만족을 위한 산업이라 할 수 있다.

문명이 발달된 현대사회는 물질적 풍요에 의해 상대적으로 정신적 빈곤이 증가하는 반비례관계에 있고, 물질적 풍요는 제1차 산업과 2차 산업의 산물이지만, 산업발전에 따른 인간의 정신적 고통이나 빈곤이 제3차 산업을 필요로 한다는 점에서 제1차 산업과 제2차 산업, 그리고 제3차 산업은 기술적으로 함께 발전해나가는 공존의 관계에 있다.

Ⅱ 경제의 변화

경제활동의 기본단위는 생산과 소비의 시장원리이다. 생산자는 소비자가 원하는 제품이나 서비스를 생산하여 공급하고, 소비자는 원하는 물품의 취득이나 서비스를 제공받기 위하여 비용을 지불하거나 용역을 제공한다.

그러나 기술의 발달에 따른 경제의 변화는 먼 미래를 예측하지 않더라도 우리가 살아가는 현재의 시제에도 존재한다.

예컨대 예전에는 시장에 가서 여러 군데의 가게를 돌아다니며 흥정하여 돈을 지불한 후 물건을 구입하는 것이 일반적이었다. 그러나 디지털 시대에 사는 우리는 발품 팔던 시장의 원리를 인터넷이라는 네트워킹 시스템으로 대체하여 원하는 물건을 구매하고, 현금대신 전자화폐를 이용하여 결제한다. 종래 시장의 주역들은 수많은 종류의 물건을 창고 가득 쌓아놓고 각양각층의 소비자가 방문하여 구매하도록 하는 판매자와 구매자로 이원화 되었었으나, 이제는 인터넷이라는 온라인 쇼핑몰을 통해 네트워킹으로 다원화된 공급자와 사용자가 디지털 시장세계의 주인공으로 자리매김하고 있다. 디지털 시대 이전의 경제관계가 물질적 풍요로움과 편리함을 추구하던 산업기술에 기반을 둔 자본주의 체제의 산업생산과 소비의 형태였다면, 디지털 시대의 경제관계는 온라인을 생산과 소비의 공간으로 활용하면서 정신적 풍요로움과 서비스에 바탕을 두는 문화생산 시대로 변화하고 있는 것이다.

문화생산 시대란 산업생산 시대와 대비되는 표현으로, 산업생산 시대에는 물리적 풍요로움, 즉 물리적 소유의 개념이 욕구충족의 주를 이루었으나[83], 온라인을 통한 각종 서비스는 물리적 소유보다는 정신적 유희에 더 큰 비중을 두고 건강이나 패션, 오락이나 가상세계에서의 활동, 미디어 매체를 통한 종합오락이나 요리 등과 같은 문화적 결과물의 생산이나 사용에 비중을 둘 것이다.

따라서 저작물로만 인식되던 문화, 예술, 학술분야의 문화재산분야도 다양하며 깊이 있게 증가할 것이며, 이에 따라 문화재산권의 소유와 관리를 다루는 제도의 생성이나 소멸 또는 개정의 변화가 수반될 것이며, 경제활동도 문화재산과 관련된 분야로 중심이 옮겨가게 될 것이다.

III 문화의 변화

디지털 시대의 문화의 변화는 산업의 변화에 따라 발생하는 것이다. 인간이 소유하는 재산의 구분은 크게 산업재산과 문화재산으로 나눌 수 있다. 문화는 시대적 · 사회적 배경에 따라 인간 공동체의 근간을 이루어 왔고 소유개념 또한 공동생활에서 만들어진 것임은 물론, 정신영역이 물적 영역보다 훨씬 광대하기 때문에 산업재산은 문화재산의 파생된 한 분야로 볼 수 있다.

그러나, 과학기술의 발달은 산업기술을 발전시켜 산업재산의 영역을 더욱 확대시켜 나가고 있을 뿐만 아니라 산업재산과 문화재산 영역의 구분이 모호하거나 융합되면서 그 경계가 없게 되거나, 상호 모순되는 부분은 더욱 상충되는 방향으로 전개되가고 있다.

특히, 온라인을 통한 문화재산의 확장은 기존의 오프라인과 달리 복합적이고도 개인적인 사이버 공간으로 본질을 변화시킬 뿐만 아니라 상대적인 산업의 분야나 사회에도 큰 변화를 가져오게 할 것이다.

요컨대, 미래기술은 네트워킹에 의한 시공간을 초월한 접속, 인공지능을 탑재한 로봇, 환경을

---

83) 예를 들면, 새로운 고가의 가구로 집안을 장식한다거나, 출력이 좋은 전자음향기기를 구입하는 것 등이다.

먼저 생각하는 산업기술의 개발, 건강한 삶의 추구, 가상세계를 현실세계로 불러내고 구현시키는 기술 등이 중점적으로 개발될 것이므로 이에 대한 문화적 변화에 대응하는 전략도 함께 강구되어야 할 것이다.

Ⅳ 정치의 변화

국가를 다스린다는 의미의 정치는 국민 개개인의 의사가 다른 만큼이나 다양하고 복잡하며, 정치가의 목적달성, 지역의 이익, 국가의 이익, 외교적 관계 등 불확실한 요소가 많다. 기술의 발달에 따른 정치의 변화는 우리 주변에서 얼마든지 확인할 수 있다.

우선, 텔레비전이 보급되면서 정치인들은 대중에게 자신의 존재와 특징을 부각시키고 원하는 목표를 달성한다. 텔레비전이 없던 시절과 비교할 때 얼마나 편리하고 폭넓게 정치인의 의견을 전달할 수 있는지 짐작할 수 있다. 더구나 TV연설을 통해 정치인의 역량을 파악할 수 있고, 선거결과도 예측할 수 있다.

인터넷을 활용함에 있어서 홈페이지 운영과 그 영향에 대해 무시할 수 있는 정치인은 아무도 없다. 시민이 직접 정치인을 찾아가지 않더라도 홈페이지나 블로그, 유튜브 등을 통해 그의 의견을 개진할 수 있고, 선거공약의 이행에 대해 비판하며 토론할 수 있다.

따라서 매스컴과 인터넷, 네트워킹 기술의 발달은 복잡 다양하고 숨길 것이 많았던 정치세계를 보다 투명하게 변화시킬 수 있는 명분을 제공하게 된다.

또한, 세계 각국 간 혹은 세계 각국의 국민들이 국경 없는 사이버 세계에서 제약 없이 의견을 내고 활동을 할 수 있게 되므로, 문화가 다른 국가 간의 이견에 의한 분쟁의 소지도 고려해야 하는 정치운영의 변화도 예측할 수 있다.

이와 같이 기술의 발전에 따른 변화는 정치뿐만 아니라 우리가 살아가는 동안 관련되는 모든 분야에 영향을 준다는 점에서 우리의 삶이 곧 기술의 발달에 의해 지배되거나 적어도 그에 예속될 수 있으므로 다시 기술발달 이전의 세계로 돌아가자고 부르짖는 이들의 주장도 간과할 수 없는 것이다.

제2편

주요 첨단과학기술과 제도

SCIENCE TECHNOLOGY & INTELLECTUAL PROPERTY

SCIENCE TECHNOLOGY & INTELLECTUAL PROPERTY

1장 우주항공기술과 법

1절 항공기술과 우주기술의 발달

I 항공기

1. 정의

항공기술은 비행기술과 구별되는 개념으로, 전자는 지상에서 이륙하여 공중에서 이동할 수 있는 장치나 시스템, 즉 항공기 개발기술을 의미하지만, 후자는 항공기술이 적용된 장치나 시스템을 운항하는 방법에 관한 것으로 파일럿[Pilot]의 기능을 의미한다.

항공기술이 발달함에 따라 항공기도 편하고 빠르게 이용할 수 있도록 개발되어왔으며, 지상으로부터 이륙하는 꿈이 실현되자 인간은 나아가 지구를 떠나 우주로의 여행에 관심을 두고 우주기술을 발전시켜왔다. 우주기술에 대해서는 후술하고, 여기서는 항공기의 발전과정을 통해 항공기술이 발전해온 과정을 살펴보기로 한다.

'항공기'란 비행기, 비행선, 활공기[滑空機], 회전익[回轉翼]항공기, 그 밖에 대통령령으로 정하는 것으로서 항공에 사용할 수 있는 기기[機器]를 말한다(항공법 제2조 제1호). 여기서 대통령령으로 정하는 기기는 최대이륙중량, 속도, 좌석 수 등이 국토해양부령으로 정하는 범위를 초과하는 동력비행장치[動力飛行裝置]와 지구 대기권 내외를 비행할 수 있는 항공우주선을 포함한다(동법 시행령 제9조).

또한, 항공기 외에 비행할 수 있는 타면[舵面]조종형비행기, 체중이동형비행기 및 회전익경량항공기 등은 '경량항공기'로 구분하여 항공법의 적용을 받고 있다(항공법 제2조 제26호).

비행기는 '공기보다 무겁고 엔진에 의해 작동되며 고정된 날개를 갖고 있으며 날개에 대한 공기의 반작용으로 비행하는 항공기'로 정의되어있다.

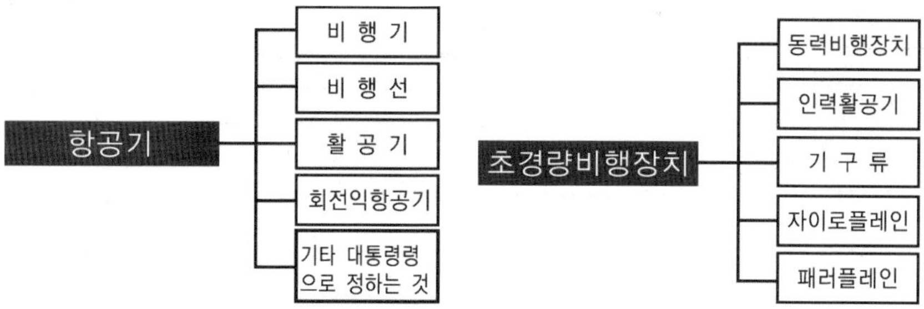

[그림 1] 항공법에 의한 항공기 분류

비행선은 밸러넷[Ballonet] 내부에 공기보다 가벼운 기체(헬륨)를 투입시켜 부력을 이용하여 비행하는 기구이다. 소음이나 오염문제가 없고 활주로가 필요 없으므로 항공탐사나 항공스포츠, 광고를 위한 비행선이 활용되고 있다.

활공기는 그 자체에 동력장치를 갖추지 않고 다른 운송수단에 의해 부양되어 분리된 후 기체 무게에 의한 중력으로 하강할 때 주 날개에 작용하는 공기력으로 비행하는 항공기로 글라이더[Glider]라고도 한다.

회전익 항공기는 날개가 회전하는 항공기라는 의미로 동력장치에 의해 구동되는 로터[Rotor]로 방사형으로 배열된 날개를 회전시켜서 양력을 얻어 비행한다. 기본 구조인 헬리콥터[Helicopter] 외에, 프로펠러로 전진하는 추진력을 얻고 회전익으로 양력을 얻는 자이로플레인[Gyroplane](Autogiro 라고도 한다), 비행 중 프로펠러가 설치된 고정익을 수직으로 전환시켜 마치 헬리콥터처럼 비행할 수 있게 한 전환식 항공기[Convertible Aircraft]가 있다.

〈Autogiro〉

〈Convertible Aircraft〉

[그림 2] 회전익 항공기

2. 항공기의 분류

가. 동력기와 무동력기

항공기는 그 용도나 크기, 날개, 중량 등 목적에 따라 다양하게 분류할 수 있으나, 공기의 반동을 이용하여 지상으로부터 떨어져 공중에서 이동하는 수단이라는 점에는 차이가 없다. 따라서 몸체와 날개를 기본구성으로 하면서 공기의 반동을 얻기 위하여 동력을 이용하는지의 여부에 따라 크게 동력기와 무동력기로 구분한다.

또한, 공기보다 가벼운 기체를 사용하는 비행선이나 높은 곳에서 뛰어내려 낙하하는 동안 비행하는 패러글라이더 등도 있지만 항공기체의 중력과 공기력의 응용이라는 점에서는 항공기와 궤를 같이한다.

나. 항공기 소재

항공기체의 초기 재료는 가공이 쉽고 가벼우며 구하기 쉬운 목재였으며, 여기에 습기나 파손을 방지하기 위하여 캔버스천이나 양철을 입히기도 하였다.

이후 가벼운 금속재의 알루미늄이 개발되면서 항공기체는 알루미늄에 구리와 아연, 론마그네슘이 첨가된 두랄루민[Duralumin]재료를 이용하였다. 알루미늄합금은 열에 의한 팽창과 수축이 안정적이고 가벼우며 강도가 높아 항공기 동체의 주요 소재로 가장 많이 사용되었지만, 수분이나 염분에 의한 내식성이 약하고 용접성이 좋지 않은 단점이 있다. 이러한 문제점을 해소시킨 티타늄이 개발되었으나 가격이 비싸고 가공이 쉽지 않아 잠수정이나 우주선의 선체 재료와 같은 특수 목적용에 많이 사용하고 있다.

금속재의 사용 한계를 극복시킬 방안으로 견고성과 경량성을 보강한 섬유강화 플라스틱[FRP], 즉 컴포지트[Composite]가 개발되어 다른 재질과 혼용되어 항공기의 연료효율을 상승시키고 방음벽의 역할이 증대되는 등의 장점을 갖추게 된다.[84)]

다. 항공기용 엔진

(1) 왕복엔진

항공기를 이륙시키기 위해서는 일정속도 이상으로 항공기를 질주시켜 날개에 양력이 발생되도록 해야 한다.

---

84) '컴포지트'는 'PEEK'라 불리는 고분자 물질에 흑연 구조를 가진 탄소섬유를 혼합해서 만든 섬유강화 플라스틱(FRP)으로 비행기의 동체나 날개 재료로 주로 사용된다. 'PEEK 컴포지트'는 '두랄루민'보다 4배 더 단단하고 40% 정도 더 질기며, 금속재 항공기에 비해 무게 15%, 약 20%의 연비향상, 30% 이상의 유지관리비 절감효과를 얻을 수 있다(출처: http://www.airportal.co.kr/life/know/KnowMain. jsp?cate_id=05).

이를 위하여 초기의 항공기에는 왕복엔진(가솔린 엔진)과 함께 엔진 중심축에 프로펠러를 설치하여 왕복엔진으로 회전력을 얻고, 이 회전력으로 프로펠러를 회전시키면서 항공기가 전진하는 원리를 채택하였다.

왕복엔진은 밀폐된 용기(실린더)내에 압축가스(휘발유)를 넣고 점화시켜서 그 폭발되는 기체의 팽창력으로 실린더 내의 피스톤이 상승되도록 하고, 다시 스프링 힘으로 하강되도록 하는 반복적 상하운동, 즉 가스흡입, 압축, 폭발, 배출의 4행정을 통한 왕복운동을 회전력으로 변환시킨 것으로, 여러 개의 실린더와 피스톤을 이용하여 고르고 빠른 회전운동을 얻기 위하여 다기통 엔진이 사용된다.

다음 그림은 추진력을 얻기 위한 프로펠러 작동 도면(a)과 4행정(b), 다기통 엔진(c), 그리고 실제 항공기에 장착된 엔진(d)의 예를 나타낸 도면이다.[85)]

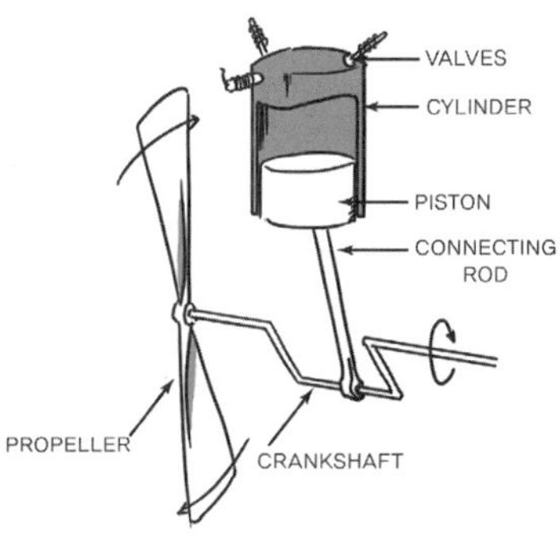

(a)

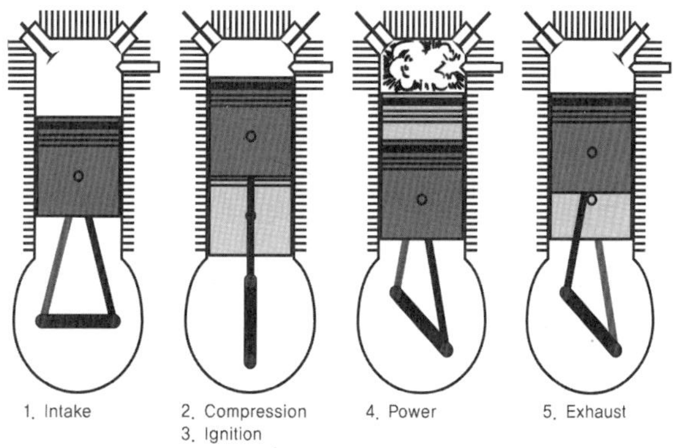

(b)

(c)

85) 출처:http://www.google.co.kr/imglanding?q=aircraft%20recipro%20engine&imgurl_.

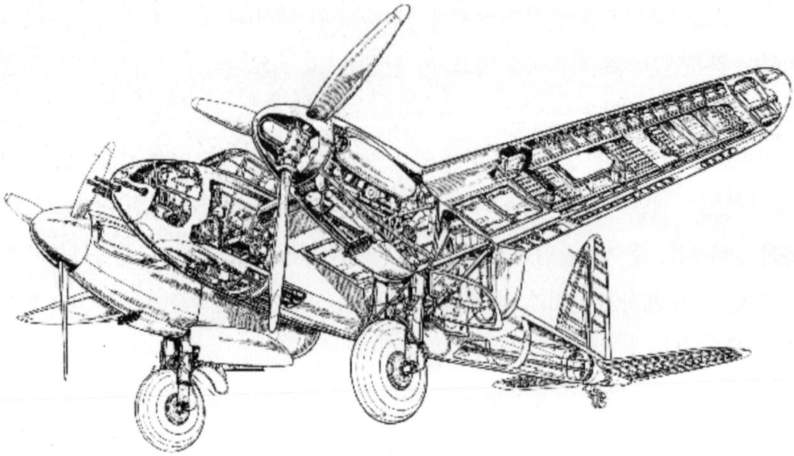

(d)

[그림 3] 항공기 왕복엔진

(2) 제트엔진

고무풍선에 공기를 불어넣고 풍선의 주둥이를 묶지 않은 채 손을 놓으면 풍선 속의 압축공기가 주둥이로 배출되면서 반대로 풍선은 전진하게 된다. 이러한 원리를 응용한 것이 제트엔진이다. 항공기를 빠르게 전진시켜 양력을 발생시키거나 고속의 항행을 위해서는 보다 강력한 추진장치의 필요에 의해 제트엔진의 개발이 이루어지게 된 것이다.

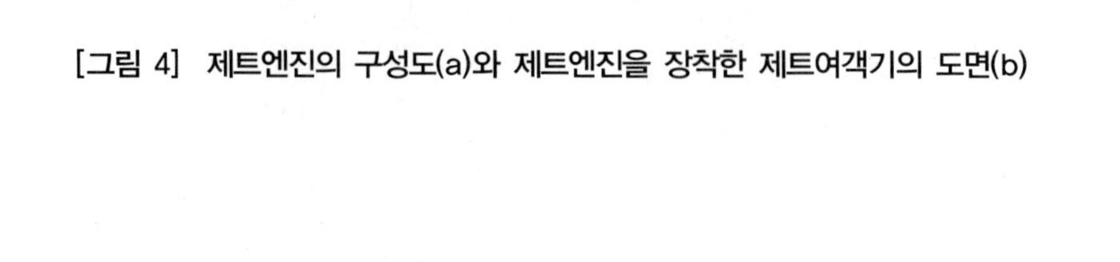

(a) (b)

[그림 4] 제트엔진의 구성도(a)와 제트엔진을 장착한 제트여객기의 도면(b)

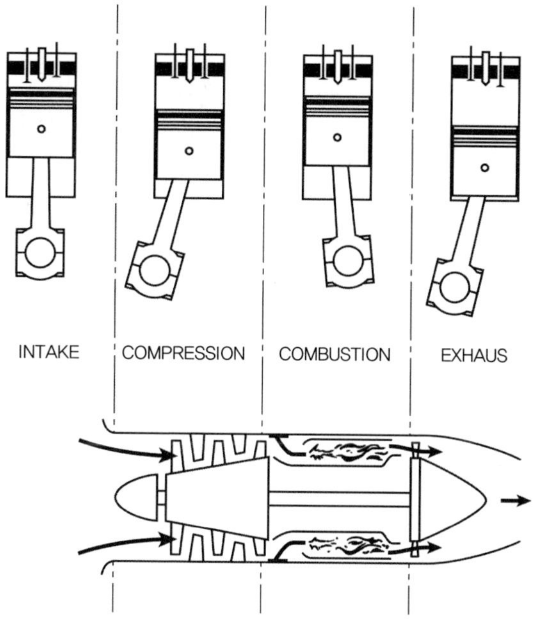

[그림 5] 왕복엔진과 제트엔진의 부분별 기능비교

Ⅱ 비행원리

1. 항공기에 작용하는 힘

항공기가 비행하기 위해서는 항공기의 중량(W)보다 더 큰 힘으로 떠올리기 위한 양력이 필요하다.

한 물체를 공중으로 부양시키는 방법은 마치 손으로 집어 올리듯이 들어 올리는 것을 생각할 수 있지만, 원하는 방향으로 공중에서 이동하기 위해서는 별도의 방향전환 장치가 필요하다. 사람이 타거나 물건을 실은 중량체라면 빠르고 안전하며 편리한 실내를 갖춘 운송수단이 요구된다. 이 때문에 인간은 열기구처럼 수직으로 부양하는 기구에 큰 기대를 걸지 않고 동체에 날개를 달아 독립적으로 운항이 가능한 항공기를 개발하기에 이른다.

2. 양력

중력이 미치는 대기권 내에서 항공기가 공중부양을 하기 위해서는 항공기의 무게(중량)보다 더 큰 힘으로 들어 올려야 한다. 회전익[回轉翼]항공기는 동체는 가만히 있고 날개가 회전하면서

들어 올리는 힘, 즉 양력揚力을 발생시키므로 제자리에서 이륙하거나 착륙할 수 있다.

반면, 고정익固定翼항공기는 날개가 고정되어 있으므로 활주로를 활주하면서 날개에 양력을 얻도록 하면 항공기 전체가 양력을 받아 지상으로부터 뜰 수 있는 기본원리를 적용한 것이다.

항공기 날개에 양력을 발생시키는 원리는 [그림 6][86]과 같이 그 단면이 마치 물고기처럼 유선형으로 만들어진 구성에 기초한다.

이를 좀 더 엄밀히 말하면, 항공기의 날개 단면은 둥근 전면에 이어서 상부표면은 위로 둥글고 하부표면은 평면으로 만들어져 있다.

따라서 항공기가 앞으로 속력을 내어 활주하면(혹은 항공기가 멈추고 바람이 앞에서 불어오는 경우와 같다) 날개를 지나는 공기는 날개의 둥근 전면에서 상부표면과 하부표면으로 나누어졌다가 날개 끝에서 다시 모여지게 된다.

질량불변이라는 자연법칙에 따라 항공기 날개 앞에서의 공기량과 날개를 지난 후의 공기량은 같아야 하므로, 항공기 날개를 지나는 공기를 하나의 단위로 취급할 때, 날개 앞의 공기단위가 날개를 지난 후에 같은 단위가 되기 위해선 날개 상부표면에서는 공기의 지나는 속도가 빨라야 하고, 그 하부표면에서는 느린 속도록 지나야 날개 끝에서 다시 하나의 단위로 일치하게 된다.

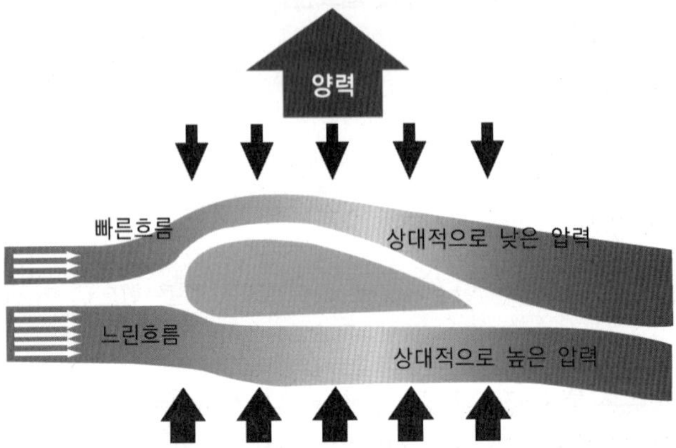

[그림 6] 비행기 날개의 단면으로 본 양력발생 모습

베르누이 정리에 따르면, 하나의 단위로 존재하는 공기가 어떤 물체를 따라 흐르게 되면 공기의 흐름 속도가 느린 면에서 압력이 높아지고 공기의 흐름속도가 빠른 면에서는 압력이 낮아지는 현상이 발생하게 된다.

즉, 단위시간당 단위면적당 지나가는 기체의 양은 일정하므로, 공기의 흐름, 즉 공기의 이동

86) 출처: http://www.kari.re.kr/bbs/bbs_index.asp?ptype=view&code=knowledge01_2&idx=3612&page=1&catcode=1312110000&depthno=4.

속도는 날개 위쪽에서 빨라지고 아래쪽에서는 느려지게 된다. 이러한 압력차는 날개를 아래에서 위로 들어 올리는 힘으로 작용하여 결국 날개와 결합된 항공기 동체 전체에 양력을 발생시키게 된다.

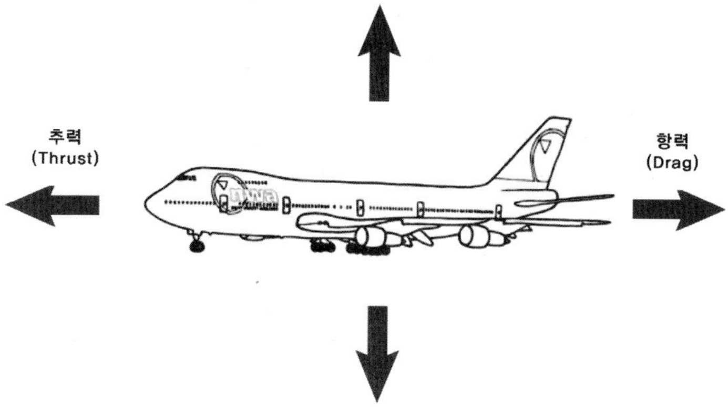

[그림 7] 항공기에 작용하는 힘

베르누이가 정리한 유체역학적 공식은 다음과 같다.

$$P+\frac{1}{2}\rho V^2= constant$$

여기서, P = pressure(force exerted divided by area exerted on)
rho = density of the fluid
V = velocity of the moving object or fluid

$$p \times A \times V=constant$$

여기서, P = pressure
V = velocity
A = cross sectional area of flow

따라서 양력(L), 항력(D), 중력(W), 추력(F)을 공식화하면 아래와 같다.

$$L(lift) = C_L \times (\frac{1}{2}\rho V^2) \times S$$

여기서, S는 날개 면적이다.

$$D(drag)= C_D \times (\frac{1}{2}\rho V^2) \times A$$

$$W = mg$$

여기서, W = Weight, m = mass, g = the acceleration due to gravity on Earth.

$$F = ma$$

여기서, F(force)는 엔진의 추력, a는 가속도이다.

Ⅲ 항공기술의 발달사

1. 서언

더 높고 더 멀리 여행하고자 하는 인간의 욕망은 하늘을 나는 새의 관찰에서부터 시작되었다. 20세기에 들어서 라이트 형제가 비행기를 이륙시켜 비행하기 전까지는 레오나르도 다빈치 같은 천재도 아이디어는 있었으나 실제 하늘을 날지는 못하였다.87)

[그림 8] 레오나르도 다빈치의 나선형 비행원리

산업혁명이 이루어져 여타의 기술은 발달하면서도 다른 기술에 비행 항공기술이 늦어진 이유는 무거운 동력장치를 싣고 하늘로 들어 올려 질 수 없었던 기술의 한계도 있었지만, 오랫동안 새를 관찰하면서 날개를 접었다 펴는 원리로만 비행하려던 전제범위를 벗어나지 못했기 때문이다.

새는 그 부피에 비해 무게가 가볍고 날개를 상하좌우로 이동시켜가며 자유롭게 양력과 추진력을 얻을 수 있지만, 동력을 이용한 기체에 사람을 싣고 양력과 추진력을 동시에 얻도록 하는 기술은 지금도 해결하기 어려운 복잡한 운동을 소화해야 하는 기술적 한계를 갖는다.

그러나 새처럼 접었다 펼 수 있는 운동은 못하더라도 고정날개를 달아 전진하는 글라이더의 경우 날개에 작용하는 양력으로 글라이딩이 가능하다는 아이디어를 독일의 릴리엔탈이 1891년 처음 구체화시킨 이후, 라이트형제는 1900년부터 2년에 걸쳐 글라이더에 의한 비행시험을 거쳐, 1903년 12월 17일, 12마력 가솔린엔진을 장착한 플라이어[The Flyer]호로 미국 노스캐롤라이나주 키티호크의 해안에서 12초 동안 36m를 난 이후 59초 동안 290m를 나는 첫 기록을 세우면서 마침내 인류 대망의 동력비행에 성공하게 된다.

플라이어호는 4기통 13마력의 가솔린엔진을 단 최초의 동력비행기로, 풍동실험을 거치면서

87) 18세기 말 프랑스의 J.M. 몽골피에 형제가 공기보다 가벼운 더운 공기를 넣은 기구(氣球)를 만들어 하늘을 나는 데 성공하였으나, 동력으로 추진력을 얻어 날개로 양력을 얻도록 하는 비행기는 20세기에 개발되었다.

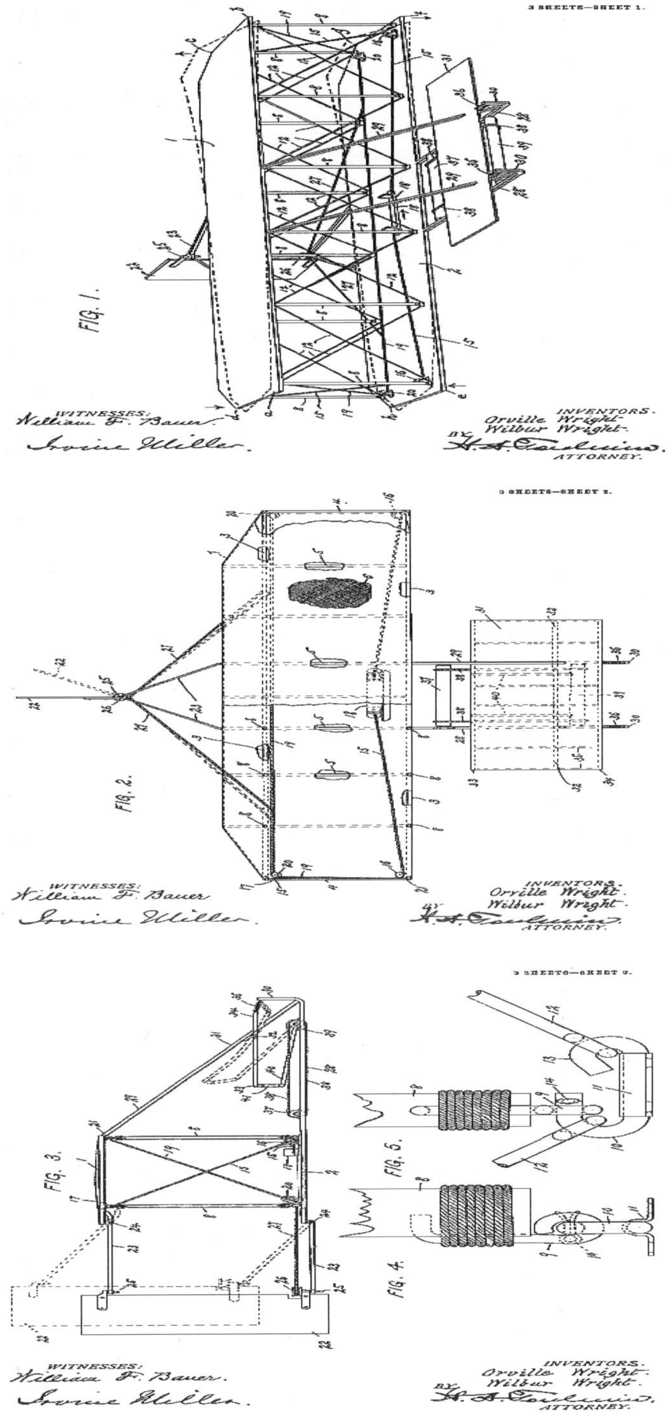

[그림 9] 최초의 동력비행기 플라이어호 설계도

활공이 가능하도록 날개를 설계하고, 날개의 앞부분을 상하로 움직일 수 있도록 승강키를 갖추었으며 좌우로 비행방향 조절이 가능하도록 방향키 등을 갖춤으로써 1906년 5월22일 미국 정부로부터 항공기에 관한 특허(제821,393호)를 받게 된다.[88]

당시의 유럽은 비행기 개발에 많은 상금(연구비)을 걸어 비행기의 기술증진을 촉진했다. 1909년에는 프랑스의 루이 블레리오가 3기통 엔진을 부착한 비행기를 타고 도버해협(34km)을 34분 만에 횡단하는 비행에 성공한다.

이러한 항공기술의 발달은 제1차 세계대전에서 하늘을 제패하는 일등공신의 역할을 하며 더욱 발전하여 제2차 세계대전에서는 제트엔진이 등장하였다. 이후 음속 전투기까지 개발되어 우주로의 비행을 연구하는 발판을 만들어주게 된다.

결론적으로 항공기술의 발달은 비행원리의 개발, 이의 적용, 고성능의 항공기의 개발로 이어지는 과정을 거쳤고, 무엇보다도 두 차례의 세계대전은 항공기술을 더욱 발전시킨다. 따라서 비행원리를 적용하여 인간이 하늘을 날게 된 기구를 개발한 라이트 형제의 비행 전까지는 준비기간에 불과한 것이었고, 라이트형제의 비행이 성공한 이후를 항공기술의 태동시기라고 할 수 있다.

또한, 제1차 및 제2차 세계대전은 항공기를 이용한 전쟁을 수행하는 기간으로 항공기술의 비약적 발전을 가져온 성장 시기라 할 수 있고, 세계대전 이후 현재까지의 항공기술은 우주기술 시대로 구분할 수 있다.

[그림 10] 라이트형제가 최초로 비행에 성공한 The Flyer호 (1903년 12월 17일)

88) 그림출처: http://invention.psychology.msstate.edu/i/Wrights/WrightUSPatent/Wright Patent.html.

이렇듯 항공기술은 20세기에 이르러 비로소 개발되기 시작했는데 항공기술의 변화를 연도별로 살펴보기로 한다.

2. 연도별 항공기술(1900년~2000년)

(1) 1900년대의 항공기술

라이트 형제의 체계적 항공기술의 완성으로 이를 기초로 한 1900년부터 1910년까지의 항공기술은 주로 양력발생에 비중을 두었으며, 이를 위한 가솔린엔진의 개발은 물론 복엽기[複葉機]를 채용한 항공기가 주류를 이루면서 원형의 비행기까지 만들어진다.

한편, 수직 이착륙이 가능한 비행개념은 1905년 모나코에서 Maurice Stanislas Léger가 헬리콥터로 구체화하여 사람을 태우고 수직 비행하는데 성공한 뒤, Emile Berliner와 Henry Berliner 부자가 1909년 두 개의 엔진이 로터를 서로 반대 방향으로 회전시키는 동축 로터 헬리콥터를 제작하여 비행에 성공하였다. 그 후 양측 로터를 날개 위에 달아 비행하였으나, 실용화 될 정도의 기술을 갖춘 것은 아니었다.

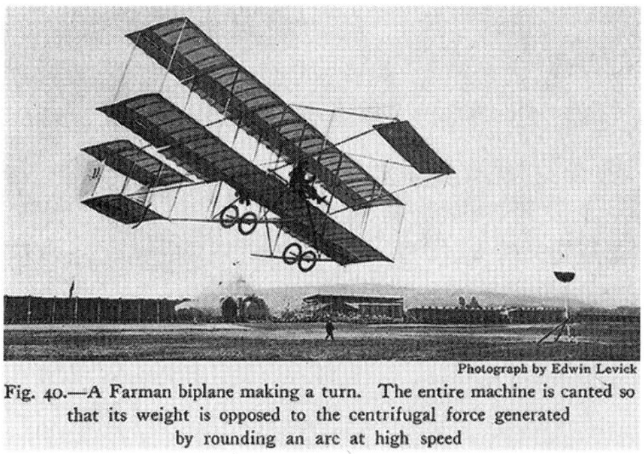

[그림 11] Farman-Voisin[89]과(좌) 원형비행기[90](우)

(2) 1910년대의 항공기술

라이트 형제의 항공기 개발 이후 비행기의 용도가 다양화되면서 수상기나 비행정이 개발되기도 하였다. 1910년대는 제1차 세계대전이 있었던 기간(1914년~1918년)으로, 경량화를 위한 목조골재의 항공기가 금속재로 대체되고, 복엽기가 단엽기로 개발되면서 보다 빠르고 튼튼한 항공기가 제조되는 시기라 할 수 있다.

---

89) 출처: http://www.uh.edu/engines/epi2471.htm

90) 출처: http://www.encyber.com/planes/1908.html

1910년 3월 28일, 프랑스의 앙리 파브르Henri Fabre는 최초의 수상기sea plane인 이드라 비온을 개발하여 비행에 성공하였으며, 1911년 1월 26일, 미국의 글렌 커티스Glenn Hammond Curtiss는 복엽 수상기를 개발한다.

1912년 1월 10일 미국의 커티스Curtis는 최초의 수상기를 개량한 비행정Flying boat을 개발하여 비행에 성공하였다. 1913년 5월 13일 구 소련의 시콜스키Igor lavnovich Sikorsky는 최초의 4발 대형기 그랜드호Le Grand를 개발하여 첫 비행을 마치게 된다.

[그림 12] 시콜스키사의 그랜드 호

제1차 세계대전이 발발한 1914년에 독일은 단엽기인 다우베Dove를 개발하여 프랑스 파리의 폭격에 사용할 수 있었고, 1915년 1월 19일에는 3척의 제펠린 비행선(L-3, L-4 및 L-6)이 처음으로 영국 본토를 폭격하는 비행에 나서는 등 무기를 장착한 항공기도 이때 나타나기 시작하는 등 전쟁에서 항공기의 역할이 크게 부각된 시기라 할 수 있다.

1915년 12월 12일에는 최초의 금속제 비행기인 독일 융커스Junkers J-1의 첫 비행이 있었으며, 전쟁 이후의 항공기는 우편물 수송기나 약간의 승객을 태울 수 있는 여객기로 그 용도가 바뀌면서 민간항공기술 발달을 촉진시키게 된다.

(3) 1920년대 항공기술

제1차 세계 대전이 끝나자 군용 위주로 발달했던 항공기술은 침체되지만 군용을 민수용으로 개발하려는 상업적 아이디어는 록히드사와 노스롭사로 하여금 지주가 없는 단엽기와 유선형의 동체를 결합시켜 고성능의 비행기를 개발하는 계기를 부여하게 된다.

민간위주의 항공기술 발달은 비행기록으로 이어지게 되는데 찰스 린드버그 Charles Lindbergh는 1927년 5월 20일 뉴욕 루스벨트 비행장을 이륙하여 파리에 착륙함으로써 5,800Km의 대서양을 33시간 30분에 횡단하게 된다.

1922년 4월에는 런던과 파리 간 야간 정기항로가 개시되었으며, 같은 해 우리나라에서는 안창남에 의해 서울과 인천 간 최초 비행이 이루어진다.

1924년 3월, 미국 더글러스Douglas기는 시애틀에서 북태평양을 횡단, 일본, 인도, 유럽, 영국, 북대서양 및 북미대륙을 횡단하여 다시 시애틀에 도착함으로서 175일 만에 49,560Km를 날아 최초로 세계일주비행에 성공하게 되고, 1926년 프랑스의 코스트와 리뇨는 파리에서 이란의 자스크까지 5,424Km의 무착륙 비행에 성공하여 최장거리 비행기록을 세우게 된다. 1929년 미국의 리차드 버드는 남극 탐험비행에 성공하여 극지 경유 항공로를 개설하는 등, 1920년대는 항공기술의 발달에 의한 항공로의 개척이 이루어지는 시기라 할 수 있다.

한편 이시기에는 스페인의 후앙 드 라 시에르바Juan de la Cierva에 의해 오토자이로autogyro가 개발되어 헬리콥터 조종의 기초를 이루게 하였으며, 로켓 개발도 성과가 있어서 1926년 3월 16일 매사추세츠 주 오번에서 로버트 고더드Robert Hutchings Goddard에 의해 사상 최초로 액체추진제를 사용한 로켓 발사가 이루어져 2.5초 동안 시속 97 km의 속도로 고도 56m를 상승한 기록을 세우게 된다.[91)]

(4) 1930년대의 항공기술

1930년대의 항공기술에서 특징은 금속제 비행기의 출현과 더불어 각종 조작기능[92)]이 갖추어진 여객기가 등장한다는 것이다. 제 1차 세계대전 후 비행기의 대형화와 고성능화에 따라 기체 각부에 작용하는 응력이 커지게 되었고 비행영역의 확대에 따라서 기후의 변동에 견딜 수 있는 내구성과 내습성이 요구되었다. 이러한 필요에 따라 목재보다 강도가 크고 구조중량도 가볍게 할 수 있는 금속제의 구조를 사용하게 되었다. 더구나 1930년 말에 발발한 제2차 세계대전이 독일의 항공기에 의한 폴란드의 폭격으로 시작된 것처럼 항공기술 개발은 최정점을 향하게 된다.

1930년대에 외피와 골조가 한 뭉치가 되어 외력에 견딜 수 있는 금속제의 응력외피monocoque 구조가 항공기체와 날개 등에 채택되어 기체 내부공간을 넓게 이용할 수 있게 된다.

1933년에 비행한 보잉 247과 1934년에 비행한 더글라스 DC-3는 금속제 단엽기로서 여객기 근대화의 시조라고 할 수 있다.

특히 DC-3 항공기는 새로운 항공수송 시대의 전환점을 마련하는 대형 항공기의 시초가 되었고, 제2차 세계대전에서는 더글라스 DC-4(군용 명칭은 C-47)로 출현하여 당시의 항공분야를 평정하게 된다.

---

91) 우리나라에서도 신기전(神機箭)이라 하여 고려 말기 최무선(崔茂宣)이 제조한 주화(走火)를 1448년(세종 30)에 개량하여 만든 화살로켓에 대한 기록이 있다. 약통(藥筒)을 종이로 만들어 이 속에 화약을 채우며, 아래에는 연소가스 배출을 위한 구멍을 뚫어서 화약에 불을 붙이면 마치 지금의 로켓처럼 연소소리를 내며 하늘로 오른다.

92) 플랩(Flap)의 채택, 가변 피치 프로펠러개발 등

이에 발맞추어 독일의 벤델은 1936년부터 가변 피치 프로펠러인 복엽기로 최고 17.033m의 고도를 유지하며 90시간 이상의 항속시간 기록을 수립하면서 "보다 빨리, 보다 높게, 그리고 보다 멀리" 라는 항공기 성능 향상을 향한 노력의 빌미를 제공하게 된다.

한편, 로켓의 아버지 고더드는 로켓 개발을 계속하여 1930년 12월 30일 뉴멕시코에서의 발사 실험에서 무게 2.3kg, 지름 14.7cm의 엔진을 단 길이 3.35m의 로켓으로 20초 간 609m까지 상승했으며, 최고 속도는 800km/h였다.

1932년 11월 1일 발족된 독일 육군 로켓 연구소에서도 V-2로켓 개발에 성공하여 현대 로켓의 시조가 된다.

V-2 로켓 개발의 의미는 2차 세계대전 이후 인공위성의 발사와 우주탐험을 가능케 하는 우주 로켓으로의 발전에 둘 수 있다.

(5) 1940년대의 항공기술

1940년대는 제2차 세계대전(1939. 9. 1~1945. 8. 15)이 일어났던 시기로, 전쟁을 위한 고성능의 항공기술개발을 지향한 덕에 제트엔진이 등장하고 기내에 여압장치를 갖춘 여객시대가 개막되는 시기로 요약할 수 있다.

고도비행에 있어서 지상에서와 같은 기압을 유지하도록 기내에 압력을 높일 수 있다는 것은 단순히 압축공기만을 기내에 불어넣는 기술만 필요한 것이 아니라, 항공기 동체가 높은 압력에서도 기밀을 유지할 수 있는 기술이 함께 개발되어야 하고, 기내온도를 일정하게 유지시키기 위한 공조시설Airconditioner, 고성능의 동력장치, 가벼우면서도 견고한 재질의 개발, 통신과 전기 및 조명, 화장실이나 각종 안전장치의 개발 등이 뒷받침되어야 한다는 점에서 항공기술은 곧 모든 기술의 총체적 집합기술이라 할 수 있다.[93)]

제2차 세계대전의 주요 참전국 중 영향력이 높은 독일과 미국, 일본에서는 제트기관을 사용한 항공기를 개발하게 된다.

독일의 하인켈Heinkel은 1939년 제트기관(제트엔진)이 장착된 비행기의 처녀비행에 성공한 이후 1941년에는 세계 최초의 쌍발 제트기 하인켈 280형 제작에 성공하였다.

미국의 보잉사도 1940년 7월 2일, 자사의 군용모델(B-17폭격기)을 기본으로 기내에 여압장치를 갖춘 금속제 여객기(보잉307)를 취항시켜 산소마스크 없이도 고도비행이 가능한 최초의 여객시대를 열어간다.

제트엔진을 장착한 전투기들은 적과의 교전에서 승리하기 위하여 더 빠르게 비행할 수 있어야 했으므로 음속을 돌파할 정도의 고속전투기도 이때 개발된다.[94)]

---

93) 실제로 최초의 제트여객기인 영국의 코메트Commet기는 여러 번 공중 폭발을 일으키는 문제가 있었으며. 연구를 거듭하여 안정성을 가지게 된다.

제2차 세계대전이 끝나고 미국과 구 소련의 항공기술 경쟁은 음속돌파의 항공기 제작에 몰두하였다. 1947년 10월14일 미국의 찰스 엘우드 예거(일명 '척 예거')는 벨[Bell]사가 제작한 X1 비행기를 타고 B29 폭격기에 매달려 이륙한 뒤, 지상 3.7㎞ 상공에서 분리되어 14.7㎞까지 상승한 순간 속도가 마하 1.05를 기록하여 음속돌파에 성공한다.

한편, 항공기를 이용한 운송사업이 국제적으로 전개될 즈음 주요 선진국의 민간항공운송사업자들은 국제민간항공운송협회[IATA]를 설립하고, 세계대전이 끝나자 국제민간항공기구[ICAO]를 탄생시켜 국제간 항공운송의 가이드라인을 마련하게 된다.

전쟁이 끝나자 군용위주의 항공기술은 민수용보다 성능이 우수하고 안정적인 항공기개발로 전환하는데, 예를 들면 고정익을 후퇴익으로 개발하거나, 목적에 맞게 엔진의 효율을 증대시킨 터보프롭[Turbo-Prop]엔진을 개발하는 것이지만, 기술개발 과정과 이를 적용시킨 비행과정에서 크고 작은 실패가 수반되었던 사실도 간과해서는 안 될 것이다.

(6) 1950년대

1950년대는 2차 세계대전 이후 항공기술이 정점에 오른 상태에서 다른 방향으로의 항공기술, 즉 보다 차원 높은 우주탐험을 위한 기술로의 접근시대라 할 수 있다.

전투기에 적용되었던 제트엔진은 초음속으로 비행할 수 있는 항공기의 기술개발로 추진되었고, 우주탐험을 위한 로켓의 개발에도 더욱 가속이 붙게 된다. 따라서 군용항공기술의 민간항공기술로의 이전에 의한 보다 대형화되고 빠르면서도 긴 항속거리를 갖는 항공기의 개발이 이 시기에 이루어졌다. 이를 위한 항공기 재료의 개발과 함께 보다 효율적이고 고성능의 엔진이 개발되지만, 무엇보다도 크게 부각되는 혁신적인 기술의 개발은 우주탐험기술이다.

우주탐험은 지상을 이탈하는 비행의 원리에 대기권 밖에서의 운항까지 고려해야 하므로 사람이나 장비를 실어줄 운송체와 발사체로서의 로켓기술개발에 많은 비중이 주어진다.

이를 간단히 살펴보면, 1950년 8월 2일 프랑스에서 베로니크[Veronique] 로켓의 첫 발사에 성공한 이후, 1957년 10월4일 세계 최초로 러시아가 인공위성 스푸트니크 1호를 지구 궤도에 쏘아 올리게 된다.

이에 미국도 1958년 1월31일 미국 최초의 지구궤도 인공위성인 익스플로러 1호를 발사하여 지구 복사대를 발견하는 기술적 목적을 달성하였고, 1958년 8월17일에는 미국의 첫 번째 달 탐사선 파이어니어호의 발사에 성공하게 된다.[95] 이와 때를 같이하여 미항공우주국[NASA : National

94) 미국의 벨(Bell)사는 1947년10월1일, 수평비행 처음으로 음속을 돌파(마하 1.06)하는 X1 로케트기를 개발한다. 미국의 f-86(세이버)에 대항하기위한 구 소련의 미그기 시리즈도 이때 탄생(미코얀 그레비치(Mikoyan Gurevich) Mig-15 전투기)하게 된다.

95) 이후 파이어니어 제2호, 3호의 발사도 성공하지만 궤도진입에는 실패하다가 1959년 3월 3일, 파이

Aeronautics and Space Administration이 1958년 10월1일 설립되어 항공우주기술의 메카로 자리하게 된다.

1959년 10월4일 러시아의 인공위성 루나 3호는 달 뒷면의 촬영에 성공하는 등 우주에서의 통신이나 사진전송 등의 기술이 실험을 통해 개발된다.

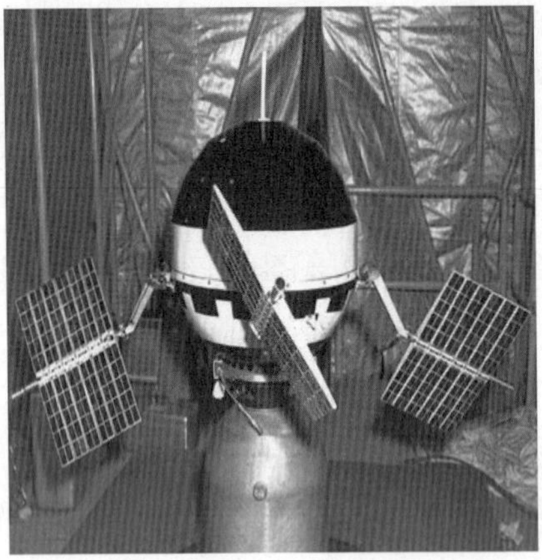

[그림 13] 파이어니어 5호 발사장면

(7) 1960년대

1960년대의 항공기술은 우주기술로 발전하게 되어 우주항공기술 혹은 항공우주기술로 그 의미가 확장되므로 이하에서도 혼용하여 사용키로 한다. 이 시기에 공산주의와 자본주의 이데올로기로 구분되는 세계 최강국인 미국과 소련은 우주항공기술을 선점하기 위하여 경쟁적으로 우주선을 발사한다. 소련이 먼저 1961년 4월12일에 유리 가가린을 태운 보스토크 1호를 발사하여 지구궤도를 한 바퀴 돌고 무사히 귀환하여 최초의 유인 우주 비행을 실현하였고, 미국은 바로 그 다음 해에 프렌드십Friendship 7호를 발사하여 지구를 세 바퀴 도는데 성공한다.

당시 케네디John Fitzgerald Kennedy 대통령 공약에 힘입어 미국은 아폴로 계획으로 이어지는 달 여행 계획을 수립하고 추진하면서, 소련과 경쟁적으로 우주에서의 장기체류, 우주 유영, 랑데부, 도킹, 우주정거장 건설과 같은 우주여행에 필요한 기초 실험을 진행하게 된다.

그 결과 1966년 소련의 루나 9호가 최초로 달에 연착륙하여 무인탐사를 실시하게 되고, 미국은 1969년 7월20일 아폴로 우주선을 발사하여 암스트롱과 올드린을 달에 착륙시키는데 성공한다. 더불어 이 장면은 통신위성의 발달로 전 세계에 중계된다.

어니어 제4호가 달궤도에 진입 하는데 성공하게 된다.

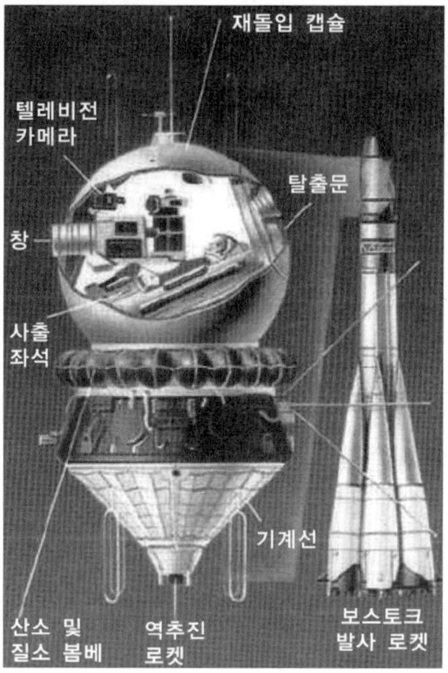

[그림 14] 보스토크 1호

[그림 15] 아폴로 11호와 달표면에 착륙한 우주인

1960년대의 주요 우주항공기술사를 살펴보면, 최초의 기상위성 타이로스발사 (미국, 1960년 4월1일), 세계 최초의 유인우주선 보스토크 1호(1961년 4월12일), 지구궤도를 비행한 유인우주선 프렌드십Friendship 7호 발사(1962년 2월20일), 디아망 로켓을 이용 A-1 인공위성의 발사(프랑스, 1965년 11월 26일), 아폴로11호 달 착륙(미국, 1969년 7월 20일) 등이 있다.

한편, 1960년대는 연료 소비량이 적고 소음이 적으며 넓은 속도 범위에서 성능이 우수한

'터보팬 엔진'이 개발되었고, 이를 적용한 보잉727이 1963년 2월9일 시험비행에 성공하고, 1969년 2월2일에는 400명 이상이 탈 수 있는 초대형 제트여객기 '보잉747'의 첫 비행이 성공하면서 세계를 일일권으로 활동할 수 있는 기틀이 마련된다.

미국의 항공기술 독주에 유럽은 음속 여객기 '콩코드'를 1969년 3월2일에 개발하지만, 비싼 요금으로 인하여 2003년에 역사의 뒤안길로 사라지게 된다.

(8) 1970년대 이후

1970년대 들어서면 항공기술시대는 끝났다고 할 만큼 항공기술의 개발은 최정점에 다다르게 된다. 이를 간단히 정리해 보면 1970년에 보잉사의 B747은 뉴욕-런던 간 첫 취항을 하여 대량 여객수송시대를 열고, 이와 함께 경쟁사들(록히드, 더글라스, 에어버스, 일류신, 콩코드 등)도 여객운송사업에 참여하게 된다.

〈콩코드〉

〈B747〉

〈Lockheed L-1011〉

〈Douglas DC-10〉

〈Air Bus A-300〉

〈Wing-In-Ground Effect Ship〉

[그림 16] 여객운송사업에 참여한 경쟁사들

한편, 1970년대의 우주기술은 크게 달, 행성탐사, 유인계획, 아폴로계획, 인공위성계획 등의 추진에 포커스가 맞추어져 진행된다.

Ⅳ 우주항공기술의 발달사

1. 서언

항공기술의 발달은 로켓을 이용하여 지구궤도를 순환하며 지구를 관측하거나 기상관측 등의 범위를 넘어 달 착륙으로 이어지고, 다른 분야의 과학기술의 발달과 함께 지구 이외의 행성탐사를 위한 도전으로 기술을 발전시켜 나간다.

구체적으로 미국은 바이킹Viking 1, 2호를 발사, 1976년 화성에 착륙시키는데 성공하여 화성의 지질조사와 연구목적을 달성하게 되고, 구 소련은 베네라Venera를 이용하여 금성을 탐색한다. 1974년에는 마린Mariner 10호를 발사하여 수성 촬영에 성공하고 1977년 8월과 9월에는 보이저Voyager 1, 2호를 발사하여 12년간 목성, 토성, 천왕성, 해왕성을 탐사하는 계획을 실행한 후 2017년까지 헬리오포즈의 탐색을 계속할 예정이다. 소련이 쏘아올린 1989년의 포보스 1, 2호는 화성의 자기권 조사가 목적이었고, 미국의 갈릴레오호는 1989년 발사되어 1997년까지 목성탐사작업을 수행하였다.

이어 1989년에는 금성탐사를 위해 마젤란 호를 발사, 1990년 8월10일 금성궤도에 진입하여 금성 표면을 레이더로 자세히 관측한 자료를 지구로 보낸다.

〈보이저 1호〉

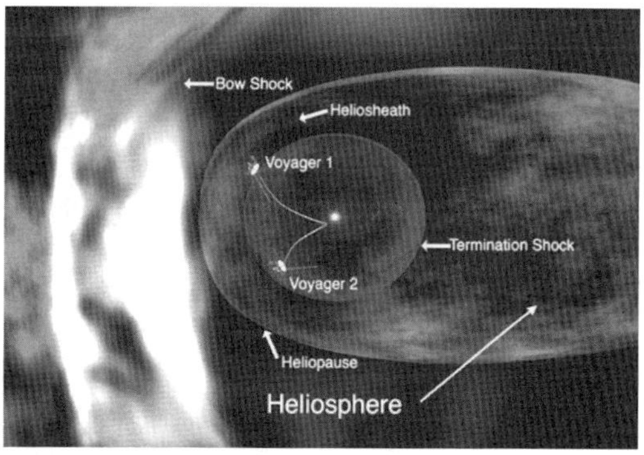

〈보이저 1,2호의 위치〉

[그림 17] 미국의 무인우주탐사선 보이저호

한편, 태양탐사를 위한 율리시즈 탐사선이 태양풍이나 자기장 등을 관측하고 태양권의 입체적인 구조를 밝히기 위해 미국과 유럽의 공동투자로 1990년 10월6일 발사되어 2008년까지 업무를 수행하였다.

2. 로켓의 구조

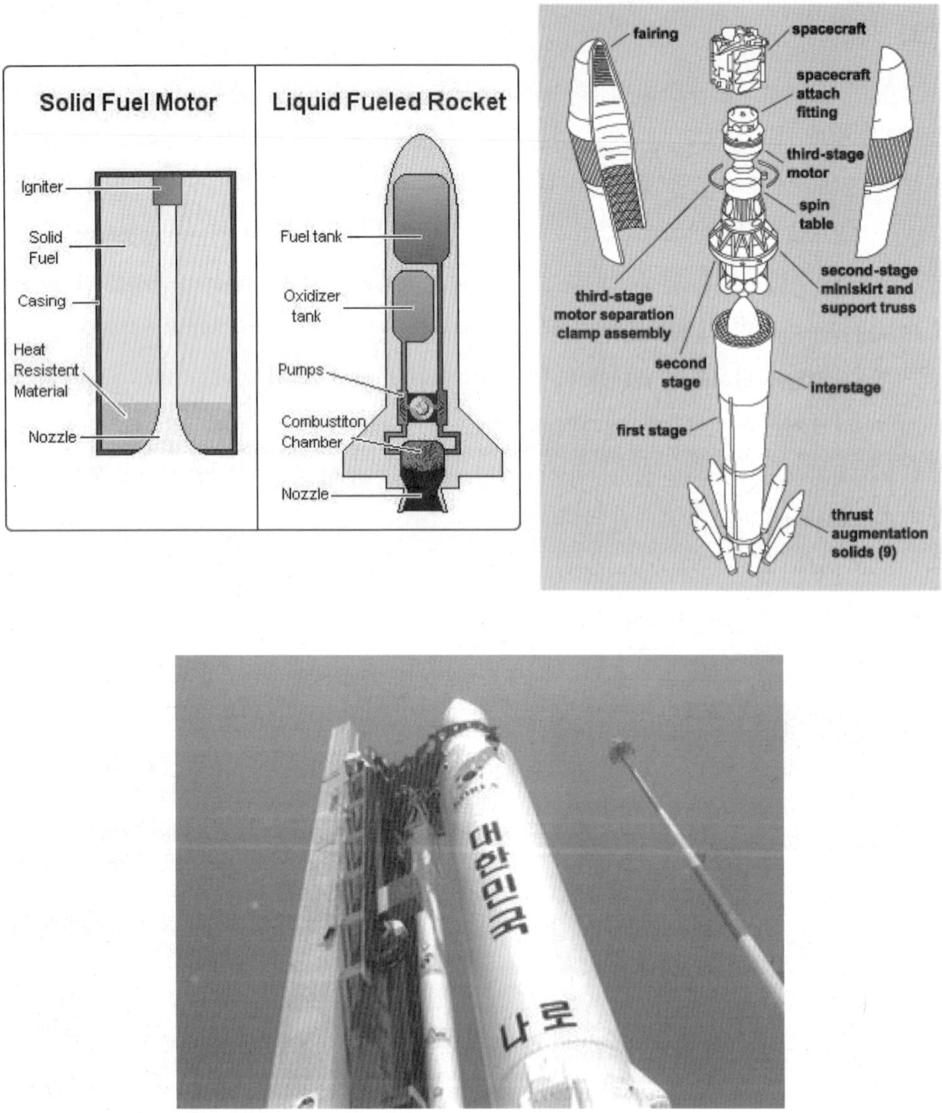

[그림 18] 로켓의 구조

3. 우주 정거장

지구는 중력과 대기권을 가지므로 우주탐험을 위한 탐사선이 대기권을 벗어나 우주로 향하거나 혹은 지구로 귀환할 때에 고도의 기술과 많은 인력 및 시간이 필요하고, 또한 기상의 변화에도 매우 민감하게 된다. 따라서 지구궤도에 사람이 반영구적으로 생활하면서 우주실험이나 우주관측을 하는 기지를 만들어 이러한 불편이나 기술적 문제를 해결하기 위하여 건설되는 대형 우주 구조물을 우주정거장이라 한다. 우주정거장은 지구에서 우주정거장까지 사람이나 기자재를 우주왕복선으로 수송한 후 이곳에서 다시 정비하여 본격적인 우주항행을 하게 되므로, 우주정거장[space station]은 우주 진출의 전초기지라 할 수 있다.

최초의 우주정거장은 소련의 살류트[Salyut]로서 1971년 4월에 발사되어 궤도에 진입해 있는 소유즈 10호와 결합하여 무게 26t, 길이 23m의 우주정거장을 구성하여, 총 22명의 승무원이 1,600회의 각종 실험과 관찰을 수행하여 왔다.[96)]

미국 최초의 우주정거장은 1973년 5월에 발사되어 무중력 상태에서의 인간 활동에 대한 실험과 지구와 우주관측 등의 임무를 수행한 후, 80년 7월 지구 대기권에 돌입하여 분해된 후 인도양으로 가라앉은 스카이 랩[Sky lab]이 있다.

[그림 19] 우주정거장

96) 2세대 우주정거장으로 소련의 우주정거장 미르[Mir]가 86년 2월에 발사됐다. 미르는 모두 6개의 접속장치를 가지고 있고 3개의 모듈로 구성되어 있는 총길이 13m에 지름 4.2m, 총무게 21t의 대형 우주정거장으로 유리 로마넨코가 326일간을 체류하는 기록을 세움으로써 인간이 우주공간에서 영구히 거주할 수 있는 가능성을 보여주었다.

이후 추진되고 있는 초대형 우주정거장 프리덤Freedom의 개발은 길이 100m, 무게 300t으로 30년간 체류가 가능하도록 유럽우주기구ESA와 캐나다 및 일본이 공동으로 추진하고 있다.

4. 우주 왕복선

1980년대에 들어서 우주개발에 드는 막대한 비용을 절감하기 위해 미국은 재활용이 가능한 우주 왕복선Space Shuttle의 개발을 기획한다. 우주 왕복선은 100회 정도의 우주 왕복이 가능하여 그 비용이 대폭 절감될 뿐만 아니라, 안정적인 기술의 적용이 가능하여 우주비행의 신뢰성을 높이게 된다. 1988년에 취항한 디스커버리호는 허블 우주망원경[97]같은 우주관측에 필요한 장비를 운송하기도 하지만 일반인을 대상으로 하는 우주여행을 가능하게 한다는 점에서 상업적 매력도 매우 높다고 할 수 있다.

[그림 20] 우주왕복선과 그 발사 장면

5. 미래의 우주기술

로켓기술과 비행기술 및 통신기술 뿐만 아니라 지구상 가장 발달된 기술들의 총집합체라 할 수 있는 우주기술은 지구에서는 중력의 작용으로 불가능한 실험 등을 미래에 실시하게 될 것이다.

예컨대, 우주공간에서 전기로나 태양로에 재료를 넣고 녹이면, 중력의 영향을 받지 않기 때문

97) 무게는 12.2t, 주 거울 지름 2.5m, 경통 길이 약 13m의 반사망원경이다. 1990년 4월 우주왕복선 디스커버리호에 실려 지구상공 610km 궤도에 진입하여 우주관측활동을 시작하였다. 관찰 가능한 파장 영역은 110~1,100nm이며, 지구에 설치된 고성능 망원경들과 비교해 해상도는 10~30배, 감도는 50~100배로, 지구상에 설치된 망원경보다 50배 이상 미세한 부분까지 관찰할 수 있다.

에, 재료가 노의 벽에 닿지 않고도 가열할 수 있어 벽으로부터의 불순물의 혼입을 막을 수가 있고, 비중이 극단적으로 다른 물질이라도 고르게 섞을 수 있는 등 우주공간의 무중력 상태 등을 이용해서 완전히 새로운 재료를 만들 수 있게 되므로 소위 우주공장의 설립을 예견할 수 있다.

2절 항공기술과 법

I 우주항공기술의 개요

1. 서설

항공기술과 우주기술은 독자적 영역을 갖추고 있으나 항공기술이 정점에 이른 1980년대 후반에는 이 둘의 기술을 합쳐 항공우주기술 혹은 우주항공기술로 부르고 있다. 그 이유는 항공기술의 선두 주자인 미국과 러시아의 정책이 우주기술을 지향하게 되었고, 우주기술에는 항공기술이 기반이 되었기 때문이다.

물론, 영공[領空, air space]이라는 개념이 제1차 세계대전부터 항공기를 이용한 공중전이나 수송 등에 의해 국가별 주권을 영역[領土와 領海]으로 확장시키면서 확립되었으나, 1919년 10월 13일의 항공규율을 위한 파리협약과 1994년 12월 7일의 국제민간항공에 관한 시카고협약, 제2차 세계대전 이후 영공의 상방한계 설정 등으로 더욱 확고해졌다. 국가의 영공은 육지와 해수면에 대해서도 그 가이드라인을 제공하는 계기가 되었다.[98)]

항공기술의 결과물로서의 비행기 혹은 항공기는 주로 지구의 대기권 내에서 운용되고, 우주기술은 우주선으로 구분되어 주로 대기권 밖의 무중력 상태에서 비행을 한다는 점에서 구별이 가능하다. 빠르고 편리한 장점 때문에 이용되는 항공기는 국제 간 운송수단의 특성을 지니므로 주로 출발국과 도착국 간의 협정(혹은 조약)에 의해, 또는 국제적 조약에 의해 그 운항과 기술문제를 해결하고 있다. 우리의 항공법도 「국제민간항공조약」의 규정과 동 조약의 부속서로서 채택된 표준과 방식에 따라 항공기 항행의 안전을 도모하기 위한 방법을 정했다. 그에 따라 항공시설설치·관리의 효율화를 기하며 항공운송사업의 질서를 확립함으로써 항공의 발전과 공공복리의 증진에 이바지함을 목적으로 설립되어 있다(항공법 제1조).

---

98) 국가의 주권 영역은 내수는 물론 군도수역, 영해의 상부공간을 포함하지만 영해 밖의 접속수역이나 EEZ(Exclusive Economic Zone, 배타적 경제 수역(水域)). 접속수역 혹은 공해(公海)란 의미로, 영해에 접속되어 있는 일정 바다지역을 말한다) 등의 보충수역 상부공간에는 미치지 아니한다. 김대순, 『국제법론』, 삼영사, 2008 제13판, p.1006.

여기서 항공기란 "비행기 · 비행선 · 활공기 · 회전익항공기 그밖에 대통령령이 정하는 것으로서 항공에 사용할 수 있는 기기機器"를 말하며(항공법 제2조), 항공법은 항공기의 관리와 이용 주체에 관한 규정, 항공기의 비행과 항공 업무를 위한 제반 규정을 포함하고 있다.

한편 우리의 우주개발진흥법은 "우주개발을 체계적으로 진흥하고 우주 물체를 효율적으로 이용 · 관리하도록 함으로써 우주공간의 평화적 이용과 과학적 탐사를 촉진하고 국가의 안전보장 및 국민경제의 건전한 발전과 국민생활의 향상에 이바지함"을 목적으로 설립되어 있다(우주개발 진흥법 제1조). 항공기를 포함한 우주비행체에 관한 항공우주산업개발 촉진법은 "항공우주산업을 합리적으로 지원 · 육성하고 항공우주과학기술을 효율적으로 연구 · 개발함으로써 국민경제의 건전한 발전과 국민생활의 향상에 이바지하게 함"을 목적으로 설립되었다. 그에 따라 항공우주과학 기술[99]의 발전에 따른 항공우주산업[100]의 부흥과 활성화를 꾀하고 있다(항공우주산업개발 촉진법 제1조).

2. 항공우주기술과 법

항공기술은 물론이고 우주기술이 선진국 위주로 개발되어왔다는 점에서, 또한 기술의 대부분이 공표되지 않는다는 점에서 기술의 비교는 매우 주관적으로 그칠 수밖에 없다. 특히 항공우주기술을 다루는 법에 있어서도 국가 차원의 협약이나 규정들이 마련되어 있으므로 항공우주기술과 법을 아우르는 것도 쉽지 않다. 따라서 항공법과 우주법은 국제법 위주로 살펴보되, 우리의 관련 기술법은 우주개발진흥법과 항공우주산업개발촉진법으로 한정하고, 항공우주과학 기술과 관련된 특허기술의 현황을 확대해 살펴본다.

Ⅱ 항공기와 항공법

1. 항공기

1944년의 ICAO국제민간항공기구 설립은 시카고협약 제2부의 규정에 의한 것이었으며, 동 규정

---

99) '항공우주과학기술' 이라 함은 항공우주산업에 관련되는 과학기술, 지구대기권 내외의 비행에 관련되는 과학기술 또는 항공기 · 우주비행체를 이용하는 응용과학기술을 말한다(항공우주산업개발촉진법 제2조 제6호).

100) '항공우주산업' 이라 함은 "항공기 · 우주비행체 · 관련 부속기기류 또는 관련 소재류를 생산(제조 · 가공 · 조립 · 재생 · 개조 또는 수리하는 것을 포함하되 「항공법」에 의한 항공기의 정비 · 수리 · 개조 등 항공기 사용자가 그 운항 상의 필요로 행하는 작업을 제외한다. 이하 같다)하는 사업과 항공기 · 우주비행체를 지식경제부령이 정하는 바에 따라 이용하는 응용사업(「항공법」에 의한 항공운송사업 및 항공기 사용사업을 제외한다)을 말한다(항공우주산업개발촉진법 제2조 제1호).

제7부속서Annex 7에서 항공기란 "공기의 반동으로 양력을 얻을 수 있는 모든 기계"로 정의되어 있다.[101]

항공기는 다시 (1)공기보다 무거운 기계에 대해 기계로 조정되는지의 여부로 구분하고 (2)공기보다 가벼운 기계로 역시 기계로 조정되는지의 여부로 구분하고 있다.

공기의 반동이라면 마치 고무풍선의 주둥이를 통해 공기가 불어넣어진 상태에서 그 풍선을 놓게 되면 풍선의 주둥이로 공기가 빠져나가면서 그 힘으로 고무풍선이 앞으로 나가는 원리를 말한다. 이러한 원리는 제트엔진을 통해 이루어진다.

프로펠러 비행기는 프로펠러의 당기는 힘으로 공기의 반동이 생기고, 고정익固定翼[102]의 캠버Camber차에 의해 날개 상하면을 흐르는 공기의 압력차가 생겨서 양력揚力이 발생됨에 따라[103] 이륙할 수 있게 되는 것이다.

따라서 대기권 내에서의 공기반동은 결국 지구중력을 이기면서 양력과 추진력을 얻기 위한 것이기 때문에 무중력 상태로 비행하는 지구위성이나, 공기를 싣고 대기권 밖에서 연소시켜 진행하는 로켓은 항공기 범주에 포함되지 않는다. 이런 점에서 우주왕복선Space Shuttle은 대기권 내에서는 항공기로, 대기권 밖에서는 우주선Spacecraft으로 구분할 수 있다.

시카고협약에 의하면 항공기는 등록된 국가의 국적을 갖는다(동 협약 제17조). 등록은 한 국가만이 유효하지만 등록국 밖의 주 영업지Principal palce of business를 갖는 사업자에게 임대될 수 있음은 물론이다(동 협약 제83조 bis). 우리의 항공법은 항공기에 초경량비행장치超輕量飛行裝置[104]를 포함하고 있다.

2. 항공법

가. 정의

항공법은 대기권 내에서 항공기의 비행에 관한 규정을 명시한 실정법이다. 항공법의 취급 대상이 되는 것은 국제민간항공기구ICAO의 규정 범위 내에서 운송수단으로서의 항공기, 항공기 취급의 관련 종사자와 증명, 이를 이용하는 승객, 항공기술과 운항에 필요한 취급 업무, 그리고 벌칙과 항공기의 운항에 필요한 국가 간 영역領域의 구분 등이다.[105]

---

101) all machines which can derive support in the atmosphere from the reactions of the air.

102) 고정익은 비행기 동체에 날개가 고정 설치된 여객기나 군 수송기 등을 들 수 있다. 이에 비해 회전익(回轉翼)은 헬리콥터, 자이로콥터와 같이 날개가 회전하면서 양력을 발생시키는 항공기를 말한다.

103) 이를 베르누이 정리로 풀이할 수 있다.

104) 항공기 외에 비행할 수 있는 장치로서 국토해양부령이 정하는 동력비행장치 · 인력활공기 · 기구류 및 무인비행장치 등을 말한다(항공법 제2조 제25조).

105) 우리의 항공법도 제1장에서 제10장에 걸쳐 총 184개조의 규정으로 구성되어 있으며, 제1장에서는 총칙과 정의 규정 외에 군용항공기와 '국가기관 등 항공기'를 명시하고 있다. 제2장은 항공기에 관하

나. 항공법의 법원

항공법이 생겨나게 된 근원인 법원法源은 1919년 프랑스와 영국(파리와 런던) 간의 국제항공사업을 위한 파리협약Paris Convention[106]이 시작되면서 부터이다. 이 협약에 의해 국제항공위원회ICAN: International Commission for Air Navigation가 구성되어 항공에 관한 정보수집과 출판, 회원국의 질문에 대한 답, 승무원의 자격과 항공 적합성 등에 관한 기준이 정해졌다. 이때 정의된 항공기의 의미는 "공기의 반응으로 대기 중에 유지될 수 있는 기계"이다. 이어 1925년 파리에서 개최된 항공사법에 관한 국제회의에서는 항공법 전문가 국제기술위원회ICAN를 탄생시키면서 국제항공위원회에서 미흡했던 항공사의 책임 문제, 항공기 저당 등의 문제가 논의되었다.

이어 1926년에 채택된 미서美西항공협약[107]과 1927년의 범미汎美항공협약[108]은 1944년의 국제민간항공기구의 탄생에 많은 공헌을 하게 되었다. 실제로 파리협약을 발전시킨 ICAO가 설립된 1944년에는 위 위원회의 구성원들이 주축이 되어 1947년의 동기구 출범을 가능케 했던 것이다.

ICAO는 법률위원회Legal Commitee를 갖추고 있어서 UN의 전문기구가 되면서 항공법규에 관한 국제조약 등을 마련해준다.

한편 ICAO가 국가 간 체결된 항공협정의 기구인데 반해 국제항공운송협회IATA는 항공사업자 간의 법적 · 기술적 · 경제적 문제를 해결하기 위하여 설립한 단체이다. 국제운항을 실시하는 세계 모든 항공사들이 그 회원이다.

동 기구는 민간 항공운송에 관련되는 다양한 문제들에 대해 소속 항공사의 국가들과 협의하고 새로운 규칙 등도 만들어낸다. 한편 국제항공운항 수단의 비약적 발전은 필요 국가 간의 협정을 통해 상호 항공기 취항이 가능하도록 하고 부속규정도 만들게 되었다. 이의 기초는 1946년 영국과 미국 간에 체결된 버뮤다협정Burmuda Agreement I을 들 수 있다. 이 협정에서는 국제항공협정의 3대 요소인 항공노선[109], 관세[110] 운항 능력[111]을 항공교통량에 의거하여 공

여 규정하면서, 등록과 이전, 국적취득, 감항증명, 수리개조등을 명시하고 있고, 제3장(제25조~제37조)은 항공종사자와 그 자격 및 교육에 관하여 규정하고 있다. 제4장(제37조의 2~제74조의 3)은 항공기의 운항과 관련하여 항공안전기술개발, 비행제한, 항공교통안전, 항공기 표시, 항공사고와 위험물, 승무원 등에 대해 규정하고 있고, 제5장(제75조~제111조의 6)은 항공시설(제1절)과 공항(제2절), 공항운영증명(제3절)을, 제6장(제112조~제136조)은 항공운송사업, 제7장(제137조~제143조)은 항공기 취급업 등, 제8장(제144조~제152조)은 외국항공기, 제9장(제153조~제155조)은 수수료 등 보칙, 그리고 제10장(제156조~제184조)은 벌칙에 관하여 규정하고 있다.

106) Convention Relating to the Regulation of Aerial Navigation, Paris, October 13,1919.

107) Ibero-American Convention on Air Navigation, Madrid, Nov. 1, 1926.

108) Pan-American International Convention on Commercial Aviation, Havana, Feb. 20, 1928).

109) 항공능력 부여는 당사자 간 협의를 통한 항공편수, 필요한 설비 등은 사후적 감독으로 검토하도록 한 것이다.

110) 관세(Tarrifs)는 아바나에서 체결된 IATA에 의해 31개 항공사가 이를 조정한 후 확정지은 것이다.

111) 항공교통량의 수요에 따른 항공능력은 사전적 결정이 아닌 사후적 결정으로 검토되었다.

평하고 평등한 기회를 부여할 것을 약속하였다. 특히 체약국 간의 항공관련 서류 인정, 건강, 관세, 입국심사의 현지 기준 인정과 분쟁이 생기면 협의나 의무적 조언 또는 중재에 의해서 해결한다는 명문의 규정이 추가되었다.

국제간 항공료가 저렴하게 된 데는 미국의 반독점법Antitrust Law에 의한 비규제 정책과 공정한 운임경쟁, 관세의 국제화 정책에 의한 버뮤다협정II의 기여가 컸으나, 이러한 경쟁은 사실 1978년 미국과 네덜란드 간의 항공운송협정에서 받아들여졌다.

이 의정서에 따라 항공기 소유 여부에 관계없이 전세운항도 공정한 경쟁에 참가할 수 있게 되었으며, 전세기 운항이나 정기운항 서비스도 출발지 규칙을 채택하기로 합의되었다. 항공료도 합법적이면서 최저가의 공급이 가능해지게 된 것도 이때부터이다.

Ⅲ 항공운송과 손해배상

1. 항공운송책임

국제항공운송에 있어서 승객의 탑승 권리와 승객 및 수하물의 안전책임이 대두되면서 항공기의 승객과 수하물 등에 대한 항공운송 책임을 규정하게 되었다. 이는 1929년에 맺어진 다자간협정으로[112] 만들어져 지금까지도 운영되고 있다. 이후 바르샤바협약은 1955년의 헤이그의정서Hague Protocol의 추가, 1961년의 과달라하라협약[113]의 부속협의Supplementary Convention 등이 추가되는 개정이 있었다.

2. 바르샤바협약

가. 협약의 적용

국제간 항공기 운항에서 요금을 조건으로 항공기에 탑승하는 승객과 그 수하물에 적용하도록 한 규정이 바르샤바협약이다. 예를 들면 항공의 무료 탑승이나 운항은 항공운송회사가 하는 경우에만 해당한다. 운항의 국제성은 운송계약상의 계약 내용으로 판단한다. 극지 여행과 같은 시험비행이나 조난선 구호용의 특수 비행이나 우편협약에 의한 비행에는 이 협약을 적용시키지 않는다.

---

112) Convention fo the Unification of Certain Rules Relating to International Carriage by Air, Warsaw, Oct.12,1929.

113) Convention Supplementary to the Warsaw Convention of the Unification of Certain Rules Relating to International Carriage by Air Performed by a Person Other than the Contracting Carrier, Guadalajara, Sep.18,1961.

나. 운항서류

운항서류는 항공권을 의미한다. 항공권의 기재 사항이 바르샤바협약에 적용되는지의 여부가 중요한 것은 만일 이 협정의 적용에 관한 문구가 없다면 항공사고시 책임의 한도나 제한에 무한책임을 져야 하기 때문이다.

다. 운항책임

운항책임은 계약에 따라 정해지지만 운항에 대해서만 책임이 있을 뿐 항공기 제조회사나 관제탑의 실수에 따른 운항책임이 명시되어 있는 것은 아니다. 만일 항공기 운항이 손해나 지연 없이 이루어졌다면 승객과 회사 간의 계약은 성실히 이행된 것이다. 운항책임이 발생하는 경우를 대비한 규정은 동 협약 제17조와 제18조로, 전 규정은 운항 중 승객의 사망, 상해, 기타 육체적 손해에의 따른 손해배상을, 후자는 수탁화물에 대한 책임 등에 관해 규정하고 있다.

승객의 사고에 대한 책임은 과실책임에 대해 운항자가 지는 것이 원칙이지만 승객이 보험에 가입하여 운항자가 직접 책임을 지지 아니하는 경우는 물론 기여과실Contributory negligence[114]에 따른 손해책임의 감면수단도 적용된다. 그러나 운항자의 악의적 불법행위Wilful misconduct[115]에 의한 손해에 대해서는 무제한 책임을 물을 수 있도록 규정한다(바르샤바협약 제25조).

손해 발생 시점은 항공사의 사고 발생 시점이므로 사고 당시의 항공사의 업무 영역과 탑승객의 행위 및 물리적 위치는 사고책임의 소속을 정하는 기준이 된다. 손해와 사고 사이에는 인과관계Causation가 성립되어야 하며 이는 정신적 손해를 포함한다.[116]

라. 손해배상

(1) 기한

손해배상 청구권자는 손해를 입은 자나 그 상속인으로 각국의 국내법에 맡겨져 있다. 손해배상의 청구기한은 손해발생 후 2년 이내이다. 이 2년의 기산점은 항공기가 도착하였거나 도착하였어야 할 시점 또는 운송이 중단된 시점이다. 청구인이 소송 중 사망하면 상속인에게 주어지는 기한은 처음부터 다시 기산된다.[117]

청구관할 법원은 바르샤바협약 제28조에 따라 4군데 중 하나를 선택할 수 있다.[118]

---

114) 승객이 안전벨트를 매지 아니하여 사고가 커지게 된 경우의 예가 그것이다.

115) 그 외에 운항자가 승객에게 항공권을 지급하지 아니하거나, 항공권에 바르샤바협약이 적용된다는 내용을 기재하지 아니한 경우가 포함된다.

116) Palagonia et al. v. TWA, New York Supreme Court, Court of Westchester, Dec. 28, 1978.

117) Nicolet v. TWA, USDC, Southern District of New York, June 17, 1954.

118) 우리나라 항공사의 최근 사고 중에 1983년 9월1일 블라디보스톡 부근에서 격추된 KAL 007기와 1997년 8월6일 미국령 괌에서 추락한 대한항공 KE 802 추락사건의 손해배상소송 처리는 한국과 미국이

- 항공사의 주소지 관할 법원Court of domicile
- 항공사의 주 영업소
- 항공사 대리인(항공권 발행 대행 업무사)
- 목적지place of destination

(2) 한도

바르샤바협약에 의하면 항공사의 악의적인 불법행위나 관할법원의 불법행위Default로 발생한 손해를 제외하고 손해배상의 한도는 사망 상해에 대해 125,000프랑이고, 수하물은 250프랑/kg으로 정해져 있다.[119] 또한 징벌적 손해배상Punitive Damage[120]에 대해서는 규정되어 있지 않다.

한편 헤이그의정서는 특수한 경우에 손해배상의 한도를 정하지 아니할 것을 명시하여서 바르샤바협약 제25조의 손해배상 한도가 적용되지 아니한다.[121]

이러한 손해배상의 규정에 대해 미국은 헤이그의정서를 비준하지 않고 다른 민간협약인 미국민간항공위원회US Civil Aeronautics Board를 설립하고 몬트리올협정[122]을 맺으면서 국제항공의 손해배상 한도를 75,000달러로 정했다. 이는 역으로 공정거래에 어긋난다는 측면에서 승객들로 하여금 별도의 항공보험 가입을 가능하게 하여 손해전보가 가능해졌다.

이후 몬트리올협정은 1988년의 몬트리올 보충의정서Montreal Supplementary Protocol로 개정되면서 국제공항에서 상해나 사망을 야기하는 폭력행위와 국제공항에서 운항 중에 있지 아니한 항공기를 파괴하는 행위에 대해서도 적용되었다.

3. 항공 제조물 책임

제조물책임Product liability이란 물건을 제조한 자나 물품을 처리한 자나 물품을 제조하지 않았지만 판매자가 그 물품의 구매나 판매로 말미암아 손해를 입은 제3자나 구매자 개인이나 재산에

었으며, 2001년 4월 15일 김해에서 추락한 중국민항 CA 129기는 한국에서 소송이 이루어졌다. 중국에서는 당국의 회유로 화해로 끝냈지만 한국에서는 부산지방법원에 소송을 제기하였다.

119) 바르샤바협약 제22조. 만일 인플레이션이 발생하면 금 65.5㎎을 기준으로 한다.

120) 가해자의 행위가 고의로 악의적이며, 그 작위 부작위가 대단히 의도적인 것이어서 배심원들이 그 범죄성에 대하여 가벌성을 묻지 아니하고 그 타인에 대한 의도적이며 악의적으로 짓밟는 행위에 대하여 가벌성을 결론짓는 것을 말한다. 서울대학교 기술과 법센터, "과학기술과 법", 박영사, 2008, p.79.

121) 이는 바르샤바협약 제25조를 수정한 것으로, 손해가 항공사나 그의 고용인이나 대리인인 작위 또는 부작위를 하여 손해를 유발할 것을 의도하였거나 그러한 손해가 발생할 것이라는 것을 알았거나 알 수 있었을 경우에는 바르샤바협약 제25조를 적용하지 말 것을 규정하고 있다. 2001년 4월 15일 김해에서 추락한 중국민항 CA 129기는 한국에서 소송이 이루어졌다. 중국에서는 당국의 회유로 화해로 끝냈지만 한국에서는 부산지방법원에 소송을 제기하였다.

122) Montreal Convention for the Suppression of Unlawful Acts against the Safety of Civil Aviation; 1971년 9월23일 ICAO에서 채택, 1973년 1월 26일 발효, 1973년 9월 1일 한국 발효.

대해 상해를 유발하는 경우에 발생하는 책임을 말한다.123)

항공기에 대해서도 기체결함이나 엔진고장 등에 의한 승객, 승무원, 항공기 자체의 파손에 의한 피해는 항공운항사보다 그 제조사에 책임이 있는 경우가 있다. 미국의 경우 제조물책임에 대한 손해는 보증위반breach of waranty이나 불법행위Torts의 법리로 해결할 수 있다.

항공기 제조관련 제조자의 책임이 불법행위로 다루어진 것은 1975년의 헬리콥터 사고 사건124)에서 채택되었다. 이와 함께 추락시에 안전을 배려하는 법리Crashworthiness가 적용되고 각국에서는 이러한 항공제조물에 대한 책임규정을 제정하여 현재에 이르고 있다.

3절 우주기술과 법

I 우주법의 연원

1. 우주법의 정의

우주Outer Space는 지구 대기권 밖의 공간을 의미하며, 우주법Space Law은 우주의 탐색과 이용에 관련된 활동을 규율하기 위한 국제법상의 법규범이다. 우주법은 우주공간을 다루므로 지상 및 대기권에서의 활동에 대해서도 적용된다고 할 수 있으나, 우주공간은 영토, 영해 및 해안 표면의 상공 일체이므로 특정 국가가 독점할 수 없는 공유물Res communis omnium이다.

우주법은 소련과 미국의 인공위성 발사와 우주탐사기술의 선점에서 비롯되었다고 볼 수 있다. 구소련이 1957년 10월 4일 첫 인공위성을 발사한 후 인공위성이 돌고 있는 외기권에는 국가의 영토주권이 미치지 않다는 점과 이 외기권의 탐사나 이용은 어느 국가나 가능함이 천명되었다. 이에 따라 1967년에 체결된 우주조약이 "달과 기타 천체를 포함한 외기권을 탐사하고 이용하는 국가의 활동에 적용되는 제원칙에 관한 조약"Treaty on Principles Governing the Activities of State in the Exploration and Use of Outer Space, including the Moon and Other Celestial Bodies125)이다.

우주조약은 직간접의 우주 탐사활동 국가를 대상으로 하면서 국제우주법의 근간이 되는 타

---

123) Products Liability is the liability of a manufacture, processor or non-manufacturing seller for injury to the person orp property of a buyer or third party caused by a product which has been sold. Hursh, R.D. and Baily, H.J., American Law of Product Liability.

124) Berkebile v. Brantly Helicopter Corp, 281 A. 2d707 (Pa. Sup. 1971) : 311A2d140(Pa. Sup. 1971). Affirmed 377A2d893(Pa.1975).

125) 이 우주조약은 1967년10월10일 발효되어 동년 10월13일에 한국에도 발효되었다.

협약을 이끌어냈다. 위 우주조약과 더불어 우주 물체에 의하여 야기된 손해에 대한 국제책임에 관한 협약Convention on International Liability for Damage caused by Space Objects, 외기권에 발사된 물체의 등록에 관한 협약Convention on Registration of Objects Launched into Outer Space, 달과 천체에서의 국가의 활동에 적용되는 협정Agreement Governing the Activities of States on the Moon and Other Celestial Bodies, 우주비행사의 구조, 우주비행사의 귀환 및 외기권에 발사된 물체의 회수에 관한 협정Agreement on the Rescue of Astronauts, the Return of Astronauts and the Return of Objects Launched into Outer Space은 국제우주법의 5대 연원을 이루고 있다.

한편 달조약은 미국의 달 탐사선인 아폴로 13호가 달의 암석을 가져오면서 천체에 존재하는 자원의 개발문제를 다루기 위하여 1979년에 체결되었으나 정작 미국은 이 조약에 서명하지 않았다. 달조약은 지구를 제외하고 달을 포함한 태양계 내의 천체에만 적용된다.

2. 외기권의 법적 지위

현재 영공의 상방 한계를 100마일로 보고 있으므로 이를 넘는 지구의 외기권外氣圈은 특정 국가가 지배할 수 있는 대상이 될 수 없다. 그러나 공해公海와 같이 모든 국가는 국제법에 따라 자유롭게 탐색할 수 있는 권리가 있다. 이는 마치 인간이 태어나면 누릴 수 있는 법적 지위와 같은 것으로 지구상의 어떠한 국가도 우주탐사의 자율성을 보장받는 것이다.

II 우주법의 분설

1. 외기권의 비군사화

우주조약은 달과 기타 천체, 지구 주변의 궤도, 우주공간 그 어디에도 핵무기 또는 기타 모든 종류의 대량살상무기Weapons of mass destruction[126]를 배치해서는 안 된다고 규정하고 있다(우주조약 제4조 제1항). 이른바 평화적 이용의 원칙이다. 그러나 지상에서 발사하여 외기권의 일부를 통과하는데 불과한 것은 배치로 보지 않아 위 규정이 적용되지 않는다.[127]

또한 과학적 조사나 기타 모든 평화적 목적을 위하여 군인을 이용하는 것은 금지되지 아니하며 천체의 평화적 탐색에 필요한 어떠한 장비 또는 시설의 사용도 금지되지 않는다(우주조약 제4조 2단).

---

126) 현재의 Atomic, Biological, Chemical Weapons는 물론 장래개발될 모든 종류의 대량파괴무기를 통칭한다.

127) 예를 들면, ABM(Anti-ballistic missiles), ICBM(Inter-continental ballistic missiles), MIRV (Multiple independently-targeted re-entry vehicles), SLBM(Submarine-launched ballistic missiles) 등이다.

2. 국제 책임

외기권에서의 활동에 대해서는 활동을 하는 주체가 속한 국가에서 국제 책임을 진다. 활동 주체는 정부기구, 비정부기구를 불문하지만 비정부 주체의 우주활동은 소속국의 허가와 지속적인 감독을 받아야 한다(우주조약 제6조). 만일 국제기구가 우주활동을 하는 경우에는 그 국제기구와 기구에 참여하고 있는 우주조약 당사국들이 공동으로 책임을 진다(우주조약 제6조).

한편 우주발사 물체에 대한 발사국으로부터의 손해배상을 청구함에 있어서 주체는 손해를 입은 국가 또는 손해를 입은 자연인 또는 법인의 국가이다. 국적국과 손해발생지국의 어느 쪽도 배상을 청구하지 않으면 타국이 자국의 영주권자permanent resident가 입은 손해에 대해 발사국에 손해배상을 청구할 수 있다(손해배상책임협약 제8조).

우주발사 물체에 의해 타국 또는 타국 국민에게 손해가 발생하면 손해배상을 해야 한다(우주조약 제7조). 손해 발생 장소는 달과 기타 천체를 포함한 외기권, 대기권, 지구 표면 등의 일체의 장소를 포함한다. 이는 1972년의 우주활동에 관련되는 손해배상책임협약Liability Convention[128]에 근거한다. 이 협약에 따르면 우주물체가 지구 표면의 사람이나 재산에 또는 비행 중의 항공기에 끼친 손해에 대해서는 피해자의 중대한 과실이 없는 한 과실 여부를 묻지 않고 발사국이 절대 책임을 진다. 발사국은 실제 발사국뿐만 아니라 장비와 장소를 임대한 국가도 포함한다.

실제 1978년 구소련의 위성 코스모스 954호가 캐나다 영토에 떨어졌을 때 방사능에 오염된 파편의 수색과 회수에 소용되는 비용으로 캐나다는 소련에 1천4백만 달러를 요구했으나 법적의무 없는 호의Ex gratia로 3백만 캐나다 달러로 합의했다.

3. 천체와 시설의 개방

모든 국가는 천체의 모든 영역에 자유롭게 출입할 수 있다. 이는 천체의 모든 영역이 모든 국가에 개방되어 있음을 의미하는 것이다(우주조약 제1조 2단). 천체의 모든 시설과 우주선도 상호주의와 합리적인 사전 예고가 있다면 우주조약의 다른 당사자국들에게 개방된다(동 조약 제12조). 여기서의 개방은 타국의 사찰 허용을 의미한다.

4. 인공위성에 의한 직접TV방송

인공위성에 의한 직접 TV방송satellite direct television broadcasting은 정지궤도 상의 인공위성에 지상으로부터 방송파를 발사시켜 음질이나 화질이 더욱 높아진 방송을 말한다. 이 위성은 지구로부터 35,786㎞의 위치에서 지구와 함께 자전하도록 설치되어서 마치 정지된 위성처럼 보인다.

---

128) 24 U.S.T. 2389, 961 U.N.T.S. 187.

그러나 인공위성에 의한 직접 TV방송은 가시권이 넓어서 국경을 넘게 된다. 이 때문에 일국의 전통이나 문화가 타국에 간섭 없이 전달되어 자칫 공서양속을 해칠 수 있음은 물론, 고유의 문화나 전통 등이 간섭을 받거나 유지되지 못할 우려가 있다. 이는 국가마다의 전통과 문화수호의 기준이 있기 때문이지만, 이른바 정보의 자유에 대한 국민의 알권리와 맞부딪혀 논쟁의 소지는 얼마든지 있다.

이 때문에 UN 외기권위원회는 인공위성을 이용한 직접 TV방송을 규율하기 위하여 직접방송을 시도하는 나라는 그 전파가 방송 수신 예정국에 지체 없는 통고와 신속한 협의 및 특별협정에 의해 가능할 수 있는 초안을 마련했다. 다만 불가피한 전파 침투 문제에 대해서는 국제통신연맹ITU : International Telecommunication Union의 규정을 적용하도록 하였다.

그러나 전파 발송국이 지속적으로 전파를 발송할 경우 방송 수신국에서 이를 저지할 수단을 마련하면서 - 예를 들면 보다 강력한 방해전파를 역발사하는 등 - 타국에도 영향을 미치게 될 경우 이에 대한 해결수단은 아직 마련되어 있지 않다.

5. 지구원격탐사

지구원격탐사Remote sensing of the Earth란 항공기나 인공위성, 우주선의 원격탐사장치Sensor를 이용해 지구를 탐지 · 분석하는 것을 말한다. 이때 문제가 되는 것은 원격탐사를 미리 통보해야 하는지, 탐사된 정보의 독단적 이용이 가능한지, 그 정보의 공개가 협의 없이 가능한지 등이다. 이러한 기술을 이용할 수 있는 선진국은 자료에의 접근권을 주장하지만 이용을 당하는 국가는 천연자원에 대한 영구주권론이나 배타적 영공주권론을 내세우며 원격탐사나 분석에 사전 동의를 요구한다.

이에 UN은 1986년 4월 외기권에서 지구의 원격탐사에 관한 제원칙Principles relating to Remote Sensing of the Earth from Outer Space을 수립했으나 선진국의 의지를 관철시키지는 못했다.[129)]

Ⅲ 우리나라의 우주기술 관련법

1. 우주개발진흥법

우주개발진흥법은 우주개발을 체계적으로 진흥하고 우주물체를 효율적으로 이용 · 관리하도록 함으로써 우주공간의 평화적 이용과 과학적 탐사를 촉진하고 국가의 안전보장 및 국민경제의 건전한 발전과 국민생활의 향상에 이바지함을 목적으로 설립된 것이다. 여기서 우주개발이

---

129) 즉, 원격탐사를 함에 있어서 탐사국은 피탐사국의 사전동의를 구할 의무가 없으며 다만 피탐사국의 요청이 있을 경우 협의(Consultation)에 응할 것이 요구되는 정도로 마무리되었다(제13원칙).

라 함은 우주물체의 설계 · 제작 · 발사 · 운용 등에 관한 연구 활동 및 기술개발 활동이나 우주공간의 이용 · 탐사 및 이를 촉진하기 위한 활동을 말한다.

2. 정부의 책무

정부는 다른 국가 및 국제기구와 대한민국이 맺은 우주 관련 조약을 지키며 우주공간의 평화적 이용을 도모한다. 이와 함께 정부는 5년마다 기본계획을 세우고 우주개발을 위한 종합적인 시책을 세우고 추진할 강제규정을 갖추고 있다. 이 시책에는 아래 사항이 포함되어야 한다.

가. 우주개발 정책의 목표 및 방향에 관한 사항
나. 우주개발 추진체계 및 전략에 관한 사항
다. 우주개발 추진계획에 관한 사항
라. 우주개발에 필요한 기반 확충에 관한 사항
마. 우주개발에 필요한 소요재원 조달 및 투자계획에 관한 사항
바. 우주개발에 필요한 전문인력의 양성에 관한 사항
사. 우주개발의 활성화를 위한 국제협력에 관한 사항
아. 우주개발사업의 진흥에 관한 사항
자. 우주물체의 이용 · 관리에 관한 사항
차. 위성정보 등 우주개발 결과의 활용에 관한 사항
카. 그 밖에 우주개발 진흥과 우주물체의 이용 · 관리에 관하여 대통령령이 정하는 사항

3. 타법 우선적용의 원칙

우주개발의 진흥과 우주물체의 이용 · 관리에 관해서는 다른 법률에 특별한 규정이 있는 경우를 제외하고는 이 법이 정하는 바에 따른다.

4. 국가우주위원회

국가우주위원회는 기본계획의 수립 등 우주개발에 관한 사항을 심의하기 위해 대통령 소속하에 설립된 기구이다. 이 위원회는 다음 각 호의 사항을 심의한다. 다만, (바)호의 사항은 국가의 안전보장 등 필요한 경우에는 위원회의 심의를 생략할 수 있다.

가. 기본계획에 관한 사항
나. 기본계획과 관련된 정부의 중요 정책 및 관계 중앙행정기관(국가정보원을 포함한다. 이하 같다)의 주요 업무의 조정에 관한 사항
다. 법 제7조의 규정에 따른 우주개발 전문기관의 지정 및 운영 등에 관한 중요 사항

라. 우주개발사업의 이용 · 관리의 평가에 관한 사항
마. 우주개발사업의 소요재원 조달 및 투자계획에 관한 사항
바. 우주발사체의 발사 허가에 관한 사항
사. 법 제19조 제2항의 규정에 따른 우주개발의 시정에 관한 사항
아. 그 밖에 위원장이 위원회에 부치는 사항

5. 우주물체의 등록

가. 국내 등록

대한민국 국민(법인을 포함한다. 이하 같다)이 국내 · 외에서 우주물체(우주발사체를 제외한다. 이하 제9조 및 제10조에서도 같다)를 발사하고자 하는 경우에는 발사 예정일부터 180일 전까지 대통령령이 정하는 바에 따라 교육과학기술부 장관에게 예비등록을 해야 한다.

예비등록은 대한민국 영역 또는 대한민국의 관할권이 미치는 지역 · 구조물에서 발사하고자 하는 경우나 대한민국 정부 또는 국민이 소유하고 있는 우주발사체를 이용하여 국외에서 발사하고자 하는 경우로 구분한다.

나. 국제 등록

교육과학기술부 장관은 법 제8조 제5항의 규정에 따라 우주물체의 등록이 있은 때에는 「외기권에 발사된 물체의 등록에 관한 협약」에 따라 외교통상부 장관을 경유하여 UN에 등록해야 한다. 다만 「전파법」 제44조 제1항의 규정에 따라 UN에 등록하는 인공위성에 대하여는 그러하지 않는다.

UN에 등록한 내용의 변동이 발생한 경우 교육과학기술부 장관은 이를 외교통상부 장관을 경유하여 UN에 통보해야 한다.

6. 우주발사체의 발사허가와 취소

가. 허가와 불가

우주발사체를 발사하고자 하는 자가 대한민국의 영역 또는 대한민국의 관할권이 미치는 지역 · 구조물에서 발사하고자 하는 경우나 대한민국 정부 또는 국민이 소유하고 있는 우주발사체를 국외에서 발사하고자 하는 경우에는 교육과학기술부 장관의 허가를 받아야 한다.

허가받은 사항을 변경하고자 하는 때에도 또한 같다. 다만 대통령령이 정하는 경미한 사항을 변경한 경우에는 변경 후 30일 이내에 신고하여야 한다.

그러나 다음 각 호의 어느 하나에 해당하는 자는 신청자로서 결격사유를 가지고 있으므로

발사체 발사허가를 받을 수 없다.

(1) 금치산자 또는 한정치산자
(2) 파산자로서 복권되지 아니한 자
(3) 이 법을 위반하여 징역의 실형을 선고 받고 그 집행이 종료(집행이 종료된 것으로 보는 경우를 포함한다)되거나 집행이 면제된 날부터 2년이 지나지 아니한 자
(4) 이 법을 위반하여 징역형의 집행유예를 선고받고 그 유예기간 중에 있는 자
(5) 제1호 내지 제4호의 어느 하나에 해당하는 자가 대표로 있는 법인

나. 취소

교육과학기술부 장관은 다음 각 호의 어느 하나에 해당하는 경우에는 우주발사체 발사허가를 취소할 수 있다.

(1) 정당한 사유 없이 허가된 발사 예정일부터 1년 이상 발사를 지체한 경우
(2) 거짓 그 밖의 부정한 방법으로 발사허가를 받은 경우
(3) 관계 중앙행정기관의 장이 국가의 안전보장에 심각한 위협이 예상되어 허가취소를 요청한 경우
(4) 우주발사체의 발사 전 연료누수, 통신시스템의 결함 등 우주발사체의 안전관리에 이상이 있는 경우
(5) 제11조 제1항 후단의 규정을 위반하여 변경허가를 받지 아니한 경우
(6) 우주발사체의 발사허가를 받은 자가 제12조 각 호의 어느 하나에 해당하게 된 경우. 다만 제12조 제5호의 경우에는 대표가 결격사유에 해당된 날부터 3월 이내에 그 대표를 개임한 때에는 그러하지 아니한다.

다. 손해배상 책임보험의 가입

우주발사체의 발사허가를 받고자 하는 자는 우주사고의 발생 가능성 등을 고려하여 손해배상을 목적으로 하는 책임보험에 가입해야 한다.

7. 기타

정부는 외국의 우주물체에 탑승한 우주비행사가 대한민국 영역이나 근접한 공해상에 비상착륙 · 조난 또는 사고를 당한 경우에는 가능한 원조를 제공하여야 한다. 또한 우주비행사를 해당 우주물체의 발사에 대하여 책임을 지는 발사국 · 등록국 또는 국제기구에 귀환시켜야 한다.

한편 우주발사체의 발사허가(변경허가를 포함한다)를 받지 않고 우주발사체를 발사한 자는 5년 이하의 징역 또는 5천만 원 이하의 벌금에 처한다. 또한 우주개발의 중지나 시정명령을

위반하거나 직무상 알게 된 비밀을 누설한 경우 3년 이하의 징역 또는 3천만 원 이하의 벌금에 처하며 양벌규정도 적용된다.

Ⅳ 항공우주산업개발촉진법

1. 설립 취지

이 법은 항공우주산업을 합리적으로 지원 · 육성하고 항공우주과학기술을 효율적으로 연구 · 개발함으로써 국민경제의 건전한 발전과 국민생활의 향상에 이바지함을 목적으로 제정된 것이다.

2. 항공우주과학기술과 산업

항공우주과학기술이라 함은 항공우주산업에 관련되는 과학기술, 지구대기권 내외의 비행에 관련되는 과학기술 또는 항공기 · 우주비행체를 이용하는 응용 과학기술을 말한다.

항공우주산업이라 함은 항공기 · 우주비행체 · 관련 부속기기류 또는 관련 소재류를 생산(제조 · 가공 · 조립 · 재생 · 개조 또는 수리하는 것을 포함하되 「항공법」에 의한 항공기의 정비 · 수리 · 개조 등 항공기 사용자가 운항상의 필요로 행하는 작업을 제외한다. 이하 같다)하는 사업과 항공기 · 우주비행체를 지식경제부령이 정하는 바에 따라 이용하는 응용사업(「항공법」에 의한 항공운송사업 및 항공기 사용사업을 제외한다)을 말한다.

3. 항공우주산업의 육성과 계획

정부는 항공우주산업의 육성을 위하여 다음 각 호의 사업에 관한 시책을 추진해야 한다.

가. 여객용 항공기, 화물용 항공기 및 무인항공기의 개발에 관한 사업

나. 기동용 회전익항공기, 공격용 회전익항공기의 개발에 관한 사업

다. 우주비행체의 개발에 관한 사업

라. 기기류 및 소재류의 기술개발에 관한 사업

마. 항공기 · 우주비행체 · 기기류 및 소재류의 성능검사와 품질검사를 위한 장비개발 및 전문 인력 양성에 관한 사업

바. 그 밖에 항공우주산업의 발전을 위하여 대통령령이 정하는 사업

정부는 항공우주산업의 개발을 위하여 다음 각 호의 사항이 포함된 항공우주산업개발 기본계획(이하 '기본계획' 이라 한다)을 수립해야 한다.

가. 항공우주산업개발의 목표 및 방향에 관한 사항
나. 항공우주산업개발의 추진체계 및 전략에 관한 사항
다. 항공우주산업개발의 추진계획에 관한 사항
라. 항공우주과학기술의 연구 · 개발을 위한 종합 연구체제 및 연구 · 개발 예산에 관한 사항
마. 항공우주산업개발에 필요한 재원 조달 및 투자계획에 관한 사항
바. 항공우주산업개발에 필요한 전문인력의 양성에 관한 사항
사. 항공우주산업개발의 활성화를 위한 국제협력에 관한 사항
아. 그 밖에 항공우주산업개발에 필요한 사항으로서 대통령령으로 정하는 사항

정부의 기본계획의 수립과 이에 따른 정부의 중요 정책 및 각 부처 간의 주요 업무의 조정에 관한 사항을 심의하기 위하여 국무총리 소속하에 항공우주산업개발 정책심의회를 둔다.

4. 특정사업자의 지정 및 지원과 취소

지식경제부 장관은 이 법의 기본계획에 따라 특별히 육성할 필요가 있는 품목 등을 지정할 수 있으며, 항공우주산업 사업자 중 상기 품목 등을 생산하거나 생산할 사업자를 직권 또는 신청에 의하여 생산 또는 연구 · 개발능력 등 지식경제부령으로 정하는 요건을 충족하는 경우에 특정사업자로 지정하여 지원을 우선적으로 행할 수 있다.

다만 결격사유가 있는 금치산자 또는 한정치산자, 파산선고를 받고 복권되지 아니한 자, 금고 이상의 형의 선고를 받고 그 집행이 종료되거나 집행을 받지 아니하기로 확정된 후 1년이 경과되지 아니한 자, 이 법을 위반하여 벌금의 형을 받고 1년이 경과되지 아니한 자, 그리고 임원 중에 위 사항에 해당하는 자가 있는 법인은 지정에서 제외된다.

특정사업자가 정당한 이유 없이 그 지정을 받은 날로부터 1년 이상 계속하여 사업을 휴지한 때, 사위 기타 부정한 방법으로 지정을 받은 때, 지식경제부령이 정하는 요건에 부적합하게 된 때, 결격사유를 갖춘 자인 때에는 지정이 취소된다.

5. 성능검사 및 품질검사

항공우주산업 사업자가 항공기 · 우주비행체 · 기기류 또는 소재류의 생산을 한 때에는 지식경제부 장관의 성능검사 및 품질검사를 받아야 한다. 다만 수출을 목적으로 생산한 품목으로서 지식경제부 장관이 따로 지정하는 품목에 대해서는 성능검사 및 품질검사의 전부 또는 일부가 면제될 수 있다.

검사를 받지 아니한 항공기 · 우주비행체 · 기기류 또는 소재류는 이를 사용하지 못한다. 다만 시험용으로 사용하는 경우에는 그러하지 않는다.

6. 자금의 지원

정부는 항공우주산업의 육성, 항공우주과학기술의 연구 · 개발과 항공우주과학기술 관련 전시회의 개최 및 운영을 위하여 장기저리자금과 연구개발비 등을 지원할 수 있다.

7. 국유시설 및 기기 등의 대여

정부는 항공기 · 우주비행체 · 기기류 또는 소재류의 연구 · 개발이나 생산을 위하여 필요한 때에는 「국유재산법」의 규정에도 불구하고 국유의 시설 또는 기기 등을 항공우주산업 사업자에게 유상 또는 무상으로 대부 · 양여 또는 사용 · 수익하게 할 수 있다.

8. 기타

법 제11조의 사용제한 규정을 위반한 자는 500만 원 이하의 벌금에 처한다. 이 규정은 법인의 대표자나 법인 또는 개인의 대리인 · 사용인 기타 종업원이 그 법인 또는 개인의 업무에 관하여 위반행위를 한 때에는 그 행위자를 벌하는 외에 법인 또는 개인에 대해서도 동조의 형을 과하는 양벌규정으로도 적용된다.

4절 항공우주기술의 보호사례

I 서설

신규로 개발이 완성된 산업기술을 발명이라 하며, 이 완성된 기술을 특허청에 출원하여 심사를 거쳐 무체재산권을 취득한 후 20년간의 독점배타권獨占排他權을 취득하게 하려는 것이 특허제도의 목적이다. 독점배타권을 부여하면서 특허청은 그 기술을 반드시 공개시켜서 권리소멸 후의 자유로운 일반인의 실시는 물론, 권리 중에도 그 기술을 응용한 개량된 발명이나 실시권의 설정으로 산업기술 발전과 국민경제 발전에 이바지하게 하고 있다.

이러한 시스템의 원활한 순환을 위하여 특허청에 출원되는 발명들은 국제특허분류IPC : International Patent Classification로 분류되어 해당 분야를 전공한 심사관들에 의해 정밀 심사된다. 항공우주기술 분야의 세부 분류를 시작으로 항공우주기술 분야의 출원동향과 출원인의 분류, 분류별 주요 특허기술 내용을 살펴보기로 한다.

Ⅱ 항공우주기술

1. 기술분류

IPC에서 항공우주기술 분야는 B64*이며 이에 대한 세부분류는 아래 표와 같다.

세부분류	세부기술내용
B64B	경항공기
B64C	비행기, 헬리콥터
B64D	항공기의 장비, 비행복, 패러슈트, 동력장치 또는 추진전달기구의 설비 또는 장치
B64F	지상설비 또는 항공기, 운반용 갑판의 설비
B64G	우주비행, 우주 항공체 또는 그 장비

2. 연도별 출원동향

국내에 출원된 항공우주기술 분야(B64*)의 특허 및 실용신안의 출원건수는 아래 표와 같다.

전체 특허 및 실용신안등록출원건수에 비해 항공우주기술분야의 출원비율이 낮은 것은 이 분야의 기술이 공개되더라도 실시가 가능한 일반 기술이 아니기 때문이며, 따라서 굳이 특허취득을 하지 않더라도 기술선점의 위협을 당할 염려가 없기 때문이다. 또한 우리나라의 항공우주항공기술이 선진화 되지 못했다는 점도 간과 할 수없을 뿐만 아니라, 항공우주항공기술이 다른 기술들과 분류되기 보다는 다른 기술들의 복합내지는 융합기술이라는 점에서도 독립적 기술로 구분하기 어려운 한계가 있기 때문이다.

국제특허분류(IPC) B64 클래스(항공기,비행, 우주공학 분야)

특허·실용신안 등록출원 건수(출처: 특허청, 단위:건 수)

년도	2007	2008	2009	2010	2011
특허	110	129	170	201	177
	전체출원 (172,469)	170,632	163,523	170,101	178,924
실용신안	10	5	8	5	6
	전체출원 (21,084)	17,405	17,144	13,661	11,854

3. 특허사례

가. B64C 분야의 특허

서지사항		주요청구항	대표도면
출원번호	10-2000-0056093	1. 물체 표면에서 여러 방향으로 유동을 발생시키는 액츄에이터에 있어서, 유체를 저장할 수 있도록 오목하게 공동이 형성되는 케이스와, 서로 대면한 자유단부의 교차되는 자유진동에 의해 끝단부 사이의 틈새로 유체를 흡입하거나 배출할 수 있도록 상기 케이스의 일단에 구비되는 적어도 2개 이상의 외팔보 구동수단을 포함하는 표면 유동 발생 액츄에이터. 2. 제1항의 표면 유동 발생 액츄에이터가 관 내부 표면에 설치되어 관 내 유체를 양방향으로 펌핑시키는 표면 유동 발생 유체펌프. 3. 제1항의 표면 유동 발생 액츄에이터가 물체의 표면에 구비되어 상기 물체에 추진력을 발생시키는 물체의 추진력 발생장치. 4. 제1항의 표면 유동 발생 액츄에이터가 비행 날개 표면에 설치되어 상기 비행 날개 표면에서 유동박리를 발생시키거나 억제시키는 비행 날개 표면의 유동박리 발생 및 억제장치.	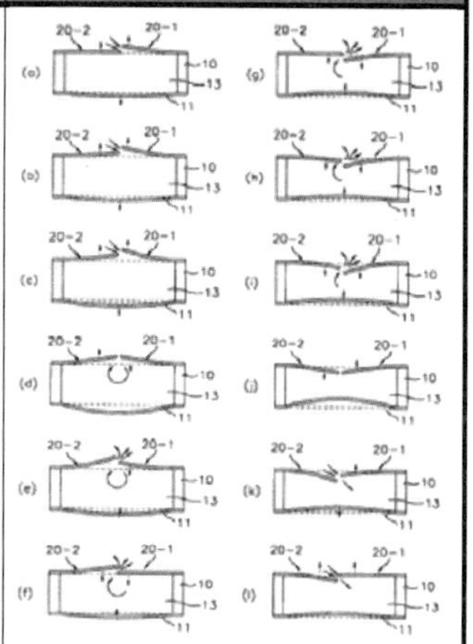
출원일	2000년 9월 25일		
공개번호	10-2002-0024365		
공개일	2002년 3월 30일		
IPC분류	B64C13/00		
출원인	포항공과대학교		
발명자	김용환//전중환		
등록여부	등록		
발명의명칭	물체 표면에서 다방향으로 유동을 발생시킬 수 있는 액츄에이터		

나. B64D 분야의 특허

서지사항		주요청구항	대표도면
출원번호	10-2001-0068257	1. 항공기 기체(1) 내부에 장착되어, 조종사에게 현재 비행상태에 대한 직접적인 메시지를 전달하는 배면비행 경보장치에 있어서 ,상기 항공기의 계기 패널(2)에 장착된 경고 발생수단(100)과, 상기 항공기 운항시간대를 주간과 야간으로 구분하여 선택적으로 동작시킬 수 있는 모듈형 제어부(116, 116')와, 상기 항공기가 배면비행에 진입하여 작동 딜레이 시간의 경과 후 상기 경고 발생수단(100)이 작동하도록 상기 모듈형 제어부(116, 116')에 접속된 센서수단(110, 110', 110")을 포함하는 것을 특징으로 하는 배면비행 경보장치.	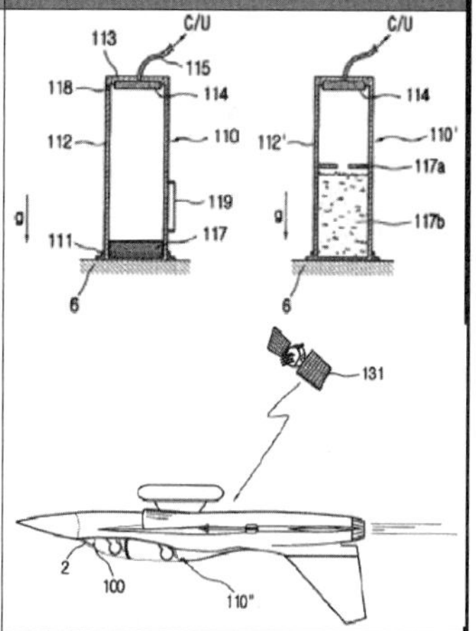
출원일	2001년 11월 2일		
공개번호	10-2003-0037150		
공개일	2003년 5월 12일		
IPC분류	B64D45/00		
출원인	㈜한국항공우주산업		
발명자	신상준		
등록여부	등록		
발명의명칭	배면비행 경보장치		

다. B64F 분야의 특허

<table>
<tr><th colspan="2">서지사항</th><th>주요청구항</th><th>대표도면</th></tr>
<tr><td>출원번호</td><td>10-2000-0035947</td><td rowspan="9">1. 이착륙 시 활주로(R)내로 위치되는 항공기(A)의 진행방향에 대해 인공적인 바람을 생성하는 윈드발생장치(1)로부터 가해지는 바람에 의해 생성되는 보조 양력(Ln)을 이용하는 인공바람을 이용한 항공기의 활주거리 단축장치.
2. 제1항에 있어서, 상기 윈드발생장치(1)가 항공기(A)의 위치를 감지하도록 활주로(R)의 양끝에 설치된 위치감지장치(10)를 통해 작동되도록 된 것을 특징으로 하는 인공바람을 이용한 항공기의 활주거리 단축장치.
3. 제2항에 있어서, 상기 윈드발생장치(1)와 위치감지장치(10)가 제어로직을 내장한 메인 콘트롤러(20)를 통해 작동되고 제어되는 것을 특징으로 하는 인공바람을 이용한 항공기의 활주거리 단축장치.</td><td rowspan="9">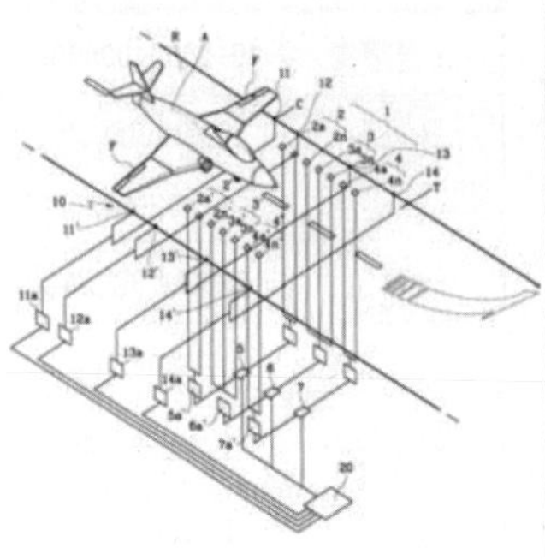</td></tr>
<tr><td>출원일</td><td>2000년 6월 28일</td></tr>
<tr><td>공개번호</td><td>10-2002-0001327</td></tr>
<tr><td>공개일</td><td>2002년 1월 9일</td></tr>
<tr><td>IPC분류</td><td>B64F1/36</td></tr>
<tr><td>출원인</td><td>신덕호</td></tr>
<tr><td>발명자</td><td>신덕호</td></tr>
<tr><td>등록여부</td><td>등록</td></tr>
<tr><td>발명의명칭</td><td>인공바람을 이용한 항공기의 활주거리 단축장치</td></tr>
</table>

라. B64G 분야의 특허

<table>
<tr><th colspan="2">서지사항</th><th>주요청구항</th><th>대표도면</th></tr>
<tr><td>출원번호</td><td>10-1999-0066193</td><td rowspan="9">1. 구조물이 탑재 가능한 육면체의 인공위성모사구조물(1)과, ,상기 인공위성모사구조물(1)이 고정되고 압축공기를 이용하여 인공위성모사구조물(1)을 공중에 띄워주는 에어베어링(2)과, ,인공위성모사구조물(1)의 자세제어추력을 발생시키는 노즐(4)(5)(6)과, 상기 노즐(4)(5)(6)에 추력소스로 공급되는 압축공기(7)와, 상기 인공위성모사구조물(1)에 탑재되어 자세제어 센서입력에 따라 노즐(4)(5)(6)의 구동을 제어하는 탑재 컴퓨터를 구비하여 된 것을 특징으로 하는 인공위성의 자세제어 실험장치.
2. 제1항에서, 인공위성모사구조물(1)에는 인공위성 탑재부품이 탑재되고 무게중심을 낮추기 위해 중간판(3)에 에어베어링(2)을 고정시키는 것을 특징으로 하는 인공위성의 자세제어 실험장치.</td><td rowspan="9">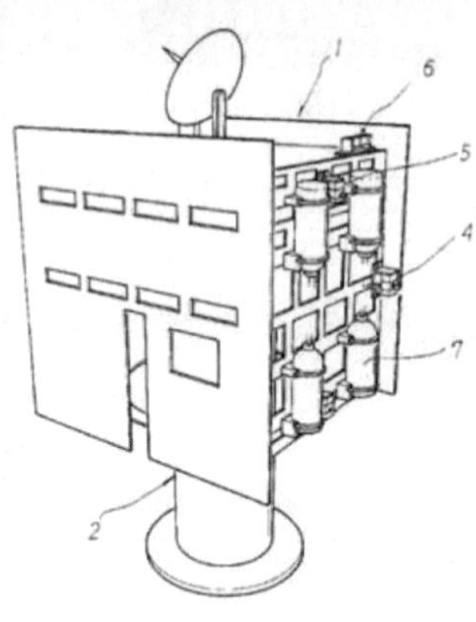</td></tr>
<tr><td>출원일</td><td>1999년 12월 30일</td></tr>
<tr><td>공개번호</td><td>10-2001-0058824</td></tr>
<tr><td>공개일</td><td>2001년 7월 6일</td></tr>
<tr><td>IPC분류</td><td>B64G1/00</td></tr>
<tr><td>출원인</td><td>한국항공우주연구원//(주)케이티</td></tr>
<tr><td>발명자</td><td>박영웅//방효충//한정엽</td></tr>
<tr><td>등록여부</td><td>등록</td></tr>
<tr><td>발명의명칭</td><td>인공위성의 3축 자세제어 실험장치</td></tr>
</table>

2장 생명과학기술과 법

SCIENCE TECHNOLOGY & INTELLECTUAL PROPERTY

1절 개 요

I 생명과학기술

1. 서설

생명과학은 인간 질병의 치료와 예방을 위해 고대부터 연구되어온 분야로, 인간을 직접 연구대상으로 삼았던 사례는 의학 자체의 기원으로까지 거슬러 올라간다.[130] 그러나 인간을 실험대상으로 이용하는 것에 대한 사회의 윤리적 관심은 산업혁명 이후 과학기술의 급진적인 발전과 함께 대두되었다.

1865년 파리 소르본대학의 생리학 교수인 클로드 베르나르[Claude Bernard]는 임상실험 논문에서 의사들은 인간에게 해로울 수 있는 실험을 수행해서는 안 되며, 비록 그러한 실험을 통해 얻은 지식이 과학이나 다른 사람들의 건강을 위해 이로울 수 있다 해도 인간을 실험대상으로 삼아서는 안 된다고 주장했다. 그는 생명과학의 발전에 따른 윤리문제를 부각시켰으나 활성화되지는 못했다.

한편 20세기 초 미국의 의과대학들은 자선 병원에 의존해서 의대생들을 위한 대상물(환자)을 확보하는 것이 일반적이었다. 환자들의 건강을 무료로 돌봐주는 것은 임상실험과 함께 환자들을 이용한 생명공학의 발전을 이루게 하므로 환자의 신체가 이용되는 것은 곧 사회에 보답하는 수단이 된다 하여 이러한 과정은 정당화되었던 것이다. 당시에는 연구에 대한 윤리적 제한이 거의 없었으므로 대부분의 의학 연구자들은 환자에게 은혜를 베푸는 선의자로 보였으며, 인간 피험자 보호를 위한 형식상의 기준 또한 마련되지 않았었다.

그러나 1939년 노스웨스턴 의과대학의 앤드루 아이비[Andrew Ivy]는 “실험자가 연구를 위한 피험자 중의 한 사람(일반적으로 최초의 피험자)으로 참여하지 않는 한 그의 연구소에서는 동물들을

---

130) 데이비드 C. 토머스머, 토머신 쿠시너 저 김완구 외 옮김, “탄생에서 죽음까지(원제 : Birth to Death”, 문예출판사. p.438. 이하.

통해 철저한 연구가 이루어지고 난 이후에야 비로소 인간을 이용한 실험도 착수되어야 한다."고 주장했다. 그러나 아이비 또한 장티푸스의 전염을 연구하기 위해 정신병원의 환자들을 대상으로 실험했다는 것을 부정할 수 없다. 질병은 정신병원에서 정기적으로 발생하기 때문에 정신병 환자들은 이상적인 연구 모집단이다. 비록 환자의 참여가 '자발적인' 것이었을지라도 그에 대한 정확한 설명과 실험에 동의를 할 수 있는 환자들의 권한과 능력의 문제에 기초한 문제들은 많았다.

2차 세계대전이 발발하고, 널리 유행하는 수많은 질병과 전쟁 관련 질병이 동일시됨으로써 이러한 질병들에 대한 군과 민간의 연구 노력들이 집중되었다. 전쟁이 끝날 무렵 수백 가지의 다른 약물들과 약품들에 관련된 정보가 수집되었고, 나중에는 암 치료를 위한 연구에 이용되었다. 또한 독일의 나치에 의해 과학적 연구라는 미명 하에 행해진 실험의 전모는 전쟁이 끝남에 따라 드러나게 되었다. 세계대전이 끝난 1946년에 미국은 그러한 잔악 행위에 연루된 나치 의사 몇 사람에 대한 전범재판을 지휘했다. 이 재판에서 증인들의 증언이 원칙으로 체계화된 것이 이른바 '뉘른베르크 강령Nuremburg Code'이다.[131)]

그 이후 세계의학협회WMA : World Medical Association[132)]는 병이 너무 깊어 자신의 능력으로 동의하지 못하는 경우 대리 동의를 규정하고 있는 「의사들에 의해 고안된 직업상의 지침으로 의도된 연구와 실험을 위한 윤리적 원칙들」을 채택했다.

이어 세계의학협회는 1964년에 '헬싱키선언Declaration of Helsinki'을 발표한다. 이 선언의 주요 공헌은 의료와 관련한 임상연구 치료의 가능성을 갖지 않는 임상연구를 구별했다는 데 있다. 1975년에 개정된 선언은 제안된 인간 피험자 연구의 윤리에 대한 위원회의 심의의 필요성을 처음으로 언급하고 있다. 가장 최근에 개정된 헬싱키선언은 가장 폭넓게 참조되고 있는 국제적인 지침이다.

생명과학 연구의 규제에 대한 국제적인 공동 관심사를 본격적으로 다루려는 다른 많은 노력들이 진행되고 있다.[133)] 연구 윤리에 대한 지침의 발전 과정에서 국제의학기구평의회와 세계보건기구의 지원은 그러한 문제들에 대한 국제적인 폭넓은 주목을 받게 했지만, 뉘른베르크 강령이나 헬싱키선언 그리고 국제의학기구평의회와 세계보건기구의 지침들은 어떤 것도 구속력 있는 법적 권위를 갖지는 않았다.

---

131) 제2차 세계대전 이전의 나치 의사들의 인체실험에 대하여 내린 판결 등에 표현된 인체대상 연구에 관한 최소한 지켜야 할 규범의 통칭이다.

132) World Medical Assocition, WMA.

133) 예를 들어 국제의학기구평의회(CIOMS : Council for International Organizations of Medical Sciences) / 1949년 설립된 WHO(세계보건기구)의 산하단체 / 보건 · 위생 분야의 국제적인 협력을 위하여 설립한 UN 전문기구 등을 말한다.

Ⅱ 생명과학기술의 정의

1. 의의

가. 생명과학과 기술

생명과학은 바이오테크Biotech, 생명공학, 유전자공학 또는 생명산업으로 호칭되는 것과 같이 생명공학의 총체로 통용되므로 생명과학기술이라고도 할 수 있다(따라서 생명과학과 기술은 구분할 수 있는 것이 아니므로 이하에는 생명과학과 생명과학기술을 같은 의미로 사용한다).

생명공학이란 유전자공학 이외에도 발효공학기술, 효소공학기술, 식물세포배양기술, 단백질공학기술, 생물 공정기술 등을 포함하는 개념이다. 또한 유전자공학이란 기술을 나타내는 협의의 개념으로 유전자재조합기술 및 핵치환이나 세포융합을 포함하는 분야를 의미한다. 생명산업이란 생명공학을 중심으로 한 산업군을 의미하며, 선진국은 유전자조작, 세포융합, 단백질공학, 생물공정 등 생명체 등에서 인위적인 조작기술을 활용하여 유용물질을 생산하는 산업으로 정의하고 있다.[134)]

보통 생물산업은 기술집약적이며 지식집약적 산업으로 연구개발 활동에 기초하여 발전하고 있다. 전반적으로 환경 친화적, 에너지 절약 산업이며, 고부가가치 산업으로 기술개발에서 상품화까지 장기간이 소요되는 특징을 가지고 있다.[135)] 생명과학의 사전적 정의에는 "생명에 관계되는 현상을 종합적으로 연구하는 과학"으로, 여기에는 "생물학 · 화학 · 물리학 따위의 기초적인 학문과 의학 · 심리학 · 인류학 · 언어학 · 사회학 · 농학 · 공학 등의 많은 학문이 관련되며, 새로운 약제의 개발, 환경의 조절, 의학계의 컴퓨터 응용, 유전자 연구, 인공장기의 이식 등 그 적용 범위가 매우 넓다."라는 특징이 함께 설명되고 있다.[136)]

생명과학과 함께 분자생물학은 세포증식 · 운동 · 유전 · 진화 · 조절 등의 여러 가지 생물학적 현상을 그것에 관여하는 생체고분자의 구조 · 성질 · 상호작용 등에 의하여 설명하고 있다. 오늘날 분자생물학의 눈부신 발전으로 신비하다는 생명현상도 과학으로 표현할 수 있게 되었으며, 이와 같은 것들이 생명과학의 기초가 된다. 이제까지의 과학기술이 물질주의에 치우쳐 환경파괴 · 난치병 등과 같은 뜻밖의 폐해를 가져왔다는 것을 반성하여 단순히 자연과학의 영역에 머무르지 않고 시대적 요청에 따라 윤리나 도덕까지도 포함한 인간생명을 정점으로 하는 새로운 과학을 낳게 되었다.

생명과학에 있어 현재까지의 세계적인 연구 목표로는 (1)생명현상과 생물의 여러 가지의

---

134) 특허청 http://en.wikipedia.org. 〈2008.05.01 방문〉.
135) 김수동, "지적재산권의 새 지평" 인하대학교 출판부 2003, p.153.
136) www.daum.net 〈2008. 5.10 방문〉.

해명, (2)자연환경의 해명, (3)정신활동의 해명, (4)건강유지와 의료의 향상, (5)식량자원의 확보, (6)생물 및 그 기능의 공업에의 응용, (7)인구 문제 등의 일곱 항목을 들고 있다.

그 중에서 시급히 다루어져야 할 과제는 노화현상의 억제 연구, 인공장기 등 의료기술에 관한 연구, 생체물질 기능의 시뮬레이션과 그 응용, 사고과정의 해명과 그 정보처리 및 의료에의 응용, 생물활성 물질의 탐색과 그 응용 등이다.[137] 이렇게 볼 때 생명과학이란, 생명과 관계되는 현상을 중심으로 한 과학적 지식의 응용이라고 할 수 있다. 즉, 각각의 생물학, 화학 등 각 분야의 순수과학적 지식을 기반으로 적극적으로 생명과 관계되는 현상에 응용하는 것이다.[138]

나. 생명공학의 법적 정의

1983년에 제정된 우리의 생명공학육성법에 따르면 생명공학은 "산업적으로 유효한 생산물을 만들거나 생산 공정을 개선할 목적으로 생물학적 시스템, 생체, 유전체 또는 그들로부터 유래되는 물질을 연구 활용하는 학문과 기술"로 정의하고 있다(동법 제2조).

다. 생명과학의 특징

생명과학은 21세기의 주요 과학 분야로 급속한 성장과 발전을 이룩한 분야이다. 20세기 후반의 과학기술이 냉전 이데올로기의 영향 하에서 핵폭탄 개발, 우주탐사, 핵융합 등의 군사적 목적의 과학기술이 주류였지만, 후에 점차 생명과학으로 그 주류가 넘어가게 되었다. 특히 생명과학은 본질적인 생물에 대한 연구에서 출발하여, 연구의 형태가 이제 응용 분야에 초점이 맞춰 발전되는 과학이다.

이러한 응용의 성격으로 생명과학에 있어서는 독자적인 생물연구보다 화학, 물리학, 의학 등 다른 학문과의 융합, 복합이 필수적으로 되었다. 그러한 융합 과정에서 새로운 응용을 여는 것에 의의를 두며 학문 자체가 복잡성을 띤다고 할 수 있다.

응용분야의 과학이라는 성격과 관련하여 생명과학은 과거 군사 관련된 과학이 정부의 주도하에 중앙 집중적으로 이뤄졌던 것과 달리 민간기업이나 대학 등의 연구원 등을 위주로 한 개발과 발전이 주류를 이룬다는 것에 특징이 있다.

이렇게 분산적으로 연구되는 생명과학 기술 연구들이 단순히 혼재하는 것이 아닌, 일정한 네트워크를 구축하여 서로 유기적으로 연결되어 있다. 즉, 어느 생명과학 분야에 획기적인 과학기술이 새로 확립되면 이를 토대로 더 많은 생명과학의 응용이 가능해진다. 나아가 그보다 더 뛰어난 기술의 개발도 시작할 수 있게 된다. 때문에 점차 정보의 중요성이 강조되는 분야라

137) www.naver.com 〈2008.5.10 방문〉.
138) 생명과학 혹은 생명 '기술' 이라고 대상을 지정한 것에 초점을 맞추면'응용' 이 핵심이 된다고 생각한다.

고도 할 수 있다.

또한 생명과학은 고도의 전문성을 요구하는 대표적인 분야이다. 일반적인 기초과학이나 학문적 지식을 기본 전제로 하여 이를 더 나아가 응용하는 단계까지 접어들기 때문이다. 이와 함께 생명과학은 과학기술 지식의 결과로 사회 전반에 걸쳐 큰 영향을 미치는 특징이 있다.

때문에 사회 각 계층의 분쟁과 갈등을 야기하게 되는데, 생명과학과 관련한 사회적 논쟁을 정리하면 크게 도덕 논쟁, 종교 논쟁, 자연법 논쟁, 권리 논쟁, 생태주의 논쟁, 사회 구성주의 논쟁, 입법 논쟁, 여성주의 논쟁으로 나눌 수 있다.[139)]

라. 사회적 이슈

(1) 도덕 논쟁

이는 생명과학의 적용을 둘러싼 도덕적 관점의 논쟁이라 할 수 있다. 도덕 논쟁 안에서는 의무론적인 입장과 공리주의적 입장이 서로 다르게 나타난다.

의무론적 입장은 배아연구나 태아조직 사용은 설사 임상적 이익이 크다 하더라도 생명과 인간 존엄을 경시하는 경향으로 흐를 수 있기 때문에 도덕에 반한다고 보는 입장이다. 이에 비해 도덕적 관점을 취하면서도 공리주의적 입장에 서는 사람들은 다소 절충의 여지를 둔다. 즉 기술에 잠재된 오용 가능성에 비해 치료상의 혜택이 크다면, 생식 의학이나 유전자 연구의 적용은 도덕에 반하지 않는다고 보는 것이다. 이 견해가 현재 우세한 편이다.

(2) 종교 논쟁

도덕적 논쟁이 점차 발전하여 종교 논쟁으로 커진다. 기독교 입장에 따르면 인간을 포함한 모든 피조물의 생명은 신의 창조 행위의 결과이기 때문에, 이에 대한 인위적 개입은 그것 자체가 신을 모독하는 것이다. 반면 피조물의 세계에는 선만이 아니라 악도 공존하며 그것도 바로 신의 섭리이기 때문에 인간에 의한 자연의 교정은 성서에 의하더라도 허용될 수 있다는 반대 의견도 있다.

전반적으로 불교와 유교를 포함하여 종교계가 생명 개입 기술에 강력한 반대를 표출하는 것은 분명하다.

(3) 자연법 논쟁

생명에 대한 인위적인 개입을 둘러싼 논쟁은 자연법 논쟁으로도 나타난다. 국가의 실정법보다는 자연법이 우위에 놓인다고 보는 사람들은, 자연성을 해치는 행위는 자연법에 반하므로

---

139) 박은정, 생명 공학 시대의 법과 윤리, p.33-37.

자연적 경과에 대한 인위적 개입은 허용될 수 없다는 입장이다. 그러나 이러한 자연의 개념을 무엇으로 보느냐에 따라 주장의 형태가 다양하게 나타난다.

(4) 권리 논쟁

예를 들어, 생식 보조 기술을 이용하여 아이를 얻고자 하는 사람은 출산의 권리 혹은 프라이버시의 권리를 누리고자 한다. 과학자들도 과학 연구의 자유에 대한 권리를 주장한다. 서로 충돌 여지가 있는 권리들을 공익의 관점에서 형량하는 작업은 법률가의 몫이다. 그러나 실제로 각종 사안에서의 이익 형량은 쉽지 않다.

(5) 생태주의 논쟁

어떠한 형태의 것이든 생명을 가진 것들은 자연스럽게 존재하도록 유지하는 체계를 수호하고자 하는 사람들이 있다. 그들은 지구적 규모의 생태적 환경위기에 대처하기 위해서는 '인간중심주의'로부터 '생물권 중심주의'로 전환하지 않으면 안 된다고 주장한다.

(6) 사회 구성주의 논쟁

생명의 기본 단위조차 사유화하고 상품화하려는 자연 착취 행위를 고발하자는 급진성의 주장이라 할 수 있다. 사회 구성주의에 따르면, 과학지식은 발명 혹은 발견되는 것이 아니라 사회적으로 구성되는 것이다. 이들은 과학기술에 대한 사회학적, 정치 경제적 분석을 통해 생명의 상품화 구조와 이에 따른 위험 사회 구조를 밝히고자 한다. 생명공학에 사회적 책임을 환기시키는 점에 긍정적이기는 하지만, 반대로 과학과 정치의 분리를 불가능하게 만드는 측면에서는 부정적이라는 비판이 가해진다.

(7) 입법 논쟁

입법 논쟁은 생명공학이 야기하는 사회적 갈등을 해결하는 과정에서 법의 역할에 대한 상반된 입장들을 반영한다. 생명공학이 야기하는 갈등과 논란에 대해 시급한 대책과 함께 확실한 해답 내지 기준이 필요하다고 생각하는 사람들은 이 분야의 심각한 사회적, 윤리적 관심사를 법제화할 것을 지지한다. 반면 법이 할 일과 도덕이 할 일이 구분되어 있다고 보는 사람들, 그리고 법 자체에 내재하는 한계 때문에 생명공학이 안고 있는 윤리적 갈등이나 사회문제를 법으로 해결하는 데는 많은 문제점이 따른다고 보는 사람들은 섣부른 법의 개입을 경계한다.

(8) 여성주의 논쟁

생명 현상을 다루는 과학기술이 성적 불평등과 억압의 한 기제가 아닌지에 관심을 둔다. 이들은 대부분의 과학자, 기술자, 의사들이 남성인 사회에서 첨단 생명공학의 의료 기술, 의료 체계 등이 건강과 복지와 관련한 문제에서 여성의 관심, 이익, 경험을 남성의 그것처럼 진지하게 취급하고 있는지를 묻는다. 그러나 이들 진영도 철학적, 윤리적 관점에 따라 견해의 차이가 상당하다.

마. 기초연구와 응용 구분의 모호성

생명과학은 순수학문적 자연과학의 기초연구와 이러한 지식을 전제로 적극적으로 응용하는 과정의 구분이 뚜렷하지 않은 특징이 있다. 특정한 기초연구가 어느 경우에는 곧바로 병의 치료에 적용되는 경우가 많기 때문이다. 의학 분야에서는 일반적으로 기초 연구는 새로운 지식 수립을 위한 연구, 작용 메커니즘을 이해하기 위한 연구, 기술발달을 위한 연구 등을 일컫는다.

그러나 이런 연구들은 사실 치료 목적에 연결되지 않을 개연성이 더 크다. 그러면서도 암 퇴치 등 치료술의 잠재적 발전에 기여할지 모를 연구가 포함된다. 이런 의미의 기초연구를 기술적 적용과 어떻게 구별할 수 있는지는 의문이다.[140)]

바. 생명성

생명과학은 다른 학문이나 공업적 기술에 비해 생명과 직결되거나 영향을 미치는 연구라는 점이 큰 특징을 이룬다. 때문에 윤리적 문제에 특히 더 민감하며 종종 윤리를 이유로 생명과학 연구의 자유가 제한되기도 한다. 그러나 이러한 생명 관련성, 생명에 영향을 미치는 특성상, 연구의 자유가 타 학문과 다르게 취급해야 함이 마땅하다.

2. 생명과학의 기본 개념

가. 생명체와 유전

생명체는 눈에 보이지 않는 미생물[micro-organism]과 식물[plant], 동물[animal]로 분류되며, 모두 세포[cell]를 기본 구성단위로 한다. 모든 생명체는 유전현상에 의해 자신과 닮은 개체를 번식시키며, 이러한 유전현상은 세포의 핵 속에 담긴 DNA라는 유전 물질에 의해 이루어진다.

---

140) 과학연구윤리 유네스코한국위원회 편, 2001년. p.78.

나. 세포 및 유전물질

(1) 세포

세포는 모든 생명체 구성의 기본 단위이며, 인간은 수십조 개의 세포로 구성되어 있다. 세포는 핵, 막, 세포 내 소기관들로 구성되어 있고, 핵은 세포 증식과 유전현상을 담당하는 생명 활동의 중심이다.

(2) 염색체

세포의 핵 속에는 염색체가 존재하며, 유전물질인 DNA가 고밀도로 감겨 있다. 염색체 안에는 유전정보의 기본 단위인 유전자가 들어 있으며, 이러한 유전자로부터 단백질이 만들어진다. 사람은 46개(23쌍)의 염색체가 있고, 23번째 염색체는 서로 다른 모양의 X와 Y염색체이며, 여자는 XX, 남자는 XY의 염색체 쌍을 지니고 있다.

(3) 게놈

게놈Genom은[141] 유전자와 염색체의 합성어로, 한 생명체가 지닌 모든 유전정보의 집합체를 뜻한다. 한 개체에 있는 모든 세포는 동일한 수의 염색체와 유전정보를 지니고 있으므로 하나의 세포만을 분석하여도 전체 게놈 정보를 알 수 있다.

생물종류별 게놈의 크기

생명체	염색체 수	DNA 염기서열 수	유전자 수
인간 (H. sapiens)	23쌍	30억 쌍	3~4만개
꼬마선충 (C. elegans)	6쌍	1억 쌍	1만 3천개
효모 (S. cerewisiae)	16쌍	1200만 쌍	6천개

(4) DNA

DNA는 핵산의 일종으로 유전정보를 담는 화학물질이다. 1953년 왓슨과 크릭은 DNA가 뉴클레오티드[142]의 두 가닥의 사슬이 서로 꼬인 2중 나선 구조임을 밝혀냈다.

---

141) 'Gene+Chromosome(게놈 유전자+염색체)'의 합성어로 휴먼 게놈 프로젝트는 30억 쌍의 인간 게놈 전체 DNA 염기서열을 해석하는 작업을 말한다.

142) 염기, 당, 인산의 세 가지 요소로 구성된 화학적 단량체이며, DNA 사슬의 기본 구성 단위가 된다.

(5) DNA 염기서열

DNA 염기서열은 폴리뉴클레오티드143)를 구성하는 아데닌(A), 티민(T), 구아닌(G), 시토신(C)의 4종류의 뉴클레오티드의 배열 순서를 의미한다. 이들의 배열에 의해 유전정보가 결정된다.

(6) 유전자

유전자는 생명 현상의 가장 중요한 성분인 단백질을 만드는 데 필요한 유전정보를 말하며, DNA 염기서열로 표시된다. 인간 게놈에는 약 10만 개의 유전자가 존재하는 것으로 추정된다.

(7) 유전자 발현

유전자 발현이란 세포 안에서 유전자인 DNA가 단백질로 표현되는 과정을 의미한다. DNA에서 mRNA로 전사된 후 mRNA가 단백질로 번역되는 과정을 거친다.

(8) 단백질

단백질은 생명체의 구조와 생리 활성을 담당하는 핵심 성분으로 수십 개 이상의 아미노산이 펩티드 결합으로 연결된 구조이다. DNA의 유전정보는 결국 단백질로 표현되어 생명현상을 조절한다.

단백질의 종류와 역할

구조단백질	효소단백질	수송단백질	신호단백질
생체의 기계적 구성	생리 활성 조절	생체 물질 운반	세포 간에 신호전달
지지케라틴	펩신	헤모글로빈	신호 전달NGF
머리카락 등	소화효소 등	적혈구등	신경성장인자 등

3. 주요 생명공학 기술

가. 유전자 재조합기술

유전자 재조합기술(미국 특허 제4237224호, 1980. 12. 2)은 한 효소를 사용하여 절단, 연결시킨 재조합 유전자를 미생물 등에 도입시켜 유전자를 발현시키는 기술이다. 유용 단백질의 대량 생산 등 생명공학 기술의 산업화에 획기적인 전기를 마련하였다.

---

143) 폴리뉴클레오티드 : 뉴클레오티드 단위체monomer가 공유결합에 의해 길게 사슬모양으로 이어진 뉴클레오티드의 중합체polymer. 일반적으로 일정한 길이 이상의 DNAdeoxyribonucleic acid나 RNAribonucleic acid 가닥.

나. PCR 기술

PCR 기술(미국 특허 제4683202호, 1987. 7. 28)은 소량의 특정 DNA 시료를 시험관 내에서 대량으로 증폭하는 기술이다. 휴먼 게놈 해석 등 유전자 연구의 효율을 획기적으로 향상시키는 데 중요한 역할을 한다.

다. 동물 복제 기술

동물 복제 기술(국제특허 제1997/07668호 및 제1997/07669호, 1997. 3. 6)은 생식세포가 아닌 성장 및 분화가 끝난 체세포를 다시 분열시켜 유전적으로 동일한 개체를 생산하는 기술이다. 최초의 복제 동물로서 영국 로슬린 연구소의 복제양 돌리가 있다.

Ⅲ 생명과학의 범위

1. 생명과학 연구대상의 범위

가. 생물의 구성단위 기준

생물의 구성단위가 생명과학의 연구 범위를 결정짓는다. 생명과학은 생명과 관계되는 현상의 이해를 기본으로 하는 바, 생물의 연구는 필수적이라 할 수 있기 때문이다. 생물의 구성단위는 크게 생태계, 개체군, 군집, 개체, 기관계, 기관, 조직, 세포, 분자로 분류할 수 있다.

생태계에는 일정한 지역의 생물뿐 아니라 생물에 영향을 미치는 공기, 토양, 햇빛과 같은 물리적 환경요소를 포함한다. 생태계와 생태계의 구성 체계는 낮은 단위들이 모여 하나의 높은 단위를 구성한다. 생태계는 '여러 개체군으로 구성된 군집' 이며 개체군은 '살아 있는 생명체, 즉 하나하나의 개체가 모인 것' 이다.

각 개체는 다시 여러 단계로 구성되어 있다. 기관계organ system 즉, 순환계, 배설계, 신경계 등으로 구성되며 각 기관계는 또 여러 기관으로 이루어져 있다. 예를 들어 신경계의 주요 기관은 뇌, 척수 그리고 몸의 각 부분과 척수 사이의 정보를 전달해주는 신경들로 이루어져 있다.

기관은 또한 여러 종류의 조직tissue으로 구성되며, 각 조직은 비슷한 기능을 가지고 있는 세포cell로 이루어져 있다. 세포는 살아 있는 물질의 기본 단위이며, 원형질막이 세포를 둘러싸고 있어 세포 외부와 구분된다. 조직은 조직을 구성하고 있는 세포에 의해 고유한 기능을 수행한다. 예를 들면 뇌의 대부분을 차지하는 신경조직은 신경세포로 이루어져 있다. 과일박쥐의 뇌 조직에는 수백만 개의 신경세포가 놀랄 만큼 복잡한 통신망을 형성하고 있어서 박쥐가 나는 동안 근육과 여러 기관을 상호 연결시키는 신호를 보낸다.

생명체를 구성하는 가장 낮은 단계는 분자이다. DNA는 개체를 구성하고 있는 분자를 합성할 수 있는 정보를 가지고 있으며 이러한 정보를 유전자라는 형태로 자손에게 전달해준다. 분자는 물질의 가장 작은 입자인 원자들이 모여 이룬 집단이다. DNA는 무수히 많은 작은 원자들로 이루어져 있다.[144)]

하나의 똑같은 생명 현상을 보고도 과학자들은 각자 다른 관점에서, 다시 말하면 각자 다른 생물의 구성단위에 초점을 맞춰 연구 방향을 결정한다. 예를 들어, 나비가 날개짓을 하는 것을 보고, 어떤 사람은 날개에 초점을 맞춰 뼈대나 기관 등을 중심으로 연구가 이뤄지는 한편, 어떤 사람은 더 나아가 분자구조나 DNA에 초점을 맞춰 연구를 진행하기도 한다.

따라서 생명과학의 연구 대상 범위는 생물의 구성단위에 따라 결정된다고 할 수 있다.

나. 생명의 과정에 따른 범위

생명이 탄생되는 과정부터 죽음에 이르기까지, 혹은 죽음 후까지의 모든 생명의 일련 과정을 기준으로 생명과학의 연구대상도 다양하게 나타난다. 먼저 생명이 탄생되는 과정을 기준으로 한다면, 난자와 정자의 결합, 즉 '수정'이라는 생명 탄생의 과정에 생명과학이 적용될 수 있다. 이 과정의 대표적인 생명과학 분야는 인공수정 기술이라고 할 수 있다.

인공수정이란 자연적인 방법이 아닌 인공적인 방법으로 난자와 정자의 결합, 수정을 시키는 기술로 자녀를 낳지 못하는 부부에게 필요한 생명기술이라 할 수 있다. 그 외에 복제기술도 이 과정에 있어 떠오르는 생명기술 분야라 하겠다.

탄생한 생명에 대한 생명기술, 생명과학 분야는 대체적으로 의료기술 중심적이라고 할 수 있다. 불치병의 치료에 대한 연구, 유전자 연구 등 그 분야는 다양하며 궁극적으로 질병 없이 건강하게 행복한 삶을 누리고자 하는 인류의 목표 달성을 위한 방향으로 진행되고 있다. 이는 인간을 대상으로 하는 경우의 두드러지는 특징이라 할 수 있다. 반면에 동물의 경우는, 동물 치료의 목적도 있지만 연구에 대한 실험 대상으로 활용하는 등 연구 대상으로서의 성격이 인간을 대상으로 한 경우와는 차이가 있다. 한 생명이 죽음에 이르렀을 경우에 적용되는 생명과학의 분야도 있다. 특히 장기이식의 경우는 사망한 사람의 장기를 환자에게 이식시켜 병을 치료하는 목적으로 사용되는 의료생명 기술 중 하나이다. 또한 안락사의 경우도 죽음의 과정에 대한 기술 분야이며 그 외에 사체를 급속 냉동시켜 보관하는 기법 등도 사망 후의 과정에 있어서 생명과학의 적용 분야라고 할 수 있다.

2. 생명과학의 목적에 따른 범위

생명과학은 순수한 생명에 관계된 과학적 탐구를 진행하는 순수과학 학문으로서의 분야와

---

144) "생명 과학"(제4판) 라이프사이언스. p.1.

이러한 과학 지식을 기반으로 적극적으로 응용인 응용을 위한 생명기술/Bio기술인 생명공학 분야로 크게 두 가지로 나눌 수 있다. 이 두 분야는 각각의 연구 목적 자체가 순수과학 연구와 생명과학 지식의 응용이라는 상이한 목적을 가지고 있으므로 그 범위도 다르게 나타난다.[145]

가. 순수학문으로서의 생명과학

(1) 미생물학

말 그대로 미생물을 다루는 학문이다. 미생물의 종류, 분류, 생체 내 메커니즘 등을 다룬다. 기본적인 생화학의 기초는 모든 생물체에서 동일하기 때문에 타 분야와 중복되기도 한다. 미생물학은 생명공학이 처음 나타났을 때부터 중요한 역할을 했다. 미생물을 통해서 원하고자 하는 물질을 얻거나 여러 생체 메커니즘을 규명해왔기 때문이다.

현재에도 미생물학은 유전자 재조합을 통한 유전물질의 성질 규명, 유용물질의 대량생산 등 공학 분야에서 중요한 지식의 틀을 제공한다.

(2) 세포생물학

세포생물학도 과거부터 오랫동안 발전되어온 생물학의 한 틀이다. 세포단위에서 생명현상을 규명하는 것이다. 그래서 세포 내 구성물질에 대해서 주로 다룬다. 즉, 유전자 정보의 흐름, 세포구조와 기능, 세포의 생활, 주기, 세포 생식과 유전, 유전자의 분자생물학 등에 대해서 연구한다. 세포 주기를 조절하고 신호전달을 연구하게 되면 암을 퇴치할 수 있는 방법을 밝힐 수 있을 것이라는 전망을 비롯해 세포생물학은 오늘날도 중요성을 갖는다.

(3) 분자생물학

분자생물학은 태동한 지 얼마 되지 않은 생물학의 분야로, 세포단위에서 다루던 생명현상을 분자단위에서 규명하는 것이다. 나노 BT와 같은 점점 크기가 작아지는 분야의 생명공학 분야에서 분자생물학의 중요성이 커지고 있다.

(4) 생리학

생리학은 구성, 체계를 다루는 학문이다. 즉, 세포 단계의 구성, 조직 단계의 구성, 피부 체계, 뼈의 구조, 근육 체계, 신경 체계, 호르몬 시스템, 혈액, 심장, 림프 시스템, 호흡 시스템, 소화계, 비뇨계, 생식계, 진화와 유전 등의 인체 현상을 다루는 학문이라고 볼 수 있다. 생리학은 1970~80년대 한국에서 크게 유행하다가 잠시 그 인기가 식었으나 최근에 다시 인기를 끌고

145) www.naver.com 지식인

있는 학문이다. 가장 중요한 인체를 다루기 때문에 인체 내 작용과 현상에 대해서 그 중요성을 다시 인식한 것이라 할 수 있다.

(5) 약리학

약리학은 여러 가지 다양한 약이 인체의 어떤 부분에 어떤 작용을 통해 어떤 결과를 나타내고, 약끼리의 상호작용이 어떻게 일어나는지에 대해서 연구하는 학문이다. 이 부분은 직접적으로 약을 다루는 것이기 때문에 실용적인 면이 큰 학문이다.

(6) 생화학

생화학은 생물학적인 현상을 화학적인 관점에서 접할 수 있는 학문이다. 이 과목에서는 생물학적 현상의 총체적인 면을 다룬다. 그러나 특히 주목할 점은 단백질, 탄수화물, 지질, 핵산에 대해서 생화학적인 설명을 하고, 에너지대사에 대해서 많이 다룬다는 것이다. 즉, 신호전달 메커니즘이나 생체 내 에너지를 이용하는 여러 경로를 다룬다. 그리고 생체 내 물질을 만들어내는 메커니즘에 대해서도 설명을 한다. 구조식과 분자의 변화를 통해서 설명을 하기 때문에 분석적이라고도 할 수 있다.

(7) 식물생리학

식물생리학은 식물에 대해서 다루는 학문이다. 즉, 식물의 특징이나 메커니즘을 다루는 것이다. 식물생리학을 통해서는 실용적인 면에서 봤을 때 식물의 개량을 통해서 다양한 특성을 나타내는 식물을 탄생시킬 수 있고 궁극적으로는 식량문제 해결에 기여한다.

(8) 발생생물학

수정란의 초기 발생에서부터 초기 난할 과정, 기관 형성의 형태적 특징을 이해하고 세포분화 과정의 분자생물학과 유도의 생화학적 기반을 전반적으로 다룬다. 또한 초파리 및 포유동물의 발생을 유전적으로 분석하고 세포분화 과정을 설명한다.

(9) 진화생태학

생물이 환경과 연관한 생태의 범주와 원리를 정리하며 생태계의 조화와 변천을 살핀다. 특히 환경문제와 연관된 생태계의 변화를 탐구한다.

(10) 유전학

생명체의 형질보전 원리를 다룬다. 유전정보의 전달, 재조합, 돌연변이 발생 메커니즘을 다루고, 유전자의 조절현상과 세포분화 및 질병 관련 유전자에 대하여 설명하며 수리적 개념의 집단유전학 내용을 연구한다.

(11) 신경학

신경학은 신경조직, 신경세포 등에 관한 연구를 중심으로 한다.

(12) 효소학

효소의 구조와 작용을 연구한다. 효소를 분리 정제하여 효소의 특성 및 작용 메커니즘을 규명하고 대사 작용에서 효소의 역할을 연구한다. 특히 효소의 학문적 가치뿐 아니라 의학과 산업에서 효소의 역할을 이해하고, 아울러 효소의 이용 측면도 다룬다.

(13) 바이러스학

바이러스의 일반적인 성질과 병리학적인 특성을 다루고 여러 가지 바이러스의 분류, 복제, 전사 등을 연구한다. 또한 각 바이러스의 구조적 특징과 기능적 특징도 다룬다.

(14) 면역학

생체 면역계의 기본적인 개념과 여기에 관련되는 여러 세포들, 여러 영향 인자들, 그리고 이들 간의 상호작용에 대하여 세포학 및 분자생물학적 관점에서 이해하고 면역체계의 총괄적인 개념을 파악한다.

(15) 생물통계학

생명현상을 해석하고 이해하기 위해 통계의 기본과 응용하는 방법들을 터득한다.

(16) 응용 및 환경미생물학

미생물이 환경과 산업에 어떻게 이용되고 있는지 몇몇 주요 미생물의 특성과 이용 분야를 연구한다.

(17) 환경독성학

의약품, 세균독소, 살충제, 제초제, 중금속 및 식품 첨가물 등의 독성작용 메커니즘 및 공중위생상의 위험성, 독물질의 신진대사상의 관계와 해독작용 등을 다룬다.

(18) 보전생물학

거주지의 파괴, 외래종의 수입, 과도한 개발 등 생물 다양성을 위협하는 요인들을 조사하고 생물 다양성의 지역적 분포, 멸종될 위기에 처한 생물종 연구, 개체군의 보존을 위한 연구, 생태계를 유지하면서 개발하는 궁극적 목표 실현 등을 주된 내용으로 하는 학문이다.

나. 기술로서의 생명과학

생명과학을 기술적 측면에서 정의하면 가장 넓은 뜻으로 "생물의 기능을 이용하는 기술"이라고 정의할 수 있다. 바이오테크놀로지[Biotechnology]라고도 하며 일반적인 정의는 인류에 있어서 유익한 것을 생산하기 위하여 생물을 이용하는 것이다. 즉 기술적, 산업적 프로세스에 생물학적인 기구를 응용하는 것이라고 할 수 있다.

생명공학 연구에는 생명현상과 생물기능을 연구하는 순수 기초과학 연구가 포함되어 있으며 순수 기초연구를 통해서 기술개발의 원리를 스스로 추구해나가야 한다.

새로운 생명공학을 연구하는 사람은 생물의 기능과 생명현상에 대한 기초연구를 동시에 수행해야 첨단 생명기술의 발전이 가능하며, 미지의 생명현상과 생물기능은 과학자나 기술자가 똑같이 추구하고 연구하지 않으면 안 될 공동의 과제이다.

현대의 생명기술은 수천 년의 역사를 가진 종래의 발효나 식물 육종의 기술과 구별하여 주로 유전자조작을 중심으로 하는 바이오기술을 의미한다.

기본적인 핵심 기술로서는, 유전자조작 기술(유전공학), 세포융합 기술(세포공학), 세포 대량배양 기술(세포배양공학), 바이오리액터[Bioreactor] 기술(효소공학)의 네 가지를 말하는 경우가 많다. 이것들은 별도로 발달한 기술이지만 서로 관련되어 있고 또 종래의 과학기술과도 밀접한 관계가 있다. 이 네 가지 기술은 다음과 같은 기술 특성을 지닌다.

첫 번째의 기술 특성은 생물의 유전정보를 바꾸는 육종·품종개량의 기술이다. 유전자조작 기술이나 세포융합 기술이 여기에 속한다. 최근에는 특정 부위 돌연변이 기술이나 단백질공학 기술이 가능하게 되어 바라는 유전자의 기능을 덧붙이거나 잃게 할 수도 있게 되었다. 세포융합 기술도 유전정보의 본체인 DNA를 혼합하는 기술이므로 이것도 육종기술이 된다.

두 번째의 기술 특성은 육종한 고기능 생물을 대량으로 증식하거나, 그 기능을 최대한 발휘시키는 프로세스[Process]기술이다. 바이오리액터 기술과 세포배양 기술이 여기에 속한다. 이 기술은 전통적인 발효기술이나 효소이용 기술의 연장선상에서 발전하고 있다. 육종기술과 프로세스기술(downstream process기술이라고도 함)을 조합하여 비로소 바이오기술은 바이오산업으로 발전하여 바이오상품을 만들어낼 수 있게 된다.

Ⅳ 생명과학기술의 국내 규제제도

1. 생명공학육성법

현행 생명공학육성법에서는 윤리와 관련한 생명과학의 범위 규제 등의 내용은 찾아보기 힘들고, 다만 생명윤리 및 안전에 관한 법률에 구체적 내용이 규제되어 있다.

생명공학육성법은 생명공학의 정의, 생명공학육성 기본계획의 수립, 생명공학 종합정책심의회, 연구 및 기술협력, 공동연구의 추진, 기술정보의 수집과 공급, 생명공학육성 시책 강구 등 기초 의과학 육성지원기구 등의 내용이 주된 골자이다. 즉, 생명공학육성법은 생명과학의 기술, 산업적 측면에서의 관계와 권리를 법적으로 보호하고 구체적 정부 지원 방법 등에 관한 내용이 주된 내용이다.

따라서 생명공학육성법에 의한 생명과학의 육성 이유는, 본 법 제1조의 목적에 나와 있듯이, 생명공학 연구의 기반을 조성하여 생명공학을 보다 효율적으로 육성 · 발전시키고 그 개발기술의 산업화를 촉진하여 국민경제의 건전한 발전에 기여하는 것이다.[146)]

2. 생명 윤리 및 안전에 관한 법률

가. 의 의

이 법률은 다음과 같은 중요한 의미를 갖는다.[147)]

첫째, 이 법률은 생명과학의 발달이 야기하는 다양한 생명 윤리 및 안전에 관한 문제들을 총체적으로 규정한 첫 번째 국내 법률이다. 우리나라의 생명과학 수준은 세계적이며, 정부는 생명과학을 미래 산업, BT[BioTechnology]로 간주하고 적극 육성 지원하고 있다. 생명 윤리 관련법은 마련되지 않고, 오히려 생명공학육성법은 있는 상황에서 적지 않은 연구와 실험들이 적절한 규제 없이 시행된 측면이 있다. 이에 대해 시민단체와 종교계에서는 생명 윤리 관련 법률의 조속한 제정을 끊임없이 주장하였고, 그에 따라 정부는 2001년 1월 관련법 제정을 공표하였다. 이 법률의 입법 과정에서 격렬한 논쟁이 4년여 동안 이어져 왔다. 그동안 관리 감독이 전혀 이루어지지 않았던 생명과학 연구와 실험에 대한 규제가 이루어질 수 있게 된 점은 이 법률이 갖는 큰 의미라 할 수 있다.

둘째, 인간 복제를 금지하고, 그동안 전혀 관리가 이루어지지 않았던 인간 배아의 생성에

---

146) 생명공학육성법 제1조 (목적) 이 법은 생명공학연구의 기반을 조성하여 생명공학을 보다 효율적으로 육성·발전시키고 그 개발기술의 산업화를 촉진하여 국민경제의 건전한 발전에 기여하게 함을 목적으로 한다.

147) '생명윤리 및 안전에 관한 법률' 에 대한 비판적 검토. 홍석영.

대한 관리 규정을 둔 것도 이 법률이 갖는 의미라 할 수 있다. 불임 치료 과정에서 생성되고 있는 인간 배아에 대한 적절한 관리가 그동안 이루어지지 않았으며, 일례로 현재 국내에 냉동 보관 중인 배아에 대한 통계조차도 없는 상태이다.

셋째, 국가생명윤리심의위원회와 기관생명윤리심의위원회를 의무적으로 설치 운영하도록 한 것은 큰 의미를 갖는다. 연구 시작 전에 해당 위원회의 검토를 거치게 하여, 생명과학 및 공학 연구의 윤리적 측면을 검토하게 한 것은 매우 적절한 조치이다.

넷째, 유전자정보를 이용한 차별 금지 및 무분별한 유전자 검사 규제도 의미가 있다. 유전자 검사 기술의 보급으로 무분별한 유전자 검사와 유전자정보를 이용한 각종 차별의 가능성이 증가하고 있다. 이런 위험을 법률로 예방함으로써 개인의 유전자정보를 보호하는데 기여할 수 있다.

나. 인간복제 금지와 인간배아 줄기세포 연구 관련 규제

생명 윤리 및 안전에 관한 법률에서 인간복제 금지와 인간배아 줄기세포 연구에 관하여 왜 생명과학의 범위를 제한하고 있는지는 인간의 존엄과 가치에서 근거를 찾을 수 있다. 이는 사회구성의 최소단위라 하는 가족구성과 인격을 포함한다.

(1) 인간의 존엄과 가치

인간의 존엄은 인간의 존재 그 자체에서 비롯되는 가치로, 인간이 존재한다는 그 이유만으로 인간의 존엄성이 인정되는 것이다. 비록 배아 상태와 같이 미미하고 작은 잠재적 존재라 하더라도 그것은 인간의 하나이며 따라서 인간의 존엄성과 더불어 생명의 존엄성까지 인정되어야 함이 마땅하다. 헌법은 인간의 존엄성을 명시하고 있지만, 초기 배아의 인간이기 위한 생명체의 인정에는 적극적이지 못하다.

인간의 존엄성은 다소 그 의미가 추상적인 개념인데 이를 구체화하면 최소한의 개인성의 존중이라고 할 수 있으므로 우생학적 목적을 가진 인간개체 복제행위는 개인성의 존중을 훼손한다는 점에서 부정적인 평가를 받을 수밖에 없다.

또한 인간복제 기술을 허용한다면, 무제한적으로 인간을 대량복제할 수 있으므로 이는 결과적으로 인류 공동의 위협이 된다는 점에서 인간복제에 대한 제한은 당연하다고 할 것이다.

(2) 혼인과 가족생활의 보호[148)]

복제인간은 유전적 부모라고 할 수 있는 하나의 공여자만을 갖게 되므로 남성과 여성 양성으

148) 이인영, "생명윤리 및 안전에 관한 법률"상의 처벌규정과 규제논거를 중심으로.

로 구성되는 부모를 가지는 전통적인 가족 외에 단성부모를 갖는 가족이나 한쪽 부모만을 갖는 가족을 생각할 수 있다. 만약 공여자가 남성인 경우 자궁에 이식해서 개체 탄생을 시키는 대리모를 생모로 가져야 하며, 공여자가 여성인 경우 복제인간은 체세포를 제공한 유전적 어머니만을 부모로 가지게 된다. 이는 인간복제의 경우 인간 종족 보존본능에 기초한 양성 결합인 혼인질서의 기본 전제가 무시되며, 헌법상 보호되는 권리의 내용인 혼인과 가족생활에 전반적인 혼란을 초래할 수 있다.

(3) 인격권 내지 사생활의 자유

복제된 인간의 인격권은 일반적인 양성결합에 의하여 자연적으로 태어난 인간의 인격권과는 본질적으로 그 성격이 다르다. 복제된 인간의 경우는 탄생 자체가 어떠한 유전적 특성을 띠는 것을 의도로 하여 태어나기 때문에 결국 그러한 유전적 특성을 띠고 태어나도록 주체한 사람이나 그러한 유전성을 계획한 사람에 의해 종속적 관계를 갖는다.

일반적인 사람의 경우 양성결합에 의해, 유전인자가 인위적이 아닌, 자연적인 방법으로 예측 불가능한 형태로 유전 정보를 갖고 태어나 각각의 개성을 갖고, 그에 따라 서로 다른 인격 발현을 한다.

헌법은 개인의 자유로운 인격 발현을 보호하지만, 복제된 인간의 경우는 이러한 기본권마저 누릴 수 없는 환경에 처하게 되고, 인격권조차 보호받지 못하는 불합리한 상황에 처할 수 있다.

또한 생활에 있어서도 개개인은 사생활의 자유를 갖지만 복제된 인간의 경우는 자신의 유전적 특성 자체가 이미 태어날 때부터 타인의 의도에 의해 생성된 바, 실질적인 사생활의 자유를 영위하기가 불가능하다. 따라서 기본권을 전제로 인간복제에 대한 규제는 오히려 강력히 보강되어야 할 것이다.

다. 유전정보와 유전자검사와 관련 규제

(1) 유전적 프라이버시의 보호

유전적 정보는 그 자체가 일반 의료 과정에서 제공되는 정보와는 본질적으로 다른 특징을 가지고 있다.

일반적인 의료 과정에서 제공되는 환자 개인에 대한 정보는 그 당시의 상황에 대한 것만이 초점이 되며, 병이나 특정 상황에 관련한 작은 범위 내의 정보라고 할 수 있다. 반면에 유전적 정보의 경우에는 현재에 초점을 둔 정보뿐만이 아니라, 미래에 실현될 수 있는 유전적 특성의 정보와 과거의 가족 내역 조회를 통한 가족 구성원의 유전적 정보에 이르기까지, 현재, 미래, 과거의 모든 정보가 포함된다.

유전적 정보가 유출되는 경우 그 피해는 막대할 수밖에 없다. AIDS에 감염된 자를 사회적으로 분리시키는 현실을 반영해 보면 유전적 결핍에 대한 정보가 유출될 경우 사회적 진출이나 기회마저 잃을 수 있고, 잠재적 환자로 낙인찍혀 불합리한 대우를 받을 수도 있다.

따라서 유전 정보는 개인 프라이버시와 직결되는 매우 중요한 정보이므로, 유전적 정보의 이용과 유전자 검사에 대한 규제의 타당성과 필요성에 힘을 실을 수 있다.

(2) 차별적 취급의 우려

우리나라 헌법 제11조는 누구든지 경제적, 사회적, 문화적 생활의 모든 영역에 있어서 차별을 받지 아니한다는 규정을 두고 있다. 이에 따라 노동관계에서의 비합리적 차별도 당연히 헌법 위반이 된다. 유전적 정보에 따른 특정 개인에게 일정한 질병의 발병이 우려된다는 사실이 고용주에게 유출된다면, 그에 따른 고용에서의 차별은 충분히 예상되는 문제이다. 고용주는 고용계약 후 특정 질병의 유전자를 보유하고 있다는 사실로 고용관계를 해지한다든지, 미래의 고용관계에서 불합리한 대우를 가할 수도 있다. 유전정보로 인한 근로관계의 불합리한 대우나 차별은 그 어떠한 이유에서도 정당성을 가질 수 없다.

다른 문제로는 근로계약의 조건으로 유전정보를 요구할 수도 있는데, 이 역시 정당하지 못하다. 유전정보는 앞에서 설명한 바와 같이 일반적 정보와는 달리 개인의 프라이버시적인 정보가 방대한 양으로 존재하기 때문에 이를 요구함은 헌법상의 기본권을 침해하는 결과를 낳기 때문이다.

유전자 검사의 결과를 바탕으로 보험 가입이 거부되거나 불합리한 처우를 당할 수도 있다. 이는 아직 현재의 시점에서 병이 발병되지 않았음에도 유전적 정보를 통해 미래에 발병 여지가 있다는 이유를 들어 차별을 받는다는 점에서 불합리하다. 유전적 정보가 어느 정도 개인의 미래에 발병할 병을 예시할 수는 있지만, 이러한 정보가 과연 절대적으로 신뢰할 수 있는지는 아직 의문이며, 꾸준히 연구할 분야이다. 때문에 섣부른 유전자 정보로서 보험에서까지 차별을 받는 것은 타당하지 않다.

위와 같은 차별적 취급은 유전자정보가 타인에게 유출되거나 공개되면 충분히 우려될 수 있는 상황인 바, 이와 같은 상황을 미연에 방지하기 위한 유전자정보 이용과 공개의 금지 등에 관한 법적 규제는 반드시 필요하다.

라. 유전자 치료와 관련한 규제

유전자 치료 중 특히 생식세포 유전자 치료의 경우는 환자 본인의 질병 치료를 넘어서, 그 영향이 후대에까지 미친다. 그러므로 단순한 질병의 치료가 아닌, 인간의 전체적인 삶에 영향을 미치는 기본적 생물학적 구조의 변경을 가져온다는 점에서 유전자 치료의 규제가 필요하다.

생식세포 유전자 치료는 그 자체가 완성도 높은 기술성을 지니지 못하여, 후대의 자손이나 심지어 치료 받은 자신에게 있어서도 어떠한 예상치 못한 위험을 가져올 수 있는 개연성이 매우 크다. 생식세포 유전자 치료를 통해 어떠한 유전자가 변형되는 경우 그에 대한 통제도 역시 어렵고 이것이 장기간에 걸쳐 대대손손 나타난다면 그 피해는 막대하다. 따라서 인류 전체의 피해가 될 수도 있다는 점에 문제가 있다.

또한, 생식세포 유전자 치료의 의도는 그 자체가 순수한 질병의 치료라기보다는 보다 나은 유전적 조건을 갖춰 그것을 대대손손 이어가려는 목적이 더 크다. 이러한 목적은 그 자체도 매우 위험한 결과를 야기할 수 있음에 문제가 있다. 사람들이 모두 생식세포 유전자 치료를 통해 우수한 유전적 인자만을 추구하게 된다면, 그러한 인자를 유전받지 못한 자에 대한 사회적 차별이 정당하게 보일 것이며, 이는 불합리한 차별을 정당화시킬 우려가 있다. 또한 이는 사회적 불평등을 가속시킬 수 있다.

생명 윤리 및 안전에 관한 법률은 오늘날 우리나라에서 생명과학에 대한 규제에 있어서 윤리를 기준으로 하는 대표적인 법률이다. 이 법에서 생명과학에 대한 규제의 정당성의 논거는 위에서 검토한 것 이외에도 많은 논거가 존재한다. 보통 인권, 인간의 존엄성, 생명의 존엄성 등 보편적인 윤리 차원의 덕목을 법 속에서 명문화하여 이를 확인하는 것이라고 볼 수 있다. 이 법에서처럼, 윤리에 대한 실정화의 필요성은 먼저 사회적, 시대적 요청에서부터 비롯한다. 일반적으로 윤리는 인간사회에서 보편적으로 추구되는 도덕적 가치라고 할 수 있고, 윤리의 사상은 사회에 막대한 영향을 끼치는 것이 사실이다.

그러나 윤리가 사회에 어느 정도 영향을 끼칠지는 모르나 실제로 그 사회를 움직이게 하는 힘은 바로 실정법화의 힘에 있다고 봐야 한다. 법은 구체적으로 사회를 움직이는 동력이 되고, 사회적 실효성을 갖추게 하는 가장 강력한 방법이기 때문이다. 그러나 주의할 것은 윤리적, 도덕적 의무가 모든 법적 의무가 될 수는 없다는 점이다. 어느 도덕적 의무가 법적 의무로 실정화 되는 과정에 있어서는 해당 분야에 대한 다양한 사회구성원의 이해관계가 엇갈리기 때문에 사실상 쉽지 않은 문제다.

도덕적 양심과 현실의 문제는 또한 쉽게 절충하기 어려운 성질을 띠고 있기도 하다. 때문에 법률가들의 사회 구성원 간의 갈등 해결과 이해관계의 조절 역할은 윤리와 현실에 관련하여 가장 필요한 부분이다.

생명과학에 있어서 윤리는 더 이상 어느 과학자 개인의 양심이나 개인적 도덕에만 한정시킬 수 없는 성질이다. 생명과학의 영향과 그 여파가 여러 사회 구성원에게 미치며, 영향 또한 크기 때문에 사회적 책임으로 함께 공유하고 고민하여 해결해야 할 부분이다. 여기서 생명과학 윤리의 법제화 필요성이 대두된다. 더불어 생명 윤리 및 안전에 관한 법률의 목적 역시 그러한 목적 달성을 위해 생명과학에 대한 규제를 가한다는 논거는 타당한 것이다.[149]

3. 동물보호법

동물보호법의 실험동물 관련 규제의 근거를 살펴보면 기본적 생명권과 우월적 활용권으로 압축할 수 있다.

즉, 동물권리라고 표현하는 기본적인 생명권을 기반으로 하는 근거에는 인간과 마찬가지로 동물 역시 생명체로서 생명성을 존중받고 보호받아야 할 가치가 있다는 것이다. 따라서 실험동물에 있어서도 기본적으로 동물의 생명 존엄성이 존중되고 보호되는 차원에서 이뤄질 필요가 있다.

또한 이익형량을 기반으로 동물의 희생보다 그로 인해 인간에게 미칠 수 있는 유용성이 클 때에는 인간을 위하여 동물을 사용할 수 있다는 것이 이른바 우월적 활용권이다. 우리가 일상적으로 실험에서뿐만 아니라 식용이나 각종 용도로 동물을 사용하는 경우 정당성을 보증해주는 근거이다. 다만 이 경우에도 인간이 동물에게 불필요한 고통을 주어서는 안 된다는 조건이 따른다.

따라서 이익형량에 따라 동물 이용의 필요성이 인정되는 경우라 하더라도, 실험에 있어서 사용되는 동물의 수는 최소한으로 그치고, 고통은 최소한으로 가하며, 고통을 덜 느낄 수 있는 하등의 동물을 되도록 먼저 사용할 것과 같은 3R원칙이 고수되어야 한다.

또한 동물보호법은 동물에 대한 학대행위의 방지 등 동물을 적정하게 보호·관리하기 위하여 필요한 사항을 규정함으로써 동물의 생명과 안전을 보호하고 복지를 증진하며 생명의 존중 등 국민의 정서 함양에 이바지하기 위해 동물 이용에 관한 생명과학을 규제하고 있다.

4. 모자보건법

모자보건법에서는 태아와 산모의 생명과 건강을 보호하고 건전한 자녀의 출산과 양육을 도모함으로써 국민보건 향상에 이바지함을 목적으로 낙태 등에 관한 제재규정을 포함하고 있다. 사실 생명 윤리적 측면에서만 보면 태아는 이미 배아보다도 더 확실한 생명체임에도 불구하고 낙태를 한다는 것은 생명 윤리에 반한다고 볼 수 있다. 그러나 현실적으로 낙태가 필요한 측면도 무시할 수 없기 때문에 모자보건법에서는 현실과 윤리의 갈등의 조화와 절충을 꾀하는 노력을 하고 있다. 우리 사회는 사실 높은 낙태율로 고충을 겪고 있는 사회이다. 이렇게 된 배경에는 몇몇 잘못된 인식이 그 원인으로 다음과 같은 예가 그것이다.[150)]

---

149) 생명 윤리 및 안전에 관한 법률 (제1조 목적) : 이 법은 생명과학기술에 있어서의 생명윤리 및 안전을 확보하여 인간의 존엄과 가치를 침해하거나 인체에 위해를 주는 것을 방지하고, 생명과학기술이 인간의 질병 예방 및 치료 등을 위하여 개발·이용될 수 있는 여건을 조성함으로써 국민의 건강과 삶의 질 향상에 이바지함을 목적으로 한다.

150) 박상은, 기독교적 관점에서 본 인공임신중절수술.

첫째는, 그동안 자궁 안의 태아는 보이지 않기 때문에 생명으로 간주되지 못한 채 체외로 노출될 때 비로소 한 생명체로 인정되었다. 인공유산은 보이지 않는 자궁 속에서의 살해 행위이기 때문에 의사나 산모 쌍방이 죄의식을 덜 느끼면서 행했다. 그러나 이제 의학의 발달로, 초음파영상Ultrasono-graphy을 통해 태아의 움직임이 임신 4주째부터 확인되며, 또한 인공유산 행위 역시 비디오 영상을 통해 독립된 한 개체를 처참히 살해하는 행위임을 분명히 볼 수 있게 되어 태아도 한 생명체로 보아야 되는 근거를 제시한다. 또 유전학의 발달로 수정란부터 이미 엄마와 아빠와는 다른, 독립된 한 개체의 모든 유전인자가 내재되어 있음이 입증됨으로써 수정란이 생명의 시작임을 더욱 잘 이해할 수 있게 되었다.

둘째는, 자녀는 부모의 소유인양 오해되어, 딸보다 자기가 원하는 아들을 낳으려 한다든가, 자녀는 또 낳으면 된다는 사고방식으로 인공유산이 확산되었다. 하지만 자녀는 부모가 소유할 수 있는 물체가 아니며 부모와 똑같은 독립된 개체이다. 다음 태어나는 자녀가 유산되어버린 태아를 결코 대신할 수 없는 것이다. 어떤 경우 산모는 죽어도 태아가 살 수 있으며, 산모는 살아 있어도 태아는 죽을 수 있다. 또 산모가 병든 경우에도 태아는 건강할 수 있고, 산모가 건강해도 태아에 이상이 있는 경우도 있음으로 산모나 태아 각자 모두 독립된 개체임을 알 수 있다.

셋째는, 성性에 대한 그릇된 인식이다. 오늘날 성 개방 풍조로 인해 성을 단지 쾌락의 도구로만 생각하는 것이 일반적 인식이라면 윤리적 차원에서 성은 그보다 더 심오한 뜻을 지니고 있다. 말하자면 성행위는 단순한 삽입행위가 아니라 부부의 인격적 연합을 이루는 성스러운 행위를 의미한다. 즉 성에는 쾌락적인 부분뿐 아니라 부부간의 사랑과 무엇보다 성의 결과인 생명을 포함하고 있는 개념이다. 성은 가정의 부부관계 안에서 그리고 늘 생명이 잉태될 수 있음을 인식하며 행할 때 비로소 온전한 친밀감을 누리게 된다.

넷째는, 과학의 급진적인 발달로 의학도 시시각각 변해가는 데, 거기에 비해 의료윤리의 인식은 의학의 발달을 따라오지 못한다. 더욱이 의학교육이 너무 방대한 나머지 기술교육에 치우친 반면 생명의 경외나 윤리 문제를 소홀히 함으로써 생명을 물질의 집합체로 보게 되고, 환자를 인격체로 보기보다는 질병으로 대하며, 의사 스스로 깊은 생각 없이 인공유산을 시술하게 되는 것도 심각한 문제이다.

이러한 의미에서 법에 의한 낙태의 제재 필요성이 존재하며, 모자보건법의 설립취지도 이에 부합한다.

Ⅴ 생명과학기술 분야의 최근 이슈

1. 인간게놈 프로젝트

인간 게놈 프로젝트Human Genome Project는 30억 쌍의 인간게놈 염기서열을 분석하여 유전자 지도를 만드는 연구이다. 1990년부터 미국, 영국 등을 중심으로 총 30억 달러를 투입하여 진행되었으며 2003년 4월 완전 해독되었다.

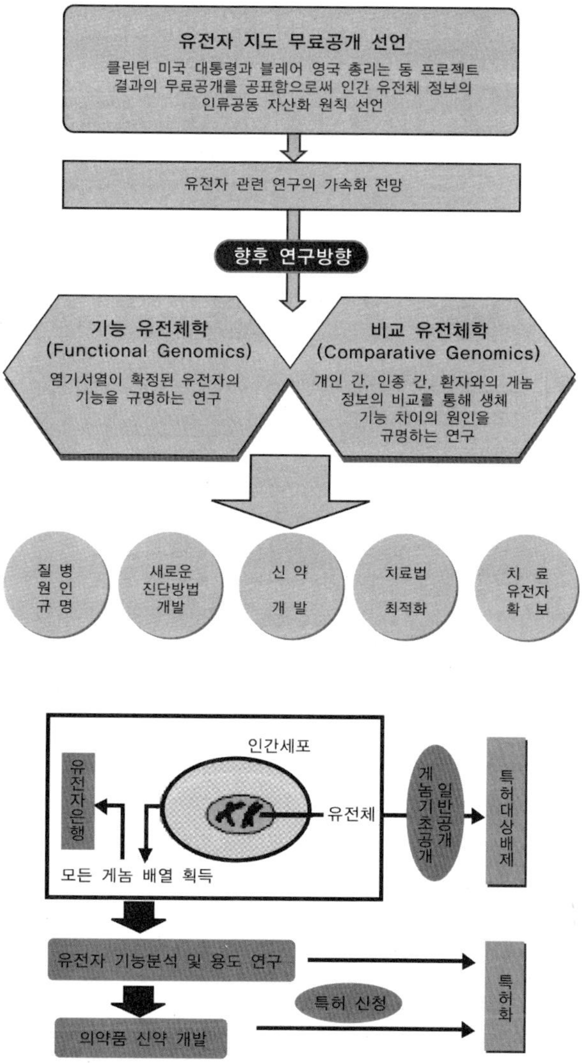

[그림 1] 인간게놈 프로젝트

2. DNA칩

DNA칩DNA chip은 유전정보인 DNA 조각을 동전 크기의 기판에 부착하여 다양한 유전자 분석을 수행할 수 있도록 한 생화학 반도체이다. 1999년 DNA chip 세계 시장 규모가 3억 달러에서 2010년 150억 달러로 확대될 것으로 추정되며, 국내외 유수 기업을 중심으로 생산 및 제품 개발에 박차를 가하고 있다.

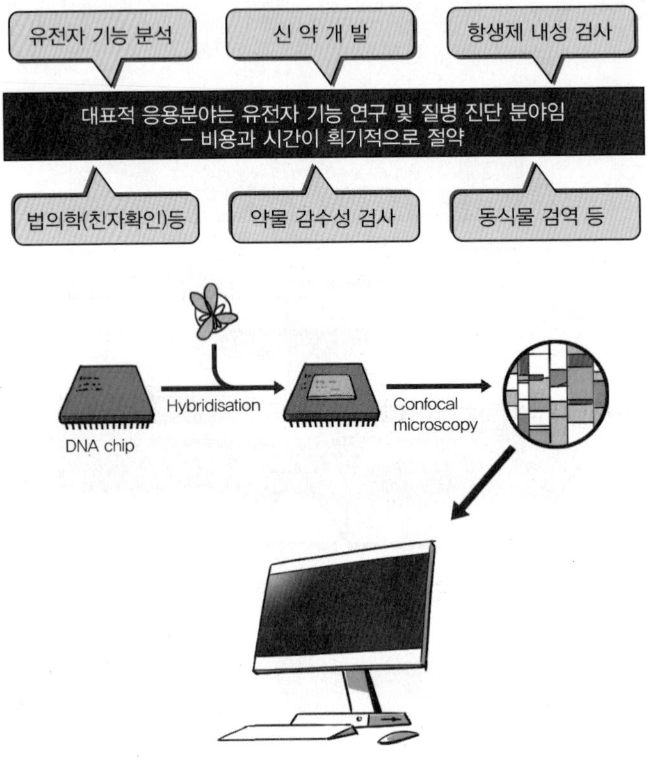

[그림 2] DNA칩

3. 생물정보학

생물정보학Bioinformatics은 컴퓨터를 이용해 생물체가 가진 정보를 파악하고 처리하는 분야로 생명공학과 정보학이 합쳐진 새로운 학문이다.

인간 게놈 프로젝트의 완성에 따라 대량 생산된 유전정보의 분석 및 활용에 필수적인 수단으로 요구되고 있으나, 생명공학과 정보학에 대한 고도의 전문지식이 동시에 요구되는 분야이므로 국제적으로 훈련된 전문 인력 부족이 심각한 실정이다.

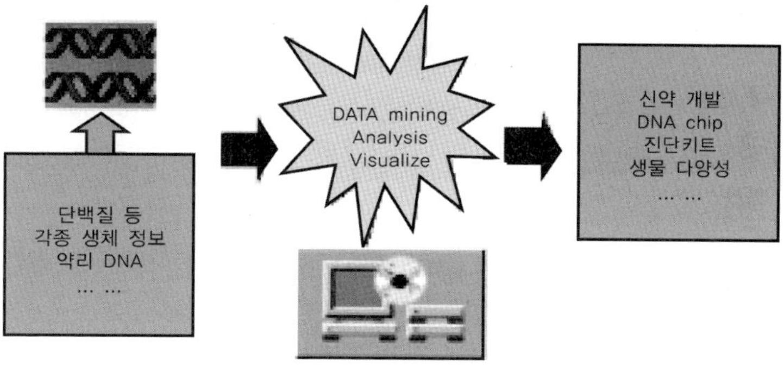

[그림 3] 생물정보학

4. 유전자 치료

유전자를 유전자 전달체를 이용, 병소에 전달하여 이상 유전자를 대치하거나 치료용 단백질을 생산함으로써 질병을 치료하는 방법이다. 현재 세계적으로 4천여 명의 환자에게 임상실험 중이고, 우리나라도 1995년부터 말기 암환자를 대상으로 임상실험 중이다.

에이즈AIDS에 대한 항 레트로바이러스, 아데노 및 아데노 부속 바이러스 등을 이용한 유전자 요법이 국내 연구기관에 의해 개발 중이다.

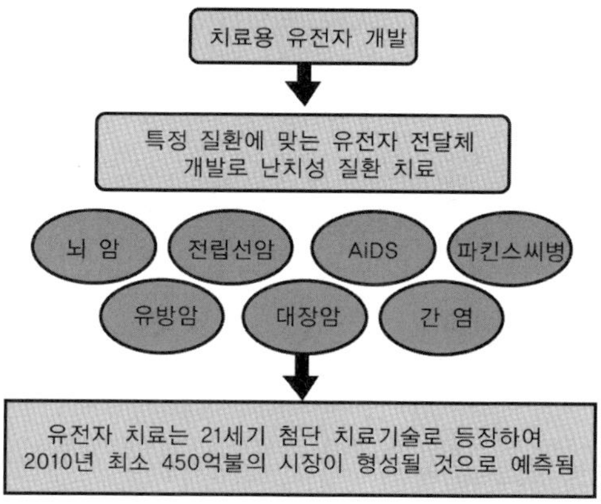

[그림 4] 유전자 전달체를 이용한 치료과정

5. 동물복제

동물복제는 영국 로슬린 연구소에 의해 1997년 2월 암컷의 체세포를 이용, 유전적으로 동일한 복제양 '돌리'를 생산함으로써 최초로 체세포 동물복제에 성공했다. 로슬린 연구소의 동물복제 관련 기술은 2000년 1월에 특허를 받았다. 국내의 경우 1999년 2월 서울대 팀이 복제소

'영롱이'를 탄생시켜 세계 다섯 번째로 체세포 복제에 성공했다고 하나 신뢰성이 매우 낮다.

동물복제 기술은 이식용 장기 생산(백혈병 치료용 골수세포 생산), 치료용 생체물질 및 질병 모델 동물 생산(흑염소 메디), 우량 동물의 번식과 보전(슈퍼 젖소, 우량한 한우) 및 멸종 동물의 보전(중국 팬더곰 복제 계획 등) 등을 위해 응용될 수 있다.

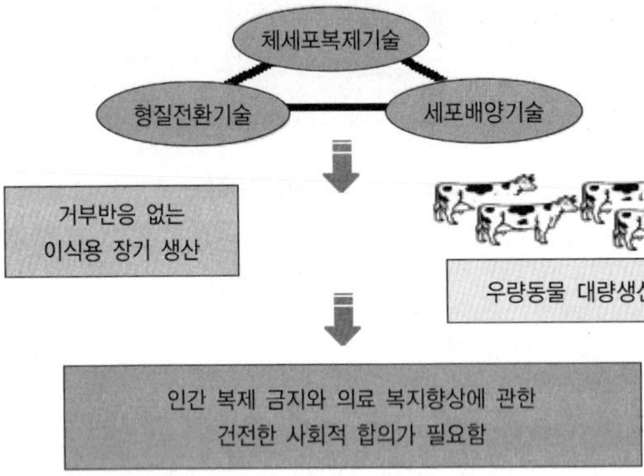

[그림 5] 체세포를 이용한 동물복제

6. 유전자 변형 생물체

유전자변형생물체(GMO: Genetically Modified)란 인위적으로 외부 유전자를 삽입하거나 생물이 지니고 있는 유전자를 비활성화시켜 만든 유전자 변형 생물체를 말한다. 1994년 미국 칼젠사가 개발한 잘 물러지지 않는 토마토가 세계 최초의 GMO 식물체이며, 옥수수, 콩, 면화, 감자, 토마토와 같은 주요 작물의 제초제 저항성, 병 저항성, 품질개선 및 의약품 생산 등을 위해 이용되고 있다. 그러나 GMO 식물체의 확산에 따른 자연생태계의 위해성 문제와 인류의 보건에 대해 검증되지 아니하여 논란 또한 제기되고 있다.[151]

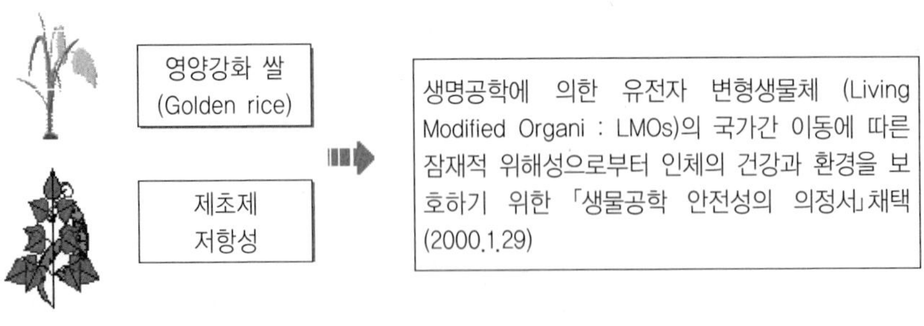

[그림 6] 생명공학에 의한 유전자 변형 생물체

151) 특허청 화학생명본부[http://en.wikipedia.org], 생명공학분야의 최근 이슈.〈2008. 05.10 방문〉.

Ⅵ 생명과학기술 관련 문제

생명과학기술과 관련되는 문제는 그 기술자체와 제도적 문제로 구분할 수 있으며, 다음과 같이 나누어 설명할 수 있다.[152]

1. 생명과학의 내재적 문제점

가. 생태계 교란

유전자 전이[Gene transfer]는 고유 유전자의 변형이나 확장을 말하는 것으로, 이에 의한 생태계 교란의 문제는 유전자 조작 기술의 발달로 탄생되는 유전자변형 생물체가 생태계를 위협하는 문제이다. 예를 들어 특정 유전자를 삽입하여 특정 농약에 저항성을 갖는 농작물이 탄생한 경우, 그 농작물에 삽입된 유전자가 꽃가루 등 자연교배에 의해 잡초에 들어가게 되면 잡초는 똑같이 농약에 저항성을 갖게 되어 무한 번식하고 결국 생태계를 파괴하게 된다.

나. 유전자의 상품화

사람의 유전정보 획득에서 파생될 수 있는 문제로서 휴먼게놈 프로젝트는 유전자 결정론에 입각한 것으로, 인간의 물리화학적 특성은 특정 유전자에 의해 결정된다는 것을 전제한다. 따라서 특정의 인간 유전자 자체가 상품화될 수 있다.

예를 들면, 금발의 유전자, 지능을 높이는 유전자. 치매 예방 유전자 등이 상품으로 등장할 것이다. 또한 현재 질병이 없어도 유전정보에 의해 예비 환자로 분류됨으로써 불이익을 받을 수도 있다.

이와 같이 자신들의 유전자 구조에 의하여 낙인찍히는 사람이 늘어날 수 있으며 개인의 유전정보가 배우자 선택이나 출산에 대한 결정을 좌우할 수 있다. 또한 고용주가 고용이나 승진의 조건을 결정하는 데 사용할 수 있으며, 보험회사가 보상의 조건을 결정하는 데 사용할 수도 있다.

다. 생명의 경시

유전자를 변형시켜 식량문제를 해결하거나, 복제양 돌리[153]와 같이 희귀동물을 대량 복제하

---

152) 김수동, 위의 책, p.162.

153) 세계 최초의 포유동물 복제로 태어난 새끼양으로 다 자란 양의 체세포를 복제해서 태어났다. 1996년 영국의 이언 윌머트 박사 등이 6년생 양의 체세포에서 채취한 유전자를 핵이 제거된 다른 암양의 난자와 결합시켜 이를 대리모 자궁에 이식하여 태어났고 2003년 노화에 따른 폐질환으로 안락사시켰다.

여 불치병 치료나 희귀동물보호, 멸종동물의 복원 등에 긍정적인 부분도 많지만 동시에 인간복제의 가능성이 높아짐에 따라 장기이식용 인간의 개발 등에 대한 우려의 소리가 높아지고 있는 것도 사실이다. 그 외에도 생물학적 무기를 사용했을 때 오는 생태계의 교란도 예방해야 할 문제점이다. 탄저병 박테리아와 같이 특정 질병을 일으키는 세균을 사용했을 때 세균이 생태계 속으로 번식하고 퍼져나가 생태계의 불균형을 일으킬 수 있다.

2. 특허제도에 의한 문제

가. 제 문제

생명공학기술은 다른 기술 분야와 달리 연구 성과물을 특허로 보호하려 할 때마다 새로운 문제를 제기시켜 왔다. 이는 이 분야의 기술 발전의 속도가 너무 빨라 기존의 특허체계가 수용하지 못하는 데에서 오는 문제이며, 일반인들의 거부감 및 전통지식 및 특정 지역의 자원 보유자의 특허권자와의 알력 등에 의한 것이다.[154]

나. 생명체의 특허대상 여부

생명체에 대한 최초의 특허라 할 수 있는 '석유의 분해 능력이 뛰어난 세균' 에 대해 미국 특허청에서는 특허대상이 아닌 것으로 거절했다. 그러나 미국 연방대법원은 해당 미생물은 유전공학적 방법을 이용하여 발명자 자신이 만든 새로운 생명체이므로 특허대상이 된다고 판단하면서 "인간이 태양 아래서 만든 모든 것은 특허 받을 수 있다."라는 유명한 판례를 남겼다.

유전공학을 이용하여 제조된 석유분해 능력이 증가된 미생물이 미국 특허법 제101조에서 규정하는 특허대상에 해당하는지의 여부에 관한 미국의 판례[155]도 이를 뒷받침한다.

다. 반복재현성의 문제

발명을 특허로 보호받기 위한 전제조건은 명세서를 통한 기술의 공개이다. 그러나 서면공개를 통해 과연 복잡한 작용기전과 개체특이성Genetic specificity within a species 등 다양성을 가진 생명체에 관한 발명을 충분히 공개할 수 있는가에 대한 문제가 제기되었다.

서면주의를 보완하는 수단을 마련하기 위하여 '미생물 기탁제도' 와 「특허절차상 미생물기탁의 국제적 승인에 관한 부다페스트조약 규칙Budapest Treaty on the International Recognition of the Deposit of Microorganisms for the Purposes of Patent Procecdure」이 등장했다.

발명의 실시에 관련된 미생물을 기탁기관에 기탁했다가 실시자에게 필요시 분양해 줌으로써 서면공개로 불충분한 부분까지도 재현할 수 있도록 한다. 특히 부다페스트조약에서 인정한 기

154) 김수동, 위의 책, p.160.

155) Diamond v. Chakrabarty, 447 U.S. 303, 100 S.Ct. 2204,65 L. ED. 2d 144 (1980).

탁기관 중 어느 나라의 기관에 기탁해도 그 기탁을 인정해 줌으로써 발명자에게는 기탁의 부담을 덜어주고 제3자에게는 반복재현을 담보해주도록 한 것이다.

라. 생명윤리의 문제

유럽을 중심으로 동물에 대한 발명이 윤리성에 위배되어 거절되어야 한다는 논리가 팽배해 있었다. 그러나 암을 일으키기 쉬운 생쥐인 하버드마우스에 대하여 유럽 최고법원에서 "설사 동물에게 해를 주더라도 그에 비하여 인간에게 미치는 유용한 결과가 상대적으로 큰 경우에는 특허받을 수 있다(··· a careful weighing up the suffering of animals and possible risks to the environment on the one hand, and the invention's usefulness to mankind on the other···)." 라고 판단함으로써 동물 발명에 대해서도 윤리성 규정이 가변적임을 시사하게 되었다.[156]

또한 2000년 1월 복제양 돌리를 탄생시킨 생명복제기술이 영국 특허청에 의해 특허 허여됨에 따라 이제 생명체의 특허화에 있어서 윤리성 판단 기준에 대한 시각이 명백히 달라지고 있음을 알 수 있다.

휴먼게놈 프로젝트의 연구 결과에 따라 무더기로 쏟아져 나오는 유전정보 역시 특허성에 대한 끊임없는 문제를 야기했다. 기계적으로 단순히 해독되는 유전자 단편들이 과연 특허를 허여할 만큼 유용성을 인정해줄 수 있는 것인가 하는 문제였다.[157] 그러나 결국 이들도 특정 질병을 진단할 수 있을 정도의 유용성이면 특허로서의 유용성을 충족시킬 수 있다는 결론이 내려져 수많은 기업들이 유전정보를 특허받기에 주력하고 있다.[158]

또 한 가지 중요한 문제는 천연자원의 유전정보를 특허화하고 산업화했을 때 발생하는 이익 배분의 문제이다. '생물 다양성협약'에서는 유전자원의 보유국에게도 특허권자로부터 일정한 보상을 받을 수 있도록 하는 내용을 담고 있다. 생명공학 분야는 끊임없이 새로운 형태의 발명을 등장시켜오고 있으며, 앞으로도 어떠한 형태의 발명이 등장할 것인지 미지수이다. 이러한 발명들은 기존의 특허제도가 수용할 수 없는 여러 가지 문제를 끊임없이 발생시킬 것이다.

생명공학 발명이야말로 "자연법칙을 이용한 기술사상의 창작으로 가장 고도의 것"이므로 이에 대한 연구 결과를 특허화하여 자산으로 보호하고자 하는 것은 당연한 일이다. 선진국들은 새로운 연구 결과물들이 등장할 때마다 특허로 보호받게 하기 위하여 기존 특허제도의 틀을 과감히 수정해나가고 있다.

아직 밑그림에 불과한 유전자 연구결과물들이 모두 특허화한다면 이용하는 후발 연구자들의

---

156) Decision T19/90(onco-mouse/HARVARD).

157) Nature, volume 386, 27, March, 1997.

158) JPO, Comparative study on biotechnology patent practices, Theme : patentability of DNA fragments. Trilateral Projects B3b, 1999.5.

특허는 모두 선진국에서 선점한 특허권을 침해하게 될 것이다.

가급적 빨리 많은 특허권을 보유하는 것이 무엇보다 중요하며, 유전자원을 보호하여 우리의 유전자원을 제3국이 특허화하거나 산업화할 때 합리적인 이익배분을 받는 것도 중요하다.

2절 생명과학기술의 국제법적 규제

Ⅰ 뉘른베르크강령

1. 성립 배경

뉘른베르크강령Nuremburg Code, 1946은 2차대전 후 성립된 강령이다. 나치에 의해 과학적 연구라는 미명하에 행해진 인간실험의 전모가 전쟁이 끝나면서 드러났다. 1946년 미국은 잔악행위에 연루된 나치 의사들에 대한 전범 재판을 지휘했으며(USA vs. Karl Brandt), 히틀러의 개인 의사 칼 브란트를 비롯한 24명의 피고를 고발했다. 국제적으로 알려진 과학자이자 인체 연구자인 앤드류 아이비Andrew Ivy(보스턴의 신경학자이자 정신병학자)는 미국 의학협회의 임명에 의해 법정에서 미국 측 증인으로 선택되었다.

법정이 초점을 맞춘 것은 나치의 실험이 지니는 범죄적인 성격이지만, 판사들은 또한 의학 연구에 관련된 훨씬 더 광범위한 윤리적 관심사들을 파악하고 있었다. 법정은 나치 의사들을 재판하기 위해 필요한 의료 기준의 역사적 구조를 찾아냈고, 2차 세계대전 동안 나치주의자와 의사들, 과학자에 의해 착수된 의학 실험의 범위를 분명히 하려고 시도했다. 마지막으로 법정은 연구 윤리의 규범으로 이바지할 수 있는 인체실험의 원칙들을 확립하려고 시도했다.

법정의 참고인이었던 아이비와 레오 알렉산더는 자신들의 증언을 판사들이 최종 판결에서 이용할 수 있는 원칙들로 체계화함으로써 연구 윤리를 성문화하는 데 도움이 된 사람들이었다. 그러한 원칙들은 많은 출처들에서 나온 것처럼 보인다. 그러나 아이비의 실험실에서 이용된 진행상의 절차들에 대해 우리가 초기에 기술한 내용이 뉘른베르크강령으로서 체계화되어 알려지게 된 것은, 많은 부분 위대한 연구가들의 개인적인 기준이 반영되는 것이라는 믿음을 더욱 확고히 해준다.

2. 의료실험

사람에 대해 행하는 의료 실험은 합리적으로 적절히 한정된 범위 안에서 실시할 때에만 의료

직업윤리에 부합함을 유념해야 한다. 사람을 대상으로 하는 실험을 옹호하는 입장은 다른 연구방법이나 수단을 통해서는 얻을 수 없는 사회적 이익을 그러한 실험을 통해 얻을 수 있다는 점에 근거한다. 그러나 도덕관, 윤리관, 법 관념 등에 부응하기 위해서는 다음과 같은 일정한 요소가 고려되고 기본 원칙이 준수되어야 한다.

가. 자발적 동의

실험 대상이 되는 사람의 자발적인 동의voluntary consent는 절대 필수적이다. 즉, 관련 당사자가 스스로 동의할 수 있는 법적 능력이 있어야 하고, 강압, 사기, 기망, 강박, 기만, 기타 이면의 강제나 개입 없이 자유로운 선택권을 행사할 수 있는 상황에서 관련 사안의 주된 요소를 충분히 숙지하고 이해하여 이에 근거한 합당한 결정을 할 수 있어야 한다.

또한, 실험 대상자가 긍정적인 결정을 승낙하기에 앞서 그에게 당해 실험의 성격, 기간 및 목적, 당해 실험에 참여함으로써 야기될지 모르는 건강 또는 신상의 영향에 대하여 고지 받아야 한다. 동의의 적정성을 확인할 의무와 책임은 실험을 주도, 지시, 관장하는 각 개인에게 있다. 이는 타인에게 위임할 수 없는 일신 전속적 의무이며 책임이다.

나. 사회적 이익

실험은 다른 연구방법, 수단에 의해서는 얻을 수 없는 사회적 이익을 위해 유익한 결과를 낳을 수 있는 것이어야 한다. 성질상 무작위로 행해지거나 불필요한 것이어서는 안 된다.

다. 정당화

실험은 그로 인하여 기대되는 결과가 당해 실험의 실행을 정당화할 수 있도록 동물실험의 결과와 연구 대상이 되는 질병의 자연 발생사 및 기타 문제에 관한 지식에 근거하여 계획해야 한다.

라. 고통의 최소화

실험을 할 때에는 모든 불필요한 신체적, 정신적 고통과 침해를 피해야 한다.

마. 예측된 불이익

사망 또는 불구의 장애가 발생할 수 있으리라고 추측할 만한 이유가 있는 경우에는 실험을 행할 수 없다. 단, 실험을 하는 의료진도 그 대상이 되는 실험의 경우는 예외로 한다. 또한, 상해, 불구, 사망의 어떠한 일말의 가능성으로부터도 실험 대상자를 보호하기 위해 적절한 준비와 적당한 시설을 갖추어야 한다. 실험이 진행되는 동안 실험 대상자는 실험의 계속이 불가능하다고 보이는 신체적, 정신적 상태에 이르게 된 경우 실험을 자유로이 종료시킬 수 있어야 한다.

바. 비례형광

실험으로 인하여 감수해야 하는 위험의 정도가 그로 인해 해결되는 문제의 인도주의적 중요성 정도를 초과해서는 안 된다.

사. 자격자의 실험

실험은 과학적으로 자격을 갖춘 자에 의해서만 행해져야 한다. 실험을 시행하고 이에 참여하는 사람에게는 실험의 모든 단계를 통해 최고도의 기술과 주의가 요구된다.

아. 탄력적 실험운영

실험이 진행되는 동안 당해 과학자는 그에게 요구되는 선의, 고도의 기술 및 주의력으로 판단할 때, 실험의 계속이 실험 대상자에게 상해, 장애 또는 죽음을 야기하리라고 믿을 만한 상당한 이유가 있는 경우에는 어느 단계에서든 실험을 중지할 준비가 되어 있어야 한다.

뉘른베르크강령의 중요성은 일반적으로 연구 윤리에 대한 영향과 그에 따라 생겨나는 연구지침, 규정의 발전이라는 점에서 아무리 강조해도 지나치지 않다.

Ⅱ 헬싱키선언

1. 성립 배경

헬싱키선언Declaration of Helsinki, 1964은 의사들에 의해 고안된 직업상의 지침으로 의도된 연구와 실험을 위한 윤리적 원칙을 말한다.

뉘른베르크강령이 생긴 이후에도 때때로 몇몇의 악명 높은 나치 실험들, 즉 높은 고도나 낮은 기온에 노출시키는 것과 관련된 실험을 부활시키려는 시도들이 행해졌다. 그러한 시도를 제안하는 자들은 인간 연구 피험자들을 보호하는 것을 조건으로 하는, 그리고 나치와는 완전히 대조적으로 죽음을 종점으로 취급하지 않는 것을 조건으로 하는 미국과 캐나다, 영국에서의 민간과 군에 의한 연구에서 이미 획득한 막대한 자료들을 알고 있지 못한 것 같다. 나치의 자료들을 부활시키려는 시도들은 용도 이상의 중요한 윤리적 관심들을 불러일으킨다.

비윤리적인 연구로 인해 얻어진 자료들은 발표될 수 있거나 어떤 형태로든 이용될 수 있어야 하는가? 만일 윤리적으로 수행된 연구에서 관련된 이용 가능한 자료가 없을 경우에는 그러한 자료를 사용하는 것이 허용 가능한 것인가? 이러한 문제는 논쟁의 여지가 여전히 남아 있다.

2. 내용

헬싱키선언은 의사들에 의해 고안된 직업상의 지침이다. 의도된 연구와 실험을 위한 윤리적 원칙[159]을 제정한 것으로, 피험자들이 너무 병이 깊어 자신의 능력으로 동의하지 못하는 경우, 대리 동의를 규정하고 있다는 점에서 뉘른베르크강령과 차별된다. 헬싱키선언은 사람을 대상으로 하는 생명의 의학 연구와 관련하여 의료진에게 지침이 되는 권고 사항을 담은 것이다.

1964년 헬싱키에서 열린 세계의사협회[WMA]의 제18차 총회에서 채택되었다. 1996년에 이르기까지 4차례에 걸쳐 보완된 이 선언은 처음으로 '치료적 연구'와 '비치료적 연구'의 구분을 시도했다. 즉, 환자의 진단 또는 치료를 목적으로 하는 의료적 연구와, 본질적으로 순수히 연구만을 목적으로 하고 당해 연구 대상자에게 직접적인 진단이나 치료적 가치를 갖지 않는 의료 연구를 나누어 설명하고 있다.

환경에 영향을 미칠 수 있는 연구를 수행할 때는 특별한 주의를 요하고, 연구를 위해서 사용하는 동물의 복지를 배려할 것을 선언하고 있는 점도 새롭다.[160]

헬싱키선언에서 도입된 치료적[clinical, therapeutic] 연구와 비치료[nonclinical, nontherapeutic] 연구의 구분은 오늘날 유전자 치료 등 치료적 연구가 늘고 있는 상황에서 특히 주목을 요한다.

전자는 환자를 치료하기 위한 목적에서 환자에게 직접적인 이익이 돌아가는 연구인데 비해 후자는 실험 대상자에 대한 직접적인 이익보다는 순수과학 연구가 목적인 경우에 해당한다. 헬싱키선언은 비치료적 연구에서 과학과 사회적 이익이 실험 대상자의 안녕에 대한 고려보다 결코 우선해서는 안 된다는 것을 강조하고 있다.

이처럼 치료적 연구와 비치료적 연구를 구분한 것은 나름대로 의의가 있다. 그러나 문제는 앞에서 이미 언급한 대로 오늘날 생명의학 기술의 특성상 이 구별이 용이하지 않다는 데 있다.

임상과 연구의 구분은, 치료를 평가하기 위한 실험에서처럼 양자가 자주 동시에 이루어진다는 점에서 그리고 표준적인 요법과 상당히 다른 치료는 종종 '실험적'이라고 불린다는 점에서 애매할 수밖에 없다. 이 점에서 치료적 연구와 비치료적 연구의 구분이나 뉘른베르크강령에서 가장 강한 요구 사항이었던 동의 요건을 예외적인 경우에 생략할 수 있게 한 것은 어느 면에서 연구자 중심의 연구 윤리라고도 보여진다. 1960년대의 사회적 배경을 감안한 헬싱키 선언은 윤리보다는 기술적 연구의 활성화에 초점을 맞춘 것을 감안해야 한다.

---

159) 1954년에 세계의학협회(WMA)가 의사들을 위해 채택된 원칙.

160) 박은정, "생명공학 시대의 법과 윤리", 이화여자대학교 출판부, p.352.

Ⅲ 인간 게놈과 인권에 관한 보편 선언

1. 탄생 배경 및 의의[161)]

지난 한 세대 동안 UN을 중심으로 한 논의 및 그에 따른 성과들[162)]을 종합한다면, 과학기술은 삶의 조건을 향상시키기도 하지만 사회적 문제를 야기하고 고도로 민감한 정치적 문제를 낳을 우려 또한 배제할 수 없다. 예컨대 과학기술이 개인의 인권 침해뿐만 아니라 한 국가의 독립을 방해하거나 천연자원을 수탈하는 등 국가 통제 목적으로도 쓰일 수 있다는 것이다.[163)]

과학기술의 급속한 발전은 유네스코로 하여금 전통적인 윤리 문제 이외에 과학기술이 야기하는 새로운 윤리 문제에도 관심을 확대시키도록 했다. 유네스코는 특히 생명공학 기술의 진보가 가져오는 윤리 문제에 초점을 맞추었다. 그래서 1993년 유네스코 산하에 국제생명윤리위원회International Bioethics Committee를 결성하여 연례회의를 통해 유전병 검사, 유전자 치료, 생명복제, 신경과학, 실험적 치료 등과 관련된 윤리적, 법적 문제를 검토해오고 있다.

생명윤리 분야에서 국제적인 성격을 지닌 유일한 기구이기도 한 이 위원회는 문화적, 학문적 배경이 다양한 36명의 위원들로 구성되며, 과학자, 법률가, 사회학자, 철학자, 문화인류학자 등이 참가하고 있다. 이 위원회의 가장 최근의 성과가 바로 인간게놈과 인권에 관한 보편 선언Universal Declaration on Human Genome and Human Right(1997)이다. 인간게놈 보호를 위한 이 국제 규범은 1997년 11월 제29차 유네스코 총회에서 만장일치로 채택되었다. 이 선언은 유엔총회가 1948년에 채택한 세계인권선언Universal Declaration of Human Rights에서 시작하여 1996년의 시민적 및 정치적 권리에 대한 국제규약International Covenant on Civil and Political 그리고 1992년 생물다양성에 관한 유엔

161) 박은정, 위의 책, p.352. 이하.

162) 1968년 테헤란에서 열린 국제인권회의의 선언문, 1975년에는 구소련과 다른 동구권 국가들의 제의로 유엔총회에서 '평화와 인류의 복지를 위한 과학과 기술적 진보의 이용에 관한 선언(Declaration on the Use of Scientific and Technological Progress in the interest of Peace and for the Benefit of Mankind)'의 채택, 1978년에는 인도의 푸나에서 열린 '세계질서 모델 계획회의(The Meeting of the Interest of Peace and for the Benefit of Mankind)'가 '과학 기술의 오용 고발선언(The Meeting of the World Order Models Project)'을 채택, 1986년 '인권과 기본적 자유의 증진 및 보호를 위한 과학적, 기술적 발전의 이용에 관한 권고'를 통한 각 분야의 전문가들에 대한 연구 결과인 「인권과 과학적, 기술적 발전(United Nations, Final Act of the International Conference on Human Rights, Teheran, 1968. s. 22-5. 13, 12면)」등.

163) 이에 대해서는 Sadako Ogata, 'Introduction : United Nations Approaches to Human Rights and Scientific and Technological Development, Human Rights and Scientific and Technological Development, 3면. 유엔을 중심으로 한 과학 기술과 인권에 관한 논의 성과에 대해서는 한재각, "과학 기술과 인권", 참여연대 과학기술 민주화를 위한 모임. 「진보의 패러독스 : 과학 기술의 민주화를 위하여」, 당대 1999, p.192 이하 참조.

협약United Nations Convention on Biological Diversity에 이르기까지 유엔총회, 유네스코, 국제노동기구ILO 등이 채택한 각종 선언과 협약, 기타 권고안에 반영시킨 인권의 보편 원칙과 정신[164)]을 이어받은 것이다.

이 선언은 지난 10여 년 동안 유네스코의 '인류 공동의 유산' 을 강조한 것과도 맥을 같이 한다. 즉 이 선언의 규범적 의의는 과학 발전으로 인한 개인의 권리 보호와 함께 인간의 유전자와 그에 관한 과학 지식을 인류 공동의 유산으로 간주해야 한다는 데 있다. 인간의 유전자는 개인의 소유라는 관점 이전에 가족과 부족 나아가 인류 공동체의 유산이라는 입장에서 출발하고 있는 것이다.

이 선언은 한편으로는 인간게놈 연구와 그 연구 결과의 적용이 개인과 인류의 건강을 증진시키는데 커다란 기여를 하게 되리라는 점을 승인하고 있다. 그러면서 다른 한편으로 그러한 연구가 인간의 존엄과 자유, 인권을 전적으로 존중해야 하며, 유전적 특성에 기초한 어떠한 형태의 차별도 금지해야 한다는 점을 강조한다. 즉, 생명과학 분야의 과학 연구의 자유를 보장하면서 연구 결과의 잠재적 남용으로부터 인권을 보호하기 위한 보편적 윤리 기준을 마련하고자 했다는 데 의의가 있다. 이 선언은 유전학 분야에서 지적재산권은 원칙적으로 존중되어야 한다는 취지를 받아들이고 있다.[165)] 무엇보다도 인간복제에 반대하는 규정을 명시한 것도 최근의 국제적 여론의 흐름을 반영한 결과라 할 수 있다.

2. 내용

'인간게놈과 인권에 대한 보편 선언' 의 내용은 가) 인간 존엄과 인간게놈에 관한 사항, 나) 인권에 관한 사항, 다) 인간게놈 연구에 관한 사항, 라) 과학 활동 수행 조건에 관한 사항, 마) 국제협력에 관한 사항, 바) 선언에서 제시한 원칙의 촉진에 관한 사항, 사) 선언의 이행에 관한 사항으로 나눈다.

가. 인간 존엄과 인간게놈

인간 고유의 존엄성과 다양성을 인정하고 인류 전체의 근본적 단일성을 인정하는 기초가 되는 인간게놈은 인류의 유산이라는 것을 밝히고 있다.[166)] 이로부터 유전적 특질에 관계없이

164) 인종 말살 범죄 처벌, 인종 차별 폐지, 정신 지체자, 장애자 권리보호, 여성차별철폐, 범죄 및 권력 남용 희생자를 위한 정의, 어린이 권리보호, 장애자에 대한 기회 균등 보장, 생화학 무기 제조 금지, 차별 교육 철폐, 고용 차별 철폐, 소수인종보호 등등

165) 이 선언의 서문은 1988년 '예술 저작물 보호에 관한 베른 협약Bern Convention for the protection of Literary and Artistic Works'을 비롯하여 특허와 저작권에 관한 각종 국제적 합의 정신을 이어받고 있음을 밝히고 있다.

166) 인간 게놈과 인권에 관한 보편 선언Universal Declaration on Human Genome and Human Right 제1조.

존엄과 인권을 존중받을 권리, 개인이 유전적 특질로 환원당하지 않을 권리가 나온다. 이와 함께 자연 상태의 인간게놈을 영리 목적으로 이용할 수 없음을 못박고 있다.

나. 인권에 관한 사항

개인의 게놈에 영향을 끼치는 연구, 치료 및 진단은 잠재적 위험성과 이익에 대한 사전 평가에 따라 행해져야 한다. 연구 활동을 하기 위해서는 국내와 국제적 연구 기준이나 지침에 따른 사전 심의를 위해서 계획서를 제출해야 한다. 모든 종류의 개입에는 사전에 자유롭고 충분한 정보가 알려진 상태에서 관련 당사자의 동의를 얻어야 한다. 법적으로 동의 능력이 없는 개인의 경우 그의 게놈에 영향을 주는 연구는 법에 따른 조건을 준수하여 당사자의 건강에 직접적인 이익을 주기 위한 한도에서만 수행할 수 있도록 했다.

개인의 건강에 직접적인 이득을 기대할 수 없는 연구는 "극도의 절제 하에, 관련 당사자에게 최소한의 위험과 최소한의 부담을 주고 연구 목적인 동일 연령대나 동일 유전 조건을 가진 사람들의 건강에 기여하며 개인의 인권보호와 합치되는 경우에만" 수행할 수 있도록 했다.[167]

이와 함께 개인은 유전적 검사의 결과와 그 중요성을 통보받을 권리, 유전적 정보의 비밀을 보장받을 권리, 게놈에 대한 개입으로 인한 피해를 보상받을 권리를 가지며, 이때 비밀유지 원칙에 대한 예외적 제한은 국제 공법과 인권에 관한 국제법의 범위 안에서 불가피한 이유가 있는 경우 법률에 의해서만 가능하도록 했다.

다. 인간게놈 연구

생물학, 유전학, 의학 분야의 인간게놈 연구와 응용은 개인의 인권과 인간의 존엄에 대한 존중에 우선할 수 없다는 원칙[168]을 분명히 했다. 이 분야 연구는 고통의 경감, 개인 및 인류의 보건 향상을 추구해야 한다고 정하고 있다.

이로부터 과학 진보의 이득을 균등하게 이용할 권리를 추출해낼 수 있다.[169] 이 선언은 또 인간복제와 배세포 조작 행위를 인간의 존엄에 반하는 행위로 명시하고 있다.

라. 과학 활동 수행 조건

이 선언에 따르면 각국은 인간게놈 연구의 자유로운 수행을 보장하기 위한 지적, 물질적 여건은 조성하되, 이러한 연구의 윤리적, 사회적, 경제적 함의를 고려하기 위한 합당한 조치를 취할 것을 권하고 있다. 아울러 각국에 연구 결과가 비평화적인 목적에 사용되지 않도록 노력할

---

167) *Id*, 제5조의 e. 제5조의 c. 제7조. 제8조. 제9조.
168) *Id*, 제11조.
169) *Id*, 제12조의 a. 제11조, 제24조.

의무[170]와, 인간게놈 연구와 그 응용에 따라 제기되는 윤리적, 법적, 사회적 문제를 평가하기 위한 윤리위원회를 설치할 것을 장려하고 있다.

마. 국제 협력

이 선언은 각국에 유전적 특질에 따른 질병이나 장애에 특별히 취약한 집단의 연대를 도울 것[171]과, 선진국과 개발도상국 간의 과학적, 문화적 협조를 명시하고 있다.

바. 선언에서 제시한 원칙의 촉진

선언에서 제시한 원칙을 촉진하기 위해서 각국으로 하여금 교육, 학제 간 연구 및 훈련, 개방된 국제적 토론과 함께, 특히 과학 정책 책임자들에 대한 생명 윤리 교육을 장려하고 있다.

사. 선언의 이행

선언의 이행을 위한 유네스코 국제생명윤리위원회의 사명을 열거하면서, 배아세포 조작 행위와 같은 인간 존엄에 반할 수 있는 행위를 밝히는 것을 비롯하여, 이 선언의 후속 조처에 관해서 동 위원회가 총회에 권고안을 제출하고 조언할 것을 명시하고 있다.[172]

Ⅳ 생의학 인권협약

1. 탄생 배경 및 의의

생의학 인권협약[173]Convention on Human Rights and Biomedicine, 1997은 동서유럽 40개 국가가 가맹한 지역 국제기관인 유럽평의회Council of Europe가 1997년 만든 협약이다. 이 협약은 생물학과 의학 분야의 급속한 발전을 야기하는 윤리 문제와 인권 문제에 대한 국제 사회의 가장 최근의 합의라는 점에서 주목을 끈다. 생물학과 의학의 오용이 인간의 존엄을 해칠 수 있다는 가능성을 염두에 두고, 이 분야의 발전이 개인으로서의 인간과 종의 일원으로서의 인간을 존중하고, 현재 그리고 미래 세대의 이익에 맞게 사용되어야 한다는 원칙을 확인한 것이다.

---

170) *Id*, 제15조.

171) *Id*, 제17조.

172) *Id*, 제24조.

173) 정식 명칭은 생물학 및 의학의 적용에 있어 인간의 권리와 존엄 보호를 위한 협약Convention for the Protection of Human Rights and Dignity of the Human Being with Regard to the Application of Biology and Medicine.

2. 내용

협약의 기본 원칙은 생물학과 의학의 적용으로부터 인간의 존엄성과 정체성, 온전성을 보호해야 한다는 것이다. 이와 함께 사회 이익이나 과학보다는 인간의 이익과 복지가 우선해야 하며 협약 제2조(적절한 수준의 건강에 대한 동등한 접근권), 제3조(연구 및 건강 관련 개입에서 전문가의 책임과 기준설정), 제4조를 강조하고 있다.

이 협약이 담고 있는 중요한 내용으로는 의료 처치와 관련한 당사자의 동의, 사생활 및 정보보호, 인간게놈 보호, 의학 연구, 장기 및 조직 이식 관련 문제 등을 들 수 있다.

우선 의료 분야의 무든 개입은 자발적이며 충분한 설명에 근거한 동의에 의해서만 가능하다. 이때 의료진은 개입의 목적, 성격, 영향, 위험 정도 등에 관해 설명해야 하며, 당사자는 언제든지 자유롭게 동의를 철회할 수 있다. 동의를 할 능력이 없는 사람을 상대로 한 개입은 그 사람에게 직접적인 이익이 있는 경우에만 수행할 수 있다. 동의 능력이 없는 미성년자의 경우는 법정대리인이나 기타 법에서 정한 권한이 있는 사람의 동의에 의해서만 가능하다. 이때에도 미성년의 의사는 연령, 성숙 정도에 상응하여 중요한 결정 요인으로 고려되어야 한다. 심한 정신적인 장애를 가진 사람에 대한 동의 없는 개입은 치료를 목적으로 해야 하며, 그러한 치료가 없이는 건강에 심각한 위험을 초래할 때만 허용된다(협약 제6조). 의료 및 건강과 관련하여 모든 개인들은 사생활의 권리를 가진다. 개인은 자신의 건강에 관해 축적된 어떤 정보든지 알 권리를 가지며, 이와 관련하여 알고자 하지 않는 사람의 의사도 존중해야 한다(협약 제10조).

이 협약에 따르면, 개인의 유전적 특성에 근거한 어떠한 형태의 인간 차별도 금지된다. 유전적 질환의 예측을 위한 검사 또는 피검사자가 질병 요인이 되는 유전자를 가지고 있음을 확인하기 위하거나 질병에 대한 유전적 성향이나 민감성을 탐지하기 위한 검사는 오로지 건강상의 목적 또는 건강 목적에 관련된 과학적 연구를 위해서만 시행할 수 있다. 이 경우 적절한 유전상담에 따라야 한다(협약 제12조: 인간게놈을 변경하고자 하는 개입 행위는 예방, 진단 또는 치료의 목적을 위해서만 수행할 수 있고, 그 목적이 후손의 유전 형질을 변경하려는 것이 아닌 경우에만 가능하다).

동 협약 제13조는 성과 연관된 심각한 유전적 질환을 피하기 위한 경우를 제외하고는 생식보조 기술은 자녀의 성감별 목적으로 사용해서는 안 된다고 규정한다.

사람을 대상으로 하는 연구는 다음의 조건이 모두 충족되는 경우에만 허용한다.

가. 다른 방법의 부재

사람에 대한 연구에 비할 만한 유효한 다른 방법이 없어야 한다.

나. 형평성 고려

그 사람에 대해 야기될 수 있는 위험이 연구의 잠재적 이익과 불균형을 이루지 않아야 한다.

다. 연구승인

연구 계획은 연구 목적의 중요성에 대한 평가 및 윤리적 수용 가능성에 대한 다각적인 심사를 포함하여, 그 과학적 이익에 관하여 독립적인 검토를 거쳐서 자격이 있는 기구에 의하여 승인되어 있어야 한다.

라. 고지의무

연구 대상자는 그들을 보호하기 위해서 규정된 법률상의 권리와 보호책을 고지 받아야 한다.

마. 동의 · 철회의 자유

동의는 명시적이고 구체적으로 서면에 의하여 이루어져야 하며, 언제든지 자유로이 철회할 수 있어야 한다.

동 협약은 연구에 동의할 능력이 없는 사람들을 상대로 한 연구를 예외적으로 허용하고 있다. 이때 이들을 보호하기 위해 제16조 다섯째까지의 조건과 함께 연구 결과가 자신의 건강에 실질적이고 직접적인 이익을 가져올 가능성이 있고, 동의 능력이 있는 사람을 상대로는 이에 상응할 만한 유효한 연구를 할 수 없을 때만, 그리고 일정한 절차에 따른 허가에 따라 당사자가 반대하지 않을 때만 한정하고 있다(협약 제17조의 1).

동 협약은 동의 능력이 없는 당사자의 건강에 직접적인 이익을 주는 결과를 가져올 가능성이 없는 경우라도 법률이 보호 규정을 두는 경우, 또 다른 예외로서 연구를 허용하고 있다. 다만 그때에는 다시 추가적으로 개인의 조건, 질환의 과학적 이해를 현저히 향상시킴으로써 궁극적으로 당해 개인 또는 기타 동일한 연령대에 속하거나 동일 질환 또는 동일 조건에 처한 자에게 이익을 줄 수 있는 결과를 얻는 데 기여하고자 하는 목적의 연구인 경우, 그리고 당해 개인에 대하여 오로지 최소한의 위험minimal risks과 최소한의 부담minimal burden을 수반하는 연구인 경우라 못박고 있다(협약 제17조의 1).

최근 국제 사회의 생명 윤리의 이슈가 되고 있는 시험관 내 배아 연구에 대해서는 법률상 허용하는 경우에 배아에 대한 적절한 보호adequate protection가 보장되어야 한다는 조건을 달고 있다. 그리고 연구 목적을 위한 인간 배아의 생산은 금지하고 있다(협약 제18조).

동 협약은 살아 있는 사람으로부터 동의에 따른 이식 목적의 장기 적출을 허용한다. 이에 따르면, 살아 있는 기증자로부터 이식 목적으로 장기 및 신체 조직을 적출하는 것은 오로지 이식 대상자의 치료의 이익을 목적으로 하거나, 죽은 사람으로부터는 조달이 불가능할 때, 그리고 다른 치료 방법이나 이에 견줄만한 효용성이 없을 때에만 가능하다.

동 협약은 더 나아가 동의 능력이 없는 사람으로부터의 장기 적출도 예외적으로 허용하고 있어 논란이 되고 있다. 즉 동의 능력이 있는 기증자를 구할 수 없을 때, 그리고 이식 대상자가 기증자의 형제자매인 경우, 이식 대상자의 생명을 구할 수 있는 기증인 경우가 그러하다. 물론 이때에도 법에 따라 자격이 있는 기구의 엄격한 심사와 법에 따라 권한이 있는 사람의 동의에 따라야 하며, 기증 예정자가 반대하지 않아야 한다(협약 제20조의 2).

그 밖에 동 협약에 따르면 인체 및 인체 일부분은 금전적인 이득을 얻기 위한 거래 대상이 될 수 없다고 밝히고 있다. 의학적, 과학적 개입을 통해서 신체 구성물을 몸에서 적출한 경우, 그것을 적출한 목적 이외에 다른 목적을 위하여 비축하거나 사용할 경우는 적절한 설명에 따른 동의 절차가 있어야 한다고 정함으로써 최근 의학적 용도가 부쩍 늘고 있는 신체 적출물을 둘러싼 이해갈등 양상에 대비하고 있다(협약 제22조).

동 협약에는 들어 있지 않은 인간복제 문제에 대처하기 위해서 유럽의회는 1998년에 부속의 정서를 채택한 바, 살아 있는 사람이건 죽은 사람이건 다른 사람과 유전적으로 동일한 사람을 탄생시키기 위한 어떠한 개입도 금지되는 규정이 포함되어 있다.

Ⅴ 세계 주요국의 생명과학에 대한 규제

1. 외국의 규제 동향[174)]

우량 가축을 대량으로 생산하여 단백질을 공급하고, 거부 반응이 없는 장기를 만들어 질병을 치료하고, 암과 노화 방지를 위한 연구를 하겠다는 과학자의 생각과 이 기술의 오용 내지 남용을 걱정하면서 복제인간을 떠올리는 일반인들 사이의 인식 차이는 현재로서는 상당히 크다.

이러한 가운데 한쪽에서는 인간복제를 포함한 생명복제를 강력히 규제해야 한다는 여론이 일고 있고, 다른 한편에서는 막연한 공포 때문에 과학 연구의 자유가 위축되어서는 안 된다는 반발과 함께, 규제를 과학 발전의 적으로 간주하려는 공격적 방어 전선이 형성되고 있다.[175)]

174) 박은정, 위의 책, p.288. 이하를 인용함.

175) 김원기, "생명 복제에 관한 기독교 윤리적 접근." 제2회 숭실 기독문화 정기포럼(숭실대학교 한국기독교문화연구소, 1999. 6. 14) 발표문 : "과학자들과 정책결정자들에게는, 대중의 억측을 가라 앉히고 추측에 불과한 특정한 가능성들을 무시하라는 제도적 압력들이 존재한다.", "복제과학자들은 많은 경우에 종교에 대한 관심은 별로 없으면서도 그들이 하는 작업에 대해서는 종교적인 태도를 갖고 있다. 그들은 생명공학 혁명이 인류를 구원하리라고 믿는다."

대한의사협회도 1999년 1월 26일 인간개체의 복제 목적이 아닌 건전한 복제 연구는 의학적 유용성을 고려하여 전면적으로 허용해야 한다는 의견서를 낸 바 있다.

생명복제 연구에 관심을 가지는 과학자들은 돌리에 대한 두려움을 버릴 것을 주장한다. 그러나 우리 사회를 위시하여 국제사회의 여론은 인류 복지를 위한 긍정적인 측면을 인정하면서도 안전과 윤리 문제를 비롯한 부정적 측면 때문에 규제를 원하는 쪽으로 움직이고 있다.

우리나라에서도 종교단체를 비롯하여 주로 환경 문제, 농업 문제에 관심을 가진 시민단체들이 인간복제금지법을 촉구하고 있다. 인간복제에 대한 전 세계적인 반대운동을 이끌고 있는 미국의 책임 있는 유전학을 위한 회의[Council for Responsible Genetics: CRG]는 세계 모든 국가들에게 인간복제를 금하는 법을 만들 것과, UN에 대해서는 인간복제를 둘러싼 민족적, 문화적, 종교적, 신념 갈등에 대처하기 위한 국제재판소를 구성할 것을 촉구하고 나섰다.[176)]

지배적인 여론은 생명복제 연구는 인간 배아를 취급하는 등 사회 성원들의 생명관에 영향을 미치고, 기술의 남용은 생태계, 사회 제도 나아가 인류 미래에 심대한 영향을 끼칠 수 있는 만큼 과학적 용이함만을 생각하여 이를 방치할 수는 없지 않느냐는 것이다. 이미 이 분야의 규제입법을 만든 나라도 있다.

스위스 같은 나라는 사회적, 윤리적, 법적 영향의 중요성을 인정하여 국민투표를 통해 연방헌법 차원에서 인간 배아 복제를 묵시적으로 금지하는 규정을 마련했다.

규제하는 법까지는 아직 만들지 않았지만 생명복제의 안전 및 윤리 문제를 적절히 해결할 때까지 정부 정책으로 일시적인 연구 중지 내지 연구 지원 중지를 결정한 나라도 많다.

규제를 해야 한다는 여론이 우세하기는 하지만 구체적으로 들어가면 생명복제 연구나 그 기술 적용을 무조건 막는 식의 규제보다는 구체적인 허용 한계를 정하는 법적 기준을 설정하려는 움직임이 지배적이다.

대체로는 인간복제, 즉 인간 개체 탄생 목적의 복제연구나 기술 이용, 잡종 인간을 시도하는 복제기술 이용은 절대로 금지하되, 연구를 위해 초기 단계의 인간배아를 복제하거나 인간 유전자 및 세포 복제, 동식물 복제 등은 허용하는 방향으로 가고 있다.

우선 유럽이사회가 '생의학인권협약'에 추가하여 1998년 1월에 채택한 '인간복제금지 의정서'도 그런 내용을 담고 있다. 의정서 제1조의 내용은 다음과 같다. "살아 있는 자든 사망한 자든 다른 인간과 유전적으로 동일한 인간을 탄생시키고자 하는 어떠한 개입도 금지된다. 이 조항에서 다른 인간과 '유전적으로 동일한' 인간이라는 단어는 다른 사람과 동일한 유전자 세트를 공유하는 인간을 의미한다." 인간복제 금지에 관한 최초의 국제협정인 이 의정서에는 독일과 영국을 제외한 덴마크, 프랑스, 그리스, 핀란드, 아이슬란드, 이탈리아, 룩셈부르크, 노르웨이,

---

176) http://www.Essential.org/crg/cloning.html.

포르투갈, 스페인, 스웨덴, 터키 등 19개국이 서명했다.

영국은 의정서에는 서명하지 않았지만 1990년 11월에 「인간수정과 발생에 관한 법Human Fertilization and Embryology Act」을 마련하여 인간 배아에 관한 모든 연구와 취급을 허가사항으로 정해 놓고 있다.[177] 이 법에서는 배아세포핵 이식 복제술을 명시적으로 금지하고 배아 분할은 이식을 위한 배아 수의 증가 목적을 제외한 연구 목적으로는 허용했다. 허가에 따라 인간배아를 연구하는 경우에도 수정 후 14일까지로 한정하고 있다.[178] 연구 아닌 치료 목적의 배아복제나 인간 개체 탄생 목적의 인간배아 복제는 현행 영국법에서 금지된다.

복제양 돌리 공개 직후 영국 하원 과학기술위원회House of Commons Science and Technology Committee가 낸 보고서는 돌리 복제에 따른 잠재적 이익보다는 위험이 크다는 지적과 함께, 실험적인 인간이 탄생되어서는 안 된다는 전제하에 의회가 인간복제 금지를 다시 한 번 분명히 해야 한다는 결론을 내리고 있다. 이 권고에 따라서 인간 유전학에 관해 보건 및 산업 관련 장관들의 자문에 응하는 인간유전자문위원회Human Genetics Advisory commission가 만들어졌다.

독일은 인간배아를 보호하는 형사특별법으로서 배아보호법Gesetz zum Schutz von Enbryonen을 만들어 1991년부터 시행하고 있다.

이에 따르면 다른 배아, 태아, 살아 있는 자 또는 사망한 자와 동일한 유전정보를 가지고 있는 배아를 발생시키는 인공적 조작을 하는 행위와, 배아를 여성에게 이식하는 자를 처벌하는 규정을 두어 인간복제 가능성을 일찍부터 차단하고 있다. 임신 이외의 목적으로 사람의 배아를 체외에서 계속 배양시키는 행위 자체가 처벌 대상이 되고 있는 것이다.[179]

일본은 복제 규제 관련 법제를 가지고 있지는 않다. 그러나 복제양 돌리 발표 직후인 1997년 3월 과학기술청을 중심으로 유전자 복제 연구에 관한 지침과 규제 장치를 마련하기로 결정했다. 인간을 대상으로 한 복제 연구에 대해서는 정부의 기본 방침이 설 때까지 정부의 연구 기금을 배정하지 않기로 했다.

총리자문기구인 과학기술회의 생명윤리위원회는 복제 문제 등을 집중적으로 논의하여 1998

---

177) Human Fertilization and Embryology Act 제3조 1항.

178) Human Fertilization and Embryology Act 제3조 3항의 d.

179) 독일의 배아보호법은 생식 기술의 부당한 이용과 배아의 부당한 이용, 성 선택, 사람의 정자나 난자 등 생식계 세포의 인위적 변경, 인간 복제, 잡종 인간, 대리모 계약을 형사 처벌 대상으로 정하고 있다. 다만 정자나 난자 등 생식계 세포가 수정을 위하여 이용될 가능성이 없는 경우에는 실험에 이용할 길을 터놓고 있다. 즉, 제5조 4항에 따르면 각각 다음의 경우에는 생식계 세포에 대한 조작 행위를 허용하고 있다. ① 체외에 있는 생식 세포의 유전 인자에 대한 인위적인 변경으로서, 수정을 위하여 이용되는 것이 아닌 경우, ② 죽은 배아, 사람 또는 사체로부터 채취한 인체에 고유한 생식 세포의 유전 정보에 대한 인위적 변경으로서 a. 생식 세포를 배아, 태아 또는 사람에 이식하거나 b. 생식 세포로부터 생식 세포를 생성하는 것이 아닌 경우 ③ 접종, 광선요법, 화학요법 및 기타요법이 생식 세포의 유전인자를 변경하기 위한 목적에서 행하는 것이 아닌 경우.

년 6월 인간세포를 이용하여 복제한 배아를 여성에게 이식하는 행위를 금해야 한다는 내용의 중간보고서를 발표했다. 현재 정부 차원에서 인간 개체 복제 목적이 아닌 체세포 복제 연구를 조건부로 허용하기로 하고, 이에 관한 지침을 마련 중에 있다. 이는 일정 단계까지 배양한 배아에서 각 조직으로 분화되는 간세포를 얻어 치료에 응용하도록 하겠다는 것이다.

미국은 돌리 공개 직후 인간복제 연구에 대해 연방정부의 연구기금 지원을 금지하는 조처를 취하고, 대통령 자문기구인 국가생명윤리자문위원회National Bioethics Advisory Commission로 하여금 인간복제에 대한 기술적, 윤리적, 법적, 도덕적 문제들을 분석하고, 오남용을 방지하기 위해 필요한 조치를 보고하도록 했다.

이에 따른 1997년 6월의 보고 내용은, 인간에게 적용되기에는 여러모로 시기상조인 이 기술이 안전 문제를 야기하고, 인간 존엄성 침해의 가능성이 있으며, 개인의 개성적 가치를 없애고 가정을 파괴할 수 있으며, 사회 가치관을 파괴할 수도 있다는 우려를 표시하면서 이 기술이 현 단계로는 규제되어야 한다는 결론을 내렸다.

그러나 법령을 제정할 경우 인간 개체 복제를 금지시키되 다른 연구를 방해해서는 안 되며, 일정 기간마다 기술의 현황을 분석하여 인간 개체 복제를 계속 금지시킬 것인지의 여부를 재검토하도록 했다.

그 후 클린턴 대통령은 1997년 6월 복제금지법안Cloning Prohibition Act을 미 의회에 제출한 바 있다.[180] 위반 시에는 영국이나 독일처럼 높은 징역형(영국의 경우 10년 이하, 독일의 경우 5년 이하)에 처하는 대신 최고 25만 달러의 벌금과 이 기술 적용으로 생긴 이익의 2배를 환수하도록 하고 있다. 미 의회에는 1998년에 인간복제를 금지하는 법안이 십여 개나 제출되었다. 제출된 안에는 인간복제 규정을 위반한 연구자와 기관에 대해서는 법무부 장관이 민사소송을 제기하도록 하는 내용도 있다. 클린턴 행정부의 법안은 체세포핵 이식을 통한 세포나 유전자, 조직복제, 동식물 복제 등에 대해 연구할 것을 제안하지 않도록 했고, 5년 후 체세포핵 이식 복제술을 인간에게 적용할 것인지의 여부를 재검토하도록 한 내용이 포함되어 있다.

2. 주요 규제법, 조약, 협정

독일 : 배아보호법Gesetz zum Schutz von Embryonen

프랑스 : 인체의 존중에 관한 법률La Loi relative au respect du corps humain

한국 : 생명공학육성법 / 장기 등 이식에 관한 법률

미국 : 연구 대상자 보호에 관한 규정Regulations for the Protection of Human Research Subject

---

180) 이 법안은 여성의 자궁에 이식할 목적으로 돌리를 만든 것과 같은 체세포핵 이식 복제술을 인간에게 시도하는 것을 금지하는 것을 골자로 한다.

3절 배아복제 연구와 생명윤리

Ⅰ 서설

오늘날 생명공학 기술의 급속한 발전은 많은 윤리적인 문제를 야기했다. 특히 인간복제, 인간배아의 연구 및 복제, 유전자 조작 및 치료의 허용 범위, 이종 간 교잡행위, 동물의 유전자 조작과 변형 등에 대한 윤리적인 문제가 크게 제기되고 있다. 이제 생명윤리의 문제는 어떤 특정한 나라의 문제만이 아니라 전 세계적으로 중요한 관심사가 되었다.

우리나라도 생식기술 분야에서는 세계 최첨단 수준에 이르고 있다. 따라서 생명공학 기술이 암, 에이즈, 치매 등 난치병 치료와 식량 증산, 수명 연장 등을 가져다 줄 것이라는 기대에 부풀어 있는 사람도 있다. 반면에 이에 못지않게 시민단체, 학계, 종교계 등에서는 인간배아의 연구 및 복제, 유전자 조작 및 치료의 허용이 인간 생명의 존엄성을 심각하게 손상한다는 면에서 비윤리적이고 안전 조치도 불충분한 것으로 생각하며 우려하고 있다. 또한 연구자가 자신들도 생명공학 연구에 바람직한 법적 지침과 윤리적 지침이 마련되어 있지 않음으로 인해 연구가 무분별하게 진행될 수 있다는 점을 시인하고 있는 실정이다.

그렇다면 현실적으로 가장 문제점으로 부각되는 부분은 무엇일까? 그것은 인간배아의 연구와 복제의 허용에 따른 배아 파괴 문제이다. 즉 연구 목적으로 배아를 창출하거나 인간배아를 복제하면서, 배아를 파괴하거나 줄기세포를 추출하거나 또한 그 추출된 배아 줄기세포를 활용함으로써 발생하는 윤리적인 문제이다. 일부 생명공학자들은 인간배아 연구를 통해 배아 줄기세포를 생산하는 것이 암 치료를 비롯해서 퇴행성 뇌질환을 극복하고 뼈 질환, 혈액질환 등을 치료하고 신약의 독성 검사라든가 이식용 장기를 양산하는 등의 숱한 긍정적 효과를 가져 올 수 있다는 의학적 유용성을 내세워 연구의 정당성을 주장한다.

사실 배아복제나 배아 줄기세포에 대한 성과는 대단한 것으로 여겨진다. 그러나 대부분의 윤리학자들은 일단 연구에 사용된 배아는 필연적으로 손상을 입고 거의 파괴될 수밖에 없으며, 이는 결국 생명을 경시하는 결과를 가져온다고 주장한다. 우리에게는 인간배아도 생명체이므로 가능한 한 배아의 생명권도 존중되어야 함은 더 이상 논의할 필요도 없다. 따라서 배아를 물건처럼 취급해서는 안 되며, 신생아를 죽이는 것이 원칙적으로 허용될 수 없다면 배아를 파괴하는 행위도 마찬가지로 허용될 수 없는 것이다. 이러한 찬반론이 대립되는 상황에서 결국 우리가 통제되지 않는 욕구, 상업성의 유혹을 뿌리치지 못한다면 생명의 존엄성과 인간의 존엄성은 파괴되고 말 것이다. 바로 이 점 때문에 최소한의 생명윤리를 지키기 위한 법들이 제정되거나 올바른 생명에 대한 이해가 요청되는 것이다.

최근 배아복제 및 줄기세포 연구에 관한 결과들이 속속 발표되고 있다. 따라서 생명윤리 논쟁의 축이 인간복제를 둘러싼 부분에서 의료적, 경제적, 이해가 첨예하게 걸려 있는 배아연구 및 복제, 배아줄기 세포로 이동하면서 인간배아의 생명권 존중의 문제가 더욱 심각하게 대두되고 있다. 이제 생명공학의 문제가 과학기술의 영역을 넘어서 법률, 특허, 시민단체, 종교단체의 첨예한 관심사가 됨에 따라 논쟁의 변화를 전체적으로 관망하고 분석할 필요성이 절실히 요청되고 있다.

이러한 문제를 극복하고 해결해나가기 위해서는 무엇보다도 배아의 생명권에 대한 연구가 나 그리고 나와 함께 살아갈 이웃들의 생명에 직접적인 영향을 끼치기 때문에, 반드시 인간배아의 생명에 관한 과학적인 설명과 그에 대한 윤리적인 이해가 동반되어야 한다.

Ⅱ 인간복제

1. 서언

복제물이라는 의미의 클론clone의 어원은 '작은 가지, 조각, 절단, 군중'이라는 뜻을 가진 그리스어에서 기원했다. 현대적 의미로 복제cloning란 모든 종류의 무성생식이라는 뜻으로 사용되며, 학문적으로는 자연적인 상태에서 식물의 가지치기나 박테리아나 단세포 줄기 유기체 자체가 둘로 갈라져 똑같은 개체를 만드는 단성생식의 의미를 지니며, 생명공학 분야에서 분자, 세포, 유기체와 유전적으로 동일한 복사품을 복제하려는 것을 의미하는 것의 두 가지 의미로 사용된다. 또한 복제라는 용어를 복제물clone을 만드는데 사용되는 모든 기술을 의미하기도 한다.[181)]

이를 인간복제에 적용시키면 인간복제란 무성생식의 모든 기술을 인간을 대상으로 적용하여 인간과 유전적 형질이 동일한 복제물을 만드는 것이다. 그러나 이 정의만으로 인간복제가 함의하는 바가 모두 포함된다고 생각하지 않으며, 이를 위해 생명과학 기술로 정립된 복제기술상의 정의와 목적에 따른 인간복제의 분류를 살펴보고자 한다.

2. 생명복제의 개념

생명복제 기술은 "한 개체와 동일한 유전자 세트를 지닌 새로운 개체를 만드는 기술"로 정의된다.[182)] 식물이나 동물의 단순세포를 이용한 복제기술들은 동일한 세포들을 양적으로 증식시키는 데에는 성공할 수 있지만 어떤 세포든지 핵이 생명체 전체를 형성할 수 있는 분화가능성을

181) 윤용택, 인간 존엄성의 측면에서 바라본 인간복제 기술의 문제, 1999.
182) 유네스코 한국위원회,생명복제기술합의회의 보고서, 1999.

가질 수 있는가의 문제는 생명복제 연구 초기의 기본 바탕이 되었다.

핵의 재 프로그램에 대한 가능성은 1935년 독일의 한스그페만이 조기 배아단계에서 나타나는 세포들의 핵을 '난자에 이식하는 법' 을 제안하면서 실마리를 찾게 되는데 핵이식기술은 지금까지도 동물복제의 유일한 기술이 되었다.

유전공학기술은 '유전자 자체를 조작하는 일' , '세포를 융합하는 일' , '핵이나 세포기관을 바꾸어 넣는 일' , '조직배양기술'등을 포함하고 있다. 이 네 가지 기술 가운데 유전자 조작기술은 그 자체를 유전공학 기술로 정의할 만큼 유전공학의 대표적인 기술이라 할 수 있다.

이러한 유전공학 기술을 바탕으로 생명복제가 이루어지고 있는데 1999년 해스팅센터의 로버트슨은 "복제는 유전적으로 복사 또는 복제물을 창조하는 것"이라고 말했다. 또한 의사들은 생명복제라 함은 체세포 핵이식 또는 수정란 분할 등의 방법으로 유전정보가 동일한 생명체(세포, 조직, 장기, 개체)를 복제함을 일컫는다.

인위적 조작 과정을 통해 외모와 유전형질이 동일한 복수의 동물을 생산하는 세포 및 발생공학 기술을 총칭한다. 그러므로 자연발생적인 일란성 쌍둥이는 이 범주에서 제외되어야 한다는 의미는, 즉 자연적으로 발생하는 유전적으로 동일한 쌍둥이는 제외되어야 한다는 것이다. 왜냐하면, 인위적인 조작 없이 동일한 유전자를 가지고 태어나는 것은 복제가 아닌 탄생이기 때문이다.

3. 생명복제 기술의 역사와 과정

과학기술은 외견상 갑자기 돌발적인 사건처럼 우리에게 다가오지만 그 분야에 관련된 사람들 사이에서는 작은 노력들의 축적과 연결행위로 이해된다. 생명복제 기술에도 과학자들의 노력과 염원이 있어왔다.

모든 생물체는 세포로 구성되어 있고 각 세포는 핵이 있으며 그 안에는 각각의 특징을 결정하는 유전 정보를 지닌 물질 DNA가 있다. 이는 종과 종, 개체와 개체 사이에 특성을 정해준다. 만일 어떤 한 개체가 동일한 DNA를 가진 개체를 임의로 만들어낼 수 있다면 생명복제는 가능하며 적어도 육체적 조건은 동일하다.

가. 돌리 이전[183)]

첫째 단계는 생명이 가지고 있는 자연의 조건에 인위적인 노력을 가함으로써 가능성을 확대해나가는 방법이다. 여기서는 생명을 산출하기 위해서 정자와 난자라는 생식세포를 필요로 하는 유성생식적 복제설계이다. 유성생식적 복제의 연구 단계를 살펴보면 1799년 인공수정을 통하여 임신된 사례가 보고된 적이 있다.

---

183) 길성환, 인간배아 복제와 배아줄기 세포 연구에 대한 윤리신학적 성찰, 2003.

먼저 1953년 왓슨과 클릭에 의해 DNA구조가 발견되었다. 1968년 코라나와 니렌버그에 의해 유전자 코드가 밝혀졌으며 1988년 길버트는 DNA구조의 존재를 소개했다. 이외에도 많은 연구자들의 노력으로 생물학적인 동물복제를 가능하게 만들기 위해 새로운 기술들이 제공되었다.

이러한 유전자 구조에 힘입어 시도된 직접적인 생명복제의 시도는 1983년 독일 스펜만이 수정란에서 발생이 시작되는 것이 염색체인지 세포질 때문인지를 알아보기 위한 핵이식 실험에서 나타났다. 마침내 14년 후 로버트 브릭과 토마스 킹은 깨끗한 유리 피펫을 이용해 난자핵을 제거하고 그곳에 다른 핵을 이식하는데 성공해 개구리 배세포를 이용한 올챙이를 얻었다.

나아가 존 거든은 1966년 올챙이 장핵세포액을 이용해 개구리 일곱 마리를 얻었다. 그러나 장세포 속에 배세포가 포함되어 있었기에 체세포 핵이식(치환)의 방법으로 인식 받지 못했다. 1957년 거든은 다시 개구리 갈퀴세포핵 이식 실험을 했지만 개체발생에는 실패했다. 결론적으로 분화된 세포의 핵은 올챙이 이상으로 자랄 수 없다는 것이 확인되었다. 즉 체세포 내의 핵은 실험 때 어떤 변화를 해 어느 단계까지의 개체 발생은 허용했으나 그 이상의 발생은 제한한다는 것이다.

1981년 생쥐에 대한 실험에서도 체세포 이식이 시도되었지만 제8배세포기가 지나면 배세포라 해도 개체발생은 불가능한 것으로 이해되었다.

그러나 소, 양의 경우 1986년 제8배세포기, 제16배세포기에서 핵이식으로 개체발생을 성공시켰다. 비록 거든이 이룬 업적보다는 한층 발전된 것이기는 하지만 얻어진 결론은 체세포 핵이식에 개체를 발생하게 하려면 세포주기를 맞추어야 한다는 것이다. 즉 세포주기가 맞아야 이식된 핵이 핵분열을 자제해 염색체 수에 이상이 오는 것을 막을 수 있기 때문이다.

이제 1993년 생명복제의 단계는 한 걸음 더 나아가 인간의 배아를 복제하는데 이른다. 조지워싱턴대학의 홀 교수를 중심으로 한 연구팀은 인간의 배아를 복제하는데 성공을 거두었다. 이 단계의 특색은 수정된 인간의 배아를 인위적으로 다수 복제했다는데 있다. 1933년 이전에는 임신할 수 없었던 불임부부의 치유방법으로 시험관아기라든지 자궁의 수정 등의 실용적 시도가 시도되어왔다. 그러나 1993년 홀 교수에 의해 실시된 인간배아 복제는 17개의 배아를 인공적인 방법을 사용하여 48개로 복제해냄으로써 치료적 목적보다는 과학적 실험의 대상으로 인간의 기초 생명체인 배아를 이용했다는 윤리적 문제를 노출했다.

홀 교수는 정상적인 세포배아가 분열되려면 그 세포를 둘러싸고 있는 외피가 분열을 촉진시켜야만 한다는 사실에 착안하였다. 그는 배아를 둘러싸고 있는 외피가 1차 분열하였을 때 외피를 제거한 후 분열된 배아를 각기 분리시키고 인공적인 외피를 입음으로써 세포분열이 각기 이루어지게 하였다. 그러나 이 단계 역시 정자와 난자를 수정시켜야 한다는 전통적인 생명수정의 공식을 따라 이루어진 실험이었다.

나. 돌리 이후

두 번째 배아의 생명복제는 핵치환을 통한 무성생식 방법이었다.

1997년 2월 27일자 〈네이처〉에 발표된 기사는 여론에 엄청난 큰 파장을 일으켰다. 그것은 스코틀랜드의 과학자 아이언 위머트와 캠벨 그리고 그들이 이끄는 에딘버러 소재 로슬린 연구소 팀의 노력으로 돌리라는 복제양이 탄생했다는 기사였다. 6년생 암양과 동일한 유전자를 지닌 양, 즉 복제양 돌리를 만드는데 성공했다는 발표는 인간의 경우에도 체세포 하나를 떼어내 원본 인간과 동일한 유전자를 가진 인간, 즉 복제인간을 만들어낼 수도 있다는 우려 때문에 전 세계를 경악시켰다.

이 과정은 다음 단계로 설명될 수 있다.

첫 번째 단계는 핀 도셋 암양의 젖 유선에서 성숙한 체세포를 분리시킨 후 이를 저밀도의 영양만을 공급하는 배양판에서 세포분열이 정지되게 한 후 유전자 활동을 정지시켰다.

둘째 단계에서는 스코틀랜드산 검은 얼굴 암양에서 수정되지 않은 난자를 분리해 유전자를 포함한 핵을 제거하고 배아를 산출할 수 있는 다른 요소들을 그대로 남겨두었다.

셋째 단계에서는 두 세포를 한데 어우러지게 한 후 전기충격을 주어 한 핵을 갖춘 세포로 결합시킨 후 세포분열이 이루어지게 했다.

그리하여 임신기간이 지난 후 돌리라는 이름의 핀 도셋 양을 낳았는데 이 양은 유전자를 기증했던 그 핀 도셋 암양과 동일한 유전형질을 가진 양이 되었다.

1998년 12월 우리나라 경희의료원에서 제거된 인간의 난자에 체세포의 핵을 이식해서 4세포기까지 분열시킨 인간배아 복제를 시도함으로써 세계의 이목을 집중시킨 바 있다. 그리고 1999년 미국의 과학자들이 당뇨병이나 파킨슨씨병과 같은 질병을 치료할 목적으로 인간 배아복제 연구를 착수했다. 같은 해 2월 국내에서도 복제 소의 분만에 성공했고, 돌리가 탄생한 지 2년이 경과한 이래 세계 각국에서는 여러 종류의 복제동물이 태어났다고 보고되었다. 2000년 3월 5일 영국의 에딘버러에 있는 생명공학회사는 양의 유전자를 변형시키고 광우병 등 여러 질병에 맞춤형 면역을 지니도록 변형된 DNA를 지닌 양 다이애나와 큐피트를 복제했다고 발표했다.

이러한 연구는 2001년에 한국의 마리아 생명공학연구소 소장인 박세필 박사에 의해 인간배아 세포를 이용한 국제 특허출원에 이르게까지 하였다. 또한 같은 해 미국의 ATC사는 체세포를 이용한 인간 배아복제에 첫 성공하기에 이른다. 그리고 다음해인 2002년 한국의 박세필 박사는 이종 간 핵치환술(사람→소)로 배아를 생산했다.

이상과 같은 실험은 생명복제가 배아복제에서 한 걸음 더 나아가 체세포 배아복제까지 발전하는 과정을 말해 주는 것으로, 이 사실은 기존의 생명을 이용할 경우 무성생식이 가능하다는 것을 입증한 것이다. 지금까지 고등생물이라 말할 수 있는 포유류의 출생은 유성생식적 기능과 관계를 절대적으로 거쳐야 하는 것으로 이해해왔으나, 이제부터는 생명의 출생에 관한 새로운 이해와 해석을 하지 않을 수 없게 된 것이다.

4. 생명복제 기술의 종류

알려진 생명복제 기술은 송아지 등의 '수정란의 배세포기의 분할' 을 통한 기존의 비핵이식 복제 방식과 돌리와 같이 핵이식 방법으로 대별할 수 있다. 전자는 체외 인공수정의 연구에서 얻은 수정란의 인위적 분할 후 각각 배양해 자궁에 착상시키는 방식의 복제 기술이며 후자는 난자의 핵을 제거한 후 다른 세포의 핵을 이식해 개체를 발생시키는 복제기술이다. 이 기술은 또한 핵이식 방법에 의한 생식세포 이용과 분화된 성체세포로부터의 체세포 이용으로 구별된다.

가. 비핵이식법[184)]

비핵이식법은 핵을 이식하는 것이 아니라 수정란을 분할하거나 분리하는 방법을 사용한다.

(1) 수정란 분할법

수정란 분할 기술은 체외인공수정의 연구에서 현실화된 것으로 보다 유익한 종자를 한꺼번에 많이 얻으려는 목적에서 이루어진 낙농기술에서 출발한다. 우수한 종자끼리의 수정란 하나를 얻은 다음 여러 개로 분할하여 한꺼번에 여러 암컷의 자궁에 착상시켜 보다 쉽게 똑같은 유전형질을 가진 종자를 다량으로 얻어낸다. 즉 수정란을 예리한 절단기구로 양분 또는 4등분으로 분할하여 투명대에 넣고 배양과정을 거쳐 대리모에 이식하여 하나의 수정란에 유래된 쌍둥이 또는 하나의 수정란에서 유래된 비쌍둥이를 생산할 수 있다.

1930년대에서 시작해 1986년 윌러센 박사는 면양, 1988년 스티스 박사는 토끼, 1989년 프라더 박사는 소와 돼지의 동물복제에 성공했다. 국내에서도 서울대 생물제어실 연구팀은 1995년 분할중인 수정란을 따로 떼어내는 기법으로 복제소 생산에 성공한 바 있다.

(2) 할구 분할법

수정란이 분할을 시작할 때(2~8세포기) 할구를 나누어서 각각 배양하는 방법으로 발생학적인 의미를 갖는다. 이 방법은 불임부부를 위한 역할을 하며 높은 임신율을 보이고 있다.

나. 세포핵 이식법

세포이식법은 60년 전 독일의 발생학자 스페만이 "핵 속에 생명체 형성을 위한 모든 정보가 들어 있다."고 주장한 이래 복제에 대한 연구가 꾸준히 진행되어왔다. 초기에는 개구리와 같은

---

184) 홍자영, 인간배아복제에 따른 윤리학적 분석, 2006, 인천교육대학원.

양서류를 이용하여 거듭 연구했으나 배아세포의 이용에 성공할 수 있었을 뿐, 분화된 체세포는 핵이식이 불가능한 것으로 인식되어왔다. 그러나 영국의 로슬린 연구소의 아이언 박사와 캠벨 박사가 1997년 성장한 양의 체세포를 이용한 복제에 성공함으로써 복제인간이 탄생할 수 있는 가능성을 보여준다.

(1) 생식세포 이식법

(가) 수정란의 핵 이식법

이 방법은 전통적인 수정란 복제 방식이라고 할 수 있다. 먼저 4~32개 사이의 분할소구가 형성된 난자를 분리한 뒤 모세유리관으로 산을 처리해 당단백질인 투명대에 구멍을 뚫는다. 이때 모세유리관을 구멍 속으로 삽입해 분할소구를 하나씩 꺼낸다. 분할소구를 삽입시킬 난자를 다른 동물로부터 채취한 뒤 핵을 제거한다. 이 난자에 분할소구를 집어넣은 뒤 미수정란에 잘 융합할 수 있도록 바이러스를 처리하거나 순간적으로 고압 미세전류를 흘린다. 이때 분할소구의 세포핵이 무핵난자의 세포질 안에서 안정되게 자리를 잡는다. 이 새로운 접합자는 실험실의 배양기나 동물의 수란관에서 5~6일간 배양된 뒤 동물의 자궁에 착상된다. 이것이 정상적인 개체로 자라나면 실험은 성공한 것이다.

(나) 배아줄기세포 핵 이식법

수정란이 4~5일 정도 지나면 100~200개의 세포로 이루어진 배반포기 상태가 된다. 안쪽 윗부분의 세포덩어리는 각종의 장기로 발달할 부분이다. 이 세포덩이를 배양액에 넣으면 근육이나 신경으로 분화하도록 할 수 있다. 이 세포는 분화 방향이 정해져 있지 않기 때문에 하나의 개체로 성장할 수 있다. 이처럼 분열과 분화 모두를 수행할 수 있는 배아세포를 가리켜 생물학에서는 줄기세포라고 부른다. 이는 몸의 모든 조직을 형성하는 뿌리에 해당하는 의미에서 붙여진 이름이다. 1998년 미국 위스콘신대학 발달생물학자 제임스 톰슨 박사와 존스홉킨스대학의 존기어 하트 박사는 세계 최초로 인간의 줄기세포를 배양하는 데 성공했다. 이들은 시험관에서 분리한 약 20개의 줄기세포가 신경, 피부, 근육, 연골 등으로 분화되는 것을 확인했다.

다. 성체세포 핵 이식법

이 방법으로 돌리가 탄생했다. 돌리의 탄생으로 지금까지 유전공학에서 말하던 "체세포는 각기 분화방향이 결정되어 있기 때문에 새로운 개체를 만들어낼 힘을 가지고 있지 않다."는 이론의 허점을 보여주었다. 윌 머트 박사는 6년 된 임신 후반기 암양 A의 유선에서 체세포를 채취한 후 저농도 영양상태에서 배양을 했다. 이 둘을 한 배지에 넣고 두 세포가 융합하도록 전기자극을 가하여 6일 후 형성된 배아를 암양 C의 자궁에 착상시켰다. 일정 기간 지난 후 암양 A와 똑같은 유전형질의 돌리가 탄생한 것이다. 이 기술은 유전형질이 검증된 성체를 배우자 없이 동일하게 복제 생산할 수 있다는 것을 의미하고, 생식세포를 이용한 복제와 근본적인 차이를 가지고 있는 것이다.

돌리의 탄생을 분할의 문제가 아니라 복제라는 정의에 충실한 기술인 바, 이 무성생식은 핵 유전자를 제공한 성인과 생물학적으로 동일한 개체들을 생산할 수 있다는 것을 의미한다. 따라서 생명복제 기술이라 함은 바로 이 체세포를 이용한 핵이식법을 가리키는 것으로 보는 것이 타당하다.[185]

Ⅲ 인간복제 연구

1. 서언

복제양 돌리가 관심을 끈 것은 1997년의 일이지만 오늘날에는 동물복제가 이미 현실화되었다. 2002년 이탈리아의 인공수정 전문의 세베리노 안티노리 박사가 인간복제 프로젝트에 참여한 불임여성의 복제 배아가 임신 8주째 맞았다는 보도 이후, 세계 최초의 인간복제 회사를 만든 미국의 클로나이드의 경우처럼 인간복제는 가시적인 결과로 세계의 이목을 집중시키고 있다. 여기에서는 인간복제의 방법과 유형에 대해 설명한다.

2. 인간복제의 방법

가. 동물복제술

동물체 복제란 인위적 조작 과정을 통해 외형과 유전형질이 같은 복수의 동물을 생산하는 세포 및 유전공학의 기술을 총칭한다. 따라서 자연발생적인 일란성 쌍둥이 태아는 제외된다.

동물복제술은 학자에 따라서 공여핵의 근원에 따라 넓은 의미로 배아복제를 포함하며, 좁은 의미로는 성체세포 복제로 한정된다. 만일 동물복제의 정의를 성체세포로만 국한한다면 1997년 윌 머트 박사가 만든 돌리가 유일한 예일 것이다.

그러나 어느 세포를 공여핵으로 이용하든지 그 과정은 거의 동일하며, 복제된 배아를 대리모에 이식하여 복제동물이 탄생된다는 의미에서 배아복제까지 포함시켜야 한다. 동물복제술은 복제분할 원본을 어떻게 만드느냐에 따라서 크게 생식세포 복제술과 체세포 복제술이 있다.

185) 김훈기, 유전자가 세상을 바꾼다, 2000.

나. 복제과정

(1) 수핵세포질(난자) 준비

우선 핵을 이식받는 수핵세포질(난자)을 준비한다. 이는 성숙한 난자에서 핵을 빼내는 과정을 통해 확보한다. 이 탈핵 과정은 복제 과정 중 가장 먼저 이루어지며 일반적으로 특정 약으로 난자를 처리하여 세포골격에 의한 세포질의 파괴를 억제한 후 미세 조작에 의해 이루어진다.

소의 경우는 체외성숙 기술이 보편화되어 체외성숙 난자를 이용하고 있으나, 돼지 등은 현재까지 체외성숙 난자의 발육기능이 저조한 점을 이유로 체내성숙 난자가 이용되기도 한다.

최근에는 탈핵을 간편하게 하고 핵이식의 효율을 증진시키기 위해 난자의 투명대를 절개 후 곧바로 압력을 주어 극체 및 주변 세포질을 제거하는 방법이 도입되었다.

(2) 공여핵 추출과 준비

체세포를 공여핵으로 이용할 경우에는 세포를 역분화시킬 필요가 있다. 이미 분화된 세포의 세포시계를 되돌려 분열 및 분화가 정지된 상태인 GO기(간기 또는 휴지기)로 조절해 놓아야 이 세포핵을 가지고 핵 이식이 가능하다.

이 과정은 체세포를 영양이 부족한 상태에서 배양하여 이루어진다. 유전자의 완벽한 재 프로그래밍을 위해서는 GO기(간기 또는 휴지기)로의 유도가 효율적인 것으로 알려져 있고 이를 통해 공여가 가능하게끔 핵을 준비시킬 수 있다.

(3) 핵의 이식

공여핵을 수핵난자 내에 이식하는 방법은 크게 세포융합과 세포질 내 직접 주입법으로 나눌 수 있다.

세포를 융합시키는 기술로는 핵이식 후 화학물질에 노출시킨다든지, 비활성화 센다이 바이러스를 주입한다든가 전기자극을 가하는 등의 방법이 있으나, 최근에는 간편하고 재현성이 우수한 전기자극법이 보편적으로 이용된다. 인간의 불임클리닉에서 이용하는 정자 직접 주입법은 미세관을 사용하여 현미경에서 공여핵을 수핵난자 내에 직접 주입하는 방법이다. 이는 공여핵의 크기가 작아 융합이 어려운 경우에 시도하고 있다.

(4) 난자활성화와 리모델링

일반적으로 동물의 체내에서 난자와 정자가 융합되면 수정된 난자는 활성화되면서 분열을 시작한다. 이 과정은 핵을 이식한 난자를 여러 가지 방법으로 처리하여 이와 흡사한 현상을 보이도록 자극하는 것이다.

난자를 인위적으로 활성화하기 위해서는 전기자극법이나 약물처리 등과 같은 방법이 전통적으로 사용되어왔다.

(5) 재 프로그래밍

재 프로그래밍이란 핵 이식란이 일반적인 수정란처럼 분할 및 발육에 적응하는 과정을 뜻한다. 이 과정을 통해 핵 이식란은 정상적인 수정란과 마찬가지의 발달 양상을 보인다. 이 과정이 존재한다는 것은 다음 몇 가지 사실에 의해 증명된다.

가) 핵 이식란이 특정 단계까지의 발육에 소요되는 기간이 초기에는 일부 지연되는 현상이 나타나기도 하지만 일반적인 체외수정란의 배양시간과 큰 차이는 없다.

나) 공여핵의 핵막이 전핵에서처럼 심하게 증대되는 현상을 보인다.

다) 유전자 전사과정이 신속하게 억제된다.

라) 수정시 정자는 프로타민이라는 독특한 핵단백질을 가지고 난자에 들어오는데 핵이식시의 공여핵은 이러한 프로타민을 가지고 있지 않다. 그러나 융합 후 핵 이식란에는 이 단백질이 나타난다.

(6) 핵 이식란의 체외 배양 및 대리모 이식

핵 이식란을 대리모에 이식하여 착상시키기 위해서는 일정 단계까지 체외에서 발육시켜야 한다. 이를 위해서 세포융합이 완성된 핵 이식란은 동물종이나 세포의 종류에 따라 각각 특정 배양조건을 갖춘 인큐베이터에서 체외배양 과정을 거쳐 난분할 및 발육과정을 밟는다. 이 과정에서 일정 발육단계에서 다음 단계로 분할되는 것을 막아주는 동물종 특유의 일명 세포장벽 현상을 극복해야 한다.

초기에는 이 세포장벽을 극복하기 위해 동종 또는 이종동물의 체내시스템(나팔관 내 일시적 가이식)을 응용하기도 했으나 최근에는 인큐베이터 내에서의 단순배양에 의해서도 문제를 해결할 수 있는 단계에 도달했다. 그러나 아직도 체세포 복제 기술이 지니고 있는 기술적 한계, 즉 낮은 수태율, 높은 유산율, 거대 태아증 등은 배양기술과 관련된 것으로 추정된다. 또한 현재의 체세포 복제기술은 수핵세포질 내에 존재하는 미토콘드리아 형성을 완전히 배제할 수 없는 수준이기에 완전한 복제인간에 대해서는 이론의 여지가 남아 있다.

그러나 이와 같은 미토콘드리아 문제가 완전히 규명되면 현재 심혈을 기울여 추진 중인 멸종되었거나 멸종 위기에 직면한 희귀동물의 보존에도 직결되는 기술이어서 많은 과학자들이 전력을 기울이고 있다. 이와 같은 과정을 통해 후기 상태로 발육된 복제수정란은 수정란의 발육단계에 일치된 대리모의 자궁 내에 착상, 수태에 이르게 된다.

3. 인간복제의 유형

무성생식에 의한 동일한 유전정보를 협의의 인간복제의 유형은 세포융합을 통한 키메라나 하이브리드의 생산, 그리고 인간의 수정란에 대해서 특별한 목적을 가지고 유전정보를 조작하는 유전자 조작 등으로 나누어 볼 수 있다.

가. 협의의 인간복제

전통적인 복제는 동일한 모체(또는 세포)에서 태어나 전적으로 동일한 유전정보를 갖는 자손을 의미하며 무성생식으로 된 자손의 집합을 말한다. 과학자들은 오래 전부터 불가사리와 그 밖의 무척추동물처럼 다른 동물도 무성번식을 할 수 없을까 모색해오다가, 1938년 독일의 과학자 한스 스페만이 처음으로 복제의 개념을 제시한 이래 많은 과학자들이 복제기술에 도전하기 시작했다. 이러한 복제기술을 인간에게 적용하면 의도적으로 복제하고자 하는 일정한 능력을 갖는 인간을 선택하여 원형인간의 능력을 유전적으로 똑같이 가지는 인간을 복제할 수 있는 것이다.

포유류에는 천연적인 무성생식의 사례가 없으므로 포유류에서의 무성생식은 거의 불가능하다는 것이 과거의 입장이었다. 그러나 포유동물에 대해서도 유전학적으로 전혀 동일한 개체를 만드는 이상적인 방법은 체세포의 핵을 난자에게 이식하는 것으로 무성생식이 가능하다고 이해하게 되었다. 바로 이 방법에 의한 것이 영국 로슬린 연구소의 복제양 돌리의 탄생이고, 미국 비버톤 영장류연구센터의 원숭이 복제라고 할 수 있다.

이러한 기술을 인간에게 적용할 경우 인간개체 복제를 할 수 있고, 하나의 모델 인간으로부터 무수한 복제인간의 탄생이 가능하다. 그러나 체세포 핵치환의 기술에 의해서 인간복제가 성공할 수 있느냐에 대해서는 현재 많은 문제점이 제기되고 있다.

나. 키메라와 하이브리드

키메라[chimera, 모자이크]는 세포융합 방법을 이용하여 수정란의 조기 분할 단계에서 두 개의 수정란 세포를 서로 접착시키거나 한쪽 난세포의 부분을 다른 쪽으로 주입함으로써 양쪽의 특성을 모두 지닌 세포 또는 개체를 유도해내는 것이다. 예를 들어 흰쥐의 분할 세포와 검은쥐의 분할 세포를 하나씩 떼어낸 후 접착시켜 제3의 쥐의 자궁에 이식하면 서로 다른 성격의 두 개의 세포계를 갖는 생물이 되면서 얼룩쥐가 태어난다. 이 얼룩쥐는 각각 암수의 흰쥐와 검은쥐 등 네 개의 부모를 가지며, 모든 부모의 유전형질을 가진다. 키메라는 쥐의 예에서와 같이 같은 종의 수정란으로부터 유래되는 종족 내 키메라와 서로 다른 종, 예컨대 인간과 동물의 혼합된 종족 간 키메라로 나눈다.

하이브리드hibrid : 잡종는 두 개의 상이한 종류의 난세포 및 정세포를 융합하여 얻어낸 개체이다. 사자와 호랑이의 결합으로 태어난 라이거나 타이온도 하이브리드에 의해 얻어낸 생물이며, 인간에게 있어서도 백인과 황인의 결합체인 메스티조mestizo를 들 수 있다.

자연에 있어 종의 한계는 말과 당나귀의 하이브리드인 노새의 경우와 같이 근접한 종 사이에서나 가능하지만 실험실에서는 아주 동떨어진 종족 간의 교배도 가능하다.

다. 인간수정란에 대한 유전자 조작

유전자GEN란 어떤 유기체의 특성을 결정하는 인자로, 생식세포를 통하여 대대로 전해져서 특정 유기체의 특성을 계속적으로 유지하는 것이다. 생물의 성질을 정하고 생명활동에 필요한 정보가 들어 있는 유전자 DNA를 자르거나 잇기도 해가며 생물의 성질을 의도한 대로 변화시키는 것이 유전자 재조합이다. 유전공학 기술 붐을 일으킨 것이 바로 이러한 유전자조작, 즉 유전자 재조합을 가리키는 것으로서 유전공학은 1970년 초 DNA의 나선구조가 밝혀지면서 본격적으로 연구되고 미래산업으로 각광받고 있다.

수정란에 대한 유전자 이식이란 수정란의 유전적 정보를 부분적으로 변개하는 방법이다. 이 방법은 수정란의 핵 자체를 치환하는 것이 아니므로 클로닝과 구별된다. 종래 유전정보는 어버이로부터 자식으로라는 수직적 전달 경로만을 밟아왔으나 유전자조작 기술에 의하여 인위적으로 이종의 생물 사이에 수평이동도 가능하게 되었다. 더욱이 무분별하게 마구 옮기는 것이 아니라 특정한 생물에게, 즉 부정적인 유전자를 제거하거나 긍정적인 유전인자를 배양하여, 완전한 혹은 초능력을 지닌 인간을 만드는 등 필요한 정보만을 설계한 그대로 꾸며 넣을 수 있는 선택의 자유까지 있게 된다.

체세포에 대한 유전자 이식이란 유전적 결함이 있는 사람의 체세포에 정상적인 유전자를 이식하여 병을 치료하는 유전자 치료를 위한 시술이다. 이는 유전적 질환을 가지고 있는 환자를 대상으로 한다는 점에서 수정란을 대상으로 하는 유전자조작과는 다르다.

1971년 유전자 이식을 통한 치료법에 관한 이해가 넓어지면서 1982년 초 프랑스에서 유전자 치료실험이 이루어진 후 1982년 생쥐에게 최초의 동물실험이 이루어졌다. 이후 사람에 대한 구체적인 유전자 치료지침이 1987년 만들어졌고, 1989년 5월 유전자 이식실험이 실시되었다. 특히 미국에서 1990년 9월 ADA결핍증 환자에 대한 유전자 치료실험이 사람에게 실시되어 성공한 이래, 미국 국립보건원은 1997년 6월 192개의 유전자 치료요법을 승인했고, 유전자 치료에 대한 연구를 확대하고 있는 실정이다.

유전자 치료의 대상은 체세포로 못 박고 있으므로 유전자 치료의 효과는 치료를 받는 당대의 개인에게만 나타나지 그 자손에게는 나타나지 않는다.

유전자 분석이란 생물의 생존을 위해 체세포의 기능을 조정하고, 인간 존재의 생물학적 기초를 형성하는 최소한의 염색체인 유전인자, 즉 게놈을 분석하여 진화의 경과를 추측하거나 개인의 유전적 특성 및 결함을 밝혀내는 것을 말한다. 유전자 분석은 개인의 유전적 정보를 밝혀 유전적 질환을 치유하거나 예방하는 토대가 될 뿐만 아니라 보다 좋은 형질을 가진 인간의 출생에 이용될 수 있다.

Ⅳ 우리나라 줄기세포 연구의 인간복제와 생명윤리

게놈분석 및 줄기세포 연구 등의 생명공학 기술의 발전에 따라 유전자 치료 및 재생 치료 등의 의료기술도 괄목할 만한 성과를 이루고 있다. 서울대 H 교수팀의 연구진은 수정되지 않은 여성의 난자에서 핵을 제거한 뒤 체세포의 핵을 이식하는 방법으로 배아줄기 세포를 확립했다고 발표했다.

이렇게 확립된 배아 줄기세포는 수정란이 아닌 난자만을 이용하므로 생명을 해친다는 윤리적인 문제를 극복할 수 있다고 주장하지만, 신뢰할 수 없는 실험과정으로 국제적 망신을 산 바 있다.

다음은 줄기세포의 개념과 줄기세포 연구에 따른 인간복제와 생명윤리 문제에 대해 설명한다.

1. 줄기세포 연구

줄기세포란 대칭적이거나 비대칭적인 세포분열 방법으로 무한 기간 동안 자기 분화능력을 유지하거나 특정한 세포로 분화할 수 있는 능력을 가진 세포를 말한다. 일반적으로 분화 능력의 특성과 발달에 따라 줄기세포의 성격을 크게 세 가지로 나눌 수 있다.

첫째, 만능세포는 하나의 완전한 개체로 발생해 나갈 수 있는 만능의 성질을 가지는 세포로 난자의 수정 이후 8세포기까지의 세포가 이러한 성질을 갖는다. 이 시기의 세포를 각각 분리, 자궁에 이식하면 하나의 완전한 개체로 발생해 나갈 수 있다.

둘째, 전분화능 세포는 외배엽, 중배엽, 내배엽층의 다양한 세포와 조직으로 발생할 수 있는 세포로 수정 4~5일 후 나타나는 배반포의 안쪽에 위치한 내세포괴에서 유래한다. 이러한 세포가 배아 줄기세포이며, 다양한 다른 조직 세포로 분화되지만 새로운 생명체를 형성하지는 못한다. 전분화능을 지니는 줄기세포는 내세포괴 외에도 태아의 생식융기 부위에서 발생하는 원시생식세포로부터 유래할 수 있다. 이러한 세포를 배아 생식세포라 하며 배아 줄기세포와 비교할 때 조금 약한 분화능과 분열능을 지닌다.

마지막으로 다능세포는 세포가 포함되어 있는 조직 및 기관에 특이적인 세포로만 분화할 수 있는 줄기세포이다. 태아기, 신생아기, 성체기의 자가 조직 및 장기의 성장과 발달은 물론 성체조직의 항상성 유지와 조직 손상 시 재생을 유도하는 기능에 관여한다. 이러한 조직 특이적 다능성 세포를 총칭하여 성체 줄기세포라고 한다.

전분화능 줄기세포는 크게 세 가지로 분리된다. 첫째는 배아 종양세포로 고환의 악성 기형암종에서 유래되었다. 두 번째는 착상 후 배아 중 원시 생식세포에서 분리한 배아 생식세포, 마지막으로 배아 줄기세포이다.

비록 세포군의 모양이 거의 구분이 없고 전분화능 세포에 대표적으로 발현되는 단백질들이 공통적으로 존재하지만 핵형의 차이, 염색체의 리모델링 그리고 전분화능에 따라 약간의 차이를 보이는 것으로 알려져 있다.

2. 연구 현황

가. 배아 줄기세포

배아 줄기세포 연구란 배아로부터 조직분화 과정에서 미분화된 간세포를 추출하여 특정 목적의 조직 세포로 분화되도록 유도하여 치료 목적의 장기생산 등을 연구하는 것을 말한다.

배아 줄기세포는 1981년 에번스, 카프만, 마틴에 의해 생쥐에서 처음 시험관 내에서 정상적인 배체 핵형을 지닌 미분화 상태로 배양되었다.

면역결핍 생쥐에 주입하여 다능성도 확인된 배아 줄기세포는 그동안 유전자 재조합기술을 이용한 형질전화 동물 생산에 적용됨으로써 생체 내 유전자의 기능 연구 및 사람의 특정질환 모델동물 생산 등의 큰 업적을 남겼다.

그 이후 1998년 11월 미국의 위스콘신 메디슨대학의 제임스 톰슨 연구팀이 시험관 수정을 통해 수정된 난자를 이용해 처음으로 인간배아 줄기세포 배양에 성공하면서 의료 분야 등에 임상적 응용의 길을 열었다. 약 200종류의 기능적인 성체세포로 전환될 수 있는 잠재성 때문에 과학자들로부터 가장 주목을 받았다.

나. 성체 줄기세포

현재 널리 이용되고 있는 성체 줄기세포로는 골수에 존재하는 조혈 줄기세포와 간엽 줄기세포 그리고 탯줄에서 유래된 혈액 줄기세포 등이 있다. 이 가운데 이미 임상적으로 응용되어 백혈병과 같은 혈액암의 치료에 사용되고 있는 조혈 줄기세포는 혈액세포 생성뿐만 아니라 간엽 줄기세포와 탯줄혈액 줄기세포처럼 지방, 연골, 뼈, 근육, 피부, 신경 등 다양한 종류의 세포 재생 가능성이 검토된다. 그에 따른 조직재생을 위한 임상적 응용 가능성에 대한 연구도 진행되고 있다.

다. 체세포핵 이전 기술을 이용한 줄기세포

서울대 공동 연구팀이 세계 최초로 인간배아 줄기세포 연구에 이용함으로써 관심의 대상이 되어온 체세포핵 이전 기술은 허위로 판명되었다. 그 개념은 SCNT 기술을 통해 환자의 체세포(피부, 심장, 신경세포 등)로부터 추출한 유전물질 DNA를 DNA가 이미 제거된 미수정 난자핵 안으로 이식시킨 후 난자를 자극함으로써 세포분열을 유도하는 것이다.

세포분열 후로부터 5~6일 이내에 형성된 배반포의 내세포괴로부터 추출된 배아 분리, 배아줄기 세포를 이용한 세포치료는 주요 난치병인 당뇨병, 치매 및 파킨슨씨병과 같은 질환의 치료 등 의학적 측면에서 무한한 가능성을 두고 있다.

3. 인간배아 줄기세포 연구의 윤리성

가. 인간배아 줄기세포 연구의 찬반

줄기세포 연구는 난자, 수정란, 배아 및 성체조직을 대상으로 한 생식세포공학 및 분자, 세포생물학의 첨단기술을 기반으로, 배아 단계이긴 하지만 복제를 다룬다는 점에서 윤리, 사회 및 과학의 기존 윤리관 및 규범을 교란할 위험요소로 인식된다.

생명과학 기술의 여러 가지 사안들 중에서 가장 민감하고도 판단이 어려운 분야로 손꼽힌다. 따라서 줄기세포 논쟁은 이제까지의 그 어떤 생명윤리 논란과도 비교할 수 없는 격렬한 논쟁의 대상이 되고 있다. 종교계나 생명윤리 단체 등에서는 인간의 존엄성 훼손이라는 윤리적 측면에서 배아 복제연구를 강력히 금지할 것을 촉구하고 있다.

배아 줄기세포는 배아에서 채취되기 때문에 어쩔 수 없이 인간으로 발생 가능한 배아의 파괴를 통해 얻어지는 것이다. 배아의 파괴는 생명을 해치는 것과 다름없으며, 배아복제 연구는 자연히 인간복제로 연결될 수 있다는 점에서 우려하고 있다. 그러나 줄기세포 연구를 찬성하는 쪽의 입장은 다르다. 복제 금지론자들이 복제를 위해 조작한 난자나 정자 자체를 생명이라고 주장하는 데 대해, 난자와 정자 자체를 생명으로 볼 수 없고, 이를 조작한 것도 생식 가능성이 없다는 점을 들어 인간의 존엄성 훼손 주장을 반박하고 있다.

한편 줄기세포 연구에 대한 각국의 입장도 서로 다르다. 줄기세포 연구를 반대하는 국가들의 반대 이유가 단지 윤리적, 종교적인 이유 때문만은 아니다. 줄기세포 연구에 뛰어난 기술을 보유하고 있는 우리나라, 영국 등 EU 국가들에 비해 줄기세포 연구를 반대하는 국가들의 경우 연구 수준이 상대적으로 뒤떨어져 국익 보호 차원에서 금지를 주장하는 것 아니냐는 추측을 일으킨다.

나. 인간배아 줄기세포의 인간성

배아가 인간존엄성을 보유하고 있는가에 대해서는 의견이 첨예하게 나누어진다. 물론 인간

배아 관련 연구를 반대하는 측에서는 수정과 동시에 배아는 인간으로 보아야 한다고 주장한다. 배아를 수정으로부터 임신 8주 내지 10주까지의 출생 전 인간을 의미한다고 주장하기도 하고, 배아가 인간이라고 직접적으로 규정하기도 한다.

반면에 인간배아 관련 연구를 지지하는 측에서는 수정 후 일정 단계까지는 인간으로 보지 않아야 한다고 주장한다. 생명윤리 및 안전에 관한 법률 제2조 제2호는 배아를 "수정란 및 수정된 때로부터 발생학적으로 모든 기관이 형성되는 시기까지의 분열된 세포군을 말한다."고 정의한다. 인간이라는 측면보다는 생물학적 성체라는 측면을 강조하였다.

현행 민법은 제3조에서 "사람은 생존하는 동안 권리와 의무의 주체가 된다."고 명시했다. 사람이 권리능력을 취득하게 되는 것은 출생한 때부터라고 일반적으로 규정한다. 태아의 권리능력을 가지는 특별한 개별 이유를 1)불법행위에 의한 손해배상 청구, 2)재산상속, 3)유증, 4)인지로 규정하고 있을 뿐, 태아 이전의 배아의 권리능력에 대해서는 침묵하는 편이다. 형법은 일반적으로 인격을 가진 생명체를 분만 진통 이후의 태아 또는 출산으로 탄생된 생명체로 규정하고 있다. 태아의 인간성을 인정 또는 판단하는 문제는 참으로 어렵다. 찬성과 반대의 의견 가운데 합의를 도출한다는 것은 거의 불가능하기에 첨예한 사회적 이슈에 대한 논쟁은 계속될 것이다.

다. 각국의 인간배아 연구 규제 현황

유엔총회 법률위원회는 '인간복제에 관한 유엔선언문' 을 채택하며 모든 형태의 인간복제를 금지함을 촉구했다. 모두 6개 항으로 이루어진 이 선언문에서는 생명과학 적용시 인간생명을 적절히 보호하기 위해 필요한 모든 조치 강구, 인간존엄 및 인간 생명 보호와 양립할 수 없는 모든 형태의 인간복제 금지, 생명과학 적용 시 여성의 불법이용 방지 등의 내용을 담고 있다.

그러나 법적 구속력이 없어서 선택은 각국의 자율에 맡겨진 상태다. 배아 줄기세포를 얻기 위한 배아에 대한 연구 및 이용에 대해서는 EU의 모든 국가에서 법률로 규정한다. EU 국가들은 자국의 고유한 특허법을 가지고, 이 특허법에서 모든 기술 분야의 발명에 대하여 규정하고 있다.

(1) 미국

미국의 경우, 인간배아 연구를 규율하는 연방법은 없다. 각 주마다 서로 다른 주법에 의해 연구를 규제하고 있다.[186] 예를 들면, 루이지애나의 경우 잉여 IVF배아에 대한 연구가 금지되어 있고 일리노이와 미시건의 경우 살아 있는 배아에 대한 연구는 금지된다. 캘리포니아와 뉴저지는 다른 주와 다르게 배아 연구를 장려하는 편이다.

2001년 부시 대통령에 의해 인간배아 줄기세포에 대한 연방자금의 지원은 중지되었다. 미국

---

186) 동아일보, 2001년 8월 2일자, 1면.

의 줄기세포 연구자들은 부시 행정부의 줄기세포 연구에 대한 제한 조치로 연구에 지장을 받고 있으며 타 국가가 이 분야의 특허를 독점할 것을 우려하고 있다.

부시 행정부는 낙태금지 운동가들이 태아로부터 추출한 세포를 대상으로 연구하는 것을 반대하는 주장과, 과학자들의 질병치료 목적의 연구를 찬성하는 주장 사이에서 줄기세포 연구에 대한 지침을 만들어 시행하고 있다. 당시 시점에서 연구자들이 가지고 있었던 70여 개의 줄기세포에 대한 연구를 제외하고 새롭게 추출된 줄기세포에 대한 연방정부의 자금을 지원하지 않기로 결정했다.

수년이 지난 지금, 현실은 매우 다르다고 과학자들은 주장하고 있다. 즉 70여 개의 줄기세포 중 일부는 과학자들이 접근할 수 없고 일부는 기업체에서 소유하고 있기 때문에 실제로 접근 가능한 줄기세포는 12개에 불과하다는 것이다. 또한 12개도 배양액으로 쥐 세포를 사용하기 때문에 쥐 DNA와 쥐 바이러스를 옮길 수도 있다는 우려가 제기되고 있다. 바이오텍에서 일하는 란자[Robert Lanza] 박사는 미국의 과학자들이 마치 한 손은 묶여 있는 채로 외국의 과학자들과 경쟁하는 것과 같다고 주장했다.

다만 부시 대통령이 금지조치를 설명한 2001년 8월 9일 전에 연구 사업이 이미 착수되었고, 배아를 얻기 위해 기증자에게 동의를 구하였으며, 해당 줄기세포가 인간으로 성장할 가능성이 없는 경우에는 예외로 인정되어 연방자금의 지원이 가능하다. 그러한 기준을 충족하여 연방자금의 지원을 받는 줄기세포 계열은 미국 국립보건원 홈페이지에 나열되어 있으며, 2004년 3/4분기에 22개의 계열이 관리되고 있다.

미국에서 개별 주가 인간배아 줄기세포 연구에 대하여 자금을 지원하는 것은 별개의 사안이다. 그것은 주 의회가 결정할 사항이다. 물론 연방의회가 주 차원의 입법이 불가능한 것으로 제정할 수는 있으나, 현재까지는 그러한 법을 제정하지 않았고 앞으로도 제정하지 않을 것으로 예측된다.

최근 미국도 관련 연구를 억제하는 것이 여러 측면에서 바람직하지 않다는 주장이 무게를 얻어 연방의회 차원에서 지원을 허용하는 등의 조치를 강구할 움직임이 나타나고 있다. 즉, 지금까지는 의회에서 논의가 진행되지도 않고, 공화 · 민주 양 당이 표결을 처리하지 않는 방침을 고수해왔으나 최근 양 당 지도자들이 이 사안에 대해 의원들이 자유롭게 표결할 수 있도록 당의 방침을 바꾸겠다는 의사를 피력하여 관련 연구의 활성화가 기대되고 있다.

(2) 영국

영국에서는 1990년에 제정된 「인간수정 및 발생에 관한 법률」에 따라 정부의 허가를 받지 않는 한 인간배아복제는 금지된다.[187] 동법 제3조에 따르면 "인간의 세포나 배아 혹은 배아 발생물에서 추출한 핵으로 배아세포의 핵을 치환하는 것"은 금지된다.

2001년 11월 15일 고등법원은 체세포 핵이식에 의해 만들어진 배아는 이 법의 적용을 받지 않는다는 판결을 내렸다. 판례에 따른 동법은 복제 및 체세포 연구 등에 대한 적절한 규정을 미비하고 있고, 난자와 정자의 결합에 의해 형성된 배아에만 적용되고 있으므로, 핵치환에 의해 형성된 조직은 배아가 아니어서 동법의 적용을 받지 않는다고 판결한 것이다.

이에 따라 영국에서는 2001년 12월 「인간개체복제법」이 새로 제정되었다. 이 법은 "수정 이외의 방법으로 만들어진 인간배아를 여성의 자궁에 이식하는 자는 처벌한다."고 명시적으로 규정함으로써 인간을 탄생시키는 목적의 개체복제를 금지하고 있다.

영국의 「인간수정 및 발생에 관한 법률」은 원시선이 나타나기 전까지는, 즉 14일 이전까지는 불임, 선천성 지병, 유전인자 및 염색체 비정상, 유산, 피임 등의 목적의 경우, 배아생산 및 배아연구를 허용하고 있다. 영국 국무성은 2001년 1월 「인간수정 및 발생에 관한 법률」에 따른 '인간수정 및 발생에 관한 규정'을 제정하여 치료복제 등 인간배아에 대한 연구의 범위를 치료복제를 직접 허용하는 것이 아니라 치료복제를 위한 배아연구를 허용하는 식으로 확대시켰다.

즉 배아의 발달에 관한 지식을 넓히거나, 심각한 질병에 대한 지식을 넓히거나, 심각한 질병 치료의 발전에 도움이 될 경우 연구를 허가할 수 있도록 한 것이다. 나아가 2002년 1월 항소법원은 체세포 핵이식에 의해 복제된 배아도 「인간수정 및 발생에 관한 법률」상의 배아로 분류시켜 적용대상에 포함된다고 해석했다.

이로써 2001년 고등법원이 내린 결정을 파기해버렸다. 이 판결을 계기로 인간수정 및 발생관리청은 치료복제를 허가할 수 있는 길을 열게 되었으며, 영국에서는 현재 인간개체 복제는 금지되어 있지만 치료복제를 위한 연구는 행정당국의 허가에 의해 법에 따라 공식적으로 인정되고 있다.

영국은 최근 줄기세포은행을 설립했다. 이와 같은 영국 정부의 태도는 유럽에서 줄기세포 연구 분야에서 타국의 추격을 따돌리고 기술우위를 점하고자 하는 데서 나온 것이다. 명분과 실리를 동시에 살리고자 한 정책대안으로 평가된다.

(3) 독일

독일에서는 1990년 「배아보호법」이 제정되었다. 이 법의 제6조 제1항에서 "사람의 배아나 다른 배아, 태아 사람 또는 사망한 자와 같은 유전인자를 같도록 인위적으로 조작한 자는 5년 이하의 자유형 또는 벌금형에 처한다"고 규정하고 있다. 제2항에서는 제1항에 규정된 배아를 부녀에게 이식한 자도 동일하게 처벌하며, 제3항에서 미수범도 처벌하고 있다. 또한 제2조에서 임신 이외의 목적으로 사람의 배아를 체외에서 배양시키는 행위를 일체 금하고 있다.

---

187) 김향미, "인간복제의 윤리 및 법적 규제", 한국외국어대학교 법학 연구소, 2002.

배아는 생명의 잠재력을 지닌다고 보기 때문에 자궁에 이식하고 남은 배아에 대한 파괴적 연구를 일체 금하는 것이다.

독일은 인간개체 복제, 치료복제, 배아연구를 엄격히 금해오고 있다. 그러나 2002년 「배아줄기세포법」을 제정하여 외국에서 수입한 줄기세포의 사용은 허용함으로써 배아 줄기세포 연구의 길을 열어놓고 있다. 이 법은 배아 줄기세포 치료술은 유전형질 변화를 초래할 수 있다는 점에서 제한하고 있다.

(4) 일본

일본은 2000년 「인간에 관한 복제기술 등의 규제에 관한 법률」을 만들어 복제된 인간개체, 인간성 혹은 동물성 개체(교잡개체), 기타 유사개체 등의 탄생을 초래할 수 있는 복제기술 및 유사기술을 규제할 수 있게 되었다. 이 법률에 근거하여 문부과학성이 만든 지침에 의하면 체세포 핵이식을 통한 개체복제는 금지되며 현재로서는 치료복제도 금지된 상태이다.

이 법률은 복제기술이 인간존엄, 인간생명 및 신체의 안전, 사회질서 유지에 심대한 영향을 끼칠 수 있는 복제기술로 만들어진 특정 배아들을 인간과 동물의 자궁에 이식시키는 행위를 금지하고 이런 배아들의 생산, 양동, 수입 등을 규제하기 위해 만든 것이다.

이 법은 제4조 1항에서 아홉 가지의 특정 배아들을 열거하고, 제3조에서 특정 배아들 중에서 인간체세포 핵 이식배(복제배), 인간 동물 교잡배, 인간성 융합배, 인간성 집합배를 동물 또는 인간의 자궁에 넣어서는 안 된다고 못 박고 있다. 제4조 1항에서 열거하고 있는 특정 배아들은 인간배 분할배, 인간배 핵 이식배, 인간체세포 핵 이식배, 인간 집합배, 인간 동물 교잡배, 인간성 융합배, 인간성 집합배, 동물성 융합배, 동물성 집합배 등이다. 이러한 배아들이 인간 혹은 동물의 자궁에 이식되면 복제된 인간개체, 인간 동물 교잡개체 등으로 발전될 수 있으므로 인간의 존엄에 위배될 수 있다. 그런 만큼 문부과학성으로 하여금 특정 배아의 작성, 양동, 수입 등에 관한 지침을 마련할 것을 정하고 있다.

이에 따라 2001년 12월 5일 문부과학성 고시 제173호로 '특정배아 취급에 관한 지침' 이 마련되었다. 이 지침은 제1조에서, 다른 연구방법으로는 얻을 수 없는 과학지식을 얻으려는 경우, 충분한 전문 자격을 갖춘 사람에 한하여 특정배아를 만드는 것이 가능하다고 정하고 있다.

제2조에서는 9종류의 특정배아 중에서 동물성 집합배만 만들 수 있으며 그 경우에도 인간의 수정란은 사용할 수 없도록 정하고 있다. 즉 핵이 제거된 인간배아는 난자만 사용하여 동물성 집합배를 만들 수 있도록 한 것이다.

「인간에 관한 복제기술 등의 규제에 관한 법률」 제3조에서 언급한 4종류에 속하지 않는 특정배아들에 대해서도 지침 제9조는 '현재로는' 인간 또는 동물의 자궁에 이식하는 것을 금한다고 정하고 있다. 즉 인간체세포 핵 이식배(복제배), 인간 동물 교잡배, 인간성 융합배, 인간성 집합배는 윤리적 심각성과 위험 때문에 절대로 동물이나 인간의 자궁에 이식되어서는 안 된다고 법률로 못 박았다. 이것보다 덜 심각하다고 볼 수 있는 나머지 유형의 특정 배아들도 당분간은 지침으로 자궁착상을 금한다는 취지인 것이다. 그러므로 현재로서는 일본에서 체세포 핵이식에 의한 치료복제가 금지되어 있는 셈이다.

이밖에도 2001년 문부과학성 고시 제155호로 '인간줄기세포 수립 및 사용에 관한 지침'을 발표했다. 이 지침은 인간 줄기세포의 수립 및 사용과 관련하여 인간존엄이 침해되지 않도록 생명윤리의 관점에서 준수해야 할 기본사항에 관해 정한 지침이다.

문부과학성 산하 과학기술회의 생명윤리위원회 인간배아연구위원회가 2000년 3월 6일에 제출한 〈인간배아성 줄기세포를 중심으로 한 인간배아연구에 관한 기본적 고찰 방향〉에 기초하여 만든 것이다.

4. 인간배아 복제와 배아 줄기세포에 대한 윤리적 쟁점들

가. 배아복제

(1) 인간의 수단화의 문제

현재 체외 수정기술이 일반적으로 받아들여지고, 그 결과 폐기될 운명인 잉여 배아들이 양산되고 있기 때문에 이를 활용한 제한적인 연구에 대한 윤리적인 반감은 비교적 덜하다. 그러나 연구나 응용 목적으로 배아를 창출하는 것은 인간 존재 - 혹은 그 무엇이든 - 를 특정한 목적을 위해 수단화한다는 강력한 비판의 대상이 된다. 어떤 경우라도 인간을 수단화해서는 안 되며 인간은 그 자체로 존엄한 존재라는 것은 오늘날 우리의 윤리체계가 성립하기 위한 기본 전제이기 때문이다.[188]

이 주장 역시 배아의 도덕적 지위 문제와 깊은 관련을 맺고 있다. 사실 배아 자체가 인간의 존엄성을 바탕으로 보호받아야 할 존재라는 가정 하에서 배아의 창출과 활용이 인간의 존엄성을 훼손하며 인간을 수단화한다는 명제가 가능해진다. 또한 '반드시 그래야 할 절박한 이유'가 아니라면 임의적인 배아의 창출과 활용은 사회구성원 다수의 윤리적 직관에 반하는 행위가 된다. 그러나 이미 언급한 대로 배아의 도덕적 지위에 대한 일반적인 합의를 이룰 수 없는 상황에서 이런 주장 역시 일방적으로 받아들여지고 있지 않다.

배아의 도덕적 존재가 무엇이든 이를 자의적으로 창출하여 연구하고 파괴하는 행위는 사회전반적인 인간생명에 대한 경시풍조를 불러온다. 더구나 배아 연구가 순수한 학문에 대한 관심이 아니라면 엄청난 이윤이 예상되는 생명공학 및 의료산업의 논리에 의해 유도되고 있는 현시점에서는 배아 복제기술이 다른 인간의 소외와 비인간화, 수단화를 가져온다는 주장은 매우 심각

188) 구인회, 생명윤리 철학 : 철학과 현실사, 2002.

하게 고려해야 한다.

(2) 우생학적인 문제

배아연구를 통해 제기되는 또 다른 윤리적인 문제점 중 하나는 우생학과 인류의 서열화를 촉발한다는 것이다. 이 비판은 단순히 배아복제 기술뿐만 아니라 모든 형태의 배아 줄기세포 연구와 인간 생명에 관한 연구에도 마찬가지로 적용된다. 즉 우리가 배아에 관한 연구를 통해 인간의 생식과정에 이해를 깊게 한다면 원하지 않는 배아 - 유전병, 발암 등 결함이 있는 배아 - 를 고치거나 혹은 제거할 수 있다. 그렇게 되면 그런 장애를 가진 사람들에 대해서는 "살만한 가치가 없는" 존재라는 판단을 내리기 쉬울 것이다.

현재 초기 배아에서 할구세포를 분리하여 유전 질환 여부를 검색하는 기법이 실용 단계에 있으며 이를 통해 혈우병과 빈혈 등의 질병이 없는 아기가 태어나도록 하고 있다. 이는 사회 전체의 차원에서 보면 부정적인 소인은 없애고 긍정적인 소인을 갖춘 인간의 출생은 장려한다는 우생학의 이상이 실현된 것이라고도 볼 수 있다. 한편에서는 이런 기술이 모든 인간에게 평등하게 적용된다면 윤리적으로 문제가 없지만 이는 현실적으로 불가능하다. 결국 능력 있는 사람들이 우선적으로 혜택을 받을 것이 분명함으로 사회경제적 지위에 따라 자손의 형질을 선택적으로 결정하여 계층의 고착화를 불러올 수도 있다.

설사 그렇지 않더라도 "인종, 지위, 성별, 사회적 지위 등 그 모든 특성과 무관하게 모든 인간을 그 자체로서 존엄한 존재로 대해야 한다."는 근대 윤리의 기본 원칙이 훼손될 수 있다는 점을 간과해서는 안 된다.

(3) 배아복제는 인간의 생식행위에 대한 지나친 개입문제

배아복제 기술은 이전에는 상상도 할 수 없었던 여러 가지 생식방법을 가능하게 했다. 일례로 미토콘드리아로 유전되는 질환을 가진 여성은 다른 여성의 난자를 제공받아 자신의 난핵을 이식하고 이를 자신의 남편의 정자로 수정함으로써 자손에게 더 이상 질환이 유전되는 것을 막을 수 있다.

그러나 이렇게 출생한 아이는 수핵세포질을 제공한 어머니, 유전인자의 절반을 제공한 어머니, 그리고 아버지 등 세 부모를 가지는 셈이 된다. 인간난자 공여자를 구하기 어려운 현실과 또 인간의 체세포가 다른 수핵세포질에서 어떻게 반응하는지 알아보고 싶은 학문적 호기심을 감안한다면 이러한 연구가 이루어지지 않는다는 보장이 없다.

그러나 이는 인간종의 연속성과 동일성을 파괴하는 행위이며, 인간과 인간 아닌 존재의 경계가 생물학적 차원에서 불분명해지는 것은 단일 생명종으로서의 인류의 미래를 어둡게 만들

가능성이 있다.

또한 여러 종교인들은 인간이 신 노릇을 하는 오만을 저지르고 있다는 우려를 하고 있으며, 생태주의자들은 자연의 질서에 어긋나는 인위적인 행위가 언젠가 커다란 재앙을 불러올 것이라고 비판한다. 이러한 주장들은 현대문명의 갖가지 문제와 결함들이 곳곳에서 드러나고 있는 현실에서 많은 사람들에게 강한 호소력을 갖는다.

(4) 배아복제는 개체 복제로의 길을 예비

어떠한 이유에서든 체세포이식 기술을 통한 배아복제를 허용하면 결국은 인간의 개체복제까지 쉽게 진행될 것이라는 우려 또한 만만치 않다. 이는 전형적인 '미끄러운 언덕길' 논리로서 상당한 개연성이 있다.[189)]

개체복제(생식복제)는 또 다른 많은 윤리적이고 법적인 문제를 안고 있으며 현존하는 사회규범과 매우 어긋나기 때문에 일부 극단주의자들을 제외하고는 이를 찬성하는 개인이나 집단은 찾아보기 어렵다. 우리가 인간의 개체복제가 사회질서를 무너뜨리는 커다란 해악이라는데 동의한다면 이를 가능하게 하는 기초적인 기술의 개발 역시 규제해야 한다는 주장도 일리가 있다.

지난 역사를 돌이켜보건대 물리학의 발전이 결국 핵무기의 개발로까지 이어지는 등 순수한 학문 연구가 예상치도 못했던 결과를 불러일으킨 사례도 종종 있다. 단지 그 때문에 학문의 연구를 원천 봉쇄할 수 없다는 반론 역시 가능하다.

이렇게 배아 연구는 분명 커다란 가능성을 가진 중요한 분야임에 틀림없다. 그러나 그 대상이 바로 인간이 될 수 있는 독특한 존재이며 그 결과가 사회에 지대한 영향을 미칠 수 있음을 고려할 때 이제까지 볼 수 없었던 특별한 주의와 경계가 요망된다.

그러나 찬성과 반대의 일방적인 주장은 이 문제의 지혜로운 해결에 그리 큰 도움이 되지 않는다.

문제의 성격을 명료하게 이해하고 현실적으로 존재하는 사회구성원들의 전체적인 의견을 바탕으로 해결책을 찾아야 한다. 한편으로는 일방적인 경제논리 및 실리주의를 경계하고, 다른 한편으로는 불필요한 두려움과 오해를 해소하면서 논의의 접합점을 찾아나가야 한다.

나. 배아줄기세포

줄기세포를 얻는 다양한 방법에 대해 사회에서 제기되는 윤리적 우려는 '배아줄기세포'의 경우와 '성체줄기세포'의 경우가 크게 다르다. 대체로 배아줄기세포의 경우에 윤리적이고 종교적인 이유에서 심각한 반대가 제기되어 왔으나 성체줄기세포의 경우엔 배아를 만들거나 파괴하

---

189) 구인회, 생명윤리의 철학 : 철학과 현실사, 2002.

는 것이 아니라는 측면에서 윤리적인 문제가 적다고 생각한다.

다. 출처별 배아줄기세포의 윤리적 문제점

배아 줄기세포의 활용에 있어서 윤리적 문제점을 간추려 보면 다음과 같다.

(1) 낙태의 조장

배아줄기세포의 출처로서 죽은 태아의 조직을 사용하는 것은 낙태를 조장할 우려가 있다고 비판을 받는다. 설사 낙태를 직접 조장하지 않더라도 낙태와 같은 비윤리적이고 부도덕한 관행과 상징적으로 연관되기 때문에 그러한 연구가 낙태에 대한 도덕적, 정치적인 반대를 점차 무력화하고 결국 낙태를 정당화하는 역할을 하리라는 것이다.

(2) 배아의 낭비

잉여배아들로부터 만들어진 배반포에서 줄기세포를 추출하는 것은 필연적으로 해당 배아의 파괴를 수반한다는 점에 비판을 받는다. 배아가 인간존재와 동등한 도덕적 지위를 가진다고 주장하는 사람들은 이러한 방법을 수용할 수 없다. 부모의 결정이 이러한 연구로부터 얻을 이익의 가능성 때문에 영향을 받을 수 있으며, 배아 기증자가 자신의 배아가 사용될 연구의 유형을 정하려 하거나 심지어 해당 연구의 수혜자(줄기세포 수용자)를 결정할 수도 있다. 나아가 연구배아 창출에 대한 금지를 피하기 위해서 잉여배아를 고의로 많이 만들 위험도 있다.

(3) 수단적 소모

순수하게 연구를 목적으로 배아를 창출하는 행위는 단지 과학연구의 목적에 쓰이기 위한 '수단' 으로 인간배아가 창출되어서는 안 된다는 칸트의 의무론을 근거로 반대할 수 있다. 기증된 잉여배아를 고의로 창출하는 행위에는 반대할 수 있다. 배아연구에 대한 법적 규범을 제정한 많은 유럽 국가들은 연구의 대상이 되었던 배아가 자궁에 이식되어서는 안 된다고 명시적으로 규정한다. 또한 기증된 배아의 공급이 충분하기 때문에 연구용 배아의 창출에 대한 금지가 제정되어야 한다고 주장한다.

(4) 배아의 존엄

체세포 핵치환 기술을 이용해 복제된 배아를 창출해내는 것은 위 세 가지 방법이 지닌 윤리적, 법적 문제들을 어느 정도 피하는 수단이 될 수 있다고 주장한다. 즉 이 기술은 수정의 과정을 실제로 포함하지 않기 때문에 인간배아의 창출을 금지하는 기존 법에 저촉되지 않는다는 것이다. 더구나 이 기술은 위의 방법들과는 달리 환자 자신의 세포를 사용해 줄기세포를 배양하는 것이기 때문에 조직거부 반응의 문제를 극복해주는 혁명적인 조직 장기이식의 기술로 환영을 받고 있다. 그러나 복제라는 것 자체가 인간존엄성 파괴의 이유로 많은 나라의 법에서 금지되고 있듯이 배아를 복제하는 행위 역시 인간배아를 목적이 아닌 수단으로 취급하는 것이므로 인간의 존엄성을 침해하는 행위로 볼 수 있다.

치료의 목적으로 배아복제의 이용은 너무나 쉽게 생식 목적의 복제로 이어지는 '미끄러운 언덕길'이 될 수 있다. 나아가 줄기세포 추출 과정에서 모든 배반포들이 파괴되지 않을 수 있으며, 8세포기 이상으로 살아남은 배아들이 계속 성장하면 치명적인 질병의 위험에 놓일 수 있다. 이울러 배아복제 허용은 윤리적으로 문제가 덜하면서 배아복제와 똑같이 뛰어난 결과를 얻을 수 있는 대안적 기술, 즉 성체줄기세포 연구에로 자원이 투입되는 것을 가로막는 역할을 한다는 이유에서 비판을 받는다.

4절 줄기세포와 미생물 보호

I 신규물질의 보호

신규 줄기세포나 미생물, 혹은 공지된 미생물이라도 이들을 이용한 새로운 개체의 탄생이나 방법 등은 그 연구자와 개발자, 투자자 등을 위해 보호하여 보상하고, 이를 통해 더욱 발전된 기술의 창출을 유도하는 것이 과학기술의 발전을 위해 지켜온 원칙이다. 따라서 새로운 미생물의 발견이나 발명을 독점 배타적으로 실시하도록 인센티브Incentive를 부여하는 제도의 활용이 곧 특허출원이며 신규 미생물 특허출원은 미리 그 미생물을 기탁해야 하는 규정에 따라야 한다. 미생물 기탁기관은 우리나라의 기탁기관은 물론 미국의 기관도 이용 가능하다.

II 특허 출원

1. 기탁의 의무화

특허법시행령 제2조 '미생물의 기탁' 에 따르면, 미생물에 관계되는 발명으로 특허출원을 하려면 공인된 기탁기관에 그 미생물을 기탁해야 한다. 특허에 관한 국제협약인 부다페스트조약에 의해 국제적으로 인정된 기탁기관에 미생물을 맡겨야 국제적으로 인정을 받는 것이다. 즉,

줄기세포도 새로운 생명체를 발명한 것이나 마찬가지니 이를 실물로서 공인된 기관에 맡겨야 특허심사를 진행할 수 있다.

우리나라에는 부다페스트조약에 따른 공인된 기탁기관이 3개인데, 이 중에서 사람의 세포를 받아주는 곳으로는 서울대 세포주은행이 유일하다. 그렇기 때문에 2004년에 개발된 1번 줄기세포도 여기에 기탁되어 냉동보관 되고 있었다.

●● 미생물기탁기관

구 분	한국생명공학연구원 생물자원센터 (KCTC)	한국미생물 보존센터(KCCM)	한국세포주 연구재단(KCLRF)	국립농업과학원 농업유전자원센터 (KACC)
국내기탁기관 (지정일)	(1981.08.25)	(1981.08.25)	–	(2002.01.01)
국제기탁기관 (지정일)	(1990.06.30)	(1990.06.30)	(1993.08.31)	–

2. 미생물 시료의 입수

가. 입수가 용이하지 않은 경우

미생물 입수가 용이하지 않은 경우 특허출원은 특허를 받을 수 없다. 미생물 기탁의 경우 출원 시 기탁증 사본을 제출하지 않았다면 나중에 기탁하고 기탁증 사본을 제출하더라도 신규사항 추가금지에 의해 보정이 허용되지 않으므로 결국은 미완성발명으로 특허출원이 거절된다. 이 경우 기존의 특허출원을 취하하고 다시 출원을 해야 하는데 줄기세포에 관해서 이미 논문으로 발표를 한 바, 발표일로부터 6개월이 지났다면 이 또한 신규성을 상실했으므로 거절된다.

국제특허출원의 경우에도 문제가 된다. 조약우선권을 주장해야 하는데 이 경우 논문발표일로부터 6개월 내에 해야 한다. 아니면 신규성 위반으로 특허를 못 받게 된다. 그러므로 특허를 받을 수 있는 방법이 없는 것이다.

나. 입수가 용이한 경우

이 경우에는 발명의 상세한 설명에 입수방법을 기재하고 있으므로 특허요건을 위반한 것은 아니다.[190]

190) 대법원 1992.3.31. 선고 90후1260 판결 【거절사정, [공1992.5.15.(920),1427]】.

3. 특허출원

생명공학분야 특허출원 현황을 살펴보면 아래 표와 같다.

(출처: 특허청, 단위:건수)

구 분 Classification	2007	2008	2009	2010	2011
내국인 Domestic	3,295 (67.5%)	3,398 (67.1%)	3,789 (73.3%)	4,339 (72.5%)	4,556 (76.1%)
외국인 Foreign	1,587 (32.5%)	1,669 (32.9%)	1,380 (26.7%)	1,648 (27.5%)	1,750 (29.2%)
계 Total	4,882	5,067	5,169	5,987	5,987

SCIENCE TECHNOLOGY & INTELLECTUAL PROPERTY

3장 정보통신기술과 법

1절 정보통신기술

I 서설

1. 의의

정보통신기술Information & Communication Technology은 정보기술Information Technology과 통신기술Communication Technology의 합성어이다. 따라서 협의의 개념에서 정보통신기술이란 정보를 검색, 수집, 전달하기 위한 하드웨어와 소프트웨어를 의미한다. 광의의 개념으로 보면 이들 하드웨어와 소프트웨어를 이용해 정보를 수집, 생산, 가공, 보존, 전달, 활용하는 모든 방법을 의미한다.

인간문명의 발달은 각자의 사고를 남에게 표현하면서 시작되었다고 해도 과언이 아닌데, 이때 자신의 의사를 남에게 전달해주는 과정을 통신으로 이해할 수 있다.

초기의 통신방식은 육성으로 또는 문자를 이용한 문서나 신호로 시작되었지만, 보다 먼거리에 직접 배달을 하지 않고도 빠르고 정확하게 정보를 전달할 필요에 의해서 전기를 이용한 원거리 통신 방식이 개발되고, 정보의 양이 다양하고 많아짐에 따라 통신을 위한 전송방식에 많은 변화와 개발이 이루어져 왔다.

특히, 반도체 기술의 발달과 인터넷에 의한 통신의 비약적 발전 등은 컴퓨터 시스템과 더불어 정보통신기술의 근간을 이루는 것으로, 일찍이 전자회로를 구성하는 진공관 시대에서 트랜지스터와 집적회로를 거치면서 반도체 기술로 얻어진 문명의 이기들을 대중적으로 이용하는 디지털 시대로 이어지고 있다.

따라서 오늘날의 정보통신 기술은 반도체로 대표되는 반도체소자 기술, 하드웨어와 소프트웨어를 갖춘 컴퓨터에 의한 정보처리 기술, 위성통신과 광통신을 포함하는 통신기술을 합하여 통칭하는 것으로 이해할 수 있다.

컴퓨터가 개발되었어도 그 초기에는 정보처리속도와 전송량이 매우 제한적이었으므로 이를 네트워크로 연결하여 컴퓨터 기억장치를 공유하던 원리가 마침내 인터넷 망의 구축으로 발전되었다. 현재 우리가 살아가는 세상은 인터넷을 배제하고 생활한다는 것은 상상할 수 없으며 과학기술의 발달이나 관련제도의 정비도 인터넷관련 기술을 배경으로 하며, 그 발전을 지향하고 있다.

정보통신기술도 온라인, 즉 인터넷망을 이용하여 정보의 수집 및 교환, 전자우편, 전자상거래 등으로 발전되었고, 다양한 분야에서 정보 또는 지식의 수집을 가능하게 함으로써 기존의 도서관을 대신하는 교육 목적으로도 활용되고 있다.

또한 정보통신기술은 정치 · 경제 · 사회 · 문화의 모든 부문에 필수적 수단으로 사용되는 등 모든 분야에 걸쳐 다양하게 활용됨으로써 정보통신기술의 혁명적 변혁을 유인하게 되어 마침내 디지털 시대가 도래하게 된 것은 주지하는 바와 같다.

그러나 디지털시대의 정보통신기술은 지역과 공간, 인종과 문화를 구획 짓던 아날로그 시대의 한계를 극복했다는 긍정적인 면도 있지만, 기술발달에 따른 폐해를 예측하고 이를 예방하지 못하여 부도덕하거나 불법적인 결과가 나타나는 부정적인 면도 있다. 예를 들면 미성년자가 접근할 수 있는 사이버 공간과 이 공간에서 펼쳐지는 공서양속에 반하는 영상물과의 접촉에 의한 분별없는 행동, 비밀과 개인 프라이버시의 유지 한계, 저작물의 무단도용이나 전자상거래로 발생하는 법적 문제 등이 그것이다.

정보통신기술의 발달이 우리의 생활에 편리함과 신속함, 방대한 자료의 용이한 교환이나 빠른 정보 활용 등에 크게 기여하는 것은 사실이며, 실제 기술의 개발이나 기술 자체의 문제로 사회적 · 법적 문제가 야기되는 경우는 드물었지만, 이러한 기술을 이용하는 사용자의 불법행위와 이 불법행위에 쓰이는 기술이 결국은 사회의 지탄을 받거나 문제가 되어 마침내 이를 막거나 조절할 강제규범이 필요하게 된다.

대표적인 문제가 헌법상 표현의 자유를 들어 특정 혹은 불특정 다수인에게 개인의 프라이버시나 국가안보에 관련되는 비밀의 유포, 소리바다와 같이 저작물의 무단이용에 따른 저작자의 손해 등이 온라인 서비스제공자Online Service Providers: OSPs에 의해 이루어지는 것 등이다.

특히 인터넷의 음란물이나 불법 유통물 등에 미성년자가 쉽게 접근하게 되면서 야기되는 각종 사회적 문제는 더 이상 인터넷을 사이버 공간으로만 방치해서는 안 되는 지경에 이르렀다.

결국 정보통신기술과 관련되는 많은 제도들이 신설되거나 기존의 제도가 개정되어야만 할 필요성이 생긴 것이다.

이 때문에 정보통신기술에 대한 법의 역할은 과학기술의 발달에 공여하는 법의 기능 중 주로 금지하는 기능banning으로서의 역할을 한다고 해도 지나친 말이 아니다.

2. 정보 · 통신 · 기술

가. 정의

정보情報, information란 '특정목적의 달성에 필요한 정황의 보고'라 정의할 수 있다. 정보의 가치 여부에 대해서는 이를 필요로 하는 사람의 입장에서 판단할 일이므로 가공된 정보여부를 불문한다.

통신通信,communication은 정보를 교류하는 것을 말한다. 정보의 교류는 정보제공자와 정보취득자가 원래의 정보의 내용, 즉 정보제공자의 의도를 그대로 정확하는 것이 필요하며, 이러한 정보를 가공하는 것은 통신과는 별개의 문제이다.

정보통신기술情報通信技術, information & communication technology은 정보통신을 위한 공학적 결과물의 총체를 일컫는다. 정보통신기술은 정보기술과 통신기술의 합체적 용어로 좁은 의미로는 정보를 검색, 수집, 전달하기 위한 하드웨어와 소프트웨어를 말하지만, 넓은 의미로는 하드웨어와 소프트웨어를 이용해 정보를 수집, 생산, 가공, 보존, 전달, 활용하는 모든 기술과 방법을 포괄한다.

이제 정보통신 기술은 반도체기술, 하드웨어와 소프트웨어의 컴퓨터 기술 및 이를 이용한 정보기술, 위성통신과 광통신을 포함하는 통신기술, 나아가 인터넷을 이용한 BM기술을 모두 포함하므로 "언제 어디서든지 …, 넓게 퍼지는 …" 정보통신이 가능한 유비쿼터스Ubiquitous기술 또는 퍼베이시브Pervasive기술이 정보통신기술의 대명사처럼 따라다닌다.

나. 전기통신의 발달

통신은 발신자 의사意思가 정확한 전달되어야 하는 것이므로 초기의 의사사전달방법은 육성이나 얼굴의 표정이나 몸짓, 동물의 소리, 자연물을 이용하는 것으로 시작되었다.

차츰 보다 넓고 먼 거리로 의사를 전달하기 위하여 탑이나 불을 이용하여 신호를 전달하기도 하고, 파발꾼이나 역마차, 비둘기전서구와 같이 정보가 적힌 문서를 직접전달하는 방식도 활용되었다.

이미 약 3,500년 전부터 표음 문자인 로마 문자나 그림, 문자의 개발 등으로 물체의 모양을 본뜬 상형 문자가 등장하고, 1445년 독일 구텐베르크의 활자 인쇄술 발명은 인간의 사고와 방대한 정보를 생성시키고 이를 전달하기 위한 기술의 개발을 요구하게 된다.

특히, 우리주변의 마찰전기나 번개의 존재는 전기의 발견과 통신의 변혁을 예고하는 것으로, 약 400여 년 전부터 전기에 관심을 두고 연구가 시작되었다. 영국의 화학 · 물리학자인 패러데이Michael Faraday, 1791~1867는 전자기 유도현상을 발견하고 이어서 개발된 전기를 이용한 통신의 개발은 전기통신기술의 서막을 열게 된다.

(1) 전자기 유도현상의 원리

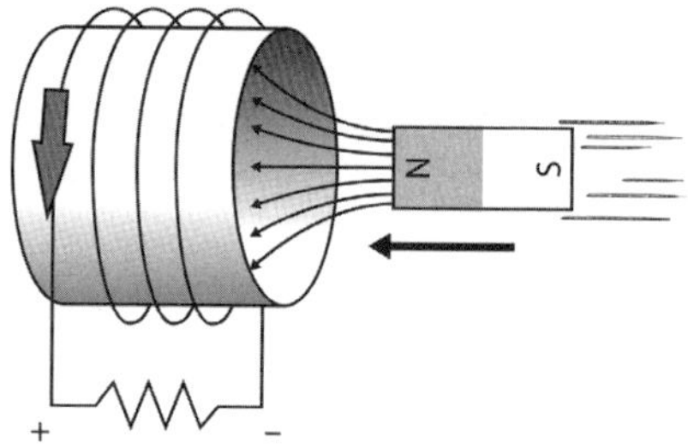

자석을 움직이면 전류가 유도된다

(2) 전동기와 발전기의 원리

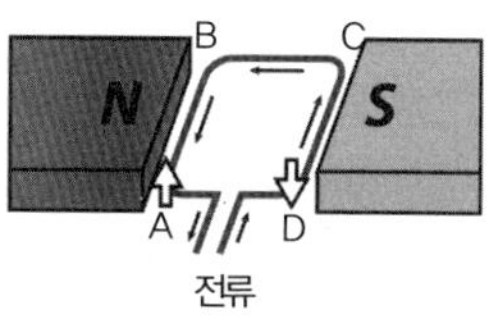

전동기의 원리

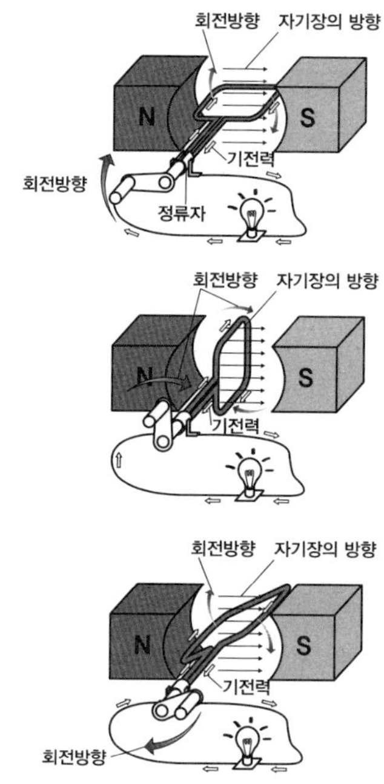

발전기의 원리

다. 전기

영국의 물리학자 J.J 톰슨은 1900년에 눈에 보이지 않는 전달 입자인 전자[Electron]를 발견한다.

전기에 대한 궁금증은 모든 물질은 원자가 결합되어 이루어지고 그 중심에 플러스 (양)전기를 가진 양자와 전기를 갖지 않은 중성자로 이루어진 원자핵이 있고, 그 둘레를 마이너스(음)전기를 가진 전자가 돌고 있다는 사실의 발견으로 풀리게 된다.

보통의 물질은 양자의 수와 전자의 수가 같은 중성상태이지만, 금속에는 자유로이 돌아다니는 전자가 존재한다. 물질에 따라서는 외부로부터 에너지(열, 빛, 마찰)를 받게 되면 전자가 궤도에서 벗어나 자유로이 떠돌아다니는 자유전자가 되는데, 이를 전기의 흐름으로 이해하게 된 것이다.

즉, 전기란 전자의 흐름(음극에서 양극으로 흐르는 음극선)으로 그 의미가 정립되어진 것이다.

3. 통신의 종류

현대의 통신의 종류는 그 목적에 따라 전기통신과 정보통신, 그리고 방송통신으로 구분할 수 있다.

전기통신은 전신 전화의 발달에 의해 이루어진 것이다. 19세기 미국의 모스가 전신기를 발명하고, 이탈리아의 마르코니가 무선 전신기를 발명한 이래 음성통신의 대명사인 전화의 발명은 더 나아가 상대방을 볼 수 있는 통화 기기와 이동 통신 기기까지 발전하는 발판을 마련하여 마침내 광통신 시대를 열게 된다.

정보통신은 1960년대를 전후하여 시작된 데이터 통신을 말한다. 최초의 데이터 통신 시스템은 1958년 미국 공군에 설치된 SAGE(미국과 캐나다를 포함하는 북미지역의 비행물체에 대한 조기경보시스템)를 꼽는다.

방송통신은 20세기 전자파에 의한 정보의 전달 방식이 개발되면서 탄생했다. 라디오 방송과 텔레비전 방송, 여기에 인공위성이 합세하여 위성통신과 컴퓨터, 인터넷 결합에 의한 3차원의 통신이 가능하도록 발달되어 왔다.

방법에 따라서는 선을 사용해 통신망을 이루고 정보교환이 가능하도록 된 유선통신, 대기중으로 신호를 전송하는 무선통신, 그리고 지상에서 대기권 또는 전리층 내에 정보를 송수신하는 지상망 통신으로 구분할 수 있다.

통신방식에 따라 분류되는 아날로그 통신과 디지털 통신은 가장 최근에 개발된 디지털 기술의 발달과 광섬유의 개발과 활용으로 그 기술을 완성하게 된 것이다.

아날로그통신은 고유의 정보신호를 그대로 전송하는 연속적 통신방식으로 외부전력이 약하고 송신전력 많이 드는 단점이 있는 반면, 디지털 통신은 연속적인 아날로그신호를 일련의 부호로 변형하여 전송하므로 잡음Noise에 강하고 전력소모가 적은 특징을 가지며 광케이블을 이용한 광통신방식을 활용한다.

오늘날의 통신방식은 모든 방식을 종합한 종합통신이라고 통칭할 수 있다.

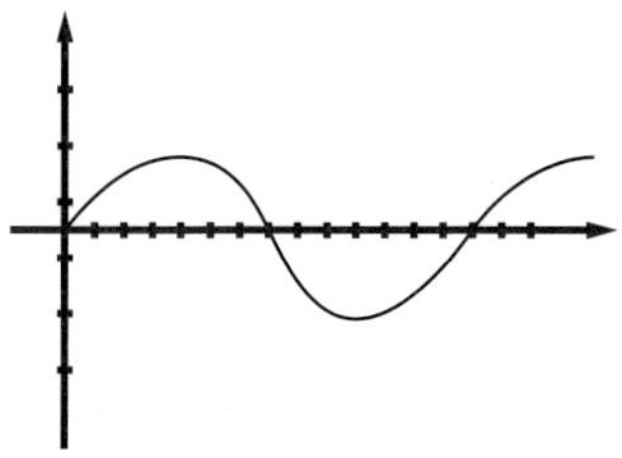

[아날로그 통신]

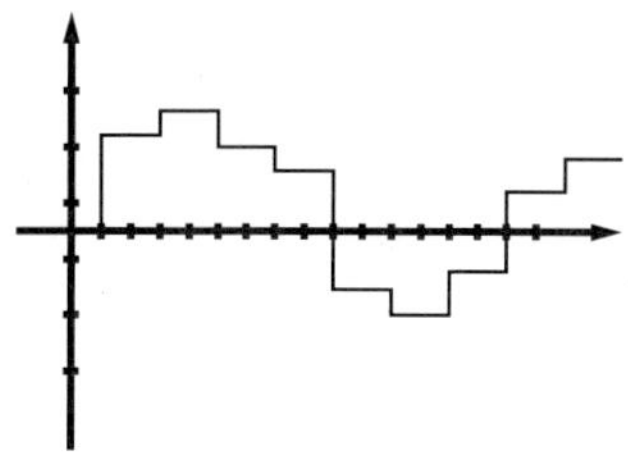

[디지털 통신]

Ⅱ 통신과 컴퓨터 프로그램

1. 인터넷과 BM발명

인터넷Internet을 모르는 사람이 없을 정도로 인터넷은 우리생활의 일부를 구성하고 있다. 인터넷이란 컴퓨터와 네트워크·통신망을 이용한 정보교류 시스템을 말한다.

인터넷 관련 발명은 정보교류 시스템 기술과 관련된 발명을 말한다. 인터넷 관련 발명은 크게 시스템 분야(H/W 위주 기술)와 응용분야(S/W 위주 기술)로 나뉘고, 인터넷 시스템을 이용하여 온라인상에서 전자상거래가 가능토록 한 기술로서 BMBusiness Model 혹은 Business Method 발명까지 포괄한다.

컴퓨터와 인터넷통신이 발달하면서 비즈니스 모델을 구현한 컴퓨터프로그램(소프트웨어)에 대한 보호의 문제가 대두되었다. 특허제도는 주로 기계, 기구 등과 같은 하드웨어에 포함된 새로운 기술적 사상을 보호하기 위한 제도로서 발전되어 왔으나, 디지털 시대에 들어 인터넷 통신과 관련된 BM발명도 특허제도에서 보호되고 있다.

2. 미국에서의 컴퓨터 프로그램의 보호과정

가. 제1단계

미국 연방최고법원이 최초로 소프트웨어 발명을 취급한 1972년의 Gottschalk v. Benson 케이스[191]로부터 시작되어, 6년이 지난 1978년의 Parker v. Flook 케이스[192]로 이어진다. 두 판결에서 법원은 특허로 보호받을 수 없는 자연법칙과 다름없는 추상적인 '수학 공식' 을 청구한 특허를 무효로 했다.

---

191) 409 U.S. 63, 93 S.Ct. 253, 34 L. Ed.2d 273 (1972).

192) 437 U.S. 584, 98 S.Ct. 2522, 57 L. Ed.451 (1978).

나. 제2단계

연방최고법원이 컴퓨터 소프트웨어 발명에 대한 특허성을 인정한 최초의 판결인 1981년의 Diamond v. Diehr 케이스[193]에서 시작된다. 이 판결에서 법원은 "태양 아래 인간이 만든 모든 것"은 모두 적법한 특허보호 주제[statutory subject matter]가 된다는 이전의 판결을 인용하면서 소프트웨어 발명에 대한 특허성을 지지하였다.

이 판결에 따라 미국 특허상표청은 컴퓨터 관련 발명의 특허성을 테스트함에 있어서 청구항에 단지 알고리즘이 포함되어 있다는 이유로 불특허되지 않는다고 하였다.

그리고 1982년의 CAFC[The Court of Appeals for the Federal Circuit, 미연방순회항소법원]의 설립은 이 분야의 판단에 긍정적 자극제가 되었다.

다. 제3단계

1994년에 들어서 CAFC는 여러 개의 컴퓨터 관련 발명의 특허성에 대한 판결을 내리면서 제3단계가 시작되었다. In re Alappat 케이스[194]에서 "일반 목적의 컴퓨터도 프로그램 소프트웨어의 지시에 따라 특정한 기능을 하도록 프로그램 되기만 한다면 특정 기능의 컴퓨터가 된다."고 판시되어진 이래 컴퓨터 프로그램(소프트웨어) 발명에 대한 특허 적격성이 확고해졌다.

특히 In re Lowry 케이스1[195] 및 In re Beauregard 케이스[196]의 판결은 기록매체 청구항에 대해서도 특허로 인정하도록 판시한 판결이다.

라. 제4단계

미국 특허상표청은 1995년 6월 '컴퓨터 관련 발명의 심사기준(안)' 을 발표하고, 이에 대한 찬반의 공청회를 거쳐 1996년 2월 심사관의 심사기준 매뉴얼[MPEP][197] '컴퓨터 관련 발명의 심사기준(최종판)'을 발표했으며 같은 해 3월 공포되어 효력이 발생하였다. 이것이 컴퓨터 프로그램 보호를 위한 제4단계의 시작이다.

미국 특허법 제101조에 의하면 특허의 주제[subject matter]로서 방법, 기계, 제조물품 또는 조성물 중 하나의 카테고리를 규정하고, 그것이 유용한 발명이어야 한다고 규정하고 있는데, 기본적으로는 "태양 아래 인간이 만든 모든 것"은 보호되어야 한다는 취지 아래 컴퓨터 및 인터넷 통신과 관련된 BM은 컴퓨터 소프트웨어의 일종으로서 특허법상 보호받지 못할 이유가 없다는 것이다.

---

193) 450 U.S. 175, 101 S.Ct. 1048, 67 L. Ed.2d 155 (1981).
194) 33 F.3d 1526 (Fed. Cir. 1994).
195) 33 F. 3d. 1579 (Fed. Cir. 1994).
196) 53 F. 3d. 1583 (Fed. Cir. 1995).
197) Manual of Patent Examining Procedure.

3. 우리의 컴퓨터 프로그램의 보호과정

가. 제1단계

1984년 11월 제정된 컴퓨터 관련 발명의 심사기준은 소프트웨어가 이용하는 순수의 법칙성이 자연법칙에 의한 것일 때에는 방법발명으로 성립할 수 있으며, 컴퓨터가 어떤 장치나 시스템 내에서 특정 목적을 달성하는 기능 실현 수단으로 이용되는 경우에는 장치발명으로 성립할 수 있다는 등의 특허가능성 판단기준을 제시했다.

이 심사기준에 의하면 운영체제, 제어프로그램 등 일부 시스템 소프트웨어를 제외한 순수 소프트웨어는 특허의 대상에서 제외되었다.

나. 세2단계

1995년 2월 개정된 컴퓨터 관련 발명의 심사기준에서는 소프트웨어에 의한 정보처리가 대상의 물리적 또는 기술적 성질(구조상의 성질도 포함)에 기초해서 이루어진 경우 또는 하드웨어 자원을 수반한 경우에는 자연법칙을 이용한 것으로 보아 특허가능성을 인정했다.

1995년 2월 개정 심사기준에 의하면 소프트웨어를 기록한 기록매체는 특허의 대상에서 제외되어 있고, 기술적 성질이란 개념을 명확히 정의하기 어렵다는 난점을 지니고 있었다.

다. 제3단계

1998년 8월 1일 이후에 출원되는 발명에 대해 시행되는 컴퓨터관련 발명 심사기준은 1998년 2월 발표된 미국특허상표청의 컴퓨터 관련 심사기준에 힘입은 바 크다.

양 심사기준은 발명의 성립성 판단과 약간의 용어만 다를 뿐 전체적인 내용은 거의 같다. 따라서 이 개정 심사기준에서는 발명에 산업상 이용할 수 있는 구체적 수단, 즉 기술적 사상이 존재하는지를 검토해서 특허 여부를 판단하도록 하였다.

또한 컴퓨터 관련 발명을 특허청구 범위에 기재함에 있어서 기록매체도 특허청구 범위에 기재할 수 있도록 함으로써 종래에는 방법발명으로만 청구되던 발명에 대해 기록매체라는 물건발명으로도 청구할 수 있게 하여 소프트웨어 개발자의 권리를 보다 강화하고 있다.

Ⅲ 정보통신기술

1. 정보통신기술의 범위

정보기술[IT:Information & Technology]의 범위를 정하는 것은 불가능할 지 모른다. 그 이유는 현대가

정보사회라 할 만큼 대부분의 산업활동은 정보에 모아지고, 정보기술은 컴퓨터와 네트워킹을 포함한 제반관련 기술들이 포함될 뿐 만 아니라, 무수한 정보의 생성과 처리 및 관리는 컴퓨터와 분리하여 생각할 수 없기 때문에 그 방대한 기술을 일목요연하게 정리하기 어렵기 때문이다.

여기에 통신기술까지 가미되므로 정보통신기술의 범위를 정하는 것은 더욱 어려워지게 된다.

통신기술은 정보의 전달수단으로 압축해보면 전신기 개발 이래 FAX나 유·무선 전화기를 비롯하여 전화기로 한정할 수 없는 다양한 기능의 스마트폰Smart Phone, 전자파에 의해 정보를 전달하는 라디오 방송과 텔레비전 방송, 인공위성으로 볼 수 있는 텔레비전 및 이에 관련되는 기술들로 정리할 수 있다.

따라서 정보통신기술은 정보의 수집과 분석 및 결과의 도출이나 그 관리가 컴퓨터 없이 이루어질 수 없다는 점에서 컴퓨터의 하드웨어와 소프트웨어 그리고 네트워킹이 갖추어진 구조에 이를 활용하기 위한 정보매체와 이를 다루게 될 인간을 포함시켜 그 범위를 잡아볼 수 있다.

정보를 구성하는 다양한 매체인 멀티미디어 등 정보화 수단에 필요한 유형·무형기술을 말하며, 여기에는 문자 이외에도 업무용 데이터, 음성 대화, 사진, 동영상 등을 예로 들 수 있다. 이들 매체의 용량이 방대하므로 멀티미디어를 취급하기 위한 응용소프트웨어 산업분야가 더욱 중요하게 취급되고 있다.[198]

정보통신 산업이 급속도로 발전하면서 '정보혁명'을 주도하는 기술이 나타났는데, 이것이 바로 정보기술이다. 경제효과에 관한 논란이 일어났지만, 비약적인 생산 효과를 거둠으로써 전세계적으로 이 정보기술 개발에 관심이 쏠리고 있는 실정이다.

2. 정보통신 관련 제도

정보통신의 중요성과 그 기술의 발달에 따라 관련 제도들도 신설되거나 개정되어 현재에 이르고 있다. 정책적인 면에서 정보통신 관련 기술의 개발과 산업화 및 그 실시에 관련되는 제도들을 정리해 보면 아래 표와 같다.[199] 관련 제도에 대해서는 후술하는 제도편에서 상술한다.

정보통신기반보호법

정보통신기반보호법
정보통신산업진흥법
전자문서 및 전자거래기본법
국가정보화기본법
소프트웨어산업진흥법
정보통신망 이용촉진 및 전보보호 등에 관한 법률

198) 한국의 소프트웨어 산업과 하드웨어 산업간 부가가치율은 각각 49.6%, 24.6% 이다.
199) http://www.nipa.kr, 정보통신산업진흥원, 2013.1.20.방문.

정보통신공사업법
국가를 당사자로 하는 계약에 관한 법률
중소기업진흥에 관한 법률
하도급거래 공정화에 관한 법률
대 · 중소기업 상생협력 촉진에 관한 법률

2절 반도체와 전자기술

I 서설

21세기 첨단과학기술은 디지털 기술로 요약하여 표현할 수 있지만, 그렇다고 현대의 첨단과학기술이 디지털기술이라는 한마디의 단어로 압축될 수 있을 만큼 간단하거나 독립적이라는 의미가 아니다.

디지털기술이 적용되지 않은 기술을 상상할 수 없고 어느 분야의 기술이라도 전자기술이 적용되지 않은 분야가 드물어서 분야별 기술의 융합으로 나타나는 첨단기술의 조화에 디지털기술이 공통분모로 적용된다는 의미에서 현재의 기술을 디지털 기술이라 할 수 있다.

예컨대 산업기술과는 구분되는 의사 개인의 역량에 의존하는 의술이라고 하더라도 첨단 고정밀 전자장비인 MRI^Magnetic Resonance Imaging, 핵자기 공명 영상법^ 장비를 사용하거나, 정확한 혈압측정을 위한 디지털 혈압측정기의 사용은 우리의 삶에서 디지털 기술이 산재해 있음을 보여준다. 휴대용 전화나 MP3, 육상수송을 위한 고속철은 물론, 항공기술이나 우주탐험을 위한 우주기술, 정보통신기술, 생명공학기술의 발전도 디지털화된 첨단기술의 뒷받침 없이는 이루어지기 어렵다는데 이견이 없다.

그렇다면 각종 활동에 필요한 장비나 도구에 적용되는 디지털 기술은 무엇을 의미하며, 디지털 기술을 구성하는 기본요소는 무엇이고, 어떠한 원리로 디지털 기술을 완성할 수 있는 것인가?

디지털 기술의 사전적 의미는 "자료를 수의 값으로 처리하거나 숫자로 나타내는 것", 혹은 "정보를 표현하는 방법에 있어서 아날로그가 모양으로 표시된다면 디지털은 정확하게 '0과 1'이라는 수치로 표시되는 것", "아날로그와 대응되는 의미로, 임의의 시간에서 값이 최소값의 정수배로 되어 있고, 그 이외의 중간값을 취하지 않는 양을 가리킨다."고 정의되어 있다.[200]

200) http://kr.dictionary.search.yahoo.com/search/dictionaryp?subtype=eco&p=%EB%94%94

앞서 얘기한 혈압측정기[201]의 예에서, 혈압은 온도계의 눈금처럼 숫자가 표시된 측정기를 오르내리며 눈금을 가리키게 되고, 의사는 청진기를 사용해서 혈관벽에 혈관이 부딪히는 소리, 즉 최고혈압과 최저혈압에서의 눈금위치를 읽어서 환자의 혈압을 측정하게 된다.

그런데, 이렇게 의사의 청진기술과 측정기를 이용하여 혈압을 재는 경우 의사와 환자마다, 혹은 측정 때마다 그 수치가 다를 수밖에 없다. 이 경우 그 평균 수치를 채택하여 혈압을 측정하는 소위 아날로그Analog방식에 의한 혈압측정 방식이 사용되어왔다. 따라서 혈압수치를 좀 더 정확하게 측정하기 위하여 손가락으로 맥박을 감지하는 대신 디지털 기술이 적용된 압력센서를 이용하여 맥박수를 측정하고, 그 데이터를 수록하여 분석하는 디지털 장비를 사용하여 액정표시화면에 나타난 수치로 최고혈압과 최저혈압을 측정한다면 종래 아날로그 방식에서 오는 혈압수치의 불신을 덜 수 있게 된다. 이를 디지털기술을 적용한 혈압측정 방식으로 이해할 수 있다.

한편, 디지털 기술을 구현하기 위한 전자장비는 전자회로의 설계에 의해 그 구동이 제어된다. 전자회로는 전자장비의 혈관이라 할 수 있고, 장비가 복잡하고 정밀할수록 수많은 전자회로가 형성되어 그 부피는 물론, 회로 간 간섭이나 복잡성이 더욱 심화된다. 따라서 복잡하고 부피가 큰 전자회로의 구성을 최소화시키기 위하여 우선 그 크기가 최소화된 구성부품이 개발되어야 하고, 이를 적절히 배치하여 조립하는 설계가 필요하다.

이 때문에 종래의 아날로그식 전자회로는 각 구성부품과 그 연결회로를 최소화한 집적회로의 개발을 통해 손톱 크기보다 작은 반도체 칩에 의해서 구동하는 디지털 방식으로 교체되었다. 이러한 디지털기술의 발달은 전기전도도를 제어할 수 있는 반도체의 발명과 이를 이용한 기술의 연구에 크게 의지하여 현재에 이르고 있다. 거의 모든 과학기술의 핵심 재료라 할 수 있는 반도체는 물질특허와 같이 중요하고 기술발달과 적용에 없어서는 안 되는 소재가 되었으므로 이에 대한 이해가 선행될 필요가 있다.

유리와 같은 부도체不導體에 물리적 · 화학적 변화를 주어 필요에 따라 전기를 통할 수 있는 선택적 도체로서의 반도체半導體, Semi-conductor를 개발한 기술은 종래의 진공관이나 트랜지스터가 포함된 전자회로와 같거나 그 이상의 기능을 수행하면서도 그 부피와 크기가 비교도 되지 않을

%EC%A7%80%ED%84%B8 및 http://100.naver.com/100.nhn?docid=52701.

201) 보통 혈압을 잴 때는 팔에 커프스(cuffes)라는 공기주머니가 형성된 띠를 감고, 의사나 간호사가 청진기로 혈관음(K음)을 들으면서 혈압을 잰다. 공기주머니에 공기를 넣어 동맥의 압력보다 높아지면 동맥이 막혀 혈액이 흐르지 않게 되는데, 공기를 서서히 빼면 압력이 낮아지며, 혈압과 같아지면 혈액이 혈관벽에 부딪히는 소리가 들린다. 이때 처음 소리가 들릴 때의 압력이 최고혈압이며, 마지막으로 소리가 들릴 때의 압력이 최저 혈압이 된다. 그런데 전자혈압계는 청진기 대신 마이크, 수은주 압력계 대신 액정화면 표시를 사용한다. 혼자서 팔에 커프스를 감고 혈압을 재기는 쉽지 않다. 이 때문에 혈압을 혼자 측정할 때는 팔이 아니라 손가락을 이용한 혈압계를 쓴다. 손가락혈압계는 혈관음을 듣는 방식이 아니라 맥박의 진동으로 혈압을 측정한다(오실로메트릭법). 요컨대 혈관이 고동칠 때 생기는 미묘한 커프스 압력의 변화를 압력센서로 감지하여 표시하는 것이다.

만큼 작아진 칩을 개발할 수 있게 하였다. 현재 대부분의 첨단과학기술에 응용되고 있는 반도체 칩은 생물의 혈관 속 혈액과 다를 바 없는 것이다.

이러한 반도체의 제조과정에는 각 공정별로 첨단의 장비나 자재가 소요되고 기존의 산업기술이 응용되고 있다. 따라서 반도체와 이의 제조기술을 이해한다는 것은 방대한 산업기술을 모두 망라하여 설명하기 어려운 지면적 · 시간적 한계를 극복시켜줄 수 있으므로 반도체와 그 제조방법의 과정을 살펴보는 의의는 더욱 그 가치가 높다고 할 것이다.

이와 같이 첨단과학기술의 발전에 반도체 역할이 지대하고, 이를 이용한 새롭고 진보된 기술의 개발은 산업기술의 발달은 물론 우리 실생활의 편의와 삶의 질을 향상시켜주게 된다. 그러므로 해당기술의 개발이나 개발자를 보호하여 기술개발을 장려하고 육성하는 제도의 설립이 반드시 병행되어야 한다. 반도체관련 기술, 더 나아가 과학기술을 다룸에 있어서 그에 수반되는 제도의 이해, 즉 과학기술과 법이 함께 다루어져야 하는 이유도 여기에 있다.

Ⅱ 전자기술과 반도체

사회생활은 자기의 의사를 상대방에게 전달하거나 상대방의 의사를 알아듣고 그에 따른 행동을 반복하면서 연결되는 공동생활로, 이러한 공동생활을 쾌적하고 편리하며 신속하고도 효율적으로 운영하기 위해서는 각종 정보의 교류가 필요하다. 정보의 교류에 필요한 각종 전자기술과 통신기술들이 개발되고 실용화되어 인간의 의사전달 목적을 용이하게 달성할 수 있게 해준다.

정보교류의 기초인 의사전달은 언어나 기호 등의 개발로 가까이 있는 상대방 간의 의사소통에는 문제가 없으나, 원거리에 있는 상대방과는 별도의 수단에 의해 정보를 교류할 수밖에 없었으므로 이러한 욕구를 충족시키기 위한 전기통신의 관심과 해당기술의 발전은 산업혁명 이전부터 이루어져왔다.

통신기술은 전자기학의 발달에 따라 전기를 이용한 의사 전달에 기초를 두고, 전달하고자 하는 의사를 소정의 전기적인 신호로 바꾸어 전선을 통해서 상대방에게 전달하다 전기적인 신호를 다시 육성으로 바꾸어서 통화자 간 실제 언어로 소통하는 방법으로 의사전달이 이루어지도록 발전해 왔다.

초기의 전기적 신호전달방식은 전선의 길이가 길어질수록, 즉 상대방과의 거리가 멀수록 그 신호가 점점 약해지므로 전선 중간에 전기적 신호를 증폭시킬 증폭기를 개발하여 사용하였다.

전기신호의 증폭기술은 '전기^Electricity^란 전자^Electron^의 흐름'이라는 과학적 지식을 기초로 전자의 운동을 활성화시켜 전기적 신호를 증폭시키는 원리를 응용한 증폭기로서의 진공관[202]이

202) 1900년대부터 발전하기 시작한 진공관은 최초의 전자회로로서 제 1 세대 컴퓨터의 필수적인 논리

개발되었다[그림 1].

전자의 흐름을 제어하기 위한 전자회로의 발전은 전기적 신호를 증폭시키는 증폭기뿐만 아니라, 전자의 흐름을 감소시키기 위한 저항Registance, 전자의 흐름을 차단하거나 모아놓기 위한 콘덴서Condenser, 전자유도를 위한 코일Coil등의 개발로 이어져[그림 2], 이들이 각종 전자회로에 적용되어 용도에 맞게 종류별로 다양하고 특성의 조절이 가능한 여러 부품들이 개발되어 현재에 이르게 되었다.[203]

[그림 1] 진공관

[그림 2] 전자의 흐름을 제어하기 위한 부품들

초기의 통신기술은 송신자의 신호가 수신자에게 정확히 전달되었는지의 여부에 중점을 두었으나 점차 다양하고 성능이 우수한 송수신기의 필요에 의해 전자회로는 더욱 복잡해졌다. 많은 부품들이 채택되어 회로를 연결하는 수많은 전선과 부품들로 전자회로는 매우 복잡하게 되고, 따라서 유지보수의 문제는 물론, 많은 전력소모와 부품 간의 공간점유, 중량 등을 해결할 과제가 새롭게 대두되었다.

무엇보다 전자회로의 구성 부품 중 가장 부피가 크고 전력소모와 함께 발열이 가장 심한 증폭기, 즉 진공관을 대체할 수단이 필요하게 되었으므로 트랜지스터Transister의 개발은 어쩌면 필연적이었는지도 모른다. 이에 힘입어 전자기술의 제1전성기인 진공관 시대에 이어 전자기술의 제2전성기가 열리게 된다.[204]

회로 소자가 된 것이다. 그 원리는 진공 상태로된 유리관 안에 양극(+,Anode)과 음극(-, Cathod)의 금속판을 설치하고, 음극에 연결된 필라멘트에 전기를 인가하여 가열시켜서 전자를 활성화시켜 자유전자가 만들어지도록 하고, 양극에 전압을 가하여 이 자유전자들을 끌어당기도록하므로써 전자의 흐름, 곧 전기적신호가 증폭되도록 한 것이다. +,-의 양극(2극)으로만 구성된 진공관을 2극 진공관이라하고, 양극 사이에 철사망으로 된 제3극(Grid)을 설치하여 완성된 진공관을 3극 진공관이라하며, 전자는 영국의 플레밍(J.A. Flemming, 1849~1945)이 라디오의 수신기용으로 처음 만들었고, 후자는 1906년 미국의 포레스트가 발명하였다.

203) 예컨대, 저항의 용량을 가변시킬 수 있는 가변저항, 전기충전용 전해콘덴서 등을 들 수 있다.

트랜지스터의 개발은 단순히 진공관을 대체한 부품으로서의 역할로 끝나는 것이 아니라, 그 구성 물질이 반도체이므로 반도체 기술의 발달과 전자회로의 집적화 기술을 이끌어내어 전자기술 분야의 제3전성기인 디지털 시대를 선도했다는데 더 큰 의의를 둘 수 있다.

디지털 시대를 선도하는 반도체란 한마디로 부도체에 물리적 혹은 화학적 변화를 주어 전기를 통하게 하거나 조절 할 수 있도록 만든 물질을 말한다.

즉, 반도체는 전기의 흐름정도(전기전도도)를 0에서 1까지 인위적으로 변화시킬 수 있는 물질이므로,[205] 전기는 잘 통하지만 사람이 조절하기 어려운 도체에 비해 반도체는 사람이 어떻게 조작하느냐에 따라 조절이 가능하고, 그 조절 또한 용이한 특징을 가지고 있다. 전자회로의 전기흐름을 임의적으로 조절하여 원하는 결과를 쉽게 얻을 수 있다는 점에서 반도체의 무한한 적용가능성과 중요성이 대두되었던 것이다.

트랜지스터는 당초 게르마늄[Ge]이라는 반도체 물질로 만들어졌으나 열에 약하였으므로 약 180℃ 정도의 열에도 견딜 수 있는 실리콘[Si]으로 바뀌어 현재에 이르고 있다.

트랜지스터의 구조는 간단하게 진공관의 양극(+)[Anode]과 음극(-)[Cathod], 제3극[Grid]과 같은 역할의 이미터[Emiter], 베이스[Base], 콜렉터[Collector]의 3단자를 갖추고 있다.

트랜지스터의 역할은 증폭[Amplifying]과 스위칭[Switching]에 있다. 라디오를 예로 들어보면, 공중을 통해 전해진 매우 미약한 신호의 강약을 확대(증폭)하여 스피커를 울리는 증폭 작용을 하고, 입력 신호의 파형을 바꾸지 않고 그 전압과 전류의 크기만을 확대하는데 이를 아날로그 방식의 증폭 신호라 할 수 있다([그림 3] 및 [그림 4] 참조)[206].

만일, 컴퓨터 등에서 사용되는 디지털 신호의 경우라면 트랜지스터는 0과 1을 전환하여 주므로, 신호차단(0)과 신호전달(1)의 스위치[Switch]역할을 하게 된다.

0과 1로 이루어지는 디지털신호는 인터넷과 네트워킹, 정보통신기술의 발달과 함께 디지털 시대를 열었고, 더욱 복잡한 전자회로는 구성부품은 물론 배선의 부피와 외형을 획기적으로 줄이는 집적회로[207]의 개발을 유도하여 현재에 이르고 있다.

---

204) 트랜지스터는 1948년, 벨 전화 연구소에서 개발되었으며, 그 공로로 개발연구원인 W. 쇼크레, J. 버딘, W. 브랫틴은 노벨상을 수상하게 된다.

205) 전기전도도가 0이면 전기가 통하지 않는 것이고, 1이면 전기가 아주 잘 통하는 것이다.

206) 트랜지스터의 증폭 원리는, 그림에서와 같이, 입력 전압 e와 바이어스 전압 E1으로 만들어지는 베이스와 이미터 간의 전압(VBE)에 비례한 전류(IB)의 hfe(트랜지스터의 직류 전류 증폭율)배의 전류(IC)가 콜렉터를 통해 흐르게 되며, 이 콜렉터 전류(IC)가 저항(RL)을 흐르게 됨으로써 저항(RL)의 양 끝에 전압(IC×RL)이 증폭되어 출력되는 것이다. http://www.rohm.co.kr/en/tr/ trwhat1.html.

207) 전자회로를 구성하는 많은 소자들을 인쇄회로기판(Substrate, PCB)상 혹은 그 자체에 집적시켜 아주 작게 만든 전자회로의 집합체를 말한다.

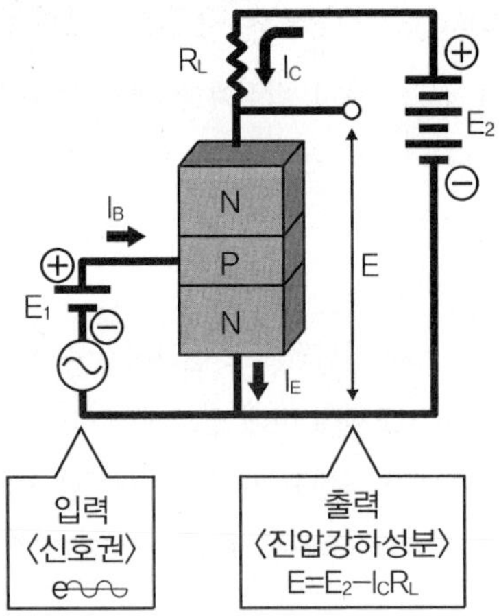

[그림 3] 트랜지스터의 스위칭

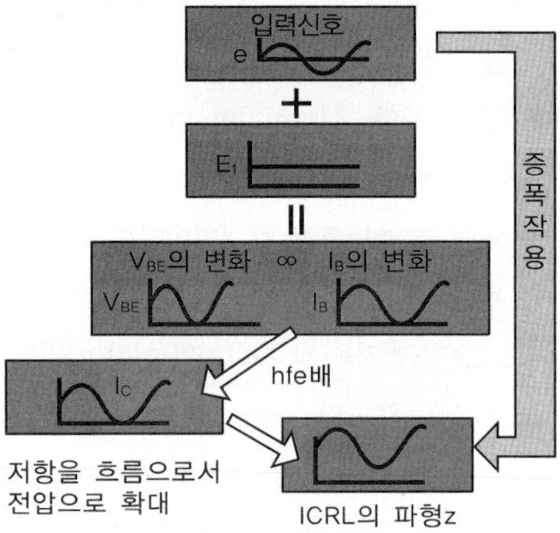

[그림 4] 트랜지스터의 증폭작용

Ⅲ 반도체물질의 특성과 기능

1. 실리콘의 특성

물을 가열한 수증기를 식혀서 순수 증류수를 만들면 불순물이 섞이지 않은 상태이므로 증류수에 전기를 가해도 전기가 통할 수 있는 회로를 구성하지 못한다. 그러나 순수하지 않은 불순물이 섞인 물에 전기를 가하면 불순물을 통해 전자가 이동하여 전기가 통하게 된다. 따라서 순수 반도체에 불순물을 집어넣어 그 양을 조절함으로써 반도체물질의 전기전도도를 조절하는 방식으로 전기의 흐름을 조절하는 방법이 전자기술 분야에서는 보편화되어 있다.

반도체는 크게 정류[整流]기능과 증폭[增幅]기능을 가지고 있다. 전자회로에서 전기신호의 흐름에는 직선처럼 일정한 크기로 전달되는 직류와 매번 사이클[Cycle]이 파동처럼 바뀌는 교류가 있다. 전기신호를 처리하다 보면 직류를 교류로 또는 교류를 직류로 바꿔주어야 하는 전기신호의 흐름(전류)을 정리해주는 과정이 필요하게 되는데 이를 '정류'라고 하며, 정류작용을 하는 반도체인 다이오드[Diode], 약한 신호를 강한 신호로 증폭시켜주는 반도체인 '트랜지스터'가 있다.

한편, 전기신호는 필요에 따라 빛[光] 이나 소리[音] 등으로 바꿔줄 필요가 있다. 전광판에 쓰이는 반도체는 전기신호를 빛으로 변환[變換]시켜주는데, 이러한 반도체를 '발광소자'라고 한다. 반대로 캠코더에서와 같이 빛을 전기신호로 바꿔 저장하는 CCD[charge-coupled device]반도체도 있다.

이처럼 반도체는 전기신호를 전환시키거나 저장하고, 계산이나 제어를 위한 전자회로의 핵심 소자로서의 역할을 하는 것이다.[208]

반도체[半導體]의 특성을 이해하기 위하여 대표적인 반도체물질인 실리콘[Silicon]의 특성에 대해 우선

살펴보기로 하자.

물질은 다음 그림과 같이 원자[atom]라는 최소단위의 입자로 구성되어 있다. 이 원자는 양성자, 중성자, 전자로 구성되어 있으며, 원자핵(양성자+중성자)을 중심으로 전자[Electron]들이 일정한 궤도를 돌고 있는 형태이다.209)

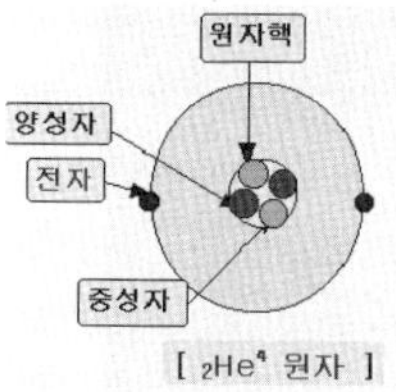

입자명		기호	질 량	질량비	하전량	발견자
원자핵	양성자	$P(_1H^1)$	$1.67\times10^{-24}g$	1	+1	Rutherford
	중간자	π	전자의 170배	1/250	0	유가와 히데기
	중성자	$n(_0n^1)$	$1.67\times10^{-24}g$	1	0	Chadwic
전 자		e−	$9\times10^{-28}g$	1/1837	−1	Thomson

[그림 5] 원자의 구성과 특성

원자핵의 가장 바깥쪽 궤도를 돌고 있는 전자를 '최외각 전자'라고 한다. 최외각 전자들은 특성상 8개를 채우려 하는 성질이 있다. 이 힘이 원자와 원자를 서로 결합시키는 원동력이 되어 분자를 구성하고, 분자가 모여 물질을 만들게 된다.

최외각 전자의 개수는 원자핵의 양성자 개수와 일치하며 1개~ 8개까지 존재한다. 최외각 전자의 개수가 같은 원자들끼리는 유사한 성질을 갖게 되는데, 이를 일목요연하게 정리한 것이 '주기율표'이다.

주기율표는 지구상 존재하는 물질의 원자들을 I족에서부터 VIII족(또는 0족)으로 구분해 놓고 있으며, 반도체인 실리콘의 경우 최외각 전자가 4개이므로 IV족 원소로 구분하고 있음을 알 수 있다210)([그림 6]).

같은 방식으로 붕소[B]원자는 최외각 전자가 3개로 III족 원소, 인[P]이나 비소[As]는 최외각 전자의 개수가 5개로 V족 원소가 된다.

---

208) 정보(데이타)에는 연속적인 상태의 아나로그와 불연속적 즉, 1(ON)과 0(OFF)만의 상태인 디지탈이 있다. 정보를 처리하다보면 아나로그를 디지탈로 또는 디지탈을 아나로그로 바꿔주어야 할 경우가 있다. 반도체는 이처럼 정보의 상태를 필요에 따라 전환(轉換)해주는 기능을 담당한다. 또한 읽어들인 정보를 프로그램화해서 저장할 수 있으며, 이를 다시 사용할 수 있도록 기억하는 기능을 활용하게 되며, 특히 수치정보를 계산하는데 사용되는 반도체를 "논리반도체"라고 한다. 한편, 작동 순서를 프로그램화하여 반도체IC에 기억시켜두면 그 순서에 따라 장비나 작업을 자동으로 제어할 수 있게 하는 "마이크로프로세서"를 채택한 제품이 날로 증가하고 있다.

209) 출처:http://www.chemmate.com/chem2/2/2-1-1.htm.

210) 출처: http://blog.naver.com/atomsuzy?Redirect=Log&logNo=120090368331.

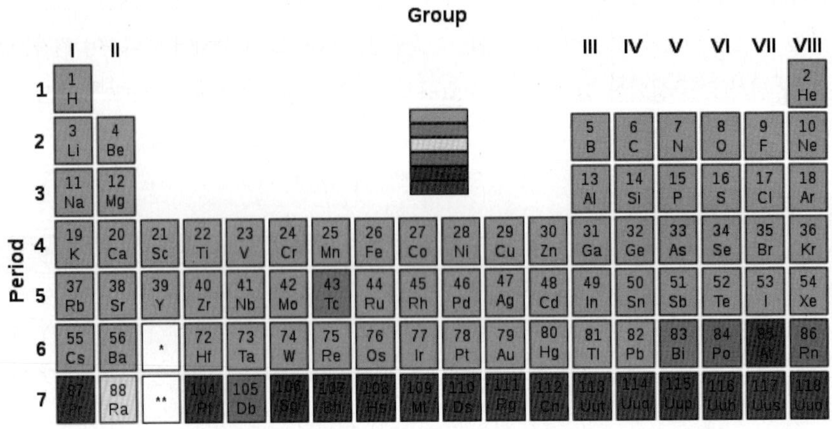

[그림 6] 주기율표

2. 진성반도체와 불순물반도체

반도체의 특성과 기능을 알아보기 위하여 실리콘을 예로 들어 보자. 한 개의 실리콘 원자는 최외각에 4개의 전자를 가지는 주기율표상의 IV족 원소이며, 서로 이웃하는 전자끼리 굳게 공유결합된 결정 상태를 이루고 있다.

원자의 결정 상태는 단결정과 다결정으로 구분할 수 있다. 단결정이란 시료試料의 어느 부분에서의 결정축의 방향은 같은 것이고, 다결정이란 많은 단결정들이 여러 방향으로 모여 있는 상태를 말한다.

실리콘은 실리콘 원자가 규칙적으로 늘어서 있는 단결정체로, 이렇게 순수한 실리콘에서는 원자핵에 결합되어 있는 전자가 움직일 수 없기 때문에 실리콘 외부에서 전압을 걸어도 전류가 흐르지 않는 진성반도체Intrinsic Semiconductor로 부도체와 다를 바 없다.

따라서 진성반도체에 전류가 흐르게 하려면 불순물을 집어넣어 주어야 하는 데, 이를 불순물반도체 혹은 외인성반도체Extrinsic Semiconductor라 하고 p-type과 n-type의 두 가지로 구분한다.[211]

P-typeP형 반도체란, 전하를 옮기는 캐리어로 정공Hole이 사용되는 반도체이다. 양의 전하를 가지는 정공이 캐리어로서 이동해서 전류가 생긴다. 즉, 정공이 다수 캐리어가 되는 반도체이다. 실리콘과 동일한 4가 원소의 진성 반도체에, 미량의 3가 원소(붕소, 알루미늄 등)를 불순물로 첨가해서 만들어진다. P형 반도체를 만들기 위한 불순물을 억셉터라고 하며, 이 불순물에 의해서 형성된 준위를 억셉터 준위라고 부른다. 양positive의 전하를 가지는 정공이 다수 캐리어인 것임으로, positive의 머리글자를 취해서 P형 반도체로 불린다. N-typeN형반도체란, 전하를

211) 출처: http://ko.wikipedia.org/wiki/P%ED%98%95_ %EB%B0%98%EB%8F%84%EC%B2%B4.

옮기는 캐리어로 자유전자가 사용되는 반도체이다. 음의 전하를 가지는 자유전자가 캐리어로서 이동해서 전류가 생긴다. 즉, 다수 캐리어가 전자가 되는 반도체이다. 실리콘과 동일한 4가 원소의 진성 반도체에, 미량의 5가 원소(인, 비소 등)를 불순물로 첨가해서 만들어진다. N형 반도체를 만들기 위한 불순물을 도너라고 하며, 이 불순물에 의해서 형성된 준위를 도너 준위라고 부른다. 음의[negative] 전하를 가지는 자유전자가 대수 캐리어임으로 negative의 머리글자를 취해서 N형 반도체로 불린다.

이를 정리해 보면 순수한 실리콘, 즉 진성반도체에 주기율표상의 III족 원소를 소량 넣어주면 전자가 비어있는 상태. 즉 정공이 생기는데, 이 상태에서 실리콘에 전압을 걸어주면 전류가 흐르게 되고(p-type반도체), 주기율표상의 V족 원소를 소량 넣어주면 전자가 남는 상태, 즉 잉여전자가 생기므로 이 상태에서 실리콘에 전압을 걸어주면 제자리를 못 찾은 이 잉여전자가 자유전자가 되어 전류가 흐르게 된다(n-type반도체).

3. 반도체기술의 발전과 집적회로

가. 반도체 기술의 발전

과학기술, 특히 산업기술의 발전은 기술개발을 위한 수많은 공식과 수치로 나타나는 결과를 보기 위한 빠르고 정확한 수학적 계산의 가능성에 의해 이루어졌다고 해도 과언이 아니다. 현대기술의 총아인 컴퓨터도 빠른 계산을 위한 전자계산기의 기술에 기초하고 있다는 점에서도 그 근거를 찾을 수 있다.

공학적 계산의 빠른 결과를 가질 수 있는 기술보유국은 기술선진국으로 자국의 이익을 위해 타국과의 충돌도 마다하지 아니하였으며, 제1 · 2차 세계대전은 더 빠르고 용량이 더 큰 계산기의 개발을 요구하는 계기가 되었다. 1947년 미국의 Moore대학은 진공관을 사용한 세계 최초의 전자계산기인 에니악[ENIAC]을 개발하게 된다.[212)]

진공관은 덩치가 크고 깨지기도 쉬우며 열을 많이 발생시켜 가열 필라멘트가 점점 마모되기 때문에 수명이 짧을 수 밖에 없었다. 이의 대안으로 트랜지스터가 발명되었으며, 나아가 반도체를 이용한 집적회로의 개발로 초기의 에니악과 같은 거대한 계산장치를 2.42㎠의 작은 실리콘 상에 구현된 직접회로를 이용하여 대체시킬 기술로 발전하여 현재에 이르고 있다. 한편, 전자회로의 인접한 소자 간에 발생하는 전자파에 의해 전기신호가 방해를 받게 되면서 전자파에 의한 방해를 차단해야 하는 또 다른 해결과제가 남아있다.

---

212) 이 전자계산기는 19000개의 진공관을 사용하였으며, 그 무게가 50톤에 280평방미터나 되는 공간에 설치되는 당시 싯가 백만 달러의 첨단장비였다.

나. 집적회로

전자회로의 구성요소들을 집약하여 축적시킨 것을 집적회로[IC: Integrated Circuit]라 한다. 집적회로는 실리콘[Silicon]이라는 반도체 물질 위에 형성하는데, 앞서 기술한 반도체의 특성상 사용부품의 감소와 더불어 소형화하는데 필수적인 기술이다.

(a) 진공관이 이용된 회로

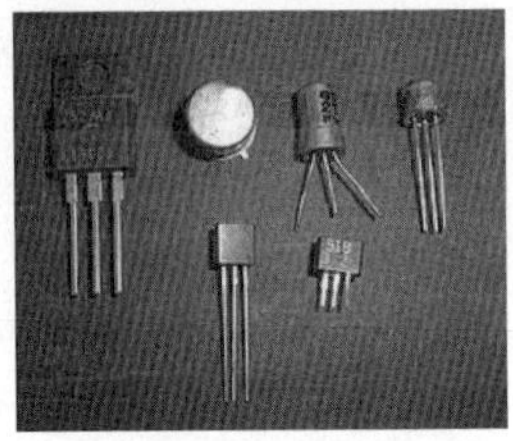

(b) 트랜지스터의 종류

(c) 집적회로가 적용된 반도체 칩

[그림 7] 집적회로의 예

전자회로에 반도체가 활용되면서 통신기술과 계산능력이 비약적으로 발달하였다. 원거리의 통화자 간에 약해진 전기신호를 증폭시키기 위하여 초기에는 진공관으로 된 신호증폭기가 개발되었다. 이후 크기와 성능이 향상되고 절전효과도 증대된 다이오드[Diode]와 트랜지스터의 개발, 반도체 기술의 발달을 통한 산업기술 전반의 획기적인 발전은 앞서 살펴본 바와 같다.[213]

---

213) 과학기술의 발전은 빠르고 정확한 계산능력과 병행하여 이루어졌으며, 제2차 세계대전은 더 빠르고 용량이 더 큰 계산기의 개발을 이루는 계기가 되었다. 그 결과 1947년 미국의 Moore대학에서 세계

전자제품이 복잡해지면 복잡해질수록 회로구성을 위한 연결부품이 크게 증가하게 되면서 불량품과 잦은 고장으로 인해 신뢰성이 떨어지는 문제가 수반되었다. 때문에 저항이나 콘덴서, 트랜지스터와 같은 여러 구성 소자들을 한 개의 작은 반도체 속에 집어넣어 독립된 전자회로를 구성하는 이른바 집적회로[IC: Integrted Circuit]기술이 개발되어왔고, 이 기술의 개발과 보호를 위한 별도의 제도[214]가 마련되기도 하였다.

4. 반도체 제품들

가. 구분

반도체에 전자회로를 이용하여 데이터나 프로그램의 명령 등을 기억하는 장치를 반도체 메모리[Memory]라 한다. 메모리제품에서 메모리 반도체 이외에는 반도체마이크로[Micro]로 통칭한다. 반도체 메모리는 정보를 기억(저장)할 수 있도록 만든 반도체의 집적회로로, 정보를 읽고 쓸 수 있는 램[RAM], 읽기만 할 수 있는 롬[ROM], 캠코더용 촬상소자인 CCD[215][Charge Coupled Device], 그리고 특수 메모리 제품으로 구분한다.

나. 램[RAM]

램이란 RANDOM ACCESS MEMORY의 약자로, 기억된 정보를 읽어내기도 하고 다른 정보를 기억시킬 수 있는 메모리로서, 전원이 꺼지면 기억된 내용이 지워져 버리는 휘발성메모리[Volatile Memory]를 말한다. 컴퓨터의 주기억장치나 응용프로그램의 일시적 로딩[loading], 데이터의 일시적 저장 등에 사용된다.

최초의 전자계산기인 ENIAC이 개발되었으나, 이 장치는 19000개의 진공관을 사용하여 그 무게가 50톤이나 되었으며 280평방미터나 되는 공간에 설치되는 당시 삿가 백만 달러의 첨단장비였다. 진공관은 덩치가 크고 깨지기도 쉬우며 열을 많이 발생하고, 진공관 속의 필라멘트는 점점 마모되기 때문에 수명이 짧다는 문제를 해결한 트랜지스터가 발명되고 반도체를 이용한 집적회로의 개발은 ENIAC과 같은 거대한 장치도 2.42㎠의 작은 실리콘 상에 구현시킬 수 있게 되었으며 소비전력도 전구보다도 적게 소모되어 전력손실을 크게 줄일 수 있게 되었으나, 인접한 전자회로에서 발생하는 전자파에 의해 전기신호가 방해를 받게 되는 또 다른 문제를 해결해야할 과제는 남아있다.

214) '반도체집적회로의 배치설계에 관한 법률'과 동법 시행령 및 시행규칙이 그것이다.

215) 디지털 카메라에서 이미지의 저장을 담당하는 필름 카메라의 필름에 해당하는 부분. 그림 출처 : http://myhome.hanafos.com/~hanibal/Document/ccd.htm.

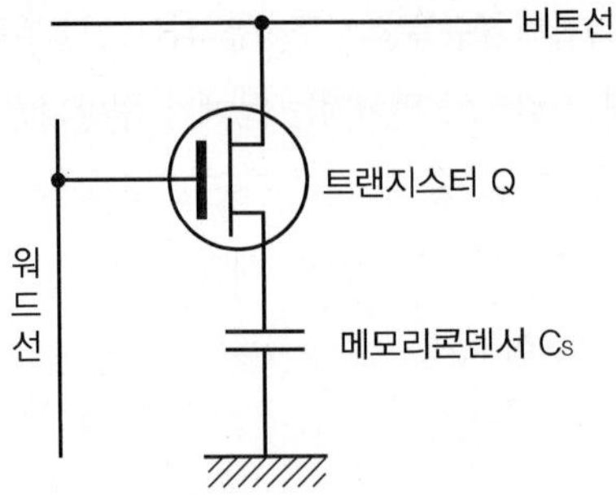

[그림 8] 기억소자를 구성하는 기억장치

(1) 디램DRAM

디램은 DYNAMIC RAM의 약자로, 정보를 읽고 쓰는 것이 가능한 메모리를 말한다. 다만 일종의 램RAM이므로 전원이 공급되고 있는 동안이라도 일정 기간 내에 주기적으로 정보를 다시 써넣지Refreshing 않으면 기억된 내용이 없어진다. 디램은 각 셀Memory cell당 가격이 싸고 집적도를 높일 수 있기 때문에 대용량 메모리로 널리 이용되고 있다.[216)]

(2) 에스램SRAM

에스램은 STATIC RAM의 약자로, 전원이 공급되는 동안은 항상 기억된 내용이 그대로 남아 있는 메모리이다. 하나의 기억소자는 6개의 트랜지스터(혹은 4개의 트랜지스터와 2개의 저항)로 이루어진다. 디램에 비해 집적도가 1/4정도이지만 소비전력이 적고 처리속도가 빠르기 때문에 컴퓨터의 캐쉬CACHE[217)], 전자 오락기 등에 많이 사용된다.

(3) 브이램VRAM

브이램 또는 비디오램은 VIDEO RAM의 약자로, 화상정보를 기억시켜두는 특수한 전용메모

216) 하나의 메모리셀(기억소자)은 1개의 트랜지스터와 1개의 콘덴서(Capacitor)구성된다. 만일 16Mega의 용량(신문지 128페이지분량의 정보)을 갖는 DRAM이라면 이들 소자가 각각 1600만개씩 집적되어진 손톱크기의 집적회로로 구성된 메모리칩으로 만들어 질 수 있으므로 그 성능과 크기를 짐작할 수 있다.

217) 캐쉬(Cache)란 컴퓨터의 성능을 향상시키기 위하여 사용되는 전용의 소형 고속 기억 장치, 또는 같은 목적으로 사용되는 주기억 장치의 일부분을 뜻한다. 캐시는 고속의 CPU와 CPU에 비해 속도가 느린 주기억 장치 사이에 데이터와 명령어들을 일시적으로 저장하는 기억 장소를 제공하여, CPU가 주기억 장치로부터 읽고 주기억 장치에 기록할 때보다 몇 배 빠른 속도 또는 CPU에 가까운 속도로 접근할 수 있게 해 준다.

리이다. VRAM으로 읽혀진 화상정보는 영상신호로 변환되어 우리가 화상으로 인식하도록 디스플레이 된다.

(4) 기타

메모리 제품의 특징은 속도가 빨라야 하고(고속화), 초집적화가 추구되며(고집적화), 전력소모가 적은 저전압화로 요약되는 고속화 제품High Speed DRAM을 지향한다. 동기형 디램Syncronous DRAM은 동기형 전기신호를 사용하여 고속(일반 디램의 4배)의 정보처리를 요구하는 시스템에 적용된다.

다. 롬ROM

롬이란 READ ONLY MEMORY의 약자로, 기억된 정보를 읽어 들이기만 할 뿐, 전원이 꺼져도 기억된 정보가 지워지지 않는 메모리 제품을 말한다. 램을 휘발성 메모리라고 하는 데 반해 롬은 정보가 날아가 버리지 않기 때문에 비휘발성 메모리Non-Volatile Memory라고도 한다. 롬은 컴퓨터의 OSOperating System, 각종 전자기기의 고정된 프로그램 등을 저장하는데 사용된다.

(1) 마스크롬MASKROM

제조 공정에서 고객이 원하는 정보를 미리 저장시켜 사무자동화에 기여하는데 주로 쓰인다.

(2) 이이피롬EEPROM

이스퀘어피롬E스퀘어P롬이라고도 하며, 전기적으로Electrically 지울 수 있으며Erasable 프로그램을 할 수 있는Programmable 롬ROM의 머리문자를 모은 약자로 호칭한다. 전기적인 신호로 정보를 지우거나 기억시킬 수 있는 메모리로, 전원이 꺼져도 정보를 유지할 수 있는 ROM의 특징과, 전원으로 입출력할 수 있는 RAM의 특징을 모두 가지고 있다.

(3) 플레쉬메모리FLASH MEMORY

이이피롬의 집적도 한계를 극복하기 위해서 일괄소거방식의 1TR-1CELL구조를 적용한 ROM으로, 비휘발성 메모리의 일종이다. 전력 소모가 적고 고속 프로그래밍이 가능하므로 하드디스크드라이버HDD를 대체할 수 있다.

(4) 시시디CCD

CHARGE COUPLED DEVICE의 약자. 고체촬상소자 또는 광전光電변환소자렌즈를 통해 들어온 화상인 빛(광)에너지를 전기적인 신호, 즉 전기에너지로 전환하여 저장하는 반도체소자이다. 캠코더(무비카메라), CCTV등의 화상저장소자로 널리 사용되고 있다.

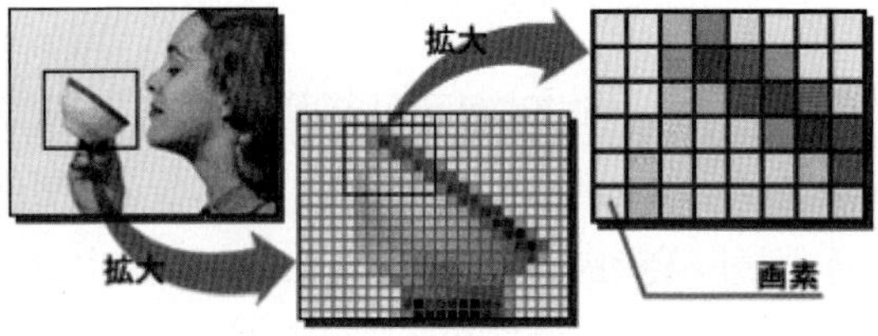

[그림 9] 시시디

라. 마이크로^Micro^ 제품

메모리를 제외한 반도체 제품을 통칭하여 마이크로^Micro^ 제품이라고 한다.

마이크로 제품을 구성하는 핵심 부품은 MPU^Micro Processor Unit^, MCU^Micro Controller Unit^, DSP^Digital Signal Processor^, Chip set, Graphic IC 등이 있다.

Ⅳ 반도체의 제조

1. 반도체의 원재료

가. 세라믹

반도체의 주재료는 실리콘^규소,Si^[218]이며, 실리콘은 비금속원소로 세라믹에 속하는 원소의 한 종류이다. 실리콘은 석영, 장석, 화강암 등의 암석에 포함되어 있으며, 주로 모래를 가공하여 반도체 재료를 얻게 된다.[219]

반도체를 만들기 위해서는 모래에서 뽑은 실리콘 용액을 원형봉 형태로 일차 가공한 후,

218) 실리콘(Si)은 게르마늄에 비해 10분의 1 이하의 제조 비용으로 얻을 수 있는 장점이 있기 때문에 반도체 산업에서 실리콘은 게르마늄 대신 Electronic Device 원재료로서 거의 완전히 대체되었으나 실리콘이 모든 면에서 최상의 반도체 재료라고 단정지을 수는 없다.

219) 원소주기율표를 보면 금속원소와 비금속원소로 크게 나누어져 있고, 비금속원소는 다시 세라믹(Ceramic)과 폴리머(Polymer)로 나누므로 이 세상의 모든 물질은 금속,비금속,폴리머의 세종류로 구분할 수 있다. 철이나 알루미늄 등과 같은 금속원소들이 규칙적으로 배열하여 결정 상태의 구조를 이루고 있는 무기물질을 금속으로 구분하고, 원소주기율표상의 비금속원소(실리콘, 질소, 붕소, 탄소 등)만으로 이루어져 있거나, 또는 비금속원소와 금속원소로 이루어져 있는 물질은 세라믹(Ceramic)으로 통칭한다. 폴리머는 플라스틱과 같이 주로 탄소나 수소로 결합된 비결정 탄화수소 물질을 말한다.

이를 마치 얇게 잘라낸 감자 칩과 같이 잘라내면 웨이퍼Wafer라고 하는 원판으로 이차 가공된다. 웨이퍼의 크기는 4인치부터 12인치의 직경으로 구분한다. 웨이퍼 일면은 거울처럼 균일하게 표면 처리하여 전자 회로 패턴을 형성하고 여기에 강한 자외선을 비추면 유리 위에 그려진 회로가 웨이퍼에도 똑같이 그려지게 되므로 집적회로가 만들어진다. 집적회로가 형성된 손톱만한 크기의 각 유니트(혹은 자재)별로 잘라내면Dicing 원하는 크기의 반도체가 만들어진다.

따라서 반도체가 만들어지기 위해서는 웨이퍼wafer, 마스크mask, 리드프레임lead frame이라는 3대 원재료가 필요하게 된다.

웨이퍼는 상기한 바와 같고, 마스크는 웨이퍼 위에 만들어질 회로패턴의 모양을 각 층layer별로 유리판 위에 그려 놓기 위해 필요하다(사진 건판). 리드프레임lead frame은 회로 연결 부재로 구리이며, 리드프레임 위에 반도체 칩이 놓이면 가는 금선Gold wire으로 전자회로를 연결하는 와이어 본딩Wire Bonding과정을 거쳐 IC칩이 외부와 전기신호를 주고받게 되는 것이다.

나. 반도체 설비

반도체산업을 장치산업이라고 하는 것과 같이, 반도체 제조과정은 첨단의 정밀한 제조설비에 의존하게 된다. 이에 따라 반도체와 이를 이용한 개별 집적회로가 내재된 자재Unit를 생산하는 과정에 많은 산업기술 분야가 포함되고 이를 다루는 전문가도 많이 필요하게 된다.

반도체 설비는 크게 설계 설비, 공장설비 그리고 조립/검사설비로 나눌 수 있지만 복잡한 만큼 자동화를 지향하고, 호환성이 있으면서 고기능이 요구된다.

각 분야별 설비는 인적 · 물적 구성을 포함하는 개념이며, 이중 공장설비에서 중요한 공정은 확산Diffusion, 화학기상증착CVD, 사진Photo, 박막Thin Film 그리고 식각Etch공정이다.

이를 공정별로 간단히 살펴보면, 웨이퍼는 확산설비의 Furnace 爐에 수평 혹은 수직으로 놓여 빠른 확산으로 고온 처리되는 확산공정Diffusing을 거치며, 웨이퍼 표면에 보호막이 형성되도록 확산시키는 화학기상증착CVD공정을 거치게 된다. 사진Photo공정은 감광액PR:Photo Resist을 도포하고Coating, 자외선을 이용하여 마스크상의 회로패턴을 감광액이 도포된 웨이퍼 표면에 전사시켜주며Stepping, 웨이퍼 상의 위치와 마스크가 정확히 일치하도록 정렬시켜 주고Aligning, 빛에 노출되어 성질이 변한 감광액을 현상액으로 제거 해준 뒤Developing, 불순물 원자 이온을 고속으로 가속하여 웨이퍼 속으로 주입해주는 과정Implanting을 포함한다.

박막Thin Film공정은 알루미늄 원자를 웨이퍼 표면에 부착시켜 소자 간에 연결배선을 만들어주기 위한 것으로 주로 스퍼터링Sputtering방식, 즉 금속증막방식을 사용하며, 반도체 특성에 악영향을 미치는 원소Na를 제거하기 위한 그라인딩Grinding공정을 포함한다.

식각, 즉 에칭공정은 웨이퍼 위에 형성된 패턴대로 필요한 부분을 선택적으로 깎아내고

Etching, 식각공정이 끝난 후 남아있는 감광액을 제거해주며Stripping, 매 공정 후에는 항상 웨이퍼를 세척해주는 공정Station을 포함한다.

다. 반도체 수율

반도체 수율Yield이란 생산되는 반도체 중에서 양품의 반도체가 생산된 비율을 말한다. 예컨대, 수율이 100이란 1,000개 생산되는 반도체 중 불량품이 한 개도 없어서 1,000개의 반도체가 모두 양품이라는 의미이다. 산업계에서는 보통 1% 이하의 불량률을 요구한다. 반도체의 생산효율UPH, Unit per Hour을 맞추면서 불량품 없는 반도체를 생산한다는 것은 가장 이상적인 반도체 생산의 기대이론이지만, 크기가 작은 반도체가 각종 공정을 거치면서 양품으로 생산되는 과정이 쉽지만은 않아서 반도체산업은 곧 수율과의 싸움으로 표현되기도 한다.

반도체 수율은 각 제조 단계별로 수율을 따지기도하고 전체를 합산한 수치로 표시하기도 한다.

2. 반도체 제조공정

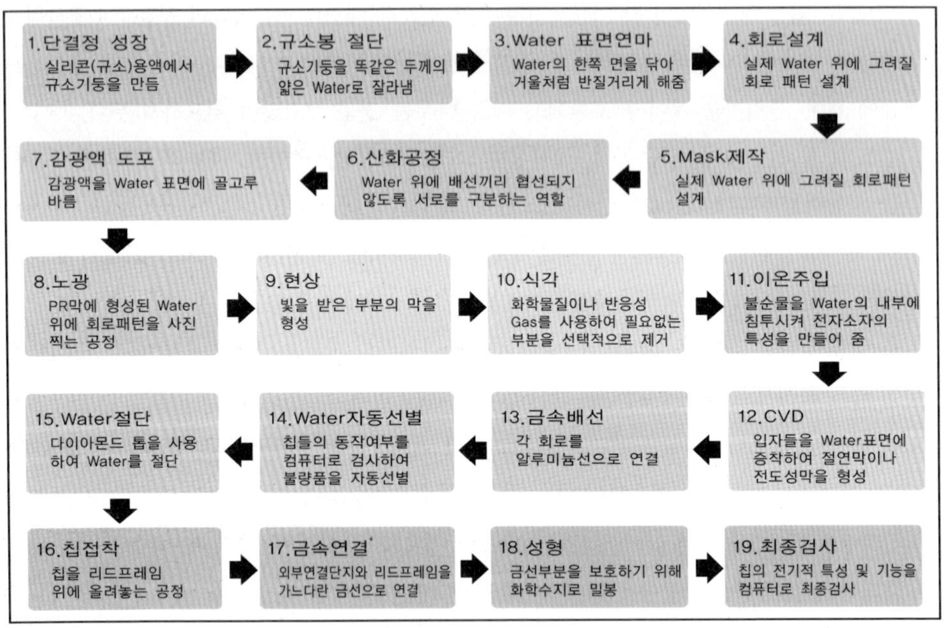

[그림 10] 반도체 제조공정

반도체 제조공정은 실리콘웨이퍼 위에 회로를 만드는 전前 공정과 칩Chip을 조립하여 검사하는 후後 공정으로 나뉜다. 반도체 후공정이란 원형 실리콘웨이퍼 상태의 반도체를 받아 전자부품으로 사용될 수 있도록 가공하고 검사하는 과정을 말한다.

전공정은 대단위 설비와 투자 및 관리가 필요하므로 국내에서는 삼성전자, 하이닉스 등과 같은 소자업체에서 웨이퍼를 생산하며, 후공정은 사용자의 요구에 따라 크기, 종류별로 생산하여 공급하는 반도체 제조회사에서 실행한다.

3절 인터넷과 네트워크

Ⅰ 인터넷의 발달과정

1943년, 전 IBM의 사장 토마스 왓슨Thomas Watson은 "전 세계에 아마도 5대의 컴퓨터만이 필요할 것"이라고 섣불리 예측하였으나, 세계대전 이후의 컴퓨터 기술과 정보통신기술의 발달은 인터넷Internet이라는 가상적 정보교류세계를 창출해 낼 정도로 사회변화를 주도하고 있다.

인터넷은 컴퓨터와 컴퓨터를 네트워크로 연결하여 정보를 교류할 수 있는 통신체제를 말한다. 컴퓨터는 입력장치와 출력장치 및 중앙처리장치를 기본으로 작업자의 작업에 의해 그 결과를 빠르게 알 수 있도록 인위적 알고리즘Algorithm에 의해 구동되는 독립적인 전자 장비이다. 따라서 입력 자료의 처리능력에 따라 컴퓨터의 성능이 좌우되며, 초기의 컴퓨터가 엄청난 크기로 전자계산기의 기능을 갖도록 설계된 이후, 개인용 컴퓨터PC: Personal Computer의 보급에 따라 각 컴퓨터 간 네트워킹을 통한 인터넷 체계가 활성화되어 현재에 이르게 된 것은 이미 알고 있는 바와 같다.

인터넷의 시초는 컴퓨터의 한계를 극복하려는 과정에서 비롯되었다. 개별의 컴퓨터는 그 용량에 한계가 있으므로 다른 컴퓨터의 용량을 공유하여 거대한 하나의 컴퓨터 네트워킹을 형성시킨다는 아이디어에서 출발한 것이다.

1960년대 미 국방부는 통신네트워크 개발을 위해 패킷스위칭Packing Switching [220]기술을 도입하게 되는데, 이를 위하여 캘리포니아 주립대학UCLA과 스탠퍼드 대학 간의 ARPA[221]Advanced Research Projects Agency 네트워킹 연구에 패킷스위칭 기술을 적용한 네트워킹을 형성하여 인터넷의

220) 인터넷상에서 정보를 전달하는 기술로, 인터넷상에서 정보의 전송은 다발(Package)이나 유니트(Unit)로 나누어지는데, 각 정보는 정보표시의 레이블과 헤더를 포함하여 전송되므로써 개별적 정보를 전송하는 라우터가 이를 일시적으로 복제하여 최적의 다른 라우터로 전송하게 되고 이러한 과정을 거쳐 다른 컴퓨터에 도달한 정보는 정보를 수령하는 컴퓨터에 의해 순서대로 재결합되어 처음 발송정보와 같도록 표시되게 하는 기술이다. 따라서 패킷스위칭기술을 이용할 경우 정보의 전송이 순차적이지 않고 여러경로를 통해 이루어지므로 전송속도가 빠르다는 장점이 있다.

221) 처음의 프로젝트 명은 DARPA(Defense Advanced Research Project)이었으나 이후 변경되었다.

기본인 네트워크 시대를 열게 된 것이다. 이후 다른 대학들도 연구프로젝트에 참여하면서 통신을 위한 기본규약이 정해지게 되는데, 이를 인터넷 규약[IP:Internet Protocol]으로 명명하고, 1972년에 표준적인 통신규약그룹[INWG: InterNet Working Group]의 설립에 따라 TCP[Transmission Control Program] 규약이 탄생하게 된다.

또한, 프로젝트 수행을 위한 주체의 구별을 위하여 숫자와 이름을 사용하여 고유한 도메인[Domain]을 구성하고, 각각의 고유 작업자에게 도메인 네임[Domain Name]을 부여하는 과정에서 이를 총괄할 작업반[IANA:Internet Assigned Numbers Authority]을 만들었다. 이렇게 만들어진 IANA는 도메인네임을 총괄적으로 조정하고 유지하는 책임을 맡게 된다.

IANA는 북미나 유럽, 태평양지역 등을 구획하여 IP등록기관을 정한 뒤 구획의 숫자로 된 주소, 즉 IP주소를 할당하여 다시 인터넷 서비스제공자[Internet Service Provider]가 지역 IP등록기관에게, 지역에서는 다시 소규모 인터넷 서비스 제공자에게 일정한 구획 IP 주소를 할당하여 상하부 디렉토리 형상의 도메인 네임이 구축되도록 한다.

현재의 도메인 네임체계[DNS: Domain Name System]는 민간에 의해 비영리로 운영되는 ICANN[Internet Corporation for Assigned Names and Numbers]이다.

ARPA네트워크는 이후 많은 연구소나 대학 간 네트워크 형성을 주도하였으나 이는 특정 기관에만 한정된 네트워킹이었으므로, 1986년 미국 국립과학재단이 NSFN[National Science Foundation Network]을 구축하여 일반인도 활용할 수 있는 단계로 넘어가면서 전국적인 고속 네트워킹이 가능하게 된다. 이러한 발전의 배경에 TCP/IP라는 인터넷통신규약이 중요한 역할을 하였음은 새삼 강조할 필요가 없다.

인터넷에서 대표적으로 이용되는 웹[WWW: World Wide Web]은 하이퍼 텍스트[hypertext]를 만들 수 있는 언어인 html[hypertext markup language]을 이용하여 개별적인 컴퓨터에서 운용되고 있는 소프트웨어를 참작하여 네트워크상의 정보를 포맷[Format]하는 컴퓨터 시스템이다. 다시 말하면, 웹은 하이퍼텍스트 시스템으로 화면상에 각종 동영상이나 텍스트, 음향 등을 나타내주기 위하여 인터넷에 연결되어 있는 각 컴퓨터에 가상적으로 저장되어 있는 일종의 서류로 이해할 수 있다.

Ⅱ 인터넷 사업

1. 인터넷 사업자

온라인 서비스 제공자, 즉 OSPs[Online Service Providers]란 인터넷서비스 제공자[ISPs: Internet Service Providers]와 콘텐츠 제공자[CPs: Contents Providers]를 포괄하는 의미로 사용된다.[222]

미국법상 정의에서는 "이용자가 지정한 지점 간의 송신 또는 수신되는 자료의 내용을 수정하지 않고서 이용자가 선택하는 자료를 송신하고, 송신을 연결하며 디지털 온라인상으로 자료를 전달하는 등의 서비스를 제공하는 실체"로 정의하고 있다.[223]

ISPs는 모뎀이나 무선인터넷 등에 의해 인터넷과 연결된 컴퓨터 또는 컴퓨터 네트워크에 접속시켜주는 자를 의미하며, CPs는 인터넷에서 텍스트나 프로그램, 이미지 등의 콘텐츠를 송신하고 타인이 이용할 수 있도록 하는 자를 말한다.[224]

또한 일반적으로 ISPs로 통칭되고 있는 인터넷서비스 사업자는 그 기능에 따라 BBS[Bulletin Board Services], OSP[Online Service Provider], IAP[Internet Access Provider], LAP[Logical Access Provider] 등으로 분류된다.[225]

BBS는 일종의 전자우편센터로서의 역할을 수행하는 중앙 컴퓨터라 할 수 있다. 이용자는 BBS를 통해 인터넷 게임을 하거나 채팅방에서 의견교환을 할 수 있으며 파일이나 서신을 업로딩하거나 다운로딩할 수 있다. 따라서 일반적으로 BBS 운영자[sysop]는 특정의 정보나 자료를 직접 제공하지는 않으며 다만 자신의 서버를 관리하는 자에 불과한 것으로 볼 수 있다. 그러나 독자적인 컨텐츠를 제공하는 BBS도 적지 않으므로 일률적으로 판단할 것은 아니다.[226]

OSP는 인터넷으로의 접속을 가능하게 할 뿐만 아니라 자체의 독자적인 정보(콘텐츠)도 함께 제공하는 경우로 America Online, Prodigy, Compuserve 등이 이에 속한다. IAP는 AT&T, Netcome, UUNet, IBM과 같이 인터넷으로의 접속서비스만을 제공할 뿐 컨텐츠를 제공하는 자는 아니며, 특히 AT&T나 UUNet은 Internet Backbone Provider 또는 Major Telecommunication Companies로 불리기도 한다.[227] LAP은 Altavista, Lycos, Yahoo와 같이 검색서비스[search service]를 제공하는 자를 말한다.[228]

---

222) 이대희, "인터넷과 지적재산권법", 박영사, 2002, p.524.

223) US Code, TITLE 17 〉CHAPTER 5

§ 512. Limitations on liability relating to material online

(k) Definitions.—

(1) Service provider.—

(A) As used in subsection (a), the term "service provider" means an entity offering the transmission, routing, or providing of connections for digital online communications, between or among points specified by a user, of material of the user's choosing, without modification to the content of the material as sent or received.

(B) As used in this section, other than subsection (a), the term "service provider" means a provider of online services or network access, or the operator of facilities therefor, and includes an entity described in subparagraph (A).

224) 이대희, 위의 책, p.524.

225) 정상기, 위의 책, p.160.

226) *Id.*

227) *Id.*

228) *Id.*

인터넷으로서의 접속을 가능하게 하는 내부 전산망서비스[Intranet]를 제공하는 기업, 공공기관, 학교 등의 지위가 문제되고 있다. 이와 관련하여 논란이 없는 것은 아니지만 대체로 ISP에 준하는 것으로 보아야 한다. 이들 역시 인터넷 접속 기능과 각종 서비스를 종업원 등에게 제공하기 때문이다.229) 이처럼 ISP는 그 기능에 따라 매우 다양한 모습을 보이고 있다. 따라서 ISP의 개념을 하나의 개념으로 정의하는 것이 간단한 일은 아니다. 다만 이상의 다양한 형태를 모두 포괄하는 개념으로서의 ISP를 지칭한다면 인터넷 관련 서비스를 제공하는 일체의 기관(all organization that provide Internet-related services)이라고 정의할 수 있다.230)

2. 규정

컴퓨터 프로그램을 다루는 우리나라 저작권법에서는 OSPs에 대해 "다른 사람들의 저작물이나 실연, 음반, 방송 또는 데이터 서비스를 정보통신망을 통하여 복제 또는 전송할 수 있도록 하는 서비스를 제공하는 자"라고 정의한다(동법 제2조 제22호).

이에 비해 「정보통신망 이용촉진 및 정보보호 등에 관한 법률」은 정보통신서비스 제공자에 대해서 "전기통신사업법에 의한 전기통신 사업자와 영리를 목적으로 전기통신 사업자의 전기통신역무를 이용하여 정보를 제공하거나 정보의 제공을 매개하는 자"라고 명시하고 있다(동법 제2조 제3호).

OSPs를 ISPs와 CPs를 포괄한다는 의미에서 우리의 실정법은 OSPs와 ISPs를 동일하게 취급하고 있음으로 이 둘을 혼용한다.

한편, 미국에서는 정보콘텐츠제공자[Information Content Provider]에 대해 1996년의 통신품위법[CDA: The Communication Decency Act]231)에서 "인터넷을 통하여 제공되는 정보의 창작 또는 개발에 대한 전체 또는 부분적으로 책임이 있는 자"라고 정의232)하고 있다.

이와 관련하여 ICS[Interactive Computer Service]에 대해서는 "다수의 이용자에 의한 컴퓨터 서버로의 접근을 제공 또는 가능하게 하는 일체의 정보서비스, 시스템 또는 접근 소프트웨어 제공자로서 특히 도서관 또는 교육기관에 의하여 운영되는 시스템 또는 이들이 제공하는 서비스로서의 인터넷으로의 접근을 가능하게 하는 서비스 또는 시스템을 포함한다."고 명시되어 있다.233)

1998년의 Digital Millennium Copyright Act[DMCA]는 Service Provider를 "이용자가 선정한 자

---

229) Caitlin Garvey, "The New Corporate Dilemma : Avoiding Liability in The Age of Internet Technology," University of Dayton Law Review(Fall, 1999), p.142-143. Id.

230) *Id.*

231) 이 법은 인터넷으로부터 청소년을 보호하기 위하여 미국이 1996년에 제정한 통신품위법이다.

232) 47 USC { 230(f)(3).

233) 47 USC { 230(f)(2).

료를 그 내용의 수정 없이 이용자가 지정하는 주소로 디지털 온라인 송신할 수 있도록 전송 또는 연결을 해주는 자" 또는 "이러한 자를 포함하여 온라인서비스 또는 전송망 접속서비스의 제공자 또는 그러한 시설의 운영자"라고 정의하고 있다.[234]

그 밖에 ECPA는 인터넷의 개인정보 보호에 관한 법률로서 ISP의 정보공개 금지의무, 정보공개의 요건 등을 규정하고 있는 바, Electronic Communication Service를 이용자로 하여금 전자적 통신을 송신하거나 수신할 수 있게 하는 서비스를 의미하는 것으로 규정하고 있다.[235] 이는 BBS, IAP, OSP 등을 포괄하는 개념이다.

The Internet Taxation Freedom Act^ITFA^는 Internet Access Service에 대해 사용자로 하여금 인터넷으로 제공되는 컨텐츠, 정보, 전자메일 또는 그 밖의 서비스에 대한 접근을 가능하게 하는 서비스라고 규정하고 있다.[236] 이러한 정의 역시 ECPA의 개념과 유사하다고 할 것이다.[237]

Ⅲ 도메인 네임

1. 의의

생성 계기에서 살펴본 바와 같이 도메인 네임^Domain Name^은 온라인상에서 타인과 구분하기 위하여 스스로 명명하는 각자의 이름으로, 중복을 방지하고 활용 및 관리의 편의를 위하여 보다 체계화된 구조형태를 통해 세계 각국이 통용하고 있으며 알파벳과 숫자로 이루어진다.

네티즌이 인터넷에서 서로 정보를 교류하기 위해서는 인터넷통신규약^IP, Internet Protocol^을 지켜야 하는데, 현재 이용되고 있는 IP는 Version 4^IPv4^로 32bit의 주소 체계이다.[238]

2. 도메인네임 트리

도메인 네임 서버 시스템^Domain Name Server System^이라고도 하며, 다음 그림과 같은 체계로 이루

---

234) 17 USC { 512(k)(1).

235) f18 USC { 251(15).

236) 47 USC {151(3)(D).

237) 정상기, 위의 책, p.162~163.

238) IP주소는 'http: 129.171.187.10'과 같이 0부터 시작하여 256개의 숫자가 4그룹으로 나뉘어 있으며, 첫 숫자군은 컴퓨터가 위치한 지역, 두 번째는 그 지역의 인터넷 제공업체, 세 번째는 특정 컴퓨터 그룹, 마지막은 특정그룹의 특정 컴퓨터를 지적한다. 32비트의 어드레스 공간에서는 2의 32제곱, 즉 약 43억 개의 IP어드레스를 수용할 수 있지만, 인터넷의 급속한 발전과 함께 IP 어드레스가 부족할 경우 IPv6(IP version 6)의 인터넷 프로토콜을 사용하면 128비트의 IP 어드레스를 이용하여 IPv4의 1,000조배의 10조배라는 거의 무한대에 이르는 대수의 컴퓨터를 수용할 수 있다.

어진다.

탑 레벨[Top level]은 분류가지 1단계로 국가 도메인을 의미한다. 1단계에서 2단계로, 다시 3단계로 마치 나무의 뿌리가 내리듯 분산되는 구조를 도메인 네임트리라 한다.

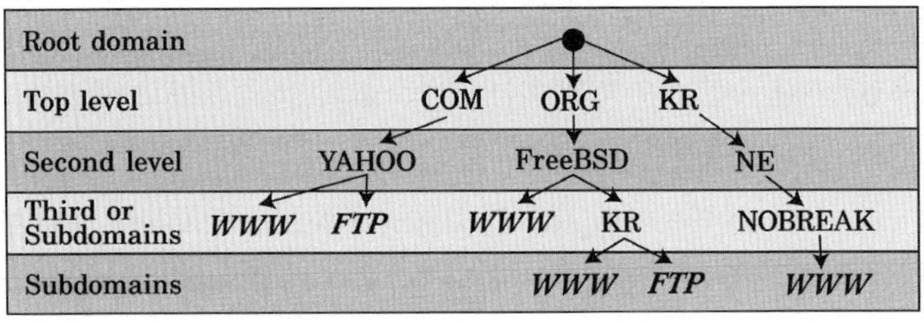

[그림 11] 도메인 네임트리

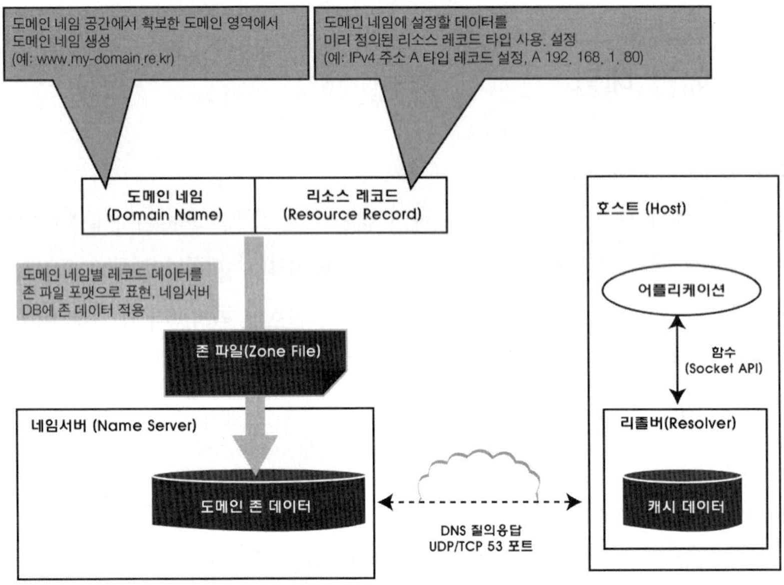

[그림 12] 도메인네임 시스템의 기본구조239)

Ⅳ 네트워크

네트워크[Network]는 통신망이 갖추어진 형태를 말하며, 여러 컴퓨터나 단말기 사이를 통신회선으로 연결하게 되면 상호 소프트웨어나 데이터베이스를 공유하여 원거리에서도 필요한 정보를

239) 한국인터넷진흥원: http://www.kisa.or.kr.

교류할 수 있게 된다.

네트워크가 형성된 온라인을 통하여 정보교류가 가능하도록 형성된 가상적 공간을 인터넷 Internet이라고 한다. 즉, 네트워크란 인터넷 연결회로망이라 할 수 있다.[240]

네트워크는 인터넷 전체를 통제하지 않는 분산된 시스템Distributed System으로 구성되지만, 네트워크 라우터[241]Network Router라는 상위의 네트워크로 서로 연결된 계층적 구조를 이룬다.

4절 정보통신기술 관련 법

Ⅰ 서설

정보통신을 중심으로 하는 디지털시대에 법의 역할은 첨단의 정보통신기술의 개발과 산업화 및 이를 이용하는 자와 자연환경에 관한 문제를 해결하는 데 비중을 두고 있다.

정보통신기술의 오용에 따른 폐해의 방지와 지속적인 정보통신기술의 발달을 위해 우리의 법도 온라인서비스제공자Online Service Providers: OSPs에 대한 관련제도를 신설하거나 개정법률을 통해 표현의 자유와 사회적 · 법적 문제를 조절하거나 금지시키고 있다.

따라서 OSPs 개념의 확실한 이해와 현행 우리나라에서 시행되고 있는 OSPs에 관련되는 입법 동향의 정리가 반드시 수반되어야 하며, 이를 중심으로 한 정보통신기술의 범위 내에서 관련제도들에 살펴보기로 한다.

과학기술의 발달에 있어 법의 역할은 해당분야의 기술을 발전시키기 위한 장려·보호·육성 정책에 기반을 두는 것이 일반적이지만 정보통신관련 제도들은 이제 신기술의 개발 장려보다는 예측 이상으로 발전되는 정보통신산업분야에서의 사용기술들이 사회적 또는 환경적으로 나쁜 영향을 미치지 않도록 예방하거나 그 폐해를 줄이는 쪽으로 비중을 두고 있다. 청소년 보호법이나 개인정보보호법 등이 가장 최근에 신설된 것이 그 사례이다.

정보통신기술과 관련되는 제도들은 편의상 산업분야와 정책분야로 구분해 볼 수 있고, 불법

---

240) '대한민국 네트워크'라는 고속도로를 예로 들 경우, 경부선이나 호남선, 중앙선, 중부선 등 모든 고속도로는 차량이 어느 고속도로나 갈아탈 수 있도록 접속(연결)되어 있으므로 부산에서 대전을 거쳐 강릉을 갈수도 있고, 목포에서는 서해안을 따라 서울에 도착할 수 있으며, 서울에서 원주를 거쳐 대구를 갈 수 있도록 도로가 연결된 도로망이 갖추어져 있으므로 이를 도로망 네트워크가 구성되어 있다고 말한다.

241) 인터넷에서 정보를 일시 저장하였다가 목적지까지 보내는 중간서버역할의 도구이다. 라우터 간에는 여러 경로(path)가 있어서 정보가 입력순서대로 전해지는 것은 아니다.

이용 등에 대해 형법으로 다스리게 되는 원리는 다른 분야에도 동일하게 적용되고 있다.

산업분야 관련제도들의 예로는「정보통신망 이용촉진 및 정보보호 등에 관한 법률」,「정보통신산업진흥법」,「전자문서 및 전자거래 기본법」,「소프트웨어 산업진흥법,「정보통신공사업법」,「전기통신사업법」,「전기통신기본법」,「국가를 당사자로 하는 계약에 관한 법률」,「하도급거래 공정화에 관한 법률」,「신용정보의 이용 및 보호에 관한 법률」,「위치정보의 보호 및 이용 등에 관한 법률」 등이 있다.

정책분야로 살펴볼 수 있는 제도들은「정보통신기반 보호법」,「청소년보호법」,「저작권법」,「국가정보화 기본법」,「중소기업진흥에 간한 법률」,「대 · 중소기업 상생협력촉진에 관한 법률」,「개인정보 보호법」,「국방정보화 기반조성 및 국방정보자원관리에 관한 법률」 등이 있다.

이하 주요 제도들에 대해 분설한다.

Ⅱ 정보통신관련 제도

1. 정보통신망 이용촉진 및 정보보호 등에 관한 법률

가. 설립목적 및 구성

「정보통신망 이용촉진 및 정보보호 등에 관한 법률」은 제1장의 총칙을 비롯하여 제2장 정보통신망의 이용촉진, 제3장 전자문서중계자를 통한 전자문서의 활용, 제4장 개인정보의 보호, 제5장 정보통신망에서의 이용자 보호 등, 제6장 정보통신망의 안정성 확보 등, 제7장 통신과금서비스, 제8장 국제협력, 제9장 보칙, 그리고 제10장 벌칙의 조문들로 구성되어 있다.

이 법은 정보통신망의 이용을 촉진하고 정보통신서비스를 이용하는 자의 개인정보를 보호함과 아울러 정보통신망을 건전하고 안전하게 이용할 수 있는 환경을 조성하여 국민생활의 향상과 공공복리의 증진에 이바지함을 목적으로 설립된 것이다.

「정보통신망 이용촉진 및 정보보호 등에 관한 법률」은「정보통신망법」으로 줄여서 말하기도 한다.

나. 정의

정보통신에 관련된 용어들의 정의는 이 법에 잘 정리되어 있어서 이를 살펴본다.

(1) "정보통신망"이란 전기통신설비를 이용하거나 전기통신설비와 컴퓨터 및 컴퓨터의 이용기술을 활용하여 정보를 수집 · 가공 · 저장 · 검색 · 송신 또는 수신하는 정보통신체제를 말한다.

(2) "정보통신서비스"란 전기통신역무와 이를 이용하여 정보를 제공하거나 정보의 제공을

매개하는 것을 말한다.

(3) "정보통신서비스 제공자"란 전기통신사업자와 영리를 목적으로 전기통신사업자의 전기통신역무를 이용하여 정보를 제공하거나 정보의 제공을 매개하는 자를 말한다.

(4) "이용자"란 정보통신서비스 제공자가 제공하는 정보통신서비스를 이용하는 자를 말한다.

(5) "전자문서"란 컴퓨터 등 정보처리능력을 가진 장치에 의하여 전자적인 형태로 작성되어 송수신되거나 저장된 문서형식의 자료로서 표준화된 것을 말한다.

(6) "개인정보"란 생존하는 개인에 관한 정보로서 성명 · 주민등록번호 등에 의하여 특정한 개인을 알아볼 수 있는 부호 · 문자 · 음성 · 음향 및 영상 등의 정보(해당 정보만으로는 특정 개인을 알아볼 수 없어도 다른 정보와 쉽게 결합하여 알아볼 수 있는 경우에는 그 정보를 포함한다)를 말한다.

(7) "침해사고"란 해킹, 컴퓨터바이러스, 논리폭탄, 메일폭탄, 서비스 거부 또는 고출력 전자기파 등의 방법으로 정보통신망 또는 이와 관련된 정보시스템을 공격하는 행위를 하여 발생한 사태를 말한다.

(8) "정보보호산업"이란 정보보호제품을 개발 · 생산 또는 유통하는 사업이나 정보보호에 관한 컨설팅 등과 관련된 산업을 말한다.

다. 정보통신망의 이용촉진

「정보통신망법」은 정보통신망과 관련된 기술 및 기기의 개발을 효율적으로 추진하기 위하여 관련 연구기관으로 하여금 연구개발 · 기술협력 · 기술이전 또는 기술지도 등의 사업을 하게 할 수 있도록 규정하고 있다.

이를 위하여 관할 부처로 하여금 정보통신망에 관한 표준을 정하여 고시하고, 정보통신서비스 제공자 또는 정보통신망과 관련된 제품을 제조하거나 공급하는 자에게 그 표준을 사용하도록 권고할 수 있는 권한을 제공한다.

그 외에 정보통신망 응용서비스의 개발 촉진, 정보의 공동활용체제 구축, 정보통신망의 이용촉진 등에 관한 사업실시, 인터넷 이용의 확산과 서비스 품질개선, 전자문서의 활용에 관한 규정들이 포함되어 있다.

라. 개인정보의 보호

(1) 개인정보의 보호의무

정보통신서비스 제공자는 이용자의 개인정보를 보호하고 건전하고 안전한 정보통신서비스를 제공함으로써 이용자의 권익보호와 정보이용 능력의 향상에 이바지해야 한다.

(2) 개인정보의 수집을 위한 의무

정보통신서비스 제공자는 이용자의 개인정보를 이용하려고 수집하는 때에는 다음 각 호의 모든 사항에 대해 이용자에게 알리고 동의를 얻어야 한다. 다음 각 호의 어느 하나의 사항을 변경하려는 때에도 또한 같다.

- 개인정보의 수집·이용 목적
- 수집하는 개인정보의 항목
- 개인정보의 보유 및 이용 기간

정보통신서비스 제공자는 다음 각 호의 어느 하나에 해당하는 경우에는 동의 없이 이용자의 개인정보를 수집 · 이용할 수 있다.

- 정보통신서비스의 제공에 관한 계약의 이행을 위하여 필요한 개인정보로서 경제적·기술적인 사유로 통상의 동의를 받는 것이 현저히 곤란한 경우
- 정보통신서비스의 제공에 따른 요금정산을 위하여 필요한 경우
- 이 법 또는 다른 법률에 특별한 규정이 있는 경우

또한, 정보통신서비스 제공자는 이용자의 동의를 얻거나 다른 법률에 따라 특별히 수집대상 개인정보로 허용된 경우 이외에는 사상 · 신념 · 과거의 병력 등 개인의 권리 · 이익이나 사생활을 현저하게 침해할 우려가 있는 개인정보를 수집하여서는 안 되며, 이용자의 개인정보를 수집하는 경우 정보통신서비스의 제공을 위하여 필요한 최소한의 정보만 수집하여야 하고, 필요한 최소한의 정보 외의 개인정보를 제공하지 않는다는 이유로 서비스의 제공을 거부해서는 안 된다.

(3) 개인정보의 이용 및 공개

정보통신서비스 제공자는 이용자의 개인정보를 취급함에 있어서 개인정보가 분실 · 도난 · 누출 · 변조 또는 훼손되지 않도록 대통령령이 정하는 바에 따라 안전성 확보에 필요한 기술적 · 관리적 조치를 하여야 한다.

또한, 정보통신서비스 제공자는 이용자의 개인정보를 취급하는 자를 최소한으로 제한하여야 한다.

(4) 개인정보의 파기

정보통신서비스 제공자는 다음 각 호의 어느 하나에 해당하는 경우에는 당해 개인정보를

지체 없이 파기해야 한다. 다만 다른 법률에 따라 개인정보를 보존해야 하는 경우에는 그러하지 않는다.

- 동의를 얻은 개인정보의 수집·이용 목적을 달성한 경우
- 동의를 얻은 개인정보의 보유 및 이용 기간이 종료한 경우
- 이용자의 동의를 얻지 않고 수집·이용한 때에는 개인정보의 보유 및 이용 기간이 종료한 경우
- 사업을 폐지하는 경우

(5) 정보제공자의 권리

정보통신망 이용자는 정보통신서비스 제공자에 대해 언제든지 개인정보 수집 · 이용 · 제공 등의 동의를 철회할 수 있다.

또한, 정보통신망 이용자는 정보통신서비스 제공자에 대해 본인에 관한 다음 각 호의 어느 하나의 사항에 대한 열람 또는 제공을 요구할 수 있고 오류가 있는 경우에는 그 정정을 요구할 수 있다.

- 정보통신서비스 제공자가 보유하고 있는 이용자의 개인정보
- 정보통신서비스 제공자가 이용자의 개인정보를 이용하거나 제3자에게 제공한 내역
- 정보통신서비스 제공자가 개인정보 수집·이용·제공 등의 동의를 한 내역

정보통신망 이용자의 권리에 대해 정보통신서비스 제공자는 이용자가 동의를 철회한 경우에는 지체 없이 수집된 개인정보를 파기하는 등 필요한 조치를 취해야 한다.

또한, 정보통신서비스 제공자는 열람 또는 제공을 요구받은 경우에는 지체 없이 필요한 조치를 취해야 하며, 오류의 정정을 요구받은 경우에는 지체 없이 그 오류를 정정하거나 정정하지 못하는 사유를 이용자에게 통지하는 등 필요한 조치를 취해야 한다. 필요한 조치를 취할 때까지는 당해 개인정보를 제공 또는 이용해서는 아니된다.

(6) 손해배상 책임

정보통신망 이용자는 정보통신서비스 제공자가 이 법의 규정을 위반한 행위로 손해를 입은 경우에는 손해배상을 청구할 수 있다. 이 경우 당해 정보통신서비스 제공자가 고의 또는 과실이 없음을 입증하지 않으면 책임을 면할 수 없게 된다.

마. 이용자의 보호

정보통신망을 통해 유통되는 음란·폭력정보 등 청소년에게 유해한 정보로부터 청소년을 보호하기 위하여 다음 각 호의 시책이 마련된다.

- 내용 선별 소프트웨어의 개발 및 보급
- 청소년 보호를 위한 기술의 개발 및 보급
- 청소년 보호를 위한 교육 및 홍보
- 기타 청소년 보호를 위하여 대통령령이 정하는 사항

따라서, 청소년 유해 매체물을 제공하고자 하는 자는 당해 정보가 청소년 유해 매체물임을 표시하여야 한다.

바. 정보통신망의 안정성 확보

정보통신서비스 제공자는 정보통신서비스의 제공에 사용되는 정보통신망의 안정성 및 정보의 신뢰성을 확보하기 위한 보호조치를 하여야 한다.

타인의 정보통신서비스 제공을 위하여 집적된 정보통신시설을 운영·관리하는 사업자(이하 "집적정보통신시설 사업자"라 한다)는 정보통신시설을 안정적으로 운영하기 위하여 보호조치를 하여야 한다.

특히, 2012년 신설된 관리체계의 인증제도 규정은 정보통신망에서 개인정보보호 활동을 체계적이고 지속적으로 수행하기 위하여 필요한 관리적·기술적·물리적 보호조치를 포함한 종합적 관리체계(이하 "개인정보보호 관리체계"라 한다)를 수립·운영하고 있는 자에 대하여 그 기준에 적합한지에 관하여 인증을 할 수 있도록 하고 있다.

사. 한국인터넷진흥원

한국인터넷진흥원은 정보통신망의 고도화(정보통신망의 구축·개선 및 관리에 관한 사항을 제외한다)와 안전한 이용 촉진 및 방송통신과 관련한 국제협력·국외진출 지원을 효율적으로 추진하기 위하여 설립된 법인이다.

인터넷 진흥원은 정보통신망의 이용 및 보호, 방송통신과 관련한 국제협력·국외진출 등을 위한 법·정책 및 제도의 조사·연구를 비롯하여 여러 지원 및 관리사업을 실행한다.

아. 통신과금 서비스

통신과금서비스란 정보통신서비스로서 "타인이 판매·제공하는 재화 또는 용역(이하 "재화 등"이라 한다)의 대가를 자신이 제공하는 전기통신역무의 요금과 함께 청구 · 징수하는 업무" 및 "타인이 판매 · 제공하는 재화 등의 대가가 가목의 업무를 제공하는 자의 전기통신역무의 요금과 함께 청구 · 징수되도록 거래정보를 전자적으로 송수신하는 것 또는 그 대가의 정산을 대행하거나 매개하는 업무"를 말한다.

이 서비스를 제공하는 통신과금서비스제공자는 등록을 하고 통신과금서비스를 제공하게 된다.

자. 국제협력

정부가 국가 또는 국제기구와 상호 협력해야 하는 업무는 아래와 같다.

(1) 개인정보의 국가 간 이전 및 개인정보의 보호에 관련된 업무
(2) 정보통신망에서의 청소년 보호를 위한 업무
(3) 정보통신망의 안전성을 침해하는 행위를 방지하기 위한 업무
(4) 그 밖에 정보통신서비스의 건전하고 안전한 이용에 관한 업무

차. 벌칙

이 법에는 사람을 비방할 목적으로 정보통신망을 통하여 공공연하게 사실을 드러내어 다른 사람의 명예를 훼손한 자는 3년 이하의 징역이나 금고 또는 2천만 원 이하의 벌금에 처하며, 사람을 비방할 목적으로 정보통신망을 통하여 공공연하게 거짓의 사실을 드러내어 다른 사람의 명예를 훼손한 자는 7년 이하의 징역, 10년 이하의 자격정지 또는 5천만 원 이하의 벌금에 처하는 등의 정보통신망의 부적절한 활용에 따른 벌칙 조항이 갖추어져 있다.

또한 위반행위를 하면 그 행위자를 벌하는 외에 그 법인 또는 개인에게도 해당 조문의 벌금형을 과[科]하는 양벌규정과 과태료규정도 마련되어 있다.

2. 전기통신사업법

가. 제정 취지

「전기통신사업법」은 전기통신사업의 적절한 운영과 전기통신의 효율적 관리를 통하여 전기통신사업의 건전한 발전과 이용자의 편의를 도모함으로써 공공복리의 증진에 이바지함을 목적으로 제정된 것이다.

모두 제7장으로 구성된 「전기통신사업법」은 전기통신사업과 업무, 통신사업의 경쟁촉진, 전기 통신설비 및 그 보칙과 벌칙 조문을 갖추고 있다.

나. 정의

(1) "전기통신"이란 유선 · 무선 · 광선 또는 그 밖의 전자적 방식으로 부호 · 문언 · 음향 또는 영상을 송신하거나 수신하는 것을 말한다.
(2) "전기통신설비"란 전기통신을 하기 위한 기계 · 기구 · 선로 또는 그 밖에 전기통신에 필요한 설비를 말한다.
(3) "전기통신회선설비"란 전기통신설비 중 전기통신을 행하기 위한 송신 · 수신 장소 간의 통신로 구성설비로서 전송설비 · 선로설비 및 이것과 일체로 설치되는 교환설비와 이들의 부속설비를 말한다.
(4) "사업용전기통신설비"란 전기통신사업에 제공하기 위한 전기통신설비를 말한다.
(5) "자가전기통신설비"란 사업용전기통신설비 외의 것으로서 특정인이 자신의 전기통신에 이용하기 위하여 설치한 전기통신설비를 말한다.
(6) "전기통신사업"이란 전기통신역무를 제공하는 사업을 말한다.

다. 전기통신사업

전기통신사업은 기간통신사업, 부가통신사업 및 별정통신사업으로 구분한다.

기간통신사업은 전기통신회선설비를 설치하고, 그 전기통신회선설비를 이용하여 기간통신역무를 제공하는 사업을 말한다.

부가통신사업은 부가통신역무를 제공하는 사업을 말한다.

별정통신사업은 기간통신사업의 허가를 받은 자(이하 "기간통신사업자"라 한다)의 전기통신회선설비 등을 이용하여 기간통신역무를 제공하는 사업과 대통령령[242]으로 정하는 구내(構內)에 전기통신설비를 설치하거나 그 전기통신설비를 이용하여 그 구내에서 전기통신역무를 제공하는 사업을 포함한다.

라. 전기통신업무

전기통신업무는 기간통신사업자가 시행한다. 동 사업은 사업자가 제공하려는 전기통신서비스에 관하여 그 서비스별로 요금 및 이용조건(이하 "이용약관"이라 한다)을 정하여 신고하고 인가를 받아 시행한다.

---

242) 1. 하나의 건축물
2. 하나의 부지(1명이 소유하거나 2명 이상이 공유한 경우로 한정한다)와 그 부지 안의 건축물
3. 1명이 점유한 둘 이상의 건축물과 그 부지(건축물 상호 간의 직선거리가 500미터 이내인 경우로 한정한다)
4. 그 밖에 제1호부터 제3호까지의 건축물 또는 부지와 인접한 건축물 또는 부지로서 방송통신위원회가 고시한 구역

마. 전기통신설비

전기통신설비는 그 기술에 적합하도록 유지 · 보수를 위하여 사업용 전기통신설비와 자가전기통신설비로 구분하여 규정에 따라 그 설치와 통합운영 및 보전이 이루어지도록 하고 있다.

바. 보칙 및 벌칙

누구든지 전기통신사업자가 취급 중에 있는 통신의 비밀을 침해하거나 누설하여서는 아니되며, 허가를 받지 아니하고 통신사업을 경영하는 경우 5년 이하의 징역 또는 2억 원 이하의 벌금에 처해진다.

양벌규정과 과태료 규정도 마련되어있다.

4. 정보통신산업진흥법

가. 설립목적

「정보통신산업진흥법」의 설립목적은 정보통신산업의 진흥을 위한 기반을 조성함으로써 정보통신산업의 경쟁력을 강화하고 국민경제의 발전에 이바지하는데 있다.

나. 정의

(1) "정보통신"이란 정보의 수집 · 가공 · 저장 · 검색 · 송신 · 수신 및 그 활용과 관련되는 기기(器機) · 기술 · 서비스 등 정보화를 촉진하기 위한 일련의 활동과 수단을 말한다.

(2) "정보통신산업"이란 정보통신과 관련한 제품(이하 "정보통신제품"이라 한다)을 개발 · 제조 · 생산 또는 유통하거나 이에 관련한 서비스(이하 "정보통신 관련 서비스"라 한다)를 제공하는 산업으로서 다음 각 목의 산업을 말한다.

- 컴퓨터 및 정보통신기기와 관련한 산업
- 소프트웨어산업
- 전자문서 및 전자거래와 관련한 산업
- 정보통신과 관련된 산업
- 이러닝산업
- 정보보호와 관련한 산업
- 그 밖에 정보통신을 활용하여 부가가치를 창출하는 산업

(3) "정보통신기업"이란 정보통신제품을 개발 · 제조 · 생산 또는 유통하거나 정보통신 관련 서비스를 제공하는 사업을 행하는 기업을 말한다.

(4) "정보통신망"이란 전기통신설비를 이용하거나 전기통신설비와 컴퓨터 및 컴퓨터의 이용기술을 활용하여 정보를 수집 · 가공 · 저장 · 검색 · 송신 또는 수신하는 정보통신체제를 말한다.

다. 정보통신산업의 진흥과 육성

이 법에 따라 정부는 정보통신산업의 진흥에 관한 중 · 장기 정책목표 및 방향을 설정하기 위하여 정보통신산업 진흥계획(이하 "진흥계획"이라 한다)을 수립 · 시행하여야 한다.

따라서 진흥계획에 따라 정보통신기술진흥 시행계획을 매년 수립 · 시행되며, 정보통신표준화 및 인증 촉진 시책 마련, 정보통신산업 진흥의 기반 조성, 정보통신기업 지원시책마련, 정보통신산업을 효율적으로 지원하기 위한 기관의 설립 등이 수반된다.

또한 정부는 암호 · 인증 · 인식 · 감시 등의 보안기술(이하 "보안기술"이라 한다)이 적용된 제품(이하 "보안제품"이라 한다)을 제조 또는 판매하거나, 보안기술 또는 보안제품을 활용하여 재난 · 재해 · 범죄 등에 대응하거나 관련 장비 · 시설을 안전하게 운영하기 위한 모든 서비스 제공(이하 "지식정보보안"이라 한다)과 관련되는 산업의 육성 및 경쟁력 강화를 위하여 필요한 시책을 마련하여야 한다.

이와 같이 정보통신의 진흥을 지원하기 위하여 정보통신진흥기금(이하 "기금"이라 한다)이 설치되며, 기금의 용도와 운영 및 관리에 관한 규정도 마련되어 있다.

5. 저작권법

「저작권법」은 이 교재에 별도의 항목으로 구분되어 있으므로 여기서는 정보통신에서의 전송의 주체(온라인 소비스제공자)와 객체 및 인터넷에 관련되는 내용들만 살펴보기로 한다.

가. 정의

(1) "저작물"은 인간의 사상 또는 감정을 표현한 창작물을 말한다.

(2) "저작자"는 저작물을 창작한 자를 말한다.

(3) "공연"은 저작물 또는 실연 · 음반 · 방송을 상연 · 연주 · 가창 · 구연 · 낭독 · 상영 · 재생 그 밖의 방법으로 공중에게 공개하는 것을 말하며, 동일인의 점유에 속하는 연결된 장소 안에서 이루어지는 송신(전송을 제외한다)을 포함한다.

(4) "실연자"는 저작물을 연기 · 무용 · 연주 · 가창 · 구연 · 낭독 그 밖의 예능적 방법으로 표현하거나 저작물이 아닌 것을 이와 유사한 방법으로 표현하는 실연을 하는 자를 말하며, 실연을 지휘, 연출 또는 감독하는 자를 포함한다.

(5) "음반"은 음(음성 · 음향을 말한다. 이하 같다)이 유형물에 고정된 것(음이 영상과 함께 고정된 것을 제외한다)을 말한다.

(6) "음반제작자"는 음을 음반에 고정하는데 있어 전체적으로 기획하고 책임을 지는 자를 말한다.

(7) "공중송신"은 저작물, 실연 · 음반 · 방송 또는 데이터베이스(이하 "저작물 등"이라 한다)를 공중이 수신하거나 접근하게 할 목적으로 무선 또는 유선통신의 방법에 의하여 송신하거나 이용에 제공하는 것을 말한다.

(8) "방송"은 공중송신 중 공중이 동시에 수신하게 할 목적으로 음 · 영상 또는 음과 영상 등을 송신하는 것을 말한다.

(9) "암호화된 방송 신호"란 방송사업자나 방송사업자의 동의를 받은 자가 정당한 권한 없이 방송(유선 및 위성 통신의 방법에 의한 방송에 한한다)을 수신하는 것을 방지하거나 억제하기 위하여 전자적으로 암호화한 방송 신호를 말한다.

(10) "방송사업자"는 방송을 업으로 하는 자를 말한다.

(11) "전송(傳送)"은 공중송신 중 공중의 구성원이 개별적으로 선택한 시간과 장소에서 접근할 수 있도록 저작물등을 이용에 제공하는 것을 말하며, 그에 따라 이루어지는 송신을 포함한다.

(12) "디지털음성송신"은 공중송신 중 공중으로 하여금 동시에 수신하게 할 목적으로 공중의 구성원의 요청에 의하여 개시되는 디지털 방식의 음의 송신을 말하며, 전송을 제외한다.

(13) "디지털음성송신사업자"는 디지털음성송신을 업으로 하는 자를 말한다.

(14) "영상저작물"은 연속적인 영상(음의 수반여부는 가리지 아니한다)이 수록된 창작물로서 그 영상을 기계 또는 전자장치에 의하여 재생하여 볼 수 있거나 보고 들을 수 있는 것을 말한다.

(15) "영상제작자"는 영상저작물의 제작에 있어 그 전체를 기획하고 책임을 지는 자를 말한다.

(16) "응용미술저작물"은 물품에 동일한 형상으로 복제될 수 있는 미술저작물로서 그 이용된 물품과 구분되어 독자성을 인정할 수 있는 것을 말하며, 디자인 등을 포함한다.

(17) "컴퓨터프로그램저작물"은 특정한 결과를 얻기 위하여 컴퓨터 등 정보처리능력을 가진 장치(이하 "컴퓨터"라 한다) 내에서 직접 또는 간접으로 사용되는 일련의 지시 · 명령으로 표현된 창작물을 말한다.

(18) "편집물"은 저작물이나 부호 · 문자 · 음 · 영상 그 밖의 형태의 자료(이하 "소재"라 한다)의 집합물을 말하며, 데이터베이스를 포함한다.

(19) "편집저작물"은 편집물로서 그 소재의 선택 · 배열 또는 구성에 창작성이 있는 것을 말한다.

(20) "데이터베이스"는 소재를 체계적으로 배열 또는 구성한 편집물로서 개별적으로 그 소재

에 접근하거나 그 소재를 검색할 수 있도록 한 것을 말한다.

(21) "데이터베이스제작자"는 데이터베이스의 제작 또는 그 소재의 갱신 · 검증 또는 보충(이하 "갱신등"이라 한다)에 인적 또는 물적으로 상당한 투자를 한 자를 말한다.

(22) "공동저작물"은 2인 이상이 공동으로 창작한 저작물로서 각자의 이바지한 부분을 분리하여 이용할 수 없는 것을 말한다.

(23) "복제"는 인쇄 · 사진촬영 · 복사 · 녹음 · 녹화 그 밖의 방법으로 일시적 또는 영구적으로 유형물에 고정하거나 다시 제작하는 것을 말하며, 건축물의 경우에는 그 건축을 위한 모형 또는 설계도서에 따라 이를 시공하는 것을 포함한다.

(24) "배포"는 저작물등의 원본 또는 그 복제물을 공중에게 대가를 받거나 받지 아니하고 양도 또는 대여하는 것을 말한다.

(25) "발행"은 저작물 또는 음반을 공중의 수요를 충족시키기 위하여 복제 · 배포하는 것을 말한다.

(26) "공표"는 저작물을 공연, 공중송신 또는 전시 그 밖의 방법으로 공중에게 공개하는 경우와 저작물을 발행하는 경우를 말한다.

(27) "온라인서비스제공자"란 다음 각 목의 어느 하나에 해당하는 자를 말한다.

- 이용자가 선택한 저작물등을 그 내용의 수정 없이 이용자가 지정한 지점 사이에서 정보통신망(「정보통신망 이용촉진 및 정보보호 등에 관한 법률」 제2조 제1항 제1호의 정보통신망을 말한다. 이하 같다)을 통하여 전달하기 위하여 송신하거나 경로를 지정하거나 연결을 제공하는 자

이용자들이 정보통신망에 접속하거나 정보통신망을 통하여 저작물등을 복제 · 전송할 수 있도록 서비스를 제공하거나 그를 위한 설비를 제공 또는 운영하는 자

(28) "프로그램코드역분석"은 독립적으로 창작된 컴퓨터 프로그램저작물과 다른 컴퓨터 프로그램과의 호환에 필요한 정보를 얻기 위하여 컴퓨터 프로그램저작물코드를 복제 또는 변환하는 것을 말한다.

나. 온라인서비스제공자의 책임

(1) 책임제한

온라인서비스제공자는 다음 각 호의 행위와 관련하여 저작권, 그 밖에 이 법에 따라 보호되는 권리가 침해되더라도 그 호의 분류에 따라 각 목의 요건을 모두 갖춘 경우에는 그 침해에 대하여 책임을 지지 아니한다.

❶ 내용의 수정 없이 저작물 등을 송신하거나 경로를 지정하거나 연결을 제공하는 행위 또는 그 과정에서 저작물 등을 그 송신을 위하여 합리적으로 필요한 기간 내에서 자동적 · 중개

적 · 일시적으로 저장하는 행위

- 온라인서비스제공자가 저작물 등의 송신을 시작하지 아니한 경우
- 온라인서비스제공자가 저작물 등이나 그 수신자를 선택하지 아니한 경우
- 저작권, 그 밖에 이 법에 따라 보호되는 권리를 반복적으로 침해하는 자의 계정을 해지하는 방침을 채택하고 이를 합리적으로 이행한 경우
- 저작물 등을 식별하고 보호하기 위한 기술조치로서 대통령령으로 정하는 조건을 충족하는 표준적인 기술조치를 권리자가 이용한 때에는 이를 수용하고 방해하지 아니한 경우

❷ 서비스이용자의 요청에 따라 송신된 저작물 등을 후속 이용자들이 효율적으로 접근하거나 수신할 수 있게 할 목적으로 그 저작물 등을 자동적 · 중개적 · 일시적으로 저장하는 행위

- 제❶호 각 목의 요건을 모두 갖춘 경우
- 온라인서비스제공자가 그 저작물 등을 수정하지 아니한 경우
- 제공되는 저작물 등에 접근하기 위한 조건이 있는 경우에는 그 조건을 지킨 이용자에게만 임시저장된 저작물 등의 접근을 허용한 경우
- 저작물등을 복제 · 전송하는 자(이하 "복제 · 전송자"라 한다)가 명시한, 컴퓨터나 정보통신망에 대하여 그 업계에서 일반적으로 인정되는 데이터통신규약에 따른 저작물 등의 현행화에 관한 규칙을 지킨 경우. 다만, 복제 · 전송자가 그러한 저장을 불합리하게 제한할 목적으로 현행화에 관한 규칙을 정한 경우에는 그러하지 아니한다.
- 저작물 등이 있는 본래의 사이트에서 그 저작물 등의 이용에 관한 정보를 얻기 위하여 적용한, 그 업계에서 일반적으로 인정되는 기술의 사용을 방해하지 아니한 경우
- 제103조 제1항에 따른 복제 · 전송의 중단요구를 받은 경우, 본래의 사이트에서 그 저작물 등이 삭제되었거나 접근할 수 없게 된 경우, 또는 법원, 관계 중앙행정기관의 장이 그 저작물 등을 삭제하거나 접근할 수 없게 하도록 명령을 내린 사실을 실제로 알게 된 경우에 그 저작물 등을 즉시 삭제하거나 접근할 수 없게 한 경우

❸ 복제 · 전송자의 요청에 따라 저작물 등을 온라인서비스제공자의 컴퓨터에 저장하는 행위

- 제❶호 각 목의 요건을 모두 갖춘 경우
- 온라인서비스제공자가 침해행위를 통제할 권한과 능력이 있을 때에는 그 침해행위로부터 직접적인 금전적 이익을 얻지 아니한 경우
- 온라인서비스제공자가 침해를 실제로 알게 되거나 복제 · 전송의 중단요구 등을 통하여 침해가 명백하다는 사실 또는 정황을 알게 된 때에 즉시 그 저작물 등의 복제 · 전송을 중단시킨 경우
- 복제 · 전송의 중단요구 등을 받을 자를 지정하여 공지한 경우

❹ 정보검색도구를 통하여 이용자에게 정보통신망상 저작물 등의 위치를 알 수 있게 하거나 연결하는 행위

- 제❶호 가목의 요건을 갖춘 경우
- 제❸호 나목부터 라목까지의 요건을 갖춘 경우

(2) 불능에 의한 책임제한

온라인서비스 제공자가 저작물 등의 복제 · 전송과 관련된 서비스를 제공하는 것과 관련하여 다른 사람에 의한 저작물 등의 복제 · 전송으로 인하여 그 저작권 및 그 밖에 이 법에 따라 보호되는 권리가 침해된다는 사실을 알고 당해 복제 · 전송을 방지하거나 중단시키고자 하였으나 기술적으로 불가능한 경우에는 다른 사람에 의한 저작권 및 그 밖에 이 법에 따라 보호되는 권리의 침해에 관한 온라인서비스 제공자의 책임은 면제된다.

(3) 복제 · 전송의 중단

온라인서비스제공자의 서비스를 이용한 저작물 등의 복제 · 전송에 따라 저작권, 그 밖에 이 법에 따라 보호되는 자신의 권리가 침해됨을 주장하는 자(이하 이 조에서 "권리주장자"라 한다)는 그 사실을 소명하여 온라인서비스제공자에게 그 저작물 등의 복제 · 전송을 중단시킬 것을 요구할 수 있다

정당한 권리 없이 그 저작물 등의 복제 · 전송의 중단이나 재개를 요구하는 자는 그로 인하여 발생하는 손해를 배상하여야 한다.

(4) 복제 · 전송자에 관한 정보 제공의 청구

권리주장자가 민사상의 소 제기 및 형사상의 고소를 위하여 해당 온라인서비스제공자에게 그 온라인서비스제공자가 가지고 있는 해당 복제 · 전송자의 성명과 주소 등 필요한 최소한의 정보 제공을 요청하였으나 온라인서비스제공자가 이를 거절한 경우 권리주장자는 소관부처의 장에게 해당 온라인서비스제공자에 대하여 그 정보의 제공을 명령하여 줄 것을 청구할 수 있다.

(5) 특수한 유형의 온라인 서비스제공자의 의무

다른 사람들 상호 간에 컴퓨터를 이용하여 저작물 등을 전송하도록 하는 것을 주된 목적으로 하는 온라인서비스제공자(이하 "특수한 유형의 온라인서비스제공자"라 한다)는 권리자의 요청이 있는 경우 해당 저작물 등의 불법적인 전송을 차단하는 기술적인 조치 등 필요한 조치를 하여야 한다.

제3편

특허정보

SCIENCE TECHNOLOGY & INTELLECTUAL PROPERTY

1장 특허정보개론

SCIENCE TECHNOLOGY & INTELLECTUAL PROPERTY

1절 의 의

I 특허정보

1. 특허

특허는 발명으로 완성된 산업상 이용 가능한 기술을 국가(특허청)의 엄격한 심사를 거쳐 무체 재산으로 보호하는 대상을 총칭하는 의미를 갖지만, 관행상 발명과 혼용되기도 한다.

특허요건을 갖춘 출원발명은 특허권이라는 무체재산권을 형성하게 되고, 특허권자는 출원일로부터 최장 20년(실험이나 허가 등이 필요한 특허는 5년 연장)까지 자신의 특허권을 대한민국 내에서 독점배타적으로 실시할 수 있는 권한을 갖게 된다.

특허제도의 설립취지가 신규하거나 개량된 발명을 공개하는 조건으로 무체재산권으로 인정해주기 위한 것이니 만큼, 해당 기술의 공개는 이해관계인이나 일반인으로 하여금 참고하거나 이용할 수 있는 좋은 정보제공의 의미가 된다.

특허의 공개는 일정한 형식과 요건에 맞추어 공표되고, 기술문언으로서의 기능을 갖도록 특허공보(공개공보, 등록공보)가 특허청으로부터 발간되어 누구나 열람하여 원하는 정보를 얻을 수 있게 된다.

2. 특허정보

특허정보는 특허의 존부와 관리에 관련되는 국내외 제반 정보이다. 특허정보는 인터넷이나 TV, 서적, CD, 팜플렛, 매스컴 등의 문언을 통해서 전파되고 또한 이들 문언을 통해 입수하는 것이 일반적이다.

특히, 특허공보는 관보[官報]라는 신뢰성 때문에 특허정보의 근간이 된다. 특허공보는 해당 특허의 주체(발명자, 출원인, 특허권자)와 객체(특허청구범위), 관리사항(특허권, 실시권의 발생과 소멸, 주체의 변동, 심판 · 소송의 진행 등)이 기재되어 특허정보로 활용하기 위한 기초 자료집을 구성하게 된다.

다음 그림은 특허출원인이 특허출원서에 기재하고 첨부하는 사항들과 이들이 특허공보로 발행된 경우 어떤 내용들이 특허정보수집의 기초자료로 활용할 수 있는 지 보여주기 위한 사례이다.

전자문서 이용가능

[별지 제14호서식]

특허출원서

【출원구분】 ☒특허출원 □분할출원 □변경출원
□무권리자의 출원 후에 한 정당한 권리자의 출원
(【참조번호】)
【출원인】
【성명(명칭)】 김출원
【출원인코드】 4-2004-000123-4(이미 발급받은 번호를 기재. 단 아직 발급받지 않은 경우 (별지 제4호 서식) 출원인코드부여신청서를 동시에 제출하시면 접수담당자가 직권 발급후 기재함)
【대리인】 ☞ 대리인 없이 개인이 작성·제출할 경우 해당없음
【성명(명칭)】
【대리인코드】
(【포괄위임등록번호】)
【발명의 국문명칭】 건축용 금속재 장식판의 보호피막 형성 방법
【발명의 영문명칭】 The method of forming the protective film on the metallic decorative panel for building
【발명자】
【성명】 김출원
【출원인코드】 4-2004-000123-4
(【원출원(무권리자 출원)의 출원번호】)
(【우선권주장】 ☞ 해당될 경우만 기재
【출원국명】
【출원번호】
【출원일자】
【증명서류】
(【기타사항】 ☒심사청구 □심사유예신청 □조기공개신청 □공지예외적용
□미생물기탁 □서열목록 □기술이전희망 □국가연구개발사업
□국방관련비밀출원)
☞ 출원과 동시에 심사청구 또는 조기공개신청을 하려면 특허청구범위가 기재된 명세서가 첨부되어야 함
(【유예희망시점】 심사청구일 후 18개월이 지난 때부터 ( )개월) ☞ 필요한 경우만 기재
【공지예외적용대상 증명서류의 내용】 ☞ 해당될 경우만 기재
【공개형태】
【공개일자】

【미생물기탁】 ☞ 해당될 경우만 기재
【기탁기관명】

【수탁번호】
【수탁일자】
【핵산염기 서열 또는 아미노산 서열목록】 ☞ 해당될 경우만 기재
【서열개수】
【서열목록 전자파일】
【기술이전희망】 □기술양도 □실시권허여 □기술지도 ☞ 희망하는 경우만 표시
【이 발명을 지원한 국가연구개발사업】 ☞ 해당될 경우만 기재
【과제고유번호】
【부처명】
【연구관리전문기관】
【연구사업명】
【연구과제명】
【기여율】
【주관기관】
【연구기간】
【국방관련비밀출원】 ☞ 해당될 경우만 기재

위와 같이 특허청장에게 제출합니다.

출원인(대리인) 김출원 (김출원) 또는 서명
(출원인코드부여신청서에 날인한 서명 또는 인장과 동일한 것이어야 함)

【수수료】
【출원료】 8 면 58,000원 ☞ 전자출원의 경우 기본료(38,000원)만 납부, 서면출원의 경우는 기본료(58,000원 20면까지 동일)에 요약서·명세서·도면 1면 추가시 마다 1,000원 가산
【우선권주장료】 건 원
【심사청구료】 1 항 170,000원 ☞ 기본료(130,000원)에 청구항 1항마다 40,000원 가산
【합계】 228,000원
【감면(면제)사유】 개인 ☞ 해당될 경우만 기재
【감면(면제)후 수수료】 68,400원

【첨부서류】 1. 명세서·요약서 및 도면 각 1통
2. 정당한 권리자임을 증명하는 서류 1통(정당한 권리자의 출원에 한한다)
3. 대리인에 의하여 절차를 밟는 경우에는 그 대리권을 증명하는 서류 1통
4. 그 밖의 법령에 따른 증명서류 1통

【제출생략서류】

[그림 1] 특허출원서류 견본

[별지 제15호 서식]

【명세서】

【발명의 명칭】

건축용 금속재 장식판의 보호피막 형성방법 {The method of forming the protective film on the metallic decorative panel for building}

【기술분야】

본 발명은 (중략) 에 관한 것이다.

【배경기술】

(중략)

(【선행기술문헌】)

(【특허문헌】)

[문헌1] US 5635683 A (MCDERMOTT, R. M.) 1997.06.03.

[문헌2] JP 10-105775 A 1998.04.24, 5쪽, 3-15줄, 도면1

(【비특허문헌】)

[문헌1] WALTON, Herrmann. 초고주파 양자 이론. 런던: Sweet와 Maxwell, 1973, Vol.2, ISBN 5-1234-5678-9, 138-192쪽

【발명의 내용】

【해결하려는 과제】

본 발명은(중략) 하는 건축용 금속재 장식판의 보호피막 형성방법을 제공하는데 그 목적이 있다.

【과제의 해결 수단】

(중략)

【발명의 효과】

(중략)

【도면의 간단한 설명】

도 1은 일반적인 건축용 금속재 장식판의 제조공정과정을 나타낸 단면도.

(중략)

【발명을 실시하기 위한 구체적인 내용】

본 발명을 첨부된 도면을 참조하여 상세히 설명하면 다음과 같다.

도 2는 건축용 금속재 장식판의 금속판(1) 에칭부(3)에 도금된 금 증착부(5)의 표면에 보호피막을 형성하기 위한 보호피막 형성장치의 구조도로서, 보호피막 형성장치(7)의 내부에는 우레탄아크릴 물질과 전리활성화 물질이 혼합되어 있는 수지원액 및 초순수수를 소정의 비율로 투입하여 혼합하게 되면 수지원액이 초순수수에 용해된 후 부터 분자 또는 원자가 에너지를 받아서 음이온으로 나뉘어

지는 전리현상을 띄게 된다. (중략)

(【실시예】) ☞ 필요한 경우 기재

(【산업상 이용가능성】) ☞ 특허를 받고자하는 발명이 산업상 이용 가능한 것인지 여부가 불분명할 때 기재

(【부호의 설명】) ☞ 도면의 주요 부분을 나타내는 부호들에 대한 설명을 기재

(【수탁번호】) ☞ 명세서에 적혀 있는 미생물들의 수탁번호들을 별도로 정리하려는 경우에 기재

(【서열목록 자유텍스트】) ☞ 명세서에 첨부된 서열목록에 적혀 있는 자유텍스트를 필요에 따라 반복하여 기재

【특허청구범위】

【청구항 1】

금속판의 다수 부분을 에칭시켜 특정 무늬모양을 형성하는 건축용 금속재 장식판에 있어서,

상기 (중략) 하는 단계,

상기 (중략) 하는 단계,

상기 (중략) 하는 단계로 이루어진 것을 특징으로 하는 (중략) 방법.

[별지 제16호 서식]

【요약서】

【요 약】

본 발명은 (중략) 에 관한 것이다.

이를 위하여 본 발명은(중략)로 이루어진 것에 특징이 있다.

【대표도】

도1

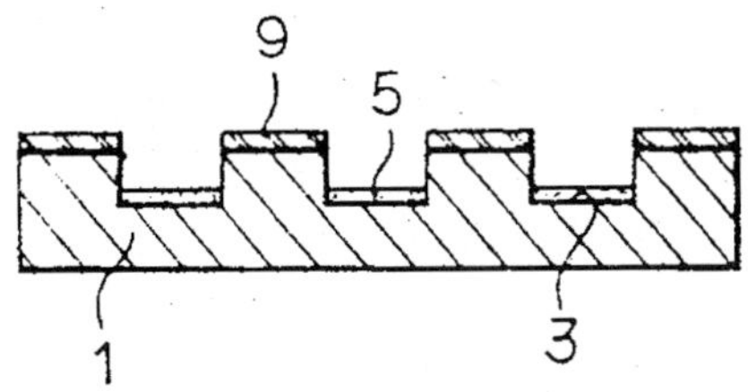

[그림 2] 특허명세서 견본

등록특허 10-1000000

(19) 대한민국특허청(KR)
(12) 등록특허공보(B1)

(45) 공고일자 2010년12월10일
(11) 등록번호 10-1000000
(24) 등록일자 2010년12월03일

(51) Int. Cl.
H04B 1/38 (2006.01)
(21) 출원번호 10-2008-0024850
(22) 출원일자 2008년03월18일
심사청구일자 2008년03월18일
(65) 공개번호 10-2009-0099703
(43) 공개일자 2009년09월23일
(56) 선행기술조사문헌
KR200421654 Y1*
KR1020060115002 A*
*는 심사관에 의하여 인용된 문헌

(73) 특허권자
주식회사 다이아벨
경기도 안양시 만안구 안양동 198, 198-69
(72) 발명자
안성상
서울 성북구 종암2동 3-160
(74) 대리인
서원호

전체 청구항 수 : 총 9 항 심사관 : 양정록

(54) 힌지장치 및 이를 이용한 휴대 단말기

(57) 요 약

본 발명은 힌지장치 및 이를 이용한 휴대 단말기에 관한 것으로, 그 구성은 베이스 플레이트; 상기 베이스 플레이트에 탄지되어 수평 슬라이딩되는 수평 플레이트; 상기 베이스 프레이트에 탄지되어 수직 슬라이딩되는 수직 플레이트; 및 상기 베이스 플레이트를 회동 가능하게 하는 지지하는 브라켓;을 포함하여 이루어진다.

본 발명에 따르면, 슬라이더의 슬라이딩 방향을 자유롭게 선택할 수 있을 뿐만 아니라 각도 조절할 수 있게 하게 함으로써 화면 시인성을 향상시킬 수 있게 하는 효과가 있다.

대 표 도 - 도1

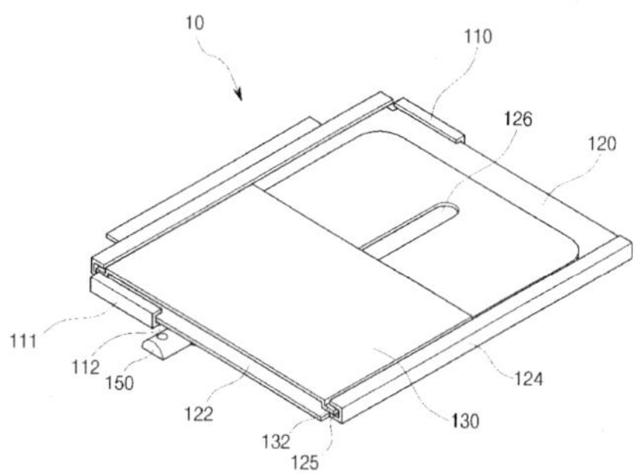

등록특허 10-1000000

특허청구의 범위

청구항 1

베이스 플레이트;

상기 베이스 플레이트에 탄지되며 수평 슬라이딩되는 수평 플레이트;

상기 베이스 프레이트에 탄지되며 상기 수평 플레이트의 길이방향으로 형성되는 안내공을 따라 상기 베이스 플레이트에 대해 수직 슬라이딩되는 수직 플레이트;

상기 수평 플레이트 및 수직 플레이트를 탄성 슬라이딩 동작시키도록 일단은 상기 베이스 플레이트와 연결되고 타단은 상기 수평 플레이트의 안내공을 관통하여 수직 플레이트와 연결되는 하나의 탄성체;를 포함하여 이루어지는 것을 특징으로 하는 힌지장치.

청구항 2

제 1 항에 있어서,

상기 베이스 플레이트를 회동 가능하게 하는 지지하는 브라켓;을 더 포함하여 이루어지는 것을 특징으로 하는 힌지장치.

청구항 3

삭제

청구항 4

삭제

청구항 5

제 1 항 또는 제 2 항에 있어서,

상기 베이스 플레이트에는 한쌍의 스토퍼;가 더 마련되며, 상기 한쌍의 스토퍼는 상기 베이스 플레이트의 단부 대각진 위치에 마련되게 하는 것을 특징으로 하는 힌지장치.

청구항 6

제 5 항에 있어서,

상기 한쌍의 스토퍼는 수평 플레이트 및 수직 플레이트 중 어느 하나가 슬라이딩되면, 다른 하나는 슬라이딩이 제한되도록 하는 것을 특징으로 하는 힌지장치.

청구항 7

제 6 항에 있어서,

상기 한쌍의 스토퍼 중 어느 하나에는 걸림홈;이 더 형성되게 하는 것을 특징으로 하는 힌지장치.

[그림 3] 특허공보 견본

Ⅱ 특허정보 취득에 필요한 요소

1. 특허정보의 조사

특허정보조사(또는 '특허조사'로 약칭하기도 한다)의 목적은 해당 정보를 어디에 어떻게 활용하느냐에 달려있어서 예컨대 특허정보와 기술정보를 조합하여 필요한 특허(기술)를 찾거나 개발기술의 소스로 활용하기도 하지만, 유효한 특허권을 무효화 시키기 위하여 또는 해당 특허권과 별개의 실시 기술임을 증명하기 위하여 사용할 목적으로도 행하게 된다.

예를 들면 새로운 기술의 개발자 입장에서는 특허요건을 갖춘 새롭거나 개량된 기술을 개발하기 위해 특허공보를 통한 특허성 조사[Patentability Search]를 실시하게 된다.

또한 기존의 특허권에 이용 · 저촉 가능성이 있는지 판단할 침해여부를 조사[Infringement Search] 할 수 있다.

만일, 특허권자로부터 특허권 침해에 대한 경고장을 받은 실시자라면 그 특허권의 유효성을 조사[Validity Search]하여 무효시키거나, 해당 특허권과 자신의 실시기술은 별개임을 입증할 수 있는 권리범위확인 조사를 행하게 된다.

이와 같이 조사행위별로 특허공보를 기초로 서지사항[書誌事項]243)을 조사하거나, 기술조사, 권리상태조사, 무효자료 조사, 양도/양수관계 조사, 소급조사, 감시조사 또는 계속조사 등을 통해 원하는 특허정보로 구분해 볼 수 있다.

특허정보조사는 정보가 수록된 매체를 검색[檢索]하여 이루어지지만, 특허조사와 특허검색을 구분하지 않고 동일 의미로 사용하기도 한다.

특허정보조사는 특허등록공보나 공개공보와 같은 인쇄물을 작업자가 직접 수작업으로 조사하거나 D/B로 구축된 특허정보를 컴퓨터로 조사하는 방법으로 이루어진다.

컴퓨터가 아무리 발달했어도 현재까지 컴퓨터는 인간의 명령을 수행하는 기기장치에 불과하므로 특허정보조사를 컴퓨터가 임의로 할 수 있는 일은 없다. 예를 들면 '휴대전화'에 대한 특허정보가 필요한 경우 우리가 기대하는 것은 '휴대전화' 뿐만 아니라 '무선 와이어리스 폰' 내지는 '스마트폰' 까지 같은 기술의 범주에 있는 기술들이 함께 검색되어지길 원하지만, 컴퓨터는 인간의 입력수단을 기초로 작업을 수행하게 되므로 단어를 틀리게 또는 다르게 입력시키면 원하는 검색결과가 나오지 않고, 유사의미의 단어가 주변에 있어도 이를 함께 검사하지는 못한다.

따라서 작업자가 원하는 결과물을 얻기 위해서는 관련 언어 모두를 정확하게 컴퓨터에 입력시키고 이들을 적절히 조합, 배분하여 효율적으로 검색하게 하는 전략과 테크닉이 필요하게

---

243) 해당 특허에 관한 인적사항과 기술에 대하여 목록별로 간략히 정리한 사항을 말하며, 특허출원에 있어서는 특허출원서에 서지사항이 기재된다.

된다. 이것이 특허정보검색의 어려운 점이다.

특허정보의 누락을 방지하기 위해서는 컴퓨터 조사를 한 경우라도 인쇄물의 수작업조사를 통해 기술의 유사범위까지 확인하는 것이 필요하다.

특허정보로 활용하는데 필요한 기본적 요소는 크게 해당기술의 주체(인적내용)와 객체(해당기술과 그 권리범위), 그리고 관리과정(특허존부, 실시권 설정 등)으로 구분해 볼 수 있다.

앞의 견본에서 살펴본 바와 같이 출원서에는 해당 발명의 주체에 해당하는 인적사항(발명자, 출원인, 대리인, 심사관 등), 그 객체인 발명에 대한 내용이 기재된다.

발명은 그 명칭으로부터 확인되므로 발명의 명칭과 요약서, 권리범위(특허청구범위), 필요도면 등이 특허공보 등에 기재되어 있으므로 특허공보가 곧 종래기술의 D/B를 구성하게 된다.

해당기술의 관리과정에 대해서는 특허공보에도 일부 표기되지만 특허권마다 등록원부가 비치되어 있어서 신청에 의해 등록원부를 발급받아 해당 특허권의 관리사항을 모두 파악할 수 있다.

따라서 특허정보를 얻고자 하는 자는 특허공보의 출원서에 기재된 서지사항을 먼저 살펴보고 인적 · 물적 관련사항을 조사한 후 필요정보를 수집하여 가공하고 분석하여 결과를 도출하게 된다.

이 때문에 특허정보는 선행기술의 '검색→조사→수집→가공→분석→보고'라는 일련의 과정을 통해 얻어지는 결과물이라 할 수 있다.

아래의 [표 1]에서와 같이 2012년 4월까지 국내의 특허공보 혹은 실용신안공보로 발간된 발명이나 고안(실용신안)은 공개된 것이 약 350만 건, 등록된 것이 약 160만 건이나 되어 이들 중에서 검색과 수집, 이들의 분석을 통해 원하는 기술에 접근하는 것은 쉬운 일이 아니다.

더구나 다른 나라의 기술문언까지 고려한다면 특허정보의 조사범위는 지역적 · 시간적 · 인적 · 물적 · 경제적 범위를 얼마나 효율적으로 정하여 그 결과를 도출할 수 있는지 그 진행과정의 어려움을 미루어 짐작할 있고, 따라서 특허정보 분야의 전문가가 필요한 것도 이러한 어려움의 해결에 바탕을 두고 있다.

[표 1] 국내 특허·실용신안 공보 발행상황

구 분	기준	기간	건수
공개특허	공개일자	1983.03.25~2012.04.04	2,020,548건
등록특허	공고일자	1948.06.20~2012.04.04	1,115,904건
공개실용	공개일자	1983.03.25~2012.04.04	548,499건
등록실용	공고일자	1948.06.20~2012.04.04	485,716건

자료축적현황 〈출처 : 특허정보원 2012.4〉

2. 특허조사를 위한 준비사항

컴퓨터를 이용하여 특허공보를 참고한 특허조사를 행한다고 할 때 우선은 해당기술과 동일하거나 유사한 것을 검색하는 작업부터 시작된다.

컴퓨터는 우리가 사용하는 언어를 기초로 원하는 작업을 하는 기기이므로 우리가 사용하는 언어와 같은 문장이나 문단 등을 컴퓨터에 입력시켜서 컴퓨터 작업이 이루어지도록 해야 한다. 즉 해당기술에 대한 핵심이 되는 단어나 어구를 발췌해야 한다. 이를 키워드Keyword의 설정이라 한다.

한편, 특허권의 이전이나 실시권 설정을 위한 관리상태의 조사는 물론, 스카웃을 위한 해당 발명가나 심사관의 조사가 이루어질 수 있으며 이러한 특허정보조사는 그 목적과 방법에 따라 다양한 검색을 통해 이루어지게 된다.

그러나 특허공보를 기초로 하는 특허조사는 조사의 대상이 실물이 아닌 인쇄물의 내용이라는 점과, 인쇄물 내의 정보는 문자나 도형 또는 기호(이들을 이미지로 단일화하여 표현 할 수 있다)로 이루어진다는 점에서 특허조사로 활용할 수 있는 요소는 문자를 활용하거나 이미지를 활용하는 범위로 한정되며, 따라서 단어나 어귀로 이루어지는 키워드Keywords를 특허조사의 으뜸요소로 꼽는다.

키워드 설정이 끝나면, 우리가 생각하는 것과 가장 유사한 형태로 컴퓨터가 작업을 하여 결과를 내주도록 하기 위하여 검색식을 짠다. 검색식은 컴퓨터가 우리의 생각에 가장 근접되게 작업을 하여 결과를 내어 주도록 하는 일종의 인간과 컴퓨터 간 대화방식이라 할 수 있다.

예를 들면, '텔레비전의 안테나'에 대한 종래기술을 검색하고 싶다면 '텔레비전'에 더하여 '티브이' 또는/그리고 'TV set' 등도 검색에 포함시킬 것인지 아니면 제외할 것인지를 검색식으로 구성하게 된다. 이에 대해서는 이어지는 특허조사 3요소 편에서 상술한다.

키워드를 적절히 조합하고 가감하면 수많은 특허정보 가운데 필요한 내용들을 원하는 범위로 압축하거나 정렬할 수 있지만, 이 경우 가장 큰 걸림돌은 수많은 종류의 기술들에 대해 어떻게 키워드를 모두 적용시킬 수 있는 것이냐 하는 것이다.

예컨대, 운반기계의 기술에 대한 특허정보를 조사하면서 불필요하게 미생물분야의 기술까지 검색하고 조사할 필요는 없는 것이다.

따라서 통일된 기술 분야별 구분이 필요하게 된다. 지금은 국제적으로 통일된 국제특허분류IPC, International Patent Classification에 따라 기술별 관점에서 섹션 타이틀을 A~H 까지 이들을 분류하고 서브섹션으로 상세하게 구분하고 있다.[244]

---

244) http://www.wipo.int/export/sites/www/classifications/ipc/en/guide/guide_ipc.pdf〈2012.6.1.방문〉
A HUMAN NECESSITIES
B PERFORMING OPERATIONS; TRANSPORTING

섹션(8개)	서브섹션(22개)	
A섹션 : 생활필수품	A0 농업 A4 개인용품 또는 가정용품	A2 식료품 : 담배 A6 건강 : 오락
B섹션 : 처리조작	B0 분리 : 혼합 B4 인쇄 B8 마이크로 구조기술–나노기술	B2 성형 B6 운수
C섹션 : 화학, 야금	C0 화학	C2 야금
D섹션 : 섬유, 지류	D0 섬유 또는 달리 분류되지 않는 가연성 재료 D2 지류	
E섹션 : 고정구조물	E0 건조물	E2 지중굴착 : 채광
F섹션 : 기계공학, 조명, 가열, 무기, 폭파	F0 기관 또는 펌프 F2 조명 : 가열	F1 공업일반 F4 무기 : 폭파
G섹션 : 물리학	G0 기기	G2 원자핵공학
H섹션 : 전기	H0 전자	

아래 [표 2]는 국제특허분류 심볼을 예시한 것이다.

[표 2] 국제특허분류 심볼

Example:

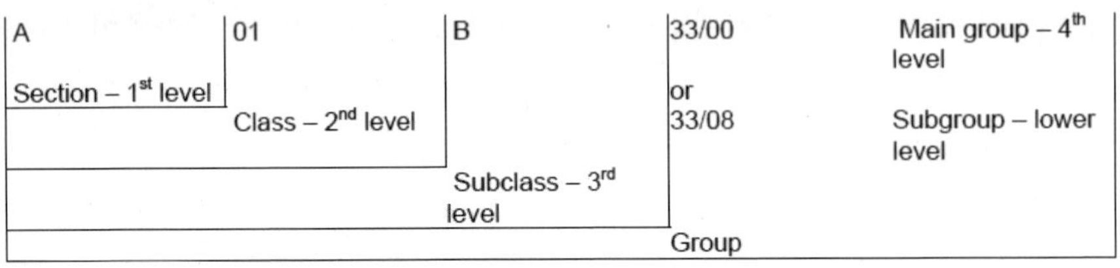

한편, 키워드와 기술 분류 이외에 필요한 것은 특허공보에 표시된 것과 같이 해당기술의 범위[Field]를 확인하여 어느 항목을 어느 범위까지 검색하고 조사할 것인지 정해야 한다.

출원인이나 출원번호, 공개번호, 등록번호 등만을 해당 범위에 따라 검색하여 조사할 수 있을 뿐만 아니라, 요약서들을 발췌하여 해당기술의 내용을 파악하여 원하는 기술을 모으거나 배제시킬 수 있다. 이때 유용한 것은 키워드의 적절한 조합이며, 여러 형태의 키워드를 사용하여 검색

C CHEMISTRY; METALLURGY
D TEXTILES; PAPER
E FIXED CONSTRUCTIONS
F MECHANICAL ENGINEERING; LIGHTING; HEATING; WEAPONS;BLASTING
G PHYSICS
H ELECTRICITY

식을 작성하면서 검색어의 특성에 따라 적정한 검색필드를 선정하여 조사할 것이 요구된다.

따라서 특허조사는 특허조사전략의 3요소인 키워드, 특허분류, 그리고 특허조사범위를 정하고, 효율적이고 정확한 결과를 도출하기 위하여 검색식을 활용한다.

2절 특허조사 3요소

Ⅰ 키워드

1. 의의

키워드Keyword란 문장이나 문단에서 핵심이 되는 단어나 어구를 말한다. 원하는 특허정보를 검색하기 위해서는 문장의 문자나 기호(또는 이미지)를 검색하므로 이를 키워드를 사용한 검색이라 한다. 특허정보가 수록된 공보나 컴퓨터로 활용 가능하도록 집대성한 데이터베이스DB로부터 키워드를 사용하여 원하는 정보를 검색하게 된다.

특허정보DB[245]는 수많은 기술의 모집단을 형성하며, 출원된 발명의 공개기술로 구성된다.

기술의 공개는 공보(공개, 등록)를 통해 이루어지며, 공보는 기술문언으로 특허정보의 기초를 구성한다. 등록특허의 원본내용도 정보에 포함되며, DB의 검색과 방식은 국제적으로 비교적 통일되어 있다.

인터넷공보나 DB에 수록된 문장의 내용 가운데 원하는 기술과 관련되는 문자나 어구를 정확히 끄집어 낼 수 있는 키워드를 사용한다. 키워드는 그 문장이나 문단을 가장 잘 대표하는 것으로, 몇 개의 단어로 그 글의 내용 전체를 표현할 수 있어야 한다.

이는 역으로 그 문단이나 문장을 가장 잘 대표하는 몇 개의 키워드로 내용 전체를 표현할 수 있어야 함을 의미한다.

기술 용어로 사용되는 단어들은 관련 기술의 내용을 잘 표현하고 있어 이를 잘 선정해야 하나, 대다수 기술 내용이 여러 단어로 표현되는 것이 일반적이므로 특허문헌의 키워드 추출 시 다양한 동의어(유사어)를 고려하여 키워드로 표현하는 것이 중요하다.

DB에 저장된 특허정보에서 키워드를 활용하여 원하는 자료를 찾을 수 있지만, 인터넷상의

---

245) 주체별- 발명자출원인, 권리자, 대리인, 국내외자
객체별-대상의 종류(특, 실, 디, 상), 기술의 종류(기계, 금속, 전자, 컴퓨터프로그램 등)
연도별-미국은 1천만건 이상, 한국은 1백만건 이상의 특허등록기술 공개
관리형태-실시권, 심판, 권리존속여부 등

정보검색방식과는 구별되어야 한다. 왜냐하면 인터넷에서는 카테고리별(뉴스, 스포츠, 사전 등)로 구분하지만, 특허정보검색을 위해서는 출원일, 출원번호 등과 같이 구성 요소별로 구분하기 때문이다.

특히 키워드는 주로 명사형이며 외래어의 사용으로 인한 표현방식의 상이성으로 유사 키워드를 반드시 고려하여 핵심 키워드를 중심으로 확장, 조합, 변화, 단·복수, 외래어 등 확장 키워드를 선정한다.

키워드	동의어(유사어) 표현
광섬유	광파이버, 광 화이버, 광하이버, 옵틱 파이버
티브이	TV, 티비 … Television, 텔레비전, 테레비젼, 텔레비젼, 테레비전, 테레비젼 … 화상표시장치 …

2. 키워드 사용시 유의점

가. 동의어 및 유의어 고려

출원인에 따라서 해당기술의 표현방식이나 전문용어 사용이 일치하지 아니하므로(예: 라디오, 레이디오) 누락 건이 발생하지 않도록 동의어 및 유의어를 모두 키워드로 사용해야 한다.

나. 노이즈 최소화 노력

노이즈Noise는 검색 대상의 기술주제와 무관한 키워드를 말한다. 특허조사의 검색결과에 노이즈가 없을 수는 없지만, 동음이의어가 키워드에 추가되는 경우처럼 원래의 검색 키워드와 무관한 키워드는 검색결과에 노이즈를 증가시킨다.

누락 건을 최소화시키기 위한 경우 노이즈는 증가하게 될 것이다.

다. 해당 키워드가 없는 경우

기하학적 특정(형상, 위치관계)과 같이 적절한 키워드가 없는 기술의 경우 특허분류IPC를 사용하여 조사해본다.

처음부터 완벽한 키워드 작성이 곤란하므로, 알고 있는 키워드를 사용하여 간략하게 검토하고, 조사하려는 기술주제에 적합한 키워드를 보완하는 방법을 활용한다.

3. 키워드 표현

키워드는 작성하는 사람에 따라 다양하게 표현되어 축약적, 형태적, 기능적, 묘사적, 외래어,

의도적 비표준 표현 등으로 나타날 수 있다. 이러한 표현은 엄격히 말하면 국어주의를 채택하는 특허출원의 서식기재요구 사항에 어긋나는 것이지만, 무한대의 정보와 국제적 교류, 표현의 다양성 등이 고려되어 용인되므로 이러한 표현들을 고려하여 키워드의 확장도 고려되어야 한다.

특허명세서는 특허권이 부여될 때까지 오탈자 없이 완벽한 구성의 기술을 묘사하도록 보정되므로 특허조사에서 잘못 검색되는 경우는 키워드 입력에서의 오탈자 등이 원인인 경우가 많다. 대개의 키워드 또는 검색식에서의 오류는 키워드 오류가 많은데, 이러한 키워드 오류를 배제하기 위해 일괄적으로 해당 키워드를 제외시키면 아예 키워드가 누락되어 해당정보에 접근 못하는 잘못된 결과를 가져올 수 있다.

(1) 축약적 표현

축약적 표현은 키워드 단어 원래의 어형보다 압축하거나 생략하여 간략하게 표현한 것이다.

축약적 표현의 예로는 1) 단어의 앞 또는 뒷부분을 생략하는 표현(예; 어플리케이션을 앱, '녹슬지 않는다'는 의미의 스테인리스Stainless를 스텐, 스트렙토마이신을 마이신으로 표현하는 것 등) 2) 단어의 중요한 부분만을 남기고 앞뒤를 생략하는 표현(고등학교 대신 고교, 안전보장 대신 안보 등) 등이 있으나 명확한 정보전달이 되지 않아 특허문헌에서는 거의 사용되지 않는다.

다만 로마자의 첫 자모음 표현은 관용되고 있다(예: WIPO; World Intellectual Property Organization, North Atlantic Treaty Organization을 NATO 등).

(2) 형태적 표현

물건에 대한 발명의 보호요소는 '형상과 구조 또는 이들의 결합'이며, 이 구성요소가 특허요건을 갖추었을 때 특허권으로 보호되는 것이므로 물체를 표현하기 위한 각종 형태가 첨부도면과 함께 명세서에 묘사될 때 형태적 표현이라 한다.

형태적 표현은 곡선 형태의 물체를 표현하기 위해 곡선, 굴곡, 반달 모양, 아치형과 같이 다양하게 표현된다.

> 사례1: ~단면이 유선형인 산(peak)과 단면이 삼각형인 산(peak)의 패턴 형상이 교대로 반복되는 형태의 ~
> 사례2: ~ 다수개의 벌집모양의 통기공을 가지는 ~

(3) 묘사적 표현

묘사적 표현은 글을 읽는 사람의 이해를 돕기 위해서 연상하기 쉬운 형태로 표현하는 형식이다. 여기에는 은유적 표현과 직유적 표현이 있으며, 해당기술의 전체적 구성을 마치 서술하듯이 표현하게 된다.

> 사례1: 샌드위치 형태로 구미한 점탄성 데크커버링을 구비한 다층복합 뜬 바닥 구조
> 사례2: 코일 형상 또는 지그재그 형태 모노필라멘트 파스너

(4) 기능적 표현

기능적 표현은 해당 기술의 구성부품이나 조합된 상태가 특정역할을 수행하는 것을 표현하는 형태이다.

> 사례: 유기전계발광소자(OLED)에서 애노드(anode,홀주입전극)의 전기적으로 홀주입을 해 주는 기능

(5) 외래어 표현

외래어는 외국어로부터 유래된 한글식 표현을 말한다. 인터넷의 발달과 정보의 국제적 교류는 한글화되거나 한글과 혼용하여 사용되기도 한다.

특허정보검색에서 가장 많은 노이즈를 발생시키는 부분도 외래어 표현에 해당하는 부분이다.

> 사례: 서킷(Circuit, 회로), 프린터, 피시비(PCB, 인쇄회로기판)

(6) 비표준 표현

특허명세서 작성의 오류는 고의적이거나 과실로 발생한다. 자신의 특허가 검색되지 않도록 고의로 비표준형태로 표현하는 경우는 물론, 모르고 표현되는 경우를 포함한다.

외래어 표현이 확대되는 현상에서 외래어와 한국어의 혼용(예: 피시화면→개인용 컴퓨터 디스플레이, 골프공 티→ 골프볼 티, 혹은 골프공 받침대)에 의해 많이 발생한다.

4. 키워드의 분류

가. 의미상 분류

(1) 광의의 키워드

넓은 의미를 갖는 광의의 키워드는 키워드가 해당 기술을 포괄하는 경우를 말한다. 예컨대, '~장치, ~시스템, ~ 방법'과 같은 경우이다.

광의의 키워드를 사용할 경우, 조사하려는 기술 주제와 관련성이 적은 노이즈가 많이 포함될

가능성이 크다. 이러한 노이즈를 줄이기 위해 적절한 특허분류를 사용하거나 다른 키워드와 조합하거나 그 범위를 제한하여 사용한다.

(2) 협의의 키워드

조사 주제보다 대등하거나 좁은 의미를 갖는 키워드를 말한다.

따라서 협의의 키워드를 사용하는 경우 조사 주제보다 좁게 조사하여 조사 주제에 속하는 특허를 전부 검색하지 못하고 일부만을 검색할 가능성이 크다.

다수의 좁은 의미의 키워드를 사용하여 서로 보완하거나 기술적 주제를 잘 나타내는 특허분류와 조합하여 확장된 의미에서 기술적 주제를 포함할 수 있도록 조사하는 것이 요구된다.

나. 구성상 분류

특허공보는 기술적 주체(특정주체), 그 주제(특정객체), 발명의 구성요소, 목적 또는 효과뿐만 아니라, 용도, 제품, 재료 등을 포함하므로 이들을 구분 지을 수 있으며, 따라서 조사하려는 기술 주제를 구성별 혹은 특성별로 구분하여 키워드를 쉽게 선정할 수 있다.

다. 연관상 분류

(1) 핵심 키워드

핵심 키워드란 발명을 설명하기 위해서 빼놓을 수 없는 필수구성요소나 기술적 주제를 가장 잘 나타내는 키워드를 말한다.

핵심 키워드를 사용하여 검색하면 조사 주제와 관련된 특허가 많고 비관련 특허를 거의 포함하지 않게 되므로 조사 주제와 관련된 다수의 특허가 검색되지 않을 수 있다.

(2) 확장 키워드

확장 키워드는 핵심키워드에 키워드의 다른 특성이나 분류를 추가하여 조사에 사용하는 키워드를 말한다.

핵심 키워드만을 사용하여 조사를 하게 되면, 조사 주제와 관련된 다수의 특허가 검색되지 않는 누락의 염려가 있는 반면, 핵심 키워드에 확장 키워드를 추가하여 조사하면 누락 건은 줄어들지만 노이즈[noise]가 증가하게 된다.

가장 이상적인 조사방법은 핵심 키워드를 선정한 후 조사하려는 기술주제와 관련된 특허 문헌이 최대한 누락되지 않고, 비관련 특허 문헌이 검색결과에 나타내는 것을 최소화하는 것이다.

라. 신조어의 취급

해당기술에 관련되는 물건이나 프로세스의 이름이 변경되거나 기존에는 없던 제품이 개발되어 새로운 신조어가 생겨나면 그에 맞추어 새로운 용어를 사용한 특허 명세서가 만들어지고 곧 특허정보로 활용된다.

신기술의 탄생 사이클이 빠른 만큼 신조어를 고려하지 않고 키워드를 작성하게 되면, 검색결과에 새롭게 생겨난 기술을 포함하지 않게 되어 특허조사의 신뢰성이 낮아지게 된다.

사례: 4G, LTE, 아이콘, 이모티콘, 바이오나노테크놀로지

5. 키워드 선정전략

적합한 키워드를 선정하기 위한 전제는 해당 발명내용을 이해해야 한다는 것이다.

해당 발명이 이해되면 이를 요약해놓고, 그 발명을 설명하는데 빼놓을 수 없는 필수 구성요소나 기술적 주제어를 찾아내어 키워드를 정한다.

예컨대, 발명의 내용을 발명의 목적 및 효과, 방법, 구성으로 나누어서 정리하고 각각의 항목에 대한 적절한 키워드를 추출 및 선정하여 핵심 키워드를 선정한다.

이들 구성요소 각각은 목적 및 효과에 해당되는 키워드 방법을 표현하는 키워드나 발명의 구성요소를 표현하는 키워드들로 조합되어져 다양한 조사 관점을 표현할 수 있게 한다.

핵심 키워드를 중심으로 확장 키워드를 선정한다.

핵심 키워드의 동의어, 유사어, 유의어, 외래어표기, 단 · 복수, 변화형 및 하이픈(-) 연결을 고려하면 확장 키워드가 된다.

이와 달리 기술주제에 해당하는 특허분류를 선정한 다음, 선정된 특허분류를 이용하여 재검색하고 그 결과를 검토하여 핵심 키워드에 부합되는 확장 키워드를 선정할 수도 있다.

주의할 것은 확장 키워드를 너무 많이 추가하게 되면 조사하려는 기술주제와는 관련이 적은 특허 문헌이 다량 발생하게 되어 조사 시간이 늘어나고, 노이즈를 줄이기 위하여 확장 키워드를 줄이게 되면 조사하려는 기술주제와 관련된 특허가 검색되지 않아 조사의 신뢰성이 떨어지게 되는 문제를 해소해야 한다는 것이다.

곧, 키워드 조사에서 핵심은 적절한 확장 키워드를 만드는 것이라 해도 과언이 아니다.

6. 사례

가. 분야별 검색 키워드

분 야	동의어(유사어) 표현
기계관련	• 장치 또는 구조관련 발명이 많음 ➡ 타 분야에 비해 구성요소가 명확하고 선행기술과 대비 용이 • IPC 분류가 타 분야에 비해 잘 분류되어 있어 IPC를 이용한 검색이 용이 • 도면, 사진 등을 통한 발명 내용 파악 용이
화학관련	• 조성물이나 물질의 제조방법관련 출원이 많음 ➡ Drawings이 없는 경우가 많음 • 조성물 관련 발명은 화학식으로 표현되고, 수치나 용도 관련 발명이 많음 ➡ 타 분야보다 검색 Keyword 작성에 전문적 지식이 요구됨
전기/전자관련	• Title이 주로 장치나 방법으로 되어 있고, Description도 장치와 방법이 복합적으로 기술되는 경우가 많은 • 기술의 발전이 타 분야에 비해 상대적으로 빠르게 변하고, 기술 용어가 다양하게 표현됨 • 검색 Keyword 선정 시 먼저 검색하고자 하는 기술 요지(Claims)가 장치인지 방법인지 구분
전기/전자관련	• 무효자료조사와 관련하여 Claims이 많은 경우에는 장치와 방법을 모두 검색 • 방법은 장치의 구성요소와 관련되어 기재되는 경우가 많음 • 장치의 구성요소를 중심으로 "기술 Keyword"를 작성하고, "특징 Keyword"의 형태로 방법과 관련된 주요 구성요소를 작성

나. 검색 키워드 작성 예 (미국특허 제701,258호의 Claim 1 및 Claim 33)

Claim 1	Claim 33
A system for forming a message for a **wireless pager**, the system comprising:	A system for forming a message for a **wireless pager**, the system comprising:
– **a camera** which captures at least one image, the camera producing a frist signal representative of the at least one image;	– **a camera** which captures at least one image;
– **a user interface** which allows an individual to select a selected image from a plurality of predetermined images, the user interface producing *a second signal which indicates the selected image;* and	– **a user interface** which allows a user to *select a image* from a plurality of predetermined images;
– **a storage device** which contains the plurality of predetermined images, *the storage device communicating with the user interface to retrieve the selected image is communicated to the display device, and wherein the display device displays at least one combined image based upon the at least one image and the selected image.*	– **a storage device** that contains the plurality of predetermined images;
– **a display device** in communication with the camera; and	– **a display device** that displays at least one combined image based upon the at least one image and the selected image; and

Claim 1	Claim 33
- <u>**a transmitter**</u>, in communication with the camera and the user interface, *which transmits a <u>third signal</u> based upon the first signal and the second signal;*	- <u>**a transmitter**</u>, responsive to the camera.

양 청구항(1 및 33)의 구성요소(a camera; a user interface; a storage device; a display device; a transmitter)를 비교해 보면 Claim 1은 Claim 33에 비해 구성요소가 더 많이 기재되어 있으므로 권리범위가 더 좁다. 독립항이 다수 있는 경우에는 각 독립항을 서로 대비하므로 각 Claim의 구성이 어떤 의미를 가지고 있는지 명확히 할 필요가 있다.

검색 키워드 작성에 있어 가장 중요한 것은 구성요소이다. 무효자료조사의 경우, Claims와 선행기술의 구성요소를 대비하여 신규성 또는 진보성을 판단하므로 검색 키워드 작성은 이러한 대비 요소를 고려하여 선정해야 한다.

Claim 33에 대한 일반적인 검색 키워드 작성 방법을 예시하면 아래와 같다.

『pager AND camera AND ^user interface^ AND storage AND display AND transmitter』

Claim 33에 대한 무효자료조사용 검색 키워드 작성 방법은 다음과 같다.

『(pager paging ^selective call^ phs pcs videophone ((television mobile video) AND (phone telephone))) AND (image visual video picture graphic face individual frame) AND (prepar* prestor* predetermin* templet* user operat* select* mask composite) AND (camera ccd photograph* captur* pick*) AND (mix* textur*combin* superimpos* backgraound) 』

- pager 관련검색 키워드는 발명의 직접적인 구성요소가 아니므로 삭제해도 무방하나, 신규성/진보성 판단에 있어서, 구성요소의 대비는 기술 분야의 동일 또는 유사성을 전제로 하므로 이를 포함하여 키워드를 작성하는 것이 바람직하다.
- 기술용어보다는 IPC로 한정하는 것이 좋다.
- user interface의 구성은 storage 구성과 밀접한 연관이 있으므로 이를 or로 조합한다.
- transmitter는 pager의 기본 구성이므로, Claim의 구성에 한정적인 요소가 없는 경우 생략 가능하다.
- storage와 display 관련 키워드를 포함하는 경우 검색된 기술범위가 너무 넓어, 검색결과 리스트가 많아지고 영상과 관련된 일반적인 기술이 너무 많이 포함되므로 삭제하는 것이 좋다.

• image라는 기술용어를 camera 등과 연관 지어 고려한다.

Ⅱ 특허분류

1. 의의

특허분류는 특허의 기술 분야에 따라 구분해 놓은 것으로, 국제특허분류[IPC, International Patent Cooppreration]를 사용하는 것이 일반적이나 일본이나 미국처럼 전통적으로 사용해오던 특허분류를 사용하는 국가들도 있다.

특허분류는 출원된 발명이 속하는 기술 분야를 구분지어서 해당기술이 정보로 활용되는데 유용하면서도 용이하게 활용되게 하고, 특허청의 심사에 있어서도 심사를 위한 선행기술조사를 할 때 특허분류에 따라 해당 기술 분야의 심사관이 전문적인 심사를 가능하게 해준다. 다만 특허분류는 기술 분류의 가이드라인을 정한 것이므로 심사과정에서 특허 분류가 변경될 수 있다.

2. 특허분류 체계

특허제도의 세계적 통일화는 특허정보의 공유를 위한 공통적 기술 분류를 추구하고 있으나, 국가별 전통적 분류방법에는 차이가 있다.

미국은 미국특허분류[UPC, United States Classification]를 1831년부터 도입했고, 일본은 1885년부터 일본특허분류[JPC, Japan Patent Classification]를 도입했으며, 유럽은 1920년대부터 유럽특허분류[ECLA]를 도입했다.

우리나라는 1948년부터 한국특허분류[KPC] 체제를 도입하여 활용하고 있다. 이와 같이 각국은 자국의 정책을 고려한 개별 분류체제를 운영하고 있었으나 정보화 시대에 들어서면서 국가간의 기술교류가 활발해지고 외국 특허문헌의 이용이 증가되어 외국의 특허정보 수집방법이 모색되었다.

그러나 외국 특허문헌을 특허정보로 활용함에 있어서는 해당기술의 분류가 선행되어야 했으므로 국제적 특허분류의 통일화를 위한 국제특허분류가 1968년에 공포되고 그 제1판이 1971년 발표되었으나, 아직도 자국의 특허분류에 더 치중하는 경향 때문에 조사를 진행할 시에는 IPC뿐만 아니라 각 국가에서 사용하고 있는 자국의 특허분류를 활용해야 한다. 이 때문에 세계 주요국의 특허분류방법과 그 사용법을 익히는 것이 요구된다.

아래 표는 주요 국가의 특허분류대조표이다.

특허분류 대조표

분류 종류	특허분류의 특징
IPC	· 국제 특허분류(International Patent Classification : Int. Cl.) · 50개국이상 사용 · 8개의 섹션으로 구성되며, 약 7만개 분류개소 · 기능(Function)과 응용(Application) 위주의 관점을 혼합한 분류 · 예. A63F 13/00
ECLA	· 유럽특허분류 · Extension of the International Patent Classification · 서치심사관에 의해 부여되며, 약 13.5 만개 분류개소 · 주요국가(EP, US, 찌 이 특허문헌에 부여(약 2천만건) · 예 63F 13/00 B
FI	· 일본독자분류(File Index) · Extension of the International Patent Classification · 전개기호와 분책식별코드를 IPC에 부가, 약 21만개 분류개소 · 일본특허청 특허검색사이트(IPDL)에서 키워드와 조합하여 검색가능 · 예 A63F 13/00 A
F-Term	· 일본독자분류 · FI(File Index)중 일부분을 다각적 관점에서 분류한 것 · 테마코드(5자리)와 분류관점(2자리)+기술관점(2자리)로 구성 · 약 35만개 분류개소 · 예 2C001 AA07
UPC	· 미국특허분류 (US Patent Classification) · 약 15만개 분류개소 · 여러 가지 변형된 형태의 코드 존재 (DIG7, 15R) · 예 349/106

3. 특허분류를 이용한 특허정보검색

특허정보검색은 키워드 조사를 위시하여 특허분류를 사용하는 특허분류 조사로 양분 할 수 있다.

특허분류 조사의 최대 장점은 키워드의 단점인 검색 누락이 적게 발생하는 것이다. 그 이유는 특허분류 조사의 경우 기술 분야 또는 응용분야별로 이미 특허분류가 되어 있어서 기술 용어가 많아도 하나의 텀Term을 사용하여 검색이 가능하기 때문이다.

또한, 키워드 조사는 다양한 표현을 고려하여 많은 키워드를 추가하게 되어 노이즈가 많아지지만, 특허분류조사는 검색누락이 적어서 노이즈가 적게 포함되는 검색결과를 얻을 수 있다.

또한, 형태적 특성(형상, 위치관계)의 기술에 대해 키워드 조사 방법으로 한계가 있는 경우는 특허분류조사로 가능하다. 역으로 적절한 특허분류가 없는 경우에 키워드 조사를 통하여 검색하는 것이 효율적 방법일 수 있다.

한편 키워드 조사는 적절한 키워드만 선정하여 나열하거나 조합하면 검색결과를 얻을 수 있지만, 특허분류조사는 시간의 흐름에 따라 개정되는 특허분류의 이해와 관찰이 필요하고 이의 적용에 대한 이해가 필요하다. 이를 반영하지 못한 특허분류 조사는 검색결과에 누락 건이 많아져 잘못된 조사가 될 수 있다.

결국, 특허정보를 입수하여 원하는 결과를 도출하기 위한 조사방법은 하나 혹은 둘 정도의 방법으로 적절치 않고 이들을 적절히 조합하되, 조사하려는 기술 주제를 충분히 검토하여 그 주제에 알맞은 조사방법을 선택하여야 한다. 그럼으로써 노이즈를 줄이고 누락을 방지하여 정확한 해당기술을 찾아내 신뢰성이 높은 조사결과를 얻을 수 있다.

III 특허분류의 이해

1. 국제특허분류IPC

가. 의의

특허제도의 운영은 수많은 산업분야의 발전을 이루는 원동력이 되었다. 특허 출원건 수가 증가하면서 산업 또는 기술별로 자연스럽게 유사 기술끼리 그룹을 이루는 특허분류의 필요에 의해 세계 각 국가는 나름대로의 독자적인 분류방법을 만들어 운영하고 있다.

그러나 국가 간의 기술교류가 활발해지고 정보교류가 증대되면서 외국 특허문헌의 이용도 함께 증가되면서, 각국의 특허분류가 상이하여 발생하는 문제를 해결하기 위한 국제적 협의가 이루어졌다.

이에 따라 1968년에 처음으로 국제특허분류IPC, International Patent Classification가 국제협약으로 공포되어 1971년에 1판이 발행된 후 7판까지 이어졌다. 2006년부터 적용된 제8판부터는 전산조사에 맞춘 새로운 체계로 확립되어 WIPO에서 추진 중인 전 세계 지재권도서관World Intellectual Property Digital Library의 정보검색을 위한 기준이 되었다.

IPC지침서에 기재된 IPC의 중요 목적은 아래와 같다.

· 특허문헌에 포함되어 있는 기술 및 권리정보에 용이하게 접근
· 특허문헌의 정연한 정리를 위한 도구
· 특허정보의 선택적 제공SDI을 위한 기초
· 주어진 기술 분야에서 선행기술을 조사하기 위한 기초
· 산업재산권통계 작성의 기초
· 기술발전평가를 위한 도구

따라서 IPC는 특허내용을 조사 또는 분석하여 기술적 문제를 해결하거나, 특허소송 등에서 동일·유사한 기술을 검색하고 정보를 만드는 기초가 되었으며, 특허청 심사관에게는 특허부여

여부를 가리는 실제 심사업무에 활용되고 있다.

또한, 기업이나 국가에서도 특허기술관련 통계를 조사, 분석하여 기술전략을 수립하거나, 국가정책에도 활용하고 있다.

다만 일본, 미국, 유럽 등은 자국의 특허관리 관행과 IPC만으로는 특허분류가 용이하지 않다고 판단하여 자체 특허분류표 또는 IPC에 부가한 분류시스템을 운영하고 있다. 따라서 이들 국가의 특허정보를 이용하는 데는 많은 어려움이 따르고 있다.

나. IPC 구조

IPC 분류원칙은 발명정보와 부가정보 기능지향 및 응용지향, 그리고 다중분류를 고려하여 만들어진다. IPC는 아래 그림과 같이 섹션Section, 클래스Class, 서브클래스Subclass, 메인그룹Main group, 서브그룹 Subgroup으로 이어지는 계층 구조로 형성된다.

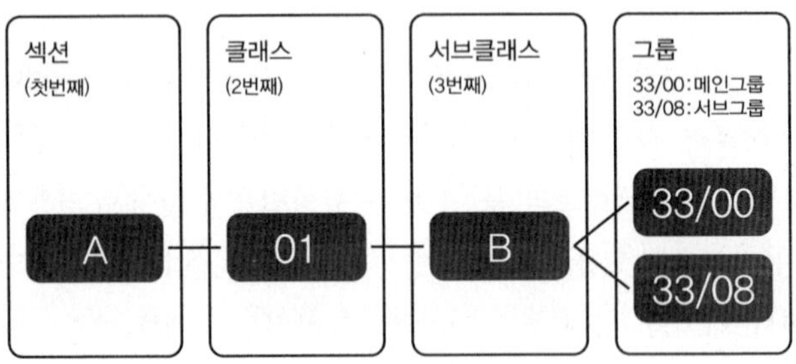

IPC 계층구조

(1) 섹션Section

IPC는 특허분류에 적당하다고 인정되는 모든 지식체계를 8개의 섹션으로 나눠서 표현하고 있다. 섹션은 IPC 계층구조의 최고위 레벨을 나타낸다.

섹션은 섹션 기호와 섹션 타이틀로 표시되어 사용자에게 편의성을 제공한다. 섹션기호는 대문자 A-H 중 1개로 표시되고, 섹션 타이틀은 그 섹션의 내용을 대략적으로 지시한다.

섹션 기호	섹션 타이틀
A섹션	생활필수품

(2) 서브섹션Subsection

각 섹션 내의 정보적 표제가 서브섹션을 형성하고 있다. 이 서브섹션은 분류기호가 없는 타이틀이고, 각 섹션은 서브섹션을 포함한다.

서브섹션	서브섹션 타이틀
A01	농업
A21	식료품: 담배
A41	개인용품 또는 가정용품

(3) 클래스 Class

각 섹션은 클래스로 세분화된다. 클래스는 분류 계층 구조에서 2번째를 나타내며, 클래스 기호와 클래스 타이틀로 표현된다. 클래스 기호는 섹션 기호에 다시 2개의 숫자를 붙여 이루어진다. 클래스 타이틀은 클래스의 내용을 지시한다.

클래스 기호	클래스 타이틀
A01	농업;임업;축산;수렵;포획;어업

(4) 서브클래스 Subclass

각 클래스는 1개 이상의 서브클래스를 포함한다. 서브클래스는 분류 계층 구조에서 3번째이며, 서브클래스 기호와 서브클래스 타이틀로 표현된다. 서브클래스 기호는 클래스 기호에 다시 1개의 대문자를 붙여 형성되고 서브클래스 타이틀은 그 서브클래스의 내용을 정확하게 지시한다.

서브클래스 기호	서브클래스 타이틀
A01B	농업 또는 임업에 있어서...

(5) 그룹 Group 과 서브그룹 Subgroup

각 서브클래스는 '그룹'이라는 세부항목으로 전개된다. 그룹은 그룹기호와 그룹 타이틀로 구성되며, 그룹기호는 서브클래스 기호에 1개의 사선(/)에 의해서 2개로 구분된 숫자를 붙여 이루어진다. 또한, 그룹은 메인그룹(분류계층구조의 4번째) 또는 서브그룹(메인그룹 계층의 분류보다 더 낮은 분류계층)으로 세분화된다.

메인 그룹은 메인그룹 기호와 메인그룹 타이틀로 구성되어 표시되며, 메인그룹 기호는 서브클래스 기호에 다시 1개에서 3개의 숫자, 사선(/) 및 숫자 '00'으로 표현된다. 메인그룹 타이틀은 발명의 검색에 유용하다고 생각되는 주제사항의 분야를 나타낸다. 메인그룹기호와 타이틀은 IPC에서 진한 글씨로 인쇄된다.

메인그룹과 서브그룹

메인그룹	서브그룹
A01D 1/00 수확을 위한 수동 예취기	A01D 1/02 – 큰 낫 A01D 1/04 – 작은 낫 A01D 1/06 – 나이프 A01D 1/08 – 날을 부착시키는 수단 A01D 1/10 – 편심레버에 의하여 고착시키는 수단이 있는 것 A01D 1/12 – 여러 가지 방법에 의하여 조절가능한 날이 있는 것 A01D 1/14 – 악지부;보조구, 예. 튼 낫용 바구니, 안전장치

서브그룹은 서브그룹 기호와 서브그룹 타이틀로 구성된다. 서브그룹은 메인그룹 밑에 세부 전개항목으로 서브그룹 기호는 서브클래스 기호에 이어서 그 메인 그룹의 1개에서 3개의 숫자, 사선 및 '00'을 제외한 2개 이상의 숫자를 붙여 이루어진다.

서브그룹 타이틀은 메인그룹의 분류범위 내에서 발명의 주제사항의 분야로 구분되어 표시되고, 서브그룹의 계층적 위치 표시는 1개 이상의 도트[dot]를 포함한다.

도트에 의해 서브그룹은 세부 전개사항을 형성하며, 서브그룹 타이틀은 그 서브그룹의 상위그룹의 타이틀범위 내로 한정된다. 즉, 도트[dot]를 2개 포함한 타이틀은 이전 그룹 중에서 도트를 1개 포함한 상위그룹에 포함된다.

다. IPC조회방법

IPC조회방법은 WIPO는 물론, 우리나라 특허청이나 특허정보원, 미국이나 일본, 유럽연합 등 각국 특허청에서 조회할 수 있다.

(1) 세계지적재산권기구[WIPO]

WIPO 홈페이지 www.wipo.int를 방문하여 IP SERVICES항목의 'International Classification'을 클릭한다.

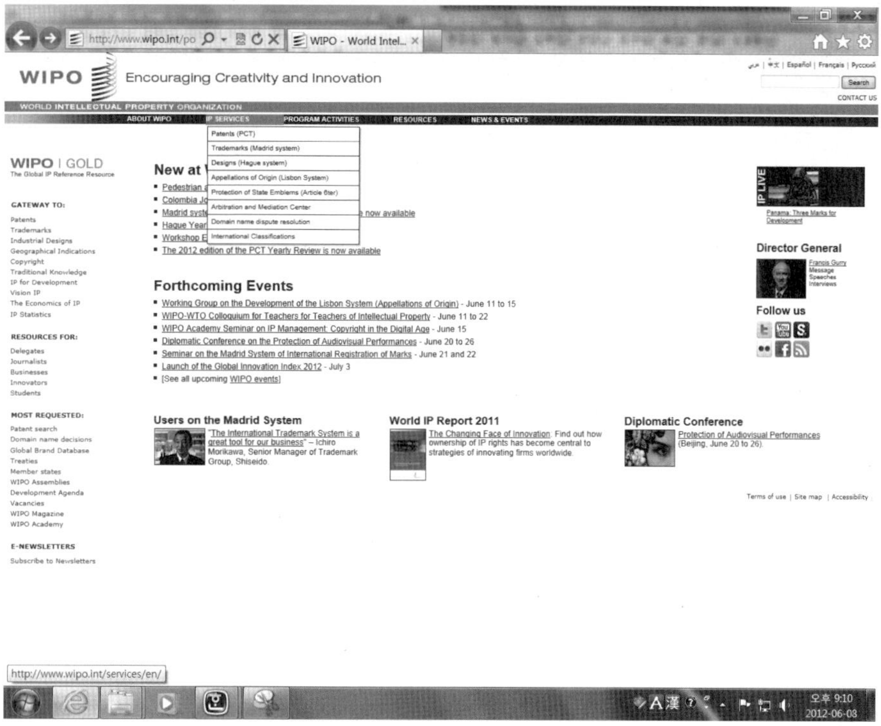

화면 왼쪽상단의 'International Patent Classification' 아래에 위치한 'Browse the IPC'를 클릭하면 Scheme, RCL, Compilation, Catchword가 표시된 화면을 볼 수 있고, Scheme을 클릭하면 섹션을 전개시킬 수 있다.

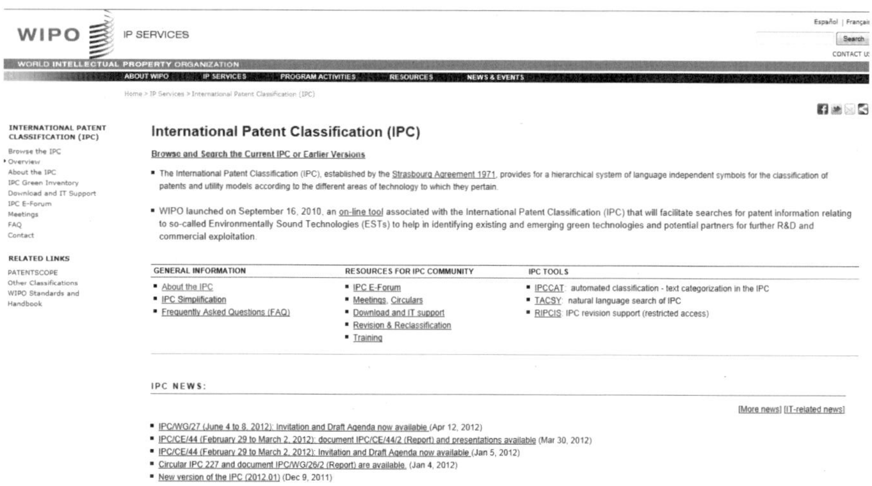

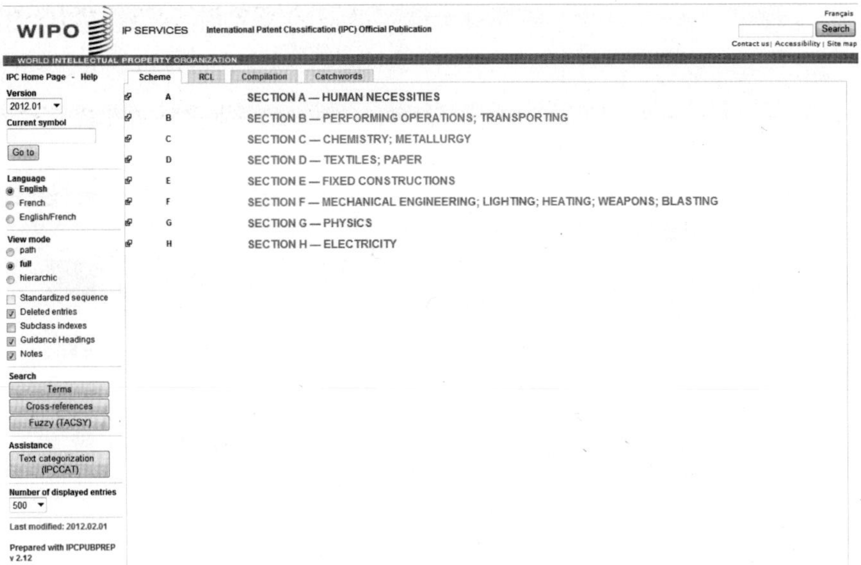

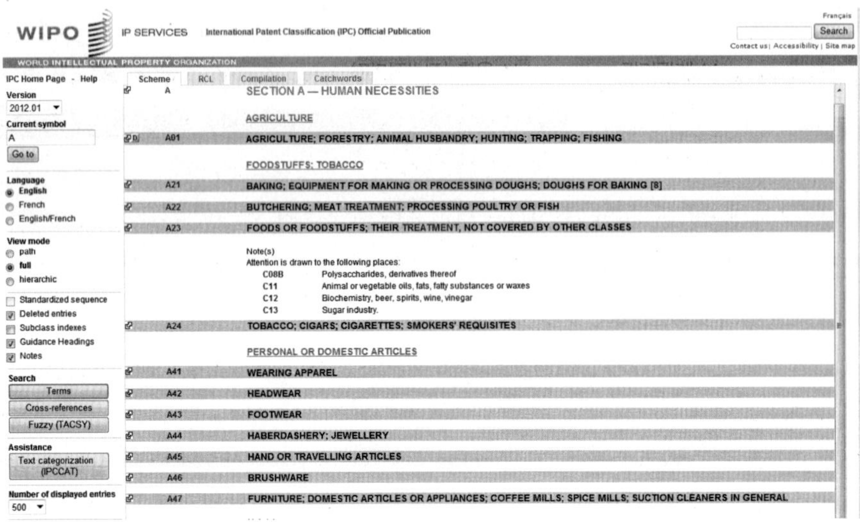

(2) 대한민국특허청[KIPO]

특허청 홈페이지에 방문하여 특허로를 클릭한 후, 아래 그림 차례로 분류코드 검색을 클릭하면 국제특허분류[IPC]가 나타난다.

IPC 조회 프로그램은 IPC 자연어 검색, Catchword 검색(영어 검색만 가능), 바로가기, 섹션별 보기, 산업별 보기, IPC자료보기 등과 같은 다양한 조회 및 검색이 가능하다.

라. IPC 검색방법

IPC 검색방법은 우리나라 특허정보원을 이용하거나 외국의 경우 주요국으로서 미국특허상표청, 일본특허청, 유럽특허청 등을 활용한다.

(1) 특허정보원[KIPRIS]

특허정보원 홈페이지를 방문하여 '특허 · 실용'을 클릭한 후 '항목별 검색'을 선택하면 검색항목이 아래 그림처럼 전개된다. IPC(IPC) 박스 내에 찾고자 하는 IPC를 기입한다. 예제가 기입란 옆에 예시되어 있다. 'ex) G06Q + H04Q '

(2) 미국특허상표청USPTO

홈페이지 www.uspto.gov를 방문하여 홈페이지 좌측 상단 혹은 중앙 우측의 'PATENTS'를 클릭한다.

"USPTO Patent Full-Text and Image Database(PatFT)" 항목의 'Quick Search', 'Advanced Search', 'Patent Number Search' 중 선택하여 형식에 맞게 UPC를 입력한다.

〈Quick Search〉화면

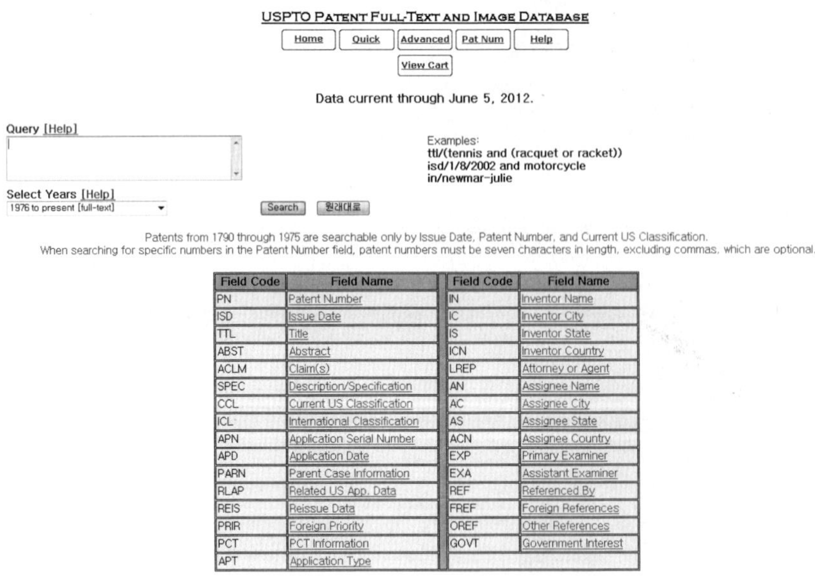

〈Advanced Search 〉화면

〈Patent Number Search〉화면

(3) 일본특허청JPO

홈페이지 www.jpo.go.jp를 방문하여 우측 중앙의 Industrial Property Digital Library(IPDL)을 클릭한다.

IPDL 화면에서 'FI/F-term[246] Search'항목을 클릭한다.

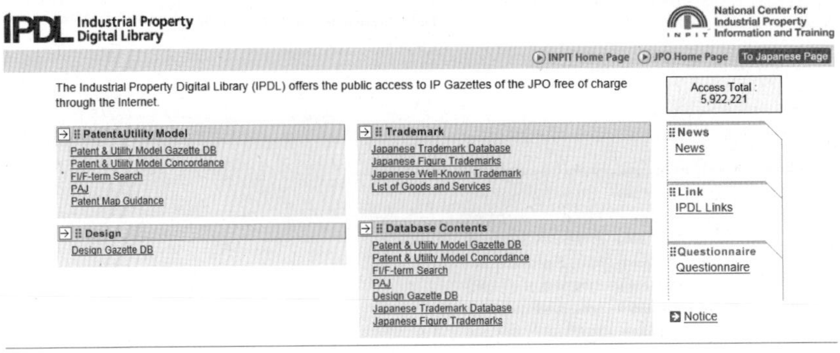

검색할 특허분류를 IPC로 선택한다. 검색하려는 특허분류를 예제와 연산자를 활용하여 검색식 창에 입력한 후 클릭하면 검색결과가 나타난다.

246) FI는 File Index, F-term은 File Forming Term의 약자이다. 이들에 대해서는 다음 장에서 상세히 설명한다.

일본어를 이용하는 경우 [特許電子図書館 (IPDL)]를 클릭하여 특허분류검색을 하는 방법도 동일하다.

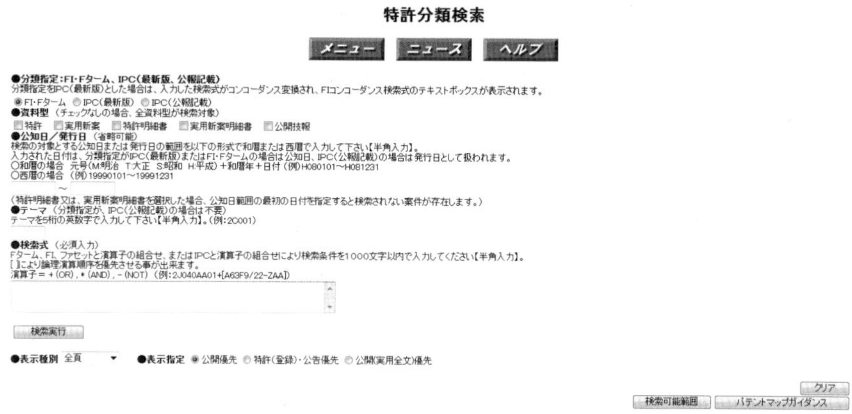

(4) 유럽특허청[EPO]

유럽특허청 홈페이지 www.epo.org를 방문하여 중앙 상단의 'Patent Search'를 클릭하면 빈칸 아래로 'Advanced patent search'가 나타나고 이를 클릭한다.

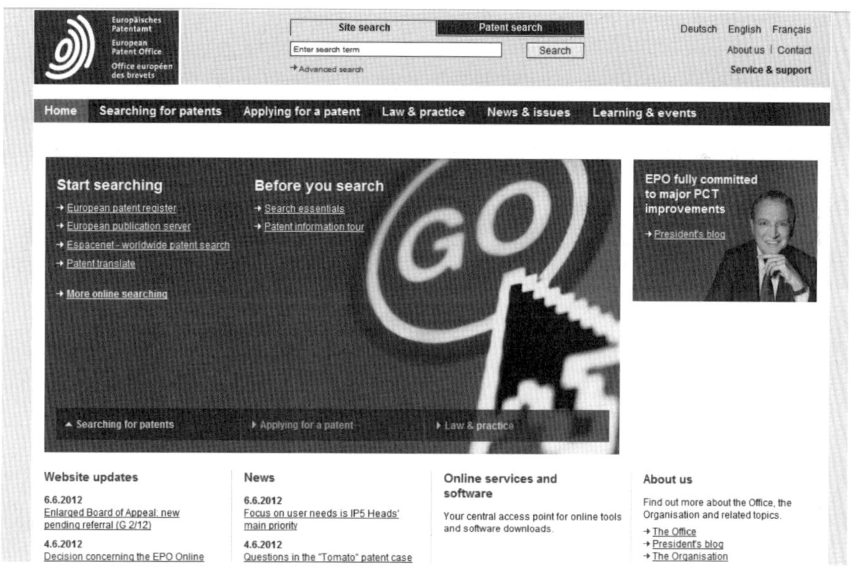

'Advanced Search' 아래의 1. Database에서 아래 3개의 리스트(EP, WIPO, Worldwide)중 Worldwide를 선택한다.

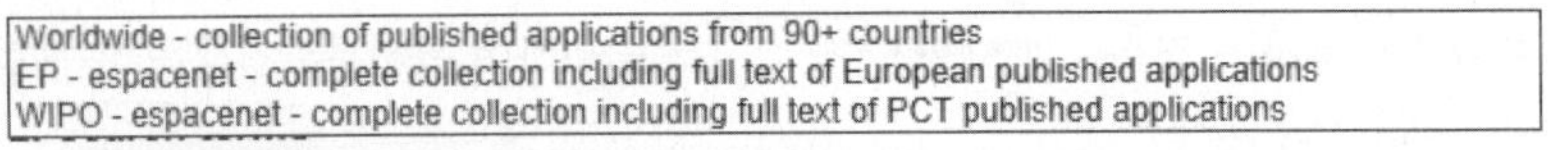

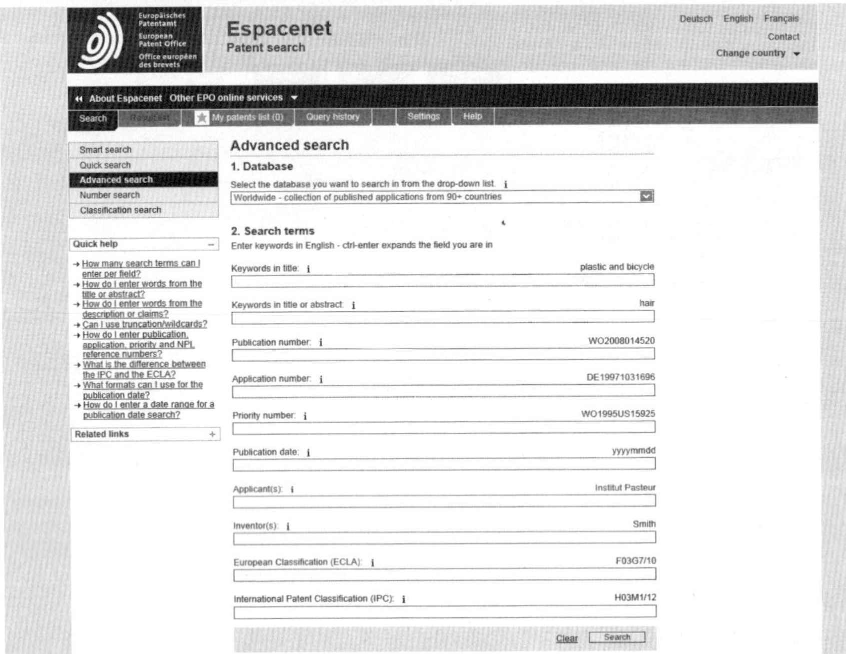

화면 하단의 IPC칸에 검색하려는 IPC를 입력한 후 'Search'한다.

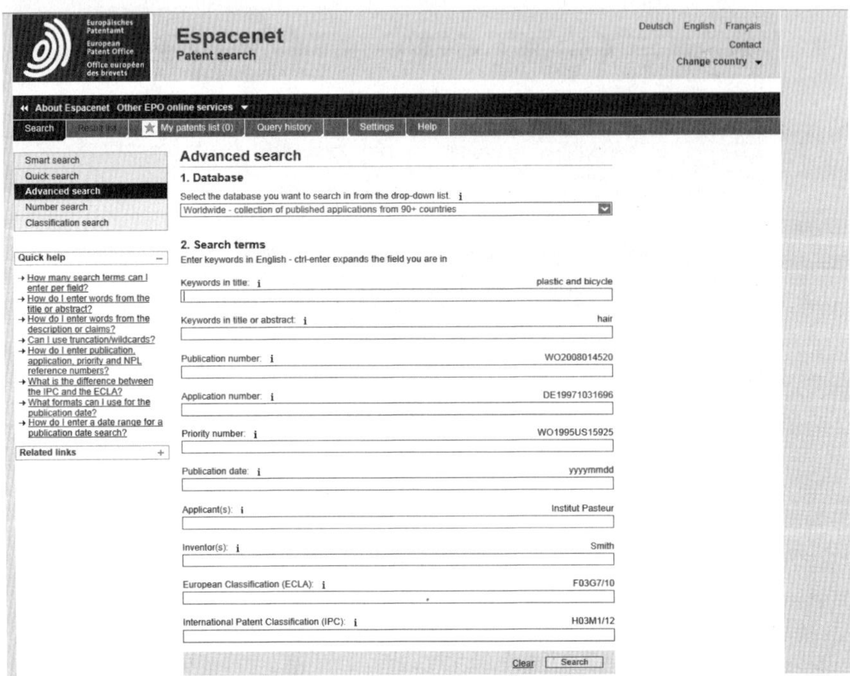

Ⅳ 특허조사범위설정

1. 검색식

가. 검색항목

검색이란 어떤 조건을 주어서 DB로부터 원하는 정보를 찾아내는 것을 말한다. 여기서는 컴퓨터를 활용한 특허정보 DB의 활용을 전제로 한다.

우선, 효율적인 특허정보검색을 위해 먼저 어떤 DB에 무엇이 들어 있는지 그리고 검색하고자 하는 분야는 어떤 DB가 적합한지 판단하여야 한다. 이를 위하여 DB 내의 가공되지 않은 수많은 정보 가운데 필요한 정보를 끄집어내기 위한 컴퓨터와의 대화가 선행되어야 하는데, 이는 검색식을 작성하여 이루어진다.

검색식은 기본적으로 "검색 항목 = 검색어"이며, 이들을 연산자로 조합하여 다양한 검색이 가능토록 하는 것이다.

검색할 범위의 항목별 구분을 예시하면 아래 표와 같다.

구 분	검색 항목
Number	우선권출원, 원 출원, 출원, 공개, 등록, 공고 번호 등
Date	우선권출원, 원 출원, 출원, 공개, 등록, 공고 번호 등
Name	양수인(Assigness), 발명가(Inventors), 대리인, 심사관, 출원인(Applicant) 등
County	우선권출원국, 출원국, 지정국 등
Patent Class	IPC, FI, F-Term, UPC, ECLA 등
Keywords	Title, Abstract, Claims, Description 등
References	인용특허(References Cited), Family Patents 등

나. 연산자

필요한 정보가 하나의 단어로 찾을 수 있을 정도로 간단하다면 검색식을 사용할 필요 없이 그 하나의 단어를 입력하여 관련되는 정보를 컴퓨터 DB로부터 살펴보면 되며, 이 경우 특별한 정보검색을 위한 사전지식도 요구되지 않는다. 그러나 거의 무한대에 가까운 정보 가운데 하나의 단어로 찾을 수 있는 정보는 없으며, 수많은 특허정보들은 그 각각의 구성 기술만큼이나 복잡하고 다양하므로 특허정보의 각 검색항목들을 효율적으로 조합하여 검색함으로써 원하는 결과를 빠르고 정확하게 살펴볼 수 있다.

이를 위하여 다양한 항목의 조합이 필요하며, 이 항목들을 유기적으로 연결하여 컴퓨터 DB의 정보 가운데 원하는 많은 정보를 빠르게 찾을 수 있는 연산자를 활용하여 검색식을 작성할 필요가 있다.

검색식이란 컴퓨터와 정보취득자 간의 대화를 위한 기재방식이라고 정리할 수 있다.

연산자는 논리연산자와 근접연산자(혹은 인접연산자)로 구분하며, 키워드 간 또는 키워드와 특허분류 등을 조합하여 검색할 때 사용된다. 논리연산자는 Boolean 연산자(AND, OR, NOT)를 말하며, 근접연산자에는 ADJ, NEAR가 있다.

근접 연산자는 두 용어 간의 위치나 순서 등을 표현할 때 어느 정도 인접하여 존재하는지를 지정하여 검색하는데 사용한다.

아래 표는 각각 논리연산자와 근접연산자를 활용한 입력형식과 그 의미를 사례로 정리한 것이다.

입력 형식	의 미
Digital **AND** Television	Digital과 Television이 모두 들어있는 경우
Television **OR** TV	Television이나 TV 중 어느 하나만이라도 들어있는 경우
Television **NOT** TV	Television이 들어있는 자료 중에서 TV가 들어있지 않은 경우만을 검색
(Television **OR** TV) **AND** Digital	연산기호를 사용한 검색식의 처리순서를 바꾸고자 할 때, 즉 우선적으로 처리하고자 할 때 사용
Digital **ADJ2** Television	동일 문장 내에서 Digital과 Television이 순서대로 위치하고, 두 단어 사이에는 2개 이하의 단어가 들어 있는 경우를 검색
Digital **NEAR3** Television	동일 문장 내에서 Digital과 Television이 순서에 상관없이 위치하나, 두 단어 사이에는 2개 이하의 단어가 들어 있는 경우를 검색

다. 절단기호

연산자만으로 검색식의 조합에는 한계가 있으므로 검색식에 다른 부호를 첨가하여 검색결과의 효율을 높이기도 한다. 이를 위하여 절단기호 (*, ?, $ 등)를 활용한다.

절단기호는 검색어의 일부 문자가 일치하는 단어를 검색하는데 유용하며, 특정 문자를 대신하고자 하는 경우에 자주 사용한다. 복수형의 명사, 어미의 변화 또는 동사의 과거, 현재형 등 단어의 변형을 검색하고자 할 때도 유용하다.

예) 후방절단: film*
　　중간절단: wom?n
　　전방절단: $$direct

라. 구Phrases의 검색

구의 검색이란 둘 이상의 단어가 순서대로 연속하여 존재하는 문장을 검색하는 것을 말한다. 대부분 DB에서는 큰 따옴표(" ")를 사용하지만, 일부 DB에서는 작은 따옴표(' '), (^^)를 사용하기도 한다.

예) "Saw Singulation Handler"
"휴대 전화기"

구문검색에서 주의할 것은 특허정보 DB로부터의 검색효율을 높이기 위하여 명사 혹은 형용사 이외의 용어는 사용하지 않아야 한다. 아래는 검색에서 사용하지 않는 용어 사례이다.

예) • 검색연산자 : and, not, or 등
• 대명사 : 그, the, that, then 등
• 전치사 : about, by, for, to 등
• 접속사 : 그러나, 그리고, 또한 등

2. 검색전략

가. 개요

원하는 특허기술을 빠른 시간 내에 찾아낼 수 있는 효율적인 선행기술조사를 하기 위해서는 어떠한 검색어를 어떠한 방법으로 사용하여 어떻게 검색하는가에 관한 검색전략을 설정하는 것이 중요하다.

우선, 특허조사의 3요소를 상기한다.

- KEY WORD(키워드)
  - 특허구성을 기술한 핵심단어 혹은 어구(기술용어)
- CLASSIFICATION(특허분류)
  - IPC
- FIELD(조사범위)
  - 서지사항, 요약,청구범위,공개번호,공고번호,우선권
  - 두 가지 이상의 검색필드를 조합하여 사용

다음으로 특허조사 준비의 3요소를 적용한다.

- 해당 특허기술의 이해
- 기술정보의 이해
  - 어느 DB를 이용할 것인가
  - 이용할 DB의 내용 이해
- 특허제도의 이해

이를 바탕으로 검색을 실행한다.

- 기술의 이해
  - 당해 기술의 이해, 해당기술의 전문가와 협의
- 조사관점 설정
  - 목적, 구성, 작용, 효과
  - 핵심 구성요소 파악은 필수
- 키워드 선정
  - 유의어와 동의어 확장 키워드 추출
- 특허분류 선정
  - 통계적 기법에 의한 최적의 특허분류 선정(예비검색, Clustering)
- 조사범위선정
  - 지역
  - 시간
  - 대상
- DB선정
  - 특허정보 제공회사 선정
  - 복수 DB활용 고려
- 검색 전략식 작성
- 검색
- 조사보고서 작성

나. 기본원칙

검색을 위하여 선행되어야 할 일은 해당 특허기술을 이해하는 것이다. 권리침해의 문제라면 해당 특허기술의 특허청구 범위의 분석으로 접근하겠지만, 특허요건의 결여 문제는 출원서와 명세서, 도면 모두를 포함한 이해뿐만 아니라 미완성 발명도 고려되어야 한다.

특허요건에 흠결이 있으면 특허성이 부정된다. 특허요건 중 신규성은 종래와 동일한 기술이 아니라면 특허될 수 있는 특성을 규정한 것이고, 진보성은 종래의 기술로부터 용이하게 도출해 낼 수 있는 기술일 경우에 진보성이 결여되어 특허받을 수 없음을 규정한 것이다.

미완성발명은 하나의 독립된 기술로서 반복실행이 불가능한 발명을 말한다. 물건의 발명에서 도면은 필수적으로 첨부되어야 하며, 또한 누락된 도면이 있는 경우 보정이 되지 않는다는 점에서 미완성 발명이 될 수 있다.

다. 교차검색

(1) 의의

교차검색은 한 가지 관점이 아닌 여러 관점으로 조사하는 것으로, 다중검색 또는 입체검색이라고도 한다.

보다 완벽한 특허정보검색은 모든 구성요소를 포함하는 특허를 한 번에 찾아내는 것이겠지만, 인간이 생각하는 것과 컴퓨터의 정보 DB와의 커뮤니케이션에는 한계가 있으므로 다양한 시각에서 조사 관점을 세워 교차검색 방법을 수행하는 것이 바람직하다. 선행기술조사에서 교차검색은 좁은 범위에서 넓은 범위로 조사 관점을 확장하여 조사한다.

우선 신규성을 부정할 수 있는 자료를 조사하기 위하여 구성요소를 모두 포함하는 검색식을 작성한다. 신규성 결여자료가 검색되지 않는다면 일부 구성요소를 포함하는 검색식을 다수 설정하고 복수 문헌을 인용하여 진보성을 부정할 수 있는 자료를 찾는다.

예상 가능한 인용문헌의 조합을 생각한 뒤 이에 맞추어 조사관점을 설정한다.

(2) 사례

해당기술: 자동차 배기가스 처리장치로서, 배기관 하단에 필터와 히터를 차례대로 배치하고, 배기가스가 배출되면 먼저 필터를 거쳐 오염물이 제거되고, 히터를 거쳐 무해한 가스로 변환되어 배출되며, 상기 필터는 은(Ag)을 촉매로 포함함을 특징으로 함.

① 조사관점

- 기술 분야 : 자동차 배기가스 처리장치
- 특징적 구성요소 : 배기관에 필터와 히터가 차례대로 배치되어 가스를 정화하는 장치, 필터가 은을 촉매로 포함

② 진보성을 부정할 수 있는 인용문헌의 조합

- 인용문헌 1 : 자동차 배기가스 처리장치에서 배기관에 필터와 히터가 함께 부착된 장치
- 인용문헌 2 : 가스정화 장치에서 오염된 가스가 필터와 히터를 차례대로 거쳐서 정화되도록 하는 장치
- 인용문헌 3 : 가스정화용 필터가 은(Ag)을 촉매로 포함하는 구성

③ 관점으로의 접근

- 제 1 관점 : (자동차 배기가스) and (필터) and (히터)
- 제 2 관점 : (가스정화) and (필터 near 히터)
- 제 3 관점 : (가스정화) and (필터 near 은)

(3) 관점의 설정

종래기술의 구성은 물론 목적과 작용효과, 도면 까지도 모두 고려하여 조사 관점을 설정한다.

라. 스텝 검색

스템 검색이란 몇 개의 검색식으로 검색하고 각각의 결과를 연산자 등을 이용해 다시 조합하여 다양한 결과를 얻을 수 있는 단계식 검색 방법으로, 생소한 기술 분야 등 검색식을 확정하기가 어려울 때 혹은 검색할 특허의 대상 건수를 검색 범위의 확대 · 축소를 통해 조절할 필요가 있을 때 유용하다.

- 스텝 1을 정한다.
- 스텝 2를 정한다.

각 스텝을 연산자로 조합하여 해당 관점에 적합한 검색식을 완성한다.

마. 인용검색

인용검색이란 선행기술조사가 이루어진 특허의 인용문헌을 검색하는 것을 말한다.

표현이 지나치게 추상적이거나 용어가 통일되지 않은 신규 기술 분야에서 확장 키워드를 찾아내기 힘든 경우 특허조사의 검색식에 유용하다. 이 때문에 정곡을 찾기보다 변죽만 울릴 여지가 있다.

인용검색은 이미 설명된 국가별(대한민국, 미국, 유럽, 일본 등) DB구축문헌에서 검색할 수 있다.

SCIENCE TECHNOLOGY & INTELLECTUAL PROPERTY

2장 조사보고서 작성

1절 선행기술조사

I 구분

선행기술조사는 조사목적에 따라 조사대상과 과정, 그 최종 결과물도 달라지므로 검색전략도 다르게 세워진다.

새로운 기술이나 진보된 기술을 개발한 경우, 선행기술조사를 통해 특허요건(산업상 이용가능성, 신규성, 진보성 등)을 갖추었는지 여부를 판단할 수 있다.

타 특허권이 무효가 된다면 해당기술의 실시에 매우 유리한 경우, 특허무효심판의 청구 자료가 될 유효성 조사는 필수적이다.

특정기술을 개발한 기업이나 연구소에서 그 기술을 업그레이드하거나 새로운 기술의 개발을 수행하는 경우, 이에 필요한 정보의 조사를 위하여 결과를 도출하는 과제 조사보고 또한 선행기술조사의 한 분야가 된다.

II 조사목적에 따른 검색 전략

1. 특허출원 전 선행기술 조사

이 조사는 특허출원 전에 특허청구 범위를 확정하거나, 출원변경, 출원국가의 선정을 위한 자료로 사용하기 위한 것이다.

이를 위한 조사의 수행절차는 다음의 단계로 실행하며 최종 보고서 작성으로 마무리 한다.

① 해당 기술(발명)의 내용 파악

② 조사관점 설정

③ 키워드 설정

④ 특허분류 설정

⑤ 검색식 작성

⑥ 반복 정밀조사

⑦ 조사보고서 작성

이를 조사 실행 흐름도 표로 그려보면 아래와 같다.

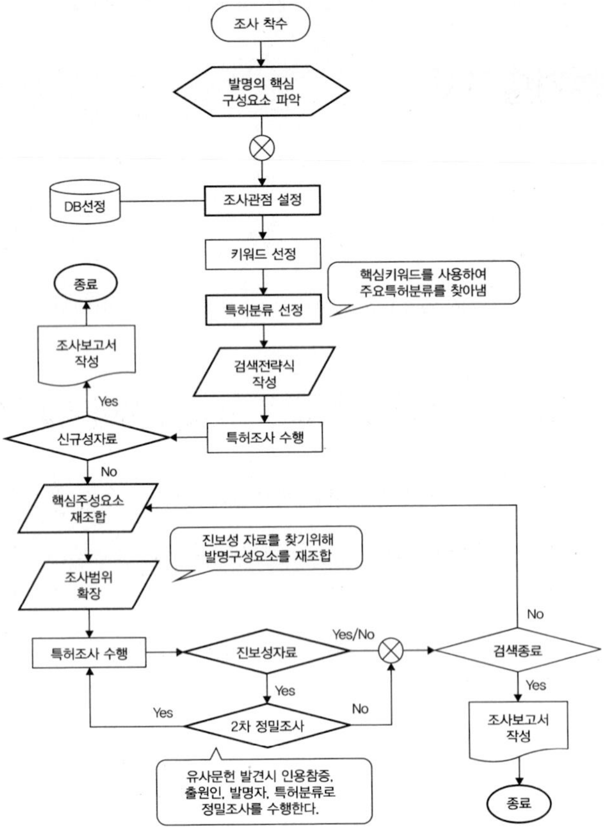

특허출원 전 선행기술조사 실행 흐름도

2. 유효성 조사

유효성 조사Validity Search는 특허권의 무효조사를 의미한다. 특허권의 무효사유는 특허요건의 흠결사유를 찾기 위한 것으로, 해당 특허권의 출원 이전 다른 기술과 비교하여 신규성이나 진보성이 부정됨을 증명하는 자료를 찾는다.

① 등록원부 확인

해당 특허권의 존속여부 파악을 주 목적으로 특허등록 원부확인을 하지만, 정정심판에 의해 특허청구범위가 달라지거나, 심사 및 등록의 적법절차 여부, 의견서나 보정서의 파악도 등록원부 확인 목적에 포함된다.

② 해당 특허권의 청구범위 분석

③ 해당 특허권의 청구항과 인용문헌의 대비

④ 무효자료 보고서 작성

이에 대한 조사 흐름도 표는 아래와 같다.

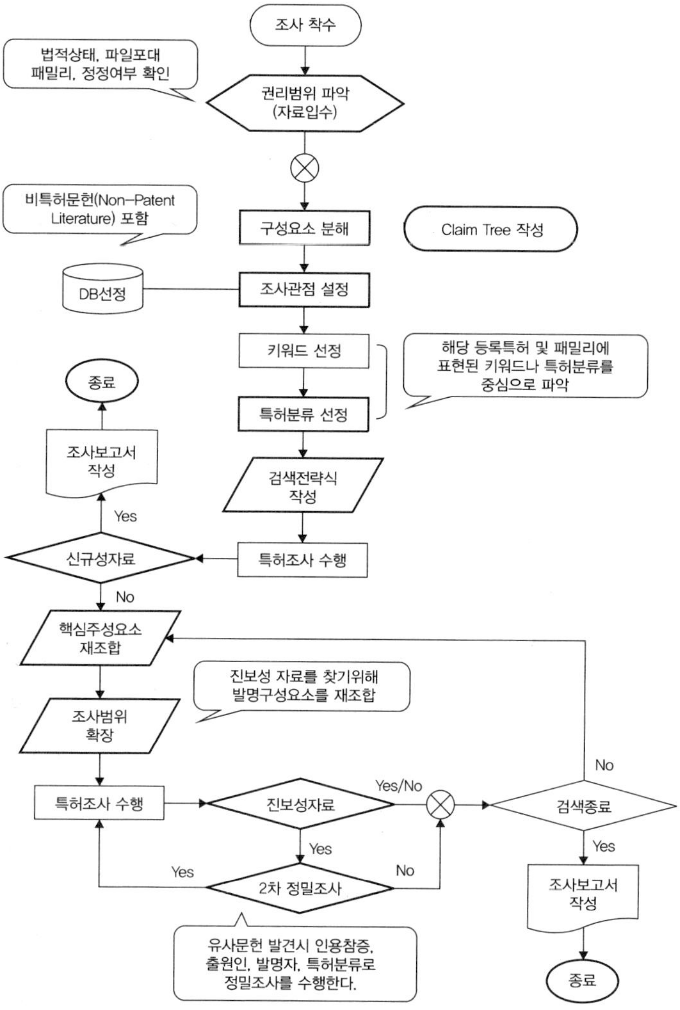

유효성 조사 수행 흐름도

3. 특정 기술 분야 조사

이 조사는 특정 기술 분야의 동향이나 새로운 연구개발 테마 발굴 또는 기술적 문제점이나 새로운 아이디어를 얻기 위해 수행되는 경우에 유용하다.

그 수행 절차는 아래와 같다.

① 조사주제의 기술적 범위 및 스크리닝 기준 설정

② 통계적 기법을 활용한 키워드 및 특허분류의 선정

③ 검색 전략식 작성

④ 시뮬레이션을 통한 모집단[247]의 신뢰성 검토

⑤ 보고서 작성

아래 그림은 특정 기술 분야 조사 실행 흐름도 표이다.

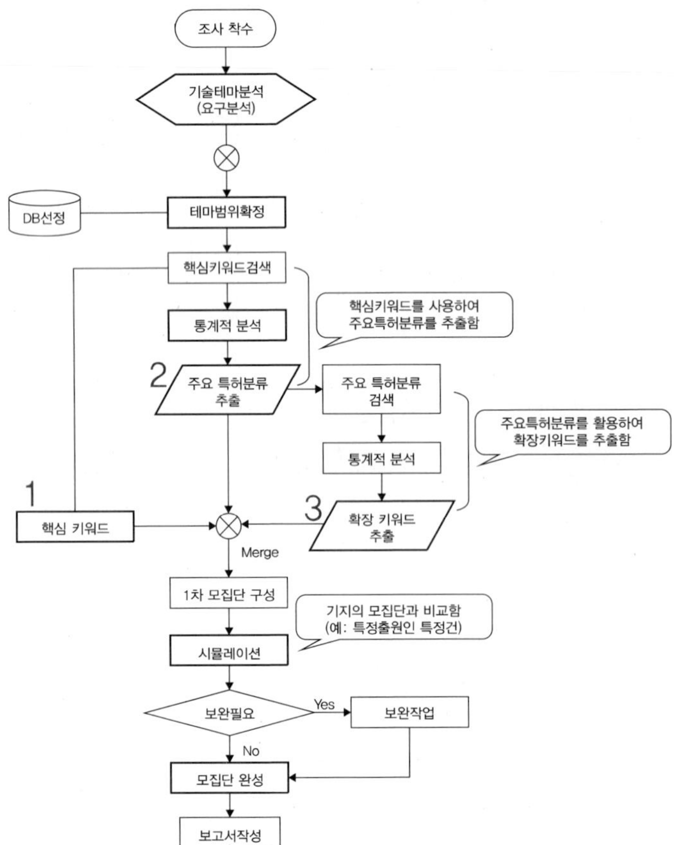

특정 기술 분야 조사 수행 흐름도

247) 조사범위 10배수의 원칙 : 원하는 하나의 특허기술을 정확히 조사하기 위해서는 그 10배의 핵심기술이 필요하고, 핵심기술은 그 10배의 주변기술로부터 얻는다. 주변기술은 그 10배수의 모집단으로부터 얻게 된다. 따라서, 모집단(1000개의 기술) → 주변기술(100개)→핵심기술(10개)→해당기술(1개)의 범위로 좁혀가며 기술조사를 하는 것이 적절하며, 예컨대 모집단이 20개의 기술로 한정되는 경우 해당기술로의 접근은 신뢰성을 잃게 된다.

2절 조사보고서

다음은 전문가에게 무효 자료 조사를 의뢰하여 받은 조사 보고서를 예시한 것이다.

<table>
<tr><th colspan="5">Search Report
(무효 자료 조사 보고서)</th></tr>
<tr><th>윕스 관리번호</th><th>의뢰처/의뢰자</th><th>담당자</th><th>연락처</th><th>의뢰접수일</th></tr>
<tr><td>W2010-SR00731</td><td>(주) 엔지니어링</td><td></td><td></td><td>2010.09.28</td></tr>
<tr><th>조사의뢰내용</th><td colspan="4">한국등록특허 제0396982호에 대한 무효자료조사</td></tr>
</table>

<table>
<tr><th>과제명</th><td colspan="4">한국등록특허 제0396982호 “반도체패키지 적재 테이블장치”에 대한 무효자료 조사</td></tr>
<tr><th>기술요지</th><td colspan="4">[청구항 1]
1) 절단된 반도체를 흡착하여 이송하는 반도체 패키지 이송수단(300);
2) 적재된 반도체 패키지를 검사장치로 이송하는 제품선별이송수단(400);
3) 양품 트레이 적재부(501)와 불량품 트레이 적재부(502); 및
4) 제1, 제2 적재부를 가지는 적재테이블(201);
5) 적재테이블 저면에 형성된 진공파이프(230);
6) 이송부(205), 나사축(203) 및 안내부재(202)로 구성되는 적재이송수단(200)을 구비한 반도체 패키지 적재테이블 장치

[청구항 2]
1) 적재홈(211)과 여유공간부(213a)가 교차로 형성되는 적재판(210)과
2) 적재판 저면에 진공구멍이 형성된 보조판(220)을 포함하는 적재테이블(200)

[청구항 3]
1) 진공통로(214) 및 가이드경사부(215)가 형성된 적재홈(211)

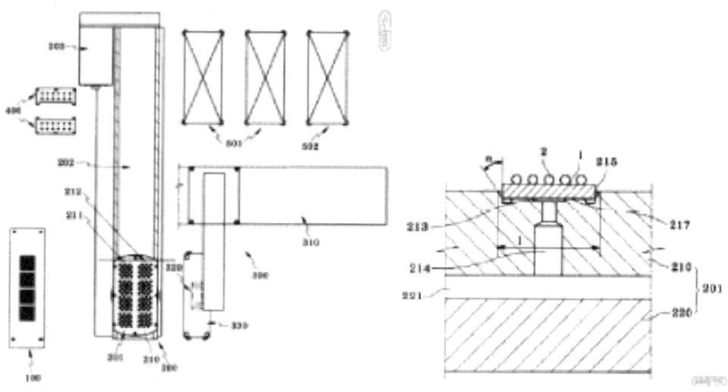</td></tr>
<tr><th rowspan="3">Date Coverage</th><th>국가</th><th>DB</th><th>공보자료</th><th>조사기간</th></tr>
<tr><td>한국</td><td>WIPS</td><td>(특·실)공개/등록</td><td>1979~2000.12.20
(공개/등록일)</td></tr>
<tr><td>일본</td><td>WIPS, IPDL, INPADOC</td><td>(특·실)공개/등록/PAH</td><td>1976~2000.12.20
(공개/등록일)</td></tr>
</table>

<table>
<tr><td rowspan="2"></td><td>미국</td><td>WIPS, USPTO, DELPHION</td><td>(특허)공개/등록</td><td>1976~2000.12.20(공개/등록일)</td></tr>
<tr><td>유럽/PCT</td><td>WIPS, ECLA</td><td>(특허)공개/등록</td><td>1978~2000.12.20(공개/등록일)</td></tr>
<tr><td>검색키워드</td><td colspan="4">A. 반도체* 웨이퍼* 서브스트레이트* 서브-스트레이트* (서브* adj 스트레이트*) 웨이파* 웨이하* 웨파* 웨퍼* 우에하* 기판* 대물* semiconduct* wafer* chip* package* substrate*
B. 이송* 반송* 운반* 운송* 옮기* 옮김* 옮겨* 이동* 트랜스퍼* 트렌스퍼* transfer* mov* convey* transport* carry*
C. 정렬* 간격* 간극* 틈새* 갭* 위치* 바둑* 체크* 어래이* 어레이* 얼라인* 어라인* 소팅* 소터* array* arrange* range* (line* adj up*) sort* align* aline* raw*
D. 홈* 홈부* 오목* 요면* 요부* 요형* 만입* 만곡* 파인* 파임* 음각* 콘케이* 켄케이* 절개*
E. 바둑* 체크* 엇갈* 지그재그* 교차*
F. 경사* 각도* 기울* 비스듬* 대각* 앵글* 엥글* 슬로프* 스로프* 인클라인* 인크라인
G. 진공* 감압* 베큠* 흡인* 인할레이* 인할래이* 흡입* 흡인* 흡착* 흡기* 바큠* 배큠*
H. IPC: H01L-021 - 반도체 장치 또는 고체 장치 또는 그러한 부품의 제조 또는 처리에 특별히 적용되는 방법 또는 장비</td></tr>
<tr><td rowspan="4">검색키워드 조합</td><td colspan="4">1. A and B and C</td></tr>
<tr><td colspan="4">2. H and B and C</td></tr>
<tr><td colspan="4">3. H and C and D and E</td></tr>
<tr><td colspan="4">4. H and C and D and F and G</td></tr>
<tr><td>검색과정</td><td colspan="4">"반도체패키지 적재 테이블장치"에 대하여 기재하고 있는 한국등록특허 제0396982호(이하 '대상특허'라고 칭한다)의 청구항(독립항 1개, 종속항 4개) 전체를 무효자료 조사대상으로 선정하였으며, 독립항의 (청구항 1)의 주요 구성요소인 「반도체칩」, 「이송」 및 각 종속항(청구항 2 내지 5)의 구성요소인 「정렬」, 「홈」, 「경사」, 「진공」을 검색 키워드로 선정하였다.
검색은 대상특허의 출원일(2000.12.20) 이전에 국내외에서 공개/등록된 자료를 대상으로 하였으며, 상기 검색 키워드와 IPC를 조합하여 관련 문헌을 추출하였고 추출된 문헌의 인용문헌을 추가적으로 조사하여, 대상특허와 동일 또는 유사한 구성요소, 구조 및 방법을 포함하고 있는 문헌을 최종적으로 선정하였다.</td></tr>
</table>

대상특허의 주요 구성요소

<table>
<tr><th></th><th>청구항 1</th><th>청구항 2</th><th>청구항 3</th></tr>
<tr><td>구성 1</td><td colspan="3">반도체패키지 이송수단</td></tr>
<tr><td>구성 2</td><td colspan="3">제품선별이송수단</td></tr>
<tr><td>구성 3</td><td colspan="3">양품트레이적재부 및 불량품트레이적재부</td></tr>
<tr><td rowspan="2">구성 4</td><td rowspan="2">제1 및 제2 적재부를 가진 적재테이블</td><td>구성 4-1
적재홈과 여유공간부가 교차로 형성되는 적재판 및</td><td rowspan="2">구성 4-3
진공통로 및 가이드경사부가 형성된 적재홈(211)이 있는 적재판</td></tr>
<tr><td>구성 4-2
진공구멍이 형성된 보조판을 포함하는 적재테이블</td></tr>
<tr><td>구성 5</td><td colspan="3">적재테이블 저면에 형성된 진공파이프(230);</td></tr>
<tr><td>구성 6</td><td colspan="3">이송부(205), 나사축(203) 및 안내부재(202)로 구성되는 적재이송수단(200)</td></tr>
</table>

대상특허와 인용문헌의 구성요소 대비

순번	인용문헌	관련 청구항	청구항 3	
			대상특허의 구성요소	인용문헌의 구성요소
1	KR 1999-0000650 A 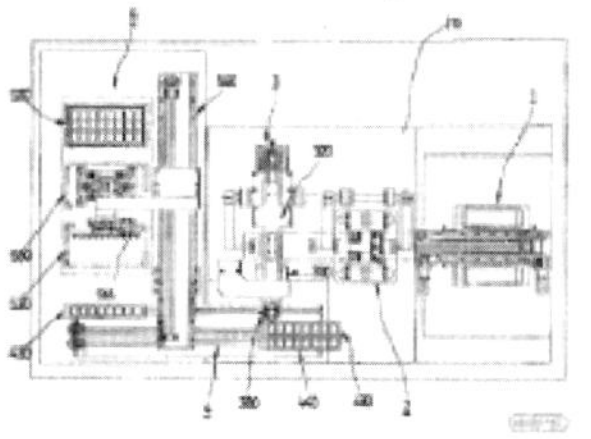	1항	구성 1	팩키지 이송수단(320)
			구성 2	팩키지 이송장치(640)
			구성 3	패키지적재장치 내지 불량품적재장치에 안착된 팩키지트레이(590)
			구성 4	제1 및 제2 정렬수단 (420,430)
			구성 5	–
			구성 6	볼스크류(442), 가이드부(443c) 및 안내레일(512b)
2	JP 1996-069848 A 本発明の第1の実施例をICと共に示す断面図 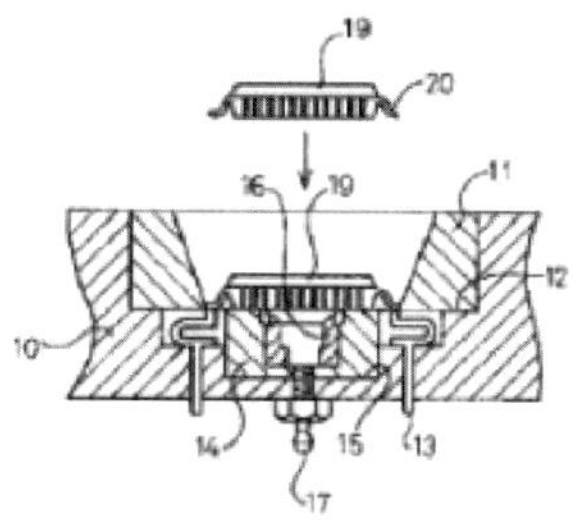 10…ソケットベース 11…位置決めブロック 12,15…凹部 13…接触子 14…パッケージ受け 16…吸着パッド 17…継手 19…IC 20…リード	1항	구성 1 내지 4 및 구성 6	–
			구성 5	조인트(17)
		2항	구성 4-1	–
			구성 4-2	흡착패드(16) 중앙의 홀(미설명)
		3항	구성 4-3	흡착패드(16) 중앙에 형성된 구멍(미설명) 및 경사면이 형성된 위치결정블록(11)
3	KR 1999-0073665 A 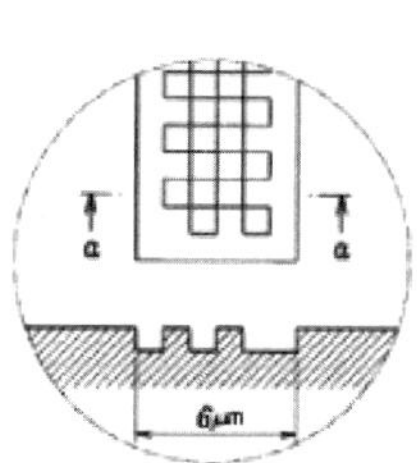	2	구성 4-1	정사각 돌기가 바둑판 형태로 배열된 마크구조
			구성 4-2	–

검토의견

대상특허는 절단장치를 통하여 낱개로 절단된 반도체 패키지를 적재 테이블의 반도체 패키지 적재 홈에 에러 없이 정확하게 안치시키기 위한 목적으로, A. 패키지 이송수단, B. 제품선별 이송수단 C. 양품 트레이 적재부와 불량품 트레이 적재부 및 D. 진공파이프(230)가 저면에 설치되었으며 제1 및 제2적재부를 가지는 적재 테이블(청구항 1)을 구비하였고, 상기 적재 테이블은 E. 적재부와 여유 공간부가 교차 형성되는 적제판(청구항 2) 및 F. 경사면을 가진 적재 홈(청구항 3)을 구비하였음을 특징으로 한다.

이와 관련하여 검색된 인용문헌 1(KR 1999-0000650 A)은 대상특허의 주요 구성에 대응하는 구성요소로 A. 팩키지 이송수단, B. 팩키지 이송장치, C. 패키지 적재장치 및 불량품 적재장치에 안착된 팩키지 트레이 및 D. 제1 및 제2정렬수단을 구비하고 있다. 또한, 대상특허의 이송부(205), 나사축(203) 및 안내부재(202)에 대응하는 요소로 가이드부(443c), 볼스크류(442) 및 안내레일(512B)을 포함한다.

다만, 인용문헌 1은 대상특허의 구성D 중 적재 테이블 저면에 형성된 진공 파이프에 대응하는 요소를 포함하지 않으며, 구성E 및 F에 대응하는 요소를 포함하지 않는다.

하지만, 인용문헌 2(JP 1996-069848 A)를 살펴보면, 반도체 칩을 흡착하기 위한 조인트(D) 및 반도체칩을 정렬하기 위해 경사면을 구비한 위치결정블록(F)를 사용하는 장치가 기재되어 있으며, 인용문헌 3(KR 1999-0073665 A)은 정사각 돌기가 바둑판 형태로 배열된 마크구조(E)를 사용하여 정렬함으로써 정확한 패턴을 형성할 수 있는 구조에 대하여 공지하고 있다.

인용문헌 2 및 3은 대상특허와 기술의 적용범위에 차이가 있기는 하나, 대상특허의 구성D 내지 F에 대응하는 상기의 각 구성요소들은 각 장치 내에서 대상특허의 구성 E 내지 F와 동일 또는 유사한 기능 및 효과를 나타내고 있으므로 인용문헌 1의 구성요소와 인용문헌 2 및 3의 구성요소를 조합하는 것은 반도체 업계에서 통상의 지식수준을 가진 자에게 극히 용이할 것이라고 생각된다.

따라서 대상특허의 청구항 1 및 3은 인용문헌 1 및 3의 조합에 의하여, 청구항 2는 인용문헌 1 내지 3을 조합하여 쉽게 도출 가능한 발명이라고 판단된다.

또한, 대상특허의 경사면의 각도를 한정하고 있는 청구항 4의 발명 및 결합수단을 나사로 특정하고 있는 청구항 5에 기재된 발명은 인용문헌 2의 경사면을 구비한 위치결정블록의 일시시예 및 단순한 설계 변경에 불과한 것으로 생각된다.

인용문의 요지

순번	1	국가	KR	문헌종류	공개특허	문헌번호	KR 1999-0000650 A
출원인	주식회사 한미						
명칭	반도체 가공장치의 팩키지 적재시스템						
Family	–						
관련내용							

[상세한 설명]

본 발명은 반도체의 리드프레임을 가공하는 장치에 설치되는 팩키지 적재시스템에 관한 것으로, 다수의 적재부(423a, 433a)가 구비되어, 싱귤레이션장치(3)의 팩키지 이송수단(320)를 매개로 이송되어 안착되는 팩키지를 동일선상으로 일시 적재하는 팩키지정렬장치(4)와 팩키지정렬장치(4)의 적재부(423a, 433a)에 안착된 다수의 팩키지를 팩키지 적재장치(530)로 이송하는 팩키지 이송장치(540)가 구비된 적재장치(5)로 이루어져 제어장치에 의해 작동이 자동제어되는 반도체 가공장치의 적재시스템에 있어서 상기 팩키지정렬장치(4)는 적재부(423a, 433a)가 반제품의 팩키지와 동일하게 구비되어, 안착되는 팩키지를 동일선상으로 일시 적재하고, 이 다수의 적재부(423a, 433a)에 팩키지의 정렬이 완료되면 정렬된 팩키지를 정렬방향으로 이송하는 제1·2정렬기구(420, 430)와 상기 팩키지 이송수단(320)에 의해 이송되는 반제품이 안착되는 위치로 제1·2정렬기구(420, 430)를 선택적으로 이동시키는 정렬변환기구(410)로 이루어지고, 상기 적재장치(5)의 팩키지 이송장치(540)는 제1·2정렬기구(420, 430)의 적재부(423a, 433a)에 안착되어 정렬되어진 다수의 팩키지를 선택적으로 흡착하는 진공흡착기구(546)와 이 진공흡착기구(564)를 상하로 이동시키는 상하이동수단(560)이 상하이동수단(560)을 수평방향으로 직선적으로 이동시키는 수평이동수단(550)으로 이루어진 구조로 되어, 완성된 팩키지의 적재속도가 향상되어 반도체 가공장치의 전반적인 가공속도가 크게 향상되도록 된 것이다.

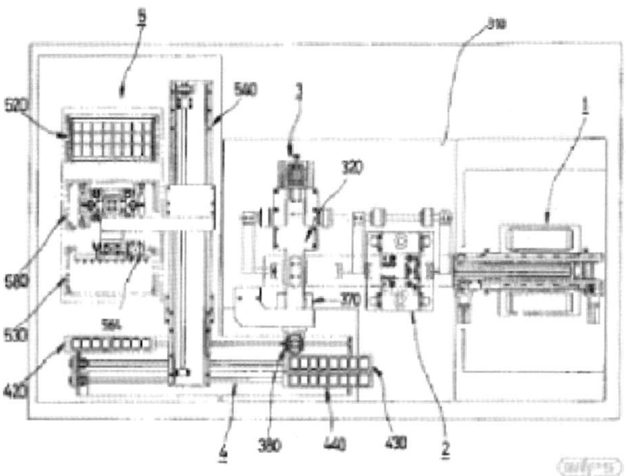

순번	2	국가	JP	문헌종류	공개특허	문헌번호	1996-069848
출원인	FUJITSU LTD						
명칭	IC 소켓						
Family	DE69521653, EP0696617, CA2146938, US5616689						
관련내용							

【요약】

【목적】 본 발명은 IC 소켓에 관하고, IC의 위치 결정 및 검출이 용이·정확하고, 또한 자동기에 대응 가능한 IC 소켓을 실현한 것을 목적으로 한다.

【구성】 절연재로 된 소켓 베이스 10에, 다수의 접촉자 13이 설치된 IC 소켓에 있어, 내주면이 경사면을 하고, 해면으로 IC19의 리드 20의 외주를 안내하고 그 리드 20을 접촉자 13에 접촉하도록 위치 결정한 위치 결정 블록 11을 구비해 되도록 구성한다.

本発明の第1の実施例をICと共に示す断面図

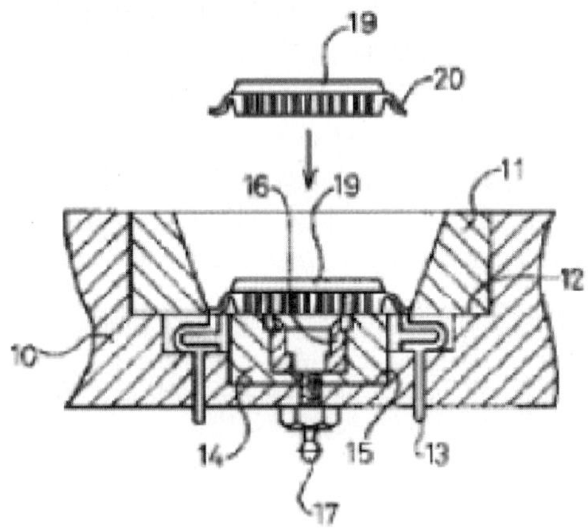

10…ソケットベース
11…位置決めブロック
12, 15…凹部
13…接触子
14…パッケージ受け
16…吸着パッド
17…継手
19…IC
20…リード

순번	3	국가	KR	문헌종류	공개특허	문헌번호	1999-0073665
출원인	아남반도체주식회사						
명칭	정렬마크 패턴구조						
Family	–						

관련내용

【요약】

반도체 소자의 내부 연결을 위한 텅스턴 플러그를 기계화학적 연마에 의해 형성한 다음 포토리소그래프 공정에 의해 금속 패턴을 형성할 경우 마스크 정렬을 위한 정렬마크 패턴 구조에 관한 것으로, 정렬마크의 패턴 사이의 홈에 다수개의 정사각 돌기를 바둑판식 배열로 형성한 모자이크 패턴을 배열함으로써, 기계화학적 연마 공정시 연마패드와 정렬마크 중앙부의 접촉밀도를 높여서 중앙부의 제거율을 감소시키므로 정렬마크의 손상을 방지하며, 후속공정시 정렬의 정밀도를 향상시킨다.

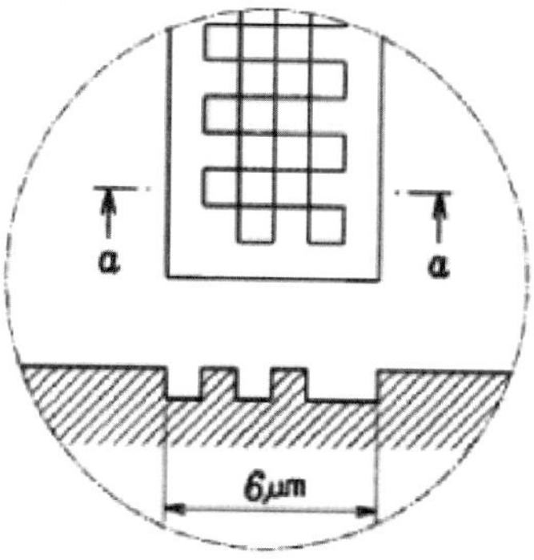

[관련도 표시기호]

X : 이 문헌에 의해 청구항에 기재된 발명(고안)의 신규성이 없는 것으로 인정

Y : 이 문헌과 2 이상의 다른 문헌과 결합하여 청구항에 기재된 발명을 당해 분야의 기술자가 극히 용이하게 발명할 수 있는 것으로 인정

P : 출원일과 우선권주장일 사이에 공표된 문헌

A : 특별한 관련은 없으나 일반적인 선행기술내용을 포함하는 자료

E : 선행문헌이지만 출원일 이후에 발행한 자료

T : 출원일 이후에 발행된 자료로 발명내용을 이해하는데 도움이 되는 자료

□ 정보조사 의뢰에 대한 모든 비밀은 철저히 보장되며, 의뢰인의 의견을 최대한 반영하여 실시됩니다.

□ 단, 조사결과는 의뢰인의 의뢰목적에 대하여 어떠한 법적 책임도 지지 않습니다.

SCIENCE TECHNOLOGY & INTELLECTUAL PROPERTY

3장 특허분석과 특허맵

1절 특허분석

I 서설

1. 정의

'특허분석'이란 특허정보매체로부터 추출된 정보를 정리하여 분석하는 작업을 말하지만 엄격히 말하면 특허분석은 특허정보분석과정에서 타겟Target특허에 대한 기술성과 특허성, 존속여부 확인 등의 한 과정을 말한다. 다만 '특허정보분석'과정에서 '특허분석'이 차지하는 질적 · 양적범위가 크므로 이 둘을 혼용하여 사용하기도 한다.

수많은 특허정보가운데 원하는 특허기술을 발췌하기 위하여 관련되는 기술을 모두 검색하고 확인하여 결과를 도출한다는 것은 매우 어렵고 시간이 많이 소요될 뿐만 아니라 비용도 많이 들게 된다.

이 때문에 특허정보를 분류,정리,가공,분석하여 도출된 자료를 도표나 도식으로 한눈에 파악할 수 있도록 표현하여 전체적인 기술동향, 출원인동향, 기술 분포현황 및 복잡하게 얽혀있는 권리관계를 다각적으로 파악할 수 있 도록 작성한 분석도표가 필요하게 된다. 이렇게 정리된 보고서를 '특허맵[248] Patent Map or Patent Tree'이라 한다.

'특허맵'은 복잡한 특허정보를 쉽게 파악할 수 있도록 시각적으로 표현한 분석결과이므로 마치 나무와 같이 큰 줄기에서 작은 줄기와 잎들로 구성되는 특허나무, 즉 'Patent Tree'로도 불리운다.

'특허맵'은 특정기술에 대하여 과거로부터 현재에 이르기까지의 전반적인 기술흐름과 문제점을 어떻게 해결해 왔는지, 나아가 기술의 전망과 신기 술 분야를 분석하여 미래기술에 어떻게

---

248) 특허맵이라는 용어는 1968년 일본특허청에서 발행한 "내일을 밝히는 특허"에서 기술동향을 나타낸 것으로 사용되어온 이래 특허분석(Patent Analysis) 또는 특허 포트폴 리오(Patent Portfolio)라는 용어로도 사용되는 국제적 언어가 되었다.

대처할 수 있는지를 보여준다.

2. 특허맵

가. 필요성

특허맵은 그 사용목적에 따라 작성형식이 달라질 수 있으므로 아래와 같이 특허맵이 왜 필요한지를 기준으로 분류해 볼 수 있다.

- 어떤 제품 분야에서 어떤 기술이 주류인가?
- 어떤 제품 분야에서 어떤 기술개발이 진행되고 있는가?
- 어떤 제품 분야에서 어떤 기업이 참여하였고, 어떤 기술이 얼마만큼의 비중을 차지하고 있는가?
- 어떤 기술에 대해 현재 어떤 분야에 실용화되어 있는가?
- 어떤 기술에 대해 향후 어떤 분야에서 실용화가 가능한가?
- 어떤 기술에 대해 지금까지 어떤 기술 변혁을 거쳐 왔는가?
- 어떤 기술에 대해 향후 어떻게 기술혁신이 이루어질 것인가?

나. 특허맵의 구성원리

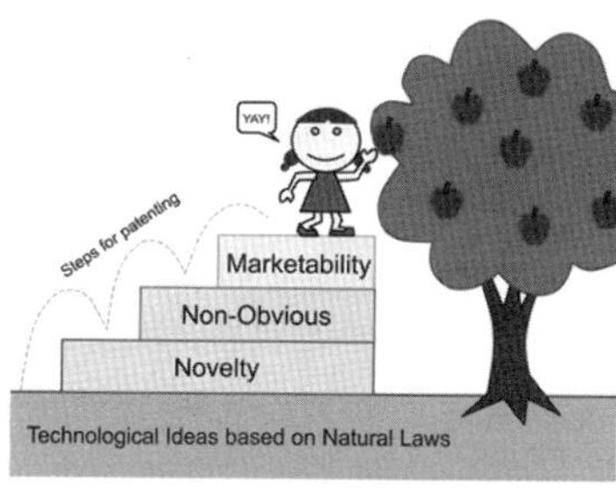

〈Patent Tree〉

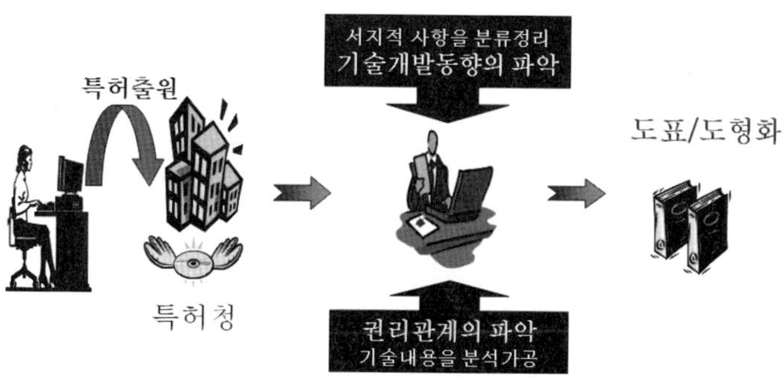

〈특허맵의 구성원리〉

Ⅱ 특허분석의 종류

특허분석은 목적에 따라 다양하게 분류할 수 있으나 분석 규모별로 보면 '매크로 분석[Macro Analysis]'과 '마이크로 분석[Micro Analysis]'으로, 분석방법별로는 '정량분석[定量分析]'과 '정성분석[定性分析]' 및 '상관분석[相關分析]'이 중요하게 취급되고 있다.

매크로 분석은 기업의 경영진이나 정부의 정책개발 담당자들이 산업 전반이나 국가 전체에 대한 정보를 거시적으로 분석하여 기업 경영전략이나 개발전략 수립 또는 국가 산업정책이나 과학 기술정책 수립에 이용하기 위한 분석을 말한다.

마이크로 분석은 특정 주제나 기술에 대하여 그 문제점을 해결하기 위한 수단으로서 대부분 정성적인 가공이나 분석 작업이 필요한 과제의 해결을 위한 분석방법이다.

분석방법별로 구분되는 주요분석방법 중 정량분석은, 그 용어의 의미인 '정해진 양의 분석'에서도 알수 있듯이, 데이터를 수량적으로 검색하고 이를 분류하여 정량적으로 활용하는 분석방법을 말한다. 예를 들면 특허출원서의 서지사항으로부터 출원인, 발명자, 특허분류, 출원인 국가 등을 수집분류하여 이를 출원인별로, 연도별로, 또는 국가별로 분석하는 작업이 정량분석이 된다.

정성분석은 데이터를 내용적으로 파악하여 분석하는 방법으로 해당기술마다의 특성에 대해 분석하는 방법이다. 예를 들면 기술내용과 출원인 및 출원일등을 조합시켜 특정기술을 분석하는 것 등 이다.

상관분석은 둘 이상의 데이터 항목 사이의 상관관계를 분석하는 방법으로, 어떤 데이터 항목과 다른 데이터 항목과의 관계, 데이터 항목과 다른 인자와의 관계, 데이터 항목과 데이터 항목을 가공하여 얻은 것의 관계를 분석하는 것을 말한다.

아래 도표는 특허분석의 종류를 구분해본 것이다.

특허분석의 명칭	개 요
랭킹 분석 (RANKING MAP)	특허정보를 건수의 많고 적은 순서로 배열함으로써 주도하는 특허가 무엇이가를 파악하는 것이 가능하게 된다. 예를 들면, A사의 기술 분류에 따라 년차마다 특허출원 건수를 많은 순서대로 나열할 수 있다.
점유 분석 (Shale Map)	특허정보의 각 분야나 항목이 차지하는 비율, 즉 점유 비율에 따라서 특허 상황을 파악하는 것이 가능하게 된다. 예를 들면 A사의 기술 분류에 따라 년차마다 특허출원건수를 점유 비율로 배열할 수 있다.
시계열 분석 (Time Series Map)	특허정보의 수량 정보를 시계열적으로 (예를 들어 5년마다 일정기간으로) 파악하기 위해 사용된다.

특허분석의 명칭	개 요
레이더 분석 (Rader Map)	시계열분석의 결과를 별 모양이나 구름 형상 등으로 표현한 맵을 말한다. 각 요소의 진전 상황을 한눈에 파악하기 위해 사용된다.
상관 분석 (Co-relation Map)	각 데이터 사이에 어떤 상관관계가 있는가를 분석하기 위해 이용된다. 일반적으로 아래 4개로 분류된다. ① 분류상관맵 ② 출원인상관맵 ③ 발명자상관맵 ④ 키워드상관맵
신규진입 분석	시장에 신규로 참가하고 있는 기술 분류, 출원인, 발명자 등에 중점을 두어 신규 참여 실태를 파악하기 위해 이용된다.
기술발전 분석	특허 정보물 1개의 기술사상으로 정하여 특허기술의 크기나 흐름(기술발전의 모양)을 보기 위하여 사용된다.
요지 분석	특허정보의 기술내용을 한 눈에 용이하게 볼 수 있도록 하기 위해 작성된다. 요지 맵에 참조번호를 붙이면 나중에 데이터베이스화할 때 편리하다.
구성부위 분석	제품 부위마다 어느 정도의 특허가 취득되어 있는지를 한 눈에 파악할 수 있도록 작성된 맵을 말한다.
뉴키워드 분석	특정 회사에 의해 개발된 독자 기술을 나타내도록 작성된 맵을 말한다. 예를 들면, A사(출원인)의 특정기술의 특허 가운데 A사에서만 사용되는 뉴키워드를 검색하여 정리한 앱을 말한다.
클레임 분석	클레임(특허청구범위)을 동일 속성의 클레임 키워드 등으로 분류하여 자사 특허의 강약을 기계적으로 체크하기 위해 작성된 맵을 말한다. 예를 들면, 종축에 재료 등의 "동일 속성의 클레임 키워드"를 취하고 횡축에는 "그 클레임 키워드를 갖는 청구항"을 출원일 순으로 배열함으로써 자사 특허의 강약을 볼 수 있다.

〈출처: 특허정보실무 매뉴얼,2009, 한국전자정보통신산업진흥회〉

2절 특허 맵

Ⅰ 작성순서

1. 특허맵 작성

특허맵은 특허정보로부터 활용과정을 거쳐 분석목적에 부합하도록 명확한 결론이 제시되어야 할 뿐만 아니라, 연구개발방향을 설정하거나 회피설계 및 우회기술을 창출하고 라이선싱 전략을 짜는데도 활용될 수 있도록 결과가 도출되어야 한다.

특허맵의 작성과정을 도식화 하면 아래와 같다.

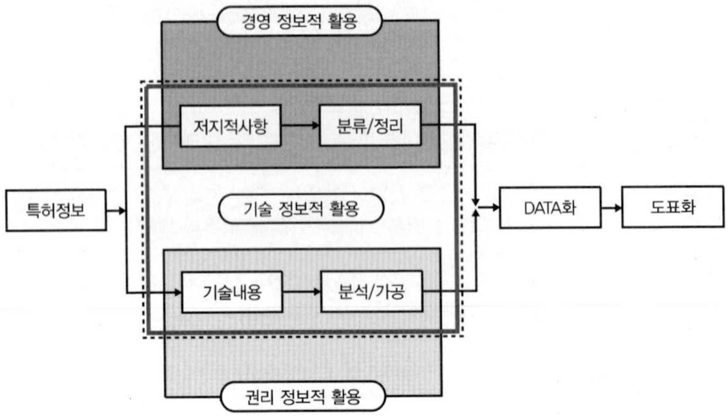

PM 작성과정

2. 특허맵 작성단계

특허맵의 단계는 일반적으로 5단계로 구분한다.

첫째로 정보수집을 위한 분석테마를 선정한다. 여기에는 작성주체와 작성기간, 예비조사 수행, 가분류 체계 그리고 특허맵 작성 목적의 명확화를 통해 테마의 적절한 범위와 분석목적을 명확히 설정한다.

둘째로 Data를 추출하기 위한 특허조사를 한다. 특허조사는 핵심/확장키워드선정, 주요특허분류 선정, 스크리닝 및 모집단작성으로 누락되는 조사기술이 없도록 멀티체킹[Multi-Checking or Cross-Checking]으로 자료를 보완하는 과정이다.

셋째로 Data의 분류 · 정리를 위한 기술분류를 행한다. 기술분류는 기술분류체계를 확정하는 것으로 다각적 기술분류를 통해 분류기준을 구체화하므로써 입체적이고도 객관적인 분류체계를 구성하는 것이다.

넷째로 자료가공은 다양하고 정확한 분석을 위하여 개인과 법인간의 출원인 대표명 형식을 통일시키고, 출원인국적이나 번호체계를 통일시킨다. 또한 대응특허 및 인용문헌을 보완하는 등의 작업을 자료가공절차에서 행한다.

다섯째로 특허분석 및 결과에는 기본적으로 정량분석,정성분석,상관분석을 포함시키고, 핵심특허 및 문제특허를 도출하여 공백기술 및 유망기술을 발굴토록 한다. 기술적 인과관계는 물론 상관관계를 파악하는 등 계량분석보다는 내용분석에 비중을 둔다.

특허맵 작성단계별 작업진행과 결과의 연관성을 도표로 정리해 보면 아래 그림과 같다.

정보의 수집	제 1 STEP	정보의 수집기술
DATA의 추출	제 2 STEP	DATA의 추출기술
DATA의 분류, 정리	제 3 STEP	분류, 정리기술
DATA의 분석	제 4 STEP	분석기술
분석결과의 표시	제 5 STEP	표시기술

Ⅱ PM작성요소

1. PM작성의 기본자료

PM작성에는 아래와 같이 발명주체인 출원인과 발명자 및 해당 기술을 파악하기 위한 요소들이 필요하게 된다.

	출원인	발명자	기술분류	우선권주장연도
출원인	-어떤 회사끼리 R&D 협력을 하고 있는가? -어떤 회사가 Cross Licensing의 대상으로 적합한가?		-경쟁업체의 주된 관심 기술분야는 무엇이가? -경쟁업체가 현재 개발하고 있는 기술은 무엇이고, 그 기술을 어떻게 제품에 적용하였는가?	-경쟁사가 해당 기술분야에서 언제부터 R&D를 해왔는가?
발명자	-발명자 이동현황은?	-해당 기술의 보조 발명자는 누구인가? -상관관계?	-해당 기술분야에서 가장 두드러진 개발자는 누구인가? -자사의 기술적인 문제를 해결할 수 있는 사람은 누구인가?	-지난 5년동안 가장 활동적인 발명자는 누구인가?
기술분류 (IPC)	-해당 기술분야에서 선도적위치에 있는 출원인(회사)은?		-어떤 기술이 다른 기술분야로 이전되고 있는가?	-전체 Life Cycle 중에서 현재 어느 단계에 해당하는가? -최근 어떤기술이 출현하였는가?
우선권 주장연도	-해당 기술분야가 개발되기 시작한 것은 언제인가? -해당 기술분야의 평균 발전기간은 어느 정도인가?			
우선권 주장국가	-어떤 국가가 자사의 특허기술의 주된 시장인가?			

2. PM 목적에 따른 구분

목적	종류	PM의 예
- 기술개발 동향 파악 - 연구개발 테마 선정 - 틈새기술의 발견 - 기술파급상황	Patent Technical Map (기술정보적 활용 Map)	- 요지 Map - 레이다 Map - 기술분포 Map - 기술 Flow Map - 템페스트 Map - Matrix Map - 기술상관 Map
- 경쟁기업 동향 파악 - 상품개발 흐름 파악 - 신 용도 개발 - 시장참여 상황 파악 - 기술적 범위 파악 - 발명자(인재)동향 파악	Patent Management Map (경영정보적 활용 Map)	- 출원건수 동향 Map - 출원인 분포 Map - 발명자 Map - Patent Share Map - Ranking Map - New Entry Map - 기업상관 Map
- 기술적 범위 확인 - 특허취득 가능성 파악 - 특허망 형성	Patent Claim Map (권리정보적 활용 Map	- Patent Family Map - 구성요건 Map - Claim Point Map - 권리관계 Map - 심사관계 Map

3. PM작성 순서

가. 테마설정

목적에 따라 먼저 특허맵을 작성하기 위한 테마[Theme]를 설정한다. 테마설정 단계에서 가장 중요한 것은 특허맵작성의 목적을 명확히 하는 것이다. 분석테마와 기술적범위, 작성목적과 분석방향이 결정되면 그에 따라 가분류 체계를 작성하고, 특허맵 작성에 투입될 인원과 업무 및 일정을 결정한다.

분석대상 건수가 대략 어느 정도인지를 파악하기 위한 예비조사도 필요하다. 왜냐하면 분석대상 건수가 지나치게 많을 경우 정량분석에서는 활용하기 좋으나 정성적인 분석에 치중하기 어렵고 시간도 많이 소요된다.

나. 특허조사

특허조사는 특정기술분야에 대하여 개괄적으로 조사하는 것을 말한다. 개괄적 조사란 그 기술분야의 범위를 정하여 모집단을 추출하기 위한 조사과정을 말한다. 따라서 특허요건의 구비여부를 확인하기 위한 특허성이나 유효성조사를 하는 것이 아니므로 특정기술에 대해 누락되는 기술이 없도록 다중 검색을 하는 것이 필요하다.

누락건이 없도록 하기위하여 핵심키워드를 통한 1차모집단을 추출하고, 주요특허분류에 의한 통계적 분석을 통해 확장키워드를 추출한 뒤 최종모집단을 모으는 방법을 사용한다.

다. 기술분류표의 작성

특허맵의 성과는 기술분류체계 작성에 달려있다고 해도 과언이 아니다.

특허맵의 작성에서 기술분류란 넓은 의미로 검색된 많은 양의 특허자료와 기초자료를 분석기술테마가 가장 잘 표현되도록 기술분류체계에 맞추어 유사기술별로 분류하는 것을 말한다.

또한, 분석 기술분야를 분류하기 위해서 미리 기술을 여러 분야로 나누어 한 눈에 기술전체의 구성을 체계적으로 볼 수 있도록 "분류표"를 작성하는 것이 필요하다.

기술분류를 위한 조사는 최신기술 4년 전후의 자료를 토대로 분류해보고 특허자료가 얼마나 있는지 확인하여 기술분류계계를 완성한다.

기술분류기준은 분석목적에 따라 다양하게 설정할 수 있으나 일반적으로 기술분류 위주의 기술분류표가 이용되며, 그 외에 기술분야, 구조, 용도, 기능, 공정 또는 목적 및 효과 등을 기준으로 구분하기도 한다.

예컨대, 화학분야는 조성물이나 제조방법에 특징이 있는 기술이 많으므로 방법이나 성분, 용도를 중심으로 분류하고, 기계분야는 장치개념의 특허자료가 다수이므로 구조를 중심으로 분류하며, 전기전자분야는 시스템이나 알고리즘 개념의 특허자료가 많으므로 기능이나 구성을 중심으로 분류한다.

기술분류표를 체계적으로 분류하기 위해서는 예비조사, 분류기준, 분류범위 등이 다양하게 고려되어야 한다.

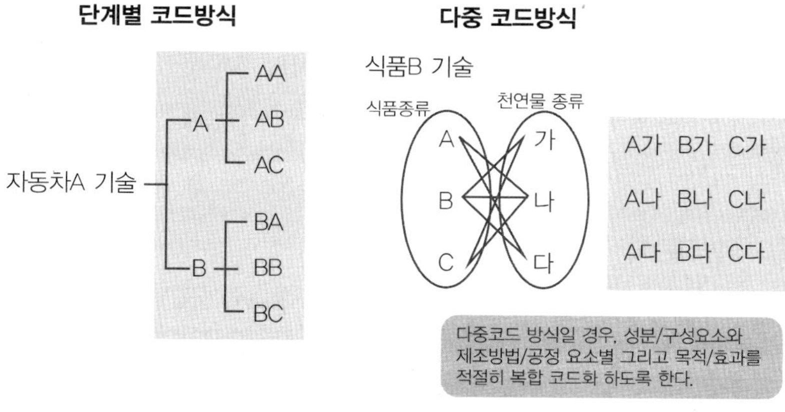

기술분류표 작성 기준 코드 유형

기술분류표 작성은 마치 우리나라 주소기재방식과 같이 단계별 코드방식으로 기준을 세워서 작성하는 것이 일반적이지만, 기술이 여러분야에 포함되거나 다양한 분류기준으로 기술을 분류할 경우에는 분류하기가 애매하므로 다중코드 방식을 이용하여 분류한다.

다중코드 방식은 예컨대 아래그림과 같이 성분/구성요소와 제조방법/공정 요소별, 목적/효과를 적절히 복합코드화하여 분류하는 방식을 채택하는 것이다.

라. 자료의 가공과 보완

기술분류 작업이 완료되면 자료를 가공하거나 알아보기 쉽도록 정리함으로써 분석의 편의성과 정확성을 높이기 위한 작업이 필요하다.

실제로 기술분류 후에 자료의 가공없이 바로 특허분석작업에 들어가는 경우가 많은데 이럴 경우 특허분석이 왜곡되거나 부정확해지는 결과를 가져오게 되므로 반드시 자료의 가공과정을 거치도록 한다.

자료가공의 대표적 예는 출원인 대표명화이다. 출원인 대표명화는 예를 들면 International Business Machine을 IBM으로, 대우중공업과 대우종합기계를 두산인프라코어로 대표명화 하거나, 출원인을 국가별, 기업별 등으로 구분하는 것을 들 수 있다.

또한 자료가공 단계에서 대응 특허정보를 활용하여 모집단에 포함되지 않은 누락 건을 추가시킬 수도 있다.

출원인 대표명화와 함께 연구주체의 성격이나 국적 등을 함께 정리하면 분석의 관점을 넓힐 수 있다.

마. 특허분석

특허분석은 그 목적에 따라 정보적 방향이 다르게 설정된다. 예를 들면 기술개발의 흐름이나 방향을 추구할 목적으로 기술정보적 활용을 하고자 하는 경우에는 요지맵이나 레이다맵 등을 활용하고, 기술적 범위의 확인을 위한 권리정보적 활용에는 구성요건 맵 등을 작성하는 것이다.

Ⅲ 정량분석

1. 의의

정량분석은 데이터를 수량적으로 파악하여 분석하는 방법이다. 정량분석은 특허정보의 서지적 데이터와 기술적 내용으로부터 분석항목을 추출하고 이를 건수나 분포, 비율, 시계열적으로 분석하게 된다.

정량분석에 있어서 예를 들면, 출원인별로 구분하거나 기술별로 구분하는 경우 분석을 위하여 전체 검색대상건수가 적어도 200~300건 이상 되어야 그 통계적 활용도를 적용시킬 수 있다.

그 의미가 보여주듯이 정량분석은 검색하여 정해진 특허건수를 가지고 이를 출원인별, 연도별, 기술별, 국가별 등으로 활용하게 되는 것이므로 분석의 질적 활용보다는 형식적 활용의 성격이 강하다.

2. 도표작성

가. 작성요령

정량분석의 결과를 도표로 보여주고자 할 때 그 건수 추이는 공개시점보다는 출원시점을 선택하는 것이 중요하다.

도표를 작성함에 있어서는 특허조사개요/키워드/연도별,출원인별,기술별 분류/동향파악 등 사용자가 보기쉽고 판단이 용이하도록 작성한다.

나. 특허조사와 출원동향의 도표사례

(1) 특허조사개요

대상국가	사용 DB	검색 대상	검색 항목	검색기간
한국	KIPRIS	특허(출원, 등록) 실용신안(출원, 등록)	Title, Abstract, Claims	2004년 5월20일 (공개/등록전)
미국	Delphion	U.S.Granted) U.S.(Applications)	Title, Abstract, Claims	
일본	Delphion	Abstracts of Japan	Title, Abstract	

(2) 특허검색키워드

대분류	국가	검색식
UWB	한국	초광대역? and UWB
	미국	((Ultra*〈near/2〉wideband*)and UWB)
	일본	((Ultra*〈near/2〉wideband*)and UWB)

(3) 활용데이터 건수

대분류	중분류	소분류	한국	미국	일본	합계
UWB	통신	Noise or Interference or Fading	2	7	1	10
		Antenna	5	36	1	42
		Network	4	12	4	20
		Multiple Access	2	9	3	14
		RF	7	58	0	65
		Test or Measurement	1	1	0	2
		통신	7	17	6	30
		통기	0	6	1	7
		Multiband or Cable	0	7	0	7
		Matched Filter	0	9	0	9
		Modulation or Demodulation	5	8	1	14
		중분류 합계	33	170	17	220

(4) 전체 출원연도별 특허출원(미국 : 등록) 동향

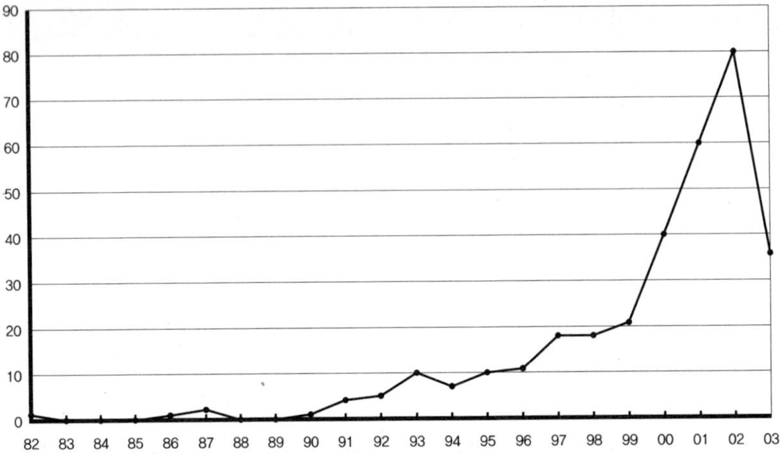

연도	82	83	84	85	86	87	88	89	90	91	92	93	94	95	96	97	98	99	00	01	02	03
건수	1	0	0	0	1	2	0	0	1	4	5	10	7	10	11	18	18	21	40	60	80	36

다. 출원인별 특허출원동향

출원인	출원건수
Time Domain	22
Xtera Comm.	18
SONY	15
University of California	14
한국가스공사 연구개발원	9
Secretary of the Army	8
삼성	7
General Electric	7

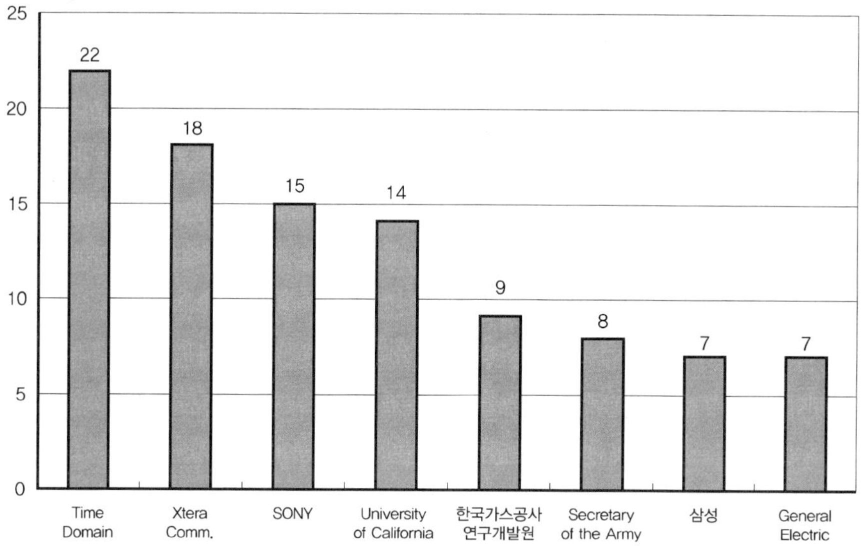

라. 특정출원인의 특허출원현황

특허출원이 가장 많은 회사(Time Domain)
-통신분야 16건(63.6%)
-UWB Radar 분야 7건(31.8%)
-ITS 분야 1건(4.5%)

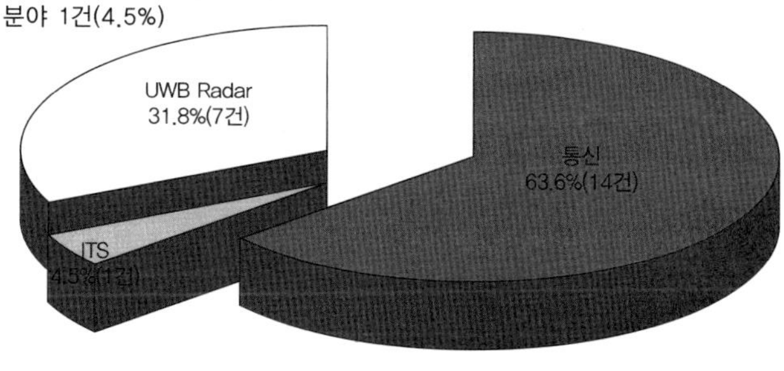

●● 주요 출원인/기술별 특허출원현황

출원인	Time Domain	Xtera Comm.	SONY	University of California
통신	14	18	14	4
ITS	1	0	1	10
UWB Rader	7	0	0	0

마. 포트폴리오 맵(Portfolio Map)

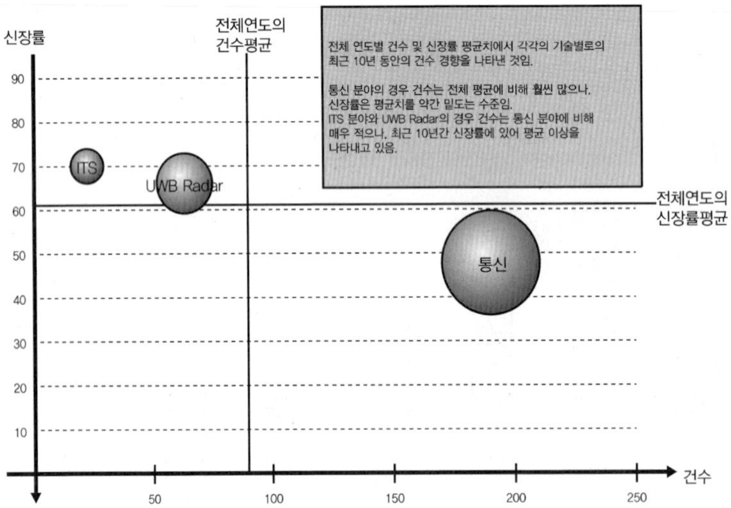

정리 : 전체 가입자망 광송수신기의 기술별 신장률
전체연도별 건수 및 신장률=(금년도 건수－전년도 건수)/전년도 건수
설계 기술, 패키지 기술, 재료기술의 신장률 표시
* 기간내 발전정도나 우위기술파악

기술별 신장률

Ⅳ 정성분석

1. 의의

정성분석은 데이터를 기술 및 권리 내용적으로 파악하고 분석하고 기술특성 또는 출원인 특성을 고려한 분석방법이다.

타겟[Target]기술이 정해지면, 모집단내 특허 중에 문제가 될 만한 기술이 있는지, 장벽특허는 존재하는지, 연구개발과정에서 도출된 아이디어로 특허권을 확보하였을 경우 이용관계가 성립되는 특허기술은 존재하는 지 등을 면밀히 검토하는데 정성분석이 사용된다.

기술별 특성분석이 이루어지므로 기술간 상관분석, 시계열적 인과관계분석, 공백기술분석 등이 이루어질 수 있다.

2. 정성분석기법

정성분석은 기술내용과 출원인, 발명자, 특허분류, 출원일 등과의 조합에 의해 분석하거나 기술내용 상호관계에 따라 분석하는 것이 일반적이다.

예를 들면, 어떤 관점에서 기술내용을 시계열적으로 추구하고자 하는 경우에는 Tempest 분석방식을 취한다. 또한, 시간축을 배제하고, 기술DATA 와 기술DATA를 직교좌표의 종축과 횡축으로 놓고 그 양을 조사하려는 경우는 MATRIX 분석기법을 사용한다.

전체적인 기술의 흐름을 보기위해서는 기술발전도 분석을 행하고. 새로 발생한 분류나 키워드를 어느 일정한 시간 간격(기간)으로 추구하는 경우에는 뉴엔트리[New Entry]분석방식을 사용한다.

그 이외에도 분석기법은 매우 다양하다.

아래 표는 정성분석의 기법을 분석목적별로 구분해 본 것이다.

정성분석 기법

구분	분석 항목	주요 추출 데이터
핵심특허분석	-Citation 트리 맵 -핵심특허 현황 분석 -핵심특허 및 관련 특허 요지맵	핵심특허
기술흐림분석	-기술별/충원인별 기술발전도 -인용정보를 이용한 기술발전도 -전체 기술발전도	-기술/기술군 분류 -출원인 정보 -인용정보
권리분석	-서지사항 및 기술요약 -청구항 제1항 분석 -분석결과 종합 -기술요지를 이용한 권리범위분석 -구성요소를 비교를 통한 권리범위분석 -구성요소 비교를 통한 주요특허의 기술계통도	-영세서의 상세분석 자료 -특허권리 관련자료
매트리스 분석	-해결과제/해결수단 관정	해당 특허 분석
패밀리특허 분석	-패밀리계보 분석 -패밀리특허의 권리범위분석	해당 특허의 패밀리 정보

<출처: 특허정보분석실무 Manual, 2009, 한국전자정보통신산업진흥회>

3. 상관관계 분석

가. 의의

상관관계분석이란 어느 데이터 항목과 다른 데이터 항목 간의 관계를 도식화한 것이다.

이 분석을 통해 데이터 항목과 다른 인자 간의 관계를 파악하고, 데이터 항목을 가공해서 얻은 데이터 간의 관계를 파악하게 된다.

그 상관관계는 예를 들면 y=f(x) 등의 관계식, 계수, 비율, 지수 등의 형태를 구하거나, 그래프화하여 그 포지션position을 명확하게 하여 장래 예측의 자료로 이용하게 된다.

나. 분석방법

분석방법은 수량측면과 내용측면으로 구분하여 처리한다.

수량적 처리는 포트폴리오 분석이나 신장률 분석, 신기술 계수분석 등을 행하는 것이고, 내용적 처리는 상관관계 분석이나 기업 상관관계 분석, 발명자 상관관계 분석의 작업을 행하는 것이다.

4. 추이분석

추이는 어느 방향으로 나가는 것을 의미하므로 추이분석은 각종 정보요소를 가지고 필요에 따라 분석하는 것을 말한다.

예를 들면 특허 출원건수나 발명자수, 출원인수, 분류수, 심사청구건수 등과 같이 건수를 파악하거나 심사청구율, 공고율, 등록율, 특허비율, 외국출원비율 등과 같이 비율적 요소가 확보되면 출원인별 출원건수 추이나 발명자별 출원건수 추이, 분류별 출원건수 추이가 분석될 수 있다.

그 외 출원부터 공고까지의 일수 또는 심사청구까지의 일수 등과 같이 필요에 따른 각종 건수 추이분석이 이루어지게 된다.

5. 분석정보표시기술

정보요소들을 활용하여 각종 맵으로 표현되는 경우를 예시하면 아래와 같다.

(1) 출원건수 추이 맵 - 년도별 출원/심사 청구항 수

(2) 구성비 맵 - 기술별 출원구성비

(2) 매트릭스 맵 - 3차원그래프 / 3차원 표

(4) 레이더 표시 맵 - 기술분야별, 경쟁사별 출원 수

(5) 구성부위 표시 맵 - 요소별 표시 맵

(6) 기술발전도 맵 - Flow Map, Tree Map

(7) 리스트 표시 맵

(8) 시계열 표시 맵

(9) 분포 표시 맵

3절 특허맵 작성사례

Ⅰ 건수 추이맵

건수 추이맵은 년도별 출원 건수, 청구항 수 등을 그래프로 표현한 것이다.
이 맵을 통해 개발(출원)의 시작 시기나 활성화 시기 및 퇴조기를 파악할 수 있다.

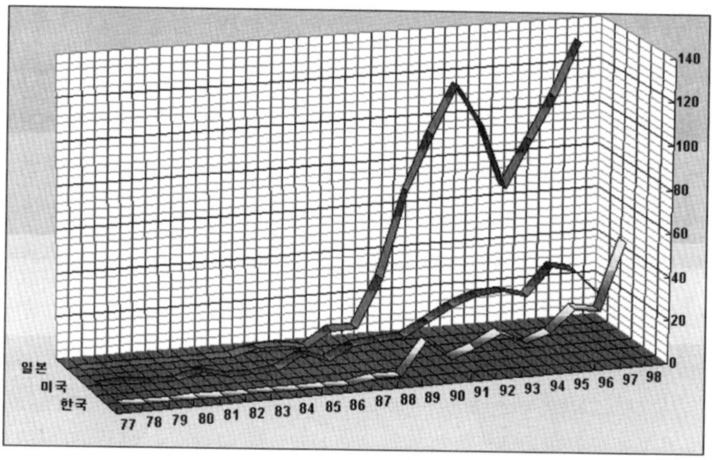

Ⅱ 동적 맵

동적 맵은 건수 추이맵의 일정으로 추이를 동적으로 파악하기 위해 구분한 것이다.
도표의 X축으로는 출원 건수를, Y축으로는 출원인수를 표시하고 도표 내에 각 기술의 발전기, 성숙기, 퇴조기, 부활기등을 파악하여 향후 추세를 예측하는데 유용하다.

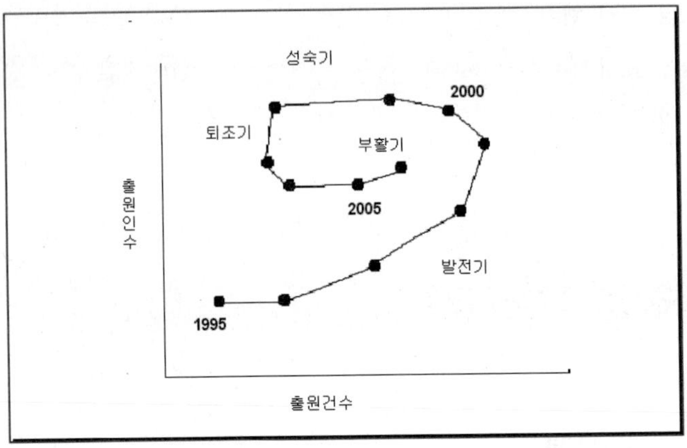

Ⅲ 구성비 맵

구성비 맵은 출원인마다의 출원 건수의 시장점유율이나 기술개발의 집중분야를 파악하는데 유용하다.

원 그래프나 막대 그래프 등을 이용한다.

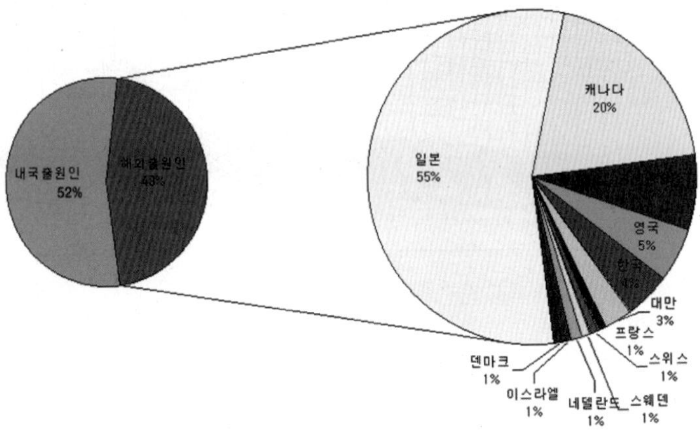

Ⅳ 매트릭스 맵

매트릭스 맵Matrix Map은 입체적 맵과 도표 맵으로 구분하여 입체적 매트릭스 맵은 기술이나 응용 분야 또는 출원인 등 여러 관점에서 편성한 매트릭스로 기술개발 상황을 분석하거나 새로운 기술개발의 방향, 시장에서 주목되는 이용 분야의 파악에 활용한다.

이에 비해 도표 매트릭스 맵은 표 형식으로 복수관점에서 편성하여 자사의 특허와 타사의 특허를 대비하거나 자사의 특허 경쟁력을 파악하는데 활용한다.

아래 그림은 각각 입체적 매트릭스 맵(a)과 도표 매트릭스 맵(b)을 예시한 것이다.

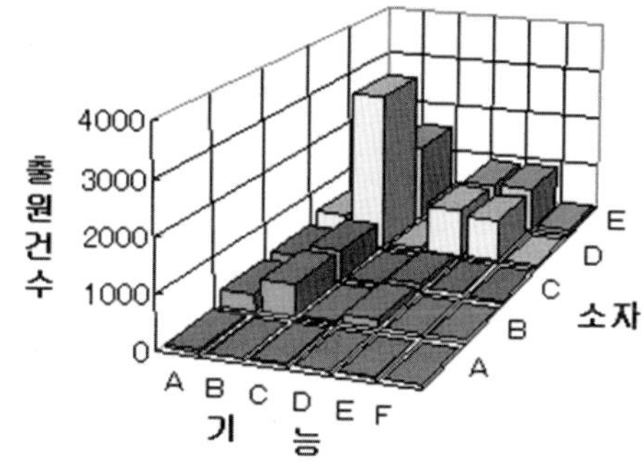

(a) 입체적 매트릭스 맵

☆ : 타사 ★ : 자사

<table>
<tr><td></td><td colspan="2">신뢰성</td><td colspan="2">경제성</td><td colspan="2">품질감</td><td colspan="2">안정성</td><td colspan="2">합계</td></tr>
<tr><td>조광</td><td colspan="2">☆☆☆☆☆☆
★★★</td><td colspan="2">☆☆☆☆☆☆
★★★★★★</td><td colspan="2">☆☆☆☆
★</td><td colspan="2">☆☆☆☆
★★</td><td>20
12</td><td>32</td></tr>
<tr><td>열선반사</td><td colspan="2">☆☆☆☆☆
★★★★★★★</td><td colspan="2">☆☆☆☆☆☆</td><td colspan="2">☆☆☆☆☆☆
★★</td><td colspan="2">☆☆☆☆
★</td><td>21
10</td><td>31</td></tr>
<tr><td>차광</td><td colspan="2">☆☆☆☆☆</td><td colspan="2">☆☆☆
★</td><td colspan="2">☆☆☆☆
★</td><td colspan="2">☆☆☆☆
★★</td><td>16
4</td><td>20</td></tr>
<tr><td>합계</td><td>16
10</td><td>26</td><td>15
7</td><td>22</td><td>14
4</td><td>18</td><td>12
5</td><td>17</td><td>57
26</td><td>83</td></tr>
</table>

주. [합계]에서 상단은 타사의 권리건수 하단은 자사의 권리권수 표시

(b) 도표 매트릭스 맵

Ⓥ 레이더 맵

레이더 맵은 그 표현형태가 레이더 장치의 화면에 표시되는 모양과 유사하여 붙여진 이름으로 거미줄과도 닮아있다. 레이더 맵은 복수의 특허정보요소를 방사상에 배치하여 출원연도, 출원인 혹은 이용 분야 마다 비교할 수 있게 표현하고 매년, 혹은 출원인마다의 개발 기술의 밸런스, 기술 분야별의 주력도, 중점화 분야를 파악하는데 유용하도록 작성된다.

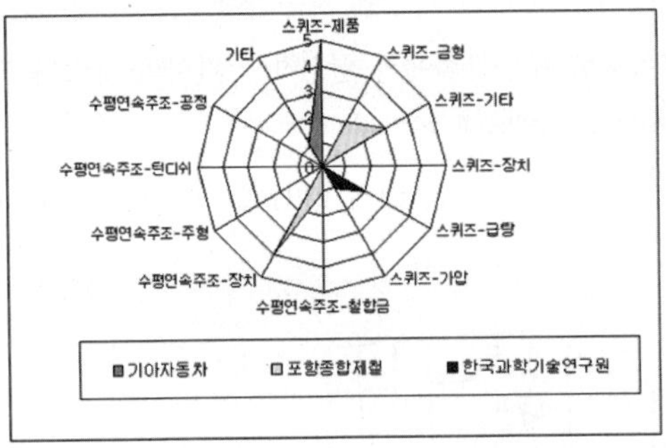

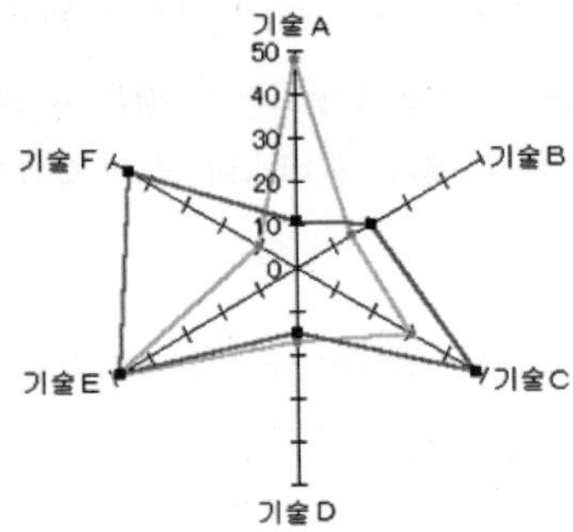

Ⅵ 구성요소표시 맵

구성요소표시 맵은 제품을 구성하고 있는 주요한 요소별로 주요한 권리와 권리의 건수 또는 출원 건수를 명시한 것이다. 제품의 특허망 상황 표시는 물론 자사 제품의 각 요소 기술에 대해서 타사의 문제 특허를 맞추어 표시할 수 있어서 제품의 특허(경쟁)력 파악에 편리하다.

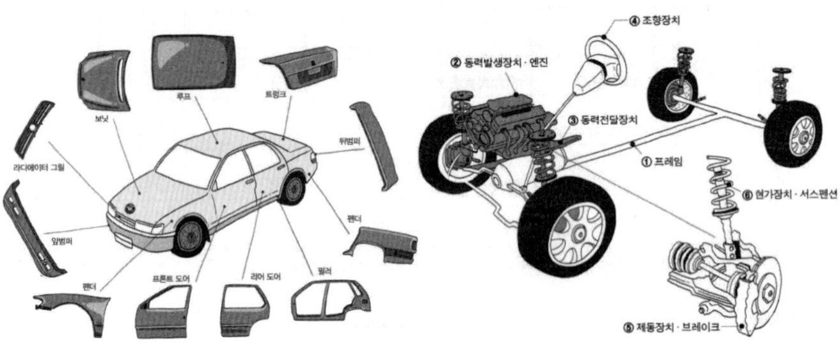

자동차 구성부위별 특허출원 현황

Ⅶ 기술발전도 맵

기술발전도 맵은 기술의 발전 · 전개 표시 맵이라 할 수 있다.

핵심이 되는 기술로 서로 연결해 자을 수 있던 다른 분야의 제품 혹은 제품 요소등에 대해서 새로운 방식이나 새로운 구조와 같은 핵심 기술의 특허가 출현한 차례로 늘어놓고 정리하여 한눈에 볼 수 있도록 도시한 것이다.

해당 기술의 트랜드를 파악할 수가 있어 신제품의 기획이나 입안시에 기초자료로 활용하게 되며, 기술의 발전 과정을 파악 할 수 있어서 기술의 근원을 알기보다는 새로운 발상을 낳는 힌트 정보로서 유용하다.

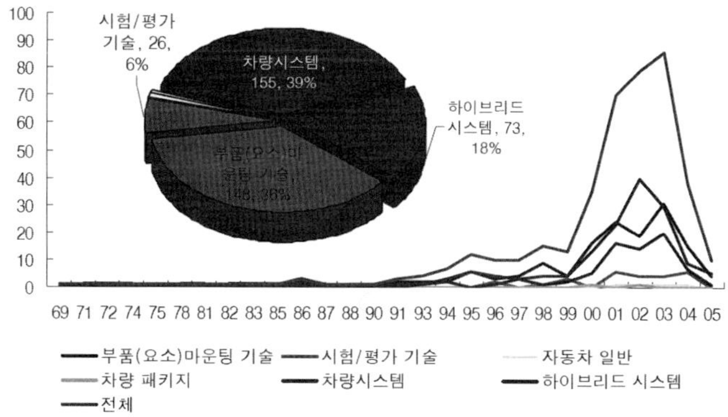

〈출처: 특허청〉

미국내 연료전지 자동차의 연도별 기술별 동향

Ⅷ 리스트표시 맵

리스트표시 맵은 컴퓨터 발전 이전부터 사용하는 전통적 표시방식으로 표 형식을 사용하여 도시하는 것이다.

표의 선두열에 이슈특허번호, 연월일, 출원인명, 명칭 등의 서지 사항을 기재하고, 표의 제1 행째에 각 특허의 평가 결과, 대책, 혹은 심사 상황 등의 항목을 열거해 집계하여 신제품 및 신기술 개발및 전략 입안시, 특허의 상황분석에 활용한다.

리스트 된 특허와 제품과의 관계에 대한 중요도를 파악하는데 유용하다.

심사 과정 / 공개 번호	출원일	심사청구	이의신청	결정	등록일	중간서류		
	출원번호	연월일	연월일	연월일	등록번호	거절통지	의견서	보정
공개일 (번호)								

제4편

과학기술육성제도

SCIENCE TECHNOLOGY & INTELLECTUAL PROPERTY

1장 지적재산권과 그 보호제도

SCIENCE TECHNOLOGY & INTELLECTUAL PROPERTY

1절 개 요

I 의의

무체재산권이란 인간의 사고력에 의한 창작이 현실적으로 구현되었을 때 그 창작자에게 부여되는 재산적 가치를 소유할 권리를 말하며, 지적재산권으로 통칭된다. 지적재산권은 산업기술의 보호를 위한 산업재산권과 문학·예술·학술의 창작자 보호를 위한 문화재산권으로 구분한다.

II 지적재산권

지적재산권[知的財産權, Intellectual Property]이란 "인간의 창조적 사고에 대한 결과물의 소유권"이라고 할 수 있다.[249] 우리나라는 최고 법률인 헌법에 지적재산권의 창작과 보호에 관하여 규정[250]하고 있으므로 지적재산권의 강력한 보호·장려정책이 운영되고 있음을 알 수 있다.

지적재산권의 역사적 배경을 장황하게 알아보지 않더라도, 우리나라가 정보기술의 강국이 될 수 있었던 것은 바로 기술이라는 창의력과, 이 창의력을 과학적으로 사고하여 신규하고 진보적인 결과물을 탄생시킨 저력에 기인한다. 과학적 사고는 디지털 시대를 이끌어가면서 인터넷은 물론 휴대전화와 디지털 전자제품과 같이 우리의 사회적·일상적 생활을 편리하게 발전시키

---

249) '지적(知的)' 이라는 단어의 의미를 해석해보면 '지(知)' 는 "(새롭게)안다, 이해한다"는 의미이고 '~적(的)' 은 '목표, 추구하는' 의 뜻을 가지므로, '지적(知的)' 이라 하면 '새로운 것을 아는데 목표를 둔' 의 의미가 된다. 따라서 지적재산권(知的財産權)은 "새로운 것의 이해를 지향하여 얻은 무체재산에 대한 권리"가 된다. 영문의 지적재산권이라는 표기도 'Intellectual Property' 로, 'IP' 로 약칭하기도 한다.

250) 대한민국헌법 제22조 : ① 모든 국민은 학문과 예술의 자유를 가진다. ②저작자·발명가·과학기술자와 예술가의 권리는 법률로써 보호한다.

고 있다. 이러한 물리적 창작물뿐만 아니라 문학 · 예술 · 학술 분야의 창작활동과 함께 혹은 상호영향을 주며 공존하고 있으므로 인간의 과학적 · 예술적 사고의 창작이 곧 지적재산이 된다. 이러한 재산은 소유권과 인격권을 형성하게 된다.

지적재산권은 '지적소유권' 이라고도 표현하는 바와 같이 무체소유재산으로 인정되고 있으며, 근래에는 의미를 더욱 확장시켜서 '지식재산권' 으로도 표기한다.[251] 지적재산권이 되기 위한 대상은 바로 인간의 창작력이다. 창작의 주인이 되는 인간을 우리는 권리의 보호주체 혹은 줄여서 주체라 하고, 그 권리의 주체가 개발한 보호대상을 권리의 보호객체 혹은 줄여서 객체라고 통칭한다. 따라서 지적재산권의 보호주체는 창작을 하는 인간으로 창작자이어야 하며 고성능의 컴퓨터나 훈련된 동물들은 권리주체가 될 수 없다.

또한 지적재산권의 보호객체는 주체의 창작활동에 의해 생성된 결과물인 창작물이 된다. 창작력은 기왕에 존재하지 않는 것을 새롭게 만들어내는 에너지로, 인간이 존재하는 한 이 에너지는 영원히 지속되며, 이를 바탕으로 한 인간의 창작영역은 제한을 둘 수가 없다. 그러나 창작물에 대한 사고력 제공과 이를 보거나 사용하는 이들로 하여금 정신적 · 물리적 풍요로움과 편리함을 제공했다면 이에 대한 보상으로서의 인센티브가 주어져야 하므로 이를 위한 지적재산의 실체, 즉 무체재산이 공개되지 않으면 안 된다. 이 때문에 무체재산을 사용 용도에 따라 인위적으로 분류하여 재산권의 범위를 명확히 구분 짓고, 그렇게 함으로써 권리자의 재산권 형성 범위와 이용자의 활용 범위를 조화시킬 수 있게 된다.

무체재산은 용도에 따라 창작 목적이 산업에 이용되는 것이면 산업재산이라 하여 이에 따른 권리와 의무의 대상이 되는 것을 산업재산권이라 하고, 문학 · 학술 · 예술에 관한 것이면 문화재산으로 인정하여 그 권리를 문화재산권으로 구분한다. 여기서 산업재산권은 산업기술과 관련되는 제도를 총칭하는 것으로, 물건이나 방법에 관하여 신규하거나 개량된 고안에 대해 일정기간 동안 독점배타권을 부여하는 특허제도, 물품의 외적 형상이나 모양 및 색채에 대해 보호해주는 디자인보호제도, 자타 상품의 식별을 통해 소비자를 보호하고 생산자의 재산적 가치를 높여주는 표장을 보호하는 상표제도를 포함한다.

산업재산권 관할 관청은 특허청으로, 산업재산권을 취득하기 위해서는 고안한 발명을 문서화

---

251) 그러나, 지적재산에 대한 권리는 소유만을 위한 것이 아니라는 의미에서 '소유권' 이라는 의미는 너무 제한적이며, '지식' 은 인위적이고 체계적인 교육과정을 통해서 얻어지는 것이 일반적이라는 점에서 '지적소유권' 이나 '지식재산권(Knowledge-Based Property 혹은 Intelligent Property)'보다는 '지적재산권' 의 표기가 옳다고 본다. 왜냐하면 지적재산의 창작자가 반드시 자기가 개발하는 창작물에 대해 자연법칙을 모두 이해해야 하는 것이 아닐 뿐만 아니라, 특정 학문에 대한 소유권을 의미하는 것도 아니며, 그러한 지식을 갖는 자 만이 지적재산권을 소유할 수 있는 것도 아니기 때문이다. 예를 들면, 기능인이 소유하는 저작물은 반드시 지식을 바탕으로 해야 한다고 말할 수는 없기 때문이다. 더구나 세계적인 공통용어인 'Intellectual Property'는 '지적재산'이지 '지식재산'의 의미는 아니므로, 이 책에서 지식재산과 지적재산을 같은 의미로 보고 혼용한다.

하여 특허청에 제출하는 출원과정이 필요하다. 특허청 내에서 심사를 거쳐 등록이 결정되면 비용을 납부하여 최장 20년(5년 추가 가능)간 독점배타권을 누린 후 권리가 소멸되면 그 특허되었던 발명은 누구나 활용할 수 있게 된다.

III 산업재산권

산업재산권은 산업기술이나 서비스에 관련되는 무체재산권이라 할 수 있다. 산업재산권은 세분하여 물건과 방법에 관한 발명의 권리생성과 관리 및 소멸을 다루는 특허법, 고안의 정도가 발명보다 낮은 물건에 관하여 보호하는 실용신안법, 물건의 외적 형상인 창작의 디자인을 보호하는 디자인보호법, 그리고 물품의 생산자나 서비스 제공자를 표시하는 표장(기호, 문자, 도형, 입체물 형상)의 보호를 위한 상표법으로 구분한다. 따라서 특허법, 실용신안법, 디자인보호법 그리고 상표법의 네 가지 제도를 산업재산권법이라고 하며,[252] 지적재산권은 산업재산권을 포괄하는 개념이다.

IV 문화재산권

문화재산권은 실질적인 산업에 활용되기보다는 인간의 정신적 문화창달과 지적 욕구를 충족시키기 위하여 만들어지는 창작물에 대해 부여되는 권리이다. 대표적으로 저작물을 들 수 있으며, 저작물의 생성과 소멸 등 운영에 관한 사항은 「저작권법」으로 다스려진다.

저작권법으로 대변되는 문화재산권은 문학 · 예술 · 학술에 관련되는 독창성 있는 작품에 부여되는 권리이지만 산업재산권과 달리 출원과 심사 및 등록과정이 의무가 아니다. 즉 저작권은 저작자가 저작물이 완성되었다고 판단하는 시점에서 저작권이 발생하며 이는 상당히 주관적일 수밖에 없다. 동시에 여러 지역에서 다른 저작자에 의해 동일 저작물이 창작될 수 있다. 따라서 저작권은 산업재산권과 같이 독점적이지 않고 배타적인 권리만 갖는다고 볼 수 있다. 그렇다고 저작권의 등록제도가 없는 것은 아니다. 즉 저작권법의 관할 관청을 통해 저작권을 등록하는 경우 저작권 발생일자를 객관적으로 입증할 수 있으므로 분쟁발생시 저작물의 창작시기를 주장하는데 유리하다. 저작권은 위탁할 수 있으며 저작권 위탁관리업체는 저작권신탁관리와 저작권대리

252) 산업의 범위에 속하면서도 산업재산권의 범위에 속하지 않는 다른 제도들, 예를 들면 「반도체집적회로의 배치설계에 관한 법률」이나 「부정경쟁방지 및 영업비밀보호에 관한 법률(구법: 부정경쟁방지법)」 등은 전통적 산업이 아닌 새로운 기술개발과 영업방법에 따라 생겨난 제도들로, 이들은 별도로 「신지적재산권(新知的財産權)」으로 분류하기도 한다.

중개업을 할 수 있다.

저작권의 종류에는 저작재산권, 저작인격권, 저작인접권이 있다.

Ⅴ 지적재산권 제도의 세계적 통일화

지적재산권에 대한 보호와 이를 위한 노력은 산업혁명과 무관하지 않아서 1883년 프랑스에서 세계 주요 산업국이 모여서 이른바 파리조약Paris Convention (혹은 파리협약)을 체결하여 조약체결국가 간의 산업재산권에 관한 보호와 운영에 관한 국제규약을 제정했다. 파리조약은 산업재산권을 보호하기 위한 제도의 세계적 통일화에 기여한 제도라 할 수 있다. 또한 문학적·미술적 저작물을 보호하기 위한 노력은 1886년 베른에서 저작물보호에 관한 국제적 협약을 탄생시켰는데, 이를 베른협약Berne Convention이라 한다. 파리조약과 베른협약은 지적재산권의 보호와 운영을 위한 국제적 규약으로 세계적으로 어느 정도 통일화된 체계를 갖추고 있다.[253]

이러한 조약에 근거하여 세계적 지적재산권 제도의 통일적 운영을 위하여 1971년에 세계지적재산권기구World Intellectual Property Organization: WIPO[254]가 UN의 전문기구로 탄생했다. 우리나라는 1973년 3월 1일 WIPO 설립조약에 가입했다.[255] 이렇게 지적재산권을 산업재산권과 문화재산권으로 분류해 놓았다 해도 기술의 발달과 사회적 변화는 종래에는 미처 생각하지 못했던 새로운 창작물을 탄생시킨다. 예를 들면 전자상거래와 관련된 기술, 컴퓨터와 관련된 기술, 디지털 기술 등은 신지적재산권으로 분류되어 새로운 무체재산이 탄생될수록 그 종류와 함께 보호영역이 넓어져 간다.

지적재산권의 보호와 운영에 관한 제도는 세계적일 뿐만 아니라 우리나라도 조약의 범위 안에서 독립적으로 운영하는 각 제도들이 마련되어 있다. 이제 우리나라 제도를 중심으로 지적재산권의 종류와 특징을 간략히 살펴본다.

---

253) 한국은 세계무역기구(WTO) 협정이 1995년 7월부터 발효됨에 따라 1996년 가입하였다. 2005년 6월 현재 가맹국은 120여 국이다.

254) WIPO는 지적재산권의 보호에 관한 중심적 역할을 담당하고 있는 정부 간 국제기구이다. WIPO의 설립목적은 국가 간의 협조를 통하여, 그리고 적당한 경우에는 기타 모든 국제기구와 공동으로 전 세계를 통한 지적재산권의 보호를 촉진하고 제 동맹국 간의 행정적 협조를 확보하는 데 있다. 현재 사무국은 스위스 제네바에 있다.

255) 회원국은 2006년 3월 현재 183개국으로, 북한도 우리보다 3년 늦은 1974. 8.17일 가입하였다,

2절 지적재산권 보호제도의 세계적 통일화

I 지적재산권에 관한 국제기구 및 조약

1. 국제기구

가. 세계지적재산권기구

세계지적재산권기구[WIPO]는 국가 및 타 국제기구와의 협조를 통한 지적재산권의 보호촉진과 지적재산권에 관한 국제조약 동맹 간의 행정협력의 확보를 목적[256]으로 한다. 1967년 7월 14일 조인되고, 1970년 4월 26일 발효되어 1974년 12월 17일 UN 전문기관으로 탄생되었다.[257]

WIPO의 설립 취지는 (1) 전 세계를 통한 지적재산권의 효율적 보호촉진과 이 분야에 있어서 각국의 입법조화를 목적으로 하는 제반 조치의 발전 증진, (2) 타 관련조약과 더불어 행정적 업무수행, (3) 지적재산권 보호의 증진을 목적으로 하는 국제협약 관리 및 장려, (4) 이 분야의 법률적 기술적 원조, (5) 이 분야의 정보수집과 배포 및 연구, (6) 국제적 보호촉진업무 유지 등이다.

WIPO의 가장 큰 역할은 특허협력조약[PCT], 상표의 국제등록에 관한 마드리드협정을 위한 사무국, 위조활동방지 권고, 세계특허법 조화운동, 저작권 국제모델법 제정 추진 등이다. WIPO는 일반총회, 체약국회의, 조정위원회, 국제사무국의 4개 기구로 구성되어 있다.

---

256) WIPO설립협정 3조 (Objectives of the Organization): The objectives of the Organization are: (i) to promote the protection of intellectual property throughout the world through cooperation among States and, where appropriate, in collaboration with any other international organization, (ii) to ensure administrative cooperation among the Unions.

257) WIPO는 국제연합 산하에 부설된 국제사회의 지적재산권 보호를 위한 전문기구이다. 사실 WIPO의 모태는 산업재산권을 보호하기 위해 1883년 체결된 파리조약(Paris Convention for the Protection of Industrial Property)과 어문과 예술작품을 보호하기 위해 1886년 체결된 베른협약(Berne Convention for the Protection of Literary and Artistic Works)의 국제사무국(International Bureau)이 통합되어 1893년 BIRPI (Bureaux Internationaux Reunis pour la protection de la Propriete Intellectuelle, United International Bureaux for the Protection of Intellectual Property)이라 할 수 있다. 현재의 WIPO는 1967년 7월 14일 스톡홀름에서 체결된 WIPO설립협정(Convention Establishing the World Intellectual Property Organization)에 근거하며, 1974년 12월부터 UN의 16개 전문기구(specialized agency)의 하나가 되었다. 박노형, 『WIPO신조약과 지적재산권의 국제적 논의동향 연구』, (프로그램심의조정위원회 보고서, 2002.11.30), p.5.

나. 세계무역기구

세계무역기구WTO: World Trade Organization는 세계무역질서를 세우고 우루과이라운드협정UR의 이행 여부를 감시하기 위하여 1995년 1월에 공식 발족한 국제기구이다. 이 기구의 설립 이전에는 국제무역문제 해결을 위하여 관세 및 무역에 관한 일반협정GATT이 시행되었으나 제8차 협상인 UR 타결과 함께 WTO로 이관되었다.

WTO는 국제무역 분쟁에 대한 중재권은 물론 세계 무역자유화를 위하여 공산품, 농산물, 서비스, 지적재산권 등에 관한 각종 권한을 갖는 공식적인 국제기구이다. 특히 무역관련 지적재산권협정TRIPs: Agreement on Trade Related Aspect of Intellectual Property Rights은 UR의 타결과 동시에 출범한 WTO협정의 일부 부속협정의 하나로 내국민대우, 최혜국, 최소보호, 권리소진 등의 기본원칙을 규정하고 있다.[258] WTO는 2년마다 회원국 전체 각료회의를 열어 통상문제를 협의한다. WTO에 대해서는 다시 설명한다.

2. 관장조약

가. 파리조약과 베른조약

WIPO에서 관장하는 조약은 크게 산업재산권보호를 위한 파리조약과 저작권보호를 위한 베른조약이다. 162개국이 가입되어 있는 파리조약에 우리나라는 북한(1980년 6월 10일)보다 한 달 앞선 1980년 5월 4일 가입했다. 이 조약은 상표등록조약인 마드리드의정서에 의한 협정The Madrid Protocol을 포함하여 15개 조약을 거느리고 있다. 베른조약은 148개국이 가입한 저작권보호를 위한 국제조약으로, 우리나라는 1996년 8월 21일 가입했다.[259] 베른조약에 포함되는 주요 협약은 (1)68개국이 가입하고 있는 실연자, 음반 제작자, 방송사업자의 보호를 위한 로마협약, (2)67개국이 가입하여 음반무단 복제방지를 목적으로 운영되고 있는 제네바협약(우리나라는 1987년 10월 가입), (3)위성통신의 신호 배분을 위한 브뤼셀협약, (4)시청각저작물 국제등록을 위한 IRAW협약, (5)WIPO 저작권조약, (6)WIPO 실연·음반조약 등이 포함된다.

---

258) TRIPs협정은 1994년 4월 15일 Marrakesh에서 작성되었으며, 우리나라에서는 1995년 1월 1일 발효되었다.

259) 베른협약과 구별되는 세계저작권협약(Universal Copyright Convention; UCC)는 유네스코(교육·과학·문화부문의 국제협력을 도모함으로써 세계평화에 기여하기 위해 설립된 국제연합 전문기구. 약칭 UNESCO. 1945년 유엔총회에서 프랑스 대표가 제의하여 같은 해 12월 런던에서 개최된 44개국 교육부장관 회의에서 합의를 이루어 헌장이 채택되었다)가 관장하는 저작권 관련 국제협약으로 1952년 성립된 것이다. 우리나라는 UCC에 1987년 7월 1일 가입하였다.

나. 무역관련 지적재산권협정

무역관련 지적재산권협정[WTO/TRIPs]은 1986년 9월 UR협상 개시와 함께 지적재산권 분야를 중심으로 채택된 국제적 규약이다. 저작권 및 저작인접권, 상표, 지리적 표시, 의장, 특허, 집적회로[IC] 배치설계, 영업비밀(미공개정보), 반경쟁적 행위의 통제 등 8개 부문에 대해 1991년 12월 전문 및 총 73개조의 Dunkel 협정조안을 발표한 것을 시작으로 1993년 12월 15일 체결된 협약이다. WTO 체제로 출범하여 이 협정이 국내 효력을 발생한 시기는 1995년 1월 1일부터였으며, 2000년 3월 1일을 기해 WTO/TRIPs의 개발도상국 유예기간을 종료시켰다.

이 협정의 주요 내용은 (1)내국민 혹은 최혜국대우, (2)저작권 분야에서 베른협약 준수의무(소급보호원칙: 협약 제18조, 예외 인정), (3)데이터베이스의 보호, (4)음반제작자에게 대여권 인정, (5)저작인접권의 보호 강화(보호기간 연장) 등을 골자로 한다. 2001년 12월 현재 144개국이 가입했으며, 우리나라는 1995년 1월 1일 회원국이 되었다.[260)]

다. 세계저작권협약

1952년 성립된 세계저작권협약[UCC: Universal Copyright Convention]은 (1)방식주의 수용, (2)저작자 사후 25년 이상 보호기간 확보, (3)저작자의 권리로 불소급의 저작재산권 인정과 저작인격권의 불인정 등을 주요 내용으로 한다. 우리나라는 1987년 7월 1일 가입하여 10월 1일부터 발효되었다. UCC의 2006년 현재 가입국은 62개국이다.

라. 베른조약

베른조약(협약)은 문학적 · 예술적 저작물의 보호를 목적으로 체결된 세계 최초의 국제적 저작권 규약이다. 가입국 국민의 저작물도 자국민에 대한 보호와 동등하게 보호할 것을 규정하는 내국민 대우의 원칙과, 저작권의 발생과 행사에 있어서 어떠한 절차나 방식의 이행을 전제로 하지 않는 무방식주의[無方式主義]를 주요 내용으로 한다.

우리나라는 1996년 5월 21일 가입신청서를 기탁하여 가입하였고, 1996년 8월 21일부터 국내에 법적 효력이 발생하였다. 이 조약의 주 내용은 체약국이 저작권 보호기간을 정함에 있어서 저작자의 생애 동안을 포함하여 사후 50년 이상을 규정할 것과, 권리의 효력은 소급보호를 원칙으로 하여 협약의 발효일에 다른 가입국에서 보호기간이 종료되지 않아 아직 보호되고 있는

---

260) 이 때문에 국내 저작권법이 동 협정에 맞게 두 차례 개정된 바, 1994.7.1일자의 첫 번째 개정에서는 음반, 실연, 방송의 보호기간이 2O년에서 50년으로 연장되었으며, 음반대여와 데이터베이스에 대한 보호규정이 추가되고 저작권침해에 대한 벌칙이 대폭 강화되었다. 또한 1995.12. 6일 공포되고 1996. 7. 1일부터 시행된 두 번째 개정 법률은 1)외국인 저작물 및 음반에 대한 소급보호 2)외국인의 실연 및 방송에대한 보호 3)실연자에게 실연의 고정에 대한 복제권 부여 4)번역권의 강제허락제도 삭제 등의 내용을 포함하고 있다.

저작물에 대한 보호 의무를 포함할 것을 규정하고 있으나, 소급보호의 조건을 국내법으로 규정 가능하도록 예외규정도 갖추고 있다. 2008년 현재 164개국이 이 조약에 가입되어 있다.

마. 제네바음반협약

제네바음반협약은 제네바에서 체결된 음반의 무단복제로부터 음반제작자를 보호하기 위한 국제규약으로 1971년 10월 29일 성립되었다. 우리나라는 1987년 7월 10일 가입하여 10월 10일부터 효력이 발생되었다. 주요 내용은 (1)보호원칙(국제기준원칙, 예외적으로 최초 고정 장소 기준), (2)보호범위(무단복제물 배포, 공중배포 목적의 복제물 작성, 수입으로부터 음반제작자 보호), (3)보호방법(저작권법, 부정경쟁방지법, 형법 중의 하나로 권리를 보호할 것), (4)보호기간(최초 고정 또는 발행의 다음 해부터 20년 이상)의 내용을 포함하고 있다.

바. 로마협약

로마협약은 1961년에 성립된 국제규약으로 실연자, 음반제작자 및 방송사업자의 보호에 관한 내용을 담고 있다. 내국민 대우의 원칙과 최소한의 보호기준을 설정할 것을 주 내용으로 한다. 실연자의 녹음·녹화권, 방송권, 2차 사용료 청구권, 공연권, 음반제작자의 복제권, 배포권 및 2차 사용료 청구권, 방송사업자의 녹음·녹화권, 동시방송 중계권, 공중전달권에 대한 가이드라인이 제시되어 있다. 이 협약에 의한 저작물의 보호기간은 권리의 불소급을 원칙으로 (1)음반 및 음반에 수록된 실연은 고정이 이루어진 해의 연도 말로부터 20년, (2)음반에 수록되지 않은 실연에 대해서는 실연이 행하여진 해의 연도 말로부터 20년, (3)방송에 대해서는 방송이 이루어진 해 연도 말로부터 20년이다.

사. WIPO 신조약

디지털시대의 개막과 함께 컴퓨터 및 통신기술의 발달로 저작권관련 문제의 해결을 위한 새로운 국제질서의 수립을 목적으로 WIPO 저작권조약과 실연·음반조약을 체결하기 위한 준비가 WIPO의 주관으로 추진되었다. 우선은 베른협약 제20조에 의거한 특별협약 추진의 합의가 1989년에 이루어졌으며, 1996년 12월 2일부터 20일까지 열린 외교회의(제네바)에서 WIPO 신조약을 채택했다. 그 결과 1996년 12월 20일 채택된 WIPO저작권조약[WCT: WIPO Copyright Treaty]이 2002년 3월 6일 발효되고, WIPO실연·음반조약[WPPT: WIPO Performances and Phonogram Treaty]이 2002년 5월 20일 발효되었다. WIPO 신조약 채택의 의의는 (1)디지털네트워크 환경에서의 저작권 및 인접권 보호를 위한 새로운 국제질서 수립과 체약국은 이 조약의 기본 방향에 근거하여 각국이 처한 상황을 감안하여 자국의 저작권법의 제도정비, (2)저작인접권 보호수준의 저작권 보호수준에의 근접 등이다.

Ⅱ 지적재산권의 범위

지적재산권은 유체재산과 구분되는 무체재산이며 무체재산권은 산업재산권과 문화재산권으로 구분된다. 그러나 과학기술의 발달에 따라 지적재산권이나 문화재산권에 속하지 않거나 혹은 이 두 분야에 중복하여 보호되는 대상이 생겨남에 따라 신지적재산권이 확장되고 있다. WIPO설립조약 제2조 8항에서는 지적재산권의 범위에 대해 "가)문학, 예술 및 과학적 저작물, 나)실연가의 실연, 음반 및 방송, 다)인간의 노력에 의한 모든 분야에 있어서 발명, 라)과학적 발견, 마)디자인, 바)상표, 서비스표, 상호 및 기타 명칭, 사)부정경쟁으로부터의 보호 등에 관련되는 권리, 아)기타 산업, 과학, 문학 또는 예술 분야의 지적활동에서 발생하는 모든 권리를 포함한다."고 규정하고 있다. 다음 표는 지적재산의 종류와 관련제도(법률)를 요약한 것이다.

지적재산의 종류

구 분		보호 대상	정 의	보호 요건	보호 기간
특 허 법		물건, 방법, 물건의 생산 방법	자연법칙을 이용한 기술적 사상의 창작으로 고도한 것	산업상 이용가능성, 신규성, 진보성	출원 후 20년 +5년 (연구기간)
실용신안법		제품	물품의 형상·구조·조합 또는 이들의 결합	산업상 이용가능성, 신규성, 진보성	출원 후 10년
디자인보호법		물품디자인 화상디자인	물품의 형상·모양·색채 또는 이들의 결합, 모양과 색채만의 디지털 화상으로 시각을 통하여 심미감을 유발시키는 것	산업상 이용가능성, 신규성, 창작의 비용이성	등록 후 15년
상표법		표장(기호·문자·도형·입체 형상)	상품의 생산·판매업자가 자기의 상품을 타인의 상품과 식별하기 위하여 사용하는 표장	특별 현저성	등록 후 10년 매 10년씩 갱신 가능
저작권법	저작재산권	저작물	문학·학술·예술의 범위에 속하는 창작물	저작물로 성립될 것, 창작일 것, 표현될 것	생애+사후50년
		저작인격	공표권, 성명표시권, 동일성 유지권	저작물로 성립될 것, 창작일 것, 표현될 것	생애+사후침해금지기간
	저작인접권	저작인접물	실연, 음반, 방송	저작인접물일 것, 창작으로 표현될 것	행위 후 50년

주) 2013년 7월 1일부터 저작권의 보호기간은 종래 50년에서 70년으로 연장

2장

SCIENCE TECHNOLOGY & INTELLECTUAL PROPERTY

지식재산기본법

1절 의 의

Ⅰ 지식재산기본법의 제정

법률 제10,629호로 2011년 5월19일 제정되어 2011년 7월20일부터 시행되고 있는 지식재산기본법은 발명, 상표, 도서 · 음반, 게임물, 반도체 설계, 식물의 품종 등 여러 개별 법률에 근거를 두고 있는 지식재산에 관한 정책을 통일되고 일관된 원칙에 따라 추진할 수 있도록 하기 위하여 정부의 지식재산 관련 정책의 기본 원칙과 주요 정책 방향을 법률에서 직접 제시하는 한편, 국가 차원의 지식재산 기본계획을 수립하고 관련 정책을 심의 · 조정하기 위한 국가지식재산위원회를 설치하는 등 정책추진체계를 마련함으로써, 우리나라 지식재산의 가치가 최대한 발휘될 수 있는 사회적 여건과 제도적 기반을 조성하기 위하여 설립되었다.

지적재산과 지식재산의 용어가 혼용되고 있는 가운데, 소관 부처별 이익을 위한 '지식재산기본법'과 '지적재산기본법'의 명칭 사용에도 대립이 있었으나, 국제적으로 통용되는 '지적재산 Intellectual Property' 대신 지식재산의 용어를 채택하면서도 영문표현은 그대로 'Intellectual Property'를 지식재산으로 표기한 것은 모순이 아닐 수 없다.

Ⅱ 구성과 내용

1. 지식재산기본법의 구성

지식재산기본법은 총 5장 42개 조항 및 부칙으로 구성되어 있다.

제1장 총칙에는 지식재산기본법의 목적 및 기본이념, 지식재산의 정의, 다른 법률과의 관계가 갖추어져 있다.

지식재산정책의 수립 및 추진체계가 마련된 제2장은 지식재산 기본계획 및 시행계획 수립과 국가지식재산 정책의 수립과 관련사항에 대한 조정 및 심의기구로서의 국가지식재산위원회와 위원회의 업무를 효율적으로 지원하기 위한 국가지식재산전략추진단의 설치 등이 명시되어 있다.

제3장은 지식재산의 창출 · 보호 및 활용에 관하여 규정하고 있다.

제4장은 지식재산 기반강화에 관한 내용을 규정하고 있다.

제5장은 보칙 및 벌칙으로 구성되어 있다.

2. 지식재산기본법의 주요 내용

가. 국가지식재산기본계획 및 시행계획의 수립

정부는 이 법의 목적을 효율적으로 달성하기 위하여 5년마다 지식재산에 관한 중장기 정책 목표 및 기본방향을 정하는 국가지식재산 기본계획(이하 "기본계획"이라 한다)을 수립하여야 한다(§8).

정부는 관계 중앙행정기관의 장과 시 · 도지사로부터 제8조의 기본계획에 따른 추진계획을 제출받아 매년 국가지식재산 시행계획(이하 "시행계획"이라 한다)을 수립하여야 한다(§9).

기본계획과 시행계획의 수립 · 변경은 위원회의 심의를 거쳐 정부가 확정한다.

나. 국가지식재산위원회의와 지식재산정책책임관

(1) 국가지식재산위원회의

지식재산 정책의 수립 및 추진을 위하여 대통령 소속으로 국가지식재산위원회가 설치된다.

위원회의 위원장은 국무총리와 민간 위원장이 공동으로 맡도록 하며, 위원회의 업무를 지원하기 위하여 사무기구를 둘 수 있다.

(2) 지식재산정책책임관의 지정

관계 중앙행정기관의 장과 시 · 도지사는 해당 기관의 지식재산 정책을 효율적으로 수립 · 시행하기 위하여 소속 공무원 중에서 지식재산정책책임관을 지정할 수 있다.

다. 지식재산 창출 · 보호 및 활용 촉진을 위한 시책 마련

정부는 우수한 지식재산과 새로운 분야에서 출현하는 지식재산의 창출을 지원하고, 지식재산이 효과적이고 안정적으로 보호될 수 있도록 사회환경과 제도를 개선하며, 지식재산이 합리적이고 공정하게 활용될 수 있도록 하기 위하여 각 분야별로 필요한 시책을 마련하여 추진하도록 한다.

따라서 지식재산의 창출, 보호 및 활용의 각 분야별로 세부 목표와 실천 방안을 마련함으로써 관련 정책이 보다 구체적이고 실현가능한 방법으로 수립 · 추진될 것으로 기대된다.

라. 지식재산 기반 조성 및 국제협력

지식재산이 존중되는 사회환경 조성, 지식재산에 관한 정보의 원활한 유통, 지식재산 전문인력과 연구기관 육성 등 지식재산 기반 강화를 위한 정책 방향을 제시하는 한편, 지식재산 관련 규범의 국제화와 개발도상국가에 대한 기술이전 등 지식재산 분야에서의 국제협력의 근거를 마련한다.

이로써 지식재산 기반 강화를 통하여 지식재산 강국으로 나아가기 위한 정책목표를 분명하게 하는 한편, 우수한 지식재산을 바탕으로 국제사회의 공동발전에 기여하려는 우리나라의 국가 이미지 제고에 도움이 될 것으로 기대된다.

Ⅲ 지식재산기본법의 성격

1. 법의 설립목적

이 법의 제1조는 "이 법은 지식재산의 창출 · 보호 및 활용을 촉진하고 그 기반을 조성하기 위한 정부의 기본 정책과 추진 체계를 마련하여 우리 사회에서 지식재산의 가치가 최대한 발휘될 수 있도록 함으로써 국가의 경제 · 사회 및 문화 등의 발전과 국민의 삶의 질 향상에 이바지하는 것을 목적으로 한다."고 명시되어 있다.

2. 기본법

이 법은 지식재산에 관한 '기본법'이다. 따라서 이법은 지식재산에 관한 정책수단의 총괄규범으로서의 법적 성격을 갖는다. 따라서 이 법률에 열거되어 있는 개별·구체적인 정책의 집행과 관련하여서는 개별법의 규정과 그 기능이 필요하다.

각종 지식재산과 관련한 권리의 획득과 그 실시 등과 관련한 정책은 개별법에 의한 개별 중앙행정기관과 지방자치단체의 관할권에 그대로 놓여 있으므로, 이 법률의 시행에도 불구하고 개별법에 의한 다수 행정기관의 역할은 그대로 유지된다.

지식재산관련 타법의 설립이나 개정이 있는 경우 지식재산기본법의 설립취지와 그 내용을 따라야 한다.

3. 정책 규범

이 법 설립 목적규정에서 "~지식재산의 창출, 보호 및 활용을 촉진하고 그 기반을 조성하기 위한 정부의 기본정책과 추진체계를 마련~"에 관한 내용은 이 법이 정책규범임을 천명하는 것이다.

이 법률의 적용대상은 지식재산과 신지식재산을 포함한다.

'지식재산'이란 "인간의 창조적 활동 또는 경험 등에 의하여 창출되거나 발견된 지식 · 정보 · 기술, 사상이나 감정의 표현, 영업이나 물건의 표시, 생물의 품종이나 유전자원[遺傳資源], 그 밖에 무형적인 것으로서 재산적 가치가 실현될 수 있는 것"이다.

'신지식재산'이란 "경제 · 사회 또는 문화의 변화나 과학기술의 발전에 따라 새로운 분야에서 출현하는 지식재산"을 말한다.

따라 가장 넓은 의미의 지식재산이 이 법률에 적용대상이 된다.

4. 행정법

이 법률은 지식재산에 관한 정책을 세우고 이를 추진하는 것으로 행정법 체계에 속한다. 왜냐하면 이 법은 지식재산과 지식재산권을 구분하여 지식재산권의 설정 및 보호는 종래 '지적재산권법'으로 총칭되는 법체계에 맡기고 있기 때문이다.

2절 지식재산기본법의 이해

Ⅰ 총칙

1. 개요

이법의 제1장은 지식재산기본법의 총칙규정이다. 총칙이라 함은 법 전체에 걸치는 원칙적 규정을 둔 법의 일부분을 의미한다.

총칙규정에는 일반적으로 법의 목적, 그 법령에서 사용하는 용어의 정의, 당해 법령의 적용범위, 당해 법령과 관련된 국가와 지방자치단체 등 관련자의 의무, 당해 법령의 기본이념과 다른 법령과의 관계설정과 당해 법률 전체를 일관할 수 있는 특칙 등이 포함될 수 있다[261].

제1장 총칙에는 목적(제1조), 기본이념(제2조), 정의(제3조), 국가 등의 책무(제4조), 다른 법률과의 관계(제5조)가 포함된다.

261) 오준근, 「과학기술기본법 제정에 대비한 과학기술 관련법령 정비방안」, 한국법제연구원, 2000. 11.

2. 법의 설립목적

이 법의 설립취지는 일의적으로 지식재산의 창출·보호 및 활용을 촉진하고 그 기반을 조성하기 위한 정부의 기본 정책과 추진 체계를 마련하는 것이다.

이에 따라 지식재산의 가치를 극대화 시켜서 국가의 경제·사회 및 문화 등의 발전과 국민의 삶의 질 향상에 이바지하는 것을 목적으로 하고 있다.

3. 추진방향

정부가 지식재산 관련 정책을 추진함에 있어서는 다음 각 호의 기본이념을 좇아야 한다.

① 저작자, 발명가, 과학기술자 및 예술가 등 지식재산 창출자가 창의적이고 안정적으로 활동할 수 있도록 함으로써 우수한 지식재산의 창출을 촉진한다.

② 지식재산을 효과적이고 안정적으로 보호하고, 그 활용을 촉진하는 동시에 합리적이고 공정한 이용을 도모한다.

③ 지식재산이 존중되는 사회환경을 조성하고 전문 인력과 관련 산업을 육성함으로써 지식재산의 창출·보호 및 활용을 촉진하기 위한 기반을 마련한다.

④ 지식재산에 관한 국내규범과 국제규범 간의 조화를 도모하고 개발도상국의 지식재산 역량 강화를 지원함으로써 국제사회의 공동 발전에 기여한다.

4. 지식재산의 보호범위

이 법 정의 규정에서는 '지식재산'과 '신지식재산'을 명시하고 '지식재산권'이란 "법령 또는 조약 등에 따라 인정되거나 보호되는 지식재산에 관한 권리"를 규정하여 지식재산의 보호범위는 현재는 물론 미래의 "인간의 창조적 활동 또는 경험 등에 의하여 창출되거나 발견된 지식·정보·기술, 사상이나 감정의 표현, 영업이나 물건의 표시, 생물의 품종이나 유전자원遺傳資源, 그 밖에 무형적인 것으로서 재산적 가치가 실현될 수 있는 것"을 총괄하는 가장 넓은 의미로 해석한다.[262]

따라서 지식재산의 보호범위는 그 제한이 없다고 할 수 있다.

---

262) 이는 한편 일본의 지적재산기본법과 유사하다 할 수 있다. 일본 지적재산기본법 제2조 정의 ①이 법률에서 「지적재산」이라 함은, 발명, 고안, 식물의 신품종, 의장, 저작물 기타 인간의 창조적 활동에 의해 산출되는 것(발견 또는 해명된 자연의 법칙 또는 현상으로서 산업상 이용가능성이 있는 것을 포함한다.), 상표, 상호 기타 사업활동에 이용되는 상품 또는 서비스를 표시하는 것 및 영업비밀 기타 사업활동에 유용한 기술상 또는 영업상의 정보를 말한다.

4. 국가 등의 책무

국가는 이 법의 목적과 기본이념에 따라 지식재산의 창출·보호 및 활용을 촉진하고 그 기반을 조성하기 위한 종합적인 시책을 마련하여 추진하여야 한다.

이는 지방자치단체와 공공연구기관 및 사업자 등에게 우수한 지식재산의 창출과 적극적인 활용 및 소속 연구자와 창작자의 처우 개선을 위하여 노력하게 하며, 그 성과에 대한 정당한 보상이 이루어지게 하는 파급효과를 갖는다.

따라서 국가, 지방자치단체, 공공연구기관 및 사업자 등은 지식재산의 창출·보호 및 활용 촉진과 그 기반 조성을 위한 정부의 시책이 효과적으로 추진될 수 있도록 서로 협력하여야 한다.

5. 기본법의 위상

지식재산기본법의 특성에 따라 지식재산과 관련되는 다른 법률을 제정하거나 개정하는 경우에는 이 법의 목적과 기본이념에 맞도록 하여야 한다.

지식재산 정책의 추진에 있어서도 다른 법률에 특별한 규정이 있는 경우를 제외하고는 이 법에서 정하는 바에 따른다.[263)]

Ⅱ 지식재산 정책의 수립 및 추진 체계

1. 국가지식재산 기본계획

지식재산에 관한 정부의 주요 정책과 계획을 심의·조정하고 그 추진상황을 점검·평가하기 위하여 대통령 소속으로 국가지식재산위원회(이하 "위원회"라 한다)가 설치·운영되고 있다.

정부는 이 법의 목적을 효율적으로 달성하기 위하여 5년마다 지식재산에 관한 중장기 정책 목표 및 기본방향을 정하는 국가지식재산 기본계획(이하 "기본계획"이라 한다)을 수립하여야 하며, 기본계획[264)]을 수립하거나 변경하려는 경우에는, 대통령령으로 정하는 경미한 사항을

---

263) 기본법과 개별법의 우월적 지위에 있어서 보다 상세한 내용은 박영도, 「기본법의 입법모델연구」, 한국법제연구원, 2006, 참조.

264) 기본계획에는 다음사항이 포함되어야 한다.
1. 지식재산 정책의 목표와 기본방향
2. 지식재산 및 신지식재산의 창출·보호 및 활용 전략
3. 산업계, 학계, 연구계, 문화예술계 등의 지식재산 창출역량 강화 방안
4. 외국에서의 대한민국 국민(국내법에 따라 설립된 법인·단체를 포함한다. 이하 같다)의 지식재산 보호에 관한 사항
5. 지식재산 침해행위로 인한 국민의 안전 등에 대한 위해(危害) 방지 방안
6. 지식재산의 공정한 이용 방안

변경하려는 경우를 제외하고, 위원회의 심의를 거쳐 확정한다.

2. 국가지식재산 시행계획

국가지식재산 기본계획의 수립과 추진계획에 따라 관계 중앙행정기관의 장과 시·도지사는 그 추진계획을 제출해야 한다. 정부는 이를 근거로 매년 국가지식재산 시행계획(이하 "시행계획"이라 한다)을 수립하여야 한다.

국가지식 기본계획 및 시행계획의 효율적인 추진을 위하여 추진상황을 점검·평가하기 위한 국가지식재산위원회의 의무 사항 및 역할도 규정되어 있다.

3. 국가지식재산위원회

가. 위원회의 설치 및 기능

지식재산에 관한 정부의 주요 정책과 계획을 심의·조정하고 그 추진상황을 점검·평가하기 위하여 대통령 소속으로 국가지식재산위원회(이하 "위원회"라 한다)를 둔다.

현행 국가지식재산위원회는 국무총리·민간 공동위원장과 위원(정부위원 10명과 민간위원 18명)으로 구성되고 산하에 실무운영위원회, 전문위원회(창출·보호·활용·기반·신지식재산의 5개 분과), 특별전문위원회가 있으며, 지식재산전략기획단을 사무국으로 두고 있다.[265]

국가지식재산위원회는 다음의 지식재산 관련 주요 정책을 심의·조정·점검한다.

① 국가지식재산 기본계획 및 국가지식재산 시행계획의 수립·변경에 관한 사항

② 기본계획 및 시행계획의 추진상황에 대한 점검·평가에 관한 사항

③ 지식재산 관련 재원의 배분방향 및 효율적 운용에 관한 사항

④ 지식재산의 창출·보호 및 활용 촉진과 그 기반 조성을 위한 시책에 관한 사항

---

7. 지식재산 친화적 사회환경 조성에 관한 사항
8. 지식재산의 국제표준화에 관한 사항
9. 지식재산 관련 정보의 수집·분석 및 제공에 관한 사항
10. 중소기업, 농어업인 등의 지식재산 역량 강화 방안
11. 경제적·사회적 소외 계층의 지식재산 접근 지원에 관한 사항
12. 지식재산 전문인력의 양성 방안
13. 지식재산 관련 제도의 국제화 방안
14. 지식재산 정책의 추진을 위한 정부예산 투입 계획
15. 지식재산 관련 문화·교육·금융 제도 등의 개선을 위한 법령 정비 계획
16. 그 밖에 지식재산의 창출·보호 및 활용 촉진과 그 기반 조성에 필요한 사항

265) http://www.ipkorea.go.kr/pmo_brain/?sub_num=346 〈2012.6.1.방문〉

아래 그림은 국가지식재산위원회의 구성도이다.

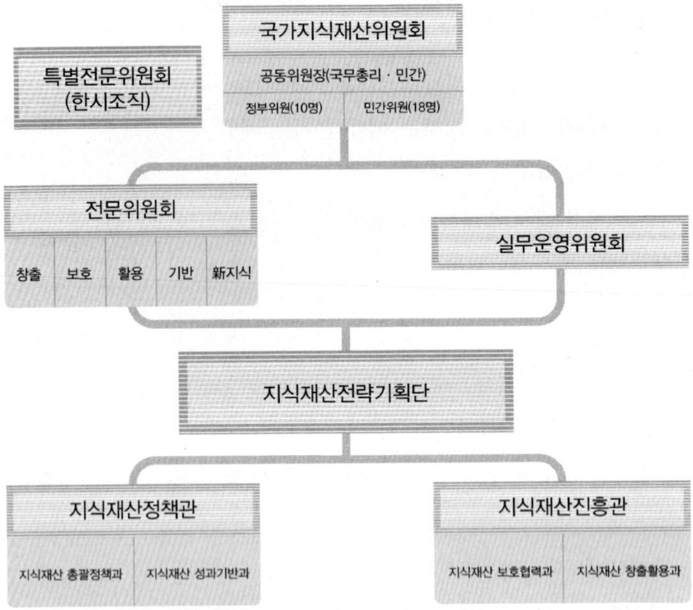

〈출처: 국가지식재산위원회〉

나. 국가지식재산위원회의 구성 및 운영

위원회는 위원장 2명을 포함한 40명 이내의 위원으로 구성한다.

위원장은 국무총리와 제3항 제2호의 위원 중에서 대통령이 지명하는 사람이 된다.

다. 추진상황의 점검 및 평가

위원회는 기본계획과 시행계획의 추진상황을 점검 · 평가하여야 한다.

위원회는 기본계획과 시행계획의 원활한 추진을 위하여 필요한 경우에는 관계 중앙행정기관의 장이나 시 · 도지사에게 제1항에 따른 점검 · 평가 결과를 반영한 개선의견을 통보할 수 있으며, 개선의견을 통보받은 관계 중앙행정기관의 장이나 시 · 도지사는 그 개선에 필요한 계획을 수립하여 위원회에 제출하여야 하며, 위원회는 해당 기관이 제출한 계획의 이행 상황을 점검하여야 한다.

라. 국가지식재산위원회의 사무기구의 운영

위원회의 업무를 지원하기 위하여 위원회에 사무기구를 둘 수 있다. 위원회의 업무를 효율적으로 수행하기 위하여 필요한 경우에 중앙행정기관, 지방자치단체, 그 밖의 관계 기관 · 단체 등의 장에게 그 소속 공무원 또는 임직원의 파견 또는 겸임을 요청할 수 있다.

마. 지식재산정책책임관의 지정

관계 중앙행정기관의 장과 시 · 도지사는 해당 기관의 지식재산 정책을 효율적으로 수립 · 시행하기 위하여 소속 공무원 중에서 지식재산정책 책임관을 지정할 수 있다.

바. 관계 법령의 제정 · 개정 등의 통보

중앙행정기관의 장과 시 · 도지사는 지식재산과 관계된 법령 및 조례를 제정 또는 개정하려거나, 주요 정책 및 계획(이하 이 조에서 "주요정책 등"이라 한다)을 수립 또는 변경하려는 경우에는 위원회에 그 내용을 통보하여야 한다.

이를 통보받은 위원회는 법령, 조례 또는 주요정책 등에 대하여 의견을 제시할 수 있으며, 중앙행정기관의 장이나 시 · 도지사는 위원회의 의견이 반영될 수 있도록 노력하여야 한다.

사. 업무협조

위원회는 위원회의 업무 수행을 위하여 필요한 경우에는 중앙행정기관, 지방자치단체, 그 밖의 관계 기관 · 단체나 전문가에게 자료 또는 의견의 제출을 요청하거나 조사 또는 연구를 의뢰할 수 있다.

아. 연차보고서

정부는 매 회계연도 경과 후 3개월 이내에 해당 회계연도의 시행계획 추진실적에 대한 연차보고서를 작성하여 국회에 제출하여야 한다.

III 지식재산의 창출, 보호 및 활용 촉진

지식재산기본법 제3장은 지식재산의 창출 · 보호 및 활용의 촉진에 관한 규정을 포함하고 있다.

1. 지식재산의 창출 촉진

가. 지식재산의 창출 촉진(제15조)

우리나라는 특허출원(실용신안포함) 세계 5위국이지만 1,2위와의 격차가 매우 클 뿐만 아니라 특허기술의 수준도 전반적으로 낮은 편이고, 창출의 증가도 수년째 수평을 유지하고 있다.

이제는 이러한 현상을 정책적 · 행정적 측면에서 개선시킬 시책이 필요한 바, 지식재산기본법은 지식재산의 창출 촉진을 위하여 정부가 시책을 추진함에 있어 필수적으로 포함하여야 할 사항들을 명시하고 있다.

정부는 우수한 지식재산의 창출을 촉진하기 위하여 다음 사항들이 포함된 시책을 마련하여 추진하여야 한다.

① 지식재산 관련 통계 및 지표의 조사 · 분석
② 미래 지식재산의 발전 추세 및 관련 산업 · 시장에 대한 전망
③ 공공연구기관 및 사업자등의 지식재산 역량을 강화하기 위한 지원
④ 연구자, 창작자 및 지식재산 관리자의 역량을 강화하기 위한 교육
⑤ 우수한 지식재산의 창출을 촉진하기 위한 법 · 제도 개선
⑥ 공공연구기관 및 사업자등의 국내외 공동연구개발 활성화 지원
⑦ 그 밖에 우수한 지식재산의 창출을 촉진하기 위하여 필요한 사항

나. 연구개발과 지식재산 창출의 연계

우리나라의 R&D 투자액은 '07년 31조 원으로 세계 7위, GDP 대비 3.47%로 세계 3위 수준으로 성장했지만, 실질적 성과는 다소 미흡한 실정이다.

또한 국가연구개발사업의 성과제고를 위한 그간의 노력에도 불구하고, 연구개발 및 활용성과가 주요 선진국에 비해 저조하다[266]. 그리고 국가연구개발사업에서 특허출원은 증가하고 있으나, 이를 체계적으로 관리할 수 있는 전문가가 부족한 실정이다.

이에 지식재산기본법은 연구개발 결과가 우수한 지식재산의 창출로 이어질 수 있도록 지원하고, 연구개발 사업의 기획, 개발, 평가 등의 전 과정에서 관련 지식재산 정보가 활용될 수 있도록 지원하며, 연구개발 사업에 대한 평가가 지식재산 창출 성과를 기준으로 이루어질 수 있도록 필요한 조치를 하도록 명시하고 있다.

다. 신지식재산 창출 등 지원

기존의 산업재산권과 문화재산권으로 양분되던 무체재산권은 그 경계가 모호한 신기술의 창출뿐만 아니라 새로운 영역의 지식재산분야의 창출이 요구된다.

이러한 신지식재산 창출에 대해 정부의 시책으로 신지식재산의 창출 · 보호 및 활용을 촉진하는 중요성을 내포하여 지식재산기본법에 명시되어 있다. 신지식재산의 창출 · 보호 및 활용 촉

266) 기술이전율('07년) : 한국(24.2%) 〈 미국(35.9%) 〈 캐나다(40.1%) 〈 유럽(46.8%)
연구생산성('07년) : 캐나다(1.3) 〈 한국(1.5) 〈 유럽(3.5) 〈 미국(4.8)

진을 위하여 신지식재산의 현황을 조사·분석하고, 신지식재산이 적절히 보호될 수 있도록 관계 법령을 정비하고, 이와 관련된 기술적 보호수단의 개발과 이용 활성화를 위한 지원 등 필요한 조치가 이루어지도록 강제규정이 마련되어 있다.

라. 지식재산 창출자에 대한 보상

우리나라에서 기업과 개인의 특허출원 비율은 80:20으로 직무발명에 의한 지식재산의 창출이 압도적인데 반해 직무발명 보상제도의 운영으로 직무발명에 따른 보상을 받는 비율은 전체의 40%를 넘지 못하고 있다.

이에 따라 지식재산 창출을 위한 시책과 지원과 더불어 지식재산을 창출한 개인이 정당한 보상을 받을 수 있는 사회적 환경과 기반을 마련하고, 이에 필요한 시책을 수립하여야 하는 규정이 마련되어 있다.

2012년 들어 현대자동차를 비롯한 국내 대기업 위주의 직무발명 보상제도가 그 보상 한계를 10억 원대까지 설정해 놓음으로써 기업의 종업원들로 하여금 지식재산 창출의 의욕을 고취시키고 그 활용을 꾀하는 등 지식재산기본법이 추구하는 지식재산창출과 정당한 보상의 사회환경과 제도적 기반이 갖추어져 가고 있다고 할 수 있다.

2. 지식재산 보호 강화

지식재산의 보호는 신속하고 정확한 권리화와 권리의 안전성을 확보하기 위한 보호가 필요하므로, 지식재산의 권리화 및 보호 촉진, 소송 체계의 정비, 재판 외 분쟁해결 절차 활성화, 지식재산권 침해행위에 대한 대응방안, 그리고 외국에서의 지식재산 보호에 대한 방안과 시책을 마련하여 추진하는 규정이 마련되어 있다.

가. 지식재산의 권리화 및 보호 촉진

지식재산이 신속·정확하게 권리로 확정되고 효과적으로 보호될 수 있도록 하기 위한 시책의 마련과 추진에 아래 사항들을 포함시키고 있다.

① 지식재산의 심사·심판·등록 체계 등의 정비 방안

② 지식재산의 보호를 위한 법적·행정적 조치 강화 방안

③ 지식재산의 보호를 위한 보안 체계와 정보시스템 구축 등 기술적 조치 강화 방안

④ 국내외 지식재산 보호 관계 기관·단체와의 협력 방안

⑤ 지식재산의 권리화 및 보호 관련 전문 인력 확보 방안

⑥ 그 밖에 지식재산의 권리화 및 보호 촉진을 위하여 필요한 사항

나. 소송 체계의 정비

지식재산 관련 분쟁은 지식재산의 창출과 보호에 따라 시간이 흐를수록 증가해 왔고, 앞으로도 지속될 것이다.

따라서 지식재산 관련 분쟁이 신속하고 공정하게 해결되어 권리 구제가 충실히 이루어질 수 있도록 소송 절차를 간소화하는 등의 제도 개선이 필요하고 이에 대한 방안이 강구되어야 한다.

이와 함께 정부차원의 지식재산 관련 분쟁해결의 전문성을 확보하기 위하여 소송 체계를 정비하고 관련 인력의 전문성을 강화하는 방안이 마련되어야 한다.

다. 재판 외 분쟁해결 절차 활성화

지식재산 관련 분쟁에는 이를 소송 등으로 해결할 경우 시간 · 경제적 소모는 물론, 신용과 기술개발을 저해하는 부정적 요소들이 수반된다.

지식재산 관련 분쟁이 신속하고 원만하며 재판의 결과와 같은 효력을 갖는 조정 · 중재 등 재판 외의 간단하고 편리한 분쟁해결 절차를 활성화하고, 전문성을 제고하는 것도 소송체계 정비와 함께 장려되어야 할 사항이다.

지식재산 관련 분쟁에서 재판 외 분쟁 해결수단으로는 양자 화해, 라이선싱, 맞고소 등이 활용되고 있다.

따라서 재판 외의 간단하고 편리한 분쟁해결 절차를 쉽게 이용될 수 있도록 안내하고 홍보하는 필요조치의 강화규정이 갖추어져 있다.

라. 지식재산권 침해행위에 대한 대응

지식재산은 그 권리자 개인의 재산이라는 사적 의미와, 지식재산의 실시와 사용에 따라 국민경제와 국가산업, 문예부흥을 이루게 되므로 공적 의미를 동시에 내포하고 있다.

따라서 지식재산권 침해행위에 대한 대응이나 조치는 범국가적 차원에서 위조품 및 불법복제품이 시장에서 유통되지 않도록 국내 시장 단속은 물론, 국내시장 진입 전 국경 봉쇄조치가 효과적으로 이루어질 필요성이 있다.

이를 위하여 지식재산기본법에는 1) 지식재산 불법 유출과 지식재산권 침해를 방지하기 위한 방안, 2) 지식재산권 침해 물품을 제조, 유통 또는 수출입하는 행위를 근절하기 위한 방안, 3) 지식재산권 침해를 방지하기 위한 관계 기관 간의 협력 방안, 4) 그 밖에 지식재산권 침해행위에 대응하기 위하여 필요한 사항이 구체적으로 마련되어 있다.

마. 외국에서의 지식재산 보호

우리나라 기업이 보유한 지식재산권의 가치가 높아지고 해외로의 진출이 활발해짐에 따라 해외에서의 지식재산보호는 수출과 분리하여 생각할 수 없고, 또한 IT강국으로서 국내 기업이 입는 지식재산권 피 침해 정도도 크게 늘어나고 있다.

특히, 산업기술의 유출방지를 위한 제도의 운영과 함께 우리 정부나 기업의 독자적 노력만으로는 외국에서의 지식재산보호에 한계가 있으므로 외국 정부와의 지원제공 · 공조체계 구축 및 지식재산권 규범 협상을 위한 다자간 협상 참여 등 국제수준의 공조체계 구축을 위한 노력이 필요하다.

이를 위하여 지식재산기본법은 대한민국 국민이 보유하는 지식재산이 외국에서 적절하게 보호될 수 있도록 노력하고, 적절하게 보호를 받지 못하는 경우 외국정부 및 국제기구 · 관련 단체와의 협력 등 필요한 조치를 하도록 명시하고 있다.

3. 지식재산의 활용 촉진

지식재산의 창출은 그 활용이 수반되어야 창출의욕과 창출을 위한 재투자 및 국가산업 · 문화의 발전이 이루어질 수 있다.

이러한 요구는 국가지식재산을 민간으로 이전시키기 위한 「기술의 이전 및 사업화 촉진에 관한 법률」과 그 설립목적의 궤를 같이한다.

지식재산의 활용촉진을 위해서는 산업육성과 기술이전을 통한 활성화, 기술이전에 필요한 가치의 평가, 그리고 지식재산의 공정한 이용질서 확립의 제도가 마련되어야 하므로 지식재산기본법에 이들 사항이 마련되어 있다.

가. 지식재산의 활용 촉진

지식재산의 활용촉진방안은 권리자의 직접실시나 사용도 있지만, 지식재산의 이전(移轉), 거래, 사업화 등으로 다각화할 수 있다.

특히 2011년 7월20일 제정된 '기술평가기준 운영지침[267]'은 기술이전이나 라이선싱 및 로열티 산정을 위한 기술가치 평가의 가이드라인이 되고 있다.

지식재산기본법은 국가, 지방자치단체 또는 공공연구기관이 보유 · 관리하는 공공 지식재산의 활용을 촉진하기 위하여 노력해야 할 것과 다음 사항을 포함하는 시책을 마련하여 추진해야 하는 규정을 갖추고 있다.

---

267) 총 5장으로 구성된 동 지침은 평가 방법(Tool)으로 시장접근법, 수익접근법, 원가접근법을 구체적으로 명시하고 있다.

① 지식재산을 활용한 창업 활성화 방안

② 지식재산의 수요자와 공급자 간의 연계 활성화 방안

③ 지식재산의 발굴, 수집, 융합, 추가 개발, 권리화 등 지식재산의 가치 증대 및 그에 필요한 자본 조성 방안

④ 지식재산의 유동화(流動化) 촉진을 위한 제도 정비 방안

⑤ 지식재산에 대한 투자, 융자, 신탁, 보증, 보험 등 금융 활성화 방안

⑥ 그 밖에 지식재산 활용 촉진을 위하여 필요한 사항

나. 지식재산 서비스 산업의 육성

해외 선진국과 달리 국내에는 지식재산 비즈니스 모델이나 지식재산 서비스 산업의 기반이 취약한 상태이다. 예컨대 지식재산 금융, 컨설팅, 정보 서비스 등의 지식재산 서비스 산업은 새로운 산업분야이면서 전문적 인력의 육성과 활용이 요구된다.

이 때문에 지식재산의 활용촉진을 위해서는 이를 지원하는 지식재산 서비스 산업의 육성이 필요하다.

이를 위하여 지식재산 기본법은 지식재산 서비스 산업을 육성하기 위하여 「조세특례제한법」 또는 그 밖의 조세 관련 법률에서 정하는 바에 따라 조세를 감면할 수 있도록 하고, 지식재산 서비스 산업에 대하여 창업 지원, 인력 양성, 정보 제공 등 필요한 지원을 할 수 있도록 하며, 지식재산서비스산업에 대한 분류 체계를 마련하고, 관련 통계를 수집 · 분석하여야 하는 규정을 갖추고 있다.

다. 지식재산의 가치 평가

지식재산과 자본시장의 연계 활성화, 지식재산의 거래 및 활용 촉진을 위해서는 객관적이고 합리적인 지식재산 평가가 바탕이 되어야 한다. 지식재산 평가의 기본이 되는 기업 · 기술가치 평가에는 2011년부터 IFRS국제회계기준를 재무회계에 도입함에 따라 지식재산가치 평가의 신뢰성이 강화되었다.

지식재산기본법은 지식재산에 대한 합리적인 가치 평가를 촉진하기 위하여 지식재산 가치의 평가 기법 및 평가 체계를 확립하여야 하고, 그 평가 기법 및 평가 체계가 지식재산 관련 거래, 금융 등에 활용될 수 있도록 지원하여야 하며, 이에 필요한 관련 인력을 양성하여야 하는 규정을 갖추고 있다.

라. 지식재산의 공정한 이용 질서 확립

특허괴물[268]이나 표준특허 등 특허권자가 갖는 권리행사의 힘은 침해소송에 앞서 과도한 로열티를 요구하는 등 산업발전을 저해하는 요소가 되고 있다.

또한, 대 · 중소기업 간의 상생을 위한 기술자료 임치제도[269]는 대 · 중소기업 상호간 개발기술의 공정한 이용과 신뢰를 추구한다.

지식재산의 창출도 중요하지만 권리자의 권리남용 방지를 위한 법률 · 제도적 방안도 함께 강구되어야 하는 이유가 여기에 있다.

지식재산기본법도 지식재산의 공정한 이용을 촉진하고, 지식재산권의 남용을 방지하기 위한 노력과, 공동의 노력으로 창출된 지식재산권이 당사자 간에 공정하게 배분될 수 있도록 필요한 조치를 강구하고, 대기업과 중소기업 간의 불공정한 지식재산의 거래를 방지하고 서로 간의 협력을 촉진하여야 하는 규정을 갖추고 있다.

Ⅳ 지식재산의 창출, 보호 및 활용 촉진을 위한 기반 조성

지식재산기본법 제4장은 제29조부터 제38조까지 지식재산의 창출, 보호 및 활용 촉진을 위한 기반 조성의 장을 두고 있다.

이하 조문별로 분설한다.

1. 지식재산 친화적 사회 환경 조성

지식재산기본법 제29조는 지식재산 친화적 사회 환경 조성에 관한 규정이다. 지식재산의 창출로부터 얻어지는 국민경제발전과 국가산업발전은 특허권의 독점배타적 실시권에 대한 거부감을 극복한 결과이다. 또한, 우리나라는 지식재산 창출역량에 비해 지식재산권 존중의식이 빈약하다.[270] 지식재산 보호에 대한 수준이 빈약하면 위조 상품, 불법 다운로드 문제 등이 발생하여 각종 국제협상에서도 부정적 요인으로 작용하게 된다.

따라서 지식재산이 존중되는 사회 환경을 조성하기 위하여 교육, 홍보, 문화행사 등 지식재산

---

268) NPE(Non Practicing Entities)라고 한다. 종래 특허괴물의 영문표현인 'Patent Troll'은 특허괴물운영자에게 모욕감을 주는 의미로 해석될 수 있어서 사용이 지양된다.

269) 대중소기업 상생협력 촉진에 관한 법률 제24조의2(기술자료 임치제도): ① 수탁 · 위탁기업[수탁 · 위탁기업 외에 단독 또는 공동으로 기술자료를 임치(任置)하고자 하는 기업을 포함한다]은 전문인력과 설비 등을 갖춘 기관으로서 대통령령으로 정하는 기관[이하 "수치인"(受置人)이라 한다]과 서로 합의하여 기술자료를 임치하고자 하는 기업(이하 "임치기업"이라 한다)의 기술자료를 임치할 수 있다.

270) 2008년 기준, 특허출원은 세계 4위이나, 지재권 보호지수는 37위이다.

에 대한 국민의 인식 제고를 위한 시책이 마련되고 추진되어야 한다. 이를 위하여 지역별 지식재산의 창출·보호 및 활용 촉진을 위한 시책 마련과 추진으로 각 지역의 지식재산 경쟁력을 높일 수단이 강구되어야 한다.

2. 지식재산의 국제표준화

특허가 포함된 국제표준이 증가함에 따라 표준특허의 확보가 기술선점 및 시장경쟁력 제고의 핵심요소로 작용하고 있다.

표준특허란 '표준' + '특허'의 복합어로, ISO, ITU, ETSI 등의 표준화기구에서 제정한 표준규격에 포함되어 있는 특허를 말한다.

표준특허가 된 기술에 대해서는 해당특허를 침해하지 않고서는 제조·판매나 서비스를 제공하는 것이 불가능하다. 표준기술을 구현하기 위하여 반드시 이 표준특허기술을 실시해야만 한다.

국제표준특허가 되기 위해서는 국제표준이 제정되기 전에 출원되어 있어야 한다.

지식재산기본법은 국내에서 창출된 지식재산이 국제표준으로 채택될 수 있도록 정부가 필요한 지원 및 이를 지원하기 위한 국제표준 관련 동향 정보를 수집·분석·제공하도록 규정하고 있다.

3. 지식재산 정보의 제공

유관부처 및 기관과 연계하여 제공하는 국가과학기술지식정보서비스[NTIS]와 같이, 국가의 주요 부처는 유관기관을 통해 소관업무의 동향에 대한 정보를 매년 일정한 주기로 제공하고 있으며, 각 부처는 관련 업무 실태조사를 정례화하고, 구축된 DB를 통해 정보를 보급하고 있다.

정부가 지식재산 정보를 제공하기 위한 시책 마련과 추진에 있어 필수적인 사항은 다음과 같다.

① 지식재산 정보의 수집·분석·가공 및 데이터베이스의 구축 방안

② 지식재산 정보의 분류 체계 마련 및 지식재산 분류표의 작성·보완 등에 관한 사항

③ 지식재산 정보망의 구축 및 지식재산 전문 도서관의 설립 등 정보에 대한 접근성 제고

방안

④ 지식재산 정보의 수집·분석 및 제공 활성화를 위하여 필요한 연구개발 방안

⑤ 지식재산 정보의 관리·유통 전문 기관 육성 방안

⑥ 그 밖에 지식재산 정보의 수집·분석 및 제공을 위하여 필요한 사항

이들 시책을 추진할 때에 개인정보나 국가기밀 등이 보호될 수 있도록 필요한 조치를 취하여야 하는 규정도 지식재산 정보제공 시책에 포함된다.

4. 경제적·사회적 약자에 대한 지원

개인이나 중소기업은 대기업이나 공기업에 비해 상대적으로 경제적· 사회적 약자로 분류된다. 지식재산 창출역량은 상위 0.1%의 대기업에 전체의 40%가 집중되어 있어 중소기업의 기술경쟁력 강화 정책이 시급하다. 또한 장애인, 노인, 미성년자 등과 같이 지식재산의 창출과 보호 및 이용에 쉽게 접근하기 어려운 사람들을 위한 중소기업, 농어업인, 개인 등의 지식재산 창출, 보호 및 활용 역량강화에 필요한 노력 경주 규정이 지식재산기본법에 명시되어 있다.

5. 지식재산 교육 강화

지식재산기본법 제33조는 국민의 지식재산에 대한 인식과 지식재산 창출 및 활용 역량을 높이기 위한 정책으로 지식재산에 관한 교육을 강화시켜야 함을 규정하고 있다.

지식재산에 대한 인식은 초·중·고교 때부터 이루어질 수 있도록 학교의 정규 교육과정에 지식재산에 관한 내용이 반영되도록 할 것과 이를 위하여 지식재산에 특성화된 학교를 육성하고, 지식재산 관련 학과나 강좌가 개설될 수 있도록 하는 규정이 마련되어 있다.

교육의 대상의 범위는 「평생교육법」 제2조에 따른 평생교육기관의 교육과정에도 지식재산에 관한 이해와 관심을 넓힐 수 있는 내용이 포함될 수 있도록 지식재산 교육 강화 규정을 명시하고 있다.

6. 지식재산 전문 인력 양성

지식재산 교육 강화 규정과 더불어 전문 인력 양성은 필수적으로 수반되어야 하는 규정이다.

이를 위하여 지식재산기본법 제34조는 지식재산 전문 인력 양성을 명시하고 있다. 전문 인력 양성의 대상은 지식재산의 창출·보호 및 활용과 그 기반 조성에 필요한 자들이다. 또한 성적차별이 없도록 여성 지식재산 전문 인력의 양성 및 활용방안을 마련하고 여성이 지식재산 부문에서 그 자질과 능력을 충분히 발휘할 수 있도록 할 것을 주문하고 있다.

지식재산 전문 인력을 양성하기 위하여 산업계, 학계, 연구계 및 문화예술계 등과 협력하여야 함은 물론, 공공연구기관이나 사업자 등에 대하여 교육설비, 교재개발, 교육시행 등에 필요한 비용의 전부 또는 일부를 지원할 수 있는 규정도 갖추고 있다.

7. 지식재산 연구기관 등의 육성

지식재산기본법 제35조는 지식재산 연구기관 등의 육성에 관한 규정이다.

이 규정은 지식재산 관련 제도나 정책을 전문적으로 조사 · 연구하는 연구기관의 육성과, 지식재산의 창출 · 보호 및 활용과 그 기반 조성을 목적으로 설립된 법인이나 단체의 육성, 이들 연구기관이나 법인 · 단체에 대하여 그 운영에 필요한 경비의 전부 또는 일부를 출연하거나 보조할 수 있는 정부 역할의 내용을 담고 있다.

8. 지식재산 제도의 국제화

지식재산 제도의 국제화에 관한 지식재산법 제36조의 규정은 ① 정부는 국내외에서의 지식재산의 창출 · 보호 및 활용이 효과적으로 이루어질 수 있도록 국내의 지식재산 제도가 국제적 합의사항 및 규범과 조화를 이루는 데 필요한 시책을 마련하여 추진할 것, ② 정부는 국제적으로 조화될 수 있는 지식재산 제도를 마련하기 위하여 외국정부, 국제기구 등과 협력하여야 할 것, ③ 정부는 외국정부, 국제기구 등과의 조약 · 협약 등 국제적 합의가 국내의 지식재산 관련 제도 · 정책이나 시장에 미칠 수 있는 영향을 조사 · 분석하여 적절한 대책을 마련하여야 할 것을 명시하고 있다.

9. 개발도상국가에 대한 지원

개발도상국[developing country]의 의미는 "정치 · 경제 · 사회 · 문화뿐만 아니라 산업분야에 있어서도 세계 각국의 평균수준을 앞서지 못하는 저개발국으로 모든 분야에서 개발 중에 있는 나라"로 정의할 수 있다.

우리나라는 개발도상국을 거쳐 현재는 개발국[Developed country]으로 분류되고 있으며, 개발도상국이 개발국이 되기까지 개발국으로부터의 지원이 절대적으로 요구된다.

지식재산기본법 제37조는 우리나라가 개발도상국의 빈곤퇴치, 경제성장 및 문화발전에 기여하기 위하여 개발도상국의 지식재산 창출 · 활용 역량을 높이는 데 필요한 지원을 할 수 있도록 법 규정을 명문화한 것이다.

10. 남북 간 지식재산 교류협력

세계 유일의 분단국인 한국과 북한은 한 민족이면서도 독립된 국가이다. 특히 저 개발국으로서의 북한을 돕는 것은 지식재산기본법 제37조의 개발도상국에 대한 지원의 규정 적용을 넘어 남북 간 지식재산 분야의 상호교류와 협력의 증진은 반드시 필요하다.

이에 정부는 북한의 지식재산 관련 제도 · 정책이나 현황 등에 대한 조사 · 연구 활동을 추진함으로써 남북 간 지식재산 분야의 상호교류와 협력을 증진할 수 있도록 노력하여야 하는 규정을 지식재산법 제38조에 명시하고 있다.

Ⅴ 보 칙

지식재산기본법 제5장은 보칙에 관한 규정을 종합한 것으로 동법 제39조의 비밀 누설 금지조항과 제40조의 벌칙 적용에서의 공무원 의제 조항을 포함하고 있다.

비밀 누설 금지조항은 위원회 및 전문위원회의 위원 또는 사무기구의 직원이나 그 직에 있었던 사람, 파견 · 위촉 · 위탁 등에 의하여 위원회의 업무를 수행하거나 수행하였던 사람은 업무처리 중 알게 된 비밀을 누설하여서는 아니 됨을 천명한 것이다. 벌칙 적용에서의 공무원 의제란 위원회 및 전문위원회의 위원, 사무기구의 직원 중에서 공무원이 아닌 사람이라도 위반행위를 한 경우 형법적용(제129조~제132조)[271]에 있어 공무원으로 취급함을 규정한 것이다.

공무를 담당하는 경우 공무원이 아니라도 수뢰나 청탁과 같이 위반행위를 하면 공무원과

---

271) 제129조(수뢰, 사전수뢰) ① 공무원 또는 중재인이 그 직무에 관하여 뇌물을 수수, 요구 또는 약속한 때에는 5년 이하의 징역 또는 10년 이하의 자격정지에 처한다.
② 공무원 또는 중재인이 될 자가 그 담당할 직무에 관하여 청탁을 받고 뇌물을 수수, 요구 또는 약속한 후 공무원 또는 중재인이 된 때에는 3년 이하의 징역 또는 7년 이하의 자격정지에 처한다.
제130조(제삼자뇌물제공) 공무원 또는 중재인이 그 직무에 관하여 부정한 청탁을 받고 제3자에게 뇌물을 공여하게 하거나 공여를 요구 또는 약속한 때에는 5년 이하의 징역 또는 10년 이하의 자격정지에 처한다.
제131조(수뢰후부정처사, 사후수뢰) ① 공무원 또는 중재인이 전2조의 죄를 범하여 부정한 행위를 한 때에는 1년 이상의 유기징역에 처한다.
② 공무원 또는 중재인이 그 직무상 부정한 행위를 한 후 뇌물을 수수, 요구 또는 약속하거나 제삼자에게 이를 공여하게 하거나 공여를 요구 또는 약속한 때에도 전항의 형과 같다.
③ 공무원 또는 중재인이었던 자가 그 재직중에 청탁을 받고 직무상 부정한 행위를 한 후 뇌물을 수수, 요구 또는 약속한 때에는 5년 이하의 징역 또는 10년 이하의 자격정지에 처한다.
④ 전3항의 경우에는 10년 이하의 자격정지를 병과할 수 있다.
제132조(알선수뢰) 공무원이 그 지위를 이용하여 다른 공무원의 직무에 속한 사항의 알선에 관하여 뇌물을 수수, 요구 또는 약속한 때에는 3년 이하의 징역 또는 7년 이하의 자격정지에 처한다.

같이 취급함을 천명한 것이다.

Ⅵ 부칙

'부칙[附則]'이란 법령에서 주된 내용을 담고 있는 본칙에 대해 부수하는 필요사항을 기재하는 부분을 말한다. 일반적으로 법령의 시행기일, 경과규정, 관계법령의 개폐 등에 관한 내용을 담고 있다.

1. 시행일

부칙 제1조는 지식재산기본법의 경과규정은 이 법률을 공포 후 2개월이 경과한 날부터 시행한다고 명시하고 있다.

지식재산기본법이 법률 제10629호로 2011년 5월19일 제정되어 2011년 7월20일부터 시행됨을 의미한다.

다만, 부칙 제2조 제9항[272)]은 2012년 6월11일부터 시행한다고 규정하고 있다.

2. 다른 법률의 개정

지식재산기본법의 시행에 따라 지식재산과 관련되는 법률들의 개정이 불가피하여 부칙 제2조는 다른 법률의 개정을 명시해 놓았다.

이에 관련되는 법률은 게임산업 진흥에 관한 법률, 공간정보산업 진흥법, 공장 및 광업재단

---

272) 법률 제10366호 동산 · 채권 등의 담보에 관한 법률 일부를 다음과 같이 개정한다.
제1조 중 "지적재산권"을 "지식재산권"으로 한다.
제2조 제1호 중 "지적재산권"을 "지식재산권"으로 하고, 같은 조 제4호 중 "지적재산권담보권"을 "지식재산권담보권"으로, "지적재산권"을 각각 "지식재산권"으로 하며, 같은 조 제5호 본문 중 "지적재산권"을 "지식재산권"으로 하고, 같은 조 제6호 중 "지적재산권"을 "지식재산권"으로 한다.
제5장의 제목 "지적재산권의 담보에 관한 특례"를 "지식재산권의 담보에 관한 특례"로 한다.
제58조의 제목 "(지적재산권담보권 등록)"을 "(지식재산권담보권 등록)"으로 하고, 같은 조 제1항 중 "지적재산권자"를 "지식재산권자"로, "지적재산권"을 각각 "지식재산권"으로 하며, 같은 조 제2항 중 "지적재산권"을 각각 "지식재산권"으로 한다.
제59조 제1항 중 "지적재산권담보권"을 "지식재산권담보권"으로, "지적재산권"을 "지식재산권"으로 하고, 같은 조 제2항 중 "지적재산권"을 각각 "지식재산권"으로 한다.
제60조의 제목 "(지적재산권담보권자의 권리행사)"를 "(지식재산권담보권자의 권리행사)"로 하고, 같은 조 중 "지적재산권"을 "지식재산권"으로 한다.
제61조 본문 중 "지적재산권담보권"을 "지식재산권담보권"으로 하고, 같은 조 단서 중 "지적재산권"을 "지식재산권"으로 한다.

저당법, 국가과학기술 경쟁력 강화를 위한 이공계지원특별법, 국가정보화 기본법, 국제사법, 농산물품질관리법, 대덕연구개발특구 등의 육성에 관한 특별법, 동산 · 채권 등의 담보에 관한 법률, 문화산업진흥 기본법, 민 · 군 겸용 기술사업 촉진법, 민사소송법, 부품 · 소재 전문기업 등의 육성에 관한 특별조치법, 사법경찰관리의 직무를 수행할 자와 그 직무범위에 관한 법률, 산업교육진흥 및 산학협력촉진에 관한 법률, 외국법자문사법, 음악산업 진흥에 관한 법률, 이러닝(전자학습)산업 발전법, 자본시장과 금융투자업에 관한 법률, 전자거래기본법, 콘텐츠산업 진흥법, 학술진흥 및 학자금대출 신용보증 등에 관한 법률 등 총 22개의 법률개정을 명시하고 있다.

SCIENCE TECHNOLOGY & INTELLECTUAL PROPERTY

3장 특허법

1절 총 설

Ⅰ 목적

1. 특허법의 목적

가. 발명과 특허법

발명은 누구나 할 수 있으나 발명의 완성이 곧 특허권을 구성하는 것은 아니다. 특허권은 대세적[對世的]이므로 엄격한 심사를 거치고 일반대중이 정보 제공이나 이의신청 등으로 심사에 간접 참여하여 특허권 부여에 공정성을 기하고 있다. 특허제도란 특허법을 근간으로 하는 행정적 운영시스템이라 할 수 있다.

이 때문에 특허법은 특허권의 생성과 운영 및 소멸에 대해 규정하고, 공익과 국익은 물론 개발자와 이용자 간의 법적 이익에 대한 균형을 조절하기 위한 규정들로 이루어져 있다. 또한 특허법의 목적이 궁극적으로는 산업발전을 꾀하는 것이지만 목적달성을 위한 수단은 발명을 보호함으로써 발명행위를 장려하고 발명의 이용을 활성화시켜 기술발전을 촉진시킨다.

특허법의 목적을 규정한 특허법 제1조의 규정을 해석하고 특허법이 추구하는 목적 달성에 필요한 관련 사항에 대해 알아보도록 한다.

2. 발명의 성립성

가. 정의

특허제도를 운영하면서 발명의 정의를 내린 나라는 세계적으로 우리나라와 일본 정도이다. 예를 들면, 미국 특허법에서는 "발명이란 발명 및 발견을 말한다(The term 'invention' means invention and discovery)."고 규정[273]하여 발명의 대상만을 나열하고 있을 뿐이다. 우리의 특허법 제2조 제1호는 "발명이라 함은 자연법칙을 이용한 기술적 사상의 창작으로서 고도한 것을

273) 미국 특허법 제100조.

말한다."고 정의하고 있다.

나. 자연법칙

자연법칙에서 '자연' 이란 "우주생성 이래로 지구의 형성과 인류와 생물이 존재하는 천연"이라 할 수 있다. 그러므로 자연법칙은 "자연계의 유지를 위한 혹은 자연계가 유지되어온 원리와 원칙"으로 풀이할 수 있다. 자연적인 것에 대항되는 개념은 인위적인 것이다. 인위적이라 함은 문자와 같이 "인간의 사고나 행동의 교류에 대해 공감할 수 있는 편의를 제공하기 위해 인간이 만들어낸 것"의 의미를 지닌다. 자연법칙은 우주만물을 구성하고 인류의 삶을 영위하는데 필요한 모든 자연과학적 원리를 말한다. 자연법칙 자체는 개인의 소유가 될 수 없고, 또한 이미 존재한다는 의미에서 특허의 대상도 될 수 없다.

다. 이용

이용利用의 사전적 의미는 "물건을 이롭게 쓰거나 쓸모 있게 쓴다."는 것으로 "자연법칙을 이용한다."함은 "자연법칙을 필수요소로 하여 유익한 용도로 사용한다."라고 해석할 수 있다. 자연법칙을 이용해야 하므로 인위적으로 만들어진 것들, 예를 들면 백화점 판매대에서 스카프를 특이하게 배치하여 소비자의 구매욕을 자극하는 행위나, 연산방법, 게임규칙, 정관, 암호, 경제법칙 등은 자연법칙을 이용한 결과나 과정이라 할 수 없다.

또한 영구기관과 같이 자연법칙에 위배되는 경우나 현실적으로 경제적 · 기술적 한계가 있는 기술적 사상도 자연법칙의 이용에 해당하지 않는다. 이는 곧 특허출원은 할 수 있으나 특허권리는 부여되지 않는 자연법칙 이용불가 대상물들이다.

라. 기술

기술은 "과학지식을 생산 · 가공에 응용하는 수단이나 방법"으로 정의된다. 특허법상 기술은 "소정의 목적을 달성하기 위한 기술적 사상이 동일 반복적인 결과를 나타낼 수 있도록 물리적으로 체계화된 표현"으로 정의된다. 또한 기술이냐 기능이냐는 특허법상 중요한 비교 대상이 된다. 둘의 차이는 동일 반복적인 결과가 발생하느냐의 여부로 결정한다. 때문에 기능은 기예라고도 하여 악기연주 방법이나 봉산탈춤, 고려청자를 짓는 인간문화재 등의 행위는 기능이라 한다.

기능에 의한 결과는 행위자나 사용자마다 동일할 수 없기 때문에 특허로서 보호될 수 없다. 반면 기술의 구성을 이용하면 누구나 목적하는 동일한 결과를 반복적으로 나타낼 수 있는 자연법칙이 적용되었다는 점에서 기능과 구별된다. 발명이 기능적이어야 한다는 것은 기능성을 말하는 것으로, 기능과 달리 "유기적으로 결합된 구성이 반복적으로 동일한 결과를 내며 작동될 수 있는 것"을 의미한다.

마. ~적的

기술적에서 '~적的'의 사전적 의미가 표적 또는 목표인 것과 같이, '기술적'이라 하면 기술을 목적으로 하는 의미로 해석할 수 있다. 따라서 기술 자체의 의미보다 기술의 포괄적 범위를 일컫는 의미로 이해할 수 있다. 또한 기술적이라면 완전한 기술로 구현되기 이전의 개념적 의미에서의 기술로 본다. '~적'의 사용은 발명을 완성함에 있어서 반드시 기술임을 이해할 필요가 없다는 의미와 무관하지 않다.

바. 사상

인간의 머릿속에 그려지는 많은 생각, 즉 아이디어를 사상思想이라고 말하며, 특허와 관련해서는 많은 사상 중 기술적 사상으로 한정한다. 기술적 사상은 곧 고안이라 할 수 있으나, 우리나라에서의 고안은 발명과 구분하는 실용신안의 대상물을 일컫는다. 발명의 종류는 물건의 발명과 방법의 발명, 물건을 생산하는 방법의 발명으로 구분하고 있으며,[274] 신지적재산권의 범위까지 확대시키면 산업범위 내에서 행해지는 인간의 사고에 관한 여하한의 창작적 기술이 모두 포함된다.

기술적 사상은 종래 기술의 문제점을 해결하기 위한 목적을 달성하기 위한 수단으로, 이 수단은 특허출원 되는 명세서의 핵심적 구성을 이룬다. 특허취득을 위한 명세서에서 구성의 기술은 곧 청구범위가 되므로 무체재산의 범위를 명확히 정하기 위한 기술적 사상의 구체적이고도 한정적인 기술이 필요하게 된다. 이를 위해 발명가는 기술적 사상의 개념화 단계와 구체화 단계를 거쳐서 발명을 완성하게 된다. 구체화 단계에서 반복 가능성은 완전히 100%일 필요는 없으며, 발명자가 사상을 구체화하기 위해 자연법칙을 반드시 이해할 필요도 없다. 구체화된 사상은 제3자에게 전달할 수 있도록 독립적으로 기능 가능한 완성기술이어야 한다. 구체적 사상의 전달 수단은 반드시 서면일 필요는 없으며, 구두에 의한 사상의 전달도 포함한다.

사. 창작

창작은 "새로운 것을 만들어내는 것"으로, 기존의 것과 다른 것은 물론, 기존의 것과 동일 유사하지만 이를 보지 않고 만든 것도 창작되었다고 본다.[275] 이 가운데 보호 가능한 기술적 사상의 창작은 종래와 비교하여 진보된 것이거나 신규한 것이어야 한다. 물건의 창작인 경우 시각적으로 쉽게 확인할 수 있으나 방법이나 과정을 창작한 경우에는 결과를 확인하여 방법이나 과정을 추론할 수 있다.

---

274) 특허법 제2조 제3호.

275) '창작'이 저작권법상 저작물의 저작행위를 말하는 경우, 이는 동일한 창작물이라도 여러 곳에 존재할 수 있는 '저작창작물'이 되므로 특허법상의 '기술적 창작'과 구분된다.

아. 고도한 것

기술적 사상 중 창작의 정도가 높은 것을 고도高度한 것이라 할 수 있지만, 사상의 고저를 구분하는 기준은 정할 수 없으며 법으로 정해져 있지도 않다. 다만 특허제도와 실용신안제도를 운영하는 우리나라나 일본, 독일 등에서 발명보다는 기술적 곤란의 해결된 수준이 다소 낮지만 산업기술 발달에 기여한 기술이라면 보호할 가치가 있는 것을 실용신안(혹은 소발명小發明)이라 하여 특허가 되는 대발명大發明과 구분한다.[276] 그러나 소발명이라 해서 진보성이 결여되어도 된다는 의미는 아니며, 실용신안은 물품을 전제로 하는 실용성을 강조한다는 제도의 특징상 구성의 창작 정도가 낮더라도 작용 효과가 등록의 적부를 가리는 주요한 기준이 될 수 있다.[277]

실무적으로, 고도성 판단의 실익은 대발명으로 출원할 것인지 소발명으로 출원할 것인지를 결정하는 데 있다. 발명자는 변리사와 협의한 후 출원의 종류를 결정한다는 점에서 고도성의 판단은 변리사의 기준이나 발명자의 적정한 수준(예를 들면 연구소의 연구원이나 대학교수의 수준)으로 정하는 것으로 보일 수 있다. 그러나 당 업계라 해도 통상의 지식의 기준을 정하기 어렵고, 특허출원된 발명의 고도성을 심사하는 자는 특허청 심사관이나 심판관이므로 당 업계에서 통상의 지식을 가진 자의 기준은 특허청 심사관이나 심판관이 된다.

3. 발명의 성립요건 위반

발명의 정의는 발명의 성립성을 규정한 것으로, 성립요건에 위반하는 경우 심사 과정에서 특허를 받을 수 없다. 그러나 공개 후 심사 전이라도 이해관계인은 특허 받을 수 없다는 증명과 함께 정보를 제공할 수 있다. 발명이 되기 위해서는 자연법칙을 이용한 기술적 사상의 결과물로서 물건이나 방법이어야 한다. 따라서 단순한 아이디어나 허황된 이론, 설계 등은 특허발명이 될 수 없으며 발명으로 불성립하는 경우 특허 받을 수 없는 발명이 된다.

4. 발명의 유사개념

가. 발견

발견은 이미 존재하는 물건이나 특성을 먼저 찾아내는 것을 말하므로 우리의 특허법은 발견한 것에 대해서는 특허를 부여하지 않는다. 그러나 미국의 특허법상 발명에는 발견을 포함하고 있고, 발견은 용도와 같이 단순히 발견한 것이 아니라 용도를 발견하기까지 많은 실험과 노고를

---

276) 이 때문에 실용신안제도가 없는 나라(미국)에서는 대발명, 소발명으로 구분하지 않고, 발명의 종류로 구분하여 예를 들면, 실용적 발명, 디자인발명, 식물발명, 동물발명 등으로 분류하고 있다. 따라서 우리나라의 실용신안등록출원을 우선권주장하여 미국에서 권리를 부여받기 위해서는 특허출원만이 가능하게 된다.

277) 대판 1996.7.30. 선고 95후 1715.

통해 이루어진다는 점에서 특허성을 인정한다. 따라서 단순한 천연물의 발견은 특허 대상이 아니지만 천연물 추출방법이나 천연물에서 추출되는 신물질 등은 특허의 대상이 된다.

나. 고안

고안은 기술적 사상이며, 구체화된 아이디어이다. 발명을 하는 사고행위를 고안이라고도 하지만, 특허의 대상을 발명이라고 할 때 실용신안을 고안이라고 구분하기도 한다. 물건의 발명에 있어서 고안과는 대상의 구별이 없으므로 제도상 개념적으로만 발명과 고안을 구분한다.

다. 노하우

특허와 관련하여 노하우Know-How는 사업적 기밀이라 할 수 있으며, 여기에는 기술적 기밀과 영업적 기밀을 포함한다. 특허제도와 가장 큰 차이는 보호를 위한 절차가 필요 없이 노하우를 갖는 자가 스스로 기밀 상태를 지켜야 한다는 것이다. 따라서 특허를 부여받기 위하여 완성된 발명을 특허청에 출원한 뒤 심사를 거쳐 설정 등록하는 절차 등이 노하우에는 존재하지 않으며, 권리존속 기간 또한 기산할 수가 없다. 때문에 독점배타권도 존재하지 않으며 기밀해제와 함께 보호 이익은 소멸된다.

발명이라 하더라도 공개하여 일정 기간 독점배타권을 갖는 것이 발명자한테 유리한 것인지, 아니면 노하우를 유지시키면서 업을 수행할 것인지의 결정은 특허출원 전에 발명자나 출원인이 판단해야 할 중요한 요소이다.

라. 미완성 발명

아이디어만 있고 구체화되지 않았거나 구상 단계의 발명, 완성되었어도 실현 불가능한 발명을 미완성 발명이라 한다. 미완성 발명은 발명의 목적과 구성 및 작용효과를 이루는 명세서에서 (1)구성상의 미완성은 물론, (2)작성불비에 의한 미완성 발명, (3)구성에는 완성되어진 발명이라 하더라도 특허청구 범위에 잘못 기재된 발명, (4)도면이 첨부되어야 하는 발명에 있어서 중요한 도면이 첨부되지 않은 발명 등이다. 또한 (5)미생물 발명에 있어서 미생물의 기탁 없이 특허출원하는 경우에도 미완성 발명으로 처리한다.

미완성 발명은 특허될 수 없으며, 만일 특허된 경우라도 무효심판에 의해 무효 될 수 있다. 미완성 발명은 선원주의 하에서 출원을 서두르기 때문에 발생하거나, 비전문가의 특허명세서 작성과 도면의 작성, 전문가의 실수 등에 의해 발생한다. 그러나 원천적으로 실제적 발명의 성공이 현재 기술로는 달성하기 어려움에도 불구하고 서류에 의한 특허출원과 행정절차, 등록요건의 심사가 이루어지므로 이론적 발명과 실체적 발명이 동일할 수 없다. 이 때문에 고도의 기술이나 전문성을 요하는 체세포나 줄기세포에 관련된 발명이 허위로 게재되는 경우도 발생한다.

미완성 발명이라도 실체심사는 출원공개 이후에 이루어지므로 특허출원 후 18개월이 지나 공개되면 발명자 입장에서는 권리취득의 기회가 없는 반면, 공개기술을 정보로 이용하는 이해관계인에게는 기술개발의 힌트나 사업동기를 얻을 기회를 제공하게 된다.

Ⅱ 발명의 공개와 보호

1. 발명의 보호

가. 기대권의 발생

특허 받을 수 있는 권리는 장차 발생될 예측 권리로서 기대권이며 이전 양도가 가능하다. 그러나 비공개 또는 특허 불가능성의 여지 때문에 질권설정[質權設定][278]은 할 수 없다.

나. 특허권의 발생

출원인은 설정등록에 의해 출원일로부터 20년간, 그의 발명을 이용하여 업으로서 독점 실시할 수 있다(특허법 제94조). '업[業]'이라 하면 사업을 의미하며, "업으로서"는 "사업의 목적을 가지고"로 해석할 수 있다. 여기서의 사업은 영리 · 비영리, 개인 · 국책 사업과 그에 관련되는 모든 범위를 포함하며, 사업 규모와는 무관하다. '실시' 는 "물건의 생산 · 사용 · 양도 · 대여 또는 수입하거나 그 물건의 양도 또는 대여의 청약을 하는 행위"를 말한다(특허법 제2조 제3호 가목).

특허권자는 특허권에 대해 독점배타권을 가지며 전용실시권이나 통상실시권을 제3자에게 허락할 수 있고, 재산권으로서 이전 양도는 물론 질권설정도 가능하다. 실험 등의 기간이 길어지는 경우 최고 5년까지 특허권 존속기간 연장 등록이 가능한 이점도 있지만, 강제 실시권을 허락해야 하는 경우나 특허권을 일정 기간 실시하지 않을 경우 특허무효 되기도 한다. 이에 대한 규정 등은 해당 부분에서 설명한다.

다. 보상금청구권의 발생

---

278) '질권(質權)'이란 채권자가 우선변제받기 위하여 채무자의 동산이나 권리를 담보(입질[入質])한 권리를 말한다. 예컨대, 채무자가 1천만원을 빌리는 대신 그의 승용차를 채권자에게 담보하였다면 채무자가 빌린 돈을 완전 상환할 때까지 승용차를 되돌려주지 않고(채권자가 유치하고), 더욱이 정해진 날짜에 상환이 이루어지지 아니할 경우 승용차를 팔아 자기채권의 우선변제를 받을 수 있는 권리이다. 질권의 종류에는 '동산질권(動産質權)' 과 '권리질권(權利質權)' 이 있다. 특허법상 질권은 해당 출원발명을 담보로 하는 권리를 말하며, 무체재산권은 채권이나 주식과 함께 권리질권에 해당한다. 무체재산권의 입질은 이를 등록하여야 효력이 발생하며, 민법 제354조가 규정하는 질권의 실행방법으로는 민사소송법이 규정하는 환가(換價)가 있다.

보상금청구권은 특허권이 설정등록 되면 권리 침해자로부터 손해를 배상받을 수 있는 해제조건부권리이다. 해당 발명의 공개 후 등록 전까지 제3자의 무단실시에 의해 입은 손해를 배상받을 수 있는 권리이다(특허법 제65조 제2항). 보상금액은 실시료 상당액이다. 손해액은 특허권자나 전용 실시권자가 당해 침해행위가 없었다면 판매할 수 있었던 물건의 단위 수량 당 이익액을 곱한 금액으로 추정[279)]한다(특허법 제128조).

라. 발명의 장려

특허청은 우수한 발명품의 생산이나 시제품 제작을 위한 발명장려 보조금의 지급은 물론, 학생이나 생활능력이 없는 자, 개인이나 중소기업 운영자 등에게는 특허출원료 등 수수료와 일정의 특허료를 감면해준다. 뿐만 아니라 권리자에게는 해당 특허물품에 대하여 최초 제조시부터 일정 기간 동안 조세감면 혜택이 주어지며, 특허기술의 활성화를 위하여 기술의 이전 등에 대해서도 조세감면의 혜택이 있다.

기업에 종사하는 임직원 등이 개발한 직무발명에 대해서는 대기업이나 공무원 위주로 보상금이 지급되고 있으나, 중소기업 등에서의 직무발명 보상제도는 활용이 매우 저조하다. 직무발명에 대해서는 후술한다.

2. 발명의 공개와 이용

가. 공개제도

(1) 출원공개

특허출원 후 설정등록 전까지 특허청에 출원되어 심사를 기다리는 발명들을 계류 중에 있다고 한다. 특허청에 계류 중인 발명들은 출원 후 18개월이 지나면 기술별로 모아 공보를 통해 공개된다. 공보를 발행하여 발명을 공개하는 목적은 출원인 이외의 이해관계자들로 하여금 해당 발명에 대한 정보를 제공함으로써 진보되고 개량된 발명을 유도하고, 중복 연구나 중복 투자를 방지하여 시간적 · 경제적 낭비의 폐해를 줄이기 위한 것이다. 대신, 출원된 발명이 공개되면 출원인은 공개에 따른 이익의 감소나 모방 등에 무방비 상태로 있게 되므로 특허청의 공보를 통해 공개된 발명을 무단 실시하는 제3자에 대해서는 출원인이 내용증명 등의 경고장을 통해 권리 후의 손해배상 가능성을 고지할 수 있다. 이에 근거하여 권리 후 손해배상금을 청구할

---

279) '추정(推定)'은 불명확한 사실을 일단 존재하는 것으로 정하여 법률효과를 발생시키되, 추후반증이 있을 때에는 그 효과를 발생시키지 않는 것을 말한다(예 : 특허법 제128조). 따라서 추정의 반증으로 보상금액의 가감이나 소멸이 가능하다. 반면, '간주(看做)' 는 불명확한 사실에 대해 명확하다고 보는 것으로 추후반증만으로는 그 효과를 뒤집을 수 없다. '~으로 본다'는 규정이 여기에 해당한다. (예 : 특허법 제13조, 제30조 등)

수 있는 규정이 마련되어 있다(특허법 제64조 및 제65조).

물론 그 특허출원에 대한 이해관계인도 해당 발명이 공지되었거나 미완성 발명이라는 이유와 증거를 정보로서 제공하여 누구나 사용할 수 있는 기술로 특허 받을 수 없음을 주장할 수 있다.

(2) 등록공고

설정등록된 특허의 출원서와 명세서 및 도면 일체는 공보로 발간되어 공개된다. 특허 출원 후 1년 6개월이 지나면 접수된 특허출원들을 모두 공개하는 공개공보와 달리, 등록공고용 공보는 국제분류별로 분류하여 유사 기술군을 함께 묶어 권리 설정된 특허기술만을 공표한다. 따라서 공보는 선행기술과의 유사 여부 판단을 위한 중요한 자료가 된다. 시중의 학습용 교과서나 서적의 내용이 기술문헌으로서 채택되지 않는 경우가 있는 데 반해, 공보에 게재된 발명은 후속 개발자로부터 국내는 물론 세계적 선기술 게재문헌으로 사용되는 중요성을 갖는다.

이를 위해 특허출원서에 첨부되는 명세서의 요약서는 영문으로 번역되어 전 세계에 공지되는 기술문헌으로 활용된다.

나. 실시의무

특허권의 부여는 특허권자에게 특허발명을 독점 실시할 수 있는 권한을 주는 것이며, 이러한 권한 부여는 실시의 활성화로 산업 발전에 기여케 하려는 것이다. 따라서 특허권만 소지한 채 타인의 실시를 허락하지 아니할 경우 재정裁定 280)을 통해 실시를 원하는 자에게 강제실시권이 부여된다. 더구나 강제실시권이 주어진 후에도 특허권자의 실시 행위가 없는 경우에는 특허권의 실시 의사가 없는 것으로 보아 특허권을 취소하기도 한다. 산업상 이용 가능한 신규하고 진보된 발명을 특허로 보호하는 목적이 숨겨진 기술의 조기 공개를 통해 기술을 발전시켜 국가 산업 발전과 삶의 질을 향상시키기 위한 것이기 때문이다. 그럼에도 불구하고 권리로 부여받은 특허의 실시를 행하지 않고 제3자에게 실시권도 부여하지 아니하여 권리만을 취득하고 있는 이른바 "권리 위에 잠자는 자"를 보호할 필요는 없기 때문이다. 권리가 소멸된 특허발명은 누구나 실시할 수 있다.

---

280) '재정'의 사전적 의미는 "본인의 의사에 갈음하여 제3자인 행정청의 결정에 의해 그 행위를 신청인에게 할 수 있도록 결정해 주는 것"이다. 특허권을 사용하고자 하는 제3자가 특허권자와의 사용협의가 이루어지지 아니할 경우, 특허청이 개입하여 특허권자의 특허권에 대하여 권리침해 없이 실시할 수 있도록 제3자에게 권리를 부여하는 제도이다(특허법 제107조). 이 경우 특허권이 모두 제3자에게 이전되는 것이 아니라, 통상실시권에 의해 사용실시 허락을 받는 것이며, 당연히 통상실시권자(제3자)는 특허권자에게 사용대가를 지불하여야 한다.

다. 실시권

특허권의 효력은 특허권자에게 재산권의 이익을 향유토록 하는 것이므로, 특허권자는 자기의 재산인 특허발명을 스스로 실시하거나 타인에게 실시할 수 있도록 전용실시권이나 통상실시권과 같은 실시권 설정계약을 할 수 있다. 통상실시권은 특허권자가 자기의 이익을 위하여 권리를 구성하는 특허발명을 사용하려는 자와 스스로 계약하는 경우도 있지만, 다른 실시자의 실시를 이유 없이 거절하거나, 권리가 소멸된 타 권리자의 실시가 특허권을 침해할 우려가 있는 경우에는 특허법상 강제실시권이 설정되어 특허권 침해 없이 실시할 수 있도록 하고 있다. 이 경우 실시권자는 특허권자에게 그에 상당하는 실시료를 지불하는 경우가 일반적이다.

2절 발명의 종류

Ⅰ 구분

인간의 기술적 사상의 표현은 물건과 그 기술의 생산과정이나 이용과정으로 나타난다. 따라서 발명의 종류를 구분하는 기준에 대해 특허법은 물건의 발명物件發明과 방법의 발명方法發明, 그리고 물건을 생산하는 방법의 발명物件生産方法發明으로 대별하고 있다(특허법 제2조 제3호). 여기서 물건은 방법과 대비되는 유체물을 말한다. 유체물은 형체를 가진 동산과 부동산을 의미하여 인간의 눈으로 확인 가능하면서 만져질 수 있는 매체를 말한다. 따라서 시時의 요소를 필수 구성요소로 하는 방법의 발명을 제외한 모든 발명은 물(건)의 발명이라 할 수 있다.

물건을 생산하는 방법의 발명은 출발물질, 처리방법, 목적물질의 3요소로 이루어진다.[281] 또한 기존에 존재하는 것을 이용하는 이용상발명에는 물건의 특정한 성질을 이용하는 용도발명과 기본 발명을 이용하는 개량발명, 이용발명 중 물질의 특성을 한정하여 선택하는 선택발명[282]

281) 송영식 등, 지적소유권법 제9판 (상), 육법사(2005), p.185.

282) 선택발명(Selection Invention, 選擇發明)은 주로 화학분야에서 특허의 진보성을 판단할 때 문제되는 발명을 이용발명과 구분시킨 개념으로, 이미 공지된 기술이나 물질에 대해 현저한 효과나 이질성을 선택적으로 추렴하여 특허요건을 갖추고 있는 발명을 말한다. 다시 말하면, 하위개념의 화학물질의 발명이 그 물질의 상위개념(동족적 또는 동류적 사항을 모아서 총괄한 개념이거나 어떤 공통적 성질을 바탕으로 복수의 사항을 총괄한 개념)으로 표현되는 공지발명에 구체적으로 예시되어 있지 않고, 그 하위개념의 물질의 성질이 구체적으로 예시된 상위개념에 속하는 다른 물질의 성질에 비하여 예측할 수 없는 특유의 것이거나 성질의 정도가 현저히 우수한 것일 때에 그 하위개념의 화학물질의 발명을 선택발명이라 한다. 선택발명은 선행발명의 전부나 일부를 포함한다는 점에서 일응 이

이 있다. 발명을 하게 된 동기에 따라 직무발명과 자유발명으로 나눈다. 생명체에 관하여 미생물을 포함하는 동 · 식물발명과 컴퓨터프로그램 관련 발명은 가장 최근의 신규 발명으로 분류할 수 있다.

II 물건의 발명

1. 정의

물건발명은 기계 · 기구 · 장치 · 시설과 같은 제품이나 화학물질, 조성물과 같은 물物그 자체에 관한 발명을 말하며, 제품적인 물건, 재료적인 물건 등의 발명이 있다.283) 특허권의 효력은 업으로서 특허발명에 대해 실시할 권리를 독점하는 것이다. 여기서 실시란 그 물건의 생산, 사용, 양도, 대여, 수입, 전시행위 등을 말하므로(특허법 제2조 제3호 가목) 물건의 발명은 곧 생산과 사용을 포함하는 개념이 된다. 그러나 방법발명은 생산을 위한 실시가 불가하므로(특허법 제2조 제3호 나목) 이론상 물건발명이 방법발명보다 실시 범위가 넓다고 할 수 있다.

2. 물건

물건이란 주로 공간을 점유하는 입체물품을 말하지만 화학물질이나 조성물284)과 같은 재료물품을 포함한다. 재료물품은 크기가 눈으로 식별할 수 없거나 담겨지는 용기의 형태에 따라 외형이 유동성을 갖지만, 재료물품이 모아져서 적어도 눈으로 확인할 수 있거나, 외적 크기의 범위를 정할 수 있어서 3차원적 입체물이라거나, 지속적인 물의 형태로 존재하여 상업적 거래가 가능하다는 점에서 유체물로 볼 수 있다.

이에 반해 디지털시대에 이르러 개발된 인터넷시대의 아이콘Icon이나 그래픽사용자 인터페이스GUI, 그래픽 이미지GI와 같은 화상디자인Computer generated icons은 전원이 인가되는 동안만 모니터 등에 2차원으로 나타난다는 점에서, 또한 공간을 점하지 않고 부피도 갖지 않는다는 점에서 기존의 물건 범위 내에 속하지 않는다. 화상디자인은 상업적 거래나 이용을 위한 목적물로

용발명(利用發明)으로 볼 수 있으나, 선택발명에 특허권이 부여되면 상위개념의 선행발명에 대해 특허권을 침해하지 않게 되므로 이용발명처럼 이용·저촉 관계에 의한 선행발명자와의 시비가 없다는 점에서 그 구별의 실익이 있다.

283) 앞의 책, p.191.

284) 조성물이란 2종 이상의 성분이 전체적으로 균질하게 존재하여 단일물질로 파악되는 것을 말하며 합성물이라고도 한다. 두 가지 이상이 혼합되어 전혀 새로운 특성을 나타나게 한다는 점에서 단순히 여러 물질들이 동시에 공동으로 존재하는 것에 불과하면 조성물이 될 수 없다. 조성물은 합금과 그 이외의 모두 화학물질을 포함한다.

사용되고, 이 디자인을 클릭하면 다른 프로그램을 연결하여 구동하게 한다는 기능성을 갖는다는 점에서 특허법상의 물건(장치나 기구)으로 볼 수 있다. 따라서 그러한 기능을 갖는 프로그램의 표현으로서 화상디자인은 디자인보호법에 의해 보호된다.

3. 물질

물질은 주로 화학물질을 말하며, 발명을 구성하는 물건의 최소단위라 할 수 있다. 이 때문에 물질특허를 취득하기 위한 신규물질의 개발이 어렵지만, 개발된 신규물질의 특허권은 매우 광범위해 우리나라는 1980년대 중반부터 물질특허권을 인정하고 있다.

III 방법의 발명

1. 정의

방법발명은 물건을 생산하는 방법이나 측정방법 · 분석방법과 같은 기타의 방법 등 일정한 목적에 향하여진 계열적으로 관련 있는 수 개의 행위 또는 현상에 의하여 성립한 발명이다. 발명의 구성상 시時라는 요소를 요건으로 하는 점에서 물건발명과 구별된다.[285] 이 때문에 물건의 형상과 구조 또는 이들의 조합을 대상으로 하는 실용신안에서는 방법에 관한 고안이 보호대상이 될 수 없다.

2. 순수방법

순수방법 혹은 단순방법이란 방법 자체가 발명을 구성하는 것으로 예를 들면 기계 조작방법이나 측량방법 등을 들 수 있다. 순수방법은 특정물(기구나 장치)의 운영방법에 주로 적용되므로 방법론에 근접될 경우 특허의 대상이 될 수 없다.

3. 제조방법

제조방법에는 제조나 제조된 물건을 사용하는 행위를 포함하며, 물건의 생산행위를 포함하지 않는다.

---

285) 방법(Process)의 발명은 소정의 결과를 얻기 위한 일련의 행위(a series of acts)로 이루어지므로 방법발명의 경시성(經時性)이라고 한다. 앞의 책, p.191.

Ⅳ 동·식물 발명

우리나라를 포함하여 세계적 추세는 아직까지 동물발명에 대한 특허성에 상당히 부정적이다. 1988년 하버드대학이 특허출원한 인공쥐[286]는 동물발명에 대한 특허취득의 신호탄을 올렸고, 그 뒤 유럽에서 각종 유전자조작에 의한 동물 복제실험이 성공했으나 사회적 정서와 윤리적, 도덕적 문제로 동물발명의 개발을 상당히 억제시키고 있는 것이 사실이다. 우리나라도 질병 치료와 예방을 위한 줄기세포의 연구와 관련하여 연구의 진위 여부를 떠나 여성의 난자가 불법으로 채취되고 활용된 것에 대해 언론과 국민의 비판을 받는 것도 이러한 세계적 추세와 무관하지 않다.

결국 과학기술의 발달과 윤리적·도덕적 정서의 균형문제는 시간으로 해결된다는 데 주목할 필요가 있다. 한때 우리나라는 변종식물[287]에 대해서만 특허성을 인정했으나 지금은 그 제한이 없어졌으며, 유성번식식물을 포함한 식물 신품종[288]은 「종자산업법」[289]에 의해 보호된다.

Ⅴ 미생물발명

미생물은 현미경적 미소생물의 총칭이다.[290] 미생물발명에는 미생물 자체의 발명을 비롯하

---

286) 하버드 쥐(Harvard mouse) 혹은 Oncomouse는 하버드대학과 듀폰사가 암연구를 위해 암이 쉽게 걸리도록 만든 실험용 쥐이다. 동물에 대해 미국특허상표청이 특허를 부여함에 따라 유럽특허청도 1992년에 동물특허(슈퍼쥐)를 인정하므로써 유전공학에 의한 형질변형동물의 특허가 인정되었다.

287) 무성적 반복생식(Asexual reproduction)으로 반복생식할 수 있는 변종식물을 말하며, 무성적 반복생식이란 자웅(雌雄)의 결합 없이 삼목·접목·아접·포기나누기 등의 원에 기술적 방법으로 번식하게 하는 것을 말한다. 씨앗에 의한 번식은 포함되지 않으며, 균질적이고 안정화되어 반복생식이 가능한 것이어야 한다. 증식이 거듭되어 각종증식주기(every propagation cycle)후에 충분한 균일성과 명확한 안정성을 가져야 한다. 송영식 등, 앞의 책 p.198.

288) '품종'이란 "식물학상 통용되는 최저분류단위의 식물군으로 유전적으로 발현되는 특성 중 한 가지 이상의 특성이 다른 식물군과 구별되고 변함없이 증식될 수 있는 것"을 말한다(종자산업법 제2조).

289) 식물의 신품종에 대한 육성자의 권리 보호, 주요작물의 품질성능의 관리, 종자의 생산·보증 및 유통 등에 관한 사항을 규정함으로써 종자 산업의 발전을 도모하고, 농업·임업 및 수산업 생산의 안정에 이바지함을 목적으로 제정한 법률. 1995년 12월 16일 법률 제5024호에 의하여 종자산업법이 제정되고 구 종묘관리법은 폐지되었다. 신설된 법은 2002년 1월 26일 법률 6626호로 7차 개정되었다. 전문 176조 및 부칙으로 되어 있다. 품종보호권의 존속기간은 설정등록일로부터 20년, 과수(果樹) 및 임목(林木)인 경우는 25년이다(종자산업법 제56조).

290) '미생물'의 사전적 의미는 "개체가 미소하고, 육안으로는 식별할 수 없는 생물에 대한 일반용어로서 순수한 생물학적인 구분은 아니다. 엄밀한 정의는 어렵지만 생활활동을 영위하는 기본단위라고 생각하는 것이 타당하다. 넓은 의미로는 다음과 같이 진핵생물·원핵생물이 포함된다. 즉, 원생동물·후

여 미생물 이용발명, 미생물 이용에 의한 물질발명으로 구분할 수 있다. 미생물은 돌연변이나 반복 가능성에 의문이 있어 특허성이 부인되었으나, 과학기술의 발달에 힘입어 1980년 미국 다이아몬드Diamaond 케이스[291]에서 미생물특허를 인정한 이래 대부분의 국가에서 인정되고 있다. 다만 미생물이라는 특수성으로 말미암아 특허출원 시에 해당 발명의 미생물을 미리 공인된 기관에 기탁하여야 하고, 필요시 시료분양이 이루어져야 하는 특수제도를 갖추고 있다.

우리나라는 1960년대부터[292] 미생물발명에 대해 특허성을 인정해왔지만 2000년대 후반까지 해당 분야의 후진성으로 활성화되어 있지는 않았다.

생동물 중 일부 미소동물, 단세포성 조류(식물성플랑크톤을 포함), 진핵균류(변형균류 · 곰팡이 · 효모 · 버섯) 등의 진핵생물과 남조 · 방선균 · 일반세균 · 리케차 · 클라미디아 등의 원핵생물이다. 버섯의 경우, 미생물로 하지 않는 이유는 자실체가 크기 때문이고, 미생물로 하는 이유는 생활 기본단위인 균사가 곰팡이의 균사와 같이 현미경적으로 미소하기 때문이다. 바이러스는 전자현미경적 미소구조이므로 초미생물이라 부르기도 한다"고 설명하고 있다. [http://kr.dic. yahoo.com] 〈2005.2.22 방문〉.

291) Diamond v. Chakrabarty, 447 U.S. 303 (1980) Docket Number : 79-136 Decided : June 16, 1980 Argued : March 17, 1980. 〈Facts of the Case〉 After genetically engineering a bacterium capable of breaking down crude oil, Ananda Chakrabarty sought to patent his creation under Title 35 U.S.C. Section 101, providing patents for people who invent or discover 『any』 new and useful 『manufacture』 or 『composition of matter』. On appeal from an application rejection by a patent examiner the Patent Office Board of Appeals affirmed, stating that living things are not patentable under Section 101. When this decision was reversed by the Court of Customs and Patent Appeals, Diamond appealed and the Supreme Court granted certiorari.
〈Question Presented〉
Is the creation of a live, human-made organism patentable under Title 35 U.S.C. Section 101?
〈Conclusion〉
Yes. In a 5-to-4 decision, the Court explained that while natural laws, physical phenomena, abstract ideas, or newly discovered minerals are not patentable, a live artificially-engineered microorganism is. The creation of a bacterium that is not found anywhere in nature, constitutes a patentable 『manufacture』 or 『composition of matter』 under Section 101. Moreover, the bacterium's man-made ability to break down crude oil makes it very useful.
【35 U.S.C. 101 Inventions patentable】 Whoever invents or discovers any new and useful process, machine, manufacture, or composition of matter, or any new and useful improvement thereof, may obtain a patent therefor, subject to the conditions and requirements of this title. [신규하고 유용한 방법, 기계, 제품이나 조성물 또는 이들에 관한 신규하고 유용한 개량을 발명 또는 발견한 자는 누구나 본법이 정하는 조건과 요구에 따라 이들에 대한 특허를 받을 수 있다.]

292) 신균종이 발견된 경우에 반드시 새로운 특허권을 부여할 수 없는 것은 아니다(대판 1963.11.28. 선고 63후 34).

Ⅵ 컴퓨터 프로그램 관련 발명

1. 보호기준

우리의 현행 특허법상 발명의 대상이 되는 컴퓨터 프로그램은 "시계열적으로 연결된 일련의 처리 또는 조작, 즉 절차로서 표현할 수 있을 때에는 그 절차를 특정함으로써 방법발명으로 청구항에 기재할 수 있다.[293] 그 발명이 하나 또는 둘 이상의 기능에 의해 표현될 수 있을 때에는 그 기능을 특정함으로써 물건 발명으로서 청구항에 기재할 수 있다."고 심사기준에 명시되어 있다.[294]

컴퓨터란 인간의 사고행위 결과를 신속하고 정확하게 출력하기 위한 장치이다. 그 구성을 간단히 살펴보면, 사용자가 원하는 작업을 컴퓨터에 입력하여 지시하는 입력수단, 입력된 명령대로 제어하며 처리하도록 전자회로로 구성되는 처리수단, 처리 결과를 나타내주는 출력수단으로 이루어져 있다. 컴퓨터시스템을 구성하는 외적 장치들을 우리는 하드웨어라 부른다. 하드웨어는 스스로 작동할 수 없는 물건에 불과한 것이므로 이를 구동시키고 원하는 작업결과를 나타내도록 기계가 해독할 수 있게 만들어진 기계어적 수단을 소프트웨어[295]라 한다.

컴퓨터 프로그램 관련 발명이 특허법상 보호되는 근거는 미국 특허상표청의 심사 가이드라인[296]을 적용한 우리 특허법상의 심사기준에 의한다. 우리의 특허법상 발명의 정의[297]에 있어서 기술에 대한 정의 "일정한 목적을 달성하는 합리적 수단으로서의 기술적 효과를 가져오는 것"에 부합하고, 심미성이나 예술성은 문제로 되지 않는다는 기준에 의한다. 또한 컴퓨터 프로그램 관련 발명은 산업상 이용할 수 있는 구체적 수단으로 청구되어 있는지를 판단하게 된다.[298]

---

293) 컴퓨터프로그램관련 발명 중 '방법의 발명'을 청구범위에 기재하는 사항.

294) 컴퓨터프로그램관련 발명 중 '물건의 발명'을 청구범위에 기재하는 사항.

295) 컴퓨터소프트웨어와 컴퓨터프로그램은 엄밀히 말하면 그 범위가 다르지만 이하에는 구별없이 동일한 의미로 사용한다. 참고로, 컴퓨터 소프트웨어(혹은 간단히 소프트웨어)는 저장장치에 저장된 특정한 목적의 하나 또는 다수의 컴퓨터 프로그램을 뜻한다. 프로그램 소프트웨어는 컴퓨터 하드웨어에 직접 명령어를 주거나 다른 소프트웨어에 입력을 제공함으로써, 그것이 수행하도록 구현된 기능을 수행한다. '소프트웨어'라는 용어는 1957년, John W. Tukey에 의해 처음 사용되었다. 일상적으로 이 용어는 응용 소프트웨어의 의미로 자주 쓰인다. 컴퓨터과학과 컴퓨터공학에서 컴퓨터 소프트웨어는 컴퓨터 시스템, 프로그램, 데이터에 의해 처리된 모든 정보를 말한다. 컴퓨터 소프트웨어는 컴퓨터 하드웨어의 반대 의미로, 컴퓨터 하드웨어는 소프트웨어가 실행되고 저장되는 물리적 구조이다. http://ko.wikipedia.org/wiki/%EC%86%8C%ED%94%84%ED%8A% B8%EC %9B%A8 %EC%96%B4 [2005.11.1. 인터넷 방문].

296) MPEP §2106 II A.

297) 특허법 제2조 제1호.

컴퓨터시스템을 특허대상으로 분류한다면 하드웨어는 물건발명이 될 것이며, 소프트웨어는 방법발명이 될 수 있음을 알 수 있다. 따라서 하드웨어를 구동시킬 소프트웨어는 무수히 많이 존재할 수 있으며, 그 가치는 신속하고 정확한 결과의 출력에 따라 달라진다.

이와 같이 하드웨어가 물건발명이므로 특허의 대상이 됨에는 이견이 없으나, 소프트웨어가 방법발명에 속하는지에 대해서는 많은 논란이 거듭되다가 미국 특허상표청의 컴퓨터 관련 발명에 대한 심사 가이드라인이 1996년 2월에 발표되어 보호되기 시작했다. 그 이후 일본과 우리나라 특허청에서도 컴퓨터 관련 발명을 특허대상으로 인정하게 되었다.[299] 특히 소프트웨어와 관련된 발명의 유형은 실체에 따라 시스템 소프트웨어 발명[300], 사용자인터페이스 발명[301], 그래픽 및 이미지처리 발명[302], 네트워킹 발명[303] 및 기타 암호화, 인공지능, 자연언어, 테스트 시스템 등의 소프트웨어 발명으로 구분[304]할 수 있다. 프로세서에 의해 수행되는 독특한 처리절차에 관한 발명 또는 독창적인 기능을 수행하기 위해 프로그램(고안)된 컴퓨터 시스템이나 컴퓨터 구성요소에 관한 발명 중 하나의 형태로 구분한다.

미국 특허상표청의 심사기준[305]에서도 특허를 위해 물건에 해당되는 컴퓨터(Machine = Computer)와 방법에 해당하는 공정(Process=A series of steps) 및 기록매체에 해당하는 메모리(Article of manufacture=computer readable memory)를 청구항에 기재토록 하고 있다.

2. 특허될 수 있는 컴퓨터 관련 발명

가. 방법발명

컴퓨터 관련 발명은 시계열적으로 연결된 일련의 처리 또는 조작, 즉 절차로서 표현할 수 있을 때에는 그 절차를 특정함으로써 방법발명으로 청구항에 기재할 수 있다. 예를 들어 네트워

---

298) 특허법 제29조 제1항.

299) 우리특허청은 1984년에 「컴퓨터 관련발명에 관한 심사기준」을 처음 발표하였고, 1998년에 개정하면서 미국 특허상표청의 1996년 2월에 발표된 심사가이드라인을 적용하였다. 미국특허청의 컴퓨터 관련발명에 대한 심사가이드라인은 1996년 2월의 미국연방항소법원(CAFC)의 판결결과를 기초로 한 것으로, '프로그램을 기록한 기록매체' 또는 '데이터 구조를 기록한 기록매체' 도 물건의 발명이 되며, '사업하는 방법' 에 대해서도 청구항에 기재할 수 있도록 제시하였다. 이는 BM(Business Model 혹은 Business Method)특허의 시조가 된 것이다. 미국특허청의 컴퓨터관련발명에 대한 심사가이드라인이 중요했던 것은 우리나라뿐만 아니라 유럽은 물론, 일본특허청에도 영향을 미쳐서 1997년에 컴퓨터관련발명의 심사기준이 개정되었다는 점이다.

300) 예 : 내부 데이터제시 및 저장기술, 메모리관리 및 응용프로그램 인터페이스.

301) 예 : 드랙 앤 드롭 기술, 도움말(Help)게시 메커니즘.

302) 예 : 3차원 이미지기술, 색상변환기술.

303) 예 : 네트워크 설정, 보안관리, 프로토콜 요건, 에러탐지 및 수정기술.

304) 정재훈, 『소프트웨어의 법적보호』, 『창작과 권리』 제35호, (2004년 여름호), p.34.

305) MPEP §2106, Patentable Matter-Computer-Related Inventions.

크 설정, 보안관리, 프로토콜 요건, 에러탐지 및 수정기술, 3차원 이미지기술, 색상변환기술, 컴퓨터 화상처리방법이나 수치제어장치의 가감속 제어방법 등이다.

나. 물건발명

컴퓨터 관련 발명을 하나 또는 둘 이상의 기능에 의해 표현할 수 있을 때 그 기능을 특정함으로써 물건발명으로 청구항에 기재할 수 있다.

다. 기록매체

컴퓨터 프로그램이 기록될 수 있는 매체에는 프로그램을 기록한 기록매체 또는 데이터구조를 기록한 기록매체가 있으며, 이들은 물건발명에 속한다고 명시되어 있다. 기록매체의 예로서는 자기테이프, CD, 반도체회로 칩 등이 있으며, 워드프로세싱 편집방법을 기록한 롬ROM은 워드프로세싱 편집을 수행하는 실제적인 이용가치가 있는 경우에 특정된 소프트웨어에 의해 한정된 특정 제조물로 본다.

라. 화상디자인

화상디자인이란 "전원을 인가시킴에 따라 물리적인 표시 화면상에 전광에 의한 명암이 특정의 형상이나 모양 · 색채로 표시되어서 시각을 통해 미감을 유발시키는 전자적 화상"이다. 여기서 "전원을 인가시킨다."함은 "물리적 표시화면에 전원을 공급하는 것"이며, 표시화면 기기 자체에 화상디자인을 표시하는 프로그램이 내장되어 있는 경우에는 표시화면에 전원이 인가됨과 동시에 특정의 화상디자인이 표현된다. 컴퓨터와 한 조를 이루는 표시화면의 경우에는 컴퓨터의 구동과 더불어 컴퓨터 소프트웨어가 작동되면서 액정화면과 같은 표시화면에 특정의 화상디자인이 표시되어지는 것이다.306)

화상디자인은 현행 디자인보호법에서 부분 디자인으로 보호되고 있으나 화상디자인이 발명으로서 컴퓨터 프로그램과 함께 고려되어야 하는 이유는 생성 프로그램과 분리하여 생각할 수 없으며, 전자 버튼으로서의 기능을 가지므로 디자인만의 보호가 한계가 있기 때문이다.

그러나 컴퓨터 프로그램만의 특허등록은 원칙적으로 불가능하므로 컴퓨터 프로그램을 기록한 컴퓨터로부터 읽을 수 있는 기록매체를 청구한 경우에 컴퓨터 프로그램의 기능을 실현 가능하게 하는 매체와 컴퓨터 프로그램 간의 구조적, 기능적 상호관계를 정의하여 특허의 대상이 되도록 해야 할 것이다.

화상디자인은 프로그램을 구성하는 단위가 모여서 하나의 독립된 처리가 가능한 표현방법이

306) 정병일, 「화상디자인의 디자인보호법에 의한 보호와 한계」, 앞의 논문, p.241-242면.

나 표현수단에 의해 생성될 수 있으므로 특허법 제94조의 규정에 따라 화상디자인도 이들과 같은 범위의 특허권 효력을 갖는다. 특히 아이콘만 한정하지 않고 웹사이트의 홈페이지나 디지털 콘텐츠로서의 그래픽이미지 등이 복합된 한 화면의 화상디자인이나 동적 화상디자인의 경우 작업 환경을 개선시키는 기능, 다른 작업 선택과 실행을 위해 실용성을 제공하는 경우라면 기술적 사상의 창작이며 고도성을 갖춘 아이디어의 구체적 표현으로 특허성을 갖추었다고 볼 수 있다.

지금까지 화상디자인의 구현은 컴퓨터 모니터 등과 같은 디스플레이에 2차원으로 구현되는 한계를 가지고 있었지만, IT의 발달에 따라 모니터가 필요 없는 가상적 3차원의 세계에서 보호될 대상들에 대해서도 보호연구가 필요하다.

3. 특허될 수 없는 컴퓨터 관련 발명

기록매체에 기록되지 않는 프로그램 자체는 발명의 대상이 될 수 없다. 이는 다른 구성과 유기적 결합관계에 의해 결과를 나타낼 수 있는 구체적 수단이 결여되어 있기 때문이다. 프로그램이 단순히 워딩Wording된 리스트는 문서에 불과하므로 특허될 수 없다.

VII BM 발명

1. 의의

BM발명이란 인터넷 시스템을 이용한 전자상거래의 방법을 체계화한 발명으로 Business Method 혹은 Business Model의 약자이다. 특허출원 단계에서는 BM발명으로 호칭되어야 하나 관행상 BM특허로 혹은 영업방법특허로 통칭되고 있다(이하에서는 BM특허라 한다).

인터넷은 컴퓨터와 네트워크·통신망을 이용한 정보교류 시스템으로 디지털 시대를 열어놓은 정보통신기술의 총아라 할 수 있다. 이 때문에 BM특허는 인터넷 관련 발명의 한 부분에 속하며, BM특허가 주로 응용되는 분야는 전자상거래 분야로 영업 방법, 전자화폐와 관련되는 발명으로 나눌 수 있다.

2. BM특허

가. 정의

기술적 구성과 관련하여 BM특허의 정의를 내리면 "컴퓨터 및 네트워크 등의 통신기술과 사업 아이디어가 결합된 영업방법발명에 관한 특허"라 할 수 있다. 인터넷이란 컴퓨터와 네트워크 · 통신망을 이용한 정보교류시스템으로, 인터넷 관련 발명은 정보교류시스템 기술과 관련된 발명을 말한다. 인터넷 관련 발명은 크게 시스템 분야(H/W 위주기술)와 응용분야(S/W 위주기술)로 나누며, BM은 응용분야에서 주로 전자상거래 방법을 말한다.

컴퓨터와 인터넷 통신이 발달하면서 비즈니스 모델을 구현한 소프트웨어에 대한 보호의 문제가 대두되었다. 이에 따라 특허제도는 기계, 기구 등과 같은 하드웨어에 포함된 새로운 기술적 사상을 보호하기 위한 제도로 발전되어왔으나, 현재에는 인터넷통신과 관련된 BM발명이 특허제도에서 보호되고 있다. 그러나 BM특허라 하여 특허요건이 결여되어도 된다는 의미는 아니다. 여타의 발명과 같이 산업상 이용가능성, 신규성, 진보성 등의 특허요건을 갖추고, 특히 인터넷의 특성상 컴퓨터 프로그램의 공개 확산 범위와 속도가 엄청나며 지역의 제한이 없다는 점에서 공익적 · 국가적 차원의 특허권부여배제협약의 단일화가 중요시되고 있다.

나. BM분야 특허출원 현황

BM분야 특허출원 현황

구분 Classfication	내국인 Korean		외국인 Foreign		계 Total
	건수	구성비	건수	구성비	
1999	978	86.3%	155	13.7%	1,133
2000	9,655	97.6%	240	2.4%	9,895
2001	5,388	90.4%	574	9.6%	5,962
2002	3,616	85.3%	623	14.7%	4,239
2003	4,564	89.2%	553	10.8%	5,117
2004	4,542	87.3%	659	12.7%	5,201
2005	4,205	86.4%	663	13.6%	4,868
2006	5,248	87.8%	727	12.2%	5,975
2007	6,280	87.8	603	12.2	6,883
2008	4,788	92.7	375	7.3	5,163
2009	4,903	94.2	301	5.8	5,204
2010	4,994	93.7	337	6.3	5,331
2011	6,167	94.3	375	5.7	6,542

주 : 1. 2004년부터 2007년까지 G06f17/00,17/30,19/00,G06Q(세분류포함)분류적용,이후G06Q(세분류포함)분류적용

〈출처: 특허청 통계자료, 2011.12.31. 기준〉

3절 직무발명

Ⅰ 제도설립의 목적

1. 목적

직무발명제도의 설립 목적은 종업원 등에게 권리의 귀속과 정당한 보상을 보장하여 기술개발을 촉진하고, 이를 물질적 · 경제적으로 도운 사용자 등에게 직무발명에 대한 실시권리를 인정함으로써 기업의 기술개발 활성화가 결국 산업 발전을 이루도록 하기 위하여 규정한 것이다.

그동안 신기술 개발의 대부분이 기업이나 연구소의 직무발명으로 이루어지고 있으며 전체 특허출원의 83.9%(2004년 기준)를 차지하고 있음에도 직무발명 보상 기업은 전체 기업의 19.2%에 불과했다. 더욱이 사용자와 종업원 간의 직무발명 보상금에 관한 소송이 꾸준히 증가하고 있음에 따라 특허청은 2006년을 기해 직무발명의 활성화를 위한 직무발명법제 전반의 개정을 실시했다. 이와 함께 특허법상의 직무발명 규정을 발명진흥법으로 이관시켜 직무발명의 활성화와 기술의 공개, 발명자의 보호부분을 구체화하고 더욱 보강하였다.

직무발명제도는 발명자인 종업원의 발명 의욕을 고취시켜 보상금이나 특허권을 취득하도록 하고, 사용자는 적정한 직무보상과 함께 독점배타적 권리 내지는 실시권을 확보하여 시장우위를 점하는 이익을 가진다. 또한 수익을 통해 기술개발 투자의 확대를 유도하여 기술혁신에 기여토록 함으로써 기업과 국가의 경쟁력을 제고하는 산업발전에 기여한다는 측면에서 중요성을 가진다.

2. 직무발명의 정의

종업원, 법인의 임원 또는 공무원(이를 '종업원 등' 이라 한다)이 직무에 관하여 발명한 것이 성질상 사용자 · 법인 또는 국가나 지방자치단체(이를 '사용자 등' 이라 한다)의 업무범위에 속하고, 발명을 하게 된 행위가 종업원 등의 현재 또는 과거의 직무에 속하는 발명을 직무발명이라 한다. 직무발명을 한 종업원 등은 직무발명 보상금을 사용자 등으로부터 받게 되며 특허 · 실용신안에 관한 직무발명 보상금은 소득세법 제12조 및 소득세법시행령 제18조에 의해 소득세가 면제된다.

Ⅱ 직무발명 내용과 발상

1. 직무발명의 주요내용

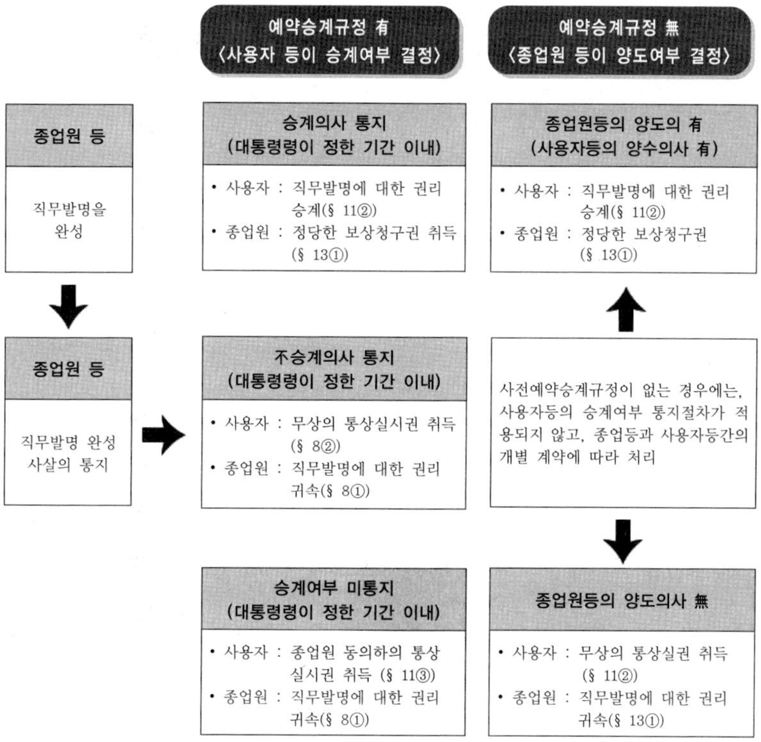

〈출처: 특허청, 2008〉

2. 직무발명에 대한 보상

직무발명을 한 대가로서의 보상은 발명에 이르게 된 동기에서 발명의 완성(제안)까지, 특허출원과 심사, 이의신청이나 무효심판 등에 의한 방어(승소)에서 각각의 보상 종류를 정할 수 있다. 그러나 이에 한정되는 것은 아니며 직무발명 운영을 위한 기업과 단체의 여건에 맞게 가감하게 된다. 발명의 완성이라는 측면에서 주로 출원보상과 등록보상이 이루어지고 있다.

4절 특허 기대권의 주체와 객체

I 서설

발명이 완성되었다 하여 이를 특허 받을 수 있는 권리로 취급하지는 않는다. 즉, 완성된 발명에 대해 독점배타권을 부여받기 위해서는 발명을 완성한 자나 승계한 자가 재산권의 형성 요청이라는 특허출원이 있어야 한다.[307][308] 완성된 발명에 대해 특허출원이 이루어져서 특허 출원번호가 부여되었다는 것은 출원절차에 대해 필요한 각종 서류제출과 수수료 납부 등이 이루어진 이른바 방식심사[309]를 거친 것으로 장차 특허를 받게 될 기대권이 된다고 할 것이다.

특허청에 출원중인 발명은 특허 받을 수 있는 권리의 대상이 되며, 특허출원 후 특허권 설정 등록이나 포기 또는 취하 전까지는 특허권에 대한 기대권期待權으로서 제3자가 임의로 박탈하거나 강요에 의해 포기하게 할 수 없다. 우리나라 특허제도의 큰 특징 중 하나인 선원주의先願主義는 동일 · 유사발명에 대해서는 가장 먼저 출원한 자에게 그 권리를 부여하므로 특허 받을 수 있는 권리는 선원의 지위를 확보할 수 있다는 의미를 갖는다. 또한 특허출원인은 특허출원 1년 이내에 우선권 주장을 할 수 있고, 1년 3개월 이내에는 자진보정自進補正할 수 있으며, 1년 6개월이 지나 공개된 후에는 무단으로 해당 발명을 실시하는 자에게 경고장을 발송한 후 등록 후 설정등록에 의한 특허권으로 손해배상을 청구할 수 있다.

특허 받을 수 있는 권리는 재산권으로 기대된다는 점에서 제3자에게 양도할 수 있다는 독립된 객체로서의 중요성이 매우 크다. 이와 함께 기대권이라는 객체의 권익을 갖는 주체 또한 같은 선상에서 고려되어야 하는 이유도 여기에 있다.

---

307) 이 점은 표현되는 창작물의 완성과 동시에 저작권이 생성되는 저작물과 다르며, 그 보호대상 또한 저작물은 문학 · 학술 또는 예술의 범위에 속하는 것(저작권법 제2조 제1호)으로 구분할 수 있다.

308) 특허법 제42조에서는 특허출원에 필요한 서류(출원서류), 즉 특허출원서, 명세서, 도면 및 요약서에 기재하여야 할 사항과 그 기재방법에 대해 규정하고 있다. 특허법 제42조는 최초 출원서뿐만 아니라 보정서, 분할출원 및 이중출원 등에도 마찬가지로 적용된다.

309) '방식심사'란 완성된 발명을 문서로 만들어 특허청에 제출하는 경우, 해당 서류가 특허법 제42조에서 규정하는 출원서와 명세서, 도면, 요약서, 미생물발명의 경우 기탁서 등이 갖추어져 있는지, 필요문구가 기재되어 있는지의 외형적 필요사항을 심사하는 것으로, 행정적 절차에 필요한 서류와 그 기재사항 및 수수료의 납부 등을 살피는 것이다. '방식심사'는 '실체심사'와 같이 발명에 필요한 내용적 의미를 심사하는 것이 아니라는 점에서 '형식적 심사'라 할 수 있지만, '방식심사'에 의해 서류가 불수리되거나 보정을 명하여도 이에 따르지 않는 경우 해당발명의 출원일을 인정받을 수 없게 되므로 선원주의를 취하는 우리의 특허제도에 있어서 매우 중요한 절차가 된다. 방식심사 내용에 대해서는 후술한다.

Ⅱ 권리주체

1. 의의

권리주체란 해당 발명을 완성하거나 출원하여 특허 받을 수 있는 자를 말하며, 이는 곧 사람을 말한다. 민법상 '사람' 은 자연인과 법인으로 구분하므로 민법을 준용하는 특허법의 특성상 권리주체는 자연인과 법인이 될 수 있으나, 법인이 아니라도 대표자가 있는 단체도 법인의 범위에 속한다. 특히 발명을 할 수 있는 자는 자연인에 한하므로 법인이 발명자가 될 수 없으며, 따라서 발명자는 발명을 할 뿐만 아니라 특허출원을 통해 특허권을 향유할 수 있는 출원인이 될 수 있다. 법인은 발명자가 될 수 없고 출원인만 될 수 있다.

특허출원과 관련한 주체의 범위에는 대리인과 특허관리인이 출원인을 대신하여 출원과 등록 및 특허권의 유지와 정정, 무효나 실시권설정 등의 행정업무를 대리하며 그 결과는 모두 특허출원인을 위한 것이다.

2. 권리주체의 능력

가. 권리능력

(1) 정의

권리능력은 인간의 탄생과 동시에 부여되는 고유권한으로 생존기간 동안 존재한다(민법 제3조). 권리는 의무와 분리하여 생각할 수 없으므로 '권리의무능력'이란 표현이 옳겠지만 이를 줄여서 권리능력이라 한다. 권리능력은 권리 · 의무의 주체가 될 수 있는 법률상의 지위나 자격이므로 인격이라 하고, 권리주체가 갖는 역량이라 할 수 있다.

특허 받을 수 있는 권리는 발명을 완성한 자가 발명을 공개하는 대가로 일정 기간 독점배타적 실시권이 취득되기를 희망하는 기대권이다. 하나의 발명을 완성한 발명자는 특허 받을 수 있는 권리를 갖게 되며, 이때 발명자는 특허 받을 수 있는 권리의 주체가 되고, 그 주체가 고안한 발명은 객체가 된다. 고안은 인간만이 할 수 있으므로 특허 받을 수 있는 권리의 주체는 발명자(혹은 발명가)가 되겠지만 발명의 사업화는 반드시 발명자에 의해서만 이루어지는 것은 아니므로 제3자나 기업 혹은 대표 있는 단체가 권리를 취득할 수도 있다. 이는 우리 민법이 권리의 주체로서 사람을 자연인과 법인으로 두고 있으며,[310)] 특허법은 민법의 특별법이므로 일반 규정은 민법을 적용한다는 원칙에 부합하는 것이다.

권리란 "일정한 생활상의 이익에 대한 법률상의 힘"이며, 권리능력은 모든 사람이 권리를 취득

310) 민법 제2장 제3조 내지 제30조는 자연인을, 제3장 제31조 내지 제97조에서는 법인을 규정하고 있다.

할 수 있는 지위, 즉 인격이다(민법 제3조). 특허법상 발명을 완성하는 주체는 발명자 개인이 완성한 발명의 경우는 물론, 여러 명이 공동으로 하는 공동발명, 법인이나 단체에 고용되어 개발된 직무발명, 외주에 의해 완성되는 위탁발명 등에 대해서 사고와 고안 행위를 제공한 자이므로 그 권리의 소유자도 사람이 된다. 따라서 고도의 기술로 만들어진 컴퓨터가 스스로 발명을 했다거나, 동물을 이용하여 발명을 완성한 경우라 해도 발명의 주체는 사람이 아닌 한 특허 받을 수 있는 발명이 될 수 없다. 왜냐하면 컴퓨터나 동물에게는 권리를 부여할 수 없기 때문이다.

(2) 권리의 무능력

인간이라 하더라도 권리능력을 갖지 못하는 경우가 있다. 특허제도와 관련해서는 원칙적으로 외국인은 권리능력을 제한적으로 갖지 못한다. 이는 국가의 정책상 외국인의 권리능력을 제한한 것이지만 외국인은 국제법과 조약이 정하는 바에 의하여 지위가 보장된다(헌법 제6조 제2항의 평등주의). 또한 국가 간 상호주의 원칙에 따라 조약당사국(파리조약은 물론 쌍무협약, 국가 간의 협약 등 특허의 생성과 소멸 및 관리에 관한 내용이 포함된 협약을 한 국가) 간 협약이 있으면 양국 간 국민이 특허권이나 특허 받을 수 있는 권리에 관한 이익을 동등하게 향유할 수 있다. 권리능력은 권리주체의 사망으로 소멸하며, 권리능력이 없는 자가 특허를 받은 경우나 조약의 파기 등으로 권리능력이 없는 자로 된 외국인의 특허권은 무효심판에 의해 무효심결이 확정되어야 비로소 권리가 소멸된다(§133).

(3) 권리능력자

(가) 외국인

한국인과 법인은 당연히 권리능력자가 되지만 외국인의 경우는 그 외국인의 국가와 한국 간 호혜의 원칙에 따라 개별적으로 권리능력이 부여된다. 또한 조약 및 이에 준하는 것에 의하여 특허권 또는 특허에 관한 권리의 향유를 인정하고 있는 경우도 이에 포함된다.

(나) 법인 아닌 사단이나 단체

법인 아닌 사단이나 단체란 법인 설립등기를 마치지 않아서 법인격이 없는 사단이나 단체를 말한다. 이들은 특허에 관한 권리능력이 없으나 단체의 대표자나 관리인이 정해져 있는 경우에는 그 단체의 명의로 특허출원심사의 청구인, 특허이의 신청인, 심판 및 재심의 당사자가 될 수 있다(§4).

(다) 특허청 직원

특허청 직원은 특허에 관하여 권리능력을 갖는가? 원칙적으로 특허청 직원은 재직 중 특허받을 수 있는 권리를 가질 수 없다. 그 이유는 특허출원과 심사, 등록을 담당하는 심사관은 특정 특허출원에 대한 내용을 알 수 있게 되므로 그에 따른 부작용을 막기 위한 것이다. 또한 심사의 공정성과 객관성을 유지하기 위한 면도 포함된다. 그러나 상속이나 유증에 의해 특허권을 소유할 수 있으며, 이 경우 사적 자치원칙에 의해 다른 자에게 이전도 가능하다.

나. 행위능력

행위능력이란 권리능력을 갖는 자가 단독으로 유효한 법률행위를 할 수 있는 능력을 말한다. 법률행위의 과정이나 결과에 대해 인지할 수 없는 행위무능력자는 민법규정(제4조 내지 제17조)에 미성년자[311] · 한정치산자[312] · 금치산자[313]로 정해져 있으며, 특허법은 행위능력에 대하여 민법규정을 따르고 있다. 행위무능력자들은 법정대리인에 의하지 아니하면 특허에 관한 행정적 절차를 밟을 수 없으나 발명 능력까지 부정되는 것은 아니다. 또한 미성년자나 한정치산자라고 하더라도 혼인에 의한 성인의제나 단독으로 허락받은 영업 등에 있어서는 행위능력이 인정된다.

행위무능력자가 밟은 법률행위의 효과, 즉 위반된 법률적 효과는 특허에 대한 진행 절차상의 무효이다. 왜냐하면 소송법상 행위무능력자는 소송 주체가 아니기 때문이다.

3. 권리주체의 구분

가. 발명자

발명자를 보호하는 목적은 발명 의욕을 고취시켜 기술의 개발 촉진과 국가산업 발전에 있다. 이는 헌법상 발명가의 보호규정[314]에 의해서도 확인할 수 있다. 진정발명자가 될 수 있는지의 여부는 발명의 주체와 발명의 객체로 나누어 생각할 수 있다. 발명의 주체에 있어서 진정발명자라 함은 공동발명의 경우 공동발명자 전체, 직무발명의 경우 해당 발명과 관련된 직무수행 종업원, 위탁발명의 경우 위탁발명자 등이 해당 발명에 대한 진정발명자라 할 수 있으며 그 발명의 완성이 자의적 발명행위에 의하여 이루어져야 한다. 따라서 단순히 관리자의 지시에 의해 발명을 완성하는 단순 기능공의 경우에는 진정발명자라 할 수 없으며, 완성된 발명이 실제 작동하는지의 실험에만 참여한 자 또한 진정발명자가 될 수 없다.[315]

---

311) 만 20세 미만의 미혼자(2013. 7. 1일 이후 만 19세)

312) 심신이 박약한 자, 또는 재산의 낭비로 자기나 가족의 생활을 궁박하게 할 염려가 있는 자.

313) 심신 상실의 상태에 있는 자.

314) 대한민국 헌법 제22조 제2항 : 저작자, 발명가, 과학기술자와 예술가의 권리는 법률로써 보호한다.

315) In re Hardee, 223 U.S.P.Q. 1122,1123 (A.C. Patent, 1984).

발명자로서 인정되면 특허출원서에 발명자로서 게재될 뿐만 아니라 특허증에도 출원인과 함께 게재되며, 해당 발명에 대한 개발로 인격적으로 존경받게 된다. 또한 정책적 차원에서 각종 수상 후보자가 되거나 입시 · 취업 등에 인센티브가 주어진다. 이 때문에 특허출원에 있어서 발명자가 누락되거나 오기를 한 때에는 특허등록 결정 전까지 발명자의 추가나 정정이 허용된다. 하나의 발명에 대해 구상과 완성까지 혼자 한 경우 인적 구성면에서 단독발명이 되며, 둘 이상의 자연인이 실질적으로 협력하여 하나의 발명을 완성한 경우 공동발명이 된다.

나. 출원인

출원인은 특허 받을 수 있는 권리의 주체가 되는 해당 완성발명의 발명자나 승계인을 말하며, 자연인과 법인[316]이 주체가 될 수 있다. 법인이 발명자가 될 수 없다는 것은 법인은 사고력을 가진 실체가 아니기 때문이며, 기술적 사상을 할 수 있는 주체는 사람(자연인)에 한정되기 때문이다.

다. 대리인

(1) 대리제도

대리제도는 본인의 무능력이나 비전문성 때문에 타인으로 하여금 법률행위를 대신하게 하는 제도를 말하며 대리행위를 하는 자를 대리인이라고 한다. 법률행위에는 보통 그 행위의 당사자가 그 행위의 결과(효과)를 갖게 되지만 행위의 효과를 타인이 받을 수 있는 제도가 대리제도이다. 특허법상 대리는 행위무능력자(미성년자, 한정치산자, 금치산자)를 위하거나 외국인의 국내 출원을 대리하는 경우가 있다. 전자는 민법의 규정에 의해 법정대리와 임의대리로 구분하며, 후자는 특허관리인에 의해 법률행위가 이루어진다.

다른 사람이 행한 법률행위의 효과가 본인에게 귀속되려면 1)대리권 부여, 2)대리행위 효과가 본인에게 귀속, 3)대리권 범위 내의 대리 행위의 세 가지 요건이 갖추어져야 한다.[317]

(2) 복대리와 무권대리

대리인이 그의 권한으로 본인의 대리인을 선임하는 것을 복대리[複代理] 선임이라 한다. 따라서 복대리인은 대리인을 위한 대리인이 된다. 이와 유사한 용어로 복수대리[複數代理]가 있으나 복수대리는 혼자 할 대리 행위를 수평적으로 여러 명이 분담한다는 의미이므로 수직관계의 복대리인과는 쉽게 구분할 수 있다.

---

316) 법인의 범위는 법원의 등기부등본상에 등재된 법인뿐만 아니라 대표자가 정해진 단체도 포함한다.
317) 민법 제 114조~119,124,127~128조

무권대리[無權代理]는 대리권 없이 한 대리행위를 말하며, 대리인 본인에게 일정한 귀책사유가 있고 외견상 대리권이 있는 것처럼 보이는 경우에는 본인이 그 행위에 대해 책임을 지는 표현대리[表見代理][318)]가 된다. 특허출원 시 출원에서 등록까지의 위임사항이 기재된 위임장을 가지고 심판이나 소송에서도 이를 사용한다면 무권대리가 된다.

(3) 법정대리인

법정대리인이 필요한 것은 행위무능력자의 행위를 대신하여 인정하기 위한 것이다. 특허법에서 준용하는 민사소송법 제80조~88조에서는 법정대리인이 될 자와 권한이 규정되어 있다(특허법 제12조). 미성년자의 법정대리인은 그의 부 또는 모가 되는 친권자이고, 친권자가 없을 때는 2차로 후견인(친권자가 유언으로 정한 자나 미성년자의 직계혈족, 3촌 이내의 방계혈족 혹은 가정법원이 정하는 자)이 된다. 법정대리인이 권한은 미성년자를 대리하여 재산상의 법률행위를 할 수 있다(민법 제920조, 949조). 특허법상 절차무능력자가 한 특허절차 진행행위는 보정할 수 있으며, 추인하면 그 절차는 처음부터 소급하여 효력이 발생하므로 일부 추인이 아닌 전체 추인이 되어야 한다. 그러나 금치산자는 의사무능력자이므로 예외 없이 법정대리인에 의하여 특허절차를 수행하여야 한다.

(4) 임의대리인

법정대리인을 제외한 통상대리인은 법률적 대리행위를 요구하는 본인(의뢰인)과 계약에 의해 정해지는 임의대리인이 된다. 대리의 위임에 있어서 본인으로부터 별도로 허락을 받아야 하는 계약관계에서는 특별수권[特別授權]이 필요하다.

(5) 대리권의 불소멸

위임인이 사망하거나 법적능력을 상실하거나, 법인인 경우 합병되어도 대리인의 대리권은 소멸하지 않는다. 이는 대리행위는 절차행위이고, 권리의 공백이 발생할 여지를 미연에 방지하기 위한 것이다. 이 점은 민법상 본인이 사망하면 기속주체가 없으므로 대리권이 소멸하는 점과 차이가 있다.

(6) 재외자의 특허관리인

재외자란 국내에 주소나 영업소가 없는 자로, 외국에 주소를 둔 자를 말한다. 대한민국 국적

318) 표현대리에는 대리권 수여의 표시에 의한 표현대리, 권한을 넘은 표현대리, 대리권 소멸 후의 표현대리가 있다(각각 민법 제 125,126,129조 참조).

을 가진 재외자도 포함한다. 특허관리인은 재외자의 특허권 생성부터 소멸까지 관리하는 국내의 대리인이다. 특허관리인을 선임하여 등록하는 이유는 제3자에 대한 대항요건이 발생하기 때문이다. 제3자에 대한 대항요건이라 함은 특허청의 특허등록원부에 특허관리인이 등재되어 있으면 공시되어 제3자가 알 수 있는 상태에 있으므로 법률관계에서 특허관리인의 선임이 증명된다는 의미이다. 여기서 제3자의 범위에는 특허청도 포함한다.

재외자는 국내에 체재하는 경우를 제외하고는 특허관리인에 의하지 아니하면 특허에 관한 절차를 밟을 수 없다(특허법 제5조 제1항).

III 권리객체

발명을 한 자 또는 그 승계인을 권리주체라고 하듯이, 권리주체가 향유할 수 있는 권익의 대상이 되는 발명을 권리객체라 한다. 발명을 한 자 또는 그 승계인은 이 법에서 정하는 바에 의하여 특허 받을 수 있는 권리를 가진다(특허법 제33조). 특허권을 부여받기 위해 '특허 받을 수 있는 권리'가 갖는 권리의 성격은 발명자나 출원인의 개인적 재산으로 보아 이전을 허용하는 사적권리 부분과, 완성된 발명에 대해 국가에 재산권 형성과 보호를 청구할 수 있는 공적권리 부분이 혼합된 성격을 갖는다. 특허 받을 수 있는 권리는 특허권에 대한 기대권이므로 특허결정이 되면 소멸한다고 볼 수 있다. 또한 상속인이 없는 경우 누구나 실시할 수 있는 공지기술이 되며, 외국인이 권리능력을 상실하거나 권리의 포기 등으로도 그 권리는 소멸한다.

5절 특허출원

I 의의

특허출원이란 발명을 완성한 자가 발명을 기재한 서류를 수수료와 함께 특허청에 제출하는 행위를 말하며, 특허출원하는 자를 특허출원인이라 하며 줄여서 출원인이라 한다. 특허출원은 출원서와 발명을 상세히 기술한 명세서, 필요한 경우 도면이 첨부된다. 특허출원의 주된 목적은 완성된 발명에 대해 독점배타적으로 실시할 수 있는 권리를 부여받기 위한 것이 일반적이지만 경쟁자와의 사업적 관계를 고려하여 특허출원 날짜를 확보하려는 전략적 목적으로 사용되기도 한다.

발명, 즉 고안은 이성적인 사람의 생각하는 힘에 의해 완성되는 것이므로, 사람, 즉 자연인 이외의 동물이나 기계는 발명가가 될 수 없으며, 그 발명에 대해 특허권을 가질 수도 없다. 그러나 특허법의 모법이 되는 「민법」은 권리주체로서의 사람을 자연인과 법인으로 구분하고 있으므로, 특허권이라는 재산권(무체재산권)은 자연인은 물론 기업이나 연구소와 같이 등록된 법인이 된다.

특허출원에 있어서는 반드시 지켜야 할 제 원칙이 있다. 그 이유는 특허출원서와 명세서는 특허공보로 발간되어 국제적 기술문헌이나 권리서로 사용되므로 서식에 맞추어 작성하여 활용 효율을 높이고자 서식의 기재사항이 국제적으로 거의 통일되어 있기 때문이다. 우선은 특허출원 시에 제출되는 서류는 한국어로 작성되어야 한다(국어주의). 외국어로 된 특허출원에 있어서는 해당 서류를 한글로 번역해야 하지만 첨부되는 도면을 표시하는 경우, 예를 들면 FIG 1, FIG 2 혹은 圖1, 圖2와 같이 업계에서 통용되는 문자는 그대로 사용할 수 있다. 국어로 기재하지 않은 특허출원 서류는 수리되지 않는다(시행규칙 제11조 제1항 제3호). 따라서 특허출원번호와 특허출원일이 부여되지 않는다.

다음으로, 특허출원에는 필요한 제출서류와 그 서류의 서식이 마련되어 있어서 이 양식에 맞추어 작성해 제출해야 한다(양식주의). 특허법령상의 양식에 적합하지 않게 작성된 서류는 보정 지시되거나 반려될 수 있으며 보정 불이행시에는 절차가 무효로 될 수 있다. 또한 특허출원을 위한 발명은 실물을 특허청에 보이는 것이 아니라 서면으로 실물을 기술하고 작도된 도면을 제출해야 한다(서면주의). 필요에 따라 사진으로 제출할 수도 있으나 이는 서면주의를 보충하는 것이지 서면주의의 예외로 취급되는 것은 아니다. 이러한 제 원칙에 맞추더라도 필요한 출원료나 심사청구료 등을 반드시 납부해야 한다(납부주의).

Ⅱ 출원서와 명세서

1. 출원서

특허출원을 할 때에는 발명 실물을 제출하는 것이 아니라 서류로 작성한 명세서와 필요한 도면(혹은 사진)을 첨부하는 형식으로 제출하게 된다. 특허출원서에는 해당 발명의 발명자와 출원인, 발명의 명칭, 수수료, 출원일자 등과 같은 서지書誌사항이 기재되어야 하며, 우선권주장과 심사청구, 조기공개와 같이 선택적으로 기재하는 란이 마련되어 있다.

물건발명인 경우 도면은 반드시 첨부되어야 하지만 방법발명이나 의약, 화학, 미생물의 발명 등과 같이 그림으로 나타낼 대상이 없는 발명은 도면을 생략할 수 있다. 다만 누락된 도면을 출원 이후 보정하여 추가로 제출할 수는 없다. 특허출원은 인터넷을 통한 전자출원이나 플로피 디스크 혹은 문서로 작성된 서류를 우편출원하거나 특허청에 직접 방문하여 할 수 있다. 전자출원의 경우에는 특허청과 연결되는 온라인에 서류작성 프로그램이 마련되어 있으므로 우편출원처럼 서류를 복사하거나 프린트할 필요가 없다.

2. 명세서

명세서는 특허출원을 위한 완성된 발명을 문언적으로 표현하기 위한 서식으로 특허출원서에 첨부되는 형태로 특허청에 제출된다. 명세서에는 해당 발명의 표현에 일정한 순서가 정해져 있어서 심사 시에 심사의 통일성을 기하는 한편, 공보로 공개될 경우 기술문헌으로 사용할 때에 확인이 용이하도록 하고 있다.

특허출원은 전자출원과 우편출원, 특허청 방문출원이 있다. 전자출원은 일반 서류를 작성하여 출원하는 경우보다 수수료가 저렴하고, 서식과 기재항목이 마련되어 있으므로 편리하고 용이하게 해당 항목을 작성할 수 있다. 그러나 컴퓨터 프로그램을 이용할 줄 알아야 하고 출원인의 인증을 받아야 하는 불편함도 있다.

특허명세서의 작성은 쉬운 일이 아니므로 전문가에게 의뢰하는 것이 대부분이지만, 명세서 작성의 기초가 되는 기술의 표현은 기업의 직무발명인 경우 주로 제안서를 통해 이루어진다. 명세서에는 '요약서'와 함께 '발명의 상세한 설명' 란이 마련되어 있다. 여기에는 발명의 명칭을 포함한 발명의 구성, 작용효과, 특허청구 범위가 기재된다. 특허청구 범위는 출원발명의 재산권을 구성하는 부분이며, 출원인의 판단에 의해 권리로 보호될 부분을 기재하는 매우 중요한 부분이다. 사실 특허출원은 특허청구 범위에 기재된 내용을 보호받기 위한 것이며, 명세서의 '발명의 상세한 설명' 란은 특허청구 범위를 보충하고 지원하는 설명서 부분이라 할 수 있다. 이러한 역할은 도면도 마찬가지여서 특허청구 범위의 구성을 설명하는 보충자료라 할 수 있다.

특허출원일이 중요한 것은 우리 특허법은 같은 발명이 여러 개 있을 경우 가장 먼저 출원한 것만 특허가 되는 선원주의[319]를 채택하고 있기 때문이다. 바꾸어 말하면, 동일 발명에 대해서는 최선 출원발명만 특허가 부여되고 나머지는 거절된다. 동일 발명의 비교 범위는 전 세계적이므로, 만일 우리나라와 일본 혹은 중국에서 동일 발명이 특허출원 중에 있다면 가장 먼저 출원한 나라에만 특허가 부여되며, 나머지 나라에서는 하루라도 먼저 다른 나라에서 출원된 발명 때문에 특허될 수 없다. 결국 특허란 세계적으로 하나만 존재한다는 의미가 된다.

따라서 특허출원에 있어서는 우리나라에는 물론 다른 나라에도 동일한 기술이 있는지의 여부를 미리 확인하는 절차가 필요하다. 우리나라는 특허청에 출원된 발명들에 대해서는 1년 6개월

319) 선출원주의(先出願主義)의 약칭으로 '선발명주의(先發明主義)'에 비교되는 말이다. '선발명주의'는 가장 먼저 발명을 한 자에게 특허권을 부여한다는 제도로 미국에서 채택하고 있었으나 2011년의 미국개정법 AIA(American Invent Act)에 의해 선출원제도로 개정되었다.

이 지나면 특허청 공보(공개공보)를 만들어 공시함으로써 해당 발명과 이해관계가 있는 자로 하여금 선행 기술 파악의 자료로 활용하도록 한다. 이를 참고로 발명을 완성함에 있어 중복 연구하거나, 비용을 낭비하거나, 시간을 낭비하는 일을 최소화하도록 하고 있다.

특허청에 특허출원 된 발명은 심사청구 된 순서대로 심사하게 되므로 특허출원 시에 심사를 청구하는 경우 심사청구서 여부도 기재해야 한다. 출원 후 심사청구 가능 기간은 출원일로부터 5년이다.[320] 심사관에 의한 심사는 특허청구 범위를 심사하여 특허를 부여할 것인지를 결정하는 것이다. 따라서 명세서의 발명의 구성에는 기재되어 있으나 청구범위에는 기재되어 청구되지 않은 부분이 있다면 그 부분에 대해서는 재산권으로 인정되지 않으며, 보호받을 수도 없다.

특허청구 범위는 독립항과 종속항으로 구성되며, 이 권리 범위를 보다 구체적이고도 한정적으로 정하기 위하여 우리나라는 1980년대부터 다항제 제도를 채택하고 있다. 종래의 단항제는 완성된 발명에 대해 독립항 하나만을 기재하여 권리를 주장하는 형식인데 반해 다항제는 여러 항을 기재하여 동일한 기술적 사상의 범위 내에서 실시 가능한 예를 구체화하고 한정할 수 있게 한 것이다. 이는 미국 특허제도의 영향을 받은 것이다. 다항제의 운영제도 하에서는 다양한 권리범위 폭을 조절할 수 있는 이점이 있는 반면 청구항마다 권리범위가 확정되는 것이므로 항이 많을수록 많은 심사 수수료와 권리 후의 증가되는 연차료 납부를 감수해야 한다.

III 출원절차

특허출원을 하기 위해서 출원인은 특허청으로부터 출원인 코드를 부여받는 것이 편하다. 전자출원이 보편화되면서 인터넷 홈페이지를 통해 최초 전자출원을 위한 출원인의 코드(고유번호)를 쉽게 부여받을 수 있다. 출원인 코드 부여 신청을 하지 않는 경우는 특허청에서 직권으로 부여한다. 출원인 코드는 최초 출원 시에 부여받으면 다음 출원부터는 그 코드를 사용하여 특허출원을 할 수 있고, 필요한 특허청과의 행정절차를 수행할 수 있게 된다. 따라서 출원인 코드는 하나만 존재할 뿐만 아니라 최초 출원 시에 한 번만 부여받으면 된다.

특허출원은 종래와 같이 서면으로 출원서와 명세서 및 필요한 도면과 부수되는 각종 증명서를 포함하여 수수료와 함께 우편으로 출원할 수도 있지만, 인터넷의 특허청 홈페이지를 통해 해당

---

320) 심사청구를 나중에 할 수 있도록 한 이유는 개인이나 기업의 기술개발전략상 해당 기술에 대해 많은 비용을 들여서 권리를 확보하는 것이 유리한지, 기업운영의 전략상 필요한지의 여부를 선택할 수 있는 기회를 준다는 측면이 강하다. 왜냐하면, 특허출원료보다는 청구항마다 부과되는 심사료의 비용이 비싸기 때문이며, 많은 발명을 출원하고 권리화하여 관리하는데도 많은 경비가 소요되기 때문이다. 또한, 경쟁업체와의 기술적우위를 저울질하면서 특허출원부터 설정등록 되기까지의 약 2-3년여 기간 동안에 그 기술적 가치를 평가해보면서 쓸모없다고 판단되는 발명에 대해서는 심사청구하지 않는 전략을 사용할 수 있기 때문이다.

컴퓨터 프로그램을 내려 받은 후 전자출원으로 할 수도 있다. 따라서 오프라인 출원과 온라인 출원이 모두 이루어지고 있는 셈이다. 다만 서면에 의한 오프라인으로 출원하는 경우 서면의 준비와 직접 방문하거나 우편으로 발송하는 불편함이 있고, 전자출원에 비해 페이지 당 수수료가 비싼 단점이 있지만, 특수문자가 많은 화학명세서의 경우 유용하게 사용할 수 있다.

Ⅳ 특허청구범위 제출 유예제도

1. 의의

특허청구범위 제출 유예제도란 특허출원 시에 출원서와 명세서 그에 필요한 특허청구범위 및 도면이 반드시 함께 제출되어야 하던 종래의 제도를 특허청구범위만 출원 후 공개 전까지 제출하도록 한 제도로, 2007년 7월1일부터 시행되고 있다. 특허청구범위가 없는 상태에서도 특허출원이 가능하도록 하고, 출원 공개 시까지 제출하면 출원일을 특허출원 시로 소급(제42조 제5항 제1호)하지만 심사청구 시에는 특허청구범위를 제출해야 한다(제59조 제2항 단서).

2. 유예효과

특허청구범위 제출 유예제도를 활용하는 경우 출원과 동시에 심사청구할 수 없어서 그만큼 심사 후 권리설정 기간이 길어질 수 있다. 그러나 선출원주의에서 서둘러 출원할 때의 청구범위 기재 부실이나 축소, 누락 또는 다른 기술의 기재 등과 같은 위험성을 예방할 수 있고, 특히 연구논문과 같이 내용이 많은 기술에 대해서는 빠른 출원일자의 확보는 물론, 신규성 의제 기간 내에 출원하여 권리로 보호받을 수 있는 방안이 마련되었다고 할 수 있다.[321)]

출원공개 시까지 특허청구범위 제출이 없으면 그 특허출원은 취하된 것으로 간주한다(제42조 제7항). 또한 제3자가 그 특허출원에 대해 심사청구할 경우에는 심사청구 후 3개월 이내에 특허청구범위를 제출토록 해야 하고(제42조 제5항 제2호), 기간 내에 특허청구범위 제출이 없으면 취하된 것으로 간주한다(제42조 제7항).

---

321) 이 제도는 미국의 가출원(provisional application) 제도와 비교할 수 있다. 미국은 청구항(claims)의 기재없이 발명에 대한 설명서와 도면 및 발명자의 이름을 미국특허청에 접수하면, 그 접수된 날이 가출원일로 설정된다. 가출원일로부터 12개월 이내에 정규출원하면 가출원일로 출원일을 소급하여 특허요건의 판단시점이 가출원일로 된다.

Ⅴ 우선권 주장

1. 조약우선권제도

가. 의의

우선권은 제1국에 출원한 발명에 대해 출원일로부터 1년 이내에 조약협약국의 제2국 이상에 동일발명을 특허출원하는 경우, 신규성이나 진보성 등의 특허요건을 적용시킴에 있어서 제1국에 출원한 날로 보아준다는 조약 최고의 혜택규정이다. 이는 파리조약의 3대 원칙[322)]에 의해 인정된 것으로, 제1국과 제2국 출원일 사이에 발생한 어떠한 사항도 제2국에서 권리 확보하는데 영향을 미치지 않는다(파리조약 제4조).[323)] 더불어 어떠한 상황에서도 최초출원과 우선권주장 출원 사이에 출원되는 제3자의 권리효과를 인정하지 않는다.

조약우선권과 구분되는 국내우선권이란 국내에서의 출원인이 선출원과 관련된 발명을 포함한 새로운 출원을 하면서 우선권을 주장하는 경우에 특허요건이나 선원주의 등을 판단함에 있어 선출원일로 소급하여 주는 것을 말한다. 따라서 출원일 자체가 원출원일로 소급되는 것은 아니다.

나. 조약우선권 주장 요건

(1) 주체적 요건

우선권은 파리조약상 권리능력을 가지는 자에 의해 주장되어야 하며, 제1국 출원인 또는 그 승계인으로 출원인의 동일성이 확보되어야 하는 주체적 동일성 요건을 충족시켜야 한다. 조약에 의하여 우리나라 국민에게 우선권을 인정하는 나라의 국민과 비조약 동맹국 국민으로서 어느 동맹국 내에 주소나 영업소를 가진 자를 포함한다. 우선권을 주장할 수 있는 출원인의 동일성 범위는 제1국에만 해당되므로 제2국 이상에 우선권주장을 하기 위해서는 제2국 출원을 위한 우선권까지 승계해야 하는 우선권독립성을 지켜야 한다.

---

322) ①내국민 대우 ②동맹국간의 우선권인정 ③ 특허제도 독립의 원칙

323) 파리조약과 달리 국제특허협력조약(Patent Cooperation Treaty:PCT)에 의한 특허출원과 우선권제도도 활용되고 있다. 파리조약은 특허권 취득을 위한 각국에 개별적으로 접촉해야 하는 반면, PCT는 처음 출원 시 특허 받을 나라를 한꺼번에 지정할 수 있다는 점이 크게 다르다. 그러나 PCT 특허라는 말이 없듯이 PCT는 세계지적재산권기구(WIPO)에서 운영되는 가상적 실체로, PCT절차 후 각 지정국에서의 심사는 다시 시작된다(왜냐하면 특허독립의 원칙에 따라 각국마다 특허제도가 차이가 있고, 속지주의 원칙에 따라 해당국에서의 특허권은 그 나라의 특허법에 의해 운영되기 때문이다).

(2) 절차적 요건

우선권 주장은 제2국 특허출원 시에 출원서에 주장해야 한다. 출원 시에 우선권 주장을 해야 한다는 규정은 파리조약의 협약사항은 아니며, 국내입법에 맡기고 있다. 우리의 특허법에는 이를 규정하고 있다(특허법 제54조). 외국에 먼저 특허출원 된 발명을 우선권주장하여 국내에 특허출원하는 경우는 물론 한국에 먼저 출원 후 동맹국에 우선권주장과 함께 특허출원할 수 있다. 대한민국 국민이 동맹국에 먼저 출원한 후 이를 기초로 우선권주장하여 우리나라에 특허출원하는 경우도 같다. 우선권을 주장하여 특허요건을 충족시킬 수 있는 기간은 최초출원일로부터 1년 이내이며, 주체적 요건을 갖춘 자의 정규적인 특허출원이어야 하므로 이 조건을 충족시켜야 한다.

여기서 '정규적인 출원' 이라 함은 출원의 최선성最先性과 정규성을 말하는 것으로, 이에 해당하지 않으면 우선권을 주장할 수 없다.[324] 정규적인 출원이 되었던 것이면 후에 무효 또는 거절 사정 되거나 취하 · 포기되더라도 그 출원을 기초로 우선권주장이 가능하다. 무효 등이 되었더라도 출원번호를 포함한 내용은 남아 있기 때문이다.

(3) 내용적 요건

조약에 의한 우선권이 인정되기 위해서는 제1국 출원의 발명과 우선권주장 출원의 발명에 대한 내용상 동일성이 유지되어야 한다. 여기서 '동일성' 은 최초출원과 우선권주장출원 양자의 특허청구범위의 청구항에 기재된 발명의 완전한 동일이 아니다. 우선권주장 출원의 특허청구범위의 청구항에 기재된 발명과 제1국 출원의 명세서 또는 도면 등으로부터 파악되는 발명이 동일하면 된다. 둘 이상의 출원을 우선으로 하는 복합우선은 최선출원일 기준으로 기산한다.

다. 효과

적법한 우선권주장출원은 심사 시 제1국의 출원일로 소급하여 특허요건을 판단한다. 이는 출원일을 제1국의 출원일로 소급한다는 의미가 아니다. 그러므로 우선권주장 특허출원의 심사청구 기간이나 존속기간의 기산점은 제1국이 아닌 우선권주장 특허출원일인 제2국의 특허출원일이 된다. 또한 보정기간이나 출원공개 시점은 제1국 출원일을 기산점으로 하며, 우선권주장이 받아들여지지 않으면 제2국 출원시점에서 특허요건을 판단하게 된다. 우선권주장을 한 자는 최선일로부터 1년 4개월 이내에 당해 우선권주장을 보정하거나 추가할 수 있다(특허법 제54조 제7항).

---

324) 국내우선권의 경우는 계속 출원 중에 있어야 한다. 왜냐하면 소멸된 절차가 우선권주장에 의해 다시 살아날 수 있기 때문이다.

2. 국내우선권제도

가. 제도설립 취지

국내우선권제도는 기왕의 특허출원에 개량된 기술 부분을 포함시켜서 하나의 새로운 특허출원을 가능하게 하는 제도이므로 부분우선의 한 예로 볼 수 있다. 국내우선권제도의 운영은 출원인과 특허청, 이 기술을 이용하려는 이해관계인 모두에게 유리하다. 뿐만 아니라 기왕에 개발된 기술에 개량된 기술을 추가하여 새로운 기술을 개발한다는 것은 발명을 촉진시키려는 특허법의 설립 취지에도 부합되므로 매우 고무적인 일이 아닐 수 없다.

현실적으로 국내우선권제도가 없다고 가정하면 보정을 통해 개량된 부분이 포함된 새로운 기술을 갖춘 특허출원이라도 요지변경이 된다. 따라서 국내우선권 제도를 적용시키면 특허출원의 보정 시 요지변경이 되는 것을 막고, 종래기술과 개량기술을 별도로 출원하는 경우 선원에 의해 개량된 기술의 특허가 거절되는 것을 막을 수 있게 된다. 더구나 우리나라에서의 국내출원을 기초로 우선권주장을 하면서 PCT출원을 하는 경우는 국내 선권제도에 의해 자기지정이 이루어지므로 다른 동맹국을 통한 우회적인 경우보다 편리하게 권리를 취득할 수 있다.

나. 국내우선권주장을 할 수 있는 요건

(1) 주체적 요건

우선권을 주장할 수 있는 자는 특허를 받고자 하는 자로서 선출원의 출원인(승계인을 포함)이다(특§55조①). 따라서 선출원과 후출원의 출원인은 후출원의 출원시점에서 동일해야 한다. 공동출원의 경우에도 선출원과 후출원의 출원인은 완전히 일치되어야 한다.

(2) 객체적 요건

우선권주장을 하고자 하는 자는 선출원에 기재된 발명을 기초로 우선권주장을 할 수 있다. 이때 선출원에 기재된 발명은 선출원의 출원서에 최초로 첨부된 명세서 또는 도면에 기재된 발명이므로 비록 특허청구범위에 기재되지 않고 출원서의 상세한 설명이나 도면에 기재된 발명이라도 우선권주장의 기초로 할 수 있다. 따라서 우선권의 효과를 얻기 위해서는 우선권주장될 대상 발명이 선출원 상태로 계속 중에 있어야 한다. 대상발명은 실용신안을 포함한다. 실용신안의 경우 무심사에 의해 3~4개월 만에 등록되는 현실을 감안하면 조기등록 후 우선권주장의 객체로 사용하는 경우가 많을 것이므로 등록실용신안권은 그 등록이 취소되는 것으로 해석하여 기왕의 권리가 소멸될 수 있다.

우선권 기초출원이 분할출원된 것이거나 이중출원된 것이면 이를 우선권 기초출원으로 주장할 경우 심사가 매우 복잡해지므로 국내 우선권 기초출원으로 인정하지 않는다.

다. 절차

국내우선권을 주장할 수 있는 기간은 우선권 기초가 되는 선출원의 출원일로부터 1년 이내이다(특허법 제55조 제1항). 우선권주장은 출원 시 주장의 취지가 기재되어 있어야 한다. 만일 우선권의 기초가 되는 선출원을 표시하지 않았다면 정정을 인정하지 않는다. 이 점 또한 조약우선권과 다르지 않다. 따라서 우선권을 누락하여 출원한 경우라면 출원을 취하하고 다시 우선권을 주장하여 출원해야 우선권을 인정받을 수 있으며, 선출원에 의한 거절도 면하게 된다. 우선권주장을 위한 소정의 수수료도 함께 납부되어야 한다.

우선권주장을 수반하는 특허출원이 신규성의제의 규정에 해당하는 발명인 경우에는 그 취지를 기재한 서면을 출원과 동시에 특허청장에게 제출한다. 조약우선권의 경우는 신규성의제 규정을 적용함에 있어 출원일 소급효과가 없으나 국내우선권의 경우 출원일이 소급효과를 갖는다(특허법 제54조 제3항).

라. 보정

국내우선권주장출원에 대해 보정할 수 있는 기간은 국내우선권의 기초가 되는 선출원의 출원일(최선일)로부터 1년 4개월이다. 보정의 범위는 선출원의 국내우선권 최초 명세서에 포함된 내용과 도면의 범위에서 보정 또는 추가할 수 있다. 우선권주장의 보정이 가능한 자는 우선권주장의 기초가 되는 최초 출원일로부터 1년 이내 출원한 자이다. 우선권주장 전체를 취하한 후에는 우선권주장을 보정 · 취하할 수 없으나 같은 날에 우선권주장의 취하와 추가하는 보정이 동시에 이루어졌다면 이는 우선권의 보정으로 인정된다.

마. 분할출원

하나의 특허출원서에 여러 발명이 포함되어 있는 경우에 이를 각각의 발명으로 분할 출원하는 경우 분할되는 출원에 대해 국내우선권주장을 한다는 의지를 밝혀야 우선권의 이익을 확보할 수 있다. 우선권주장의 표현은 분할출원 시 지정하며, 우선권의 기초가 되는 선출원의 출원일과 명칭, 출원인 등을 기재하게 된다. 국내우선권주장에 있어서는 선출원에 관한 우선권 증명서류는 추후 제출하지 않는다. 출원서류는 이미 특허청에 계속 중에 있기 때문이다.

바. 우선권주장의 효과

(1) 소급효과

국내우선권주장의 수반이 적법하게 인정되는 특허출원의 경우, 신규성과 진보성의 판단(특허법 제29조 제1항, 제2항), 확대된 선원의 지위(특허법 제 29조 제3항, 제4항), 신규성이 있는 발명으로 보는 경우(특허법 제30조), 선원(특허법 제36조, 실용신안법 제8조 제3항 및 제4항), 특허권의 효력이 미치지 아니하는 범위(특허법 제96조 제1항), 이용 · 저촉관계(특허법 제98조, 실용신안법 제39조, 디자인보호법 제45조), 선사용에 의한 통상 실시권(특허법 제103조), 디자인권 존속기간 만료 후의 통상실시권(특허법 제105조, 디자인보호법 제52조의 제3항), 생산방법의 추정(특허법 제129조), 정정심판(특허법 제136조)의 규정을 적용함에 있어서 판단 기준일은 우선권주장의 기초가 되는 선출원의 출원일로 소급하여 적용한다. 이는 판단시점을 소급한다는 의미이지 출원일 자체를 선출원일자로 소급하는 것이 아니다.

(2) 취하 간주

우선권주장출원이 있으면 출원일로부터 1년 3개월 경과 시 당해 출원의 기초가 되는 선출원은 취하되는 것으로 간주한다. 따라서 우선권주장 취하는 선출원일로부터 1년 3개월 이내에만 가능하다. 만일 우선권주장출원이 취하되었다면 우선권주장도 취하되었을 것이므로 선출원이 취하될 수 없는 예외 현상이 발생한다. 실용신안등록출원이 선출원이 되는 경우에는 1년 3개월 이전에 미리 등록되어(왜냐하면, 방식심사만 거친 후 출원일로부터 3개월 정도면 등록되므로) 취하할 수 없으므로 두 개의 권리가 존재하는 결과가 된다. 이를 방지하기 위해 선출원이 실용신안등록출원인 경우의 취하는 우선권주장출원 시에 취하된 것으로 본다.

(3) 국내우선권 주장의 공개효과

국내우선권주장 출원에는 우선권주장의 기초가 되는 선출원의 명세서에 다 같이 기재된 기술과 개량된 기술이 포함된다. 그러므로 선출원과 공통되는 기술 부분은 소급효과가 적용되지만, 개량된 부분에 대해서는 국내우선권주장출원의 출원일로 특허요건 등의 판단 시점이 정해진다.

(4) 누적우선권주장의 금지

우선권주장출원의 기초가 되는 선출원은 다시 후출원에서 우선권주장의 기초출원으로 사용할 수 없다. 왜냐하면 이를 인정할 경우 결과적으로 우선기간의 연장효과를 가져오기 때문이다. 따라서 선출원에 대하여 새로이 추가된 사항에 대해서만 우선권의 효과가 인정된다.

(5) 선출원일 기준효과

우선권이 적법하게 주장된 경우 그 출원이 취하되지 않는 한 우선권주장출원의 출원공개일 및 보정기간의 기준일은 우선권의 기초가 되는 선출원의 출원일이 된다. 복합우선의 경우에는 그중 가장 선출원 된 발명의 출원일이 기준일이 된다.

(6) 우선권이익의 보유

분할출원과 이중출원 시 우선권의 이익이 있으면 이를 보유한다.

(7) 선출원의 존속기간 연장 효과

국내우선권주장출원이 있으면 이 출원의 기초가 되는 선특허출원은 1년 3개월이 지나면 취하로 간주된다(특허법 제56조). 그러나 선실용신안등록출원은 우선권주장 시 취하로 본다. 이는 취하 시기를 후출원일로 하여 중복 등록되는 것을 방지하기 위한 것이다.

확대된 선원의 지위(특허법 제29조 제3항, 제4항)는 공개되어야 그 지위가 확보된다. 그러나 특허출원된 발명에 대한 공개는 출원 후 1년 6개월이 지나서 이루어지므로 공개 전에 선출원이 취하되어 결국 선출원은 선원의 지위를 상실하게 된다. 따라서 국내우선권주장출원이 출원공개되면 그 기초가 되는 선출원도 공개된 것으로 보아 선출원에 대한 선원의 지위를 확보하도록 규정하고 있다(특허법 제55조 제4항). 이 때문에 특허권의 존속기간은 출원일로부터 기산되므로 선출원에 기재된 우선권주장 부분은 결과적으로 우선권주장기간(출원일로부터 최대 1년)만큼 연장되는 결과가 된다.

6절 명세서 작성

Ⅰ 작성요령

1. 구비항목

명세서에는 【요약서】, 【발명의 내용】, 【특허청구범위】 등의 기재란이 있고, 필요한 경우 【도면】이 첨부된다. 모두 한글로 기재해야 하지만 도면의 경우 영문이나 한문을 사용할 수 있다(예: FIG 1, 圖 1). 전자출원을 할 경우 명세에 기재할 사항은 대괄호(【 】) 다음의 여백에 기재하면 된다.

가. 요약서

【요약서】에는 【요약】 항목이 있으며 이에 맞는 내용을 기재해야 한다. 【요약】 항목에는 해당 발명을 요약하게 되므로 목적과 구성 및 작용 효과를 단문으로 작성하는 것이 필요하지만 절대 요구사항은 아니며, 복잡한 발명의 경우 구성 위주로 기재된다. 특허청에서는 요약서 작성 시 발명이 속하는 기술 분야에 대해 30자 내외, 발명의 목적에 대해 80자 내외, 발명의 구성은

250자 내외, 발명의 효과는 50자 내외로 기재하도록 지침을 정해놓고 있다. 요약 내용은 보호범위나 기술범위를 구성하는 권리서는 아니지만 반드시 기재하여야 하며, 미첨부 시에는 보정해야 한다. 요약서에는 청구범위에 기재되어 있는 발명의 불확실한 효과나 용도에 관하여 기재할 수 없다.

나. 명세서

(1) 발명의 명칭

【발명의 명칭】 란에는 해당 발명의 명칭을 한글로 표현하고, 중괄호{ } 내에 영문 명칭을 기재한다. 명확하고 간결하게 기술 분야를 알 수 있도록 기재하되, 국제특허분류[IPC]로 분류 가능한 카테고리에 속하도록 해야 한다. 명칭은 명사형으로 끝나도록 하여 특허청구범위 작성 시 청구항 말미마다 발명의 명칭과 동일한 명칭을 사용하도록 한다(예: 커피 자판기, 자판기용 라면 생산방법).

하나의 군에 속하는 카테고리가 방법과 물건 등과 같이 다수인 경우는 전부 기재한다. 이들은 총괄적 단일의 발명개념으로, 공통된 기술적 특징을 가지며 한 군의 발명을 구성한다(예: 물건+생산방법+생산장치). 부득이 외국어를 사용해야 하는 경우에는 한글 명칭 뒤에 괄호 표기한 후 외국어를 함께 기재한다(예: 해머비트(Hammer Bit) 제조방법).

(2) 기술 분야

이 란에는 출원된 발명이 어느 기술 분야에 속하는 것인가를 기재하며, 가능한 한 관련되는 기술 분야도 기재한다.

(3) 배경기술

이 란에는 이 발명이 개발되기 이전의 최신 종래기술에 대하여 그 내용을 구체적으로 기재해야 한다. 문헌이 있는 경우에는 원칙적으로 문헌명도 함께 기재한다. 그러나 종래기술이 없는 전혀 새로운 발명에 대해서는 그 취지를 기재함으로써 종래기술의 기재를 대신할 수 있다. 실무상 종래기술은 특허 공개공보나 등록공보 중 본 발명과 동일 · 유사한 가장 최신의 종래기술을 기재하며, 종래기술에 대한 기술 내용의 기재 범위는 발명의 상세한 설명 중 구성 위주로 기재[325]하여 본 발명보다 종래기술의 설명 비중이 높지 않도록 한다.

---

325) 특허청구범위만 판단하는 경우는 종래기술의 범위를 누락시킬 위험이 크다. 왜냐하면, 출원인의 의지에 따라 청구범위는 발명의 상세한 설명 중 필요한 부분만 기재하여 보호받고자 하기 때문이다. 이와 함께 특허요건인 신규성 · 진보성 판단을 위해서는 발명 전체의 기술내용과 비교하게 되므로 청구범위만의 기재나 대비는 피하는 것이 좋다.

(4) 발명의 내용

(가) 해결하려는 과제

종래기술의 문제점을 분석하여 그 문제점으로부터 발명이 해결하고자 하는 과제를 종래기술과 관련하여 기재해야 한다. 비교의 목적은 종래기술과의 동일유사성 판단을 위한 것이며, 동일유사하지 않다는 것은 종래기술과 동일하지 않다거나 진보된 발명임을 확인시켜서 특허요건인 신규성과 진보성 판단을 용이하게 하기 위함이다. 발명이 이루고자 하는 기술적 과제는 본 발명의 구성이 중심이 되며, 발명의 목적과 효과 및 첨부도면은 보충하는 요소가 된다.

(나) 과제의 해결수단

▸기술적 수단

과제를 해결하기 위한 수단에는 발명의 과제를 해결하기 위하여 어떠한 기술적 수단을 채용하였는가를 기재해야 하며, 기술적 수단이 복수의 수단으로 이루어져 있는 경우에는 서로 어떠한 관계를 가지는가를 기재해야 한다.

▸작용과 기능

과제를 해결하기 위한 수단을 구체적인 수단 그 자체로 표현하지 않고 수단이 가지는 기능 또는 작용으로 표현하는 기재는 그 기재로부터 발명이 속하는 기술 분야에서 통상의 지식을 가진 자가 용이하게 그 발명을 실시할 수 있는 경우에 한해서 인정한다. 실제로 컴퓨터 기술 분야에 따라서는 기능을 명확히 기재하는 것이 구성을 상세하게 기재하는 것보다 훨씬 적절할 경우가 있다. 따라서 발명의 구성에는 개개의 기술적 수단이 어떤 기능을 하고 있는가, 또한 이들이 어떻게 서로 관련을 가지고 작용하여 그 과제를 해결하고 있는가 등을 기재하여야 한다.

▸실시 예

발명의 구성에는 그 발명이 속하는 기술 분야에서 통상의 지식을 가진 자가 그 발명을 재현할 수 있도록 하기 위하여 필요에 따라서는 발명의 기술적 수단을 구체화한 실시 예를 기재해야 한다. 실시 예는 가능한 한 여러 가지를 기재한다.

(다) 발명의 효과

과제 해결수단에서 발생되는 개선되거나 새로운 효과를 기재한다. 발명의 유리한 효과가 발생된다는 것을 보여주기 위한 효과 등을 기재한다. 그러나 경제적인 효과만을 기재해서는 안 된다(예 : 상기한 바와 같은 본 발명을 사용함으로써 연간 200억 원의 기술 대체효과가 있다).

(라) 발명을 실시하기 위한 구체적인 내용

이 란에는 발명의 구성을 기재한다. 구성은 발명의 뼈대를 이루며 권리범위의 주 내용이 되므로 도면과 함께 상세히 기술한다.

2. 특허청구범위

특허 청구항은 발명의 상세한 설명에 의하여 뒷받침되어야 하고, 발명이 명확하고 간결하게 기재되어야 하며, 발명의 구성에 없어서는 안 되는 사항[326]만으로 기재[327]하는 것이 원칙이다. 특허청구범위제출 유예제도의 도입은 출원 이후 보정에 의해 특허청구범위가 제출될 때 특허청구범위 작성에 참고되는 범위를 명세서의 발명의 상세한 설명란에 기재된 구성에만 한정하지 않고, 출원 당시 제출된 명세서 전체는 물론, 도면까지 참고하도록 하여 종래 명세서의 발명의 상세한 설명란에 기재된 구성 사항보다 넓게 권리범위를 기재할 수 있어서 출원인에게 보다 유리하게 되었다.

특허청구범위에 대한 자세한 내용은 아래 별도의 항목에서 상술한다.

Ⅱ 특허청구범위

1. 기능

발명의 명세서에 기재되는 내용은 발명자의 입장에서 보면 궁극적으로는 특허청구범위, 즉 보호받고자 하는 기술범위를 정하기 위한 부수적 요소들로 보아도 무방하다. 왜냐하면 특허청구범위에 기재된 것만 재산적 권리로 보호되기 때문이다. 이를 위한 청구범위는 독립항과 종속항이 기재될 수 있는 다항제의 청구항 기재방식으로 운영되고 있다.

청구범위에 발명의 필수구성요소를 기재한다는 것은 구성의 단순한 나열을 의미하는 것이 아니라 각 구성요소들의 유기적 결합관계로 이루어져서 완성된 발명이 반복하여 동일한 생산결과를 나타낼 수 있는 독립된 기술로 기재되어야 함을 의미한다. 따라서 구성의 단순한 나열은 기재 불비된 것으로 취급한다. 또한 구조와 기능이 함께 구성을 이루는 경우, 예를 들면 컴퓨터 관련기술에서는 구조의 표현이 불가능하여 기능적으로 접근할 수밖에 없는 경우는 구조를 기본으로 기능으로 설명하는 것이 용이할 수 있으므로 기술과 기능이 혼합된 형태로 허용되고 있

326) 발명의 구성에 없어서는 안 되는 사항은 발명의 필수 구성요소와 이들의 결합을 의미한다. 따라서 '균등론(均等論)'에 입각하면 치환될 수 있는 요소는 비요부(非要部)구성일 것이 요구된다. 왜냐하면, 요부(要部)구성이라면 다른 구성이 되기 때문이다.

327) 특허청구범위의 기재방법에 관하여 필요한 사항은 대통령령(특허법 시행령 제5조)에 위임되어 있다.

다.[328] 또한 수치를 한정하는 경우는 명확하게 하며, 필요하면 왜 그렇게 기재했는지 원인을 기재한다. 인용문헌을 기재할 때에는 문헌내역과 구체적 내용을 기재한다.

2. 청구항 기재방식

(1) 컴비네이션 타입Combination Type

청구항 기재에 있어 발명을 구성하는 각 부품이나 부분을 나열하여 기재한다.[329]미국이 활용하는 다항제 제도에서 사용하는 방식이다.

(2) 젭슨 타입Jepson Type

해당 발명의 기술범위를 나타내는 전제부(…에 있어서)와 구체적 특징부(…을 특징으로 하는 명칭)로 구분하여 기재하는 방식이다.[330] 우리나라 초기의 전제부 해석은 공지의 기술을 나타내는 것이었으나 공지된 기술이라도 신규하거나 진보된 기술과 결합하여 특허요건을 충족시킬 수 있으므로 전제부를 공지기술 부분으로 해석하지 않고 해당 분야의 기술범위로 보고 있다.

(3) 마쿠쉬 그룹 타입Marqush group type

특허를 받고자 하는 발명의 구성에 없어서는 안 되는 사항으로 상호 유사한 성질 또는 기능을 가지는 둘 이상의 구성요소가 있는 경우에는 이들 구성요소를 마쿠쉬Markush 형식 등 택일형식으로 하여 하나의 청구항에 기재할 수 있다. 특히 화학 관련 발명에서 하나의 청구항을 쓰는 경우 구성요소를 한꺼번에 모아서 유사기능이나 작용이 있는 경우 한 항으로 표시 가능하도록 하기 위한 취지로 사용한다.[331]

---

328) 특허청 심사지침서에 의하면 "청구항에 특정기능을 수행하기 위한 수단(means) 또는 공정(step)으로 기재되어 있더라도 그 수단 또는 공정에 대응하는 신규의 구체적인 구성이 발명의 상세한 설명의 항에 기재되어 있으면 그러한 기능적 claim은 허용된다"고 본다. 이를 수단 혹은 공정+기능 청구항(means or step-plus-function claim) 이라 한다.

329) 예 : 【청구항 1】
몸체와,
상기 몸체의 길이를 따라 그 중심에 끼워진 연필심과,
상기 몸체 후단에 설치되는 지우개와,
상기 지우개 지지대에 형성된 클립으로 이루어진 연필.

330) 예 : 【청구항 1】
몸체와, 이 몸체의 길이를 따라 그 중심에 끼워지는 연필심으로 구성되는 연필에 있어서, 상기 몸체 후단에 설치되는 지우개와, 상기 지우개 지지대에 형성된 클립이 갖추어진 것을 특징으로 하는 연필.

331) 예 : 【청구항 1】
X+Y=Z로 구성되는 조성물에 있어서 X는 a, b, c의 군* 중에서 선택된 화합물 a인 것.
* 이 군의 각 요소는 공통의 성질 또는 활성을 가지며, 공통의 화학구조를 갖는다.

택일형식에 의한 기재가 화학물질에 관한 것일 경우에 모든 구성요소가 공통되는 성질 또는 활성을 가지며 동시에 모든 구성요소가 중요한 화학구조 요소를 공유[332]하고 있거나 또는 모든 구성요소가 그 발명이 속하는 기술 분야에서 일군의 것으로 인식되는 화학물질군[333]에 속할 경우, 그 구성요소는 유사한 성질 또는 기능을 가지는 것으로 볼 수 있다. 모든 구성요소는 발명의 상세한 설명에 기재되어 있어야 한다.

(4) 개조식

공정으로 이루어지는 방법발명에 주로 사용한다. 발명의 상세한 설명에 역시 구체적 수단이 기재되어 있어야 한다.

3. 특허청구범위 기재요건

가. 다항제 기재

(1) 독립항

독립항은 발명의 구성 중 없어서는 안 되는 요소를 모두 포함한 항으로, 다른 항에 의지하지 않고 그 발명의 완성에 필요한 기술이 독립적으로 기재된 청구항을 말한다. 그러나 카테고리가 다른 1군의 발명에서는 구성요소의 중복기재를 피하기 위해 다른 항을 인용할 수 있다.

예] 【청구항 1】 - 이루어지는 연필
【청구항 2】 - 제1항의 연필을 제조하는 방법.

(2) 종속항

종속항은 다른 항에 의지해서만 존재하는 청구항으로, 독립항을 인용하거나 다른 종속항을 인용한다. 둘 이상의 항 인용 시 택일적으로 인용해야 하지만 다중인용은 허용되지 않는다. 즉, 둘 이상의 항을 인용하는 청구항은 둘 이상의 항이 인용된 다른 종속항을 인용할 수 없다. 따라서 둘 이상의 항을 인용하는 항을 단항으로 인용하는 것은 가능하다.

(3) 청구항의 상호관계

---

332) 복수의 화학물질이 그 화학구조의 대부분을 점유하는 공통되는 화학구조를 가지고 있는 경우, 또는 복수의 화학물질이 그 화학구조의 적은 부분만을 공유할 경우에도 공유하고 있는 화학구조가 구조적으로 현저한 부분을 구성하고 있는 경우를 의미한다.

333) 구성요소로 기재된 화학물질군의 각각이 청구항에 기재된 발명에서는 동일하게 작용하리라는 것이 그 기술 분야의 지식에 의하여 예상되는 화학물질군을 말한다. 즉 이 화학물질군에 속하는 화학물질 중 어느 것을 선택하여도 동등한 결과를 얻을 수 있는 경우를 의미한다.

다항제의 채택에 따라 청구항은 개별마다 독립된 기술범위를 갖는다. 이는 특허에 무효사유가 있는 경우 청구항마다 무효해야 한다는 규정(특허법 제133조 제1항)을 봐도 알 수 있다. 종속항에 대하여 종래에는 기술적으로 한정하고 구체화하는 종속항만 인정되었으나 지금은 기술적으로 한정하거나 부가하여 구체화하는 청구항 모두를 인정하는 독립적인 종속항을 인정하고 있다.[334)]

나. 발명의 상세한 설명에 기재

발명의 상세한 설명에는 기재되어 있지 않고 특허청구범위에만 기재되거나, 특허청구범위에 기재 내용이 발명의 상세한 설명에 기재된 내용보다 범위가 넓게 기재된 경우는 부적법한 기재가 된다.

다. 간명하게 기재

청구범위는 발명의 개념을 설명하는 곳이 아니므로 발명의 목적부터 효과까지 장황하게 기재해서는 안 된다. 또한 불명료하거나 불명확한 기재범위가 청구범위, 즉 보호기술범위를 명확히 구획 지을 수 없어서 권리범위 판단에 혼란이 올 수 있을 정도가 되어서는 안 된다. 불명료한 부분을 석명하거나 보정·정정을 하더라도 원래의 의지대로 표현되지 않는 경우는 요지 변경될 가능성이 크다. 따라서 임의적 부가나 선택적(예: 선택에 따라, 소망에 따라 등), 또는 비교의 기준이 명확치 않은 경우(예 : 대략, 대부분 등), 수치한정이 불명확한 경우(예 : -이상, -이하), 이중수치 한정의 경우(예: 100~200, 바람직하기로는 110~120), 부정적 용어를 사용하는 경우(예 : 금속 중 구리를 제외하고는)는 부적법한 기재가 된다. 그러나 마쿠쉬 그룹 타입의 기재방법과 같이 "다른 표현방법이 없고, 발명을 특정할 수 있고, 발명의 상세한 설명에 의해 뒷받침되는 경우"에는 적법한 기재가 된다.

4. 청구범위 작성 가이드라인

한국의 주소 기재방식(중심한정방식)과 미국의 주소방식(주변한정방식)을 활용한다.

334) 송영식외 2, 지적소유권법 (상), 전게서, p.519.

가. 한국 주소 기재방식(중심한정방식)

서울특별시	마포구	연남동 570
(가)	(A),(B),(C)	(a),(b),(c),(d),(e),(f),(g)

적용: (가)는 (A)+(B)+(C)로 이루어지고,
상기 (A)는 (a)+(b)+(c)로 이루어지며,
상기 (B)는 (d)+(e)로 이루어지고,

한국의 주소기재방식은 넓은 범위에서 좁은 범위로 좁혀나가는 특징을 갖는다.

나. 미국주소기재방식(주변한정방식)

203 Bog Road,	Concord,	NH, USA
(a),(b),(c),(d),(e),(f),(g)	(A),(B),(C)	(가)

적용: (a)+(b)+(c)가 (A)를 구성하고,
(d)+(e)가 (B)를 구성하며,
(f)+(g)가 (C)를 구성하고,
상기 (A)+(B)+(C)가 (가)를 구성하여
이루어지는 것을 특징으로 하는 [발명의 명칭]

미국의 주소방식은 좁은 범위에서 넓은 범위로 넓혀나가는 특징을 갖는다.

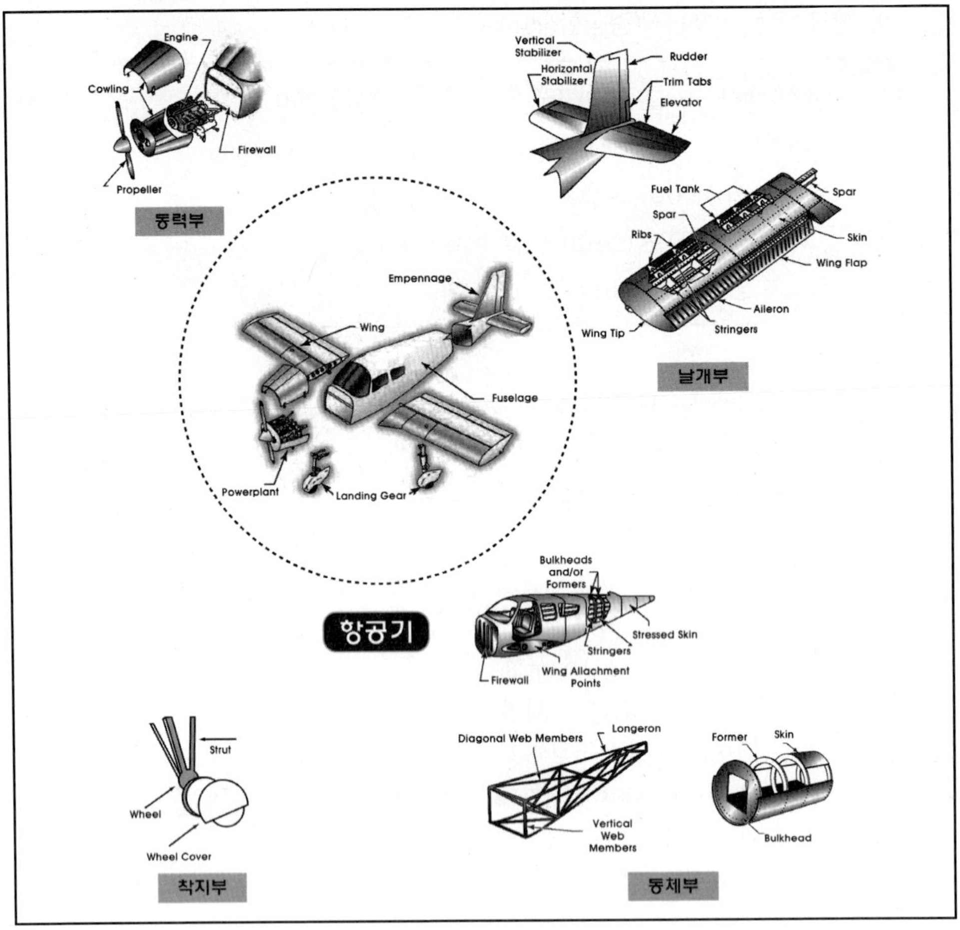

[그림 1] 항공기 구성의 기재방식

[한국의 주소기재방식에 따른 구성표] [미국의 주소기재방식에 따른 구성표]

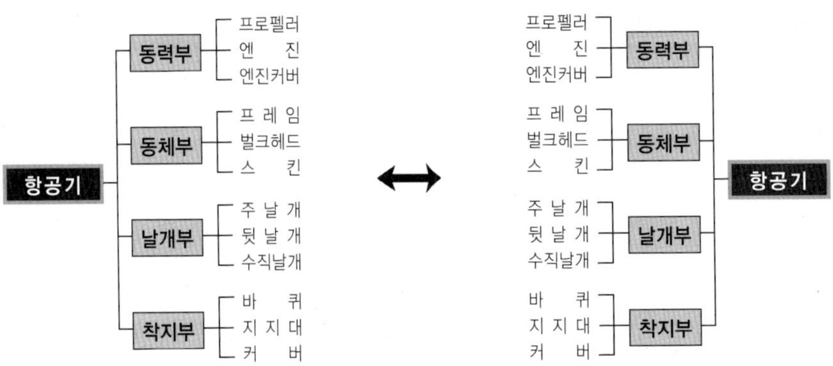

※ 결국, 동력부와 동체부와 날개부와 착지부가 모여서 항공기를 구성하는 것이나, 항공기란 동력부와 동체부와 날개부와 착지부를 갖추어서 이루어지는 것이나 그 구성내용은 차이가 없고 다만 표현방식에서 차이가 있을 뿐이다.

독립물품의 구성 표현방식은 전체에서 부분(한국식)으로, 혹은 부분에서 전체(미국식)로 기재할 수 있다.

5. 특허청구범위 해석론

가. 목적

특허청구범위의 해석이 필요한 것은 해당 특허권의 특허 성립성[335)]을 판단[336)]하거나 그 특허권의 침해여부를 가리기 위한 권리범위[337)]의 판단을 하기 위한 것이다. 특허청구범위의 해석이 필요한 다른 이유 하나는 특허침해 여부를 판단하기 위한 것이다. 특허권은 특허청구범위에 기재된 청구항에 의해 정해지지만 특허보호범위는 기술적 사상의 창작이므로 유체물과 같이 범위와 경계를 정하는 기준이 없다. 따라서 유체물의 경우는 있는 그대로의 외적 표현을 보호한다는 측면에서 기술적 사상의 추상적 개념보다 가시적이고 구체적이다. 특허권의 기술적 사상은 동일성의 전제하에 여러 구성이나 조합의 실시예로 표현가능하게 되므로 청구범위내용에 따른 기술적 범위의 해석은 다를 수 있다. 당연히 권리자는 보호범위를 넓게 확장 해석할 것이지만, 권리자와 경쟁관계 있는 제3자는 청구범위에 기재된 문언 이상의 확대해석을 반대하거나 축소하여 해석하기를 소망하게 된다.

특허청구범위를 해석한다는 것은 특허청구범위에 기재된 문언 의미의 해석이지만 특허발명의 보호경계[338)]를 확정하는 작업이라 할 수 있다. 특허청구범위의 해석은 법률문제[question of law]이지 사실문제[question of fact]가 아니므로,[339)] 특허권의 보호 범위를 해석하는 기준으로 중심한정주의와 주변한정주의가 균등론의 이론을 바탕으로 특허침해를 구성하는 특허보호범위의 해석에 활용되고 있다.

---

335) 발명으로 성립해야 한다는 '발명의 성성'을 요구하는 특허법상 근거규정은 특허법 제29조 제1항이다. 이 규정의 정의는 "발명은 자연법칙을 이용한 기술적 사상의 창작으로서 고도한 것을 말한다"고 하여 발명의 성립성에는 '자연법칙을 이용할 것', '기술적 사상일 것', '창작일 것', '창작의 수준이 높을 것' 등을 포함하고 있다. 이 때문에 미완성된 발명은 제29조 제1항 본문에서 규정하는 '발명'에 해당되지 않는 경우로 본다.

336) 특허성 판단 이외에도 특허법 제42조에서 규정하는 명세서의 기재요건을 충족하는가, 명세서의 보정이 적법한가, 특허의 정정이 허용되는가 등 여러 가지 절차에 있어서도 특허청구범위의 해석이 문제로 될 수 있다.

337) 특허권의 권리범위는 특허청구범위에 기재된 사항에 의하여 정하여진다(특허법 제97조).

338) 보호경계는 권리범위의 테두리라 할 수 있으며, 보호범위와 같은 의미로 사용되는 특허제도상의 용어는 기술적 범위, 권리범위, 효력범위 등 발명의 기술적 사상의 창작에 대한 청구항의 기재보호범위에 대해 다양한 표현이 있다.

339) Markman v. Westview Instruments, Inc., 116 S. Ct. 1384, 1387, 38 USPQ2d 1461, 1463 (1996) (『The question here is whether the interpretation of a so-called patent claim ... is a matter of law reserved entirely for the court.』).

나. 중심한정주의

중심한정주의는 청구항의 기술범위가 핵심기술을 중심으로 확장해석이 가능하다는 이론이다. 이 이론에 따르면 특허청구범위의 기재내용은 추상적, 기술적 사상의 중심을 이루면서 특허발명의 보호범위는 청구범위에 기재된 구체적인 문언의 범위뿐만 아니라 문언으로부터 추출되는 기술적 사상을 사용하는 범위까지 확장된 범위를 갖는다고 본다. 이 때문에 해당 발명특허의 침해대상물((가)호 발명)이 청구범위의 기재된 문언범위 밖에 있다 하더라도 해당 특허발명의 중심적 기술적 사상을 포함하고 있다면 특허권을 침해하는 것이 된다.

중심한정주의는 독일[340)]이나 일본, 우리나라와 같이 대륙법계를 따르는 나라의 특허제도에 활용되는 제도이다. 특허청구범위의 해석에 있어서 청구범위를 중심으로 하되, 명세서의 발명의 상세한 설명과 도면 등 청구범위를 뒷받침하는 기술적 사상의 범위까지 독점력의 범위를 확장하여 준다. 이 때문에 중심한정주의에 있어서는 주변한정주의에 비해 출원인의 권리보호를 위한 기재방식이나 해석에 있어서 스트레스가 비교적 적다고 볼 수 있다. 하나의 청구항(단적인 청구항)으로도 기술적 사상의 폭을 극대화할 수 있는 여지가 있고, 부수적으로 출원인이 생각하지도 않았던 중심적 기술적 사상의 범위까지도 확장되는 이익을 얻을 수 있다. 그러나 제3자로서는 특허청구범위의 문언을 통하여 보호범위를 정확하게 판단하기 어렵게 되므로 법적 안정성과 예측 가능성이 확보되지 않아서 출원인 위주의 보호범위 해석론이라는 비판을 면하기 어렵다.

다. 주변한정주의

주변한정주의는 다항제의 채택에 따라, 권리의 범위해석은 각 청구항에 기재된 문언해석으로 한정한다는 이론이다. 특허청구범위에 기재된 문언의 의미대로 보호받는 것을 전제로 하는 특허청구범위 해석이론이다. 따라서 기재범위 밖에 있는 사항에 대해서는 발명의 보호범위를 벗어나는 것으로 본다. 주변한정주의에 의하면, 특허청구범위에 기재되어 있는 부분만 특허보호범위에 포함시키게 되므로 청구범위 다항제 기재방식을 택하는 영미법계의 특허 운영이론으로부터 출발한다. 즉, 권리로 보호받고자 하는 사항은 해당 발명의 창작사상 범위 내에서 일일이 기재해야 한다는 것이다.

주변한정주의에 의한 보호범위 해석에서 문언 기재대로의 해석은 균등론[341)]을 근거로 균등범위까지만 그 보호의 범위를 정하는 것이다. 특허권자 입장에서는 보호범위의 명확한 범위라

340) 독일에서는 1910년의 Entscheidung des Reichsgerichts 1910. 9. 2. RGZ 80, 54판결 이후 "특허청구범위의 기재는 보호범위 판단의 일응의 기준 즉 가이드라인으로 되면 족하고, 기재문언 그 자체에 구애될 필요 없이 특허청구범위로부터 추출되는 발명사상이 동일(또는 공통)한가에 따라 보호범위에 속하는지를 판단한다"는 일반적 발명사상론이 지지되면서 중심한정주의의 기반을 이루어왔다.

341) '균등론(均等論) 혹은 등가이론(等價理論)'은 특허권의 보호범위를 해석함에 있어서 "청구범위에 기재된 문언대로의 발명과 기술적 가치가 균등한 발명은 보호범위에 속한다"는 이론이다.

는 측면보다는 특허권자가 생각하는 범위보다 충분히 보호받지 못한다는 상대적 박탈감을 갖게 할 수도 있다.[342] 출원인의 실수로 청구범위에 보호권리가 누락되는 경우 구제할 수 없는 단점이 있는 반면, 권리범위의 구체적이고 한정적인 해석이 가능하다는 제도적 이점을 갖는다고 할 수 있다.

Ⅲ 명세서 작성사례

【발명의 명칭】

무테안경용 렌즈 고정장치 {Fixing Device of Lens for Frameless Spectacles}

【요 약】

본 발명은 용접 작업의 용이성을 제공하는 것은 물론 정확한 치수를 유지할 수 있으므로 조립성을 향상시킬 수 있고, 너트 또한 해체시 쉽게 분리될 수 있도록 한 무테안경용 렌즈 고정장치에 관한 것으로서, 후방에 다리를 가지는 힌지와 렌즈 중앙을 연결하는 노즈프레임에 용접고정되는 볼트와, 상기 볼트와 결합 되어 렌즈를 단속하

는 너트로 구성되는 무테안경용 렌즈 고정장치에 있어서; 상기 볼트는 판상 형태의 베이스 양측에 나사산을 형성한 볼트바디로 구성하고, 상기 너트는 볼트바디와 결합할

수 있도록 결합홀을 형성한 너트바디와, 상기 너트바디의 끝단에 일체로 형성되는 육각 형상의 헤드와, 상기 헤드와 헤드 사이는 렌즈 교환시 쉽게 절단하여 두 개의 너트를 독립시켜 분리할 수 있도록 브리지로 연결하여 구성하는 것이 특징이다.

【대표도】

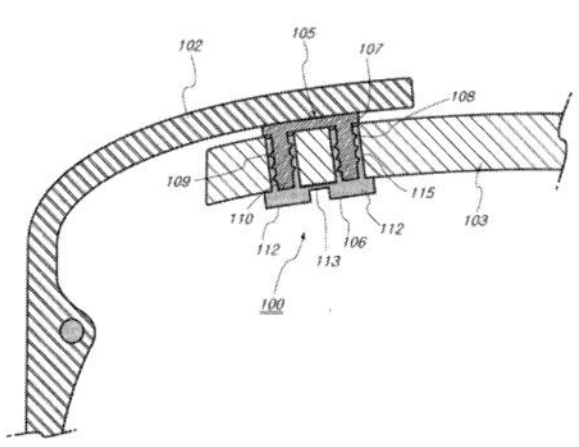

342) 이런 연유로 특허권 침해판단에 있어서 1800년대 중반까지는 미국에서도 특허청구범위에의 기재를 엄격히 요구하지 않는 중심한정주의의 운영을 채택하는 입장에 있었지만, 1853년의 판례(Winans v. Denmead, 56 U.S. (15 How)342)부터 '균등론'의 이론을 특허보호범위 해석에 활용함으로써 주변한정주의의 적용을 분명히 해오고 있다.

【특허청구의 범위】

【청구항 1】

후방에 다리(101)를 가지는 힌지(102)와 렌즈(103) 중앙을 연결하는 노즈프레임(104)에 용접고정되는 볼트(105)와; 상기 볼트(105)와 결합되어 렌즈(103)를 단속하는 너트(106)로 구성되는 무테안경용 렌즈 고정장치에 있어서;

상기 볼트(105)는 판상 형태의 베이스(107) 양측에 나사산(108)을 형성한 볼트바디(109)를 구비하고;

상기 너트(106)는 볼트바디(109)와 결합할 수 있도록 결합홈(110)을 형성한 너트바디(111)와;

상기 너트바디(111)의 끝단에 일체로 형성되는 육각형상의 헤드(112)와;

상기 헤드(112)와 헤드(112) 사이는 렌즈 교환시 쉽게 절단하여 두 개의 너트(106)를 독립시켜 분리할 수 있도록 브리지(113)로 연결하여 구성하는 것을 특징으로 하는 무테안경용 렌즈 고정장치.

【청구항 2】

제 1 항에 있어서; 상기 볼트(105)는 금속소재를 프레스를 이용하여 베이스(107)와 볼트바디(109) 및 나사산(108)이 일체로 형성하여 구성하는 것을 특징으로 하는 무테안경용 렌즈 고정장치.

【청구항 3】

제 1 항에 있어서; 상기 힌지(102)와 노즈프레임(104)에는 요입홈(116)을 형성하여 용접되는 볼트(105)의 베이스(107)가 노출되지 않도록 하는 것을 특징으로 하는 무테안경용 렌즈 고정장치.

【발명의 상세한 설명】

【기술분야】

본 발명은 무테안경용 렌즈 고정장치에 관한 것으로서 더욱 상세하게는 무테안경을 구성하는 렌즈와 다리 또는 코다리를 용이하게 고정할 수 있도록 개선한 볼트 너트로 구성되는 고정장치의 제공에 관한 것이다.

【배경기술】

안경은 시력이 저하된 사람의 시력회복을 위한 목적으로 사용되거나 강한 광선으로부터 눈을 미리 보호하여 시력을 잃게 되는 것을 방지하는 선글래스 등을 포함하는 것으로서 안경 프레임과 이에 결합 되는 렌즈 및 렌즈가 결합 된 안경 프레임을 지지하는 다리로 크게 구성된다.

일반적인 안경은 렌즈를 장착한 프레임의 양측과 중앙에 힌지와 노즈프레임이 용접 등의 방식으로 고정되고, 힌지의 후단부에는 다리의 선단부를 결합하여 다리가 접철 가능하게 구성하고 있다.

이러한 프레임안경의 범위를 벗어나 보다 미적인 감각을 높일 수 있도록 개발된 것이 무테안경이며, 이러한 무테안경은 렌즈의 중앙부와 양측에 노즈프레임과 다리를 장착한 힌지가 볼트와 너트로 결합 되는 구성이다.

상기와 같은 통상적인 무테안경의 렌즈 고정장치(1)를 도 5를 통하여 살펴보면 다음과 같다.

렌즈(2)에 형성되는 체결공(3)을 통하여 노즈프레임이나 힌지(5)에 구비되는 볼트(6)를 삽입한 후 캡 일체형 너트(7)로 단속하여 구성하고 있으며, 상기 볼트(6)는 렌즈(2)에 대하여 회동하는 현상을 방지할 수 있도록 2개 1조로 구비된다.

【발명의 내용】

【해결하고자 하는 과제】

상기와 같은 종래기술에서는 노즈프레임과 힌지에 2개의 볼트를 독립하여 용접고정하기 때문에 볼트를 고정하는 작업이 쉽지 않은 것은 물론, 고정된 볼트와 볼트와의 간격이 일정하기 않음으로서 렌즈에 형성된 볼트공과 일치하지 않아 렌즈고정이 불가능하게 되는 폐단이 있다.

또한, 용접을 통하여 고정된 볼트의 경우 그 크기가 아주 작기(약 2-3㎜)때문에 균일한 상태의 용접이 어렵고, 이로 인하여 용접부위의 손상을 초래하거나 심할 경우 볼트가 부러지게 되므로 역시 렌즈와의 체결성이 취약하게 된다.

그리고, 렌즈의 경우 초기에는 데모렌즈를 고정한 후 안경점에서 소비자에게 선택되었을 때 소비자의 시력에 맞는 렌즈로 교환하게 되는 데, 이 과정에서 볼트와 결합되어 렌즈를 단속하고 있는 너트가 브리지로 일체로 연결된 형태이기 때문에 쉽게 분리되지 않아 데모렌즈의 교환이 어렵게 되는 등 여러 문제점이 발생하고 있는 실정이다.

【과제해결수단】

이에 본 발명에서는 상기와 같은 문제점들을 해결하기 위하여 발명한 것으로서, 후방에 다리를 가지는 힌지와 렌즈 중앙을 연결하는 노즈프레임에 용접고정되는 볼트와, 상기 볼트와 결합 되어 렌즈를 단속하는 너트로 구성되는 무테안경용 렌즈 고정장치에 있어서; 상기 볼트는 판상 형태의 베이스 양측에 나사산을 형성한 볼트바디로 구성하고, 상기 너트는 볼트바디와 결합할 수 있도록 결합홀을 형성한 너트바디와, 상기 너트바디의 끝단에 일체로 형성되는 육각 형상의 헤드와, 상기 헤드와 헤드 사이는 렌즈 교환시 쉽게 절단하여 두 개의 너트를 독립시켜 분리할 수 있도록 브리지로 연결하여 구성하는 것이 특징이다.

【효과】

본 발명은 2개의 볼트를 베이스로 연결하여 구성함으로서 용접 작업의 용이성을 제공하는 것은 물론 정확한 치수를 유지할 수 있으므로 조립성을 향상시킬 수 있고, 너트 또한 해체시 쉽게 분리될 수 있도록 구성함으로서 데모렌즈의 교환을 용이하게 할 수 있어 분해 조립성을 향상시키면서 안경 전체의 품질을 높일 수 있는 등 많은 효과를 가지는 발명이다.

【발명의 실시를 위한 구체적인 내용】

이하 첨부되는 도면과 관련하여 상기 목적을 달성하기 위한 본 발명의 바람직한 구성과 작용에 대하여 설명하면 다음과 같다.

도 1은 본 발명의 기술이 적용된 무테안경용 렌즈 고정장치를 도시한 분해 상태의 사시도, 도 2는 본 발명의 기술인 무테안경용 렌즈 고정장치의 핵심인 볼트와 너트를 발췌한 사시도, 도 3은 본 발명의 기술이 적용된 무테안경용 렌즈 고정장치의 사용상태 발췌단면도, 도 4는 본 발명의 기술이 적용된 무테안경용 렌즈 고정장치의 다른 사용상태 발췌단면도로서 함께 설명한다.

본 발명의 기술이 적용되는 무테안경용 렌즈 고정장치(100)는 후방에 다리(101)를 가지는 힌지(102)와 렌즈(103) 중앙을 연결하는 노즈프레임(104)에 용접고정되는 볼트(105)와 상기 볼트(105)와 결합 되어 렌즈(103)를 단속하는 너트(106)로 구성한다.

상기 볼트(105)는 판상 형태로 구비되는 베이스(107) 양측에 나사산 또는 체결돌기(이하 나사산이라 한다. 108)를 가지는 볼트바디(109)를 일체로 구비하여 구성한다.

상기 볼트(105)는 금속소재를 프레스를 이용하여 일체로 성형하는 것이 바람직하며, 상,하부 금형에 의하여 볼트바디(109)에 나사산(108)이 함께 형성되도록 하면 된다.

상기 너트(106)는 볼트바디(109)와 결합할 수 있도록 결합홀(110)을 형성한 관체형상의 너트바디(111)와 상기 너트바디(111)의 끝단에 일체로 형성되는 육각형상의 헤드(112)로 구성한다.

상기 헤드(112)와 헤드(112) 사이에는 브리지(113)로 연결하고, 상기 브리지(113)는 데모렌즈 교환시 쉽게 절단하여 두 개의 너트(106)를 독립시켜 각각 분리할 수 있도록 한다.

상기와 같은 본 발명의 기술이 적용된 무테안경용 렌즈 고정장치(100) 의 사용상태를 살펴보면 다음과 같다.

힌지(102)와 노즈프레임(104)에 볼트(105)를 구성하는 베이스(107)를 밀착시킨 후 베이스(107)를 용접함으로서 볼트(105)의 고정이 완료되며, 정확한 규격을 유지할 수 있게 된다.

상기와 같이 볼트(105)의 고정이 완료된 상태에서 데모렌즈 또는 렌즈(103)에 형성된 체결공(115)을 통하여 볼트(105)를 구성하는 볼트바디(109)를 렌즈(103)의 외측에서 삽입시키고, 렌즈(103)의 내측에서는 너트(106)를 볼트(105)를 단속함으로서 체결이 완료된다.

이 과정에서는 볼트바디(109)에는 너트바디(111)를 강제로 압입 함으로서 너트바디(111)에 형성되는 결합홈(110)의 내부가 변형되면서 나사산(108)과 치합 되는 형태가 된다.

이러한 상태에서 데모렌즈를 초점조절이 완료된 렌즈(103)로 교환하고자 할 경우 너트(106)를 제거하여 데모렌즈를 분리하게 되는 데, 너트(106)의 헤드(112)를 연결하고 있는 브리지(113)를 제거 또는 절단한 상태에서 육각 형상의 헤드(112)를 소켓 등과 같은 도구를 이용하여 풀어 줌으로서 일반적인 볼트 너트 분해와 같은 형태

로 쉽게 분리할 수 있게 된다.

상기와 같이 렌즈(103)교환이 완료된 후에는 새로운 너트(106)를 볼트(105)에 결합함으로서 렌즈(103)를 견고한 상태로 단속할 수 있게 되는 것이다.

상기 볼트(105)를 힌지(102)와 노즈프레임(104)의 표면에 그대로 용접할 경우에는 베이스(107)의 두께만큼 돌출되기 때문에 미관이 좋지 않게 되거나 렌즈(103)와의 체결성이 좋지 않게 될 우려가 있다.

이 경우에는 베이스(107)의 두께만큼 힌지(102)와 노즈프레임(104)에 요입홈(116)을 형성한 후 베이스(107)가 요입홈(116)에 삽입시켜 용접함으로서 돌출되는 현상을 방지할 수 있게 되는 것이다.

이러한 본 발명은 볼트를 정확한 규격으로 용접할 수 있는 것은 물론, 볼트와 함께 렌즈를 단속하는 너트의 해체를 보다 신속하게 수행할 수 있기 때문에 렌즈의 고정과 교환작업을 용이하게 수행할 수 있는 장점을 가진다.

【도면의 간단한 설명】

도 1은 본 발명의 기술이 적용된 무테안경용 렌즈 고정장치를 도시한 분해 상태의 사시도.

도 2는 본 발명의 기술인 무테안경용 렌즈 고정장치의 핵심인 볼트와 너트를 발췌한 사시도.

도 3은 본 발명의 기술이 적용된 무테안경용 렌즈 고정장치의 사용상태 발췌단면도.

도 4는 본 발명의 기술이 적용된 무테안경용 렌즈 고정장치의 다른 사용상태 발췌단면도.

도 5는 종래 기술이 적용된 무테안경용 렌즈 고정장치를 발췌하여 도시한 단면도.

도면의 주요 부분에 사용된 부호의 설명

100; 렌즈 고정장치　　102; 힌지

103; 렌즈　　104; 노즈프레임

105; 볼트　　106; 너트

【도면】

도면 1

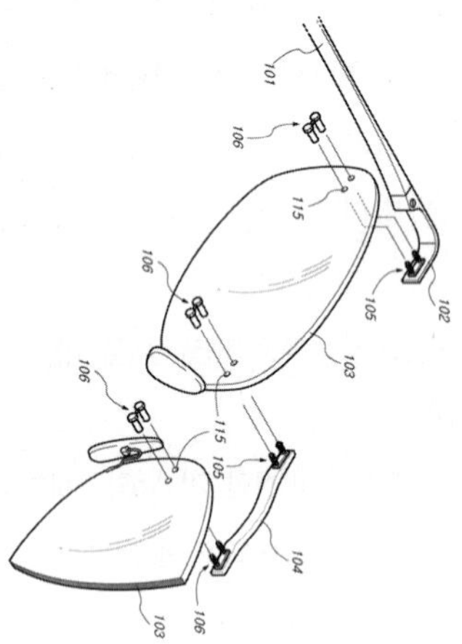

도면 2

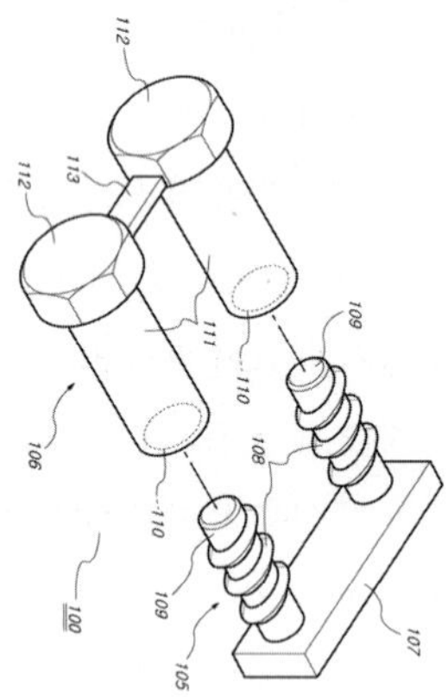

도면 3

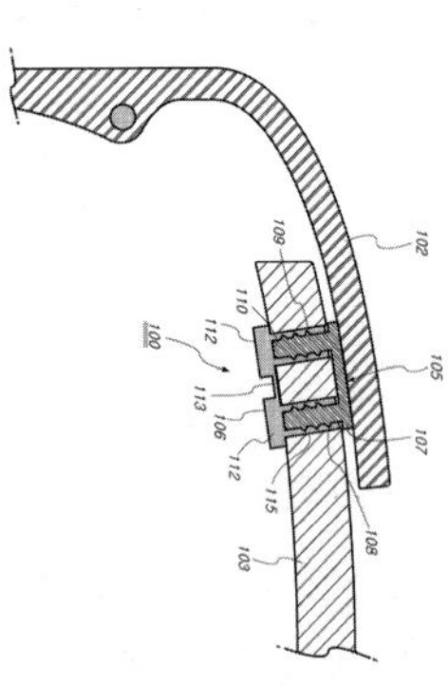

도면 4

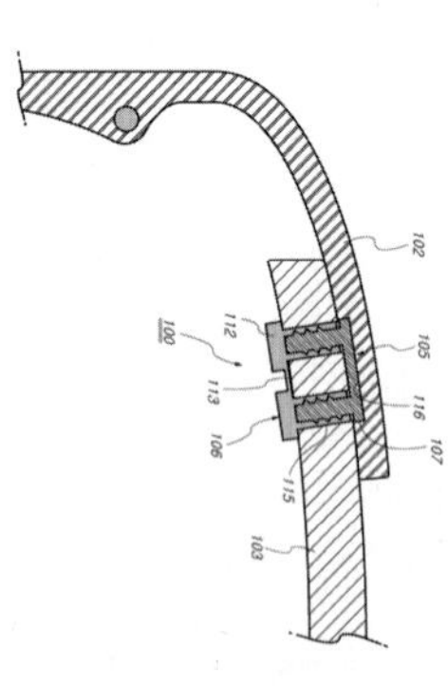

도면 5

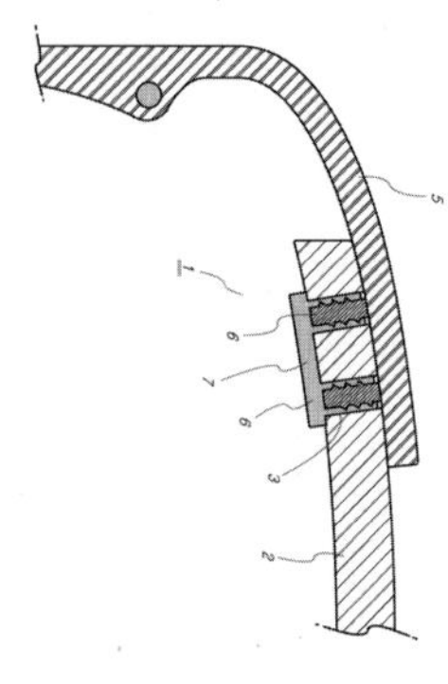

7절 특허 요건

I 서설

특허법 제29조는 특허출원의 실체적 특허요건을 규정하고 있다.[343]

여기서 "산업상 이용할 수 있는 발명"은 "발명"이라는 성립(성립요건, 또는 성립성)의 전제 아래 그 발명이 "산업상 이용할 수 있는 것일 것(산업상 이용가능성)"을 요구한다.

특허출원된 발명이 특허되기 위해서는 특허법의 규정에 의한 제반 특허요건을 충족시켜야 한다. 특허요건은 크게 실체적 요건과 절차적 요건으로 나눌 수 있고, 실체적 요건에는 해당 발명이 특허법 제29조에서 규정하는 산업상 이용가능성, 신규성, 진보성을 충족시켜야 하는 적극적 요건과, 이 적극적 요건을 갖추었다 하더라도 공익이나 국익을 위해 특허를 허여하지 않거나 국가에서 특허권을 수용하는 소극적 요건에 해당하지 않아야 한다. 절차적 요건에는 특허출원 당시의 방식심사를 비롯해 우선권주장, 신규성의제, 의견제출 통지에 따른 의견서나 보정서의 기간 내 제출, 요지변경, 분할출원, 변경출원 등의 기간의 적법성과 내용의 적법성을 판단하는 것이다.

특허요건에 대한 심사의 대상은 특허출원서에 첨부된 명세서의 특허청구범위이다. 이는 특허로서 보호받고자 하는 발명에 대해 특허청구범위를 통하여 필요한 청구항을 기재하고(특허법 제42조 제4항), 특허발명의 보호범위는 "특허청구범위에 기재된 사항에 의하여 정해진다."는 규정에 근거한다(특허법 제97조). 이와 같은 심사대상의 특허요건은 곧 특허법 제29조를 해석하는 것이다.

II 적극적 요건

1. 발명의 성립요건

특허로 보호될 수 있는 기술이라 함은 당연히 발명으로 성립되어야 한다. '발명[Invention]'이란

343) 특허법 제29조(특허요건) ① 산업상 이용할 수 있는 발명으로서 다음 각 호의 어느 하나에 해당하는 것을 제외하고는 그 발명에 대하여 특허를 받을 수 있다.
1. 특허출원 전에 국내 또는 국외에서 공지되었거나 공연히 실시된 발명
2. 특허출원 전에 국내 또는 국외에서 반포된 간행물에 게재되거나 대통령령이 정하는 전기통신회선을 통하여 공중이 이용가능하게 된 발명

"자연법칙을 이용한 기술적 사상의 창작으로서 고도한 것을 말한다."라고 특허법 제2조 제1호에 정의하고 있으므로, 특허출원된 발명이 특허법상의 발명이 되기 위해서는 이 규정을 만족하는 것이어야 하고, 따라서 이규정의 해석이 곧 발명의 성립성(성립요건)을 풀이하는 것이다.

여기서, '고도한 것'의 의미는 일반적으로 실용신안법 상의 '고안'과 특허법 상의 '발명'을 구분하기 위한 상대적인 개념이므로 실무상 '발명'의 성립요건에 대한 판단 시에는 '고도한 것'에 대해서는 고려하지 않는다.

특허법에서는 물건(조성물 포함)이나 방법 모두 보호의 대상으로 취급되나, 실용신안법 상 등록을 받을 수 있는 고안은 '물품의 형상·구조 또는 조합에 관한 고안'으로 한정된다.[344) 실용신안으로서 등록되는 것은 고안이며 물품 그 자체가 아니라 청구항에 기재된 물품에 적용된 기술적 사상이다.

만일, 독립항이 물품의 형상이나 구조 또는 조합에 관한 고안이고, 종속항이 독립항의 구성요소의 재료를 한정하는 경우, 그 청구항은 물품의 형상, 구조 또는 조합으로 인정된다.

가. 발명에 해당하지 않는 유형

(1) 자연법칙 자체

발명은 자연계에 존재하는 법칙 즉, 자연법칙을 이용하여 주어진 과제를 해결하기 위한 기술

---

344) 실용신안법 제4조 제1항 본문의 「물품」에 대하여 일정한 정의는 없으나, 일반적으로 공간적으로 일정한 형(型)을 가진 것으로 일반 상거래의 대상이 되고 사용목적이 명확한 것은 실용신안법 상의 「물품」에 해당하는 것으로 해석된다. 「물품의 형상·구조 또는 조합」에 대하여 간단하게 설명하면 다음과 같다.

(1) 형상
형상이란 선이나 면 등으로 표현된 외형적인 형태를 말한다. 예를 들어 캠(cam)의 형태, 치차의 치형 같은 것이 형상이다.

(2) 구조
구조란 공간적, 입체적으로 조립된 구성으로서 물품의 외관만이 아니고 평면도, 측면도, 정면도 및 경우에 따라서는 단면도를 이용하여 표현되는 구성이다. 구조상의 특징은 외관상 명료할 것을 필요로 하지 않으며, 절단함으로써 또는 물리적·화학적 분석에 의하여 구별할 수 있는 경우 외관이 동일하여도 구조상 차이가 있는 것으로 본다. 전자제품 등의 회로인 경우도 물품의 구조로 보아 실용신안의 대상으로 한다.

(3) 조합
물품의 사용시 또는 불사용시에 2개 또는 그 이상의 물품이 공간적으로 분리된 형태로 있고, 또 이들은 각각 독립적으로 일정한 구조 또는 형상을 가지며, 사용에 의하여 이들이 기능적으로 서로 관련되어 사용가치를 발휘하는 것을 물품의 조합이라 한다. 예를 들어 체결구로 볼트와 너트를 조합하는 경우가 있을 수 있다.
「물품의 형상 구조 또는 조합」에 해당하지 않는 것은 방법의 고안, 조성물의 고안, 화학물질의 고안, 일정 형상을 갖지 않는 것, 동물 품종, 식물 품종 등은 실용신안법 상의 고안에 해당하지 않는다.

적 사상의 창작이므로 자연법칙 자체는 발명에 해당되지 않는다.

따라서 뉴턴의 법칙이나 수학공식 같은 자연법칙 자체는 발명으로 성립하지 않고 특허법의 보호대상도 아니다. 이들은 과학적 원리를 인위적인 수학공식으로 표현한 것이기 때문이다.

(2) 단순한 발견

발견이란 자연계에 이미 존재하는 물건이나 법칙을 단순히 찾아내는 것으로서 창작이 아니므로 천연물(예: 광석), 자연현상 등의 발견 자체만으로는 발명에 해당되지 않는다.

그러나 물질 자체의 발견이 아니라 천연물에서 어떤 물질을 인위적으로 분리하는 방법을 개발한 경우 그 방법은 발명에 해당되며, 또 그 분리된 화학물질 또는 미생물 등도 발명에 해당된다.

자연계에 존재하는 물의 속성을 발견하고 그 속성에 따라 새로운 용도로 사용함으로써 기인하는 용도발명도 단순한 발견과는 구분되는 것으로 특허법상 다르게 취급된다. 원칙적으로 새로운 용도의 단순한 발견만으로는 발명으로서 성립하지 않으나, 새로운 속성의 발견과 그에 연결되는 새로운 용도의 제시 행위가 통상의 기술자로서는 자명하지 않은 발명적 노력을 가한 경우라면 발명으로서 인정될 수 있다.

(3) 자연법칙에 위배 되는 것

발명은 자연법칙을 이용한 것이어야 하므로 자연법칙에 위배되는 것(예 : 영구기관)은 발명에 해당되지 않는다. 이 경우, 청구항에 기재된 발명의 일부라도 자연법칙에 위배되는 부분이 있으면 발명에 해당되지 않게 된다.

(4) 자연법칙을 이용하지 아니한 것

청구항에 기재된 발명이 자연법칙 이외의 법칙(경제법칙, 수학공식, 논리학적 법칙, 작도법 등), 인위적인 약속(게임의 규칙 그 자체 등), 또는 인간의 정신활동(영업계획 그 자체, 교수방법 그 자체, 금융보험제도 그 자체, 과세제도 그 자체 등)을 이용하고 있는 경우에는 발명에 해당되지 않는다.[345]

논리적인 법칙이나 수학적인 원리 그 자체나 이를 직접적으로 이용하는 방법이나 원리 자체에 대한 특허를 청구하는 것이 아니고, 수학적인 연산을 통하여 변환되는 데이터를 이용하여 특정한 기술수단의 성능을 높인다거나 제어함으로써 유용하고 구체적이고 실용적인 결과를 얻을 수 있는 기술적인 장치나 방법으로 청구하는 경우에는, 그와 같은 장치나 방법이 특정한

345) 대법원 1998.9.4. 선고 98후744 판결.

목적을 달성하기 위한 합리적인 수단으로서 보편성과 반복성 및 객관성을 갖는 것이라면 발명으로 취급된다.

특허법상의 발명에 해당하기 위한 자연법칙 이용 여부는 청구항 전체로 판단하여야 한다.

따라서 청구항에 기재된 발명의 일부에 자연법칙을 이용하고 있는 부분이 있어도 청구항 전체로서 자연법칙을 이용하고 있지 않다고 판단될 때에는 특허법상의 발명에 해당하지 아니하고, 반대로 청구항에 기재된 발명의 일부에 자연법칙을 이용하고 있지 아니한 부분(예: 수학공식 등)이 있어도 청구항을 전체로 파악했을 때 자연법칙을 이용하고 있다고 판단될 때에는 특허법상의 발명에 해당된다.

예컨대 〈외국어 발음표기 문자의 형성방법346)〉, 〈알파벳, 숫자, 기호 등을 조합하여 암호를 작성하는 방법〉 등이 그것이다.

(5) 기능

기능은 개인의 숙련에 의해서 달성될 수 있는 것으로서 지식으로 제3자에게 전달될 수 있는 객관성이 결여되어 있다. 따라서 기능은 발명에 해당되지 않는다.

예컨대 악기 연주방법이나 볼을 손가락으로 잡는 방법과 볼을 던지는 방법에 특징이 있는 투구방법 등을 말한다.

이는 프로 농구선수의 점프형태가 특허로 보호되는 미국의 제도와는 차이가 있음을 보여준다.

(6) 단순한 정보의 제시

단순히 제시되는 정보의 내용에만 특징이 있는 것으로 정보의 제시를 주된 목적으로 하는 경우에는 발명에 해당하지 않는다.

예컨대 녹음된 음악에만 특징이 있는 CD나 컴퓨터프로그램 리스트 자체, 디지털카메라로 촬영된 데이터 등을 말한다.

그러나 정보의 제시가 신규한 기술적 특징을 가지고 있으면 그와 같은 정보의 제시 그 자체, 정보의 제시수단, 정보를 제시하는 방법은 발명에 해당될 수 있다.

예컨대, 문자, 숫자, 기호로 이루어지는 정보를 양각으로 기록한 플라스틱 카드(정보의 제시수단에 기술적 특징이 있는 경우)같은 경우이다.

---

346) 특허법원 2002.1.17. 선고 2001허3453 판결:외국어 발음표기 문자를 형성하는 방법에 있어서, 문자에 대한 한글과 외국어의 발음상의 차이에 의하여 표기시에 차이가 생기는 문자들의 표시를 위하여 해당 문자의 발음시에 형성되는 사람의 목구멍의 형상과 혓소리가 발음상 변화를 일으키는 현상과 이에 따른 입술모양에 따라서 문자를 변형시켜서 형성하는 것을 특징으로 하는 외국어 발음표기 문자의 형성방법

(7) 미적창조물

미적 창조물은 기술적인 면 이외의 시각적인 면을 가지며 그 평가도 주관적으로 이루어지는 것이다. 따라서 미적 효과 그 자체(예: 회화, 조각 그 자체 등)는 발명에 해당하지 않는다. 그러나 미적 효과가 기술적 구성 혹은 다른 기술적 수단에 의하여 얻어지는 경우 미적인 효과를 얻기 위한 수단은 발명에 해당될 수 있다.

(8) 컴퓨터프로그램언어 자체 컴퓨터 프로그램 자체

컴퓨터 프로그램은 컴퓨터를 실행하는 명령에 불과한 것으로 컴퓨터 프로그램 자체는 발명이 될 수 없다.

다만 컴퓨터 프로그램에 의한 정보처리가 하드웨어를 이용해 구체적으로 실현되는 경우에는 해당 프로그램과 연동해 동작하는 정보처리장치(기계), 그 동작 방법 및 해당 프로그램을 기록한 컴퓨터로 읽을 수 있는 매체는 자연법칙을 이용한 기술적 사상의 창작으로서 발명에 해당한다.

(9) 반복하여 동일한 효과를 얻을 수 없는 것

발명의 목적을 달성하기 위한 수단이 형식적으로 제시되어 있으나 그 제시한 수단에 의하여 발명자가 얻은 성과와 객관적으로 동일한 결과를 얻을 수 없는 경우, 즉 반복하여 실시할 수 없는 것은 발명에 해당될 수 없다.

여기에서 출원발명의 반복재현성은 반드시 100%의 확률로 효과를 얻을 수 있는 것만을 의미하는 것이 아니고, 100% 보다 적은 확률이라도 효과를 얻을 수 있는 것이 확실하다면 반복재현성이 있다고 본다.

(10) 미완성 발명

특허를 받을 수 있는 발명은 완성된 것이어야 한다. 여기서 완성된 발명이란 그 발명이 속하는 분야에서 통상의 지식을 가진 자가 반복 실시하여 목적하는 기술적 효과를 얻을 수 있을 정도까지 구체적, 객관적으로 구성되어 있는 발명으로 그 판단은 특허출원의 명세서에 기재된 발명의 목적, 구성 및 작용효과 등을 전체적으로 고려하여 출원 당시의 기술수준에 입각하여 판단한다.[347)]

만약 발명의 과제를 해결하기 위한 구체적 수단이 결여되어 있거나 또는 제시된 과제 해결수단만으로는 과제의 해결이 명백하게 불가능하다고 인정되는 경우에는 발명에 해당하지 않는 것으로 취급한다. 이 경우에 발명자는 신뢰할 수 있는 제3자의 실험 데이터로 그 과제의 해결이

---

347) 대법원1994.12.27. 선고 93후1810 판결 참고.

가능하다는 사실을 입증할 수 있다.

주의할 것은 특허부여의 요건으로서 발명의 완성 여부와 명세서 기재요건의 충족 여부는 구별된다는 점이다.

미완성 발명은 출원당시 발명이 완성되지 않은 경우에 적용되는 것이므로 출원 후 보정으로 그 하자를 치유할 수 없는데 비하여, 명세서기재불비는 출원당시 발명은 완성하였으나 기재를 제대로 하지 못한 경우에 적용되는 것이므로 보정으로 그 하자를 치유할 수 있다.

2. 산업상 이용가능성

가. 취지

특허법의 목적이 산업발전에 기여하는데 있으므로 모든 발명은 산업상 이용가능성이 있어야 함은 당연하다. 이에 따라 특허법 제29조 제1항 본문에서는 산업상 이용할 수 있는 발명에 한하여 특허를 받을 수 있도록 규정하였다.

그러나 산업의 범위는 대단히 넓고 다양하여 어느 것이 산업상 이용가능한 기술인지 구분하는 것은 매우 어려운 문제이므로 오히려 '산업상 이용할 수 없는 발명'만 구분하고 그 이외의 발명은 모두 산업상 이용가능한 발명으로 인정하는 것이 특허법의 운영방침이다.

특허법 제29조 제1항 본문의 '산업'은 가장 넓은 의미의 산업으로 해석하여야 한다. 즉, 산업은 유용하고 실용적인 기술에 속하는 모든 활동을 포함하는 최광의[最廣義] 개념으로 해석된다.

파리조약 에서도 "산업재산권은 최광의로 해석되어 엄격한 의미의 공업 및 상업뿐만 아니라 농업 또는 채취산업의 분야 및 제조 또는 천연의 모든 산품, 예컨대 포도주, 곡물, 담뱃잎, 과실, 가축, 광물, 광천수, 맥주, 꽃, 밀가루에 대하여도 적용된다."고 명시하고 있다(제1조(3)).

일반적으로 인간을 수술, 치료, 진단하는 방법에 이용할 수 있는 발명의 경우에는 산업상 이용 가능성이 없는 것으로 보나, 그것이 인간 이외의 동물에만 한정한다는 사실이 특허청구범위에 명시되어 있으면 산업상 이용할 수 있는 발명으로 취급한다.

특허법상 '산업상 이용할 수 있는 발명'은 통상적으로 '발명'의 성립요건과 그 발명은 '산업상 이용할 수 있는 것일 것(산업상 이용가능성)'의 요건으로 구분되므로 이하에는 특허요건으로 산업상 이용가능성에 대해 살펴본다.

나. 산업상 이용할 수 없는 발명

'산업상 이용할 수 있는 발명'에 해당하지 아니하는 것의 대표적인 유형은 다음과 같다.

(1) 의료행위

의료행위는 인간의 생명을 담보로 특정인의 독점배타적 소유권을 인정하지 않도록 한다는 취지를 천명한 것이다. 그러나 인간을 수술하거나 치료하거나 또는 진단에 사용하기 위한 의료기기와 같은 발명은 산업상 이용가능한 발명이 된다.

인체를 처치하는 방법이 치료 효과와 비치료 효과(예: 미용효과)를 동시에 가지는 경우, 치료 효과와 비치료 효과를 구별 및 분리할 수 없는 방법은 치료방법으로 간주되어 산업상 이용가능한 것으로 인정하지 않는다.

① 산업상 이용할 수 있는 발명에 해당하지 않는 유형
- 인간을 수술하거나 치료하거나 또는 진단하는 방법의 발명, 즉, 의료
- 의사(한의사 포함) 또는 의사의 지시를 받은 자의 행위가 아니라도, 의료기기(예: 메스 등)를 이용하여 인간을 수술하거나 의약품을 사용하여 인간을 치료하는 방법
- 신규한 의료기기의 발명에 병행하는 의료기기의 작동방법 또는 의료기기를 이용한 측정방법 발명이 그 구성에 인체와 의료기기 간의 상호작용 또는 실질적인 의료행위를 포함하는 경우

② 산업상 이용할 수 있는 발명에 해당하는 유형
- 인간을 수술하거나 치료하거나 또는 진단에 사용하기 위한 의료 기기 그 자체, 의약품 그 자체
- 채취된 것(예: 혈액, 피부, 세포, 종양, 조직)을 처리하는 방법이 의료행위와는 분리 가능한 별개의 단계로 이루어진 것 또는 단순히 데이터를 수집하는 방법

(2) 업[業]으로 이용할 수 없는 발명

여기서 업이란 사업을 의미한다. 단, 영리 혹은 비영리를 불문한다.

개인적 또는 실험적, 학술적으로만 이용할 수 있고 업으로서 이용될 가능성이 없는 발명은 산업상 이용할 수 있는 발명에 해당되지 않는 것으로 취급한다. 그러나 개인적 또는 실험적, 학술적으로 이용될 수 있는 것이라도 시판[市販] 또는 영업의 가능성이 있는 것은 산업상 이용할 수 있는 발명에 해당한다.

(3) 현실적으로 명백하게 실시할 수 없는 발명

이론적으로는 그 발명을 실시할 수 있더라도 그 실시가 현실적으로 전혀 불가능하다는 사실이 명백한 발명은 산업상 이용할 수 있는 발명에 해당하지 않는 것으로 취급한다.

예 1) 중국으로부터 황사의 유입을 방지하기 위하여 백두대간에 대형 선풍기를 설치하고 작동시키는 방법.

예 2) 오존층의 감소에 따른 자외선의 증가를 방지하기 위하여 지구표면 전체를 자외선흡수

플라스틱 필름으로 둘러싸는 방법

다만, 그 발명이 실제로 또는 즉시 산업상 이용되는 것이 필요하지는 않고, 장래에 이용될 가능성이 있으면 산업상 이용할 수 있는 발명이라 판단한다. 여기서 특허출원된 발명이 출원일 당시가 아니라 장래에 산업적으로 이용될 가능성이 있다 하더라도 특허법이 요구하는 산업상 이용가능성의 요건을 충족한다고 하는 법리는 해당 발명의 산업적 실시화가 장래에 있어도 좋다는 의미일 뿐 장래 관련 기술의 발전에 따라 기술적으로 보완되어 장래에 비로소 산업상 이용가능성이 생겨나는 경우까지 포함하는 것은 아니다.[348)]

3. 신규성

가. 의의

신규성[新規性]이란 특허출원된 기술이 그 출원일 이전에 공지되어있는 다른 기술과 동일한 것이 아니라면 신규하기 때문에 특허받을 수 있는 특성을 갖는다는 특허부여의 일의적 원칙이다.

특허제도는 발명을 공개하는 대가로 특허권을 부여하는 제도이므로 이미 일반에 알려진 발명에 대하여 독점배타권을 부여하지 아니한다. 이에 따라 특허법 제29조 제1항에서는 특허출원 전에 국내 또는 국외에서 ① 공지된 발명, ② 공연히 실시된 발명, ③ 간행물에 게재된 발명, ④ 대통령령이 정하는 전기통신회선을 통하여 공중이 이용가능하게 된 발명은 신규성이 없는 발명으로서 특허를 받을 수 없도록 하고 있다.

후술할 진보성과 함께 신규성은 특허부여의 적극적 요건에 양대 산맥을 구성하고 있는데 양 요건의 가장 큰 구분은 신규성은 종래기술과 동일하지 아니한 것일 때 신규하다고 하고, 진보성은 동일하지는 않지만 종래기술과 유사하여, 즉 종래기술로부터 쉽게 힌트를 얻어 발명할 수 있는 경우는 특허를 부여하지 않겠다는 가이드라인을 천명한 것이다.

이하, 분설한다.

나. 공지된 발명

'공지[公知]된 발명'이란 특허출원 전에 국내 또는 국외에서 그 내용이 비밀상태로 유지되지 않고 불특정인에게 알려지거나 알려질 수 있는 상태에 있는 발명을 의미한다. 여기서 '특허출원 전'이란 특허출원일의 개념이 아닌 특허출원의 시, 분, 초까지도 고려한 자연시(외국에서 공지된 경우 한국시간으로 환산한 시간)개념이다. 또한, '불특정인'이란 그 발명에 대한 비밀준수 의무가 없는 일반 공중을 말한다.

---

348) 대법원 2003.3.14. 선고 2001후2801 판결 참조.

다. 공연히 실시된 발명

'공연(公然)히 실시된 발명'은 국내나 국외에서 그 발명이 공연히 알려진 상태 또는 공연히 알려질 수 있는 상태에서 실시되고 있는 것을 의미한다.

여기서 '공연'은 바꾸어 말하면 '전면적으로 비밀상태가 아닌 것'을 의미하므로 그 발명의 실시에 있어서 발명의 주요부에 대하여 일부라도 비밀부분이 있을 때에는 그 실시는 '공연'한 것이라고 할 수 없다.

불특정 다수인이 인식할 수 있는 상태에서 실시되었다고 하여 반드시 그 기술의 내용까지 정확히 인식할 수 있는 것은 아니므로, 공용에 의하여 신규성이 부인되기 위해서는 다시 '당해 기술 분야에서 통상의 지식을 가진 자가 그 기술사상을 보충, 또는 부가하여 발전시킴 없이 그 실시된 바에 의하여 직접 쉽게 반복하여 실시할 수 있을 정도로 공개될 것'이 요구 된다.[349)]

라. 반포된 간행물에 게재된 발명

(1) 간행물

'간행물'이란 "일반 공중에게 공개할 목적으로 인쇄 기타의 기계적, 화학적 방법에 의하여 복제된 문서, 도면, 기타 이와 유사한 정보전달 매체"를 말한다.

여기서 일반 공중에게 반포에 의하여 공개할 목적으로 복제된 것이란, 반드시 공중의 열람을 위하여 미리 공중의 요구를 만족할 수 있을 정도의 부수가 원본에서 복제되어 일반 공중에게 제공되어야 하는 것은 아니며, 원본이 공개되어 그 복사물이 공중의 요구에 의하여 즉시 교부될 수 있으면 간행물로 인정될 수 있다.

간행물에는 특허문헌과 비특허문헌이 있으며, 특허문헌은 등록특허공보 및 공개특허공보를 말하고 비특허문헌은 특허문헌 이외의 모든 간행물을 말한다. 예를 들면, ①단행본에 게재된 문헌과 정보, ②학회 논문지 등에 게재된 문헌과 정보, ③과학잡지 등의 일반 잡지에 게재된 문헌과 정보, ④기업기술정보지 등에 게재된 문헌과 정보, ⑤신문, 저널 등에 게재된 기사 내용, ⑥매뉴얼, 사용설명서 등에 게재된 문헌과 정보, ⑦학회, 세미나 등에서 발표된 문헌과 정보 등이다.

또한 마이크로필름 또는 CD-ROM 등에 의한 특허공보류의 경우 일반 공중이 디스플레이장치 등을 통하여 열람할 수 있고, 또 필요시에는 종이에 출력하여 그 복사물의 교부를 받을 수 있는 상태에 있으므로 간행물로 인정된다. 한편 비 특허문헌으로 마이크로필름이나 CD-ROM 형태의 자료는 물론 플로피 디스크, 슬라이드, 프리젠테이션 또는 OHP용 자료 등도 공중에게 전달할 목적으로 제작된 것이라면 간행물에 포함될 수 있다.

---

349) 대법원 1996. 1. 23. 선고 94후1688 판결.

(2) 반포

'반포頒布'란 간행물이 불특정인이 볼 수 있는 상태에 놓여지는 것을 말한다.

따라서 불특정인이 그 간행물을 현실적으로 보았다는 사실을 필요로 하는 것은 아니다.[350)]

마. 간행물에 게재 된 발명

'간행물에 게재된 발명'이란 그 문헌에 직접적으로 명확하게 기재되어 있는 사항 및 문헌에 명시적으로는 기재되어 있지 않으나 사실상 기재되어 있다고 인정할 수 있는 사항에 의하여 파악되는 발명을 말한다.

여기서 '사실상 기재되어 있다고 인정할 수 있는 사항'이란 그 발명이 속하는 기술 분야에서 통상의 지식을 가진 자가 그 간행물의 반포 시에 간행물에 기재된 사항에 의하여 파악해 낼 수 있는 사항을 포함한다. 이 경우에는 간행물 반포 시의 기술상식을 참작한다.

바. 전기통신회선을 통하여 공중이 이용가능하게 된 발명

전기통신회선이란 정보교류가 가능한 인터넷 네트워킹과 다름 아니다. 인터넷 발달 이전의 '간행물Printed Publication'이란 "인쇄 기타의 기계적, 화학적 방법에 의하여 공개할 목적으로 복제된 문서, 도화, 사진 등"에 한정하는 것으로 보았다. 그러나 정보전달수단의 발달로 인터넷을 통하여 발표되는 기술의 양이 급격히 증가하고 있으며, 이들 기술은 인터넷의 특성상 게재 후에 그 게재일 및 내용이 변조될 가능성이 있다는 점을 제외하고는 공중의 이용가능성, 전파속도 및 기술수준 등의 측면에서 간행물에 의하여 발표된 기술과 비교하여 선행기술의 지위에 전혀 손색이 없게 되었다.

---

350) 간행물반포시기의 취급

① 간행물에 발행시기가 기재되어 있는 경우
(a) 발행년도만이 기재되어 있는 때에는 그 연도의 말일
(b) 발행년월이 기재되어 있는 때에는 그 연월의 말일
(c) 발행년월일까지 기재되어 있는 때에는 그 연월일

② 간행물에 발행시기가 기재되어 있지 아니한 경우
(a) 외국간행물로서 국내에 입수된 시기가 분명한 때에는 그 입수된 시기로부터 발행국에서 국내에 입수되는데 소요되는 통상의 기간을 소급한 시기를 입증할 수 있는 경우에는 그 때에 반포된 것으로 추정 할 수 있다.
(b) 당해 간행물에 관하여 서평, 발췌, 카탈로그 등을 게재한 간행물이 있을 때에는 그 발행시기로부터 당해 간행물의 반포시기를 추정한다.
(c) 당해 간행물에 관하여 중판(重版) 또는 재판(再版) 등을 이용하는 경우 그 간행물의 반포시기는 초판이 발행된 시기에 발행된 것으로 추정한다. 다만, 재판이나 중판에서 추가된 내용이나 변경된 내용이 있는 경우에는 인용하는 부분의 내용이 초판과 일치될 것을 전제로 한다.
(d) 기타 적당한 근거가 있을 때에는 그것으로부터 반포시기를 추정 또는 인정한다.

따라서 게재한 일자나 그 내용에 있어 공신력 있는 인터넷 사이트를 통하여 공중이 이용가능하게 된 발명에 대해서도 간행물을 통하여 공개된 발명과 같은 지위가 부여된 것이다.

인터넷을 통한 공개가 선행 기술의 지위를 가지기 위해서는 전기통신회선을 통하여 공개되고, 공중의 이용이 가능해야 하며, 대통령령이 정하는 자가 운영하는 전기통신회선에 공개되어야 하는 등 신뢰성이 확보되어야 한다.

사. 신규성 판단

신규성의 판단은 당해 특허출원 발명의 청구항에 기재된 발명과 인용발명의 구성을 대비하여 양자의 구성의 일치점과 차이점을 추출하여 판단한다. 청구항에 기재된 발명과 인용발명의 구성에 차이점이 있는 경우에는 청구항에 기재된 발명은 신규성이 있는 발명이며, 차이점이 없으면 신규성이 없는 발명이다. 청구항에 기재된 발명과 인용발명이 전면적으로 일치하는 경우는 물론 실질적으로 동일한 경우에도 신규성이 없는 발명이다.

여기서 발명이 실질적으로 동일한 경우란 과제해결을 위한 구체적 수단에서 이미 알고 있는 관용기술의 단순한 부가, 전환, 삭제 등에 불과하여 새로운 효과 발생이 없고, 발명 간의 차이가 발명의 사상에 실질적인 영향을 미치지 않는 비본질적 사항에 불과한 경우를 말한다.[351)]

아. 상위개념과 하위개념

청구항에 기재된 발명과 인용발명이 각각 상·하위개념으로 표현되는 경우가 있다.

'상위개념'이란, 동족적[同族的] 또는 동류적[同類的]사항의 집합의 총괄적 개념 또는 어떤 공통적인 성질에 의하여 복수의 사항을 총괄한 개념을 의미한다.

만일, 청구항에 기재된 발명이 상위개념으로 표현되어 있고 인용발명이 하위개념으로 표현되어 있는 경우에는 청구항에 기재된 발명은 신규성이 없는 발명이다.

예) 청구항에 기재되어 있는 발명이 금속으로 기재되어 있고 인용발명이 구리[Cu]로 기재되어 있는 경우 청구항에 기재된 발명은 신규성이 없는 발명이다.)

청구항에 기재된 발명이 하위개념으로 표현되어 있고 인용발명이 상위개념으로 표현되어 있는 경우에는 통상 청구항에 기재된 발명은 신규성이 있다. 다만, 출원 시의 기술상식을 참작하여 판단한 결과 상위개념으로 표현된 인용발명으로부터 하위개념으로 표현된 발명을 자명하게 도출할 수 있는 경우에는 하위개념으로 표현된 발명을 인용발명으로 특정하여 청구항에 기재된 발명의 신규성을 부정할 수 있다. 이 때 단순히 개념상으로 하위개념이 상위개념에

---

351) 대법원 2003.2.26. 선고 2001후1624 판결 참조.

포함되거나 또는 상위개념의 용어로부터 하위개념의 요소를 열거할 수 있다는 사실만으로는 하위개념으로 표현된 발명이 자명하게 도출될 수 있다고 할 수 없다.

예) 청구항에는 전력수송용 초전도 케이블 재료로서 은이 기재되어 있고 인용문헌에는 금속 재질의 초전도 케이블이 공지되어 있는 경우, 전력 수송 분야에서 초전도 현상을 이용하기 위해 케이블의 재질로서 은을 사용하는 것은 주지관용기술에 해당한다면 금속 재질의 초전도 케이블로부터 은으로 된 초전도 케이블은 자명하게 도출될 수 있는 것이므로 신규성이 부정될 수 있다.

자. 마퀴시 타입의 청구항

마퀴시 타입[Markush tpye]의 청구항 기재방식이란 하나의 청구항에 둘 이상의 발명을 기재(복수의 청구항이나 구성요소를 택일적으로 인용하거나 기재)하는 형식을 말한다. 이 경우 하나의 선행기술로 각각의 발명에 대하여 신규성이나 진보성이 없다는 거절이유를 통지할 수 있다.

4. 공지 등이 되지 아니한 발명으로 보는 경우

가. 의의

비록 발명이 출원 전에 공지되었다 하더라도 일정요건을 갖춘 경우 그 발명은 신규성이나 진보성에 관한 규정 적용 시 선행기술로 사용하지 않도록 하는 규정을 '공지 등이 되지 아니한 발명으로 보는 경우'라 한다.

이 제도는 자기의 발명의 공개로 인하여 자기의 발명이 특허를 받지 못하게 되는 것이 너무 가혹하다는 측면과 그러한 예외를 인정하지 않는 경우 연구결과를 신속히 공개하지 않아 결과적으로 국가산업발전을 저해한다는 측면을 고려한 것이다.

종래의 '신규성 의제(이미 공지되어 신규성을 상실하였으나, 해당발명의 법적적용을 함에 있어서 신규성을 상실하지 않은 것으로 취급하던 제도)'를 진보성까지 포괄하여 개정한 것이다.[352)]

---

352) 특허법 제30조(공지 등이 되지 아니한 발명으로 보는 경우)

① 특허를 받을 수 있는 권리를 가진 자의 발명이 다음 각 호의 어느 하나에 해당하는 경우에는 그 날부터 12개월 이내에 특허출원을 하면 그 특허출원된 발명에 대하여 제29조 제1항 또는 제2항을 적용할 때에는 그 발명은 제29조 제1항 각 호의 어느 하나에 해당하지 아니한 것으로 본다.

1. 특허를 받을 수 있는 권리를 가진 자에 의하여 그 발명이 제29조 제1항 각 호의 어느 하나에 해당하게 된 경우. 다만, 조약 또는 법률에 따라 국내 또는국외에서 출원공개되거나 등록공고된 경우를 제외한다.
2. 특허를 받을 수 있는 권리를 가진 자의 의사에 반하여 그 발명이 제29조 제1항 각호의 1에 해당하게 된 경우

그러나 신규성이나 진보성 판단의 시점을 공개 전까지 소급하여 심사에 고려한다는 의미이지 출원일을 공개일까지 소급해 준다는 의미는 아니다.

이하에는 '공지 등이 되지 아니한 발명으로 보는 경우'를 '비 공지 의제'로 약칭하여 사용키로 한다.

나. 공지 등이 되지 아니한 발명으로 보기 위한 요건

(1) 권리자가 발명을 출원 전에 공개한 경우

① 특허를 받을 수 있는 권리를 가진 자에 의해 공지 등이 된 경우일 것

② 공지 등이 된 날(공지 등이 된 날을 명확히 알 수 없는 경우에는 그 밝혀진 년, 월의 초일)부터 12개월(출원일이 2012년 3월14일 이전인 경우는 6개월) 이내에 특허를 받을 수 있는 권리를 가진 자가 출원할 것

③ 출원서에 특허법 제30조 규정을 적용받고자 하는 취지를 기재할 것

④ 출원일부터 30일 이내에 증명서류를 제출할 것

⑤ 상기 공통 요건 이외에 제29조 제1항 각 호 중 어느 하나의 요건을 만족시킬 것

(2) 권리자의 의사에 반하여 공지된 경우

특허를 받을 수 있는 권리자의 의사에 반하여 발명이 공지된 경우는 그 발명의 공지방법에 제한이 없다. 특허를 받을 수 있는 자의 의사에 반하여 공지된 경우에도 공지된 발명은 공지된 날부터 12개월(출원일이 2012년 3월14일 이전인 경우는 6개월) 이내에 특허출원을 하여야 한다. 다만, 특허를 받을 수 있는 권리를 가진 자가 발명을 공개한 경우와는 달리 출원서에 그 취지를 기재할 필요는 없다.

(3) 구분의 실익

권리자에 의한 공지와 권리자 의사에 반한 공지의 차이를 구별하는 실익은 12개월(출원일이 2012년 3월14일 이전인 경우는 6개월) 이내에 출원을 하여야 한다는 점에서는 공통되나 공개자, 공개 매체 및 필요 서면의 제출 등에 있어서 차이가 있기 때문이다.

즉, 권리자에 의한 공지는 발명자 또는 특허를 받을 수 있는 권리의 정당한 승계인에 의한 공개를 말한다. 따라서 권리자로부터 공개를 허락 받았다 하더라도 권리자가 아닌 자가 공개를 하였다면 특허법 제30조 규정을 적용 받을 수 없는 경우가 있다. 반면, 권리자의 의사에 반한

---

② 제1항제1호의 규정을 적용받고자 하는 자는 특허출원서에 그 취지를 기재하여 출원하고, 이를 증명할 수 있는 서류를 특허출원일부터 30일이내에 특허청장에게 제출하여야 한다.

공지는 발명자 또는 특허를 받을 수 있는 권리의 승계인의 의사에 반한 공지로 의사에 반하였는지 여부는 공지시점을 기준으로 권리자의 진정한 의사를 참작하여 판단한다.

권리자에 의한 공개 및 권리자의 의사에 반한 공지는 모두 공지형태에 특별한 제한이 없으나, 권리자에 의한 공개의 경우에는 조약 또는 법률에 따라 국내 또는 국외에서 출원공개되거나 등록공고된 경우는 공지예외 규정을 적용하지 않는다.

권리자에 의한 공지를 이유로 특허법 제30조의 규정을 적용 받고자 하는 경우 그 취지를 출원서에 기재하여야 한다. 만일 출원 시 그와 같은 취지를 기재하지 아니한 경우 추후 그 취지를 추가하는 보정은 허용되지 않는다.

권리자의 의사에 반한 공지를 이유로 특허법 제30조의 규정을 적용 받고자 하는 경우 그 취지를 출원 시 출원서에 기재할 필요는 없다.

5. 진보성

가. 의의

'진보성'이란 용어는 특허법상 명문으로 규정되어 있지 않으나, 특허법 제29조 제1항 각 호의 1에 규정된 발명에 의하여 그 발명이 속하는 기술 분야에서 통상의 지식을 가진 자가 용이하게 발명할 수 있는 발명을 진보성이 없는 발명이라 하며, 그러하지 아니한 발명을 진보성이 있는 발명이라 한다.

진보성이란 결국 종래 알려진 기술보다 진보적이어야 특허로 보호받을 수 있음을 천명한 것으로, 진보적이란 의미는 종래기술과 유사할 정도는 아니어서 개량된 상태에서 신규함을 추구하는 의미로 해석할 수 있다.

특허법 제29조 제2항[353]에서 진보성이 없는 발명에 대하여 특허를 부여하지 않도록 한 이유는 종래기술과 동일하지만 않을 뿐 기술적 효과에 있어서 더 나아진 것이 없거나 개선의 정도가 미미한 기술에 대하여 특허권을 부여하는 것은, 기술의 발달에 공헌한 자에 대하여 그 공개의 대가로 독점배타권을 부여하는 특허제도의 취지와도 맞지 않다. 뿐만 아니라 이러한 특허권에 의해 제3자의 기술실시가 제한됨으로써 산업발전에 기여하고자 하는 특허제도의 목적에 오히려 반하기 때문이다.

나. 해설

---

353) 특허출원전에 그 발명이 속하는 기술분야에서 통상의 지식을 가진 자가 제1항 각호의 1에 규정된 발명에 의하여 용이하게 발명할 수 있는 것일 때에는 그 발명에 대하여는 제1항의 규정에 불구하고 특허를 받을 수 없다.

(1) 특허출원 전

'특허출원 전'이란 특허출원일의 개념이 아닌 특허출원의 시 · 분 · 초까지도 고려한 개념이다. 예를 들어 국외에서 발명이 공지되었고, 공지된 때를 우리나라 시간으로 환산하여 보았을 때 해당 출원의 출원 시보다 앞서는 것으로 인정되는 경우 특허법 제29조 제1항 제1호에 해당하는 발명으로 취급한다.

(2) 통상의 기술자

진보성 유무의 판단에 있어 기준이 되는 자는 "그 발명이 속하는 기술 분야에서 통상의 지식을 가진 자(이하 '통상의 기술자'라 한다)"이다.

통상의 기술자란 출원 전의 해당 기술 분야의 기술상식을 보유하고 있고, 출원발명의 과제와 관련되는 출원 전의 기술수준에 있는 모든 것을 입수하여 자신의 지식으로 할 수 있는 자로서, 실험, 분석, 제조 등을 포함하는 연구 또는 개발을 위하여 통상의 수단을 이용할 수 있으며, 공지의 재료 중에서 적합한 재료를 선택하거나 수치범위를 최적화[最適化]하거나 균등물[均等物]로 치환하는 등 통상의 창작능력을 발휘할 수 있는 특허법상의 상상의 인물이다.

여기서 '기술수준'이란 특허법 제29조 제1항 각 호의 1에 규정된 발명 이외에도 당해 발명이 속하는 기술 분야의 기술상식 등을 포함하는 기술적 지식에 의하여 구성되는 기술의 수준을 말한다. 또한 일상적인 업무 및 실험을 위한 보통 수단 등 청구항에 기재된 발명의 기술 분야와 관련된 모든 종류의 정보에 관계되는 것이다.

(3) 용이하게 발명할 수 있을 것

"통상의 기술자가 특허법 제29조 제1항 각호의 1에 규정된 발명에 의하여 용이하게 발명할 수 있는 것"은 통상의 기술자가 특허출원 전 공지 등이 된 발명(또는 발명들)으로부터 동기유발에 의해 또는 통상의 창작능력의 발휘를 통하여 청구범위에 기재된 발명을 쉽게 생각해 낼 수 있는지 여부이다.

다. 진보성 판단의 기본원칙

(1) 인용발명과의 비교

진보성 심사는 특허출원 전에 통상의 기술자가 '청구항에 기재된 발명'을 특허법 제29조 제1항 각 호의 1에 규정된 발명 (이하 '인용발명'이라 한다)에 의하여 용이하게 발명할 수 있는가에 대한 판단이다.

특허출원 전에 통상의 기술자가 '청구항에 기재된 발명'을 인용발명에 의하여 용이하게 발명할 수 있는 경우에 그 발명은 진보성이 없다.

(2) 청구항마다 비교

특허청구범위에 청구항이 둘 이상 있는 경우에는 청구항마다 진보성 유무를 판단한다.

(3) 신규성과의 관계

신규성과 진보성은 별개의 거절 이유로서 진보성 판단에 앞서 신규성 판단이 선행되어야 하나, 심사절차의 간소화 및 출원인의 대응 용이성을 위해 신규성이 없다고 판단되는 발명에 대해서 진보성도 없다는 거절이유를 함께 통지할 수 있다.[354)]

라. 용이성 판단의 근거

(1) 동기상 근거

① 발명에 이를 수 있는 동기가 있는 것

인용발명의 내용 중에 청구항에 기재된 발명에 대한 시사[示唆]가 있는 경우, 인용발명과 청구항에 기재된 발명의 과제가 공통되는 경우, 기능·작용이 공통되는 경우, 기술 분야의 관련성이 있는 경우 등은 통상의 기술자가 인용발명에 의하여 청구항에 기재된 발명을 용이하게 발명할 수 있다는 유력한 근거가 된다.

② 인용발명의 내용 중의 시사[示唆]

인용발명의 내용 중에 청구항에 기재된 발명에 대한 시사가 있으면 통상의 기술자가 인용발명에 의하여 청구항에 기재된 발명을 용이하게 발명할 수 있다는 유력한 근거가 된다.[355)]

③ 과제의 공통성

인용발명과 청구항에 기재된 발명의 과제가 공통된 경우에 그것은 통상의 기술자가

354) 대법원 1992.6.2. 91마540결정: 특허발명의 진보성은 신규성이 있음을 전제로 하는 것이어서, 어느 발명이 공지기술에 비추어 새로운 것인가의 신규성 문제와 그것이 공지기술로부터 용이하게 생각해 낼 수 있는 것인가의 진보성 문제는 구별되어야 하고, 따라서 발명의 진보성을 판단하기 위해서는 먼저 그 발명의 신규성의 판단이 선행되는 것이 순서라고 할 것이다.

355) 예: 출원고안에는 밀폐된 용기 내에 응축기, 모터, 콤프레샤 등을 장착하는 기술수단이 기재되어 있고, 인용고안에는 냉동용 압축기의 연관 구성을 밀폐된 용기 내에 수장하는 기술수단이 기재되어 있으며, 인용고안은 밀폐용기 내에 열교환기가 포함되지 않는다는 점에서만 출원고안과 차이가 있는 경우, 인용고안이 냉각요소 중 하나인 열교환기의 수장도 시사하고 있다고 볼 수 있으므로 출원고안의 기술수단은 인용고안의 기술내용으로부터 통상의 기술자가 극히 용이하게 고안할 수 있는 것이다.

인용발명에 의하여 청구항에 기재된 발명을 용이하게 발명할 수 있다는 유력한 근거가 된다.

만약 인용발명이 청구항에 기재된 발명과 기술적 과제가 공통되지 않는 경우에는 출원발명의 과제가 당해 기술 분야에서 자명한 과제인지, 기술상식에 비추어 용이하게 생각할 수 있는 과제인지에 대해서 좀 더 면밀하게 검토하여 진보성을 부정할 수 있는 근거로 할 수는 없는지 판단한다.

인용발명이 청구항에 기재된 발명과 그 과제가 서로 상이한 경우에도 통상의 기술자가 인용발명으로부터 통상의 창작능력을 발휘하여 청구항에 기재된 발명과 동일한 구성을 도출할 수 있었다는 사실이 자명한 경우에는 진보성을 부정할 수 있다.

④ 기능 · 작용의 공통성

인용발명과 청구항에 기재된 발명의 기능 또는 작용이 공통되는 경우에 그것은 통상의 기술자가 인용발명에 의하여 청구항에 기재된 발명을 용이하게 발명할 수 있다는 유력한 근거가 된다.

⑤ 기술분야의 관련성

출원발명과 관련되는 기술 분야의 공지기술 중에 기술적 과제 해결과 관계되는 기술수단이 존재한다는 사실은 통상의 기술자가 인용발명에 의하여 청구항에 기재된 발명을 용이하게 발명할 수 있다는 유력한 근거가 된다.

(2) 창작능력의 근거

공지기술의 일반적인 응용, 알려진 물리적 성질로부터의 추론, 알려진 과제의 해결을 위한 다른 기술 분야 참조 등으로 일상적인 개선을 이루는 것은 통상의 기술자가 가지는 통상의 창작능력의 발휘에 해당한다.

'통상의 창작능력의 발휘'에 해당하는 구체적인 유형으로, 일정한 목적 달성을 위한 공지의 재료 중에서 가장 적합한 재료의 선택, 수치범위의 최적화最適化 또는 호적화好適化, 균등물均等物에 의한 치환, 기술의 구체적 적용에 따른 단순한 설계변경, 일부 구성요소의 생략, 단순한 용도의 변경 등이 있다.

청구항에 기재된 발명과 인용발명의 차이점이 이와 같은 점에만 있는 경우에는 달리 진보성을 인정할 근거가 없는 한 통상 그 발명의 진보성은 부정된다.

① 균등물에 의한 치환, ② 단순한 설계변경, ③ 일부 구성요소의 생략, ④ 단순한 용도의 변경이나 한정, ⑤ 공지 기술의 일반적인 적용 등은 진보성이 없는 구체적 사례들이다.

(3) 발명 유형에 따른 근거

(가) 선택발명

선택발명은 인용발명에는 상위개념으로 표현되어 있으나 청구항에 기재된 발명은 하위개념으로 표현된 발명으로, 인용발명에는 직접적으로 개시되어 있지 않은 사항을 발명의 필수 구성요소의 일부로 하여 선택한 발명을 의미한다.

공지기술로부터 실험적으로 최적[最適] 또는 호적[好適]한 것을 선택하는 것은 일반적으로 통상의 기술자의 통상의 창작능력의 발휘에 해당하여 진보성이 인정되지 않는다. 다만, 선택발명이 인용발명에 비하여 더 나은 효과를 가질 경우에는 그 선택발명은 진보성이 인정될 수 있다. 이때 선택발명에 포함되는 하위개념들 모두가 인용발명이 갖는 효과와 질적으로 다른 효과를 갖고 있거나, 질적인 차이가 없더라도 양적으로 현저한 차이가 있어야 한다.

한편 선택발명의 상세한 설명에는 인용발명에 비하여 위와 같은 효과가 있음을 명확히 기재하면 충분하고, 그 효과의 현저함을 구체적으로 확인할 수 있는 비교 실험 자료까지 기재하여야 하는 것은 아니다. 만일 그 효과가 의심스러워 진보성이 인정되지 않는다는 이유로 거절 이유가 통지된 때에는 출원인이 비교 실험 자료를 제출하는 등의 방법에 의하여 그 효과를 구체적으로 주장, 입증할 수 있다.

(나) 수치한정발명

수치한정발명이란 청구항에 기재된 발명의 구성의 일부가 수량적으로 표현된 발명을 의미한다.

공지기술로부터 실험적으로 최적[最適] 또는 호적[好適]의 수치범위를 선택하는 것은 일반적으로는 통상의 기술자의 통상의 창작능력의 발휘에 해당하여 진보성이 인정되지 않는다. 그러나 청구항에 기재된 발명이 한정된 수치범위 내에서 인용발명의 효과에 비하여 더 나은 효과를 가질 때에는 진보성이 인정될 수 있다.

청구항에 기재된 발명의 과제가 인용발명과 공통되고 효과가 동질인 경우에는 그 수치한정의 임계적 의의[臨界的 意義]가 요구된다.

청구항에 기재된 발명의 과제가 인용발명과 상이하고 그 효과도 이질적[異質的]인 경우에는 수치한정을 제외한 양 발명의 구성이 동일하여도 수치한정의 임계적 의의를 요하지 아니한다.

수치한정의 임계적 의의가 인정되기 위해서는 수치한정 사항을 경계로 특성 즉, 발명의 작용·효과에 현저한 변화가 있어야 하는 것으로 ① 수치한정의 기술적 의미가 상세한 설명에 기재되어 있어야 하고, ② 상한치 및 하한치가 임계치라는 것이 상세한 설명 중의 실시 예 또는 보조 자료 등으로부터 입증되어야 한다. 임계치라는 사실이 입증되기 위해서는 통상적으로 수치범위 내외를 모두 포함하는 실험결과가 제시되어 임계치임이 객관적으로 확인 가능해야 한다.

(다) 파라미터발명

파라미터발명은 물리적 · 화학적 특성 값에 대하여 당해 기술 분야에서 표준적인 것이 아니거나 관용되지 않는 파라미터를 출원인이 임의로 창출하거나, 복수의 변수 간의 상관관계를 이용하여 연산식으로 파라미터화 한 후, 발명의 구성요소의 일부로 하는 발명을 말한다. 파라미터발명은 청구항의 기재 자체만으로는 기술적 구성을 명확하게 이해할 수 없는 경우가 있으므로, 파라미터발명의 진보성은 발명의 상세한 설명 또는 도면 및 출원 시의 기술상식을 참작하여 발명이 명확하게 파악되는 경우에 한하여 판단한다.

(라) 제조방법발명

물건발명의 특허청구범위는 특별한 사정이 없는 한 발명의 대상인 물건의 구성을 직접 특정하는 방식으로 기재하여야 하므로, 물건 발명의 특허청구범위에 그 물건을 제조하는 방법이 기재되어 있다고 하더라도 그 제조방법에 의해서만 물건을 특정할 수밖에 없는 등의 특별한 사정이 없는 이상 당해 출원발명의 진보성 유무를 판단함에 있어서는 그 제조방법 자체는 고려할 필요 없이 그 특허청구범위의 기재에 의하여 물건으로 특정되는 발명만을 그 출원 전에 공지된 발명 등과 비교한다.

방법적 형식으로 기재한 물건에 관한 청구항에 있어서 보호받고자 하는 대상은 방법이나 제조장치가 아니라 물건 자체로 해석되므로 진보성 등에 대한 판단대상은 물건이다.

따라서 신규성이나 진보성 판단 등에 있어 그 방법이나 제조장치가 특허성이 있는지 여부를 판단하는 것이 아니라 그러한 방법으로 제조된 '물건 자체'의 구성이 공지된 물건의 구성과 비교하여 진보성 등이 있는지 여부가 판단된다.

이 경우 방법적 기재에 의해 물성 · 특성 · 구조 등을 포함하여 특정되는 물건이 판단의 대상이 된다.

(마) 결합발명

결합발명은 발명의 기술적 과제를 달성하기 위하여 선행기술들에 기재된 기술적 특징을 종합하여 새로운 해결수단으로 구성한 발명을 말한다.

결합발명의 진보성은 둘 이상의 선행기술(주지관용기술[356] 포함)을 상호 결합시켜서 판단할 수 있으나, 그 결합은 당해 발명의 출원 시에 통상의 기술자가 용이하게 할 수 있다고 인정되는 경우에 한한다. 이때 결합할 수 있는 선행기술의 개수에 특별한 제한은 없다. 여러 선행기술문헌을 인용하여 결합발명의 진보성을 판단함에 있어서는 그 인용되는 기술을 결합하면 당해

356) 「주지기술(周知技術)」이란 그 기술에 관해 상당히 다수의 문헌이 존재하거나, 또는 업계에 알려져 있거나, 혹은 예시할 필요가 없을 정도로 잘 알려진 기술과 같이 그 기술분야에서 일반적으로 알려진 기술을 말하며, 「관용기술(慣用技術)」은 주지기술중 자주 사용되고 있는 기술을 말한다.

출원발명에 이를 수 있다는 암시, 동기 등이 선행기술문헌에 제시되어 있는지 여부를 주로 참작하여 판단한다.

다만, 그렇지 않더라도 당해 출원발명의 출원 당시의 기술수준, 기술상식, 해당 기술 분야의 기본적 과제, 발전 경향, 해당 업계의 요구 등에 비추어 보아 그 기술 분야에 통상의 지식을 가진 자가 용이하게 그와 같은 결합에 이를 수 있다고 인정할 수 있는 경우에는 당해 결합발명의 진보성을 부정할 수 있다.[357]

Ⅲ 소극적 요건

자연법칙을 이용하고 특허요건을 갖추었음에도 불구하고 공익과 국익을 위하여 특허출원된 발명에 대해 특허권이 부여되지 아니하거나 제한되는 규정이 마련되어 있다.

즉 산업상 이용 가능성, 신규성, 진보성을 적극적 특허요건이라 하고, 이렇게 적극적 특허요건을 갖추었더라도 공익상 특허받을 수 없는 대상물들에 대해 특허권을 부여하지 않게 됨을 규정으로 명문화한 것이다.

특허권은 새롭거나 진보된 기술이 일정기간 보호되는 권리이므로 국가의 기술적 수준과 국민정서, 시대적 배경에 따라 불특허 사유도 변하게 된다. 예를 들면, 종래 우리의 특허법은 원자력 변환 방법에 의한 발명, 물질특허, 식물발명 등 선진국에서 상당한 기술력을 보유하고 있는 기술들에 대해서는 국내기술이 선진국에 의해 독점되는 폐해가 있을 것을 우려하여 특허를 부여하지 않았었다.

지금은 기술개발의 수준이 높고 선진화됨에 따라 국내외적 특허기술 시장의 개방 여건이 성숙되어 공서양속에 위배되는 발명에 대해서만 특허를 받을 수 없다. 다시 말하면 공서양속에 위배되지 아니한다면 특허의 소극적 요건을 갖추어서 특허받을 수 있는 대상물이 된다.

문제가 되는 것은 국방상 필요한 발명의 경우인데, 이때는 특허청으로 부터 비밀유지명령서가 송달되며, 정부 허가 없이는 외국에 출원할 수 없고, 국가에서 그 권리를 취득하는 경우는 발명가(출원인)에게 보상금을 지급한다. 이는 국방에 필요한 기술의 유출을 막자는 안보의식이 강하게 반영된 것이다. 따라서 특허등록을 위해서는 소극적 요건을 충족시켜야 한다.

---

357) 대법원 2007.9.6 선고 2005후3284 판결 참조.

8절 심사

Ⅰ 서설

특허청에 특허출원 서류가 접수되면 출원과에서는 방식심사를 하여 행정적 절차의 적합성을 따진다. 이렇게 특허청에 서류를 제출하거나 특허청에서 출원인이나 청구인에게 서류를 송달하는 과정을 외적 절차라 할 수 있다. 여기에는 행위능력이나 대리권, 수수료 등과 같은 형식적 절차를 포함한다. 이에 비해 내적 절차는 특허청이나 심판원 등 내부에서 이루어지는 절차로서 심사절차와 심판절차로 나눌 수 있다.

특허청에 제출되는 서류는 도달하는 날짜를 제출한 날짜로 보는 도달주의를 채택하고 있다(특허법 제28조 제1항). 예외적으로 발신주의를 택하더라도 절차의 효력은 그 날짜로부터 발생한다. 특허 받을 수 있는 권리나 특허권 혹은 각종 실시권이나 질권에 관한 권리를 가지는 자가 밟은 절차에 관한 효력은 그 권리의 승계인에게 미치며, 특허청에서 계속 중인 사건의 권리변동이 발생하는 경우 특허청장 또는 심판장은 승계인에게 절차를 속행시킬 수 있다(특허법 제19조).

선원주의에서 출원·심판의 청구 등 특허 받을 수 있는 권리나 특허권 등에 관한 절차를 밟음에 있어서는 처음부터 완벽한 기재나 필요서류의 준비가 마련될 수 없는 경우가 일반적이므로 특허청의 방식심사를 통하여 흠결이 있는 경우에는 절차의 보정으로 그 흠결을 보완·추완하여 치유할 수 있다. 물론 제출서류는 서식과 내용, 기한이 어긋나는 경우 반려될 수 있으며, 절차를 마쳤더라도 하자나 흠결이 나중에 발견되는 경우 절차를 무효로 하는 경우도 발생할 수 있다. 절차를 진행하는 동안 해당 특허권의 주체나 객체의 변동이 발생하거나, 천재지변 혹은 원거리에 의한 우편물 송달의 지연 등으로 절차가 중단되기도 한다.

방식심사 후 심사청구된 출원 순으로 이루어지는 실체심사는 심사국에서 이루어진다.

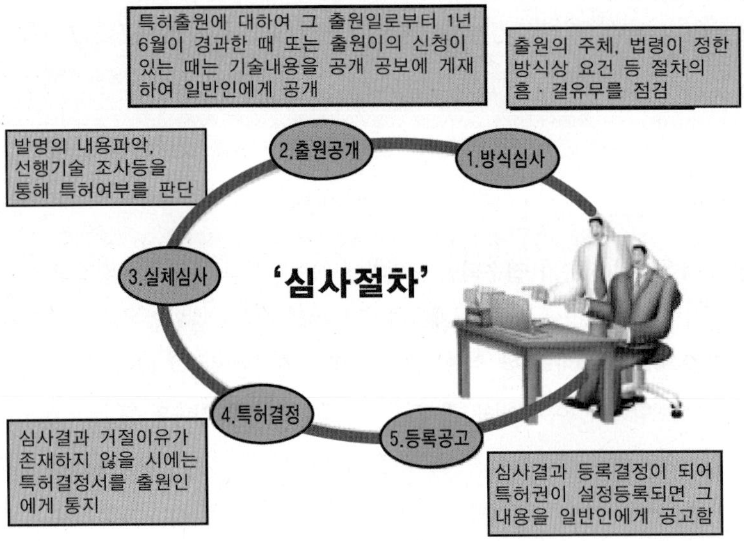

[그림 1] 특허출원 및 심사절차도[358)]

Ⅱ 방식심사

1. 의의

방식심사는 특허에 관한 절차와 관련한 출원서류에 대해 흠결이 있는지 여부를 심사하는 특허법 제46조와 특허법시행규칙 제11조에 근거한 절차를 말한다. 방식심사를 하는 곳은 특허에 관한 절차와 관련하여 제출된 서류에 흠결이 있는 경우 서류를 최초로 접수한 부서(출원과 또는 등록과)가 방식심사를 한다.

방식심사의 결과는 특허출원이 심사요건을 충족시킨 경우 출원일과 출원번호가 부여된 후 심사국으로 이관되는 절차를 거친다. 제출서류가 미비하거나 수수료 등이 과오납된 경우는 출원인에게 알려주게 된다. 방식심사에서 부적합한 특허출원에 대해 출원담당 심사관이 행하는 절차에는 거절이유제출 통지와 보정 및 소명명령이 있다. 이 경우 출원인은 의견서나 보정서, 소명자료 등을 통해 방식심사의 거절 이유를 치유할 수 있고, 치유된 결과는 출원 시로 소급하여 적용된다.

2. 심사결과

가. 거절이유 통지

358) 출처 : 특허청.

방식심사를 하였으나 특허거절 이유(특허법 제62조)에 해당하는 사항에 대해서는 보정명령을 하지 않고 거절이유제출 통지서가 송달된다. 이는 실체심사 시의 거절 결정과 같은 상태가 된다. 거절이유가 해소되지 아니할 경우 특허출원은 없었던 것으로 본다.

나. 보정명령

보정명령은 특허출원이 특허청에서 요구하는 절차상의 요건에 맞지 않는 경우에 치유 가능성을 전제로 출원인에게 수정 보완할 것을 지시하는 것이다. 이는 출원인 스스로 행하는 자진보정과 구분된다. 보정명령의 대상은 미성년자 등 행위능력이 결여된 자가 법정대리인에 의하지 아니하고 특허에 관한 절차를 밟거나(특허법 제3조 제1항), 대리인이 특별수권을 받아야만 밟을 수 있는 특허에 관한 절차를 특별수권을 받지 않고 밟은 경우(특허법 제6조), 특허법 또는 특허법에 의한 명령이 정하는 방식에 위반될 경우 및 수수료를 납부하지 않은 경우 등이다. 이 경우 특허청장은 보정명령을 해야 한다.

다. 소명

소명[疎明]이란 특허출원의 방식심사에 있어서 담당 심사관이 일단 확실할 것이라고 추측을 얻은 상태 또는 그와 같은 상태에 이르도록 증거를 제출하는 당사자의 노력을 말한다. 소명의 대상은 특허법시행규칙 제11조 제1항 각 호에 열거된 사항[359]으로, 이에 해당하는 경우에는

---

359) 1. 1건마다 서면을 작성하지 아니한 경우
2. 출원 또는 서류의 종류가 불명확한 것인 경우
3. 특허에 관한 절차를 밟는 자의 성명(법인의 경우에는 명칭) 또는 출원인코드[출원인코드가 없는 경우에는 성명·주소(법인의 경우에는 그 명칭 및 영업소의 소재지)]가 기재되지 아니한 경우
4. 국어로 기재되지 아니한 경우
5. 출원서에 명세서(명세서에 발명의 상세한 설명 또는 특허청구범위가 기재되어 있지 아니한 경우를 포함한다)를 첨부하지 아니한 경우
6. 국내에 주소 또는 영업소를 가지지 아니하는 자가 법 제5조 제1항에 규정된 특허관리인에 의하지 아니하고 제출한 출원서류 등인 경우
7. 이 법 또는 이 법에 의한 명령이 정하는 기간 이내에 제출되지 아니한 서류인 경우
8. 이 법 또는 이 법에 의한 명령이 정하는 기간중 연장이 허용되지 아니하는 기간에 대한 기간연장 신청서인 경우
9. 법 제70조 제1항의 규정에 의한 특허이의신청이유 등의 보정기간, 법 제132조의 3의 규정에 의한 심판의 청구기간 또는 특허청장·특허심판원장·심판장 또는 심사관이 지정한 기간을 경과하여 제출된 기간연장 신청서인 경우
10. 특허에 관한 절차가 종료된 후 그 특허에 관한 절차와 관련하여 제출된 서류인 경우
11. 당해 특허에 관한 절차를 밟을 권리가 없는 자가 그 절차와 관련하여 제출한 서류인 경우
12. 포괄위임등록신청서, 포괄위임원용제한신고서, 포괄위임등록철회서, 출원인코드부여신청서 또는 직권으로 출원인코드를 부여하여야 하는 경우로서 당해 서류가 불명확하여 수리할 수 없는 경우
13. 정보통신망이나 전자적기록매체로 제출된 특허출원서 또는 기타의 서류가 특허청에서 제공하는

보정명령을 하지 않고 소명기회를 부여한 후 반려하게 된다.

Ⅲ 절차의 보정과 무효

1. 절차의 보정

절차의 보정이란 "기재사항에 흠결이 있거나 구비서류가 갖추어지지 아니한 경우에 이를 치유하는 처리절차"를 말한다. 이와 같은 형식적인 문제를 벗어나서 외국인이 권리능력을 가지는지 또는 출원인이 특허를 받을 수 있는지(공동발명의 경우) 등의 실질적인 사항에 관한 것은 포함하지 않는다. 따라서 그와 같은 실질적인 사항에 관한 것은 곧바로 수리하지 아니하는 처분을 할 수는 없고, 일단 수리한 다음 심사관으로 하여금 실질적인 심사를 하게 해야 한다.[360)]지정된 기간 이내에 보정서를 제출하여 절차상의 흠결이 치유된 경우에는 보정 대상이 된 서류를 제출한 날에 소급하여 보정된 상태의 서류가 제출된 것으로 본다. 그러나 부적정한 보정서 제출 시 취급 지정된 기간 이내에 보정서가 제출되지 않거나 흠결을 치유하지 못한 경우 당해 절차를 무효처분할 수 있다.[361)]

외적보정은 권리 내용에 대한 절차의 보정이 아니라 형식과 절차에 대한 보정이므로 처음부터 새로운 절차를 거치지 않고 보완할 수 있도록 특허청장, 특허심판원장은 절차가 행위능력 또는 대리권의 범위의 규정에 위반하거나 절차가 법령에 정한 방식에 위반하였거나 심사청구료 등의 수수료를 납부하지 아니한 때에는 기간을 정하여 절차의 보정을 명할 수 있다.

내적보정은 실체심사에서 심사관이나 심판관은 출원된 발명이나 특허권에 대하여 거절 이유가 있으면 일정기간을 정하여 의견서 혹은(그리고) 보정서를 제출하도록 출원인이나 청구인에게 통지한다. 이에 따라 출원인은 보정하게 되며, 보정의 내용은 기술 내용의 불명료한 부분을

소프트웨어 또는 특허청 홈페이지를 이용하여 작성되지 아니하였거나 전자문서로 제출된 서류가 전산정보처리조직에서 처리가 불가능한 상태로 접수된 경우

13의 2. 제3조의 2 제2항의 규정에 의하여 제출명령을 받은 서류를 기간 내에 제출하지 아니한 경우

14. 제8조의 규정에 의하여 제출명령을 받은 서류를 정당한 소명 없이 소명기간 내에 제출하지 아니한 경우

360) 대법원 1982. 9. 28. 선고 80누414 판결.

361) 지정기간 경과 후 출원무효처분 통지서의 발송일(이하 '무효처분일'이라 한다) 전에 보정서가 제출되어 출원의 흠결이 치유된 경우에는 무효처분을 하지 아니하고 보정서를 수리한다. 그러나 무효처분일 후에 제출된 보정서는 반려한다. 한편 무효처분통지서 발송일 이전에 우편 등을 통하여 제출되었으나, 무효처분 당시 보정내용의 제출사실을 알지 못하고 무효 처분한 경우에는 보정내용을 검토하여 흠결을 해소한 경우에는 무효처분을 취소하고 보정을 인정한다. 또한 무효처분통지서를 발송한 날에 제출된 보정도 동일하게 취급한다.

석명하거나,· 오탈자의 수정, 도면의 보정이 대부분이지만 요지가 변경되는 경우도 있으므로 보정되었다 하여 모두 그 흠결이 치유되는 것은 아니다.

2. 절차의 무효

절차의 무효는 주로 외적절차의 하자에 의해 발생하며, 형식에 위배되거나 특허료를 납부하지 않거나, 대리인 선임/개임명령에 응하지 않은 경우 등이 해당한다. 형식에 위배되었다 함은 미성년자나 한정치산자 등이 법정대리인 등의 동의 없이 행위무능력자에 의해 절차를 밟은 경우, 대리권을 넘거나 대리권에 포함되지 아니한 사항에 대해 법률행위를 한 경우, 보정에 의해 청구항 수가 증가하여 그에 대한 심사청구료를 납부해야 하는 경우 등에 특허청장이나 특허심판원장은 보정을 명한다. 이에 응하지 않거나 보정이 불가능하게 되면 그 절차는 무효로 할 수 있다. 전자출원의 경우 출원료는 출원일 다음날 납부하므로 특허출원 시에 수수료를 불납했다고 하여 보정지시를 하지는 않는다.

3. 불수리 처분

보정이나 추완을 하여도 극복이 되지 아니할 명백한 하자가 있을 경우에는 특허청에 접수된 서류는 반려된다(특허법 시행규칙 제11조). 거절 처분이 있는 경우 행정소송으로 그 취소를 구할 수 있으며, 승소하면 날짜가 소급된다.

Ⅳ 보정

1. 의의

보정은 출원절차에 하자가 있거나 명세서 또는 도면의 내용에 불비가 있는 경우에 일정한 기간 및 조건하에 절차 또는 내용의 하자를 출원일로 소급하여 치유하는 것을 말한다. 보정의 내용적 조건은 요지변경 되지 않아야 한다는 것이다. 요지변경[要旨變更]이란 보정된 사항이 당초의 내용과 달라진 것을 말하며, 청구범위의 증감, 변경, 새로운 내용의 추가, 도면의 추가 등을 들 수 있다. 요지가 변경되면 그 내용에 동일성을 유지할 수 없고 실질적인 변화를 가져오므로 다른 발명이 된다. 따라서 보정의 범위는 요지변경되지 않는 범위라 할 수 있다. 특허출원된 발명의 보정은 출원인과 이해관계인은 물론 사무 처리에도 영향을 주므로 내용과 시기에 일정한 제한이 있다.

2. 보정명령

특허청으로부터의 보정서는 보정사유가 기재되어 있으며, 보정된 내용과 함께 필요한 서류의 제출 기한이 정해져 있다. 일반적으로 국내출원인의 경우 보정서를 받은 날로부터 2개월 이내, 해외자 출원인 경우 3개월 이내이다.

특허청으로부터 보정서가 송달되었음에도 불구하고 이를 무시하고 보정하지 아니하면 그때까지 행한 출원절차는 무효가 될 수 있다. 보정서는 의견서에 첨부되는 형식으로 제출되므로 의견서만 제출하거나 보정서가 다른 내용을 갖는 경우도 동일하게 취급한다.

절차상의 경미한 하자가 있는 경우는 보정에 의해 보정된 사항이 최초 출원일로 소급되어 선원의 지위가 그대로 유지된다. 따라서 중대한 하자가 있는 경우는 불수리하여 선원의 지위를 잃게 하므로 보정을 인용하는 이유는 선출원주의 하에서의 서두름을 보완하자는 취지보다는 선원의 지위를 유지시킨다는 측면이 강하다고 볼 수 있다.

3. 보정의 제한

특허출원일로부터 특허결정등본 송달 전까지는 당해 특허출원에 대해 횟수에 제한 없이 보정이 가능한 자진보정 기간이다. 또한 의견서 제출 기간 내, 특허거절결정에 대한 불복심판 청구시로 한정한다. 보정할 수 있는 시기를 정해놓은 이유는 심사가 지연되거나 권리범위의 변동을 막기 위한 것이다. 특허출원된 발명의 보호범위는 최초 출원된 출원서의 특허청구범위에 기재된 내용이다. 따라서 청구범위는 제3자와의 관계를 고려하여 내용의 보정이 극히 제한된다.

4. 보정효과

용인되는 보정의 범위를 넘는 보정은 심사관의 결정으로 그 보정을 각하하게 된다. 보정이 각하된다면 보정절차가 없던 것이 되므로 해당 발명의 거절 이유를 치유하기 어렵다는 점에서 특허거절이 될 경우가 많다. 보정각하 결정은 심사관의 재량사항이라기보다는 강제규정이라 할 수 있다. 강제규정을 둔 이유는 요지변경된 사항을 그대로 인정하면 제3자의 지위가 불안해지지 때문이다. 그러나 적법한 보정이면 보정된 내용이 처음 출원일로 소급되어 보정된 사항으로 선원의 지위가 유지되는 효과가 있다.

Ⅴ 심사청구

1. 의의

심사청구란 '특허출원되는 발명을 심사관이 심사하여 특허부여 여부를 결정해달라는 출원인의 의지표시' 이다. 특허출원=심사청구의 등식이 성립할 수 없기 때문에 생긴 제도라 할 수 있다. 이와 같이 심사청구를 특허출원과 분리하여 제도화한 것은 특허출원의 목적이 출원인마다 상이하기 때문이다. 즉, 특허출원의 효과는 출원일의 확보와 독점실시할 수 있는 기대권으로 작용한다. 출원일을 확보한 후에는 타인의 동일발명이 특허될 수 없고, 우선권을 주장하여 해외출원할 수 있으며, 공개를 통한 기술력 과시와 5년 이내에 심사청구를 할 수 있는 등 출원인이 선택하여 행사할 수 있는 관련 제도가 여러 가지로 마련되어 있다.

이 중에서도 특히 많은 특허출원이 이루어지는 기업의 입장에서는 자기의 특허권리를 주장하기 위한 출원이 있겠지만, 반드시 자기의 권리가 아니더라도 상대방 경쟁기업의 특허권리 주장으로부터 자유로워지기를 원하여 권리취득의 기대 없이 방어출원을 할 수도 있다. 필요에 따라 쌍방의 기술을 교류하는 크로스라이선싱Cross-licensing을 통해 협력관계로도 유지되기도 한다. 그러나 어느 경우든 최소의 비용으로 최대의 효과를 얻기 위한 전략은 필요하다. 심사청구제도는 결국 특허출원된 발명 중에 필요한 것만 권리를 갖겠다는 출원인의 의사를 반영한 제도이지만 제3자와의 형평성을 고려하여 청구기간이 제한되어 있다. 또한 필요한 특허출원의 발명만 심사청구한다는 의미에서 출원건수 증가로 인한 특허청의 심사 적체현상도 줄일 수 있는 장점이 있다.

2. 심사청구절차

특허출원한 발명에 대하여 심사청구할 수 있는 자는 이해관계 여부에 상관없이 누구나 할 수 있다. 특허출원인이 공동출원인인 경우 단독으로 청구할 수 있으며, 임의 대리인의 경우는 물론 비법인단체도 포함한다. 심사청구는 특허출원과 동시에 하거나 출원 이후에는 특허청장에게 심사청구서를 제출함으로써 이루어진다.

심사청구 주체가 누구이든 상관없이 수수료가 납부되어야 한다. 제3자가 심사청구를 한 후 보정이나 보정각하에 의해 청구항이 증가한 경우의 수수료는 출원인이 납부한다. 이 수수료가 납부되지 않으면 보정절차는 무효가 된다.

3. 심사청구의 취하여부

심사청구된 절차는 취하할 수 없으나 출원일로부터 5년이 경과하도록 심사청구되지 아니한 특허출원은 취하한 것으로 본다(특허법 제59조 제5항). 취하된 경우 재출원이 가능한 것으로 생각할 수 있으나 이미 출원 후 1년 6개월이 지나 강제 공개되었으므로 특허될 가능성은 없다. 다만 국방상 비밀로 유지된 특허출원이나 공서양속을 해할 발명이기 때문에 공개되지 않은 경우는 재 출원할 수 있다고 본다.

Ⅵ 우선심사

1. 의의

우선심사란 심사후순위의 특허출원발명을 먼저 심사하여 분쟁 중인 사안을 조기에 해결하도록 하거나 공익을 위하여 채택한 제도를 말한다. 그러나 분할출원의 경우는 원출원의 심사청구 순대로 심사하게 된다.

2. 대상

분쟁해결이나 국방상 · 공익상 필요한 발명은 우선심사를 받을 수 있다. 그 대상은 다음과 같다(특허법 시행령 제9조).

- 방위산업 분야의 특허출원
- 공해방지에 유용한 특허출원
- 수출 촉진에 직접 관련된 특허출원
- 국가 또는 지방자치단체의 직무에 관한 특허출원
- 벤처기업육성에 관한 특별조치법 제25조의 규정에 의한 벤처기업의 확인을 받은 기업의 특허출원
- 중소기업기술혁신 촉진법 제15조의 규정에 의하여 기술혁신형 중소기업으로 선정된 기업의 특허출원
- 국가의 신기술개발지원사업 또는 품질인증사업의 결과물에 관한 특허출원
- 조약에 의한 우선권주장의 기초가 되는 특허출원(당해 특허출원을 기초로 하는 우선권주장에 의하여 외국특허청에서 특허에 관한 절차가 진행 중인 것에 한한다)
- 특허출원인이 특허출원된 발명을 실시하고 있거나 실시준비중인 특허출원
- 전자거래와 직접 관련된 특허출원

3. 절차

우선심사를 신청하는 자는 우선심사청구서를 특허청장에게 제출해야 한다. 특허청장은 우선심사 신청이 있는 때에는 우선심사 여부를 결정해야 한다. 정규의 심사가 3개월 이내에 착수될 것이라고 인정되는 경우에는 우선심사하지 않을 수도 있다.

9절 분할출원과 변경출원

Ⅰ 분할출원

1. 의의

둘 이상의 발명 중 그 일부를 하나 이상의 특허로 나누어 출원하는 것을 분할출원이라 한다(§52). 분할출원은 원출원의 보정으로 이루어진다. 분할출원 제도의 설립 취지는 분할되는 출원의 출원일 소급효를 부여하는데 있으며, 이에 따라 1발명 1출원주의의 원칙에도 부합된다. 또한 권리설정 후에는 분할할 수 없으므로 보호범위의 명확한 경계를 구획하는 데도 필요하다. 하나의 특허출원에 둘 이상의 발명이 포함되어 있는 경우에는 특허거절 사유를 내포하게 되며, 당초 출원에서 특허청구범위에는 포함되어 있지 않더라도 명세서의 발명의 상세한 설명 중에 둘 이상의 발명이 포함되어 있는 경우에는 분할출원할 수 있다. 출원분할은 절차적 · 실체적 내용이 보정과 동일하므로 넓은 의미의 보정이라고도 할 수 있다.

재분할 출원, 즉 선출원(父)을 기초로 한 후출원(子)의 후출원(孫)도 인정되며, 분할출원을 기초로 한 이중출원이나 이중출원을 기초로 한 분할출원, 국내우선권주장출원을 기초로 한 분할출원 및 이중출원도 가능하다.

2. 요건

하나의 특허출원서에 둘 이상의 발명이 포함되어 있는 경우라도 아무 때나 분할출원을 할 수 있는 것은 아니다. 여기에는 형식적 요건과 실체적 요건을 충족시킬 절차행위가 필요하다. 구체적으로는 1)원출원이 계속 중일 것, 2)출원인이 동일할 것, 3)제한기간 내일 것이 요구된다.

3. 분할출원의 효과

분할출원이 적법하게 인정되면 분할된 출원의 출원일은 원출원의 출원일로 본다(특허법 제52조 제2항). 이는 출원일 자체의 소급이 아니라 특허요건의 취급일을 원출원일로 본다는 것이다. 그러나 분할출원이 확대된 선원의 범위에 속하는 경우 출원일이 원출원일로 소급되지 않고 분할출원된 날을 출원일로 본다. 이는 원출원과 분할출원 사이에 출원한 제3자를 보호하기 위한 것으로 분할출원에 의해 요지변경이나 신규사항이 추가로 될 우려가 있기 때문이다.

또한 신규성의제의 적용을 받고자 하는 경우((§52②)라도 특허요건 판단 시점을 최초의 공개일로 소급한다는 의미이지 출원일을 최초 공개일까지 소급시킨다는 의미가 아니므로 출원일이 불소급된다. 같은 이치로 조약 우선권주장(§54③), 국내 우선권주장(§55②)에 있어서도 출원일이 불소급된다.

Ⅱ 변경출원

1. 의의

변경출원이란 실용신안 등록출원을 특허출원으로 변경하여 출원하는 것을 말한다. 역으로 특허출원도 실용신안 등록출원으로 변경하여 출원할 수 있다. 여기서의 변경은 출원형식을 변경한다는 의미이므로 원출원의 동일성이 유지되면서 변경된다는 의미에서 원출원의 포기 후 재출원하는 것과는 큰 차이가 있다. 즉, 적법한 변경출원은 출원일이 원출원일로 소급되는 효과를 얻는다.

실용신안의 대상인 고안은 발명보다는 창작성이 낮지만 산업기술의 기초와 실용성을 위주로 하는 창작물을 보호한다는 점에서 특허제도의 그것과 다를 바 없으므로, 출원 당시에 고도성 여부의 판단 결여로 실용신안 대상을 특허출원했다든지 혹은 발명의 대상을 실용신안 등록출원 했다고 해서 내용상 변화가 없는 것이라면 출원 후에라도 변경시킬 수 있게 하는 것은 출원인을 위해서도 바람직한 일이다.

변경출원에 따라 실용신안이 특허출원된 경우라면 권리 존속기간은 배로 늘어날 것이며, 특허권이 누리는 부가적 혜택(예를 들면 특허담보 대출이나 이전 등에서의 가치 등)이 다르게 될 것이다. 반대로 특허출원이 실용신안 등록출원으로 변경되는 경우라면 고도성 결여에 의한 거절사유를 피할 수 있다는 점에서 권리취득이 용이하다는 효과도 얻을 수 있게 된다.

2. 요건

원출원에 기초한 특허출원으로의 변경출원이 적법하기 위해서는 원출원의 유지, 출원인의 동일, 기술내용의 동일, 적법기간 등의 요건을 충족시켜야 한다.

3. 변경출원의 절차

변경출원을 하는 자는 변경출원서에 취지 및 변경출원의 기초가 된 실용신안 등록출원의 표시를 하여야 한다. 우선권을 주장하는 자는 동조 제4항의 규정에 의한 서류를 동조 제5항에서 규정하는 기간에 불구하고 변경출원을 한 날부터 3개월 이내에 특허청장에게 제출해야 한다.

4. 변경출원의 심사청구

변경출원은 출원계속 중이라면 특허법 제53조 제5항에서와 같이 거절결정등본을 받은 날로부터 30일 이내에 가능하므로 특허심사 청구기간인 5년을 넘게 되는 경우도 있다. 따라서 원출원의 심사청구기간이 경과하였더라도 변경출원을 한 날로부터 30일 이내에 심사청구를 할 수 있도록 규정하고 있다(특허법 제 59조 제3항).

5. 변경출원의 효과

변경출원이 적법하게 인정되면 변경된 출원의 출원일은 원출원의 출원일로 본다(특허법 제53조 제2항). 출원일의 소급효는 특허요건 판단시점, 선원주의 적용, 특허권 존속기간의 기산점이 원출원(실용신안등록출원)의 출원일로부터 기산된다. 그러나 확대된 선원의 지위에 관한 규정을 적용하는 경우 특허법 제29조 제3항에서 규정하는 다른 특허출원에 해당하면 출원인은 원출원일로 소급되지 않고 변경출원 시에 출원된 것으로 본다. 또한 신규성의제(특허법 제30조 제2항), 우선권주장(제54조 제3항, 제55조 제2항)에서는 출원일이 소급되지 않는다. 그 이유는 출원일을 소급하게 되면 기간이 경과하기 때문이다.

변경출원이 인정되지 않는 경우에는 공지예외주장이나 우선권주장의 판단 시점이 변경출원일로부터 판단하는 것이며 이들 주장이 당연 무효가 되는 것은 아니다.

6. 원출원의 취하

변경출원이 있는 경우 그 원출원(실용신안 등록출원)은 취하된 것으로 본다(특허법 제53조 제4항). 이는 동일 대상 고안이 이중으로 존재하는 것을 방지하기 위한 것이다.

7. 특례

실용신안법 제34조 제1항의 규정에 의하여 국제출원일에 출원된 실용신안 등록출원으로 보는 국제출원을 기초로 하여 특허출원으로 변경출원을 하는 경우에는 특허법 제53조 제1항의 규정에 불구하고 실용신안 제17조 제1항의 규정에 의한 수수료를 납부하고 동법 제35조 제1항의 규정에 의한 번역문(국어로 출원된 국제실용신안등록출원의 경우를 제외한다)을 제출한 후(실용신안법 제40조 제4항의 규정에 의하여 국제출원일로 인정할 수 있었던 날에 출원된 것으로 간주되는 국제출원을 기초로 하는 경우에는 동조 제4항의 규정에 의한 결정이 있은 후)가 아니면 이를 할 수 없다(특허법 제209조).

10절 출원공개와 정보제공

Ⅰ 출원공개

1. 목적

출원공개제도는 국내 산업을 보호하고 개량발명을 유도하여 기술개발을 촉진하며, 공개의 대가로 미리 보상금을 청구할 수 있는 권리를 확보하기 위하여 만들어진 제도이다. 특허공보는 공개용과 등록용의 공보를 말하며, 출원공개는 출원일로부터 1년 6개월이 지나면 특허청에 접수되어 있는 특허출원들을 국제특허기술분류[IPC]에 의한 기술 분류별로 공개공보에 수록하여 반포하는 강제규정이다.

출원인이 조기공개를 신청하는 경우는 1년 6개월 전에라도 미리 공개된다. 그러나 공서양속을 해하거나 공중의 위생을 해할 우려가 있는 발명은 공개되지 않는다. 등록공고는 설정 등록되는 특허권을 모아서 특허공보로 발간하는 것으로, 공개공보와 음률을 맞추기 위해 공고공보라고 부르기도 한다. 우선권주장을 수반하는 특허출원에 있어서는 우선권주장의 기초가 된 선출원의 최선출원일이 공개일의 기산일이 된다. 또한 분할출원이나 변경출원도 원출원일 기준으로 공개되므로 분할이나 변경이 후에 바로 공개되는 예외적인 경우도 포함한다.

2. 취지

출원공개의 가장 큰 목적은 동일한 기술에 대해 중복 연구나 투자 혹은 중복 출원을 방지하는 데 있다. 특허제도는 특허권자로 하여금 독점배타적 실시권을 갖게 하거나 세금의 감면 등으로 발명의 창작을 자극하므로 많은 기술개발이 비밀리에 이루어지게 된다. 그러나 비밀리에 기술을 개발하는 경우에 개발이 완성되어 일반에게 알려질 때까지는 동일 기술의 존부에 대한 정보를 알 수 없으므로 중복투자에 의한 연구와 기술개발이 이루어질 소지가 다분하다. 더욱이 동일한 기술이 특허출원되어 있는지를 알지 못하고 중복출원하는 폐해가 발생할 수 있다.

따라서 특허출원의 공개제도는 특허청에 접수된 특허출원서와 이에 첨부된 명세서 및 도면을 일정 기간이 지나면 공중이 알 수 있도록 공보로 발간하는 것이다. 이를 기술정보로 활용하여 상기한 폐해를 줄이게 되면 국내 산업의 발전에 기여할 수 있음은 물론, 새롭고 차원 높은 기술개발이 이루어져 외부의 다른 기술로부터 우리 기술이 보호되는 국내 산업보호도 꾀할 수 있게 된다.

3. 공개의 대상

공개되는 대상은 특허청에 출원계속 중에 있는 모든 발명이다. 따라서 취하 · 포기 · 무효 또는 거절결정 되는 특허출원은 공개하지 않는다. 공개내용은 전문공개 형식을 취하고 있다. 그러나 국방상 필요한 발명에 대해서는 공개를 보류하고 비밀로 유지할 수 있다.[362] 또한 공서양속이나 공중위생을 해할 염려가 있는 발명에 대해서는 공개하지 않는다.

국내우선권을 주장하여 출원한 발명에 있어서 선출원 취하 전(특허는 1년 3월)이나 조기공개 신청 시, 공개시기가 도래한 경우, 이미 공고된 경우 등에 있어서는 공개하지 않는다.

4. 공개시기

공개시기는 원칙적으로 출원일로부터 1년 6개월이지만 출원인의 청구에 의해 조기 공개하고 후술하여 공개의 효과를 일찍 확보할 수 있다. 그러나 분할출원이나 이중출원에 있어서 원출원의 출원일, 우선권주장출원에 있어서 그 기초가 되는 선출원의 출원일로부터 1년 6개월이 기산된다.

5. 공개방식

공보는 특허청에 출원된 발명을 기술별로 분류하여 일정 수량이 정해지면 부정기적으로 책자로 인쇄하여 발간하는 것이 일반적이었다. 그러나 정보통신기술과 인터넷의 발달로 인터넷공보(예 : 특허넷, 한국특허정보원)나 CD-ROM을 이용한 공시방법을 사용하여 기술문헌으로 활용하기도 한다.

6. 공개의 효과

가. 경고

공개된 특허출원의 출원인이 공개된 발명과 동일유사한 발명을 실시해 권리설정등록 후 침해 가능성이 있음을 내용으로 하는 경고장의 발송은 악의를 추정할 수 있을 뿐 법률적 의미는 크게 없다. 경고는 공개사실의 통보 정도로 하며, 심사 중 청구범위가 감소된 경우에는 재경고

---

362) 국방상 필요한 발명에 대한 『대한민국정부와 미합중국 정부간의 특허출원된 국방관련 발명의 비밀보호에 관한 협정 및 동 시행절차의 세부시행요령』(특허청고시 제2005-24호,2005. 9. 9. 개정)에 의하면, 특허청장이 국방상의 목적으로 비밀로 분류한 특허출원 또는 실용신안등록출원에 대하여 미합중국에 특허출원을 하고자 하는 자는 특허청장의 허가를 받아 미합중국에의 특허출원을 할 수 있다(동 제3조). 이때, 미합중국출원을 하고자 하는 자는 미합중국정부로부터 비밀취급인가를 발급받은 대리인을 지정하고 그 대리인을 통하여 특허에 관한 절차를 밟아야 한다. 미합중국 출원을 한 자는 그 출원의 출원번호 및 출원일을 지체없이 국방부장관에게 통보하여야 한다(동 제6조).

가 필요 없으나, 청구범위가 증가된 경우는 다시 경고해야 한다.

나. 보상금청구권

공개된 특허출원의 출원인이 경고를 한 후에도 이해관계인이 계속 실시하는 경우에는 공개된 특허출원의 특허권 설정 등록이 되면 보상금을 청구할 수 있는 권리가 발생한다. 손해를 배상하는 차원에서의 보상금청구권은 고의가 아닌 과실로 추정한다.

공개된 특허권의 설정등록 후 특허권자가 받을 수 있는 보상금액은 실시료 상당액이다. 손해기간은 경고를 받거나 출원공개된 발명임을 안 날로부터 설정등록일까지이다. 특허권설정 등록 후의 특허권 침해에 따른 보상과는 별개의 보상금청구권이다. 보상금 청구권은 특허권 설정등록일[363)]로부터 3년이 지나면 행사할 수 없다(특허법 제65조 제5항에서 준용하는 민법 제766조 제1항).

다. 미생물시료 분양

특허출원된 미생물 관련 발명의 경우 시험 또는 연구를 위하여 실시하고자 하는 자는 미생물 기탁기관 또는 국제기탁기관으로부터 그 미생물시료를 분양받을 수 있다(특허법 시행령 제4조 제1항).

라. 공개에 관한 국제출원 특례

국제특허출원에 있어서 해당 특허출원이 국제 공개되어 있고 심사 청구되어 있으면 국내단계로 진입되어서 국내 단계에서는 1년 6개월 이전이 된다. 따라서 공개는 심사청구가 되어 있는 날로부터 늦은 때를 적용하여 국제공개보다 전에 심사청구가 되면 공개는 국제공개일에, 국제공개일보다 늦게 심사청구를 하면 즉시 공개한다.

Ⅱ 정보제공

공개된 특허출원에 대해서는 아직 심사단계에 이르지 않고 있으므로, 이 공개자료를 근거로 이해관계인 누구나 해당 특허출원이 특허 받을 수 없다는 취지의 정보를 제공하여 심사관으로

363) 보상금청구권의 소멸시효에 있어서 민법은 "불법행위로 인한 손해배상의 청구권은 피해자나 그 법정대리인이 그 손해 및 가해자를 안 날로부터 3 년간 행사하지 아니하면 시효로 인하여 소멸한다"(민법 제766조).반면, 특허법은 특허권의 경우 경고와 권리행사사이에 긴 시간이 필요하므로 소멸시효산정은 '설정등록일'로부터 3년이다.

하여금 심사 시에 참고자료로 활용할 수 있도록 하고 있다. 정보제공은 해당 특허출원이 특허 받을 수 없다는 증거와 함께 제출한다. 정보 제공자는 자연인이나 법인 혹은 미성년자의 법정대리인으로, 정보로 제공된 서류가 절차에 부합하지 않더라도 심사관은 이를 반려하거나 무효처분하지 않고 심사에 참고한다. 곧, 정보제공으로서의 증거채택은 심사관 재량이다.

정보제공은 공개공보가 발행된 이후에만 가능한 것은 아니며 공개 전이라도 출원계속 중에는 정보제공이 가능하다. 제공되는 정보의 내용은 당해 특허출원이 특허법 제62조의 각 호에 해당하여 특허 받을 수 없다는 취지의 정보에 관한 것이며, 다만 청구범위기재 방식의 위배나 1특허출원의 범위 등과 같은 심사관 고유의 판단 영역은 정보제공의 취지에 부합하지 않는다. 정보제공이 있을 경우 심사관은 당해 특허출원에 대한 특허결정, 거절결정, 기타의 사유로 심사가 종결된 때에는 그 결과 및 제출정보 활용 여부를 정보제공자에게 통지하게 된다.

11절 특허권

I 특허와 특허권

1. 의의

특허란 "특허출원에 기하여 일정한 심리절차를 거쳐 출원된 발명이 특허법상 요구되어 있는 요건을 충족하고 있는지의 여부를 확인하는 행위"로 정의할 수 있다.[364] 그러나 특허는 특허발명의 약칭으로 관용되거나 혹은 산업재산권을 통칭하기도 한다.

특허권은 설정등록 시에 발생한다. 특허권의 설정등록은 해당수수료를 납부(면제포함)하여 특허청의 등록원부에 등재되면서 이루어진다. 특허권 설정등록 시의 최초 3년간 특허료는 분할 없이 일시불로 납부하여야 하며, 4년차부터는 해당년도의 전년도 1년간에 일시불 혹은 연도별로 납부할 수 있다. 등록료 불납의 효과는 해당 특허권의 소멸과 함께 독점배타권이 해제되어서 누구나 그 특허기술을 활용하여 산업발전에 기여할 수 있게 된다.

특허발명은 "특허를 받은 발명"으로 정의되어 있다(특허법 제2조 제2호). 특허권은 특허출원된 발명이 심사를 거쳐 특허등록 원부에 설정 등록된 후, 그 특허발명을 업으로써 독점 실시할 적극적 권리와, 권원[權原]없는 제3자의 무단실시를 금지시킬 수 있는 소극적 권리를 포함한다.

---

364) '특허'의 사전적 의미는 특정인을 위하여 특정한 권리 또는 법률관계를 설정하는 설전적 · 형성적 행정행위를 말한다.

특허권은 설정등록에 의하여 발생하며, 특허권자는 그의 특허발명에 대해 출원일로부터 20년간 독점 실시할 권리를 갖는다. 특허권자의 권리는 업으로서 그 특허발명을 실시할 권리를 독점하지만 전용 실시권자가 그 특허발명을 실시할 권리를 독점하는 경우에는 그러하지 않는다(특허법 제94조).

특허발명을 실시하기 위하여 다른 법령의 규정에 의하여 허가를 받거나 등록 등을 하여야 하고, 허가 또는 등록 등(이하 '허가 등' 이라 한다)을 위하여 필요한 활성 · 안전성 등의 시험으로 인하여 장기간이 소요되는 대통령령이 정하는 발명인 경우에는 실시할 수 없었던 기간에 대하여 5년의 기간 내에서 당해 특허권의 존속기간을 연장할 수 있다(특허법 제89조).

2. 특허권의 속성

특허권은 유한적이며 독점배타적이고 전면적 지배성이 강한 사상적 권리이다. 또한 특허권에 부수되는 권리가 소멸되면 아무런 제한이 없는 원래대로 돌아가는 탄력성을 가지며, 특허권자라 하더라도 질권자나 실시권자 등에 의해서는 물론, 국방상 비밀을 유지해야 하는 경우에도 권리의 실시에 제한을 받는 제한성을 갖는다. 반면 공익성이 강하고 무체재산권으로서의 속성을 갖는다.

3. 특허권의 특징

가. 속지주의 원칙

특허법상 속지주의란 한 나라의 특허권은 그 나라에서만 유용하며, 특허권의 효력 또한 특허등록된 나라에만 효력이 미친다는 특허제도독립의 원칙을 천명한 나라별 특허제도 운영 원리를 말한다. 따라서 우리나라의 특허권이 미치는 영역 범위는 대한민국 내로 북한을 포함한다. 유럽연합과 같이 연합국 내에서 생성된 특허권이 타국에도 미치는 경우와 대비된다.

나. 한시적 권리

특허권의 부여 목적은 혼자만 아는 기술을 공개하는 대가로 국가에서 독점배타권을 부여하는 것으로, 독점의 폐해를 막기 위해 한시적인 권리만을 부여한다. 따라서 특허권자는 존속기간 내에서만 특허권을 갖는다.

다. 청구범위의 권리

특허권이 작용하는 특허권의 보호범위는 특허청구범위에 기재된 사항에 의하여 정해진다. 특허청구범위에 기재된 사항은 기재된 상태 그대로의 문리해석을 의미한다기보다는 특허청구범위가 명세서의 발명의 상세한 설명 중 없어서는 안 되는 구성에 대해 청구한 것이다. 이 구성을 뒷받침하기 위한 발명의 상세한 설명 중 목적이나 작용효과는 물론 도면이 첨부되어 있는 경우 도면도 청구범위를 정하는 기준이 될 수 있다.

4. 특허권의 효력

가. 실시의 독점

특허권의 효력 중 가장 강력한 것은 특허권자가 직접 그 특허발명을 업으로서 실시할 권리를 독점하는 것이다(특허법 제94조). 여기서 업의 의미는 사업적인 말의 약어로 풀이할 수 있다. 사업은 영리사업과 비영리사업을 포함하며 실시의 횟수에 관계없이 영업 목적을 갖추면 되므로 사업이라기보다는 사업적인 포괄 의미가 적절하다. 업으로서 실시해야 하므로 해당 발명특허의 최종 소비자가 자신이나 자신의 가족을 위해 해당 발명특허를 실시하는 행위는 업의 범위에 속하지 않는다.

실시에 대한 범위는 물건발명과 방법발명이 다르게 구분되어 있다. 즉, 물건발명인 경우에는 그 물건을 생산·사용·양도·대여 또는 수입하거나 그 물건의 양도 또는 대여의 청약(양도 또는 대여를 위한 전시를 포함한다. 이하 같다)을 하는 행위이다. 방법발명인 경우에는 그 방법을 사용하는 행위, 물건을 생산하는 방법, 그 방법에 의하여 생산한 물건을 사용·양도·대여 또는 수입하거나 그 물건의 양도 또는 대여의 청약을 하는 행위이다. 이러한 행위에 속하는 경우를 실시라고 한다(특허법 제2조 제3호). 물건발명이 방법발명에 비해 실시범위가 넓게 규정되어 있다.

나. 실시행위의 독립성

특허권의 실시행위는 생산·사용·양도·대여·수입·청약 등과 같이 규정에 열거된 행위 이외에 수출·소지·수리나 개조 행위에 대해서도 사안별로 실시에 포함되는지 여부를 판단할 수 있다. 이들 각각의 실시행위는 하나의 실시행위가 다른 실시행위에 영향을 미치지 않는 독립성을 가진다. 따라서 생산행위가 적법하다 할지라도 사용이나 양도행위도 당연히 적법하다고 할 수 없다.

적법하게 특허품을 양수받은 자의 해당물품 실시행위는 특허권 침해가 아니라고 하여, 그 근거로 소모이론[365)][366)]을 제시하기도 하지만, 글로벌화 된 시장에서 진정상품[眞正商品]의 병행수

---

365) 특허제품의 판매가 적법하게 이루어진 후에는 판매된 특허제품의 특허권이 소멸되어서 이를 제3자가 다시 실시하더라도 특허침해를 이루지 않는다는 이론이다. 저작권의 경우 1차 판매이론(first sale doctrine, 저작권법 제43조)에 의해 자유롭게 판매할 수 있는 규정이 있으나(저작권중 판매권만 인정될 뿐, 전시나 공연 또는 대여권 등은 인정되지 않는다), 특허권의 경우는 다수설이 소모이

입[367]에는 논란이 있다.

다. 배타권

특허권의 효력은 특허권자가 직접 실시하는 적극적 효력과 더불어 타인의 실시를 배제하는 소극적 효력, 즉 배타권을 포함한다. 특허법 제126조 내지 제132조에는 특허권자 보호규정이 마련되어 있으며, 배타권은 특허발명의 확정된 보호범위(특허법 제97조)가 전제되어야 한다.

우리의 특허법은 독점 · 배타권을 향유할 수 있음을 명문화하였으나, 미국의 경우 특허증에 제3자의 무단실시를 금하는 내용을 기재함으로써 배타권만을 명문화[368]하고 있다는 데 그 차이가 있다. 강력한 독점금지제도와 반특허제도에 대한 법의 조화로 볼 수 있다.

5. 특허권범위

특허발명의 보호범위는 특허청구범위에 기재된 사항에 의하여 정해진다(특허법 제97조). 그러나 "청구범위에 기재된 사항으로 정해진다."는 청구범위 자체의 개념과는 구별되어야 한다. 왜냐하면 특허발명의 보호범위는 특허청구범위이지만 그것만으로는 보호범위를 정하기 곤란한 경우 도면이나 명세서의 발명의 상세한 설명을 참작하기 때문이다. 또한 해당 특허권의 출원 당시의 기술 수준이나 기술 상식, 출원과정(경과)도 참작하게 된다. 출원경과를 참작하는 경우

론을 따르는 경향이 있다.

366) 실시행위 독립성의 예외로 '소모이론'외에 '소유권 이전설(所有權移轉說, 특허품의 소유권이 이전되면 그에 대한 특허권의 효력범위는 소멸하여 그 이후의 실시행위는 특허권을 침해하지 않는다는 이론)'과 '묵시실시 허락설(默示實施許諾說, 특허권자가 특허제품을 판매한 때에는 양수인에게 묵시적으로 그 실시를 허락한 것이므로 양수인의 실시는 특허침해를 구성하지 않는다는 영 · 미 지지이론이다)'이 있지만 '소모이론'이 다수설이다.

367) 국내에서 특허된 제품을 외국에서 수입하는 경우는 특허침해를 구성하게 되지만, 외국기업(국내기업이라도 외국에 판매점이 있는 기업)이 판매한 특허제품을 외국 현지에서 구입한 자가 이 제품을 직접 국내로 수입하는 경우 국내기업의 특허권을 침해하는 것인가에 대해 논란이 된 이론이다. 예를 들면, 'Callaway' 상표의 골프채는 해외에서 생산되지만 국내에도 대리점을 통해 판매된다. 이 대리점이 위 골프채에 대해 국내에서 특허권(상표권)을 가지고 있는 경우, 제3자가 동일한 제품을 외국에서 대량으로 구매하여 이를 국내로 수입하는 경우 특허권(상표권)침해를 구성하는지의 여부를 판단함에 있어서, 양국의 권리자가 동일인이라면 속지주의 원칙에 따라 소모이론을 적용시켜야 한다는 견해와 이를 반대하는 견해가 대립하고 있다.

368) 미국특허법 (35 U.S.C) 제154조의 일반규정 중 특허 내용에 의하면 "(1) CONTENTS.- Every patent shall contain a short title of the invention and a grant to the patentee, his heirs or assigns, of the right to exclude others from making, using, offering for sale, or selling the invention throughout the United States or importing the invention into the United States, and, if the invention is a process, of the right to exclude others from using, offering for sale or selling throughout the United States, or importing into the United States, products made by that process, referring to the specification for the particulars thereof"로 규정하고 있다.

에는 신의칙信義則 혹은 포대 금반언布袋 禁反言의 원칙[369]에 따라 출원인이 출원 당시에 목적하여 등록된 사항과 다른 사항을 주장할 수 없도록 한다. 권리의 가변화를 막기 위한 것이다.

6. 간접침해

간접침해란 특허권을 직접 침해하지는 않지만 권원 없는 자의 실시가 특허발명의 일부 실시 행위이거나 특허권을 구성하는 부분을 이용하여 결과적으로 전체를 침해하는 것과 같이 특허침해에 이르게 되는 것으로 보이는 실시의 형태를 말한다(특허법 제127조).

7. 특허권효력의 제한

특허권의 효력이 미치지 않는 범위는 국가적 · 공익적 차원에서 권리의 효력을 제한하기 위하여 설립된 강제규정으로 시대의 흐름과 사회적 분위기에 따라 변화한다. 특허권효력의 제한 범위는 시기적 · 지역적 · 내용적으로 권리가 제한되며, 권리의 변동에 따라 권리의 효력이 제한되기도 한다.

Ⅱ 특허권자의 보호

1. 침해금지 청구권

특허권에 대한 권리를 침해한 자 또는 침해할 우려가 있는 자에 대하여 침해의 금지 또는 예방을 청구할 수 있는 특허권자나 전용 실시권자의 권리를 침해금지 청구권이라 한다. 침해금지 청구와 함께 침해행위를 조성한 물건(물건을 생산하는 방법의 발명인 경우에는 침해행위로 생긴 물건을 포함한다)의 폐기, 침해행위에 제공된 설비의 제거, 기타 침해의 예방에 필요한 행위를 청구할 수 있다(특허법 제126조 제2항).

2. 손해배상 청구권

특허권자 또는 전용 실시권자는 고의 또는 과실로 인하여 자기의 특허권 또는 전용실시권을 침해한 자에 대하여 자기가 입은 손해의 배상을 청구할 수 있다.

---

369) 예를 들면, 최초출원을 보정하여 권리가 설정되었는데 제3자의 실시가 최초출원과 같다고 하여 다시 보정 전의 최초 출원 내용대로 권리를 주장할 수 없다는 이론이다.

3. 신용회복 청구권

특허권의 침해로 업무상의 신용이 실추된 권리자는 손해배상에 갈음하여 신용회복에 필요한 조치를 명해 줄 것을 법원에 청구할 수 있다(특허법 제131조). 이를 위해 침해에 대한 고의 · 과실이 있어야 하며, 손해배상에 갈음해서는 물론, 손해배상과 함께 청구할 수 있다.

한때 명예회복에 적당한 처분의 사죄광고가 포함되어서 법원은 매스미디어에 사과 내용을 게재하는 것을 명할 수 있었으나, 법원의 사죄광고 명령은 위헌이라는 헌법재판소의 판결[370]에 따라 강제성은 없어졌다. 다만 사적 계약으로 사죄광고는 할 수 있다.

4. 부당이득반환 청구권

법률상의 원인 없이 타인의 재산을 이용하여 이익을 얻고 그로 인하여 상대방에게 손해를 끼친 자는 이익을 반환할 의무를 진다. 부당이득 반환을 청구할 수 있는 권리를 부당이득반환 청구권이라 한다. 침해자의 고의나 과실 같은 불법행위 요건의 증명이 곤란한 경우에 손해보전할 수 있는 권리자의 선택권이다.

5. 기타

타인의 특허권 또는 전용실시권을 침해한 자는 침해행위에 대하여 과실이 있는 것으로 추정한다(특허법 제130조). 상표권에서 고의 추정 규정과 구별되고 있다.[371] 침해대상이 특허발명의 물건(A)을 생산하는 방법발명인 경우에 그 물건(A)은 출원 전 국내에서 공지되지 않았어야 한다. 왜냐하면 외국에서 물건(A)이 존재하고 있고, 출원 후에 물건(A)를 국내에 반입한 경우는 그 물건의 생산방법이 추정되며, 물건의 생산방법은 얼마든지 있기 때문이다. 그 추정을 번복하기 위한 주장이 가능하다.

6. 형사적 구제

특허권자의 보호를 위한 민사적 구제와 함께 형사적 구제는 특허법 제12장의 벌칙규정(특허법 제225조 이하) 외에 형법의 규정이 적용된다. 특허권침해죄가 성립하기 위해서는 고소권자의 고소가 있어야 한다. 이를 친고죄[親告罪]라 하며, 상표권의 비친고죄와 구별된다.[372]

---

370) 헌재, 91.4.1. 결정.

371) 상표법 제68조 : 등록상표임을 표시한 타인이 상표권 또는 전용실시권을 침해한 자는 그 침해 행위에 대하여 그 상표가 이미 등록된 사실을 알았던 것으로 추정한다.

372) 이는 공익성이 강한 상표권 침해죄의 적용에 있어 고소를 소송조건으로 하지 않고 제3자에 의한 고발로도 상표권 침해죄가 성립한다. 상표법 제93조(침해죄).

Ⅲ 특허권존속기간 연장제도

1. 특허권존속기간과 연장

특허권의 존속기간은 특허권의 설정등록이 있는 날부터 특허출원일 후 20년이 되는 날까지이다. 특허권은 설정등록료와 연차료 납부로 유지되므로 최초 3년분의 설정등록료 이외에 4년차부터는 특허권자 등에 의해 해당년도 전년도에 납부하지 않으면 추납기간 경과 후 소급하여 해당년도부터 특허권리가 소멸한다. 그러나 특허출원일부터 존속기간이 기산되기 때문에 특허발명을 실시하기 위하여 다른 법령의 규정에 의하여 허가를 받거나 등록 등을 해야 하고, 허가 또는 등록 등(이하 '허가 등'이라 한다)을 위하여 필요한 활성 · 안전성 등의 시험으로 인하여 장기간이 소요되는 대통령령이 정하는 발명인 경우에는 그 기간만큼 권리 존속기간이 줄어드는 셈이 된다. 따라서 실시할 수 없었던 기간에 대하여 5년의 기간 내에서 신청에 의하여 당해 특허권의 존속기간을 연장할 수 있다(특허법 제89조).[373]

2. 존속기간 연장의 신청

특허권존속기간 연장등록은 타 법령에 의한 허가나 등록을 받은 날로부터 3개월 이내에 신청할 수 있다. 다만 허가 등의 기간이 장기화되어 존속기간 만료일로부터 소급하여 6개월 이후에 신청하면 연장등록이 불가능해진다. 이는 제3자와의 관계를 고려하여 제한한 것으로, 해당 발명특허의 존속기간이 만료되는 것을 알고 존속기간 만료일로부터 6개월 내에 실시사업을 하는 자에게 존속기간의 연장으로 인하여 손해가 발생하지 않도록 하기 위함이다. 그러나 특허권자에게 책임 있는 사유로 인하여 소요된 기간은 그 특허발명을 실시할 수 없었던 기간에 포함되지 않는다.

심사관은 특허권의 존속기간의 연장등록 출원에 대하여 거절 사유를 발견할 수 없는 때에는 연장등록 결정을 하게 된다. 연장등록 결정이 있는 때에는 특허원부에 등록되며, 특허공보에 그 내용이 게재되어 연장기간만큼 특허권의 존속기간이 연장된다.

3. 연장등록출원의 효과

존속기간은 연장등록 출원서의 출원일로부터 연장된 것으로 본다. 연장등록 출원과 등록과의 사이에 존속기간이 만료될 수 있으므로 연장등록 출원일로부터 연장되는 것으로 보는 것이

373) 무체재산권의 존속기간이 연장되는 제도는 상표법상 상표권 존속기간 갱신등록제도가 있다(상표법 제43조 내지 46조). 그러나 상표권은 갱신등록출원에 의해 영속적으로 권리가 연장되지만, 특허권의 존속기간연장은 최장 5년이 적용되면 소멸한다.

다. 이는 특허권의 공백을 메우기 위한 조치이지만, 만일 연장등록에 대한 거절결정이 나면 본래의 존속기간 만료시점까지 소급하여 연장기간이 소멸하여 해당 연장기간은 처음부터 없었던 것으로 본다. 존속기간 연장등록이 되면 연장 후의 존속기간은 원래의 존속기간 만료일 다음날부터 기산된다.

그러나 특허권의 존속기간이 연장된 특허권의 효력은 그 연장등록의 이유가 된 허가 등의 대상 물건(그 허가 등에 있어 물건이 특정의 용도가 정하여져 있는 경우에는 용도에 사용되는 물건)에 관한 특허발명의 실시 외의 행위에는 미치지 아니한다(특허법 제95조). 예를 들면, 습진, 발진, 화장품 등의 효능이 있는 의약품의 존속기간 연장에 있어서 타 법에 의한 허가가 습진, 발진에 대한 활성화 시험에만 있었다면 화장품으로서의 효능에 대해서는 존속기간 연장이 되지 않는다.

4. 존속기간 연장등록의 무효

존속기간 연장 등록된 특허발명이 그 특허발명을 실시하기 위하여 허가 등을 받을 필요가 없는 출원에 대하여 연장등록이 된 경우나 특허권자 또는 특허권의 전용실시권 또는 등록된 통상실시권을 가진 자가 허가 등을 받지 않은 출원에 대하여 연장등록이 된 경우와 같이 등록 무효사유를 지니고 있는 경우 무효심판으로 무효시킬 수 있다.

무효심판의 심결이 확정되면 존속기간 연장은 처음부터 없었던 것으로 본다. 그러나 연장기간을 초과한 경우에는 초과기간만 처음부터 없었던 것으로 본다. 따라서 시험기간은 3년인데 5년으로 연장등록된 경우는 시험기간 3년을 제외한 나머지 2년은 권리가 없는 것으로 본다.

Ⅳ 특허권의 이전

1. 권리변동

특허권이 형성된 후 권리에 변동이 발생하는 것은 권리주체의 변동과 권리객체의 변동으로 나눌 수 있다. 권리주체의 변동은 권리의 양도나 국가의 수용이며, 권리객체의 변동은 권리의 소멸이나 내용의 정정이다.

2. 특허권의 양도와 소멸

가. 특허권의 양도

특허권은 이를 양도할 수 있다(특허법 제99조 제1항). 특허권은 사권이면서 재산권이므로 거래의 대상이 된다. 특허권 취득의 목적은 특허권자의 실시를 전제하는 것이지만 특허권자 자신이 실시하기 곤란한 경우 등에는 해당 권리를 모두 제3자에게 이전하거나, 권리만 가지고 실시권은 양도하거나, 아니면 제3자와 함께 실시함으로써 기술개발의 촉진과 국가산업 발전에 기여케 하는 특허법의 목적에 부합할 수 있다.

특허발명이 국방상 필요한 경우, 정부는 특허권을 강제 수용하여 전시나 사변 또는 이에 준하는 비상시에 활용할 수 있도록 규정하고 있다(특허법 제106조 제1항). 국가안보와 국가존위를 위하여 필요한 규정으로, 수용된 특허권의 실시권이나 질권 등의 부수적 권리는 모두 소멸한다. 이 경우 특허권자는 그의 특허발명을 실시할 수 없고 형식적 권리만 소유하게 되므로 정당한 보상금이 지급되며, 실시 주체는 개인에서 국가로 바뀌게 된다.

나. 특허권의 소멸

(1) 중간소멸

특허권이 소멸되는 것은 존속기간이 만료하여 존속하는 경우와 존속기간이 만료되기 전에 특별한 사유에 의하여 중간 소멸되는 경우이다. 특허권의 무효는 특허권이 처음부터 없었던 것으로 보이게 되므로 여기서 구분하는 특허권의 소멸범위에서 벗어난다. 따라서 특허권자는 특허발명의 명세서나 도면에 불완전한 것이 있을 때에는 특허청구범위의 감축 등을 위한 정정심판을 청구할 수 있으므로(특허법 제136조 제1항), 정정심판의 심결이 확정되는 시기, 즉 그 등본의 송달 시에 원래 특허범위로부터 잔존하는 특허범위를 제외한 감축범위는 처음부터 없었던 것으로 보는 경우도 본 항목의 소멸에서 다루지 않는다.

중간소멸 사유는 상속인이 존재하지 않거나, 권리를 포기하거나, 특허료를 납부하지 않거나, 권리가 취소되는 경우 등이다.

(2) 상속인의 부존재

상속인이 없는 유체 상속재산은 국가에 귀속되는 것이 원칙이지만(민법 제1058호), 무체재산권에 대해서는 공중의 이용이 산업 발전에 기여하게 되므로 특허권을 소멸시키고 누구나 실시할 수 있도록 규정하고 있다(특허법 제124조).

(3) 권리의 포기

권리의 포기는 권리자의 자의적 의사표시로 포기의 등록이 있는 경우에 그 효력이 발생한다. 따라서 특허료 불납도 자의적 포기 의사로 볼 수 있으나, 이는 특허료 납부기간이 지나면 당연히 권리가 소멸한다는 의미에서 자발적 포기와 구별된다. 권리의 포기는 무권리자의 권리행사가 손해배상을 초래하게 되거나, 이론적 특허기술이 후에 실시함에 있어서 이루어지지 아니하거나, 권리의 행사를 계속할 경우 권리자의 폐해가 예상될 경우에 권리자의 단독행위로 이루어지게 된다. 권리포기에 있어서 특허권에 부수되는 권리가 존재하는 경우에는 실시권자나 질권자 등에게서 포기해도 좋다는 동의를 받아야 한다.

특허권의 포기는 특허청구범위의 청구항마다 포기할 수 있으므로 특허권소멸 사유가 발생할 청구항만 미리 포기함으로써 특허권 전체가 소멸되는 것을 막기 위한 수단으로도 활용할 수 있다. 특허권이 소멸되면 부수되는 권리도 함께 소멸되고, 소멸된 특허발명은 누구나 실시할 수 있다.

12절 실시권

I 실시권 제도의 목적

특허발명을 업으로 실시할 권리를 독점하는 자는 특허권자이지만 특허권자 이외의 자로 하여금 특허발명을 실시하게 해도 실시의 활성화를 위한 목적을 달성하게 된다. 이를 위하여 특허법은 특허발명에 대해 특허권자와 함께는 물론, 특허권자 이외의 자에 의해서도 특허권을 행사할 수 있는 실시권을 부여토록 규정했다. 실시권은 특허권자의 자의적 계약에 의해 성립하기도 하지만 해당 특허발명을 실시하고자 하는 신청에 의해서도 실시권이 부여되도록 제도화하고 있다.

또한 이미 해당 특허발명과 관련하여 산업 발전에 기여한 자의 계속적인 실시를 보장하기 위하여 강제실시권의 설정도 제정해놓고 있다. 따라서 실시권 설정의 인정 배경은 재산적 활용과 공평의 원리, 산업설비의 보호 등을 위한 것이라 할 수 있다. 특허법상의 실시권에는 전용실시권과 통상실시권이 있다.

II 전용실시권

1. 의의

전용실시권[專用實施權]이란 특허권자와 실시권자 사이에 계약이 성립되어서 실시권자가 설정 행위로 정한 범위 안에서 업으로서 특허발명을 독점 실시할 수 있는 권리를 말한다. 업으로서 독점 실시해야 하기 때문에 특허권자도 전용 실시권자의 허락 없이는 특허발명을 실시할 수 없고, 독점실시의 중복을 피하기 위해 제3자와의 또 다른 전용실시권을 설정할 수 없다.374)

전용실시권은 계약에 의해서만 발생하며 법률규정이나 강제규정에 의해 발생할 수 없다. 이 때문에 계약의 목적 달성을 위한 당사자 간의 권리와 의무가 발생하게 되는데, 여기에는 특허권자의 등록협조의무, 해당 특허권의 유지의무, 실시료납부의무, 실시방해제거의무 등이 존재한다.

2. 내용

전용실시권의 내용에는 전용실시권을 행사할 대상을 정하는 것으로, 특허발명의 실시 범위에서 전체 혹은 일부를 정하게 된다. 실시는 물건발명인 경우에는 물건을 생산 · 사용 · 양도 · 대여 또는 수입하거나 그 물건의 양도 또는 대여의 청약이나 이를 위한 전시를 하는 행위이다. 방법발명인 경우에는 그 방법을 사용하는 행위 외에 그 방법에 의하여 생산한 물건을 사용 · 양도 · 대여 또는 수입하거나 그 물건의 양도 또는 대여의 청약을 하는 행위 등을 말한다(특허법 제2조 제3호).

따라서 계약 내용에는 하나의 카테고리에 여러 발명이 포함된 특허권에 대해 발명 종류별로 내용을 정할 수 있음은 물론, 각 발명에서 실시의 내용만 특정(예를 들면, 생산 · 사용만 허락하는 계약)할 수도 있다. 다만 하나의 발명에 여러 청구항이 존재하는 경우에 청구항 별로 전용실시권계약은 불가능하다고 본다. 그럴 경우 중복실시가 불가피해지고, 중복실시는 전용실시권의 설정 규정에 반하기 때문이다.

3. 전용실시권의 효력과 제한

전용실시권자는 설정 행위로 정한 범위 내에서 특허권자가 누리는 독점배타권을 갖는다. 전용실시권을 허락한 특허권자는 전용실시권자의 허락 없이 그의 특허발명을 실시할 수 없을 뿐만 아니라 타인에게 통상실시권의 설정도 할 수 없다. 전용실시권이 공유인 경우 공유자 간에 특별한 약정이 없는 한 공유자 각자가 스스로 전용실시권 전부를 실시할 수 있다.

---

374) 이에 대해서는 지역적, 시간적 실시범위를 제한하여 전용실시권을 부여한 경우에 복수의 전용실시권의 설정도 가능할 수 있다. 예를 들면 제주도에서만 실시 가능한 전용실시권을 일정기간 부여한 경우에 제주도 이외의 지역에서는 다른 전용실시권 설정이 가능한 것이다. 마찬가지로 서울지역만 전용실시권이 설정된 경우 경남이나 충청도지역의 전용실시권이 동시에 설정가능하며, 동일한 지역이라도 전용실시권의 실시 기간이 중복되지 않는 경우는 물론, 하나의 특허권에 대해 다항의 청구항이 있는 경우 이를 청구항별로 달리 실시하는 권리내용의 다른 실시 등은 복수의 전용실시권 설정을 가능하게 한다고 볼 수 있다.

전용실시권의 대세적 효력은 특허권 침해자에 대해 민·형사상의 책임을 추궁할 수 있는 범위까지 확대된다. 이 때문에 특허권자에게 적용되는 특허권의 효력제한 요소들(특허법 제96조) 또한 전용실시권자에게 그대로 적용되어 전용실시권의 효력이 제한된다. 예를 들면, 특허법 제103조 등에서 규정하는 법정실시권이나, 제98조에서 규정하는 선원자의 허락 등은 수렴해야 하므로 원계약에서의 실시권 범위보다 축소된다고 본다.

Ⅲ 통상실시권

1. 정의

통상실시권[通常實施權]은 해당 특허발명에 대해 독점실시권은 없으나, 업으로 설정의 범위 내에서 해당 발명의 전체를 실시할 수 있는 권리이다. 또한 전용실시권과는 달리 통상실시권의 설정 후에도 특허권자는 해당 특허발명의 허락을 받지 않고 스스로 실시할 수 있다. 따라서 부동산 임대와 비교해보면 전용실시권은 전세권에, 통상실시권은 월세권으로 비교할 수 있다.

특허법상 규정된 통상실시권의 종류는 크게 1)계약 성립 시 발생하는 권리자와 실시자의 계약에 의하여 실시가 허락되는 약정실시권, 2)사실관계 성립 시에 발생하는 법정실시권, 3)행정처분 확정 시에 발생하는 강제실시권으로 분류할 수 있다.

2. 통상실시권의 종류

가. 약정실시권

약정실시권[約定實施權]은 특허권자나 기존 실시권자 이외의 자가 해당 특허발명을 실시하고자 하는 경우 당사자의 계약에 의해 발생하는 실시권이다. 특허권자의 허락에 실시할 수 있는 권리이므로 허락실시권이라고도 한다. 약정실시권은 "특허권자는 그 특허권에 대하여 타인에게 통상실시권을 허락할 수 있다."는 특허법의 규정(특허법 제102조 제1항)에 준거한다.

통상실시권은 실시권자의 실시행위만 허락되는 권리이며, 제3자의 실시에 대해 배타권을 제공하지 않으므로 특허권자는 여러 명에게 동일한 조건이나 혹은 다른 조건으로 복수의 통상실시권을 허락할 수 있다. 그러나 특허권이 공유인 경우에는 실시권에 의해 특허권의 효력이 제한될 수 있으므로 각 공유자는 타 공유자의 동의를 받지 않으면 제3자에게 통상실시권을 허락할 수 없다(특허법 제 100조 제5항).

나. 강제실시권

특허권자의 자의적 허락에 의해 실시권자와의 사이에서 계약에 의해 실시권이 부여되는 약정실시권과 달리, 우리의 특허제도는 특허권자의 허락 없이 강제로 실시권이 부여되도록 하여 특허권의 침해 없이 해당 특허발명을 통상적으로 실시할 수 있게 한 강제실시권強制實施權 제도를 운영하고 있다.

강제실시권인 만큼 특허권자의 권리를 제한하게 되므로 전시 · 사변 또는 이에 준하는 비상시와 같은 국방상 필요한 경우와 특허발명이 국내에 상당한 영업적 규모로 실시될 필요가 있는 경우에 한하여 강제실시권의 청구를 인정해주고 있다.

(1) 국방상 필요에 의한 통상실시권

우리의 특허법은 정부로 하여금 전시 · 사변 또는 이에 준하는 비상시에 있어서 국방상 필요한 때나 공공의 이익을 위하여 비상업적으로 실시할 필요가 있을 때에는 특허권을 수용하거나 특허발명을 실시하거나 정부 외의 자에게 실시케 할 수 있는 강제규정을 두고 있다(특허법 제106조 제1항).

한편, 2010년 1월27일자로 "정부 등에 의한 특허발명의 실시" 규정은 국가 비상사태, 극도의 긴급 상황 또는 공공의 이익을 위한 비상업적 실시를 명문화하고, 그에 따른 절차도 마련되어 있다.[375]

(2) 심판에 의한 통상실시권

특허권자 · 전용실시권자 또는 통상실시권자는 특허발명이 특허출원일 전에 출원된 타인의 특허발명 · 등록실용신안 또는 등록디자인이나 이와 유사한 디자인을 이용하거나 특허권이 특허출원일 전에 출원된 타인의 디자인권 또는 상표권과 저촉되는 경우에는 그 특허권자 · 실용신안권자 · 디자인권자 또는 상표권자의 허락을 얻지 않고는 자기의 특허발명을 업으로서 실시할 수 없다(특허법 제98조).

그러나 타인의 특허권 등을 실시할 허락을 받을 수 없는 경우에는 행정기관이 나서서 실시권 부여를 강제할 수 있게 하는 통상실시권 허여심판 제도가 마련되어 있다. 이 제도에 대해서는 심판 편에서 상세히 설명한다.

---

375) 제106조의2(정부 등에 의한 특허발명의 실시) ① 정부는 특허발명이 국가 비상사태, 극도의 긴급상황 또는 공공의 이익을 위하여 비상업적으로 실시할 필요가 있다고 인정하는 경우에는 그 특허발명을 실시하거나 정부 외의 자로 하여금 실시하게 할 수 있다.
② 정부 또는 정부 외의 자는 타인의 특허권이 존재한다는 사실을 알았거나 알 수 있을 때에는 제1항의 실시 사실을 특허권자, 전용실시권자 또는 통상실시권자에게 신속하게 통지하여야 한다.
③ 정부 또는 정부 외의 자는 제1항에 따라 특허발명을 실시하는 경우에는 특허권자, 전용실시권자 또는 통상실시권자에게 정당한 보상금을 지급하여야 한다.
④ 특허발명의 실시 및 보상금의 지급에 관하여 필요한 사항은 대통령령으로 정한다.

(3) 재정에 의한 통상실시권

재정裁定에 의한 통상실시권은 특허발명을 실시하지 않거나 불공정하게 실시하여 손해를 입은 자의 신청에 의하여 특허청장이 허여하는 강제 통상실시권이다.[376] 이는 권력 위에 잠자는 자의 횡포를 제한하려는 의도가 매우 강하다. 특허권의 효력이 독점적이며 배타적인 이유로 특허권자는 권리만 취득하면 누구에게도 그 권리의 실행여부를 간섭받지 않게 된다. 그러나 특허권은 공익적인 면이 강하고 한시적인 권리이므로 국가산업 발전에 방해가 되는 경우에는 해당 권리를 소멸시키거나 제3자에게 강제 실시토록 하여서 특허제도의 목적에 부합시킬 수 있다. 그렇다고 특허권자의 권익을 무시하면서까지 강제실시권을 부여할 수 없으므로 재정청구 요건과 같은 까다로운 조건에 부합하는 경우에만 재정에 의한 통상실시권이 부여된다.[377]

---

376) '재정에 의해 허여되는 통상실시권'과 '심판에 의해 허여되는 통상실시권'의 큰 차이점은 후자의 경우 다른 특허권자이거나 타권리자로 해당특허권과 이용·저촉관계에 있어야 하며, 필요시 상호 크로스 라이선싱(Cross-licensing)이 이루어져야 한다는 것이다. 이 경우 '재정에 의해 허여되는 통상실시권'과 같이 특허출원일로부터 4년이 경과해야 한다거나, 미실시에 따른 실시권의 취소 내지는 특허권의 취소 등과 같은 부수적 효과는 발생하지 않는다.

377) 제107조(통상실시권 설정의 재정) ① 특허발명을 실시하고자 하는 자는 특허발명이 다음 각 호의 1에 해당하고 그 특허발명의 특허권자 또는 전용실시권자와 합리적인 조건하에 통상실시권 허락에 관한 협의(이하 이 조에서 "협의"라 한다)를 하였으나 합의가 이루어지지 아니하는 경우 또는 협의를 할 수 없는 경우에는 특허청장에게 통상실시권 설정에 관한 재정(이하 "재정"이라 한다)을 청구할 수 있다. 다만, 공공의 이익을 위하여 비상업적으로 실시하고자 하는 경우와 제4호의 규정에 해당하는 경우에는 협의를 하지 아니하여도 재정을 청구할 수 있다.

1. 특허발명이 천재·지변 기타 불가항력 또는 대통령령이 정하는 정당한 이유없이 계속하여 3년 이상 국내에서 실시되고 있지 아니한 경우
2. 특허발명이 정당한 이유없이 계속하여 3년이상 국내에서 상당한 영업적 규모로 실시되지 아니하거나 적당한 정도와 조건으로 국내수요를 충족시키지 못한 경우
3. 특허발명의 실시가 공공의 이익을 위하여 특히 필요한 경우
4. 사법적 절차 또는 행정적 절차에 의하여 불공정거래행위로 판정된 사항을 시정하기 위하여 특허발명을 실시할 필요가 있는 경우
5. 자국민 다수의 보건을 위협하는 질병을 치료하기 위하여 의약품(의약품 생산에 필요한 유효성분, 의약품 사용에 필요한 진단키트를 포함한다)을 수입하고자 하는 국가(이하 이 조에서 "수입국"이라 한다)에 그 의약품을 수출할 수 있도록 특허발명을 실시할 필요가 있는 경우

② 제1항제1호 및 제2호의 규정은 특허발명이 특허출원일부터 4년을 경과하지 아니한 경우에는 이를 적용하지 아니한다.

③ 특허청장은 재정을 함에 있어서는 매 청구별로 통상실시권 설정의 필요성을 검토하여야 한다.

④ 특허청장은 제1항제1호 내지 제3호 또는 제5호의 규정에 따른 재정을 함에 있어서 재정을 받는 자에게 다음 각 호의 조건을 부과하여야 한다.

1. 제1항제1호 내지 제3호의 규정에 따른 재정의 경우에는 통상실시권을 국내수요충족을 위한 공급을 주목적으로 실시할 것
2. 제1항제5호의 규정에 따른 재정의 경우에는 생산된 의약품 전량을 수입국에 수출할 것

⑤ 특허청장은 재정을 함에 있어서 상당한 대가가 지급될 수 있도록 하여야 한다. 이 경우 제1항제4호 또는 제5호의 규정에 따른 재정을 함에 있어서는 다음 각 호의 사항을 대가 결정에 참작할 수

다. 법정실시권

법정실시권의 종류를 조문 순서대로 정리하여 대가 지불 여부와 범위를 요약하면 다음 표와 같다. 실시권은 통상실시권을 의미한다.

특허법규정	종 류	대 가	실시 범위
제103조	선사용에 의한 통상실시권(선용권)	무상	실시 사업목적 범위-사업목적 확장
제104조	무효심판청구등록 전의 실시에 의한 통상실시권(중용권)	유상	실시 사업목적 범위
제105조	디자인권의 존속기간 만료 후의 통상실시권	디자인권자-무상 실시권자-유상	원디자인권 범위
제122조	질권행사로 인한 특허권의 이전에 따른 실시권	유상	전 범위
제182, 183조	1. 재심에 의하여 회복된 특허권에 대한 선사용자의 실시권(후용권) 2. 재심에 의하여 통상실시권을 상실한 원권리자의 통상실시권	1.무상 2.유상	실시 사업목적 범위
제81조의 3 ⑤	특허권 효력제한기간 중 선의실시자의 실시권	유상	실시 사업목적 범위

있다.

1. 제1항제4호의 규정에 따른 재정의 경우에는 불공정거래행위를 시정하기 위한 취지
2. 제1항제5호의 규정에 따른 재정의 경우에는 당해 특허발명을 실시함으로써 발생하는 수입국에서의 경제적 가치

⑥ 반도체 기술에 대하여는 제1항 제3호(공공의 이익을 위한 비상업적 실시에 한한다) 또는 제4호의 경우에 한하여 재정을 청구할 수 있다.

⑦ 수입국은 세계무역기구회원국 중 세계무역기구에 다음 각 호의 사항을 통지한 국가 또는 세계무역기구회원국이 아닌 국가 중 대통령령이 정하는 국가로서 다음 각 호의 사항을 대한민국정부에 통지한 국가에 한한다.

1. 수입국이 필요로 하는 의약품의 명칭과 수량
2. 국제연합총회의 결의에 따른 최빈개발도상국이 아닌 경우 당해 의약품의 생산을 위한 제조능력이 없거나 부족하다는 수입국의 확인
3. 수입국에서 당해 의약품이 특허된 경우 강제적인 실시를 허락하였거나 허락할 의사가 있다는 그 국가의 확인

⑧ 제1항 제5호의 규정에 따른 의약품은 다음 각 호의 어느 하나에 해당하는 것을 말한다.

1. 특허된 의약품
2. 특허된 제조방법으로 생산된 의약품
3. 의약품 생산에 필요한 특허된 유효성분
4. 의약품 사용에 필요한 특허된 진단키트

⑨ 재정을 청구하는 자가 제출하여야 하는 서류, 그 밖에 재정에 관하여 필요한 사항은 대통령령으로 정한다.

13절 심판 · 재심 · 소송 · 상고

Ⅰ 심판

1. 의의

특허심판이란 특허권의 발생 · 변경 · 소멸 및 효력범위에 관한 분쟁을 해결하기 위한 행정심판을 말한다. 일반법원에서 담당하고 있는 특허침해소송과는 달리 특허심판은 전문적인 지식과 경험이 필요하기 때문에 특허심판원이 관할 법원이 된다.

2. 법적 성질

심판 절차는 심판관 합의체에 의해 심리 결정되는 행정상의 쟁송절차이지만, 심판 절차에 엄격한 사법 절차가 준용되고 있기 때문에 행정행위와 사법행위가 혼합된 준사법적 성격을 띠고 있다.

3. 심판의 분류

가. 분류의 목적

심판을 종류별로 분류하는 실익은 심판 당사자의 참가 인정 여부의 판단과 심판비용의 부담자를 확인하는데 있다. 심판은 크게 당사자계 심판과 결정계 심판으로 나눈다. 전자는 특허무효심판 등을 포함한 당사자계 심판으로 당사자의 참가가 인정된다. 심판비용은 패소자가 부담하는 것이 원칙이다. 후자는 특허청장이 피청구인으로 확정되어 있어서 심결까지의 기간이 비교적 짧다. 당사자의 참가가 불인정되고, 심판비용은 청구인 부담이 원칙이다.

나. 심판의 분류

특허법상의 심판제도를 요약해 분류하면 다음과 같다.

구 분	종 류	심판의 대상	특허법 조문
결정계	특허거절결정 불복심판	특허거절 결정	제132조의 3
	특허권 존속기간의 연장등록거절결정 불복심판	특허권 존속기간의 연장등록 거절결정	제 132조의 3
	정정심판	명세서 또는 도면에 대한 정정	제136조

구 분	종 류	심판의 대상	특허법 조문
당사자계	특허무효심판	제133조 제1항 각호에 해당하는 흠결 특허	제133조
	특허권의 존속기간 연장등록 무효심판	특허권 존속기간의 연장등록 결정	제134조
	권리범위 확인심판	특허발명의 보호범위 확인	제135조
	정정의 무효심판	명세서 또는 도면에 대한 정정심판	제137조
	통상실시권 허여심판	통상실시권의 허여	제138조

4. 심판청구

심판청구는 심판의 종류별로 청구서를 기재하여 심판원장에게 제출해야 한다. 심판비용의 부담은 패소자 원칙이지민 심리종결 확정시까지는 청구자 스스로 비용을 지불해야 한다. 심판청구서에는 당사자 표시, 심판사건의 표시, 청구의 취지 등을 기재하며 주문과 동일한 내용으로 기재한다(예: 무효심판 - '무효'로 한다).

심판을 청구하는 구체적 이유와 증거방법을 제출한다. 위 기재사항 중 청구의 이유는 보정 가능하나 나머지는 심판청구의 요지가 되므로 보정을 인정하지 않는다. 만일 청구이유 이외의 사항을 변경하는 경우 요지변경으로 처리된다.

5. 심리방식

가. 구두심리

각종 무효심판은 구두심리를 원칙으로 한다. 심판관은 기일을 정하여 통지하지만, 출석기일에 출석한 당사자에게는 구두로도 가능하다. 구두심리에 있어서는 공서양속에 반하는 사항을 제외하고는 심리내용을 공개해야 한다. 서면심리는 심판관의 직권이나 당사자의 신청으로 가능하며, 점차 서면심리로 바뀌고 있다.

나. 서면심리

무효심판 외의 심판심리는 서면심리로 이루어진다. 서면심리는 구두심리를 보충하기 위한 것으로 본다.

다. 직권심리

(1) 직권진행주의

심판 절차의 진행 또는 종료는 심판관의 재량에 의해 정해진다. 이를 직권진행주의라 한다.

(2) 직권탐지주의

심판관은 당사자가 신청하지 않은 이유에 대해서 스스로 탐지하여 그 이유가 있음을 심리할 수 있다. 이 경우 반드시 당사자에게 의견서 제출 기회를 주어야 한다. 의견서 제출의 기회를 주지 않은 경우 해당 절차는 무효가 된다.

(3) 증거의 조사 · 보전

증거의 조사나 증거의 보전은 당사자의 신청이나 심판관의 직권에 의해 이루어진다. 심판 청구 전에는 심판관 합의체가 구성되지 않기 때문에 당사자의 신청에 의해서만 증거의 조사 · 보전이 가능하며 심판관의 직권에 의해서 행해질 수 없다. 따라서 이때는 심판원장에게 신청한다. 심판 청구 후 직권으로 심리할 때는 반드시 의견서 제출 등과 같은 절차권을 부여해야 한다.

6. 심결

심판의 종료는 심결로서 이루어진다. 심판종료 사유는 결정과 취하이다. 심판에 대한 심결은 인용심결認容審決이나 기각심결棄却審決로 이루어진다. 인용심결은 심판청구한 이유가 합당하여 심판청구인의 주문대로 심결된 경우이며 청구인(원고)이 승소하게 된다. 반면 기각심결은 심판청구인의 청구 이유와 합치되지 않아 심판청구를 기각한 것으로 청구인(원고)이 패소하게 된다. 특허심판원의 심결에 불복이 있는 경우는 30일 내에 특허법원에 소를 제기할 수 있다.

7. 심판청구의 취하

심결이 확정되기 전까지 심판청구인은 심판청구의 취하를 할 수 있다. 청구범위의 청구항이 여러 항일 경우에는 청구항마다 취하가 가능하며, 취하되면 처음부터 없었던 것으로 본다. 그러나 답변서 제출 후에는 상대방 동의를 얻어야 취하할 수 있다.

8. 심판비용

가. 원칙

당사자계 심판에서 심판비용은 패소자 부담이 원칙이다(예외: 통상실시권 허여심판의 청구비용은 청구인이 부담한다). 이는 심판청구서의 청구 취지에 주문사항으로 기재된다. 결정계 심판은 청구인 부담이 원칙이다. 이의신청인이 심판 비용을 지불하는 경우도 있는데(특허법 제165조 제3항), 여기서 이의신청인은 정정청구심판에 의해 청구공고 결정이 이루어지면 이의신청할 수 있으므로 이의결정에 대해 심판으로 간주하는 것이다.

나. 심판비용부담 결정방식

심판비용은 심판의 종결에 의할 때는 심결로써 정하며, 심판이 심결로 종결되지 아니하는 경우에는 결정으로 정해진다.

다. 심판비용 액수의 결정

심판비용의 액수는 심결이나 결정이 확정된 후 당사자의 신청에 의해서 심판원장이 결정한다. 특허법에 의하여 특허심판원장이 정한 심판비용액 또는 심판관이 정한 대가에 관하여 확정된 결정은 집행력 있는 집행명의와 동일한 효력을 가진다. 이 경우 집행력 있는 정본은 특허심판원 공무원이 이를 부여한다(특허법 제166조).

라. 대리인의 보수

변리사의 보수는 1인 기준으로 본다. 복수대리인이나 복대리인으로 선임되었다 하더라도 심판청구인이나 피청구인이 지불하는 비용은 1인 기준이다.

9. 심판관의 제척 · 기피 · 회피

심판관의 제척除斥이란 심판을 담당하는 심판관을 법률상 담당심판으로부터 완전 배제시키는 것을 말한다. 심판관의 기피忌避란 제척 이외의 사유로 심판의 공정을 기대하기 어려울 때 신청에 의하여 해당 심판관을 심판으로부터 제외시키는 것이다. 이에 비해 심판관의 회피는 심판관 스스로 심판원장의 허락 하에 해당 심판으로부터 벗어나는 것을 말한다(특허법 제153조의 2).

10. 참가제도

자기의 법률상의 이익을 위하여 심판에 참여하는 것을 참가參加라 하며, 참가에는 당사자로 참가하는 경우와 보조로 참가하는 경우가 있다. 특허심판 중 참가가 허용되는 경우는 당사자계의 심판으로, 예를 들면 정정심판이나 특허거절결정 불복심판 등 피청구인이 존재하지 않는 결정계 심판에는 허용되지 않는다.

11. 심판의 종결

심판은 심결로 종료되며, 심판청구의 취하나 심판청구의 각하결정에 의해서도 종결된다. 심판청구는 심결이 확정될 때까지 이를 취하할 수 있다. 다만 피청구인으로부터 답변서의 제출이 있는 때에는 피청구인의 동의를 얻어야 한다. 심판 전부의 취하는 물론, 둘 이상의 청구항에 관하여 무효심판 또는 권리범위 확인심판을 청구한 때에는 청구항마다 이를 취하할 수 있다.

심판청구의 취하가 있는 때에는 그 심판청구 또는 청구항에 대한 심판청구는 처음부터 없었던 것으로 본다.

12. 심판취하효력과 일사부재리

특허심판의 심결이 확정되면 대세적 효력을 갖는다.[378] 또한 확정심결은 재심사유가 없는 한 그대로 확정되어 소멸·변경되지 않는다(특허법 제178조).[379] 청구된 심판이 심결에 의해 확정되면 동 사건에 대해서 누구든지 동일사실과 동일증거에 의해서 다시 심판을 청구할 수 없다. 이를 일사부재리의 원칙이라 한다(특허법 제163조). 그러나 각하심결일 경우에는 본안심결에 대한 확정이 아니므로 일사부재리의 원칙이 적용되지 않는다.

Ⅱ 특허심판의 종류

1. 특허거절결정 불복심판

가. 개요

특허출원에 대한 심사의 결과 심사관이 거절결정등본을 송달하면 출원인은 이에 불복하여 특허심판원에 심판을 청구할 수 있다. 이를 특허거절결정불복심판이라 하며, 이 심판청구의 궁극적인 목적은 특허거절결정을 번복하여 특허등록결정을 받기 위한 것으로, 출원인이 특허청을 상대로 청구하는 결정계 심판이다.

특허출원에 대한 등록거절이나 등록취소결정 등은 특허청의 행정처분이므로 결정이나 취소에 이르는 과정에서 심사의 공정성과 적정성이 문제가 될 수 있다. 따라서 심사관의 주관성을 객관화하고 그 심사결과도 보충한다는 취지에서 특허거절 결정 불복심판 청구제도가 운영되고 있다(특허법 132조의 3).

동 심판은 특허거절결정등본이 도달된 날로부터 30일 이내에 청구해야만 하며, 이 기간이 경과하면 특허의 거절결정이 확정된다. 이 기간은 법정기간이지만 청구에 의하여 또는 직권으로 연장할 수 있다(특허법 제15조).

---

378) 이를 '심결(審決)의 구속력(拘束力)'이라 한다.
379) 이를 '심결(審決)의 확정력(確定力)'이라 한다.

나. 보정

(1) 의의

보정은 특허출원서와 이에 첨부된 명세서 및 도면의 흠결을 치유하는 과정을 말하며, 특허거절결정불복심판과 관련하여 보정할 수 있는 기간은 그 거절결정통지서를 받은 날로부터 30일 이내이다.[380)]

특허거절결정에 대한 불복은 심사결과를 번복시키기 위한 것이므로 보정 없이 심사되었던 그대로 재심사하게 되면 승산이 없게 된다. 따라서 특허거절결정불복심판청구는 보정이 수반되는 경우, 심사결과가 번복되어 특허 결정되는 비율이 75%정도로 높았다. 따라서 동 심판청구와 보정제도를 통한 심사전치제도가 운영되었으나, 심사전치제도를 이용하기 위해서는 반드시 거절결정 불복심판을 청구해야 하기 때문에 출원인에게 심판청구, 수수료, 행정 처리에의 시간적 소비 등 여러 부담이 있어왔다.

이에 따라, 2009년 1월 30일 공포된 특허법 일부 개정 법률에서는 특허출원 명세서 또는 도면의 보정에 대한 제한 요건을 완화하고, 재심사 청구제도를 도입하게 된 것이다.

(2) 개정 내용

특허출원에 대한 보정의 특허법 47조 제3항을 아래와 같이 개정하고 제4항은 삭제하여 2009년 7월 1일부터 특허청에 제출하는 보정서에 적용시키고 있다. 동조 제3항의 보정허용범위는 1) 청구항을 한정 또는 삭제하거나 청구항에 부가하여 특허청구범위를 감축하는 경우[381)], 2) 잘못된 기재를 정정하는 경우, 3) 분명하지 아니한 기재를 명확하게 하는 경우, 4) 제2항에 따른 범위를 벗어난 보정에 대하여 그 보정 전 특허청구범위로 되돌아가거나 되돌아가면서 특허청구범위를 제1호부터 제3호까지의 규정에 따라 보정하는 경우로 한정되어 있다.

다. 재심사

(1) 재심사 청구제도의 도입(개정 특허법 제67조의2)

2009년 7월1일 이후 특허출원부터 특허출원인은 그 특허출원에 관하여 거절결정등본을 송달받은 날부터 30일(제15조 제1항에 따라 제132조의 3에 따른 기간이 연장된 경우 그 연장된 기간을 말한다) 이내에 그 특허출원의 특허출원서에 첨부된 명세서 또는 도면을 보정하여 해당

---

380) 재심사를 위하여 보정하는 경우, 보정할 수 있는 기간은 거절결정통지서를 받은 날로부터 30일로, 이 기간은 불변기간이다. 즉 거절결정불복심판을 청구하고 필요서류(예컨대 심판청구 이유나 증거자료)등은 보정을 통해 추후 제출할 수 있으나, 내용보정은 동 기간이 지나면 받아들여지지 않는다.

381) 청구항 자체의 삭제, 청구항의 내적 한정 및 구성요소를 외적으로 부가하여 특허청구범위를 감축하는 경우 등이다.

특허출원에 관하여 재심사(이하 "재심사"라 한다)를 청구할 수 있다. 다만, 재심사에 따른 특허거절결정이 있거나 제132조의 3에 따른 특허거절결정불복심판청구가 있는 경우에는 재심사를 청구할 수 없다.

재심사의 청구가 있는 경우 해당 특허출원에 대하여 종전에 이루어진 특허거절결정은 취소된 것으로 간주되며, 재심사의 청구는 취하할 수 없다.

재심사 청구제도는 심사기간의 단축이라는 심사전치제도의 장점을 살리면서, 거절결정에 대하여 불복심판을 청구하지 않고도 심사관에게 다시 심사를 받을 수 있는 기회를 갖게 하는 제도이다. 이에 따라, 거절결정을 받은 특허출원인은 거절결정불복심판청구와 재심사청구 중에서 원하는 수단을 택일할 수 있다.

결국, 거절결정 불복심판제도 하에서 인정하는 명세서 보정제도를 개정법에서 폐지함으로써, 명세서 등의 보정을 통해 거절결정에 대해 대응하고자 하는 경우에는 재심사 청구를 진행해야 하며, 보정 없이 다투고자 하는 경우에는 거절결정불복심판을 청구할 수 있다.

(2) 재심사 절차

재심사제도를 활용하기 위해서는 특허거절결정불복심판을 청구할 수 있는 기간 내에 명세서 등을 보정하고 재심사청구를 하여야 한다. 재심사청구는 보정이 이루어지는 경우에 청구할 수 있는 반면, 특허거절결정불복심판청구에서는 이러한 보정을 인정하지 않게 되므로 심사결과에 대한 법리적용이 미진한 경우 등이 있을 경우 심판으로 다루도록 구획되어 있다.

재심사 청구가 있으면 담당 심사관(반드시 해당 출원의 원심사관으로 한정되는 것은 아니다)으로 하여금 재심사토록 하고, 재심사 청구 시 수행된 보정이 보정규정(특허법 제47조)에 위반되거나 그 보정에 따라 새로운 거절이유가 발생한 경우에는 결정으로 그 보정을 각하하게 된다.

재심사한 결과 보정을 통해 거절결정의 이유가 해소된 경우 특허결정을 하게 되며, 그렇지 아니한 경우에는 다시 거절결정한다. 이에 대해 재심사청구 할 수 없고 거절결정불복심판을 청구할 수 있다.

라. 거절결정불복심판

(1) 청구절차

특허출원인이 특허거절결정통지서를 받고나서 불복을 결심하면 재심사청구를 할 것인지 아니면 거절결정불복심판을 청구할 것인지 선택해야 한다. 거절결정불복심판은 거절결정통지서를 받은 날로부터 30일 이내에 청구해야 하며, 당해 심판에서는 내용보정이 이루어질 수 없다는 한계가 있으므로 법리 오해나 적용 법리의 미진 등을 들어 심사결과에 불복할 수 있다.

동 심판에서 심리범위는 심사절차에서의 거절이유 적정성과 심판청구 주장의 타당성여부는 물론, 원결정의 거절 이유에 한정되지 않고 당해 특허출원의 전면에 대해 특허요건을 충족하였는지 여부 등을 재심리한다.

보정각하결정에 대해서도 불복한 경우라면 그 보정각하의 타당성여부가 먼저 심리된 후[382] 그 거절결정의 타당성 여부도 심리하게 된다. 이때 심판청구인도 원결정의 부당성을 지적하는 새로운 이유나 증거방법을 추가로 제출할 수 있다.

(2) 심결

특허거절결정이 정당하다면 이에 불복한 심판청구는 심결로써 기각된다. 심결통지를 받은 심판청구인(특허출원인)은 30일 이내에 특허법원에 항고할 수 있다.

특허거절결정이 취소되는 경우는 심판청구의 이유가 인정되는 경우로 인용심결이 된다. 인용심결이 될 경우 심사에 붙인다는 심결을 하여 하급심(심사국)을 기속한다.

마. 재심사청구와 심판청구가 모두 있는 경우의 취급[383]

(1) 재심사청구와 심판청구의 관계

- ■ 거절결정 후 출원인은 재심사청구와 심판청구 중 어느 하나만 선택하여 신청
    - • 재심사청구가 있는 경우에는 심판청구가 불가능
    - ‣ 이유 : 법67조의 2 제2항에 의해 심판청구대상인 법제132조의 3의 '특허거절결정'이 취소
- ■ 심판청구가 있는 경우에는 재심사청구가 불가능
    - ‣ 이유 : 법67조의 2 제1항 단서규정
    - • 재심사청구의 적법성 판단기준
- ■ 재심사청구 시점을 기준으로 재심사 청구 요건을 만족하는지 판단

(2) Case별 재심사청구와 심판청구 간의 관계 해석

- ■ 09. 7. 1 이후 출원으로서 거절결정 후 심판청구기간 내에

Case 1 심판청구서를 제출한 후 보정서(재심사청구O)를 제출한 경우 각각의 취급

- ● 심판절차는 정상적으로 진행하되 심판청구가 있는 경우에 해당하므로 보정서는 반려 (심

---

382) 심판관은 동 심판 단계에서의 최후 거절이유통지에 대한 보정이 부적법 한 경우 그 보정을 각하한다. 그러나 심사단계에서의 보정이 부적법하였음에도 불구하고 그대로 인정된 경우 출원인의 이익을 위하여 거절결정불복심판단계에서는 각하 결정할 수 없다.

383) 2010.01. 특허심사정책과.

판청구서의 무효·취하 여부에 불문)

- 심판청구서가 무효·취하되더라도 심판청구기간이 도과하지 않았다면 다시 보정서(재심사청구○) 제출 가능

Case 2 심판청구서와 보정서(재심사청구○)를 동일자로 제출한 경우 각각의 취급

- 보정서에 대해 반려 이유를 통지. 반려이유 통지 시 출원인이 어느 하나를 선택하도록 설명하고 출원인이 심판청구를 취하하면 재심사절차가 유효하고 즉시 반려 요청을 하면 심판청구가 유효

Case 3 심판청구서와 보정서(재심사청구×)를 동일자로 제출한 경우 각각의 취급

- 보정서에 재심사청구의 취지 기재가 없고, 보정서의 수신인을 특허심판원장으로 하였다는 점 등에서 재심사를 청구하는 보정서로 취급할 이유가 없으므로, 심판청구서로 취급하고 보정서를 반려

Case 4 보정서(재심사청구○)를 제출한 후 심판청구서를 제출한 경우 각각의 취급

- 재심사를 청구한 보정서에 따라 거절결정을 취소하고 재심사 절차를 진행함. 심판청구서는 법제142조에 따라 심결각하
- 수수료미납 등으로 재심사청구 보정서를 무효처분하면 재심사청구에 따라 거절결정 취소간주도 함께 취소되고 심판청구서는 정상 절차로 진행

(3) 관련 규정

특허법 제67조의2[384], 동법 제132조의3[385], 특허법시행규칙 제37조의2[386].

---

384) (재심사의 청구)

① 특허출원인은 그 특허출원에 관하여 거절결정등본을 송달받은 날부터 30일(제15조 제1항에 따라 제132조 3에 따른 기간이 연장된 경우 그 연장된 기간을 말한다) 이내에 그 특허출원의 특허출원서에 첨부된 명세서 또는 도면을 보정하여 해당 특허출원에 관하여 재심사(이하 "재심사"라 한다)를 청구할 수 있다. 다만, 재심사에 따른 특허거절결정이 있거나 제132조의3에 따른 심판청구가 있는 경우에는 그러하지 아니하다.

② 제1항에 따른 재심사의 청구가 있는 경우 해당 특허출원에 대하여 종전에 이루어진 특허거절결정은 취소된 것으로 본다.

③ 제1항에 따른 재심사의 청구는 취하할 수 없다.

385) (특허거절결정 등에 대한 심판 〈개정 2006.3.3〉) 특허거절결정 또는 제91조의 규정에 의한 특허권의 존속기간의 연장등록거절결정을 받은 자가 불복이 있는 때에는 그 결정등본을 송달받은 날부터 30일 이내에 심판을 청구할 수 있다. 〈개정 2006.3.3〉

386) (특허출원에 관한 재심사의 청구)

① 법 제67조의2제1항 본문에 따라 재심사를 청구하려는 자는 그 취지를 적은 별지 제9호 서식의

2. 특허무효심판

가. 개요

특허무효심판은 특허권이 부여된 특허발명이 무효사유를 내포하고 있는 경우에 심판에 의해 그 권리를 처음부터 없었던 것으로 보게 하는 준사법적 행정처분을 말한다. 특허권이 무효된다 함은 처음부터 무효사유를 내포하고 있는 것에 대한 결과이므로 무효심판은 이를 단지 확인하는 절차에 불과하다는 면에서 확인 행위적 성격을 갖는다.

나. 무효사유

특허무효사유는 특허이의신청 사유와 매우 유사하며 법정화되어 있어서 무효사유[387] 이외의

보정서를 특허청장에게 제출하여야 한다.

② 대리인에 의하여 절차를 밟는 경우에는 제1항에 따른 서식에 그 대리권을 증명하는 서류를 첨부하여야 한다. [본조신설 2009.6.30]

387) 다음은 특허법(제133조)상 특허무효사유이다.

- 제1호 : 특허법 제25조 · 제29조 · 제32조 · 제36조 제1항 내지 제3항 또는 제42조 제3항 · 제4항의 각 규정에 위반된 경우
  특허법 제25조(권리능력 없는 외국인에게 특허가 부여된 경우) · 제29조(특허요건을 갖추지 못한 발명에 대해 특허가 부여된 경우) · 제32조(공서양속에 반하는 발명에 대해 특허가 부여된 경우) · 제36조 제1항 내지 제3항(선원주의에 위반하여 특허가 부여된 경우) 또는 제42조 제3항 · 제4항(특허 명세서의 기재요건이 불충분한 발명에 대해 특허가 부여된 경우)
- 제2호 : 특허법 제33조 제1항(특허받을 수 있는 자) 본문의 규정에 의한 특허를 받을 수 있는 권리를 가지지 아니하거나 제44조의 규정(공동출원)에 위반된 경우. 이 경우 공보무효심판은 청구할 수 없다.
- 제3호 : 특허법 제33조 제1항의 단서조항(특허청 직원의 특허취득불가)을 위반한 경우
- 제4호 : 특허법 제25조(외국인의 권리능력) 규정을 위반한 경우
  재외자 중 외국인이 특허권 또는 특허에 관한 권리를 향유할 수 있는 경우는 아래와 같다.
  1. 그 者가 속하는 국가에서 대한민국 국민에 대하여 그 국민과 동일한 조건으로 특허권 또는 특허에 관한 권리의 향유를 인정하는 경우
  2. 대한민국이 그 외국인에 대하여 특허권 또는 특허에 관한 권리의 향유를 인정하는 경우에는 그 자가 속하는 국가에서 대한민국 국민에 대하여 그 국민과 동일한 조건으로 특허권 또는 특허에 관한 권리의 향유를 인정하는 경우
  3. 조약 및 이에 준하는 것(이하 '조약' 이라 한다)에 의하여 특허권 또는 특허에 관한 권리의 향유를 인정하고 있는 경우
- 제5호 : 조약의 규정에 위반되어 특허를 받을 수 없는 경우
- 제6호 : 특허법 제47조 제2항의 규정(특허출원의 보정)에 위반한 경우
  특허출원된 명세서 또는 도면의 보정은 특허출원서에 최초로 첨부된 명세서 또는 도면에 기재된 사항의 범위 안에서 이를 할 수 있다.
- 제7호 : 특허법 제52조 제1항의 규정(분할출원)에 위반한 경우
  특허출원인은 2이상의 발명을 하나의 특허출원으로 한 경우에는 그 특허출원의 출원서에 최초로 첨부된 명세서 또는 도면에 기재된 사항의 범위 안에서 보정을 할 수 있는 기간 이내에 그 일부

사유로 특허의 무효는 인정되지 않는다. 무효심판은 특허권 설정등록 후 3개월 이내에 등록공보의 열람기간 동안에 할 수 있는 공보무효심판과, 이 기간 경과 후의 특허권존속 중에 이루어지는 특허권 무효심판으로 구분할 수 있다. 그 이유는 특허의 등록공보가 특허권설정등록 후에 발행되어져서 종래처럼 특허권설정등록 전 발행되는 공보를 보고 이의신청하던 방식과는 다르기 때문이며, 등록설정된 권리는 심판에 의해서만 소멸될 수 있기 때문이다.

무효심판은 어느 경우나 이해관계인 또는 심사관이 청구할 수 있으며, 이 경우 특허청구범위의 청구항이 둘 이상인 때에는 청구항마다 청구할 수 있다. 그러나 공보무효심판은 특허권을 향유할 수 없는 경우나 공유자 전원이 공동출원하지 아니한 경우에는 등록공보를 통해 이해관계인 등이 진위를 확인할 수 없으므로 해당하지 않는다.

다. 청구기간

특허무효심판은 특허권 존속기간 중에는 물론 특허권 소멸 후에도 청구할 수 있다(특허법 제133조 제2항). 특허의 무효는 소급적으로 발생하므로 특허권존속 당시에 특허권의 침해로 인하여 이미 손해배상을 한 이해관계인은 특허권 소멸 후에 부당이득 반환청구를 할 수 있는 실익이 있기 때문이다.

라. 청구항별 무효

청구항이 둘 이상인 특허권은 각 청구항마다 특허권이 있는 것으로 보므로(특허법 제215조), 무효심판의 청구도 청구항 별로 할 수 있다(특허법 제133조 제1항 단서조항). 하나의 청구항 중 일부에 무효사유가 있을 때는 그 청구항 전부가 무효로 된다.[388][389]

마. 무효의 효과

특허권의 무효심결이 확정되면 그 특허권은 처음부터 없었던 것으로 보는 소급효가 발생한다. 특허권자는 특허권의 존재로 행사하여 얻은 이익에 대해 반환 청구가 있는 경우 이를 반환

를 하나 이상의 특허출원으로 분할할 수 있다.

- 제8호 : 특허법 제53조 제1항의 규정(변경출원)에 위반한 경우
  실용신안등록출원을 특허출원으로 변경하는 출원은 실용신안등록출원의 출원서에 최초로 첨부된 명세서 또는 도면에 기재된 사항의 범위 안에서 할 수 있다. 변경출원은 보정기간 내에 가능하므로 그 실용신안등록출원에 관하여 최초의 거절결정등본을 송달받은 날부터 30일 이내에 특허출원으로 변경할 수 있으며, 이 기간이 지나면 변경할 수 없다.

388) 대법원 1994.4.15. 선고 90후 1567판결.

389) 일부 무효사유가 있는 경우 정정심판에 의해 일부 무효부분을 삭제함으로써 무효를 면할 수 있다. 따라서 무효심판과 정정심판이 동시에 진행 중인 경우에는 정정심판의 심결시까지 무효심판의 심결이 이루어져서는 아니될 것이다.

해야 한다. 특허무효의 심결이 확정된 때에는 그 사건에 대하여는 누구든지 동일사실 및 동일증거에 의하여 다시 심판을 청구할 수 없다(특허법 제163조).

3. 정정심판

가. 개요

정정심판은 이미 특허권이 부여되어서 보정할 수 없지만, 정정하지 않으면 무효사유를 내포하여서 불이익이 예상되는 특허권자가 특허발명의 명세서 또는 도면에 대하여 심판으로 정정할 수 있도록 한 제도이다. 따라서 무효심판에 대항하기 위한 제도라 할 수 있다. 일부분에 무효의 사유를 포함하고 있거나, 기재불비 사항으로 인해 권리의 존부를 다툼에 있어서 권리범위를 확정할 수 없는 등의 일정한 흠결을 안고 있는 권리는 정정을 허용하지 않으면 전체로서 무효로 되어 상당한 시간과 노력을 투자한 정당한 발명의 권리가 사소한 흠결에 의해 무효로 되는 불합리점이 발생될 수 있다. 특허법의 취지에 비추어 권리자에게 비록 등록 후라도 이를 정정할 수 있는 기회를 부여할 필요성이 있다. 반대로 등록 후 권리의 정정을 무제한 허용하게 되면 등록된 권리를 신뢰한 제3자가 예측하지 못한 부당한 피해를 받을 수 있다.

이러한 근간에서 출발한 정정제도는 권리자에게는 정정을 허용하되, 일정한 요건을 갖춘 경우에만 정정을 인정함으로써, 정정의 인정으로 인해 제3자의 권리를 부당하게 침해하는 것을 방지하여 권리자와 공중(제3자)의 이익의 조화를 도모하고 있다.[390)]

나. 정정의 범위

정정심판으로 정정할 수 있는 범위는 특허발명의 명세서 또는 도면에 대하여 특허청구범위를 감축하거나, 오기를 정정하거나, 불명료한 기재를 석명[釋明]하는 행위만 제한적으로 허용된다.[391)] 이는 특허권의 대세적 효력에 따라 특허권 내용의 변동이 제3자는 물론 특허권자에게도 불이익을 미칠 수 있기 때문이다. 따라서 특허권의 실질적 확장이나 변경의 정정은 허용되지 않는다.[392)]

---

390) 이하, 정정심판부분은 특허청 심판원 심판 10부 박길채의 2004.4일자 발행된 '특허법상 정정의 요건에 관한 소고'내용을 부분 인용한다.

391) 정정전의 명세서나 도면에 기재되지 아니한 새로운 기술을 추가하거나 실시 불가능했던 기술을 정정에 의하여 실시가능하게 한 경우는 당연히 정정을 인정할 수 없으나, 종래의 공지된 기술방법을 기재함에 불과하고 등록고안도 이와 같은 기술방법에 의한 것임을 전제로 하고 있음이 명백한 경우에는 불완전한 고안의 명세서 또는 도면의 오기의 정정 또는 불명료한 기재의 석명에 해당하고 이로 인하여 특허청구의 범위를 확장 변경하는 요지의 변경을 가져오는 것은 아니다(대판 1986.1.21. 선고 85후 67, 일부 변경).

392) 특허법 제63조의 취지는 일단 특허권이 설정 등록된 후에는 특허권의 효력이 미치는 범위를 확장하

다. 정정요건

현행 특허법은 제136조 및 제47조에서 출원서에 명세서 또는 도면의 범위 내에서 1)특허청구범위를 감축하거나, 2)잘못된 기재를 정정하거나, 3)분명하지 아니한 기재를 명확하게 하는 경우에는 명세서 및 도면의 정정을 허용한다. 특허권을 일정한 경우에 한하여 정정함으로써 특허권자의 권리를 보호하고 있으며, 동시에 이 경우에도 제136조 제3항의 규정에 의거해 명세서 및 도면의 정정은 특허청구범위를 실질적으로 확장하거나 변경할 수 없다고 규정한다. 이는 제3자에게 불측의 피해가 미치는 것을 방지하여 특허권자와 제3자 간의 이익의 조화를 도모하고 있다.[393]

라. 심결 효과

특허법 제136조 제8항은 "특허발명의 명세서 또는 도면에 대하여 정정을 한다는 심결이 확정된 때[394]에는 정정 후의 명세서 또는 도면에 의하여 특허출원 · 출원공개 · 특허결정 또는 심결 및 특허권의 설정등록이 된 것으로 본다."고 기재되어 정정의 소급효를 인정하고 있다. 따라서 정정심판에 의한 정정은 특허법 제136조 제9항의 규정에 의하여 소급효과가 발생하는 것이기 때문에 정정 전의 명세서 또는 도면에 의거해 행해진 심 · 판결은 취소되는 것으로 되며, 이를 이유로 재심의 대상이 될 수 있다.[395]

4. 정정무효심판

이의신청, 무효심판, 정정심판에 의해 특허발명의 명세서 또는 도면에 대한 정정이 이루어졌지만 정정은 정정의 요건을 갖추지 못한 것이어서 무효되어야 한다고 판단한 이해관계인이나 심사관이 청구하는 심판이 정정무효심판이다. 정정심결의 효과가 출원 시까지 소급되는 것과 같이 정정무효심결 효과 또한 출원 시까지 소급되어 선의의 제3자가 입을 불측의 손해를 예방하는데 취지가 있다.

거나 변경하는 것은 허용될 수 없으나 특허의 요건이 구비되고 제3자의 권리를 침해할 우려가 없는 범위 내에서의 특허청구범위의 감축이나 오기를 정정하고 기재상의 불비를 해소하여 바르게 하는 오류의 정정은 허용하는 것이고 이와 같은 오류의 정정에는 특허청구의 범위에 관한 기재 자체가 명료하지 않은 경우 그 의미를 명확하게 하거나 기재상의 불비를 해소하는 것과 발명의 상세한 설명과 특허청구의 범위가 일치하지 않거나 모순이 있는 경우 이를 통일하여 모순이 없도록 하는 것도 포함된다(대판 1989.3.2.8. 검도 87후 63).

393) 1989. 3. 28. 대법원 1987후63 판결,

394) 심결등본 송달시.

395) 특허법 제178조 제2항에서 준용하는 민사소송법 제451조 제1항 제8호 : "8. 판결의 기초가 된 민사나 형사의 판결, 그 밖의 재판 또는 행정처분이 다른 재판이나 행정처분에 따라 바뀐 때"

정정 사항이 특허청구범위를 감축하지 않고 오히려 확장한 경우, 잘못된 기재를 정정한 것이 아닌 경우, 분명하지 아니한 기재를 명확하게 한 것이 아닌 경우, 정정의 결과가 특허청구범위를 실질적으로 확장시킨 경우, 정정 후의 특허청구범위에 기재된 사항이 특허출원 시 받을 수 없는 것인 경우 등의 사유가 있으면 정정무효사유에 해당한다. 정정무효심판의 청구기간은 정정심결 확정 후 특허권 존속기간 중에는 물론 특허권 소멸 후에도 청구할 수 있다. 이는 특허무효심판의 경우 특허권 소멸 후의 청구가 가능한 것과 같은 이치이다. 정정을 무효로 한다는 심결이 확정되면 정정은 처음부터 없었던 것으로 본다. 따라서 특허권이 소멸되는 것이 아니라 정정 이전의 특허권 상태로 환원되는 것이다.

5. 권리범위 확인 심판

가. 개요

특허권자 또는 이해관계인이 특허발명의 보호범위를 확인하기 위하여 청구하는 심판을 권리범위 확인심판이라 하며, 특허청구범위의 청구항이 둘 이상인 때에는 청구항마다 청구할 수 있다. 여기서 "특허발명의 보호범위를 확인"한다는 것은 청구범위를 해석하여 내용을 확인한다는 의미가 아니라 비교대상이 될 발명, 즉 '(가)호 발명'[396]과의 기술적 동일·유사 여부를 비교 판단하여 특허권에 대한 권리침해의 여부를 가린다는 의미이다.

나. 종류

존속되는 특허권에 대해 제3실시자와의 사이에 발생할 수 있는 침해분쟁의 유형은 두 가지이다. 하나는 특허권자 입장에서 제3실시자에 대해 "내 특허권을 침해하고 있다."는 적극적 의사표시와, 제3실시자가 주장하는 "내 실시기술 (가)호 발명은 특허권자의 권리범위에 속하지 않는다."는 방어적 의사표시이다. 전자는 특허권 침해를 주장하는 적극적 권리범위 확인이라 하고, 후자는 특허권의 비침해를 주장하는 소극적 권리범위 확인이라 한다. 따라서 권리범위를 확인하기 위한 심판제도는 유형별로 분류하는 것에 불과할 뿐이며, 당사자가 특허권자나 이해관계인이라는 점에서는 차이가 없다.

(1) 적극적 권리범위 확인 심판

특허권자 또는 전용실시권자[397]는 "(가)호 발명은 특허발명(특허 제 호) 권리범위에 속한다."

---

396) 특허권과 비교되는 실시기술을 '(가)호 발명'으로 관행적으로 표현한 것이다. 비교대상발명이라고도 한다.

397) 심판편람, 52.04.

라는 심결을 구하는 심판청구의 취지와 함께 특허심판원에 권리범위확인 심판청구서를 제출한다. 이 경우 피청구인은 '(가)호 발명'실시자로 자연인과 법인은 물론 대표가 있는 단체를 포함한다.

(2) 소극적 권리범위 확인 심판

제3실시자는 "(가)호 발명은 특허발명(특허 제 호)의 권리범위에 속하지 아니한다."라는 심결을 구하는 심판청구의 취지와 함께 특허심판원에 권리범위확인 심판청구서를 제출한다.

다. 심결 효과

"권리범위에 속한다."는 심결이 확정되면 (가)호 발명의 실시는 특허권의 침해행위로 볼 수 있다. "권리범위에 속하지 않는다."라는 심결이 확정되면 특허권을 침해하지 않는 것으로 볼 수 있다. 그러나 권리범위확인심판의 심결확정은 기술적 범위를 확인하는 심판에 불과한 것이므로 침해에 따른 사법적 판단요소를 포함하는 것은 아니다. 이런 면에서 권리범위확인 심판의 심결확정의 효과는 양 기술의 동일성 여부를 확인하여 침해여부를 다룰 사법적 판단의 근거 제시 효과를 낸다고 볼 수 있다.

6. 통상실시권 허여심판

가. 개요

통상실시권 허여심판이란 특허발명이 선원인 다른 특허발명이나 등록실용신안 또는 등록의 장권과 이용 · 저촉관계에 있을 때 특허발명의 실시를 조정하기 위한 심판제도를 말한다. 따라서 당해 특허권의 침해 없이 실시하려는 자는 타인이 정당한 이유 없이 허락하지 아니하거나 타인의 허락을 받을 수 없는 때에는 자기의 특허발명의 실시에 필요한 범위 안에서 통상실시권 허여의 심판을 청구할 수 있다(특허법 제138조).

후출원자가 선출원자의 동의 없이 특허발명을 실시하면 선원자의 권리침해가 된다. 따라서 침해를 피하기 위해 후원자는 선출원자의 동의를 받아야 하지만 선출원자의 여러 가지 사정이나 합의할 수 없는 이유가 있는 때에는 행정기관이 나서서 조정하여 궁극적인 해당 특허발명의 실시를 강제할 필요가 있으므로 선 · 후 출원자와의 협의과정을 전제한 강제실시 허여제도가 필요하게 된다. 동 심판은 이러한 취지에서 설립된 것이다.

나. 청구 요건

(1) 이용 · 저촉

통상실시권 허여심판을 청구하기 위해서는 특허권에 대해 타 권리가 이용 · 저촉관계가 있어야 한다. 여기서 '이용' 이라 하면, 후원발명을 실시할 경우 선원발명 등의 전부를 실시하게 되지만, 선원발명 등을 실시하더라도 후원발명의 전부를 실시하는 것이 아닌 일방적 기술포용관계를 말한다. 또한 '저촉' 이란, 양 권리의 어느 한쪽의 실시가 다른 권리 전체를 그대로 실시하는 상호적 기술포용관계를 말한다. 이용 · 저촉되는 부분은 특허권자 등이 자기의 특허발명의 실시에서 중첩되는 부분으로, 중첩되지 않는 선원자의 다른 발명 부분까지 실시권을 허여 받을 수 없다.

(2) 기술상의 진보

통상실시권 허여심판을 청구함에 있어서는 특허발명이 출원일 전에 출원된 타인의 특허발명 또는 등록실용신안에 비하여 상당한 경제적 가치가 있는 중요한 기술적 진보를 가져오는 것이어야 한다. 그렇지 않으면 통상실시권의 허여를 해서는 안 된다(특허법 제138조 제2항). 이는 특허법의 목적이 기술의 개발을 촉진시키는 과정을 포함하므로 이용발명에 대해 기술적 진보를 요구할 수 있겠지만, 경제적으로도 가치가 있을 만큼 중요해야 함에는 이용의 의미와 부합하지 않는다. 그 이유는 어차피 이용은 일방의 읍조에 의해 이루어져야 하는데, 이를 제도적으로 실시하게 했다면 상당한 경제적 가치가 있는 중요한 기술적 진보의 기준은 또 다른 이용의 제한을 가하기 때문이다.

(3) 크로스 라이선싱

실시 허락자가 실시자의 특허발명을 실시하고자 하나 실시자가 허락하지 아니할 경우도 통상실시권의 허여를 받아 실시하고자 하는 특허발명(이용발명)의 범위 안에서 통상실시권 허여심판을 청구하여 실시할 수 있다. 이를 교차실시 혹은 크로스 라이선싱Cross-Licensing이라 한다. 이는 상호 권리자 간 법적 충돌 없이 보완적으로 기술을 발전시킬 수 있다는 의미에서 매우 고무적으로 받아들여지고 있다.

다. 협의의 불성립

통상실시권 허여심판은 실시를 원하는 자와 권리자 간에 실시를 위한 협의가 성립되지 아니하거나 협의를 할 수 없을 때 청구해야 한다. 협의할 수 있음에도 불구하고 협의없이 청구한 통상실시권 허여심판은 청구 각하된다.

라. 심결

통상실시권 허여심판은 서면심리가 원칙이며, 신청 또는 직권으로 구두심리도 가능하다(특허법 제154조 제2항). 기타 심리는 일반 심판절차가 적용된다. 통상실시권을 허여하는 심결을 할 때에는 심판관은 심결의 주문에 '통상실시권의 범위 · 기간 및 대가'를 구체적으로 명시해야 한다(특허법 제 162조 제2항 제4호). 통상실시권을 허여하는 취지의 심결이 확정되면 강제적 통상실시권이 설정된다. 그러나 통상실시권자가 대가를 지급하지 아니하거나 공탁을 하지 않으면 그 특허발명 · 등록실용신안 또는 등록디자인이나 이와 유사한 디자인을 실시할 수 없다(법 제138조 제5항).

심판에 의하여 통상실시권을 허여하면서 심결로 대가를 정한 경우, 대가에 대하여 불복을 하고자 할 때에는 법원에 소송을 제기할 수 있다(법 제190조 제1항).

Ⅲ 재심

1. 재심의 개념

확정된 심결 가운데 심결 내용 중에 중대한 하자가 내포되어 있어서[398] 심결의 효력을 유지할 수 없다고 판단한 당사자가 심결 이전의 상태로 회복시켜 다시 심판하도록 하는 비상의 불복신청을 재심이라 한다. 재심은 확정된 심결을 대상으로 하므로 불복이 가능한 미확정심결은 재심의 대상에서 제외된다.

일단 확정된 심결은 법적 안정성을 위해 불복을 인정하지 않는 것이 원칙이지만, 심결에 이르는 과정에 중대한 하자가 있음에도 불구하고 그에 대한 해결방법이 없다면 정의에 반할 뿐만 아니라 당사자의 불이익을 초래하므로 구체적 타당성이 있는 경우 당사자의 긴급구제를 위해 재심을 청구할 수 있다. 재심의 사유는 민사소송법의 규정을 준용한다(신 민사소송법 제451조). 재심은 확정된 심결에 대하여 최후의 비상불복 신청을 하는 것이므로 심판의 형식에 따른다. 심판에서는 재심사유를 판단하여 재심판하며, 확정심결과 다른 새로운 심판을 형성하므로 소송법의 '형성의 소'에 해당하고, 원심에 대한 부수적 심판의 성격을 갖는다.

2. 재심청구기간

당사자는 심결 확정 후 재심의 사유를 안 날부터 30일 이내에 재심을 청구하여야 한다(특허법 제180조 제1항). 그러나 심결 확정 후 3년을 경과한 때에는 재심을 청구할 수 없다(특허법

---

398) 이를 사해심결(詐害審決)이라 하며, 사해심결은 심판의 당사자가 공모하여 제3자의 권리 또는 이익을 사해할 목적으로 청구된 심판에 대해 확정된 심결을 말한다(특허법 제179조 제1항). 당사자의 공모 때문에 그 심결에 의해 권리 또는 이익을 침해받은 제3자는 공모한 양 당사자를 공동 피청구인으로 하여 재심을 청구하게 된다. 법인이 아닌 사단이나 단체도 대표자나 관리인이 정해져 있으면 재심 청구가 가능하지만(특허법 제4조), 비법인은 권리능력이 없는 자에 해당하므로 결정계심판(거절결정불복심판, 정정심판)의 확정심결에 대한 재심청구인이 될 수 없다.

제180조 제3항). 재심사유가 심결 확정 후에 생긴 때에 3년의 기간은 사유가 발생한 날의 다음날부터 기산한다(특허법 제180조 제4항). 심판관의 수뢰죄나 공문서위조죄 등과 같은 형의 선고판결은 심결 확정 후에 이루어지므로 심결확정 당시에는 재심사유가 존재하지 않게 된다. 따라서 재심사유가 발생한 날의 다음날부터 기산하는 특칙이 운영된다.

3. 재심사유

일반 재심사유는 민사소송법상 재심사유를 말한다(민사소송법 제451조 제1항). 민사소송법상의 재심사유를 특허법상의 재심사유로 전환하여 살펴보면 다음과 같다(여기서 특허심판의 경우에 이 규정을 적용시키기 위해서는 판결은 심결로, 심판은 재판으로, 재판관은 법관으로 이해해야 한다).

가. 심판절차상의 하자

- 법률에 따라 심판기관을 구성하지 아니한 때
- 법률상 재판에 관여할 수 없는 법관이 관여한 때
- 법정대리인, 심판상 대리권 또는 대리인 심판상의 행위를 하는데 필요한 권한의 수여에 흠이 있는 때. 다만 당사자나 법정대리인이 추인한 때에는 그러하지 아니하다.
- 재판에 관여한 법관이 사건에 관하여 직무에 관한 죄를 범한 때

나. 심판자료상의 하자

- 형사상 처벌을 받을 다른 사람의 행위로 말미암아 자백을 하였거나 심결에 영향을 미칠 공격 또는 방어방법의 제출에 방해를 받은 때
- 판결의 증거가 된 문서, 그 밖의 물건이 위조되거나 변조된 것인 때
- 증인 · 감정인 · 통역인의 거짓 진술 또는 당사자 신문에 따른 당사자나 법정대리인의 거짓 진술이 심결의 증거가 된 때
- 판결의 기초가 된 민사나 형사의 판결 그 밖의 재판 또는 행정처분이 다른 재판이나 행정처분에 따라 바뀐 때
- 판결에 영향을 미칠 중요한 사항에 관하여 판단을 누락한 때
- 재심을 제기할 판결이 전에 선고한 확정판결에 어긋나는 때
- 당사자가 상대방의 주소 또는 영업소를 알고 있었음에도 있는 곳을 잘 모른다고 하거나 주소나 영업소를 거짓으로 하여 심판을 청구한 때

다. 재심청구 조건

위 심판자료상의 하자 중 1)재판(심판)에 관여한 법관(심판관)이 사건에 관하여 직무에 관한 죄를 범한 때, 2)형사상 처벌을 받을 다른 사람의 행위로 말미암아 자백을 하였거나 판결(심결)에 영향을 미칠 공격 또는 방어방법의 제출에 방해를 받은 때, 3)심결(판결)의 증거가 된 문서, 그 밖의 물건이 위조되거나 변조된 것인 때, 4)증인 · 감정인 · 통역인의 거짓 진술 또는 당사자 신문에 따른 당사자나 법정대리인의 거짓진술이 심결의 증거가 된 때에는 사유에 해당하거나, 심판에 관여한 심판관이 사건에 관하여 직무에 관한 죄를 범한 때의 경우에는, 처벌받을 행위에 대하여 유죄의 판결이나 과태료 부과의 재판이 확정된 때 또는 증거부족 이외의 이유로 유죄의 확정판결이나 과태로 부과의 확정재판을 할 수 없을 때에만 재심의 소를 제기할 수 있다(민사소송법 제451조 제2항).

항소심에서 사건에 대하여 본안판결을 하였을 때에는 제1심판결에 대하여 재심의 소를 제기하지 못한다(민사소송법 제451조 제3항).

4. 재심의 관할법원

재심은 재심을 제기할 판결을 한 법원의 전속관할로 한다. 심급을 달리하는 법원이 같은 사건에 대하여 내린 판결에 대한 재심의 소는 상급법원이 관할한다. 다만 항소심판 결과 상고심 판결에 각각 독립된 재심사유가 있는 때에는 그러하지 않는다(민사소송법 제453조).

5. 재심의 효과

재심심결이 확정되면 대세적 효력은 물론, 심결의 확정력과 일사부재리의 원칙이 적용된다. 이 점은 심판의 심결확정효력과 동일하다.

Ⅳ 소송

1. 특허소송

특허심판원의 심결에 불복이 있는 자는 특허법원에 소를 제기할 수 있다. 소의 대상은 특허심판원의 심결, 심판청구서나 재심청구서의 각하결정, 보정각하결정된 것들이다. 또한 재심의 심결에 대해서도 소의 대상에 포함된다. 심판을 청구할 수 있는 사항에 관한 소는 심결에 대한 것이 아니면 이를 제기할 수 없다. 그러나 심결에 대한 것이라고 하더라도 통상실시권 허여심판의 심결에서 정한 대가의 심결(특허법 제162조 제2항 제4호) 및 심판비용의 심결 또는 결정(특허법 제165조 제1항)에 대해서는 독립하여 특허법원에 소를 제기할 수 없다.

2. 소의 제기

소의 제기는 소장訴狀을 특허법원에 제출하면서 이루어진다. 특허법원에의 소는 심결 또는 등본을 송달 받은 날로부터 30일 이내에 제기하여야 한다. 제소기간의 계산은 심결 등을 송달받은 날의 다음날부터 기산한다(특허법 제14조 제1호). 이 기간은 불변기간이지만 원격지 거주자나 교통이 불편한 지역의 거주자에게는 직권으로 연장 가능하다.

상고가 있을 경우 상고장을 특허법원에 제출하는 것과 다르다. 법원은 등록무효심판 등 당사자계 심판의 심결에 대한 소의 제기가 있는 때에는 지체 없이 그 취지를 특허심판원장에게 통지해야 한다(특허법 제188조 제1항). 결정계 심판에 대한 소의 제기에 있어서는 피고가 특허청장이어서 당연히 통지되므로 중복하여 특허심판원장에게 통지할 필요가 없어서 통지에 관한 규정이 없다.

3. 심리

특허법원의 제기된 소의 심리는 특허심판원의 심결을 취소하는 소송의 심리이므로 심판절차와는 전혀 다른 새로운 절차로 진행된다. 따라서 특허청이나 심판원에 제출되었던 증거서류도 새로이 제출해야 한다. 심리절차는 심판관과 기술심리관에 의해 준비절차와 구술변론절차가 수 회 행해지며, 준비절차에서는 답변서를 포함한 준비서면이 반박과 변박자료로 제출된다. 필요한 경우 실물을 대동하기도 한다. 심리의 대상은 심결 등에 대한 절차상 · 실체상의 위법성 여부[399]와 함께 판단유탈의 유무를 심리한다.

---

399) 실체상 판단의 위법 여부는 행정소송일반과 마찬가지로 불고불리의 원칙에 따라야 하고 원고의 청구범위를 넘어서 재판할 수 없다. 법원은 필요하다고 인정되면 당사자가 주장하지 아니한 사실에 관하여도 심리할 수 있지만 원고의 청구범위를 넘어서 그 이상의 청구를 받아들일 수 있다는 취지는 아니다. 또한 특허소송은 심결의 이유에서 판단한 '동일사실과 동일증거'를 소송물로 하므로 예컨대 신규성 결여를 이유로 무효를 주장한 경우 신규성결여의 증거는 없고 진보성 결여가 확실하다고 해도 특허법원에서 이를 심리판단해서는 아니된다.(송영식 등, 지적소유권법(상), 법문사, 2001, p.666.)

4. 특허소송의 종료

가. 판결

당사자 간 준비서면이 수차례 제출되어 송달되고 구두변론을 거친 후 심리가 성숙되면 해당 소송에 대해 판사의 판결로 소송이 종료한다. 만일 청구가 이유 있다고 인정한 때에는 판결로서 당해 심결 또는 결정을 취소해야 한다(특허법 제189조 제1항). 청구가 이유 없다고 인정될 때에는 청구를 기각한다는 취지의 판결을 한다. 법원은 당사자계 소에 관하여 소송절차가 완결된 때에는 지체 없이 사건에 대한 각 심급의 재판서 정본을 특허심판원장에게 송부해야 한다(특허법 제188조 제2항).

나. 소의 취하와 포기

특허소송은 재판에 이르지 않더라도 소의 취하, 재판장의 소장 각하명령, 청구의 포기 등에 의해 종료된다.

5. 판결의 효과

특허법원의 심결취소판결이 확정되면 특허심판원의 심결 등은 없는 상태가 되므로, 특허심판원의 심판관은 심결 또는 결정의 취소판결이 확정된 때에는 다시 심리를 하여 심결 또는 결정을 해야 한다(특허법 제189조 제2항). 판결에 있어서 취소의 기본이 된 이유는 그 사건에 대하여 특허심판원을 기속한다. 따라서 특허심판원은 판결의 취소판단의 취지에 반하는 심결 등을 할 수 없다. 다만, 새로운 거절 이유나 무효 이유에 대해 심리할 수 있으며, 이에 따라 재차 거절하는 심결이나 무효심결은 할 수 있다.

Ⅴ 상고

특허법원의 판결에 대하여는 대법원에 상고할 수 있다(특허법 제186조 제7항). 상고의 제기는 판결이 송달된 날로부터 2주 이내에 원심법원인 특허법원에 상고장을 제출해야 한다. 상고는 법률심으로 사실관계를 심리하지 않는다.

14절 국제특허출원

Ⅰ 서설

국제특허출원의 방식에는 파리협약이나 당사국 간의 협정에 의해 양 국가 간 직접 출원할 수 있는 이른바 파리루트Paris Route를 이용하거나, 1출원 다국가 지정이 가능한 특허협력조약에 의한 PCT루트PCT Route를 이용하는 방법이 있다.

PCT에 의한 국제특허출원 이전에도 파리조약에 근거한 국제특허출원은 존재하고 있었다. 즉 1883년 파리에서 국제조약을 맺고 이 조약에 가입한 동맹국 간에는 내외국인 평등의 원칙과 우선권제도 그리고 특허독립의 원칙 등 이른바 파리조약의 3대원칙을 기준으로 자국의 특허법도 운영하면서 동맹국 간에 국제특허출원이 있는 경우에는 외국인이라 하여 차별 없이 특허권의 이익을 향유할 수 있도록 하였다.

특히 파리조약은 체약국 간 거리가 멀고 언어가 다른 점, 체약국에서 특허권을 부여받을 것인지에 대한 전략적 기획 등을 고려하여 처음 출원일로부터 12개월 이내에는 동맹국 간에 이루어지는 동일 특허출원에 대해 공지된 것으로 보지 않는 신규성 상실 예외규정을 두었다. 이를 우선권주장제도로 정착시켜 운영함으로써 어느 정도 통일화된 국제적 특허제도의 운영이 이루어지고 있다고 할 수 있다. 그러나 조약에 근거는 하되 각국마다 운영되는 특허제도에 의해 상호 간섭 없이 해당국에서의 특허의 생성과 관리 및 소멸이 이루어지게 하는 특허독립의 원칙은 당연히 지켜지고 있다.

선출원주의 제도하에서 많은 나라에 일일이 특허출원을 하다보면 우선권주장 기간도 놓치게 될 우려가 있을 뿐 아니라 언어, 교통, 문화 차이 등에 의한 번거로움과 시간적 경제적 낭비가 뒤따르게 된다. 이런 면에서 PCT에 의한 국제특허출원은 출원일 확보에 이로운 점이 있으나 지정국에 이르기까지 많은 시간이 소요되고, 국제출원국이 많지 아니할 경우에는 오히려 파리루트에 의한 직접 출원이 훨씬 효율적일 수 있기 때문에 양 제도의 활용에는 각각의 장단점이 있다.

Ⅱ 국제특허협력조약

국제특허협력조약PCT: Patent Cooperation Treaty이란 한 나라에 특허출원하면서 동시에 특허를 원하는 여러 나라를 지정할 수 있게 하고, 유사기술의 국제적 조사와 예비심사 등을 행하여 종래의 국제출원을 위한 절차적 · 실체적 번거로움의 해소와 비용을 절감시키는 것을 골자로 하는 국제적 규약이다. 따라서 PCT는 국제출원을 위한 절차법의 기준을 제시하는 조약으로 이해할 수 있다. 조약의 힘은 체약국 간에 국내법과 같은 효력을 지니기 때문에 조약에 서명한 국가는 조약의 규정 내에서 자국의 특허법을 운영하는 것이 일반적이다.

PCT에 의한 국제출원PCT출원은 1970년 6월 워싱턴에서 조인되고 1978년 1월24일에 발효된 PCT에 의한 국제조약이 탄생되어 특허취득까지의 절차상의 효율성이 대폭 개선되었다. 무엇보다도 One Stop Service [400]가 가능한 제도라 할 수 있다. PCT제도의 골격은 국제지적재산권기구WIPO에 국제사무국을 주축으로 하여 국제출원, 국제조사, 국제공개, 국제예비심사를 행하도록 하고 있지만, 국제사무국은 특허를 부여하는 초국가적 기관이 아니라 PCT에 따른 동맹국에서의 특허취득절차를 돕는 가상적 실체일 뿐이다. 따라서 동맹국이 부여한 특허권(예를 들면, 한국특허, 미국특허, 영국특허 등)은 있어도 PCT특허라는 말은 없으며 PCT특허는 존재하지도 않는다. 우리나라는 PCT에 1984년 5월15일 가입하였고, 1999년 12월1일부터 국제조사 및 국제예비심사기관으로서 업무를 개시하여 한글에 의한 특허출원으로도 최초 특허출원일이 확보되는 편리함에 더불어 국제적 위상이 높아졌다.

국제출원이 파리조약이나 PCT출원에 의해 이루어질 수 있으므로 전자의 경우를 파리루트를 통한 국제출원, 후자를 PCT루트를 통한 국제출원으로 구분한다.

III 용어정의와 사용 예

1. 수리관청

PCT출원서를 접수받은 나라의 특허청을 말한다. 최초로 특허출원서가 접수되므로 우선권을 주장하지 않았다면 이곳에서 최초 특허출원일이 확보된다.

2. 지정관청

PCT출원은 하나의 수리관청에 제출하는 출원서에 여러 나라를 지정하게 된다. 이때 출원인이 특허를 받고자 지정했던 국가의 특허청이 지정관청이 된다.

---

400) PCT출원은 '하나의 출원'이 '하나의 방식'으로 '하나의 언어'를 사용하여 '하나의 기관'에서 이루어진다는 의미에서 이렇게 표현한 것이다.

3. 선택관청

PCT출원은 국제예비심사의 신청을 출원인 자율의사에 맡기고 있다. 국제예비심사는 특허요건에 관한 중립적 판단을 하여 체약국에서의 심사에 협조하기 위한 것이며, 이때 지정관청 중에서 특히 예비심사결과를 활용하고자 선택한 국가의 특허청을 선택관청이라 한다.

4. 국제예비심사기관

국제특허출원된 발명에 대해 예비적으로 신규성이나 진보성 같은 특허요건의 충족여부를 심사함으로써 지정국에서 특허 받을 가능성을 사전에 인지하여 절차를 계속 진행시킬지를 결정하도록 해준다(우리나라와 오스트리아). 국제예비심사는 우선일로부터 19개월 이내에 행해야 하며, 심사청구인도 체약국의 거주자 또는 국민으로 국제출원을 그 국가의 특허청 또는 그 대행을 하는 수리관청에 출원 중에 있는 자로 한정한다.[401] 국제예비심사청구와 동시에 혹은 국제예비심사보고서가 작성되기 전에 국제출원을 보정할 수 있다.

5. 기준일

수리관청으로부터 지정관청으로 서류가 넘어가는 날을 기준일이라 한다. 국제예비심사를 청구한 경우라면 그 청구일이 기준일이 된다.

6. 우선일

우선권 주장이 있는 경우 우선권주장의 기초가 되는 선발명의 출원일을 우선일이라 한다. 특허우선권은 우선일로부터 12개월 이내에 활용할 수 있다.

적용 예

한국인 A는 발명한 화장품 B에 대하여 미국/일본/캐나다/중국/멕시코에서 특허를 받고자 한다. B는 이미 6개월 전에 한국에 출원되어 출원일 C가 부여되었다. 이때 한국특허청에 우선권을 주장하여 PCT 국제출원서를 접수시키면 우선일은 C가 되며, 한국특허청이 수리관청이 된다. 임의적 절차인 국제예비심사를 관할 국제예비심사기관(우리나라는 현재 한국특허청 또는 오스트리아특허청 중 택일)에 청구하면서 이 심사결과를 활용할 나라로 미국/중국을 정한다. 출원인이 특허를 받고자 지정했던 미국/일본/캐나다/중국/멕시코 특허청은 지정관청이 된다. 지정관청 중에서 특히 예비심사결과를 활용하고자 선택한 미국/중국 특허청은 선택관청이 된다. 한국특허청에서 지정국 관청으로 넘어가는 날이 기준일이 된다.

---

401) PCT § 31 ②.

Ⅳ PCT출원 절차

1. 출원서식

출원서 서식은 인터넷 사이트(http://www.wipo.int) 또는 특허청 출원과 등에서 구할 수 있으며, 출원서류는 특허청(수리관청) 또는 직접 WIPO 국제사무국에 제출하면 된다.

2. 사용 언어

출원서류는 국어와 영어, 일어 중 택일(단, Request는 반드시 영어)하여 작성할 수 있으며, 국어로 출원했다면 우선일로부터 16개월까지 반드시 영어로 된 출원공개용 번역문을 제출해야 한다. 출원서류는 출원서, 명세서, 청구범위, 도면, 요약서로 구성되며, 각각 서면 3부를 제출하고, 우선권 주장 시에는 우선권 증명서류 1부를 우선일로부터 16개월 이내에 특허청 또는 WIPO 국제사무국에 제출하여야 한다. 우선권 주장 시에는 필히 선출원일로부터 1년 이내에 출원해야 우선일을 인정받을 수 있다.

3. 절차 단계

출원절차에는 국제단계와 국내단계가 있는데, 각 지정국에 대한 번역문을 제출하는 시점을 기준으로 통일적으로 적용되는 국제단계와 지정국 각각의 국내법에 의해 진행되는 국내단계로 구분된다.

4. 국제조사

우리나라 관할 국제조사기관으로는 영어로 출원한 경우는 한국, 오스트리아, 호주특허청 중 선택할 수 있으며, 국어로 출원한 경우는 한국이 된다. 국제조사기관은 선행기술을 조사하여 우선일로부터 9개월 또는 조사용 사본을 받은 날부터 3개월 중 늦게 만료하는 날까지 국제조사 보고서를 작성한 후 출원인 및 WIPO 국제사무국에 송부한다. 출원인은 이 국제조사보고서를 참조하여 필요한 경우 1회에 한하여 청구범위를 보정할 수 있는데, 당해 보정서는 WIPO 국제사무국에 직접 제출하면 된다.

국제조사는 선행기술을 발견하는 것을 목적으로 행해지며, 조사시설 등이 허용하는 한 관련 선행기술을 발견하도록 최소한 프랑스, 독일, 러시아, 스위스, 일본, 영국, 미국, 유럽특허청 및 아프리카 지적재산권기구에 의하여 발행 · 반포된 특허문헌에 공표된 국제출원 등 자료를 조사한다.[402)]

5. 국제공개

국제공개는 WIPO 국제사무국에 의해 우선일로부터 18개월이 경과된 직후에 일반적으로 이루어지나, 출원인이 WIPO 국제사무국에 청구하는 경우에 조기공개 수수료를 납부하면 조기공개도 가능하다. 국제공개는 WIPO 국제사무국이 국제출원서류 및 국제조사보고서를 팸플릿 형태로 공개하고 이를 출원인 및 각 지정관청(위의 예의 경우는 미국, 일본, 캐나다, 중국, 멕시코 특허청)에 송부한다.

6. 국제예비심사

우리나라 관할 국제예비심사기관은 국어출원인 경우는 한국, 영어출원인 경우는 한국 또는 오스트리아 특허청이 된다. 국제예비심사의 청구는 출원인의 선택적 절차이며, 우선일로부터 19개월 이내에 국제예비심사청구서[PCT DEMAND]를 제출할 경우 번역문 제출일이 우선일로부터 30개월까지 연장된다. 출원인은 국제예비심사청구와 동시에 또는 국제예비심사보고서가 작성되기 전에 청구범위, 명세서, 도면을 보정할 수 있으며, 당해 보정서는 국제예비심사기관에 직접 제출하면 된다. 국제예비심사기관은 특허성의 유무를 판단하여 우선일로부터 28개월까지는 국제예비심사보고서를 작성한 후 출원인 및 WIPO 국제사무국에 송부한다.

7. 번역문 제출

지정관청(선택관청)에 대한 번역문 등의 제출에 관하여는 출원인은 지정국에 우선일로부터 20개월(국제예비심사청구를 한 경우에는 30개월) 이내에 국제출원서류의 번역문 제출, 국내수수료 납부, 대리인 선임 등 지정국의 국내법에 따른 절차를 밟아야 한다. 만약 소정의 기간 내에 이상과 같은 절차를 밟지 아니한 때에는 PCT 국제출원은 취하로 간주된다. 출원인으로부터 번역문 등을 제출 받은 각 지정관청(선택관청)은 국제조사보고서 및 국제예비심사보고서를 참고로 국내법에 따라 심사한 후 특허 허여 여부를 결정한다. 심사의 대상은 번역문이지 원문이 아니다. 원본과 번역문을 동시에 참고하지 않는 이유는 특허법 제201조 제4항에서 번역문의 지위를 규정하고 있기 때문이다. 번역문을 제출하지 않으면 국제출원이 취하되는 것으로 간주되는 것이 아니라 국제특허출원(지정국)만 취하로 간주된다.

---

402) PCT § 15.

Ⓥ PCT출원 절차

1. 서설

사실 PCT출원의 가장 큰 장점은 한 나라의 수리관청에 서류를 접수시켜서 국제출원하고자 하는 동맹국을 지정하는 것으로 출원서류의 준비가 완료된다는 것이다. 이 때문에 PCT출원을 위한 용어정의와 절차가 마련되어 있다.

2. 국제출원인

국제출원을 할 수 있는 자는 PCT에 가입한 우리나라 국민은 물론 우리나라에 주소나 영업소를 갖는 재외자, 상기 한국 국민과 우리나라에 주소나 영업소를 갖는 재외자와 공동출원하는 외국인 및 한국 국민과 우리나라에 주소나 영업소를 갖는 재외자를 대표자로 하는 외국출원인이다.

3. 사용 언어

PCT출원에 사용할 언어에 대해서는 수리관청과 국제사무국이 협의하여 선정한다. 우리나라를 수리관청으로 하는 경우 사용언어는 국어와 영어이다. 출원서는 국어출원의 경우도 영어로 작성해야 하며, 작성범위는 명세서, 청구범위, 도면, 요약서 등이다. 국어로 출원하는 경우 출원일로부터 1년 4개월 이내에 공개용 영어 번역문을 제출하여야 한다. 번역문 제출 시 보정이 가능하므로 동시에 보정된 영문명세서와 도면을 제출할 수 있다.

4. 출원서 제출

PCT출원을 위해서는 출원인은 출원서 3통을 수리관청에 제출해야 한다. 수리관청은 우선일로부터 소정의 기간(원칙적으로 13개월)에 기록 원본을 국제사무국에, 조사용 사본을 국제조사기관에 송부한다. 국제사무국이 기록 원본을 소정의 기간 내에 수리하지 않는 경우 그 국제출원은 취하한 것으로 본다.

5. PCT출원 절차도

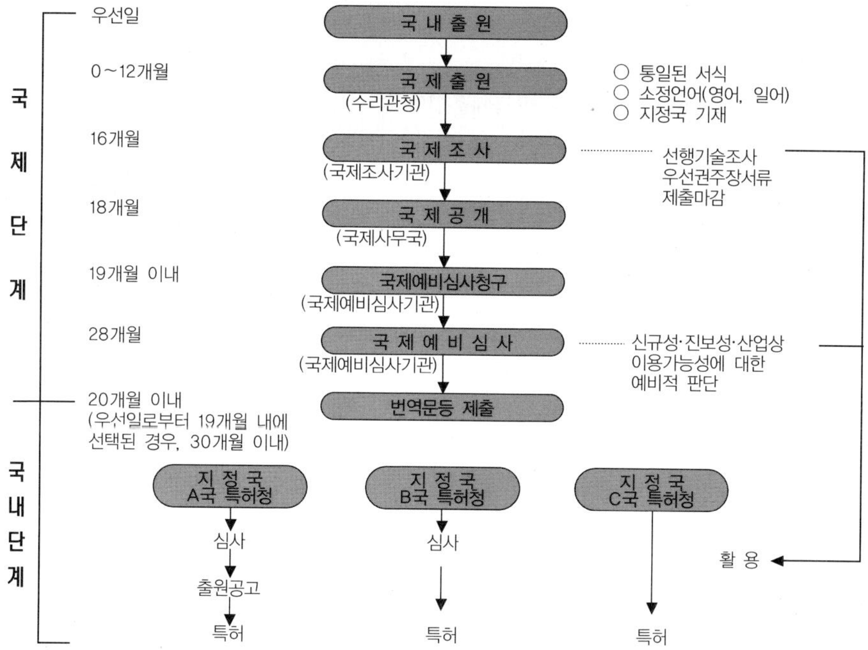

6. 출원서 기재사항

우리나라의 특허청을 통해 PCT출원을 하는 경우에는 한글로 된 출원서를 사용할 수 있다. 전자문서에 의해서는 물론, 우편접수 PCT출원도 가능하다. 출원서에는 PCT출원의 표시, 지정국의 지정, 지역 특허의 경우 EPO 전체 혹은 그 체약국 별로 출원 가능하도록 그 취지의 기재[403], 출원인 인적사항, 발명의 명칭, 대리인 인적사항, 발명자 인적사항[404] 등을 기재하고, 출원서에 첨부하여 가)명세서, 나)청구범위, 다)필요한 도면, 라)요약서 기타 필요한 서면 등을 제출해야 한다.

7. 국제출원일 인정문제

국제출원일이 중요한 것은 대부분의 PCT 체약국이 신규성이나 진보성 등의 특허요건 판단일

403) 지정국은 반드시 1국 이상 지정하여야 한다. 지정국은 출원 후 추가할 수 없으나 삭제할 수는 있다. 따라서 실무적으로는 지정국의 지정에 수수료의 추가 부담이 있는 것이 아니므로 출원시 모든 체약국을 지정한 후 특허취득이 필요 없다고 판단되는 국가는 나중에 삭제한다.

404) 지정국의 법령에서 요구하는 경우에만 기재한다. 그러나 여러 나라 중 한 나라라도 발명자 기재를 강제하고 있으면 기재하여야 한다.

을 최초 출원일로 보기 때문이다. 국제출원일은 출원서를 접수하는 수리관청의 접수일자가 된다.

가. 보완명령

수리관청은 국제출원이 관련 요건(국제출원할 수 있는 자, 사용언어, PCT 표시, 지역특허 취지, 출원인 성명, 첨부사항 등)을 구비하고 있는지의 여부를 심사해 중대한 하자를 해소시킨 경우에만 국제출원일을 부여한다. 하자 있는 국제출원의 경우는 보완서류 접수일(도달일)이 국제출원일이 된다.

나. 보정명령

보정명령은 경미한 하자가 있는 경우 행해지며, 국제출원일은 수리관청에 출원한 날이다. 경미한 하자는 (1)출원인의 주소, 국적의 미기재(성명은 보완사유), (2)방식 위배, (3)수수료 불납, (4)발명의 명칭의 기재누락, (5)요약서 미첨부, (6)행위능력/대리권 흠결사항 등이다.

다. 도면 미제출의 처리

출원서의 명세서에 도면에 대해서 기재하고 있으나 도면이 첨부되지 아니한 경우에는 보완사항이 되어 국제출원일을 인정하지 않고 단순히 통지하여 도면이 접수되는 날을 국제출원일로 인정한다. 도면의 제출일은 국제출원 접수일로부터 30일 이내이다. 출원인이 도면을 제출하지 아니할 경우는 도면이 없는 것으로 취급할 뿐, 국제출원일은 인정된다.

8. 대표자 및 대리인

가. 공동출원

국제특허출원이 공동 출원인일 경우 대표자를 선임하여야 하며, 대표자 선임이 없으면 수리관청의 특허청장이 강제로 선임한다. 보통 출원 중인 첫 번째 기재된 자를 대표자로 선임한다. 선임 이유는 대표자에게만 절차의 진행을 통보하여 업무의 원활화와 신속·편리함을 도모하기 위한 것이다. 따라서 대표자가 선임되어 있으면 국제출원의 취하도 대표자 단독으로 가능한 바, 이 점은 우리의 특허법과 차이가 있다.

나. 대리인 선임

국제특허출원의 대리인은 변리사이다. 단, 법정대리인은 예외이다.

9. 취하 간주

PCT출원 이후 보정명령을 받고 지정기간 내의 보정을 이행하지 않았거나 국제출원일 후 4개월 이내에 보완명령 사유를 발견한 경우는 취하된 것으로 본다. 취하가 되면 해당 PCT출원에 대한 출원일을 인정받을 수 없지만 재출원하는 것은 가능하다.

Ⅵ 국제조사

1. 의의

PCT출원에 있어서 국제조사라 함은 국제조사기관이 행하는 국제적 유사기술의 확인 작업이라 할 수 있다. 수리된 모든 PCT출원은 국제조사의 대상이 된다. 유사기술의 파악 범위는 선행기술과 해당 PCT출원의 청구범위이다.

2. 취지

종래 국제특허출원의 선행기술 조사는 개별 국가마다 행할 수밖에 없었으나 PCT출원에 의한 국제조사에 의해 그 결과가 출원인과 각 지정국으로 통보되므로 지정국의 수고를 덜 수 있고, 심사기간도 단축시킬 수 있게 된다.

3. 국제조사 절차

가. 국제조사기관

국제조사기관은 WIPO총회에서 선정하는 해당국 특허청이며 국제조사를 행한다. 2005년 현재 국제조사기관은 한국, 미국, 일본, 러시아, 스페인, 스웨덴, 호주, 오스트리아, 중국, 유럽 특허청이다.

나. 조사범위

조사의 목적은 당해 PCT출원의 청구범위와 동일 · 유사한 선행기술을 발견하는 것이다. 가능한 한 조사기관은 많은 선행기술을 발견하도록 노력해야 하며, 적어도 규칙이 정하는 최소한의 자료는 조사해야 한다. 이 때문에 조사기관을 선정함에 있어서는 인적 · 물적 자원의 확보와 조사기관이 속해 있는 국가의 산업재산권 활성도를 감안하게 된다. 기준일은 국제출원일이며, 조사범위는 PCT출원의 청구범위와 필요도면이다.

다. 국제조사 보고

국제조사기관은 국제조사 보고서를 작성하여 출원인 및 국제사무국으로 통보하여 지정국으로 송부하게 한다. 보고서의 작성은 조사용 사본의 수령일로부터 3개월(우선일로부터 9개월 중 늦게 만료되는 기간) 내에 한다. 2004년부터는 국제조사기관에서도 〈국제조사기관의 견해서〉를 작성함에 따라 특허성 여부를 판단하게 된다. 즉, 그 동안 선행기술조사가 주 기능이었던 국제조사기관의 기능이 대폭 확장되어 신규성 · 진보성 · 산업상 이용 가능성 여부까지 판단하는 업무를 수행하고 있다. 국제조사기관의 견해서 작성기한은 국제조사보고서와 같다.

내용면에서는 국제예비심사기관의 견해서와 유사하나 국제 예비심사기관의 견해서는 국제예비심사보고서 작성 전단계로서 특허성에 의문이 있는 경우에 출원인에게 통보하여 출원인과 의견을 교환할 수 있는 수단으로 활용되고 있다. 국제조사기관의 견해서는 출원인과의 의견교환 없이, 특허성 여부에 상관없이 모든 국제출원 건에 대하여 작성된다는 차이점이 있다.

라. 보정

국제조사보고서를 받은 출원인은 출원을 계속할 것인지 혹은 취하할 것인지를 결정할 수 있는 한편, 보정에 의해서도 흠결을 치유할 수 있다. 보정은 청구범위에 대하여 1회에 한하여 국제출원일로부터 1년 4개월(보고서 작성 후 2개월 중 늦은 때) 이내에 국제사무국에 보정서를 제출할 수 있으며, 보정내용은 국제출원의 공개된 범위 내여야 한다.

마. 국제공개

(1) 시기

국제공개 시기는 우선일로부터 18개월이 경과하면 국제사무국에 의해 신속히 공개된다. 출원인의 청구에 의해 조기 공개될 수도 있다.

(2) 공개방식

국제공개는 국제조사보고서가 기재된 팸플릿 형식으로 행해진다. 국제공개의 원칙은 영어 혹은 영어에 의한 번역문이지만, 불어 · 독어 · 일어 · 스페인어 · 러시아어는 그대로 사용한다. 공개의 효과는 체약국의 법령이 정하는 바와 같아서 체약국은 국제공개가 필요하지 않다고 선언할 수도 있다. 미국만을 지정국으로 하는 경우의 국제출원은 공개되지 않는다(PCT 제64조).

(3) 국제공개의 대상

명세서 청구범위, 필요도면, 요약서 PCT 제19조의 국제조사 보고서, 보정이 있는 경우 보정서이다. 출원서는 공개되지 않는다.

Ⅶ 국제예비심사

1. 의의

국제예비심사는 PCT출원의 특허요건 충족 여부를 파악하기 위한 국제적 심사를 말하며, 예비라고 한 것은 지정국에서 심사하기 이전에 예비심사기관에서 구속력 없이 한 심사라는 의미에서 사용된 것이다. 따라서 예비심사는 출원인의 선택에 의해 이루어지며, 국제예비심사 신청을 하지 않았다 하여 절차가 정지되지는 않는다.

2. 취지

국제조사에서는 특허요건을 판단하지 않고 단순히 유사선행기술을 인용만 하게 된다. 이와 달리 국제예비심사는 실질적인 특허 요건의 구비 여부를 심사한다. 여기에는 해당 PCT 출원의 특허청구범위가 신규성이나 진보성 등을 갖추었는지 여부를 판단한다(청구범위가 다항제로 구성된 출원이라 하여 특정 청구항만 선별하여 심사청구할 수 없다). 따라서 출원인은 자기의 국제출원이 국내단계(지정국으로 진입되는 단계)로 넘어가기 전에 특허요건을 갖추었는지 여부를 알 수 있다. 심사 결과 특허요건이 갖추어지지 않았다면 부득이 많은 비용을 들여가며 지정국별로 특허 받으려고 애쓸 필요 없이 포기할 수 있으므로 시간적 · 경제적 낭비를 줄일 수 있다는 취지에서 국제예비심사제도를 활용하고 있다.

그러나 특허독립의 원칙에 따라 지정국 별로 독립된 특허제도가 운영되고 있어서 국제예비심사에 의한 심사결과가 그대로 각 지정국에 적용된다고 보기 어렵다. 또한 심사결과에 대한 구속력도 없다. 여기에다 번역문 제출기간이 30개월까지 늦춰지므로 결국 심사받기까지의 기간이 길어지는 문제도 있고, 심사는 개별국 별로 다시 진행되어 기간이 더욱 길어진다는 문제가 있게 된다. 이 때문에 현장에서는 시간적 · 경제적인 면을 고려하여 지정국이 7~8개국 이상이면 PCT루트를 권하고 있지만, 중요하고 급한 특허출원을 몇 나라에서만 권리취득을 원하는 경우 파리루트를 활용할 것을 권하고 있다. 이는 국제예비심사에서 특허요건을 갖추지 않았다고 판단된 PCT출원이 지정국 모두에서 특허권을 부여받기 어려운 반면, 개별국마다 별도로 출원하는 파리루트에 의한 국제출원의 경우는 각국마다 심사기준의 차이에 의해 특허 받을 가능성이 있을 뿐 아니라 번역문 등의 제출로 인한 심사까지의 시간이 줄어들기 때문이다.

3. 국제예비심사기관

국제예비심사기관은 WIPO총회에서 선정한다. 2005년 현재 국제예비심사기관은 해당국의 특허청으로, 해당국은 한국, 일본, 중국, 러시아, 스웨덴, 호주, 오스트리아, 미국의 특허상표청, 유럽 특허청 등이다.

4. 국제예비심사의 절차

가. 청구인

국제예비심사를 청구할 수 있는 자는 PCT 제2장에 구속되는 체약국의 거주자 또는 국민으로, 국제출원을 그 나라의 특허청 또는 그 업무를 대행하는 수리관청에 출원한 자에 한정한다. 그렇지 않으면 PCT 제2장에 구속되는 국제예비심사를 관할할 국제예비심사기관이 없는 국가의 특허청에서 심사하는 결과가 되기 때문이다.

나. 국제예비심사청구

국제예비심사청구는 PCT 출원과 동시에 할 수도 있지만, 별도로 할 경우 청구서를 관할 국제예비심사기관에 제출한다. 청구서에는 예비심사의 결과를 활용할 체약국(선택국)을 기재해야 한다. 선택국은 예비심사청구 후에도 할 수 있다. 또한 선택국의 취하도 가능하지만 선택국이 하나도 존재하지 않게 되면 예비심사청구는 취하된 것으로 본다. 이 경우 PCT 제22조의 적용기간 만료 후에 국제예비심사의 청구 또는 체약국 선택의 취하는 관계 체약국의 국내법령에 특별한 규정이 없는 한 관계 체약국에서의 국제출원의 취하로 본다.

국제예비심사의 청구가 우선일로부터 19개월 이내에 이루어진 때에는 출원인이 각 선택국에 대하여 제출할 번역물의 제출기간은 20개월에서 30개월로 연장된다. 그러나 선택국에 따라 20개월 그대로 할 수도 있다.

다. 심사의 대상

국제예비심사의 대상은 PCT출원 중 예비심사를 신청한 것만 심사를 한다.

라. 심사범위

예비심사의 범위는 청구범위, 필요도면 등 명세서 모두의 특허성 여부에 관한 특허요건의 심사이다. 주로 신규성과 진보성에 관해 심사하며, 심사결과는 예비적이며 지정국의 심사를 구속하지 않는다.

마. 대한민국특허청의 위상

1997년 9월 16일 WIPO총회에서 우리나라 특허청이 PCT국제출원에 대해 국제조사기관 및 국제예비심사기관으로 지정되었으며, 1999년 12월 1일부터 국제조사 및 예비심사업무를 개시했다. 이로 인하여 출원인은 한국어로 출원이 가능하게 되어, 지정되기 전에 영어로 출원하여 오스트리아 또는 호주 특허청을 거쳐야만 하는 번거로움과 불편한 점이 해소되었고, 보정도 쉽게 할 수 있게 되었다. 특히 PCT출원 시 공식 사용 언어에 한글이 추가되어서 국제출원인의 행정처리가 더욱 용이하게 되었다.

바. 보고서 작성

예비심사결과의 보고서는 출원인의 청구에 의해 예비심사기관에서 작성한다. 동 기관은 보고서 작성 전에 미리 출원인에게 보고내용을 알려서 보정의 기회를 준다.

사. 보정

예비심사기관으로부터 심사가 끝났다는 통지를 받은 출원인은 필요시 청구범위, 명세서, 필요도면 등 전반에 대해 보정의 기회를 갖는다. 보정은 횟수에 상관이 없으며, 따라서 보고서 작성 이전에 보정할 수 있다.

Ⅷ 국내단계로의 진입

국내단계로의 진입은 PCT 절차가 완료되어서 각 지정국 내로 출원절차가 넘어가는 과정을 말한다. 국내단계는 PCT출원에 대한 국제공개가 이루어짐과 동시에 국제사무국은 국제출원서류를 지정국으로 발송하게 되는데 각 지정국에서는 국제출원서류와 함께 첨부된 국제조사 보고서를 참고하여 국내단계(지정국 내에서의 단계)에서의 절차를 진행하게 된다.

PCT출원이 지정국에서 유효한 출원이 되기 위해서는 번역문과 함께 국내요금을 납부해야 한다. 번역문의 제출기간은 우선일로부터 20개월이다. 다만 우선일로부터 19개월 이내에 국제예비심사청구를 한 경우에는 우선일로부터 30개월 전까지 번역문과 수수료를 내면 된다. 이때부터 각 지정국에서의 심사가 진행되며, 선행기술에 관한 국제조사보고서는 참고사항이지 해당국의 심사관의 심사업무를 구속하지 않는다.

Ⅸ PCT-EASY 국제출원제도

PCT-EASY[PCT-Electronic Application System] 국제출원제도는 WIPO에서 개발한 국제출원서 작성용 소프트웨어를 사용하여 작성[Request 및 Abstract]된 출원서에 의한 출원을 말한다. PCT-EASY 국제출원의 요령은 PCT-EASY에 의해 작성된 출력물에 명세서, 청구범위, 요약서, 도면 등을 첨부하여 서면으로 3부(원본 1부, 사본 2부)를 제출하고, 반드시 이 Request 및 요약서가 수록된 플로피 디스크를 함께 제출(이때 원본은 서면이며, 플로피 디스크의 미제출 시에는 감면혜택 없음)해야 하며 기타 모든 절차는 서면에 의한 PCT 국제출원과 차이가 없다.

출원서 작성에 필요한 관련 소프트웨어는 전용 홈페이지(http://pcteasy.wipo. int)에서 다운로드 받을 수 있으며, 이를 작성하는 구체적인 요령은 특허청 홈페이지(http://www.kipo.go.kr)의 '제도 및 절차' 메뉴 중에 'PCT 국제출원제도 안내' 코너에서 습득할 수 있다. 이 제도에 의한 국제출원에 대해서 기본료 중 200 스위스프랑이 감면된다.

Ⅹ 국제출원의 취하

1. 자진 취하

국제출원인은 우선일로부터 30개월을 경과하기 전 또는 국제출원인이 국제서면제출 기간의 경과 전, 출원심사청구를 하기 전(기준일 전)에는 국제출원, 지정국의 지정 또는 우선권주장을 취할 수 있다.405)

2. 취하 의제

자진 취하한 것은 아니나 PCT출원이 취하된 것으로 간주하는 경우는 다음과 같다.

- 특허법 제195조에 따른 특허청장의 보정명령에 불응한 경우
- 수수료를 납부하지 않고 보정을 명한 날로부터 1개월이 경과한 경우
- 국제출원 인정일로부터 4개월 내에 보완명령 사유에 해당하는 것이 발견된 경우

405) 특허법시행규칙 제106의 7.

4장 디자인보호법

1절 총설

I 디자인의 보호

1. 디자인 보호제도

가. 목적

지적재산권을 구성하는 창작의 범위는 산업재산권 위주의 물건과 방법에 대한 것과, 문화창달을 위한 저작 작품을 포함한다. 여기서 산업재산으로서의 물건은 다시 형상이나 구조, 모양 등의 외적디자인으로 구분하여 해당 고유영역에서 과학기술의 발전과 함께 국가경쟁력을 결정하는 요소로 자리 잡게 된다.

특히 디자인은 기업 활동에 편입되어 판매촉진을 위한 유력한 수단으로 간주되어 광고나 선전을 위한 상업디자인이라는 분야가 확립되었다. 나아가 광고나 선전에 이용되는 것에만 한정되지 않고 공공의 목적을 위하거나 환경 형성에도 일익을 담당하기 위한 전달디자인으로 확대되었다. 근래에 와서 상업디자인이라는 말은 널리 인쇄기술을 매개로 한다는 뜻에서 그래픽디자인이라는 용어로 바뀌고, 오늘날의 디자인 영역에서는 더욱 광범위하게 시각에 관계되는 모든 것을 포함한 시각디자인이라는 의미를 포괄하여 생산 면에서의 산업디자인 · 상품디자인에 더하여 시각전달을 위한 시각디자인은 물론 환경디자인까지 범위에 거의 제한을 두고 있지 않다.

이렇듯 디자인은 종래의 기능성 위주의 제품에 보완적이거나 종속적 요소로부터 독립하여 이제는 기능성을 리드하며 인간 삶의 전 분야에 영향을 미치지 않는 곳이 없을 정도의 위치를 확보하고 있다. 따라서 디자인의 보호와 이용을 도모하여 디자인을 창작하는 것은 우리 삶의 질을 높이는 것은 물론 국가산업 발전에 기여하게 된다는 궁극의 목표를 가지게 된다. 새롭고 창의적인 디자인의 개발을 장려하고 그 디자인을 보호하는 제도적 장치가 마련되어 있는 바, 우리의 디자인보호법은 이러한 목적 달성을 위해 설립된 것이다. 디자인보호제도 운영에 필요한 규정이 신설되거나 개정되거나 혹은 폐지되면서 현재에 이르고 있다.

특히 디자인의 고유적 명칭은 의장意匠이었으나 시대의 변천과 국제적 감각에 맞는 새로운 용어의 사용이 요구되었다. 보호대상이 유체물에 대한 외적 의장에서 무체물의 모양까지 확대되면서 보다 포괄적으로 사용가능한 디자인이라는 개념이 종래의 의장 용어를 대신하여 2005년 7월 1일부터는 「의장법」도 「디자인보호법」으로 개정되어 사용되어오고 있으나 디자인보호제도의 개념 자체가 바뀐 것은 아니다.

나. 정의

디자인보호법에서 정의하는 디자인이란 "물품[물품의 부분(제12조를 제외한다) 및 글자체를 포함한다. 이하 같다]의 형상・모양・색채 또는 이들을 결합한 것으로서 시각을 통하여 미감을 일으키게 하는 것"을 말한다(디자인보호법 제2조 제1호). 따라서 디자인으로 보호되는 대상은 물품성을 전제로 형상의 디자인, 모양의 디자인, 형상과 모양의 디자인 및 형상・모양・색채가 결합된 디자인 등 형태성(혹은 형체성)을 갖추어야 디자인으로 성립한다. 또한 형체를 갖춘 디자인이라 해도 공업상 이용 가능하고 신규하며 용이하게 창작되지 않는 조건을 갖춘 경우에만 심사를 거쳐 「디자인보호법」에 의해 보호등록이 가능하게 된다.[406)]

그러나 물품성을 전제하던 종래의 디자인보호 객체는 화상디자인이라는 무체물까지 부분디자인으로 보호하면서 디자인보호 대상이 유체물은 물론 무체물까지 확대되어 있다. 특히 화상디자인이 디자인보호 대상으로 중요한 것은 컴퓨터 프로그램의 개발과 더불어 컴퓨터의 화면표시부에 특정의 명령이나 정보에 대응하는 도면 등의 화상을 표시하고 마우스 등을 이용한 입력조작을 행하는 시각성이나 직감성을 중시한 그래픽 사용자인터페이스 기술의 발달과 궤를 같이하기 때문이다. 사용자인터페이스 기술은 컴퓨터의 비약적인 이용 확대에 큰 원동력이 되었기 때문이다.[407)]

또한 인터넷이라고 하는 네트워크 환경의 발전과, 특히 고속의 대용량 정보통신을 가능하게 하는 인프라가 구축되어서 이들 네트워크를 통한 전자정보의 이용이나 유통이 급속히 확대되어 왔고, 이에 따라 이들로부터 제공되는 정보의 시각적인 측면이 아주 중요한 요소로 인식되어서 화상디자인의 개발전략과 맞물려 보호의 필요성이 대두되어왔다.[408)] 결국 사용자인터페이스 등은 기술적 사상의 창작이나 프로그램에 대하여 특허법에 의한 보호가 이루어지지만 화상디자인의 조작성이나 시각적 미감은 물품의 심미적 차원에서 다루어져 디자인보호 대상으로서의

---

406) 디자인보호법 제5조.

407) 財團法人 知的財産權硏究所「デザインの 戰略的 活用に 卽した 意匠制度の在り方に 關する 調査硏究報告書」44-45頁, (平成 15年度 特許廳 産業財産權制度問題 調査硏究報告書, 平成 16年3月).

408) *id.* p.45.

요소를 구성하게 된다.[409]

이와 같이 디자인은 보호대상이 점차 확대되어질 뿐만 아니라 디자인 고유 특성을 가지므로 디자인보호법은 이를 감안하여 부분디자인, 유사디자인, 한 벌 물품디자인, 비밀디자인, 동적디자인 등의 보호를 위한 출원과 심사 및 등록을 위한 제반 행정절차를 갖추고 있다.

Ⅱ 보호디자인의 성립

1. 디자인의 성립성

디자인 보호객체는 물품의 외형으로 보이는 외적 형상을 말한다. 따라서 디자인보호법상 보호 가능한 디자인의 종류는 형상의 디자인, 모양의 디자인, 형상과 모양의 디자인 및 형상·모양·색채가 결합된 디자인 등으로 구분할 수 있다. 이러한 디자인들이 형태성(혹은 형체성)을 갖추고 미적 감흥을 줄 수 있어야 보호 가능한 디자인이 된다.

디자인으로 성립하기 위해서는 디자인이 외적으로 표현되는 물품이 존재해야 한다는 물품성을 전제로 한다. 물품은 유체물과 무체물로 대별되므로 반드시 유체물의 형상과 모양 및 색채라고 한정할 수 없다. 디자인보호법상 보호되는 디자인은 유체물이든 무체물이든 물품에 화체되어 그 외형이 시각적으로 나타나게 되므로 물품성은 유체물과 무체물을 구분하기 위한 기준이라기보다는 물품과 디자인의 불가분성에 관한 개념으로 접근할 수 있다. 또한 형체를 갖춘 디자인이라 해도 이른바 디자인 등록요건이라 할 수 있는 '공업상 이용가능'하고 '신규'하며, '용이하게 창작되지 않은 것'을 조건으로 하면서 당해 디자인이 미적으로 처리되어서 보는 사람으로 하여금 시각적으로 심미감을 느끼게 할 수 있는 조건을 갖춘 경우에만 특허청 심사관의 심사를 거쳐 디자인보호법에 의해 보호등록이 가능하게 된다(디자인보호법 제5조).

또한 물품성을 갖추고 디자인 등록요건을 갖추었다고 해도 공익이 우선되는 경우와 국가간의 신뢰, 국제기구의 존엄성 등을 고려하여 디자인으로 등록받을 수 없는 디자인이 존재하게 된다. 당해 디자인이 화체된 물품의 생산자와 소비자 보호를 위해서도 타인의 업무와 관계되는 물품과 혼동을 가져올 우려가 있는 디자인에 대해서는 디자인보호법상 보호 가능한 등록디자인이 될 수 없다(디자인보호법 제6조). 따라서 디자인으로 성립하려면 그 디자인이 물품성, 형태성, 시각성, 심미성을 갖추어야 한다.

---

409) *id.* p.45.

2. 물품성

가. 정의

물품이란 독립성이 있는 구체적인 유체동산을 의미하는 것으로, 이러한 물품이 의장(구 의장법에서 디자인을 일컬음, 이하 같다)등록의 대상이 되기 위해서는 통상의 상태에서 독립된 거래의 대상이 되어야 하고, 그것이 부품인 경우에는 다시 호환성을 가져야 한다. 이는 반드시 실제 거래사회에서 현실적으로 거래되고 다른 물품과 호환될 것을 요하는 것은 아니고, 그러한 독립된 거래의 대상 및 호환의 가능성만 있으면 의장등록의 대상이 된다.[410]

물품성이라 함은 "디자인보호법상의 디자인이 되기 위해서는 당해 디자인의 보호를 위한 등록대상이 되는 물품이 존재해야 한다."는 성립요건을 말한다. 물품성을 갖추려면 "동산이어야 하고, 형체성을 갖추어야 하며, 독립거래 할 수 있는 것"이어야 하는 디자인 심사기준에서도 그 근거를 찾을 수 있다(디자인 심사기준 제1조 ② 제1호 가목). 물품의 범위는 유체물과 무체물을 포함하지만 물품이라 함은 독립성 있는 구체적인 물품으로서 유체동산을 원칙으로 한다.[411]

부동산 이외의 물건은 모두 동산[412]이지만, 동산이라고 모두 디자인보호법상 등록대상이 되는 것은 아니어서 형체가 정형화되지 않은 액체나 기체, 분상물이나 입상물, 형[型] 등은 디자인보호법에 의하여 보호받지 못한다.[413] 형체를 갖는 물품은 평면적인 물품과 입체적인 물품으로 구분하며, 직물지나 전사지와 같이 형체보다 디자인으로만 존재하는 물품이 존재하고, 무체물도 평면과 가상적 공간에서 실체적으로 표현되는 점을 감안하면 유체물만의 디자인 보호벽은 영속적일 수 없다.

나. 물품의 범위

(1) 유체물

유체물이란 입체적 공간을 차지하며 물리적 형체를 갖추어서 시각적으로 뿐만 아니라 감촉에 의해서도 질감을 느낄 수 있는 물품을 말한다. 형체를 갖추어야 하므로 고체 · 액체 · 기체 중 고체만 유체물로 보아 동산과 부동산으로 분류하기도 하지만 액체나 기체가 일정 용기에 가두어져 공간을 점유하는 형체를 구성한다면 이들도 디자인보호법상 유체물로 취급한다. 유체물 이외의 모든 물체는 무체물로, 전자회로로 구성되는 가상공간에서 모양과 색채로 나타나는 화상디자인을 대표적으로 꼽을 수 있다.

---

410) 대법원 2001.4.27. 선고, 98후2900 판결.
411) 디자인심사기준 제2조 제2항.
412) 민법 제99조 제2항.
413) 노태정 · 김병진, 앞의 책, p.113-118.

(2) 무체물

유체물 이외의 모든 물품은 입체적 공간을 차지하지 아니하는 무체물이 된다. 유체물과 무체물을 구분하는 주요 기준은 형체에 따라 당해 물품이 입체적 형체를 갖추고 촉감에 의해서도 확인 가능한 유체물을 일반적으로 말하는 것이다. 입체형태가 아니더라도 컴퓨터 모니터와 같은 각종 디스플레이상에 2차원의 이미지로 구현되는 디자인, 즉 평면적 형체를 갖춘 가상적 실체에 대해서도 물품의 범위에 포함시켜 무체물로 구분하고 있다.

또한 물품의 존재 형식을 시각적으로 판단 가능한지의 여부로 구분하여, 예를 들면 전기·열·빛·무색의 기체 등은 사람의 눈으로는 여부를 판단할 수 없기 때문에 눈으로 확인 가능한 유체물에 대비되는 개념으로 이들을 무체물이라 한다. 또한 공간점유에 따라 유체물과 무체물을 구분한다면 동일 공간에 둘 이상의 물품이 존재할 수 없는 경우라면 유체물로 볼 것이고, 레이저빔이나 화상디자인과 같이 동일 공간에 둘 이상의 물품이 구현될 수 있는 경우에는 이들을 무체물로 구분할 수도 있다.

요즈음에는 레이저빔에 색광을 혼합하여 허공에 여러 형태의 그래픽이나 홀로그램Hologram 등이 시각적으로 확인 가능한 디자인으로 표현하기도 하고, 그 기능도 다양화되고 있지만, 무체물에서 디자인법상 보호 가능한 기준인 물품과 디자인 간의 불가분관계에 대해서는 새로운 기준의 정립이 요구된다.[414] 이와 같은 맥락으로 컴퓨터 프로그램을 시각적으로 구현시켜 주는 화상디자인, 즉 아이콘, 그래픽 사용자 인터페이스, 그래픽 이미지 등도 동일 평면상에 수 개의 화상디자인이 구현될 수 있고, 더구나 촉감으로 느낄 수 있는 유체물이 아니라는 점에서 무체물로 구분하고 있다.

(3) 동산과 부동산

법률상 물物은 유체물과 무체물로 분류하고, 유체물은 다시 동산과 부동산으로 구분한다. 민법에는 "토지 및 그 정착물은 부동산이다."라고 규정(민법 제99조 ①)하고, "부동산 이외의 물건은 동산"이라고 정의(동조 ②)하고 있다. 토지가 디자인보호법상 보호대상이 될 수 없는

---

414) 그 이유는 가상공간상의 디자인들이 존재하기 이전의 디자인은 곧 입체적 물품을 일컫는 것이었으므로 종래에는 디자인=물품이라는 등식이 성립할 수 있었기 때문이다. 또한 입체적이라 할 수 없는 무늬(모양)의 디자인에 대해서도 그 디자인이 실현되는 물품 또한 외부의 변화요인이 없다면 영구적으로 존재하고 접촉할 수 있는 유체물이라는 점에서 커텐의 무늬나 마루바닥 무늬, 넥타이 문양 등도 유체물로 취급하여 보호해오는데 무리가 없었다. 그러나 가상공간상의 디자인은 이차원의 시각적 디자인일 뿐만 아니라 전원이 인가되는 동안만 존재하는 만질 수 없는 전기적 디자인이므로 이를 입체적 물품의 보호기준과 같게 취급하여 디자인보호법상 부분디자인으로 보호하는 데에는 무리가 따르게 된다. 요컨대 물품성과 존재형식이 다른 무체물과 유체물의 차이를 인정하여 디자인보호법상 이들 각각의 보호기준을 마련하는 것이 필요하다.

자연물임에는 이견이 없으나 토지의 정착물에 대해서는 인위적 요소가 가미된다는 점에서 디자인보호법상 보호대상이 나타나게 된다. 즉, 부동산을 정의하는 '토지의 정착물' 이란 토지에 고정적으로 부착되어 용이하게 이동될 수 없는 물건으로, 그러한 상태로 사용되는 것이 통상적으로 용인되는 것을 말하며, 건물 · 수목 · 교량 등이 그 예이다. 따라서 판자집 · 가식[假植]의 수목 · 토지나 건물에 충분히 정착되어 있지 아니한 기계 등은 민법상 정착물이 아닌 동산이 된다. 부동산이라도 다량생산이 될 수 있고 운반이 가능한 방갈로, 공중전화박스, 이동판매대, 방범초소, 승차대, 이동화장실, 조립가옥 등은 동산으로 취급한다(디자인 심사기준 제1조 ② 제1호 가목).

동산은 부동산 이외의 물건이므로 전기나 관리할 수 있는 자연력도 동산에 포함되지만, 디자인보호법상 동산이면서 지적재산으로 보호될 대상이라면 인위적 제조물건 위주가 될 것이며 여기에는 선박 · 자동차 · 항공기 · 건설기계 등을 예로 들 수 있다.[415)]

(4) 완성품 · 부품 · 부분품

디자인보호법상 물품은 독립적으로 거래가 가능한 현물일 것이 요구된다. 단일 물품으로 완성되어 독립성을 갖는 경우는 완성품으로 독립성과 물품성을 갖춘 물품이 된다. 그러나 양말의 뒷굽 모양, 병 주둥이 등과 같이 독립하여 거래대상이 될 수 없는 물품의 부분 혹은 부분품은 디자인보호법상의 디자인이 화체된 물품이 될 수 없다. 이는 부분이 독립적 현물이 아니기 때문이다. 독립적 현물이란 당해 물품 자체로 독립적으로 시장거래가 가능한 사실적 물건을 말하는 것으로, 손수건 또는 타월을 접어서 이루어진 꽃모양과 같이 상업적 과정으로 만들어지는 디자인으로서 그 물품 자체의 형태로 볼 수 없는 것은 물품 자체의 형태가 아니어서 물품이 될 수 없는 것과 구분된다(디자인 심사기준 제1조 ② 제1호 바목).

한편, 부분(품)이라 해도 디자인으로 보호되는 경우는 상기한 독립거래가 가능한 현물을 전제하는 것인 바, 생산자가 제조하여 시장에서 유통되는 유체물로 그 자체가 독립하여 거래의 대상이 될 수 있는 것에 한하여 부분디자인으로 보호한다는 규정은 부분이라 해도 상업적으로 독립거래가 가능한 부분품이 된다면 디자인보호법상 물품성을 갖는 것이 된다(보다 상세한 것은 부분디자인 편 참고).

부품은 하나의 유기적 결합물을 완성하는데 필요한 현물을 말하지만, 부품 자체가 하나의 독립적 유통물이 되므로 하나의 시스템을 완성하는 완성품과의 관계에서는 부품으로 구분하지만 독립거래 측면에서는 부품도 하나의 완성품으로 취급할 수 있으므로 부품을 디자인보호법상

---

415) 민법상 금전(金錢)은 동산의 일종이지만 물건이 가지는 개성을 가지고 있지 아니하며, 가치 그 자체이기 때문에 동산에 적용되는 규정이 금전에는 적용되지 않는다.(김준호, 『민법강의』, (법문사, 2000), p.165.

의 물품으로 간주하게 된다.

다. 글자체의 물품성 취급

개정 디자인보호법은 물품성을 갖는 디자인의 성립요소 가운데 글자체를 포함하고 있다. 여기서 글자체란 "기록이나 표시 또는 인쇄 등에 사용하기 위하여 공통적인 특징을 가진 형태로 만들어진 한 벌의 글자꼴(숫자, 문장부호 및 기호 등의 형태를 포함한다)"을 말한다.

글자체의 예는 문서편집프로그램인 〈흔글2004〉에서 고딕체, 명조체, 굴림체, 궁서체, 돋움체 등과 같은 서체를 말하는 것으로, 유체물에서 물품성을 전제하는 디자인 성립의 요건을 달리 적용하고 있다. 즉, 새로이 디자인된 글자체가 보호되기 위해서는 기록이나 표시 또는 인쇄 등에 사용하기 위한 글자체의 목적상 적어도 자유과 모음으로 구성되어 의미를 전달하는 한 벌 문자로서의 특징을 가져야 한다. 따라서 한 벌 문자가 특정 글자체로 디자인되어진 공통성을 가져야 하며, 한글과 외국어를 구분할 필요 없이 전체로서 특징적인 공통성을 가지면 족하다고 본다. 이는 역으로 특정 글자를 장식화한 경우는 한 벌이 아닐 뿐만 아니라 글자 전체로서 디자인된 글자체의 통일성이 없게 되므로 보호디자인이 될 수 없고 오히려 특별현저성을 갖는 상표법상의 표장에 가깝게 된다.

라. 화상디자인의 물품성 취급

(1) 특성

화상디자인은 특성상 모양과 색채만을 가지고 표시화면상에 표현되는 2차원의 화상이므로 구성요소는 모양과 색채이며, 보호대상은 표시화면상에 일시적으로 구현되는 모양과 색채이다. 그러나 화상디자인은 표시화면 기기와 함께 디자인 등록출원되어야 하므로 화상디자인 자체만 디자인보호법에 의한 보호는 이루어질 수 없다. 특히 화상디자인을 생성하는 컴퓨터 프로그램과 화상디자인은 분리하여 생각할 수 없지만 화상디자인의 구성요소에 생성프로그램은 포함되지 않는다.

화상디자인도 그 자체가 물품성을 갖는 디자인이라 할 수 없으므로 당해 화상디자인이 구현되는 표시화면(모니터 등)을 물품으로 하여 부분디자인으로 보호하되, 법의 개정 없이 심사기준 개정만으로 디자인보호법상의 물품성 문제를 해결하고 있다.

디자인보호법상 디자인의 성립요건으로서 물품성이 요구되는 것은 보호대상이 형체를 갖는 물건의 외형을 보호하기 위한 것이기 때문이다.[416] 물품성이란 미적으로 표현되는 디자인이 인위적인 물품의 외형에 표현되기 때문에, 디자인을 보호하기 위해서는 디자인이 표현된 물품

416) 디자인보호법 제2조.

이 반드시 존재해야 한다는 디자인구성의 실체적 요건이다. 때문에 디자인권의 대상이 되는 물품은 유체물이어야 하고, 유체물 중에서도 동산에만 한정해야 한다는 주장이 일반적이다.417)

그러나 네온관 등과 같은 매개물로 표현되는 빛이나 허공에 그려지는 레이저빔 혹은 화상디자인과 같은 무체물인 경우라도 눈으로 확인 가능한 가상적 실체라는 점에서 디자인법상의 시각적 구성요건을 충족시키게 되므로 디자인보호법에 의한 보호가 시도되는 것이며, 이러한 시도는 결국 종래 디자인의 물품성 문제에서 멈춰 있다고 볼 수 있다. 그러나 화상디자인과 같은 디자인보호법상의 보호대상물에 대한 물품성에 대해서는 직접적으로 당해 디자인이 화체된 물품에 대하여 접근한 것이 아니라 표시화면 등의 명칭을 빌어서 물품명으로 사용418)하게 하여 무체물성의 문제를 비껴나가고 있다.

그러나 "디자인등록출원을 하는 경우에는 그 디자인이 적용된 물품이 디자인보호법상의 보호대상으로 인정되는 물품이어야 한다."고 규정419)하고 있으므로 디자인이 화체된 물품의 경우는 보호받고자 하는 디자인의 대상이 화상디자인이 아닌 물품, 즉 표시화면을 갖춘 기기나 장비 혹은 장치일 것이 요구되고 있다. 이러한 화상디자인 보호의 예외규정을 물품에 화체된 외적 형상이나 모양 및 색채라는 디자인 정의규정에 적용시켜보면, 표시화면을 갖춘 기기는 특정한 모양이나 색채로 표현되는 하나의 화상이다. 현행 제도 아래에서는 화상디자인의 보호가 부분디자인으로 이루어지고 있는 이상 디자인등록을 받을 수 있다는 의미에서 화상디자인이 유체물이냐 아니면 무체물이냐를 논할 실익은 없다. 디자인만 고정적이고 반복적으로 표현하는 것이 아니라 다른 프로그램에 의해 생성되는 어떤 그래픽이미지나 영상도 표현해주는 장치에 불과하다. 이 때문에 표시화면 기기는 특정 화상디자인이 화체되거나 응용되는 디자인보호법상의 물품으로서 취급될 수 없게 된다.

화상디자인이 표시화면 기기에 화체되거나 적용되지 않는다 함은 화상디자인 또한 그 표시화면 기기의 외적디자인을 구성하는 전체나 부분이 될 수 없음을 말해준다. 따라서 생성디자인과 표시화면 기기와는 별개의 제품이므로 디자인과 물품이 분리되어서 존재하고 상거래 된다는 점에서 유체물의 디자인과는 물품성 판단과 적용기준이 다르게 적용되고 있다. 이는 유체물 디자인의 경우처럼 판매되는 제품에는 그 제품에 화체되거나 응용된 디자인을 분리할 수 없다는 디자인보호법상의 디자인 성립요건을 적용시키기 어렵게 만든다. 또한 표시화면 기기의 부분디자인으로 보호되는 화상디자인은 표시화면 기기의 외적 디자인과는 관련이 없으므로 부분디자인보호 제도의 설립 취지와도 부합하지 않는다.

---

417) 현행 제도 아래에서는 화상디자인의 보호가 부분디자인으로 이루어지고 있는 이상 디자인등록을 받을 수 있다는 의미에서 화상디자인이 유체물이냐 아니면 무체물이냐를 논할 실익은 없다.

418) 디자인 심사기준 제3조 제1호 다목.

419) 특허청, 『개정디자인심사기준에 의한 화상디자인에 관한 디자인의 출원요령』, 2003. 7, p.10.

따라서 양도나 실시권 설정과 같은 권리에 변동에 있는 경우 화상디자인만의 거래가 아닌 표시화면 기기 등의 물품과 함께 처리되어야 하는 이론상 모순을 안고 있어서 화상디자인은 독립적 상품이면서도 물품(표시화면 기기)에 종속적 창작물로 취급되고 있다. 이와 같이 화상디자인과 표시화면 기기라는 두 물품을 1디자인으로 보호하는 것도 1물품1디자인 등록출원의 원칙에서 지식경제부령이 정하는 물품의 구분에 따라 1물품을 지정해야 하는 취지에 반하는 것일 뿐만 아니라 각종 컬러를 갖춘 유리관으로 된 네온관은 전구와 같이 디자인보호법상의 보호대상이 될 수 있다[420]는 개념과도 차이가 있다. 왜냐하면, 네온관의 예는 디자인 형태가 고정되어서 네온관이라는 물품에 디자인이 화체된 독립물품이므로 1물품1디자인 등록출원이 가능하지만 화상디자인의 경우는 2물품1디자인 등록출원이 이루어지고 있기 때문이다.

따라서 화상디자인에는 다른 디자인과 비교하여 보호기준이 다르게 적용되고, 표시화면 기기와도 물리적으로 구분되는 형체를 갖는 디자인으로 존재하게 되므로 화상디자인이 그 표현물품과 다르게 독립적으로 취급되어야 이유가 발생하게 된다. 이는 곧 화상디자인을 유체물화하여 디자인제도에서 보호하려는 유체물과 무체물의 구별에 초점을 맞추기보다는 화상디자인과 생성프로그램과의 관계에서 둘의 가분성 여부에 비중을 두어 독립거래[421]와 독립보호의 가능성을 타진하는 것이 바람직하다. 이 경우 전원이 인가되어 컴퓨터 프로그램이 작동되는 경우에만 존재한다는 화상디자인의 특성을 충분히 고려해야 한다.

(2) 화상디자인의 물품독립성

화상디자인은 표시장치 기기의 물품명을 사용토록 하는 것과 그 표시장치 기기의 부분디자인으로 등록되는 이외에, 디자인심사기준은 물품이란 함은 "공업적 또는 수공업적 방법으로 제조될 수 있는 것을 의미하며, 한 벌의 인쇄용 글자꼴을 포함한다."라고 개정되어[422] 종래의 물품이 형상과 모양 및 색채를 갖는 공업물품으로 한정하던 것을 화상디자인과 같은 모양과 색채만을 갖는 대상도 공업물품의 범위에 포함시키고 있다. 이는 향후 기술의 발전에 따른 물품의 개념 확대에 대비하려는 의도와 2002년에 발효된 유럽연합의 디자인보호규칙[423]이나 일본의

420) 송영식 등, 앞의 책, p.737.

421) 독립거래를 위한 재산으로서의 화상디자인은 부동산이 아니므로 동산으로 취급할 수 있고, 동산의 사전적 의미는 모양이나 성질을 변하지 않게 하여 옮길 수 있는 재물, 곧 토지와 정착물 이외의 모든 유체물을 말하므로 동산은 독립하여 거래의 대상이 되어야 하고, 비록 동산이라 하더라도 일정한 형체를 갖추지 못한 액체나 기체, 시멘트나 분상물 또는 입상물의 집합 등은 디자인보호법상의 물품을 구성하지 않는다. 화상디자인이 디자인으로 보호되는 이상 그 자체가 독립의 거래대상이 되어야 함을 부정할 수는 없다.

422) 디자인보호법 제2조 1의 2.

423) 동 규칙 제3조에서 "'물품' 이란 일체의 공업제품 또는 수공업제품을 의미하여 특히 합성물의 구성부품, 포장, get-up, 그래픽 심볼 및 인쇄용 글자꼴을 포함하나 컴퓨터프로그램은 제외한다."라고 정

화상디자인보호제도 등을 고려하고 국내외 화상디자인 개발자들의 요구도 수용하는 것을 포함하고 있다.[424)]

그러나 물품의 범위가 확대되었거나 물품규정을 완화시킴으로써 화상디자인이 독립적으로 보호될 수 있느냐 하는 문제의 해결을 직접 다루고 있지는 않다. 더구나 물품성이 완화되거나 물품성 요건이 폐지될 경우에는 컴퓨터 프로그램과 컴퓨터 시스템에 의해 표시화면상에 구현되는 다른 그래픽 디자인들, 예를 들면 인쇄용 글자꼴[425)]이나 아바타, 이모티콘, 캐릭터 등의 이미지디자인들이 디자인보호법에 의해 배제되어야 할 이유가 없게 되므로 그 보호객체와 보호기준의 범위가 명확하게 규명되어야 할 필요성이 더욱 절실해진다.

요컨대 이러한 문제를 해소하기 위해서는 형상이 없는 디자인을 보호한다는 규정을 신설한 이상 이들 보호객체마다 독립된 그들만의 물품명의 사용이 필요하게 된다. 왜냐하면 화상디자인은 해당 컴퓨터 프로그램이 구동될 수 있는 표시화면장치의 제한 없이 일정한 모양과 색채로 표현되므로 전사지와 같이 디자인이 구현되는 물품의 형상에 따라 형태성이 변화하지 않는 것이기 때문이다. 또한 표시화면 장치나 기기의 물품성이 다른 경우에는 화상디자인이 동일하여도 서로 다른 디자인이 된다는 현행의 제도에서 발생되는 등록요건의 불일치를 조화시킬 수 있기 때문이다. 이는 미래의 또 다른 형상 없는 디자인에 대한 물품성의 시비를 없앨 수 있으며, 향후 기술발전을 고려하여 물품의 개념을 확대한 취지에도 부합하게 된다.

종래의 디자인제도에서 물품성을 전제한 제품은 곧 형상을 갖는 물체를 말하는 것이었으므로 화상디자인이 독립적인 물품성을 갖는다는 것은 화상디자인이 물품과 분리되더라도 디자인으로 보호될 수 있다는 것을 의미한다. 즉, 디자인의 보호대상이 형상, 모양, 색채 또는 이들의 결합으로 볼 때, 화상디자인은 형상이 제외되고 모양과 색채로만 보호가 된다면 화상디자인과 종래 보호디자인과의 차이는 형상의 구비 여부로 정해진다. 따라서 화상디자인의 독립물품성 여부는 형상, 즉 물품의 외형이 해당 물품과 분리 가능하게 고려될 수 있는지의 여부이며, 이는

의를 내리고 있다. 특허청, 『의장법 개정공청회』, (2003.7.23.), p.16.

424) 특허청, 앞의 책, p.15-16.

425) 타이프 페이스가 화상디자인과는 보호객체성을 달리하지만, 컴퓨터프로그램으로 생성되어 표시화면에 일시적으로 구현된다는 의미에서는 시각적 표현방법이 같다. 특허청, 『의장법 개정공청회』, (2003.7.23), 39면에서는 글자꼴과 폰트에 대해 세분하면서, "협의의 글자꼴(Typeface)이란 인쇄 기술적 방법에 의하여 활자, 사진 식자판 등 유체물의 표면에 나타내어진 한 벌 글자의 형상을 의미한다. 광의의 글자꼴이란 인쇄기술적 방법에 의하든 또는 서예 · 컴퓨터 등 인쇄 기술적 방법 이외의 방법에 의하든 활자 · 지면 · 화상 등의 컴퓨터 자판, 사진 식자판 등 유체물의 표면에 나타내어진 한 벌 글자의 형상을 의미한다. 폰트(Font)란 글자꼴을 구체적인 기록이나 표시, 인쇄 등에 이용될 수 있도록 한 것으로, 활자나 사진 식자판 등의 형태로서 아날로그적으로 수용된 아날로그폰트와 점이나 윤곽선 등의 디지털로 변환하여 광자기 매체 등에 수용된 디지털 폰트로 나뉘나 오늘날에는 주로 디지털 폰트를 가리키는 의미로 쓰이고 있다"고 명시하고 있다.

무체물의 경우에 있어서 디자인과 그 구현 물품과의 특성관계를 고려하여 물품으로부터의 디자인분리 가능성을 타진해야 할 것이다.

(3) 화상디자인의 물품명

화상디자인의 물품독립성이 확보된다면 화상디자인의 디자인표현 물품명이 정해져야 한다. 화상디자인은 컴퓨터 프로그램에 의해 표시화면상에 그림 형태로 표현되는 전자적 화상이므로 생성 프로그램이 온라인을 통하거나 마이크로칩에 내장되어 있어서 표시화면 기기에 구현되는 화상디자인의 모양이나 색채는 항상 동일하다. 이는 반복하여 동일하게 표현되어야 하는 디자인의 등록요건을 만족시키게 되며, 표시화면기기의 물품이 서로 달라서 표현되는 디자인이 다른 디자인[426]이 되는 현행 디자인보호법상 디자인보호의 한계[427]를 극복할 수 있다.

화상디자인의 독립된 물품명으로는 컴퓨터로 생성되는 전자적 화상이나, 프로그램과의 불가분성을 반영한 프로그램 화상 혹은 디지털 특성을 강조한 디지털 화상 등으로 칭할 수 있을 것이다.

(4) 생성프로그램과의 취급문제

시각적 요소만 보호되는 디자인보호법상의 한계가 있더라도 화상디자인은 특성상 생성프로그램과 분리하여 생각할 수 없다. 그 이유는 독립물품으로서 취급하기 위한 화상디자인은 프로그램이라는 상품을 나타내는 기호나 도형에 불과하기 때문이다. 이때 프로그램은 특정 데이터와 일체로 된 경우를 포함한다. 그러나 화상디자인은 표시화면상의 윈도우나 페이지 범위 내에서 표현되는 창작범위가 보호대상이지만 화면의 선택이나 배열 계층구조 등의 방법 등은 표시화면상에 화상디자인을 표현할 추상적 방법의 하나에 불과한 것이므로 보호대상에 포함되지 않는다.[428]

(5) 화상디자인의 범위

신설된 디자인 심사규정[429]에는 "화상디자인이 물품에 일시적으로 구현되는 경우에도 그

---

426) 특정 아이콘이 컴퓨터 모니터나 전자레인지의 표시창에서 동일한 모양과 색채로 표현됨에도 불구하고, 컴퓨터 모니터(디자인분류상 H5 1)와 전자레인지(디자인분류상 C6-4310)가 다른 물품군이어서 서로 다른 디자인으로 취급되는 경우가 그 예이다.

427) 디자인심사기준 제 4조 제 4항 하목 (1) : 화상디자인이 표시된 표시부를 갖는 물품에 관한 디자인의 유사여부는 동일 · 유사물품 간에 있어서만 판단한다.

428) 財團法人 知的財産權硏究所「デザインの 戰略的 活用に 卽した 意匠制度の在り方に 關する調査硏究報告書」45-46頁 (平成 15年度特許廳 産業財産權制度問題 調査硏究報告書,平成 16年3月).

429) 디자인심사기준 제3조 제1호.

물품은 화상디자인을 표시한 상태에서 공업상 이용할 수 있는 디자인으로 취급한다."고 하여 화상디자인이 물품상에 구현될 것을 명시하고 있다. 그러나 화상디자인 자체만으로는 디자인 보호법상의 디자인에 해당되지 않음을 부기하고 있다. 화상디자인의 보호는 표시화면상에 전체 디자인과 부분 디자인으로 표현하는 방법에 따라 구분하고 있다.[430)]

부분디자인 등록출원에 있어서 하나의 물품 중에 물리적으로 분리된 둘 이상의 부분디자인이 표현된 경우에는 1디자인1등록 출원원칙에 위배되지만 형태적으로 단일의 개념을 갖는 형태적 일체성 등이 인정되어 전체로서 디자인 창작상의 일체성이 인정되는 경우에는 예외로 디자인보호법에 의한 보호가 이루어진다.[431)]

동적디자인과의 관계에서 화상디자인이 변화하는 경우는 (1)표시되는 도형 자체가 변화하는 경우, (2)표시되는 도형 등의 위치가 이동되는 경우로 그 변화에 일정성이 있어야 하며, 변화 전후에 형태적 관련성이 있어야 한다.[432)] 예를 들면 표시화면상에 표시되는 특정 아이콘의 선택에 의해 별도의 표시화면으로 바뀌는 경우에 변화 전후의 표시화면에 관해서는 형태적 관련성이 인정되지 않아 하나의 디자인으로 취급되지 않는다.[433)]

2. 형체성

가. 정의

형체성이란 디자인의 정의규정을 만족시키는 "물품(물품의 부분(제12조를 제외한다) 및 글자

---

430) 특허청, 『개정디자인심사기준에 의한 화상디자인에 관한 디자인의 출원요령』,(2003.7), p.2-3.

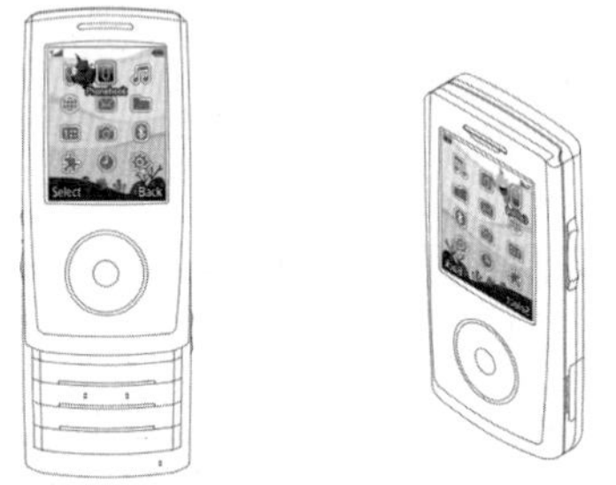

[전체디자인 A]　　　[부분디자인 B]

- 전체디자인 A : 화상디자인을 표시한 상태의 전체 디자인의 예로, 디자인의 대상이 되는 물품은 화상디자인이 표시된 개인휴대정보단말기(PDA)이다.
- 부분디자인 B : 화상디자인을 표시한 상태의 부분디자인의 예로, 물품은 화상디자인이 표시된 휴대전화기이며, 실선으로 표시한 부분이 부분디자인으로서 디자인 등록을 받을 부분임을 디자인의 설명란에 기재하고 있다.

431) 특허청, 앞의 책, p.3.

432) 특허청, 앞의 책, p.6.

433) 특허청, 앞의 책, p.8.

체를 포함한다. 이하 같다)의 형상 · 모양 · 색채 또는 이들을 결합한 것으로서 시각을 통하여 미감을 일으키게 하는 것"에서 "형상 · 모양 · 색채 또는 이들을 결합한 것"을 말하며, 형태성이라고도 한다.

디자인의 성립요소인 물품성은 디자인과의 관계에서 그 자체로 판단되는 요소이지만 형체성은 디자인 등록요건과 더불어 권리범위를 정하는 주 요소가 되고, 선 · 후출원되는 다른 디자인들과의 비교요소가 된다는 점에 중요성이 있다.

나. 형체의 구성

(1) 형상

형상이란 "유형적 존재인 물품이 공간을 점유하는 윤곽"으로, 물품은 반드시 형상을 지니기 때문에 형상이 없는 디자인은 존재할 수 없다.[434] 형상의 종류는 3차원의 공간적 부피를 가지는 입체적 형상과 2차원의 넓이만을 가지는 평면적 형상으로 구분한다.[435]

(2) 모양

모양이란 "물품을 장식하기 위하여 형상의 표면에 나타내는 선도, 색구분, 색흐림 등"을 말한다. 선도는 선으로 그린 도형을 말하고, 색구분은 공간이 선이 아닌 색채로 구획되어 있는 것을 말한다. 색흐림은 선염[渲染]이라 하여 색과 색의 경계를 흐리게 하여 색이 자연스럽게 옮아가는 것같이 보이게 하는 것을 말한다.[436]

입체물품에 있어서 형상은 형태의 본질적인 요소이므로 이것 없이는 형태 자체가 존재하지 못하지만 화상디자인과 같이 모양과 색채로만 존재하는 무체물도 보호되고 있으므로 모양이 형상을 전제하여 나타난다는 부종성은 의미가 없다.

(3) 색채

색채란 물체에 반사되는 빛에 의하여 인간의 망막을 자극하는 물체의 성질로, 디자인법상 색채에는 투명색 및 금속색 등을 포함한다.[437] 디자인법상 물품의 색채라 함은 시각을 통하여 식별할 수 있도록 물품에 채색된 빛깔로서, 색채에는 백 · 회 · 흑색의 무채색과 그 이외의 유채색으로 구분된다. 유채색은 색상, 명도, 채도의 '색의 3요소'로 이루어진다.

---

434) 디자인심사기준 제2조 제2항 제2호 가목.
435) 입체물이면서도 그 두께가 디자인상의 요점이 되지 않는다 하여 손수건이나 직물지, 비닐지, 포장지, 책받침 등의 물품을 평면적인 물품으로 구분한 예이다. 노태정 · 김병진, 앞의 책, p.122.
436) 디자인심사기준 제2조 제2항 제2호 나목.
437) 디자인심사기준 제2조 제2항 제2호 다목.

(4) 형상 · 모양 · 색채의 결합

디자인을 구성하는 요소인 형상 · 모양 · 색채를 결합시킨 형태는 형상+모양, 형상+색채, 모양+색채, 형상+모양+색채로 구분할 수 있다. 이 중 모양+색채는 실무에 있어서 피복지나 벽지 등과 같이 편의상 형상을 생략하고 단순히 모양만의 디자인으로 취급하기도 하지만 형상이 존재하지 않아서 물품이 특정화된 것이 아니므로 입체물품의 디자인으로 취급할 수는 없다.

3. 시각성

가. 정의

디자인 정의 규정 중 "~시각을 통하여"라 함은 육안으로 식별할 수 있는 것을 말하며, 이를 디자인의 시각성이라 한다. 보호디자인은 육안으로 식별할 수 있어야 하므로 평균적인 정상인의 육안에 의해 식별 가능해야 하며 안경의 착용 여부는 불문한다. 다만 통상적인 시력으로 볼 수 없어서 현미경을 사용하는 경우는 시각성이 결여되어 디자인의 성립요건을 갖추지 못한다. 그러나 보석세공 등과 같이 디자인물품 자체가 워낙 작아서 통상적 시력으로 볼 수 없는 경우는 별도의 시각성 판단기준이 적용되어야 할 것이다.

실무적으로도 시각 이외의 감각을 주로 하여 파악되는 것, 분상물粉狀物 또는 입상물粒狀物의 1단위와 같이 육안으로 형태를 판별하기 어려운 것, 외부에서 볼 수 없어서 분해하거나 파괴해야 볼 수 있는 것(다만, 뚜껑을 여는 것과 같은 구조로 된 것은 그 내부도 디자인의 대상이 된다) 등은 디자인등록의 대상이 되지 않는다(디자인 심사기준 제1조 ② 제3호).

뚜껑이 개폐되는 구조의 물품은 외부뿐만 아니라 내부디자인도 보호될 수 있으므로 디자인등록출원 시에 내부디자인에 관한 도면과 설명이 기재되어야 내부디자인도 보호된다. 따라서 내부디자인의 보호를 기대하면서 창작한 디자인이라도 외부디자인만 표시한 채 출원된 경우는 내부디자인의 보호가 이루어질 수 없으며, 보정에 의해 치유될 수도 없다.

디자인보호법 이전의 구법(의장법)에서 판례[438]는 "의장법상의 의장은 시각을 통하여 미감

---

438) 대법원 1999.7.23. 선고 98후2689 판결 : 생략된 판결요지는 다음과 같다. "(중략) 의장법상의 의장은 시각을 통하여 미감을 일으키게 하는 것을 말하므로, 의장은 시각 즉, 육안으로 의장을 파악·식별할 수 있어야 함은 물론 외부로부터 보이는 것이어야 하고, 물건이 완성된 경우 시각에서 사라져 수요자나 거래자에게 미감을 자아낼 수 없는 부분 즉, 물품을 분해하거나 파괴하여야만 볼 수 있는 것은 의장등록대상에서 제외된다 할 것이다. 기록에 의하면, 우선 이 사건 등록의장품인 틀은 기구 속에 채워진 공기가 어떤 원인으로 약간 빠져나간 경우에도 기구의 외피(外皮)의 형상과 모양을 틀에 의하여 어느 정도 유지하기 위한 물품일 뿐 틀 자체의 형상과 모양을 외부에 보이기 위한 것이 아니며, 이 사건 틀이 외피와 분리되어 독자적인 거래대상은 될 수 있을 것이나, 그 틀은 상당히 대형이어서 등록된 형상과 모양이 갖추어진 상태 즉, 조립·설치된 상태로 거래, 운반되는 것이 아니라 부품으로 분해된 상태에서 거래 운반되는 것이 일반적이고, 기구의 설치 시에도 틀을 먼저 조립 설치한 후 즉, 등록된 의장의 모습이 외부에 나타난 상태에서 외피를 덮어씌우는 것이 아니라 외피

을 일으키게 하는 것을 말하므로, 의장은 시각, 즉 육안으로 의장을 파악 · 식별할 수 있어야 함은 물론 외부로부터 보이는 것이어야 하고, 물건이 완성된 경우 시각에서 사라져 수요자나 거래자에게 미감을 자아낼 수 없는 부분, 즉 물품을 분해하거나 파괴해야만 볼 수 있는 것은 의장등록 대상에서 제외된다 할 것이다."라고 판시하여 조명기구용 틀이 완성품인 기구의 외피를 제거 내지 훼손하지 않는 한 틀 그 자체의 완성된 형상과 모양을 볼 수 없다면 시각성이 결여된 것으로 의장등록의 대상이 아니라고 보고 있다.

나. 시각과 오감

인간의 오감에 대한 사전적 정의는 "시각 · 청각 · 후각 · 미각 · 촉각의 5가지 감각기능"을 말한다. 인체는 이 오감에 의해 외계의 상태 및 변화를 감지하므로 디자인보호법상 시각만으로 창작디자인의 특성을 구분한다는 것은 그 요건이 매우 제한적이라 할 수 있다.

사실 디자인=유체물로 인정되던 의장제도 시절에는 소비자가 새로운 디자인이 화체된 제품을 구입함에 있어서는 유체물의 질감이나 광택, 냄새 등 시각 이외에 촉각이나 청각 혹은 후각 등에 의해서도 제품의 질을 평가하여 구매력을 결정하는 요인이 될 수 있었으므로 보다 광범위한 오감의 활용이 가능했었다고 볼 수 있다.

그러나 디지털시대의 디자인 창작요소는 시각적 다양성을 제공할 수는 있지만 무취의 평면적 디자인으로 구현된다는 점에서 디자인의 창작 판단 요소가 입체적 유체물의 오감과 달리 오로지 시각적 요소로만 한정되어 있다. 점차 디지털화된 디자인도 기술의 발전에 따라 촉각이나 청각에 의한 디자인의 창작요소 판단기준이 확대될 수도 있을 것이다.

4. 심미성

가. 정의

를 설치한 후 그 외피 속에 사람이 들어가서 외피의 하부로부터 틀을 조립·설치하게 되어 있는 사실을 알 수 있다. 따라서 이 사건 등록의장품은 거래 시나 운반 시 또는 설치 시에도 등록된 형상과 모양이 외부에 나타난다고 보기 어렵고, 기구를 설치한 후에도 외피 안에 공기가 정상적으로 채워져 있는 한 외피의 형상과 모양만을 외부에서 볼 수 있을 뿐 그 틀은 외부에서 볼 수 없고, 단지 외피 속에 채워진 공기가 약간 빠져나간 비정상적인 경우에만 틀의 윤곽 즉, 틀의 형상을 어느 정도 짐작하게 할 정도로 나타날 뿐이며, 나아가 광고내용 등을 바꾸기 위하여 외피를 교체하는 경우를 상정해 보아도 외피를 제거하면 일시적으로 의장의 형상과 모양이 드러날 것이나, 곧 의장품인 틀 자체를 분해하고 새로운 외피를 설치한 후 그 새로운 외피 안에 들어가 다시 틀을 재조립하게 될 것인 점에서 이 사건 등록의장품인 틀은 그 자체의 완성된 형상과 모양이 거래자나 일반 수요자에게 노출되어 심미감을 자아낼 수 있는 경우란 거의 없다고 볼 수 있고, 완성품인 기구의 외피를 제거 내지 훼손하지 않는 한 그 형상과 모양을 외부에서 쉽사리 파악·식별할 수 없어 의장등록의 대상이 되지 않는다고 볼 여지가 있다 할 것이다(이하 생략)"

디자인 정의 규정 중 "~미감을 일으키게 하는 것"이라 함은 미적 처리가 되어 있는 것, 즉 해당 물품으로부터 미를 느낄 수 있도록 처리되어 있는 것을 말한다. 이를 디자인의 심미성이라 한다. 따라서 기능 · 작용효과를 주목적으로 한 것으로서 미감을 거의 일으키게 하지 않는 것이나 디자인으로서 짜임새가 없고 조잡감만 주는 것으로서 미감을 거의 일으키게 하지 않는 것은 미감을 일으키게 하지 아니한 것으로 본다(디자인 심사기준 제1조 ② 제4호).

디자인을 산업발전에 이용하기 위한 것이라면 예술적이거나 미술적인 장식미보다는 기능적인 장식미를 갖추어야 디자인보호법 설립 취지에 맞는 것이지만 공산품의 심미성과 기능성을 구분하여 보호하자는 종래의 장식주의와 기능주의 이론[439]은 실제 심미성과 기능성의 엄밀한 구별은 불가능에 가깝기 때문에 장식주의에 기능주의의 요소를 가미하여 해석할 수 있으나[440] 창작단계까지 디자인보호법으로 보호해야 하는지는 의문이다.[441]

나. 미감이론

디자인보호법상 심미감을 일으키는 미감의 개념에는 많은 이론들이 전개되어 있다. 이른바 미감이론에 대한 학설은 자극성설, 취미성설, 심미성설, 미적처리설 등으로 구분하고 있다.[442] 심미성설이 다른 학설보다 설득력이 있다.

5. 비기능성

디자인보호법상 보호디자인의 성립요건은 "물품으로 미감을 불러일으키는 것"이므로 미감 이외에 기능성이 강조된다면 이는 디자인으로의 보호대상에서 제외되는 비기능성을 갖는 것이다. 다시 말하면 기능성을 갖는 물품에 대한 보호는 타법(특허법, 실용신안법)에서 이루어지고, 물품의 내적 · 외적 디자인만 디자인보호법에 의해 보호되므로 보호디자인의 성립요건은 비기능성을 포함한다.

디자인과 관련하여 McCarthy교수는 "기능성을 금지하는 두 가지 이론은 1)실용적인 형상-실용신안법에서 절대권에 대한 법적 근거가 오직 하나만 존재하는 경우 자유경쟁의 중요한 원리에 적용, 2)경쟁자들이 아주 효과적으로 필요한 형상을 복사할 수 있도록 함으로써 자유롭고 효과적인 경쟁을 유지하기 위한 것이다."[443]라고 밝히고 있다. 기능성의 보유 여부는 만일 보호

---

439) 송영식 등, 『지적소유권법 (상)』, 앞의 책, p.751.

440) 디자인심사규정 제1조 제2항 제4호.

441) 송영식 등, 앞의 책 p.752.

442) 송영식 등, 『지적소유권법(상)』, (육법사, 2005), p.781, 노태정 · 김병진, 『디자인 보호법』, (세창출판사, 2005), p.153. 이하 참조.

443) McCarthy, J. Thomas, McCarthy on Trademarks and UnfairCompetition, 4th ed. (Deerfield, IL : Clark Boardman Callaghan, c1996) : (1) accommodation to the important principle of free

대상이 실용적인 견지에서 제품의 사용이나 목적에 주된 것이라면 제품의 형상이 기능적인 것이 된다.[444] 만일 어떤 제품의 디자인 가치가 선택적 디자인의 사용에 의해 실질적으로 복사될 수 없는 중대한 이익에 기여할 능력에 놓인다면 그 제품은 심미적인 면에서 기능적인 것이 된다.[445]

디자인을 트레이드 드레스로 확장시켜 기능성을 살펴보면 미국의 Brunswick케이스[446]는 트레이드 드레스[Trade Dress] 보호에 따른 기능의 해석을 이분법으로 사실상의 기능적 트레이드 드레스와 법률상의 기능적 트레이드 드레스로 구분하고 있다.

2절 디자인 특유의 보호제도

Ⅰ 유사디자인제도

1. 의의

유사디자인제도라 함은 디자인권자 또는 디자인 등록출원인은 자기의 등록디자인 또는 디자인등록 출원한 디자인(이하 '기본디자인' 이라 한다)에만 유사한 디자인(이하 '유사디자인' 이라 한다)에 대하여는 유사디자인만으로 디자인등록을 받을 수 있도록 규정된 제도를 말한다(디자인 보호법 제7조 ①).

유사디자인은 기본디자인에 유사한 디자인만을 규정하여 보호하고 있으므로 "등록을 받은 유사디자인 또는 디자인 등록출원된 유사디자인에만 유사한 디자인"에 대해서 또 다시 유사디자인의 출원이나 유사디자인권을 부여하지 않는다. 곧, 유사의 유사는 무한의 유사를 낳게 되므로 기본디자인에 유사한 경우로만 한정한 것이다.

2. 제도적 취지

디자인의 보호는 기술적 사상이 아닌 물품의 형상 · 모양 · 색채 또는 이들의 결합으로 눈으로

---

competition that there is only one legal source of exclusive rights in utilitarian features-utility patent law; and (2) preserving free and effective competition by ensuring that competitors can copy features that they need to 『compete effectively.』

444) Inwood Laboratories Inc. v. Ives Laboratories Inc., 456 U.S. 844 (1982).

445) Qualitex Co. v. Jacobson Products Co., 514 U.S. 159 (1995).

446) Brunswick Corp. v. British Seagull Ltd., 35 F.3d 1527 (Fed. Cir. 1994).

보는 그대로가 권리범위에 해당한다. 디자인의 권리범위를 보는 그대로 해석하는 경우 범위는 매우 협소한 반면, 이를 보는 제3자는 한 번만 보더라도 유사한 디자인을 창작할 수 있으므로 상대적으로 원디자인(기본디자인)을 창작한 창작자는 불이익을 받게 된다.

따라서 모방은 쉬울지 모르나 창작활동에 의해 신규하고, 어렵게 디자인을 개발한 개발자의 보호를 보다 두텁게 하여 창작활동을 장려하기 위하여 유사디자인제도가 마련된 것이다. 이 제도에 따라 자기의 기본디자인에 유사한 디자인을 스스로 출원토록 하여 권리범위의 성벽을 튼튼히 함은 물론, 분쟁 가능성이 있는 유사부분까지 권리취득을 하여 권리범위를 확장시켜 나감으로써 제3자로부터의 침해 여지를 미연에 방지하거나 분쟁 시 유리한 입장에서 해결할 수 있는 이점을 갖게 된다. 이때 제3자도 기왕의 디자인권리를 침해하지 않고 창작 활동할 수 있는 영역을 확보할 수 있게 되므로 권리 간 그 범위도 확실해지는 효과를 얻게 된다.

3. 등록요건

가. 주체적 요건

디자인 등록을 받을 수 있는 자는 디자인을 창작한 자 또는 승계인이거나 2인 이상이 공동으로 디자인을 창작한 때에는 공동창작자이다(디자인보호법 제3조). 유사디자인의 등록 주체도 기본디자인권자 또는 기본디자인 등록출원인과 동일인 또는 그 정당한 승계인이어야 한다. 동일인으로 요구되는 시간적 제한은 유사디자인등록 시에 기본디자인의 디자인권자 또는 출원인과 유사등록 출원인의 출원인이 동일하면 된다.

나. 객체적 요건

(1) 기본디자인이 존재할 것

(2) 기본디자인에만 유사할 것

(3) 물품이 동일할 것

다. 절차적 요건

유사디자인의 보호를 위해서는 특허청에 디자인 등록출원을 하여야 한다.

라. 등록효과

유사디자인의 디자인권은 그 기본디자인의 디자인권과 합체한다(디자인보호법 제42조). 여기서 합체란 기본디자인에 부종하여 운명을 같이 한다는 의미로, 기본디자인권이 무효 · 포기 · 등록료 불납 등으로 소멸하면 함께 소멸하고, 존속기간도 기본디자인권의 존속기간으로 한정된다. 이 때문에 유사디자인권은 기본디자인권과 분리하여 이전할 수 없고, 기본디자인권에 질권 등이 설정되면 당연히 유사디자인권에도 질권 등이 설정된 것으로 본다.

그러나 역으로 유사디자인이 소멸된다고 해서 기본디자인이 소멸하지 않으며, 따라서 유사디자인만의 무효심판대상이 되고 포기할 수도 있다.

Ⅱ 한벌 물품디자인제도

1. 의의

한벌 물품이란 둘 이상의 물품이 한 벌의 물품으로 동시에 사용되는 것으로 디자인보호법 시행규칙 「별표 5」에 규정되어 있는 31개의 물품을 말한다. 여기서 '동시에 사용'되는 것은 언제든지 반드시 동시에 사용되는 것이 아니라 관념적으로 하나의 사용이 다른 것의 사용을 예상케 하는 것을 의미한다. 둘 이상의 물품이 한 벌의 물품으로 동시에 사용되는 경우 한벌 물품의 디자인이 한 벌 전체로서 통일성이 있는 때에는 1디자인으로 등록을 받을 수 있다(디자인보호법 제12조).

2. 등록요건

(가) 구성 물품이 적합할 것

(나) 전체로 통일성이 있을 것

(다) 일반적 등록요건을 갖출 것

3. 출원과 등록

한벌 물품의 디자인등록출원 절차는 일반 디자인등록출원 절차와 차이가 없다. 다만 한벌 물품 디자인의 도면은 각 구성물품의 도면만으로 한벌 물품의 디자인을 충분히 표현할 수 있는 경우에는 각 구성물품마다 1조의 도면을 제출한다. 각 구성물품이 상호 집합되어 하나의 통일된 형상 · 모양 또는 관념을 표현하는 경우에는 구성물품이 조합된 상태의 1조의 도면과 각 구성 물품에 대한 1조의 도면을 제출해야 한다.

한벌 물품의 디자인도 설정등록에 의해 디자인권이 발생하며, 디자인권은 설정등록이 있는 날로부터 15년간 존속할 수 있다.

Ⅲ 비밀디자인제도

1. 의의

비밀디자인제도는 특허청에 출원된 디자인이 공개될 경우, 디자인의 특성상 제3자가 쉽게 모방할 수 있기 때문에 출원인의 불이익이 발생할 수 있다. 출원인의 보호와 산업정책적 측면에서 출원인의 신청에 의해 일정 기간 동안 공개를 미루는 제도이다.

디자인등록출원인은 디자인권의 설정등록일부터 3년 이내의 기간을 정하여 디자인을 비밀로 할 것을 청구할 수 있다. 다만 복수디자인 등록출원된 디자인에 대한 청구는 출원된 디자인 전부에 대하여 청구하는 경우에 한하여 그 디자인을 비밀로 할 것을 청구할 수 있다(디자인보호법 제13조). 비밀기간이 경과한 후에는 일반의 다른 디자인과 같이 공보를 통해 공개되며, 비밀기간 3년 내에서는 비밀보호기간의 단축이나 연장이 가능하다.

비밀디자인제도를 운영하고 있는 외국의 비밀유지기간은 나라마다 달라서 예를 들면 프랑스는 최장 25년까지 공개를 연기할 수 있고, 영국은 직물디자인에 대해 3년, 벽지 등은 1년, 독일은 30개월, 베네룩스 통일디자인법에서는 12개월로 하고 있다.

2. 신청효과

디자인비밀 청구가 받아들여지면 요청한 보호기간 내에서는 일반인에게 공개되지 않는다. 다만 사익과 공익의 조화를 위하여 1)디자인권자의 동의를 받은 자의 청구가 있는 경우, 2)비밀디자인과 동일 또는 유사한 디자인에 관한 심사 · 디자인 무심사등록 이의신청 · 심판 또는 소송의 당사자나 참가인의 청구가 있는 경우, 3)디자인권 침해의 경고를 받은 사실을 소명한 자의 청구가 있는 경우, 4)법원 또는 특허심판원으로부터 청구가 있는 경우에는 당해 비밀디자인의 열람청구에 응하여야 한다(디자인보호법 제13조 ④).

디자인이 설정등록되면 공보를 통해 공개되지만 비밀보호디자인은 설정등록이 되는 경우에도 디자인권자, 디자인을 표현하는 물품의 명칭 등 서지적 사항만 게재된다.

3. 비밀보호의 철회

디자인이 공개되면 제3자가 쉽게 그 디자인에 대해 알 수 있지만, 권원 없이 실시할 경우 당해 디자인의 권리자는 서면으로 경고하여 추후 손해에 대한 보상금 지급을 청구할 수 있게 된다. 따라서 출원인의 신청에 의해 비밀보호디자인도 조기 공개될 수 있다. 출원공개 신청이 있는 경우에 디자인비밀보호 청구는 철회된 것으로 본다.

Ⅳ 부분디자인제도

1. 의의

물건에서 부분은 전체의 일부를 말한다. 물품은 독립적으로 거래가 가능한 완제품을 말하지만 2001년 개정법은 물품의 부분까지 보호할 수 있도록 하여 전체 물품을 구성하는 부분디자인에 대해서도 디자인보호법에 의한 보호를 인정하고 있다. 유체물로만 한정되던 디자인의 보호대상은 2003년 7월부터 무체물에 대해서도 보호하기 시작하면서 화상디자인에 대해서는 부분디자인으로 보호하도록 심사기준의 개정을 통해 이를 천명해왔다. 이와 때를 맞추어 종래 의장이라는 용어도 디자인으로 변경하여 2005년부터는 「의장법」을 「디자인보호법」으로 바꾸는 개정작업이 마무리 되었으나 유체물과 무체물 간 물품성의 불일치, 무체물의 부분디자인화, 형체성의 불확정, 기능성을 갖는 화상디자인의 취급 등 전반적 미비사항이 산재해 있다. 화상디자인은 특성상 모양과 색채만의 부분디자인으로 보호된다. 2005년 부분디자인출원은 1,901건으로 전체디자인출원 46,318건의 약 4.1%를 차지하고 있다.[447)]

2. 부분디자인의 출원

가. 유체물의 디자인

부분디자인 등록출원을 위해서는 출원서에 부분디자인 출원을 표기해야 한다. 즉, 출원서의 【디자인의 대상이 되는 물품】란 위에 【부분디자인 여부】란을 만들어 표기한다(예 : 【부분디자인 여부】 부분디자인). 도면의 작성에 있어서는 부분디자인은 실선으로, 그 외 전체디자인은 점선으로 표시하여 부분과 전체디자인의 물품이 표현되어야 한다. 이때 디자인의 대상이 되는 물품은 독립거래의 대상이 되는 물품명을 기재해야 하므로 부분디자인이 표현되는 전체디자인의 물품명을 기재토록 한다(예: 커피 잔의 손잡이(X), 커피 잔(O)). 디자인의 설명 란에는 디자인등록을 받고자 하는 부분을 도면 · 사진 또는 견본에서 특정하고 있는 방법에 대한 설명을 간단명료하게 기재한다.

부분디자인 출원에 있어서 전체디자인과 부분디자인을 모두 등록받고자 하는 경우에는 부분디자인과 전체디자인을 동일자로 하여 출원하거나, 부분디자인을 먼저 출원하고 이를 포함한 전체디자인을 후출원하여 이른바 자살출원 효과가 없도록 해야 한다.

---

447) http://www.kipo.go.kr 〈2006.5.1 방문〉.

나. 화상디자인

화상디자인이 표시화면의 부분디자인으로 보호되는 것[448]은 현행제도의 틀을 벗어나지 않고 새로운 디자인 객체를 수용함과 동시에 디자인 구성의 조건인 물품성도 만족시켜서 화상디자인이 디자인으로 보호될 수 있도록 하기 위하여 무체물인 화상디자인을 디자인등록 출원하는 경우에는 다른 물품, 즉 표시화면기기의 명칭을 빌어서 사용하게 한 것으로 볼 수 있다.

생성프로그램을 제품으로 취급하는 경우에 이 제품에 따른 디자인은 프로그램에 기초하여 생성되는 시각적인 형태 전체로 이루어진다. 따라서 프로그램으로 생성되는 화상디자인을 특정하는 경우에는 구체적인 표시화면 수가 아니라 프로그램으로 생성되는 전 화면의 전체디자인을 따르는 것이 기본이 된다.[449] 디자인등록요건인 공업성의 문제가 해소되었다면 화상디자인이 반드시 부분디자인으로만 보호되어야 하는지의 여부는 보호법익으로부터 유추할 수 있다. 부분디자인제도는 물품의 전체에서 물리적으로 분리할 수 없는 부분에 대하여 디자인등록을 받고자 하는데 유효하다. 전체디자인 가운데 보호할 부분에 대하여 구체적으로 창작하였으나 그 외의 부분에 대하여는 아직 구체적으로 창작되어 있지 아니한 경우나, 부분적으로 특징이 있다 하더라도 물품 전체로서 출원하면 그 특징 부분이 디자인으로서 보호받지 못하는 경우에 활용된다.

동적화상디자인은 실시 형태에 따라 여섯 가지로 분류[450]할 수 있다. 표현방식에 있어서 표시화면상에 컴퓨터 프로그램의 이미지로 표현되는 2차원의 정적화상[451]뿐만 아니라, 그 이미지가 화면상에서 계층적으로 표현되는 계층적 구조화상이나 여러 모양의 표현 형태가 하나의 이미지로부터 생겨나는 복수구조[Multiple embodiments]화상으로 표현된다. 물품의 구분[452]상 대분류가 동일한 물품범위 내에서 20 이내의 디자인을 1디자인 무심사 등록출원으로 하는 복수디자인,[453][454], 처음의 이미지와 동일성을 유지하면서 처음의 모양과는 다르게 변화하는 동적디자

---

448) 특허청, 『화상디자인 디자인출원설명회』, (2003.7.22), p.4-5.

449) 財團法人 知的財産權硏究所, 앞의 책 46항.

450) A. 기기 · 표시 일체형, B. 기기 · 표시별 物品, C. 팩키지 소프트형(CD롬 등에서 공급), D. 다운로드형, E. 다운로드 화면형, F. 홈 페이지형 등. 知的財産權硏究所 앞의 책 118면-120면.

451) 이를 '동적화상(動的畵像)'에 대하여 '정적화상(靜的畵像)' 으로 표현한다.

452) 디자인보호법 제 11조 제2항의 지식경제부령이 정하는 「별표 4」의 물품의 구분.

453) 특허제도에서의 다항제와 같이 복수디자인은 개개의 디자인마다 독립된 디자인권이 발생하므로 전체를 1디자인으로 보는 한벌 물품 디자인과 구별되며, 나라마다 운영제도의 차이가 있어서 복수디자인 수가 독일이나 베네룩스 통일법은 50개, 프랑스는 100개로 제한되어 있다. 다만, 유행성이 강한 일부 품목의 디자인에 대하여 디자인 무심사 제도를 도입한 이래 디자인 무심사 제도를 이용할 수 있는 물품은 지식경제부령의 「별표 4」 물품구분 중 B1류(의복), C1류(침구, 마루깔개, 커튼 등), F3류(사무용지 제품, 인쇄물 등), F4류(포장지, 포장용 용기 등) 및 M1류(직물지, 판, 끈 등)에 속하는 물품으로 제한되므로(시행규칙 §9③) 화상디자인이 복수디자인으로 보호될 수 없지만 여기서는 디자인특유제도에 적용시킬 개연성을 보이기로 한 것이다.

454) 미국의 디자인특허등록 제 D440,577S호 (2001.4.17), 동 제Des.398,916호(1998.9.29)에서와 같이

인 등 정적화상디자인을 기준으로 할 때 여러 변형된 화상디자인이 표현될 수 있다.[455)]

동적디자인의 경우 동적 창작의 요점이 디자인의 특이한 변화 상태에 있는 디자인을 말하며, 물품의 액정화면 등 표시부에 표시되는 도형 등이 변화하는 경우의 예로는 (1)표시되는 도형 그 자체가 변화하는 경우, (2)표시되는 도형 등의 위치가 이동하는 경우로 화상디자인 변화에 형태적인 관련성이 있어야 한다.[456)]

동적디자인이라고 하더라도 디자인의 성립요건을 만족해야 하므로 디자인의 정의에 따라 종류별로 형상의 동적디자인, 모양의 동적디자인, 색채의 동적디자인 및 이들이 결합된 동적디자인으로 구분할 수 있으며, 디자인심사기준[457)]에 따른 동적디자인의 유사 여부를 판단함에 있어서는 동적디자인과 정적디자인 간에는 동적디자인의 정지 상태 및 동작 중의 기본적 주체를 이루는 자태가 정적상태에서의 형태와 유사한지를 판단하고, 동적디자인 상호간에는 각각 변화 전후의 외관 및 움직이는 과정에 있어서 기본적인 자태의 유무를 총합적으로 감안해서 살피게 된다.

컴퓨터 프로그램을 이용하여 생성되는 글자체에 대해서도 화상디자인과 같이 부분디자인으로 보호되지만, 글자체는 물품성을 요하지 않고, 따라서 모니터 등의 유체물을 물품명으로 사용하지 않을 뿐만 아니라 타국의 글자 간에는 유사성을 인정하지 않는 보호대상물이다.

Ⓥ 동적디자인제도

1. 의의

동적디자인제도란 디자인에 관한 물품 또는 부분의 형체성이 가지는 기능에 의하여 변화하는 디자인을 보호하기 위한 제도로 정적디자인에 대비되는 개념이다. 우리의 디자인보호법은 동적디자인에 대한 명문규정을 두고 있지 않으나 디자인보호법 시행규칙 [별표 2]에서 디자인출원서의 디자인 설명의 기재사항(디자인 보호법 제7조 제1항 관련)에는 "물품이 가지는 기능에 의하여 변화하는 디자인에 있어서 변화의 전후에 걸친 물품의 형상 · 모양 · 색채 또는 이들의 결합에 관하여 등록을 받고자 하는 경우에는 그에 관한 설명"을 기재할 수 있도록 명시되어 있다.

컴퓨터 아이콘이 표시화면에 표현되는 모양을 여러 가지로 변화시켜 도시한 후 제1구조, 제2구조, ---, 그리고 제7구조로 설명하거나, 서핑하는 이미지를 표시화면상에 표현하면서 제1구조, 제2구조, 그리고 제3구조로 설명한 화상디자인을 그 예로 들 수 있다.

455) 계층구조뿐만 아니라 해당 화상디자인이 일차적 표시기능을 가지면서 일정 시간이 지나면서 디지털 그래픽의 표현원리처럼 다른 모양의 화상디자인으로 변하든가, 아니면 사용자가 이 화상디자인을 클릭하여 다음 단계의 표현이 다른 화상디자인으로 바뀌는 경우 등의 예를 들 수 있다.

456) 특허청, 『개정디자인심사기준에 의한 화상디자인에 관한 디자인의 출원요령』, (2003.7), p.6-8.

457) 디자인심사기준 제4조 제4항 나목 차.

디자인 심사기준 제4조 ④ 차목에서도 "동적디자인의 유사여부 판단에 대한 기준"을 명시하고 있어서 동적디자인제도의 운영을 간접적으로 인정하고 있다. 이와 같이 동적디자인의 보호 취지는 디자인이 표현되는 물품에 정적靜的인 것뿐만 아니라 변화하는 동적動的인 것도 보호하기 위한 것이다.

2. 동적디자인의 성립 요건

① 물품의 기능에 기초할 것
② 변화의 예측성이 없을 것
③ 시각적일 것
④ 일정성이 있을 것

3. 동적디자인의 출원과 심사

동적디자인의 권리요지는 변화 전후의 형체이다. 물품이 가지는 기능에 의하여 변화하는 디자인에 있어서 그 변화의 전후에 걸친 물품의 형상 · 모양 · 색채 또는 이들의 결합에 관하여 등록을 받고자 하는 경우에는 동작 상태에 관한 구체적 설명과 이를 보이는 도면(견본이나 실물)도 함께 제시되어야 한다.

출원서에 동적디자인임을 부기하고 필요서류나 견본 등이 적법하게 접수된 동적디자인은 그 움직이는 상태를 표시하지 아니하면 그 디자인을 충분히 표현할 수 없다. 이 경우 정지상태의 도면(사시도 및 정투상도법에 의한 6면도)과 그 동작상태를 알 수 있는 참고도면(동작 중의 기본적 자세, 동작내용을 나타내는 궤적 등)이 없거나 디자인 설명 란에 그에 관한 설명이 없는 경우에는 등록이 거절된다(구 디자인 심사기준 제23조 ① 타목 (4)).

4. 동적디자인의 유사 여부 판단

동적디자인의 유사 여부 판단은 다음과 같이 한다.[458]

가. 동적디자인과 정적디자인

(1) 동적디자인의 정지상태 및 동작 중의 기본적 주체를 이루는 자태가 정적디자인과 유사하면 유사한 디자인으로 본다. 다만, 동작의 내용이 특이하면 유사하지 아니한 디자인으로 본다.

(2) 정적디자인이 동적디자인의 정지상태 또는 동작 중의 기본적 주체를 이루는 자태와

---

458) 디자인 심사기준 제4조 ④ 차목.

유사하면 유사한 디자인으로 본다.

나. 동적디자인 상호간

동적디자인 상호간에 있어서는 정지상태, 동작의 내용 및 동작 중의 기본적인 주체를 이루는 자태 등을 전체로서 비교하여 유사 여부를 판단한다.

5. 동적디자인권

변화 전후의 동작을 1디자인으로 하는 동적디자인권이 발생하면 동적디자인의 디자인권은 등록된 동적디자인은 물론, 이에 유사한 디자인에까지 효력이 미친다(디자인 보호법 제41조).

3절 디자인의 심사

Ⅰ 목적

1. 취지

디자인의 성립요건을 갖춘 디자인이라 하더라도 고안자가 권리확보 의지를 밝히는 특허청에의 출원행위가 필요하고, 심사관은 권리부여 여부를 결정하기 위하여 심사를 하게 된다. 심사는 해당 디자인의 전문심사관에 의해 행해지며, 심사에는 권리부여를 위한 등록요건의 기준이 마련되어 있다. 디자인등록을 위한 요건이라 하면 특허청에 출원하는 과정에서의 절차적 요건과 심사과정에서의 실체적 요건을 말하는 것이다.

디자인등록의 실체적 요건은 적극적 요건과 소극적 요건으로 구분한다. 적극적 요건으로는 디자인보호법상 디자인 등록요건은 공업상 이용 가능하고, 신규하며, 용이하게 창작되지 않은 디자인의 요구사항을 말한다.[459] 소극적 요건은 비록 디자인으로 성립되고 적극적 요건을 갖춘

459) 제5조 【디자인등록의 요건】
① 공업상 이용할 수 있는 디자인으로서 다음 각 호의 1에 해당하는 것을 제외하고는 그 디자인에 대하여 디자인등록을 받을 수 있다.
1. 디자인등록출원 전에 국내 또는 국외에서 공지되었거나 공연히 실시된 디자인
2. 디자인등록출원 전에 국내 또는 국외에서 반포된 간행물에 게재되었거나 전기통신회선을 통하여 공중이 이용가능하게 된 디자인
3. 제1호 또는 제2호에 해당하는 디자인에 유사한 디자인

디자인이라 하더라도 공익과 국익 혹은 외국이나 국제기관 등과의 관계를 고려하여 디자인에 의한 보호가 이루어질 수 없는 디자인에 적용되는 기준이다.

2. 우선심사

우선심사란 정규의 심사기간을 거치지 않고 보다 빨리 심사의 결과를 도출하여 공익상 필요한 디자인이라면 공익에의 우선적용을 배려하고, 분쟁이 발생된 경우라면 조기에 분쟁을 해결하도록 하기 위하여 운영되는 제도이다. 출원공개와 관련하여 공개된 디자인을 제3자가 무단실시하는 경우에는 출원디자인에 대해 우선심사를 하게 되며, 대상은 방위산업 분야의 디자인 등 특허법에서의 우선심사대상을 준용하고 있다.

Ⅱ 적극적 요건

1. 공업상 이용가능성

가. 의의

디자인의 공업상 이용가능성은 공업적 생산방법에 의해서 동일물품이 양산 가능한 것을 말한다.[460] 여기서, 공업적 생산방법이란 원자재에 물리적 · 화학적 변화를 가하여 유용한 물품을 제조하는 것으로 생산방법은 기계에 의한 생산은 물론 수공업적 생산도 포함한다.[461]

양산이란 동일물품을 계속해서 생산하는 것이다. 이때 반드시 연속적인 생산이 되어야 한다는 것을 의미하는 것은 아니며 동일성에 있어서도 물리적으로 완전히 동일한 물품을 의미하는 것이 아니라 일견하여 동일하게 보이는 정도의 동일성을 의미한다.[462] 이는 일품제작을 목적으로 하는 회화 · 조각 등과 같이 문학 · 예술적 작품들을 배제한다는 의미가 된다.

이용가능성은 물품의 형태인 디자인 그 자체의 이용으로 관념적 존재인 물품의 형태를 개개

---

② 디자인등록출원 전에 그 디자인이 속하는 분야에서 통상의 지식을 가진 자가 제1항 제1호 또는 제2호에 해당하는 디자인의 결합에 의하거나 국내에서 널리 알려진 형상 · 모양 · 색채 또는 이들의 결합에 의하여 용이하게 창작할 수 있는 디자인(제1항 각호의 1에 해당하는 디자인을 제외한다)에 대하여는 제1항의 규정에 불구하고 디자인등록을 받을 수 없다.

③ 디자인 등록출원한 디자인이 당해 디자인등록출원을 한 날 전에 디자인등록출원을 하여 당해 디자인등록출원을 한 후에 출원공개 되거나 등록 공고된 타 디자인 등록출원의 출원서의 기재사항 및 출원서에 첨부된 도면 · 사진 또는 견본에 표현된 디자인의 일부와 동일하거나 유사한 경우에 그 디자인에 대하여는 제1항의 규정에 불구하고 디자인등록을 받을 수 없다.

460) 디자인 심사기준 제3조.

461) 디자인 심사기준 제3조 제1호 가목.

462) 디자인 심사기준 제3조 제1호 나목.

의 물품에 체현하여 실재의 물로 하는 것을 의미한다.[463] 따라서 예술작품으로서의 일물품은 물론 자연물을 디자인의 주체로 사용하거나, 상업적 과정에서 만들어지는 서비스디자인 및 토지, 건물과 같은 부동산은 공업상 이용가능성이 없는 디자인이다.[464] 물품의 액정화면 등 표시부에 표시되는 도형 등(화상디자인)이 물품에 일시적으로 구현되는 경우에도 그 물품은 화상디자인을 표시한 상태에서 공업상 이용할 수 있는 디자인으로 취급한다.[465]

공업상 이용가능성에 대해서는 디자인의 용도가 공업적일 것과 디자인이 자질면에서 공업적일 것의 두 가지로 분류하여 해석하고 있다.[466] 전자는 농업, 수산업 등에까지 디자인을 이용할 수 있는 것은 포함하지 않기 때문에 그 모순을 없애기 위하여 공업을 협의의 공업뿐만 아니라 산업일반으로 넓게 해석한다. 그러나 공업을 넓게 해석하더라도 일반 소비생활은 포함될 수 없으므로 공업상 이용가능성에 대해서는 자질성을 말하는 것으로 보고 '디자인의 자질이 공업적' 이라고 보고 있다.

나. 공업상 이용가능성이 없는 디자인

자연물을 디자인의 구성 주체로 사용한 것으로서 다량생산할 수 없는 것이거나 순수미술의 분야에 속하는 저작물의 경우에는 공업적 생산방법에 의하여 양산이 가능한 것으로 볼 수 없는 디자인이다.[467] 또한 구체적 표현이 결여된 디자인은 공업상 이용할 수 없다.

부분디자인으로서 디자인등록을 받고자 하는 부분이 명확하지 않은 경우에는 구체적 표현이 결여된 공업상 이용할 수 없는 디자인이 되어 등록받을 수 없다. 또한 글자체 디자인의 도면은 예외로 하고 디자인등록 출원서에 첨부되는 도면(사시도 제외)이 정투상도법에 의하여 작도되지 않은 경우에는 디자인의 표현이 구체적이지 않은 것으로 본다.

2. 신규성

가. 의의

디자인보호법에 의해 보호될 수 있는 디자인이란 새롭게 창작된 디자인에 한한다고 하여 이를 디자인 등록을 위한 신규성 요건이라 한다. 디자인보호법상 신규성이라는 용어는 정의되어 있지 않으나 보호받고자 하는 디자인은 당해 디자인등록출원 전에 국내외에서 공지되거나 실시되지 않은 디자인 또는 반포된 간행물에 기재되지 않은 디자인 및 이들에 유사하지 않은 디자인일 것을 요구하는 규정을 신규성 규정[468]으로 관행적으로 사용하고 있다. 다시 말하면

---

463) 노태정 · 김병진, 『의장법』, (세창출판사, 2002), p.149.

464) 송영식 등, 앞의 책, p.755-756. 노태정 · 김병진, 앞의 책, p.153-163.참조.

465) 디자인 심사기준 제3조 제1호 다목.

466) 노태정 · 김병진, 『디자인보호법』, (세창출판사, 2005), p.172.

467) 디자인 심사기준 제3조 제2호.

공지, 공용된 디자인은 새롭지 아니하여 디자인으로 보호될 수 없다.

디자인보호법은 객관적으로 신규하게 창작[469]된 디자인에 대해 독점배타적인 권리를 부여하고 있으므로, 신규성 요건은 디자인보호법의 설립 목적인 디자인 보호와 이용을 도모하고 디자인 창작을 장려하여 궁극적인 국가산업 발전에 기여하게 한다는 제도적 취지와도 부합한다. 그러나 당해 디자인이 출원 전에 이미 공개되어서 신규성 요건을 갖추지 못한 경우라도 공개된 날로부터 6개월 이내에 일정한 절차에 따라 디자인등록출원을 하면 신규성을 상실하지 않는 것으로 취급하는 '신규성의제' 규정[470]이 마련되어 있어서 신규 고안의 조기 공개를 통한 산업 활성화 촉진과 공개된 고안의 법적보호를 동시에 꾀하고 있다.

신규성을 디자인 등록요건으로 등록 명문화한 것은 창작적 디자인에 대해서만 독점배타권을 부여하여 보호함으로써 디자인의 보호 및 이용을 도모하고 디자인의 창작을 장려하여 궁극의 산업발전에 기여케 하려는 디자인보호법의 설립 목적과도 부합한다.

나. 신규성 판단기준

디자인의 등록요건인 신규성 판단은 동일·유사물품 간에서만 판단하여 원칙상 비유사 물품 간에는 창작성을 전제로 두 디자인이 동일·유사하더라도 신규성이 있다고 본다. 물품의 유사 여부는 디자인보호법 시행규칙의 [별표 4]에 의한 물품의 구분이 기준이 되지만, 물품의 구분은 디자인 등록출원 시 물품명 기재에 공통성을 도모하기 위한 물품의 예시로서 물품 상호간에 유사범위를 정하는 것은 아니다.

신규성 상실 사유는 디자인 출원 전에 이와 동일·유사디자인이 공지·공용되어진 경우라면 신규성이 없는 것으로 보는 근거가 된다. 여기서 공지公知란 비밀상태가 해지된 것을 말하는 것이 아니라 불특정다수인이 디자인이 구현된 물품을 알 수 있거나 볼 수 있는 상태에 놓여 있는 것을 말한다. 따라서 특별목적으로 모여진 단체의 특정다수인에게 공지되어 있는 경우라도 당해 디자인에 대해 그 단체에 비밀유지의무가 부여된 경우라면 공지되었다고 할 수 없다.

공용公用이란 공연公然히 실시된 상태를 말하며, 공연히 실시된 디자인은 불특정다수에게 공지

---

468) 디자인 보호법 제5조 제1항.

469) 창작성은 주관적 창작성과 객관적 창작성으로 구분할 뿐 창작의 정도를 정하는 기준은 없다. 주관적 창작성은 오로지 창작자 주관에 의한 창작의지를 고려하기 때문에 동일디자인이 이미 존재하거나 혹은 지역을 달리하여 동시에 창작되는 경우에도 디자인의 창작성을 주장할 수 있다. 반면, 객관적 창작성은 창작자의 창작의도와 주변 환경이 고려되고 창작 당시의 동일·유사디자인이 공중에게 알려져 있는지의 여부를 객관적으로 판단하며, 당업계의 통상의 지식을 가진 자를 기준으로 판단한다. 이 때문에 창작된 디자인이 주관적인 경우에는 저작권법으로, 객관적인 경우에는 디자인보호법으로 보호되는 기준이 정립되었다고 볼 수 있다.

470) 디자인 보호법 제8조 제1항.

된 상태에서 실시된 것을 말한다. 실시라 함은 "디자인에 관한 물품을 생산·사용·양도·대여 또는 수입하거나 그 물품의 양도 또는 대여의 청약(양도나 대여를 위한 전시를 포함한다. 이하 같다)을 하는 행위를 말한다."고 정의[471]되어 있으므로 공연실시의 범위도 정의규정 내의 실시 행위로 파악할 수 있다.[472]

신규성 판단은 시간적 기준과 지역적 기준에 따라 분리하여 판단할 수 있으며, 대비되는 신규로 창작된 디자인인지의 여부는 결국 종래에 공지된 디자인들과 동일·유사여부로 정해진다. 디자인의 신규성 판단을 위한 시간적 기준은 당해 디자인등록 출원 시가 되며, 공지·공용 디자인은 다음과 같다.

(1) 당해 디자인 등록출원 전에 불특정다수에게 알려질 수 있는 상태로 된 디자인은 공지 디자인으로 본다. 다만 디자인이 공지된 날과 출원일이 같고 시·분·초의 선후가 불명확한 경우에는 그 공지를 이유로 신규성을 상실하지 아니한다.
(2) 등록디자인은 설정등록일로부터 디자인 공고일 전까지 공지디자인으로 본다.
(3) 디자인 등록출원 전에 불특정다수에게 알려질 수 있는 상태로 실시된 디자인은 공연히 실시된 디자인으로 본다.

다. 공지수단의 기준

디자인이 공지되는 수단은 국내외에서 공지되거나 공연히 실시되는 경우, 국내외에서 반포되는 간행물, 전기통신회선을 통해 불특정다수가 볼 수 있는 인터넷상 온라인 등이다. 디자인의 공지 여부는 당해 디자인과 동일한 디자인에 대해서는 물론 그 디자인에 유사한 디자인의 범위까지 확대된다. 따라서 구두로 전달되거나 녹음 등으로 공지되는 경우는 상기의 공지수단에 의한 공지라 할 수 없다. 디자인 등록출원일 전에 공지된 지역적 범위는 국내는 물론 국외를 모두 포함하여 지역적 범위의 기준제한이 없다.

라. 신규성 상실 사유

디자인보호법상 신규성 상실 사유는 출원하는 디자인과 동일·유사한 디자인이 이미 공지·

---

471) 디자인 보호법 제2조 제6호.

472) 특허법상 '공지'와 '공용'은 서로 구분할 실질적 의의가 있다. 그 이유는 공연히 실시된 발명이라 하더라도 반드시 공지발명에 해당하지 않는 경우가 있다. 즉, 기술적 사상의 창작에 기초한 특허의 대상인 발명은 예를 들면 자동차엔진이 전시회에 전시되어 불특정 다수인에게 공지되어 있더라도 엔진 내부의 피스톤이나 실린더 구조는 보이지 않기 때문에 공연히 실시되었다고 할 수 없다. 반면, 디자인은 물품의 외적 심미감이므로 보이지 아니하는 부분(위피스톤이나 실린더 구조)은 디자인보호법상 보호될 수 없다. 따라서 디자인보호법상 공지는 곧 공연히 실시(공개)된 것이 되어 이 둘을 구별할 실익은 없다. 이 때문에 관행적으로 공지된 디자인은 공지·공용디자인으로 쓰이기도 한다.

공용되었거나 국내 또는 국외에서 반포된 간행물에 게재된 디자인 또는 전기통신회선을 통하여 공중이 이용가능한 상태로 존재하는 경우에 발생한다.

마. 신규성 의제

신규성 의제란 디자인이 신규성을 상실하였더라도 그 공지 · 공용된 날로부터 일정기간(6개월) 동안에 출원절차를 밟을 경우에는 신규성을 상실하지 않은 것으로 취급해주는 법률규정이다. 따라서 신규성의제의 적용을 받으려면 당해 디자인의 창작자(출원인)가 공지 · 공용된 날로부터 6개월 이내에 디자인등록출원을 해야 한다.

1997년 개정법 이전에는 특허법과 신규성 상실 사유가 디자인 활성화 정책에 부응하거나 공익을 위하여 공지 · 공용되는 학술단체 · 전람회 등에서 공개된 것에 한해 신규성의 제 규정을 적용했으나, 디자인의 특성상 외적표출과 취득이 용이한 점을 고려하여 공개사유에 관계없이 최초 공지 · 공용된 날로부터 6개월 이내에 출원하면 디자인등록요건을 갖춘 것으로 보고 있다.

신규성의제를 주장할 수 있는 기간은 최초 공개일로부터 6개월 이내이다. 따라서 당해 디자인 혹은 이와 유사한 디자인이 포럼에서 발표되고, 박람회에 출품되며, 물품을 생산하는 등의 연속적인 공개행위가 있더라도 최초공개일 기준으로 6개월 이내에만 신규성의제 규정이 적용된다. 유사디자인이 공지되어서 신규성을 상실하게 된 사유와 시기를 밝혀 신규성이 상실되지 않은 것으로 인정받음으로써 결국 신규성이 있는 것으로 보아주는 '신규성상실 예외' 의 적용을 받게 된다(디자인 보호법 제8조 ①).

디자인 등록출원 시 신규성상실 예외를 기재했더라도 증빙서류를 동시에 낼 수 없는 경우가 있음을 감안하여 이를 증명할 수 있는 서류는 디자인 등록출원한 날로부터 30일 이내에 특허청장에게 제출하여야 신규성의제의 적용을 받게 된다. 다만 자기의 의사에 반하여 디자인이 신규성을 상실하게 된 경우에는 그러하지 않는다(디자인 보호법 제8조 ②).

신규성상실 예외규정이 적용된 디자인 혹은 유사디자인은 신규성 판단에 있어서 최초공개일로 신규성 판단일이 소급된다. 이는 출원일을 소급하여주는 것이 아님에 유의해야 한다. 신규성상실의 예외규정의 적용을 받기 위하여 취지를 기재하고도 필요서류를 제출하지 못하거나 해당 규정이 적용될 수 없는 경우에는 출원 자체가 반려되는 것은 아니다. 그러나 출원인 스스로 신규성이 없음을 입증하게 된 상태가 되어서 등록요건 중 신규성을 상실한 디자인의 거절이유에 해당하고, 결국 자기공개에 의한 자살출원이 되어 등록받을 수 없게 된다.

3. 비자명성

가. 의의

디자인 등록요건은 상기한 바와 같이 공업상 이용가능성과 신규성 이외에 창작의 비용이성 혹은 비자명성을 포함하는 이른바 3대 등록요건을 말한다. 비용이非容易의 의미는 "용이하게 창작될 수 있는 디자인은~디자인 등록받을 수 없다."는 디자인보호법상 규정473)된 긴 문장의 조문을 한 단어로 표현한 것이다.

창작의 비용이성이라 하면 쉽지 않게, 즉 용이하지 않게 창작되어진 디자인에 한해 등록보호될 수 있음을 은유적으로 표현한 것으로, 대비되는 두 디자인의 동일성 여부로 판단하는 신규성과 달리, 동일하지는 않더라도 당 업계에서 통상의 지식을 가지는 자가 공지 · 공용된 디자인들의 결합에 의해 용이하게 창작할 수 있는 디자인은 독점배타권이 부여되지 않는다. 따라서 창작의 비용이성이라 하면 용이하게 창작될 수 있는 디자인의 보호를 배제한다는 의미가 되며, 거꾸로 용이하게 창작되지 아니할 만큼 창작 노력을 한 결과 새롭고 진보된474) 디자인으로 보여야 보호 가능한 디자인이 된다는 의미가 된다.

나. 판단기준

특허청 심사실무는 원칙적으로 출원된 디자인의 구성물품 또는 부품(부속품) 디자인 모두가 공지된 경우만을 용이창작으로 판단하게 된다. 다만 출원된 디자인의 일부 구성물품 또는 부품(부속품)이 공지되지 않은 경우(법 제8조의 적용을 받는 경우를 포함한다)에도 전체적인 미감에 미치는 영향의 정도 등을 종합적으로 고려하여 용이창작에 해당하는 것으로 볼 수 있다. 공지 · 공용의 디자인 또는 주지의 형상 · 모양 등에 의한 용이창작 규정은 모든 물품에 적용한다.

사례 1 디자인의 구성요소의 일부분을 다른 디자인으로 치환하는 용이 창작의 예

공지의 시계가 부착된 라디오의 시계부분을 단순히 다른 시계의 형상 등으로 치환한 시계가 부착된 라디오

---

473) 디자인보호법 제5조 ② : 디자인등록출원 전에 그 디자인이 속하는 분야에서 통상의 지식을 가진 자가 제1항 제1호 또는 제2호에 해당하는 디자인의 결합에 의하거나 국내에서 널리 알려진 형상 · 모양 · 색채 또는 이들의 결합에 의하여 용이하게 창작할 수 있는 디자인(제1항 각호의 1에 해당하는 디자인을 제외한다)에 대하여는 제1항의 규정에 불구하고 디자인등록을 받을 수 없다.

474) 진보성은 특허법과 실용신안법의 기술적 사상에 대한 등록요건규정(특허법 제29조 ②)이다. 진보와 비용이성의 차이는 전자는 점진적임에 비해 후자는 즉흥적으로(Randomly) 창작될 수 있는 보호대상의 특징을 바탕에 둔다. 대체로 1980년대 후반(대법원 1988. 10.24 선고, 86후 191 판결)까지 '창작의 비용이성'으로 약칭된 본 규정은 주로 「진보성 (進步性)」으로 사용되었으나, 이후 미국의 디자인 특허에서 사용되는 「비자명성(Nonobviousness)도 혼용되고 있다. 그러나 '~신규성 및 진보성 판단의 자료가 되는 인용의장~'의 판시와 같이 최근의 판례(2001.7.27. 선고, 99후2020 판결)도 진보성이라는 용어를 사용하고 있다.

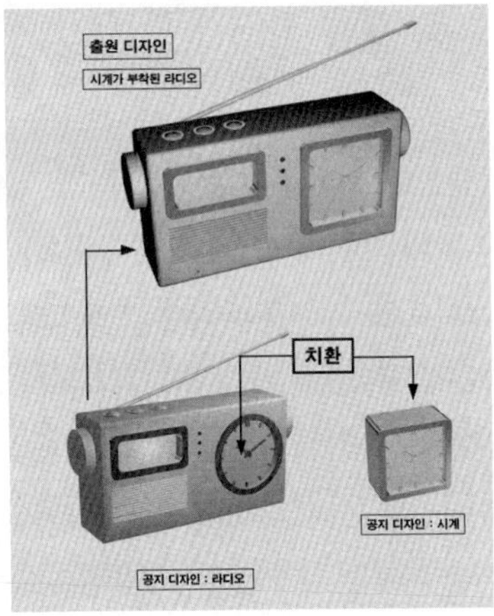

사례 2 주지의 형상 · 모양 · 색채 또는 이들의 결합에 기초한 용이 창작

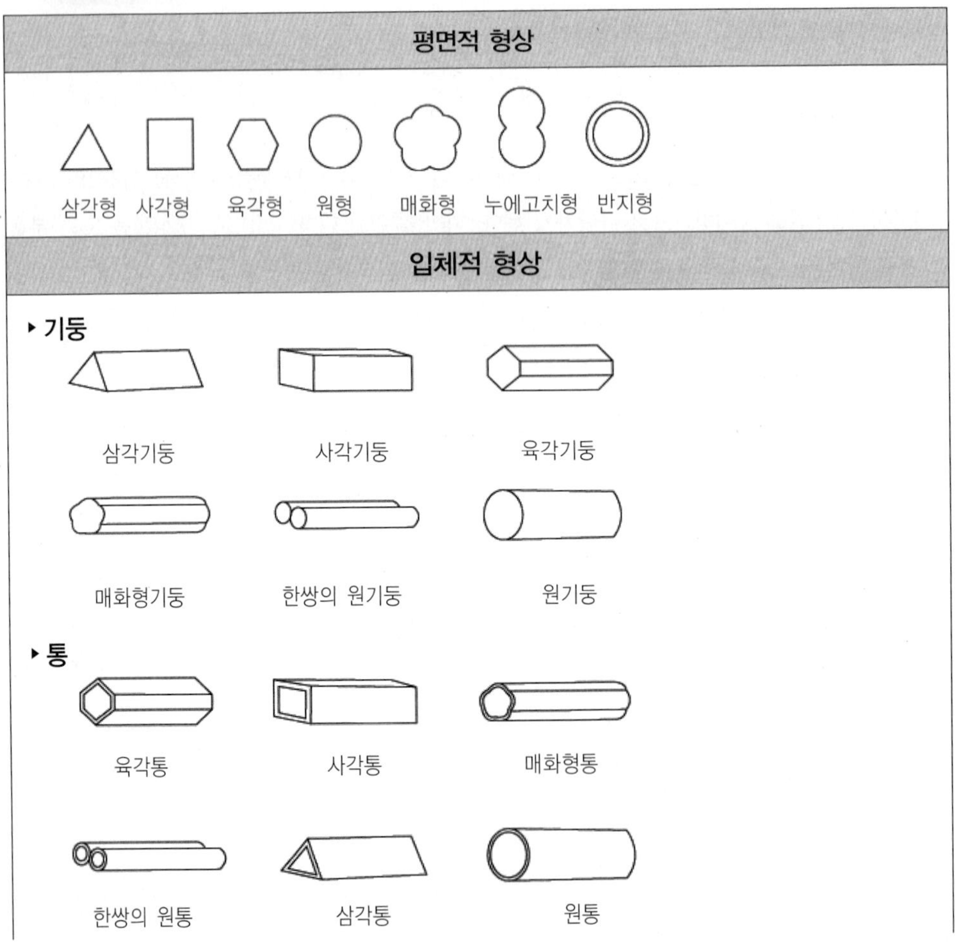

▸ **홈**

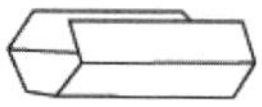
육각통 홈

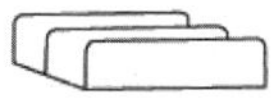
칸막이형의 사각통 홈

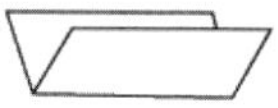
삼각통 홈

원통 홈

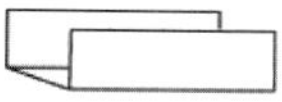
사각통 홈

▸ **뿔**

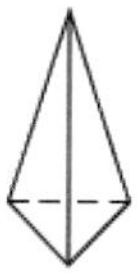
삼각뿔

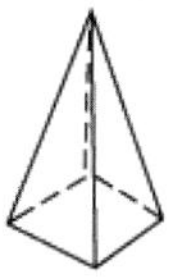
사각뿔

원뿔

육각뿔

▸ **뿔대**

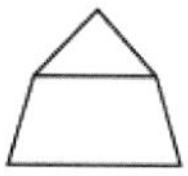
삼각뿔대

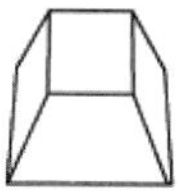
사각뿔대

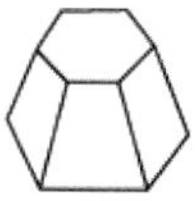
육각뿔대

원뿔대

▸ **뿔대통**

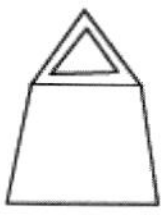
삼각뿔대통

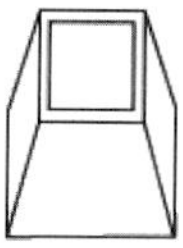
사각뿔대통

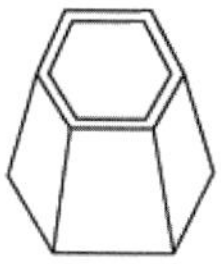
육각뿔대통

원뿔대통

정다면체

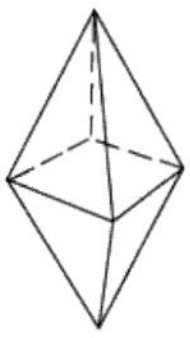
삼각형 정다면체

기　타

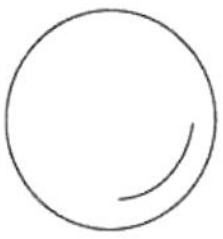
원구

반원기둥

사례 3 물품의 전형적인 형상

물품의 전형적인 형상의 예로는 비행기, 자동차, 기차 등의 전형적인 형상을 들 수 있다. 물품의 기능성과 불가분의 관계에서 뿐만 아니라 공지 · 공용디자인을 기초로 하는 자인으로 용이 창작이 된다.

사례 4 흔한 모양

흔한 모양의 예는 봉황무늬, 거북등무늬, 바둑판무늬, 물방울무늬, 卍무늬 등과 같이 기하학적 무늬[475]로 우리 주변에서 쉽게 접할 수 있는 주지된 모양을 말한다. 흔한 모양은 현실적으로 2차원적인 문양이나 무늬가 주를 이루며 색채를 포함한다. 따라서 흔한 모양과 동일 · 유사한 모양에 대한 디자인에 대해서는 물품성에 관계없이 용이 창작이 된다.

사례 5 자연물

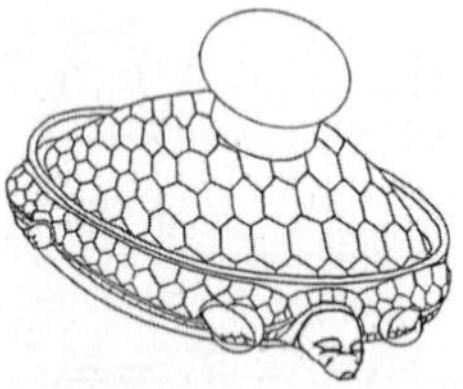

(불고기 구이용 구이판)
(등록 : 30-0271664)

[휴대폰]
(등록 : 30-0414848)

사례 6 저작물

불특정다수에게 누구의 저작물이라고 알려져 있거나, 저작자를 모르더라도 이미 그 저작물이 공지된 경우를 말한다(예: 김홍도의 풍속도, 만화 주인공 '뽀빠이' 등 널리 알려진 그림, 조각, 만화, 영화 등).

---

475) 동물·식물무늬에 대하여 직선이나 곡선의 교차에 의한 추상적인 무늬를 말한다. 직선에는수직선·수평선·사선(斜線)·점선·파선(破線)이 있으며, 곡선에는 원호(圓弧)·타원호(楕圓弧)·파선(波線)·나선(螺線)·포물선(抛物線) 등이 있다. 직선을 늘어놓으면 병행(竝行)무늬가 되고, 직각으로 맞추면 격자(格子)무늬·체크무늬(바둑판무늬)·만자(卍字)무늬가 된다. 또 파선(波線)을 연결하면 파상(波狀)무늬가 된다.

다. 주지 디자인을 기초로 한 용이 창작

당 업계에서 간행물이나 TV 등을 통하여 널리 알려져 있는 디자인은 주지 디자인을 기초로 한 용이 창작이다. 그러나 널리 알려지지 아니한 형상으로 디자인된 자동차모형은 보호될 수 있다.

[완구용 모형차(등록번호 : 30-0304895)]

Ⅲ 소극적 요건

디자인의 성립요건과 등록요건을 모두 갖춘 디자인이라고 하더라도 공익이나 국익, 국가 간의 외교 등을 고려하여 그 디자인에 대해서는 권리를 부여하지 않게 되는데, 이를 디자인 등록의 소극적 요건을 충족시켜야 한다고 말한다. 즉, 디자인 등록을 위해서는 적극적 요건과 소극적 요건을 모두 충족시켜야 한다.

소극적 요건을 갖추지 못하여 등록받을 수 없는 디자인은 (1)국내외 국기, 국장 등과 동일 또는 유사한 디자인, (2)공공의 질서, 선량한 풍속을 문란하게 할 염려가 있는 디자인, (3)타인의 업무에 관계되는 물품과 혼동을 가져올 염려가 있는 디자인, (4)물품의 기능을 확보하는데 불가결한 형상만으로 된 디자인 등 네 가지이다.[476)]

디자인으로 독점배타권을 취득하기 위해서는 이미 살펴본 디자인의 객체성(성립성)을 갖춘 후

476) 디자인 보호법 제6조.

디자인등록을 위한 공업상 이용가능성과 신규성 및 비용이성의 실체적이고 적극적인 등록 요건을 갖춘 이외에도 공익을 위한 디자인과 동일·유사하지 아니할 소극적 요건을 충족시켜야 한다.

4절 출원디자인의 등록과 디자인권

I 등록절차

1. 의의

심사를 거치고 등록결정서를 받은 출원인은 등록료를 납부하여 디자인권을 부여받는 설정등록을 해야 한다. 설정등록(設定登錄)이란 디자인등록 결정통지를 받은 자(반드시 출원인이 되어야 하는 것은 아니다)가 디자인 등록료를 납부하면, 특허청장은 등록원부에 이를 반드시 등재해야 하며, 이렇게 하여 디자인권이 발생하도록 하는 행위를 말한다.

디자인 설정등록이 되면 특허청장은 출원인(권리자)에게 디자인 등록증을 교부하고 디자인 공보에는 당해 등록디자인을 공고하여 일반인에게 공시한다. 디자인 등록증은 신청에 의해 재교부가 가능하며, 정정 등이 있을 경우 정정교부하게 된다. 최초 3년차 분의 등록료 납부와 이후 4년차 분부터는 1년 단위로 납부하거나 필요한 기간 단위로 분할하여 납부해야만 디자인권이 유지된다. 소멸된 디자인은 누구나 사용할 수 있다.

2. 등록료의 추가납부

설정등록료 및 연차등록료의 납부시기를 놓친 경우에는 6개월 이내에 2배를 납부해야 한다. 추가납부와 보전기간 만료 후에도 3배의 등록료를 납부하면 소멸한 권리를 회복시킬 수 있다.

II 디자인권

1. 의의

디자인권이란 디자인권의 설정등록이 있는 날부터 15년간 그 등록디자인에 대해 독점배타적으로 실시할 수 있는 권리를 말한다. 그러나 공익과 국익을 위하여 디자인권의 효력이 미치지 아니하는 경우에는 효력이 제한된다(디자인보호법 제44조).

2. 디자인권의 양도 및 공유

디자인권은 재산권이므로 자유롭게 이전할 수 있다. 다만 기본디자인의 디자인권과 유사디자인의 디자인권은 함께 양도해야 한다. 복수디자인 등록된 디자인권은 각 디자인권마다 분리하여 이전할 수 있다.

Ⅲ 실시권

디자인권에 부속하는 실시권이란 권리자와 계약자의 계약에 의한 전용실시권과, 계약 또는 법의 규정상 강제로 행해지는 통상실시권을 말한다. 실시권의 종류와 제반 사항은 특허제도상의 실시권과 동일하다.

5절 이의신청

Ⅰ 의의

이의신청은 무심사 등록출원의 디자인이 등록된 경우, 등록받을 수 없다는 주장과 그 이유 및 증거를 제출하는 의사표시를 말한다. 이의신청은 무심사디자인 등록출원에만 적용된다는 점에서, 또한 심판에 의하지 않고 심사관 직권으로 심사하여 결정한다는 점에서 디자인보호법의 특유제도라 할 수 있다. 이의신청은 무심사등록 후 공고된 공보를 보고 3개월 이내에 누구나 할 수 있다.

Ⅱ 이의신청절차

디자인무심사등록 이의신청인은 이의신청서에 필요한 증거를 첨부하여 특허청장에게 제출한다(디자인보호법 제29조의 2 ②). 이의신청이 있는 때에는 신청서 부본을 이의신청의 대상이 된 등록디자인의 디자인권자에게 송달하고 기간을 정하여 답변서를 제출할 기회를 주어야 한다. 이의신청인은 신청한 날부터 30일 이내에 신청서에 기재한 이유 또는 증거를 보정할 수 있다(디자인보호법 제29조의 3).

Ⅲ 이의신청의 보정·답변·결정

이의신청 보정에는 이유보정과 증거보정이 있다. 이유보정은 이의신청 이유를 추가 · 변경 · 신규로 보정하는 것이며, 증거보정은 증거방법을 새롭게 추가하거나 변경하는 것을 말한다. 보정서가 제출되면 심사장은 보정된 이의신청 이유 등에 대해서도 디자인권자 등에게 답변서를 제출할 수 있는 기회를 주어야 한다.

Ⅳ 이의신청불복 금지

이의신청에 대한 각하결정 및 디자인등록 유지결정에 대해서는 불복할 수 없다. 이는 이의신청불복으로 장기간 권리와 결정의 불안정 상태가 유지되는 것을 방지하기 위한 것이다. 불복이 있는 자는 무효 혹은 취소심판을 통하여 이의 목표를 달성할 수 있다.

Ⅴ 기타

디자인권의 침해와 구제, 심판, 재심, 벌칙, 소송에 대해서는 특허법에서의 절차와 같으므로 여기서는 생략한다.

5장 상표법

1절 총설

I 상표와 상표법

1. 상표와 서비스표

가. 정의

(1) 상표

상표법상 상표의 정의는 "상품을 생산 · 가공 · 증명 또는 판매하는 것을 업으로 영위하는 자가 자기의 업무에 관련된 상품을 타인의 상품과 식별되도록 하기 위해 사용하는 기호 · 문자 · 도형 · 입체적 형상 또는 이들을 결합한 것 또는 이들 각각에 색채를 결합한 것(이하 표장標章이라 한다)"을 말한다(상표법 제2조 제1호).

따라서 상표의 종류는 기호상표, 문자상표, 도형상표와 이들의 결합상표, 색채상표, 입체상표와 같이 시각적으로 인식될 수 있는 대부분의 것이지만, 소리상표, 냄새상표, 맛상표 등과 같이 청각 · 미각 · 후각으로 지각할 수 있는 표장은 상표로서 등록받을 수 없다.[477]

또한 상품은 유형의 물품으로 1차산업이나 2차산업에 의해 제조되고 가공되며 판매되는 것이지만 3차산업인 서비스도 산업의 한 분야를 이루게 되므로 소비자에게 제공되는 서비스업도 하나의 독립된 상품으로 인정해 소비자로 하여금 서비스업의 식별이 가능하도록 상표법에 의한 서비스표의 보호가 이루어지고 있다.

(2) 서비스표

'서비스표' 란 서비스업(광고업, 통신업, 은행업, 운송업, 요식업 등 용역의 제공업무)을 영위하는 자가 자기의 서비스업을 타인의 서비스업과 식별되도록 하기 위하여 사용하는 표장을

477) 상표로 등록될 수 있는 대상은 나라마다 틀려서, 예를 들면 냄새나 향기와 같은 무형의 표장도 미국에서는 상표법에 의한 보호대상이 된다.

말한다. 바꾸어 말하면, '상표' 는 '상품' 의 식별표지이며, '서비스표' 는 '서비스업(용역)' 의 식별표지라 할 수 있다.

이 때문에 상표의 출원이나 서비스표의 출원절차는 물론 행정절차가 동일하므로 이하에는 그 절차를 다룸에 있어서 상표의 개념을 서비스표까지 확장하도록 한다.

2004년 12월31일에는 특정상품이 지리적 명칭에 의해 특별현저성을 구비하게 됨에 따라 지리적 표시에 대한 규정[478]이 신설되어 서비스업(광고업, 통신업, 은행업, 운송업, 요식업 등 용역의 제공업무)을 영위하는 자가 자기의 서비스업을 타인의 서비스업과 식별되도록 하기 위한 표장의 사용이 가능하게 되었다.

그러므로 상표는 상품의 식별표지이며, 서비스표는 서비스업(용역)의 식별표지라 할 수 있다. 이외에도 동음이의어 지리적 표시[479]와 지리적 표시 단체표장[480], 프랜차이즈와 같이 법인이나 소속단체원이 공동으로 사용하기 위한 단체표장, 보이스카웃과 같은 비영리단체가 사용하기 위한 업무표장도 상표법으로 보호하고 있다.

(3) 단체표장

'단체표장'이란 상품을 공동으로 생산·판매 등을 하는 업자 등이 설립한 법인이 직접 사용하거나 그 감독하에 있는 단체원으로 하여금 자기의 영업에 관한 상품 또는 서비스업에 사용하게 하기 위한 표장을 말한다. 대표적으로 프랜차이즈에 사용하는 상표 내지는 서비스표를 예로 들 수 있다(예: KFC)

(4) 업무표장

'업무표장'이란 영리를 목적으로 하지 아니하는 업무를 영위하는 자가 그 업무를 나타내기 위하여 사용하는 표장을 말한다. (예 : 대한적십자사, YMCA, 로타리클럽, 한국소비자보호원 등)

(5) 증명표장

상품이나 서비스업의 품질, 원산지, 생산방법이나 그 밖의 특성의 증명을 업으로 하는 자가 상품의 생산·제조·가공 또는 판매를 업으로 하는 자의 상품이나 서비스업을 영위하는 자의

---

478) '지리적 표시' 라 함은 상품의 특정 품질·명성 또는 그 밖의 특성이 본질적으로 특정지역에서 비롯된 경우에 그 지역에서 생산·제조 또는 가공된 상품임을 나타내는 표시를 말한다.

479) '동음이의어(同音異意語) 지리적 표시'라 함은 동일한 상품에 대한 지리적 표시에 있어서 타인의 지리적 표시와 발음은 동일하지만 해당 지역이 다른 지리적 표시를 말한다.

480) '지리적 표시 단체표장' 이라 함은 지리적 표시를 사용할 수 있는 상품을 생산·제조 또는 가공하는 것을 업으로 영위하는 자만으로 구성된 법인이 직접 사용하거나 그 감독하에 있는 소속단체원으로 하여금 자기 영업에 관한 상품에 사용하게 하기 위한 단체표장을 말한다.

서비스업이 정하여진 품질, 원산지, 생산방법이나 그 밖의 특성을 충족하는 것을 증명하는 데 사용하게 하기 위한 표장을 말한다. (예: 한국디자인진흥원이 제품 및 포장 등이 우수산업디자인이라는 것을 증명하기 위해 증명표장으로 출원하는 경우, 지정상품은 「제9류 컴퓨터 제품의 우수디자인 증명」, 「제12류 육상이동장치의 우수디자인 증명」 등)

나. 상표의 구성

상표의 정의상 상표로서 구성될 수 있는 것은 기호, 문자, 도형, 입체적 형상, 색채, 홀로그램, 동작 또는 이들을 결합한 것과 그 밖에 시각적으로 인식이 가능한 표장에 한한다. 따라서 소리, 냄새, 맛 등으로만 구성되어 있는 표장은 상표라 할 수 없다.

기호로 구성된 상표를 기호상표, 문자로 구성된다면 문자상표로 표현하듯이 상표의 구성에 따라 그 종류가 다양하다.

아래 표시는 상표를 예시한 것이다.

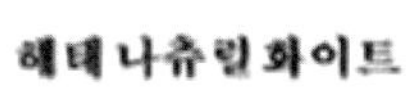

문자상표

기호상표

도형상표

입체상표

결합상표

색채상표

2. 상표와 상품

상표라 함은 지정상품 혹은 지정 서비스에 사용할 식별표지이므로 상품의 구분이 선행되어야 한다. 상표법 시행규칙 제6조의 [별표 1]에는 상품류별이 제1류에서 제34류까지 특성에 따라 구분되어 있다.[481] 또한 [별표 2]에는 서비스업류가 제35류부터 45류까지 동종업으로 분류되어 있다. 따라서 상표등록출원은 그 상표가 사용되어질 위 별표 내의 상품류별로 지정하여 기재하게 되지만, 신규하거나 분류되지 아니한 물품은 위 상품류별에 맞게 지정하여 상표 등록출원하게 된다.

3. 상표의 기능

상표는 상품이나 서비스업에 표장으로 사용되어 다른 상품이나 서비스업과 구별시켜주는 역할을 하게 되므로 해당 제품의 소비자(고객)와 생산자 간의 신뢰 연결고리라 할 수 있다. 따라서 상표는 상품에 사용되어 소비자로 하여금 누구의 상품인지 구별시켜주며, 상품의 생산자 입장에서도 상표를 사용하여 자기의 상품을 타인의 상품과 구별시키는 기능(자타상품의 식별기능), 상품이 동일한 곳으로부터 생산된다는 동일출처 표시기능, 동일한 상표가 사용되는 제품에 대해 수요자에게 품질이 동일한 것으로 보증해주는 기능(품질보증 기능), 판매촉진 수단으로서의 광고선전 기능, 그리고 무엇보다도 상표의 힘에 의한 재산적 기능을 갖게 된다.

4. 상표의 가치

상표를 사용하는 기업들의 브랜드 가치는 상상을 초월한다. 다음 표는 세계 주요기업의 2012년 기준 브랜드가치 사례이다.

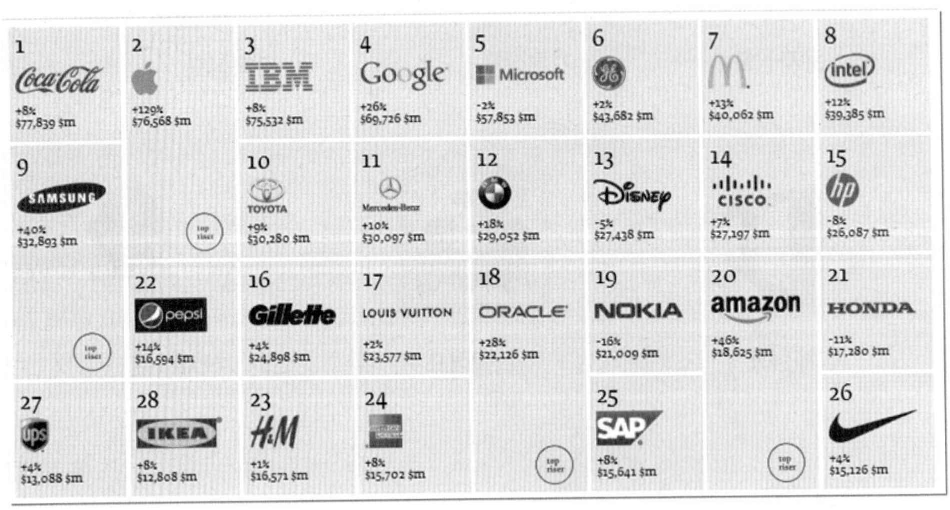

481) 그 외, 서비스표에 지정되는 서비스종류로서 제35류의 '광고업; 기업관리업; 기업경영업; 사무처리업' 부터 제45류의 '사적인 수요를 충족시키기 위해 타인에 의해 제공되는 개인적인 또는 사회적인 서비스; 재산 및 개인을 보호하기 위한 보안서비스' 까지가 예시되어 있다.

Ⅱ 상표의 유사개념

1. 상호

상표가 상품에 부착되어 자타상품을 구별시켜주는 기능을 갖는 것처럼 상호도 상표로 사용될 수 있다. 상호는 상인이 영업에 관하여 자기를 표시하는 명칭으로 영업의 동일성을 표시하는 것이다. 상호는 문자로만 읽히고 호칭되지만 상표는 자타상품을 식별하는 기호로서 문자뿐만이 아니라 기호, 문자, 도형 등과 이들의 결합 또는 이들과 색채의 결합으로 구성되면서 상표의 사용에 문자만의 사용을 위한 강제성이 없다.[482)]

2. 지리적 표시

'지리적 표시'는 단순한 지명이 아니라 특정 품질, 명성 또는 그 밖의 특성을 가지고 있고, 그 품질 등이 해당 지역의 기후, 토양, 지형 등의 지리적 환경에 기인한 경우에 그 상품이 생산, 제조 또는 가공된 지역을 나타내는 표시를 말한다.

다시 말하면, 지리적 표시는 다른 지역과 구별되는 품질이나 명성 등의 특성이 그 지역의 기후, 토양, 지형 등의 자연적 조건이나 전통적인 생산비법 등의 인적 조건을 포함하는 지리적 환경에서 본질적으로 비롯되는 경우에 그 지역에서 생산, 제조 또는 가공된 상품임을 나타내는 것으로 예를 들면 '상주 곶감'과 같은 표시를 말한다.

상표와 지리적 표시는 양자 모두 출처표시 기능 및 품질 표시적 기능, 영업상의 이익과 관련되며 지식재산권의 범주 내에서 보호되는 표장이라는 점에서는 상표와 유사하다. 이러한 유사점 때문에 지리적 표시를 상표 제도내로 포괄하여 상표 및 지리적 표시 보호법으로 규정하는 나라가 있는가 하면 지리적 표시를 상표법상 단체표장 내지 증명표장으로 보호하는 나라도 있으나, 상표는 상품 또는 서비스업을 제공하는 '특정 사업주체'를 식별시켜 주는 표장인데 반하여 지리적 표시는 당해 표시가 사용되고 있는 제품을 생산하는 사업주체들이 위치하고 있는 "특정지역"을 확인시켜 주는 표장이므로 지리적 표시는 상표와 같이 하나의 업자가 다른 경쟁업자들을 사용으로부터 배제시킨다는 의미에서의 '독점적 소유자'는 없는 점에서 차이가 있다.[483)]

---

482)기업이미지 통일화 전략(Corporate Identification Program)에 따라 상호와 상표를 일치시키고 있는 것이 국제적 추세인 점(상표의 상호화 또는 상호의 상표화 현상)과 상호가 상품표지로 사용되고 상표로서 등록요건을 갖추어 등록된 경우에는 법률상 상표로서 보호되는 상호상표가 점차 늘고 있어 양자 간의 기능이 중첩되는 경우가 많다〈특허청〉.

483) 특허청.

우리나라는 2004년 개정상표법(2004.12.31.법률 제7290호)을 통해 2005년 7월1일부터 '지리적 표시'를 단체표장으로 보호하고 있다.

3. 도메인 네임

인터넷을 사용하는 자가 타인과의 정보교류를 위해 등록하여 사용하는 가상공간의 식별주소나 이름인 도메인 네임Domain Name은 전자상거래의 활성화로 도메인 이름 그 자체가 상품이나 서비스업의 출처표시 기능을 갖게 된다. 도메인은 전 세계적으로 유일하게 존재해야 하므로 일정한 체계가 설정되어 있고, 임의로 변경하거나 생성할 수 없다. 인터넷의 모든 도메인은 루트Root라 불리는 도메인 이하에 역트리Inverted tree 모양의 그림을 이루어 계층적으로 구성되어 있다. 루트 도메인 아래의 단계를 1단계 도메인 또는 최상위 도메인TLD: Top-Level Domain이라 부르며, 그 다음 단계를 2단계 도메인SLD: Second-Level Domain이라 부른다.

.com, .net, .org 같은 최상위 도메인의 경우, 등록요건만 갖추면 2단계에서 바로 도메인 신청자가 원하는 이름을 사용할 수 있으며, 국가 최상위 도메인의 경우에는 해당 도메인을 관리하는 국가의 정책에 따라 2단계 혹은 3단계에서 도메인 네임을 선택할 수 있다. 예를 들어 우리나라의 .kr 도메인의 경우에는 2단계 도메인은 기관을 분류하기 위한 .co, .or, .pe 등을 사용하며, 3단계에서 도메인 신청자가 원하는 이름을 사용할 수 있다.

4. 트레이드 드레스

트레이드 드레스Trade Dress란 어떤 제품이나 서비스가 패키지 되어진 요소의 총체이다. 이 요소들은 소비자에게 보여지는 시각적 이미지를 창출하기 위해 결합되어 상표의 형태나 출처표지로서 절대권을 얻을 수 있는 것이다. 한때 트레이드 드레스는 라벨Label과 패키지Package, 디스플레이 카드 및 유사한 패키지 요소들과 더불어 전체 이미지를 만들어가면서 시장에 내놓기 위해 제품에 입혀지는 수단을 나타내기도 했다. 따라서 물리적 형상과 제품의 외형에 대한 모방에 관련되는 문제는 제품모방의 원칙 아래서 종종 분석되었다. 그러나 지금의 트레이드 드레스는 제품의 형상이나 외관은 물론 제품이 소비자에게 보여짐에 따라 전체의 시각적 이미지를 만들어내는 요소의 총체를 포함하는 것으로 확장되었다고 정의하고 있다.[484)]

이렇듯 트레이드 드레스의 정의가 불확실한데 대해 법원은 구조나 라벨, 패키징Packaging, 중요한 단어, 제품의 형상 혹은 다른 물리적 상징이나 외형으로 보는 사람의 눈에 자극을 주어 마음에 각인시켜서 출처의 구분이나 비즈니스 혹은 상업적 구분을 가져올 수 있는 것으로 정의

484) J. Thomas McCarthy, McCarthy's DESK ENCYCLOPEDIA of INTELLECTUAL PROPERTY, Second Edition (1996), 337.

하고 있다.[485] 또한 보호범위는 제품의 전체 이미지를 포함하여 크기, 형상, 색채나 조합, 텍스처Texture, 그래픽 혹은 특별한 영업기술 같은 특징을 포함할 수 있다고 판시하고 있다.[486]

Ⅲ 상표법

1. 상표제도의 기원

'상표brand'의 어원은 소나 말 등의 목축물에 화인火印하는 노르웨이의 고어 'brandr'로부터 유래한 것으로 본다.

중세시대에 길드Guild라는 상인단체나 동업조합원이 상품생산활동에 대한 독점과 상품의 질과 양을 통제하는 수단으로 상품에 생산표production mark를 사용한 이래, 오늘날의 상표제도 연혁은 산업혁명 이후 프랑스에서 1857년 6월 23일 상표의 기탁제도를 정한 사용주의 및 무심사주의를 내용으로 하는 「제조표 및 상품표에 관한 법률」을 그 효시로 본다.

이후 영국에서 1862년 상표법 및 1875년 선사용주의를 중심으로 한 상표등록법 등이 제정되면서 현재의 상표제도로 발전되어왔다.

상표법은 상표제도와 다름 아니다.

2. 상표법의 구성

상표법은 상표 및 서비스표의 출원과 상표권의 발생 및 보호와 사용, 권리부여 혹은 등록거절에 따른 당사자나 이해관계인의 불복에 관한 제반사항을 규정하고 있다. 상표제도의 체계는 상표법을 위시하여 대통령령의 상표법 시행령, 상표등록령, 부령의 상표법 시행규칙과 상표등록시행규칙, 특허청 훈령 · 예규 · 고시로 이루어진다.

국제적 협약(혹은 조약)도 국내법과 동등한 지위를 갖게 되므로 상표법제에 포함된다. 부정경쟁방지 및 영업비밀보호에 관한 법률은 상표법상 보호되지 아니하는 주지 · 저명상표 등의 보호에 적용되므로 상표법의 부속법이라 할 수 있다.

3. 상표심사기준

특허청의 상표심사관들은 상표등록출원의 권리부여여부를 판단하게 되는데, 비록 상표법에 그 운영원리가 명시되어 있다고 하더라도 법제의 적용에 있어서는 심사관마다 또는 관련자마다

---

485) Rorbert C et al., supra id, at 1-2.

486) John H. Harland Co. v. Clarke Checks Inc., 711 F.2d 966, 219 U.S.P.Q. (BNA) 515 (11th Cir. 1983).

해석이 다를 수 있다.

상표심사기준은 상표법상 상표등록출원 및 상표등록이의신청의 심사에 관한 상표법과 동 시행령 및 동 시행규칙의 구체적 해석기준을 정하여 상표심사의 객관성과 공정성을 유지함을 목적으로 편찬된 것이다. 출원인 입장에서 이러한 심사기준을 숙지하고 있다는 것은 상표권취득이 용이하다는 의미이므로 상표제도의 이해와 더불어 이 심사기준의 이해도 병행되어야 하고 심사기준의 중요성도 여기에 있다.

2절 상표등록출원

Ⅰ 상표등록출원과 구분류

1. 상표등록출원

상표등록출원이란 상표권을 취득하려는 자가 그 상표와 함께 소정의 서류 및 필요한 수수료를 특허청에 제출하는 행위를 말하며, 궁극적으로 특허청 상표담당 심사관의 심사를 거쳐 상표등록을 통한 상표권을 부여받기 위한 심사청구의 의사표시 행위라 할 수 있다.

상표등록출원에는 출원서에 상표 견본 1통과 상표를 사용할 지정상품을 정한 뒤 필요한 수수료와 함께 제출하므로 서면에 의해서만 출원이 이루어지며, 서면에 의한 출원은 인쇄용지에 필요한 사항을 기재하여 우편이나 인편으로 출원할 수 있음은 물론 특허청 홈페이지의 전자문서를 활용한 출원이 가능하다.

상표등록출원은 1상표 1출원주의의 원칙을 지켜야 하며, 상표가 사용될 상품을 류별로 구분하여 지정해야 한다. 지정상품은 상표법 시행규칙에서 정한 상품구분에 의해 하나 이상의 상품을 출원인이 임의로 지정하여 기재함으로써 정해진다. 특허출원제도는 하나의 출원으로 여러 상품을 함께 지정할 수 있는 1출원 다구분 제도로 운영되고 있다. 그러나 다상표 1출원은 허용되지 않는다. 상품구분은 1998년부터 상품 및 서비스의 국제 분류에 의한 협정[NICE Agreement(1957)]에 따르고 있다.[487)]

487) 특허청 상표등록원부상의 지정상품을 모두 신 국제상품분류로 통일하기 위하여 「상품분류전환등록신청제도」가 시행되었다. 이 제도에 따라 1998년 3월 1일 이전에 우리나라 상품분류에 의하여 상표권을 부여받은 상표권자는 국제상품분류에 따라 전환등록을 해야 한다(상표법 제 46의 2 ①). 상표권자는 존속기간 갱신등록출원과 동시에 상품분류전환등록신청을 할 수 있다. 상품분류전환등록의 신청은 존속기간 만료일 1년 전부터 존속기간 만료 후 6개월 이내의 기간에 하도록 규정하고 있다.

상표제도의 특성상 입체상표 등록출원 시에는 취지를 기재해야 하고, 단체표장 등록출원에는 정관을, 업무표장 등록출원에는 업무의 경영사실을 입증하는 서면을 일반출원 기재사항 외에 추가로 제출하여야 한다. 또한 지정상품은 추가하여 등록출원할 수 있고, 상표권의 존속기간 10년이 끝나기 전에 존속기간 갱신등록출원으로 영속적인 상표권의 소유가 가능해진다.

2. 구분류

상표등록출원이나 서비스표등록출원을 위해서는 그 상표나 서비스표를 사용하기 위한 물품류 또는 서비스류를 지정해야 한다. 물론 전 분야를 지정할 수 있다.

물품의 구분은 제1류~제34류까지로 구분되고, 서비스류는 제35류~제45류까지이다.

아래 도표는 물품의 제1류와 서비스의 제35류를 예시한 것이다.

제1류의 범위	-공업용, 과학용, 사진용, 농업용 및 임업용 화학품 -미(未)가공 이조수지, 미가공 플라스틱 -비료 -소화제(消火濟) -조질제(調質濟) 및 땜납용 조제 -식품보존제 -무두질제 -공업용 접착제
제1류의 범위에 속하는 상품군별 상품(예시)	1. 비료, 식물재배용 흙 2. 공업용 곡분, 공업용 전분 : 16. 특수세라믹 제조용 합성물

제35류의 범위	-광고업 -기업관리업 -기업경영업 -사무처리업
제35류의 범위에 속하는 서비스업(예시)	1. 라디오 광고업, 텔레비전광고업, 옥외광고업 2. 홍보목적의 패션쇼 개최업 : 15. 자동판매기 임대업

Ⅱ 상표등록출원의 제 원칙

1. 1상표 1출원주의 원칙

상표등록출원 또는 서비스표등록출원은 관할부처가 정하는 상품류 구분 내에서 상표를 사용할 1 또는 2개 이상의 상품을 지정하여 상표마다 출원하여야 하는 원칙을 1상표 1출원주의라 한다. 그러나 1상표 다류지정의 1출원제도가 채택됨에 따라 상표마다 출원하되 상표와 서비스업을 동시에 지정하여 출원할 수 있다(상표법 제10조).

2. 상품의 지정

1상표 다류지정의 1출원제도는 1998년 3월1일 이후 표장의 등록을 위한 상품 및 서비스업에 관한 국제분류인 니스협정에 의한 국제상품분류를 채택 · 사용하면서 시행된 것이다. 상품의 지정은 구체적인 상품명을 반드시 한글로 기재해야 하지만 한글표기만으로 이해하기 어려운 상품에 대해서는 괄호 내에 한자 또는 외국어를 병행하여 표시할 수 있다. 지정상품을 지식경제부령이 정하는 1류 구분 내에 명시되어 있는 모든 상품을 지정상품으로 하여 출원할 때에는 당해 유구분과 명칭을 기재할 수 있다. 이 경우에 명칭 다음에 '본류에 명시된 상품의 전부'를 부기해야 한다.

지정상품을 지식경제부령이 정하는 1류 구분 내에 명시되어 있는 모든 상품 중 일부 상품을 제외하여 출원할 때에는 제외되는 일부 상품을 부기하여야 한다. 상품의 범위가 포괄적[488]이거나 지정상품이 불명확한 경우에는 보정에 의해 치유할 수 있으며, 동종의 상품군으로 분류 가능한 상품집단의 범위는 해당 상품 또는 상품집단의 거래 실태, 수요자 범위, 공급거래선 등이 종합적으로 고려된다.

3. 지정상품 추가 등록출원

상표권자 또는 상표등록 출원인은 출원 또는 등록 후의 사정 변화에 따라 미리 지정했던 상품의 범위를 확대할 필요가 발생하는데, 이때는 새롭게 상표 등록출원을 하는 것보다 지정상품만을 추가함으로써 상표권의 권리범위를 확장시킬 수 있다. 지정상품 추가는 동일 상품류

---

488) 지정서비스업을 판매대행업, 판매 알선업, 상품중개업 또는 학원 경영업 등으로 지정한 경우를 들 수 있다. 이들은 신발류판매대행업, 가구류판매대행업, 건강보조식품판매대행업, 농산물판매대행업, 문방구류판매대행업, 주방용품판매 대행업 등과 같이 구체적으로 명기할 수 있으며, 학원 경영업은 외국어학원 경영업, 미술학원 경영업, 컴퓨터학원 경영업 등과 같은 구체적 명칭으로 보정하여 거절 이유를 극복할 수 있다.

구분 내에서 뿐만 아니라 다류1출원제도에 따라 상품마다 분할하여 출원 및 등록이 가능하다.

4. 상표권의 존속기간 갱신 등록출원

상표권의 존속기간은 설정등록일로부터 10년이지만, 상표권의 존속기간 만료 전 1년 이내에 상표권 존속기간 갱신 등록출원을 하여 10년씩 존속기간을 연장하는 방식으로 영속성을 유지시켜준다.[489] 이는 상표가 부착된 제품이나 서비스업의 신뢰성과 재산의 가치를 유지시켜주기 위한 것이다.

Ⅲ 우선권주장

상표등록출원 시 조약우선권에 의해 최조 출원을 주장할 수 있는 기간은 최초 출원국의 출원일로부터 6개월 이내이다. 우선권을 주장하면 선원주의의 적용 시점을 최초 출원일로 소급 받아 후출원에 의한 불이익을 해소시킬 수 있다(상표법 제20조).

3절 상표의 국제출원

Ⅰ 개요

상표등록을 위한 국제출원은 파리조약에 근거하여 우선권을 향유할 수 있으므로 최초 상표등록출원 후 체약국에 최초출원을 기본으로 하는 우선권을 주장하면 6개월 이내에서 특허출원일(특허요건 판단기준일)이 소급된다. 우선권이익을 향유할 수 있는 6개월이 지난 후라도 외국에 상표등록출원은 할 수 있지만 우선권의 이익을 갖지는 못한다.

마드리드협정에 의거한 다국가 1출원시스템으로 유럽공동체상표제도와 마드리드체제(마드리드협정과 마드리드의정서)가 마련되어 있어서 통상의 파리루트에 의한 상표등록출원과 마드리드체제에 의한 국제출원이 가능하게 되었다.[490] 마드리드체제에 의한 국제출원은 마치 국제

---

489) 존속기간이 만료된 후라도 6개월이 경과하기 이전에는 상표권의 존속기간갱신 등록출원을 할 수 있으나 일정액의 과태료를 납부하여야 한다.

490) 'Protocol Relating to the Mardrid Agreement Concerning the International Registration on Marks'(1989).

특허협력조약[PCT]과 같은 1출원 다국가 지정출원이 가능한 제도라 할 수 있다.[491)]

Ⅱ 국제출원절차

파리조약에 의한 통상의 출원절차(파리루트)와 마드리드체제에 의한 국제출원절차를 비교하면 다음 그림과 같다.[492)]

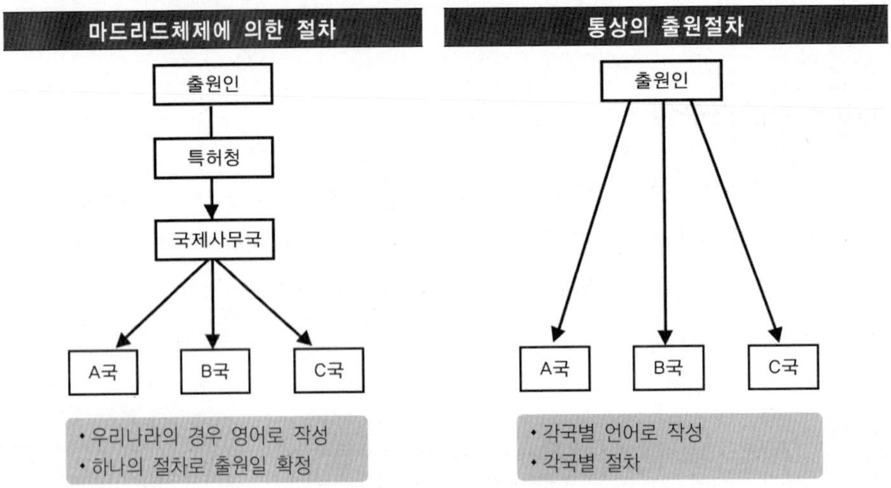

[그림 1] 국제출원절차

Ⅲ 재출원에 관한 특례

국제출원의 기초가 되는 출원 또는 등록에 대한 취소 등으로 국제등록이 소멸된 경우 또는 외국의 의정서 폐기에 의하여 출원인이 출원인 적격을 잃게 된 경우에는 재출원할 수 있다. 이때 일정한 요건을 갖추면 출원일이 소급된다. 재출원에 의하여 당해 상표가 설정등록된 경우로서 종전의 국제등록 기초상표권에 대한 제척기간이 경과된 때에는 재출원에 의하여 설정등록

491) 2001년 개정상표법에 반영된 마드리드의정서에 의할 경우 2005년 12월 기준으로 마드리드 의정서 가입국 67개국에 대해서는 국내 특허청을 통해 하나의 국제출원서를 영어로 작성하여 출원하면 출원인이 국제출원서에 지정한 국가에 동일한 날짜에 출원한 것으로 간주하기로 서명하였다. 따라서 국내 기업의 해외상표등록절차가 매우 간소화되고 비용도 매우 저렴하게 출원할 수 있다. 그러나 마드리드 의정서에 따른 상표의 국제출원을 위해서는 반드시 그 기초가 되는 상표등록 또는 상표등록출원이 있어야 한다.

492) 특허청 홈페이지.

된 상표에 대하여 무효심판을 청구할 수 없다(상표법 제86조의 42).

Ⅳ 유럽공동체 상표등록출원

유럽의 각국은 EU를 형성하여 하나의 상표등록절차로 25개 회원 국가들에 상표권의 효력을 발휘할 수 있는 EU 상표제도를 운영하고 있다. 이 제도를 활용하면 유럽 25개국에 개별적으로 하는 상표등록을 하나의 절차를 통해 할 수 있는 장점이 있다. 더구나 EU 국가는 EU 상표제도와 각국의 상표제도를 중첩적으로 운영하고 있기 때문에 EU 각국에서 통상의 상표등록 절차를 밟는 것도 가능하다.

4절 상표심사

Ⅰ 상표등록출원의 심사

1. 실체심사

심사관에 의해 상표의 등록요건을 갖추었는지 여부를 판단하는 과정을 실체심사 과정이라 한다. 심사관의 실체심사 여부 판단은 출원인의 정당성 여부, 상표의 성립성과 등록요건을 구비하였는지의 여부를 판단하여 등록요건을 갖추었으면 등록결정을, 그렇지 않은 경우에는 거절결정을 하여 출원인에게 통지서를 발송하게 된다.

2. 주체심사

상표등록을 받을 수 있는 자는 개인 또는 법인의 우리나라 국민과 상호주의와 조약에 의한 외국인을 포함한다. 상표의 주인이 될 주체적 요건은 현재 국내에서 상표를 사용 중이거나 혹은 미래에 사용하기 위한 자이다.

상표를 사용할 의사가 없거나(상표등록출원을 하지 않거나) 취소심판을 면할 목적 또는 갱신등록을 받을 목적으로 명목상으로 상표를 사용하는 자는 보호대상에서 제외되며, 이러한 상표의 주체에 대한 등록요건을 만족시켜야 상표권으로 보호되고 상표권 갱신이 이루어질 수 있다.

3. 등록요건심사

가. 절차

상표권자 혹은 상표등록을 받을 수 있는 주체가 사용할 대상이 되는 상표는 보호객체, 즉 그 상표가 된다. 상표가 등록되어 권리로서 성립하기 위해서는 이 객체적 요건 즉 상표의 등록요건을 충족시켜야 한다.

상표등록의 객체적 요건에는 상표등록출원의 형식 등 절차적 요건과, 상표의 구성 자체가 자타 상품의 식별력을 갖는지의 여부, 부등록 사유에 해당하지 않는지 등의 적극적 · 소극적 요건(이를 실체적 요건이라 한다)이 있으며, 이 요건을 충족해야 상표법상 보호되는 상표권이 부여된다. 상표법 제6조는 상표의 적극적 등록요건을 규정한 것이다.

상표로서 등록되기 위한 조건은 상표법이 정하는 상표의 정의개념에 해당[493]해야 하고(이를 상표의 '성립성'이라 한다), 상표를 사용하기 위한 주관적인 의사가 있어야 하며(실행요건), 상품표지로서의 적격성[494]을 갖추고(적극적 등록요건), 상표법 제7조에서 규정하는 부등록 상표에 해당하지 않아야 한다(소극적 등록요건). 또한 적법한 자의 의지에 의한 상표등록출원이 이루어져야 한다(청구요건).

따라서 존재 표시의 사실적 표현[495]이나 관용되는 상표[496], 성질표시 상표[497], 흔한 명칭 등의 상표[498]는 보호될 수 없다.[499]

---

493) 상표법 제2조 제1항.

494) 그렇지 못할 경우 사용에 의한 식별력을 획득하여 상품표지로서의 구체적인 적격을 획득해야 한다. 상표법 제6조.

495) 화상디자인으로 이루어지는 이른바 '디지털상표'가 이미 존재하는 물건을 그대로 혹은 도형적으로 표시한 것에 불과한 것일 경우, 디지털상표는 간편성과 용이성과 신속성 이외에도 심미성과 범용성을 갖추어야 하므로 도상적 표현에 의한 간단명료한 표장일 것이 요구된다. 따라서 도상적으로 표현되는 것이 가장 바람직하나 상표의 고유기능을 충족시키기 위한 식별력을 갖추기 위해서는 일반적인 기물을 대상으로 한 표현은 보호에서 제외되어야 한다. 간단한 표장만의 상표는 문자나 숫자 혹은 도형이 너무 간단하여 식별력이 없으며, 입체상표의 경우 입체를 나타내는 단순한 육면체나 원 등은 상표로 등록될 수 없다.

496) 온라인 상이나 오프라인 상에서 이미 관습적으로 활용되고 있는 상표를 말한다.

497) 품질 · 효능 · 용도 · 수량 · 가격 · 생산방법 · 가공방법 · 사용방법 또는 시기를 보통으로 사용하는 방법으로 표시한 표장만으로 된 상표로 그 상품의 성질을 표시하는 상표이다. 특정 지역의 명칭이나 국가명, 저명한 국내외의 고적지나 관광지 등의 표시도 기술적 또는 설명적인 표장과 더불어 상표등록 될 수 없으며, 다만 상표를 구성하는 요소들에 의해 완성된 표장의 종합적 관찰이 객관적인 식별기능을 발휘한다면 성질표시요소들의 상대적인 기능이 약화되어 상표등록이 가능할 것이며, 이러한 경우의 성질표시 정도는 전체로 보아 사안마다 판단해야 할 것이다. 현저한 지리적 명칭에 해당하거나 사회통념상 지도로 인식되는 정도의 것 등은 특정인에게 상표권을 부여할 수 없는 상표들이다.

498) 흔히 있는 성 또는 명칭을 보통으로 사용하는 방법으로 표시한 표장만으로 된 화상디자인 상표의 경우에 이미 다수가 존재하여 식별력이 없으므로 상표로 등록될 수 없으며, 일반적으로 쓰이는 구

나. 자타 상품 식별력

(1) 특별현저성

특별현저성이란 “소비자가 출처상품을 확인할 수 있어서 다른 출처상품으로부터 그 출처상품을 구별할 수 있는 것”을 말한다.[500] 상표법에 의한 상표보호를 위한 주된 이슈는 상표의 전체 외관과 느낌이 고유적으로든 2차적 의미로든 특별현저성[Distinctiveness]을 갖는 것인지의 여부에 관한 것이다.[501]

특별현저성은 상업적인 힘, 즉 상표력을 부여하여서 특별현저성이 강할수록 보호의 폭이 두텁게 된다. 예컨대 KODAK은 조어로 된 상표로 문자의 조합에 의한 상표처럼 어떠한 다른 의미를 갖지 않는 강한 상표가 된다. 즉, 상표에서 상품을 연상시킬 수 없는 것이다.

일반명칭 상표[generic term marks]는 보통명칭 표장으로 출처에 대한 특별현저성을 갖지 않는 물건(생산물) 자체의 명칭을 나타내므로[502] 저작권의 아이디어나 디자인의 순수 기능 요소와 비교할 수 있다.

문자 상표의 경우 일반명칭 상표나 기술상표[descriptive marks] 등은 원래부터 식별력이 없는 약한 상표이며, 이에 비해 암시적 상표나 조어로 된 상표 혹은 상품과 관련 없는 용어로 된 임의상표는 식별력이 우수한 강한 상표가 된다.[503]

일반명칭 표장과 고유기술 표장은 단순히 상품을 묘사한 것으로 보호받을 수 없으며, 특히 기술상표의 경우 소비자로부터 2차적 의미[504]를 획득했음을 상표 소유자가 입증하지 못하면 상표등록이 어렵게 된다.[505]

호, 표어, 인사말이나 인칭대명사 또는 유행어의 표시, 단기 또는 서기의 연도표시, 사람 · 동식물 · 자연물 또는 문화재를 사진, 인쇄 또는 복사하는 등의 형태로 구성된 표장 등은 식별력이 없는 표장이다.

499) 상표법 제7조.

500) *Id*, at 254.

501) Lisa M. Byerly, LOOK AND FEEL PROTECTION OF WEB SITE USER INTERFACES : COPYRIGHT OR TRADE DRESS?, Santa Clara Computer and High Technology Law Journal, 253 (February 1998).

502) 예를 들면 ‘아스피린’, ‘에스컬레이터’ 등이다.

503) 예를 들면, 「KODAK」이라는 상표는 조어로 된 상표로 다른 상표처럼 문자의 조합에 의한 것처럼 다른 의미를 갖지 않는 강한 상표가 된다. 즉, 상표에서 상품을 연상시킬 수 없게 된다. See Abercrombie & Fitch Co. v. Hunting World Inc., 537 F.2d 4 (CA2 1976), 189 U.S.P.Q. 759 (2d Cir. 1976).

504) 원래 특별현저성을 지니지 않은 문자나 심볼이 사용자로 하여금 누구의 상표인지 인식되어진 상표로, 기술적인 표장(descriptive mark), 지역적인 표장(geographic mark), 개인이름의 표장(personal name)등은 2차적 의미를 얻어야만 상표로서 보호될 수 있다. Thomas McCarthy, McCarthy's Desk Encyclopedia of Intellectual Property (1996).

505) Lanham Act 2, 15 U.S.C. 1052 (1994).

약한 상표가 식별력을 취득하여 등록적격을 갖추었는지의 여부를 판단하는 시점은 등록결정시이다.[506] 암시적 상표에서 암시성은 어떤 상품의 조건에 대하여 결론에 도달할 생각이나 인지 혹은 상상을 요구하는 경우에 발생한다.

(2) 2차적 의미

2차적 의미Secondary Meaning란 기술상표를 일정한 기간 동안 폭넓게 사용한 결과 소비자로 하여금 누구의 상표인지 인식될 특별현저성을 얻게 된 것을 말한다. 기술상표(혹은 묘사상표)와 같은 기술적 상표가 보호되기 위해서는 2차적 의미를 획득해야 한다.[507] 그러나, 2차적 의미를 획득한 증거의 정도를 입증하기가 용이하지 않으므로 인터넷 웹사이트와 같은 기술적 표장의 경우에는 2차적 의미에 문제가 발생할 수 있다. 왜냐하면 웹사이트는 가장 최신의 정보를 올려서 자주 바뀌게 되므로 소비자의 관심을 끌어서 2차적 의미를 획득하기 위한 시간이 길지 않기 때문이다.

다. 식별력이 없는 상표

상표법 제6조 제1항에서 예시하는 식별력 없는 상표는 약칭하여 보통명칭, 관용상표, 기술적記述的 상표, 지리적 명칭, 흔한 명칭, 간단한 도형, 기타 식별력이 없는 상표 등을 말한다.

식별력이 없는 상표는 소비자로 하여금 자타 상품 또는 서비스를 구분할 수 없게 하거나 혼동을 줄수 있으므로 상표권이나 서비스권을 취득할 수 없다.

식별력이 없는 상표에 대해 분설한다.

(1) 보통명칭상표

보통명칭의 상표는 상품의 보통명칭을 보통으로 사용하는 방법으로 표시한 표장만으로 된 상표를 말한다. 상표의 외관, 칭호 또는 관념을 통하여 상품의 보통명칭, 성질 또는 성이나 명칭을 직감할 수 있도록 표시된 표장을 말한다.

아래표에서와 같이 자동차에 CAR라고 표시해봐야 누구의 CAR인지 구분되지 아니하므로 이처럼 상품의 보통명칭을 보통으로 사용하는 방법으로 표시한 표장만으로 된 상표는 상표법상 상표로 보호되지 않는다.

---

506) 대법원 1999.9.17.선고 99후 1645판결.

507) Two Pesos Inc. v. Taco Cabana Inc., 505 U.S. 763, 769 (1992).

지정상품	상표
① 자동차	: CAR
② 자동차용 전구	: Truck Lite (대판 96후986)
③ 피복	: 청바지
④ 포장용 필름	: ?N(대판 96후1224)
⑤ 옥수수 건과자	: 콘치프(대판 88후455, 462)
⑥ 호두로 만든과자	: 호두과자(대판 68후31)
⑦ 복사기	: 코피아, COOYER (대판 86후67)
⑧ 가구의 플라스틱 적층판	: 호마이카 (대판 86후 96)
⑨ 구레오소드함유 위장약	: 정로환(대파 92후827)
⑩ 유산균 발효유	: YOGURT (대판 92후1843)
⑪ 파운데이션 크림	: Foundation (대판 2001후89)
⑫ 광고업	: 라디오광고업, 텔레비전광고업
⑬ 통신업	: 컴퓨터통신, 전화통신
⑭ 보험업	: 생명보험, 자동차보험
⑮ 요식업	: 레스토랑, 카 (특허법원 99허2068)

그러나 보통명칭의 상표라 하더라도 "보통으로 사용하는 방법으로 표시한 표장 만"이 아니라 특수한 방법으로 표시한 표장이거나 보통명칭이 부기적 사항으로 상표의 주요 부분에 해당되지 않고 다른 부분에 의하여 식별력이 있는 경우에는 식별력을 갖춘 것으로 본다.

따라서 '~만으로 된'의 의미는 보통명칭 등이 포함된 경우라도 식별력 있는 표장의 부기적 부분에 불과한 경우 또는 식별력 있는 표장에 흡수되어 불가분의 일체를 구성하는 경우에는 전체적으로 식별력이 인정된다는 뜻으로 이해할 수 있다.

(2) 관용상표

관용상표란 당해 상품을 취급하는 동종업계에서 어떤 표장을 그 상품의 명칭 등으로 일반적으로 사용한 결과 자타상품의 식별력을 상실한 표장을 말한다.

대표적인 것이 새우재료가 들어간 과자류에 '새우깡'이라고 하거나 음식점에 관용적으로 사용되는 '~가든' 등은 관용상표이므로 상표등록 받을 수 없다.

지정상품	상표
① 청 주	정종
② 꼬 냑	나폴레온 (대판 83후14)
③ 구종청량제	인단 (대판 66후7)
④ 직 물	TEX, LON, RAN
⑤ 장식용 시트	데코시트 (대판 99후24)
⑥ 과 자	깡 (대판 73후43)
⑦ 콜드크림	VASELINE (대판 95후1463)
⑧ 통신업	cyber, web, tel, com, net (특허법원 98허7233)

지정상품	상표
⑨ 숙박업 ⑩ 요식업 ⑪ 금융업	관광호텔, 파크 가든, 각, 장, 성, 원 (특허법원 98허4111) Homebanking, Passcard, Cashcard

단, 관용표장이 포함된 상표라 하더라도 그 관용표장이 부기적 사항으로 상표의 주요 부분에 해당되지 않고 다른 부분에 의하여 식별력이 있는 경우에는 보호된다.

(3) 성질표시 상표

성질표시상표란 상품의 성질, 특성 등을 직감시키는 표장을 말한다. 산지나 품질 또는 원재료 표시등과 같이 성질표시를 나타내는 종류는 매우 많고 상품 또한 방대하므로 성질표시상품여부의 판단은 지정상품과의 관계에서 상대적, 객관적으로 판단한다.

[1] 산지표시	*의의 : 해당상품의 특성을 직감할 수 있는 출산지역을 표시한 것 예) 모시-한산, 굴비-영광
	*산지의 범위 : 과거, 현재, 인식 불문
	*예외 : 주류
[2] 품질표시	*의의 : 상품의 품질의 상태 또는 우수성을 직접적으로 표시하는 것. 예)상,중,하
[3] 원재료표시	*의의 : 원재료(주요부품 포함)가 현실적으로 상용되고 있거나 사용될 수 있다고 인정되는 경우 예) 두부-콩, 양복-Wool, 넥타이-Silk *범위 : 보조원료 또는 보조부품도 포함
[4] 효능표시	물품의 성능 또는 효과를 직접적으로 표시하는 것. 예) TV-HD, 약품-잘나
	*범위 : 객관적인 효과 + 주관적인 안락감 단, 현실적인 효능 유무는 불문
[5] 용도표시	상품의 용도를 직접적으로 표시한 것 예) 가방-학생, 의류-베이비
[6] 수량표시	수양과 수량표시로 인식되고 있는 단위 및 그 단위의 기호 등의 표시 예) 2짝, 100g, 10봉지
[7] 형상표시	당해 상품의 외형, 모양 및 규격 등을 직접적으로 표시하는 것. 예) 소형, 대형, SLIM, 사무용품
	*입체상표 : 도면, 사진으로 표시되는 입체상표도 형상표시에 불과한 경우
[8] 가격표시	가격과 가격표시로 인식되고 있는 단위 및 그 단위의 기호 등의 표시 예) 100원, 10Dollar, 5$, 백원
[9] 생산방법, 가공방법, 사용방법표시	상품의 제조, 재배, 양식, 조립, 가공방법이나, 사용방법 등을 기술적 또는 설명적으로 표시 예)책상-조립, 농산물-자연농법

구분	내용
[10] 시기표시	상품의 판매 또는 상용의 계절, 시기, 시간 등을 직접적으로 표시 예) 약품–식전, 의류–봄, 여름, 타이어–전천후
[11] 결합상표	각종표장이 두 개 이상 결합하여 하나의 독립된 표장을 이루더라도 식별력이 없는 경우.
	*의의 : 복수개 결합되어 이루어진 시별력을 갖는 상표
[12] 서적의 제호	*의의 : 저작물의 명칭을 말한다. [제목]
	*취지 : 서적의 제호는 서적출처의 식별력을 부여할 수 없어 상표로 보호될 수 없다.
	단행본 : 해당 서적의 내용을 함축적으로 나타내는 표지라 할 것이어서 상표로 인정받을 수 없다. 정기간행물 : 원칙적으로 기술상표가 아니어서 상표로 보호될 수 있다. 녹음된 자기테이프, 녹음된 자기디스크, 녹음된 컴팩트 디스크(CD), 영상이 기록된 필름 등의 제명에 대하여도 이에 준한다.
[13] 현저한 지리적 명칭	일반수요자들에게 즉각적인 지리적 감각을 전달할 수 있는 표현 예)금강산, 백두산, 뉴욕
	범위 : 명칭, 지도도 포함
[14] 흔히 있는 성 또는 명칭	다수가 존재하는 것으로 인식되고 있는 자연인의 성이나 법인, 단체, 상호임을 표시하는 명칭 예) 이씨, 김씨, 조합, 총장
[15] 간단하고 흔한 표장	상표의 구성이 간단하고 또한 흔히 있는 표장
	예) 123, ONE, TWO, □
[16] 기타 식별력 없는 표장	일반적으로 쓰이는 구호, 표어, 인사말, 슬러근 등으로 표장
	예) Believe it or not I can do www 잘먹고 잘살자 꺼진불도 다시보자

그러나 지정상품에 대해서 직접적인 기술적 또는 설명적 표시라 볼 수 없는 때 사용에 의한 식별성 취득이 가능하므로 상표로 보호받을 수 있다.

다른 식별력 있는 표장과 결합함으로써 상표 전체로써 자타상품식별력이 있는 경우나, 지리적 표시를 사용한 상품을 지정상품으로 하여 지리적 표시 단체표장등록이 되는 경우가 이에 해당되며, 예를 들면 포항 구룡포 과메기를 생산자영어조합법인이 등록하거나, 상주곶감을 상주곶감발전연합회 에프앤지 영농조합법인에서 등록(제29류:육류, 어류, 채소)하거나, 안흥찐빵에 대해 강원도 횡성군이 등록(제30류:커피, 빵)하는 경우 등이다.

상주곶감

라. 사용에 의해 식별력을 취득한 상표

상표의 사용에 의하여 식별력이 있다고 판단한 출원인은 사용한 상표, 상당기간 계속 사용한 사실, 전국 또는 일정 지역에서 사용한 사실, 지정상품의 생산, 제조, 가공, 증명 또는 판매량, 사용의 방법, 횟수 및 내용 등을 입증할 수 있는 자료를 특허청에 제출하여 상표를 사용한 상품을 지정상품으로 등록 보호될 수 있다. 이때 강한 상표와 약한 상표를 구분하여 수요자(거래자를 포함한다)들이 현저하게 인지하고 있는지의 판단 기준은 출원 전 상당기간 사용한 결과 전국적으로 알려져 있는 경우와 일정 지역에서 수요자들이 현저하게 인지하고 있는 경우를 포함한다. 현저하게 인지하고 있는 지역의 범위에 대해서는 지정상품과의 관계를 충분히 고려해야 한다.

4. 등록될 수 없는 상표

가. 부등록 사유

상표제도는 상표를 재산권으로 보호하여 상표 사용자의 업무상 신용을 유지할 수 있게 함으로써 산업발전에 이바지함은 물론 수요자의 이익을 보호하기 위하여 설립된 것이므로 공익과 사익의 균형이 조화된 가운데 운영되고 있다.

따라서 상표제도의 목적에 맞고 등록요건을 갖춘 표장이라면 마땅히 상표법에 의한 등록보호가 이루어져야 하지만, 공익과 사익을 좇는 상표제도의 특성상 일정한 경우 비록 등록요건을 갖춘 표장이라 하더라도 상표법에 의한 등록보호가 되는 것이 아니라 오히려 그 등록보호를 배제하고 있다.

이를 부등록사유不登錄事由를 갖춘 상표라 하여 등록을 불허한다. 이를 상표등록의 '적극적 요건積極的 要件'에 대비되는 말로 상표등록을 위한 '소극적 요건消極的 要件'을 충족시키지 못한 경우로 표현한다.

상표보호가 되지 않는 공익적 부등록 사유는 국가의 존엄성을 해치거나, 국제관계의 신의를 훼손하거나, 공서양속을 위반하거나, 공중을 기만할 우려가 있는 경우를 말하며, 사익적 부등록 사유는 타인의 성명 · 상호 등과 동일 · 유사하거나, 선행의 상표 및 상품과 동일하거나, 선행의 상표와 상표 및 상품 면에서 동일 · 유사하여 혼동의 우려가 있거나 저명상표의 저명성에 편승하려는 부정사용 등이다(상표법 제7조).

그러나 상표등록 후 공익적 부등록 사유가 사후적으로 발생한 경우에 상표등록을 무효화시킬 수 있는 방법이 없다.

나. 부등록 사유와 사례

아래 도표는 상표 부등록 사유별로 사례를 예시한 것이다.

구 분	사 례
대한민국의 국기·국장, 파리협약동맹국, 세계무역기구 회원국 또는 상표법조약 체약국의 훈장·포장, 적십자·올림픽 등의 동일 또는 유사한 상표	무궁화 도형, IMF, WTO
국가·민족·공공단체·종교 등과의 관계를 허위로 표시하거나 이들을 비방 또는 모욕할 염려가 있는 상표	양키, 로스케, Nigger (Negro)
국가·공공단체 또는 비영리 공익법인의 표장으로서 저명한 것과 동일 또는 유사한 상표	YMCA, KBS, 적십자
선량한 풍속에 어긋나거나 공공의 질서를 해칠 유려가 있는 상표	외설적인 도형이나 문자, 사기꾼
정부 또는 외국정부가 개최하거나 정부 또는 외국정부의 승인을 얻어 개최하는 박람회의 상패·상장 또는 포장과 동일 또는 유사한 표장이 있는 상표	
저명한 타인의 성명·명칭 또는 상호·초상, 약칭 등을 포함하는 상표	·대한 주택 공사 = 주공 ·한국은행 = 한은
타인의 선등록상표와 동일 또는 유사한 상표	
상표권이 소멸한 날로부터 1년을 경과하지 아니한 타인의 등록상표와 동일 또는 유사한 상표	
지리적표시 단체표장권이 소멸한 날로부터 1년을 경과하지아니한 타인의 지리적표시 단체표장과 동일 또는 유사한 상표	
주지상표와 동일 또는 유사한 상표	
주지의 지리적표시와 동일한 유사한 상표	
수요자간에 현저하게 인식되어 있는 타인의 상품이나 영업과 혼동을 일으키게 할 염려가 있는 상표	
상품의 품질을 오인하게 하거나 수요자를 기만할 염려가 있는 상표	
국내외에 특정인의 상표라고 인식되어 있는 상표와 동일 또는 유사한 상표로서 부당한 이익을 얻으려 하는 등 부정한 목적을 가지고 사용하는 상표	

구 분	사 례
국내외에 특정지역의 지리적표시로 인식되어 있는 것과 동일 또는 유사한 상표로서 부당한 이익을 얻으려하는 등 부정한 목적을 가지고 사용하는 상표	
상품 또는 그 상품의 표장의 기능을 확보하는데 불가결한 입체적 형, 색채 또는 색채의 조합만으로 된 상표	
세계무역기구 (WTO) 회원국내의 포도주 및 증류주의 산지에 관한 지리적표시로서 구성되거나 동표시를 포함하는 상표로서 포도주·증류주 또는 이와 유사한 상품에 사용하고자 하는 상표. 다만 지리적 표시의 정당한 사용자가 지리적표시 단체표장 등록출원을 한 경우는 예외	
종자산업법에 따라 등록된 품종명칭과 동일·유사한 상표가 그 품종명칭과 동일 또는 유사한 상품을 지정상품으로 한 경우	
농산물품질관리법 제8조 또는 수산물품질관리법 제9조에 따라 등록된 타인의 지리적표시와 동일·유사한 상표가 그 지리적표시를 사용하는 상품과 동일하거나 수요자간에 동일하다고 인식되어 있는 상품을 지정상품으로 한 경우	1. 사과 : 홍옥, 후지(부사), 국광, 스타킹 2. 배 : 신고, 황금 3. 복숭아 : 백도, 황도 4. 녹차 : 우전, 세작(작설차), 중작 5. wine : sparkling wine, still wine
한-EU FTA의 지리적표시 협정 발효일 또는 추가적으로 보호하기로한 접수일 이후에 출원된 상표가 본호의 지리적표시와 동일·유사한 상표로서 그 지리적표시를 사용하는 상품과 동일하거나 동일하다고 인식되어 있는 상품을 지정상품으로 한 경우	

5. 상표의 유사여부판단

가. 목적

상표의 유사여부판단목적은 출원상표에 대해서는 기존의 상표들과 비교하여 등록요건을 갖추었는지 여부를 판단하기 위한 것이고, 상표권 분쟁이 발생한 경우 상표가 동일유사해야 하므로 이에 대한 판단이 필요한 것이다.

비교되는 두 상표가 동일성을 갖는다는 판단의 기준은 소비자기준이다.

나. 판단기준

상표의 유사여부를 판단함에 있어서는 그 상표가 사용되는 상품의 동일성이 전제되어야 한다. 즉, 기계장치 등에 사용되는 상표가 식품류에 사용되는 상표가 동일하다고 하더라도 소비자들은 이 둘의 상표를 동일상표권자로 보지 않을 것이기 때문이다.

여기서 상품이라 함은 유체물로 동산으로 유통성과 거래성 및 양산성이 확보되어야 한다. 상품의 동일성은 두 비교상품이 동일함은 물론 유사한 범위까지 확장한다.

유사여부 대비방법은 대비되는 두 상표의 거래의 경험이나 실정을 감안하여 전체적/객관적/이격적 관찰로 행한다.

상표유사의 대비요소는 외관, 호칭, 관념유사에 대해 판단하는 것이 원칙이지만, 각 사안마다 판단한 일이며, 결합상표나 입체상표의 경우 대비요소의 복합성이 요구된다.

(1) 외관유사

외관유사는 외형적으로 볼 때 두 상표가 서로 유사하여 하나의 상표사용은 다른 상표를 동일한 정도로 사용하는 것으로 볼 수 있을 정도를 말한다.

예) **HOP-HOF**

(2) 호칭유사

호칭유사는 발음상 유사하여 대비되는 두 상표의 식별이 곤란한 경우이다.

예) **천년-천연**

TVC-TBC

백화-白花

(3) 관념유사

관념유사는 두 상표가 의미하는 정도가 동일유사하여서 자타식별을 갖지 못하는 경우를 말한다. 외래어의 한국어 표기가 대표적 예이다.

예) **임금-왕-KING**

TIGER-호랑이

사자-LION

6. 상표심사절차도

상표제도 또한 특허나 디자인제도와 같이 일종의 행정절차에 대해 명시한 것이므로 출원과 심사, 그리고 등록을 거치는 과정이 동일하다. 아래 표는 상표심사절차도이다.[508]

508) 출처: 특허청

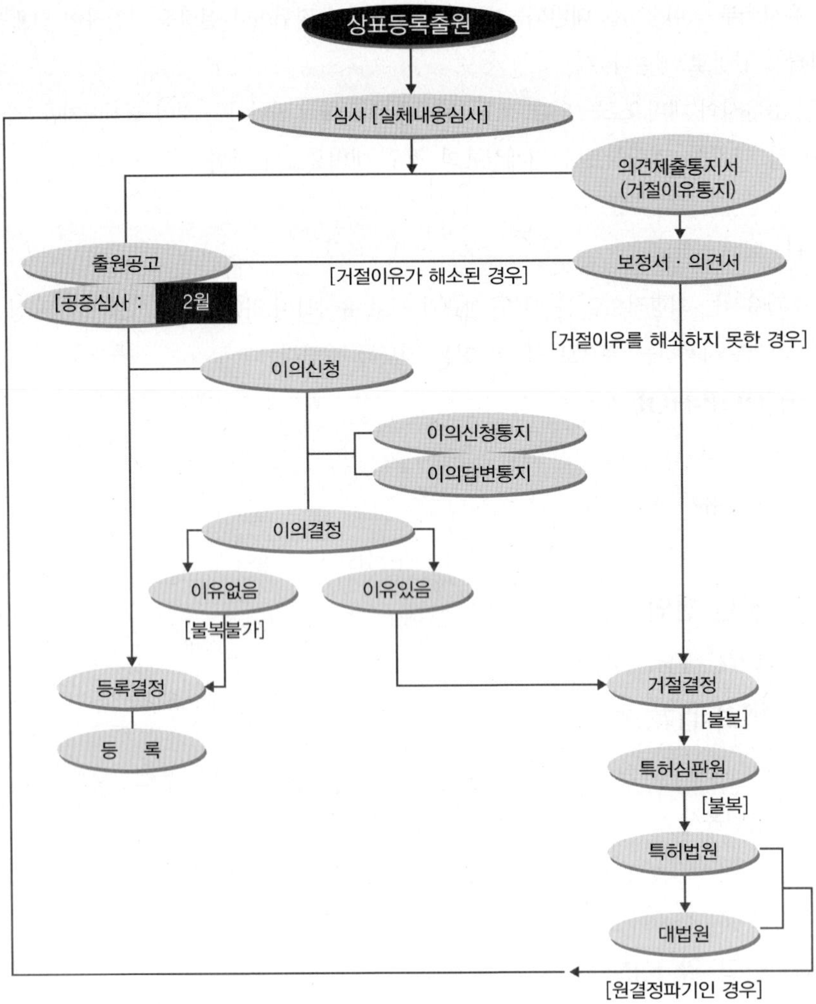

Ⅱ 출원보정과 분할출원 및 변경출원

1. 출원보정

상표등록출원의 보정이란 출원 절차에 있어서 하자가 있을 경우 출원인이 자진하거나 혹은 특허청의 명령에 의해 흠결을 치유하는 절차적 행위로, 요지변경하지 아니하는 범위 내의 보정을 말한다. 요지불변경의 예는 지정상품의 범위의 감축, 오기의 정정, 불명료한 기재를 명확하게 하는 것, 상표의 부기적인 부분을 삭제하는 경우 등이다. 요지가 변경된 보정은 그 보정이 각하[却下]될 뿐 출원 전체에 영향을 미치는 것은 아니다.

보정기간은 출원공고 결정 전에는 상표등록 여부 결정통지서가 송달되기 전까지 자진 보정할 수 있으며, 출원공고 결정 후에는 출원공고 결정등본 송달 후에 거절 이유를 통지받거나 이의신청이 제기된 경우에는 거절 이유에 대한 의견서 또는 이의신청에 대한 답변서의 제출기간 내 거절이유나 이의신청 이유 또는 결정이유에 나타난 사항에 관하여 보정할 수 있다.

2. 분할출원

1 또는 2 이상의 상품류 구분 내의 상품을 지정상품으로 하여 상표 출원한 경우에는 이를 상품마다 또는 상품류 구분별로 분할하여 출원하는 것을 분할출원이라 한다. 1상표 1출원의 원칙에 따라야 한다는 의미도 있지만 상표권을 여러 개로 분리할 수 있으므로 상표권의 범위가 보다 명확해진다는 장점이 있다. 그러나 출원의 분할은 지정상품별로 상표를 분할한다는 것이지 하나의 상표를 여러 상표로 분할한다는 의미가 아니다. 출원보정과 달리 적법한 분할출원으로 인정할 수 없는 경우에는 분할출원에 대해서는 출원일의 소급이 인정되지 않을 뿐이지 각하되지 않는다.

3. 출원변경

변경출원이란 상표등록출원과 서비스표 등록출원 간의 상표사용 대상을 변경하는 것을 말한다. 반드시 출원인이 동일인이어야 하므로 공동출원의 경우 출원인 전원이 일치하여야 한다. 그러나 모든 표장에 대해 변경출원 할 수 있는 것은 아니고, 상표단체 표장업무 표장 상호간의 출원변경, 서비스표 · 단체표장 · 업무표장 상호간의 출원변경이나, 상표와 특허 · 실용신안 · 디자인 상호간의 출원변경은 인정되지 않으며, 신규의 상표등록출원이나 지정상품의 추가등록출원 또는 상표권의 존속기간 갱신등록출원 상호간의 출원변경도 인정되지 않는다. 변경된 상표등록출원(변경출원)이 있는 경우 원출원은 취하된 것으로 보고 변경출원은 원출원의 출원일에 출원한 것으로 본다.

지정상품 추가등록출원에 있어서는 출원인, 상표가 동일하여야 하고, 상표권이 소멸하거나 상표등록출원이 포기 · 취하 · 무효 또는 상표등록출원에 대한 거절결정이 확정되지 않아야 한다. 원출원 또는 원권리가 상표등록출원 또는 상표권인 경우에는 지정서비스업이나 지정업무에 대해 추가 등록출원을 할 수 없으며, 그 경우에는 법 제2조의 각 표장의 정의규정 및 법 제10조의 1상표1출원 규정에 합치되지 아니하는 것으로 본다.

재출원에 대하여는 일반 출원절차에 따라 심사한 후 적법하면 출원 공고되며, 출원공고 되었던 국제상표 등록출원이 재출원된 때에도 지정상품을 국문으로 표시하여 심사 후 적법하면 다시 출원공고 된다.

Ⅲ 이의신청

1. 출원공고

상표의 출원공고는 특허청 심사관이 해당 출원상표를 심사한 결과 등록시켜도 좋다는 의지의 표시로, 심사 중 거절이유를 발견할 수 없는 때에 심사관의 결정으로 이루어진다. 출원공고 결정이 있을 때에는 결정의 등본이 출원인에게 송달되며, 상표등록출원에 관하여 상표공보에 게재하여 출원공고 된다. 출원공고가 있는 날부터 30일간 상표등록 출원서류 및 부속서류를 특허청에서 공중의 열람에 제공되어 상표의 등록에 의해 불이익이 있는 이해관계인이나 일반이 이의신청할 수 있도록 제도화되어 있다.

2. 이의신청제도

심사를 거친 출원상표에 대해 등록상표로서 설정등록하기 전에 일반에게 공개하여 상표의 등록으로 불이익이 예상되는 자로 하여금 등록되어서는 안 된다는 취지의 이의신청을 할 수 있게 한 것이 이의신청제도이다.

이의신청의 이유에 대한 결정은 이의결정 담당 심사관을 포함한 3인의 심사관으로 구성된 심사관합의체에서 행한다. 이의신청에 이유가 있다고 판단되는 경우 심사관합의체는 출원에 대하여 거절결정하고, 이의신청에 이유가 없다고 판단되는 경우 당해 출원에 대하여 등록결정하여 당사자에게 통지하게 된다.

상표등록 출원인은 출원공고 후 무단으로 당해 출원된 상표와 동일 · 유사한 상표를 동일 · 유사한 상품에 대하여 사용하는 제3자에게 서면으로 경고를 하여 상표권 설정등록 후에는 공개된 이후부터 설정등록 시까지의 손실에 상당하는 보상금을 청구할 수 있다.

5절 상표권

Ⅰ 상표권과 존속기간

상표권은 특허청에 등록료를 납부함으로써 설정등록에 의하여 발생한다. 상표권의 존속기간은 설정등록이 있는 날로부터 10년이며, 상표권의 존속기간 갱신 등록출원에 의하여 10년간씩

기간을 갱신할 수 있으므로 계속 사용을 하는 한 반영구적인 효력을 갖는다.

상표권이 발생하면 상표권자는 지정상품에 등록상표를 사용할 권리를 독점하게 된다. 상표권은 사유재산이므로 이전할 수 있지만 상표법의 목적에 비추어 수요자 이익 보호 등을 위해 필요한 경우에 이전의 제한이 가해지고 있다. 일반적으로 상표권은 그 자체만을 특정하여 영업과 함께 하지 아니하고도 매매, 증여 등에 의하여 자유롭게 양도될 수 있고, 또한 지정상품마다 분할하여 이전할 수도 있다. 상표권은 이전(양도)에 의해 소진되지만 원래의 상품과의 동일성을 해할 정도의 가공이나 수선이 있다면 이는 상표권자의 권리를 침해하는 것이 된다.[509]

Ⅱ 상표권의 효력제한

상표권자는 지정상품에 등록상표를 사용할 권리를 독점하는 것이지만 사용권의 계약에 따라 상표권자의 권리가 제한되며, 등록상표가 타인 성명과 같을 경우 타인이 자기 이름을 사용하는 것을 막을 수는 없으므로 상표권의 효력이 미치지 않게 된다. 또한 등록상표와 동일·유사한 자기 성명 등[510]이나 지정상품 등[511]을 보통으로 사용하는 방법의 상표와, 등록상표의 지정상품과 동일 또는 유사한 상품에 대하여 관용하는 상표와 현저한 지리적 명칭 및 약어 또는 지도로 된 상표, 등록상표의 지정상품 또는 지정상품의 포장의 기능을 확보하는데 불가결한 입체적 형상으로 된 상표, 특정의 지리적 표시 단체표장권[512]에는 독점 사용할 수 있는 권리가 미치지 아니한다.

등록상표가 부착된 정품 또는 진정상품을 국내 상표권자의 허락 없이 제3자가 병행 수입하는 이른바 '진정상품의 병행수입' 에 대해 논란이 되고 있다. 그러나 병행수입이 불공정거래를 위한 것이라면 영업 주체의 혼동행위에 해당하여 상표권을 침해하는 것이 된다. 불공정거래행위인지의 여부는 사안마다 다르며 기준과 적용은 공정거래위원회가 입증한다.[513]

---

509) 대법원 2003.4.11. 판결 2002도 3445.

510) 자기의 성명·명칭 또는 상호·초상·서명·인장 또는 저명한 아호·예명·필명과 이들의 저명한 약칭을 보통으로 사용하는 방법으로 표시하는 상표.

511) 등록상표의 지정상품과 동일 또는 유사한 상품의 보통명칭·산지·품질·원재료·효능·용도·수량·형상(포장의 형상을 포함한다)·가격 또는 생산방법·가공방법·사용방법 및 시기를 보통으로 사용하는 방법으로 표시하는 상표.

512) 자기의 성명이나 지정상품의 보통명칭, 지리적 표시 등록단체표장의 지정상품과 동일한 상품에 대하여 관용하는 상표, 지리적 표시 등록단체표장의 지정상품과 동일한 상품에 사용하는 지리적 표시로서 당해 지역에서 그 상품을 생산·제조 또는 가공하는 것을 업으로 영위하는 자가 사용하는 지리적 표시 또는 동음이의어 지리적 표시, 선출원에 의한 등록상표가 지리적 표시 등록단체표장과 동일 또는 유사한 지리적 표시를 포함하고 있는 경우에 상표권자·전용사용권자 또는 통상사용권자가 지정상품에 사용하는 등록상표 등을 말한다.

Ⅲ 사용권

1. 의의

상표사용권은 상표권자 이외의 자가 상표권의 저촉 없이 해당 상표를 사용할 수 있는 권리를 말한다. 상표사용권은 계약에 의한 전용사용권이나 통상사용권이 있으며, 특허나 실용신안 혹은 디자인의 실시권과 같은 기능을 갖는다.

2. 전용사용권

전용사용권이란 상표권자의 등록상표를 사용하려는 사용계약자가 마치 상표권자처럼 독점 배타적으로 등록상표를 사용하기로 계약을 하여 계약기간 동안은 상표권자도 자기의 상표를 사용할 수 없게 되는 계약자 전용의 등록상표 사용권을 말한다. 이 때문에 전용사용권을 위한 계약을 절대적 라이선스Exclusive License라고도 한다.

전용사용권자는 설정 행위로 정한 범위 내에서 지정 상품에 관한 등록상표를 사용할 권리를 독점하게 된다. 따라서 전용사용권자는 상표권자와 마찬가지로 타인이 등록상표와 동일하거나 유사한 상표를 지정상품과 동일하거나 유사한 상품에 사용하는 등의 권리침해에 대하여 금지 또는 예방을 청구할 수 있게 된다. 또한 상표권자의 동의를 얻어 전용사용권을 타인에게 이전하거나 통상사용권을 설정할 수도 있다. 전용사용권의 설정 이전 등은 등록하여야 효력이 발생한다. 전용사용권자는 등록상표를 사용하는 상품에 자기의 성명 또는 명칭을 표시하여야 한다(상표법 제55조 ④).

3. 통상사용권

통상사용권은 상표권자나 전용사용권자로부터 당해 상표권의 사용을 허락받은 권리이다. 통상사용권은 전용사용권과 같이 하나만 존재하는 것이 아니며 여러 개가 동시에 설정될 수 있다. 또한 계약이 이루어져도 상표권자나 전용사용권자도 해당 상표권을 사용할 수 있다. 통상사용권자는 설정행위로 정한 범위 내에서 지정상품에 관하여 등록상표를 사용할 권리를 가지게 되며, 상표권자 및 전용사용권자의 동의를 얻어 통상사용권을 타인에게 이전할 수도 있다.

통상사용권의 설정 이전 등은 등록하지 않으면 제3자에게 대항할 수 없으며[514] 통상사용권자

513) 병행수입에 있어서의 불공정거래행위의 유형고시, 1998-18호.

514) 이를 '제3자에 대한 대항요건'이라 한다. '제3자에 대한 대항요건'이라 하면 등록원부에 통상사용권자로 등록되어 있지 않고 예를 들면 권리자와 구두계약으로 당해 상표를 사용하는 경우 이를 알 수 없는 제3자는 통상사용권자로 인정하지 않게 된다는 의미이다.

는 등록상표를 사용하는 상품에 자기의 성명 또는 명칭을 표시해야 한다. 또한 통상사용권자는 지정상품에 등록상표를 사용할 권리만 가지므로 권리침해에 대한 금지청구권은 없으며, 상표권자나 전용사용권자만이 권리침해에 대한 금지 등을 청구할 수는 없다.

Ⅳ 상표권자의 보호

상표권자는 자기의 상표가 사용되는 지정상품에 관하여 등록상표를 사용할 권리를 독점하므로 권원 없는 타인이 이 상표와 동일 또는 유사한 상표를 지정상품과 동일 또는 유사한 상품에 사용하는 경우 사용을 금지할 수 있는 금지권을 행사할 수 있다. 또한 타인이 자기의 등록상표 또는 등록상표와 유사한 상표를 사용하는 등 상표권을 침해하는 경우 그 자를 상대로 침해금지 청구권, 손해배상 청구권 등을 행사할 수 있는 소극적인 효력도 갖는다.

상표권 침해로 사업상의 손해를 입었을 경우 상표권자는 침해자에 대하여 사직당국에 고소하여 형사상 제재를 가하도록 함과 동시에, 민사상으로는 금지청구 또는 타인이 고의 또는 과실로 상표권을 침해하여 초래된 재산적 · 정신적 손해에 대하여 법원에 소를 제기하여 손해에 대한 응분의 배상을 받을 수 있으며, 영업상의 신용을 실추케 한 자에 대하여는 신용회복조치 등을 강구할 수 있다.

Ⅴ 상표권의 소멸

상표권은 존속기간의 갱신을 하지 않아 존속기간이 만료하거나 스스로 상표권을 포기하는 경우 또는 구 한국상품분류로 등록된 지정상품에 대하여 소정의 기간 이내에 상품분류전환 등록신청을 하지 않은 경우에 소멸한다. 또한 상표권자의 사망일로부터 3년 이내에 상속인이 상표권자의 이전등록을 하지 아니하는 경우에도 소멸된다.

6절 상표권의 심판 · 재심 · 소송 · 벌칙

Ⅰ 개요

상표권의 심판제도는 상표권의 소멸이나 변경, 권리범위의 확인을 위해 필요한 제도이다.

상표법상의 특유제도 이외에는 민사소송법을 준용하는 재심 · 소송 및 벌칙까지 특허법의 심판제도와 같은 체계를 갖추고 있으므로 특허법을 준용하고, 여기서는 상표권에 대한 특유의 심판제도에 대해 분설한다.

Ⅱ 심판

1. 심판의 종류

가. 거절결정에 대한 심판

상표등록 거절결정, 지정상품의 추가등록 거절결정, 상표권의 존속기간 갱신등록 거절결정, 상품분류 전환등록 거절결정의 1에 해당하는 결정(이하 '거절결정' 이라 한다)을 받은 자가 불복이 있는 때에는 거절결정등본을 송달받은 날부터 30일 이내에 심판을 청구할 수 있다(상표법 제70조의 2).

나. 보정각하결정에 대한 심판

보정각하결정을 받은 자가 결정에 불복이 있는 때에는 결정등본을 송달받은 날부터 30일 이내에 심판을 청구할 수 있다.

다. 상표등록 무효심판

상표등록 요건을 불비한 상표권에 대해서는 무효심판을 통해 권리가 소급적으로 없었던 것으로 할 수 있다. 청구 주체는 이해관계인 또는 심사관이다.

라. 상표권 존속기간갱신등록 무효심판

상표권의 존속기간 갱신등록이 출원절차에 위반하여 이루어진 경우나 상표권의 존속기간 갱신등록이 당해 상표권자가 아닌 자에 의하여 이루어진 경우 이해관계인이나 심사관은 당해 상표권의 존속기간 갱신등록 무효심판을 청구할 수 있다. 이 무효심판은 상표권이 소멸된 후에도 청구할 수 있으며, 상표권의 존속기간 갱신등록을 무효로 한다는 심결이 확정된 때에는 처음부터 없었던 것으로 본다.

마. 상품분류 전환등록의 무효심판

이해관계인 또는 심사관은 상품분류 전환등록이 당해 등록상표의 지정상품이 아닌 상품으로 되거나 지정상품의 범위가 실질적으로 확장된 경우, 당해 등록상표의 상표권자가 아닌 자의 신청에 의하여 행하여진 경우, 신청기간을 초과하여 등록된 경우에는 해당 상표권에 대해 무효심판을 청구할 수 있다. 이 경우 상품분류 전환등록에 관한 지정상품이 둘 이상 있는 경우에는 지정상품마다 청구할 수 있다. 상품분류전환등록을 무효로 한다는 심결이 확정된 경우에는 등록은 처음부터 없었던 것으로 본다.

바. 상표등록취소심판

등록상표의 취소 사유는 상표의 고의적 혼동 사용, 3년 이상 불사용, 이전 및 공유절차 위반, 단체표장의 정관위반, 정관변경에 의한 혼란 야기, 대리인의 부정한 출원, 사용권자의 사용 소비자 혼동 사용, 부정경쟁목적의 사용, 단체표장의 혼동 사용 방치, 지리적 표시 단체표장의 사용, 동음이의어 지리적 표시 단체표장의 혼동방지 표시 위반, 표장 정의의 불합치 등의 사유로 심판에 의해 취소된다.

등록상표의 지정상품이 둘 이상 있는 경우에는 일부 지정상품에 관하여 취소심판을 청구할 수 있다. 상표등록을 취소한다는 심결이 확정된 때에는 상표권은 그때부터 소멸된다.

사. 사용권등록 취소심판

전용사용권자 또는 통상사용권자가 상표등록 취소사유에 해당하는 행위를 한 경우에는 누구든지 전용사용권 또는 통상사용권 등록의 취소심판을 청구할 수 있다. 취소 심판을 청구한 후 사유에 해당하는 사실이 없어진 경우에도 취소사유에 영향이 미치지 아니한다. 전용사용권 또는 통상사용권 등록을 취소한다는 심결이 확정된 때에는 전용사용권 또는 통상사용권은 그때부터 소멸된다.

아. 권리범위 확인 심판

상표권자 또는 이해관계인은 등록상표의 권리범위를 확인하기 위하여 상표권의 권리범위 확인심판을 청구할 수 있다. 상표권자가 상표권침해를 이유로 제3자가 사용하는 표장이 자기의 등록상표와 동일 · 유사함을 주장하는 '적극적 권리범위 확인심판' 청구와, 제3자의 사용표장은 상표권자의 등록상표와 동일 · 유사하지 않다는 주장의 '소극적 권리범위 확인심판' 청구가 가능하다.

SCIENCE TECHNOLOGY & INTELLECTUAL PROPERTY

6장 저작권법

1절 총 설

I 저작물과 저작자

1. 저작물

가. 정의

저작물의 개념은 현재의 디지털 시대에 그 폭이 더욱 확대되어 문학 · 학술 · 예술범위의 문화와 콘텐츠산업 장르별 분류까지 세분화되고 있다. 지적재산권의 한 분야인 저작권법을 산업재산권법과 분리하여 생각할 수 없는 것은 지적창작활동의 산물을 다루는 공통점 때문이다. 산업재산권을 염두에 둔 저작권의 주 취급대상은 미술저작물이 될 것이며, 그중에서도 응용미술저작물[515]이라 할 수 있다. 그 이유는 저작권을 구성하는 유형적 매체가 물건에 관한 고안이 되면 창작물은 산업재산권으로도 보호되며, 물건은 기술적 사상을 제외하면 디자인[516]이나 기능으로 표현되어서 중첩보호의 대상이 되기 때문이다. 여기서 응용미술이란 순수미술에 대립되는 개념으로 널리 실용품에 응용된 미술 또는 산업에 응용된 미술저작물을 말한다.[517]

---

515) 저작권법 제2조 제11의 2호 : '응용미술저작물'이란 "물품에 동일한 형상으로 복제될 수 있는 미술저작물로서 그 이용된 물품과 구분되어 독자성을 인정할 수 있는 것"을 말하며, 디자인 등을 포함한다.

516) 미국의 디자인보호규정(Design Protection Legistration § 101)에 의하면 회화, 그래픽, 그리고 조각작품은 2차원과 3차원의 순수, 그래픽, 응용미술, 사진, 프린트와 미술의 재생산, 지도, 글로브, 차트, 다이아그램, 모델, 건축계획을 포함하는 기술도면의 작품을 포함한다. 이들 저작물은 기계적 또는 실용적인 측면이 아니고 그들의 형태(form)에 관련되는 한 미술공예품(works of artistic craftsman-ship)을 포함해야 한다. 이 규정에서 정의하는 실용품의 디자인은 그러한 디자인이 물품의 실용적인 면으로부터 분리되어 독자적으로 존재할 수 있는 회화, 그래픽 혹은 조각형상을 포함하거나, 그 범위 내라면 저작물에 포함시켜야 한다고 명시하고 있다. 더불어, 실용품(useful article)이란 단순히 그 제품의 외형이나 정보제공을 나타내는 것이 아닌 원래 실용적 기능을 갖는 제품을 말하며 실용품의 정상적인 부분에 관한 제품은 실용품으로 간주함을 정의하고 있다.

517) 이상정, '응용미술의 보호', '계간저작권'제29호 (1995년 봄호), p.4.

미술저작물이 되기 위한 요건은 (1)예술의 범위에 속하고, (2)창작성이 있으며, (3)대외적인 표현물이어야 한다.[518] 여기서 예술의 범위에 속하는지의 여부를 판단하기 위해서는 독립적인 예술적 특성이나 가치의 기준에 부합하여야 한다.[519] 2000년 개정저작권법에서는 응용미술저작물 보호기준에 물품에 동일한 형상으로 복제될 수 있는 산업상 양산 가능성과, 이용된 물품과 구분되어 독자성을 인정할 수 있는 분리 가능성이 추가되었다.[520]

2. 저작권보호제도의 연혁

국제적 저작권의 보호 노력은 1886년 독일의 베른에서 체결된 저작권협약[Berne Convention for the Protection of Literary and Artistic Works] 이래, 2006년 3월 9일 현재 WIPO에 183개국, 베른조약에 160개국 등이 국제저작권조약에 가입되어 있다.[521]

학문적 또는 예술적 저작물의 저작자를 보호하여 민족문화의 향상·발전을 목적으로 제정된 우리나라의 저작권법은 1957년 1월28일 처음 제정되었고, 1986년 세계저작권협약에 가입한 뒤 같은 해 12월31일 법률 제3916호로 전문 개정되었다. 그 뒤 2004년 10월 16일 법률 제7233호까지 총 11차례 개정되어 현재에 이르고 있다.

3. 저작물의 보호

가. 저작물의 종류

보호 가능한 저작물의 개념은 문학·학술 또는 예술의 범위에 속하는 창작물이어야 할 뿐만 아니라 유형적으로 표현되어야 하는 조건까지 만족시켜야 한다. 즉, 저작권법상의 규정만으로는 구체적으로 어떤 것이 저작물인지, 저작물이면서도 보호되지 않는 것은 어떤 것인지는 분명하지 않으므로 저작권법(제4조 제1항)에서는 아래와 같이 저작물의 종류를 예시하여 보호객체의 범위를 정해놓고 있다.

(1) 소설·시·논문·강연·연술·각본 그 밖의 어문저작물

(2) 음악저작물

(3) 연극 및 무용·무언극 등을 포함하는 연극저작물

(4) 회화·서예·조각·공예·응용미술저작물 그 밖의 미술저작물

518) 서울고법 1996.5.16. 선고 95나 10473 판결.

519) 대법원 2004.7.22. 선고 2003도 7572 판결.

520) 저작권법 제2조 제11의2호

521)

조약·협정명 / 계	WIPO	Berne**	Rome	음반	위성	WCT	WPPT	WTO
계	183	160	83	75	28	58	57	149

(5) 건축물 · 건축을 위한 모형 및 설계 도서를 포함하는 건축저작물

(6) 사진 및 이와 유사한 제작방법으로 작성된 것을 포함하는 사진저작물

(7) 영상저작물

(8) 지도 · 도표 · 설계도 · 약도 · 모형 그 밖의 도형저작물

(9) 컴퓨터 프로그램저작물

나. 저작물의 보호

(1) 보호대상

문학 · 학술 · 예술(문예학으로 약칭하여 이하에 혼용한다)에 속하는 작품의 범위는 가장 넓게 해석하여 산업재산권으로 보호되는 것 이외의 작품은 물론, 중첩 보호되는 제품의 디자인과 컴퓨터 프로그램으로 구현되는 디지털 부산물까지 포함시켜야 한다. 저작물이 되는 것과 그것이 법적으로 보호대상이 되는 것이냐는 별개의 문제이다. 예컨대 외설적 소설이라 하여 저작물이 될 수 없는 것은 아니며, 과거에는 보호받지 못한 저작물이 시대의 흐름과 사회적 분위기가 보호 가능한 저작물로 바뀔 수도 있으며 그 반대가 될 수도 있다.

이 때문에 저작권법에서도 저작물의 모든 요소를 갖추고 있다 해도 공익상 필요한 저작물에 대해 공중의 이익을 위해 저작자를 보호하지 않게 되며, 법령이나 판결, 시사보도 등에 대해서도 공중의 알권리에 비중을 두어 저작물로 보호하지 않게 된다. 보호받지 못하는 저작물에 대해서는 후술한다.

(2) 보호요건

저작물로서 보호를 받기 위해서는 저작물에 창작자의 창작성이 내포되어 있어야 한다. "창작성이란 완전한 의미의 독창성을 말하는 것이 아니라, 단지 어떠한 작품이 남의 것을 단순히 모방한 것이 아니고, 작자 자신의 독자적인 사상 또는 감정의 표현을 담고 있음을 의미할 뿐"이라고 판시[522]된 이래, 최근의 대한방직사건에 대한 판결[523]과 넥타이 문양에 대한 판결[524]은 독창성의 고저를 다루거나 물품과 구분되는 독자성을 다루는 범위까지 확대되어가고 있다.

창작적[Original]이라 함은 처음의, 근원적인, 선천적인, 최선의라는 의미로, 파생적이거나 종속적이 아니라 우선 모방하지 않고 그 자체로 특성, 궁리, 고안, 사고, 작용에 있어서 신규하여 복사나 변환되는 패턴으로 작용해온 것으로 해석한다. [525][526] 이러한 기준은 일찍이 영국의

522) 대법원 2003.10.23. 선고 2002도 446 판결; 대법원 2003.10.9. 선고 2001다 50586 판결; 1995.11.14. 선고 94 도 2238 판결 등.

523) 대법원 1996.2.23. 선고 94도 3266 판결.

524) 서울지방법원 2005.2.4. 선고 2004노 2851 판결.

풋볼게임의 대진표에 대한 저작물성 판결[527])과, 전화번호의 선택에 관한 저작물성을 다룬 미국의 Feist 케이스[528]) 이래로 창작의 단순의미는 어떤 것이 복사물이 아니라는 것만은 아니며, 그 자체로 독창성을 갖지 않더라도 최소한의 어떤 지적 노력 정도를 포함시켜온 것이다.

우리나라의 경우, 저작물로서 보호를 받기 위해서 필요한 창작성이란 완전한 의미의 독창성을 말하는 것은 아니며, 단지 어떠한 작품이 남의 것을 단순히 베끼기[Copying]만한 것이 아니고 작자 자신의 독자적인 사상 또는 감정의 표현을 담고 있음을 의미한다. 누가 하더라도 같거나 비슷할 수밖에 없는 표현, 즉 저작물 작성자의 창조적 개성이 드러나지 않는 표현을 담고 있는 것은 창작성이 있는 저작물이라고 할 수 없다고 판시하고 있다.[529]) 따라서 창작성은 일관되게 저작자의 능동적인 창작 기준에 포커스를 맞추어 왔다고 볼 수 있으며,[530]) 저작물은 창작물로, 창작물은 아이디어가 독창적으로 표현된 것을 말한다.[531])

---

525)『original』 defines as follows : 1.a. existing from the first, primitive, innate, initial, earliest; . . . 2. that has served as pattern, of which copy or translation has been made, not derivative or dependant, first-hand, not imitative, novel in character or style, inventive, creative, thinking or acting for oneself.

526) Oxford University Press, The Concise Oxford Dictionary(7th ed. 1982), at p.720.

527) Ladbroke(Football) Ltd. v. William Hill(Football) Ltd. 1 All E.R. 465, 469 (1964).

528) Feist Publications, supra note 509.

529) 대법원 2005.1.27, 선고 2002도965 판결 : 특히, 기능적 저작물의 창작성에 대해 "저작권법은 제4조 제1항 제8호에서 「지도 · 도표 · 설계도 · 약도 · 모형 그 밖의 도형저작물」을 저작물로 예시하고 있는데, 이와 같은 도형저작물은 예술성의 표현보다는 기능이나 실용적인 사상의 표현을 주된 목적으로 하는 이른바 기능적 저작물로서, 기능적 저작물은 그 표현하고자 하는 기능 또는 실용적인 사상이 속하는 분야에서의 일반적인 표현방법, 규격 또는 그 용도나 기능 자체, 저작물 이용자의 이해의 편의성 등에 의하여 그 표현이 제한되는 경우가 많으므로 작성자의 창조적 개성이 드러나지 않을 가능성이 크며, 동일한 기능을 하는 기계장치나 시스템의 연결관계를 표현하는 기능적 저작물에 있어서 그 장치 등을 구성하는 장비 등이 달라지는 경우 그 표현이 달라지는 것은 당연한 것이고, 저작권법은 기능적 저작물이 담고 있는 사상을 보호하는 것이 아니라, 그 저작물의 창작성 있는 표현을 보호하는 것이므로, 기술 구성의 차이에 따라 달라진 표현에 대하여 동일한 기능을 달리 표현하였다는 사정만으로 그 창작성을 인정할 수는 없고 창조적 개성이 드러나 있는지 여부를 별도로 판단하여야 한다"고 설시하고 지하철 통신설비 중 화상전송설비에 대한 제안서도면에 관하여 기능적 저작물로서의 창작성을 인정하기 어렵다는 이유로 그 저작물성을 부인하였다.

530) 따라서 한 작품이 저작자로부터 창작적이어야 하는 경우에 창작성은 그 핵심적의미가 누락되는 것이며, 이는 '창작되어진'과 동의어가 되어 그 단어의 통상적인 의미가 반영되지 못하는 것이 된다. As Professor Gervais has noted, [w]hen used to mean simply that the work must originate from the author, originality is eviscerated of its core meaning. It becomes a synonym of 「originated」, and fails to reflect the ordinary sense of the word' : D. J., Gervais, Feist Goes Global : A Comparative Analysis of the Notion of Originality in Copyright Law, 49 J. Copyright Socy U.S.A. 949, 961 (2002).

531) 독창성(Creativity)은 저작물로서 보호될 수 있는 창작기준이 '독자적 작성'에서 벗어나 사실저작물의 창작성 기준이 노력과 자본의 투입 여부가 아니라 구성, 사실 및 정보의 선택, 정리 또는 배열이 창

4. 저작물의 종류

가. 순수저작물

순수저작물은 해당 저작물이 저작자의 원래 창작에 의해 표현된 저작물을 말한다. 따라서 1차적 저작물이라 할 수 있다. 순수저작물에는 어문 · 음악 · 연극 · 미술 · 건축 · 사진 · 영상 · 도형 저작물이 포함된다.

나. 어문저작물

어문저작물은 소설 · 시 · 논문 · 강연 · 연술 · 각본 그 밖의 저작물로, 문서저작물과 구술저작물로 구분할 수 있다. 문서저작물은 문자나 기호 또는 도형 등이 지면에 표현되는 것으로 전자문서를 포함한다. 구술저작물은 연설이나 강연 등 구강을 통해 표현되는 저작물이며 주로 녹음되어 보관되나, 육성 대신 전자기기를 이용하여 기계음으로 녹음하는 경우도 포함된다.

다. 음악저작물

음악은 악기와 음성이 내는 소리뿐만 아니라 가사를 포함한다. 악보는 음악저작물의 고정수단에 불과하므로 악보 자체가 음악저작물이 될 수는 없다. 이는 마치 언어저작물이 원고용지나 서적 등에 고정되어 있을 필요가 없는 것과 같은 이치이다.

라. 연극저작물

연극저작물은 연극 및 무용 · 무언극 등을 포함한다. 연극은 각본에 의해 무대에서 배우가 관객에게 보이는 종합표현예술이다. 이 때문에 스스로의 오락이나 여흥을 위한 댄스나 스포츠 경기 등은 연극저작물이 될 수 없다.

마. 미술저작물

미술저작물의 범위는 회화 · 서예 · 조각 · 공예 · 응용미술저작물 등을 포함한다. 미술저작물은 형상이나 모양이나 색채가 미적으로 표현되는 저작물이다. 우리의 저작권법에는 응용미술저작물도 보호범위에 포함하고 있으므로(저작권법 제2조 제11의 2) 산업재산권을 구성하는 디자인권의 디자인 성립요소인 물건의 형상 · 모양 · 색채 또는 이들의 결합과 상호 중첩보호[532]되고

작적인지를 판단하는 기준으로 자리해 왔다. Feist Publications, Inc. v. Rural Telephone Servive Co., Inc.. 499 U.S. 340, 111 S. Ct 1282, 113 L.Ed 358 (1991).

532) 하나의 고안에 대해 여러 제도에서 그 보호요소의 동일성과 제도 자체의 규정에 따라 상호 중첩보호될 수 있으나 고안자의 노력에 따른 보상의 의미에서 받아들여지고 있다.

있다.

바. 건축저작물

건축저작물은 건축물 · 건축을 위한 모형 및 설계도서 등에 관한 저작물이다. 이들을 저작권으로 보호하는 취지는 건축물에 표현되는 심미적 외관이 쉽게 다른 건축물에 모방되어서 창작자의 노력에 대한 보상은 물론, 건축물로서의 가치가 하락하는 것을 막기 위한 데 있다.

사. 사진저작물

사진 및 이와 유사한 제작방법으로 작성된 것을 포함하는 일정한 영상에 의해 표현되는 저작물을 사진저작물이라 한다. 디지털기술의 발달로 사진의 범위와 영상물과의 경계를 구분하기가 쉽지 않게 되었다. 사진저작물에서 주목할 것은 허락 없이 유명연예인이나 프로스포츠 선수들의 초상이나 성명을 사용하여 선전하거나 이를 상품 등에 부착하여 판매하는 경우 퍼블리시티권Publicity Right[533)]을 침해하게 된다는 점이다.

아. 영상저작물

연속적인 영상이 수록된 창작저작물을 영상저작물이라 하며, 영상을 기계 또는 전자장치에 의해 재생하여 볼 수 있거나 보고 들을 수 있어야 한다(저작권법 제2조 제10호). 영상에 음의

---

533) 우리의 판례(서울고법 2002.4.16. 선고, 2000나42061 판결)는 퍼블리시티권에 대하여 다음과 같이 정의하고 있다. 즉 "고유의 명성, 사회적 평가, 지명도 등을 획득한 배우, 가수, 운동선수 등 유명인의 성명이나 초상 등이 상품에 부착되거나 서비스업에 이용되고 있는데, 이러한 유명인의 성명, 초상 등이 갖는 고객흡인력은 그 자체가 경제적 이익 내지 가치로 취급되어 상업적으로 거래되고 있으므로, 성명권, 초상권 등 일신에 전속하는 인격권이나 종래의 저작권, 부정경쟁방지법의 법리만으로는 이를 설명하거나 충분히 보호하기 어렵다. 그리하여 미합중국 연방항소법원 중 하나가 1953년 위와 같은 재산적 가치를 배타적, 독점적으로 지배하는 권리를 독자적인 재산권으로 인정하고, 퍼블리시티권(Right of Publicity)이라 이름하여 보호한 이래 상당수의 미합중국주법과 다수의 학자들에 의하여 지지되기에 이르렀고, 논란은 있으나 퍼블리시티권은 재산권이지 인격권이 아니므로 상속과 양도가 가능하다고 하며, 퍼블리시티권의 권리자 또는 그 권리를 상속하거나 양수한 자는 침해자에 대하여 손해배상은 물론 침해행위의 금지를 구할 수도 있다고 한다"(이하 중략)
한편 상기 판례의 요지는 다음과 같다. "우리나라에서도 근래에 이르러 연예, 스포츠 산업 및 광고산업의 급격한 발달로 유명인의 성명이나 초상 등을 광고에 이용하게 됨으로써 그에 따른 분쟁이 적지 않게 일어나고 있으므로 이를 규율하기 위하여 이른바 퍼블리시티권(Right of Publicity)이라는 새로운 권리개념을 인정할 필요성은 수긍할 수 있으나, 성문법주의를 취하고 있는 우리나라에서 법률, 조약 등 실정법이나 확립된 관습법 등의 근거 없이 필요성이 있다는 사정만으로 물권과 유사한 독점 · 배타적 재산권인 퍼블리시티권을 인정하기는 어렵다고 할 것이며, 퍼블리시티권의 성립요건, 양도 · 상속성, 보호대상과 존속기간, 침해가 있는 경우의 구제수단 등을 구체적으로 규정하는 법률적인 근거가 마련되어야만 비로소 퍼블리시티권을 인정할 수 있을 것이다."

수반 여부와 연속시간의 장단 여부는 가리지 않는다. 영상저작물의 대표적인 예로서는 영화를 들 수 있다.

자. 도형저작물

지도 · 도표 · 설계도 · 약도 · 모형 그 밖의 저작물을 도형저작물이라 한다. 다만 건물설계도는 건축저작물에 속한다.

5. 가공저작물

가. 2차적 저작물

원저작물을 번역 · 편곡 · 변형 · 각색 · 영상제작 그 밖의 방법으로 작성한 창작물을 2차적 저작물이라 한다. 2차적 저작물은 원저작물과 별도로 독자적인 저작물로서 보호되며, 2차적 저작물의 보호는 원저작물의 저작자의 권리에 영향을 미치지 아니한다(저작권법 제5조). 2차적 저작물로 보호받기 위하여는 원저작물을 기초로 하되, 원저작물과 실질적 유사성을 유지해야 하고, 사회통념상 새로운 저작물이 될 수 있을 정도의 수정 · 증감을 가하여 새로운 창작성을 부가하여야 한다.

저작권법이 보호하는 것은 문학 · 학술 또는 예술에 관한 사상 · 감정을 말 · 문자 · 음 · 색 등에 의하여 구체적으로 외부에 표현하는 창작적인 표현형식이므로 2차적 저작권의 침해 여부를 가리기 위하여 두 저작물 사이에 실질적 유사성이 있는가의 여부를 판단함에 있어서는 원저작물에 새롭게 부가한 창작적인 표현형식에 해당하는 것만을 가지고 대비하여야 한다.[534]

나. 편집저작물

편집이란 여러 가지 자료를 모아 엮고 짜서 신문 · 잡지 · 책 따위를 만드는 일을 말한다. 저작권법상 편집물이라 하면 "저작물이나 부호 · 문자 · 음성 · 음향 · 영상 그 밖의 형태의 자료, 즉 소재의 집합물로 데이터베이스[DB]를 포함한다."고 정의하고 있다(저작권법 제2조 제12의 2). 편집저작물은 이러한 편집물의 소재 선택 · 배열 또는 구성에 창작성을 갖는 저작물을 말하며 (저작권법 제2조 제12의 2), 독자적인 저작물로서 보호되므로 구성 부분이 되는 소재의 저작권 그밖에 이 법에 의하여 보호되는 권리에 영향을 미치지 않는 독립재산권으로 존재한다.

편집저작물의 성립 여부에 관하여 "일지 형태의 〈법조수첩〉은 그 수첩을 이용하는 자가 법조 유관기관 및 단체에 관한 사항과 소송 등 업무 처리에 필요한 사항 등을 손쉽게 찾아볼 수 있다고 보이기는 하지만, 유용한 기능 그 자체는 창작적인 표현형식이 아니므로 위 수첩에 이러

534) 대법원 2004.7.8. 선고 2004다18736 판결.

한 기능이 있다고 하여 곧바로 편집저작물에 요구되는 최소한의 창작성이 있다고 할 수는 없는 것이므로 편집저작물로 보호받을 수 없다."고 판시[535]한 반면 "인터넷 홈페이지도 구성 형식, 소재의 선택이나 배열에 있어 창작성이 있는 경우에는 이른바 편집저작물에 해당하여 독자적인 저작물로 보호받을 수 있다고 할 것이므로 피침해 사이트로부터 복제하여 침해사이트에 게시하거나 침해사이트의 회원들에게 전자메일을 이용하여 전송한 피침해 사이트의 상품정보 등은 「온라인 디지털콘텐츠 산업발전법」 소정의 '온라인 디지털콘텐츠'에 해당한다고 할 것이고, 그 상품정보 등의 구성 형식이나 배열, 서비스 메뉴의 구성 등은 편집저작물로 볼 수도 있다."고 판시[536]하고 있다.

6. 비보호 저작물

저작물이 완성됨과 동시에 저작권에 의해 보호되는 저작물 외에, 저작물로서는 성립되었지만 저작권법에 의해 보호되지 않는 저작물들이 있다. 즉, 공서양속을 위하여 보호를 제한하거나 보호받을 수 없게 한 것, 헌법 · 법률 · 조약 · 명령 · 조례 및 규칙, 국가 또는 지방자치단체의 고시 · 공고 · 훈령 그 밖의 이와 유사한 것, 법원의 판결 · 결정 · 명령 및 심판이나 행정심판절차 그 밖의 이와 유사한 절차에 의한 의결 · 결정 등, 국가 또는 지방자치단체가 작성한 법률이나 심결의 편집물 또는 번역물, 사실의 전달에 불과한 시사보도, 공개한 법정 · 국회 또는 지방의회에서의 연술演述 등은 누구나 알고 활용할 수 있어야 하므로 특정인에게 권리가 부여되지 않는다(저작권법 제7조).

보호받지 못하는 저작물은 저작권이 부여되지 않기 때문에 저작권의 제한과는 극명하게 구분된다.

7. 컴퓨터 프로그램

가. 개요

컴퓨터 프로그램의 저작권 보호대상은 텍스트이지 동작behavior은 아니므로[537]가치 있는 동작

535) 대법원 2003.11.28.선고 2001다9359 판결 : 편집물이 저작물로서 보호를 받으려면 일정한 방침 혹은 목적을 가지고 소재를 수집 · 분류 · 선택하고 배열하여 편집물을 작성하는 행위에 창작성이 있어야 하는 바, 그 창작성은 작품이 저자 자신의 작품으로서 남의 것을 복제한 것이 아니라는 것과 최소한도의 창작성이 있는 것을 의미하므로 반드시 작품의 수준이 높아야 하는 것은 아니지만 저작권법에 의한 보호를 받을 가치가 있는 정도의 최소한의 창작성은 있어야 하고, 누가 하더라도 같거나 비슷할 수밖에 없는 성질의 것이라면 거기에 창작성이 있다고 할 수 없다.

536) 서울고법 2003.8.19. 선고 2003카합1713 판결.

537) 법률가나 결정자들이 이해하기 힘든 컴퓨터프로그램의 중요한 특성을 예시하면서, 첫째로 프로그램의 일의적 가치의 원천은 그 행동(behavior)이지 텍스트가 아니며, 둘째 프로그램의 텍스트와 행동

에 대해 저작권에 의한 보호가 발생하지 않는다. 그러나 텍스트의 보호는 기술혁신의 인센티브를 감소시켜서 제도의 설립취지에 역행하는 결과를 가져오게 된다. 이 때문에 컴퓨터 프로그램 동작을 다른 표현수단으로 보호받기를 원하게 되며, 권리자와 이용자 간의 이익을 극대화시키려는 욕구에 대해 균형적 조화를 위한 컴퓨터 프로그램의 보호 논의가 시작된다고 볼 수 있다.

프로그램 명령의 실행이 텍스트와 사운드가 결합된 화면일 경우에는 시청각적 작품에 대한 저작권 보호가 적절할 것[538]이나, 미국 저작권법[539]은 표현된 형식에 관계없이 아이디어, 절차, 공정, 시스템, 작동방법, 개념, 원리, 발견 등의 보호는 금지되고 있다. 또한 프로그램에 내재하는 아이디어나 원리를 연구하거나 독립적으로 개발된 프로그램의 상호운영성을 달성하기 위하여 코드를 재생하거나 번역하는 행위는 프로그램 저작권을 침해하지 않는[540] 규정 등은 개발자와 이용자 간의 이익조절의 가이드라인이 될 수 있다.

나. 저작권법에 의한 아이디어 보호

아이디어만의 저작권에 의한 보호 여부를 확인하는 실익은, 이미 저작권법상 아이디어만의 보호가 아니라 아이디어의 표현이라고 규정되어 있더라도, 아이디어와 표현의 확정된 경계가 설정되어 있지 않기 때문에 그 경계를 구별 지을 수 있는 기준이 될 수 있기 때문이다.

또한 하나의 완성된 창작물에 대해 아이디어와 표현은 부가적인 것이 아니라 전체가 하나의 창작물에 합체된 것이어서, 저작물의 아이디어가 보다 추상적으로 표현되어 있다면 보호가능성은 축소될 것이고 반대로 보다 구체적으로 표현되어 있다면 보호받는 표현이 될 가능성이 커진

은 독립적이며, 셋째 프로그램은 행동을 가져오는 기계(machine)이며, 마지막으로 프로그램에 화체된 산업디자인은 소프트웨어 공학기술의 결과와 실질적인 노하우의 거대한 몸집 특성에서 증대된다는 것이다. Pamela Samuelson et al, A MANIFESTO CONCERNING THE LEGAL PROTECTION OF COMPUTER PROGRAMS, 94 Colum. L. Rev. 2308, 2315-2316 (1994); Computer programs have a number of important characteristics that have been difficult for legal commentators and decisionmakers to perceive. First, the primary source of value in a program is its behavior, not its text. Second, program text and behavior are independent in the sense that a functionally indistinguishable imitation can be written by a [p*2316] programmer who has never seen the text of the original program. Third, programs are, in fact, machines (entities that bring about useful results, i.e., behavior) that have been constructed in the medium of text (source and object code). The engineering designs embodied in programs could as easily be implemented in hardware as in software, and the user would be unable to distinguish between the two. Fourth, the industrial designs embodied in programs are typically incremental in character, the result of software engineering techniques and a large body of practical know-how.

538) 구대환, '컴퓨터프로그램 및 영업방법발명보호의 문제점에 대한 경제적 검토', '지적재산권'제2호 (2004.6), p.45.

539) 17 U.S.C. §102(b) (1993).

540) 구대환, 앞의 논문, p.46.

다.[541] 컴퓨터 프로그램은 코딩 과정이 노출되지 않으면서 원하는 디자인으로 구상하는 과정이 아이디어와 흡사하고, 코딩의 결과로 나타나는 화상디자인을 표현으로 구분하면 결국 화상디자인의 저작권에 의한 보호범위는 아이디어를 포함할 것인지의 여부에 따라 정해지게 된다.

미국에서는 이미 1930년에 Nichols 케이스[542]에서 Learned Hand 판사에 의해 "저작권 보호는 특정 언어에 한정될 수 없으며 스토리의 모방이 허용되는 정도가 있고, 그렇지 않으면 저작자는 아이디어에 기초하여 보호를 받을 것"이라 하여 추상적 테스트라는 아이디어와 표현에 관한 구분 기준을 제시하였다.

아이디어 보호에 관하여 전통적인 이론은 효과적인 보호를 결하고 있거나 미국저작권법 제301조의 우선권[Preemption] 문제에 의해 타당성을 결하고 있지만, 법원에 의하여 명시적 또는 유추적용에 의한 아이디어의 효과적 보호수단[543]이 될 수 있다는데 검토의 의의가 있다.

다. 아이디어 보호이론

(1) 재산권 이론

아이디어보호는 재산권이론에서 출발한다. 재산권이론이란 "아이디어와 통상적인 재산권 간의 유추를 통하여 아이디어의 창작자에게 아이디어에 대한 권한을 부여하고 제3자를 배제할 권한을 부여함으로써 보호를 제공하는데 이용될 수 있다."는 학설이다.[544] 즉, 재산권이론은 저작권의 기본 목적이 권리자에게 인센티브를 부여함으로써 권리자의 보호와 지식의 전파 간의 균형을 도모하여 문화발전을 촉진하는데 있는 것과 같이, 지적재산권의 창작 장려를 통한 산업발전과 문화예술의 발전에 기여하게 한다는 저작권법 설립의 제도적 취지[545]에 근거하고 있다.

따라서 인센티브 부여를 위한 아이디어의 보호요건은 신규성과 구체성을 갖추어야 하며, 신규성은 해당 아이디어가 아직 사용되지 않아서 다른 아이디어와 구별되는 것을 말한다. 이 경우 아이디어는 특허법상의 신규성[546]과 비교하여 창작물의 완성 표현이 주관적으로 이루어지며 기록이 존재하지 않는다는 큰 차이를 갖는다.

구체성은 아이디어가 특정 결과를 가져오도록 체계화된 표현[547]을 말하며, 체계화된 표현과

---

541) 박영길, '저작권에 있어서 아이디어 보호', '계간 저작권'제61호, (2003년 봄호), p.20.

542) Nichols v. Universal Pictures Corp. 45 F.2d 119 (2d Cir.1930), cert, denied, 282 U.S.902 (1931).

543) Jonathan S. Katz, Note : Expanded Notions of Copyright Protection : Idea Protection within the Copyright Act, 77 B.U.L. Rev. 873, 877 (1997).

544) *Id.* at 875.

545) 특허법 제1조.

546) 특허법 제29조.

547) 그 기준을 재산권의 특징을 가지는 것으로 간주하도록 설명되는 표현으로 명시하고 있다. Jonathan S. Katz, supra id at 875.

특정 결과에 따라 아이디어의 범위를 설정할 수 있으며, 이러한 아이디어를 재산으로 보고 보호할 수 있는 아이디어는 곧 재산권의 범위로 해석하게 된다.

(2) 계약이론

계약이론은 계약자 당사자 간의 신임관계Confidential Relationship에 따라 이루어지는 명시적 계약이나 묵시적 계약에 기초한다. 아이디어보호에 관한 계약이론은 화상디자인의 디자인단계와 생성 프로그램의 설계(코딩)단계에서 아이디어 계약범위를 정하게 된다는 점에서 보다 실질적인 적용이 가능할 수 있다.

(가) 명시적 계약

아이디어 창작자는 계약법을 이용하여 다른 사람과 보상금을 대가로 아이디어를 이용하게 하는 계약을 체결함으로써 아이디어에 대한 보호를 받을 수 있다는 것이 명시적 계약 이론이다.[548] 프리랜서로 활동하는 이른바 아이디어맨이나 기업으로부터 시장조사를 의뢰받고 필요한 아이디어를 구체화하여 제공하는 아이디어 서비스업체와의 계약관계에서 근거를 찾을 수 있다.

(나) 묵시적 사실계약

아이디어 창작자가 자발적으로 아이디어를 제3자에게 공표하고, 양 당사자는 아이디어 수령자가 그 아이디어를 이용하는 경우 수령자가 공표한 당사자에게 보상금을 지급해야 한다는 것으로 이해하는 경우에는 묵시적 계약이 아이디어 보호관계에서도 발생할 수 있다고 보는 이론이 묵시적 사실계약이다.[549]

(다) 준계약

아이디어 창작자를 희생시키면 어떤 사람이 아이디어를 이용하여 이익을 얻는 경우에 준계약이 존재할 수 있는 가정에 기초한다면 당사자 간에 명시적인 계약이 없더라도 아이디어 창작자는 한쪽 당사자가 다른 당사자의 희생으로 아이디어에 근거하여 수익을 얻지 못하도록 회수할 수 있다.[550]

548) *Id.* at 875.
549) *Id.* at 876.
550) *Id.* at 876.

(라) 편집이론

편집이론의 기초는 단순한 형태나 색으로 이루어진 표현물들을 편집에 의해 최소한의 창작물로 탄생시키는 아이디어의 보호에 관한 이론이다. 미국의 Atrai 케이스[551]는 저작권으로 보호받지 못하는 요소들로 구성되어 있다 하더라도 이 요소들을 이용하여 전체적으로 최소한의 창작성을 갖도록 편집된 게임프로그램은 저작권으로 보호할 가치가 있다고 판시하였다.

편집이론은 비록 "영화 속 아이디어가 필수 장면의 줄거리라고 할지라도 보호받는데 이용할 수 있으며, 이와 같이 보호받지 못하는 스토리 요소의 선택 및 각색이 최소한의 창작성 기준을 충족하는 한 그것은 편집저작물로서 보호되어야 한다."는 것을 요지로 하고 있다.[552]

라. 정리

아이디어 보호 여부는 저작권법상 아이디어만의 보호는 이루어질 수 없으나 아이디어를 표현하는 과정 중에 표현과 분리할 수 없는 아이디어를 보호범위에 포함시켜야 하는지 여부를 다루기 위한 것이다. 화상디자인에 있어서 보호범위에 아이디어가 포함되는지의 여부는 디자이너와 프로그래머의 업무 영역이 다름을 전제하여 결과적으로는 프로그래머에 의해 구현되는 화상디자인에 있어서 디자이너의 노력을 창작자의 범위에 포함시키느냐의 문제가 된다.

요컨대 창작행위가 자의적인지 혹은 타의적인지의 여부에 따라 권리 귀속문제가 정해질 것이므로 아이디어는 결과물에 귀속시켜서 저작물성의 원리와 계약이론에 부합시키도록 해야 한다.

Ⅱ 저작자

1. 저작자의 범위

저작자란 저작행위의 주체를 말하며, 창작된 저작물을 보호객체라고 할 때 저작물을 창작한 창작자를 저작자라 할 수 있다. 저작물이 완성되면 저작권이 발생하므로 저작자와 저작권자가 동일하다고 볼 수 있으나, 저작물의 양도 등에 의해 저작권자가 바뀔 수 있기 때문에 언제나 저작자 = 저작권자라는 등식이 성립하는 것은 아니다.[553]

---

551) Atrai Games Corp. v. Oman 979 F.2d 242 (DC. Cir. 1992).

552) Jonathan S. Katz, Note : Expanded Notions of Copyright Protection : Idea Protection within the Copyright Act, 77 B.U.L. Rev. 873, 891 (1997).

553) 저작자는 인간지능으로 창작행위를 한 인간 자체를 의미하며, 이렇게 완성된 창작물에 대한 권리의 의무와 주체는 그 저작물을 창작한 사람뿐만 아니라 법인도 될 수 있다. 독일에서는 저작권법상 "저작물은 인간의 정신적인 창작물에 한함"을 천명(저작권법 제2조 제2항)하고 "저작자란 저작물의 창작자를 말한다"고 규정(저작권법 제7조)하고 있다. 미국은 원칙적으로 저작물의 저작자를 그 창

민법상 사람은 자연인과 법인으로 구분하므로[554] 저작자는 자연인은 물론 법인이 될 수 있고, 자연인과 법인이 개별적으로 혹은 공동으로 공동저작자가 될 수 있으나 법인은 자연인이 모여진 가상적 단체이므로 인간과 같은 창작력이 있거나 이성이 있는 것이 아니어서 저작활동을 할 수 있는 주체가 될 수는 없다. 그러나 저작권법 제9조에서는 "법인 · 단체 그 밖의 사용자(이하 이 조에서는 '법인 등'이라 한다)"의 기획 하에 법인 등의 업무에 종사하는 자가 업무상 작성하는 저작물로서 법인 등의 명의로 공표된 것(이하 '단체명의 저작물'이라 한다)의 저작자는 계약 또는 근무규칙 등에 다른 정함이 없는 때에는 법인 등이 된다. 다만 기명저작물의 경우에는 그러하지 아니하다고 명시되어 있어서 직무저작물에 대해서는 법인이 저작자가 될 수 있음을 천명하고 있다.

누가 진정 저작자인지의 여부를 추정함에 있어서 저작물의 원작품이나 복제물에 저작자의 성명(이하 '실명'이라 한다) 또는 예명 · 아호 · 약칭 등(이하 '이명'이라 한다)으로서 널리 알려진 것이 일반적인 방법으로 표시된 자이거나, 저작물을 공연 · 방송 또는 전송함에 있어서 저작자로서의 실명 또는 저작자의 널리 알려진 이명으로서 표시된 자 또는 발행자 또는 공연자로 표시된 자는 그 저작물에 저작권을 가지는 것으로 추정한다(저작권법 제8조).

저작물의 창작은 개인뿐만 아니라 공동으로 이루어질 수 있으며 저작권법 제2조 제13호에서는 공동저작물을 "2인 이상이 공동으로 창작한 저작물로서 각자의 이바지한 부분을 분리하여 이용할 수 없는 것을 말한다."고 정의하여 공동저작자의 권리를 예고하고 있다.

2. 저작자와 저작권자

가. 내국인 저작자

우리의 저작권법은 내국인은 물론 외국인도 저작권자로 인정하지만, 외국인의 저작물은 조약에 따라야 하거나 국내에 거주해야 한다는 제한 때문에 저작자의 추정 문제, 단체명의나 공동저작물 등에 있어서 권리의 귀속, 행사 및 처분에 대한 문제 등의 해결을 위해서도 내국인과의 구분이 필요하다. 저작권을 향유할 수 있는 내국인 저작자는 대한민국 국적을 가진 자이며, 대한민국 국적을 포함한 외국 국적을 가진 이중국적자는 대한민국 국민으로 본다.

작자로 보지만, 직무저작(Works mad for hire)의 경우에는 그 직무창작을 한 직원뿐 아니라, 직무저작의 원인을 제공한 법인도 저작자로 보호한다(17 U.S.C. §201). 미국에서는 순수미술(Fine Art)을 제외하고는 저작자에게 저작인격권을 부여하지 않기 때문에(17. U.S.C. §106A) 저작자의 지위에 대해 독일만큼 중요한 문제가 되지 않는다.

554) 민법 제1편 제2장 및 제3장.

나. 외국인 저작자

외국인의 저작물은 대한민국이 가입 또는 체결한 조약에 따라 보호된다. 또한 대한민국 내에 상시 거주하는 외국인이나 대한민국 내에 주된 사무소가 있는 외국법인의 저작물과 맨 처음 대한민국 내에서 공표된 외국인의 저작물[555]도 내국인과 같이 취급된다. 그러나 상호주의에 입각하여 외국에서 대한민국 국민의 저작물을 보호하지 아니하는 경우에는 그에 상응하게 조약 및 이 법에 의한 보호가 제한된다.

다. 공동저작자

2인 이상이 공동으로 하나의 독립된 창작물을 창작하였을 때, 이 저작물의 저작자는 공동으로 창작한 전원이 저작자가 되는 공동저작자의 지위에 있게 된다. 하나의 저작물 완성을 위하여 각 분담 부문에 대하여 복수인에 의한 창작이 이루어졌다면 이는 결합저작물의 공동저작자가 될 것이다.

라. 저작권자

저작권자는 저작권의 권리주체를 말하는 것으로, 당연히 저작자가 저작권자가 된다. 그러나 저작권의 범위는 저작재산권과 저작인격권으로 구분되므로, 주로 재산권을 의미하는 소유권과의 관계에서 저작자와 저작권자를 구분할 실익이 있다. 즉, 발송된 편지에 있어서 편지의 소유권은 수신인에게 있지만 편지의 내용을 보호하는 저작권은 발신인에게 속하게 되는 것이다.[556] 따라서 양도나 상속 등에 의한 이전이 가능한 것은 저작재산권에서의 개념이며, 이때 저작자와 저작권자는 다를 수 있다. 그러나 저작인격권이라는 일신전속권에 있어서는 저작자와 분리하여 생각할 수 없으므로 저작자가 곧 저작권자가 된다.

마. 대작자

남을 위하여 창작활동을 하는 대작자代作者는 저작명의인이라 할 수 있다. 그러나 대작자도 원저작자임을 증명하여 저작물 저작 시에 소급하여 저작자의 지위를 누릴 수 있다. 감수나 교정을 보는 자의 저작권 발생 여부도 그 저작물에 대해 보정 · 가필하는 창작의 참여도에 따라 저작자와 공동저작자가 될 수 있을 것이다.

우리의 영토는 공해를 포함하여 북한까지 포함되므로 북한의 저작자의 저작물에 대해서는

---

555) 외국저작물 보호에 관한 주 조약은 세계저작권조약(UCC : Universal Copyright Convention), 베른조약(Berne Convention for the Protection of Literary and Artistic Works), 세계무역기구조약 및 지적재산권조약(WTO/TRIPs) 등으로 우리나라는 이 조약들 모두에 가입되어 있다.

556) 서울민사지법 1995.6.23. 94카합9230결정. 이른바 '이휘소 사건'을 말한다.

우리나라 저작물로서 보호된다고 해석할 수 있다. 특히 납북되었거나 월북한 작가의 저작물은 대한민국 저작물과 마찬가지로 보호되고, 북한 저작물에 대한 저작권의 귀속은 우리 저작권법에 의해서 규율되어야 할 사항에 해당된다는 대법원 판례[557]가 있다.

2절 저작권

I 저작권의 발생

1. 주관적 발생

저작물의 보호는 컴퓨터 프로그램뿐만 아니라 모든 학문적 · 예술적 창작물에 대해 등록 없이도 보호가 이루어지며, 저작권을 확보하기 위한 절차나 서식의 방식이 필요한 것도 아니며, 등록을 위한 심사과정을 거치지 않아도 저작권은 저작물의 완성 때부터 발생하며 어떠한 절차나 형식의 이행을 필요로 하지 않기 때문에 무심사 · 무방식에 의한 권리가 주어진다.[558]

저작권은 학문이나 예술에 관한 인간의 정신적 창작물을 대상으로 하는 권리로 보호의 개체인 저작물은 창작자의 정신노동의 소산이며, 창작자의 인격에 그 뿌리를 두는 권리이다.[559] 이 근거는 "이들 권리의 향유와 행사는 어떤 방식에 예속되어서는 안 되며, 그러한 향유와 행사는 원저작물의 국가에서 보호규정존재로부터 독립적이어야 한다."는 베른협약Berne Convention의 무방식주의[560]에 기초하고 있다.

우리나라는 1979년 3월에 WIPO 설립조약에 가입한 바, 이 조약에서는 동맹국으로서 국내법에서 방식주의를 취하는 나라에서도 베른협약 가입국의 저작물에 대해서 방식주의를 이유로 보호를 제한할 수 없다는 준수규정이 마련되어 있으므로 무방식주의에 의한 저작권의 보호근거가 되고 있다.[561] 또한 보호요건을 심사하는 산업재산권법의 심사주의와 달리 무방식주의에 의한 저작권 형성은 최소한의 창작성만을 갖추면 되며, 이 최소한의 창작성 또한 창작자의 주관

557) 대법원 1990.9.28. 선고 89누6396판결; 서울민사지방법원 1989.7.26.자 89카 13692결정; 서울형사지방법원 1990.11.16.선고 90노 585판결.

558) 저작권법 제 10조 제2항.

559) 대법원 1979.11.13. 선고 78다 1343판결.

560) 베른 협약 제5조 제2항.

561) 우리나라 헌법 제6조는 제1항에서 "헌법에 의하여 체결, 공포된 조약과 일반적으로 승인된 국제법규는 국내법과 같은 효력을 가진다"고 규정하고 있다. 우리나라는 1987년에 조약인 세계저작권협약에 가입하였다.

적 판단에 따르게 되므로 무심사주의에 의한 여러 개의 저작권이 발생할 여지가 있다.[562)]

2. 저작권보호기간

저작권, 정확하게 저작재산권은 저작자가 생존하는 동안과 사망한 후 50년간 존속한다. 공동저작물의 저작재산권은 맨 마지막으로 사망한 저작자가 사망한 후 50년간 존속한다.

무명 또는 널리 알려지지 아니한 이명이 표시된 저작물의 저작재산권은 공표된 때부터 50년간 존속한다. 다만, 이 기간 내에 저작자가 사망한지 50년이 지났다고 인정할만한 정당한 사유가 발생한 경우에는 그 저작재산권은 저작자가 사망한 후 50년이 지났다고 인정되는 때에 소멸한 것으로 본다.

업무상저작물, 영상저작물 또한 그 보호기간이 위와 같다.

그러나 이 보호기간은 한미FTA의 시행과 관련하여 2013년 7월1일부터 70년으로 연장 시행된다.

저작재산권의 보호기간을 계산하는 경우에는 저작자가 사망하거나 저작물을 창작 또는 공표한 다음 해부터 기산한다.

Ⅱ 저작물의 등록

1. 등록의 필요성

저작물의 등록이란 저작물의 탄생을 관할기관의 등록원부에 등재시켜 저작물의 주체와 객체에 대한 객관적 입증이 용이하게 한 제도이다(저작권법 제53조). 저작권법상 등록제도는 저작권과 출판권 및 저작인접권과 같은 재산권에 대해서만 적용이 가능하다(저작권법 제60조 및 제73조).

저작권은 저작물의 완성과 동시에 발생하므로 창작 표현이 완료된 저작물을 등록시킨다고 해서 새롭게 다시 권리가 발생되는 것은 아니나 등재된 사실에 의해 창작물의 발생 시기와 내용에 대해 이해관계를 갖는 제3자에게 객관성 있게 보여주고 법적절차를 진행할 수 있으므로

562) 저작물을 등록하는 경우에도 심사는 방식심사에 그칠 뿐이지 그 내용을 심사하는 것이 아니므로 무심사라고 말할 수 있다. 무심사주의는 권리자에게 권리발생의 요건이 까다롭지 않다는 장점이 있지만, 상대적으로 권리의 절대권에 의한 차단효는 기대할 수 없다. 왜냐하면, 저작물의 내용을 심사하는 기준이 설정되어 있지 아니하므로 그 창작의 정도가 매우 낮은 것부터 높은 것까지 존재하지만 어느 것이 창작의 정도가 높고 낮은 것인지 정할 수 없고, 접근에 의한 베끼기(Copying)만 없었다면 다수의 저작자가 지역에 상관없이 창작한 창작물에 대해 각각의 저작권이 존재할 수 있으므로 '상대적 절대권'이라 할 수 있다. 이 때문에 저작권자가 그 권리의 절대적 효과를 기대하면 할수록 스스로 저작물의 독자성을 파악해야 하는 수고를 감수해야 하는 단점은 있다

이를 제3자에 대한 대항요건이라 한다. 저작권 등록은 산업재산권에 비해 권리생성과 유지에 비용이 적게 든다는 장점은 있으나 상대적으로 산업재산권처럼 타인의 실시나 권리부여를 차단하는 차단효遮斷效가 있다거나 모방금지권模倣禁止權 이상의 독점배타적 권리는 부여되지 않는다.

저작권등록을 위해서는 저작자나 저작재산권자 혹은 저작자의 상속자는 저작물 제호·종류·창작연월일, 공표사항 및 기타사항을 기재한 서류를 등록관청인 문화관광부에 제출하여 등록하게 되지만 등록관청은 형식심사할 권한만 갖는다.563) 저작권등록이 완료되면 공표의 추정력과 등록에 의한 제3자에 대한 대항력 및 저작권 침해시의 과실의 추정이 인정되는 효과를 얻을 수 있다.564)

2. 저작권의 등록절차

가. 등록대상

저작권으로 보호되는 주체로서의 저작자 또는 저작재산권자는 자신의 성명·이명異名(공표 당시에 이명을 사용한 경우에 한한다)·국적·주소 또는 거소를 등록할 수 있다. 저작자가 사망한 경우 저작자의 특별한 의사표시가 없는 때에는 유언으로 지정한 자 또는 상속인이 등록을 할 수 있다. 2차적 저작물의 경우에는 원저작물의 제호 및 저작자를 등록할 수 있으며, 등록권리자가 2인 이상인 경우 각자의 지분에 관한 사항 역시 등록할 수 있다(저작권법 시행령 제14조의 2).

저작자 또는 저작재산권자로 성명이 등록된 자는 등록저작물의 저작자 또는 저작재산권자로, 창작연월일 또는 맨 처음의 공표연월일이 등록된 저작물은 등록된 연월일에 창작 또는 맨 처음 공표된 것으로 추정한다(저작권법 제51조 ④). 저작자의 실명이나 공표된 이명을 사용하여 저작권으로 보호받는 기간이 생존기간에 더하여 사후 50년이므로, 무명 또는 널리 알려지지 아니한 이명이 표시된 저작물의 저작재산권이 공표된 때부터 50년간 존속하게 되는 기간에 비해 실명과 무명의 저작권은 생애 동안만큼의 권리보호기간에 차이가 있게 된다.

보호주체로서의 저작자나 저작재산권자는 저작물의 제호·종류·창작연월일, 공표의 여부 및 맨 처음 공표된 국가·공표연월일 등을 등록할 수 있다. 창작연월일은 해당 저작물의 창작시기를 추정하게 하며, 공표 국가와 연도는 해당 창작물의 등록연월일에 맨 처음 공표가 있던 것으로 추정시키는 효과가 있다(저작권법 제 51조 ④). 2차적 저작물의 경우에는 원저작물의 제호 및 저작자와 저작물이 공표된 경우에는 저작물이 공표된 매체에 관한 정보 및 공동 등록권리자의 각각의 지분에 관한 사항 등을 등재할 수 있다.

---

563) 대법원 1996.8.23. 선고 94누 5632판결.

564) 저작권법 제 52조 및 제93조 제4항.

나. 저작권 등록절차

저작권 등록은 신청 또는 촉탁에 의하여 행해지며, 촉탁에 의한 등록의 절차에 대하여는 신청으로 인한 등록에 관한 규정이 준용된다(신청주의). 온라인기술의 발달로 저작권 등록 및 관련된 업무는 문서 외에 컴퓨터에 의해서도 작성·처리할 수 있다. 문화관광부 장관은 컴퓨터 등에 의하여 등록공보를 발행하는 경우에는 그 사실을 정보통신망을 이용하여 널리 알려야 한다(저작권법시행령 제21조의 5). 저작권의 등록은 문화관광부 장관으로부터 위임을 받은 위원회[565)]의 장이 저작권등록원부에 등재하여 행해진다.

등록신청은 법령에 다른 규정이 있는 경우를 제외하고는 등록권리자 및 등록의무자가 공동으로 이를 행한다. 다만 신청서에 등록의무자의 승낙서를 첨부하였을 때에는 등록권리자만으로 신청할 수 있다. 판결·상속 기타 일반승계 또는 촉탁에 의한 등록신청은 등록권리자만으로 할 수 있다. 등록명의인 표시의 변경 또는 정정의 등록신청은 등록명의인이 할 수 있다. 등록된 저작권자에게는 등록증이 교부된다(저작권법시행령 제19조). 또한 2개월에 1회 이상 등록공보가 발행되어야 한다.

다. 등록 효력

저작재산권의 양도(상속 기타 일반승계의 경우를 제외한다) 또는 처분제한, 저작재산권을 목적으로 하는 질권의 설정·이전·변경·소멸 또는 처분제한 등과 같은 저작재산권의 변동에 관하여는 이를 등록할 수 있으며, 등록하지 아니하면 제3자에게 대항할 수 없다(저작권법 제52조).

III 저작권의 종류

1. 저작인격권

저작인격권은 저작재산권과 함께 발생되는 저작자의 명예권이라 할 수 있으며, 여기에는 저작물을 공표하거나 공표하지 아니할 권리의 공표권, 저작자로서의 실명이나 이명을 사용할

---

565) 저작권법 제81조【저작권심의조정위원회】: ① 저작권에 관한 사항을 심의하고 이 법에 의하여 보호되는 권리에 관한 분쟁(이하 '분쟁'이라 한다)을 조정하기 위하여 저작권심의조정위원회(이하 '위원회'라 한다)를 둔다. ② 위원회는 위원장 1인, 부위원장 2인을 포함한 15인 이상 20인 이하의 심의조정위원(이하 '위원'이라 한다)으로 구성한다. ③ 위원은 저작권에 관한 학식과 경험이 있고 덕망을 갖춘 자 중에서 문화관광부 장관이 위촉하며, 위원장과 부위원장은 위원 중에서 호선한다. 위원의 임기는 3년으로 하되, 연임할 수 있다. ⑤ 위원에 결원이 생겼을 때에는 제3항의 규정에 의하여 그 보궐위원을 위촉하여야 하며, 그 보궐위원의 임기는 전임자의 잔임 기간으로 한다. 다만, 위원의 수가 15인 이상인 경우에는 보궐위원을 위촉하지 아니할 수 있다.

성명표시권, 동일성 유지권 등이 포함된다.

저작인격권의 침해에 대한 손해배상이나 명예회복 등 조치 청구는 저작인격권의 침해가 저작자 전원의 이해관계와 관련이 있는 경우에는 전원이 행사해야 하지만, 1인의 인격적 이익이 침해된 경우에는 단독으로 손해배상 및 명예회복조치 등을 청구할 수 있다. 특히 저작인격권 침해를 이유로 한 정신적 손해배상을 구하는 경우에는 공동저작자 각자가 단독으로 자신의 손해배상청구를 할 수 있다.[566)]

2. 저작재산권

저작재산권은 저작자에게 부여되는 복제권, 공연권, 방송권, 전송권, 전시권, 배포권, 대여권, 2차적 저작물 등의 작성권이다. 한마디로 저작물을 이용하여 재산적 가치를 취득할 수 있는 권리이다. 저작자는 재산권자로서 저작재산권을 행사할 권리를 가지며 재산권이므로 저작물에 대한 제3자의 무단이용을 금지시킬 수 있으며 양도가 가능하다(저작권법 제43조).

특히 저작물을 인쇄하거나 이와 유사한 방법으로 문서 또는 도화로 발행하고자 하는 자에 대하여 출판할 수 있도록 설정하는 권리를 출판권이라 하며, 저작물을 복제 · 배포할 권리를 가진 자를 복제권자라 한다. 저작물에 대한 권리는 저작자가 갖지만 출판물과 같이 저작자의 사상이나 감정을 대중에게 쉽고 널리 배포하기 위해서는 출판 전문업자에게 맡기는 것이 효율적이며 보편적이다. 이때 출판 전문업자와 저작권자 사이에는 저작권법상 출판권이 발생하며, 출판권을 설정받은 자를 출판권자라 한다. 출판권자는 설정행위에서 정하는 바에 따라 출판권의 목적인 저작물을 원작 그대로 출판할 독점적 권리를 가진다.

복제권자는 저작물의 복제권을 목적으로 하는 질권이 설정되어 있는 경우에는 질권자의 허락이 있어야 출판권을 설정할 수 있다(저작권법 제54조 ②). 출판권 설정방식은 제한이 없으며 유상이나 무상을 불문하지만 설정된 출판권의 양도나 처분의 제한 등은 등록하여야 제3자에게 대항할 수 있다.

저작권은 저작재산권과 저작인격권을 포함하는 이종의 복합권이라는 이원론 혹은 이원적 구성론과, 이 둘은 분리할 수 없는 저작권의 구성요소라는 단일론이 대립하고 있으나, 저작인격권은 양도나 상속되지 않는 것이므로 저작재산권과는 분리하여 고려한다고 볼 때 우리 저작권의 구성은 이원론을 따른다고 할 수 있다.

3. 저작인접권

저작인접권이란 원저작권물로부터 직접 발생되는 저작재산권이나 저작인격권이 아니라 대

---

566) 대법원 1999.5.25. 선고 98다41216 판결.

중으로 하여금 원저작물에 용이하게 접근할 수 있도록 유도하고 배포하는 자에게 노력의 가치를 인정하여 주어지는 원저작물에 대한 주변권리567)라고 말할 수 있다. 저작인접권의 대상은 실연568), 음반569), 방송570)에 대한 저작자의 배타적권리로 저작권법에 의한 보호를 받는다.

저작인접권의 주체는 배우, 가수, 무용가 등 실연을 하는 자와 실연을 지휘 · 연출 또는 총감독하는 실연자, 노래나 소리와 같은 음을 유형물에 맨 처음 고정(음이 영상과 함께 고정된 것을 제외한다)하는 음반제작자, 방송을 업으로 하는 방송사업자 등이 된다. 저작인접권자는 음악저작물의 저작권자, 실연자의 의사와 무관하게 자신의 권리를 행사할 수 있다.571)

실연자, 음반제작자 및 방송사업자가 저작인접권으로 보호되기는 하지만 실연자의 권리는 복제기술의 발달에 수반하는 실연자의 기술적 실업을 구제한다고 하는 생활보장적 목적이 강한데 비해, 음반제작자 및 방송사업자의 권리는 주로 독점적 이익의 확보에 의한 기업유지리고 하는 측면이 강조되고 있다.572) 저작인접권에 관하여 규정된 사항은 저작권에 영향을 미치는 것으로 해석되어서는 안 된다(저작권법 제62조). 저작인접권이라 하여 저작권에 대한 특별 위치에 있지 아니함을 명시한 것이다.

4. 데이터베이스 제작자의 권리

가. 개요

데이터베이스DB란 소재를 체계적으로 배열 또는 구성한 편집물로서 소재를 개별적으로 접근 또는 검색할 수 있도록 한 것을 말한다. 데이터베이스 제작자란 데이터베이스의 제작 또는 소재의 갱신 · 검증 또는 보충(이하 '갱신 등' 이라 한다)에 인적 또는 물적으로 상당한 투자를 한 자를 말한다(저작권법 제2조 12의 4호 및 12의 5호).

근래의 데이터베이스라 하면 주로 컴퓨터 프로그램을 이용한 자료의 모음으로 인식되고 있지

567) 원저작물로 발생되는 직접적인 저작재산권 · 인격권을 제외하지만 원저작물을 근간으로 하여 그에 부수하여 발생되는 권리라는 점에서 원저작물에 대한 주변권리라 할 수 있다.

568) 대한민국 국민(대한민국 법률에 의하여 설립된 법인 및 대한민국 내에 주된 사무소가 있는 외국법인을 포함한다. 이하 같다)이 행하는 실연, 대한민국이 가입 또는 체결한 조약에 따라 보호되는 실연, 음반에 고정된 실연, 방송에 의하여 송신되는 실연(송신 전에 녹음 또는 녹화되어 있는 실연을 제외한다)을 포함한다.

569) 대한민국 국민을 음반제작자로 하는 음반, 음이 맨 처음 대한민국 내에서 고정된 음반, 대한민국이 가입 또는 체결한 조약에 따라 보호되는 음반으로서 체약국 내에서 최초로 고정된 음반을 말한다.

570) 대한민국 국민인 방송사업자의 방송, 대한민국 내에 있는 방송설비로부터 행하여지는 방송, 대한민국이 가입 또는 체결한 조약에 따라 보호되는 방송으로서 체약국의 국민인 방송사업자가 당해 체약국 내에 있는 방송설비로부터 행하는 방송을 말한다.

571) 서울지법 2003.9.30.자 2003카합2114 결정.

572) 송영식 외 2, '지적소유권법 (하)', 법문사 (2001), p.573.

만 1960년대 영국의 풋볼게임에 대진표에 대한 저작물성 판결[573]과, 전화번호의 선택에 관한 저작물성을 다룬 미국의 Feist 케이스[574] 이래로 창작의 단순 의미는 어떤 것이 복사물이 아니라는 것만은 아니며, 그 자체로 독창성을 갖지 않더라도 최소한의 어떤 지적 노력 정도를 포함하여 왔다.

따라서 전화번호부와 같은 인명별, 사업별 혹은 지역별 자료의 모음에 대한 노력부터 방대한 양의 정보에 대한 데이터까지 체계화한 편집물은 저작자의 노력에 대한 보상이 이루어져야 하며 정보화시대에 들어서는 그러한 보상이 더욱 절실하다. 우리나라는 EU지침[575]을 토대로 2003년 5월27일 데이터베이스 제작자를 저작권법으로 보호하기 위한 규정을 신설하였다. 이에 대한 규정은 보호받는 데이터베이스(저작권법 제73조의 2), 적용 제외(동조의 3), 데이터베이스 제작자의 권리(동조의 4), 데이터베이스 제작자의 권리제한(동조의 5), 보호기간(동조의 6), 데이터베이스 제작자의 권리의 양도 · 행사 등(동조의 7), 데이터베이스 이용의 법정 허락(동조의 8), 데이터베이스 제작자의 권리의 등록(동조의 9)까지 저작권법 제73조의 2~9로 이루어져 있다.

편집물이란 저작물이나 부호 · 문자 · 음성 · 음향 · 영상 그 밖의 형태의 자료, 즉 소재의 집합물을 말하되 데이터베이스를 포함(저작권법 제2조 제12의 2호)하므로 데이터베이스는 편집저

---

573) Ladbroke(Football) Ltd. v. William Hill(Football) Ltd. 1 AII E.R. 465, 469 (1964).

574) Feist Publications, Inc. v. Rural Telephone Servive Co., Inc.. 499 U.S. 340, 111 S. Ct 1282, 113 L.Ed 358 (1991).

575) 데이터베이스 보호를 위한 EU 지침은 1996년 3월 11일의 구주의회에서 통과되어 1998년 1월1일까지 연합국은 관련법령의 정비의무를 이행토록 했다. 그 주된 내용은 데이터베이스를 구성하는 데이터의 전부 또는 실질적 부분(substantial part)을 추출하는 것과 이의 재이용금지권리를 데이터베이스 제작자에게 15년간 부여하는 것으로, 저작권이 아닌 독자적권리(sui generis right)로 인정하여 데이터베이스 제작에 관련된 투자보호를 목적으로 하고 있다. 최근의 EU의 데이터베이스 보호 판결 동향을 보면 구주사법재판소(ECJ)는 영국이 문의한 경마사건 (사건 개요를 간단히 살펴보면 "영국 경마산업을 관장하는 BHB사는 그 DB에 경주 및 영국 순혈종 말의 공식등록부 등의 상세 정보를 수록하였으며, 그 중 어떤 경주정보는 라디오, TV 및 신문 등에서 이용 가능하고, 관계자를 위한 특정 정보서비스를 통해서도 이용 가능함", "William Hill사(이하 Hill사)는 영국의 경마 복권사업자로서 인터넷을 통한 배팅도 가능하도록 하고 있으며, 동사가 인터넷 사이트를 통해 제공하는 정보는 신문 또는 BHB가 구독자를 위해 제공하는 DB로부터 얻으며, 인터넷 사이트의 정보는 BHB DB의 극히 일부만을 포함하며, 이들을 다른 형식으로 정리하여 제공함", "BHB는 Hill사가 자사의 DB 특별권을 침해하였다고 제소하였으며, 영국의 1심은 이를 인용하였고 Hill사의 항소를 접수한 항소심은 이를 구주사법재판소에 예비판정을 요구함")와 관련된 데이터베이스(이하 DB) 침해에 대한 예비판정에서 상당한 투자로 보호되는 DB의 개념 및 침해에 대한 최초의 해석에서 "DB의 추출 또는 재 이용을 방지하기 위해 DB 내용의 취득, 검증 또는 표현에 상당한 투자를 하여 특별권(Sui Generis)을 갖는 DB 제작자의 보호 개념에는 경마DB가 해당되지 않는다"고 DB 내용의 창출을 위해 소요된 비용은 동 권리의 개념에서 말하는 상당한 투자에 포함되지 않는다고 판결함으로써 상당한 투자를 통해 구축된 DB제작자의 권리를 한정적으로 해석한 것으로 보인다. 보다 상세한 것은 외교통상부 인터넷 홈페이지, 최근 시장정보 참고
http://www.mofat.go.kr/mofat/mk_a004/mk_b023/mk_c040/1138052_572.html [2006.5.1.].

작물의 한 형태로 볼 수 있다. 이러한 소재를 체계적으로 배열 또는 구성한 편집물 가운데 그 소재를 개별적으로 접근 또는 검색할 수 있도록 한 것이 데이터베이스(저작권법 제2조 제12의 4호)라는 점에서 양자를 구별할 수 있다.

나. 데이터베이스 제작자의 권리

저작물의 창작자로서 데이터베이스 제작자는 당해 데이터베이스의 전부 또는 상당한 부분을 복제·배포·방송 또는 전송하는 소위 복제권을 갖는다(저작권법 제73조의 4 ①). 여기서 데이터베이스를 구성하는 개별 소재(데이터)는 당해 데이터베이스의 상당한 부분으로 취급되지 않는다. 그러나 데이터베이스의 개별 소재 또는 상당한 부분에 이르지 못하는 부분의 복제 등이라 하더라도 반복적이거나 특정한 목적을 위하여 체계적으로 함으로써 당해 데이터베이스의 통상적인 이용과 충돌하거나 데이터베이스 제작자의 이익을 부당하게 해치는 경우에는 상당한 부분을 복제한 것으로 본다(저작권법 제73조의 4 ②). 또한 데이터베이스를 보호한다고 해서 데이터베이스의 구성부분이 되는 소재의 저작권 그밖에 저작권법에 의하여 보호되는 권리에 영향을 미치는 것은 아니다(저작권법 제73조의 4 ③).

다. 데이터베이스 제작자의 권리제한

데이터베이스도 저작재산권이므로 저작권법 제6절에 명시된 저작재산권 제한규정(제22조·제25조 내지 제31조·제33조 및 제34조)이 그대로 적용되어 저작물 대신 데이터베이스로서 권리의 제한을 받게 된다. 데이터베이스 제작자의 권리제한이란 권리자 이외의 자가 당해 저작물을 이용하도록 허용되는 만큼 제한된다는 의미이다. 따라서 누구든지 데이터베이스의 통상적인 이용과 저촉되는 경우를 제외하고 그가 제작한 데이터베이스를 교육·학술 또는 연구를 위하여 비영리적으로 이용하기 위한 것이거나 시사보도를 위하여 이용하는 것인 경우에는 데이터베이스의 전부 또는 상당한 부분을 복제·배포·방송 또는 전송할 수 있는 권리를 갖게 되는 바, 이 때문에 데이터베이스 제작자의 권리가 제한되는 것이다.

라. 보호기간

데이터베이스 저작물의 보호기간은 데이터베이스의 제작을 완료한 때부터 발생하며, 그 다음해부터 기산하여 5년간 존속한다(저작권법 제73조의 6 ①). 만일 데이터베이스의 갱신 등을 위하여 인적 또는 물적으로 상당한 투자가 이루어진 경우에는 갱신 등을 한 때부터 발생하며, 다음해부터 기산하여 5년간 존속한다(저작권법 제73조의 6 ②).

5. 영상저작물에 관한 특례

가. 저작물의 영상화

저작재산권자가 저작물의 영상화를 다른 사람에게 허락한 경우에 특약이 없는 때에는 다음 각 호의 권리를 포함하여 허락한 것으로 추정한다(저작권법 제74조 ①).

(1) 영상저작물을 제작하기 위하여 저작물을 각색하는 것
(2) 공개 상영을 목적으로 한 영상저작물을 공개 상영하는 것
(3) 방송을 목적으로 한 영상저작물을 방송하는 것
(4) 전송을 목적으로 한 영상저작물을 전송하는 것
(5) 영상저작물을 본래의 목적으로 복제·배포하는 것
(6) 영상저작물의 번역물을 영상저작물과 같은 방법으로 이용하는 것

저작재산권자는 저작물의 영상화를 허락한 경우에 특약이 없는 때에는 허락한 날로부터 5년이 경과한 때에 그 저작물을 다른 영상저작물로 영상화하는 것을 허락할 수 있다(저작권법 제74조 ②).

나. 영상저작물에 대한 권리

영상제작자와 영상저작물의 제작에 협력할 것을 약정한 자가 영상저작물에 대하여 저작권을 취득한 경우 특약이 없는 한 그 영상저작물의 이용을 위하여 필요한 권리는 영상제작자가 양도받은 것으로 추정한다(저작권법 제75조 ①). 그러나 영상저작물의 제작에 사용되는 소설·각본·미술저작물 또는 음악저작물 등의 저작재산권은 제1항의 규정으로 인하여 영향을 받지 아니한다(저작권법 제75조 ②).

영상제작자와 영상저작물의 제작에 협력할 것을 약정한 실연자의 영상저작물의 이용에 관한 제63조의 규정에 의한 복제권, 제64조의 규정에 의한 실연방송권 및 제64조의 2의 규정에 의한 전송권은 특약이 없는 한 영상제작자가 양도받은 것으로 추정한다(저작권법 제75조 ③).

다. 영상제작자의 권리

영상제작물의 제작에 협력할 것을 약정한 자로부터 영상제작자가 양도받는 영상저작물의 이용을 위하여 필요한 권리는 복제·배포·공개상영·방송·전송 그 밖의 방법으로 이용할 권리로 하며, 이를 양도하거나 질권의 목적으로 할 수 있다(저작권법 제76조 ①). 실연자로부터 영상제작자가 양도받는 권리는 복제·방송 또는 전송할 권리로 하며, 이를 양도하거나 질권의 목적으로 할 수 있다(저작권법 제76조 ②).

6. 온라인서비스 제공자의 책임 제한

가. 의의

온라인서비스 제공자OSP: On line Service Provider의 정의는 "다른 사람들이 저작물이나 실연·음반·방송 또는 데이터베이스를 정보통신망(정보통신망 이용촉진 및 정보보호 등에 관한 법률 제2조 제1항 제1호의 정보통신망을 말한다)을 통하여 복제 또는 전송할 수 있도록 하는 서비스를 제공하는 자를 말한다."고 명시되어 있다(저작권법 제2조 제22호).

이를 간단히 말하면 OSP란 인터넷을 통한 정보제공자를 뜻하며, 여기에는 인터넷서비스 제공자ISP: Internet Service Provider와 콘텐츠 제공자CP: Contents Provider, 전자게시판 운영자BBS: Bulletin Board System Operator 등으로 구분할 수 있다.

여기서 ISO는 모뎀에 의해 인터넷과 연결된 컴퓨터 또는 컴퓨터 네트워크에 접속시켜주는 자를 말하며, 일정한 콘텐츠를 제작하여 가입자가 이를 이용할 수 있게 하거나 제3의 서버에 연결시켜주는 역할을 한다. 또한 CP는 인터넷에서 텍스트, 데이터, 사운드, 프로그램, 이미지 등의 콘텐츠를 송신하고 타인이 이용할 수 있도록 하는 자를 말하며, 콘텐츠 제공자는 전자우편, 뉴스그룹, 대화방 등을 이용함으로써 인터넷에 접속할 수 있는 자라면 누구나 CP가 될 수 있다.[576] 또한 OSP는 ISO와 CP를 포함하므로 이하에서는 OSP로 통칭한다.

나. 온라인서비스 제공자의 책임논란

인터넷의 홈페이지 운영자는 OSP이다. 인터넷 사용자들은 OSP가 제공하는 사이트에 유료나 무료로 가입하여 OSP가 제공하는 서비스를 이용하여 인터넷에 접속하거나 E-mail을 보내거나 인터넷 홈페이지를 운영하면서 필요한 정보를 얻거나 다른 인터넷 사용자들과 정보를 교환하게 된다. OSP는 좁게 보면 서버의 일정 메모리공간을 대여하며 온라인으로 인터넷 사용자들과 서버를 연결시켜서 정보를 제공하는 중개자로서의 역할을 한다. 인터넷 사용자들은 OSP를 통해 온라인에서 정보를 교환한다는 점 때문에 인터넷 사용자들이 교류하는 정보 중에 저작물이 포함되어 있다고 해도 그것은 저작물 이용자들 간의 문제이지 OSP의 문제는 아닌 것으로 비추어질 수 있다.

그러나 온라인을 이용한 인터넷 사용자(혹은 네티즌)들은 자신이 교류하는 정보가 저작물인지의 여부를 일일이 확인하지 않으며, 가사 저작물로 보호되는 정보로 알고 있다 하더라도 익명성이라는 온라인의 특성을 악용하여 디지털화된 저작물의 무단배포가 이루어지게 된다. 이 경우 저작물 이용자 입장에서 보면 손쉽게 당해 저작물을 이용하여 원하는 정보로 활용할 수 있다는 이점이 있겠지만, 저작권자 입장에서 보면 애써 창작한 저작물이 무단으로 침해되어

576) 이대희, '인터넷과 지적재산권법', 박영사 (2002), p.524~525.

재산권은 물론 인격권, 심지어 퍼블리시티권까지 보호받지 못하는 불합리를 가져온다. 이때 저작권자가 수십, 수백만 이상의 인터넷 사용자들을 상대로 일일이 저작권을 행사하기 어렵다는 현실적 문제가 있다.

따라서 이러한 무단저작권 침해는 저작권자와 온라인 이용자들 간의 무단침해 여부를 직접 가리기보다는 해당 저작물을 이용하도록 자리를 만들어준 OSP에게 책임을 묻는 것이 훨씬 용이하다. 즉 OSP는 인터넷 네트워크를 운영하면서 저작권침해를 통제하기 위한 각종 메시지(경고나 방침 등)를 보낼 수 있고, 저작권 침해 자료가 온라인에서 유통되고 있는지 확인할 수 있어서 신속하고도 정확하게 온라인에서의 무단 저작권 침해행위를 제어할 수 있게 된다. 미국의 경우 판례에 의한 민사책임법리의 책임 여부가 가려졌으나, 1998년 저작권법의 개정DCMA[577]을 통해 OSP의 책임제한 규정[578]을 신설하였다. 우리나라도 2003년 5월 27일자 개정저작권법에서는 OSP의 책임제한에 대한 규정을 신설하였으나, 그렇다고 OSP에게 언제나 무한책임이 부여되는 것은 아니다.[579]

---

577) Online Copyright Infringement Liability Limitation Act, title II of the Digital Millennium Copyright Act, Pub. L. No. 105-304, 112 Stat. 2860, 2877 (amending title 17 of the United States Code, to add a new §512), enacted October 28, 1998. 참고로 미국저작권법의 전체 구성과 개정연혁을 이하에 약술한다. The United States copyright law is contained in chapters 1 through 8 and 10through 12 of title 17 of the United States Code. The Copyright Act of 1976, which provides the basic framework for the current copyright law, was enacted on October19, 1976, as Pub. L. No. 94-553, 90 Stat. 2541. Listed below in chronological order of their enactment are subsequent amendments to copyright law. Chapters 9 and 13 of title 17 contain statutory design protection that is independentof copyright protection. Chapter 9 of title 17 is the Semiconductor Chip Protection Act of 1984 (SCPA), as amended. On November 8, 1984, the SCPA was enacted as title III of Pub. L. No. 98-620, 98 Stat. 3335, 3347. Chapter 13 of title 17is the Vessel Hull Design Protection Act (VHDPA). It was enacted on October 28,1998 as title V of the Digital Millennium Copyright Act (DMCA), Pub. L. No. 105-304, 112 Stat. 2860, 2905. Subsequent amendments to the SCPA and the VHDPAare also included in the list below, in chronological order of their enactment.

578) 미국저작권법 제512조 : OSP의 책임이 면제되는 경우는 ① 네트워크상에서의 수동적인 디지털통신 ② 네트워크상에서의 임시적이면 중간적 과정의 저장 ③ 이용자에 의한 자료의 저장 ④ 정보검색의 제공의 경우이다. 책임면제범위는 변호사비용을 포함한 소송비용과 손해배상책임, 금전적 지급의 면제와 금지명령(Injunction) 등 공평법상의 구제(Equitable relief)에서 면제이다.

579) 대법원 2003.6.27. 선고 2002다 72194판결 : 온라인서비스 제공자인 인터넷상의 홈페이지 운영자가 자신이 관리하는 전자게시판에 타인의 명예를 훼손하는 내용이 게재된 것을 방치하였을 때 명예훼손으로 인한 손해배상책임을 지게 하기 위하여는 그 운영자에게 그 게시물을 삭제할 의무가 있음에도 정당한 사유없이 이를 이행하지 아니한 경우여야 하고, 그의 삭제의무가 있는지는 게시의 목적, 내용, 게시기간과 방법, 그로 인한 피해의 정도, 게시자와 피해자의 관계, 반론 또는 삭제요구의 유무 등 게시에 관련한 쌍방의 대응태도, 당해 사이트의 성격 및 규모 · 영리목적의 유무, 개방 정도, 운영자가 게시물의 내용을 알았거나 알 수 있었던 시점, 삭제의 기술적 · 경제적 난이도 등을 종합하여 판단하여야 할 것으로서, 특별한 사정이 없다면 단지 홈페이지 운영자가 제공하는 게시판에

다. 온라인서비스 제공자의 책임

OSP가 당해 저작물에 대한 권리의 직접 침해행위에 가담하지 아니하였다 하더라도 공동 불법행위에 의한 손해배상책임을 지게 된다. 민법 제760조에서 규정하는 공동 불법행위자의 책임에는 1)수인이 공동의 불법행위로 타인에게 손해를 가한 때에 연대하여 손해를 배상할 책임, 2)공동 아닌 수인의 행위 중 어느 자의 행위가 손해를 가한 것인지를 알 수 없는 경우도 연대하여 손해를 배상할 책임, 3)이 경우 교사자나 방조자도 공동행위자로 불법행위책임 등이 있다.[580)]

직접 당해 저작물을 침해하지 아니한 OSP라 하더라도 온라인 이용자들과 공동 불법행위자로서 손해배상책임을 지는 경우는 1)저작권의 침해에 의한 손해 발생, 2)고의 과실로 저작권침해 사실 인지, 3)권리침해 결과 회피가 가능함에도 불구하고 법률상 또는 조리상 OSP로서의 책임을 다하지 못한 경우 등에 해당할 것이다. 그러나 OSP의 자발적 침해예방, 불가항력, 고지에 의한 서비스 중단 등에 의해 책임이 제한된다.

7. 저작권 위탁관리업

가. 의의

저작권 위탁관리업이란 저작권자나 저작인접권자를 위하여 저작권 등을 신탁받아 관리하거나 권리행사를 대리하거나 혹은 중개하는 사업을 말한다. 저작권 위탁관리업을 인정한 취지는 저작물에 대한 권리자와 이용자의 편리를 도모하기 위하여 법적으로 천명해놓은 것이다. 저작권자는 저작물 이용자의 파악이 용이하고 적정한 저작료를 확보할 수 있는 이점이 있으며, 저작물 이용자에게는 저작자와 접촉이 쉽고 저작물 이용범위의 협상이 용이하게 된다. 저작권 위탁관리업을 수행하기 위해서는 허가를 받아야 한다.

우리나라에서 저작권 위탁관리업체는 한국음악저작권협회, 한국문예학술저작권협회, 한국방송작가협회, 한국예술 실연자 단체연합회, 한국영상음반협회, 한국복사전송권 관리센터 등으로 이곳에서 저작권 등을 집중관리하고 있다.

다른 사람에 의하여 제3자의 명예를 훼손하는 글이 게시되고 그 운영자가 이를 알았거나 알 수 있었다는 사정만으로 항상 운영자가 그 글을 즉시 삭제할 의무를 지게 된다고 할 수는 없다.

580) 공동불법행위자는 공동불법행위와 상당인과관계에서서는 모든 손해를 배상하여야 하지만, 특별사정에 의한 손해에 관하여는 예견가능성을 가진 자만이 배상책임을 갖는다. 그 책임의 성질은 공동불법행위자가 연대하여 손해를 배상할 책임이 있는 것으로 이 경우 통설과 판례는 '부진정연대채무(不眞正連帶債務)' 로 해석한다. 이 경우 각 불법행위자간 과실의 비율에 따른 '구상권(求償權)'행사가 가능하다. 상세한 것은 김준호, '민법강의', 법문사(2000), p.1218~1225. 참조.

Ⅳ 저작권의 제한과 출처의 명시

1. 목적

문화의 향상발전이라는 저작권법의 설립 목적을 달성하기 위해서는 저작권의 보호와 장려를 통해 창작활동을 극대화시키는 것이 필요하다. 그러나 저작권의 지나친 독점적 폐해를 방지하고 공중의 이익과 조화를 이루기 위해서는 사회적 · 시대적 배경에 따라 저작권의 제한이 불가피하게 된다.

저작권법도 저작재산권의 제한을 명시하면서도 저작권자의 이익을 부당하게 침해하지 아니할 것을 단서로 달아 놓았다(저작권법 제22조 단서조항). 또한 이용자의 이익을 위해서는 규정이나 정당한 범위 내에서만 저작물을 이용하도록 하여 저작권자의 권리향유를 지나치게 제한시키지 아니하도록 저작권을 제한하는 바, 여기에는 저작권법 제22조의 【재판절차 등에서의 복제】, 제23조의 【학교교육목적 등에의 이용】, 제24조의 【시사보도를 위한 이용】, 제25조의 【공표된 저작물의 인용】, 제26조의 【영리를 목적으로 하지 아니하는 공연 · 방송】, 제27조의 【사적이용을 위한 복제】, 제28조의 【도서관 등에서의 복제 등】, 제29조의 【시험문제로서의 복제】, 제30조의 【시각장애인 등을 위한 복제 등】, 제31조의 【방송사업자의 일시적 녹음 · 녹화】, 제32조의 【미술저작물 등의 전시 또는 복제】, 제33조의 【번역 등에 의한 이용】 등이다. 물론, 공정이용을 위한 저작재산권의 제한규정이 저작인격권에 영향을 미치는 것은 아니다(저작권법 제35조).

저작물을 이용하는 자는 이용 상황에 따라 합리적이라고 인정되는 방법으로 출처를 명시해야 하며, 저작자의 실명 또는 이명이 표시된 저작물인 경우에는 실명 또는 이명을 명시해야 한다. 이를 위반하는 자의 경우에는 500만원 이하의 벌금에 처하게 된다(저작권법 제100조). 저작물 출처의 명시는 강제규정(저작권법 제34조 ①)이지만, 시사보도를 위한 이용, 영리를 목적으로 하지 않는 공연 · 방송, 사적 이용을 위한 복제, 도서관 등에서의 복제, 시험문제로서의 복제, 방송사업자의 일시적 녹음 · 녹화 등에 있어서는 일일이 저작물의 출처를 밝히지 않더라도 이용이 허락된다.

2. 컴퓨터프로그램의 보호와 보호제한이론

가. 보호범위

(1) 보호범위 구획의 필요성

초기의 대부분의 컴퓨터 소프트웨어 저작권 분쟁은 기계적이거나 거의 문어적 복사文語的 複寫에 가까운 경우가 많았으나 사용자 인터페이스를 포함하여 점차 프로그램의 외관과 느낌과 같은 비문어적 요소의 침해문제가 증가된다.[581] 미국의 Whelan 케이스[582]로 시작된 컴퓨터 프로그램의 비문어적 보호요소는 구조와 순서 및 결합이었으며, 사용자 인터페이스 같은 스크린 디스플레이의 침해를 다루기 위한 실질적 유사성의 판단 후에는 컴퓨터 프로그램으로부터 스크린 디스플레이의 분리보호분에 대한 쟁점들이 전개되었다.[583)]

이미 비디오게임과 관련한 저작권분쟁에서 저작권의 범위는 프로그램 자체로 분리되어 시청각 작품으로서 이미지나 소리가 독창적이면 저작권으로 보호되어서 누군가 다른 컴퓨터 프로그램을 사용하여 복제할 때 시청각 저작물의 침해문제가 발생한다고 했다.[584)] 그러나 비디오게임의 디스플레이가 게임이미지 및 소리 등에 있어서 저작권으로 늘 보호될 수 있었던 가상적 그래픽과 소리였기 때문에 저작권보호이론이 적용될 여지가 없었다. 그러나 컴퓨터 프로그램의 본질적 특성이 문서와 동작이 결합된 합성물인데 있으며[585)], 기계처럼 컴퓨터를 구동시키거나 다른 프로그램과 연결시켜 원하는 작업을 완수하도록 명령하거나 결과를 산출해내는 기능을 가지므로 창작의 범위는 가상적 범위로 확대되어가고 있다는데 보호범위의 구획이 필요하게 된다.

(2) 외관과 느낌

세계적으로 1990년대에 컴퓨터 프로그램(소프트웨어) 분야가 비약적으로 발전하면서 컴퓨터 소프트웨어의 법적보호에 대한 개념의 정립이 필요하게 되어 미국에서는 외관과 느낌Look and Feel에 대한 보호에 관하여 여러 판례[586)]에 의한 정착된 이론이 마련되어 있다.[587)] 즉, 그 기준은 (가)미 연방법 하에서 특허로 보호되지 않거나 주법에 의해 무역비밀로 보호되지 않는 아이디어는 아이디어 홀로 저작권법이나 상표법으로 보호받을 수 없다, (나)특정 컴퓨터 프로그램에서 무엇이 아이디어이고 무엇이 표현인지는 사안마다 판단하되, 저작권의 필수장면 원칙 하에

---

581) Paul Goldstein, Copyright : vol. I, 2nd Ed. (Little Brown Company, 1998), §2.15.3.

582) Whelan Associates v. Jaslow Dental Laboratory Inc., 797 F.2d 1222(3d Cir. 1986). cert. denied, 479 U.S. 1031 (1987).

583) Lotus Development Corp. v. Paperback Software International, 740 F. Supp. 37, 60-61, 15 U.S.P.Q. 2d 1577, 1593-94 (D. Mass. 1990).

584) Apple Computer, inc. v. Franklin Computer Corp., 714 F.2d 1240, 219 U.S.P.Q.113 (3d Cir. 1983), cert, dismissed, 464 U.S.1033(1984).

585) 구대환, 앞의 논문, p.31.

586) 대표적인 컴퓨터 소프트의 「Look and Feel」에 관련되는 미국 판례로는 「Lotus Development Corp. v. Borland International, Inc., 799 F. Supp. 203, (D. Mass. 1992); Apple Computer, Inc. v. Microsoft Corporation, 799 F. Supp. 1006, (N.D. Cal. 1992); Feist Publications v. Rural Telephone Service CompanyFeist Publications, Inc. v. Rural Telephone Service Company, Inc. 499 U.S. 113 L. Ed. 2d 358, 111 S. Ct. (1991)」 등이 있다.

587) Jack Russo & Jamie Nafziger, Software 'Look and Feel' Protection in the 1990s, 15 HASTINGS COMM. & ENT. L J 571 (1993).

서 추상 테스트, 병합이론 및 공개된 산업기준을 기초로 한다[588], (다)컴퓨터 소프트웨어의 외관과 느낌에서 독창적 표현은 저작권으로 보호된다[589], (라)독창적이라 하면 작품이 독립적으로 개발되었음을 말하여 다른 원천으로부터 단순히 베끼지 않았음을 뜻하며, 독립적인 경우라도 작품이 최소한의 수준보다는 다소 높은 창작성을 가져야 한다,[590] (마)컴퓨터 소프트웨어의 외관과 느낌에서 고유의 식별력이 있으면 창작적 표현은 추가로 랜함액트^Lanham Act^에 의한 트레이드 드레스로 보호받을 수 있다는 것이다.

나. 저작권보호 제한이론

(1) 아이디어-표현의 이분법

아이디어란 개념, 문제의 해법, 사상, 감정 등을 말하며, 모든 창작물은 어떤 아이디어로부터 출발하는데 시장성 개념 하에서도 저작권법에 의한 보호는 불가능하다.[591] 아이디어-표현의 이분법은 저작권 외부에 나타나 있는 문자 그대로의 복제가 아닌 것에 대해서도 보호가 되기 시작하면서부터 둘의 경계를 정확히 설정할 수 없어서 이를 구획 짓기 위한 개념의 정립에서 시작되었다.[592]

아이디어-표현의 이분법에 대한 미국저작권법 규정[593]은 소유와 접근 간의 긴장관계, 인센티브와 향유라는 저작권에 관한 주제가 이분법의 기초를 이루고 있다.[594] 아이디어-표현의 이분

588) 메뉴의 전자문서는 아이디어이지만 전체 Loust 1-2-3 메뉴로 개발된 유저인터페이스는 저작권적인 표현(Expression)이라고 판시했다. 또한, 「Apple Computer, Inc. v. Microsoft Corporation, 799 F. Supp. 1006, 1002-1006 (N.D. Cal. 1992)」에서는 애플 매킨토시 그래픽 유저인터페이스의 전체적 암시가 아이디어이며, 계약되는 물질이거나 보호될 수 없는 아이디어 양쪽에 존재할 수 있는 특정 요소의 부분이라고 판시했다. Lotus Development Corp. v. Borland International, Inc., 799 F. Supp. 203, 216-219 (D. Mass. 1992).

589) Feist Publications, Inc. v. Rural Telephone Service Company, Inc. 499 U.S. 113 L. Ed. 2d 358, 111 S. Ct.(1991).

590) Fesit 케이스에서는 이를 “그 작품은 정원의 변화보다 다양하여 창작성이 없는 기계적이거나 순환적인 것이 아니고, 창작성의 경미한 발자취를 추적하는 것이 아니며, 창작적 번뜩임이 완전히 결여되거나 가상적으로 존재하지 않는 하찮은 것이 되지 않아야 한다”고 표현하고 있다. (원문 : is the work more than ‘garden variety’, not ‘so mechanical or routine as to require no creativity whatsoever’, not ‘devoid of even the slightest trace of creativity’, and not one ‘in which the creative spark is utterly lacking or so trivial as to be virtually nonexistent’?).

591) 오승종 · 이해완, ‘저작권법’, (박영사, 2003), p.41.

592) 처음의 저작권은 저작물에 표현되어 있는 그대로의 복제만을 보호하여 요약, 번역, 각색은 저작자의 저작권을 침해하는 것으로 인정받지 못했다. Charles B. Collins, Some Obsolescent Doctrines of the Law of Copyright, 1 S. C. L. Rev. 127,1227(1928).

593) 어떠한 경우에도 독창적인 저작물에 대한 저작권 보호는 그것이 당해 저작물에 기술, 설명, 예시 또는 수록되는 방법에 관계없이 관념, 절차, 공정, 체제, 조작방법, 개념, 원칙 또는 발견에는 미치지 아니한다. 미국저작권법 제102조.

법이 중요한 관점은 (1)일부 작품은 오로지 한 가지 방법으로만 표현될 수 있으며, 표현도 그것의 기능 또는 외부의 요인들에 의해서 요구되고, (2)만약 저작권이 사실상 사용된 단어로만 제한된다면 그 저작물과는 상이한 단어들을 사용하여 다시 고쳐 씀으로서 너무 쉽고 교묘하게 빠져나갈 수 있게 된다는 점이다.595)

이와 같은 아이디어-표현의 이분법은 추상적인 아이디어와 표현의 추상화 테스트Abstraction Test596)에 기초하고 있는 바, 이 테스트가 중요한 이유는 연극이나 문학저작물뿐만 아니라 컴퓨터 프로그램의 보호에도 적용할 수 있는지의 여부 때문이다. 추상화 테스트를 컴퓨터 프로그램에 적용할 수 있는지의 여부에 대한 부정론597)도 없지 않으나, 긍정론에서는 이 테스트에 의한 실질적 유사성 테스트를 추상화Abstraction-여과Filtration-비교Comparison의 세 단계를 거쳐 테스트하여 실질적으로 동일한 지의 여부를 결정하도록 하고 있다. 아이디어-표현 이분법이 1976년 저작권법의 제정법상의 요건으로 되어있음을 판시598)한 이래로 병합이론과 필수장면의 원칙은 저작권으로의 확장보호를 제한하고 있다.

우리의 판례도 "어문법적 원리나 아이디어를 이용하더라도 구체적인 표현까지 베끼지 않는 한 저작권 침해는 이루어지지 않는다."고 판시하여 동서양이 저작권보호 제한의 궤를 같이하고 있음을 알 수 있다.599)

(2) 병합이론

병합이론Merger Doctrine은 아이디어와 표현이 분리될 수 없는 저작물의 경우에는 표현에 대한 복제를 막을 길이 없으므로 저작권침해를 구성하지 않는다는 아이디어와 표현의 병합을 설명하는 이론이다. 따라서 아이디어를 표현하는 다양한 방법이 존재할 경우에는 적용할 여지가 없

594) 박영길, '저작권에 있어서 아이디어 보호', '계간 저작권'제61호(저작권 심의조정위원회, 2003년 봄호), p.17.

595) 박영길, 앞의 논문, p.17.

596) 원고인 뮤지컬 저작자는 영화 「E.T」의 제작자인 피고를 고소하면서 "이기주의에 의해서 분열된 인간의 불일치를 설명하고 있는 사회풍자작품"의 저작권을 침해하였다고 주장한데 대해 법원은 "공중부양능력을 지닌 외계인이 권위주의적인 캐릭터에 의해서 추적당하여 지구에 좌초된다는 것과 결국에 그들의 지구 친구들에게 작별인사를 한다는 단순히 기본적 줄거리 구조(Basic plot line)만 유사하여서 이러한 일반적인 유사성은 아이디어로 보호받을 수 없다"고 판시하였다. 모든 저작물은 장식과 표현을 만드는 추상적인 아이디어나 표현과 함께 시작한다고 본 핸드 판사(Learned Hand)의 추상화 이론은 플롯과 구성요소는 독특하며 독창적이지만 토대로 하는 플롯아이디어, 즉 지구에 사는 우주인은 모두가 자유롭게 이용할 수 있다고 하였다.

597) Honorable Jon O. Newman, New Lyrics for an Old Melody : the Idea/Expression Dichotomy in the Computer Age, 17 Cardozo Arts & Ent. L. J. 691, 703 (1999).

598) Feist Publication Inc v. Rural Telephone Service Co., 499 U.S.340 (1991).

599) 대법원 1993.6.8. 선고 93다3073 판결 ; 대법원 1999.10.22. 선고 98도 112판결.

다.[600] 병합이론은 합체의 원칙과 혼용하여 쓰기도 한다. 합체의 원칙은 방식, 규칙, 컴퓨터 프로그램 등과 같은 기능적 저작물에 기본적으로 적용된다. [601]

이러한 기준에 따라 "중고차 가격이 기재된 책자의 편집과 기초가 되는 자료는 그 자체로 독창성을 갖는 창작물이어서 저작물로 보호받는다."고 판시한 미국 제2연방순회 항소법원[602]의 원심 파기환송 사건은 "특정 중고차의 가격을 알고자 하는 것은 아이디어이고, 이 아이디어를 광고책자에 기재하여 달러 수치에 의해서만 가격을 표시할 수 있는 것은 한 가지 방법밖에 없기 때문에 병합이론을 적용해야 한다."는 원고의 주장을 일축하고 있다.

특히 이 판결에서는 기능적 저작물인 컴퓨터 프로그램의 보호범위에서 보호 가능한 표현으로부터 보호 불가능한 아이디어를 구별하는 경계선을 제시하고 있다. 이 구분의 경계선은 "아이디어라는 일종의 추상적인 재산을 기초로 하여 구분하는 것이 아니라 아이디어에 대한 자유로운 접근보장의 요구와 노동자인 저작자 보호의 필요성을 균형시키려는 실용적인 입장을 취하는 것"이라고 명시하고 있다.[603] 요컨대 병합이론은 그것이 남용될 경우에는 양자택일의 표현 형태는 거의 배제될 것이며, 반대로 아주 엄격히 적용시킬 경우에 보호는 아이디어와 일치할 것이므로 이 둘의 관계를 적절히 유지시켜야 창작자와 공중의 이익을 향유시키는 선에서 긴장을 조절하고 있는 것으로 보인다.

---

600) 원고는 야구 피칭동작의 개발자로 투수 각자의 과거의 기록에 대한 9가지 항목의 정보를 신문에 게재하여 구독자로 하여금 경기결과를 예측하도록 도와주는 발행인이다. 이 정보의 무단사용에 대해 법원은 독창성이 결여된 투구 폼의 통계자료로부터 필요한 것을 선택하는 것은 편집물로서 저작물이 되며 투구에 대한 통계로부터 선택하는 방법은 몇 가지가 있는데 이는 투구폼에 대한 아이디어와 표현의 합체라고 판시하는 반면, 투수의 기록을 평가하는 아이디어를 표현하는 다양한 방법이 존재하기 때문에 합체이론은 적용되지 않는다고 하였다. 여기서, 합체이론의 적용은 항상 나타난 아이디어의 추상성의 정도에 의존하고 있는 것이며, 합체이론을 적용하지 않음으로써 데이터의 선택뿐만 아니라 아이디어에도 보호를 제공하는 위험성을 안게 되었다고 판시하였다. 또한, 합체이론이 사실의 편집에 적용될 경우 편집에 대한 아이디어는 사실의 특수한 선택으로 항상 정의 될 수 있으며 이에 따라 편집자의 표현과 아이디어가 합체를 하게 되어 사실상 편집물에 대한 저작권보호를 배제시킨다고 하였다. Kregos v. Association Press, 937 F.2d 700 (2d Cir. 1991).

601) 미국의 저작물의 신기술적 이용에 관한 국가위원회(CONTU : National Commission on New Technological Uses of Copyright Works)는 의회보고서를 통해 "저작권의 보호를 받는 언어는 아이디어를 표현하기 위한 제한된 방법만이 있는 경우에는 복제되어도 침해가 아니다. 컴퓨터에 관하여 아는 특정지시가 그것이 전에 저작권의 보호를 받았던 경우에도 임무를 완성하기 위한 유일의 필수적인 수단이라면 제3자에 의한 최종적 이용은 침해가 되지 않을 것이다"라고 컴퓨터 프로그램에 대한 합체의 원칙적용 가능성을 밝히고 있다.

602) CCC Information Service, Inc. v. Maclean Hunter Market Reports, Inc. 44 F. 3d 61, 74 (2d Cir. 1994).

603) Honorable Jon O. Newman, New Lyrics for an Old Melody : the Idea/Expression Dichotomy in the Computer Age, 17 Cardozo Arts & Ent. L. J. 691. 699 (1999).

(3) 필수장면의 원칙

저작물에서 기본적인 아이디어에 대하여 필연적으로 따르는 표현 부분은 필수장면으로 저작권으로 보호될 수 없다는 개념이 필수장면의 원칙이다. 이 원칙은 소설, 희곡 등과 같은 가공적 저작물에 주로 적용되는 것으로, 기본적인 플롯 또는 등장인물의 타입 등과 같이 저작물의 보호를 받지 못하는 아이디어가 전형적으로 예상하고 있는 사건이라든가 등장인물의 성격 타입 등과 같은 요소들에 대하여는 저작권으로 보호해서는 안 된다는 것이다.[604]

예를 들면, 독일식 맥주홀을 묘사한 장면에 대해 '하이 히틀러'와 같은 독일식 인사를 묘사하는 장면, 또는 독일식 군가를 부르는 것 등은 "나치시대 독일의 생활상을 다루는데 필수적이며 최소한의 기준이 되는 것이므로 저작권침해로 인정할 수 없다."는 판례[605]는 "영화 속의 주제를 처리하는데 필수적인 요소가 되는 경우에도 일반적으로 수반되는 장면묘사로서 저작권으로 보호받을 수 없다."는 판결[606]과 논거를 같이 한다. 필수장면의 원칙이 중요하게 취급되어야 하는 이유 중의 하나는 합체의 원칙과 더불어 컴퓨터 프로그램에도 적용되기 때문이다.

Ⅴ 저작권침해와 구제

1. 저작권의 보호와 조정

가. 저작권에 관한 심의 및 분쟁의 조정

저작권에 관한 심의 및 분쟁의 조정제도는 저작권의 분쟁 또는 보상금, 사용료 등에 관하여 심의조정위원에 조정신청을 하는 것과 이를 조정하는 것을 규정한 것으로 분쟁 당사자 간 합의를 유도하는 제도라 할 수 있다. 권원 없는 제3자의 저작물 무단이용은 저작권을 침해하여 분쟁을 야기한다. 저작권의 권리침해에 대해서 저작권법 제8장(권리의 침해에 대한 구제)과 제9장(벌칙)의 조항이 마련되어 있으나 법적조치 이전에 저작권심의와 분쟁 조정을 통해 해결한다면 시간과 비용을 절약할 수 있음은 물론 동종업계에서 우호적으로 선의의 경쟁과 창작을 할 수 있게 되어 바람직한 결과를 가져온다.

우리의 저작권법은 저작권에 관한 사항을 심의하고 권리에 관한 분쟁(이하 '분쟁'이라 한다)을 조정하기 위하여 저작권심의조정위원회를 두고 있다. 국가도 조정제도를 권장하며 예산의 범위 내에서 위원회의 운영에 필요한 경비를 보조해준다. 분쟁의 조정을 통하여 당사자 간에

---

604) 박영길, 앞의 논문, p.20.

605) Hoehling v. Universal city Studio, Inc.618 F.2d 972, 979 (2d Cir.) cert. denied, 449 U.S. 841, 66 L. Ed. 2d 49.101 S.Ct. 212 (1980).

606) Paul Goldstein, Copyright, vol. I, 2nd ed. (Little Brown Company, 1998), § 2.3.2

합의가 성립된 경우에는 재판상 화해와 같은 효력을 갖는다.

나. 조정의 신청

저작권 분쟁의 조정을 받고자 하는 자는 신청취지와 원인을 명확히 하여 위원회에 분쟁조정을 신청하게 되며, 위원회의 조정부는 신청된 분쟁의 조정을 한다. 조정을 위해서는 비용을 부담해야 하며 조정비용은 신청인 부담이 원칙이지만, 조정이 성립된 경우로서 특약이 없는 때에는 당사자 각자가 균등하게 부담할 수 있다. 조정비용의 금액은 위원회가 정한다. 위원회는 조정신청이 있는 날로부터 3개월 이내에 조정해야 하며, 이 기간이 경과한 경우에는 조정이 성립되지 아니한 것으로 본다(저작권법 제84조). 또한 조정 당사자가 정당한 사유 없이 출석의 요구에 응하지 아니한 경우에는 조정이 성립되지 아니한 것으로 본다(저작권법 제85조).

다. 조정의 효과

조정은 당사자 간에 합의된 사항을 조서[調書]에 기재함으로써 성립된다. 여기서 조서는 재판상의 화해와 동일한 효력이 있다. 다만 당사자가 임의로 처분할 수 없는 사항에 관한 것은 그러하지 아니하다(저작권법 제86조). 조정에 있어 당사자 간에 합의가 되지 아니하거나 조정기간이 초과하거나 조정을 위한 출석요구에 응하지 않는 것으로 보는 때에는 사유를 조서에 기재하여 조정의 불성립을 명시한다(저작권법 제87조).

2. 저작권 침해

가. 정의

저작권침해란 권원 없이 남의 저작권을 이용하는 것으로, 저작권이 침해되는 경우에는 저작권자를 보호하여 창작활동을 장려하고 활성화시키기 위하여 법적으로 권리침해 구제수단이 마련되어 있다. 저작권침해가 발생하려면 저작권의 주체와 객체가 합법적으로 존재해야 하며, 주체에는 저작권자를 말하지만 저작권침해의 저작물을 이용하는 침해자와 저작권자 간의 대립에서 분쟁이 발생되므로 침해자가 함께 고려되어야 한다.

저작권의 침해형태는 저작권의 특성상 저작인격권의 침해, 저작재산권의 침해, 출판권의 침해, 저작인접권의 침해, 직접침해는 아니지만 저작권침해로 보는 침해의제(저작권법 제92조)로 구분할 수 있으며, 컴퓨터 프로그램도 저작권 보호대상물이므로 이 절에 포함시킨다.

나. 저작인격권의 침해

저작인격권은 저작권법 제2장 제3절 및 제4절에 명시된 공표권(제11조) · 성명 표시권(제12

조)·동일성 유지권(제13조)·저작자의 사후인격권(제14조 ②)으로 구분하므로, 저작인격권의 침해형태는 이들 권리[607]의 침해, 그리고 저작인격권 침해의제로 구분한다. 여기서 저작인격권 침해의제는 저작자의 명예를 훼손하는 방법으로 저작물을 이용하는 경우 저작인격권을 침해한 것으로 보는 것을 말한다(저작권법 제 92조 ④).

다. 저작재산권의 침해

(1) 침해 형태

저작재산권은 저작재산을 구성하는 저작물에 대한 배타적 권리로, 저작재산권의 침해는 저작권법 제2장 제5절의 복제권(제16조), 공연권(제17조), 방송권(제18조), 전송권(제18조의 2), 전시권(제19조), 배포권(제20조), 2차적 저작물 등의 작성권(제21조) 등의 침해 형태[608]와 저작재산권 침해의제 형태로 나타난다.

저작물에 대한 저작권침해는 저작물을 허락 없이 사용하여 권리를 침해하는 자에 대한 무단사용이다.[609] 또한 (가)수입 시에 대한민국 내에서 만들어졌더라면 저작권 그 밖의 이 법에 의하여 보호되는 권리의 침해로 될 물건을 대한민국 내에서 배포할 목적으로 수입하는 행위, (나)저작권 그 밖의 이 법에 의하여 만들어진 물건(제1호의 수입물건을 포함한다)을 그 정을 알고 배포할 목적으로 소지하는 경우를 침해로 보는 행위로 규정하고 있다.[610]

(2) 침해의 증거

(가) 침해의 직접증거

원저작물에 대하여 권원 없이 베끼기 행위가 있거나, 허락된 범위를 넘어서 실시하는 경우에는 재산권으로 뿐만 아니라 원저작자의 성명 표시나 사후의 인격적 이익 침해 등의 인격권에 대한 불법행위, 권원 없는 복제·배포, 불법의 2차 사용료 수수나 대여와 같은 저작인접권을 직접 침해하는 행위 등은 원저작물의 직접침해로 본다. 권원 없이 원저작물을 무단으로 이용하는 것은 불법적인 베끼기의 직접적인 행위가 있음을 뜻하는 것이므로 저작권을 침해한 직접적인 증거가 된다.

---

607) 공표권과 성명표시권, 동일성 유지권 및 저작자의 사후인격권에 대해서는 제4장 제2절 2. 저작인격권 란 참조.

608) 이들 권리에 대해서는 제4장 제2절 3. 저작재산권 란 참조.

609) 저작권법 제91조 ①.

610) 저작권법 제92조 ①.

(나) 침해의 간접증거

불법복제행위, 즉 침해를 인정할 수 있는 직접증거를 부정하는 경우에 저작권자가 입증하는 간접증거는 침해자가 원저작물에 접근했는지의 여부와 비교되는 두 작품 사이의 실질적인 유사성이 있는지의 여부를 따져 접근과 유사함이 인정된다. 해당 분야의 전문가로 하여금 증언하거나 증인을 확보하여 증거를 입증하여 침해를 주장하게 된다.[611]

① 접근성

접근성은 불법복제를 했다는 직접증거를 입증하기는 어려우므로 해당 작품이 복제자에게 직접 전달되었거나 저작권자와 복제자가 서로 가까운 사이였음을 밝힘으로써 복제자가 저작물에 '접근했다' (이를 의거성이라고도 한다)[612]는 직접적인 증거를 제시할 수 있으면 작품이 대중에게 광범위하게 유포되었을 때 합리적인 접근 가능성을 입증할 수 있는 성질을 말한다. 복제자가 저작물에 접근했다는 직접적인 증거를 제시하지 못하더라도 실질적으로 두 작품 간의 유사성이 두드러져서 복제자의 독립적인 창작이나 우연함, 공지작품일 가능성이 배제된다면 상황적 판단으로 접근 사실이 있다고 추론된다.

방송매체에 의해 전국적으로 노래가 전파되고 노래가 수록된 테이프가 판매되었다면 현저한 유사성의 증거와 더불어 잠재의식적 베끼기 이론[613]에 의해 침해를 인정하기도 한다.

② 실질적 유사성

실질적 유사성은 저작권이 저작물에 의해 나타나는 아이디어와 정보를 사용하는 것을 배제하는 것은 아니다. 표현이 보호되는 아이디어-표현 이분법[614]에 따라 저작권침해를 다룸에 있어서 표현에 대해 실제적으로 유사한 정도를 말한다. 저작권침해에 대한 테스트는 애매함의 테스트로, 관찰자의 심미감에 기준한 디자인의 경우라면 테스트는 보다 더 확실치가 않게 된다.[615] 실질적 유사성에 대한 일반 관찰자의 테스트는 일반적인 관찰자가 차이점을 무시할 수 있고 심미적인 매력이 같다면 실질적 유사성이 있다고 본다.

③ 전문가의 증언

전문가의 증언을 증거로 채택할 수는 있지만 이것이 불법복제라는 쟁점에 대하여 결정적

---

611) Sell v. Gibb, 741 F. 2d (7th Cir. 1984); Repp v. Webb, 132 F. 3d 882 (2d Cir. 1997); Ty, Inc. v. GMA Accessories, Inc. 132 F.3d 1167 (7th Cir.1997) 등 다수.

612) 박익환, '저작권침해소송에서의 기본 공격방어방법', '인하대학교 법학연구소 법학연구'제4집 (2001년 12월), p.10.

613) ABKCO Music, Inc. v. Harrisongs Music, Ltd., 722 F. 2d 988 (2d Cir. 1983).

614) Baker v. Sheldon, 101 U.S. 99(1879), Mazer v. Stein, 347 U.S. 201, 217 (1954), H.R. Rep. No. 94-1476, 94th Cong., 2d Sess. 56-57 (1976).

615) Peter Pan Fabrics, Inc. v. Martin Weiner Corp., 274 F.2d 487 (2d Cir. 1960).

요인이 될 수는 없다. 그 이유는 공인 자격을 갖춘 전문가의 의견이 접근의 가능성을 입증할 수도 있지만[616], 뮤지컬 편곡에 대한 전문가의 증언에서 평범한 청중의 반응을 알아보는데 도움을 주는 경우에만 사용되도록 판시[617]하고 있기 때문이다. 경우에 따라 전문가의 증언은 배제되기도 하는데, 그 이유는 실질적인 유사성을 판단함에 있어서 지나치게 세밀한 조사나 흠집을 잡기 위한 것이 아닌 보통의 합리적인 사람의 반응에 의존하는 내부 테스트이기 때문이다.[618]

(3) 실질적 유사성

저작권침해의 문제는 새로운 저작물이 이미 권리화된 저작물의 베끼는 행위 내지는 다소의 변형을 가한 정도를 파악하여 저작권의 범위를 정하고 그 범위 내에서 권리의 효력을 발휘시킬 법적제도 장치를 마련하는 것이다. 산업재산권, 즉 절대권은 권리부여 전에 까다로운 심사절차와 보호요건을 거쳐 확립되지만 저작권은 베끼는 행위만 없었다면 저작권을 갖는 저작물로 인정되기 때문에 권리 범위의 불확실성은 저작물의 실질적 유사성 판단의 중요성을 더욱 가중시키고 있다.

저작권의 침해 여부를 판단하기 위하여 비교되는 두 저작물의 유사성을 판단하는 기준은 정립되어 있지 않기 때문에 미국의 판례에 따른 실질적 유사성을 판단해본다. 대비되는 두 저작물의 유사판단은 미국의 Kroft 케이스[619]에서와 같이 외적테스트와 내적테스트로 구분하여 저작물의 종류에 따라 비중을 달리하여 적용하고 있으며, 관찰 방법에 따라 전체적 외관과 느낌에 의한 유사성 판단과 분리접근에 의한 유사성 판단방법이 시행되고 있다.[620]

그러나 어느 하나의 이론으로만 수많은 저작물의 유사성 판단을 위한 기준이 될 수는 없으며, 상기한 여러 이론 중 저작물의 특성과 표현 형태, 창작의 개념 등을 종합하여 저작물별로 적용시켜야 할 것이다. 대비되는 두 저작물이 동일한 경우, 즉 권리의 문제는 베끼기 행위가 있었느냐의 여부와 베끼기 행위가 있었다면 최초 창작 완성 시점이 언제인지를 판단하는 것으로 침해여부가 정해진다.[621] 이에 비해 기존의 저작물에 대해 약간의 수정이나 변경을 가한 것에 불과

616) Arnstein v. Porter, 154 F.2d 464(2d Cir.1946).

617) Repp v. Webber, 132 F.3d 882(2d Cir. 1997).

618) Sid & Marty Krofft Television Productions, Inc. v. McDonald's Corp., 562 F. 2d 1157 (9th Cir. 1977)

619) Sid & Marty Kroft Television Productions, Inc., Supra Id.

620) 원고가 외적테스트에 의해 일반적인 아이디어가 실질적으로 유사하고 내적테스트로 그러한 아이디어의 보호받을 만한 표현이 실질적으로 유사하다는 것을 증명하는 경우에만 침해가 인정된다. *Id.*

621) 이를 '복제권의 침해'라고 한다. 오승종, '저작재산권침해에 있어서 실질적 유사성요건과 그 판단', '비교사법' 제10권 제2호, (한국비교사법학회, 2003.6), p.450.

하여 다른 저작물로 인정되지 못하는 경우에는 2차적 편집행위에 의해 침해문제가 발생한 것이 된다.

3. 저작권침해에 대한 구제

저작권은 재산권뿐만 아니라 저작인격권을 포함하므로 저작권자를 보호하기 위한 민사적 · 형사적 구제가 가능하다. 민사적 구제로는 침해정지청구권, 손해배상청구권, 명예회복청구권, 부당이득 반환청구권 및 조정 등이 마련되어 있다. 또한 형사적 구제수단으로는 권리침해죄, 부정발행 등의 죄, 출처명시 위반의 죄 등으로 저작권자의 권익을 보호할 수 있다.

또한 저작자가 사망한 후에 유족(사망한 저작자의 배우자 · 자 · 부모 · 손 · 조부모 또는 형제자매를 말한다)이나 유언집행자는 저작인격권의 일신전속성(저작권법 제14조 ②)에 위반하거나 위반할 우려가 있는 자에 대하여는 침해정지 청구를 할 수 있으며, 고의 또는 과실로 저작인격권을 침해하거나 저작권법 제41조 제2항의 규정[622]에 위반한 자에 대하여는 동법 제95조의 규정에 의한 명예회복 등의 청구를 할 수 있다(저작권법 제96조). 더구나 공동저작물의 각 저작자 또는 각 저작재산권자는 다른 저작자 또는 다른 저작재산권자의 동의 없이 침해정지 청구를 할 수 있으며 저작재산권의 침해에 관하여 자신의 지분에 관한 손해배상의 청구를 할 수 있다(저작권법 제97조).

622) 저작재산권의 전부를 양도하는 경우에 특약이 없는 때에는 제21조의 규정에 의한 2차적 저작물 또는 편집저작물을 작성할 권리는 포함되지 아니한 것으로 추정한다.

제5편

산업기술 보호제도

SCIENCE TECHNOLOGY & INTELLECTUAL PROPERTY

1장 과학기술기본법

1절 개요

과학기술기본법이 제정된 이유는 대한민국의 과학기술관계 법제가 1967년 과학기술진흥법 이래 그때마다의 정책의 필요성에 따라 제정되어 왔으며, 각 담당부처의 정책 의욕이 법으로 반영된 경우가 많아 법제 상호간에 내용이 중복되고, 경우에 따라 모순되거나 상호 충돌되는 등으로 인하여 정책의 실효성을 저해하는 등의 문제점의 지적에 따라 과학기술관련법제를 기본법을 중심으로 체계화하고자 하는 이상에서였다.[623]

과학기술기본법은 과학기술 발전을 위한 기반을 조성하여 과학기술을 혁신하고 국가경쟁력을 강화함으로써 국민경제의 발전을 도모하고 나아가 국민의 삶의 질 향상과 인류사회의 발전에 이바지함을 목적으로 2001년 1월16일 법률 제6353호로 제정된 이후 2012년 1월22일 시행까지 15회의 개정이 있어왔다.

과학기술기본법은 제1장부터 제5장까지(실제는 총 6장)로 이루어지며, 제1장 총칙, 제2장 과학기술정책의 수립 및 추진체제, 제2장의 2 국가과학기술위원회, 제3장 과학기술 연구개발 추진, 제4장 과학기술투자 및 인력자원의 확충, 제5장 과학기술기반 강화 및 혁신환경 조성, 그리고 부칙을 포함한다.

또한 과학기술기본법의 체계는 그 시행령과 시행규칙을 포함한다.

이하에는 과학기술기본법에 대한 조문 위주로 살펴보기로 한다.

---

623) 오준근, 과학기술행정법학의 정립방안에 관한 약간의 고찰, (경희법학 2003, 제37권 제1호), p.99.

2절 해 설

Ⅰ 총칙

1. 설립목적

과학기술기본법은 과학기술발전을 위한 기반을 조성하여 과학기술을 혁신하고 국가경쟁력을 강화함으로써 국민경제의 발전을 도모하며 나아가 국민의 삶의 질을 높이고 인류사회의 발전에 이바지함을 목적으로 설립된 것이다(§1).

2. 기본이념

과학기술기본법은 과학기술혁신이 인간의 존엄을 바탕으로 자연환경 및 사회윤리적 가치와 조화를 이루고 경제 · 사회 발전의 원동력이 되도록 하며, 과학기술인의 자율성과 창의성이 존중받도록 하고, 자연과학과 인문 · 사회과학이 서로 균형적으로 연계하여 발전하도록 함을 기본이념으로 한다(§2).

3. 다른 법률과의 관계

과학기술에 관한 다른 법률을 제정하거나 개정할 때에는 이 법의 목적과 기본이념에 맞도록 하여야 한다(§3). [전문개정 2010.2.4]

4. 국가 등의 책무와 과학기술인의 윤리

과학기술혁신과 이를 통한 경제 · 사회 발전을 위하여 종합적인 시책을 세우고 추진하여야 하는 책무는 국가가 진다. 같은 맥락으로 지방자치단체는 국가의 시책과 지역적 특성을 고려하여 지방과학기술진흥시책을 세우고 추진하여야 한다.

과학기술인 또한 경제와 사회의 발전을 위하여 과학기술의 역할이 매우 크다는 점을 인식하고 자신의 능력과 창의력을 발휘하여 이 법의 기본이념을 구현하고 과학기술의 발전에 이바지하여야 한다.

5. 과학기술정책의 중시와 개방화 촉진

정부는 과학기술정책의 수립과 추진을 통하여 과학기술이 국가의 미래 전략을 달성하는 중추적인 역할을 할 수 있도록 필요한 자원을 최대한 동원하여 창의적 연구개발과 개방형 과학기술 혁신활동을 적극적으로 지원하여야 한다.

이를 위하여 정책형성 및 정책집행의 과학화와 전자화를 촉진하기 위하여 필요한 시책을 세우고 추진하여야 하며, 과학기술정책의 투명성과 합리성을 높이기 위하여 과학기술정책을 형성하고 집행하는 과정에 민간 전문가나 관련 단체 등이 폭넓게 참여하게 하고 일반 국민의 다양한 의견을 모을 수 있는 방안의 마련을 규정하고 있다.

6. 국가과학기술혁신체제의 구축

정부는 기업, 대학, 정부가 출연[出捐]하는 연구기관 및 국공립 연구기관이 지식기반경제사회에 부응하는 과학기술을 혁신하기 위한 활동을 적극 수행할 수 있도록 효과적인 국가과학기술혁신체제를 구축하여야 한다.

이를 위하여 국가과학기술혁신체제를 구축하기 위한 환경과 기반을 만들어야 하고, 기업 · 대학 · 연구기관 또는 그 구성원들이 서로 인력, 지식, 정보 등을 원활하게 교류하고 연계하며 공유할 수 있도록 필요한 지원시책을 세우고 추진하여야 하는 규정이 명시되어 있다.

II 과학기술정책의 수립 및 추진체제

과학기술정책의 수립에는 과학기술기본계획과 과학기술진흥 5개년 계획 및 지방과학기술진흥종합계획을 포함한다.

1. 과학기술기본계획

가. 기본계획의 수립

정부로 하여금 이 법의 목적을 효율적으로 달성하기 위하여 과학기술발전에 관한 중 · 장기 정책목표와 방향을 설정하고, 이에 따른 과학기술기본계획(이하 '기본계획'이라 한다)을 세우고 추진하도록 하는 규정은 동법 제7조에 명시되어 있다.

과학기술기본계획의 수립 주체는 국가과학기술위원회(이하 '위원회'라 한다)이며, 위원회는 5년마다 관계 중앙행정기관의 과학기술 관련 계획과 시책 등을 종합하여 기본계획을 세우고 추진하여야 한다.

기본계획에 포함되어야 할 사항은 아래와 같다.

1) 과학기술의 발전목표 및 정책의 기본방향

2) 과학기술혁신 관련 산업정책, 인력정책 및 지역기술혁신정책 등의 추진방향

3) 과학기술투자의 확대

4) 과학기술 연구개발의 추진 및 협동연구개발 촉진

5) 기업 · 대학 및 연구기관 등의 과학기술혁신 역량의 강화

6) 연구 성과의 확산, 기술이전 및 실용화 촉진

7) 기초연구의 진흥

8) 과학기술교육의 다양화 및 질적 고도화

9) 과학기술인력의 양성 및 활용 증진

10) 과학기술지식과 정보자원의 확충 · 관리 및 유통체제의 구축

11) 지방과학기술의 진흥

12) 과학기술의 국제화 촉진

13) 남북 간 과학기술 교류협력의 촉진

14) 과학기술문화의 창달 촉진

15) 민간부문의 기술개발 촉진

16) 그 밖에 대통령령으로 정하는 과학기술진흥에 관한 중요 사항

나. 관계기관의 시행계획과 추진

과학기술기본계획에 따라 관계 중앙행정기관의 장과 지방자치단체의 장은 연도별 시행계획을 세우고 추진하여야 한다. 관계 중앙행정기관의 장과 지방자치단체의 장은 과학기술 관련 계획을 세울 때에는 정부의 중 · 장기 정책목표와 방향에 따라야 한다.

위원회는 매년 다음 연도 시행계획과 전년도 추진실적을 종합하여 심의하여야 한다.

위원회는 정부의 중 · 장기 정책목표와 방향을 설정하거나 기본계획을 세우기 위하여 필요하면 관계 중앙행정기관, 지방자치단체, 관련 교육 · 연구기관 및 국가연구개발사업에 참여하는 법인이나 단체에 필요한 자료의 제출을 요청할 수 있다.

2. 과학기술진흥 5개년계획

교육과학기술부장관은 기본계획에 따라 교육과학기술부 소관 분야에 관한 5년 단위의 과학기술진흥 5개년 계획(이하 "진흥계획"이라 한다) 및 연도별 시행계획(이하 이 조에서 "시행계획"이라 한다)을 세우고 추진하여야 한다.

교육과학기술부장관은 진흥계획을 세울 때에는 위원회의 심의를 거쳐야 한다.

3. 지방과학기술진흥종합계획

위원회는 지방의 과학기술진흥을 촉진하기 위하여 5년마다 지방과학기술진흥종합계획을 세우고 지방자치단체의 장에게 알려야 한다.

지방과학기술진흥종합계획에는 다음 각 호의 사항이 포함되어야 한다.

1) 연구개발사업의 지원
2) 과학기술기반 구축의 지원
3) 지방과학기술진흥 성과의 확산 및 산업화 촉진
4) 지방의 과학기술인력과 산업인력의 양성 및 과학기술정보 유통체제 구축 등에 대한 지원
5) 그 밖에 지방과학기술의 진흥을 위하여 필요한 사항

또한, 위원회는 지방과학기술진흥종합계획의 연도별 시행계획을 세우고 추진하여야 하며, 지방자치단체와 지방에 있는 대학 · 연구기관 등이 수행하는 사업에 드는 비용의 전부 또는 일부를 출연하거나 보조할 수 있다.

III 국가과학기술위원회

1. 국가과학기술위원회의 설치 및 소관 사무

가. 위원회의 역할

국가과학기술위원회(이하 "위원회"라 한다)는 대통령 소속으로, 과학기술 주요 정책, 기초과학 · 산업기술 연구개발 계획 및 사업, 인력정책 및 지역기술혁신정책을 조정하고 연구개발예산의 효율적인 운영 등에 관한 업무를 수행한다.

나 위원회의 소관 사무

위원회가 해야 할 업무범위는 다음과 같다.

1) 기본계획의 수립 및 시행에 관한 사항
2) 정부가 추진하는 연구개발사업(이하 "국가연구개발사업"이라 한다) 예산의 배분 · 조정에 관한 사항
3) 기초과학, 산업기술, 과학기술인력 및 지식재산 등 과학기술진흥 관련 정책의 조정에 관한 사항
4) 국가연구개발사업의 평가에 관한 사항
5) 그 밖에 이 법 또는 다른 법령에서 위원회의 소관 사무로 규정한 사항

2. 위원회의 구성

국가과학기술위원회의 조직도는 아래 그림과 같다.[624]

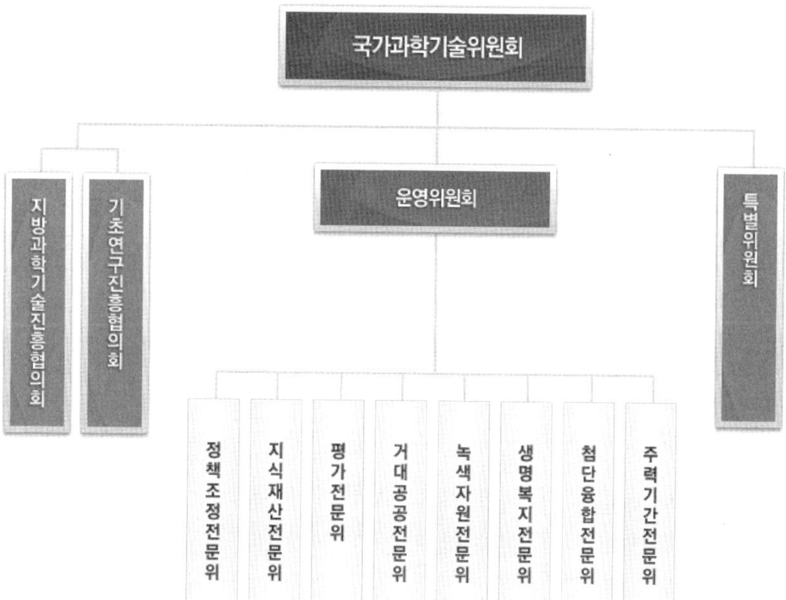

가. 구성

위원회는 위원장 1명 및 상임위원 2명을 포함한 10명의 위원으로 구성한다.

나. 구성원의 임명 및 위촉

과학기술 분야의 전문성을 고려하여 위원장은 국무총리의 제청으로 대통령이 임명하고, 상임위원은 위원장의 제청으로 대통령이 임명하며, 그 밖의 위원은 다음 각 호의 어느 하나에 해당하는 사람으로서 과학기술에 관한 전문지식과 경험이 풍부한 사람 중에서 대통령이 위촉한다.

1) 대학이나 공인된 연구기관에서 부교수 이상의 직[職] 또는 이에 상당하는 직에 10년 이상 있거나 있었던 사람
2) 고위공무원단에 속하는 공무원 또는 이에 상당하는 공무원의 직에 있었던 사람
3) 건축사 · 기술사 · 공인회계사 · 변호사 또는 변리사의 자격을 소지하고 해당 직종에서 10년 이상 종사한 사람
4) 기업 경영이나 기업연구소에 10년 이상 종사한 사람

---

624) http://www.nstc.go.kr/nstc/nstcintro/committee/group1.jsp 〈2012.6.10. 방문〉

5) 그 밖에 과학기술단체의 추천을 받은 사람

위원장 및 상임위원은 정무직[625]이다.

3. 위원장

위원장은 위원회를 대표하고 위원회의 소관 사무를 총괄한다. 위원장은 국회에 출석하여 위원회의 소관 사무에 관하여 의견을 진술할 수 있으며, 국회의 요구가 있을 때에는 출석하여 보고하거나 답변하여야 한다. 위원장은 필요한 경우 국무회의에 출석하여 발언할 수 있으며, 그 소관 사무에 관하여 국무총리에게 의안의 제출을 건의할 수 있다.

위원장이 부득이한 사유로 직무를 수행할 수 없을 때에는 위원회가 미리 정한 상임위원 및 위원 순으로 그 직무를 대행한다.

위원회의 예산 관련 업무에 대하여는 위원장을 중앙관서의 장으로 본다.[626]

4. 위원의 임기

위원의 임기는 3년으로 하고, 한 번만 연임할 수 있다.

대통령은 결원위원에 대한 임명이나 위촉권한을 갖는다.

5. 위원의 신분

위원은 직무 수행과 관련하여 외부의 부당한 지시나 간섭을 받지 아니한다.

또한, 부득이한 경우[627]를 제외하고 그 의사에 반하여 면직되거나 해촉 되지 아니한다.

6. 위원 결격사유

특정정당의 당원[628]이거나 공무원 임용에 결격사유가 있는 사람[629]은 위원이 될 수 없다.

---

625) 국가 또는 지방자치단체의 공무원의 종류 중 선거에 의하여 취임하거나 임명에 있어서 국회 또는 지방의회의 동의를 요하는 공무원과 국무위원, 차관 등 정치적인 직종에 속하는 공무원을 말한다. 〈출처: 네이버지식사전〉

626) 「국가재정법」 제6조 제2항: "중앙관서"라 함은 「헌법」 또는 「정부조직법」 그 밖의 법률에 따라 설치된 중앙행정기관을 말한다.

627) 1. 장기간 심신장애로 직무를 수행할 수 없게 된 경우
2. 「정당법」 에 따른 당원이거나 「국가공무원법」에 결격사유에 해당하는 경우
3. 이 법 또는 다른 법률에 따른 직무상의 의무를 위반한 경우
4. 이 법 또는 다른 법률에 따른 위원회의 소관 직무와 관련하여 부당한 이득을 취한 경우

628) 정당법」 제22조.

629) 제33조(결격사유) 다음 각 호의 어느 하나에 해당하는 자는 공무원으로 임용될 수 없다.

1. 「정당법」 제22조에 따른 당원
2. 「국가공무원법」 제33조 각 호의 어느 하나에 해당하는 사람

② 위원은 제1항 각 호의 어느 하나에 해당하게 된 때에는 당연히 퇴직한다. 다만, 제1항 제2호의 경우에는 「국가공무원법」 제69조 단서를 준용한다.

[본조신설 2010.12.27]

7. 위원회의 심의 · 의결사항

위원회는 소관 사무 중 다음 각 호의 사항을 심의 · 의결한다.

1) 과학기술진흥을 위한 주요 정책 및 계획의 수립 · 조정에 관한 사항
2) 기본계획과 지방과학기술진흥종합계획에 관한 사항
3) 제7조 제5항에 따른 다음 연도 시행계획과 전년도 추진실적에 관한 사항
4) 과학기술 관련 예산의 확대방안 및 「공공기관의 운영에 관한 법률」 제4조에 따른 공공기관 등에 대한 연구개발투자 권고에 관한 사항
5) 매년도 국가연구개발사업 예산의 배분 및 조정과 효율적 운영에 관한 사항
6) 중장기 국가연구개발사업 관련 계획의 수립에 관한 사항
7) 과학기술 분야 정부출연연구기관의 육성 및 발전방안에 관한 사항
8) 차세대 성장 동력 산업, 문화 · 관광산업, 부품소재 및 공정혁신 분야 등에서의 과학기술혁신 관련 정책의 조정에 관한 사항
9) 과학기술인력의 양성을 위한 정책에 관한 사항
10) 지역기술혁신정책의 추진을 위한 지원체제의 구축에 관한 사항
11) 기술혁신을 위한 자금의 지원에 관한 사항
12) 국가표준 및 지식재산권 관련 정책의 지원에 관한 사항
13) 이 법 또는 다른 법령에서 위원회의 심의사항으로 규정한 사항

---

1. 금치산자 또는 한정치산자
2. 파산선고를 받고 복권되지 아니한 자
3. 금고 이상의 실형을 선고받고 그 집행이 종료되거나 집행을 받지 아니하기로 확정된 후 5년이 지나지 아니한 자
4. 금고 이상의 형을 선고받고 그 집행유예 기간이 끝난 날부터 2년이 지나지 아니한 자
5. 금고 이상의 형의 선고유예를 받은 경우에 그 선고유예 기간 중에 있는 자
6. 법원의 판결 또는 다른 법률에 따라 자격이 상실되거나 정지된 자

6의2. 공무원으로 재직기간 중 직무와 관련하여 「형법」 제355조 및 제356조에 규정된 죄를 범한 자로서 300만원 이상의 벌금형을 선고받고 그 형이 확정된 후 2년이 지나지 아니한 자

7. 징계로 파면처분을 받은 때부터 5년이 지나지 아니한 자
8. 징계로 해임처분을 받은 때부터 3년이 지나지 아니한 자

14) 그 밖에 위원장이 의제議題로 회의에 부치는 사항

8. 위원회의 운영

위원회의 회의는 위원장 단독 혹은 2명 이상의 위원의 요구가 있는 때에 위원장이 소집한다.

위원장은 위원회의 회의를 주재하며, 재적위원 과반수의 출석으로 개의開議하고, 재적위원 과반수의 찬성으로 의결한다. 회의는 공개를 원칙으로 하며, 회의록을 작성·보존한다.

위원은 의안을 제의할 수 있다.

9. 운영위원회 등의 설치

위원회에 운영위원회와 특별위원회를 두며, 운영위원회에는 분야별 전문위원회를, 특별위원회에는 실무위원회를 둘 수 있다. 운영위원회는 위원장 1명을 포함한 30명 이내의 위원으로 구성한다. 각 전문위원회는 위원장 1명을 포함한 15명 이내의 위원으로 구성하며 위원의 임기는 2년이다.

10. 지방과학기술진흥협의회

위원회에는 지방과학기술진흥협의회를 둔다. 동 협의회는 위원장 1명을 포함한 20명 이내의 위원으로 구성한다. 협의회는 다음의 사항을 심의한다.

1) 지방과학기술진흥종합계획과 연도별 시행계획의 수립에 관한 사항
2) 관계 중앙행정기관이나 지방자치단체가 지방과학기술진흥을 위하여 추진하는 시책 또는 사업의 조정에 관한 사항
3) 지방과학기술 관련 국가연구개발사업 예산의 효율적 운영에 관한 사항
4) 지방자치단체 간 과학기술의 교류와 협력에 관한 사항
5) 그 밖에 지방과학기술진흥협의회의 위원장이 회의에 의제로 부치는 사항

11. 사무처의 설치

사무처는 위원회의 사무를 처리한다. 사무처에는 사무처장 1명과 필요한 직원을 둔다.

사무처장은 위원장의 지휘를 받아 사무처의 사무를 관장하고 소속 직원을 지휘·감독한다.

12. 공무원 등의 파견

위원회는 그 업무를 수행하기 위하여 필요한 경우 관계 행정기관 및 관련 기관·법인·단체 등에 소속 공무원 및 임직원의 파견 또는 겸임을 요청할 수 있다.

파견된 공무원은 인사·처우 등에서 우대된다.

13. 위원회 심의·의결 결과의 활용

위원회는 심의·의결한 결과를 관계 중앙행정기관의 장과 지방자치단체의 장에게 알려야 하고, 관계 중앙행정기관의 장과 지방자치단체의 장은 직접 관할하고 있는 과학기술시책에 위원회의 심의·의결 결과를 반영하여야 한다. 심의·의결한 사항 중 국가연구개발사업 예산에 관련된 사항은 국가연구개발사업 예산 배분·조정 등의 검토·심의 결과에 반영된다.

Ⅳ 과학기술 연구개발 추진

1. 국가연구개발사업의 추진

관계 중앙행정기관의 장은 기본계획에 따라 맡은 분야의 국가연구개발사업과 그 지원시책을 세워 추진하여야 한다.

국가연구개발사업을 추진할 때 고려해야할 사항은 다음과 같다.

1) 정부는 민간부문과의 역할분담 등 국가연구개발사업의 효율성을 제고할 수 있는 방안을 지속적으로 강구하여야 한다.
2) 정부는 연구기관과 연구자에게 최상의 연구환경을 조성하는 등 연구개발 역량을 높이기 위한 지원을 강화하여야 한다.
3) 정부가 국가연구개발사업 관련 제도나 규정을 마련할 경우 연구기관과 연구자의 자율성을 최우선으로 고려하여야 한다.
4) 정부는 소요경비의 전부 또는 일부를 지원하여 얻은 지식과 기술 등을 공개하고 성과를 확산하며 실용화를 촉진하는 데에 필요한 지원시책을 세우고 추진하여야 한다.

국가연구개발사업의 투명성과 공정성 및 효율성을 확보하기 위하여 다음 각 호에 관한 사항을 정하여야 한다.

1) 국가연구개발사업의 기획, 공고 등에 관한 사항
2) 국가연구개발사업의 과제의 선정, 협약 등에 관한 사항
3) 연구개발 결과의 평가 및 활용 등에 관한 사항
4) 국가연구개발사업의 보안, 정보관리, 성과관리, 연구윤리의 확보 등 연구수행의 기반에 관한 사항
5) 그 밖에 국가연구개발사업의 기획·관리·평가 및 활용 등(이하 "기획 등"이라 한다)에 관하여 필요한 사항

국가연구개발사업의 과제 기획등에 관한 업무는 전문기관에 대행하게 할 수 있으며 수행에 필요한 경비는 지원한다.

2. 국가연구개발사업에 대한 참여제한 등

국가연구개발사업에 참여한 자가 해당 사업의 수행을 포기·실패하거나, 연구개발 내용을 국내외에 누설하거나 유출한 경우, 연구개발 내용을 국내외에 누설하거나 유출한 경우, 기술료를 납부하지 아니한 경우, 연구개발비를 사용용도 외의 용도로 사용한 경우, 정당출원인이 아닌 경우, 거짓이나 그 밖의 부정한 방법으로 연구개발을 수행한 경우, 국가연구개발사업을 수행하기 부적합한 경우로서 협약의 규정을 위반한 경우는 5년의 범위에서 소관 국가연구개발사업의 참여를 제한할 수 있으며, 이미 출연한 사업비의 전부 또는 일부를 환수할 수 있다.

참여제한 조치를 받은 자는 국가연구개발사업에 대한 참여가 제한된다.

3. 국가연구개발사업 결과물의 소유·관리 및 활용촉진

국가연구개발사업의 결과물은 그 연구기관 등의 소유로 한다. 다만, 국가안보상 필요하거나, 공공의 이익에 활용되거나, 연구기관 등이 국외에 소재한 경우 등 연구기관 등이 소유하기에 부적합하다고 인정되는 경우 그 결과물은 국가가 소유한다.

연구개발결과물은 전문기관 등에 위탁하여 관리하게 할 수 있다.

4. 기술료의 징수 및 사용

연구개발결과물 소유기관의 장 연구개발결과물을 실시[630]하려는 자와 실시권의 내용, 기술료 및 기술료 납부방법 등에 관하여 계약을 체결하는 때에는 기술료를 징수하여야 한다. 다만, 연구개발결과물 소유기관이 소유하고 있는 결과물을 직접 실시하려는 경우에는 전문기관의 장이 기술료를 징수할 수 있다.

연구개발결과물 소유기관의 장 또는 전문기관 등의 장은 연구개발결과물을 실시하려는 자의 신청이 있는 때에는 그 타당성을 검토한 후 중앙행정기관의 장의 승인을 받아 기술료를 감면하거나 징수기간을 연장할 수 있다.

징수한 기술료는 참여연구원이나 기술 확산에 기여한 직원 등에 대한 보상금으로 지급하거나 연구개발에 재투자하는데 사용된다.

630) 연구개발결과물을 사용·양도·대여 또는 수출하려는 것을 말한다. 이하 같다.

5. 국가연구개발사업의 보안

중앙행정기관의 장은 국외로 유출되지 아니하도록 보호할 가치가 있는 국가연구개발사업의 결과물은 지식재산권의 설정 등을 통하여 보호될 수 있도록 적극 지원하여야 한다.

이와 함께 국가연구개발사업의 결과물과 연구수행 중에 생산된 성과물이 외부로 유출되지 아니하도록 보안대책을 수립 · 시행하여야 한다.

6. 국가연구개발사업에 대한 조사 · 분석 · 평가

위원회는 '국가연구개발사업 등의 성과평가 및 성과관리에 관한 법률'에서 정하는 바에 따라 매년 국가연구개발사업에 대한 조사 · 분석 및 평가(이하 "평가 등"이라 한다)를 하여야 한다. 다만, 대통령령으로 정하는 국방 분야의 국가연구개발사업에 대한 조사와 분석을 하지 아니할 수 있다.

위원회는 국가연구개발사업의 평가 등을 하기 위하여 관계 중앙행정기관, 지방자치단체, 관련 교육 · 연구기관 및 국가연구개발사업에 참여하는 법인이나 단체에 필요한 자료의 제출을 요구할 수 있으며, 자료 제출을 요구받은 기관 · 법인 또는 단체는 특별한 사유가 없으면 이에 따라야 한다.

관계 중앙행정기관의 장은 소관 국가연구개발사업을 추진할 때에는 평가 등의 결과를 반영하여 연구개발투자가 최대한 효율적으로 이루어지도록 노력하여야 한다.

7. 국가연구개발사업 예산의 배분 · 조정 등 검토 · 심의

국가연구개발사업에 관련된 중앙행정기관의 장은 해당 기관의 다음 다음 연도 국가연구개발사업의 투자우선순위에 대한 의견을 매년 10월31일까지 위원회와 기획재정부장관에게 제출하여야 한다. 다만, 국방 분야의 국가연구개발사업 관련 중기사업계획서와 예산요구서 중 국방부장관이 위원회와 협의하여 정하는 중기사업계획서와 예산요구서는 제출하지 아니할 수 있다.

관계 중앙행정기관의 장은 해당 회계연도부터 5회계연도 이상의 기간 동안 예정된 신규사업 및 기획재정부장관이 정하는 주요 계속사업 중 국가연구개발사업 관련 중기사업계획서[631]를 매년 1월 31일까지 위원회에 제출하여야 한다.

위원회는 중기사업계획서 검토 후 매년 4월15일까지 정부연구개발투자의 방향과 기준을 기획재정부장관 및 관계 중앙행정기관의 장에게 알려야 한다.

관계 중앙행정기관의 장은 해당 기관의 예산요구서[632] 중 국가연구개발사업 관련 예산요구

631) 「국가재정법」 제28조.
632) 「국가재정법」 제31조 제1항.

서를 매년 6월30일까지 위원회에 제출하여야 한다.

위원회는 관계 중앙행정기관의 장이 각각 제출한 국가연구개발사업의 투자우선순위에 대한 의견과 국가연구개발사업 관련 중기사업계획서 및 예산요구서에 대하여 검토 · 심의하고 국가연구개발사업의 조사 · 분석 · 평가와 연계하여 매년 7월31일까지 그 결과를 기획재정부장관에게 알려야 한다.

검토 · 심의할 사항은 아래와 같다.

1) 국가연구개발사업의 목표 및 추진방향
2) 국가연구개발사업의 분야별 · 사업별 투자우선순위
3) 국가연구개발사업 예산의 배분방향 및 대통령령으로 정하는 주요 국가연구개발사업 예산의 배분 · 조정 내역
4) 유사하거나 중복되는 국가연구개발사업 간의 조정 및 연계
5) 대형 국가연구개발사업의 투자적정성, 중점추진방향 및 개선방향
6) 다수 부처 관련 국가연구개발사업의 부처별 역할 분담
7) 기초연구와 지방과학기술의 진흥에 관한 사항
8) 그 밖에 국가연구개발사업의 투자효율성을 높이기 위하여 필요한 사항

기획재정부장관은 정부 재정규모 조정 등 특별한 경우를 제외하고는 위원회의 검토 · 심의 결과를 반영하여 다음 연도 예산을 편성하여야 한다.

8. 예비타당성조사 대상사업 선정을 위한 의견 제출

위원회는 국가연구개발사업으로서 중앙행정기관의 장이 예비타당성조사 대상사업 선정을 신청한 국가연구개발사업에 대하여는 기획재정부장관이 예비타당성조사 대상사업을 선정하기 전에 해당 국가연구개발사업의 기술성을 평가하여 적합 여부에 관한 의견을 기획재정부장관에게 제출할 수 있다.

기획재정부장관은 이 기술성 평가 대상 국가연구개발사업에 대하여 위원회가 기술성을 평가하여 적합하다는 의견을 제출한 국가연구개발사업 중에서 예비타당성조사 대상사업을 선정하게 된다.

9. 과학기술예측 등

정부는 주기적으로 주요 과학기술통계와 지표를 조사 · 분석하고 과학기술의 발전 추세를 예측하여 그 결과를 과학기술정책에 반영하여야 하고, 그 예측결과를 바탕으로 새로운 기술을 발굴하고 개발할 수 있도록 노력하여야 한다.

위원회는 과학기술예측을 위하여 필요하면 관계 중앙행정기관, 지방자치단체, 관련 교육·연구기관 및 국가연구개발사업에 참여한 법인이나 단체에 필요한 자료의 제출을 요청할 수 있다.

10. 기술영향평가 및 기술수준평가

기술영향평가는 새로운 과학기술의 발전이 경제·사회·문화·윤리·환경 등에 미치는 영향을 사전에 평가하는 것을 말한다. 기술영향평가의 대상은 미래의 신기술 및 기술적·경제적·사회적 영향과 파급효과 등이 큰 기술로서 위원회가 관계 중앙행정기관의 장과 협의하여 정하는 기술로 한다. 기술영향평가의 결과는 정책에 반영된다.

기술평가에는 해당 기술이 국민생활의 편익증진 및 관련 산업의 발전에 미치는 영향, 새로운 과학기술이 경제·사회·문화·윤리 및 환경에 미치는 영향, 그리고 해당 기술이 부작용을 초래할 가능성이 있는 경우 이를 방지할 수 있는 방안이 포함되어야 한다.

기술수준평가는 과학기술의 발전을 촉진하기 위하여 국가적으로 중요한 핵심기술에 대한 기술수준을 평가하는 것을 말한다.

11. 기초연구의 진흥

정부는 과학기술혁신의 바탕이 되는 기초연구를 진흥시키기 위하여 대학과 정부가 출연하는 연구기관의 연구 및 상호 연계·협력을 활성화하고 안정적인 연구비를 지원하는 등 종합적인 지원시책을 세우고 추진하여야 한다.

기초연구 투자에 관한 분석과 정책방향 등을 심의하기 위하여 위원회에 기초연구진흥협의회('기초연구협의회'로 약칭한다)를 둔다.

기초연구협의회는 위원장 1명과 부위원장 1명을 포함한 20명 이내의 위원으로 구성된다.

기초연구진흥협의회는 다음 각 호의 사항을 심의한다.

1) 기초연구의 진흥에 관한 종합계획의 사전 심의·조정에 관한 사항[633)]
2) 관계 중앙행정기관 간의 기초연구의 역할 정립 및 중복투자 조정에 관한 사항
3) 매년 정부연구개발예산 중 기초연구비의 비율 산정에 관한 사항
4) 그 밖에 기초연구의 진흥에 필요한 사항으로서 위원회의 위원장 및 교육과학기술부장관이 회의에 부치는 사항

12. 민간기술개발 지원

정부는 기업 등 민간의 기술개발을 지원하고 기업 간 기술 공유와 공동 활용을 장려하기

633) 「기초연구진흥 및 기술개발지원에 관한 법률」 제5조.

위하여 인력 공급, 세제 · 금융 지원, 우선구매 등 다양한 지원시책을 세우고 추진하여야 한다.

이 지원은 기술집약형 중소기업과 신기술을 이용하여 창업하는 기업에 대하여 우선적으로 추진하여야 한다.

13. 협동 · 융합연구개발의 촉진

정부는 기업 · 대학 · 연구기관 간 또는 이들 상호간의 협동연구개발, 민 · 군 겸용기술의 연구개발, 신기술 상호간 또는 이들과 학문 및 산업 간의 융합기술 연구개발을 촉진하고 북돋우기 위한 지원시책을 세우고 추진하여야 한다.

위원회는 국가적으로 중요한 연구개발과제의 협동 · 융합연구개발을 위하여 필요하다고 인정하면 관련 기관의 장의 요청에 따라 협동 · 융합연구개발 관련 기관 간에 과학기술인이 서로 교류하는 것을 권고하거나 알선할 수 있다.

14. 연구개발과 인력양성 간 연계 촉진

정부는 국가연구개발 투자의 효율성을 제고하고 연구경쟁력을 강화하기 위하여 연구개발과 인력양성을 상호 연계하여 추진할 수 있는 방안을 마련하고 필요한 지원시책을 강구하여야 한다.

15. 과학기술의 국제화 촉진

정부는 국제사회에 공헌하고 국내 과학기술 수준을 향상시킬 수 있도록 외국정부, 국제기구 또는 외국의 연구개발 관련 기관 · 단체 등과 과학기술협력을 촉진하는 데에 필요한 시책을 세우고 추진하여야 한다.

교육과학기술부장관은 과학기술협력에 관한 시책을 효율적으로 추진하기 위하여 이를 전문적으로 지원할 기관을 지정하고 그 지원업무 수행에 필요한 경비의 전부 또는 일부를 출연하거나 보조할 수 있다.

16. 남북 간 과학기술의 교류협력

정부는 남북 간 과학기술부문의 상호교류 및 협력을 증진시키는 데에 필요한 시책을 추진하여야 한다.

이를 위하여 북한의 과학기술 관련 정책 · 제도 및 현황 등에 관하여 조사 · 연구하여야 하며, 교류협력사업과 조사 · 연구 등을 담당할 전문기관을 지정하고 그 사업에 필요한 경비의 전부 또는 일부를 출연할 수 있다.

교육과학기술부장관은 남북 간 과학기술부문의 상호교류 및 협력을 증진하기 위하여 기본계획의 내용을 반영한 남북 간 과학기술 교류협력계획(이하 "교류협력계획"이라 한다)을 통일부장관·국가정보원장 등 관계 행정기관의 장과의 협의를 거쳐 세우고 추진하여야 한다.

17. 한국과학기술기획평가원의 설립

한국과학기술기획평가원(이하 "기획평가원"이라 한다)은 국가연구개발사업의 효율적인 추진을 지원하기 위하여 설립된 재단이다.

기획평가원의 다음과 같은 사업을 하므로 관계 중앙행정기관 및 지방자치단체와 그 산하기관, 정부가 출연하는 연구기관 등에 대하여 중립성과 객관성을 확립하여야 한다.

1) 위원회가 심의·의결하는 주요 정책 및 계획의 수립·조정에 대한 지원
2) 위원회가 심의·의결하는 국가연구개발사업 예산의 배분·조정에 대한 지원
3) 국가연구개발사업에 대한 평가 등에 대한 지원
4) 과학기술발전 추세의 예측
5) 기술영향평가 및 기술수준평가
6) 국가연구개발사업에 대한 연구기획·평가 및 관리에 관한 사항[634]

Ⓥ 과학기술투자 및 인력자원의 확충

1. 과학기술투자의 확대

정부는 과학기술발전을 촉진하는 데에 필요한 재원을 지속적이고 안정적으로 마련하고 투자재원을 효율적으로 집행하도록 노력해야 하며, 이에 필요한 재원을 마련하기 위하여 정부연구개발투자의 목표치와 추진계획을 기본계획에 반영하여야 한다.

지방자치단체의 장 또한, 매년 소관 지방자치단체예산에서 연구개발예산의 비율이 지속적으로 높아지도록 노력하여야 한다.

2. 과학기술진흥기금

가. 기금의 설치

교육과학기술부장관은 과학기술의 진흥과 과학기술문화의 창달을 효율적으로 지원하기 위

634) 위원회가 연구기획 및 조사·분석 관리업무를, 기획재정부장관이 평가관리업무를 각각 기획평가원에 위탁하는 사업을 말한다.

하여 과학기술진흥기금(이하 "기금"이라 한다)을 설치한다.

기금은 다음 각 호의 재원으로 마련한다.

1) 정부의 출연금 및 융자금
2) 정부가 아닌 자의 출연금
3) 기금운용수익금
4) 복권수익금[635]
5) 공공자금관리기금으로부터의 예수금[636](豫受金)
6) 기금에서 지원하는 국가연구개발사업으로부터 발생하는 기술료 중 교육과학기술부장관이 기획재정부장관과 협의하여 정하는 수입금
7) 개인, 법인 또는 단체의 기부금품
8) 그 밖에 대통령령으로 정하는 수입금[637]

나. 기금의 사용

기금은 다음 각 호의 어느 하나에 해당하는 용도에 사용한다.

1) 과학기술에 관한 연구 · 학술활동과 인력 양성 및 국제교류 등 과학기술의 진흥을 위한 사업의 지원
2) 과학기술 연구개발을 수행하거나 연구개발 성과를 실용화하려는 관련 기업 · 대학 및 연구기관 등에 대한 지원으로서 대통령령으로 정하는 출연 · 투자 또는 융자
3) 기금의 운용자금 중 대통령령으로 정하는 범위에서 「벤처기업육성에 관한 특별조치법」 제2조 제1항에 따른 벤처기업 또는 「기술신용보증기금법」 제2조 제1호에 따른 신기술사업자에 대한 투자
4) 과학기술의 진흥 · 개발과 과학기술문화의 창달 및 과학기술인의 복지 증진에 이바지할 목적으로 설립된 법인 · 단체 또는 「과학관육성법」에 따라 등록된 과학관에 대한 지원
5) 국공립 과학관의 건설 및 전시시설, 전시용 장비, 관련부대시설의 확보를 위한 지원
6) 제8조 제2항 제1호부터 제4호까지의 규정에 따른 사업에 대한 지원
7) 「공공자금관리기금법」에 따른 공공자금관리기금으로부터의 예수금에 대한 원리금 상환

---

635) 「복권 및 복권기금법」 제23조 제1항.

636) 공공자금관리기금법.

637) 이 수입금은 다음의 금원을 말한다.
1. 다른 기금으로부터의 전입금
2. 현물자산의 운용수익금
3. 「기초연구진흥 및 기술개발지원에 관한 법률」 제14조 제1항에 따른 특정연구개발사업 및 「원자력진흥법」 제12조에 따른 원자력연구개발사업의 기술료 중 교육과학기술부장관이 정하는 수입금

8) 기금의 조성 · 운용 및 관리를 위한 경비의 지출

다. 기금의 위탁

기금은 교육과학기술부장관이 운용 · 관리하되, 교육과학기술부장관은 기금의 운용 · 관리에 관한 업무의 전부 또는 일부를 대통령령으로 정하는 바에 따라 과학기술진흥 관련 업무를 수행하는 법인 등에 위탁할 수 있다.

라. 기금의 기부

개인, 법인 또는 단체의 기부금품을 기부하는 자는 특정 개인, 법인 또는 단체에 대한 지원 등 그 용도를 정하여 기부할 수 있다.

3. 과학기술인력의 양성 · 활용

정부는 과학기술의 변화와 발전에 대응할 수 있도록 창의력 있고 다양한 재능을 가진 과학기술 인력자원을 양성 · 개발하고 과학기술인의 활동여건을 개선하기 위하여 다음 각 호의 조치를 하여야 한다.

1) 과학기술인력의 중 · 장기 수요 · 공급 전망의 수립[638]
2) 과학기술인력의 양성 · 공급계획 수립
3) 과학기술인력에 대한 기술훈련 및 재교육의 촉진
4) 과학기술교육의 질적 강화방안 수립
5) 고급 과학기술인력 양성을 위한 고등교육기관의 확충

교육과학기술부장관은 과학기술인력의 활용과 교류를 촉진하기 위한 방안을 마련하고 과학기술인력 정보에 대한 데이터베이스를 구축하여 수요자가 손쉽게 활용할 수 있도록 하여야 한다.

4. 여성 과학기술인의 양성

정부는 국가과학기술역량을 높이기 위하여 여성 과학기술인의 양성 및 활용 방안을 마련하고, 여성 과학기술인이 그 자질과 능력을 충분히 발휘할 수 있도록 필요한 지원시책을 세우고 추진하여야 한다.

교육과학기술부장관은 여성 과학기술인의 양성 및 활용 방안을 관계 중앙행정기관의 장의

638) 교육과학기술부장관은 법 제23조 제1항제1호에 따른 중 · 장기 과학기술인력 수요 · 공급 전망을 3년마다 세워야 한다.

의견을 들어 마련하여야 하며, 양성 및 활용 방안에는 다음 각 호의 사항이 포함되어야 한다.

1) 여성 과학기술인의 경쟁력 향상 관련 연구개발사업의 기획·추진에 관한 사항
2) 여성 과학기술인의 사기 진작에 관한 사항
3) 여성 과학기술인의 고용 확대에 관한 사항
4) 여성 과학기술단체의 육성에 관한 사항
5) 여성 과학기술인의 양성·활용기관에 대한 지원에 관한 사항
6) 그 밖에 여성 과학기술인의 양성·활용에 관한 중요 사항

5. 과학영재의 발굴 및 육성

교육과학기술부장관은 과학영재를 조기에 발굴하고 체계적으로 육성하기 위하여 과학영재의 발굴 및 육성계획을 세우고 필요한 조치를 마련하여야 하며, 과학영재의 조기발굴과 육성을 위하여 이를 전문적으로 지원할 기관을 지정하고 그 지원업무 수행에 필요한 경비의 전부 또는 일부를 지원할 수 있다

교육과학기술부장관은 과학영재의 발굴 및 육성계획을 관계 중앙행정기관의 장의 의견을 들어 세우고, 이를 영재교육에 관한 종합계획[639]에 반영하여야 한다.

과학영재의 발굴 및 육성계획에는 다음 각 호의 사항이 포함되어야 한다.

1) 과학영재의 발굴·육성 목표 및 추진방향
2) 과학영재 교육기관의 설치 또는 지정 및 활용
3) 과학영재 교육기관 간 연계 운영체제의 구축방안
4) 과학영재 육성 관련 프로그램의 개발

Ⅵ 과학기술기반 강화 및 혁신환경 조성

1. 과학기술지식·정보 등의 관리·유통

정부는 과학기술 및 국가연구개발사업 관련 지식·정보의 생산·유통·관리 및 활용을 촉진할 수 있도록 다음 각 호의 시책을 세우고 추진하여야 한다.

1) 과학기술 및 국가연구개발사업 관련 지식·정보의 수집·분석·가공 및 데이터베이스의 구축
2) 과학기술 및 국가연구개발사업 관련 지식·정보망의 구축 및 운영

639) 「영재교육진흥법」 제3조 제1항 제1호.

3) 과학기술 및 국가연구개발사업 관련 지식 · 정보의 관리 · 유통기관의 육성 등

과학기술 및 국가연구개발사업 관련 지식 · 정보의 생산 · 유통 · 관리 및 활용의 대상에는 과학기술 분야 국내외 수집정보, 학술지, 논문, 국가연구개발사업 관련 과제 및 연구성과 · 평가 · 조정정보, 기술 · 산업정보, 특허정보, 연구개발인력 · 기자재 · 시설정보 및 기술이전정보 등을 포함한다.

또한, 정부는 과학기술 및 국가연구개발사업 관련 지식 · 정보가 원활하게 관리 · 유통될 수 있도록 지식재산권 보호제도 등 지식가치를 평가하고 보호하는 데에 필요한 시책을 세우고 추진하여야 한다.

2. 국가과학기술표준분류체계의 확립

위원회는 과학기술 관련 정보 · 인력 · 연구개발사업 등을 효율적으로 관리할 수 있도록 관계 중앙행정기관의 장과 협의하여 과학기술에 관한 국가표준분류체계를 세우고 국가과학기술표준분류표를 만들어 시행하여야 한다.

위원회는 전담기관을 지정하여 국가과학기술표준분류표를 지속적으로 보완하여 발전시키도록 하고, 그 운영에 필요한 경비를 지원할 수 있다. 여기서 전담기관은 기획평가원을 말한다.

3. 연구개발 시설 · 장비의 고도화

정부는 효율적이고 균형 있는 연구개발을 추진하기 위하여 필요한 연구개발 시설과 장비 등을 늘리고 현대화하기 위한 시책을 세우고 추진하여야 하며, 이를 위하여 관계 중앙행정기관의 장은 연구개발 시설 · 장비 현황을 주기적으로 조사하여야 한다.

4. 과학연구단지 등의 조성 및 지원

정부는 산업계 · 학계 · 연구계가 한 곳에 모여 서로 유기적으로 연계하는 데에 따른 효율을 높이고, 국내외 첨단 벤처기업을 유치하거나 육성하기 위하여 과학연구단지를 만들거나 그 조성[640]을 지원할 수 있다.

또한, 관계 중앙행정기관의 장은 예산의 범위에서 지방자치단체가 주관하는 과학연구단지 조성사업에 드는 비용의 전부 또는 일부를 지원할 수 있다.

---

640) 「산업입지 및 개발에 관한 법률」에서 정하는 국가산업단지, 일반산업단지 또는 도시첨단산업단지의 지정 · 개발 절차에 따라 조성한다.

5. 과학기술문화의 창달 및 창의적 인재육성

정부는 과학기술에 대한 국민의 이해와 지식 수준을 높이고 국민의 창의성을 기르며 창의적 인재를 육성하기 위한 시책을 세우고 추진하여야 한다.

이 목적을 효과적으로 달성하기 위하여 과학기술문화활동 및 창의적 인재 육성을 담당하는 다음 각 호의 기관과 단체를 육성 · 지원한다.

1) 「과학관육성법」에 따라 등록된 과학관
2) 한국과학창의재단
3) 그 밖에 교육과학기술부장관이 정하는 과학기술 문화활동 관련 기관 또는 단체

한국과학창의재단(이하 "재단"이라 한다)은 이러한 정부의 과학기술문화의 창달과 창의적 인재육성 체제를 구축하기 위하여 설립된 재단법인으로 다음 각 호의 사업을 한다.

1) 과학기술문화 창달 및 창의적 인재육성 지원을 위한 조사 · 연구 및 정책 개발
2) 국민의 과학기술 이해 증진 및 확산사업
3) 과학교육과정 및 창의적 인재육성 프로그램 개발
4) 창의적 인재 교육 전문가 육성 · 연수 지원
5) 과학기술 창달 및 창의적 인재육성과 관련된 과학문화 · 예술 융합프로그램 개발 지원
6) 그 밖에 교육과학기술부장관이 지정하거나 위탁하는 사업

이들 사업의 추진을 위하여 필요하면 재단에 국유재산을 무상^{無償}으로 양여^{讓與}하거나 대여할 수 있다.

6. 과학기술인의 우대 등

정부는 과학기술인이 우대받는 사회 분위기를 만들고 안정적인 과학기술활동을 할 수 있는 여건을 마련하여야 한다.

예컨대, 대한민국을 빛낸 과학기술인과 그 업적을 항구적으로 기리고 보존할 수 있도록 필요한 조치를 마련하여야 한다.

과학기술인이 이룬 우수한 연구개발 성과에 대하여 적절히 보상할 수 있는 시책을 마련하고 그 성과를 실용화하기 위한 지원시책을 세우고 추진하여야 한다.

교육과학기술부장관은 과학기술인을 우대하고 고용기회를 확대하기 위하여 일정한 자격기준을 충족하는 과학기술인을 대통령령으로 정하는 바에 따라 자율적으로 등록하게 할 수 있다.

과학기술인 등록업무는 한국연구재단, 기획평가원, 한국과학창의재단, 한국과학기술정보연구원 등의 기관에 위탁하여 실시한다.

7. 정부출연연구기관등의 육성

정부출연연구기관은 국가연구개발사업을 효율적으로 하기 위하여 정부가 출연하는 연구기관, 연구지원기관 및 교육 · 연구기관 등을 말한다.

정부는 정부출연연구기관 등을 적극 육성하여야 한다.

관계 중앙행정기관의 장은 연구회[641]와 대통령령으로 정하는 산하 정부출연연구기관 등에 대하여 평가하고 그 결과를 위원회에 제출하여야 한다. 다만, 연구회 소관 정부출연연구기관에 대한 평가결과는 연구회가 제출한다.

8. 과학기술 비영리법인의 육성

정부는 과학기술의 진흥과 학술활동을 지원할 목적으로 설립된 비영리법인이나 단체를 육성한다.

법인이나 단체가 사업을 추진하는 데에 필요한 경비의 전부 또는 일부를 출연하거나 보조할 수 있다.

육성 대상 법인 또는 단체는 다음 각 호와 같다.

1) 「엔지니어링산업 진흥법」 제33조에 따라 설립된 한국엔지니어링협회
2) 「기술사법」 제14조에 따라 설립된 한국기술사회
3) 「기초연구진흥 및 기술개발지원에 관한 법률」 제9조에 따라 설립된 한국과학기술한림원
4) 「방사선 및 방사성동위원소 이용진흥법」 제14조에 따라 설립된 한국동위원소협회
5) 「민법」 제32조 및 「공익법인의 설립 · 운영에 관한 법률」에 따라 관계 중앙행정기관의 장의 허가를 받아 설립된 다음 각 목의 법인 또는 단체
   가) 한국과학기술단체총연합회
   나) 한국산업기술진흥협회
   다) 그 밖에 교육과학기술부령으로 정하는 바에 따라 교육과학기술부장관의 지정을 받은 법인 또는 단체

641) 「과학기술분야 정부출연연구기관 등의 설립 · 운영 및 육성에 관한 법률」 제18조.

SCIENCE TECHNOLOGY & INTELLECTUAL PROPERTY

2장 산업기술의 유출방지 및 보호에 관한 법률

1절 개요

I 총설

1. 설립취지

산업기술의 유출방지 및 보호에 관한 법률(이하 '산기법'으로 약칭함)은 2006년 10월 제정되어 2007년 4월28일부터 시행된 이래 2013년 1월 현재까지 모두 5차례의 개정이 있었다.

산기법 제정 전에도 소관부처별 산업기술보호제도가 운영되고 있었으나 국가차원의 산업기술 유출방지 시스템이 미흡하고 중요 산업기술에 대한 국가적 차원의 체계적인 관리가 이루어지지 아니하였으며, 기업이나 연구 등에 대한 산업기술보호기반 구축 지원이 부족함은 물론, 국공립 연구기관 등의 보유기술 및 정보 유출에 대한 처벌이 미흡했었다.

산기법 설립취지는 산업기술 가운데 국가핵심기술에 대해서 외국으로 수출할 경우 정부의 사전 승인을 받거나 사전 신고하게 함으로써 국가핵심기술의 수출에 의한 불법 해외유출을 방지하고 국가안보도 확보하는데 있다.

특히, 2011년 7월25일부로 신설된 국가핵심기술을 보유하는 대상기관의 해외인수 · 합병 등에 관한 산기법 제11조의 2조항은 해외 인수 · 합병, 합작투자 등 외국인투자를 진행하려는 경우에 지식경제부장관에게 미리 신고하도록 규정되어 보다 강화된 산업기술보호가 이루어지게 되었다.

산기법의 강화에 따라 관련연구자나 사업자들에게는 그만큼 제약이 따를 수밖에 없지만, 우리나라가 IT업종에서는 물론 자동차나 선박, 우주항공, 생물, 원자력 등과 같은 산업기술 분야에서도 세계적 첨단기술을 보유하고 있는 만큼 이러한 기술을 필요로 하는 수많은 각국의 기업들은 우리의 첨단기술들을 빠르고 쉽고 경제성 있게 취득하기 위하여 혈안인 점을 감안한다면 산기법의 강화는 불가피 할 수밖에 없다.

국가핵심기술은 국가안보와 직결되는 첨단의 기술들로, 첨단기술의 개발은 기술개발의 장려와 보호를 통한 육성제도에 의해 이루어지지만, 모든 기술이 활성화되어 국민경제의 발전에

기여하는 것은 아니므로 이런 경우를 대비하여 기술이전이나 사업화를 위한 제도들도 마련되어 있다.[642)]

세계 어느 나라를 막론하고 자국의 산업기술이 다른 나라로 불법 유출되는 것을 방치하는 나라는 없다. 그 이유는 해당 기술의 유출로 말미암아 국가의 안전보장 및 국민경제의 발전에 중대한 악영향을 줄 수 있기 때문이다. 우리나라도 최근 몇 년간의 산업스파이에 의한 기술유출 사례의 적발 건수가 해마다 증가하고 있다. 2011년에는 46건이 적발된 상태이다([그림 1] 참조).

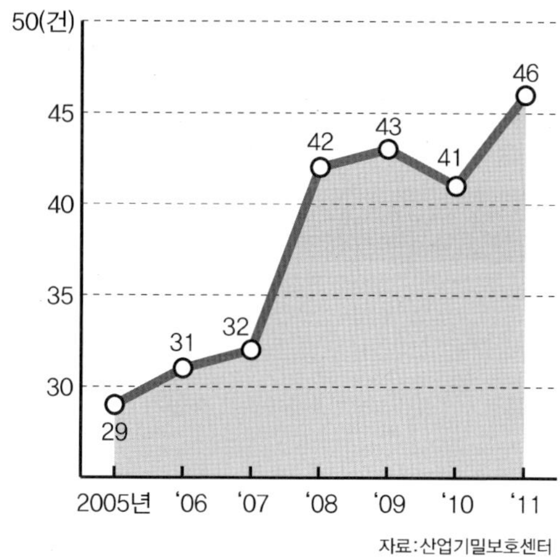

[그림 1] 연도별 기술유출 적발현황[643)]

또한, 국내산업보호 동향을 보면 기술유출 주체가 전 · 현직 직원이 80%를 차지하고 기술유출 유형도 내부공모 등으로 이루어지고, 금전유혹과 개인영리를 위한 기술유출동기 또한 80%가 넘는다.

---

642) '기술의 이전 및 사업화촉진에 관한 법률', 제1조 : 이 법은 공공연구기관에서 개발된 기술이 민간부문으로 이전되어 사업화되는 것을 촉진하고, 민간부문에서 개발된 기술이 원활히 거래되고 사업화될 수 있도록 관련 시책을 수립 · 추진함으로써 산업 전반의 기술경쟁력을 강화하여 국가경제의 발전에 이바지함을 목적으로 한다. 동 법에서 기술의 범위에는 지적재산은 물론, 여기에 기술이 집적된 자본재나 이들에 관한 정보를 포함하고 있어서 기술이전촉진제도는 지적재산권보호와 장려제도에 종속하여 혹은 이와 병행하여 실행되는 제도임을 알 수 있다.

643) 산업기술보호협회, 2011.

아래 그래프는 국내 산업동향을 보여준다.

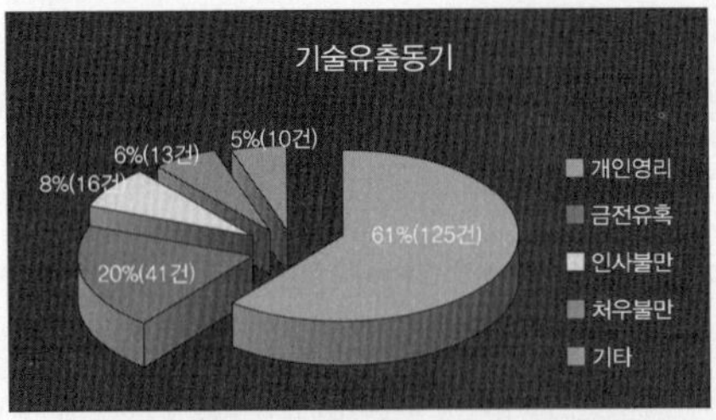

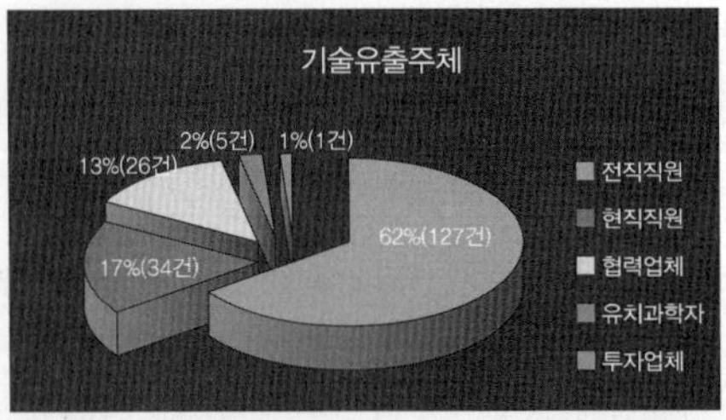

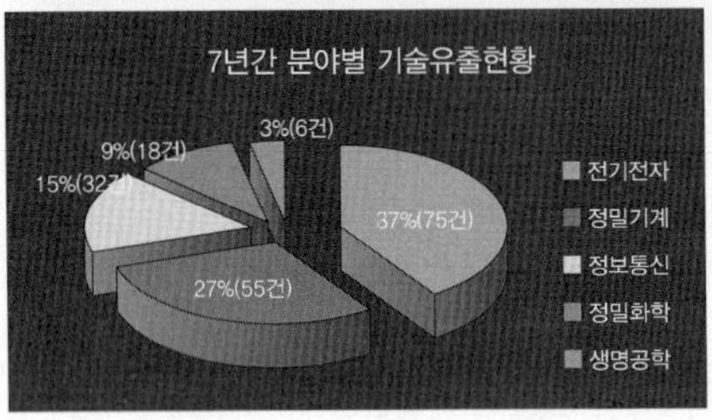

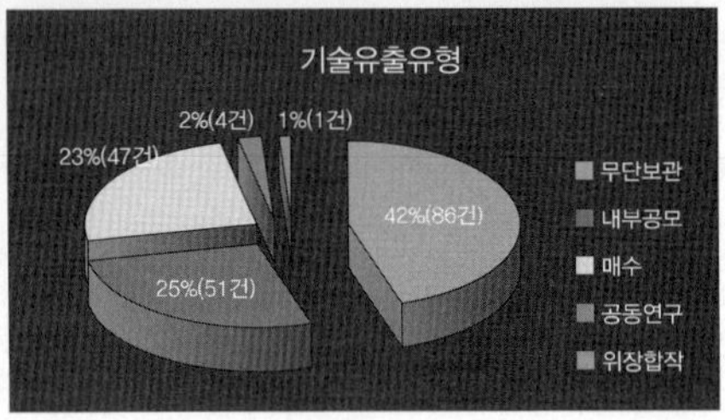

한편, 국내기업의 보안수준을 보면 규모별로는 대기업이 가장 높고, 지역별로는 산업단지가 밀집된 영남과 충남이 높다. 산업별로는 철강이나 자동차가 분야가 보안수준이 높은 것으로 나타난다.

다음 도표는 보안수준 분포도를 도시한 것이다.

국가핵심기술 보유기관 보안수준(규모별)

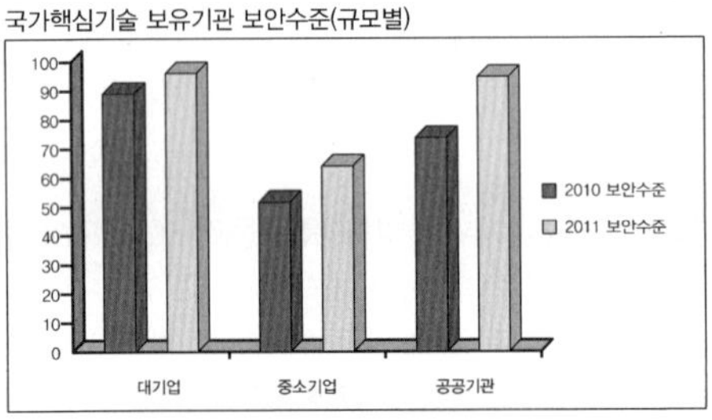

기업 규모별 보안 수준 분포

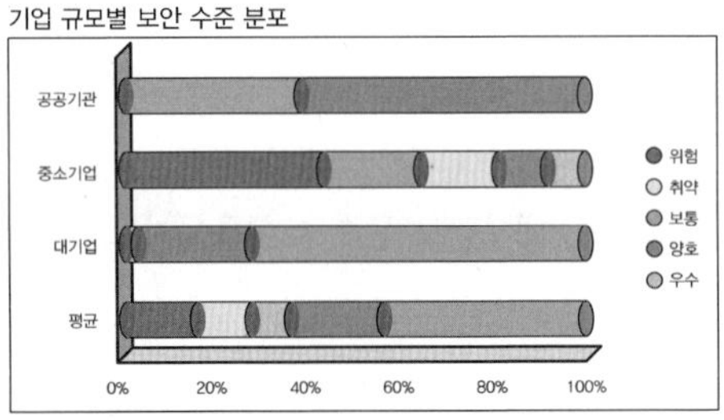

국가핵심기술 보유기관 산업보안 수준(업종별)

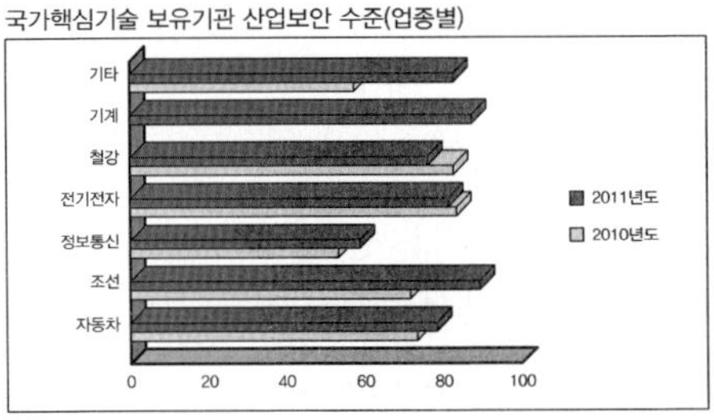

업종별 보안 수준 분포

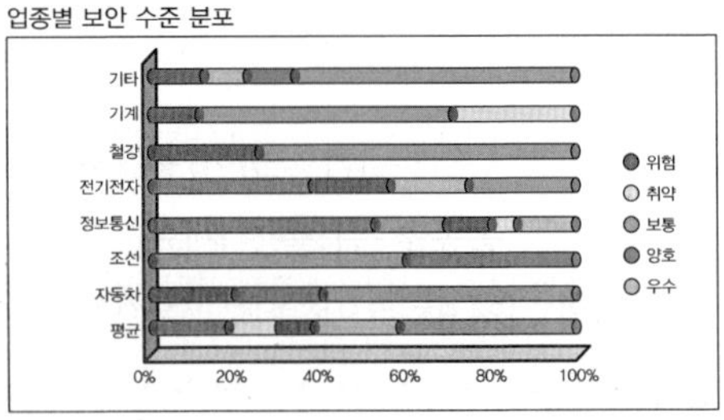

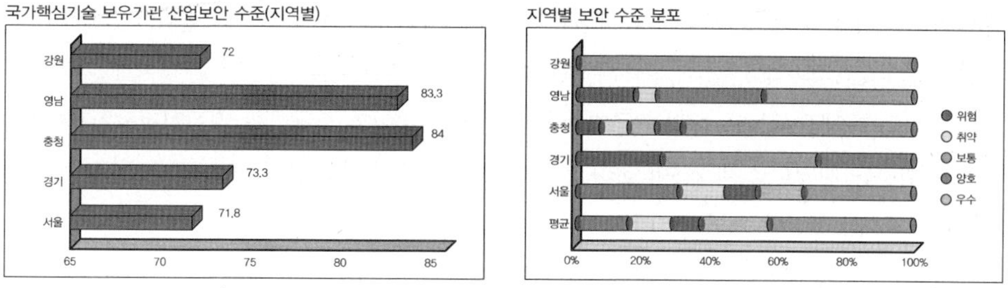

〈출처: 한국산업기술보호협회, 2011〉

보안수준 분포도

2. 산업기술보호의 범위

산기법은 국가안보 및 국가산업에 지대한 영향을 주는 의도하지 않은 산업기술의 유출방지와 이를 위한 지원정책이 수립 · 시행되어야 한다는 데 설립의 명분을 두고 있다. 동시에 산기법은 산업기술의 보호도 꾀할 의도를 내포[644]하고 있으나, 이는 동 기술의 유출을 방지시켰기 때문에 그 결과로 보호된다는 의미이므로, 지적재산권제도에서와 같이 기술개발의 장려와 촉진을 위하여 보호한다는 의미와는 구분되는 개념이다.[645]

그러나 해당 산업기술의 보호 목적이 기술개발이나 사업화 촉진이냐 혹은 규제이냐에 따라 해당 기술의 개발자나 국가는 물론 국민경제에 기술 이전에 따른 상반되는 이해관계가 발생하고 이 때문에 첨단기술이나 핵심기술 또는 영업비밀 등의 개발에 영향을 준다는 점에서 양제도의 구분 실익이 있는 것이다.

기술유출은 기술이전에 의해 발생하며, 그것이 합법이든 불법이든 국가의 안보나 국민경제의 해가 되는 경우에는 수출규제의 대상이 되지만 모든 산업 분야와 모든 국가 핵심기술이 여기에 해당하는 것은 아니다. 즉 "국가로부터 연구개발비를 지원받아 개발된 기술"이 국가핵심기술이고, 이 국가핵심기술을 보유한 대상기관이 외국기업 등에 매각[646] 또는 이전[647] 등의 방법으로

644) '산업기술유출방지 및 보호에 관한 법률'이라는 법률명에서도 알 수 있듯이, 기술의 '유출방지'와 '보호'를 말한다.

645) 이런 연유로 기술이전촉진제도와 기술유출의 방지제도에서 공집합으로 교차하는 특정기술의 보호개념은 존재하지 않고, 전자는 기술의 개발촉진 내지는 사업화촉진을 위한 기술보호를, 후자는 이미 개발된 기술이나 노하우 등을 해외유출로부터 막아 국내기술로 보호한다는 것이다.

646) '기술매각'은 물건에 대한 소유권의 변동을, '이전'은 물건과 권리에 대한 소유권의 변동을 의미하므로 산기법상 승인받아야 할 대상들은 유형의 기술(유체재산)과 무형의 기술(무체재산)을 총망라하고 있음을 알 수 있다.

647) '기술이전'이란 "특허법 등 관련 법률에 의하여 등록된 특허 실용신안 · 디자인 · 반도체 배치설계, 기술이 집적된 자본재 · 소프트웨어 등 지적재산인 기술 및 디자인 · 기술정보 등 기타의 기술(이하 '기술'이라 한다)이 양도 · 실시권 허여 · 기술지도 등의 방법을 통하여 기술보유자(당해 기술을 처분할 권한이 있는 자를 포함한다.)로부터 그 외의 자에게 이전되는 것"으로 정의되어 있다; 기술의

수출하려는 경우에 산업부 장관의 사전승인을 받지 않고 반출하게 되면 불법의 기술유출이 발생하게 되는 것이다.

여기서 국가의 범위는 국공립 연구기관 등을 말하는 것이며, 연구개발비는 인적 · 물적자원을 모두 포함하는 개념으로 생각해야 한다. 또한 국가로부터 지원을 받지 않고 독자적으로 개발된 국가핵심기술을 보유한 개인기업의 경우에는 수출 전에 사전신고를 하지 아니하면 수출이 불가능할 뿐만 아니라 불법기술유출 행위가 된다. 사실 개발된 기술의 불법이전에 따른 폐해를 막기 위한 제도[648]가 없는 것은 아니었으나 시대의 흐름과 기술의 발전, 국가의 이익과 국민경제발전을 위해 보다 강력하고도 개선된 자국기술의 보호 제도가 필요하여 산기법이 제정되었다고 볼 수 있다.[649]

그러나 산기법은 해외로의 기술거래에 규제를 두어 해당기술을 국가차원에서 보호하게 되므로 핵심기술 등의 개발활동과 그 기술의 활성화를 억제시키는 제도라 할 수 있을 뿐만 아니라 「부정경쟁 방지 및 영업비밀 보호에 관한 법률」과의 중복 규제로 인한 중첩보호의 폐해[650]도 가져오게 된다.

예컨대 영업비밀 침해의 금지를 강화하게 되면 경제성장의 목적에 장애를 초래하게 되고, 지적재산을 창작하려는 사기를 저하시켜 국가핵심기술에 해당하는 기술개발을 꺼리게 되거나 오히려 첨단의 핵심기술을 비밀상태로 개발하여 해외로 은밀히 기술유출을 시킬 경우가 예상될 수 있다. 이 때문에 기술유출 행위가 발생하는 원인으로서의 기술거래에 대해 보다 기본적인 해석과 정립된 기준이 필요하게 된다.

산기법상 수출행위를 구성하는 방법은 기술의 매각 또는 이전 등으로 기술거래라는 동일한 개념임에도 기술의 매각과 기술의 이전을 엄격히 구분하고 있으며, 해당 기술의 주체는 보유자가 내국인이며 인수자는 외국 기업 등으로 한정되어 있다.[651]

여기서 국가 핵심기술은 매우 방대하여 소관부처인 지식경제부와 관계 중앙행정기관에서

이전 및 사업화 촉진에 관한 법률 제2조 정의규정.

648) '부정경쟁방지 및 영업비밀 보호에 관한 법률'이 그 예이다.

649) 이광재 국회의원 발의, 「산업기술의 유출방지 및 보호지원에 관한 법률안 의안원문」, 2004년 11월9일 1~2면 부분수정; 부정경쟁방지 및 영업비밀 보호에 관한 법률(혹은 '부영법' 으로 약칭하여 혼용함)' 로는 민간 영업비밀 누설에만 처벌이 한정되어 있어 산업기술유출 방지 및 근절에 큰 효과를 내지 못하였으며, 보안의식이 상대적으로 취약하고 연구개발이 대부분 국책사업으로 진행되고 있는 국공립연구소 · 민간연구소 · 공공기관 등을 대상으로 국가핵심기술의 해외유출규제와 유출방지를 위한 보안의식 제고와 제도적 기반구축을 통하여 국가산업경쟁력을 강화시키기 위해서는 다른 제도의 설립이 불가피하여 산기법이 설립되었다.

650) 졸저, '지적재산권법'(도서출판 삼도, 2006), p.60-62. 참조.

651) 기술거래의 측면에서 볼 때 기술 이전 유형은 매매, 라이선스, OEM, 기술제휴 등 네 가지로 분류할 수 있으며, 기업거래(M&A)도 기술이전이 발전한 형태로 볼 수 있다.

협의한 후 위원회의 심의를 거쳐 지정되거나 변경 및 해제될 수 있게 했다. 국가핵심기술이 언제 해외유출된 것으로 보느냐의 시점을 정하는 것은 매우 중요한 일이 아닐 수 없다. 왜냐하면 해당 국가핵심기술에 대한 수출신고나 승인신청이 이루어지기 전에 이미 이전계약에 따라 해외기업으로의 기술유출이 이루어질 수 있기 때문이다.

이 때문에 기술이전 계약을 맺은 때부터 기술유출이 일어난 시점으로 볼 것인지 혹은 해당 기술의 수출을 위한 신고나 승인신청의 시점인지, 아니면 모든 신고나 승인절차를 거쳐 비로소 해당 기술을 수출하게 된 때를 기술유출 판단 시점으로 할 것인지는 기술유출 판단의 중요한 요소가 된다. 국가핵심기술의 수출은 결국 기술이전에 의해서 발생하지만, 기술이전 계약 전후에도 당사자 간 해당 기술에 대해 유출이 가능성이 있으므로 나중의 수출신고나 승인신청이 이루어지더라도 문제가 없는지, 기술이전 계약이 인터넷을 통하여 이루어졌다면 그 계약시점과 기술유출 시점을 언제로 볼 것인지, 계약에 의해 기술유출이 이루어졌으나 계약의 불이행이나 파기가 발생한 경우에 수출신고나 승인신청이 필요한지 혹은 불법유출로 볼 것인지 등의 문제를 해결하는 것은 국가핵심기술이기 때문에 더욱 중요할 수밖에 없다.

더구나 해외로의 기술이전을 통해 경제적 이득을 꾀할 수 있지만 국가의 안보와 국민경제 발전을 고려해야 하는 점, 기술이전 규제로 핵심기술 개발 의욕을 저하시키거나 기술 거래를 은폐시킬 수 있다는 점, 이로 인한 국가핵심기술의 수출에 대한 사전 신고나 승인신청 시점을 정하는 것은 매우 중요하면서도 유동적일 수 있다는 점에서 기술유출의 시점의 판단기준이 필요하게 된다.

Ⅱ 산업기술의 유출방지 및 보호에 관한 법률

1. 구성

산기법은 제1장에서 제6장까지 신규조항(제11조의 2)을 포함하여 총 40개의 조항과 부칙으로 이루어져 있다.

또한 산기법은 제1조 제34조까지의 시행령과, 제1조 제9조까지의 시행규칙을 거느린다.

다음 그림은 산기법의 법률체계를 요약한 것이다.

제1장 총칙
- 제1조(목적)
- 제2조(정의)
- 제3조(국가 등의 책무)
- 제4조(다른 법률과의 관계)

제2장 산업기술의 유출방지 및 보호 정책의 수립 · 추진
- 제5조(종합계획의 수립·시행)
- 제6조(시행계획의 수립·시행)
- 제7조(산업기술보호위원회의 설치 등)

제3장 산업기술의 유출방지 및 관리
- 제8조(보호지침의 제정 등)
- 제9조(국가핵심기술의 지정·변경 및 해제 등)
- 제10조(국가핵심기술의 보호조치)
- 제11조(국가핵심기술의 수출 등)
- 제11조의2(국가핵심기술을 보유하는 대상기관의 해외인수·합병등)
- 제12조(국가연구개발사업의 보호관리)
- 제13조(개선권고)
- 제14조(산업기술의 유출 및 침해행위 금지)
- 제14조의2(산업기술 침해행위에 대한 금지청구권 등)
- 제15조(산업기술 침해신고 등)

제4장 산업기술보호의 기반구축 및 산업보안기술의 개발 · 지원 등
- 제16조(산업기술보호협회의 설립 등)
- 제17조(산업기술보호를 위한 실태조사)
- 제18조(국제협력)
- 제19조(산업기술보호교육)
- 제20조(산업보안기술의 개발지원 등)
- 제21조(산업기술보호 포상 및 보호 등)
- 제22조(산업기술의 보호를 위한 지원)

제5장 보칙
- 제23조(산업기술분쟁조정위원회)
- 제24조(조정부)
- 제25조(위원의 제척·기피·회피)
- 제26조(분쟁의 조정)
- 제27조(자료요청 등)
- 제28조(조정의 효력)
- 제29조(조정의 거부 및 중지)
- 제30조(조정의 절차 등)
- 제31조(준용법률)
- 제32조(수수료)
- 제33조(권한의 위임·위탁)
- 제34조(비밀유지의무)
- 제35조(벌칙 적용에서의 공무원 의제)

제6장 벌칙
- 제36조(벌칙)
- 제37조(예비·음모)
- 제38조(양벌규정)
- 제39조(과태료)

시행령 시행규칙

산업기술 보호지침

『산업기술의 유출방지 및 보호에 관한 법률』의 구성 체계

산기법의 설립목적은 산업기술의 부정한 유출을 방지하고 산업기술을 보호함으로써 국내산업의 경쟁력을 강화하고 국가의 안전보장과 국민경제의 발전에 이바지하게 하기 위한 것이다(제1조).

산기법에서 주된 보호대상으로 삼은 것은 산업기술 가운데 국가핵심기술이다.

"산업기술"이라 함은 제품 또는 용역의 개발 · 생산 · 보급 및 사용에 필요한 제반 방법 내지 기술상의 정보 중에서 관계중앙행정기관의 장이 소관 분야의 산업경쟁력 제고 등을 위하여 법률 또는 해당 법률에서 위임한 명령(대통령령 · 총리령 · 부령에 한정한다. 이하 이 조에서 같다)에 따라 지정 · 고시 · 공고 · 인증하는 기술을 말한다.[652]

652) 이에 해당하는 기술들은 다음과 같다.
가. 「산업발전법」 제5조에 따른 첨단기술
나. 「조세특례제한법」 제18조 제2항에 따른 고도기술
다. 「산업기술혁신 촉진법」 제15조의2에 따른 신기술
라. 「전력기술관리법」 제6조의2에 따른 신기술
마. 「부품 · 소재전문기업 등의 육성에 관한 특별조치법」 제19조에 따른 부품 · 소재기술
바. 「환경기술 및 환경산업 지원법」 제7조 제1항에 따른 신기술
사. 그 밖의 법률 또는 해당 법률에서 위임한 명령에 따라 지정 · 고시 · 공고 · 인증하는 기술

종 류	근거법률	기술의 정의	소관부처
첨단기술	산업발전법	제5조 : 기술집약도가 높고 기술혁신속도가 빠른 기술로서 산업구조의 고도화에 대한 기여도가 높으며 신규수요 및 부가가치 창출효과, 산업간	지식경제부장관
고도기술	조세특례제한법	제18조 제2항 : 국내산업의 국제경쟁력 강화에 긴요한 고도의 기술(시행령 제116조의 2)(외국인투자위원회 심의 후 지정)	기획재정부장관
신기술	전력기술관리법	제6조의 2: 국내에서 최초로 개발한 전력기술 또는 외국에서 도입하여 개량한 것으로서 국내에서 신규성, 진보성 및 현장 적용성이 있다고 판단되는 전력기술(고시)	지식경제부장관
	산업기술혁신촉진법	제15조의 2 : 신기술 인증 및 신기술적용제품 확인 [2011. 5. 24 신설]	지식경제부장관
	부품, 소재전문기업 등의 육성에 관한 특별조치법	제19조 : 대통령령이 정하는 상품의 제조에 사용되는 원재료 또는 중간생산물에 관련된 기술(고시)	중앙행정기관장
	환경기술개발 및 지원에 관한 법률	제7조 제1항 : 환경부장관은 경제적·기술적으로 파급효과가 큰 우수한 환경기술(인증)	환경부장관
	기술개발촉진법	제3조 : 국내에서 최초로 이루어진 기술개발의 성과와 도입기술의 소화개량에 의한 새로운 기술(인증)	지식경제부장관

또한 "국가핵심기술"이라 함은 국내외 시장에서 차지하는 기술적 · 경제적 가치가 높거나 관련 산업의 성장잠재력이 높아 해외로 유출될 경우에 국가의 안전보장 및 국민경제의 발전에 중대한 악영향을 줄 우려가 있는 지정된 산업기술을 말한다(제2조 제2호).

2013년 1월 30일 기준으로 발표된 국가핵심기술에는 △전기전자(8개) △자동차(8개) △철강(6개) △조선(7개) △원자력(4개) △정보통신(17개) △우주(5개) △생명공학(3개) 의 8개 분야의 산업기술이 지정돼 있으며, 최근에 추가된 전기전자와 정보통신 분야의 AMOLED 패널 설계 · 공정 · 제조 기술 및 LTE 시스템 설계기술 등 8개를 포함하여 총 58개이다.

그 목록은 아래와 같다.

분 야	국가핵심기술
전기전자 (8개)	60나노급 이하 D램에 해당되는 설계·공정·소자기술 및 조립·검사기술중 3차원 적층형성 기술
	40나노급 이하 D램에 해당되는 조립·검사기술
	50나노급 이하 낸드플래시에 해당되는 설계·공정·소자기술 및 조립·검사기술중 3차원 적층형성 기술
	30나노급 이하 낸드플래시에 해당되는 조립·검사기술

분 야	국가핵심기술
전기전자 (8개)	7세대급(1870×2200mm)이상 TFT-LCD 패널 설계·공정·제조(모듈조립 공정기술은 제외)·구동기술
	30나노급 이하 파운드리에 해당되는 공정·소자기술
	AMOLED 패널 설계·공정·제조(모듈조립공정기술은 제외)기술
	전기자동차用 고에너지밀도(200Wh/Kg이상)·고온안전성 (섭씨50도 이상) 리튬이차전지 설계기술
자동차 (8개)	하이브리드 자동차 시스템 설계 기술(Control Unit Logic, Battery Monitoring System, Regenerative Braking System에 한함)
	연료전지 자동차 80kW 이상 Stack 시스템 설계기술
	LPG 자동차 액상분사(LPLi) 시스템 설계기술
	Euro 5 기준 이상의 디젤엔진 배기가스 후처리 장치 설계기술 (DPF, SCR에 한함)
	자동차 엔진·자동변속기 설계기술(단, 양산 후 2년 이내 기술에 한함)
	복합소재를 이용한 일체성형 철도차량 차체 설계 및 제조 기술
	자기조향 기능을 구비한 틸팅철도차량용 주행장치 설계 및 제조 기술
	최고시속 350km급 동력집중식 고속열차 동력시스템 설계 및 제조기술 [AC 유도전동기·TDCS(Train Diagnostic & Control System) 제어진단·주전력변환장치 기술에 한함]
철강 (6개)	FINEX 유동로 조업기술
	항복강도 600MPa 급 이상 철근/형강 제조기술 [저탄소강(0.4% C이하)으로 전기로방식에 의해 제조된 것에 한함]
	고가공용 망간(10% Mn 이상) 함유 TWIP강 제조기술
	합금원소 총량 4%이하의 기가급 고강도 철강판재 제조기술
	조선·발전소용 100톤이상급(단품기준) 대형 주·단강제품 제조기술
	저니켈(3% Ni이하) 고질소(0.4% N이상) 스테인리스강 제조기술
조선 (7개)	고부가가치 선박 및 해양시스템 설계기술
	LNG선 카고탱크 제조기술
	3천톤 이상 선박용 블록탑재 및 육상에서의 선박건조 기술
	500마력 이상 디젤엔진·크랭크샤프트·직경 5m이상 프로펠러 제조기술
	선박용 통합제어시스템 및 항해 자동화 기술
	조선용 ERP/PLM시스템 및 CAD기반 설계·생산지원 프로그램
	선박용 핵심기자재 제조기술 (BWMS 제조기술, WHRS 제조기술)
원자력 (4개)	중성자 거울 및 중성자 유도관 개발기술
	연구용원자로 U-Mo 합금핵연료 제조기술
	방사선 이용 기능성 하이드로겔 제조기술
	신형 경수로 원자로출력제어시스템 기술
정보통신 (17개)	휴대이동방송 다중대역 수신 안테나 및 임피던스 매칭 기술 (지상파DMB, 위성DMB, DVB-H, MediaFLO, One-Seg, 디지털라디오방송, ATSC-M/H 방송에 한함)

분 야	국가핵심기술
정보통신 (17개)	CR 기반의 Agile Spectrum Sensing 기술
	지능적 개인맞춤 학습관리 및 운영기술
	사용자 제어를 위한 RunTime Hooking 기술
	분산 대용량 게임서버 기술
	객체기반 오디오 콘텐츠 생성기술
	PKI 경량 구현 기술 (DTV, IPTV를 비롯한 셋톱박스, 모바일 단말, 유비쿼터스 단말에 한함)
	UWB 시스템에서 중단없이 신호 간섭회피를 위한 DAA(Detection And Avoid) 기술
	LTE/LTE_adv 시스템 설계기술
	모바일 Application Processor SoC 설계·공정 기술
	스마트기기용 사용자 인터페이스(UI) 기술
	LTE/LTE_adv Baseband Modem 설계기술
	LTE_adv 단말 RFIC 및 PAM 설계기술
	LTE/LTE_adv Femtocell 기지국 설계기술
	기지국 소형화 및 전력을 최소화 하는 PA 설계 기술
	WiBro 단말 Baseband Modem Modem 설계 기술
	LTE/LTE_adv/WiBro/WiBro_adv 계측기기 설계기술
우주 (5개)	1m 이하 해상도 위성카메라용 고속기동 자세제어 탑재 알고리즘 기술
	우주 발사체용 톤 방식의 FTS 수신기 설계 및 제작 기술
	우주 발사체용 20와트급 S-band RF송신기 설계 및 제작 기술
	우주발사체 탑재용 PCM 데이터 처리장치 설계 및 제작 기술
	고상 확산접합 부품성형 기술
생명공학 (3개)	항체 대규모 발효정제 기술 (5만 리터급 이상의 동물세포 발현·정제 공정기술)
	보툴리눔 독소 생산기술
	산업용 원자현미경

2. 해설

가. 산업기술의 유출방지 및 보호 정책의 수립 · 추진

(1) 종합계획의 수립 · 시행

지식경제부장관은 관계중앙행정기관의 장과 협의한 후 산업기술보호위원회의 심의를 거쳐 산업기술의 유출방지 및 보호에 관한 종합계획(이하 "종합계획"이라 한다)을 수립 · 시행하여야 한다.

관계중앙행정기관의 장 및 산업기술을 보유한 기업 · 연구기관 · 전문기관 · 대학 등(이하 "대상기관"이라 한다)의 장은 요청이 있으면 종합계획수립에 필요한 자료를 제출해야 한다.

종합계획에는 다음 각 호의 사항이 포함되어야 한다.

① 산업기술의 유출방지 및 보호에 관한 기본목표와 추진방향
② 산업기술의 유출방지 및 보호에 관한 단계별 목표와 추진방안
③ 산업기술의 유출방지 및 보호에 대한 홍보와 교육에 관한 사항
④ 산업기술의 유출방지 및 보호의 기반구축에 관한 사항
⑤ 산업기술의 유출방지 및 보호를 위한 기술의 연구개발에 관한 사항
⑥ 산업기술의 유출방지 및 보호에 관한 정보의 수집 · 분석 · 가공과 보급에 관한 사항
⑦ 산업기술의 유출방지 및 보호를 위한 국제협력에 관한 사항
⑧ 그 밖에 산업기술의 유출방지 및 보호를 위하여 필요한 사항

나. 시행계획의 수립 · 시행

관계중앙행정기관의 장은 종합계획에 따라 매년 산업기술의 유출방지 및 보호에 관한 시행계획(이하 "시행계획"이라 한다)을 수립 · 시행하여야 한다.

다. 산업기술보호위원회의 설치

산업기술보호위원회(이하 "위원회"라 한다)는 국무총리소속하에 둔다. 위원회는 위원장 1인을 포함한 25인 이내의 위원으로 구성하며 위원장은 국무총리가 된다.

위원회는 산업기술의 유출방지 및 보호에 관한 다음 각 호의 사항을 심의한다.

① 종합계획의 수립 및 시행에 관한 사항
② 국가핵심기술의 지정 · 변경 및 해제에 관한 사항
③ 국가핵심기술의 수출 등에 관한 사항
④ 국가핵심기술을 보유하는 대상기관의 해외인수 · 합병등에 관한 사항
⑤ 그 밖에 산업기술의 유출방지 및 보호를 위하여 필요한 것으로서 대통령령으로 정하는 사항

위원회에는 실무위원회를 두어 위원회의 심의사항에 대한 사전검토와 대통령령으로 정하는 바에 따라 위원회로부터 위임받은 사항, 기타 산업기술의 유출방지 및 보호를 위하여 필요한 실무적 사항으로서 대통령령으로 정하는 사항을 심의한다.

안건 심의 등을 지원하기 위하여 실무위원회 소속으로 분야별 전문위원회를 둔다.

나. 산업기술의 유출방지 및 관리

(1) 보호지침의 제정

지식경제부장관은 산업기술의 유출을 방지하고 산업기술을 보호하기 위하여 필요한 방법 ·

절차 등에 관한 지침(이하 "보호지침"이라 한다)을 관계 중앙행정기관의 장과 협의하여 제정하고 이를 대상기관이 활용할 수 있도록 하여야 한다.

지식경제부장관은 산업기술의 발전추세 및 국내외 시장 환경 등을 감안하여 관계 중앙행정기관의 장과 협의하여 보호지침을 수정 또는 보완할 수 있다.

(2) 국가핵심기술의 지정 · 변경 및 해제 등

지식경제부장관은 관계중앙행정기관의 장으로부터 그 소관의 국가핵심기술로 지정되어야 할 대상기술(이하 이 조에서 "지정대상기술"이라 한다)을 통보받아 위원회의 심의를 거쳐 국가핵심기술로 지정 · 변경 또는 해제할 수 있다.

지정대상기술을 선정함에 있어서 해당기술이 국가안보 및 국민경제에 미치는 파급효과, 관련 제품의 국내외 시장점유율, 해당 분야의 연구동향 및 기술 확산과의 조화 등을 종합적으로 고려하여 필요최소한의 범위 안에서 선정하여야 한다.

(3) 국가핵심기술의 보호조치

국가핵심기술을 보유 · 관리하고 있는 대상기관의 장은 보호구역의 설정 · 출입허가 또는 출입시 휴대품 검사 등 국가핵심기술의 유출을 방지하기 위한 기반구축에 필요한 조치를 하여야 한다.

이 경우 누구든 정당한 사유 없이 그 보호조치를 거부 · 방해 또는 기피하여서는 아니 된다.

(4) 국가핵심기술의 수출 등

국가로부터 연구개발비를 지원받아 개발한 국가핵심기술을 보유한 대상기관이 해당 국가핵심기술을 외국기업 등에 매각 또는 이전 등의 방법으로 수출(이하 "국가핵심기술의 수출"이라 한다)하고자 하는 경우에는 지식경제부장관의 승인을 얻어야 한다.

수출승인신청에 대하여는 국가핵심기술의 수출에 따른 국가안보 및 국민경제적 파급효과 등을 검토하여 관계중앙행정기관의 장과 협의한 후 위원회의 심의를 거쳐 승인하게 된다.

다만, 수출승인을 얻은 국가핵심기술이 전략물자인 경우[653]와 국방과학기술 및 방산물자인 경우[654]에는 허가를 받은 것으로 본다. 승인대상 외의 국가핵심기술을 보유 · 관리하고 있는 대상기관이 국가핵심기술의 수출을 하고자 하는 경우에는 지식경제부장관에게 사전에 신고를 하여야 한다. 신고대상 국가핵심기술의 수출을 하고자 하는 자는 해당 국가핵심기술이 국가안보와 관련되는지 여부에 대하여 지식경제부장관에게 사전검토를 신청할 수 있다. 신고대상인

---

653) 「대외무역법」 제19조 제1항.

654) 「방위사업법」 제30조 및 제34조.

국가핵심기술의 수출이 국가안보에 심각한 영향을 줄 수 있다고 판단하는 경우에는 관계중앙행정기관의 장과 협의한 후 위원회의 심의를 거쳐 국가핵심기술의 수출중지 · 수출금지 · 원상회복 등의 조치를 명할 수 있다.

지식경제부 장관은 국가핵심기술을 보유한 대상기관이 승인을 얻지 않거나 부정한 방법으로 승인을 얻어 국가핵심기술의 수출을 한 경우 또는 신고대상 국가핵심기술을 신고하지 않거나 허위로 신고하고 국가핵심기술의 수출을 한 경우에는 정보수사기관의 장에게 조사를 의뢰하고, 조사결과를 위원회에 보고한 후 위원회의 심의를 거쳐 해당 국가핵심기술의 수출중지 · 수출금지 · 원상회복 등의 조치를 명령할 수 있다.

승인신청에 대한 심의나 국가안보에 심각한 영향을 주는 국가핵심기술의 수출중지 · 수출금지 · 원상회복 심의, 미승인 또는 부정승인 및 미신고 또는 허위신고 등에 대한 국가핵심기술의 수출중지 · 수출금지 · 원상회복 심의에 있어서는 대상기관의 의견을 청취할 수 있다.

(5) 국가핵심기술을 보유하는 대상기관의 해외인수 · 합병

국가로부터 연구개발비를 지원받아 개발한 국가핵심기술을 보유한 대상기관이 대통령령으로 정하는 해외 인수 · 합병, 합작투자 등 외국인투자(이하 "해외인수 · 합병 등"이라 한다)를 진행하려는 경우 또는 외국인에 의하여 해외인수 · 합병 등이 진행되는 것을 알게 된 경우에는 지식경제부장관에게 미리 신고하여야 한다. 사전 신고에 따라 국가핵심기술의 유출이 국가안보에 심각한 영향을 줄 수 있다고 판단되면 관계 중앙행정기관의 장과 협의한 후 위원회의 심의를 거쳐 해외인수 · 합병 등에 대하여 중지 · 금지 · 원상회복 등의 조치가 취해진다.

해당 해외인수 · 합병등과 관련하여 의문이 있는 때에는 지식경제부장관에게 미리 검토하여 줄 것을 신청할 수 있다. 신고를 하지 아니하거나 거짓이나 그 밖의 부정한 방법으로 신고를 하고서 해외인수 · 합병 등을 한 경우에는 해당 해외인수 · 합병 등에 대하여 중지 · 금지 등 필요한 조치가 내려진다.

위원회는 해외인수 · 합병 등의 신고에 대한 심의, 국가안보에 심각한 영향을 주는 해외인수 · 합병 등에 대한 중지 · 금지 · 원상회복 등 심의, 대상기관의 손해에 대한 심의, 미신고 또는 거짓신고 등에 대한 해외인수 · 합병 등의 중지 · 금지 · 원상회복 등 심의에 있어 대상기관의 의견을 청취할 수 있다.

(6) 국가연구개발사업의 보호관리

대상기관의 장은 산업기술과 관련된 국가연구개발사업을 수행하는 과정에서 개발성과물이 외부로 유출되지 아니하도록 필요한 대책을 수립 · 시행하여야 한다.

(7) 개선권고

지식경제부장관은 제10조의 규정에 따른 국가핵심기술의 보호조치 및 제12조의 규정에 따른 국가연구개발사업의 보호관리와 관련하여 필요하다고 인정되는 경우 대상기관의 장에 대하여 개선을 권고할 수 있다. 개선권고를 받은 대상기관의 장은 개선대책을 수립·시행하고 그 결과를 지식경제부장관에게 통보하여야 한다. 대상기관의 장에게 개선권고를 한 경우 해당 개선권고의 주요 내용 및 이유, 대상기관의 조치결과 등을 위원회에 보고하여야 한다.

(8) 산업기술의 유출 및 침해행위 금지

산기법상 금지되는 산업기술의 유출 및 침해행위는 다음과 같다.

① 절취·기망·협박 그 밖의 부정한 방법으로 대상기관의 산업기술을 취득하는 행위 또는 그 취득한 산업기술을 사용하거나 공개(비밀을 유지하면서 특정인에게 알리는 것을 포함한다. 이하 같다)하는 행위

② 산업기술에 대한 비밀유지의무가 있는 자가 부정한 이익을 얻거나 그 대상기관에게 손해를 가할 목적으로 유출하거나 그 유출한 산업기술을 사용 또는 공개하거나 제3자가 사용하게 하는 행위

③ 위에 해당하는 행위가 개입된 사실을 알고 그 산업기술을 취득·사용 및 공개하거나 산업기술을 취득한 후에 그 산업기술에 대하여 위에 해당하는 행위가 개입된 사실을 알고 그 산업기술을 사용하거나 공개하는 행위

④ 위에 해당하는 행위가 개입된 사실을 중대한 과실로 알지 못하고 그 산업기술을 취득·사용 및 공개하거나 산업기술을 취득한 후에 그 산업기술에 대하여 위에 해당하는 행위가 개입된 사실을 중대한 과실로 알지 못하고 그 산업기술을 사용하거나 공개하는 행위

⑤ 수출승인을 얻지 아니하거나 부정한 방법으로 승인을 얻어 국가핵심기술을 수출하는 행위

⑥ 국가핵심기술을 외국에서 사용하거나 사용되게 할 목적으로 신고를 하지 아니하거나 거짓이나 그 밖의 부정한 방법으로 신고를 하고서 해외인수·합병 등을 하는 행위

⑦ 지식경제부장관의 명령을 이행하지 아니하는 행위

(9) 산업기술 침해행위에 대한 금지청구

대상기관은 산업기술 침해행위를 하거나 하려는 자에 대하여 그 행위에 의하여 영업상의 이익이 침해되거나 침해될 우려가 있는 경우에는 법원에 그 행위의 금지 또는 예방을 청구할 수 있다. 이 청구를 할 때에는 침해행위를 조성한 물건의 폐기, 침해행위에 제공된 설비의 제거,

그 밖에 침해행위의 금지 또는 예방을 위하여 필요한 조치를 함께 청구할 수 있다. 산업기술 침해행위의 금지 또는 예방을 청구할 수 있는 권리는 산업기술 침해행위가 계속되는 경우에 대상기관이 그 침해행위에 의하여 영업상의 이익이 침해되거나 침해될 우려가 있다는 사실 및 침해행위자를 안 날부터 3년간 행사하지 아니하면 시효의 완성으로 소멸한다. 그 침해행위가 시작된 날부터 10년이 지난 때에도 또한 같다.

(10) 산업기술 침해신고

국가핵심기술 및 국가연구개발사업으로 개발한 산업기술을 보유한 대상기관의 장은 산업기술의 유출 및 침해행위 금지 행위가 발생할 우려가 있거나 발생한 때에는 즉시 지식경제부장관 및 정보수사기관의 장에게 그 사실을 신고하여야 하고, 필요한 조치를 요청할 수 있다.

이 경우 지식경제부장관 및 정보수사기관의 장은 필요한 조치를 하여야 하며, 산업기술 침해행위의 금지행위를 인지한 경우에도 또한 같다.

라. 산업기술보호의 기반구축 및 산업보안기술의 개발 · 지원

(1) 산업기술보호협회의 설립

대상기관은 산업기술의 유출방지 및 보호에 관한 시책을 효율적으로 추진하기 위하여 지식경제부장관의 인가를 받아 산업기술보호협회(이하 "협회"라 한다)를 설립할 수 있다.

협회는 법인으로 하고, 그 주된 사무소의 소재지에서 설립등기를 함으로써 성립한다. 설립등기 외의 등기를 필요로 하는 사항은 그 등기 후가 아니면 제3자에게 대항하지 못한다.

협회는 다음 각 호의 업무를 행한다.

① 산업기술보호를 위한 정책의 개발 및 협력
② 산업기술의 해외유출 관련 정보 전파
③ 산업기술의 유출방지를 위한 상담 · 홍보 · 교육 · 실태조사
④ 국내외 산업기술보호 관련 자료 수집 · 분석 및 발간
⑤ 산업기술의 보호를 위한 지원업무
⑥ 산업기술분쟁조정위원회의 업무지원
⑦ 그 밖에 지식경제부장관이 필요하다고 인정하여 위탁하거나 협회의 정관이 정한 사업

(2) 산업기술보호를 위한 실태조사

지식경제부장관은 필요한 경우 대상기관의 산업기술의 보호 및 관리 현황에 대한 실태조사를 실시할 수 있다. 이 실태조사를 위하여 산업기술을 보유하고 있는 대상기관 및 관련 단체에

대하여 관련 자료의 제출이나 조사업무의 수행에 필요한 협조를 요청할 수 있다. 이 경우 그 요청을 받은 자는 특별한 사유가 없는 한 이에 응하여야 한다.

(3) 국제협력

정부는 산업기술의 보호에 관한 국제협력을 촉진하기 위하여 관련 산업보안기술 및 전문 인력의 국제교류, 산업보안기술의 국제표준화 및 국제공동연구개발 등에 관하여 필요한 국제협력사업을 추진할 수 있다.

지원 가능한 국제협력사업은 다음과 같다.

① 산업보안기술 및 보안산업의 국제적 차원의 조사 · 연구
② 산업보안기술 및 보안산업에 관한 국제적 차원의 인력 · 정보의 교류
③ 산업보안기술 및 보안산업에 관한 국제적 전시회 · 학술회의 등의 개최
④ 그 밖에 국제적 차원의 대책을 수립하고 추진하기 위하여 필요하다고 인정하여 대통령령이 정하는 사업

(4) 산업기술보호교육

지식경제부장관은 산업기술의 유출방지 및 보호를 위하여 대상기관의 임 · 직원을 대상으로 교육을 실시할 수 있다.

(5) 산업보안기술의 개발지원 등

정부는 산업기술을 보호하기 위하여 산업보안기술의 개발 및 전문 인력의 양성에 관한 시책을 수립하여 추진할 수 있다. 이를 효율적으로 추진하기 위하여 정부는 소요되는 비용을 출연 또는 보조하여 대상기관으로 하여금 산업보안기술의 개발 등을 실시하게 할 수 있다.

(6) 산업기술보호 포상 및 보호

정부는 산업보안기술의 개발 등 산업기술의 유출방지 및 보호에 기여한 공이 큰 자 또는 이 법의 규정을 위반하여 산업기술을 해외로 유출한 사실을 신고한 자 등에 대하여 예산의 범위 내에서 포상 및 포상금을 지급할 수 있다. 정부는 이 법의 규정을 위반하여 산업기술을 해외로 유출한 사실을 신고한 자로부터 요청이 있는 경우 그에 대하여 신변보호 등 필요한 조치를 취하여야 한다. 정부는 산업보안기술의 개발 등 산업기술의 유출방지 및 보호에 기여한 공이 큰 외국인에 대하여 국내정착 및 국적취득을 지원할 수 있다.

(7) 산업기술의 보호를 위한 지원

산업기술의 보호를 촉진하기 위하여 정부가 대상기관 등에게 지원할 수 있는 범위는 아래와 같다.

① 산업기술 보안에 대한 자문
② 산업기술의 보안시설을 설치 · 운영하는 기술지원
③ 산업기술보호를 위한 교육 및 인력양성을 위한 지원
④ 그 밖에 산업기술보호를 위하여 필요한 사항

마. 보칙

(1) 산업기술 분쟁 조정위원회

산업기술 분쟁 조정위원회(이하 "조정위원회"라 한다)는 산업기술의 유출에 대한 분쟁을 신속하게 조정하기 위하여 지식경제부장관 소속하에 둔다. 조정위원회는 위원장 1인을 포함한 15인 이내의 위원으로 구성하며, 조정위원회의 위원장과 위원은 지식경제부장관이 임명 또는 위촉한다. 위원의 임기는 3년으로 연임가능하다.

임명 · 위촉 대상자격은 아래와 같다.

① 대학이나 공인된 연구기관에서 부교수 이상 또는 이에 상당하는 직에 있거나 있었던 자로서 기술 또는 정보의 보호 관련 분야를 전공한 자
② 4급 또는 4급 상당 이상의 공무원 또는 이에 상당하는 공공기관의 직에 있거나 있었던 자로서 산업기술유출의 방지업무에 관한 경험이 있는 자
③ 산업기술의 보호 사업을 영위하고 있는 기업 또는 산업기술의 보호업무를 수행하는 단체의 임원직에 있는 자
④ 판사 · 검사 또는 변호사의 자격이 있는 자

(2) 조정부

조정위원회에는 분쟁의 조정을 효율적으로 수행하기 위하여 5인 이내의 위원으로 구성되는 조정부를 두되, 그 중 1인은 변호사의 자격이 있는 자로 하고, 일부 분쟁에 대하여 조정부에 일임하여 조정하게 할 수 있다.

(3) 위원의 제척 · 기피 · 회피

'제척exclusion, 除斥'이란 공정한 조정이 이루어질 수 있도록 조정대상 분쟁의 당사자 또는 분쟁의 내용과 특수한 관계를 가진 위원을 그 직무의 집행에서 배제하는 것을 말한다. '기피Ablehnung,

忌避'란 분쟁 당사자의 신청에 의하여 위원을 그 직무집행에서 배제시키는 것을 말한다. 당사자는 위원에게 심의 · 의결의 공정성을 기대하기 어려운 사정이 있는 경우에는 조정위원회에 기피신청을 할 수 있다. 이 경우 조정위원회는 기피신청이 타당하다고 인정하는 때에는 기피의 결정을 하여야 한다. '회피Selbstablehnung, 回避'는 해당분쟁에 관하여 제척除斥 또는 기피의 원인이 있다고 생각하여 자진하여 사건의 취급을 피하는 것을 말한다. 위원이 제척사유를 알 때 스스로 그 사건의 심의 · 의결을 회피할 수 있다.

위원이 당해 분쟁조정청구사건(이하 "사건"이라 한다)의 심의 · 의결에서 제척되는 사유는 아래와 같다.

① 위원 또는 그 배우자나 배우자이었던 자가 당해 사건의 당사자가 되거나 당해 사건에 관하여 공동권리자 또는 의무자의 관계에 있는 경우
② 위원이 당해 사건의 당사자와 친속관계에 있거나 있었던 경우
③ 위원이 당해 사건에 관하여 증언이나 감정을 한 경우
④ 위원이 당해 사건에 관하여 당사자의 대리인 또는 임 · 직원으로서 관여하거나 관여하였던 경우

(4) 분쟁의 조정

산업기술유출과 관련한 분쟁의 조정을 원하는 자는 신청취지와 원인을 기재한 조정신청서를 조정위원회에 제출하여 분쟁의 조정을 신청할 수 있다. 분쟁의 조정을 신청하는 자는 수수료를 납부하여야 한다. 분쟁의 조정신청을 받은 조정위원회는 신청을 받은 날부터 3월 이내에 이를 심사하여 조정안을 작성하여야 한다. 다만, 부득이한 사정이 있는 경우에는 조정위원회의 의결로 1월의 범위 내에서 기간을 연장할 수 있다. 이 기간이 경과하는 경우에는 조정이 성립되지 아니한 것으로 본다.

산업기술유출에 관한 분쟁조정에 관하여는 「민사조정법」의 규정을 준용한다.

(5) 자료요청 등

조정위원회는 분쟁조정을 위하여 필요한 자료를 분쟁당사자에게 요청할 수 있다. 이 경우 해당분쟁당사자는 정당한 사유가 없는 한 이에 응하여야 한다. 조정위원회는 필요하다고 인정하는 경우에는 분쟁당사자 또는 참고인으로 하여금 조정위원회에 출석하게 하여 그 의견을 들을 수 있다. 자료요구와 의견진술을 청취할 경우 비공개로 하며, 제출된 자료 및 청취된 의견에 대해서는 비밀로 유지된다.

(6) 조정의 효력

조정위원회가 작성한 조정안은 지체 없이 이를 각 당사자에게 제시하며, 이 조정안을 제시받은 당사자는 그 제시를 받은 날부터 15일 이내에 그 수락 여부를 조정위원회에 통보하여야 한다. 당사자가 조정안을 수락한 때에는 조정위원회는 즉시 조정조서를 작성하여야 하며, 위원장 및 각 당사자는 이에 기명날인하여야 한다. 당사자가 조정안을 수락하고 기명날인한 경우에는 해당조정조서는 재판상 화해와 동일한 효력을 갖는다.

(7) 조정의 거부 및 중지

조정위원회는 분쟁의 성질상 조정위원회에서 조정하는 것이 적합하지 않다고 인정하거나 당사자가 부정한 목적으로 조정을 신청한 것으로 인정되는 경우에는 해당조정을 거부할 수 있다. 이 경우 그 사유 등을 신청인에게 통보하여야 한다. 또한, 신청된 조정사건에 대한 처리절차를 진행 중에 일방 당사자가 법원에 소를 제기한 경우에는 그 조정의 처리를 중지하고 이를 당사자에게 통지하여야 한다.

(8) 권한의 위임 · 위탁

이 법에 의한 권한의 일부는 보조기관 · 소속기관의 장이나 관계중앙행정기관의 장 또는 관계 전문기관의 장에게 위임 또는 위탁할 수 있다.

(9) 비밀유지의무

다음 각 호의 어느 하나에 해당하거나 해당하였던 자는 그 직무상 알게 된 비밀을 누설하거나 도용하여서는 안 된다.

① 대상기관의 임 · 직원(교수 · 연구원 · 학생을 포함한다.)
② 국가핵심기술의 지정 · 변경 및 해제 업무를 수행하는 자
③ 국가핵심기술의 수출 및 해외인수 · 합병 등에 관한 사항을 검토하거나 사전검토, 조사업무를 수행하는 자
④ 침해행위의 접수 및 방지 등의 업무를 수행하는 자
⑤ 상담업무 또는 실태조사에 종사하는 자
⑥ 산업기술의 보호 및 관리 현황에 대한 실태조사업무를 수행하는 자
⑦ 산업보안기술 개발사업자에게 고용되어 산업보안기술 연구개발 업무를 수행하는 자
⑧ 산업기술 분쟁조정업무를 수행하는 자
⑨ 지식경제부장관의 권한의 일부를 위임 · 위탁받아 업무를 수행하는 자

(10) 벌칙 적용에서의 공무원 의제

다음 각 호의 업무를 행하는 자는 「형법」 제129조 내지 제132조[655]를 적용함에 있어서는 이를 공무원으로 본다.

① 국가핵심기술의 지정 · 변경 및 해제 업무를 수행하는 자
② 국가핵심기술의 수출 및 해외인수 · 합병 등에 관한 사항을 검토하거나 조사업무를 수행하는 자
③ 침해행위의 접수 및 방지 등의 업무를 수행하는 자
④ 산업기술의 보호 및 관리 현황에 대한 실태조사업무를 수행하는 자
⑤ 산업기술 분쟁조정업무를 수행하는 자
⑥ 지식경제부장관의 권한의 일부를 위임 · 위탁받아 업무를 수행하는 자

바. 벌칙

(1) 벌칙

(가) 위반행위

산업기술의 해외불법 유출 및 침해행위에 대한 벌칙은 이 법의 제정 당시 보다 강화되어 2012년 6월 현재, 산업기술 유출자에 대한 최고 형량은 고의적 불법행위에 대해 10년 이하의 징역 또는 10억 원 이하의 벌금에 처하도록 명시되어 있다(§36). 벌칙규정은 세부화 된 산업기술의 유출 및 침해행위에 모두 적용된다. 산기법상 산업기술의 해외불법 유출 및 침해행위는

---

655) 제129조(수뢰, 사전수뢰) ① 공무원 또는 중재인이 그 직무에 관하여 뇌물을 수수, 요구 또는 약속한 때에는 5년 이하의 징역 또는 10년 이하의 자격정지에 처한다.
② 공무원 또는 중재인이 될 자가 그 담당할 직무에 관하여 청탁을 받고 뇌물을 수수, 요구 또는 약속한 후 공무원 또는 중재인이 된 때에는 3년 이하의 징역 또는 7년 이하의 자격정지에 처한다.
제130조(제삼자뇌물제공) 공무원 또는 중재인이 그 직무에 관하여 부정한 청탁을 받고 제3자에게 뇌물을 공여하게 하거나 공여를 요구 또는 약속한 때에는 5년 이하의 징역 또는 10년 이하의 자격정지에 처한다.
제131조(수뢰후부정처사, 사후수뢰) ① 공무원 또는 중재인이 전2조의 죄를 범하여 부정한 행위를 한 때에는 1년 이상의 유기징역에 처한다.
② 공무원 또는 중재인이 그 직무상 부정한 행위를 한 후 뇌물을 수수, 요구 또는 약속하거나 제삼자에게 이를 공여하게 하거나 공여를 요구 또는 약속한 때에도 전항의 형과 같다.
③ 공무원 또는 중재인이었던 자가 그 재직중에 청탁을 받고 직무상 부정한 행위를 한 후 뇌물을 수수, 요구 또는 약속한 때에는 5년 이하의 징역 또는 10년 이하의 자격정지에 처한다.
④ 전3항의 경우에는 10년 이하의 자격정지를 병과할 수 있다.
제132조(알선수뢰) 공무원이 그 지위를 이용하여 다른 공무원의 직무에 속한 사항의 알선에 관하여 뇌물을 수수, 요구 또는 약속한 때에는 3년 이하의 징역 또는 7년 이하의 자격정지에 처한다.

고의적이거나 과실에 의한 행위를 구분하고 있으며, 죄를 범한 자가 그 범죄행위로 인하여 얻은 재산은 이를 몰수한다.

산업기술 불법유출 및 침해행위(위반 행위)는 다음과 같다.

① 산업기술을 외국에서 사용하거나 사용되게 할 목적으로 한 위반행위[656]

위반자는 10년 이하의 징역 또는 10억 원 이하의 벌금에 처한다.

② 고의적 위반 행위[657]

위반자는 5년 이하의 징역 또는 5억 원 이하의 벌금에 처한다.

③ 과실 위반행위[658]

위반자는 3년 이하의 징역 또는 3억 원 이하의 벌금에 처한다.

④ 비밀누설행위

비밀유지의무 있는 자가 비밀을 누설한 경우 5년 이하의 징역이나 10년 이하의 자격정지 또는 5천만 원 이하의 벌금에 처한다.

(나) 처벌

산업기술을 외국에서 사용하거나 사용되게 할 목적이거나 고의 · 과실에 의한 위반 행위의 경우 그 범죄행위로 인하여 얻은 재산은 이를 몰수한다. 다만, 그 전부 또는 일부를 몰수할 수 없는 때에는 그 가액을 추징한다. 이 위반행위에 대해 벌금형과 징역형을 병과할 수 있다.

산업기술을 외국에서 사용하거나 사용되게 할 목적이거나 고의로 위반한 경우의 미수범도

---

656) ⓐ 절취 · 기망 · 협박 그 밖의 부정한 방법으로 대상기관의 산업기술을 취득하는 행위 또는 그 취득한 산업기술을 사용하거나 공개(비밀을 유지하면서 특정인에게 알리는 것을 포함한다. 이하 같다)하는 행위

ⓑ 산업기술에 대한 비밀유지의무가 있는 자가 부정한 이익을 얻거나 그 대상기관에게 손해를 가할 목적으로 유출하거나 그 유출한 산업기술을 사용 또는 공개하거나 제3자가 사용하게 하는 행위

ⓒ 위 규정들에 해당하는 행위가 개입된 사실을 알고 그 산업기술을 취득 · 사용 및 공개하거나, 산업기술을 취득한 후에 그 산업기술에 대하여 위 규정들에 해당하는 행위가 개입된 사실을 알고 그 산업기술을 사용하거나 공개하는 행위

ⓓ 승인을 얻지 아니하거나 부정한 방법으로 승인을 얻어 국가핵심기술을 수출하는 행위

ⓔ 국가핵심기술을 외국에서 사용하거나 사용되게 할 목적으로 수출 전 신고를 하지 아니하거나 거짓이나 그 밖의 부정한 방법으로 신고를 하고서 해외인수 · 합병 등을 하는 행위

ⓕ 지식경제부장관의 명령을 이행하지 아니하는 행위

657) 고의의 위반행위 중 "국가핵심기술을 외국에서 사용하거나 사용되게 할 목적으로 수출 전 신고를 하지 아니하거나 거짓이나 그 밖의 부정한 방법으로 신고를 하고서 해외인수 · 합병등을 하는 행위"를 제외한 위반 행위

658) 위반 행위가 개입된 사실을 중대한 과실로 알지 못하고 그 산업기술을 취득 · 사용 및 공개하거나 산업기술을 취득한 후에 그 산업기술에 대하여 위반행위가 개입된 사실을 중대한 과실로 알지 못하고 그 산업기술을 사용하거나 공개하는 행위

처벌한다.

(다) 예비 · 음모

산업기술을 외국에서 사용하거나 사용되게 할 목적으로 예비 또는 음모한 자는 3년 이하의 징역 또는 3천만 원 이하의 벌금에 처한다. 고의적으로 위반행위를 또는 음모한 자는 2년 이하의 징역 또는 2천만 원 이하의 벌금에 처한다.

(라) 양벌규정

법인의 대표자나 법인 또는 개인의 대리인, 사용인, 그 밖의 종업원이 그 법인 또는 개인의 업무에 관하여 산업기술을 외국에서 사용하거나 사용되게 할 목적이거나 고의 · 과실에 의한 위반 행위를 한 경우 그 행위자를 벌하는 외에 그 법인 또는 개인에게도 해당 조문의 벌금형을 과科한다. 다만, 법인 또는 개인이 그 위반행위를 방지하기 위하여 해당 업무에 관하여 상당한 주의와 감독을 게을리 하지 아니한 경우에는 그러하지 아니하다.

(마) 과태료

국가핵심기술의 보호조치를 거부 · 방해 또는 기피하거나, 산업기술 침해신고를 하지 않거나, 산업기술보호를 위한 실태조사에 필요한 관련 자료를 제출하지 아니하거나 허위로 제출한 자는 1천만 원 이하의 과태료에 처한다.

2절 기술이전의 시점

Ⅰ 기술이전

1. 수출과 계약 및 신고

국가핵심기술이란 산기법 제2조[659]에 정의되어 있으나, 구체적으로 어느 기술이 국가핵심기술인지에 대해서는 관계 중앙행정기관의 협의와 위원회의 심의를 거쳐 국가핵심기술로 지정하거나 변경 또는 해제 하도록 되어 있다.[660] 국가핵심기술의 보호조치절차는 대상기관에 보호조

659) 국내외 시장에서 차지하는 기술적 · 경제적 가치가 높거나 관련 산업의 성장잠재력이 높아 해외로 유출될 경우에 국가의 안전보장 및 국민경제의 발전에 중대한 악영향을 줄 우려가 있는 산업기술

치 이행을 촉구하고 지식경제부가 보호조치 실태를 조사한 후 산업기술보호위원회가 대상기관에 개선을 권고하게 된다.[661]

국가핵심기술의 수출을 위한 사전절차는 수출승인 신청과 수출신고로 구분할 수 있는 바, 전자는 국가연구개발비를 지원받은 경우에 해당하며, 후자는 국가연구비를 지원받지 아니한 기업이 수출하는 경우에 행하는 신고이다. 수출의 의미는 각 소관부처의 제도마다 정의와 적용기준이 다를 수 있지만, 산기법에 있어서 해당 기술을 수출하고자 하는 경우에는 지식경제부 장관의 사전승인을 얻어야 하고 수출 전 사전신고나 승인 없는 국가핵심기술 수출은 불법이므로 합법적 기술거래 시점과 수출의 시점을 판단하는 것은 매우 중요한 이슈가 된다.

2. 수출의 의미

가. 대외무역법상 정의

수출이 무역으로 이루어진다는 점에서 먼저 「대외무역법」의 수출의 정의를 살펴보면, 그 핵심어는 "국내에서 외국으로 물품을 이동하는 것"이다.[662] 여기서 국내라 함은 주권이 미치는 지역을 말하므로,[663] 국내에서 거래되는 내국수출은 해당하지 아니하여 대외무역법상 수출의 의미는 "주권이 미치는 지역에서 국내 이외 지역(외국)으로의 물품의 이동"으로 해석할 수 있다.

나. 부가가치세법상 정의

부가가치세법 시행령 제24조는[664] 수출에 대해 "내국물품(우리나라 선박에 의하여 채포[採捕]

---

660) 산기법 제9조.

661) 산기법 제10조.

662) 대외무역법 시행령 제2조 제3호; 가)매매 · 교환 · 임대차 · 사용대차 · 증여 등을 원인으로 국내에서 외국으로 물품을 이동하는 것(우리나라의 선박에 의하여 외국에서 채취 또는 포획한 광물 또는 수산물을 외국에 매도하는 것을 포함한다)과 유상으로 외국에서 외국으로 물품을 인도하는 것으로서 지식경제부장관이 정하여 고시하는 기준에 해당하는 것 나) 「외국환거래법」 제3조 제1항 제12호의 규정에 의한 거주자(이하 "거주자"라 한다)의 동법 제3조 제1항 제13호의 규정에 의한 비거주자(이하 "비거주자"라 한다)에 대한 제2조의 2의 규정에 의한 용역의 제공으로서 지식경제부 장관이 정하여 고시하는 방법으로 제공하는 것 다)거주자의 비거주자에 대한 제2조의3의 규정에 의한 전자적 형태의 무체물을 정보통신망을 통한 전송 그밖에 지식경제부 장관이 정하여 고시하는 방법으로 인도하는 것.

663) 대외무역법 시행령 제2조 제1호.

664) 제24조 (수출의 범위)
① 법 제11조 제1항 제1호의 규정에 의한 수출은 다음 각 호의 것으로 한다.
1. 내국물품(우리나라 선박에 의하여 채포된 수산물을 포함한다)을 외국으로 반출하는 것
2. 국내의 사업장에서 계약과 대가수령 등 거래가 이루어지는 것으로서 다음 각 목의 1에 해당하는 것
가. 「대외무역법」에 의한 중계무역 방식의 수출
나. 「대외무역법」에 의한 위탁판매수출
다. 「대외무역법」에 의한 외국인도수출

된 수산물을 포함한다)을 외국으로 반출하는 것"으로 정의하고, 대외무역법상의 수출과 제반 무역방식을 포괄하고 있다.

다. 관세법상 정의

관세법에서 수출의 개념은 부가가치세법의 그것을 따르고 있는 바, 관세법상 수출이라 함은 내국물품을 외국으로 반출하는 것을 말한다.[665]

라. 산기법상의 수출 개념에 차용 가능성

수출에 대한 정의와 그 범위를 대외무역법과 관세법 및 부가세법에서 살펴보았다. 각 법률은 그 제도의 시행을 위한 설립목적[666]이 다르기 때문에 이들의 수출 개념을 산기법상의 수출 개념에 차용함에 있어서 동일하게 해석할 수 있는지 여부는 논란이 될 수 있다. 우선 산기법에서는 수출의 정의가 되어있지 아니함과 동시에 동법 제4조에서는 타법우선의 원칙이 규정[667]되어 있어서 타법에 의한 수출개념의 차용이 가능하다.

또한 산기법의 설립목적이 세수 확보가 아니라 기술유출 방지에 의한 기술의 보호에 있으며, 산기법상 "~외국기업 등에 매각 또는 이전 등의 방법으로 수출~"이라는 제11조의 내용은 기술이전의 형태가 매매 · 교환 · 임대차 · 사용대차 · 증여 등을 포괄하는 대외무역법과 유사하다.

라. 「대외무역법」에 의한 위탁가공무역 방식의 수출

② 법 제11조 제1항 제1호에 규정된 수출하는 재화에는 다음 각 호의 재화가 포함되는 것으로 한다.

1. 사업자가 재정경제부령이 정하는 내국신용장 또는 구매확인서에 의하여 공급하는 재화 [금지금(金地金)을 제외한다].
2. 사업자가 「한국국제협력단법」에 의한 한국국제협력단에 공급하는 재화(한국국제협력단이 동법 제7조의 규정에 의한 사업을 위하여 당해 재화를 외국에 무상으로 반출하는 경우에 한한다)
3. 사업자가 다음 각목의 요건에 의하여 공급하는 재화
   가. 국외의 비거주자 또는 외국법인(이하 '비거주자 등' 이라 한다)과 직접 계약에 의하여 공급할 것
   나. 대금을 외국환은행에서 원화로 받을 것
   다. 비거주자 등이 지정하는 국내의 다른 사업자에게 인도할 것
   라. 국내의 다른 사업자가 비거주자등과 계약에 의하여 인도받은 재화를 그대로 반출하거나 제조 · 가공 후 반출할 것.

665) 관세법 제2조 제2호.

666) 대외무역법 제1조: 이 법은 대외 무역을 진흥하고 공정한 거래 질서를 확립하여 국제 수지의 균형과 통상의 확대를 도모함으로써 국민 경제를 발전시키는 데 이바지함을 목적으로 한다.
부가가치세법 제1조 : 부가가치세는 財貨 또는 用役의 供給이나 財貨의 輸入의 거래에 대하여 부과한다.
관세법 제1조 : 이 법은 관세의 부과 · 징수 및 수출입물품의 통관을 적정하게 하고 관세수입을 확보함으로써 국민경제의 발전에 이바지함을 목적으로 한다.

667) 산업기술의 유출방지 및 보호에 관하여는 다른 법률에 특별한 규정이 있는 경우를 제외하고는 이 법이 정하는 바에 따른다.

특히 수출이 무역으로 이루어지는 기본 원리에 바탕을 둔다면, 산기법상의 수출 개념은 대외무역법상에서 사용되는 수출의 개념을 차용하여 해석하고 그 범위를 정하는 것이 가능하게 된다.[668)]

요컨대 산기법상의 수출개념에는 국가핵심기술이 반드시 국내에서 외국으로 이동하는 것뿐만 아니라 외국으로의 인도, 제3지역에서의 교역은 물론 전자적 전송에 의한 기술의 수출이 포함되어야 한다. 주체의 관점에서는 대한민국 국민이 외국인에게 기술을 이전하는 것뿐만 아니라 대한민국 내의 외국인 또는 기업(법인, 연구소, 단체, 조합, 협회 등)이 외국기업 등에 국가핵심기술을 제공하는 것도 포함시켜야 거소의 기간개념에 대한 불명확성이 해소되고 외국기업 등에 대한 개념의 정의가 확립될 수 있을 것이다.

3. 특정수출거래 형태의 종류 및 인정대상

산기법상 수출개념을 차용하는 대외무역법에서는 수출거래의 형태를 아래 표와 같이 정리하고 있다.[669)]

●● 특정수출거래 형태의 종류 및 인정대상

거래 형태	의 의	인정 대상
위탁판매수출	물품을 무환으로 수출하여 당해 물품이 판매된 범위 내에서 대금을 결제하는 계약에 의한 수출	판매계약 기간 종료 후 판매 잔량을 6월을 초과하여 재수입하는 경우
위탁가공무역	가공임을 지급하는 조건으로 가공할 원자재의 전부 또는 일부를 거래 상대방에게 수출하거나 외국에서 조달하여 이를 가공한 후 가공물품을 수입하거나 외국에 판매하는 수출입	다음 각 호의 1에 해당하는 경우 ·수입되는 가공물품이 수입제한 물품인 경우 ·수출제한요건을 충족하지 않고 외국에 판매하는 경우 ·최종가공물품을 가공기간의 종료 후 6월을 초과하여 재수입하는 경우 (외국에 판매하는 사실을 확인할 수 있는 경우는 제외)

668) 차용개념에 대한 해석방법론에 대해 첫째. 조세법과 사법과의 관련성에서 "세법이 대상으로 하는 사실을 민법의 법 형식에 의하여 다루는 경우(민법상의 개념을 차용한 경우)민법과 해석을 같이해야 하는가(통일설 또는 절대주의) 또는 독립하여 해석해야 하는가(독립설 또는 상대주의)"라는 문제와 둘째, "당사자가 선택한 민사상 법률관계의 형성이 세법에서 차용한 민법상의 법률관계형성에 그대로 적용되는가의 여부"에 대해 "양설 모두 입법자의 자주적 개념형성권에 대해서는 부정하지 않고 있으며, 이는 결국 다른 법에서 차용한 개념을 조세법상 독자적으로 정의하는 것은 가능하다는 것을 반증하는 것"이어서 "일반적으로 사용되어지고 있는 특정의 개념을 조세법상 특수개념으로 정의할 필요가 있는 경우에는 그 개념을 입법적으로 형성할 수 있는 것이다."고 하여 차용개념을 긍정하고 있다. 김민호, 「부가가치세법상 '수출' 의 의미」,(월간 법 제532호, 법제처), p.30-32.

669) http://www.marine-i.com/m4_service/trade/expense_07.htm;http : //www.marine-i.com/m4_service/trade /expense_07.htm 〈2007.8.6 방문〉

거래 형태	의 의	인정 대상
수탁가공무역	가득액을 영수하기 위해 원자재의 일부 또는 전부를 거래 상대방의 위탁에 의하여 수입하여 이를 가공한 후 위탁자 또는 그가 지정하는 자에게 가공물품을 수출하는 수출입	가공물품을 가공기간 종료 후 6월을 초과하여 임대수출 수출하는 경우
임대수출	임대(사용임대 포함)계약에 의하여 물품을 수출한 후 일정기간 후 다시 재수입하거나 그 기간의 만료 전 또는 만료 후 당해 물품의 소유권을 이전하는 수출	임대계약기간 만료 후 3월을 초과하여 재수입하는 경우. 다만 다음 각 호의 요건을 충족하는 경우는 제외 ·소유권이전의 사유가 타당하다고 인정되는 경우 ·수출된 물품의 감정가격에 상당하는 금액 이상을 회수하였거나 회수가 확실하다고 인정되는 경우 ·당초 수출 시 수출제한품목으로서 조건부승인을 받은 경우에는 소유권이전에 따른 별도의 승인을 얻은 경우
중계무역	수출할 것을 목적으로 물품을 수입하여 제3국으로 수출하는 수출입	다음 각 호에 해당되는 경우 ·수출입물품을 보세구역 또는 타소 장치장 이외의 국내에 반입하고자 하는 경우 ·선적서류를 하나의 외국환은행을 통하여 인수 및 송부하지 않는 거래 (단 송금방식의 경우는 대금의 영수 및 지급을 하나의 외국환은행을 통하여 행하지 않는 거래)
외국인도수출	수출대금은 국내에서 영수하지만 국내에서 통관되지 아니한 수출물품을 외국으로 인도하는 수출	다음 각 호 1에 해당하지 않는 경우 ·외국인수수입에 의한 수입물품으로서 해외에서 사용한 후 외국에 판매하고자 하는 물품 ·항해 또는 어로작업 중에 현지에서 매각하고자 하는 선박 (단 수출입공고 등에 의한 제한내용을 충족한 경우에 한함) ·해외에서 각종 사업에 사용한 후 외국에 판매하고자 하는 중고 시설기재 및 원자재 해외투자사업에서의 현물회수분으로서 외국에 판매하고자 하는 물품

4. 수출계약과 신고

가. 서설

국가핵심기술을 불법유출하지 않고 해외기업에 합법적으로 수출하기 위해서는 필요한 서류를 갖추어 사전 신고하거나 수출승인 신청을 하여야 한다.[670] 물론 사전신고 전에 국가핵심기

670) 산기법 시행령 제14조; ①법 제11조 제4항에 따라 국가핵심기술의 수출을 사전신고하려는 대상기관은 지식경제부령으로 정하는 국가핵심기술 수출신고서에 다음 각 호의 서류를 첨부하여 지식경제부 장관에게 제출하여야 한다. 1)국가핵심기술의 매각 또는 이전 계약서(임시계약서를 포함한다) 2)

술에 해당하는지 여부에 대한 사전검토 신청을 할 수도 있다.[671]

해당기술을 보유한 대상기관이 지식경제부에 사전 신고하는 대상은 국가로부터 지원이 없이 스스로 개발한 이른바 독자적 국가핵심기술이며, 신고 후 처리되는 과정은 해당 기술이 국가핵심기술인지 여부를 판단하기 위하여 국가안보와 관련이 있는 경우와 없는 경우로 결정하게 된다. 국가안보에 심각한 영향이 있다고 판단되면 산자부는 이를 대상기관에 통보하고 위원회의 심의가 종료할 때까지 수출 중지를 요청한 상태에서 관계 중앙행정기관의 장과 협의한 후 위원회의 심의를 거쳐 해당 국가핵심기술의 수출중지 · 수출금지 · 원상회복 여부를 결정하여 최후 통보하는 과정을 거친다. 만일 국가안보와 관련이 없다면 이러한 사실을 통보받은 대상기관은 그의 기술을 수출할 수 있다. 다만 국가핵심기술이 「기술개발촉진법」 제2조 제4호의 전략기술에 해당하는 경우에는 제13조에 의한 전략기술의 수출승인을 받아야 한다. 독자적 국가핵심기술 이외에 국가로부터 지원을 받고 개발한 국가핵심기술에 대해서는 해당 기술의 보유자인 대상기관이 수출승인신청을 할 수 있다.[672]

그렇다면 국가핵심기술에 대해 해외기업과 기술이전 계약이 성립된 후 기술 내용에 대한 당사자 간 정보교류가 있었고 이후 수출의 사전신고나 승인신청을 한 경우 기술유출의 시점을 언제로 볼 것인가의 문제가 생길 수 있다. 여기서 기술유출의 시점을 계약 성립 시로 보게 되면 해당 기술의 사전신고나 수출승인신청은 사후적 제재를 위한 수단에 불과하게 된다. 왜냐하면 기술이전 계약이 이루어지면 곧 해당 기술에 대한 정보교류가 발생하여 해외기업으로 유출되는 것이 일반적이기 때문이다.

따라서 미리 국가핵심기술의 여부, 즉 수출 시 국가안보에 심각한 영향을 줄 수 있는 기술인지의 여부를 기술이전계약 전에 확인해야 하는 절차가 이루어져야 하지만 이로 말미암아 계약의 파기나 불이행이 불가피한 경우까지 사전신고나 사전 검토 절차를 거쳐야 하므로 시간적 경제적 낭비가 많을 수 있고, 특히 기술이전에 의해 상업적 이익을 취득하려는 당사자 간의 계약을 어렵게 만들 가능성이 매우 크게 된다.

따라서 수출할 산업기술에 대한 기술유출을 판단하는 시점을 계약 시로 볼 것인가 아니면 수출의 사전신고나 승인신청 시로 볼 것인가에 따라 해당기술의 불법유출 여부가 달라질 수 있고, 계약의 경우라도 어느 때 계약의 성립으로 볼 것인가, 사전신고라면 신고한 날인가 아니면 신고의 결과를 통보받은 날인가, 승인신청의 경우라면 승인신청일인가 승인허락일인가 등에

국가핵심기술의 매입자 또는 이전받으려는 자에 관한 사항 3)국가핵심기술의 용도와 성능을 표시하는 기술자료 4)국가핵심기술의 제공 조건과 방법 5)국가핵심기술을 사용한 관련 제품의 시장 규모와 경쟁력 수준.

671) 산기법 시행령 제15조.

672) 산기법 시행령 제13조 및 제14조의 정리.

따라 불법유출 여부가 달라질 수 있다.

이제 이러한 각 행위의 시점별로 국가핵심기술의 유출 여부를 판단해보기로 한다.

나. 수출계약

국가핵심기술의 매각이나 이전에 의한 수출을 어느 시점으로 볼 것인가에 대해서는 당해 기술의 수출을 위한 계약서에 작성된 내용에 따라 달라질 수 있으나, 기술유출이 일어날 수 있는 최초의 시점은 계약서 작성과 함께 기술의 이전을 요구할 수 있으므로 계약 성립 시가 될 수 있다.[673] 그렇다면 어느 시기에 수출계약이 성립된 것으로 보아야 하는가? 수출계약에 앞서 일반적인 계약의 조건과 성립에 대해 살펴보자.[674]

우선 계약은 계약 당사자 간 청약과 승낙이라는 의사표시에 의하여 이루어진다. 청약이란 일반적으로 청약자가 피청약자에게 계약을 체결하고자 하는 의사표시를 말한다.[675] 청약의 효력발생 시기에 대하여 우리나라 민법을 포함한 대륙법과 영미법에서는 대체로 청약이 피청약자에게 도달하여야 한다는 도달주의 입장을 취하고 있다.[676] 또한 비엔나협약[UNCISG]에서도 청약은 피청약자에게 도달하는 때에 효력이 생긴다고 규정하고 있다.[677]

승낙이란 피청약자가 청약자의 청약조건에 대하여 무조건적으로 계약을 성립시키겠다는 의사표시를 말한다. 청약에 대한 승낙은 계약성립을 완성시키는 행위로서 본질적으로 청약에 대하여 무조건적이어야 하며, 청약의 조건과 반드시 일치하여야 한다는 경상[鏡像]의 원칙[678]이 적용된다. 승낙의 효력발생 시기에 관해서 이론적으로는 피청약자가 승낙의 의사표시를 발신한 때에 계약이 성립한다고 하는 발신주의[dispatch theory: mail-box theory], 피청약자의 승낙의 의사표시가 청약자에게 도달된 때에 계약의 성립으로 보는 도달주의[communication theory], 그리고 단지 물리적으로 승낙의 의사표시가 청약자에게 도달될 뿐 아니라 현실적으로 청약자가 그 내용을 알았

673) 이러한 근거로 산기법 시행령 제13조를 들 수 있는 바, 동조에 의하면 "국가핵심기술의 수출승인을 받고자 하는 대상기관은(중략)다음 각호의 서류를 준비해야 한다."고 하고, "1. 국가핵심기술의 매각(이전)계약서 또는 가 계약서, 이에 준하는 서류 (이하 생략)"를 명시하여서 수출(승인)이전에 기술거래계약서 등이 미리 작성되어 있어야 함을 요구하고 있다.

674) http://www.kcab.or.kr/journal/298_6.html〈2007.8.20방문〉

675) 일반적으로 계약의 성립에 관한 법리는 청약과 승낙에 근거를 두고 있으며, 영미법계에서는 채권계약의 성립에 약인(consideration)을 필요로 하고 있다.

676) 산업재산권법을 구성하는 우리의 특허법,실용신안법,디자인보호법,상표법 등에서도 마찬가지이다.

677) UNCISG, 제15조.

678) 청약과 승낙은 거울에 비치는 모습처럼 완전히 동일하지 않으면 안 된다는 뜻으로 완전일치의 원칙이 적용된다. 승낙은 절대적(absolutely)이며 무조건적(unconditionally)으로 청약의 조건과 반드시 일치하여야 한다. 그러나 이 원칙의 적용에는 실무적으로 많은 불편이 따르므로, 계약실무상 청약내용에 대하여 본질적으로 실질적 변경(materially alteration)을 가하는 승낙이 아니라면 사소한 내용은 계약의 일부로 인정시켜 능률적으로 계약을 성립시킬 수 있도록 하는 취지로 보아야 할 것이다.

을 때에 계약의 성립으로 보는 요지주의[679]가 있다.

승낙의 효력발생시기를 보면 아래 표[680]와 같이 영미법은 물론 대륙법 계통에서도 승낙의 의사표시에 관한 일반 원칙으로는 도달주의를 채택하고 있으나 우리나라, 일본, 영미법에서는 예외적으로 격지자 간의 거래에서 우편이나 전보에 의한 승낙의 의사표시의 경우에는 발신주의를 채택하고 있다.

승낙의 의사표시의 효력발생시기

국 가 원 칙			한국법	양미법	독일법	비엔나 협약
의사표시에 관한 일반원칙			도달주의	도달주의	도달주의	도달주의
승낙자의 의사표시	대화자간	대면	도달주의	도달주의	도달주의	도달주의
		전화, 텔렉스	도달주의	도달주의	도달주의	도달주의
	격지자간	우편, 전보	발신주의	발신주의	발신주의	도달주의

이렇게 볼 때 국가핵심기술의 수출계약이 성립되는 시기는 두 가지로 구분할 수 있다. 하나는 청약자가 해당 기술의 보유자로 내국인이고 피청약자, 즉 청약에 대해 승낙하는 자가 해외기업인 경우이고, 다른 하나는 청약자가 해외기업이고 승낙자가 내국인으로 국가핵심기술을 보유하고 있는 내국인의 경우이다. 그런데 누가 청약을 했고 승낙을 했든 간에 승낙의 통지가 도달된 경우에 계약이 성립된다는 점에서는 차이가 없으므로, 해당 국가핵심기술을 보유하고 있는 내국인은 이 기술의 수출계약이 성립되면 산업부 장관에게 수출승인을 신청하거나 신고해야 하는 것으로 해석할 수 있다.

다. 수출의 신고

수출계약의 성립시기는 상기한 바와 같으며, 계약이 성립되면 해당 기술에 대한 당사자 간 정보교환이 이루어지게 되어 기술유출 상태에 놓이게 된다. 따라서 기술계약과 수출신고 및 승인까지의 시차를 두고 불법기술유출 가능성이 발생할 수 있지만 산기법상에는 이에 대해 규정되어 있지 아니할 뿐만 아니라 수출계약일로부터 언제까지 수출신고나 승인신청을 해야 한다는 규정도 마련되어 있지 않다.[681] 수출의 신고는 국가핵심기술로서 승인대상 이외의 국가

679) 이탈리아, 이집트 등에서 요지주의를 채택하고 있다.

680) http://www.kcab.or.kr/journal/298_6.html 〈2007.8.20 방문〉

681) 동법 시행령 제13조(국가핵심기술의 수출승인) 및 제14조(국가핵심기술의 수출신고)에서도 "~승인(사전신고)을 받고자 하는 대상기관은~서류를 첨부하여 지식경제부 장관에게 제출하여야 한다"고만 명시되어 있다.

핵심기술을 보유·관리하고 있는 대상기관이 국가핵심기술의 수출을 하고자 하는 경우에는 지식경제부 장관에게 사전 신고하도록 되어 있다.[682]

국가핵심기술에 준하는 전략물자·기술 수출입 통합공고문(과학기술부/지식경제부-당시의 산업자원부, 2006.9.8) 제19조 제3항에서와 같이 "1종 전략물자 등을 (중략) 수출하려는 자는 (가)자율준수 무역거래자는 수출 후 7일 이내, (나)기타는 수출신고 3일 전에 신고하여 (중략) 개별신고 허가를 갈음한다."라는 개별수출 허가신청 예를 참고하여 계약과 신고 사이의 공백 기간을 허용한다면 신고의 법적 성질에 따라 해당 기술의 불법유출 상태가 배제될 수 있을 것이다.

행정절차상 신고라 함은 사인이 행정기관에게 일정한 사항에 대하여 알려야 하는 의무가 있는 경우에 그것을 알리는 것을 말한다.[683] 이러한 신고도 신고자의 주관적인 법률상 이해관계의 유무에 따라 (가)신고자의 주관적 법률상 이해관계가 없는 신고(예, 보행자가 경찰관서에 대하여 자신이 목격한 교통사고를 신고하는 경우, 또는 보행자가 소방관서에 대하여 자신이 목격한 화재를 신고하는 경우 등)와 (나)신고자의 주관적인 법률상 이해관계가 있는 신고(예, 혼인신고 또는 테니스장업 신고)[684]로 구분할 수 있다.

국가핵심기술의 수출을 위한 사전신고는 대상기관의 선택사항이지만 자기 완결적 신고[685]라기보다는 수리를 요하는 신고[686]이며, 사실파악형 신고[687]라기보다는 규제적 신고[688]에 해당하여 신고를 하지 아니하고 신고의 대상이 되는 행위를 한 경우에 통상 그에 대하여 형벌이 가해지고 위법행위에 대한 시정명령이 발령된다. 이 때문에 국가핵심기술의 수출을 위한 사전신고는 수리를 요하는 허가적 신고라 할 수 있다.[689]

따라서 산기법상 수출신고는 서면으로 이루어지며,[690] 입증서류의 보완이나 추가제출이 가능하다[691]는 점에서 신고일자 소급이 가능하므로 수출신고 시점은 서면으로 신고한 날이 된다.

---

682) 산기법 제11조 제4항.

683) 박균성, "行政法上 申告," 考試硏究 제26권 제11호(통권 제308호) (1999.4.27), p.29.

684) 홍정선, "私人의 公法行爲로서 申告의 法理," 현대행정법학이론(이명구 교수 회갑기념 논문집) (1996), p.143.

685) 신고의 요건을 갖춘 신고만 하면 신고의무를 이행한 것이 되는 신고, 박균성, 앞의 논문 [29].

686) 신고가 수리되어야 신고의 대상이 되는 행위에 대한 금지가 해제되는 신고, 박균성, 앞의 논문 [29].

687) 신고를 하지 않고 신고의 대상이 되는 행위를 한 경우에 당해 행위는 법질서에 반하는 위법행위가 되는 신고로, '申告留保附 禁止'로 부를 수도 있다. 박균성, 앞의 논문. p.29.

688) 행정청에게 단순히 행정에 필요한 사실을 파악하도록 하기 위하여 행해지는 신고로 '허가적 신고'라고도 한다. 박균성, 앞의 논문. p.29.

689) 신고가 신고의 요건을 충족하지 않는 경우에 신고는 불적법한 신고가 된다. 신고사항을 신고하지 아니하거나 신고하였으나 신고요건을 충족하지 않은 부적법한 신고의 경우에 신고의무를 이행하지 않은 것이 되며, 신고를 하지 않고 신고의무가 있는 행위를 한 경우의 효과는 산기법 제36조 이하의 벌칙규정에서와 같이 최고 7년 이하의 징역이나 7억원 이하의 벌금에 처하게 된다.

690) 산기법 시행령 제14조.

691) 산기법 시행령 제13조 제4항 제3호.

즉, 신고의 개념으로 볼 때 국가핵심기술의 불법유출시점을 수출 신고한 날로 판단할 수 있는 것이므로 수출신고 이전에 국가핵심기술이 유출되었다면 불법 기술유출에 해당하겠지만 수출 신고서를 제출한 날 이후에는 사해행위가 없는 한 불법으로 해당 기술이 해외기업에 유출된 것이라 할 수 없다.

라. 수출의 승인신청

수출승인의 대상기술은 국가로부터 연구개발비를 지원받아 개발한 국가핵심기술을 보유한 대상기관이 그 기술을 수출하고자 하는 경우에 지식경제부 장관의 승인을 얻어야 하는 것을 말한다. 이는 국가로부터 지원받지 않고 독자적으로 기술을 개발한 기업이 갖는 국가핵심기술의 경우에 수출을 위한 사전 신고해야 하는 절차와 대비된다. 때문에 수출을 위해 사전 신고해야 하는 이른바 독자적 국가핵심기술에 대해서 신고서류를 검토한 결과 국가안보에 심각한 영향을 줄 수 있다고 판단하는 경우에는 해당기술의 수출중지 · 수출금지 · 원상회복 등의 조치가 취해진다.[692]

수출승인 신청을 하는 것만으로 기술유출이 합법화되는 것은 아니며, 승인신청서에는 매각(이전)계약서 또는 가계약서, 이에 준하는 서류를 첨부[693]해야 하는 것과 같이 해당기술의 매각(이전)계약 후 수출승인신청 전까지 계약된 해외기업에 해당기술을 이전하는 것은 불법유출이 될 수 있다. 따라서 언제를 해당 수출기술의 승인시점으로 볼 것인가는 승인신청일과 승인일, 승인신청 거절일, 승인변경 신청일과 승인변경신청 거절일 등에 따라 다를 수 있지만, 조건부 승인이 가능하다는 규정[694]과 수출중지 · 수출금지 · 원상회복 등의 조치를 명할 수 있다는 규정[695]은 승인되지 아니한 기술거래는 불법유출로 판단하는 것이므로 해당 기술의 수출 승인시(승인일)를 기준으로 그 이전의 기술이전은 불법유출이 된다.

다만 독자적 국가핵심기술인 경우에 승인신청이 거절된다면 해당 기술에 대한 수출중지 · 수출금지 · 원상회복 등의 조치가 취해질 것이므로 그에 따른 보상적 구제방안이 마련되어야 하나 현행 산기법에서는 규제만 있고 보상 등의 구제규정은 마련되어 있지 않다.

마. 소결

수출개념을 대외무역법에서 차용하였으므로 여기서 인정되는 수출거래 형태를 알아보면 L/C 방식, 추심결제방식(D/A, D/P) 등 물품의 이동과 대금의 결제가 반대방향으로 이루어지는 정형

692) 산기법 제11조 제5항.
693) 산기법 시행령 제13조 제1항.
694) 산기법 시행령 제13조 제4항.
695) 산기법 시행령 제13조 제5항.

화된 수출거래 형태와 수출제한을 회피하거나 국내산업 보호에 지장을 초래할 우려가 있는 경우, 외국에서 외국으로 물품의 이동이 있고 그 대금의 지급이나 영수가 국내에서 이루어지는 거래로서 대금결제 상황의 확인이 곤란한 경우 및 대금결제가 수반되지 아니하고 물품의 이동만 이루어지는 특정거래 형태로 나뉜다. 이 중 정형화된 수출거래 형태와 특정거래 형태 중 지식경제부 장관의 인정범위에 속하지 않는 것은 현행 대외무역법상 특별한 규제를 하지 않고 있다. 즉 특정거래 형태 중 지식경제부 장관의 인정대상을 제외하고는 자유로운 거래가 가능하다.[696]

산기법은 이러한 수출대상에 대해 국가핵심기술이면서 수출의 사전신고나 수출승인을 받도록 하고 있으며 이에 위반하여 거래가 이루어질 경우 불법의 국가핵심기술유출로 보아 최고 7년 이하의 징역이나 7억 원 이하의 벌금을 부과하는 규정을 포함하고 있다.

기술이전의 형태는 다양하지만 국가핵심기술에 해당하는 첨단의 기술을 외국기업과 거래함에 있어서는 거래계약에 의해 이루어지는 것이 일반적이며, 해당 기술을 수출하기 위해서는 사전신고나 수출승인신청을 하면서 거래계약이나 가계약서 등을 첨부하여 국가안보에 위협을 줄 기술의 수출 여부를 타진해야 한다. 그 이외에 산업스파이에 의하거나 밀반출에 의한 기술유출은 모두 불법이며, 발각되면 수출금지나 제한 또는 원상회복 등의 조치 등이 수반된다. 그러나 기술거래계약과 수출을 위한 사전신고나 승인신청에는 시차가 발생할 수밖에 없고, 기술거래계약 체결 시나 기술거래 성립과정 중에 혹은 계약성립과 동시에 해당 기술에 대해 당사자 간 정보교류가 시작되는 것이 일반적이며, 따라서 비록 수출신고나 수출승인신청을 했다고 해도 이미 기술유출이 일어난 후에 수출을 위한 행정처리가 이루어지는 현상이 발생할 여지가 충분하다.

따라서 기술계약의 일정 시점부터 수출을 위한 사전신고나 승인신청까지 혹은 그 결과에 따른 일정 기간까지 불법기술 유출로 취급하지 아니하는 유예기간이 필요하게 되지만 유예기간을 악용할 소지가 있고 혼란을 방지하기 위하여 각 행위의 결과에 대해 법적효력을 부여하는 특정 시점을 정하는 것이 필요하게 된다.

Ⅱ 기술이전과 수출시점의 판단 (산기법 제11조 제1항의 해석)

1. 기술거래계약

산기법 제11조 제1항의 규정을 문리적으로 해석해보면 국가핵심기술의 수출에 있어 사전승인을 요하는 경우는 해당 핵심기술을 외국기업 등에 매각 또는 이전하려는 시점으로, 여기서

696) 그러나 인정대상이 아니라고 하여 외국환관리법까지 배제되지는 않으므로 대금결제에 대해서는 별도로 외국환관리법의 적용을 받게 된다.

수출은 결과일 뿐이며 그 수단은 매각 또는 이전이므로 수출의 시점과 기술거래의 시점은 다분히 시차를 두고 이루어질 개연성이 충분하다.

이 때문에 동규정은 수출의 시점과 기술거래의 시점을 일치시키기 위하여 "~수출 하고자 하는 경우~"로 명시하여 기술거래에 의한 수출 행위가 과거나 현재가 아닌 의도적 미래행위가 있기만 하다면 사전승인을 받아야 하는 것으로 해석할 수 있다. 이렇게 수출의 시점과 기술거래의 시점을 일치시켜야 하거나 적어도 수출보다 기술거래의 시점이 앞서야 하는 이유는 행위순서상 기술거래계약이 수출행위보다 앞서는 것이 일반적이기 때문이다.[697]

이제 수출을 위한 기술이전 시점을 살펴보자. 기술은 지적재산인 기술 및 디자인 · 기술정보 등 기타의 기술을 포함하고, 기술의 이전은 양도 · 실시권 허여 · 기술지도 등의 범위를 포함[698]하여 그 유형과 방법, 상호관계, 소유권의 이전 여부 등으로 구분[699]할 수 있으므로 먼저 산기법상 수출을 위한 기술거래 유형으로서의 매각과 이전 및 라이선스에 대해 살펴보기로 한다.

2. 매각

가. 정의

매각의 사전적 의미는 물건을 팔아버리는 것[700]으로, 소유재산의 완전 이전을 뜻한다. 예를 들면 '대우조선해양 매각'이라 하면 해당 기업의 소유재산 일체를 인수자에게 이전시킨다는 의미가 된다. 매각은 주로 물건의 소유권이 이전된다는 점에서 물건과 권리를 포괄하는 이전개

---

697) 예컨대 수출을 계획하지 아니하고 국가핵심기술을 외국기업 등에 매각 또는 이전계약을 맺게 되면 해당 기술은 계약 당시에 산기법에 의한 수출의 사전승인을 받을 필요가 없게 되고, 나중에 수출행위가 이루어진다면 그 시점에서 수출승인신청을 해도 될 것이며, 이 경우 이미 기술거래계약에 의해 기술내용이 외국기업 등에 이전되어 기술유출이 발생했음에도 불구하고 행정적 수출승인을 나중에 신청할 수 있다는 모순이 발생하게 된다.

698) 각주 3) 참조.

699) http://www.patentmart.or.kr/html/pds/techguide/ea_pop-02_6.html〈2007.8.1 방문〉,일반적으로 기술이 이전될 수 있는 경로와 방법은 (ⅰ) 기술인력 교류 (Personnel Migration), (ⅱ) 기술서적 및 문서의 배포, (iii) Seminar, Conference, Symposium, (iv) Technical Visit, Training, Plant Tour, (ⅴ) 생산설비와 같은 Hardware의 이동, (vi) Operation, Repair, Maintenance Manual 등이 있다. 기술이전이 일어날 수 있는 상호관계는 (ⅰ) 라이센스 계약관계, (ⅱ) 공동 연구관계, (iii) 위탁 연구관계, (iv) M&A, (ⅴ) Joint Venture, 전략적 제휴 및 투자, (vi) 컨설팅, (vii) 대리점 또는 서비스점 관계 등이다. 기술이전 유형은 이전되는 기술의 형태에 따라 특허 등 산업재산권 이전, 노하우 기술이전, 산업재산권과 노하우 기술을 포함하는 기술이전으로 분류할 수 있으며, 소유권의 이전여부 등에 따라 기술매각(양도), 실시권 허여로 구분할 수 있고, 실시권의 유형에 따라 전용실시권, 통상실시권, 상호실시권, 재실시권(특허법 제100조 4항과 같이 전용실시권자가 타인에게 통상실시권(재실시권)을 허락하는 경우)으로도 구분할 수 있다.

700) http://kr.dictionary.search.yahoo.com/search/dictionaryp?subtype=&prop=&fr=kr-front_sprit&p=%B8% C5%B0%A2. 〈2007.7.20 방문〉

념의 양도와 구분할 수 있다.

따라서 기술이 매각되는 경우에는 해당 기술을 보유했던 자도 기술 인수자의 허락 없이 사용할 수 없는 것과 같이 소유권이나 실시권 혹은 사용권의 완전이전을 의미하는 데 비해, 기술이 이전되는 경우에는 특약이 없는 한 기술 보유자나 인수자가 함께 사용할 수 있으며, 해당 기술에 대해 개량되는 기술이 있는 경우에는 상호 기술의 이용과 저촉관계에서 크로스 라이선싱Cross-Licensing에 의한 사용도 가능하며, 기술이전 계약이 만료되면 조건에 따라 원보유자에게 그 권리가 환원될 수 있는 등의 차이로 양자를 구분할 수 있다.[701)]

산기법상 기술유출에 해당하는 기술의 매각은 해외로의 기술매각을 일컫는 바, 경영학적 의미에서 해외매각이라 함은 주로 기업을 해외의 다른 기업에 파는 활동으로 인수와 유사한 개념으로 취급하고 있다.[702)]

나. 기술매각의 유형

(1) 직접매각

직접매각은 해당 기술의 보유자가 그 기술을 인수할 인수자와 직접거래에 의해 매각하는 것으로 기본형태의 기술매각이라 할 수 있다. 산기법상 기술매각의 기준은 소관부처의 사전승인이나 심사를 거친 직접매각을 전제로 하겠지만, 후술하는 바와 같이 여러 형태의 기술매각이 있으므로 국공립기관의 지원 없이 혹은 이들과 공동연구하지 아니하고 핵심기술을 개발한 개인기업의 경우 기술유출과 관련해서는 오히려 직접매각의 형태를 대부분 회피할 것으로 보인다. 그 이유는 국가핵심기술로 지정되면 매각이 쉽지 않게 되고 절차도 복잡하고 번거롭게 되므로 이를 피하기 위한 다른 기술매각수단을 강구할 것이기 때문이다.

직접매각 이외의 기술거래는 간접매각이라 할 수 있으나 이 둘의 경계가 뚜렷한 것은 아니다.

(2) 다국적기업과 내부거래

다국적기업은 국경을 초월하여 여러 국가에 산재된 회사들로 구성되어 있기 때문에 상품이나 서비스의 국제거래 또는 국제적인 기술매각이나 이전이 제3의 기업뿐만 아니라 다국적기업의

---

701) 따라서 기술매각은 기술이전의 특정화된 한 형태라 할 수 있다.

702) 물론, 인수는 주식의 거래라는 점에서 주주들의 의사결정에 의해 이루어지는 활동이며, 매각은 이미 기업이 정상적 영업활동을 할 수 없음에 따라 주주들의 권리는 상실되고 채권자(은행)에 의해 기업의 자산적 가치로서 판매된다는 점에서 차이가 있으며, 해외매각이라 함은 주주가 아닌 채권자나 채권은행이 기업의 경영적 가치보다는 기업의 자산적 가치를 평가하여 해외기업이나 인수자와 협상을 통해 정적가격으로 기업의 모든 자산을 넘기는 활동이라 할 수 있다. 따라서 매각되는 기술의 주체가 기업일 경우에는 기업과 그 기업이 갖는 기술의 분리가 이루어질 경우 기술매각은 기업매각에 대해 독립적이거나 적어도 해당 기술의 실시권이전 등으로 이루어지게 된다.

구성회사 사이에서도 이루어지는 특징을 갖는다. 외형적으로는 국경을 오가는 국제거래 또는 국제적 기술이전이지만 실제로 다국적기업의 입장에서는 기업집단의 내부거래로 인식되는 특성을 말하며, 이 때문에 자기 것으로 만든다는 의미의 내면화는 다국적기업의 경제적 특성을 구성하게 된다.

예를 들면, 다국적기업은 상품이나 서비스의 생산을 위해 필요한 중간재의 가격과 수량의 안정적 공급을 위해 외국자회사를 설립해서 제3자와의 국제거래를 대체하거나 보완할 수 있으며, 이처럼 다국적기업 내의 구성회사 간의 거래를 제3자와의 거래를 의미하는 회사 간 거래와 구별하여 내부거래라고 한다.

여기서 다국적기업의 내부거래가 기술유출의 범위에 포함되는지의 여부는 다국적기업의 특성과 구조를 파악하여 결정할 수 있을 것이며, 다국적기업으로 인정되면 기업 간 내부거래는 해외기업과 이루어진다 해도 기술의 유출이라고 보기 힘들 것이다.

(3) 기술이전

노하우를 제외한 산업상 기술의 소유권은 기술개발자가 특허청에 서류나 전자문서로 출원하여 공개하는 조건으로 부여되는 산업재산권이다. 특허권이 부여된 기술의 이전은 양도나 라이선스 계약에 의하여 이루어지며, 해당기술에 대해 독점배타권을 가지느냐의 여부와 출원행위 여부, 해당 기술을 공개할 것인지의 여부로 특허권과 노하우를 구분하고 있다.

특허권을 갖는 기술의 이전이 기술유출에 해당하는지의 여부는 해당 기술이 국가핵심기술인지, 그 기술이 기술유출국에 특허출원이나 등록이 되어 있는지, 상기한 다국적기업의 내부기업 간 거래인지에 따라 달라질 수 있지만, 특허된 기술은 공개된다는 점, 공개된 기술은 기술유출국에 특허로 보호받지 아니하면 해당국 내에서 누구나 사용할 수 있다는 점, 기술유출국에 특허등록된 기술이 이미 공개되었음에도 기술유출의 방지를 위해 산기법상의 절차를 따라야 하는지의 여부 등은 기술 내용의 이전과 기술이전 절차를 혼동하여 취급하는 것으로 보인다.

(4) 기업의 인수합병

합병Merger과 인수Acquisition의 첫 자로 만들어진 M&A 복합어는 기업(매수기업)이 타 기업(피매수기업)의 주식이나 자산을 인수·합병하여 새로운 사업에 진출하는 활동을 의미한다. 합병이란 2개 이상의 기업들 간에 보유주식을 상호 교환함으로써 최종적으로 하나의 기업만이 남게 되는 거래 형태로, 일반적으로 피 합병회사들의 이름을 공동으로 사용하거나 인지도가 높은 기업의 이름을 사용하기도 한다. 인수는 다른 하나의 기업이 또 다른 기업을 인수하여 인수한 기업을 그대로 존속시키면서 경영권을 확보하는 것을 말한다.

따라서 기업의 인수합병에는 일반적으로 기업이 갖는 유체물과 무체물의 재산을 모두 포함하게 되므로 기업이 보유한 기술 또한 인수 합병과정에서 해외로 유출된 가능성이 얼마든지 있다. 그 이유는 인수합병의 지역적 범위가 국내로만 한정되는 것은 아니기 때문이다.

다. 양도

(1) 정의

기술이전의 한 형태인 양도라 함은 “권리나 재산 따위를 남에게 넘겨준다.”는 뜻[703]으로, 매각에 비해 지적재산권을 포함하는 넓은 의미의 권리이전으로 볼 수 있다. 양도는 반드시 유상양도일 필요는 없으며, 지적재산권의 경우 권리변동을 크게 권리주체의 변동과 권리객체의 변동으로 구분하고, 전자는 양도나 국가의 수용에 의해, 후자는 권리의 소멸이나 내용의 정정에 의해 이루어진다.

특허권의 양도에 있어서는 특허출원 이후의 권리는 물론, 특허출원 전의 권리도 양도할 수 있으며[704] 주체적으로 공유지분의 양도는 물론 특정지역과 시간적 제한을 두고 양도할 수 있어서 기술이전의 범위에 권리가 포함되는 특징이 있다. 미완성 발명도 재화로서 양도행위가 유효하다는 미국의 판례[705]도 있다.

(2) 기술의 양도

기술의 양도는 기술이전을 목적으로 계약에 의해 이루어지는 기술거래의 한 형태이다. 여기에는 권리나 기술, 영업비밀 등의 무체물까지 포함되며, 기술거래(기술이전)는 크게 기술도입[Licensing-in][706]과 기술수출[Licensing-out][707]로 구분할 수 있다. 거래의 대상은 통상 산업재산권의 범위에 포함되는 권리(특허, 실용신안), 디자인(종래의 의장), 상표, 기술이 되고 영업비밀이나 노하우가 포함되기도 한다.

---

703) http://dic.link.co.kr/. 〈2007.7.30. 방문〉

704) 특허법 제37조 제1항 및 제2항.

705) Film Tech Corp. v. Allied Signal, 939 F.2d 1568, 19 U.S.P.Q. 2d 1508,1511(Fed. Cir., 1991).

706) 신기술의 도입으로 새로운 사업을 전개하여 사업의 기반을 구축하고자 하는 것이 첫째 목적이고, 나아가 시장에서의 경쟁우위확보, 선진외국기업과의 제휴에 의한 기업기반을 확보하고자 하는 것이 또 다른 목적으로서, 대부분 자주 기술, 자주 제품(독자 Model)의 출현을 기대하게 된다. 이에는 기업 자체가 갖고 있는 환경, 조건과의 적합성을 충분히 고려하여 전략적으로 추진할 필요가 있다.

707) 통상 제조기업의 경우, 제품 속에 기술의 가치를 포함한 것을 판매함으로써 이윤을 추구하나, 외국으로 제품을 수출하는 경우 현지의 법률, 시장환경, 경제사정, 노동환경 등으로 인한 여러 Risk가 있으므로, 이를 타개하기 위한 수단으로서 적절한 상대방을 선택하여 기술 내지는 특허권을 이전하고서 자기제품의 현지유통을 꾀하던가 아니면 합작회사 또는 자회사를 설립하여 이에 기술수출을 하거나, 또는 기술 내지는 특허권만을 대가를 받고 이전하거나 실시허락을 하는 경우도 있다.

(3) 기술거래의 유형

기술거래의 목적은 기술보유자나 인수자의 욕구 충족이지만, 기술거래의 유형별로 분류해보면 신사업을 위한 기술이나 노하우의 거래, 개발 분야에서 사업화 분야로 기술적 노하우나 권리를 이전, 개인이나 기업 등 제3자에게 장비나 부품 또는 제품의 사용 판매, 제조권리를 부여하거나 관련 정보에 접근하도록 서비스 제공, 신상품과 신개발공정에서 기술의 혁신자와 개발자간 기술공유 등으로 대별할 수 있다.

특히 세계적 기업이 개인이나 타 기업의 유관기술을 사들여 시장에 동일유사상품이 나타나지 않도록 사장死藏시키기 위한 목적으로 구입하는 경우도 주변 기술의 사장목적에 의한 거래의 유형으로 볼 수 있다.

라. 라이선스

(1) 정의

라이선스는 물건이나 기술, 권리 등의 실시 혹은 사용의 회수 가능한 허락[708]을 말하며 라이선스 계약을 맺는다는 동사의 의미로도 사용된다. 라이선싱Lisensing은 라이선스 계약을 맺는 행위를 말하나, 관행상 라이선스 계약과 구별 없이 사용하고 있는 기술계약 가운데 한 형태이다.

지적재산권의 예에서 특허권자는 타인에게 특허권의 전용실시권[709]을 설정하거나 통상실시권[710]을 허락할 수 있고[711] 상표권자는 타인에게 그 상표권에 관하여 전용사용권이나 통상사용권을 허락할 수 있다고 규정[712] 하여 기술의 실시와 서비스에서의 사용을 구분하고 있으나 소유권의 이전 없이 일정 기간 동안만 사용한다는 의미에서 동일한 개념의 라이선스 계약이라 할 수 있다. 해외로의 기술유출과 관련하여 국제기업 간 라이선스 계약은 특정 기업이 가지는 특허, 기술, 노하우, 상표 등과 같은 지적재산권을 일정기간 동안 해외기업에 사용하도록 하고

---

708) 1. A revocal permission to commit some act that would otherwise be unlawful; esp., an agreement that will be lawful for the licensee to enter the licensor's land to do some act that would otherwise be illegal, such as hunting game. 2. The certificate or document evidencing such permission. BRYAN A. GARNER EDITOR IN CHIEF, 『BLACK'S LAW DICTIONARY', SEVETH EDITION, WEST GROUP, p.931.

709) 전용실시권이란 특허권자 이외의 자가 특허권자와의 계약에 의해 기간과 권리범위 및 실시지역, 실시료 등을 정하여 그 조건 내에서 해당 특허권의 기술을 독점배타적으로 실시할 수 있는 권리로, 이 권리가 설정되면 특허권자도 전용실시권자의 허락없이 해당 특허기술을 실시할 수 없다(특허법 제100조).

710) 통상실시권이란 특허권자의 허락이나 법률의 규정에 의하여 또는 행정청의 강제 처분에 의하여 해당 특허기술을 실시할 수 있는 권리로, 독점권이 아닌 배타권이라 할 수 있다. 그 이유는 실시조건이 중복적으로 이루어질 수 있으며 특허권자도 통상실시권자의 허락 없이 실시할 수 있기 때문이다.

711) 특허법 제100조 및 제102조.

712) 상표법 제 55조 및 제57조.

그 대가로 로열티나 다른 형태의 보상을 받도록 하는 계약을 말한다.

(2) 기술라이선스 계약

기술이전은 매각 · 양도는 물론, 인적 · 물적자원의 활용이나 실시와 같은 라이선스 계약에 의해서 이루어진다. 이렇게 볼 때 기술라이선스도 기술이전의 한 형태에 속하게 된다. 기술양도 계약으로는 영업비밀, 특허권 등을 양도하는 경우와 같이 해당 영업비밀이나 기술의 소유권이 그 보유자로부터 제3자에게 이전되는 것을 말한다.

지적재산권에 대한 기술라이선스 계약은 크게 전용실시권과 통상실시권으로 구분할 수 있지만 해당 권리의 소유권은 유보하고 실시권만 허용한다는 점에서는 공통점이 있다. 라이선스 계약 체결 전 관련 기술을 분석 평가할 수 있는 기간을 부여하고 옵션기간 후에는 관련 정보나 자료를 사용할 권한을 상실시키는 옵션계약을 맺는 것도 가능하다.

한편, 기술이나 권리의 소유권이전에 따른 기준으로 볼 때는 해당 기술이나 권리가 완성된 것이어야 하지만, 특정기술을 완성하기까지의 계약으로는 공동연구계약, 위탁연구계약, 원료양도계약 등으로 구분할 수 있다. 이때 필요한 자금이나 인력, 장소나 필요 장비 등의 제공이나 이들 및 개발기술 등에 대한 비밀유지계약^NDA^, 장비공급계약, 자금공급계약, 프랜차이즈계약, 상호 라이선스 계약 등을 들 수 있다. 라이선스 계약에 대한 의미와 쟁점사항을 간단히 정리하면 다음 표와 같다.

산업기술에 대한 라이선스 계약 구분

구 분 기 준	라이선스계약 종류	의 미	쟁점사항
소유권 기준	전용실시권	특허권자는 권리만 가지고 실시권자가 특허권자와 동일한 독점배타적 권한 행사	1. 특허권자도 실시할 수 있는지 여부 2. 복수의 전용실시권설정이 가능한지 여부
	통상실시권	특허권자 혹은 전용실시권자로부터 허락받은 배타적 실시권	1. 이용저촉발명에서의 CROSS-LICENSING 2. 선택발명의 실시권
	신탁(양도담보)	일정한 경제상의 목적을 위해 권리의 양도 형식을 취하는 것[713]	무체재산권의 신탁이 가능한지 여부
	질권	채권자가 채권의 담보로서 채무자나 제3자의 물건을 수취하여 채무자가 변제할 때까지 소유하고, 변제를 하지 않을 경우 그 물건으로부터 우선변제를 받기 위한 담보물권	1. 질권자의 당해 특허발명 실시불가[714] 2. 질권행사로 인한 특허권의 이전에 따른 통상실시권[715] 3. 질권의 물상대위(物上代位)[716]
완성여부 기준	공동연구	개발기술의 내용, 인적·물적자원의 투자, 기술완성 후의 권리소유 등을 계약으로 정하고 행하는 복수주체의 연구	연구개발의 대상, 개발업무 및 비용의 분담, 비밀유지, 특허권 소유, 실시권 허여, 특허출원 및 유지관리

(3) 영업비밀과 노하우의 라이선스 계약

(가) 영업비밀과 노하우의 구분

영업비밀이라 함은 "공연히 알려져 있지 아니하고 독립된 경제적 가치를 가지는 것으로서, 상당한 노력에 의하여 비밀로 유지된 생산방법 · 판매방법 기타 영업활동에 유용한 기술상 또는 경영상의 정보"를 말한다.[717] 미국의 불법행위법Torts에 의하면, 영업비밀이란 모든 제법 · 패턴 · 고안, 기타 집합된 정보를 말하며, 그것이 영업상 사용되고 있으며 동시에 이것을 알지 못하거나 사용하고 있지 않는 영업자에 대해서 영업상 사용자에게 유리한 지위를 부여하는 것을 말한다. 또한 영업비밀은 영업활동에 있어서 계속적으로 사용하기 위한 공정 또는 고안이라고 볼 수 있기 때문에 영업활동상의 단일 또는 일시적인 사안에 관한 단순한 정보와는 구별해야 한다고 보고 있다.[718]

노하우의 사전적 의미는 "산업이나 기술에서 어떤 실질적 결과를 달성하기 위하여 요구되는 정보나 실질적 지식, 기술, 숙련도"를 말한다.[719][720] 노하우라는 말은 미국에서 처음 사용된 것으로 알려져 있는데, 오늘날까지 번역되지 아니한 채 국제적으로 그대로 사용되고 있으며, 세계대전 이후 산업기술개발이 본격화 되면서 세계 각국은 법률용어로서의 정착을 인정하고 있다. 특히 미국에서 법적보호의 대상으로서의 노하우는 Trade Secret[721]이라는 개념으로 발전

---

713) 종래 양도담보의 형태로 법적 구성을 취해 왔다는 의미에서 구분한 것으로, 부동산 실권리자 명의 등기에 관한 법률 제4조 제1항의 규정에 의해 명의신탁약정은 무효로 한다.

714) 특허법 제121조 : 특허권 · 전용실시권 또는 통상실시권을 목적으로 하는 질권을 설정한 때에는 질권자는 계약으로 특별히 정한 경우를 제외하고는 당해 특허발명을 실시할 수 없다.

715) 특허법 제122조.

716) 특허법 제123조 : 질권은 이 법에 의한 보상금 또는 특허발명특허발명의 실시에 대하여 받을 대가나 물건에 대하여도 이를 행사할 수 있다. 다만, 그 지급 또는 인도 전에 이를 압류하여야 한다.

717) 부정경쟁방지 및 영업비밀보호에 관한 법률 제2조 제2호.

718) Restatement of Torts §757 Comment (b).

719) The information, parctical knowledge, techniques, and skill required to achieve some practical end, esp. in industry or technology. BRYAN A. GARNER EDITOR IN CHIEF, "'BLACK'S LAW DICTIONARY", SEVETH EDITION, WEST GROUP, pp876.

720) 노하우라고 일컬어지는 것에는 공장 · 기계장치 · 제품의 제조과정, 제조방법, 사용방법, 실험 데이터, 성분원료의 배합비율, 그 처리조건 등과 같은 기술상의 노하우와 기업의 조직계획, 가격정책, 상품의 진열 또는 판매방법, 광고계획, 광고방법, 고객 리스트 등과 같은 경영상의 노하우가 있다. 기업에서 종업원의 일반적인 지식과 기술(general knowledge and skill) 등을 노하우로 포함시킬 수 있는지의 여부에 대한 미국 대법원의 판례는 이를 부정하고 있다. Van Products Co. v. General Welding &Fabricating Co. 419 Pa. 248, 213 A.2d 769,PA. 1965, p.263.

721) 'Trade Secret' 이란 어떤 사람이 사업에 사용하는 방식(Formula), 유형(Pattern), 장치(Device) 또는 정보의 편집(Compolation of information)으로서 이것을 알지 못하거나 사용하지 않는 경쟁자들 보다 이것을 사용하는 사람들에게 유리한 지위를 얻게 해주는 것이다 (이하 생략), Melvin F. Jager, Trade Secret Law, vol. I, p.39.

되어서 노하우가 법적으로 보호되기 위해서는 Trade Secret의 요건을 갖추어야 한다.

그러나 노하우라는 개념은 극히 다의적으로 사용되고 있고 확립된 정의도 없으므로, 그 구체적인 의미나 범위 등은 그것이 사용된 법률관계의 목적이나 필요 등에 따라 개별적으로 확정할 수밖에 없다. 우리나라의 대법원판례에서는 노하우를 "공업 목적에 도움이 되는 어느 종류의 기술을 단독 또는 결합하여 작성하고 그것을 실제로 응용하는데 필요로 하는 비밀의 기술적 지식, 경험 또는 그것들의 집적을 일컫는 것", "공개되지 아니한 기술적 정보"또는 "기술정보 · 경험 및 기술지식의 비밀" 등으로 정의를 내려 기술상의 노하우로 파악하고 있다.[722] 영업비밀과 노하우의 의미는 상기한 바와 같이 서로 다르지만, 기술상 또는 경영상의 정보로서 공개되지 않은 재산적 가치가 있는 산업적 기술이라는 점에는 차이가 없다.

(나) 영업비밀과 노하우의 라이선스 계약

영업비밀과 노하우가 산업기술의 범위 내에 속하게 되므로 이들의 라이선스 계약은 기술이전에 따른 라이선스 계약에 준하여 고려할 수 있다. 다만 기술이전이 가능하도록 영업비밀의 범위가 특정되어야 한다는 점에서 비밀성[723]과 상업성[724]은 기본적 성립요건이 될 것이다. 우리의 대법원 판례는 "영업비밀 침해금지를 명하기 위해서는 그 영업비밀이 특정되어야 할 것이지만, 상당한 정도의 기술력과 노하우를 가지고 경쟁사로 전직하여 종전의 업무와 동일, 유사한 업무에 종사하는 근로자를 상대로 영업비밀 침해금지를 구하는 경우 사용자가 주장하는 영업비밀이 영업비밀로서의 요건을 갖추었는지와 영업비밀로서 특정이 되었는지 등을 판단함에 있어서는, 사용자가 주장하는 영업비밀 자체의 내용뿐만 아니라 근로자의 근무기간, 담당업무, 직책, 영업비밀에의 접근 가능성, 전직한 회사에서 담당하는 업무의 내용과 성격, 사용자와 근로자가 전직한 회사와의 관계 등 여러 사정을 종합적으로 고려하여야 할 것이다."고 판시하여 영업비밀의 성립요건을 명시하고 있다.[725]

(4) 특허권의 라이선스

(가) 특허권만의 라이선스 계약

하나의 발명에 대해 특허권을 취득하는 과정은 완성된 기술을 글과 그림으로 표현하여 특허

722) 정갑주, '노우하우(know-how)의 保護', (재판자료 제56집 법원도서관), [226].

723) 비밀성이란 해당 영업비밀이나 노하우가 공개되지 않은 상태의 비밀유지와 기존에 알려져 있지 아니한 상태의 신규성을 포함하는 개념이다. 이 때문에 특허법상의 특허요건(신규성 혹은 진보성)과 구분할 수 있다.

724) 상업성은 상업적 가치를 갖는 정보라는 의미로 현실 또는 잠재적인 독립된 경제적 가치성을 말한다. 상업성 또한 기술의 완성 여부만으로 특허요건을 가리는 특허법과의 운영에 차이가 있다.

725) 대법원 2002마4380 선고, 2003.7.16.판결.

청에 제출(출원)한 후 심사를 거쳐야 하는 것이므로, 그 기술의 실물이나 시뮬레이션을 제공하지 않고 반복 실시하여 동일 결과를 낼수 있는 개연성만 있으면 특허요건의 충족을 전제로 특허 받을 수 있게 된다.[726)]

따라서 물건과 방법만이 발명의 대상이 되며, 특히 물건의 발명의 경우에는 그 형상과 구조 및 이들의 조합으로 이루어지므로 물건의 발명에 있어서 노하우는 대부분이 감추어질 수 있다.[727)] 이 때문에 기술보유자나 기술 도입자 측에서 기술지도 또는 노하우의 제공이 불필요하다고 생각하는 경우, 비용을 절감하고 싶은 경우, 노하우의 노출 우려가 있는 경우에는 특허권만의 실시허락 계약을 맺을 수 있다.

주로 해당 기술의 라이선스 계약을 원하는 실시권자가 그 기술을 실시할 수 있는 능력을 보유하고 있는 경우나, 권리자의 채무악화 등으로 권리만 보유하고 실시권은 제3자에게 넘기거나, 선진업체의 특허권을 활용하여 시장에서의 우월적 지배를 꾀하고자 하는 경우에 특허권만의 라이선스가 이루어지며, 특허권에 대하여 실시를 위한 라이선스 계약이 전용실시권과 통상실시권임은 주지하는 바와 같다.

이 경우 특허권을 구성하는 출원명세서의 청구범위에는 해당 기술을 구성에 필수적인 요소들만 존재하면 특허요건의 충족을 전제로 독점배타권이 부여되는 만큼 노하우는 표면상 혹은 권리상 나타나지 않는 것이 일반적이다. 따라서 발명특허에 노하우가 포함된 경우 특허권의 실시계약에서 노하우는 특허권과 독립적으로 취급되어야 할 것이지만, 특허권만의 라이선스 계약에 따른 실시 중에 노하우를 스스로 알아냈다면 사위행위가 없는 한 실시권자의 노하우도 될 수 있다는 점에서 이에 대한 계약조건을 정하는 것도 당사자의 이익이나 손해를 방지하는 하나의 계약을 위한 전략이 될 수 있다.

(나) 노하우만의 라이선스 계약

노하우는 기술비결로 일컬어지거나 "비밀리에 관리되는 기술적 지식이나 경험 등을 총칭하는 것"[728)]이므로, 특정 제품을 제조하거나 사용하거나, 또는 특정 방법을 실시하기 위하여 유용

---

726) 이 때문에 생산시설이나 영업망을 갖추지 않은 채 중소기업이나 폐업한 회사, 개인발명가 등으로부터 이전받은 특허권만을 보유하고 세계유명기업에 특허침해소송으로 로열티를 챙기는 특허괴물(Patent Troll)이 존재하고 있다.

727) 예를 들면, 맞물려 돌아가는 두 평기어(치차)에 관한 내용을 포함하는 발명에 있어서, 특허출원 명세서와 도면상에는 정확한 치수를 갖는 형상과 구조를 수치적으로 혹은 구동 가능한 형상으로 표현하면 되지만, 실제 가공공차 등에 의해 그 치차가 구동하지 않거나 그 치차가 사용되는 장비의 효율이 낮아질 수 있다. 이 경우 가공공차를 어느 범위로 할 수 있는지에 대한 많은 실험결과는 그 치차가 사용되는 장비의 성능을 좌우하는 것이므로 개발회사만이 알 수 있는 노하우라 할 수 있으며, 이 노하우는 굳이 특허출원명세서나 도면에 기재할 필요가 없다.

728) 윤선희, 『특허법』, (법문사, 2004), p.110.

한 기술적 지식, 경험, 데이터 및 기타 정보로서 이를 통해 소정의 산업 목적을 달성할 수 있는 것이면 노하우라 할 수 있다. 구체적 예로는, 기술의 성격, 종류에 따라 차이가 있기는 하나, 제조(사용)를 위한 기술정보, 경험, 데이터, 설계도, 장치배관도, 공장 Layout, 원료, 분석. 시험정보, 견본, 시작품 등으로 각 노하우마다 달성의 쉬움과 어려움은 천차만별이다. 이들은 상업화 기술이라 할 수 있고 상당한 투자와 개발노력이 필요한 주요한 자산으로서 기술상의 특정화된 정보이다. 따라서 특허권 범위 내에 노하우가 내포되어 있으나 특허권자 이외의 자가 알지 못하는 경우라면 특허권과 분리하여 노하우만의 실시를 위한 라이선스 계약이 가능하게 된다.

(다) 특허권과 노하우의 라이선스 계약

노하우 속에 특허가 포함될 수는 없어도 특허 속에 노하우는 포함될 수 있다. 그 이유는 노하우는 기술의 비밀유지 상태에서 이루어지는 기술상의 감춰진 정보이고 공개되면 노하우로서의 생명이 끝나는 반면, 특허는 공개를 목적으로 하지만 기술된 내용 속에 표현되지 않은 기술이 숨어 있을 수 있기 때문이다.

따라서 특허기술에 노하우가 포함되어 있는 경우라면 특허권과 노하우 각각의 실시에 관한 계약이 이루어질 수 있으며, 이 경우 특허권만의 실시권계약인지 혹은 노하우의 실시계약이 포함되는지의 여부에 따라 실시계약조건도 달라지게 되며, 노하우는 계약당사자 이외에는 공개되지 않도록 해야 한다. 특허권자가 노하우라 여기지만 특허권에 포함되어 누구나 알 수 있도록 공지되어진 경우라면 노하우는 특허권에 화체되어 분리될 수 있는 것이 아니므로 특허권과 분리하여 노하우만의 실시계약은 이루어질 수 없게 된다.

기술유출의 범위를 명확히 하기 위해서는 노하우만의 라이선스의 경우, 거래되는 노하우의 의미와 내용을 특정하고 노하우로서 더 이상 유지되지 아니하는 경우와, 이 경우의 구제방법 등의 취급에 대해서도 계약당사자 간 계약조건에 추가해야 할 사항들이다.

III 정리

국가핵심기술이 해외에 수출되는 경우 수출 시점을 파악하는 것은 그것이 불법유출인가의 여부를 결정짓는 기준이 되므로 매우 중요하다. 산기법 제14조[729]는 고의의 부정한 방법에

---

729) 1)절취 · 기망 · 협박 그 밖의 부정한 방법으로 대상기관의 산업기술을 취득하는 행위 또는 그 취득한 산업기술을 사용하거나 공개(비밀을 유지하면서 특정인에게 알리는 것을 포함한다. 이하 같다)하는 행위 2)산기법 제34조의 규정 또는 대상기관과의 계약에 따라 산업기술에 대한 비밀유지의무가 있는 자가 그 산업기술을 절취 · 기망 · 협박 그 밖의 부정한 방법으로 유출하는 행위 또는 그 유출한 산업기술을 사용하거나 공개하거나 제3자가 사용하게 하는 행위 3)제1호 또는 제2호의 규정에 해당하는 행위가 개입된 사실을 알고 그 산업기술을 취득 · 사용 및 공개하거나 산업기술을 취득한

의한 산업기술유출 행위를 세분하여 명시한 것으로 불법행위로서 당연히 처벌되어야 하지만 고의는 아니더라도 행정처리 과정 중에 발생할 기술유출의 여지도 배제할 수 없다.

이를 판단할 기준은 해당 산업기술의 유출시점을 판단하여 정해야 하므로 국가핵심기술의 신고나 승인 전에 기술유출이 있었다면 불법 유출된 시점은 기술 계약부터인지, 아니면 수출신고나 승인신청 때부터인지, 아니면 실제 해당기술이 수출되는 시점에서인지, 그리고 이들 시점으로부터 언제까지를 불법유출이 아닌 유예기간으로 볼 것인지에 따라 달라질 수 있다. 해당 산업기술에 대한 수출신고나 승인신청을 할 경우에는 기술이전을 위한 (가)계약서가 첨부되어야 하므로 기술수출을 위한 계약과정에서의 기술유출은 불법유출에 해당한다.

그러나 통상적으로 기술이전계약이 성사되면 이전비용과 함께 기술내용의 이전이 시작되므로 기술계약이 성립된 후 수출신고나 승인까지, 그리고 신고나 승인의 결과로부터 수출까지의 시차가 발생되고, 이 시차기간 동안에 이루어진 기술이전 역시 불법유출로 취급될 수밖에 없다. 이 때문에 기술이전 계약부터 수출신고나 승인신청 후 처리 과정 중에 기술이전이 이루어진 경우 불법유출보다는 합법적인 수출의 전단계로 취급할 수 있는 유예기간을 두는 것이 필요하다. 예컨대 국가핵심기술로 판명되면 수출중지나 금지 혹은 원상회복 조치를 취할 수 있지만 국가핵심기술이 아닌 것으로 판명되면 불법유출로 취급하지 않을 것이므로 이 둘 간의 형평을 맞출 유예기간을 설정할 필요가 있는 것이다.

이 경우 독자적 국가핵심기술인 경우와 국가지원하의 국가핵심기술에 대한 기술유출의 시기도 달라져야 한다. 그 이유는 독자적으로 개발한 산업기술에 대해서는 국가핵심기술에 해당하는지 타진해야 하고, 국가핵심기술이라면 수출시 국가안보에 심각한 영향을 줄 수 있는지 사전신고한 후에야 비로소 수출승인을 받을 수 있기 때문에 국가지원하의 국가핵심기술에 대해서 수출승인만 받는 절차에 비해 시간적 · 경제적 차이가 크기 때문이다.

요컨대, 개발된 산업기술이 국가핵심기술인지의 여부를 판단하는 절차와, 국가핵심기술이라면 수출 시 국가안보에 영향을 줄 수 있는 판단기준과 소요 기간과, 수출계약부터 수출신고와 승인신청, 그리고 실제 수출까지의 기간 동안에 발생하는 기술유출의 불법성에 대한 판단기준 등이 분명하고도 균형 있게 정립되어야 해당 기술개발자는 물론 국가차원의 기술을 보호할 수 있을 것이다.

후에 그 산업기술에 대하여 제1호 또는 제2호의 규정에 해당하는 행위가 개입된 사실을 알고 그 산업기술을 사용하거나 공개하는 행위 4)제1호 또는 제2호의 규정에 해당하는 행위가 개입된 사실을 중대한 과실로 알지 못하고 그 산업기술을 취득 · 사용 및 공개하거나 산업기술을 취득한 후에 그 산업기술에 대하여 제1호 또는 제2호의 규정에 해당하는 행위가 개입된 사실을 중대한 과실로 알지 못하고 그 산업기술을 사용하거나 공개하는 행위 5)제11조 제1항의 규정에 따른 승인을 얻지 아니하거나 부정한 방법으로 승인을 얻어 국가핵심기술의 수출을 추진하는 행위 6)제11조 제5항 또는 제7항의 규정에 따른 지식경제부 장관의 명령을 이행하지 아니하는 행위.

SCIENCE TECHNOLOGY & INTELLECTUAL PROPERTY

3장 영업비밀과 그 보호제도

1절 부정경쟁과 영업비밀

I 의의

1. 제도의 설립목적

1961년 이후 2012년 3월15일부터 시행되고 15회의 개정을 거친 영업비밀의 보호에 관한 독립된 법체제였던 「영업비밀보호법」은 「부정경쟁방지법」과 합체되어 「부정경쟁방지 및 영업비밀 보호에 관한 법률(이하 '부영법'이라 함)」로 법명이 변경되어 시행되어오고 있으나, 관행상 영업비밀보호에 관한 규정을 영업비밀보호법(혹은 줄여서 '영비법')으로 호칭하기도 한다.

부영법에서 부정경쟁행위는 국내에 널리 알려진 타인의 상표 · 상호商號 등을 부정하게 사용하는 경우를 예시하여 규정[730]하고 있고, 영업비밀 침해행위 또한 영업비밀의 부정취득행위를

---

730) 부영 §2, 1 : "부정경쟁행위"란 다음 각 목의 어느 하나에 해당하는 행위를 말한다.
가. 국내에 널리 인식된 타인의 성명, 상호, 상표, 상품의 용기 · 포장, 그 밖에 타인의 상품임을 표시한 표지(標識)와 동일하거나 유사한 것을 사용하거나 이러한 것을 사용한 상품을 판매 · 반포(頒布) 또는 수입 · 수출하여 타인의 상품과 혼동하게 하는 행위
나. 국내에 널리 인식된 타인의 성명, 상호, 표장(標章), 그 밖에 타인의 영업임을 표시하는 표지와 동일하거나 유사한 것을 사용하여 타인의 영업상의 시설 또는 활동과 혼동하게 하는 행위
다. 가목 또는 나목의 혼동하게 하는 행위 외에 비상업적 사용 등 대통령령으로 정하는 정당한 사유 없이 국내에 널리 인식된 타인의 성명, 상호, 상표, 상품의 용기 · 포장, 그 밖에 타인의 상품 또는 영업임을 표시한 표지와 동일하거나 유사한 것을 사용하거나 이러한 것을 사용한 상품을 판매 · 반포 또는 수입 · 수출하여 타인의 표지의 식별력이나 명성을 손상하는 행위
라. 상품이나 그 광고에 의하여 또는 공중이 알 수 있는 방법으로 거래상의 서류 또는 통신에 거짓의 원산지의 표지를 하거나 이러한 표지를 한 상품을 판매 · 반포 또는 수입 · 수출하여 원산지를 오인(誤認)하게 하는 행위
마. 상품이나 그 광고에 의하여 또는 공중이 알 수 있는 방법으로 거래상의 서류 또는 통신에 그 상품이 생산 · 제조 또는 가공된 지역 외의 곳에서 생산 또는 가공된 듯이 오인하게 하는 표지를 하거나 이러한 표지를 한 상품을 판매 · 반포 또는 수입 · 수출하는 행위
바. 타인의 상품을 사칭(詐稱)하거나 상품 또는 그 광고에 상품의 품질, 내용, 제조방법, 용도 또는 수량을 오인하게 하는 선전 또는 표지를 하거나 이러한 방법이나 표지로써 상품을 판매 · 반포

포함하여 제한적으로 열거하여 규정[731]하고 있다.

부정경쟁행위의 방지 및 영업비밀보호를 위하여 연구 · 교육 및 홍보, 부정경쟁방지를 위한 정보관리시스템 구축 및 운영의 주체는 특허청이다.

또는 수입 · 수출하는 행위

사. 다음의 어느 하나의 나라에 등록된 상표 또는 이와 유사한 상표에 관한 권리를 가진 자의 대리인이나 대표자 또는 그 행위일 전 1년 이내에 대리인이나 대표자이었던 자가 정당한 사유 없이 해당 상표를 그 상표의 지정상품과 동일하거나 유사한 상품에 사용하거나 그 상표를 사용한 상품을 판매 · 반포 또는 수입 · 수출하는 행위

(1) 「공업소유권의 보호를 위한 파리협약」(이하 "파리협약"이라 한다) 당사국

(2) 세계무역기구 회원국

(3) 「상표법 조약」의 체약국(締約國)

아. 정당한 권원이 없는 자가 다음의 어느 하나의 목적으로 국내에 널리 인식된 타인의 성명, 상호, 상표, 그 밖의 표지와 동일하거나 유사한 도메인이름을 등록 · 보유 · 이전 또는 사용하는 행위

(1) 상표 등 표지에 대하여 정당한 권원이 있는 자 또는 제3자에게 판매하거나 대여할 목적

(2) 정당한 권원이 있는 자의 도메인이름의 등록 및 사용을 방해할 목적

(3) 그 밖에 상업적 이익을 얻을 목적

자. 타인이 제작한 상품의 형태(형상 · 모양 · 색채 · 광택 또는 이들을 결합한 것을 말하며, 시제품 또는 상품소개서상의 형태를 포함한다. 이하 같다)를 모방한 상품을 양도 · 대여 또는 이를 위한 전시를 하거나 수입 · 수출하는 행위. 다만, 다음의 어느 하나에 해당하는 행위는 제외한다.

(1) 상품의 시제품 제작 등 상품의 형태가 갖추어진 날부터 3년이 지난 상품의 형태를 모방한 상품을 양도 · 대여 또는 이를 위한 전시를 하거나 수입 · 수출하는 행위

(2) 타인이 제작한 상품과 동종의 상품(동종의 상품이 없는 경우에는 그 상품과 기능 및 효용이 동일하거나 유사한 상품을 말한다)이 통상적으로 가지는 형태를 모방한 상품을 양도 · 대여 또는 이를 위한 전시를 하거나 수입 · 수출하는 행위

731) 부영 §2, 3 : "영업비밀 침해행위"란 다음 각 목의 어느 하나에 해당하는 행위를 말한다.

가. 절취(竊取), 기망(欺罔), 협박, 그 밖의 부정한 수단으로 영업비밀을 취득하는 행위(이하 "부정취득행위"라 한다) 또는 그 취득한 영업비밀을 사용하거나 공개(비밀을 유지하면서 특정인에게 알리는 것을 포함한다. 이하 같다)하는 행위

나. 영업비밀에 대하여 부정취득행위가 개입된 사실을 알거나 중대한 과실로 알지 못하고 그 영업비밀을 취득하는 행위 또는 그 취득한 영업비밀을 사용하거나 공개하는 행위

다. 영업비밀을 취득한 후에 그 영업비밀에 대하여 부정취득행위가 개입된 사실을 알거나 중대한 과실로 알지 못하고 그 영업비밀을 사용하거나 공개하는 행위

라. 계약관계 등에 따라 영업비밀을 비밀로서 유지하여야 할 의무가 있는 자가 부정한 이익을 얻거나 그 영업비밀의 보유자에게 손해를 입힐 목적으로 그 영업비밀을 사용하거나 공개하는 행위

마. 영업비밀이 라목에 따라 공개된 사실 또는 그러한 공개행위가 개입된 사실을 알거나 중대한 과실로 알지 못하고 그 영업비밀을 취득하는 행위 또는 그 취득한 영업비밀을 사용하거나 공개하는 행위

바. 영업비밀을 취득한 후에 그 영업비밀이 라목에 따라 공개된 사실 또는 그러한 공개행위가 개입된 사실을 알거나 중대한 과실로 알지 못하고 그 영업비밀을 사용하거나 공개하는 행위

4. "도메인이름"이란 인터넷상의 숫자로 된 주소에 해당하는 숫자 · 문자 · 기호 또는 이들의 결합을 말한다.

2. 부정경쟁방지

부정경쟁행위에 대한 금지는 파리협약 당사국, 세계무역기구 회원국 또는 「상표법 조약」 체약국의 국기 · 국장國章, 그 밖의 휘장이나 국제기구의 표지와 동일하거나 유사한 것은 상표로 사용할 수 없게 한 국기 · 국장 등의 사용 금지규정(§3), 자유무역협정에 따라 보호하는 지리적 표시의 사용금지 등에 관한 규정(§3의2)을 따른다.

또한, 부정경쟁행위 등의 금지와 손해배상청구 및 신용회복 등의 구제를 가능하게 하였으며, 특히 비친고죄 규정(§7)에 따라 고소나 신고가 없더라도 특허청장, 특별시장 · 광역시장 · 도지사 · 특별자치도지사(이하 "시 · 도지사"라 한다) 또는 시장 · 군수 · 구청장(자치구의 구청장을 말한다. 이하 같다)은 부정경쟁행위나 위반 행위를 확인하기 위하여 필요하다고 인정하면 관계 공무원에게 영업시설 또는 제조시설에 출입하여 관계 서류나 장부 · 제품 등을 조사하게 하거나 조사에 필요한 최소분량의 제품을 수거하여 검사하게 할 수 있다.

이를 위하여 2011년 6월9일부터 시행되고 있는 '상표권특별사법경찰대 운영규정'은 「사법경찰관리의 직무를 수행할 자와 그 직무범위에 관한 법률」에 의하여「부정경쟁방지 및 영업비밀보호에 관한 법률」 중 부정경쟁행위에 관한 범죄와 「상표법」중 상표권 또는 전용사용권 침해에 관한 범죄를 단속하는 특별사법경찰관리(이하 "상표권경찰"이라 한다)의 업무수행을 위하여 제정되었다.

3. 영업비밀보호

'영업비밀Trade Secret'이란 "공공연히 알려져 있지 아니하고 독립된 경제적 가치를 가지는 것으로서, 상당한 노력에 의하여 비밀로 유지된 생산방법, 판매방법, 그 밖에 영업활동에 유용한 기술상 또는 경영상의 정보"를 말한다(§2, 2).

여기서 공연히 알려져 있지 아니하다고 함은 그 정보가 간행물 등의 매체에 실리는 등 불특정 다수인에게 알려져 있지 않기 때문에 보유자를 통하지 아니하고는 그 정보를 통상 입수할 수 없는 것을 말하고, 보유자가 비밀로서 관리하고 있다고 하더라도 당해 정보의 내용이 이미 일반적으로 알려져 있을 때에는 영업비밀이라고 할 수 없다.

정보가 "독립된 경제적 가치를 가진다."는 의미는, 그 정보의 보유자가 그 정보의 사용을 통해 경쟁자에 대하여 경쟁상의 이익을 얻을 수 있거나, 또는 그 정보의 취득이나 개발을 위해 상당한 비용이나 노력이 필요하다는 것이다.

어떠한 정보가 이와 같은 요건을 모두 갖추었다면, 위 정보가 바로 영업활동에 이용될 수 있을 정도의 완성된 단계에 이르지 못하였거나, 실제 제3자에게 아무런 도움을 준 바 없거나, 누구나 시제품만 있으면 실험을 통하여 알아 낼 수 있는 정보라고 하더라도, 위 정보를 영업비

밀로 보는 데 장애가 되는 것은 아니다.[732)]

'영업비밀 보유자'에 의해 완성되어야 하므로 일의적으로 보호객체(영업비밀)에 대한 보호주체(영업비밀보유자)가 존재해야 한다.

보호될 수 있는 대상이 되려면 그 영업비밀을 완성한 '영업비밀보유자' 산업활동에 유용한 기술상 또는 경영상의 정보로서, 공연히 알려져 있지 아니하고(비밀성 요건), 독립한 경제적 가치를 가지며(경제적 가치성 요건), 상당한 노력에 의하여 비밀로 유지된 것(비밀관리성 요건)을 영업비밀로 본다.

구법은 영업비밀이 기술상의 정보일 경우에만 그 침해행위가 형사상의 범죄에 해당하였으므로 영업비밀이 단순한 영업상의 정보인지 기술상의 정보인지에 따라 법적 구제수단이 크게 차이가 있었지만, 2004년 개정법에서는 기술상 정보가 아닌 영업비밀의 침해행위도 형사상 범죄로 처벌하는 것으로 개정되어 기술상 정보와 경영상 정보를 구별할 필요가 없게 되었다.

Ⅱ 영업비밀 성립 요건

1. 의의

부영법 제2조 제2호에서 영업비밀이란 "(i) 생산방법 · 판매방법 기타 영업활동에 유용한 기술상 또는 경영상의 정보로서(유용성 요건), (ii) 공연히 알려져 있지 아니하고(비밀성 요건), (iii) 독립한 경제적 가치를 가지며(경제적 가치성 요건), (iv) 상당한 노력에 의하여 비밀로 유지된 것(비밀관리성 요건)"을 명시하여 이들 요소들을 영업비밀 성립요건이라 말한다.

2. 유용성 요건

영업비밀은 그 정보 자체가 기업의 생산, 판매활동 및 생산원가, 경비절감 등 생산성 제고나 영업경쟁력 향상사업 등에 유익한 정보이어야 성립한다. 과거에는 영업비밀이 기술상의 정보일 경우에만 그 침해행위가 형사상의 범죄에 해당하였으므로 영업비밀이 단순한 영업상의 정보인지 기술상의 정보인지에 따라 법적 구제수단이 크게 달라졌다. 그러나 2004년 개정법에 따라 기술상 정보가 아닌 영업비밀의 침해행위도 형사상 범죄로 처벌하는 것으로 변경되었으므로 현재는 기술상 정보와 경영상 정보를 구별할 필요가 없다.

---

732) 대법원 2008. 2. 15. 선고 2005도6223 판결.

3. 비밀성 요건

공연히 알려져 있지 아니한 상태를 의미한다. 즉, 영업비밀정보가 간행물 등 전파매체 등에 의해 공개되어 있지 않거나 일반 공중이 언제, 어디서나 쉽게 구입, 열람, 복사, 대출 등을 통해 영업비밀의 내용을 파악할 수 있도록 공개되어 있지 않기 때문에 일반인이 영업비밀보유자의 비밀정보 관리체제나 그 방법 등을 이용하지 않고서는 그 정보를 취득할 수 없는 상태의 것을 말한다.

영업비밀은 절대적인 비밀을 뜻하는 것이 아니고 일부 또는 일정범위의 사람들이 알고 있다고 하더라도 비밀로서 유지되고 있으면 영업비밀에 해당될 수 있다.[733)]

일반적인 경화제를 생산할 수 있는 화학식은 공개되었으나, 우수한 품질의 경화제를 생산하는 방법은 공개되지 않았고 비록 5년간의 기술독점금지 계약은 끝났으나, 원고회사는 일본의 삼건화공으로부터 상당한 내가를 지급하고 제조기술을 수입한 이래 계속 연구·개발하여 우수한 품질의 경화제를 생산하여 국내시장의 90%를 점유하고 있으며, 동 기술을 비밀로서 관리해 왔으므로 그것이 공지의 것이 아닌 이상 개발시기나 도입시기가 오래되었는지 여부와는 관계없이 영업비밀에 해당된다.[734)]

특허출원된 발명에 대하여는 공개를 목적으로 권리를 부여하는 제도의 특성에 따라, 그 발명을 영업비밀로 주장하려는 경우 그 특허출원된 내용 이외의 어떠한 정보가 영업비밀로 관리되고 있으며 어떤 면에서 경제성을 갖고 있는지를 구체적으로 특정하여 주장·입증하여야 할 것이다.[735)]

4. 경제적 가치성 요건

영업비밀은 비밀로 소유 관리할 정당한 이익, 즉 경제적 가치를 가지고 있어야 한다. 경제적 가치는 원칙적으로 비밀성으로부터 유래하는 것으로 그 공개 또는 사용에 의해 경제적 가치를 얻을 수 있는 자에게 일반적으로 알려져 있지 않고, 또 정당한 수단에 의해서는 쉽게 알 수 없기 때문에 현실적이건 잠재적이건 경제적 가치를 가지게 된다. 따라서 상대방이 비밀정보를 빼내갔다는 사실만으로도 경제적 가치성 요건은 충족된다. 또, 법률상 정당한 이익을 가져야 한다는 의미이며 정보 그 자체가 경제거래의 대상이 되는 독자적, 금전적 값어치를 가져야 한다는 의미는 아니므로 실무상 문제될 소지가 거의 없다.

733) 서울고등법원 1996. 2. 29. 선고 95나14420 판결.
734) 대법원 1996. 11. 26. 선고 96다31574 판결.
735) 대법원 2004. 9. 23. 선고 2002다60610 판결.

5. 비밀관리성 요건

영업비밀은 그 비밀의 보유자에게 관리의사와 관리노력이 있어야 성립한다. 즉, 비공지인 특정 정보가 영업비밀로서 보호받기 위해서는 단순히 당해 정보가 공연히 알려져 있지 않다는 것 이외에 보유자가 당해 정보를 비밀로서 관리하고 있어야 한다. 왜냐하면, 영업비밀이라고 인정할 수 있는 객관적 상태를 요구하지 않고 단순히 모든 비공개 정보는 영업비밀로 인정한다면 기업 활동이 크게 불안정하게 될 우려가 있기 때문에, 그 정보가 비밀로 유지되고 있을 뿐만 아니라 제3자가 영업비밀임을 객관적으로 알 수 있는 상태에 있을 것을 요건으로 한다.

예를 들어 비밀관리 판단요소로서는, (i) 정보접근자의 제한 조치, (ii) 정보접근자의 당해 정보의 비공개의무 부과 조치, (iii) 정보접근자에게 그 정보가 영업비밀인 것을 알 수 있도록 하는 조치(예: 서류에 "대외비" 표시를 하거나, 특정장소에 보관하는 경우) 등이 있다.

대법원은 "바이어 명단이 상당부분 동종 업계에 알려져 있을 뿐만 아니라, 관련 업체들이 별다른 노력을 하지 않고도 그 명단을 확보할 수 있었을 것으로 보이므로 영업비밀에 해당한다고 볼 수 없다."고 판시하고 있다.[736]

또한, "피고인들 중 일부가 P사에 입사할 때 '업무상 기밀사항 및 기타 중요한 사항은 재직 중은 물론 퇴사 후에도 누설하지 않는다.'는 내용의 일반적인 영업비밀준수 서약서를 작성한 사실은 있으나, P회사에서 업무와 관련하여 작성한 파일에 관하여 보관책임자가 지정되어 있거나 별다른 보안장치 또는 보안관리 규정이 없었고, 업무파일에 관하여 중요도에 따라 분류를 하거나 대외비 또는 기밀자료라는 특별한 표시를 하지도 않았으며, 연구원뿐만 아니라 생산직 사원들도 자유롭게 접근할 수 있어 파일서버 내에 저장된 정보를 열람 · 복사할 수 있었고, 방화벽이 설치되지 않아 개개인의 컴퓨터에서도 내부 네트워크망을 통해 접근할 수 있는 등 이 사건 파일들이 상당한 노력에 의하여 비밀로 유지되었다고 보기 어려운 점을 종합하여 보면, 이 사건 파일은 영업비밀에 해당하지 않는다."고 판시한 판례도 이를 뒷받침하고 있다.[737]

---

736) 대법원 2008. 7. 10. 선고 2006도8278 판결.

737) 대법원 2008. 7. 10. 선고 2008도3435 판결.

2절 영업비밀침해에 대한 구제

Ⅰ 민사적 구제

영업비밀 침해행위에 대한 민사적 구제수단은 아래와 같다.

1. 영업비밀침해금지 및 예방 청구권

영업비밀의 보유자는 영업비밀 침해행위를 하거나 하려는 자에 대하여 그 행위에 의하여 영업상의 이익이 침해되거나 침해될 우려가 있는 경우에는 법원에 그 행위의 금지 또는 예방을 청구할 수 있다. 이와 함께 침해행위를 조성한 물건의 폐기, 침해행위에 제공된 설비의 제거, 그 밖에 침해행위의 금지 또는 예방을 위하여 필요한 조치를 함께 청구할 수 있다.

2. 손해배상 및 신용회복 청구권

영업비밀보유자는 고의 또는 과실에 의한 영업비밀 침해행위로 영업상의 이익이 침해받은 경우, 침해자에 대하여 손해배상을 청구할 수 있으며, 만약 침해행위로 영업비밀보유자의 영업상의 신용이 실추된 경우, 손해배상과 함께 영업상의 신용회복을 위하여 필요한 조치를 청구할 수 있다.

3. 선의자의 예외

거래에 의하여 영업비밀을 정당하게 취득한 자가 그 거래에 의하여 허용된 범위에서 그 영업비밀을 사용하거나 공개하는 행위에 대하여는 영업비밀침해금지 및 예방 청구권이나 손해배상 및 신용회복 청구권구제가 적용하지 아니한다.

4. 소멸시효

영업비밀 침해행위의 금지 또는 예방을 청구할 수 있는 권리는 영업비밀 침해행위가 계속되는 경우에 영업비밀 보유자가 그 침해행위에 의하여 영업상의 이익이 침해되거나 침해될 우려가 있다는 사실 및 침해행위자를 안 날부터 3년간 행사하지 아니하면 시효(時效)로 소멸한다. 그 침해행위가 시작된 날부터 10년이 지난 때에도 또한 같다.

Ⅱ 형사적 구제

1. 벌칙

부정한 이익을 얻거나 기업에 손해를 입힐 목적으로 그 기업에 유용한 영업비밀을 외국에서 사용하거나 외국에서 사용될 것임을 알면서 취득 · 사용 또는 제3자에게 누설한 자는 10년 이하의 징역 또는 그 재산상 이득액의 2배 이상 10배 이하에 상당하는 벌금에 처한다.

부정한 이익을 얻거나 기업에 손해를 입힐 목적으로 그 기업에 유용한 영업비밀을 취득 · 사용하거나 제3자에게 누설한 자는 5년 이하의 징역 또는 그 재산상 이득액의 2배 이상 10배 이하에 상당하는 벌금에 처한다.

2. 양벌규정

법인의 대표자나 법인 또는 개인의 대리인, 사용인, 그 밖의 종업원이 그 법인 또는 개인의 업무에 관하여 영업비밀유지에 대한 위반행위를 하면, 법인 또는 개인이 그 위반행위를 방지하기 위하여 상당한 주의와 감독을 게을리 하지 아니하는 한, 그 행위자를 벌하는 외에 그 법인 또는 개인에게도 해당 조문의 벌금형을 과[科]하는 양벌규정이 적용된다.

영업비밀유지에 대한 위반행위에 대해서는 미수범과 예비 · 음모자의 처벌과, 비밀유지명령 위반에 대한 제재 및 과태료의 부과도 포함한다.

Ⅲ 영업비밀과 관련되는 제도와의 비교

1. 산업기술의 유출 방지 및 보호에 관한 법률

기존 관련 법규정만으로는 산업기술의 유출에 대한 효과적인 통제가 불가능해지고 특히 국내 기업이 재정 여건 악화 등의 이유로 국가 핵심 기술을 해외로 매각하는 경우 이에 대한 규제의 필요성이 대두됨에 따라 「산업기술의 유출 방지 및 보호에 관한 법률」(이하 '산기법'으로 약칭한다)이 제정되었다.

여기에는 산업기술의 불법유출(위법한 취득, 사용 등) 뿐만이 아닌 적법 거래를 통한 국가핵심기술의 유출까지도 규제 대상이 된다.

'산업기술'이라 함은 제품 또는 용역의 개발 · 생산 · 보급 및 사용에 필요한 제반 방법 내지 기술상의 정보 중에서 관계중앙행정기관의 장이 소관 분야의 산업경쟁력 제고 등을 위하여 법령이 규정한 바에 따라 지정 또는 고시 · 공고하는 기술로서 다음 각 목의 어느 하나에 해당하는 것을 말한다.

가. 국내에서 개발된 독창적인 기술로서 선진국 수준과 동등 또는 우수하고 산업화가 가능한 기술

나. 기존제품의 원가절감이나 성능 또는 품질을 현저하게 개선시킬 수 있는 기술

다. 기술적 · 경제적 파급효과가 커서 국가기술력 향상과 대외경쟁력 강화에 이바지할 수 있는 기술

라. 가목 내지 다목의 산업기술을 응용 또는 활용하는 기술

산기법은 영업비밀에 해당하거나 또는 영업비밀에 준하는 기술정보로서 산기법상 지정된 기술정보를 보호대상으로 한다.

영비법상 영업비밀에 관한 법리가 기본이므로 영업비밀에 대한 이해가 선행되어야 하지만 산기법과 영비법이 상충되는 경우 특별법인 산기법이 우선 적용된다.

보다 상세한 것은 '산업기술의 유출 방지 및 보호에 관한 법률'편을 참조하기 바란다.

아래 표는 산기법과 영비법의 비교 도시한 것이다.

산기법	영비법
산업기술(국가핵심기술 포함)	기업의 영업비밀(Know-how 포함)
• 사용 또는 사용되게 할 목적	• 부정이익 또는 기업손해 목적
• 산업기술 지정·고시 • 산업기술보호지침 제공 • 국가핵심기술 지정·해제 • 기술보호 실태조사/보호교육/보호기술의 개발지원 • 설비구축 비용지원 • 보호관리 개선 권고	• 정부차원의 사전 보호조치 없음
• 기반구축/국가핵심기술 수출 승인 및 신고	• 자율적 보호조치
• 국가핵심기술 및 국가 연구 개발사업은 사전신고	• 자율적 처리
• 민사적 분쟁조절 • 행정상 처벌 • 과태료	• 민사상 침해금지/예방청구/손해배상, 신뢰회복 청구 • 형사처벌

2. 특허법

특허법은 공개를 전제로 일정기간 독점배타적 실시권을 부여하는 제도이므로 공개하지 않고 비밀로 유지하려는 영업비밀과 보호대상이나 권리성에 큰 차이가 있다.

특허에 대해 영업비밀과 관련되는 요소들을 비교한 것이 아래 도표이다.

구 분	특 허	영업비밀
목 적	발명을 보호·장려하고 그 이용을 도모함으로써 기술의 발전을 촉진하여 산업발전에 이바지	타인의 영업비밀을 침해하는 행위를 방지하여 건전한 거래질서를 유지
보호조건	신규성, 진보성, 산업상 이용가능성	비공지성, 경제적 유용성, 비밀유지
보호대상	• 기술적 발명 : 자연법칙을 이용한 기술적 사상의 창작으로서 고도한 것	• 기술정보 : 특허요건을 갖추지 아니한 기술, 설계방법, 설계도면, 실험 데이터, 제조기술, 제조방법, 제조공정, 연구 리포트 등 • 경영정보 : 고객명부, 거래선 명부, 판매계획, 입찰계획 등
등록유무 및 권리성	특허요건에 관한 심사 후, 설정등록에 의하여 독점배타적 권리가 발생 – 특허권자는 설정등록된 발명에 대하여 일정기간동안 독점배타적 권리로서 사용 – 따라서 제3자가 특허된 기술과 동일한 기술을 독자적으로 개발하였다 하더라도 특허권자의 실시허락을 얻지 않고 사용하게 되면, 특허권 침해에 해당	등록절차가 없으며 일정한 요건이 충족되면 영업비밀로서 인정받고, 영업비밀이 침해를 받았을 경우 이에 대한 구제를 청구 – 배타적 권리를 부여하는 것이 아니며, 비밀로 유지·관리되고 있는 사실상태 그 자체를 보호 – 따라서, 제3자가 동일한 내용의 영업비밀을 독자적으로 개발하여 사용한다 하더라도 그것만을 이유로 침해 주장을 할 수 없음
보호기간	설정등록일로부터 출원일 후 20년	비밀로서 관리되는 한 무한
공 개	공개를 전제로 함	비공개
이전성	실시권 설정 가능	비밀유지를 전제로 실시계약이 가능

SCIENCE TECHNOLOGY & INTELLECTUAL PROPERTY

4장 기술자료 임치제도

1절 기술자료 임치 제도의 개요

I 서설

1. 정의

가. 기술자료

'기술자료'란 물품등의 제조 방법, 생산 방법, 그 밖에 영업활동에 유용하고 독립된 경제적 가치가 있는 자료를 말한다.738)

여기서 '경제적 가치를 갖는 자료'란 구체적으로 특허권, 실용신안권, 디자인권, 저작권 등의 지식재산권과 관련된 정보와 제조·생산방법과 판매방법 등 그 밖의 영업활동에 유용한 기술상 또는 경영상의 정보를 포괄한다.

나. 임치

'임치(任置)'란 물건을 임시로 맡긴다는 뜻으로, 민법상 '임치(任置)'란 "당사자 일방이 상대방에 대하여 금전이나 유가증권 기타 물건의 보관을 위탁하고 상대방이 이를 승낙함으로써 효력이 생긴다 (제693조)"고 그 의미를 명시하고 있다.

다. 기술자료 임치제도

'기술자료 임치제도'란 "중소기업은 핵심 기술정보를 제3의 신뢰성 있는 기관인 대·중소기업 협력재단에 안전하게 보관해두고 중소기업 기술유출이 발생하였을 경우, 중소기업은 임치물을 이용하여 해당 기술의 보유사실을 입증"할 수 있게 한 "대·중소기업 상생협력 촉진에 관한 법률"의 규정에 따른 제도를 말한다.739)

---

738) 대·중소기업 상생협력 촉진에 관한 법률 제2조.

739) 제24조의2(기술자료 임치제도).

2. 제도도입배경

우리나라의 경제구조는 대기업위주로 편성되어 있음은 주지하는 바와 같고, 중소기업은 안정적인 운영을 위하여 대기업의 하청업체로 계약을 맺는 경우가 많다.[740] 이 때문에 대기업의 우월적 지위남용으로 인한 중소기업의 핵심 기술요구가 빈번히 발생하여도 중소기업은 대기업의 거래단절 등을 우려하여 적극적 대응이 어려웠고, 이로 인한 기술적 · 경제적 손실이 큰 문제가 있었다.

또한 대기업도 중소기업의 빈번한 부도 등으로 인해 대응이 어려운 문제가 있어왔다.

이에 미국 · 영국 등의 선진국에서 기존 부동산 시장에서 운영되던 '부동산 에스크로Escrow제도'[741]를 기술자료 부분에 적용하여 이러한 문제를 해결하고자 도입한 제도가 기술자료임치제도이다.

---

① 수탁 · 위탁기업[수탁 · 위탁기업 외에 단독 또는 공동으로 기술자료를 임치(任置)하고자 하는 기업을 포함한다]은 전문인력과 설비 등을 갖춘 기관으로서 대통령령으로 정하는 기관[이하 "수치인"(受置人)이라 한다]과 서로 합의하여 기술자료를 임치하고자 하는 기업(이하 "임치기업"이라 한다)의 기술자료를 임치할 수 있다.

② 위탁기업은 다음 각 호의 어느 하나에 해당하는 경우에는 수치인에게 수탁기업이 임치한 기술자료를 내줄 것을 요청할 수 있다.

1. 수탁기업이 동의한 경우
2. 수탁기업이 파산선고 또는 해산결의로 그 권리가 소멸되거나 사업장을 폐쇄하여 사업을 할 수 없는 경우

등 위탁기업과 수탁기업이 협의하여 정한 기술자료 교부조건에 부합하는 경우

③ 수치인은 중소기업청장이 정하는 기술자료 교부조건에 부합하는 경우에 임치기업의 기술자료를 요청한 자에게 이를 교부한다.

④ 정부는 수치인에게 예산의 범위에서 필요한 지원을 할 수 있다.

⑤ 그 밖에 기술자료의 임치 등에 필요한 사항은 대통령령으로 정한다.

제24조의3(기술자료 임치의 등록)

① 임치기업은 다음 각 호의 사항을 등록할 수 있다.

1. 기술자료의 제호 · 종류 · 제작연월일
2. 기술자료의 개요
3. 임치기업의 명칭 및 주소
4. 그 밖에 대통령령으로 정하는 사항

② 제1항에 따라 실명으로 등록된 임치기업의 기술에 대하여 당사자 또는 이해 관계자 사이에 다툼이 있으면 임치기업이 임치물의 내용대로 개발한 것으로 추정한다.

740) 이 제도의 제정을 위하여 공정거래위원회가 2009년도 하도급실태를 조사한 결과 중소기업의 22.1%가 대기업과의 거래 시 기술탈취를 경험하였다.

741) 임치기관은 매도인이 거래하는 부동산에 대한 권리를 명확하게 분석하여 하자가 없을 경우 매수인에게는 부동산에 대한 일체의 권리를 이양토록 하고 매도인에게는 해당 부동산에 대한 구매비용을 양도하게 하는 제도.

3. 제도의 운영

기술자료 임치제도의 시행에 따라 중소기업은 핵심 기술정보를 제3의 신뢰성 있는 기관인 '대 · 중소기업협력재단'에 보관하여 두고 중소기업의 기술유출이 발생하였을 경우, 임치물을 이용하여 기술개발 사실을 입증할 수 있도록 하고, 대기업은 중소기업이 파산 · 폐업 등을 한 경우, 해당 임치물을 이용하여 지속적인 유지보수 및 기술의 사용이 가능하게 할 수 있게 되었다.

이 제도는 타 기업의 모방특허 등이 우려되어 특허를 출원하지 않는 기업, 내 · 외부 관계자에 의한 기술유출이 우려되는 기업, 대기업 등 사용 기업에게 핵심 기술의 제공을 요구받고 있는 기업, 영업단계에서 사용기업에게 해당 기술에 대한 신뢰성을 보장하고 싶은 기업, 개발기술자료들을 안전하게 백업하고자 하는 IT/SW기업들에게 그 기술자료의 보호와 관리 및 활용이 유용하도록 하는데 초점을 맞추고 있다.

Ⅱ 기술자료 임치대상물

1. 보호대상

기술자료 임치대상물은 기술상의 정보와 경영상의 정보 등 공개되지 아니한 영업비밀기술을 모두 포함하며, 영업비밀은 비밀성과 경제성 및 정보성의 요건을 갖추어야 한다.

기술상 정보의 예는 생산 · 제조방법, 시설 · 제품설계도 및 매뉴얼, 물질배합 비율 · 성분표, 연구개발보고서 및 관련 각종 데이터, S/W 소스코드 · 데이터 및 디지털 콘텐츠 등이다.

경영상정보는 기업의 운영 및 관리와 관련된 기밀서류 즉, 재무, 회계, 인사, 마케팅, 노무, 생산에 관련되는 서류와 기업의 매출과 관련된 기밀서류 즉, 원가, 거래처, 각종 보고서 및 매뉴얼 등을 포함한다.

영업비밀의 요건에서 비밀성[秘密性]은 공연히 알려져 있지 아니한 비공지성[非公知性]과 상당한 노력에 의하여 비밀로 유지되어야 하는 비밀유지성[秘密維持性]을 포함하는 개념이며, 경제성[經濟性]은 해당 기술자료가 독립된 경제적 가치를 가지는 것으로 영업활동에 유용한 것이어야 함을 의미한다.

또한 정보성[情報性]은 영업비밀로서의 보호대상을 특정하는 성격을 갖추어야 한다는 의미로 기술적 정보와 경영상의 정보를 모두 포함한다.

2절 기술자료 임치계약

I 계약유형

1. 삼자 간 임치계약

삼자 간 임치계약은 중소기업이 단일한 대기업에게 기술을 납품 · 공급하는 경우, 중소기업과 대기업 및 대 · 중소기업협력재단 삼자가 합의하여 임치계약을 체결하는 형태를 말한다.

아래 그림은 삼자 간 임치계약형태를 도식화한 것이다.

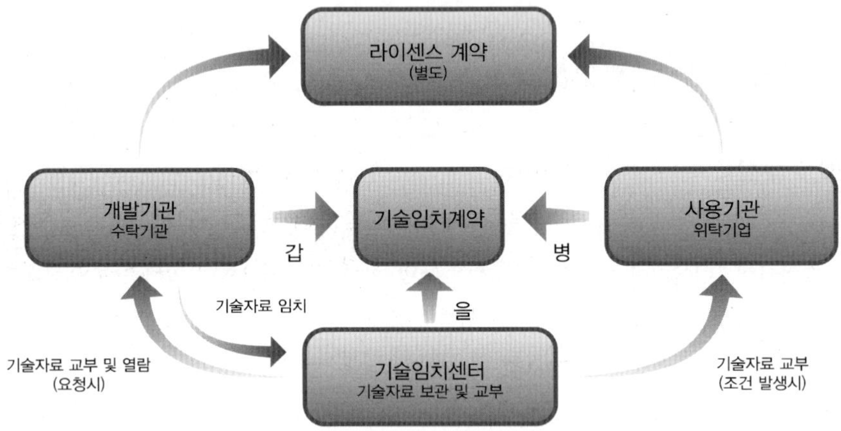

〈출처: 대·중소기업협력재단〉

2. 다자 간 임치계약

다자 간 임치계약은 중소기업이 다수의 대기업에게 기술을 납품 · 공급하는 경우, 먼저 중소기업과 대 · 중소기업협력재단이 임치계약을 체결한 후 다수의 대기업을 계약에 편입시킬 수 있도록 한 계약 유형이다.

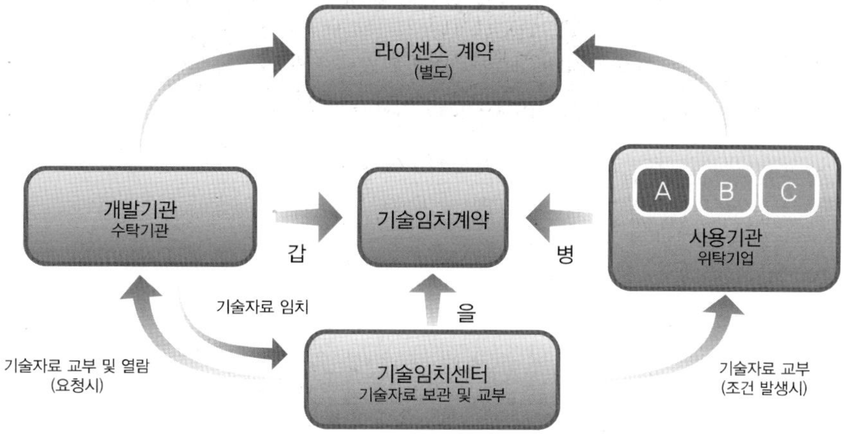

〈출처: 대·중소기업협력재단〉

Ⅱ 효과

기술자료 임치제도는 영업비밀기술의 보호와 보안을 동시에 꾀할 수 있을 뿐만 아니라 산업재산권의 취득절차와 같이 공개요건이나 등록요건, 권리존속기간한정의 제한이 없다.

따라서 기술자료임치와 동시에 추정효과가 발생하며, 계약상의 교부조건에 해당하는 경우를 제외하고는 공개되지 아니한다.

특히, 기술자료 임치는 비공개의 특성으로 해당 기술자료가 유출되지만 않는다면 반 영구적으로 보호가 가능한 효과를 얻을 수 있으며, 수수료도 저렴하여(2011년12월 현재 건당 30만원) 특허출원료와 심사청구료 및 등록료/연차료에 비해 저렴한 유지관리비의 부담을 장점으로 활용할 수 있다.

3절 제도의 비교

Ⅰ 특허제도와 기술자료 임치제도

특허제도와 기술자료 임치제도의 가장 큰 차이는 공개여부에 관한 것으로, 특허제도는 새로운 기술에 대해 공개를 대가로 일정기간동안 독점배타적 특허권을 부여하는 반면, 기술자료 임치제도는 비공개로 보호기간이 제한되어 있지 않다.

아래 표는 특허제도와 기술자료 임치제도를 비교한 것이다.

구분	특허제도	기술자료임치제도
권리발생	특허청 심사 후 효력발생	제도 이용순간 추정효과 발생
정보공개	특허 등록정보는 복제·열람가능	계약상 교부조건을 제외하고 미공개
보호기간	출원일로부터 20년간, 보호기간 만료 시 누구나 사용가능	유출이 되지 않는다면 영구적 보호가능

Ⅱ 해외국의 임치제도 운영현황

유럽 최대의 임치기관인 영국 NCC사(1966년 설립)는 임치고객수가 연간 15,000건을 상회하는 런던증시 상장기업으로 많은 해외 지사를 운영하고 있다

또한 영국조달기관 OGC/OGCbs 는 공공구매의 조건에 임치제도를 반영하여 활용하고 있다.

캐나다 조달기관인 PWGSC는 임치제도를 관련 매뉴얼에 반영하여 활용하고 있다.

미국 최대의 임치기관인 Iron-Mountain사는 45,000이상의 임치고객을 확보하여 운영하고 있으며, 뉴욕주의 경우 조달계약서에 S/W임치제도를 반영하여 S/W발주 시 활용하고 있다.

호주의 경우 국방부를 비롯하여 정부주도로 기술자료 임치제도 가이드를 제정 및 활용하고 있다.

부록

SCIENCE TECHNOLOGY & INTELLECTUAL PROPERTY

연대별 주요 과학기술			
시 기	발명품	발명가	나 라
~ 2400 BC	최초의 연산법 (Abacus, Babylonia) 개발		
~ 500 BC	현재 사용되는 십진수의 개발 (인도)		
~ 300 BC	2진수 사용		
~ 200 BC	중국 연산법 개발, 현재도 사용(주판)		
~ 100 BC	수학적 -숫자 사용	헤론	그리스
105	종이	미상	중국
650	풍차	칼리니코스	페르시아
673	그리스화약	미상	비잔틴
850	화약	미상	중국
868	인쇄	미상	중국
1000	근대적인 쟁기	알하젠	유럽
	바늘구멍 사진기	미상	아라비아
	캠	미상	중국
1045	이동수단의 발달 (중국)		
1202	힌두- 아랍 숫자 체계를 유럽에 전파		
1250	물레	미상	인도
1280	대포	미상	중국
1300	추로 작동되는 시계	미상	유럽
1410	화승총	미상	유럽
1450	인쇄기	요하네스 겐스플라이히 미상	독일
1455	인쇄기술 개발		
1492	레오나르도 다빈치의 항공기		
1520	바퀴식 방아쇠총	미상	독일
1568	지도 투영법	제라르뒤 메르카토르	벨기에
1590	현미경	한스 얀겐	네덜란드
1592	온도계	갈릴레오 갈릴레이	이탈리아
1608	망원경	한스 리페르스하이	네덜란드
1610	부싯돌식 발화총	미상	프랑스
1614	로그	존 네이피어	스코틀랜드
1617	네이피어 계산봉	존 네이피어	스코틀랜드
1622	수학적 기호 개발 (Log, √, Square 등)		
1623	6개의 숫자를 이용한 계산 수단 개발		
1630	계산자	로버트 비세이커	영국
1631	버니어	피에르 버니어	프랑스
1642	기계식 계산기	블래즈 파스칼	프랑스
1644	수압 기압계	에반젤리스타 토리첼리	이탈리아
1654	공기 펌프	오토 폰 게리케	독일

시 기	발명품	발명가	나 라
1656	진자 시계	크리스티안 호이겐스	네덜란드
1660	마찰 기계	오토 폰 게리케	독일
1671	계산기 개발 (Gottried Wilhelm Leibnig)		
1679	2진법	라이프니츠	독일
1698	증기 펌프	토머스 세이버리	영국
1701	파종기	제로스 털	영국
1709	제철법	에이브러햄 다비	영국
1712	증기 기관	토머스 뉴커먼	영국
1733	플라잉 셔틀	존 케이	영국
1742	제강법	벤저민 헌츠먼	영국
1745	축전지 (electrical capacitor)		
1746	라이덴 병	피에테르 반 뮈센부르크	네덜란드
1752	피뢰침	벤저민 프랭클린	미국
1757	육분의	존 캠벨	스코틀랜드
1761	크로노미터	존 헤리슨	영국
1765	증기 기관	제임스 와트	영국
1769	방적기	리처드 아크라이트	영국
	증기차	니코라 퀴뇨	프랑스
	개선된 증기기관 개발 (James Watt)		
1770	제니 방적기	제임스 하그리브스	영국
1774	Telegraph 개발		
1775	천공기	존 윌킨슨	영국
1776	잠수함	데이비드 부시넬	미국
	물 방적기	새뮤얼 크롬프턴	영국
1779	주철 아치교	에이브러햄 다비	영국
1783	열 기구	몽골피에 형제	프랑스
1785	동력 직기	에드먼드 카트라이트	영국
1787	철선	존 윌킨슨	영국
	금박 검전기	에이브러햄 버넷	영국
1788	탈곡기	앤드루 메이클	스코틀랜드
1789	Battery 개발 (Alessandro Volta)		
1791	신호 장치	콜로드샤프	프랑스
1792	가스등	윌리엄 머독	영국
	연필	J.N. 콩테	프랑스
1793	조면기	엘리 휘트니	미국
1795	유압프레스	조지프 브라마	영국
1796	백신접종	에드워드 제너	영국
	석판 인쇄	알로이스제네펠더	독일

시 기	발명품	발명가	나 라
1797	선반	헨리 모즐리	영국
1799	볼타전지	알레산드로 볼타	이탈리아
	제지 기계	니콜라 루이 로베르	프랑스
1800	펀치카드	J.M. 제콰드	
1804	증기 기관차	리처드 트레비식	영국
1807	뇌관	알렉산더 포사이스	스코틀랜드
	증기선	라버트 풀튼	
1809	전구	험프리 데이비	
1810	통조림	프랑수아 아페르	프랑스
1814	분광기	요제프 폰 프라운호퍼	독일
1815	광부의 안전등	험프리 데이비	영국
1816	청진기	르네 라에네크	프랑스
1821	전동기	마이클 페러데이	영국
1823	미분 기계	찰스 배비지	영국
	전자석	윌리엄 스터전	영국
1824	포틀랜드 시멘트/풍선	조지프 애스프딘	영국
1825	자기장의 사용		
	승객용 열차운행		영국
1826	수확기	패트릭 벨	스코틀랜드
	사진	조제프 니세포르 니에프스	프랑스
	수력터빈	베누아 푸르네롱	프랑스
	미국 기차길 운행		
1827	마이크로폰	찰스 휘트손	
	성냥		
1829	재봉틀	바르텔미 티모니에	프랑스
	점자	루이 브라유	프랑스
	전자석	조지프 헨리	미국
1832	발전기	이플리트 픽시	프랑스
	쌍안경	루이스 브레일	캐나다
1834	수확기	사이러스 매코믹	미국
	리볼버(연발 권총)	새뮤얼 콜트	미국
	해석 기관	찰스 배비지	영국
	냉동법	제이콥 퍼킨스	미국
1835	다게르형 사진	루이 다게르	프랑스
	캘러타이프사진	W.H. 폭스톨벗	영국
1836	프로펠러	프랜시스페팃 스미스	영국
	콤바인	히램무어/헤스컬	미국
	1차전지	J.F. 다니엘	영국

시 기	발명품	발명가	나 라
1837	전신	C. 휘트스톤/W. 쿡	영국
	프로펠러	욘 에릭손	스웨덴
		제임스 내스미스	스코틀랜드
1838	모스 코드	사무엘 모스	
1839	증기해머	커프패트릭 맥밀런	스코틀랜드
	자전거	아이작 피트먼	영국
	속기	사무엘 모스	미국
1840	모스부호	니콜라스 캘런	아일랜드
	유도코일	호레이스 웰스	미국
1841	스테이플러		
1842	마취제	찰스 구디어	미국
	경화고무	W. E. 스테이트	미국
	작물승강기		
	Compound Steam Engine	밴자민 프렝클린 티벳츠	캐나다
1843	팩스	알렉산더 베인	
1846	탄소의 아크등	아이작 메릿 싱어	영국
1848	부린 엘지브라 (Boolean Algebra)	조지 불	
1850	재봉틀	헤르만 헬름홀츠	미국
	주방기기 세척기		
1851	내시경	레옹 푸코	독일
	재봉틀	아이작 싱어	
1852	자이로프 포스	엘릿 G.오트스	프랑스
1854	광섬유의 기본원칙	잔 틴돌	
1855	진공 펌프	로베르트 분젠	독일
	분젠 버너	윌리엄 켈러	독일
	제강법	핸리 배서머	미국
	재봉틀 동력의	아이작 싱어	
1856	합성 연료	W.H. 퍼킨	프랑스
	저온 살균법		
1858	회전 세탁기		
1859	납축전진	가스통 플랑테	프랑스
	가스 기관	에티엔르 누아르	미국
	유정 시추기	에드윈 I.드레이크	이탈리아
1860	발전기	안토니오 파치노티	프랑스
1861	벨로새트	미쇼 형제	영국
	엘리베이터 안전 브레이크	앨리샤 오티스	

시 기	발명품	발명가	나 라
1862	파케신 플라스틱	알렉산더 파크스	독일
	기관총	리차드 개틀링	
	플라스틱		
1863	TNT	J.빌브란트	프랑스
1865	진공 펌프	헤르만슈프렝겔	스코틀랜드
	저온 살균법	루이 파스퇴르	이탈리아
	소독 수술	조지프 리스터	프랑스
1866	팩시밀리	조반니 카셀리	스코틀랜드
	어뢰	로버트 회이트헤드	이탈리아
1867	다이너마이트	알프레드 노벨	오스트리아
	체온계	클리퍼드 올벗	스웨덴
1868	타자기	C.L.숄스	영국
	1차전지	조르주 르클랑셰	미국
1869	공기 브레이크	조지 웨스팅하우스	프랑스
1870	셀룰로이드	J.W. 하이어트	미국
	발전기	제노브그람	미국
1874	가시철조망	조지프 글라든	벨기에
1876	전화	알렉산더 그레이엄 벨	미국
	4행정가스기관	니콜라우스 오토	독일
	양탄자 청소기	M.R. 비셀	미국
1877	축음기	토머스 에디슨	미국
	마이크로폰	찰스 커트리스	미국
		폰 지멘스	독일
1878	윔즈허스트기계	제임스 윔즈허스트	영국
1879	전기 기관차	에른스트 베르너폰 지멘스	독일
	전구 필라맨트	토머스 에디슨	
1880	화장실 휴지		
	지진 그래프 측정기		
1881	Metal Dector	알렉산더 그레이엄 밸	미국
	필름		
	자동피아노 플레이어		
1882	결핵의 발견		
1883	가솔린 기관	고틀리브 다임러	독일
1884	주조 식자기	오트마르 메르겐탈러	미국
	증기 터빈	찰스.A.파슨스	영국
	가솔린 기관	카를 벤츠	독일
	안전 자전거	J.K.스탈리	영국
	만년필	루이스 E.워터맨	미국
	닙코 원반	파울 닙코	독일

시 기	발명품	발명가	나 라
1885	자동차	카를 벤츠	독일
	건판/필름	조지 이스트먼	미국
1886	자동차	고틀리브 다임러	독일
	알루미늄 제법	찰스 홀	미국
		폴 해루	프랑스
	자판 계산기	도어 펠트/W.S.버로즈	미국
1887	에스페란토	루트비히 L.자멘호프	폴란드
	레이다		
1888	코닥 카메라	조지 이스트먼/W.H.워커	미국
	유도 전동기	니콜라 테슬라	미국
	디스크 녹음기	에닐레 벌리너	독일
1890	천공 카드 도표 작성기	허먼 홀러리스	미국
	공기 타이어	존 보이드 던롭	스코틀랜드
	키네토그래프	토머스 에디슨/W.K.L.딕슨	미국
1891	케네토스코프	토머스 에디슨	미국
	글라이딩	오토 릴리엔탈	독일
1892	디젤 기관	루돌프 디젤	독일
	자동 직기	제임스 H.노스롭	미국
	에스컬레이터	제시 리노/조지 휠러	미국
	보온병	제임스 듀어	영국
1893	속기	J.R.그레그	미국
1895	X선관	빌헬름 뢴트겐	독일
	안전 면도기	킹 캠프 질레트	미국
	무선 교신	굴리엘모 마르코니	이탈리아
	영화	뤼미에르 형제	프랑스
	그라비어 인쇄	카를 클라크	오스트리아
	자동 교환기	엘먼 B.스트로저	미국
1896	혈압계	스키피오네 리바 로치	이탈리아
1897	음극선관	페르디난트 브라운	독일
		J.J.톰슨	영국
1898	자기 녹음기	발데마르 폴센	덴마크
	병 만드는 기계	M.J.오언그	미국
1900	비행선	페르디난트 폰 체펠린	독일
	냉동 건조	아르센다르송발/조르주 보르다	프랑스
1901	라디오 수신기		
1902	오토바이	베르너 형제	프랑스
	에어컨	윌리스 캐리어	
	네온등	조지 클라우드	프랑스

시 기	발명품	발명가	나 라
1903	비행기	라이트 형제	미국
	심전도 검사	빌렘 에인트 호벤	네덜란드
1904	2극 진공관	존 앰브로스 플레밍	영국
	트랙터	벤자민 홀트	
1905	수중익선	엔리코 포를라니니	이탈리아
1906	3극 진공관	디 드 포리스트	미국
	방송	J.A.페센덴	미국
1907	화학 요법	파울 에를리히	독일
	컬러 사진	뤼미에르 형제	프랑스
1908	모델 T포드	포드 사	미국
1909	베이클라이트	레오 베이클랜드	미국
	집적회로설계	제프리 W.A.드러머	
1911	원자구조연구성공	어네스트 러더포드	
1912	자동무비카메라		
	탱크	윈리엄 프스터 사	영국
1913	지퍼	기데온 순드마크	스웨덴
1914	가스 마스크		
1915	일반상대성이론	아인슈타인	
	수중 폭뢰	영국 해군	영국
		르노 사	프랑스
1916	스테인레스 강	헨리 브리얼리	
1918	전기 시계	헨리 워렌	미국
1919	플립-플롭 회로		
	토스터기		
1920	토미 건 개발	존 T.톰슨	
1923	오토자이로	후안 데 라 시에르바	스페인
	마이크로폰	W.H.쇼트키/에어벤 게를라흐	독일
	송상관	블라디미르 츠보리킨	러시아
1924	냉동 식품	클라렌스 버즈아이	미국
1926	텔레비전	조 로지 베어드	스코틀랜드
	액체 연료 로켓	로버트 고더드	미국
1927	수정 시계	J.W.호턴/W.A.매리슨	미국
1929	노파 전위 기록술	한스 베르거	독일
1930	초기 아날로그 컴퓨터	베너버 부시	미국
	제트 엔진	프랭크 휘틀	영국
	사이클로트론 개발	어네스트 O.로렌스	
1931	전자 현미경	에른스트 루스카/막스 놀	독일
	정전 발전기	로버트 밴드 그래프	미국
	Heavy Hydrogen	해럴드 C.어레이	
1932	전파 망원경	칼 잰스키	미국
	폴라로이드 카메라	에드윈 H.랜드	

시 기	발명품	발명가	나 라
1933	주파수 변조	E.H.암스트롱	미국
	폴리에틸렌	R.O.깁슨/E.W.포셋	영국
1934	묘안석	퍼시 쇼	영국
	마그네틱 테이프		
1935	나일론	W.H.캐러더스	미국
	주차 시간 자동 표시기	칼턴 매기	미국
	인공 심폐	존 H.기번	미국
	레이더	로버트 왓슨 와트	영국
		R.M.페이지	미국
1936	헬리콥터	하인리히 포케	독일
		이고르 시코르스키	미국
	Turing Machine	알란 튜어링	
	음성 인식	벨 연구소	미국
1937	건식 인쇄	체스터 칼슨	미국
	펄스 부호 변조	A.H.리브스	프랑스
1938	볼펜	비로 형제	헝가리
	디지털 컴퓨터(Z1)	콘라트 주세	독일
1939	16-bit 연산자	존 빈센트 아타나소프/클리포드 베리	
	Z2 디지털 컴퓨터	콘라트 주세	독일
1940	컬러텔레비전		
1941	에어로졸 분무기	L.D.구듀/W.N.설리번	미국
	Z3 디지털 컴퓨터	콘라트 주세	독일
1942	원자로	엔리코 페르미 외	미국
1943	컬라서스 컴퓨터	블레칠리 파크	영국
1944	V1, V2 로켓	베르너 폰 브라운	독일
	Havard Mark 1	IBM	미국
1945	ENIAC 전자 컴퓨터	J.프레스퍼 에커트	
		J.W.모칠리	미국
	하이-레벨 프로그래밍언어(Plan Calculus)	콘라드 주세	독일
	컴퓨터설계 논문	폰 노이만	
	전자 레인지	퍼시 르배런 스펜서	미국
1947	홀로 그래피	데니스 가보르	영국
	Cellular Phone 아이디어	AT&T	미국
	트랜지터	윌리엄 쇼클리/ 존 바딘	
		월터 브래턴	미국
1948	SSEM(데이터저장장치)	맨체스터대학	
	IBM604	IBM	미국

시 기	발명품	발명가	나 라
1954	원자로		러시아
	가압수형 원자로	미 해군	미국
	핵잠수함	미 해군	미국
	태양전지		
1955	광섬유	내린더 게이퍼니	영국
	원자 시계	L.에센/J.V.L.패리	영국
		J.R.재커라이어스	미국
1956	RAMAC(마그네틱디스크)	IBM	미국
	로터리 기관	펠릭스 방켈	독일
	혈관 조영법	W.포르스만	독일
		A.F.커낸드/D.W.리처즈	미국
	호버크래프트	크리스토퍼 코커렐	영국
1957	IBM704(FORTRAN 사용)	IBM	미국
	스푸트니크 1호 발사		러시아
	플로트 유리	필킹턴 브라더스 사	영국
1958	비디오 테이프	A.M.포니애토프	미국
	실리콘 칩	잭 킬비	미국
	메이저	C.H.타운스	미국
	연료 전지	톰 베이컨	영국
	미니 컴퓨터	디지털 이큅먼트 사	미국
	모뎀 설계 완성	미 국방성	미국
	비디오 게임	브룩헤븐연구소	미국
	인공위성(Explorer 1)		미국
	스노우모빌	조셉 아먼드 밤바디어	캐나다
1960	레이저	시어도어 메이먼	미국
	폴라리스 미사일	미 해군	미국
1961	우주 여행	유리 가가린	러시아
	로봇	조지 데벌/조지프 엥겔버거	미국
1962	통신위성	인텔새트 사	미국
	오디오 카세트		
	컴퓨터 게임		
1963	레이저 홀로그래피	E.레이스/J.우파니엑스	미국
	컴퓨터제어 로봇팔		
	전자계산기(Anita)		영국
	인공심장 시술		
1964	탄소 섬유	빌 와트	영국
	BASIC 프로그래밍언어	존 조지 케메니/톰 커츠	
	트랜지스터계산기	Sony	일본
	ASCⅡ	ANSI	미국
	IBM 360	IBM	미국

시 기	발명품	발명가	나 라
1965	컴팩트 디스크	제임스 러셀	
1966	광섬유(전신)	찰스 카오	영국
1967	위성 항법	미 해군	미국
1968	컴퓨터 마우스	더글라스 엔젤바트	
	Intel 창립	밥 노이스/고든 무어	미국
	IMAX영화	그래미 퍼거슨/로만 크로이터/ 로버트 커	캐나다
1969	인간의 달 착륙	닐 암스트롱/에드윈 올드린/마이클 콜린스	미국 미국
	ARPANET	미 국방성	미국
	ATMs		
1970	플로피 디스크	알란 슈거트	
	데이지-휠 프린터		
	포켓용계산기		
1971	마이크로프로세서	인텔 사	미국
	액정	호프만 라 로슈	스위스
	도트 프린터		
	비디오카셋리코더		
	애플1	스티브 잡스/스티브 워즈니악	미국
1972	8008마이크로프로세서	인텔	미국
	워드프로세서		
1973	CAT 스캐너	G.N.하은스필드/A.코맥	영국
	이더넷	로버트 멧카프	
1974	퍼스널 컴퓨터	MITS	미국
	8080마이크로프로세서	인텔	미국
	마이크로소프트 창업	빌 게이츠/폴 알렌	미국
1975	레이저 프린터		
1976	잉크젯 프린터		
	슈퍼 컴퓨터	세이머 그레이	미국
1977	애플2	스티브 잡스	미국
	인공 인슐린		
1978	체외 수정	로버트 에드워즈/페트릭 스텝토	영국
	VisiCalc(전자스프레드쉬트)	댄 브리클린/ 밥 프랑스톤	
	8088 마이크로프로세서	인텔	
1979	아리안 로켓	유럽 우주국(ESA)	프랑스령 기아나
	트라이던트 미사일	미 해군	미국
	Cray 슈퍼컴퓨터		
	워크맨	Sony	일본

시 기	발명품	발명가	나 라
1981	우주 왕복선 컬럼비아호	NASA	미국
	콤팩트 디스크(CD)	필립스	네덜란드
		Sony	일본
	MS-DOS	마이크로소프트	미국
	IBM PC		미국
1982	인공 심장	로버트 자빅	미국
	퍼스널 컴퓨터 바이러스(Elk Cloner)		
	80286마이크로프로세서	인텔	미국
	C64	코모도어	
1983	휴대폰	AT&T	미국
1984	델컴퓨팅 창립	마이클 델	미국
1985	80386마이크로프로세서	인텔	미국
	페이지메이커(탁상출판소프트웨어)		
1986	디지털 텔레비전	여러 사람들	여러 국가
	초전도 세라믹	K.알렉스 뮐러	스위스
		J.게오르크 베드노르츠	독일
1988	디지털휴대폰		
	도플러 레이더	크리스천 안드레아 도플러	
1989	고화질텔레비전		
	80486마이크로프로세서	인텔	미국
	보이저2호		
1990	허블 우주 망원경	NASA와 ESA	미국
	HTML, World Wide Web	팀 버너스-리	
	윈도우3.0	마이크로소프트	미국
	Archie(검색엔진)		
1991	디지털응답기		
1993	펜티엄 프로세서	인텔	미국
	윈도우 NT	마이크로소프트	미국
1994	넷스케이프	마크 안델센/제임스H.클라크	
	OS/2 Warp	IBM	미국
	Zip 드라이브	아이오메가	
	레드햇 리눅스		
	야후 설립		
	윈도우3.11	마이크로소프트	미국
1995	DVDs		
	USB표준		
	펜티엄프로 프로세서	인텔	미국
	Amazon.com 설립		미국
1996	윈도우CE	마이크로소프트	미국
	WebTV		
1997	펜티엄 2	인텔	미국

시 기	발명품	발명가	나 라
1998	iMacs	애플	미국
	윈도우98	마이크로소프트	미국
	셀러론 프로세서	인텔	미국
1999	펜티엄3	인텔	미국
2000	윈도우2000, 윈도우ME	마이크로소프트	미국
	펜티엄4 프로세서	인텔	미국
2001	매킨토시 OS X	애플	미국
	애플 아이팟	애플	미국
	전기 자동차	포드	미국
	일렉트릭 바이크(수소연료전지)	Aprilla	
	디지털위성라디오		
	SunClean glass		
	윈도우 XP	마이크로소프트	미국
2002	윈도우 기반의 아이팟 소프트웨어	애플	미국
	스크램젯		
	군사용 로봇		
	아이로봇 룸바		
	레이저 키보드	Canesta/ VKB	
2004	화성위성 사진 전송		미국
2005	유튜브		
	페이스북		
	Mac OS X 10.5(타이거)	애플	미국
2006	블루 레이 테크놀로지		
	코어 듀오 코어 2 듀오 프로세서	인텔	미국
	준미디어플레이어	마이크로소프트	미국
2007	애플 아이폰	애플	미국
	윈도우 비스타	마이크로소프트	미국
	코어2 쿼드 프로세서	인텔	미국
2008	The Retail DNA test, 전기자동차(The Tesla Roadster), 달탐사위성(The Lunar Reconnaissance Orbiter), New network HULU, 스모그 먹는 세멘트,		
2009	AIDS백신, NASA의 Ares Rocket, 염력이동기(Teleportation), 전기 눈, 태양광지붕, 페달없는 자전거(YikeBike),		
2010	Ipad, 모듈라컴퓨터와 프린터, 실리콘세이버, 스마트 홈 시스템, 비행장치(Martin Jetpack), 전기차 주전소, 스트래들 버스(Straddling Bus), 나는 자동차(Terrafugia Transition)		
2011	유리없는 3D TV, Google TV, BodyWave Scanner, Virtual Therapy, 인공손, 메디컬 거울, 합성세포		
2012	유럽입자물리연구소(CERN)의 힉스 입자(Higgs Hoson,기초물질)발견, Google Glasses(a wearable computer), 자체파괴되는 반물질분자(Anti-matter particles that self-destruct)와 퀀텀컴퓨터, 화성착륙장치, X-ray보다 수십억배 밝은 스캐닝 기술, 3D Printer,		

색인 (INDEX)

1

1상표 1출원주의 원칙 518

2

2차적 의미(Secondary Meaning) 523, 524
2차적 저작물 546

3

3대 기술 28

A

Atrai 케이스 551

B

BM(Business Model 혹은 Business Method) 189
BM발명 350
Brunswick케이스 487

C

CAFC(The Court of Appeals for the Federal Circuit, 미연방순회항소법원) 190

D

DNA 122
DNA 염기서열 123
DNA칩 138

F

Feist 케이스 560

I

ISP 212

K

Kroft 케이스 575

M

MPEP 348

N

Nichols 케이스 549

O

ONE STOP STERVICE 458
OSP(Online Service Provider) 211
OSPs 210

P

PCR 기술 124
PCT루트(PCT Route) 457

T

TRIPs: Agreement on Trade Related Aspect of Intellectual Property Rights 309

U

UR(우루과이 라운드) 309

W

WIPO 신조약 311

ㄱ

가공저작물 546
각종실시권제도 342
간접침해 425
강제실시권 432
개조식 375
객체적 요건 367
갱신 등 559
거절이유 408
건축저작물 545
게놈 122
경상(鏡像)의 원칙 627
계약이론 550
고도성 57
고도한 것 337
고유기술 표장 523
고정익 97
공개제도 340
공동저작물 552
공동저작자 553
공업상 이용가능성 496
공업소유권(工業所有權) 55
공유물(Res communis omnium) 102
공장시스템(Factory system) 31
공중(제3자)의 이익 447
공학 53
과학과 기술의 융합 51
관세법 623
구두심리 437
구상권(求償權) 565
국가생명윤리자문위원회(National Bioethics Advisory Commission) 157
국가의 수용 428
국가의 특허권 수용 429
국가핵심기술 607
국내우선권 365
국내우선권제도 367
국방상 필요에 의한 통상실시권 433
국방상 필요한 발명 419
국어주의 361
국제공개 461, 466
국제민간항공기구 96
국제예비심사 461
국제예비심사기관 459
국제예비심사청구 468
국제우주법 103
국제조사 460
국제조사기관 465
국제조사보고 466
국제출원일 인정문제 463
국제통신연맹 105
국제특허협력조약(Patent Cooperation Treaty: PCT) 457
국제항공운송협회 98
국제항공위원회 98
국제항공협정의 3대 요소 98
권리 355
권리능력 355
권리능력이 없는 자 356
권리범위 379
권리범위 확인 심판 449, 539
권리의 포기 429
권리주체 355
균등론(均等論) 373, 380
그리스 로마시대 21
글자체 477
기각심결(棄却審決) 438
기록매체 349
기본디자인 487, 488
기본적 생명권 135
기술 43, 44, 335, 347

기술거래계약 631
기술도입(Licensing-in) 635
기술상표(descriptive marks) 523
기술수출(Licensing-out) 635
기술의 가치중립성 47
기술의 분류 46
기술의 양도 635
기술이전 634
기술적 수단 372
기술적 체계 32
기업의 인수합병 634
기준일 459
길드(Guild) 28

ㄴ

내국인 저작자 552
내부거래 633
내적보정 410
노-하우 338
노퍽시스템(Norfolk system) 31
노하우(Know-how) 638
누적우선권주장의 금지 369
뉘른베르크 강령 116
뉴튼(Issac Newton) 30

ㄷ

다국적기업 633
다이아몬드(Diamaond) 346
다항제 363, 373
단백질 123
단체명의 저작물 552
단체표장 510
달조약 103
대량살상무기 103
대리인 358
대발명 53
대세적(對世的) 334
대외무역법 622
대작자(代作者) 553
데이터베이스 559
도구 45
도구적 합리성 47
도달주의(communication theory) 627
도메인 네임 514
도형저작물 546
독립항 373
독창성 542
동물 복제 기술 124
동물발명 345
동물보호법 135
동물복제 139
동산 474, 475
동일성 366
동적(動的) 494
등록공고 341
디자인 472
디자인권 58
디자인의 성립성 473
디지털 화상 58

ㄹ

라이센스 계약 639
라이센싱(Lisensing) 636
랜함액트(Lanham Act) 568
로마협약 311
르네상스(Renaissance) 29

ㅁ

마드리드체제 519
마켄쾨넨(Machenkönnen) 44
마쿠쉬 그룹 타입(Marqush group type) 374
매각 632
메스티조(mestizo) 169
면역학 128
명세서 362, 371
명시적 계약 550

모양 483
모자보건법 135
무권대리 358
무단사용 573
무방식주의 554
무체물 475
무체재산 55
무체재산권 304
묵시실시 허락설(默示實施許諾說) 424
묵시적 사실계약 550
문화재산권 312
물건 343
물건의 발명 342, 349
물질 344
물품 474
물품명 481
물품성 474
미감이론 486
미생물 기탁기관 181
미생물시료 분양 420
미생물의 기탁 181
미생물학 126
미서(美西) 98
미술저작물 544
미완성 발명 338

ㅂ

바르샤바협약 99
바이러스학 128
바이오리액터 129
발견 337
발명 53, 189, 334
발명의 구성 372
발명의 명칭 371
발명의 상세한 설명 362, 371, 372
발명의 성립요건 위반 337
발명의 유사개념 337
발명의 이용 340
발명의 장려 340
발명의 효과 372
발명자 357
발명진흥법 352
발생생물학 127
발신주의(dispatch theory) 627
방법의 발명 348
방법의 발명(方法發明) 342
방식심사 354
방직공업 28
배아 줄기세포 171
배아보호법(Gesetz zum Schutz von Enbryonen) 156
빈역문 제출 461
범미(汎美) 98
법(法) 61
법률(法律) 61
법률문제(question of law) 379
법인 등 552
법인 아닌 사단이나 단체 356
법정대리인 359
법정실시권 435
베끼기(Copying) 543
베른조약 307, 309
변경된 상표등록출원(변경출원) 533
변종식물 345
병합이론(Merger Doctrine) 569
보상 353
보상금청구권 339, 420
보전생물학 129
보정 368, 410
보정명령 409, 412
보통명칭 524
복대리(複代理) 358
복수대리(複數代理) 358
복제(cloning) 159
복제금지법(Cloning Prohibition Act) 157
복제물(clone) 159
복제인간 131
부가가치세법 622

부다페스트조약 142
부당이득반환청구권 426
부동산 474, 475
부분디자인 479
부분품 476
부진정연대채무(不眞正連帶債務) 565
부품 476
분리 가능성 541
분상물(粉狀物) 484
분자 124
분자생물학 126
분쟁 571
분쟁의 조정 572
분할 368
불법기술유출 604
불수리 처분 411
비교(Comparison) 569
비기능성 486
비밀유지계약(NDA) 637
비보호 저작물 547
비엔나협약(UNCISG) 627
비자명성(非自明性) 501
비핵이식법 163

ㅅ

사상 336
사실 60
사실문제(question of fact) 379
사용권등록 취소심판 539
사용에 의해 식별력을 취득한 상표 528
사용자 등 352
사전승인 604
사진저작물 545
사해심결(詐害審決) 452
산업재산권 312
산업혁명(Industrial Revolution) 30, 49
상속인의 부존재 429
상표 509, 511
상표권 존속기간갱신등록 무효심판 538
상표권의 존속기간 갱신 등록출원 519, 534
상표등록을 위한 소극적 요건 (消極的 要件) 528
상표등록의 적극적 요건(積極的 要件) 528
상표등록출원의 보정 532
상표등록취소심판 539
상표의 기능 512
상표의 정의개념 522
상품 및 서비스의 국제 분류에 의한 협정 (NICE Agreement) 516
상품류별 511
상품의 지정 518
상호 513
색구분 483
색의 3요소 483
색인어 371
색채 483
색흐림 483
생리학 126
생명공학육성법 118, 130
생명과학 117
생명복제 159
생명윤리 143
생명체 121
생물정보학 138
생물통계학 128
생식세포 이식법 164
생의학 인권협약(Convention on Human Rights and Biomedicine, 1997) 151
생태계 124
생화학 127
서면심리 437
서면주의 361
서비스업 510
서비스표 510
서지사항(書旨事項) 361
석명(釋明) 447
선도 483
선염(渲染) 483

선택관청 459
선택발명 342
성체 줄기세포 171
성체세포 핵이식법 164
세계무역기구 309
세계의학협회 116
세계지적재산권기구(WIPO) 308
세계지적재산권기구(World Intellectual Property Organization: WIPO) 307
세포 122
세포 대량배양 기술 129
세포생물학 126
세포융합 기술 129
세포핵 이식법 163
소극적 권리범위 확인 심판 450
소급효과 368
소멸시효 420
소명대상 409
소모이론 423
소발명 53
소유권 이전설(所有權移轉說) 424
속지주의 422
손해배상 청구권 425
손해배상책임협약 104
수리관청 458
수정 125
수정란 분할법 163
수출 622
수출 승인신청 630
수출계약 627
수출승인 신청 625
수출의 신고 628
순수방법 344
승낙 627
시(時) 342
시각 485
시각성 484
시카고협약 97
식물생리학 127
신경학 128
신고 625
신규성 497
신규성 의제 500
신석기시대 12
신용회복 청구권 426
신임관계(Confidential Relationship) 550
실명 552
실시 343
실시제도 341
실용신안권(實用新案權) 57
실질적 유사성 574
실질적 유사성 테스트 569
실체적 보호 339
실체적 요건 387
심결 438
심결과 효과 448
심미성 485
심사청구 361, 413
심판관의 기피(忌避) 439
심판관의 제척 439
심판관의 회피 439
심판비용 438
심판비용부담결정방식 439
심판에 의한 통상실시권 433
심판의 종결 439
심판절차 일반 437

ㅇ

아이디어-표현의 이분법 568
암시적 상표 524
약리학 127
약정실시권 432
약한 상표 524
양도 428
어문저작물 544
업(業) 339
업무표장 510
여과(Filtration) 569

연극저작물 544
염색체 122
영공 95
영상저작물 545, 562
영상제작자 562
영업비밀 638
영역 95
오감 485
오스트랄로피테쿠스 10
온라인서비스 제공자(OSP: On line Service Provider) 563
완성품 476
외관과 느낌(Look and Feel) 567
외국인 저작자 553
외기권 103
외적보정 410
요약서 362, 370
요지변경(要旨變更) 411
요지주의 628
용이창작 501
우선권주장출원 419
우선심사 496
우선일 459
우월적 활용권 135
우주(Outer Space) 102
우주개발 105
우주개발진흥법 96, 105
우주법 102
운동의 법칙 60
유럽공동체상표제도 519
유사디자인제도 487
유전 121
유전자 123, 169
유전자 발현 123
유전자 변형 생물체 140
유전자 분석 169
유전자 재조합기술 123
유전자 전이(Gene transfer) 141
유전자 치료 139
유전자조작 기술 129
유전학 128
유체동산 474
유체물 474
음악저작물 544
응용 및 환경미생물학 128
응용미술 540
응용미술저작물 540
의장(意匠) 472
이명 552
이용 335
이용 · 저촉 450
이의신청제도 534
이해관계 446
인간 45
인간게놈 프로젝트 137
인간수정과 발생에 관한 법(Human Fertilization and Embryology Act) 156
인간의 존엄 131
인공수정 125
인과관계(Causation) 100
인용심결(認容審決) 438
인클로우저 운동(Enclosure Movement) 31
인터넷 189
인터넷서비스 제공자 210
일반명칭 상표(generic term marks) 523
일반명칭 표장 523
일사부재리 440
임의대리인 359
입상물(粒狀物) 484
입체적 형상 483

ㅈ

자연법칙 335
자진 취하 470
자진보정(自進補正) 354
자타상품식별력 523
재산권 이론 549
재심사유 453

재심의 효과 454
재외자의 특허관리인 359
재정(裁定) 341
재정에 의한 통상실시권 434
저작권 위탁관리업 565
저작권자 553
저작권협약(Berne Convention for the Protection of Literary and Artistic Works) 541
저작물 540
저작물성 560
저작물의 등록 555
저작인격권 557
저작인접권 558
저작재산권 558
저작창작물 336
적(的) 336
적극적 권리범위 확인 심판 449
전매권 56
전문가의 증언 574
전용사용권 536, 537
전용실시권(專用實施權) 430
전용실시권의 효력과 제한 431
전자출원 361
절대적 라이센스(Exclusive License) 536
절차적 요건 387
접근성 574
정규성 366
정보기술(Information Technology) 184
정보통신기술(Information & Communication Technology) 184
정적(靜的) 494
정정무효심판 448
정정심판 447
정정의 범위 447
제네바음반협약 311
제조물책임(Product liability) 101
제조방법 344
젭슨 타입(Jepson Type) 374
조기공개 418
조서(調書) 572
조성물 343
조약우선권 365
존속기간연장등록 무효심판 428
종속항 373
종업원 등 352
주변한정주의 380
준계약 550
줄기세포 170
중석기시대 11
중세 28
중세시대 27
중심한정주의 380
중첩보호 604
증거의 조사·보전 438
지구원격탐사 105
지구의 원격탐사에 관한 제원칙 105
지리적 표시 510
지식 48
지적재산권 304, 471, 506
지정관청 458
지정상품 추가 등록출원 518
직권심리 437
직권탐지주의 438
직무발명 352
직접매각 633
진정발명자 357
진정상품의 병행수입 535
진화생태학 127
질권설정(質權設定) 339

ㅊ

참가제도 439
창작 336
창작성 542
창작적(Original) 542
철기시대 20
청구항 기재방식 374

청동기시대 13
청약 627
초경량비행장치 97
최소한의 부담(minimal burden) 153
최소한의 위험(minimal risks) 153
추상화(Abstraction) 569
출원공개 340
출원공고 534
출원방식 363
출원변경 533
출원보상 353
출원분할 533
출원서 361
출원의 최선성(最先性) 366
출원인 358
출원일자 361
취지 418
취하 간주 369
취하 의제 470
친고죄(親告罪) 426
침해금지 청구권 425

ㅋ

컴비네이션 타입(Combination Type) 374
컴퓨터 347
컴퓨터 프로그램 189, 547
컴퓨터 프로그램 관련 발명 347
콘텐츠 제공자(CPs: Contents Providers) 210
크로스라이선싱 413, 451, 633
클론(clone) 159
키메라(chimera) 168

ㅌ

통상실시권 허여심판 450
통상실시권(通常實施權) 432
통상실시권의 종류 432
통신기술(Communication Technology) 184
통신품위법 212
트레이드 드레스(Trade Dress) 487, 514
특별현저성(Distinctiveness) 523
특정수출거래 형태 624
특허 421
특허거절결정 불복심판 440
특허권 56, 339, 421
특허권의 속성 422
특허권의 양도 428
특허권의 확장 425
특허권의 효력 422
특허소송 454
특허소송의 종료 456
특허심판 436
특허요건 387
특허청구범위 373, 379, 424
특허청구범위제출 유예제도 364
특허출원 360
특허출원번호 361
특허출원서 서식 362
특허출원일 361
특허취소 결정 불복심판 445

ㅍ

파리루트(Paris Route) 457
파리조약(Paris Convention) 307
파리조약의 3대원칙 365
파리협약(Paris Convention) 49, 98
퍼블리시티권(Publicity Right) 545
편집물 560
편집이론 551
편집저작물 546
평면적 형상 483
포대 금반언(布袋 禁反言) 425
표장(標章) 509
표현대리(表見代理) 359
필수장면의 원칙 571

ㅎ

하이브리드(hibrid) 169
할구 분할법 163
항공기 96, 98
핵이식 방법 163
행위능력 357
협의의 불성립 451
형상 483
형체성 58, 482
형태성 58
호모에렉투스 10
홀로그램(Hologram) 475
화상디자인 343, 349, 472, 477, 492
환경독성학 128
효소학 128